Geschiedenis van Suriname.

Julien Wolbers

The BiblioLife Network

GUIDE TO FOLD-OUTS, MAPS and OVERSIZED IMAGES

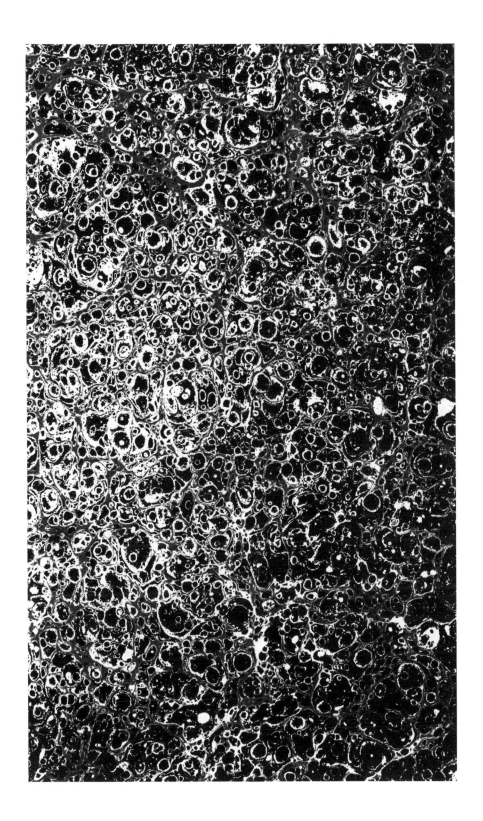

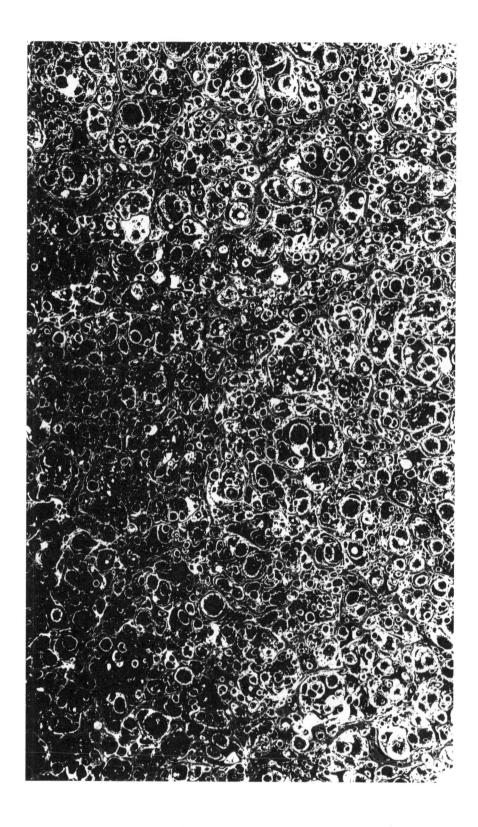

Oct 14

AMERIKA ONTDEKT 1492

GESCHIEDENIS

VAN

SURINAME

door

J. WOLBERS.

Lith. v. Emrik & Binger

UITGAVE VAN H. DE HOOGH, AMSTERDAM.

GESCHIEDENIS

van

SURINAME.

GESCHIEDENIS

VAN

SURINAME.

DOOR

J. WOLBERS.

TE AMSTERDAM,

BIJ H. DE HOOGH,

1861.

Gedrukt bij G. J. THIEME, te Arnhem.

VOORREDE.

Toen ik, gedurende den winter van 1857/8, voor een kleinen kring, in een achttal lezingen, een kort overzigt van de Geschiedenis van Suriname trachtte te geven, met het doel, om belangstelling in die kolonie en hare blanke, gekleurde en zwarte bevolking op te wekken, was nog niet het voornemen bij mij opgekomen om eene Geschiedenis van Suriname te schrijven.

Wel was ik overtuigd, dat er behoefte aan eene eenigzins uitvoerige Geschiedenis dier kolonie bestond; doch ik besefte de moeijelijkheden aan het schrijven van een dergelijk werk verbonden, en — rekende dien arbeid te zwaar voor mijne krachten. Daartoe was toch eene geheel nieuwe bewerking noodig, vele moeijelijkheden waren te overwinnen, maar — reeds bij de inleiding heb ik daaromtrent een en ander medegedeeld. — En toch waren de moeijelijkheden bij de verdere bewerking nog talrijker en grooter, dan ik mij bij den aanvang had voorgesteld.

Mijn voornemen was om het in druk over Suriname bestaande te verzamelen, in orde te schikken, te compileren en tot een geheel te brengen. — Zelfs bij het schrijven van den Prospectus en van de inleiding wist ik nog niet, dat het in druk bestaande zoo vele leemten overliet.

Het was alzoo noodig nieuwe bronnen op te sporen: ik deed daartoe verscheidene pogingen en — slaagde boven verwachting. Van verschillende personen zoowel in Suriname als in Nederland. ontving ik hoogstbelangrijke bescheiden en ondervond ik veel welwillendheid.

Hartelijken dank breng ik bij deze toe aan allen, die door het verleenen van documenten of door het geven van inlichtingen belangstelling in mijnen arbeid hebben betoond.

Vooral werd mij eene rijke bron ontsloten op 's Rijks-Archief. Hieruit te putten, die rijke schat te exploiteren, werd mij door de hartelijke en vriendelijke welwillendheid van den Rijks-Archiraris, den heer Dr. Bakhuizen van den Brink, gemakkelijk gemaakt. Daar vond ik, in de notulen van Gouverneurs en Raden, dagboeken der Gouverneurs en andere officiële stukken de belangrijkste en daarenboven tot heden onbekend gebleven bijzonderheden.

Wel was het een vermoeijende arbeid, dat groot aantal lijvige folianten (manuscript) door te lezen, — honderde bladzijden soms, zonder iets der vermelding waardig te vinden; — doch die moeite werd ruimschoots beloond, wanneer bijzonderheden werden aangetroffen, waardoor een helder licht over tot dusverre duistere punten werd verspreid. Daardoor werd men toch zoo geheel in die tijden en toestanden verplaatst: en was het alsof men de verschillende personen in hunne eigene taal hoorde spreken; de gebeurtenissen onder zijne eigene oogen zag voorvallen: den strijd o. a. tusschen Gouverneurs en Raden van Policie in persoon bijwoonde: kortom, de studie dier oude bestoven notulen, dagboeken en andere papieren had hare eigenaardige genoegens.

Bij de verdere bearbeiding deed zich eene nieuwe zwarigheid

op. Ofschoon de bron op 's Rijks Archief mildelijk vloeide, hield zij met 1804 eensklaps op en noch in Nederland noch in Suriname waren belangrijke bescheiden omtrent den zoogenaamden Engelschen tijd (1804—1816) aanwezig. Hoe in deze leemte te voorzien? — Ik besloot naar Engeland te reizen, ten einde dáár eenig onderzoek in het werk te stellen, en reeds heb ik op bladz. 597 medegedeeld, dat mij ook daar diezelfde welwillendheid van hooge Autoriteiten en van Beambten op Hare Britsche Majesteits state-papers office te beurt viel, door mij zoo ruimschoots in Nederland en voornamelijk op 's Rijks-Archief ondervonden

Omtrent den nieuwen tijd heb ik wel geen gebruik kunnen maken van de officiële bronnen op het koloniaal Archief berustende, daar een onderzoek derzelven, overeenkomstig Koninklijk Besluit van 13 Januarij 1854, niet geoorloofd is (*); doch op eene andere wijze kon hierin voorzien worden.

Over den nieuwen tijd bestaat reeds meer in druk; de gebeurtenissen van dien tijd zijn meer bekend, — en daarenboven, vele particulieren verheugden mij door belangrijke papieren, aanteekeningen, enz. ten gebruike af te staan, of door mij verscheidene inlichtingen te geven.

De behandeling van den nieuwen tijd echter had hare eigenaardige bezwaren. Een schrijver, wien het om waarheid te doen is, moet sommige handelingen van hooggeplaatste en andere personen prijzen, andere daarentegen afkeuren. Vooral is dit eene moeijelijke taak, indien die personen tot de tijdgenooten behoo-

---

(*) Door eene gunstige beschikking van den Minister van Koloniën is mij later nog inzage verleend van belangrijke bescheiden, betreffende het bestuur van E. L. Baron van Heeckeren (1831—1838), die op 'sRijks-Archief gedeponeerd waren. In een naschrift zijn de voornaamste resultaten daarvan medegedeeld.

ren; doch aan den anderen kant: bij het schrijven eener geschiedenis heeft men slechts de personen te beschouwen, voor zoo ver zij in regtstreeksche betrekking staan tot de geschiedenis. Terwijl ik mij op dit algemeen en onpartijdig standpunt plaatste, en ieder in zijne waarde als particulier liet, heb ik verder niet geschroomd om, waar ik vermeende te moeten prijzen, dien lof niet achterwege te houden, zonder evenwel te vleijen: en waar ik regeringsdaden, handelingen van Gouverneurs of van andere personen minder gunstig meende te moeten beoordeelen, heb ik hierbij getracht de bescheidenheid te bewaren, zonder die echter zoo ver te drijven, dat hierdoor de waarheid werd te kort gedaan.

Steeds heb ik waarheid willen vermelden. En daarom, hoewel overtuigd van het gebrekkige, hetwelk mijn werk in vele opzigten aankleeft, en van de vele aanmerkingen, die op stijl, enz. kunnen worden gemaakt, ben ik omtrent eene zaak gerust: — men zal mij nimmer met grond kunnen beschuldigen onwaarheid te hebben geschreven of de feiten verdraaid of in een valsch licht te hebben gesteld. Zoo hier of daar iets twijfelachtigs zich opdeed, heb ik mij telkens een naauwgezet onderzoek getroost, ten einde zekerheid te erlangen, en, waar dit onmogelijk was, heb ik zulks vermeld. Mogt ik evenwel nog soms hebben gedwaald, dan is dit ter goeder trouw geweest.

Tot dit alles echter was tijd noodig; reeds waren de eerste afleveringen in druk verschenen en de uitgever had, in overleg met mij, bij den prospectus beloofd om, zoo geregeld mogelijk, telken maand eene aflevering den inteekenaren te doen toekomen. Deze belofte gestand te doen, was nu echter onmogelijk, daar het onderzoek der bronnen (de bronnen-studie) te veel tijd vereischte Ten einde niet te veel van het geduld der inteekenaars te vorderen en ook omdat ik zelf ter bereiking van mijn doel: belangstelling in het lot der kolonie Suriname op te wekken,

wenschte dat het werk zoo spoedig mogelijk in het licht mogt verschijnen, heb ik mij zooveel mogelijk gehaast.

Hieraan heb ik echter misschien niet wel gedaan, want door te
groote haast kon ik niet genoeg zorg aan den stijl besteden, en
vooral is dit mede oorzaak, dat er zoo vele drukfouten in zijn
overgebleven. Eerst had ik de correctie aan anderen overgelaten,
doch toen de eerste afleveringen afgedrukt waren en mij in handen kwamen, zag ik dat dit onmogelijk was. — Later is de
correctie door mij of onder mijn toezigt geschied, maar door den
weinigen tijd, dien ik hiertoe soms besteden kon, is nog menigmaal eene fout mijne aandacht ontglipt, die mij later onaangenaam aandeed. Om de lijst dier drukfouten niet al te groot
te maken, heb ik slechts eenige zinstorenden in de errata aangewezen; over de andere gelieve de lezer zich niet al te zeer te
ergeren.

Het, bij de inleiding, beloofde overzigt van de zending der
Broedergemeente in Suriname, de chronologische tafel en de Bijlage als: octrooi der West Indische Compagnie en de naamlijst
der Hervormde Gemeente zijn aan het einde van het werk gevoegd.
Het geheel is uitgebreider geworden; in plaats van 40 vel of 610
bladzijden is het tot 54 vel of 849 bladzijden uitgedijd. Ik hoop,
dat deze uitbreiding den lezer niet ongevallig zal wezen, en dat
ook de wensch, om iets meer dan een oppervlakkig overzigt te geven, hierdoor eenigermate is bereikt. Statistieke tabellen omtrent
handel, enz. achtte ik voor eene Geschiedenis niet noodig.
In de werken van Teenstra en Sypesteijn waren die op hare
plaats.

Aan den wensch van den uitgever, om eenige platen bij het
werk te voegen, is niet voldaan kunnen worden. Goede degelijke
platen van Suriname te verkrijgen is niet gemakkelijk; anderen
werden niet begeerd, daarbij, sedert het prachtwerk van Voorduin,

met platen van gezigten in Suriname, enz. is uitgekomen, wordt ruimschoots in die behoefte voorzien.

Door vriendelijke welwillendheid van Jonkheer C. A. Sypesteijn worden hierbij het portret van Suriname's grootsten Gouverneur, Cornelis van Aersen, Heer van Sommelsdijk, in kleurendruk, en de facsimiles der andere Gouverneurs van Suriname gevoegd, dat zeker menig lezer aangenaam zal wezen.

Worde belangstelling in Suriname door dit werk opgewekt of vermeerderd, dan wordt het doel van den schrijver bevorderd

Utrecht, September 1861.

INLEIDING.

Bestaat er behoefte aan eene geschiedenis van Suriname?

Wij hebben ons zelven meermalen deze vraag voorgehouden, toen wij het plan vormden, om te beproeven eene geschiedenis van die, voor ons Nederlanders zoo belangrijke, kolonie te schrijven. Wij hebben deze vraag meermalen aan anderen voorgelegd, en steeds was het antwoord daarop bevestigend.

Ja! er is behoefte aan eene éénigzins uitvoerige geschiedenis, die niet slechts de voornaamste feiten mededeelt, maar zooveel mogelijk de oorzaken dier feiten tracht op te sporen; die de zeden en gebruiken der inwoners tracht te schetsen, en ons als het ware in Suriname's maatschappij verplaatst. Door eene zoodanige geschiedenis zou die belangstelling in die kolonie vermeerderd worden, welke zij als Nederlandsche bezitting zoo zeer verdient, die zij tevens in meer dan één opzigt noodig heeft, welke zij als Nederlandsche kolonie van ons Nederlanders met regt eischt.

Veel is er in den laatsten tijd over Suriname gesproken en geschreven. Wie heeft in de laatste jaren niet wel eens iets over Suriname gelezen, over Suriname hooren spreken?

De tijd is voorbij, toen de groote menigte in ons Nederland

1

naauwelijks er iets meer van wist dan den naam, en de kennis er van zich bepaalde tot het weten, dat het eene Nederlandsche kolonie was, een gedeelte van de Noord-Oostelijke
kust van Zuid-Amerika, gelegen op ongeveer 57° en 54' W. L.
van Greenwich, en tusschen 6° en 2' N. B.

Men genoot wel de voortbrengsels van dat land; de suiker,
de koffij, de cacao vonden hunnen weg wel van het schip tot
het pakhuis van den groothandelaar; van daar tot den winkel
van den kruidenier en verder tot de huizen en op de tafels van de
inwoners des lands; de door de schepen aangebragte boomwol
werd wel als handelsartikel op de markt gezien, in de fabrie-
ken bereid en diende vervolgens, al naar de wijze der bereiding,
tot sierlijke en dunne, of tot eenvoudige doch warme kleeding.

Men hoorde wel eens, dat de zaken daar niet vooruitgingen,
het bewijs hiervan werd voornamelijk dan gezien, wanneer bij
effecten-veilingen, aandeelen op plantaadjes soms voor spotprijs
verkocht werden.

Men hoorde, men vernam wel eens, dat daar in dat Suriname ook nog slaven waren; maar men dacht er verder weinig over na.

Waren er ook al eenigen die er beter, die er goed mede
bekend waren, dit getal was klein. In den regel bestond er
bij de Nederlandsche natie niet meer kennis van Suriname,
dan wij daar zoo even opgaven.

Die tijd is voorbij. Niet slechts eenige edelen en grooten, niet slechts eenige geleerden en handelaars, maar een goed
gedeelte der Nederlandsche natie heeft thans het oog naar Suriname gerigt.

Van waar die verandering?

Wij willen de pogingen, door verscheidene edele mannen
in ons Nederland aangewend, om belangstelling voor Suriname en in het bijzonder voor deszelfs lijdende slavenbevolking op te wekken, niet gering achten. Zij zijn ook niet
geheel vruchteloos geweest, maar toch de natie als natie
bleef er onverschillig onder. De zooveel gelezene roman
»De Negerhut," van de onvergelijkelijke Beecher Stowe, bragt
verandering. Veler harten werden geschokt, veler gemoe-

deren bewogen, er kwam deelneming in het lot der slaven, en weldra poogden ook Nederlanders de Nederlandsche natie te wijzen op de omstandigheid, dat niet slechts in het groote Amerika, maar ook in Nederlandsche koloniën gruwelen geschiedden. Eenige brochures gingen vooraf en werden gevolgd door het in Nederland zoo algemeen gelezen belangrijke werk van Baron van Hoëvell: »Slaven en vrijen onder de Nederlandsche wet."

Nu werden veler oogen geopend; de belangstelling vermeerderde; een tal van geschriften volgde; vergaderingen, vereenigingen werden gehouden, kwamen tot stand of werden vernieuwd. Wat is er in den laatsten tijd veel over Suriname gesproken en geschreven!

En toch ondanks dit alles blijft de behoefte aan eene geschiedenis van Suriname bestaan.

Juist door die opgewekte belangstelling wordt die behoefte meer en meer gevoeld. Wel bestaan er goede werken over de geschiedenis van Suriname, als: van Herlein, Fermin, Hartsinck enz., maar deze zijn reeds oud en loopen niet verder dan tot 1770; anderen als van Teenstra, »De landbouw in de kolonie Suriname" en van jonkheer C. A. van Sypenstein, »Beschrijving van Suriname," bepalen zich hoofdzakelijk tot de natuurlijke gesteldheid van deze volkplanting, terwijl de eigenlijke geschiedenis, naar het plan van hun werk, slechts kronijkmatig daarin kon behandeld worden. Een ander werk van den schrijver, aan wiens onvermoeide pen wij zooveel verschuldigd zijn, de heer M. D. Teenstra: »De Negerslaven in de kolonie Suriname", geeft gelegenheid om een diepen blik te werpen in de toestanden der bevolking in Suriname, voor ruim twintig jaren geleden — wij wenschen dit belangrijke werk steeds in veler handen, men kan er veel uit leeren, — doch het geeft geene geschiedenis.

Wordt die behoefte dàn algemeen erkend, zoo wordt de wensch, de begeerte wakker: Mogt die behoefte weldra vervuld worden.

Meermalen heb ik dien wensch geuit, doch op de vervulling daarvan tot heden vruchteloos gewacht.

Langzamerhand rijpte bij mij het denkbeeld zelf zoo iets te beproeven, maar de moeijelijkheden hieraan verbonden, gevoegd

1*

bij het gevoel van eigene geringheid hielden mij een geruimen
tijd hiervan terug.

Ik begon echter meer dan vroeger datgene, hetwelk in onderscheidene werken, zoo oude als nieuwe, over Suriname
geschreven was, te onderzoeken en het een met het andere te
vergelijken; de lust tot onderzoek werd meer en meer bij mij
opgewekt; en hoewel ik volkomen overtuigd ben, dat ik niet
eene geschiedenis leveren kan, zoo als ik hierboven als wenschelijk schetste, zoo vond ik mij toch hoe langer zoo meer gedrongen om te beproeven, wat ik vermogt, en onder opzien
naar boven en afsmeeken van hooger hulp, waardoor ook het
geringste vaak iets ten goede kan uitwerken, zette ik mij neder,
en schreef ik de geschiedenis, gelijk u dezelve thans aangeboden wordt.

Mogt door dit werk de belangstelling in Suriname en zijne
blanke, kleurling- en negerbevolking eenigzins opgewekt of verlevendigd worden, het door den schrijver beoogde doel ware
bereikt en hartelijk zou hij hiervoor den Heer danken.

Suriname en zijne blanke, kleurling- en negerbevolking
eischt, heeft regt op onze belangstelling.

Suriname is eene Nederlandsche bezitting; aan zijne blanke
en ook aan zijne gekleurde bevolking zijn wij in vele opzigten door verwantschap en andere belangen naauw verbonden, en jegens zijne laatstgenoemde en negerbevolking hebben
wij als Nederlanders ons van eene zoo groote schuld te kwijten
en eene zoo groote roeping te vervullen.

Bij het vermijden van al te groote uitvoerigheid, wenschen wij
echter iets meer dan eene dorre kronijk te geven. Wij willen
trachten u eenigzins met het land, maar voornamelijk met
zijne inwoners bekend te maken; wij willen u tevens hunne
zeden en gebruiken schetsen, zoowel die van den blanken
meester als die van den zwarten en bruinen slaaf, zoo in
de stad als op het land; wij wenschen u in de eeuwen heugende wouden in te leiden, alwaar de boschneger, de afstammeling van gevlugte slaven, wel is waar op betrekkelijk geordende maatschappelijke wijze, maar toch als zonder God in
de wereld leeft, en waar de Indiaan, de oude inwoner des

lands, omdoolt, geen hooger genot kennende dan het gebruik van sterken drank.

Het was ons droevig, toen wij, bij het onderzoek der bronnen voor onze geschiedenis, gevoelden, dat wij meermalen treurige zwarte bladzijden zouden moeten vullen; het smartte ons, bij dat onderzoek te ontwaren, dat er zoo weinig lichtende punten in de geschiedenis van Suriname voorkwamen; het was ons onaangenaam, dat wij, onzes ondanks, om der waarheid getrouw te zijn, genoodzaakt zouden zijn, van tijd tot tijd te moeten spreken van wreedheden en onregtvaardige behandeling der meesters jegens hunne slaven. Het is ons daarom ook eene behoefte en het verstrekt ons tot blijdschap, dat wij aan het einde onzer geschiedenis een paar hoofdstukken mogen wijden aan de beschrijving van de ijverige pogingen der lieve Broedergemeente, tot heil der kleurlingbevolking. Zien wij daarin hunnen strijd, hunne vele droevige teleurstellingen, het zal ons tevens een genot zijn te gewagen van de zegepralen, van de overwinningen, hun door de trouw en de genade huns Heeren geschonken.

Wij willen de geschiedenis in tijdvakken en deze wederom in hoofdstukken verdeelen; doch veroorloven ons hierin eene kleine afwijking van den gewonen regel, daar deze beter met onze wijze van behandeling strookt. Wij nemen alzoo vijf tijdvakken aan. Het eerste van de ontdekking van Amerika (in 1492) en die van Guiana (in 1499) tot 1666, in welk jaar het door de Zeeuwen veroverd werd.

In dat eerste tijdvak, dat wij gevoegelijk Suriname's voortijd kunnen noemen, zullen wij, na een vlugtigen blik op het land zelf, trachten de oorspronkelijke bewoners van Guiana iets nader te leeren kennen; hunne zeden en gewoonten met enkele trekken schetsen; de eerste ontdekkingstogten en vruchtelooze pogingen ter kolonisatie door de Europeanen nagaan, en de eerste geregelde nederzetting der Engelschen, onder den graaf van Parham, door welke de Europeanen voor goed vasten voet in Suriname verkregen, beschrijven.

Tweede tijdvak. Van de inname van Suriname door de Zeeuwen onder Abraham Crijnsen in 1666 tot aan de optreding van

den Gouverneur van Sommelsdijk in 1683. De strijd over het
bezit van Suriname door Nederlanders en Engelschen, met
heftigheid gestreden, wordt eindelijk ten voordeele der eersten
beslist; daarna ontstaat er verschil tusschen de Staten van Zeeland
en de Algemeene Staten over het eigendom en beheer der kolonie,
waaraan door het overdragen van de kolonie aan de »Geoctroijeerde Societeit van Suriname" een einde komt. In dezen tijd
kan de volkplanting beschouwd worden als in hare wording,
in hare kindschheid te zijn; waarin zich wel reeds kiemen van
ontwikkeling vertoonen, maar waar alles zoo ongeordend, zoo
verward is, dat het, als het ware, op eene vaste, krachtige hand
wacht, om orde en regel hierin te brengen.

Derde tijdvak. Van de komst van den Gouverneur van Sommelsdijk in 1683 tot 1804, wanneer Suriname, door de Engelschen vermeesterd, onder Engelsch bestuur kwam. Dit groote en
belangrijke tijdvak, dat een voornaam gedeelte der geschiedenis
in zich omvat, zullen wij in hoofdstukken afdeelen, ten einde bij
de eene of andere belangrijke gebeurtenis een rustpunt nemende,
gelegenheid te hebben, onzen blik eens op den toestand der vrije
en slavenbevolking te vestigen, en daardoor, zooveel mogelijk, de
oorzaken dier gebeurtenissen op te sporen, om hierdoor eenigermate met meerdere juistheid over het geheel te kunnen oordeelen

Zoo zal bijv. het eerste gewijd worden om den persoon en
de regering van van Sommelsdijk, die niet ten onregte als de
tweede grondvester der kolonie beschouwd wordt, te doen kennen; vervolgens om het belangrijkste, dat onder zijne opvolgers geschied is, mede te deelen en te eindigen met de beschrijving van
de zoo noodlottige brandschatting van Suriname door Jean
Cassard in 1712. Het tweede zal behelzen: De gevolgen dier
brandschatting voor de kolonie, de daardoor ernstig geëischte
bouw van verdedigingswerken, de twisten over de betaling
der kosten daaruit voortgevloeid, en de verschillen over het
inwendig bestuur. Eene korte beschrijving van de ontwikkeling van den landbouw; de vermelding van de komst der
Hernhutters in 1739; het oprigten van eene mijn-compagnie
in 1742 en de pogingen ter kolonisatie met Duitsche en Zwitsersche landbouwers in 1749,

In het derde hoofdstuk wenschen wij een overzigt te geven van den toestand der slaven in dien tijd, de oorlogen tegen de wegloopers en van den vrede die in 1760 met hen werd gesloten.

In het vierde hoofdstuk willen wij, na vooraf de twisten tusschen den Gouverneur Mauritius, hunne vermoedelijke oorzaak en den uitslag daarvan vermeld te hebben, trachten de blanke en gekleurde vrije bevolking iets nader te leeren kennen; hen in hun maatschappelijk en huiselijk leven, zoo in de stad als op het land, gadeslaan. Eene kleine schets van Paramaribo, gelijk het toen was, zal hierin mede een plaatsje vinden.

In het vijfde zullen wij de belangrijkste gebeurtenissen in de kolonie, gedurende de regering der op Mauritius volgende Gouverneurs tot en met Nepveu mededeelen. De meeste plaats zal hier ingenomen worden door de beschrijving van de toenemende finantieele moeijelijkheden en daardoor ontstane geldleeningen, waarvan het gevolg was, dat de Surinaamsche plantaadjes voornamelijk in handen der Amsterdamsche en andere kooplieden kwamen, en door de eenigzins uitvoerige vermelding van den nieuwen strijd tegen de wegloopers en de expeditiën tegen hen onder kolonel Fourgeaud in 1775—1776.

In het zesde hoofdstuk wenschen wij van de betrekkelijke rust in de kolonie gebruik te maken, om over de letterkundige ontwikkeling, van dien tijd, te spreken; verder het voornaamste van hetgeen onder de verschillende Gouverneurs tot en met Frederici gebeurd is, mede te deelen; benevens de voorvallen gedurende het tusschenbestuur van Suriname, onder het protectoraat van den koning van Engeland en onder de korte regering van Beranger, in naam van de Bataafsche republiek, die met de overgave der kolonie in 1804 aan de Engelschen eindigde.

Het vierde tijdvak van de in bezitneming van Suriname door de Engelschen, in 1804 tot 1816, wanneer het weder bij verdrag eene Nederlandsche kolonie wordt.

Dit tijdvak is daarom belangrijk, omdat in hetzelve de afschaffing van den slavenhandel plaats vond; de gevolgen daarvan,

den voortdurenden sluikhandel, den invloed van het continentaal stelsel op den landbouw in de kolonie, de exploitatie van
het Nieuwe of Nickeriedistrict enz. zullen wij alsdan een weinig
nader beschouwen.

Vijfde tijdvak van 1816 tot den tegenwoordigen tijd 1858.

Het schrijven eener geschiedenis van den tijd, dien men
nog den onzen kan noemen, is immer moeijelijk, dubbel
moeijelijk is dit zeker bij die van Suriname.

Wij gevoelen dit zeer; wij wenschen onpartijdig te zijn en
verder, de lezer oordeele.

Ook dit tijdvak wenschen wij in hoofdstukken, en wel in een
drietal af te deelen — het eerste van de overname van het bestuur door van Panhuys in 1816 tot 1828 tot de aanstelling van
P. H. Cantzlaar als Gouverneur-Generaal van de Ned. W. I.
bezittingen.

Onderscheidene droevige gebeurtenissen zijn in dit hoofdstuk te vermelden, als: de verwoesting door de hevige ziekte
der kinderpokken in 1819 veroorzaakt; de ontzettende brand
van Paramaribo in 1821; de opstand der slaven in het Nicke-
riedistrikt, de twisten tusschen militairen en burgers enz. enz.;
verder de pogingen door Engeland aangewend ter geheele wering van den slavenhandel in Suriname; waartoe zich Engelsche commissarissen te Paramaribo vestigen; de invoering van
het nieuw papieren geld, enz. enz.

Het tweede: Van 1828 dat P. H. Cantzlaar als eerste Gouverneur-Generaal der Ned. W.-I. bezittingen optrad tot 1845,
wanneer de Gouverneur Elias zijn vrijwillig ontslag neemt.

Het geheel ophouden van den slavenhandel; de brand van
Paramaribo in 1832; de hernieuwde aanvallen der wegloopers
op plantaadjes; de tegen hen uitgezonden bosch-patrouilles; de
schade der kolonie toegebragt door het Embargo in 1833 en het
bezoek van Z. K. H. Prins Hendrik zullen kortelijk worden vermeld; de worsteling tusschen de kolonisten en den Gouverneur
Elias, die tot zelfs in de Kamer der volksvertegenwoordigers
weêrklank vond, zal eenigzins uitvoeriger behandeld worden.

Het derde hoofdstuk. Van de komst van den Gouverneur
van Raders in 1845 tot op den tegenwoordigen tijd 1858.

De opgewekte belangstelling in Suriname gedurende dezen tijd verspreidt meer licht over de geschiedenis, die wij zoo getrouw mogelijk wenschen voor te stellen.

Mogten wij kunnen eindigen met de vermelding van het afkondigen eener goede wet wegens de afschaffing der slavernij in Suriname en verdere W. I. bezittingen!!

Daar het zendingswerk der Broedergemeente in Suriname in meer dan een opzigt zoo hoogst belangrijk is, vermeenen wij deze geschiedenis niet te mogen besluiten, zonder hiervan eenigzins uitvoerig te gewagen; wij wilden dit echter afzonderlijk behandelen; de voornaamste feiten zullen wij in den loop der geschiedenis alzoo slechts aanstippen, om aan het slot een overzigt te geven van een werk, dat zoo gezegend was en dit nog verder voor de kolonie kan zijn.

Verder wenschen wij, wanneer wij aan het einde van onzen arbeid gekomen zijn, nog eens een blik om ons heen in den tegenwoordigen toestand van Suriname te slaan en onze vrijmoedige aanmerkingen daaromtrent mede te deelen.

Ten slotte zullen wij tot gemak van den lezer eene chronologische tafel van de voornaamste gebeurtenissen, in deze geschiedenis vermeld, geven, en als bijlage eenige officiëele stukken, die, hoewel zeer belangrijk, echter minder gevoegelijk in den tekst konden worden geplaatst.

En na deze inleiding, die ons voorkwam noodig te zijn, gaan wij nu over tot de geschiedenis.

EERSTE TIJDVAK.

VAN 1492 TOT 1666.

De kolonie Suriname, ook wel Nederlandsch Guiana genoemd, liggende tusschen ongeveer 57° 54' W. L. van Greenwich en tusschen 6° 2' N. B., heeft eene uitgestrektheid van 2800 □ geographische mijlen; hiervan is slechts een gedeelte van 700 mijlen als eenigzins bekend of bezocht te beschouwen; het ter bebouwing van plantaadjes uitgegeven gedeelte der kolonie bedraagt 50 mijlen, waarvan echter niet meer dan 10 in eigenlijke cultuur zijn gebragt.

Indien men een blik slaat op eene eenigzins uitvoerige kaart van Suriname, (1) verwondert men zich aldaar zoo weinig bebouwd land te vinden; te meer bevreemdt ons dit, omdat

---

(1) De uitvoerigste kaarten, mij bekend, zijn die, welke behooren tot het werk van Teenstra: „De Landbouw in de kolonie Suriname," en de afzonderlijke, bij het werk van jonkh. C. A. van Sypenstein: „Beschrijving van Suriname enz." uitgegevene groote kaart, onder toezigt van genoemden heer vervaardigd. Uit deze werken zijn ook in deze geschiedenis de opgaven wegens den natuurlijken toestand van Suriname grootendeels geput.

alle berigten hierin overeenkomen, dat het een vruchtbaar, een schoon, een rijk door de natuur gezegend land is. Onwillekeurig rijst de vraag dan wel eens in ons op: »Waarom zit men in Europa, in ons Nederland zoo opeengehoopt? waarom klaagt men hier soms zoozeer over overbevolking, over toenemend pauperisme? waarom wordt het bevel door God gegeven, Gen. 9 : 7: »Maar gijlieden, weest vruchtbaar en vermenigvuldigt, teelt overvloedig voort op de aarde en vermenigvuldigt" op dezelve niet in ruimere toepassing gebragt? en waarom heeft de mensch, de door God geschapene mensch, de aarde niet meer vervuld? Waarom? Het antwoord op deze vraag is niet altijd even gemakkelijk; in den loop dezer geschiedenis zullen wij misschien eenige waarschijnlijkheden opmerken, waardoor wij dit, ten minste in betrekking met Suriname, beter verklaren kunnen.

Indien wij in den geest eenige eeuwen teruggaan en ons oog vestigen op Guiana, waarvan Suriname een deel uitmaakt, dan ontwaren wij nog meer doodschheid, nog minder menschelijk leven.

De landstreek Guiana, ook »de wilde kust van Zuid-Amerika" genaamd, bevat niet slechts het Nederlandsche Suriname, maar tevens het Engelsche Demerary, Essequebo en Berbice en het Fransche Cayenne, en strekt zich aan beide zijden zelfs nog verder uit dan de schoone rivieren, de Maranon- of Amazonenrivier en de Orinoco, die als de grensrivieren van Britsch en Fransch Guiana aangemerkt worden; de Oceaan besproeit de noordelijke kust en ten zuiden wordt het door bergen, die echter weinig bekend zijn, van het uitgestrekte Amerika gescheiden.

Guiana maakt een deel uit van dat belangrijke werelddeel, hetwelk wij Europeanen »de nieuwe wereld" noemen, nadat Europa, door de ontdekkingen van Columbus in 1492 en vervolgens er kennis aan heeft gekregen.

Amerika, »de nieuwe wereld" door ons genoemd, omdat het voor ons nieuw was, kan zich evenwel, naar alle waarschijnlijkheid op eene even vroege bevolking als ons Europa beroemen, en heeft voorzeker zijne eigene oorspronkelijke bewoners gehad.

Sommige schrijvers (1) vermeenen redenen te hebben, om te gelooven, dat in overoude tijden, — lang zelfs vóór die verschrikkelijke natuurschokken, waardoor Amerika heeft opgehouden met het groote vasteland van Europa verbonden te zijn, — reeds in die vroege oudheid, zoowel Azië en Afrika als Europa in dat uitgestrekte werelddeel volkplantingen hebben gesticht. Wat daarvan zij, wagen wij niet te beslissen; dit schijnt echter vrij zeker te zijn, dat de inwoners van het werelddeel, door Columbus en anderen ontdekt, reeds te dien tijde verwantschap hadden van taal en zeden enz. met de inwoners der andere werelddeelen. »God heeft uit éénen bloede het gansche geslacht der menschen gemaakt."

Amerika met zijne uitgestrekte wouden, met zijne grasrijke vlakten, met zijne hooge bergen, met zijne majestueuse rivieren, waarbij de grootste van Europa als beekjes zijn, met de vruchtbaarheid van zijnen grond, schijnt van eene verhoogde werking der natuurkrachten te getuigen, ten minste in het planten- en delfstoffelijke rijk.

Zandwoestijnen, gelijk in Afrika, heide- of andere woeste gronden, gelijk in Europa, vindt men er bijna niet.

Daar het zich in de lengte tot hoog in het noorden en laag in het zuiden uitstrekt, zijn in Amerika allerlei klimaten. Wat heeft sedert de ontdekking van Amerika zich het menschelijk verstand met menigvuldige waarnemingen kunnen verrijken, hoeveel aanleiding gaf het den Christen om God in de werken Zijner schepping te verheerlijken; dan ook helaas! hoezeer heeft de heerschzucht der menschen, de onverzadelijke gouddorst der Europeanen voedsel gevonden, bevrediging gezocht; hoe woedden die hartstogten in datzelfde Amerika; hoeveel onschuldig bloed, daar bij stroomen moedwillig geplengd, roept van daar van de aarde tot den troon van Hem, die een vergelder en wreker is van het kwaad.

Aan de noord-oostelijke kust van Zuid-Amerika en wel meer bepaald aan de breede strook lands, bekend onder den naam van Guiana of wilde kust, ligt Suriname. Suriname maakte

(1) O. a. J. v. d. Bosch, „Nederlandsche bezittingen in Azië, Amerika en Afrika." 2e. deel, bladz. 173.

een belangrijk gedeelte van Guiana uit. Het is een land, gelijk
wij zoo straks van Amerika aanmerkten, rijk door de natuur
bedeeld. Uitgestrekte eeuwen heugende wouden, bevolkt met
talrijke diersoorten, zoo viervoetige als vogelen, bedekken deszelfs bodem; schoone rivieren als: de Marowijne, de Saramacca,
de Commewijne, de Suriname, de Coppename en de Corantijn,
vloeijen grootendeels uit het zuidelijk gedeelte van bergen af,
storten zich aan het noorden in den Atlantischen Oceaan uit, en
leveren, even als de tallooze kreeken, uitnemenden visch op.
Slechts vrij diep landwaarts in, ten zuiden, vindt men bergen;
verder is het land vlak en laag en in de bosschen zijn vele
poelen of zwampen, die in den regentijd tot kleine meeren
aanwassen; met lang gras bedekte savanen geven overvloedig
voedsel aan de wilde zwijnen, woudezels en herten; de zeekust,
welke zich van het oosten naar het westen uitstrekt, bestaat
uit laag land, niet meer dan 10 en 15 palmen boven het gemiddelde tij verheven, met kreupelhout bewassen; langs hare
geheele uitgestrektheid ligt eene breede, modderige zandbank,
die hier minder, daar meer in zee uitsteekt.

Dit land, waar een eeuwig groen, eene eeuwige lente als
het ware heerscht, dat zelden door stormen of aardbevingen
ontrust wordt, waar overvloed van visch en gevogelte, waar
saprijke boomvruchten en heerlijke moeskruiden in overvloed te
vinden zijn, zoodat het in deze opzigten voor geen land van den
aardbodem wijkt, waar de mensch alles voor de hand vindt, wat
hij noodig heeft om zijne tijdelijke behoeften te vervullen; — dat
schoon en vruchtbaar land werd, vóór dat het door de Europeanen ontdekt werd, door Indianen bewoond.

Indianen waren de heeren dezer ruwe, maar schoone schepping. Guiana met zijne bosschen en stroomen, visch en
wild, bergen en dalen, vruchten en wouddieren, was het hunne;
hier togen die kinderen der natuur in talrijke scharen rond;
hier sloegen zij hunne eenvoudige hutten op, en terwijl de
mannen ter jagt gingen of zich met de vischvangst bezig hielden, bereidden de vrouwen het maal, of bepootten den grond
met aardvruchten, als yams, cassaves en anderen, of vlochten
aardige korfjes, of vervaardigden die nog door de Europeanen

geprezene fraaije potten, schotels en ander huisraad, of wel zij rijgden schitterende kralen aan elkander, om zich schorten of andere voorwerpen tot opschik of kleeding te maken.

De eigenlijke inboorlingen des lands, Arawakken en Warouwen genaamd, waren van eenen vreedzamen aard; de Caraïben, vroegere bewoners der eilanden, welke men in den grooten inham tusschen Zuid- en Noord-Amerika vindt, schijnen door de vrees voor en door het geweld der Europeanen gedreven, zich van tijd tot tijd in Guiana te hebben nedergezet, en uit al hetgeen men daaromtrent verneemt, blijkt het, dat zij woester van aard en wreeder van inborst waren dan de Indianen, die in de bosschen van Guiana rondzwierven.

Het is dus niet te verwonderen, dat de Caraïben, van nature krijgshaftig en daarbij listig en sluw, weldra eene zekere meerderheid over de andere stammen uitoefenden. 1)

De volkeren, die Guiana bewoonden, en onder den algemeenen naam van »Indianen" bekend zijn, waren van eene welgemaakte gestalte, met regelmatige en over het geheel niet onbevallige wezenstrekken; zij hadden zwarte oogen, terwijl het wit van dezelve zuiver glansrijk was; de neus breed en rond, hunne lippen eerder dik dan dun, de tanden zeer wit en vast, welken zij dan ook tot in den hoogsten leeftijd, ja tot hunnen dood toe, meerendeels gaaf behielden. Dik, lang en zwart haar, dat niet dan in eenen zeer hoogen ouderdom grijs werd, verstrekte hun tot een groot sieraad; zij droegen echter geen baard, al de haren, die om mond en kin groeiden, werden steeds door hen uitgetrokken; ditzelfde deden zij ook met de wenkbraauwen, de vrouwen evenzeer als de mannen; hunne kleur was een zeker rosachtig bruin, doch verschilde evenwel naar de woonplaatsen; de in het bosch levenden waren blanker dan zij, die zich meestal in het veld ophielden.

Zij beschilderden zich daarenboven met eene roode verwstof, Roucou genaamd, en soms ook wel met eene zwarte kleurstof, zoo tegen het steken der Muskieten, als tegen het branden der zon, voornamelijk echter, omdat het door hen fraai gevonden werd.

---

(1) G. B. Bosch. Reizen naar Suriname, enz., bladz 113 enz.

De Indiaansche vrouwen waren doorgaans van eene matige grootte en welgemaakt, terwijl haar gelaat eene zekere innemende zachtheid en goedaardigheid uitdrukte. (1)

Hare voornaamste sieraden, behalve de neus- en oorversiersels, die zij met de mannen gemeen hadden, bestonden in snoeren van kralen, als banden aan de handen, boven de ellebogen, aan de schouders en verder om andere deelen van het ligchaam; van deze kralen vlochtten en droegen zij schorten. Ter voltooijing van den opschik diende een stuk been, ter dikte van een gulden en ter grootte van een stuiver, plat geslepen, dat zij in groote menigte om den hals droegen; korte trosjes, doch kleiner en dunner geslepen, aan welker einde koperen plaatjes hingen, prijkten in de ooren; om den luister van dit alles nog te verhoogen, staken zij nog in ieder oor een tand van een kaaiman of krokodil; sommigen hadden verscheidene ketenen van quiriba, zijnde eene soort van slakkenhuisjes, welke zij kunstig wisten te bewerken. Voeg nu nog hierbij eenige halssieraden, uit de tanden van apen en andere dieren zamengesteld, en een zilver of ander rond plaatje, een halven duim groot, dat in het midden van den neus hing, en het toilet eener Indiaansche schoone is volkomen in orde.

De mannen hadden meestal oor en- neusversiersels als de vrouwen, verder bestond hunne voornaamste pracht in eene soort van mutsen met veelkleurige pluimen.

Deze mutsen dienden echter niet slechts tot sieraad, maar ook tot eene beschutting voor de heete zonnestralen.

Een band midden om het lijf, waarin zij een mes of iets dergelijks staken, en een stuk katoen ter schaamtebedekking, ziedaar de geheele kleeding van de mannen.

Het tatoueeren en beschilderen van het ligchaam met onderscheidene figuren, voornamelijk tegen het naderen van groote feesten, was echter mede bij hen in gebruik.

In het algemeen waren de Indianen, gelijk zij nog zijn,

---

(1) Hartsinck, Beschrijving van de wilde kust of Guiana enz. 1e deel bladz. 9 enz.

C. Quandt, Nachricht von Suriname und seinen Einwohnern, sonderlich den Arawachen, Warauen und Karaïben, u. s. w.

van een vrolijken doch luijen aard; zoo zij zich niet met de jagt of met de vischvangst onledig hielden, of hout voor hunne woningen veldden, of hunne wapenen en vischtuig in orde maakten, of met het groote werk, de vervaardiging eener Canoe bezig waren, bragten zij een groot gedeelte van den dág in hunne hamak of hangmat door, hetzij met praten, of het haar uit den baard te plukken, hetzij met op een of ander ruw muziekinstrument te spelen, of tot afwisseling het geluid van een of ander wild dier na te bootsen. Gastvrij zijnde, ontvingen zij dikwijls bezoek van andere stamgenooten, wanneer het gesprek doorgaans over de geliefkoosde onderwerpen jagt en visscherij liep.

Hoewel zeer tot sterken drank en wellust geneigd, waren zij in den regel van een goeden zachtzinnigen inborst, doch meestal bijgeloovig, vreesachtig en laf, de Caraïben uitgezonderd, die den oorlog beminden en geene vrees kenden. Als men hen beleedigde was hunne wraak, over het algemeen, hevig.

Zij bezaten eene zekere aangeboren eerlijkheid en regtvaardigheid, die in al hunne handelingen uitblonk; zij betoonden zelfs eene wellevendheid en vriendelijkheid, die men bij onbeschaafde volken niet verwacht zoude hebben; indien zij met elkander een gesprek voerden was het steeds met bedaardheid en zachtheid; nooit spraken zij elkander op verachtelijke wijze aan; scheldwoorden waren hun bijna onbekend.

Ten opzigte van hunne godsdienst kan zeer weinig gezegd worden; wel scheen bij hen een zeker onbestemd gevoel of bewustzijn van het bestaan van een Opperwezen te zijn; maar dat zij hetzelve aanbaden of eerbiedigden valt niet te bewijzen. Alleenlijk betoonden zij eenigen eerbied aan de zon en de maan. Zij bezaten eenige kennis van den loop der sterren, en deze kennis, hoe gering dan ook, was hun echter van groot nut tot het opsporen van den weg in de wildernissen. Zij geloofden aan een overgang na den dood in een ander leven; waarom dan ook bij het begraven verscheidene zaken, welke men veronderstelde in eene andere wereld noodig te hebben, bij den doode, in het graf werden gelegd. Van godsdienstoefeningen of plegtigheden onder hen heeft men geene sporen gevonden; echter vreesden zij zeer voor een boozen geest, den duivel, van wien zij zeiden, dat hij hun veel kwaads berokkende, en aan wien zij dan ook de meeste onheilen toeschreven, en dien hunne priesters door bezweringen en andere goochelkunsten trachtten te verdrijven. Die priesters, Pageyers genaamd, dienden tevens als hunne artsen, en oefenden alzoo eenen grooten invloed op hen uit.

Hoewel zij eenige geneesmiddelen en kruiden, waarvan zij de krachten kenden, dikwijls met goed gevolg gebruikten, namen zij, bij gevaarlijke zieken, toch steeds tot een der zoo even genoemde Pageyers de toevlugt.

Deze moest de Jawahu of duivel, welke zij geloofden, dat hun de ziekte toezond, bezweren en uitdrijven.

Een dezer bedriegers begaf zich dan des nachts alleen bij den zieke, voorzien van eene witte calabas, die zij Wieda noemden, en in welke men meende, dat eenige duivels huisvestten. De priester deed hierin eenige steenen, blies er in en schudde dezelve heen en weder, om, zoo als hij voorgaf, de daarin beslotene duivels te noodzaken hunne medemakkers, die den zieke het ongemak aandeden, op te zoeken. Den ganschen nacht door raasde, schreeuwde en bootste hij allerlei geluiden als van apen, tijgers, papegaaijen en andere dieren na; dan weder was het alsof hij met een onzigtbaren persoon sprak en deze hem antwoordde. Die Pageyers wisten hunne stem zoodanig te wijzigen, dat men, buiten de hut staande, werkelijk zou gedacht hebben, dat er een tweede persoon aanwezig was.

Kwam de lijder te sterven, o dan had de Pageyer steeds de eene of andere uitvlugt, bij voorbeeld: de kranke had te veel kwaad gedaan of hij had te lang gewacht, of de Jawahu had gezegd, dat hij te zeer vertoornd was om af te laten enz. enz. enz.; genas de zieke daarentegen, hetgeen nog al eens geschiedde, want daar deze door den geweldigen angst en de spanning, waarin hij gebragt werd, meestal als in een bad van zweet geraakte, zoo werkte deze verhoogde transpiratie soms zeer gunstig, dan, ja dan werd de priester rijkelijk voor zijne moeite beloond, men durfde hem bijna niets weigeren, maar gaf hem al wat hij begeerde, al ware het ook de vrouw of de dochter van den lijder zelve.

Die ongelukkigen, zij kenden den eenigen, den waren Geneesmeester niet, en leefden alzoo, even als alle Heidenen, zonder waren troost, in gestadige vreeze des doods, onder de dienstbaarheid der zonde.

De huwelijken onder hen werden zeer eenvoudig gesloten. Wanneer een Indiaan trouwen wilde, zocht hij onder de hand zich bij de bloedverwanten van haar, die hij tot vrouw wenschte te bezitten, te vergewissen, dat hij geen afwijzend antwoord zou bekomen; daarna deed hij een bezoek bij den vader der jonge dochter, hing dezen een tafereel op van de armoede en ontbeeringen, die hij leed, doordat hij geene vrouw had, waarop de vader alsdan met eenige pligtplegingen antwoordde. Na een dergelijk onderhoud werd, naar indiaansche gewoonte, het eten binnengebragt en door het meisje den jongeling voorgezet. Nam deze nu de spijze, zoo bleek het, dat hij het ernstig gemeend had, en het huwelijk werd als gesloten beschouwd; reeds denzelfden avond werd de hangmat der jonge dochter naast die van den bruidegom vastgemaakt en de geheele zaak was afgeloopen. Wilde een vader zijne dochter uithuwelijken, dan verzocht hij hem, dien hij tot man voor zijne dochter wenschte, bij zich en liet hem dan spijze voorzetten; gebruikte hij dezelve, alsdan was mede alles in orde.

Bij sommige stammen kwamen, wanneer de zaak tusschen de belanghebbende partijen bepaald was, de bloedverwanten en vrienden bijeen, waarop de vader of de naaste betrekkingen den bruidegom vermaanden, zorg voor zijne vrouw te dragen; dagelijks uit jagen en visschen te gaan en zijn kosttuin naarstig te bezorgen, om het huishouden wel te kunnen voorzien; der bruid werd zeer op het harte gedrukt, dat zij haren man eerbied bewijzen en hem getrouw moest zijn, dat zij hem, telkens bij zijne te huis komst, spijs en drank voorzetten, en verder alle pligten der vrouw behoorlijk in acht nemen moest; waarop de pleg-tigheid met zingen, dansen en drinken werd besloten, en ein-

2*

delijk de bruidegom zijne vrouw naar zijne hut medenam.
De huwelijksformaliteiten waren hiermede geëindigd.

Schoon de veelwijverij bij de Indianen geoorloofd was, bezaten echter weinigen onder hen meer dan twee of drie
vrouwen, en wanneer zij er meer namen, werd dit als een
bewijs van aanzien en vermogen beschouwd, omdat zij verpligt waren den vaders hunner vrouwen geschenken te geven
en haar, als het ware, van hen koopen.

Gewoonlijk had iedere vrouw hare bijzondere hut, waarin
zij met hare kinderen woonde. Het wild of de visch, door
den man gevangen, werd door hem onder haar, naar evenredigheid van het getal harer kinderen, verdeeld. Het was
der vrouw niet geoorloofd te eten, voordat de man hiermede
gereed was; de toestand eener vrouw is, gelijk bij alle
Heidensche volkeren, meer die eener slavin dan die eener
levensgezellin, eener echtgenoote in onze Christelijke maatschappij.

De wapenen der Indianen bestonden uit bogen en pijlen;
de bogen waren van letter- of ander hard hout, gewoonlijk
vijf à zes voeten lang, aan den buitenkant rond, en aan de
punten spits toeloopende, en met een koord of snaar gespannen; de pijlen hadden dezelfde lengte; van riet gemaakt, was
aan het achtereinde van iedere pijl een stuk hout, drie à
vier duimen lang, om de beweging te verhaasten; aan de
andere zijde of de punt werd zij voorzien van een stuk zeer
hard hout, dat spits gesneden, of wel met veeren of steenen
punten met weêrhaken, ook wel met een scherpen vischgraat
of iets dergelijks voorzien was. Één punt op de pijl was den
Indiaan echter niet genoeg, soms zette hij er drie, vijf ja
zeven op, welke Possirou genoemd werden.

Dit wapentuig gebruikte de Indiaan niet slechts in den oorlog, maar ook op de jagt en meermalen ook ter vischvangst;
hij was in het gebruik zoozeer geoefend, dat hij in één
schot dikwijls evenveel visschen doodde, als er punten aan
de pijl waren.

Even als hunne stamgenooten in Zuid-Amerika woonden zij in
dorpen of gehuchten, die uit eenige hutten bestonden, bij elkan-

der geplaatst langs de rivieren en meren, zonder eenige schikking of orde, terwijl zij dikwijls van woonplaats veranderden.

Deze hutten of carbets waren ellendige vierkante woningen,
van vijftig tot zestig voeten lang, doch niet zoo breed, van
boven rond, en achttien à twintig voeten hoog; houten staken
en gevlochten boomtakken waren de bouwstoffen voor de
wanden; het dak werd met palm- of andere bladeren gedekt;
de eenige opening was de deur, die zoo laag was, dat men
haar bukkend moest binnengaan; de stookplaats in het midden der hut zijnde, moest de rook door de deur een uitweg
vinden.

Bij sommige stammen van Indianen in Amerika woonden
verscheidene huisgezinnen bij elkander; hier vond men dit
echter zeldzaam, ieder gezin woonde afzonderlijk; de Caraïben
zelfs hadden meestal tweederlei hutten als: één voor nachtver-
blijf, van hetwelk het dak, tents-gewijze gebouwd, aan de einden bijna den grond reikte; de andere, die des daags bewoond
werd, was hooger en wijder, vierkant, op palen opgehaald,
aan twee en drie kanten open en verder met bladeren gedekt.

In hunne dorpen was doorgaans ééne groote hut, Tabouy
genaamd, die tot wapenhuis diende, of tot eene verzamelplaats
van de geheele bevolking, waar zij hunne vergaderingen hielden, hunne feesten vierden en de vreemdelingen ontvingen.

Deze gebouwen waren in den regel 130 à 140 voeten lang
en 30 à 40 voeten breed, behalve het plein, dat met palisaten bezet was; zij waren rondom open, verder van een genoegzaam
getal hangmatten voorzien, opdat de mannen op hun gemak
de noodige zaken behandelen konden; aan de vrouwen was
dit voorregt niet vergund, deze moesten op hare hielen in
hurkende houding of anders op eene groote bank zitten.

Het huisraad van den Indiaan was zeer eenvoudig, en bestond
in de eerste plaats in de hangmatten, geschilderde potten, gevlochten korfjes, en hierbij kunnen wij mede wel den boog en de
pijlen rekenen, die het grootste sieraad der woning uitmaakten.

Stoelen of banken werden door hen niet gebruikt; zoo zij
al niet op hunne hangmatten lagen, zaten zij altijd op hunne
hielen in nedergehurkte houding.

Alleen bezaten zij eenen houten stoel, Moulé genaamd, die bij het ontvangen van bezoek gebruikt werd; een zeer gemakkelijke zetel was het nu wel niet, zijnde zonder leuning en zitting en in het midden zoo hol, dat men er tot aan de kniëen toe inzakte en de kniëen tot aan de kin kwamen.

Wat inzettingen, wetten, enz. betreft, hiervan waren zij ten eenemale onkundig; noch regeringsvorm, noch policie belette hen een ieder naar zijn welgevallen te leven; onderscheid van rangen en standen werd onder hen niet gevonden; hunne kapiteins of opperhoofden voerden slechts het bevel in den oorlog, doch bezaten geene magt in burgerlijke zaken. En toch, ofschoon deze Indianen van geene wetten wisten, geschiedde er zelden manslag; zij leefden vreedzaam onder elkander; indien zich echter het zeldzame geval voordeed, dat de eene Indiaan den anderen doodde, werd dit òf door de maagschap gewroken, òt de doodslager moest zekere vergoeding geven. Bij sommige stammen, o. a. bij de Caraïben, die zeer jaloersch waren, werd overspel met den dood van beide schuldigen, in het openbaar, ten aanzien van al het volk, gestraft; bij anderen sloeg de man de echtbreekster dood; wederom bij anderen had eene wedervergelding plaats en werd de overtreder met gelijke munt betaald.

In den oorlog waren zij, voornamelijk de Caraïben, dapper maar tevens wreed; de gevangenen werden òf tot slaven gemaakt òf op gruwelijke wijze vermoord, terwijl zij onder de uitgezochtste pijningingen de grootste hardvochtigheid toonden.

Zoo leefden en woonden die kinderen der natuur, met hun goed en hun kwaad; zondaars als alle menschen, in betrekkelijken zin goedhartig, slechts bij het verheffen der hartstogten in den oorlog wreed.

Hadden zich toen onder hen mannen begeven, brandende van liefde tot den Heer, die hen kocht met Zijn bloed, en die hen in zachtmoedigheid en vertrouwen op 's Heeren hulp, het Evangelie der genade hadden komen brengen, dan zou men hier misschien dezelfde heugelijke verandering gezien hebben, als wij in deze dagen bij de veel woestere bewoners der Zuidzee-eilanden opmerken; ware dit toen en vervolgens geschied, hoe gansch anders zou de geschiedenis van Guiana nu zijn.

De bewoners van het Zuidelijk Europa, in de 16e en 17e eeuw, trokken toen niet naar vreemde landen om het rijk huns Heeren uit te breiden, om het heil, dat in Christus Jezus den menschen geworden is, aan blinde Heidenen te verkondigen, men verliet ook toen huis en hof, vaderland en magen, maar slechts uit zucht naar gewin.

Wij keuren het volstrekt niet af, dat men zich in een ander land gaat vestigen, om aldaar, doende wat de hand vindt om te doen, het brood des bescheiden deels te verdienen, — maar dat men dan toch steeds voor oogen houde de vermaning van den Apostel (1 Petr. 2: 12) »Houdt uwen wandel eerlijk onder de Heidenen, opdat zij uit de goede werken, die zij in u zien, God verheerlijken mogen;" en dit deden de Christelijke natiën van Europa niet; aan die Apostolische vermaning dachten zij niet bij het verkeer met en bij hun verblijf onder vreemde Heidensche volken, gelijk de geschiedenis ons gedurig leert.

De beroemde Christoforus Columbus had, gelijk algemeen bekend is, in 1492 het vierde werelddeel, de Nieuwe wereld, ontdekt.

De haat en afgunst der Spanjaarden en Portugezen was door den welverdienden roem van dezen grooten man tegen hem opgewekt. Wij willen thans niet uitweiden over de onaangenaamheden en de kwellingen, die Columbus aangedaan werden; het is ook niet noodig, zij zijn genoegzaam bekend; algemeen weet men dat het vierde, door Columbus ontdekte, werelddeel niet naar hem, maar naar een lateren ontdekker, Americus Vespucius, Amerika is genoemd geworden.

De lust tot ontdekkingsreizen was opgewekt, de zucht en het streven om daaraan deel te nemen werd gedurig sterker, en ook naar dat gedeelte van Zuid-Amerika, later de Wilde kust of Guiana geheeten, werd weldra de steven gewend om, zoo mogelijk, den roem van Columbus te overschaduwen en om goud te vinden.

Kort nadat de Spanjaarden, onder Columbus, eerst de eilanden en naderhand het vaste land hadden ontdekt, en zij hunne zeevaart in verscheidene gewesten van dit nieuwe werelddeel begonnen uit te breiden, werden er ontdekkingsreizen naar Guiana gedaan.

De eerste, waarvan de geschiedenis gewaagt, schijnt in 1499 te hebben plaats gegrepen. (*)

Twee der bekwaamste zeelieden, toen ter tijde in Spanje bekend, namelijk Alonzo Ojeda en Juan de la Cosa, werden, in den jare 1499, naar de vaste kust van Zuid-Amerika gezonden, om hare gesteldheid nader te leeren kennen; doch daar zij die ten deele woest, ten deele door onbeschaafde wilden bewoond vonden, kruisten zij slechts langs de kust, beoosten de rivier Orinoco naar het Westen, zonder evenwel veel kennis van die landstreek op te doen, behalve die van eenige rivieren, in dien tijd voor hen van weinig belang.

Vincent Juan Pinçon, die Columbus op zijne eerste reize vergezeld had, kwam in 1500, na eene zeer moeijelijke reis, aan de andere of oostelijke zijde van Guiana, digt bij Kaap Nord. De aldaar gelegen eilanden kwamen hem zeer aangenaam voor, en hij werd door de Indianen wel ontvangen, welke hem veel vriendschap bewezen. De aan het vaste land gelegen rivier de Maranon of Amazone rivier werd door hem een eind weegs opgevaren, om haar verder te ontdekken; hij gaf zijnen naam aan eene kleine rivier, die later ook Ojapoco geheeten werd; hij heeft echter geene naauwkeurige beschrijving van dit gewest gegeven.

Een heerschend volksgeloof zeide, dat er ergens een Eldorado, een goudland, moest bestaan, dat Peru en Mexico nog verre overtrof; men sprak er van, dat diep landwaarts in, een land was gelegen, waarin onnoemelijke schatten van goud en zilver en kostbare steenen gevonden werden; waar de inwoners hunne huizen met gouden beelden versierd hadden, ja er zelfs de daken mede bedekten; ook sprak men er van, dat aldaar een meer van zout water bestond, dat van wege zijne onmetelijke uitgestrektheid wel eene zee kon

---

(*) Hartsinck, bl. 125.

genoemd worden, en het meer van Parima heette, waarvan het oeverzand met stukjes en stofgoud rijkelijk voorzien was. Dit gerucht was veroorzaakt door eenen wilde, die, naar hij voorgaf, aldaar was geboren, en dit berigt had aan Don Belalcasar, nadat deze in 1535 de landen van Papiau had ontdekt en veroverd.

Dit land moest ter zijde van de Orinoco en dus in Guiana liggen. Hoe ongerijmd deze geruchten ook waren, en hoezeer zij gedurig door de ondervinding gelogenstraft werden, de gedachte aan de mogelijkheid alleen om zulk een land te vinden, bewoog velen tot togten derwaarts.

Duizende gelukzoekers, voornamelijk Spanjaarden, vonden bij deze togten den dood, maar de ondervonden moeijelijkheden schrikten niet af; steeds trachtte men dieper het land in te dringen. Deze pogingen werden voornamelijk van en nabij de rivier Orinoco beproefd; waar de Spanjaarden zich reeds vroeg hadden gevestigd. Door zekeren Don Diego de Ordas, die ook vele moeijelijke en vruchtelooze reizen ter ontdekking van het Goudland gedaan had, werd in 1531 aan den Oostkant van de genoemde rivier de Orinoco, vijf en negentig mijlen van haren mond, eene stad gesticht, welke hij St. Thomas de Guiana noemde en welke de eerste bezitting der Spanjaarden in die streek was.

Van hier dan en aan de andere zijde van de Maranon of Amazone rivier, alwaar de Portugezen zich reeds vroeg gevestigd hadden, gingen de meeste ontdekkingsreizen uit, en waren zij ook al vruchteloos voor het beoogde doel, men leerde hierdoor toch allengs het land beter kennen.

Wij zouden te uitvoerig worden, indien wij een verhaal van al die togten wilden geven; (*) dit toch blijkt uit alles, dat het bestaan van een Eldorado, op verscheidene tijden en door zoo velen gezocht, maar nooit gevonden, niet dan op losse geruchten en de ijdele hersenschimmen der Spanjaarden en Portugezen was gegrond.

Vele ondernemingen zijn van tijd tot tijd beproefd en mislukt; eene der laatsten van de zijde der Spanjaarden was die

---

(*) Bij Hartsinck, aan wien ook zeer veel bouwstoffen voor onze geschiedenis ontleend zijn, vindt men de beschrijvingen dier onderscheidene togten vrij uitvoerig.

van Antonio Berrejo, schoonzoon van Ximenes de Queseda, die sedert het jaar 1582, verscheidene jaren lang, pogingen aanwendde, om het goudland Eldorado te ontdekken.

Daar hij, niettegenstaande alle mislukkingen, nog steeds door eenige berigten van Indianen misleid, in den waan bleef verkeeren, dat dit zoo zeer begeerde land toch in Guiana lag, zond hij in het jaar 1593 Domingo de Vera, met eenig volk, om die onderneming uit te voeren. Ook deze deelden met de anderen in hetzelfde lot. Echter nam gemelde de Vera, op den 23sten April 1594, uit naam van Filips II, koning van Spanje, bezit van Guiana.

Wij willen de acte, volgens welke die in bezitneming geschiedde, hier mededeelen; zij luidde als volgt:

»Aan de rivier de Pato, den 23sten April 1593. — In tegenwoordigheid van mij Rodrigues de Corança, secretaris van de Marine, heeft Domingo de Vera, stedehouder van Antonio Berrejo, zijne soldaten doen vergaderen, en nadat hij hen in slagorde had geschaard, deze aanspraak gehouden: »Mijne vrienden, gij weet welke moeite onze Generaal Don Antonio Berrejo zich heeft gegeven, en wat kosten hij sedert elf jaren gedaan heeft, om het magtige rijk van Guiana en Eldorado te ontdekken. U zijn ook niet onbekend de buitengewone moeijelijkheden, die hij in deze roemruchtige onderneming heeft ondervonden; nogtans hebben het gebrek aan levensmiddelen en de slechte staat van zijn volk deze kosten en moeijelijkheden onnut gemaakt; hij heeft mij gelast weder nieuwe ontdekkingen te doen.

»Uit dien hoofde moet ik bezit nemen van Guiana, in naam des Konings, en van onzen Generaal, derhalve gelast ik u Franciscus Carillo, om dat kruis, hetwelk op den grond ligt, op te nemen, en hetzelve naar het Oosten te keeren."

»Carillo gehoorzaamd hebbende, wierpen de stedehouder en de verdere soldaten zich voor het kruis op hunne kniëen en deden hun gebed.

Vervolgens nam Domingo de Vera een kop vol water, en dronk dien uit; hij nam een tweeden, en stortte dien op den grond, zoo ver hij kon, trok zijn zwaard, en sneed het gras rondom zich, alsook eenige takken van boomen af, zeggende: »In den naam van God neem ik bezit van dit land, voor Zijne Majesteit Don Filips onzen wettigen opperheer." Waarna men weder nederknielde en alle omstanders, zoowel officieren als soldaten, antwoordden: »Dat zij deze bezittingen zouden beschermen tot hunnen laatsten droppel bloeds." Daarop gelaste Domingo de Vera met den blooten degen in de vuist mij, Acte te geven van deze in bezitneming en te verklaren, dat allen, die daar tegenwoordig waren, er van tot getuigen verstrekten.

»(Was geteekend) Domingo de Vera, door mij secretaris Rodrigues de Corança."

Niettegenstaande deze plegtige in bezitneming, vinden wij later weinig blijken van de magt der Spanjaarden in Guiana; behalve langs de rivier de Orinoco en van de Portugezen aan de rivier de Amazone.

Toen andere volken hunne bezitting en handel in die landstreek uitbreidden, troffen zij nog wel sommige van die natien aldaar aan, en vonden zij ook nog wel eenige Indianen, die aan hunne magt onderworpen waren, doch dit was slechts van zeer geringe beduidenis, in vergelijking van de groote krachtsinspanning, waarmede hunne eerste ontdekkingen geschied waren. Zij schijnen reeds vroegtijdig het eigenlijke of midden Guiana verlaten te hebben; onder de oorzaken, die daartoe medegewerkt hebben, behooren deze: dat voornamelijk de Caraiben, door hunne wreedheden verbitterd en moede het slaafsche juk te dragen, deze hoogmoedige meesters òf verdreven òf verwond hebben; en de toenemende bloei hunner andere volkplantingen zal hun mede een beletsel zijn geweest, om hier de noodige kracht tot behoud te ontwikkelen.

Zooveel schijnt zeker te zijn, dat in het einde der zestiende en in het begin der zeventiende eeuw in dat gedeelte van Guiana, hetgeen thans Suriname heet, zich geene Europesche inwoners meer bevonden.

Diep landwaarts, in Engelsch en Fransch, zoowel als Nederlandsch Guiana, vindt men nog verscheidene namen van Spaansche avonturiers, welke die landstreek bezochten, op de rotsen uitgehouwen.

Ziedaar dan het eenig overblijfsel van al die moeite, van al dat jagen en drijven naar goud: eenige namen geschreven op de rotsen.

De hoop om een goudland te vinden was toch, niettegenstaande alle mislukkingen, nog niet geheel uitgedoofd. Een Engelschman, de welbekende avontuurlijke ridder Sir Walter Rawleigh heeft te dien einde in 1595 eene togt naar Guiana gedaan. Door de verhalen, die hij van den door hem gevangen genomen Don Antonio Berrejo vernam, vatte hij een zoo groot denkbeeld van de rijkdommen van dit nog zoo onbekende gewest op, en was hij hiermede zoozeer ingenomen, dat hij geene zwarigheid maakte, in zijne uitgegevene reisbeschrijving, daarvan te zeggen: »dat hij, die meester van Guiana werd, meer goud bezitten, en over meer volks heerschen zou dan de koning van Spanje en de Turksche sultan.

Wij hebben echter reeds genoeg van de ongegrondheid dier verhalen en de ijdelheid dier droomen gezien, om ons langer bij deze nuttelooze togten op te houden; alleen vermelden wij, dat op bevel van Rawleigh, kapitein Laurens Keimis in 1596 uit Engeland werd gezonden, (*) om de kust van Guiana naauwkeurig op te nemen. Hij voldeed hieraan, bezocht de meeste rivieren tusschen de Amazone en Orinoco gelegen, welke hij in zijne reisbeschrijving ten getale van 67, benevens de namen der wilden, die derzelver oevers bewoonden opnoemt; hij dreef ook eenigen handel met hen en keerde vervolgens naar Engeland terug.

Intusschen begonnen ook reeds andere volken deze kusten te bevaren, om met de inboorlingen tabak, verw-, letter- en ander hout te ruilen en daarmede handel te drijven.

Zoo ook blijkt uit oude geschriften, (**) dat de Hollanders en Zeeuwen, kort voor het jaar 1580, de vaart niet slechts op de rivieren de Amazone en de Orinoco, maar op de geheele kust van Guiana begonnen zijn met acht, negen en meerdere schepen. De Staten van Holland verklaarden in den jare 1581, (§)

(*) Hartsinck blz. 161.

(**) J. de Laat, Beschrijving van W. I. 15de boek, 21 Cap. blad 509, Gumella, Histoire de l'Oronoque. Tom. 1. pag. 128.

(§) Resolutiën Holl. 10, 14 Junij, 7 en 22 Julij 1581.

wel te mogen lijden, dat die vaart door bijzondere personen ondernomen werd.

In 1599 zijn mede verscheidene rivieren van Guiana door de Hollanders en Zeeuwen bezocht, en in den jare 1614, den 27 Maart, verleende s' lands overheid een generaal octrooi, waarbij elk, die eenige nieuwe havens, passages of plaatsen voortaan zou ontdekken, vrijheid kreeg, om dezelve vier jaren lang, met uitsluiting van anderen, te mogen bevaren.

Adriaan ter Haaf, burgemeester van Middelburg, schijnt mede al vroeg zijne schepen derwaarts te hebben gezonden, daar hij, in 1599, in een adres aan de Staten van Zeeland ingeleverd, waarbij hij om soldaten op zijne schepen verzocht, gewaagt van reeds van tijd tot tijd zijne schepen naar de kust van Zuid-Amerika te hebben gezonden.

Omtrent dezen tijd formeerden de kooplieden van Vlissingen (*) daar reeds eene volkplanting, en wierpen aan de Amazonen-rivier twee sterkten op, de eene genaamd »Orange" en de andere »Nassau", welke naderhand echter weder door de Portugezen werden vernield.

De Nederlanders hadden zich ook reeds vroeg aan de rivier van Essequebo nedergezet, maar de Spanjaarden verdreven hen met behulp der Indianen in 1596. Doch onze oude Nederlanders lieten zich niet zoo spoedig afschrikken; kort hierna heeft de heer Joost van den Hooge aan deze rivier weder eene volkplanting opgerigt, door hem Nova Zelandia genaamd, en eene sterkte gebouwd, later »Kijk overal" geheeten, welke reeds voor het jaar 1613 volkomen in wezen was.

De heer van Peere en eenige anderen vestigden mede, in het begin der 17e eeuw, eenige nederzettingen in die streek, welke thans tot Engelsch Guiana behoort, terwijl bij resolutie van de heeren van Zeeland, den 29 Junij 1634, aan een ieder verboden werd, de Wilde kust te bevaren en aldaar volkplantingen te stichten, dan gemelde heeren en den Heer de Peere alleen (†).

(*) Hartsinck bl. 207.
(†) Hartsinck bl. 208.

Wij vermeenen thans genoeg gezegd te hebben van de ontdekkingen en eerste togten der Europeanen van en naar de
Wilde kust en Zuid-Amerika of Guiana in het algemeen, om
eenigzins een, zij het dan slechts een oppervlakkig denkbeeld
hiervan te verkrijgen, en willen ons nu meer bepaald met
dat gedeelte van Guiana, thans Suriname geheeten, bezig houden. Slechts van tijd tot tijd, indien dit tot goed verstand
noodig is, zullen wij van die andere gedeelten gewag maken,
en willen wij dan alzoo ook nog met een enkel woord spreken van de poging, door de Engelschen en Franschen aangewend, om aan de rivier Wiapoco en elders in het tegenwoordige Fransch Guiana volkplantingen op te rigten.

De eerste proef geschiedde door kapitein Charles Leigh, die
met het schip de Olijfplant, bemand met 46 koppen, den
22sten Mei 1614 in de rivier de Wiapoco aankwam, alwaar hij
en zijne lieden goed ontvangen werden door den daar wonen-
den Indianenstam, met welken hij vervolgens tegen de Caraï-
bische Indianen in oorlog trad.

Leigh was voornemens bij den berg Oliphe, eene volkplanting te stichten, doch het volk werd weldra mismoedig, bij
het zien der groote en digte bosschen, die omgehakt moesten worden en hij besloot toen zijne woonplaats eenige mijlen
verder bij den berg Huntley te vestigen. Eene verzochte versterking, die den 16 Mei 1605 uit Engeland vertrok, werd
door tegenwinden opgehouden, verviel op het eiland St. Lucie,
en werd aldaar grootendeels door de Indianen vermoord, een
gedeelte vlugtte naar de Caracas.

Een ander schip met dertig personen, koopmans- en andere goederen afgezonden, bereikte den 15 Februarij 1606
zijne bestemming, maar vond den kapitein Leigh en het
grootste gedeelte van zijn volk ziek. Leigh overleed weldra, en
toen het schip vertrok bleven slechts 35 personen, onder bevel
van een zekeren Richard Saksie achter; doch het duurde niet
lang of ook deze Saksie vertrok met 14 anderen, op een Zeeuwsch
schip, naar Middelburg; 10 anderen met een Fransch schip
naar St. Malo; de overigen naderhand, den laatsten Mei 1606,
met het schip »de Hoop", naar Holland. Zoo werd deze volk-

planting in twee jaren tijds gesticht en weder opgebroken (*).

Later in 1608 schijnt er eene nieuwe proef aan de rivier
Wiapo ondernomen te zijn door Mr. Hartcourt met 30 man,
die evenzeer mislukt is.

De Fransche kooplieden te Rouan legden in 1624, na alvorens eenige schepen derwaarts gezonden te hebben, eene
bezetting in dit gedeelte van Guiana, en besloten aldaar eene
vaste handelsplaats op te rigten. Zij plaatsten eene kleine
volkplanting van 26 menschen aan de rivier van Sinamari.
Deze moet echter niet lang stand hebben gehouden; in 1631
heeft zich zekere kapitein Chambon, met nog 12 Franschen,
daar op nieuw nedergezet, om peper te vergaderen.

Een Nederlander, David Pieterse de Vries, stichtte in het
zuiden van Cayenne in 1634 mede eene kleine volkplanting.

In 1626 werd door de Franschen een veel grootere aangelegd, aan de rivier Conanam, W. N. W. van de Sinamari. — Hier
werd eene versterking gebouwd, en breidde zij zich meer en
meer uit. Door moedwillige handelingen tegen de Indianen,
werden zij, door deze uit wederwraak, verdreven.

In 1643 werd weder te Rouan eene Maatschappij opgerigt tot kolonisatie, aan het hoofd van welke zekere Poncet
Bretigny stond, die wegens zijne wreedheid met verscheidene
zijner volgelingen door de Indianen vermoord werd. Eene
nieuwe maatschappij, met groote krachten, (800 lieden, zoo
mannen als vrouwen, gingen uit Frankrijk derwaarts), beproefde op nieuw eene kolonisatie; onderlinge twisten tusschen
de verschillende maatschappijen beletteden echter den goeden
vooruitgang, en de Hollanders maakten van deze verdeeldheid
gebruik. In 1657, onder het bewind van Gerrit Spranger,
namen zij daarvan een groot gedeelte in bezit, doch bleven
er ook niet lang meester van, gelijk wij later zien zullen.

In het jaar 1630 is de eerste nederzetting door Europeanen
in dat gedeelte van Guiana, hetwelk thans ook Suriname
wordt geheeten, geschied.

(*) Hartsinck bl. 143 enz.

Kapitein Marechal, vergezeld van 60 Engelschen, vestigde zich in genoemd jaar aan de rivier Suriname, bijna 16 mijlen die rivier op; hij bouwde aldaar een fortje; omringde het met palisaden, maakte nog 6 mijlen hooger op een huis voor 15 à 16 zijner lieden, en begon weldra tabak te planten.

David Pieterse de Vries, een Nederlander, dezelfde, die in 1634 Cayenne eene volksplanting gesticht had, bezocht later de rivier Suriname en vond aldaar eenige huizen, fortsgewijze met palisaden omzet, en den kapitein Marechal met zijne landgenooten bezig zijnde een kolonie te formeren en tabak te planten. (*)

Dan ook deze bezitting moet van geen langen duur zijn geweest; hoewel wij den juisten tijd en de wijze harer opheffing nergens vermeld hebben gevonden.

In 1640 hebben de Franschen, waarschijnlijk van Cayenne, zich daar neder geslagen en de kolonie in bezit genomen; men zegt ook, dat men den eersten aanleg van het fort, later fort Zelandia genaamd, aan hen verschuldigd is, terwijl anderen, wij gelooven met minder waarschijnlijkheid, de Spanjaarden daarvan de eer toekennen.

De franschen hebben Suriname echter spoedig verlaten, zoo wegens het ongezonde klimaat, veroorzaakt door de zware bosschen en veelvuldige moerassen, als door de gedurige invallen der Indianen.

De Indianen, de zonen der wildernis, waren wel van tijd tot tijd door de Europesche volken verontrust, doch na het vertrek der Franschen waren zij weder alleen meesters en heeren.

Wie weet hoezeer zij zich hierover zullen verblijd hebben; wie weet welke vreugdefeesten daarover in die uitgestrekte wouden gevierd zijn; wie weet welke zegezangen er werden aangeheven, toen de laatste blanken verdwenen waren; wie weet, — maar verdiepen wij ons niet langer in gissingen, al heeft dit alles plaats gehad. — Spoedig is het gebleken, dat die blijdschap over de verdrijving der vreemdelingen te vroeg en te groot

(*) Nog wordt in Suriname eene zekere kreek de Marechals kreek geheeten.

was, en die feesten zullen weldra opgehouden hebben, die zegezangen verstomd zijn; want zij bleven niet lang alleen meesters
en heeren; op dien vruchtbaren bodem vestigden zich op nieuw
Europeanen, en sedert dien tijd is dat land in het bezit der
Europesche natiën geweest, en werd aldaar een toestand geboren, gelijk aan die in andere landen en werelddeelen, alwaar
de Europeaan vasten voet erlangde, of die hij door de kracht
des gewelds veroverde.

Lord Willoughbij, Graaf van Parham, rustte in 1650 op
eigene kosten een schip uit, bestemd naar de kust van Guiana,
hetwelk aan de rivier de Suriname aanlandde, en waarvan de
bemanning goed en vriendelijk door de Indianen ontvangen werd.

Men sloot met hen verbonden en begon met allen ernst
eene volkplanting daar te stellen. Genoemde Lord zond vervolgens nog een schip van 20 stukken, benevens twee kleinere
vaartuigen met onderscheidene goederen derwaarts. Van tijd
tot tijd ging hij voort om de nieuwe kolonie van wat zij
noodig had, te voorzien, en in 1652 kwam Lord Parham zelf in Suriname, vertoefde er eenigen tijd en bragt
door woord en daad veel tot den voorspoedigen vooruitgang
en bloei der nog zoo kort opgerigte volkplanting bij. Als
gouverneur-generaal der West-Indische eilanden benoemd,
vertrok hij echter weldra naar Barbadoz (*). In 1654 vlugtten
eenige Franschen onder Braglione en Duplessis uit Cayenne,
van waar zij door de Gallibische Indianen verdreven waren,
en werden goed door den bevelhebber Ruff ontvangen (†).

De Engelschen legden er zich met ijver op toe, om den
grond te bebouwen, en deden wat mogelijk was om zich
hier voor goed te vestigen.

Digt bij het fort, thans Zeelandia genaamd, dat zeer door
hen versterkt was, werden boomen geveld, omtrent twee à drie
honderd morgen lands vlak gemaakt, en spoedig kwam hier
een gehucht van ongeveer 50 hutten of huizen tot stand
Dezen waren echter zeer eenvoudig, op de Indiaansche wijze,

(*) Sypenstein, blz. 7.
(†) Hartsinck 2e deel, blz. 583. Sypenstein blz. 8.

5

zonder schikking of orde gebouwd; in het fort zelf maakte men een laag huis, geheel van steen, ter bescherming tegen de invallen der Indianen.

In 1654 werd het aantal Engelschen op 350 begroot; maar weldra nam de kolonie in bloei toe, en verscheidene nieuwe aankomelingen versterkten ze, zoodat het getal der nieuwe inwoners weldra tot 4000 wies. (*)

Aan wederzijden der rivier Suriname breidden zich hunne bezittingen uit, voornamelijk in de nabijheid van het fort, alwaar later dan ook de stad Paramaribo gebouwd is, en hooger op aan de rivier Para, waar deze zich in de Suriname stort.

Nu werden voor het eerst eigenlijke plantaadjes aangelegd, en weldra beliep hun getal 40 à 50. Hier werd hoofdzakelijk suiker geplant; op eenigen nam men ook op nieuw de proef met de tabaksteelt, welke echter niet zeer gelukkig uitviel; van meer belang was de houtvelling voor het gebruik in de kolonie, zoo voor het bouwen der huizen als ter oprigting der suikermolens. Beide waren in den beginne zeer eenvoudig, de molens werden door paarden of ossen gedreven. De tigchelsteenen, benoodigd tot het metselen der ketels, om suiker te raffineeren, werden door de kolonisten mede zelven gemaakt. Onderling belang verbond hen en alzoo kwamen zij meermalen op eene bepaalde plaats bij elkander en bewerkten dan in gemeenschap datgene, waartoe afzonderlijke personen niet in staat zouden geweest zijn (†).

Lord Parham, die zich werkelijk jegens deze volkplanting zeer verdienstelijk had gemaakt, en die de eerste proef geheel op eigene kosten had gedaan, werd in 1662 door koning Karel II, bij uitvoerigen giftbrief (§) in het bezit van Suriname bevestigd.

(*) Hartsinck 2e deel, blz. 584. Ik veronderstel, dat onder dit groote getal van 4000 ook de uit Cayenne en Engeland gekomen Joden en de door Engelschen en Joden bereids bezeten slaven moeten gerekend worden.

(†) Historische proeve, 1e deel, blz. 49—50.

(§) Bij Hartsinck vindt men dezen geheel 2e deel, blz. 522 tot 558.

Bij deze acte werd het volle eigendom der landen en kusten van Suriname, den 2den Julij 1662, geschonken aan Sir Charles Willoughby, Graaf van Parham, en aan Laurens Hide, tweeden zoon van den grootkanselier graaf van Clarendon en aan hunne nakomelingen of regtverkrijgenden.

De regering werd onder het opperbestuur van lord Parham vastgesteld, en bestond uit een gouverneur, den raad en de gemeente, terwijl de kolonie volgens de Engelsche wetten en eenige bijzondere keuren werd bestuurd.

Terwijl de kolonie in korten tijd in uitgebreidheid en belangrijkheid toenam, kwamen er gedurig meerderen aldaar, om hun geluk te beproeven of om andere oorzaken. Weldra vestigden zich hier mede uit Cayenne een vrij groot aantal Joden, die door lord Parham, uit overweging van het groote nut en voordeel, dat zij de nieuwe volkplanting konden aanbrengen, in alles met de Engelschen gelijk gesteld en voorts in hunne godsdienst en burgerregten gehandhaafd werden.

Zij deelden deze voorregten met hunne geloofsgenooten, die met lord Parham uit Engeland waren aangekomen.

Daar de Joden steeds een zoo belangrijk gedeelte der bevolking hebben uitgemaakt en nog uitmaken, willen wij deze nederzetting, een weinig uitvoeriger mededeelen en vinden wij ons genoodzaakt de geschiedenis hooger op te halen.

De Joden, die in grooten getale in Spanje en Portugal woonden en aldaar, voornamelijk onder de overheersching der Mooren, tot grooten luister en rijkdom waren gekomen, werden na de verdrijving van de laatsten, door de katholieke vorsten van dat land zeer verdrukt en vervolgd, gelijk ons de geschiedenis leert. Om deze vervolging te ontwijken hadden velen zich in het nieuw ontdekte Brazilië nedergezet, en hoewel zij daar ook nog veel van den haat der katholijke geestelijken en anderen moesten lijden, was dit, in betrekkelijken zin, toch minder dan in Spanje en Portugal.

Eene gouden eeuw brak voor hen aan, toen de Nederlanders voor een goed deel meester in Brazilië waren gewor-

3*

den, en onder de roemrijke regering van Maurits van Nassau namen zij in aanzien en rijkdommen toe. Als een bewijs hiervan diene de vermelding van het feit, dat toen Maurits in 1644 Brazilie verliet, de Joden hem verzochten, om het prachtige paleis, door hem gebouwd, te mogen koopen, ten einde hetzelve tot eene Synagoge in te rigten.

De zaken der Nederlanders gingen, gelijk bekend is, na het vertrek van dezen kundigen landvoogd, spoedig achteruit, en weldra verloor Nederland geheel het rijke Brazilie.

De voorspoedszon der Joden aldaar begon nu ook te tanen, en in 1654 werd hun de vrije godsdienstoefening en weldra zelfs het verblijf op Portugeesch grondgebied ontzegd. De Stadhouder van Portugals koning verleende evenwel aan de talrijke Joodsche bevolking nog eenigen tijd, tot regeling harer zaken, mitsgaders een zestiental schepen, met vrijgeleide, om naar Holland te stevenen. Een aantal dezer Braziliaansche Joden vestigden zich op een ander punt in het Nieuwe werelddeel. Sommigen hunner wendden zich naar Cayenne, dat, gelijk wij hiervoren zagen, in 1656—1657 voor een groot gedeelte door de Hollanders in bezit was genomen, en thans onder het bestuur van Gerrit Spranger stond.

In 1659 werden door de Bewindhebbers der W. I. Compagnie aan David (Cohen) Nassy belangrijke voorregten toegestaan, als: vrijheid van godsdienstoefening, vrijheid van tienden voor den tijd van twintig jaren en verlof om eene volkplanting in Cayenne te vestigen. De W. I. Compagnie verleende dit charter aan David (Cohen) Nassy den 12den September 1659. Hierbij werden de grenzen bepaald, welke ten opzigte der andere, op het vaste land van Cayenne, door hem in acht moesten worden genomen.

Dit aan Nassy verleende Octrooi was zoo gunstig, dat in het volgende jaar een getal van 152 Joden, uit Livorno, zich bewogen vond, om derwaarts over te komen, die dan ook, zonder verhindering op hunnen weg te ontmoeten, aldaar aankwamen en er zich, met grooten dank aan God, onder hunne geloofsgenooten nederzetteden.

Genoemde Nassy muntte onder de andere Joden uit, en

kan eenigermate als hun hoofd beschouwd worden, terwijl hem dan ook den titel van Patroon der Kolonie door de W. I. Compagnie werd toegekend; met hem werden ook de contracten enz. gesloten.

Echter hadden noch hij, noch zijne geloofsgenooten lang genot van de hun in Cayenne toegekende regten, daar Nederland spoedig daarna Cayenne verloor.

Niettegenstaande Nederland te dien tijde met Frankrijk in vrede leefde, verscheen er den 11den Mei 1664 eene Fransche vloot, onder bevel van den heer de la Barre, luitenant ter zee, uit naam van de Fransche Maatschappij der Evennachtslinie, op de reede van Cayenne.

De Hollandsche gezagvoerder Spranger, die geen kwaad vermoedde, was buiten staat eene zoo groote magt af te keeren, te meer daar de Indianen hem verlieten en landwaarts introkken.

Den 15den Mei 1664 werden het fort en de verdere bezettingen aan de Franschen overgegeven, die de ingezetenen plunderden en velen van hen naar Frankrijk medevoerden.

De Joden besloten alzoo, daar zij van nu af gedurig verontrust werden, hunne volkplanting naar een ander oord te verleggen en kozen daartoe Suriname, alwaar zij, gelijk wij reeds opgemerkt hebben, door lord Parham met blijdschap ontvangen werden, daar zij èn door hunne kennis van den landbouw èn door hunne rijkdommen, beide in Brazilie reeds opgedaan en verkregen, welkome gasten waren (*).

Ten dien tijde of iets vroeger hebben zich ook eenige Nederlanders aan de Commewijne nedergezet, ongeveer vijf en twintig mijlen landwaarts in, die met de Indianen in vrede leefden en met hen eenen vrij grooten handel in letterhout en andere artikelen dreven. Deze leefden aldaar, vonden hun bestaan in een eerlijken handel en waren zonder slaven (†).

De Engelschen en Joden hadden echter reeds slaven; hoe-

____

(*) Da Costa. Israël en de volken; H. J. Koenen. Geschiedenis der Joden in Nederland; Historische proeve enz.

(†) Swalue. Neerlands vlag.

wel het niet uitdrukkelijk gemeld is, blijkt dit echter uit den loop der geschiedenis.

In Surinames uitgestrekte wouden waren dus de Indianen niet langer de eenige meesters en heeren, hadden de vroegere ontdekkingstogten en het zoeken naar goud door de Europeanen opgehouden en waren de eerste nederzettingen mislukt; de volharding der Europeanen had gezegepraald.

Europa had vasten voet in Suriname verkregen; de toestand was er veranderd, Suriname was eene Europesche kolonie geworden, en zou dit voor lang blijven. Zij is dit nog.

Voortaan zou de strijd over het bezit meer zijn tusschen de Europesche natiën onderling dan tusschen haar en de oorspronkelijke bewoners; deze worden naar de binnenlanden verdrongen en weldra niet meer geteld; zij verminderen in kracht en magt, naarmate die bij de vreemdelingen toenemen. Slechts van tijd tot tijd zien wij hen uit hunne bosschen te voorschijn komen, om zwakke pogingen ter verdrijving der vreemdelingen te beproeven; later om met hen handel te drijven, en helaas! om van hen dien verderfelijken giftdrank te ontvangen, die hunne gezondheid verwoest, die hen ontvatbaar maakt voor geestelijke, voor eeuwige dingen.

Europa, Europa! heeft daarvoor de Heer des hemels en der aarde u VOOR EEN TIJD magt gegeven om beheerscheres der wereld te zijn?

De Engelschen en anderen bouwden in dit hoekje der aarde hunne tabak en suiker; de kolonie ging voorspoedig vooruit. Doch deze rustige tijd zou niet lang duren; weldra werd zij door gebeurtenissen verstoord, die wederom eene groote verandering te weeg bragten, welker vermelding tot het tweede tijdvak behoort.

TWEEDE TIJDVAK.

Terwijl de Engelschen en anderen zich meer en meer voor goed in Suriname trachtten te vestigen, en de nieuwe kolonie in betrekkelijk korten tijd in bloei toenam, vielen er in Europa gebeurtenissen voor, die eenen grooten invloed op de onderscheidene bezittingen der verschillende Europesche natiën in de nieuwe wereld zouden uitoefenen, waardoor Suriname in het bezit van een wel is waar klein, maar dapper volk zou komen, hetwelk zich, trots allen wederstand en onderlinge verschillen, langen tijd in dat bezit handhaven zou, en hetwelk Suriname, na een twaalfjarig gemis, nu nog als eigendom bezit.

De kleine staat of republiek der Vereenigde Nederlanden was reeds sedert 1661 in oorlog geraakt met Engeland, alwaar Koning Karel II, na den dood van den protector Olivier Cromwel, in 1658 gestorven, in 1660 weder den troon zijns vaders bestegen had, en nu ten koninklijken zetel verheven, spoedig de hulp, de ondersteuning, de bescherming vergat, die hij als banneling in Nederland zoo ruimschoots had genoten.

De strijd werd van beide zijden met afwisselend geluk gevoerd; vooral oogstten onze zeehelden, als de Kortenaar, de van Nessen, van Gent, de Evertsen, de Vries, vooral Cornelis Tromp en de Ruijter, de schrik des Oceaans, toen vele en welverdiende lauweren (*).

De Zeeuwen, die moedige waterleeuwen, gaven meer dan eens blijken, dat zij niet ontaard waren van die heldendeugd, welke eenmaal Spanje's grooten koning deed sidderen. Om overal zoo veel mogelijk den algemeenen vijand afbreuk te doen, rustten zij in 1666 drie schepen uit en eenige kleine vaartuigen, met 300 soldaten bemand, en stelden dit eskader onder bevel van den kapitein ter zee Abraham Crynsen, terwijl de kapiteins Julius Lichtenberg en Maurice de Rame over de troepen het commando voerden. Deze kleine vloot zette koers naar Suriname. Den 28sten Februarij 1667 stevenden deze drie oorlogschepen en eenige kleine vaartuigen de rivier Suriname op. De Engelsche vlag woei van den stengel der schepen; zij zeilden de rivier op tot onder de sterkten der Engelschen; hunne krijgslist, het voeren der Engelsche vlag, mislukte; onkunde met de seinen verraadde hen. De bevelhebber der sterkte, William Biam, die bij afwezigheid van lord Parham het bevel voerde, liet terstond op het kleine eskader losbranden. Dan ook hier was men op alles voorbereid; van de schepen werd de volle laag gegeven; de krijgsknechten stapten aan land, en na eene korte schermutseling, waarbij de aanvallers slechts één man verloren, werd de sterkte, die slecht voorzien was, ingenomen, bij verdrag overgegeven, en des namiddags woei voor den eersten keer de Prinse vlag; de Nederlandsche vlag van het fort, sedert »Zeelandia" genoemd. De schielijke overgave door de Engelschen was mede veroorzaakt, doordat 600 man van de plantaadjes en overige deelen der kolonie, in allerijl ontboden, eenige uren te laat kwamen. (†).

(*) Groen van Prinsterer, Handboek der vaderlandsche geschiedenis, blz. 554; par. 362.

(†) Hartsinck, 2e. deel, bl. 585.

De onzen maakten een verdrag met de ingezetenen en sui-
kerplanters aan de rivieren de Commewijne en Suriname,
waarbij bepaald werd, dat dezen onverlet in hunne bezittingen zouden blijven, mits eed doende aan den Staat.

De goederen van hen die weigerden, en die der afwezigen,
benevens die van den Engelschen gouverneur William Biam
werden verbeurd verklaard en de soldaten krijgsgevangen gemaakt. Voortst moesten de ingezetenen honderd duizend pond
suiker als brandschatting opbrengen (*).

De in de kolonie gevestigde Joden vervoegden zich tot
Crijnsen, om bestendiging der voorregten, hun door lord Parham verleend, te erlangen; zij vonden een gunstig gehoor.

De bevelhebber Abraham Crijnsen stelde den heer Jozef Nassy
aan tot Commandeur der rivieren Eracubo en Canamana, en
onder verscheidene andere plegtige verklaringen, door hem uit
naam der Staten van Zeeland aan de bewoners der kolonie
gedaan, behoort ook, dat hij den Joden beloofde, dat zij de
voorregten, hun door de Engelschen verleend, zouden blijven
genieten; en in het 5de en 4de artikel van zijne Acte, later door de Staten van Zeeland goedgekeurd, werd er bijgevoegd, »dat de Joden gerekend werden alsof zij geboren
Hollanders waren." (†)

Na hierop het fort met eenige nieuwe werken versterkt, met
palisaden omzet en een garnizoen van 120 man achter gelaten
te hebben, benevens 15 stukken geschut en levensmiddelen en
den noodigen krijgsvoorraad voor 6 maanden, vertrok Crijnsen
met zijn eskader van daar, om nieuwen roem en lauweren te
behalen, die hij dan ook ruimschoots verwierf, en waarvoor
hij door de Admiraliteit van Zeeland met eerbewijzen en bevordering beloond werd (§).

Hij bevrachte ook een schip, dat naar Zeeland stond te vertrekken, met den buit, welke op meer dan ƒ 400,000 geschat werd.

Indien men rekent, dat men dezen buit prijs maakte op

(*) Hartsinck, 2e. deel, bl. 585.

(†) Historische proeve, 1e. deel, blz. 52.

§ Hartsinck, 2e deel. pag. 586.

eene plaats, die men overwonnen had, met het oogmerk om ze te behouden en te vergrooten ten voordeele van den overwinnaar, dan moet men erkennen, dat de kolonie Suriname toen reeds als eene gansch niet onbelangrijke bezitting beschouwd kon worden.

Maurits de Rame bleef als bevelhebber achter.

De oorlog tusschen de republiek der Nederlanden en het koningrijk Engeland nam kort hierna een einde. Den 31sten Julij 1667 werd te Breda de vrede tusschen Holland en Engeland gesloten, en werd aldaar bij het tractaat bepaald, dat al de plaatsen, die door de wederzijdsche vijanden vóór of op den 10den Mei veroverd waren, aan den overwinnaar zouden verblijven, maar dat alle na dien dag veroverde plaatsen aan hunne vorige bezitters zouden worden teruggegeven.

Kwam alzoo Nieuw-Amsterdam, sedert Newyork genaamd, volgens dit tractaat in handen der Engelschen, Suriname daarentegen bleef onder de magt der Zeeuwen.

In Suriname had men evenwel nog geen dadelijk genot van dien gesloten vrede.

Aldaar verkeerde men in geene geringe vrees door het vernemen der tijding, dat de Engelsche bevelhebber John Hermans met een eskader naar Amerika was vertrokken, om de Fransche en Nederlandsche bezittingen in dat werelddeel te verontrusten. Die vrees bleek weldra niet ongegrond te zijn. Hermans kwam in October, (*) met 1 groot oorlogschip, 6 fregatten en 2 kleine transportschepen voor Cayenne en bemagtigde dat na eenigen wederstand van de zijde der Franschen. De ridder De Lezy, die vruchteloos getracht had dit te beletten, nam met twee honderd man de vlugt naar Suriname, en deelde het berigt mede, dat men aldaar mede weldra een bezoek van de Engelschen te duchten had; en die droevige verwachting werd spoedig eene droevige wezenlijkheid. Hetzij, dat de tijding van den te Breda gesloten vrede

---

(*) Hartsinck zegt 1e. deel, blz. 164, den 22sten October 1667, doch deze datum strookt niet met den verderen loop der geschiedenis, en is alzoo kennelijk een abuis.

aan den bevelhebber van dit eskader nog onbekend gebleven was, hetzij dat lord Parham, de gouverneur van Barbadoz, zich op deze wijze over het verlies van zijn eigendom willende wreken, de hand in het spel had, den 18den October 1667, verscheen genoemde John Hermans met zeven oorlogschepen en eenige kleinere, bemand met twaalf honderd man, voor de rivier de Suriname, zeilde met eenige schepen dezelve op tot voor het fort »Zeelandia", en begon dit met kracht te beschieten, zoodat spoedig 54 man der belegerden, of gedood of gekwetst, negen stukken geschut onbruikbaar gemaakt, de borstweringen en stormpalen omver geschoten werden en eene bres werd gevormd, alwaar wel tien man naast elkander door konden gaan; hierdoor werd de bezetting genoodzaakt te kapituleren. Terwijl men hierover krijgsraad hield, klommen de Engelschen over de muren en bemagtigden alzoo de sterkte. Eenige der Fransche vlugtelingen, die hunne dienst den gouverneur hadden aangeboden en zich dapper gedroegen, verhaalden later, dat het fort, na eene moedige verdediging, werd ingenomen door verraad van den majoor, die een der poorten voor de Engelschen ontsloot.

Hoe dit ook zij, het fort werd veroverd, de bezetting krijgsgevangen gemaakt en alles geplunderd.

Meer dan 500 bewoners, voor het grootste gedeelte Engelschen en Joden, wier suikerplantaadjes zich 4 mijlen ver langs de rivier uitstrekten, moesten zien, dat hunne molens, ten getale van 52 of 53 werden vernield of weggevoerd. Na een verblijf van drie weken keerde Hermans van daar naar Barbadoz terug, alwaar hij zijne gevangenen met den bevelhebber de Rame en andere Hollandsche officieren aan land zette (*).

Het tractaat, te Breda gesloten, moest echter nageleefd en de kolonie Suriname weder overgeleverd worden ; de bepalingen deswege waren duidelijk.

Lord Parham, die wegens de ontrooving van de door hem gestichtte en sedert door zijnen vorst aan hem en zijne nakomelingschap ten eeuwige? dage geschonken volkplanting van

---

(*) Hartsinck, 2e. deel, blz. 588.

wraaklust brandde, zocht, daar hij de overgave der kolonie niet beletten kon, haar zoo veel mogelijk afbreuk te doen. Hij zond zijnen zoon Henry met een oorlogschip en drie koopvaardijschepen, reeds nadat de vrede afgekondigd was, naar Suriname, om de daar zijnde Engelschen te overreden die kolonie te verlaten en zich naar eene Engelsche te begeven, en om al de suikermolens en slaven met zich te nemen, terwijl hij hen, die dit weigerden, als wederspanningen beschouwde.

Onze Staten klaagden daarover bij den Britschen koning, die zich bereid toonde, eene rigtige uitvoering aan het vredesverdrag van Breda te geven, en die dan ook aan lord Parham het bevel gaf, de veroorzaakte schade te vergoeden en de kolonie voortaan niet verder te verontrusten. In plaats van dit bevel op te volgen, stak Henry, de zoon van lord Parham een suikermolen in brand, en wilde de vesting niet ontruimen, die hij dreigde te slechten, vóór hij vertrok. Zelfs liet hij van daar 168 slaven, 126 stuks vee, 21,000 pond suiker en 8 suikermolens naar Barbadoz vervoeren. Men liet van onze zijde niet na aan den koning van Engeland daarover beklag en verzoek om herstelling in te leveren.

Bij minnelijke schikking werd eindelijk goed gevonden, dat zij, die volgens hun vrijen wil de kolonie wilden verlaten, dit konden doen met hunne slaven en goederen; dat zij dezen ook vóór hun vertrek mogten verkoopen; maar hun werd verboden hunne achter te laten bezittingen, haven, schuren of molens te verwoesten; lord Parham werd door zijnen vorst belast de door hem gemaakte schade te vergoeden. In hoeverre aan dat laatste gevolg is gegeven blijkt niet duidelijk uit de geschiedenis, en wat het eerste betreft: twaalf honderd Engelschen, waaronder verscheidene Joden, die met lord Parham uit Engeland waren gekomen, verlieten Suriname met hunne slaven en goederen en gingen naar Jamaika, alwaar zij met blijdschap werden ontvangen. Later in 1677 vertrokken nog 10 Joodsche familiën, met hunne slaven, te zamen 322 personen uitmakende. (*).

(*) Hartsinck, 2e. deel, blz. 599.

Eindelijk werd de republiek der Nederlanden, ingevolge de schikkingen (gevolgd op den tweeden oorlog) bij het 5de en 7de artikel van het tractaat van Westminster, in dato 9—19 Februarij 1674, in het eigendom van Suriname bevestigd (*).

Abraham Crijnsen, de dappere veroveraar in 1667, nam in het volgende jaar 1668 weder bezit van deze kolonie en trachtte de verwarde zaken aldaar te regelen.

De toestand der nieuwe kolonie was uiterst moeijelijk; zij begon zich eenigermate te ontwikkelen onder het bestuur der Engelschen; onder dezen ·bestond een gewenschte, vereenigende band, daar voornamelijk zij, die in Engeland onder de regering van den protector Olivier Cromwel over den gang der zaken aldaar ontevreden waren, zich naar Suriname hadden begeven, en deze overeenkomst in staatkundige gevoelens bevorderde de maatregelen, om met vereende krachten handen aan het werk te slaan, ten einde in dat nieuwe werelddeel deze nieuwe kolonie te vestigen en uit te breiden. De Joden met van Parham mede gekomen, verblijd over de vrijheden en voorregten, welke zij hier genoten, spanden mede hunne beste krachten in, ter bevordering van het algemeen welzijn, en de Braziliaansche Joden paarden bij eenen even sterken aandrang hiertoe nog daarenboven de kennis van den landbouw, die zij in Brazilie hadden opgedaan en aanzienlijke rijkdommen, die zij aldaar hadden verworven. Indien wij dit een en ander in aanmerking nemen, verwondert het ons niet, dat men na een zoo kort aantal jaren reeds van bloei en voorspoed spreken kon.

Dan nu, hoezeer was die toestand veranderd. Gezwegen van de noodlottige gevolgen van den oorlog, van de brandschatting door Crijnsen opgelegd; gezwegen van de verwoesting en plundering later op bevel van Willoughby, lord van Parham geschied, welke schade hierdoor veroorzaakt was, dit alles kon hersteld worden; maar zwaarder drukte der nieuwe kolonie het vertrek van 1200 volkplanters, die met hunne slaven en goederen naar Jamaika gingen; hierdoor werd eene

---

(*) Hartsinck, 2e deel, blz. 599.

moeijelijk te herstellen breuk gemaakt; vele naauwelijks ontgonnen gronden lagen door gebrek aan werkende handen niet slechts ledig, maar keerden weldra tot den natuurstaat terug, hetgeen in de tropische gewesten zoo spoedig het geval is, indien de werkende hand der menschen ophoudt het onkruid uit te roeijen en verder den grond tot cultivatie geschikt te maken. Hoe men in dit gebrek trachtte te voorzien zullen wij nader zien; men begrijpt dat dit echter eerst langzamerhand kon geschieden. Eene andere moeijelijkheid voor het Nederlandsche bestuur was hierin gelegen, dat de in de kolonie overgeblevenen, voor een groot gedeelte meer Engelsch dan Hollandsch gezind waren, hetgeen uit den aard der zaken gemakkelijk te verklaren is.

Daarbij kwam nu het verschil tusschen de Algemeene Staten en de Staten van Zeeland over het eigendomsregt en het gezag van en over Suriname.

Reeds zeer spoedig ontstond hierover verschil en wel bij de benoeming van een Gouverneur.

Zeeland matigde zich het gezag, ten minste het Dominium utile over deze kolonie aan, als zijnde door den Zeeuwschen Commandeur Crijnsen veroverd, en besloot alzoo den kapitein Philip Julius Lichtenberg, als Gouverneur naar Suriname te zenden. De Algemeene Staten echter oordeelden, omdat die verovering ten hunne koste geschied was, dat Lichtenberg den eed op zijn last en bevelschrift voor hen moest afleggen, en geboden hem zijn vertrek tot nader orde uit te stellen. Later echter wilden H. H. M. hem op den 26sten November 1668 een lastbrief geven. Hieraan ontbrak nog slechts de goedkeuring der Staten van Zeeland; dan deze, uit vrees dat Crijnsen inmiddels mogt vertrekken, en oordeelende, dat de onderbevelhebber onbekwaam was om met kracht tegen de ondernemingen der Engelschen te handelen, zonden intusschen genoemden Lichtenberg den 4den December 1668, zonder behoorlijk eerst den eed op zijne commisie gedaan te hebben naar de kolonie.

De redenen, door Zeeland hiervoor ter verontschuldiging van dezen maatregel bijgebragt, werden geldig geoordeeld en de Algemeene Staten gaven Crijnsen, of bij deszelfs afwezen den op hem in rang volgenden persoon volmagt, om Lichtenberg den eed af te nemen.

Was dit verschil alzoo in der minne geëindigd, er rezen andere bezwaren op. De Staten van Holland beweerden, dat deze volkplanting als eene overwinning der Generaliteit en niet als van Zeeland *alléén* moest beschouwd worden, om de hierboven aangehaalde redenen, en dat het alzoo allen ingezetenen van den Staat moest vrij staan, zich aldaar neder te zetten of er handel op te drijven. De gecommitteerden van Zeeland, om verdere moeite en onaangenaamheden met de andere Provincien te vermijden en te voorkomen, stelden voor om de kolonie aan de Algemeene Staten af te staan, met voorbehoud echter, dat zij hun regt niet aan de West-Indische compagnie mogt overdragen; dat zij de verpligting op zich namen voor eene behoorlijke verdediging te zorgen; dat zij verlof zouden verleenen om jaarlijks vijf à zes honderd slaven te halen, waar die het best te verkrijgen waren; dat de lasten, voor de uitbreiding der kolonie benoodigd, zouden worden gevonden uit eene te betalene recognitie door de aldaar komende en van daar vertrekkende schepen, en verder uit hoofdgelden en andere belastingen meer, in de kolonie te heffen, welke echter zoo gematigd moesten gesteld worden, dat deze minder waren dan in andere volkplantingen werden geheven, en eindelijk, dat zij de provincie Zeeland hare gemaakte onkosten met de intressen zouden vergoeden. Over en weder werden voorslagen gedaan en verworpen en de zaak bleef onbeslist. Zeeland bleef provisioneel in het bezit van Suriname, terwijl echter den Algemeenen Staten een zeker oppergezag toegekend werd, totdat door de Staten van genoemde provincie op reeds daartoe in 1679 aangeboden voorwaarden, de kolonie in 1682 door de geoctroijeerde West-Indische maatschappij overgenomen werd.

Voor wij deze overname iets nader beschrijven, willen wij zien hoe het gedurende deze verschillen in Nederland en de kolonie zelve toeging. De berigten daarvan echter zijn weinige en zeer onvolledig. Lichtenberg, die den 4den December 1668 Nederland verlaten had, kwam behouden in Suriname aan, en vond aldaar nog den Commandeur Crijnsen, in wiens handen hij den 10den Februarij 1669 den eed aflegde.

Vele moeijelijkheden en bezwaren had hij, gelijk wij zagen, te overwinnen; in hoeverre hij hierin zou geslaagd zijn, is wegens gebrek aan bescheiden moeijelijk op te maken; dit slechts weten wij, dat tijdens zijn bestuur die Joden, welke vast besloten waren de volkplanting, ook nadat zij onder Nederlandsch bestuur was gekomen, niet te verlaten, zich tot den gouverneur vervoegden en hem verzochten de bevestiging hunner vrijheden en voorregten, benevens eenige nieuwe artikelen deswegens, die ter hunner geruststelling konden dienen; hetwelk hun dan ook door hem ten volle werd toegestemd. De Joden bouwden na verkregene vergunning in 1672, op eene verhevene plaats, nabij de 10 akkers en het land van Thorrica een klein vlek met eene kleine Synagoge, om daarin op hunne feestdagen godsdienstelijk te kunnen vergaderen.

Lichtenberg werd intusschen door ongesteldheid belet zich met het bestuur te belasten; reeds in het begin van 1671 ging hij weder naar Nederland, en later keerde hij niet weder naar Suriname terug.

Toen volgde er eene tusschenregering; de naar Nederland vertrokken gouverneur werd opgevolgd door den kapitein Pieter Versterre, commandeur en raad van policie, onder den titel van luitenant-gouverneur, den 8sten April 1672; hij overleed den 22sten Maart 1677. Abel Thisso, raad van policie, nam toen het bestuur onder denzelfden titel waar, en wel van 1 April 1677 tot 2 December 1677, wanneer hij het gouvernement overgaf aan den uit Nederland aangekomen kapitein Tobias Adriaensen, die aldaar tot bestuurder was benoemd, onder den titel van »kapitein commandeur der provincie van Suriname," doch deze keerde reeds in Maart 1678 naar Nederland terug (*).

Door de gedurige twisten over Suriname tusschen de Algemeene Staten en die van Zeeland, werden de belangen dezer volkplanting zoo zeer verzuimd, dat prins Willem III, aan

---

(*) Van Sypenstein, bladz. 13.

wien de souvereiniteit van Suriname was opgedragen, zich de zaken aantrok. Hoewel de daarover aangeknoopte onderhandelingen nimmer voortgezet zijn, benoemde de prins zijn gewezen secretaris, Pierre du Moulin, den 6den Maart 1676, om daarheen als bevelhebber te vertrekken. Deze du Moulin stierf echter reeds in 1676 nog voor zijn vertrek, en alle bemoeijingen van den prins zijn toen geëindigd. (*)

Bij resolutie der Algemeene Staten van 15 Januarij 1678 werd tot gouverneur benoemd Johannes Heinsius, die in 1653 secretaris van den raad van justitie in Brazilië was geweest. Deze nam in December 1678 het bestuur over van Abel Thisso, die dit na het vertrek van Adriaenssen weder had waargenomen. (†)

Had Heinsius in vorige betrekkingen roem verworven, men koesterde alsnu ook hooggespannen verwachtingen van zijn bestuur; dan hij vermogt weinig tot verbetering van den ongelukkigen toestand doen.

Deze was ook met regt droevig en moeijelijk; behalve de reeds genoemde bezwaren, als tweespalt tusschen de hoofden in Holland en tweespalt en onrust tusschen de kolonisten onderling, die tijdens de tusschenregeringen zeer vermeerderd waren, had men weldra nog met een anderen vijand te strijden, namelijk met de oude inwoners van het land, de Indianen.

Dezen, gelijk wij reeds vroeger vermeld hebben, hadden lord Parham en de zijnen eerst met welwillendheid ontvangen en met hen verbonden gesloten. De uitbreiding van kolonisatie door Europeanen was echter nimmer gunstig voor de oorspronkelijke bewoners. Zij werden dan ook langzamerhand meer en meer teruggedrongen; echter konden zij, voornamelijk de Caraïben, die dapper en wel in den oorlog bedreven waren, het met geene goede oogen aanzien, dat de Europeanen zich van hunne landen meester maakten, en ook hen van tijd tot tijd in slavernij zochten te brengen. Wel leenden de Caraïben in het eerst er zich toe, toen zij bemerkten, dat de

---

(*) Sypenstein, blz. 13.
(†) Sypenstein, blz. 13.

Hollanders gretig waren op het bezit van slaven, en daarom van hunne opperhoofden, de bij hunne onderlinge vijandelijkheden, buit gemaakte gevangenen wilden koopen, om dezen voor messen, vischtuigen, spiegels en andere snuisterijen af te staan, (*) doch spoedig werden zij gewaar, dat het mede weldra op hen gemunt zou zijn. Deze en andere redenen, (waaronder sommige schrijvers (†) noemen, dat zij niet wilden dulden, dat hun land door eene andere natie zou geregeerd worden, dan door die welke zich het eerste van allen, dat is de Engelsche, aldaar gevestigd had), waren oorzaak, dat zij zich tegen de Nederlanders te weér stelden. Reeds onder de Engelschen hadden zij van tijd tot tijd aanvallen op de plantaadjes gedaan, hetgeen het door den schrijver der Historische proeve beweerde schijnt te wederspreken, doch deze aanvallen bestonden toen meer uit enkele op zich zelve staande feiten; en nu, ofschoon zij al niet een geregelden oorlog voerden met groote magt, vielen zij echter van tijd tot tijd op de plantaadjes, beroofden dezelve en doodden de blanken; nu werden de vijandelijkheden gedurig en heviger dan vroeger herhaald.

De magt, welke de kolonisten daar tegenover te stellen hadden, was zeer gering. De Joden, die het hoogst aan de rivier gezeten waren, hadden den meesten overlast hiervan. Zij vormden toen kleine afdeelingen, om daarmede op de Indianen af te gaan en streden meermalen met groote dapperheid tegen hen. Maar wat vermogten zij tegen hen, die èn door hunne bekendheid met het terrein èn door hun grooter aantal gevaarlijke vijanden waren. Geregelde militaire magt hier tegenover te stellen was onmogelijk, daar slechts 50 man krijgsvolk zich toen in de kolonie bevond. Reeds in 1679 werd, door eenige belanghebbenden in Suriname, een krachtig smeekschrift aan de Algemeene Staten ingezonden, waarin sterk werd aangedrongen op hulp en bijstand tegen de drukkende invallen der Indianen, en waarin voorstellen tot vermeerdering der krijgsmagt werden gedaan. Dit aanzoek werd zeer versterkt door drie brieven, welke

(*) G. B. Bosch, Reizen naar Suriname blz. 113.
(†) Historische proeve, 1e deel, bladz. 59.

Heinsius mede afzond, in welke hij een treurig tooneel ophing van den toestand der kolonie, en waarbij hij om onmiddellijke versterking, zonder welke hij achtte, dat het onmogelijk ware de kolonie te behouden en de kolonisten te beschermen, aanhield. Bij de aankomst van dit smeekschrift en de brieven van den gouverneur besloten de Algemeene Staten, op voorstel der provincie Holland, om drie honderd man krijgslieden naar Suriname te zenden; over de kosten daartoe benoodigd was men het niet eens; den 17den Januarij 1680 besloot de provincie Zeeland, die op zich te nemen, doch in plaats van 300 man zond men er slechts 150 naar Suriname, die reeds in 1682 weder terugkeerden (*).

Ook schijnen in dien tijd door sommige kolonisten pogingen te zijn aangewend, om Suriname weder onder het gezag der Britsche kroon te brengen, ten minste van zekeren Jood Fonseda wordt dit uitdrukkelijk gemeld, zoodat de Staten het noodig achtten aan den buitengewonen gezant der Nederlanden in Engeland te schrijven om dit tegen te houden, als zijnde buiten order van de regering in Suriname en buiten weten van de Staten-Generaal geschied. Tevens werd aan den gouverneur Heinsius het ongenoegen van H. H. M. kenbaar gemaakt, omdat, toen in den Raad voorgeslagen werd, om bijstand van de Engelschen of Franschen te verzoeken, hij zoodanig voorstel niet dadelijk had gestuit; hem werd ernstig bevolen, in het vervolg dergelijke voorslagen onmiddelijk krachtig te bestrijden. Heinsius had ook zeker koper geld in Suriname laten munten, gestempeld met een papagaaitje en geteekend 1, 2, 4, welke gangbaar waren tegen één, twee en vier duiten; dan ook dit werd door de Staten verboden.

Was het door hem te verrigten werk moeijelijk en zwaar, het duurde echter kort; weldra werd hij van het tooneel dezer wereld afgeroepen; hij overleed in April 1680. (†)

Na zijn dood matigden zich de 12 Raden van policie het gezag in de kolonie aan; doch hebben de commandeurs E. van

---

(*) Hartsinck, 2de deel, blz. 606—607. Historische proeve, 1e. deel, blz. 59. Sypenstein, blz. 6—14.

(†) Sypenstein, blz. 14.

4*

Heinert, en na diens dood, in September 1680, Laurens Verboom de kolonie in werkelijkheid bestuurd.

Door de vele klagten, die gedurig uit Suriname tot hen kwamen en de vele moeijelijkheden, aan het bestuur verbonden afgeschrikt, wilden de Staten van Zeeland zich van het eigendom der kolonie ontdoen, en geraakten zij hierover in onderhandeling met de West-Indische Compagnie.

Den 14den November 1679 werd door de Staten van Zeeland daarover een voorstel gedaan, waarbij o. a. de volgende voorwaarden gesteld werden: dat de W.-I. Compagnie verpligt zou zijn de eerste 10 jaren 300, de tweede 10 jaren 200 en de derde 10 jaren 100 man krijgsvolk, benevens hunne officieren, ten hare koste te onderhouden; dat, uit aanmerking van de onmogelijkheid, dat eene kolonie, zonder groote kosten in den beginne te maken, uitgebreid zou worden, men de eerste zes jaren vrijdom zou verleenen van alle lasten, en na dien tijd slechts de helft der lasten, waarmede de kolonisten thans waren bezwaard, tenzij uit vrijen wil door hen anders mogt begeerd worden; dat de vaart en de handel op deze kolonie voor alle ingezetenen van Nederland vrij zouden zijn, daar men door op deze wijze te handelen èn de ingezetenen van Nederland èn de opgezetenen van de nabij gelegene Fransche, Engelsche en Spaansche koloniën zou aanmoedigen, om zich in menigte derwaarts te begeven en te vestigen, hetgeen het eenigste middel ware ter bevordering van den bloei der kolonie.

Na eenige nadere overleggingen en bepalingen is, volgens accoord van 6 Junij 1682 de kolonie Suriname door de Staten van Zeeland aan de West-Indische Maatschappij overgedragen voor eene som van twee honderd en zestig duizend gulden, welk verdrag, eenigzins gewijzigd, den 6den Januarij 1683 van wederzijde geteekend is.

Wij gelooven, dat het aan sommigen onzer lezers niet onaangenaam zal zijn met een enkel woord iets nader van die West-Indische Maatschappij te vernemen.

Hoewel reeds vroeger verscheidene pogingen waren aangewend, om even als de in 1602 opgerigte Oost-Indische Compagnie eene West-Indische Maatschappij tot stand te brengen, was dit eerst in 1621 gelukt. Toen werd bij octrooi van 3 Junij eene W.-I. Compagnie opgerigt voor den tijd van 24 jaren.

Vloten werden door haar uitgerust om de Spanjaarden afbreuk te doen en buit te behalen, waarin men gelukkig slaagde; de zilveren vloot, door den admiraal Piet Hein genomen, vermeerderde spoedig het kapitaal dier maatschappij; Brazilië werd voor een groot gedeelte, benevens Curaçao veroverd; aanzienlijke dividenten werden uitgekeerd, doch weldra verkeerde de kans; het verlies van Brazilië, benevens vele anderen verliezen meer, deden de zoo zeer bloeijende W.-I. Maatschappij achteruitgaan; in plaats van groote dividenten uit te keeren geraakte zij zoodanig in schulden, dat toen haar octrooi weder in 1669 vernieuwd moest worden, zij, na langdurige discussiën, integendeel door een besluit van de Staten op den 20 September 1674 werd vernietigd, en eene nieuwe W.-I. Maatschappij, met een octrooi voor 25 jaren, of van 1675 tot 1700, werd opgerigt. De schuld der oude Compagnie werd op 30 en het kapitaal der deelgenooten op 15 ten honderd geschat; van dien tijd af hielden de groote voordeelen op, die de eerste zoo bloeijende W.-I. Compagnie had opgeleverd.

De rente-uitdeelingen stegen later nooit boven 10 en daalden zelfs omstreeks 1740 beneden $2^1/_2$ pCt., waardoor de waarde der aandeelen tot 40 ten honderd was gedaald. Dit octrooi werd telkens voor 30 jaren verlengd. (*)

Deze nieuwe West-Indische Maatschappij werd alsnu bezitster van Suriname, waartoe haar door de Algemeene Staten den 23sten September 1682 octrooi verleend werd.

Bij dit octrooi, hetwelk zoolang, als het ware, om het met een woord van dezen tijd uit te drukken, de grondwet van Suriname is geweest, werd in 32 artikelen de verhouding tusschen het moederland en de kolonie vastgesteld en de wijze van bestuur bepaald; in hetzelve werden billijke en voordeelige beschikkingen voor de blanke bewoners der kolonie gemaakt, tevens werd der Compagnie aanbevolen zorg te dragen, dat men ten allen tijde voorzien mogt worden van een of meer

---

(*) Sypenstein blz. 5, 6. Teenstra blz 14—18.

bedienaars des Goddelijken Woords, ten einde de kolonisten
en verdere opgezetenen in de vreeze des Heeren en in de leer
der zaligheid geleid en onderwezen worden mogten, en zij gelegenheid hadden tot het gebruik der Heilige Sacramenten;
daarbij (wonderlijke tegenstelling) werd de Compagnie verpligt
om, daar men tot het in cultuur brengen der kolonie niets
anders wist of wilde dan zwarte slaven of negers, dezen steeds
in genoegzame getale te leveren; (de W.-I. Compagnie had
het monopolie hiervan) en eindelijk, omdat men tot bevordering van den bloei der kolonie de vermeerdering van Europeanen noodzakelijk achtte, waren de schepen, die uit
Nederland naar Suriname gingen, gehouden, om indien de
Compagnie dit mogt begeeren, ieder twaalf personen over te
voeren, voor eene som van ƒ 50 de persoon, kinderen beneden 12 jaren de helft. (*)

De West-Indische Maatschappij, ziende welke zware kosten
er tot het in stand houden dezer volkplanting vereischt zouden
worden, voor en aleer men daarvan eenige aanmerkelijke voordeelen kon trekken, besloot in het jaar 1685, dus weinige
maanden nadat men de kolonie overgenomen had, $2/_3$ deel te
verkoopen en wel $1/_3$ aan de stad Amsterdam en $1/_3$ aan Cornelis van Aerssens, heer van Sommelsdijk, enz.

De conditien van dit koopcontract werden te Amsterdam den
21sten Mei 1685 geteekend.

De nieuwe eigenaars noemen zich in dit contract »de geoctroijeerde societeit van Suriname”, welke titel sedert is gebleven. (†)

De Staten-Generaal behielden het oppergezag en verbonden
zich tot de verdediging der kolonie bij te dragen, waartoe dadelijk 500 man uitgelezene troepen werden aangewezen.

De heer van Sommelsdijk verbond zich bij dit contract om
zelf als gouverneur naar Suriname te gaan, en hij aanvaardde

(*) Om de belangrijkheid van dit origineele stuk zullen wij dit in zijn
geheel in de bijlagen opnemen

(†) Het vroegere wapen een koggeschip, werd door drie vervangen, als
dat van Amsterdam, dat van het huis van Sommelsdijk en dat der kolonie.

dezen zwaren en moeijelijken post zonder aanspraak op bezoldiging te maken, gelijk blijkt uit Artikel 6, dat woordelijk aldus luidt:

»Ten zesde, dat de heer van Sommelsdijk sal aannemen, selfs in persoon voor Gouverneur naar de colonie van Suriname te gaan; ende gelijck sijn Edele heeft gepraesenteert buyten eenige belastinge van de gemelte Societeyt, ende uyt liefde, sonder daarvan eenige vergeldinge te ontfangen; des dat ten laste van de Societeyt aan sijn Edele jaarlijks sal werden toegesonden sodanige quantiteyt Rijnse en Franse wijnen, mitsgaders speceryen, als de Societeyt honestement oordelen sal te behoren; onder die expresse conditie nogtans, dat syn Edele, gedurende desselfs gantsche administratie of Gouvernement redenen van misnoegen hebbende gegeven, revocabel sal syn, gelyck oock, in cas van satisfactie van syn Edele Gouvernement, bij desselfs aflyvigheyt op syn Edele Descendenten (bequaam geoordeelt werdende) favorable reflexie voor anderen tot de successie, en met preferentie sal werden genomen, in dier voegen, dat op diegene van Descendenten, dewelcke den heer van Sommelsdijck, of bij sijn Edele leven sal nomineren, of by Testamente designeren, voor de andere sal werden gereflecteert. Edogh niet capabel geoordeelt zijnde, reflexie werden gemaakt op d'andere syn Edele Descendenten, dewelke capabel soude wesen; gelyck oock in cas van de minderjarige Descendenten, op deselve (meerderjarigh geworden, en capabel bevonden werdende) insgelycks met praeferentie voor andere sal werden gereflecteert."

De alleenhandel in slaven verbleef aan de W. I. Compagnie, doch der geoctroijeerde Societeit van Suriname werd met eenige beperkende bepalingen vrijheid gegeven, des noods, zelve hierin te voorzien, mits betalende voor iederen slaaf ƒ15 aan de W.-I. Compagnie.

De provincie Zeeland gaf hare toestemming tot dit contract niet dan onder deze voorwaarden:

»dat geene persoonen in den vaderlande ofte in Suriname zouden werden toegelaaten tot eenige directie ofte bewind van de voorsz. colonie, die professie zouden doen van den Paapschen Godsdienst, ende dat vervolgens ook niemand van de Paapsche Religie part of deel in de voorsz. Societeit zoude mogen hebben of te houden, nochte ook voor iemand anders in de voorsz. Societeit occupeeren, ofte eenig bewind, gezag, directie ofte administratie hebben. En voorts op dat vast vertrouwen, dat aan de beleedigde ingezetenen van de hooggemelde provincie in Eere en Goed behoorlijk en promptelijk reparatie en satisfactie zoude werden gegeven." (*)

De oude pretentiën, welke Zeeland alzoo op Suriname had, schijnen te dier tijde nog niet geheel vereffend geweest te zijn.

Zoo waren de zaken omtrent het eigendom en bestuur van Suriname voorloopig geregeld. Een krachtig en bekwaam man stond gereed om met vaste hand het bestuur te leiden, en zoo mogelijk doortastende verbeteringen daar te stellen.

Zulk een bestuurder was hoogst noodig in de kolonie Suriname, want zij was in eenen allertreurigsten toestand.

Het vlek Paramaribo bestond uit slechts dertig huizen, meest herbergen en smokkelkroegen, uitgezonderd twee à drie, als dat van den heer commandeur Verboom, en die, welke door eenige officieren met hunne vrouwen en den ontvanger bewoond werden.

De plantaadjes waren door het vertrek van vele Engelsche en Joodsche kolonisten in vervallen toestand.

Op die, welke nog bestonden, was wreede en onmenschelijke behandeling der slaven gewoonte; men verminkte ja zelfs doodde hen vaak wegens de geringste overtreding; ieder was in deze zijn eigen regter.

Losbandigheid was onder de planters zoo groot, dat regt en geregtigheid bij hen als onbekend waren. Onderlinge twisten verdeelden hen; de een verweet den andere oorzaak van het verval te zijn. De Indianen verontrustten gedurig de kolonie en er was geene kracht, geene geregelde zamenwerking om hen te wederstaan.

Voorwaar eene droevige schildering is het, waarmede wij

(*) Hartsinck, 2de deel blz. 621—646. Sypensteln, blz. 14. Teenstra, de landbouw blz. 27—28.

ons tweede tijdvak besluiten, en toch zij is niet te zwart ge-
kleurd, bijna met de eigen woorden gaven wij hierbij terug,
wat de oudere schrijvers er van getuigden, en wij begrijpen het, bij de vele heterogene deelen, waaruit de bevolking
van Suriname was zamengesteld, kon niet die vereeniging, die
band bestaan, welke haar onder het bestuur van Willoughby,
lord van Parham in zoo korten tijd reeds aanvankelijken bloei
had doen verwerven; het lage peil der zedelijkheid, alle slavenstaten gemeen, en de slechte behandeling der slaven, waaruit
zoovele onheilen voor de kolonie voortvloeiden, en de weinige
overeenstemming, die er tusschen de regering in het moederland,
hare vertegenwoordiging in Suriname en de kolonisten bestond,
beletteden hare ontwikkeling, en deze drie genoemde zaken,
ongelijksoortige bevolking, lage peil der zedelijkheid, gepaard met slechte behandeling der slaven, en gebrek aan overeenstemming tusschen de kolonie en het moederland, werkten
steeds belemmerend en verhinderden de volkplanting tot die
welvaart, tot dien bloei te komen, waartoe men anders door
de natuurlijke gesteldheid van dit door God zoo rijk gezegend
land had kunnen geraken; waartoe de uitgebreide handel van
Nederland zoo ruimschoots gelegenheid schonk; waartoe de
energie van den Nederlander van dien tijd anders zoo uitnemend in staat stelde.

De kiemen tot die welvaart, tot dien bloei bestonden en
vertoonden zich van tijd tot tijd; wij zullen in onze verdere
geschiedenis, in het groote en belangrijke tijdvak, waartoe wij
thans genaderd zijn, verschillende sporen daarvan zien; wij
zullen ze ras zien opschieten, maar ook even spoedig weder
zien verwelken; wij zullen de waarheid der spreuk: »Die
Weltgeschichte ist das Weltgerichte" opmerken en wij zullen moeten erkennen, dat Gods woord getrouw is, hetwelk ons leert:
»dat geregtigheid een volk verhoogt, en zonde de schandvlek
der natien is", en: »dat de godzaligheid tot alle dingen nut is,
hebbende de belofte zoowel des *tegenwoordigen* als des toeko-
menden levens."

Bij het einde van dit thans behandelde tijdvak was het droevig in Suriname gesteld; de kolonie was haren ondergang

nabij; — dan de komst van Cornelis Aerssens, heer van Sommelsdijk, zou eene groote verandering te weeg brengen; hij
mag dus wel als de tweede stichter, als de grondvester
van wat Suriname toch, niettegenstaande vele ongunstige omstandigheden, nog werd, beschouwd worden. Van dien tijd
af kunnen wij ook de geschiedenis beter en geregelder nagaan;
ofschoon er nog steeds verscheidene leemten in over moeten
blijven.

DERDE TIJDVAK.

VAN 1685 TOT 1804.

EERSTE HOOFDSTUK.

Van de komst van van Sommelsdijk (1685) tot den inval van Cassard (1712.)

De man, die bestemd was om eene verandering ten goede, om in den bij het einde van het vorig tijdvak geschetsten ellendigen toestand van Suriname heilzame verbeteringen te brengen, maakte zich tot zijn vertrek gereed, niettegenstaande vele vrienden, o. a. ook prins Willem III, het hem ten sterkste afraadden. Hij scheepte zich den derden September 1685 in, en weldra kliefde het schip de baren, hetwelk hem naar Suriname zou voeren.

Cornelis van Aerssen, heer van Sommelsdijk, Plaat, Bommel, Spijk, Sire en Marquis van Chatillon, Baron van Bernière in Basois, Kolonel van een regiment ruiterij, Gouverneur van Suriname, was de afstammeling van een niet slechts aanzienlijk en rijk, maar tevens verdienstelijk en achtingswaardig geslacht, welker leden het land in onderscheidene betrekkingen met eere gediend hadden. Onze Cornelis van Aerssen was in zijne jeugd opgevoed als page aan het hof van Willem II, die in zijnen vader een trouwen dienaar had; (*) hij was een speelmakker van Willem III, die steeds veel vriendschap voor hem koesterde. Reeds vroeg in de krijgsdienst getreden, gaf hij weldra blijken van moed en bekwaamheid, bij den veldtogt in 1672, in welken hij het bevel over eene compagnie ruiterij voerde, die te Maastricht in bezetting lag. Blonk zijne dapperheid aan het hoofd van zijn regiment uit, niet minder toonde hij zijne bekwaamheid bij verschillende moeijelijke zendingen.

Waren reeds deze hoedanigheden zeer begeerlijk voor een landvoogd, die bestemd was om in eene zoo zeer verwarde kolonie zoo mogelijk rust en orde te herstellen en een beteren gang van zaken voor te bereiden, op dit alles werd de kroon gezet door zijnen opregten warmen godsdienstzin. »Hij was een uitnemend vriend van God en godsdienst," zegt een der oude schrijvers over Suriname (†) »en hij was dagelijks bedacht, om door zijn eigen voorbeeld zijne onderhoorigen den waren eerbied hiervoor in te boezemen, en als een baak hun de beoefening van alle christelijke deugden aangenaam te maken; en zij, die hem hierin het meest volgden, waren zijne beste vrienden, onaangezien hun staat, geslacht en sekse; daarentegen was hij een vijand van alle baldadigheid, ontucht en ongebondenheid, en ging hij deze ondeugden met mannen-moed in grooten en kleinen te keer."

Was hij een ernstig en godvreezend man, hij had daarbij een edelmoedig ridderlijk karakter, en bij zijne gehechtheid aan de Hervormde godsdienst en zijne achting voor de godsdienstigen, welke hij gaarne beschermde en begunstigde, paarde hij tevens eene, voor die tijden groote verdraagzaamheid; hij was gemeenzaam en weldadig jegens iedereen, maar ook gestreng regtvaardig; als eene schaduwzijde van zijn karakter moeten wij opmerken, dat hij soms wel wat onstuimig en met geweld te werk ging, daar hij een oploopend, driftig gestel

---

(*) De Kok, Vaderlandsch Woordenboek, 2de deel bl. 96 enz.

(†) Pistorius — zie: de Kok, Vaderlandsch Woordenboek, 2de deel blz. 100 —101.

bezat en zich zelven hierin niet altijd meester was, waardoor soms veel goeds verloren ging.

Wij zullen hem nu op het tooneel zijner werkzaamheden zien.

Hij kwam den 24sten November 1683 te Paramaribo aan. Bij de overname van het bestuur uit handen van den commandeur Verboom vond de nieuwe Gouverneur de geheele kolonie door twisten en oneenigheden verscheurd, en verder in dien ellendigen toestand, als waarvan wij bij het einde der vorige afdeeling gewaagden.

Hij ging dadelijk met krachtige hand aan het werk om dien toestand te verbeteren.

Een zijner eerste pogingen daartoe was de instelling van een Raad van policie en justitie, die hij reeds in het begin van 1684 zamenstelde, tot groot genoegen van de welwillende ingezetenen, want zoo ergens, dan was hier voornamelijk groote behoefte aan eene geregelde policie en regtspleging, daar tot dien tijd een iegelijk als het ware zijn eigen meester was, en regt en geregtigheid bijna onbekende zaken waren. Hij ondervond echter reeds dadelijk groote moeijelijkheid, voornamelijk door gebrek aan bekwame en geschikte lieden voor deze belangrijke betrekkingen; hij moest naar zijn beste weten hiermede te werk gaan en de beschuldiging, later tegen hem ingebragt, dat hij de Raden van justitie en policie niet behoorlijk gekend had, verliest daardoor hare gegrondheid; zij, die liever naar de lust van hun hart wilden leven, waren natuurlijk tegen deze maatregelen gekeerd; het straffeloos begaan van misdrijven werd hierdoor echter tegengehouden, en was dit voor van Sommelsdijk genoeg om op dezen weg voort te gaan, het was hem echter niet genoeg afzonderlijke Raden en regters te hebben aangesteld, hij hield het toezigt hierover; hij deelde met hen de bestiering over de policie en civiele justitie en hij voer voort onderscheidene goede wetten te maken. Gedurende zijn bestuur zijn vele heilzame resolutien en placcaten gemaakt en uitgevaardigd, ten einde de huishoudelijke zaken der kolonie te regelen.

Ook werd door hem eene weeskamer en eene desolate boedelkamer opgerigt.

Als ijverige Hervormde handhaafde hij ook de bepalingen, die in het moederland goldden, omtrent de viering van den Christelijken rustdag, welke bepalingen in 1654 door de Algemeene Staten ook verbindend waren verklaard voor de volkplantingen in de nieuwe wereld. Maar nu kreeg hij de Joden tegen zich; dezen vermeenden hierdoor in hunne privilegiën verkort te zullen worden, en bragten hun beklag daarover in bij de geoctroijeerde societeit van Suriname (de gezamenlijke eigenaars), waarvan het gevolg was, dat de directeuren den heer van Sommelsdijk aanschreven, om zich stiptelijk te houden aan de vrijheden, door de Israëlieten tijdens het bestuur der Engelschen verkregen, en waaronder ook behoorde, dat zij en hunne slaven des Zondags mogten arbeiden en reizen.

Van Sommelsdijk hield zich voortaan hieraan zoo stipt, dat de Joden zich later niet meer over hem beklaagd hebben.

In Suriname was tot heden nog slechts een hervormde predikant (Ds. Baselius, die van 1668 tot 1689 de dienst te Paramaribo waarnam.) Door de zorg van van Sommelsdijk werd daar, waar de Commewijne zich met de Cottica vereenigt, in 1688 eene kerk gebouwd, en deze door Ds. Anthonius Ketelaar ingewijd, die echter reeds in het volgende jaar overleed. (*)

Van Sommelsdijk verbood de huwelijken en de gemeenschap met de negers. Handelde hij in dezen overeenkomstig de denkwijze van zijnen tijd, aan de andere zijde bleek hij hier boven te staan, door met allen ernst de verregaande wreedheden, die sommige meesters jegens hunne slaven pleegden, te keer te gaan; hij vaardigde eene wet uit, waarbij het verboden werd, dat iemand voortaan zijne slaven zou mogen verminken of met den dood straffen; terwijl die slaven, welke eene dergelijke straf verdiend hadden, aan den Raad van justitie moesten worden overgeleverd.

Zijne geregtigheid was onkreukbaar en zijne vonnissen zonder aanzien van personen; hij ontzag daarin niet hen, die

---

(*) Van Schaick, Geschiedenis der Herv. kerk. in Suriname en West-Indië, eerste jaarg. bladz. 82.

magt of invloed bezaten; zoo liet hij o. a. een zeker Indiaansch opperhoofd, wegens het dooden van ééne zijner vrouwen, onthoofden. Ter bescherming van de invallen der Indianen deed hij twee forten oprigten — één geregeld fort in den vorm van een vijfhoek aan de zamenvloeijing van de Commewijne en Cottica, later naar hem »Sommelsdijk" genaamd, en een, bij wijze van een versterkt steenen huis, aan de Para Kreek. Hij bepaalde zich echter niet bij deze verdedigingsmaatregelen, daar de Indianen de kolonie te dien tijde zeer verontrustten en zoo magtig waren, dat zij de gansche westzijde van de rivier Suriname hadden afgeloopen, zoo moest men hen door krachtige middelen zien te bedwingen, en verscheidene togten werden dan ook door en onder van Sommelsdijk tegen hen ondernomen. In den eersten togt verwoestte hij vijf hunner dorpen aan de oostzijde van de Coppename; doch het gelukte hem niet om Indianen gevangen te nemen. Dezen, met de verschillende sluipwegen in de wildernis bekend, ontgingen hem steeds, en trokken verder landwaarts in; doch daar zij gevoelden, dat zij toch tegen de magt der Europeanen niet opgewassen waren, gelukte het den gouvernenr met hen eenen voordeeligen vrede te sluiten; waarbij de drie natiën Caraïben, Warauen en Arawacken voor vrije lieden werden verklaard, die nooit dan om misdaden in slavernij zouden worden gebragt.

Sommige schrijvers, o. a. de schrijver der Historische proeve, verhalen, dat van Sommelsdijk, daar de Indianen anders in de blanken geen vertrouwen wilden stellen, de dochter van een Indiaansch opperhoofd tot bijwijf nam, en zij voegen er bij, dat deze vrouw ten tijde van den Gouverneur Mauritius nog in leven en toen reeds 80 jaren oud was, en inwoonde bij mevrouw du Voisin, weduwe van den heer de Cheusles, in leven Gouverneur van Suriname, welke aan de familie van Sommelsdijk verwant was. (*)

(*) Van Sypenstein spreekt dit voorval in zijne bijlage blz. 234 tegen, met te vermelden, dat zijne echtgenoote Margaretha du Puij de St. André Montraz eerst in het jaar 1693, dus vijf jaren na zijnen dood, overleed; maar daar de andere schrijvers dit mede niet ontkennen, zoo

Wat daarvan zij laten wij aan meer naauwkeurige geschiedvorschers over; het strookte zeker weinig met den ernstigen
en godsdienstigen zin van van Sommelsdijk; maar — men vindt
zoo gedurig inconsequentiën in het gedrag, zelfs van personen,
die als beroemd en vroom bekend zijn, en het blijkt zoo gedurig, dat ook zij zondaars waren.

De gouverneur sloot ook eenen vrede met de boschnegers
van Copenname, afstammelingen der reeds onder de Engelschen
van hunne meesters weggeloopen slaven, die zich in de ontoegankelijke wouden gevestigd hadden.

Hij heeft mede pogingen aangewend, om de binnenlanden
nader te onderzoeken, en om zoo mogelijk het meer van Parima
te ontdekken; hij zond daartoe een officier met vijf soldaten
landwaarts in, doch het was eene vergeefsche poging; eerst
na zijn dood teruggekomen, berigtten zij, dat hunne boot
was omgeslagen; dat zij bij dit ongeval hun dagregister verloren; dat zij niets hadden gezien dan wildernissen en wilde
menschen, enz. (*)

Een der grootste bezwaren tot vooruitgang der kolonie, het
gebrek aan een behoorlijk aantal Europeanen, geneigd en geschikt om zich met den landbouw bezig te houden, trachtte van
Sommelsdijk op onderscheidene wijze te verminderen.

Op zijn verzoek werd dan ook op 20 Julij 1684 door
de Staten van Holland besloten, om in overleg met de directeuren der geoctroijeerde societeit van Suriname, de misdadigers in de provincie Holland, in plaats van in de tucht-
huizen op te sluiten, naar Suriname te zenden, om hen aldaar
aan 's lands werken als anderzins te gebruiken. De Gouverneur
schijnt de hoop gekoesterd te hebben, dat zij zich door behoorlijk
gedrag en geregelde werkzaamheden langzamerhand een beter
lot waardig zouden gemaakt hebben; dan hij had zich hierin mis-
rekend. De woeste hoop van dieven en vagebonden, die het luije
leven gewend waren, beviel het volstrekt niet om zoo bezig te

---

denk ik, dat hier geene sprake is van eene wettige vrouw, maar van
een bijwijf, gelijk ik ook als zoodanig vermeld heb.

(*) Hartsinck, 2de deel blz 650.

worden gehouden; zij poogden weldra zich uit die slavernij te bevrijden; zij verbraken daartoe hunne boeijen en begaven zich op eenige gestolene vaartuigen op de vlugt naar de Orinoco. De zoon van van Sommelsdijk, de heer de Chatillon, joeg hen met eenige soldaten na en bragt de meesten hunner weder terug.

Naderhand heeft de kolonie zich van deze bezending van misdadigers, als slechte ingezetenen, weten te ontslaan. (*)

(Op den togt ter vervolging der gevlugte misdadigers heeft de heer de Chatillon de eerste cacaoboom ontdekt en in Suriname gebragt).

Beter slaagde de poging om vreemdelingen, en voornamelijk Franschen, tot het gaan naar de kolonie te bewegen.

Vele uitgewekene Franschen gingen tijdens het bestuur van van Sommelsdijk naar Suriname; de voorname aanleiding daartoe was, dat een zijner voorvaders, François van Aerssens, vele jaren ambassadeur van de republiek der Nederlanden bij Hendrik IV en Lodewijk XIII geweest zijnde, (†) in Frankrijk met vele doorluchtige Protestantsche geslachten vriendschapsbetrekkingen had aangeknoopt, en deze door den gezant aangeknoopte vriendschapsbetrekkingen waren door zijne nazaten met naauwgezetheid onderhouden. De heer van Sommelsdijk had zelf eene Fransche vrouw, uit een adelijk geslacht gesproten, ten huwelijk genomen. (§)

Toen van Sommelsdijk alzoo als Gouverneur naar Suriname vertrok, waarvan hij tevens voor $\frac{1}{3}$ medeëigenaar was, gingen verscheidene honderde Fransche uitgewekenen mede. Onder hen waren vele ambachtslieden, zoo als metselaars, smeden, timmerlieden en verscheidene landbouwers, aan welke laatsten door van Sommelsdijk, bij hunne aankomst in Suriname, gronden werden uitgedeeld. In 1686 kwamen nieuwe uitge-

---

(*) Hartsinck, 2de deel, bladz. 648 en Sypenstein, Historische proeve.

(†) Zie nader: de Kok, Vaderlandsch woordenboek, 2de deel, bladz. 90 enz.

(§) Zij was Marguerite du Puys de St. André Montbrun, oudste dochter van Alexandre, Marquis de St. André Montbrun, luitenant-generaal, de beroemde verdediger van Candia, en van Louise Madelaine de la Nocle. Zij kwam nimmer in Suriname en overleed te 's Gravenhage 1695.

wekenen aan, en werden eenige jaren later door anderen gevolgd. Verscheidene onder hen werden vermogend; koophandel en nijverheid, maar vooral landbouw werden door hen belangrijk uitgebreid. Vele Fransche namen van plantaadjes herinneren nog aan vroegere bezitters. Belangrijke regeringsposten werden later door sommigen hunner met getrouwheid en ijver vervuld, en Jean Coutier, die van 5 Maart 1718 tot 2 September 1721 gouverneur was, zoo mede Mr. Karel Emelius Henry de Cheusses, die van 9 November 1728 tot 26 Januarij 1734 dit ambt bekleedde, en daarna door zijn broeder, Jacob Alexander Henry de Cheusses werd opgevolgd, waren afstammelingen dier Refugiés. Wigbold Crommelin, die in 1748 commandeur en van 1757 tot 1768 gouverneur-generaal was, werd te Haarlem geboren, doch zijne voorouders waren Fransche uitgewekenen, enz. enz. enz.

Spoedig werd in de stad Paramaribo eene Waalsche kerk gebouwd, en de uitgewekene predikant Dalbas gekozen, om deze ontluikende gemeente te besturen.

Dalbas, Fauvarque en andere Waalsche predikanten, hebben ook pogingen aangewend ter uitbreiding van het Christendom onder de Indianen. Pierre Saurin verliet zijne rustige standplaats te 's Hertogenbosch, om zich geheel aan de bekeering der Indianen te wijden. (*)

De Synode der Waalsche kerken in Nederland stond in het jaar 1700 eene somme gelds toe, tot ondersteuning van de werkzaamheden dier zending in de bosschen van Guiana.

Van den uitslag dezer pogingen is weinig bekend; dan hoedanig die ook geweest zij, de eeuwigheid zal het openbaren.

(*) Een en ander van dit berigt wegens de Refugiés is ontleend aan een opstel in het Tijdschrift, West-Indie, 13de jaargang, blz. 109 enz. Van den hier genoemden predikant Dalbas wordt in Surinaamsche berigten niets aangetroffen. Als eerste Waalsche predikant in Suriname wordt volgens Sypenstein, Mauricius, enz. genoemd Jean Briffault, gekomen, in 1690 overl. in 1696; Pierre Terson, gek. 1696, overl. 1697; Pierre Saurin 1697—1707 enz. Wij veronderstellen, dat Dalbas met de uitgewekenen is mede gekomen, maar niet geregeld als predikant aangesteld of erkend is geworden.

Intusschen moet het ons Nederlanders tot beschaming verstrekken, dat slechts door vreemdelingen belang gesteld is geworden in het waarachtig heil dier heidenen, in eene Nederlandsche kolonie; eerst door de uitgewekene Franschen, later door de Duitsche broedergemeente.

Behalve deze uitgewekenen kwamen ook weldra verscheidene Labadisten zich in Suriname vestigen. De secte der Labadisten had na onderscheidene lotwisselingen, sedert 1675 te Wieuwerd in Friesland, op het kasteel Thetinge, eenige rust gevonden. Genoemd kasteel was het eigendom van van Sommelsdijk. Deze was de Labadisten genegen en sloot alras eene overeenkomst, waarbij hij genoemd kasteel en andere bezittingen in Friesland aan zijne drie ongehuwde zusters voor haar erfdeel afstond. Daar deze zijne zusters tot de gemeente der Labadisten behoorden, zoo werd krachtens de gemeenschap van goederen, die bij hen was ingevoerd, dit kasteel eene tijdelijke bezitting der Labadisten. Toen zij nu het aanstaande vertrek van van Sommelsdijk, wiens drie zusters tot hunne voornaamste huisgenooten behoorden, vernamen, begrepen zij van deze gelegenheid partij te kunnen trekken, om elders hunne kerk uit te breiden.

Daar in dat verre, maar tevens zoo rijk door de natuur gezegend land, vermeenden zij, behoefden zij zich slechts te vestigen om, niet slechts het brood des bescheiden deels, maar een volkomen overvloed te vinden; daar zouden zij ongehinderd hunne kinderen kunnen onderwijzen en opvoeden voor den Heer; daar zouden zij de blijde boodschap des heils in Christus den blinden Heidenen kunnen verkondigen.

Met het schip, dat van Sommelsdijk naar Suriname zou overbrengen, gingen eenige afgevaardigden mede, om het terrein te verkennen.

Bij de terugkomst dezer afgevaardigden stemde hun getuigenis geenszins overeen. De een prees alles en beloofde zich gouden bergen, de andere had van niets anders dan van ellende en van gevaren te spreken.

De eersten werden geloofd. — Van Sommelsdijk drong mede op hunne overkomst aan. Weldra vertrok dan ook een goed

5 *

getal naar Suriname; zekere Robijn was de aanvoerder der kleine schare; Hesener vergezelde als herder en leeraar de dochtergemeente van Wieuwerd.

De overtogt ging, voorspoedig, en van Sommelsdijk bood hen bij hunne aankomst in alles de behulpzame hand. Hij raadde hen aan zich niet te ver van Paramaribo te verwijderen, opdat hij ze des te beter zou kunnen beschermen. Van Sommelsdijk had gaarne gezien, dat Hesener nu en dan preekte in de Gereformeerde kerk, doch dit werd afgeslagen. Hij was voornemens, de pas aangekomen nieuwe slaven op hunne plantaadjes te doen arbeiden, totdat zij verkocht zouden zijn aan andere meesters. Maar zijne raadgevingen en aanbiedingen baatten niet. De Labadisten verkozen, als te Wieuwerd, geheel afgezonderd te wonen. Men trok de rivier op. Dat kostelijke groen, die heerlijke plantengroei bragt allen in verrukking, en op meer dan veertig uren afstands van Paramaribo, ver verwijderd van de wereld, legden zij hunne plantaadje aan, die zij »la Providence" noemden.

Alles ging naar wensch; de verwachtingen die zij koesterden werden dagelijks grooter, en te Wieuwerd ontving men de heerlijkste tijdingen van de dochtergemeente.

Terwijl men zich te Wieuwerd gereed maakte eene tweede bezending derwaarts uit te rusten, begon men op »la Providence" alles in te rigten, gelijk men dit noodig oordeelde en naar het voorbeeld der gemeente in Wieuwerd. Maar tot den veldarbeid kon men moeijelijk slaven ontberen, en hoewel dit den broeders tegen de borst stuitte, schikten zij zich naar de omstandigheden. Ter hunner eere moet gezegd worden, dat zij in den beginne alle moeite deden om den armen slaven hun juk aangenamer te maken; men deed hen wel, en behandelde hen met zachtheid en als broeders; maar toen de nieuwe volkplanters hiervan niet dadelijk goede vruchten zagen, raakte hun geduld schielijk ten einde en voerden zij eene gestrenge harde tucht in. Hoe weinig bedenkt de mensch, dat God langmoedig is, en dat Zijne goedertierenheid tot bekeering leidt, en hoe weinig betoont hij lust Hem hierin na te volgen. Indien de mensch in zijne goede bedoelingen tegenstand onder-

vindt bij hen, wier geluk hij wenscht te bevorderen, hoe spoedig verlaat hij dan den goeden weg en — ten minste zoo
deden de Labadisten, en later wordt van hen ook op andere
plaatsen in Amerika aan den Hudsons rivier, waar zij zich
vestigden, getuigd, dat zij hunne slaven wreedelijk mishandelden en door hunnen slavenhandel, die toch zoo zeer tegen
hunne leeringen aandruischte, velen tot ergenis waren.

Hunne pogingen ter bekeering der Heidenen hadden mede
niet den gewenschten invloed, en spoedig zagen zij hiervan
af. — Hoezeer verschilde hunne handelwijze in deze met
die der Moravische broedergemeente, die op hope tegen hope
voortging, en wier arbeid dan ook door den Heer zoo heerlijk gezegend werd.

Weldra ondervonden de Labadisten ook, dat zij dwaas
hadden gedaan met den goeden raad van van Sommelsdijk,
om zich in de nabijheid van Paramaribo te vestigen, in den
wind te slaan. Zij lagen daar zoo ver verwijderd van de
andere plantaadjes, bloot aan de invallen der Indianen en
weggeloopen slaven, waarbij zich vele deserteurs voegden, die
de militaire tucht ontvloden waren. Men moest alzoo dag en
nacht op zijne hoede zijn; hierbij kwam de landziekte, die
velen eenen vreesselijken dood bereidde; het gemis van de
spijs, de gemakken, de rust en het klimaat van het geliefde
vaderland deed zich spoedig gevoelen; inwendige verdeeldhe-
den wachtten hen en toen de nieuwe bezending (*) uit Wieuwerd aankwam, vond deze, in plaats van een Eden, zoo
als men zich voorgesteld had, een hospitaal en eene plaats,
waar de liefde geweken en de tucht verslapt was. Sommigen
keerden naar Friesland terug, anderen gingen naar een ander
gedeelte van Amerika aan de Hudsons rivier; nog eenigen

_____

(*) Deze bezending had eene moeijelijke reis gehad; door een zee-
schuimer aan boord geklampt, waren zij door hem op hunne bede
wel in het leven gespaard, maar toch van geld, gereedschappen en
al wat waarde had, beroofd, op zijn oud vaartuig, (hij nam dat, waarop
zij zich bevonden voor zich) met een weinig spijs, aan zee en winden
prijs gegeven, hoewel zij toch gelukkiglijk in Suriname aankwamen;
doch men begrijpt ligtelijk in welken toestand.

tijd·rekte de stichting der Labadisten in Suriname haar kwij-
nend bestaan, lang duurde dit echter niet; eenige overgeblevenen vermengden zich onder de andere opgezetenen, maar
de stichting of nederzetting als zoodanig ging te niet (*).

Waarschijnlijk zou het met »la Providence" niet zoo treurig
zijn afgeloopen, indien men niet zoozeer door onkunde en
eigenwijsheid verblind, meer gehoor had gegeven aan den
waarlijk goeden raad van van Sommelsdijk, en daar er waarlijk vrome menschen onder hen werden gevonden, zouden
zij, zoo zij hun beginsel van strenge afsluiting niet zoo bepaald gehandhaafd hadden, welligt tot eenen zegen voor de kolonie hebben kunnen verstrekken. In allen gevalle aan van
Sommelsdijk is die mislukking niet te wijten, en behoort zij
volgens ons oordeel, onder die welgemeende pogingen genoemd
te worden, welke door hem ter bevordering van den bloei
en welvaart van Suriname ondernomen zijn. Men beoordeele
niet steeds de daden naar hunne uitkomsten, men zou alsdan meermalen een zeer onbillijk oordeel vellen.

Eene andere loffelijke poging van van Sommelsdijk ter verbetering van den toestand was die, waarbij hij trachtte om eene
verandering onder den militairen stand te maken, die, gelijk een oud geschiedschrijver zegt, (†) »grootendeels in alle
spoorloosheden versoopen lagen; des," vervolgt dezelfde schrijver, »fnuikte hij alom de overdaad en inzonderheid in het gebruik van onmatige spijs en drank, als de baarmoeder van
ongeregelde wellusten zijnde, en speende hen met een matig,
doch tevens voldoend onderhoud, en bij dit zocht hij hen
door eene gedurige bezigheid van alle ongebondenheid af te
trekken." De soldaten, vroeger door hun losbandig gedrag
eene plaag voor de inwoners, werden door van Sommelsdijk
gebezigd tot het verrigten van zwaar werk, waaronder het
uitdelven der Sommelsdijksche kreek, en het aanleggen en
opwerpen van de twee forten tegen de invallen der Indianen,

(*) Het voornaamste aangaande het hier omtrent de Labadisten in Suriname medegedeelde, is ontleend aan het belangrijke werk van H. van
Berkum. Sneek, 1851, 2de deel, blz. 132 enz.

(†) Pistorius, bl. 102.

vroeger reeds beschreven, als het voornaamste is aangeteekend (*).

Uit het hier medegedeelde blijkt genoegzaam, dat de heer
van Sommelsdijk met kracht en ernst de hand aan het werk
sloeg, om niet slechts den verwarden toestand te verbeteren,
maar tevens den bloei der kolonie te bevorderen.

Rust en vertrouwen keerden weder. De kolonisten, door
verscheidene nieuw aangekomenen versterkt en nu, na den
gesloten vrede, niet langer door de gedurige invallen der Indianen verontrust, begonnen hunne plantaadjes aan beide zijden
der rivier uit te breiden — van 50 plantaadjes werd dit gedurende zijn bestuur tot 200.

Voornamelijk kwamen de Joden weldra tot eene groote welvaart. De heer Samuel Nassy schonk in 1682 aan de Portugeesch Joodsche natie eene uitgestrektheid gronds, of Savanne, later de Joden Savanne genaamd. In 1691 voegde
Nassy hier nog 25 akkers van het nabijgelegen land bij, dat
nog, in hetzelfde jaar, onder het bestuur van den opvolger
van van Sommelsdijk, gouverneur Scharphuijs, door eene gift
van 100 akkers, uit naam der eigenaars in Holland vergroot is (†).

Deze Savanne, welke haren naam ontleende aan de uitgestrekte weilanden, die dezelve omringden, lag 8 à 10
mijlen van Paramaribo, aan de boven Suriname, op eene
hoogte, die zich 30 à 36 voeten boven het waterpas verhief,
hebbende aan de beide zijden eene diepe vallei, die aan de
Savanne de volkomene gedaante eener landengte gaf. Deze
plaats, bestemd om als het ware, een vereenigingspunt der
Portugeesch Joodsche natie te worden, werd volgens een geregeld plan met huizen bebouwd; de ruimte, die men daarvoor aanwendde, was een langwerpig vierkant van 450 voet
lang en 500 breed, en was met vier dwarsstraten doorsneden.

De huizen, op de hoeken van dit vierkant gebouwd, waren
groot en gemakkelijk; de andere eenvoudig, enkele echter
fraai te noemen.

_____

(*) Sypenstein, blz. 16.
(†) Historische proeve, 1e. deel, blz. 42, 43.

Die huizen, welke van achteren uitzagen op de vallei en op den oever der rivier, hadden ieder een klein tuintje op de helling der hoogten, welke tuintjes beplant waren met laag geboomte en moeskruiden, en welke, wanneer men de rivier opvoer en de Savanne naderde, een alleraangenaamst gezigt opleverden.

Het grootste sieraad van het vlek echter was de Synagoge, die daarop in 1685 van tigchelsteen gebouwd werd. Zij was 90 voeten lang, 40 breed en 55 hoog, en werd ondersteund door vier groote houten pilaren, waarboven een fraai gewerkt gewelf was ter bekleeding van het dak des gebouws.

Aan de eene zijde had men het vertrek der vrouwen omhoog, en regt daartegenover dat der mannen, alwaar men eene groote kast van cederhout vond, waarin de rollen der wet werden bewaard; deze was van zeer schoon maaksel en versierd met goed uitgevoerd beeldhouwwerk. Deze Synagoge pronkte daarenboven met zilveren kroonen, waarmede de rollen der wet, bij plegtige gelegenheden versierd werden, en andere versieringen van hetzelfde metaal, groote kaarskroonen van geel koper met verscheidene armen en verschillende soorten van kandelaars, waaronder zich zeer kostbare bevonden.

Onder de Synagoge, of liever onder het vertrek der vrouwen, had men de regentenkamer, en die waarin het archief bewaard werd; (tevens hield hier hunne bijzondere regtbank zitting).

Alles was zoo goed gebouwd, en het geheel had zoo iets deftigs, dat die Synagoge de bewondering trok van allen, die haar voor de eerste maal zagen.

De Savanne bereikte spoedig een grooten bloei; zij werd, gelijk men bedoeld had, het vereenigingspunt, het centrum der Joodsche gemeente; weldra wies het aantal huizen tot 70 à 80 aan. — Ieder huisgezin, dat zich daar nederzettede, kreeg 4 à 5 slaven, benevens de noodige levensmiddelen voor niet van de Joodsche eigenaars der plantaadjes in de nabijheid. De inwoners hielden zich inzonderheid bezig met het vervaardigen van planken en timmerhout, waarbij zij hun bestaan vonden.

Voornamelijk ter viering van het Loofhuttenfeest werd deze Savanne druk bezocht. De meeste Joden der kolonie, zoowel zij die op de plantaadjes, als zij, die in de stad woonden, kwamen aldaar te zamen; alle huizen waren met gasten opgevuld en aan feesten en partijen ontbrak het dan niet (*).

De Joden, die voornamelijk aan het hoogere gedeelte der rivier Suriname hunne plantaadjes aangelegd hadden, hadden dan ook in de eerste plaats veel van de invallen der Indianen te lijden gehad. Gelijk wij reeds vroeger vermeldden, behoorden zij dan ook onder de eersten, die de wapenen tegen hen opnamen, en meermalen moedig en met goed gevolg tegen hen streden; dit werd door de geheele bevolking erkend; hun invloed werd hierdoor vermeerderd en zij maakten alzoo gemakkelijk aanspraak op voorregten, ja zelfs op meer gezag in de kolonie, dan anders in die tijden wel het geval zou geweest zijn (†). Na den vrede, door van Sommelsdijk met de Indianen gesloten, werden zij bijzonder gebaat en dit was mede oorzaak hunner zoo spoedig toenemende uitbreiding en welvaart.

Niettegenstaande het wezenlijk en vele goede, dat van Sommelsdijk door zijn krachtig bestuur aan de kolonie bewees, was het er echter ver af, dat iedereen tevreden was.

Er waren zoo velen, wier belang niet medebragt, dat de verwilderde zaken wederom in den regten plooi werden gebragt; in troebel water hadden zoo velen gevischt en zagen nu tot hun schrik, dat hun rijk een einde nam.

Anderen meenden door hem verongelijkt te zijn; wederom anderen klaagden, dat hij hen met hoogheid en barschheid behandelde.

Weldra waren er dan ook vele beschuldigingen tegen hem èn bij de Societeit van Suriname èn bij de Algemeene Staten ingebragt; de voornaamste dezer waren, dat hij de ingezetenen hooger bezwaarde, dan dit volgens het octrooi geschieden mogt.

_____

(*) Historische proeve, 2de deel, blz. 42 enz.
(†) H. J. Koenen. Geschiedenis der Joden in Nederland, bladz. 293 enz.

Deze beschuldiging was zonder grond, want volgens het vierde artikel van het octrooi vermogt hij $2^1/_2$ ten honderd eischen van alle goederen, ieder keer als zij verkocht werden.

Later is door de Staten bepaald, dat dit regt slechts zou gevorderd worden van de goederen, die naar Holland werden uitgevoerd; doch deze bepaling bestond nog niet te dien tijde. Eene andere beschuldiging tegen hem, was »dat hij den een boven den andere zou begunstigd hebben in het waarderen der suiker." Ook dit bewijst te veel om iets te bewijzen en kan wegens de algemeenheid der beschuldiging niet klaar wederlegd worden (*).

Van Sommelsdijk heeft in 1687, bij publicatie, alle inwoners, die iets tegen zijn gouvernement hadden in te brengen, opgeroepen om hunne klagten in te brengen, verklarende hij zich bereid om hun volle bevrediging en genoegdoening te geven; stellende zich in deze niet als gouverneur maar als particulier persoon, en willende dit doen ten overstaan van het hof; hij verlangde dit, ten einde zich voor zijn vertrek naar het vaderland, waartoe hij scheen besloten te hebben, van alle valsche beschuldigingen te zuiveren. Hij heeft deze oproeping driemaal hernieuwd, maar — niemand verscheen, niettegenstaande hij hen, bij niet verschijning voor kwaadsprekers en lasteraars verklaarde. Zouden wij niet met hetzelfde regt hen hiervoor mogen houden? (†)

Nog was er bij de Staten eene aanklagt tegen hem verschenen, namelijk, dat hij tegen het oogmerk der Staten, twee Paapsche geestelijken in de volkplanting had toegelaten, waarover de Staten aan van Sommelsdijk schreven: »dat men in de kolonie Suriname geene predikanten had, (§) maar dat men integendeel toeliet, (zoo als den heeren Staten van Zeeland berigt werd) dat de Paapsche godsdienst aldaar in de

---

(*) Hartsinck, 2de deel, blz. 647, 648.

(†) Deze publicatie vindt men in zijn geheel bij Sypenstein, Geschiedenis van Suriname, blz. 240.

(§) Men vergat hierbij zeker Ds. Baselius, die in 1668 als zoodanig was aangesteld en eerst in 1689 overleed.

kolonie werd uitgeoefend, en onder anderen door een Paapjen, omtrent het fort, die gezegd werd door zijne kluchten en fabeltjes der Papisten ook Indianen en ons eigen volk tot zijn gehoor te trekken (*).

De zaak had zich aldus toegedragen. De heer van Sommelsdijk had zekere som gelds, ter voldoening van zijn quotum in de societeit, opgenomen van een koopman te Amsterdam, Philippus van Hulten, welke de R. C. godsdienst beleed. Toen van Sommelsdijk naar Suriname vertrok, stelde hij dezen van Hulten aan als gemagtigde voor zijn aandeel in de societeit. Deze man, een ijverige Roomsche, zond in wereldsch gewaad twee priesters naar Suriname, die echter kort na hunne aankomst overleden.

Hiervan maakten de vijanden van van Sommelsdijk, vooral de Zeeuwen, zoo grooten ophef, alsof de geheele kolonie in gevaar was, waarop de Staten, slechts ten halve onderrigt, bevalen, dat die priesters naar Nederland zouden teruggezonden worden.

Van Sommelsdijk liet de ligchamen der overledene priesters opgraven en zond hun gebeente naar Zeeland, met den volgenden brief, dien wij, om den eigenaardigen stijl van dien man te leeren kennen, in zijn geheel laten volgen: (†)

»Edele Groot Achtbare Heeren! Met schipper Johannis Plas hebbe ik aan de Heeren Staten van Zeelandt toegesonden de beenderen van de drie alhier overledene Papen, welcke sy gelieve Geestelycken te noemen; Ick gelove dat soo een kist vol ducaten haar beter contentement en vergenoegen soude doen, maar dat syn vrughten, die tot nogh toe hier niet er wassen, doch hope, dat by faute van dien, d'abondantie der suyckeren haar schreeuwende keelen sal versoeten en versachten, en met syroop en jalep haar van hare rasende koortsen genesen, en haar dan betere kennisse van saken doen bekomen van hetgeene hier passeert."

(*) Teenstra. De landbouw in de kolonie Suriname, 1e deel. blz. 31.

(†) Hartsinck 2de deel, blz. 648. Teenstra 1e. deel, blz. 33.

Waarmede

Edele Groot Achtbare Heeren!

UE. Groot Achtbare onderdanige Dienaar,

(was geteekend)

C. van Aerssens van Sommelsdijk.

Actum Suriname, den 5 Sept. 1687 (*).

Na hevige klagten over deze daad door de Staten van Zeeland, werd door de Algemeene Staten bevolen, de lijken dier priesters weder naar Suriname over te voeren en in de vorige begraafplaats bij te zetten (†).

Weinig malscher waren de antwoorden van den beleedigden man over de andere onregtvaardige beschuldigingen tegen hem ingebragt. Wegens de beschuldiging, dat hij 4 pCt. van de natte waren geheven, en zelf in eene andere negotie gedeeld had, en de aantijging van eenige kapiteins, dat hij hen grootendeels benadeelde, door de suiker door zijne lieden te doen laden en hen af te wijzen, schreef hij o. a. in eene missive aan de Staten 26 Julij 1687, — »de redenen, waaromme desen last op de natte waren is gestelt, is dese, dat hier veele dronckaarts syn, die weinigh te kercken gaan, om haar te premoveren, het voordeel en genot van haar geldt te kercke te komen halen, alsmede te kennen te geven, dat wy van de droncke verckens ook eenigh voordeel en genot weten te trekken enz." (§)

Over de klagt der schippers zegt hij op denzelfden ronden, doch eenigzins ruwen toon, dat hij de schippers zijne aanklagers opgespoord heeft, in welke klagten »van het begin tot het eynde geen waar woordt en is, voor Godt en in conscientie geen de minste inhibitie oyt zynde gedaan aan de schippers, van niet te mogen inladen de bequame en gekeurde suykeren, dit zyn de listigheyt en de lagen, waarmede de schippers hare reders bedriegen ende abuseren, niet distinguerende het verbod van de ongekeurde suykeren" enz. — vervolgens noemt hij hen de kapers van de goudkust (**).

(*) Teenstra. De landbouw in de kolonie Suriname, 2de deel, blz. 33.

(†) Hartsinck, 2de deel, blz. 648.

(§) Teenstra. De landbouw, 2de deel, blz. 32.

(**) Teenstra. De landbouw, 2de deel, blz. 32.

Over hunne handelwijze jegens de West-Indische compagnie liet hij zich in dier voege uit: »De W. I. compagnie op de cust van Afrika, als een groot ligchaam zonder ziel, is door haar, onder de dekmantel van vreemde commissien, aldaar dickwils gepluymt, nu zoude de questie zyn in Amerika van het selvige te doen, maar wees gepersuadeert, dat nu ick weet, met wat luyden ick te doen hebbe, ick my wel sal weten te defendeeren; myn verkopen kunt ghy wel, maar de leverantie sal je (de Staten) zwaarder vallen dan geïmagineert werdt," enz. (*).

Op een ander bezwaar, dat hij zich niet in alle opzigten aan de letterlijke bepalingen zijner instructie gehouden had, antwoordt hij: »De enckelde négotie en de commercie heeft geene overeenkomste nogh rapport met de grootmakinge van een Staat, ofte Colonie bysonderlyk als die is, en werdt geforceert en gedwongen. De Experiëntie heeft my geleert het geene ick niet en wiste, en hetgeene waarop ick niet gedagt en hadde. En hadt ick als een geck myn instructie naar de letter gevolgt, zoude de Staat, de Stadt, de W. I. Compagnie en ick reden van berouw hebben van het ondernomene, hetgeene (Godt sy gelooft en gedankt) nu so niet en behoort." (§)

Van Sommelsdijk sprak hier eene waarheid uit, die helaas te dikwijls voorbijgezien is.

Is ons land groot geworden door den koophandel, en wordt deze met regt de zenuw van den Staat genoemd, aan de andere zijde is het even waar, dat door eenen te ver gedreven koopmansgeest, die slechts uit zucht naar gewin handelde en hiervoor alles ten offer bragt, gruwelen zijn geschied in de overzeesche bezittingen, waarvan de herinnering alleen ons de oogen schaamrood doet nederslaan. Even waar is het dat niet slechts het geluk van enkele personen, maar van geheele volkeren aan dien te ver gedreven koopmansgeest zijn opgeofferd; even waar is het, dat..... maar wij vervolgen onze geschiedenis.

(*) Teenstra. De landbouw, 2de deel, blz. 32.
(§) Teenstra. De landbouw, 2de deel, blz. 34.

Gelijk wij zagen, bragt van Sommelsdijk door zijne opene en eerlijke, zij het ook wel wat ruwe wederlegging zijner valsche beschuldigers, dezen tot zwijgen; en indien wij terugzien op hetgeen hij gedurende zijn vierjarig bestuur tot stand bragt, kunnen wij hem den naam van den nieuwen grondvester of hersteller der kolonie Suriname niet ontzeggen.

De onvermoeide landvoogd legde ook den grond tot de stad Paramaribo bij het fort Zeelandia, volgens een regelmatig plan, (*) en weldra zag deze plaats er gansch anders en beter uit, dan hij haar bij zijne aankomst vond.

Tot deze en dergelijke werkzaamheden werden dan ook meermalen de soldaten gebezigd. Onder den zwaren arbeid, die de gouverneur van hen eischte, wordt voornamelijk genoemd het maken van eene steenen glooijing aan den rivieroever bij het fort Zeelandia; — die daartoe benoodigde zware, door de Negers uitgekapte steenen, moesten zij, bij gebrek aan geschikte werktuigen dragen, hetgeen in dit land zeker een zeer moeijelijk werk was (†). Hierbij kwam, dat men door gebrek aan aanvoer uit het moederland, genoodzaakt was geweest het dagelijksch rantsoen te verminderen (§).

De geest van muiterij, die hen reeds lang bezield had, werd daardoor zeer versterkt; deze openbaarde zich dan ook weldra door hunne weigering om te werken, tenzij zij meerder rantsoen kregen. Den algemeen beminden commandeur Verboom gelukte het dit ongenoegen te stillen, maar twee dagen later, den 19ien Julij 1688 brak die muiterij op nieuw uit. Terwijl de heer van Sommelsdijk in een laan van oranjeboomen voor het Gouvernementshuis op en neder wandelde, in gezelschap van den commandeur Verboom, kwamen daar elf zaamgezworene rebellen, half beschonken, met hunne geweren gewapend, tot hem en eischten op een hoogen toon vermeerdering van rantsoen en vermindering van werk. Van Sommelsdijk, dien wij reeds als een oploopend mensch hebben

---

(*) N. G. Kampen. Bezittingen der Nederlanders buiten Europa, 2de deel, blz. 288.

(†) Pistorius, blz. 102.

(§) Hartsinck, 2de deel, blz. 631.

leeren kennen, in plaats van hen te woord te staan, verstoord over dit gedrag en deze schending der krijgstucht,
tastte naar zijn houwer, om deze baldadigen terug te drijven,
doch toen hij den arm ophief, schoten zij allen tegelijk op
hem, en viel hij door zeven en veertig wonden doorboord
levenloos neder. De commandeur, Verboom door eene wond
in den buik getroffen, overleed negen dagen later (§).

Zoo was het einde van van Sommelsdijk, het einde van
een man, die, wij herhalen het nog eens, veel tot den bloei
van Suriname heeft toegebragt, en die door zijne godsvrucht,
zijn open, eerlijk en regtvaardig karakter, onze volle sympathie verdient, maar die misschien wel wat te haastig, te driftig hervormen wilde, en die door zijne oploopendheid en wel
eenigzins barsch en norsch karakter, zich vele vijanden verwierf.

De muitelingen plunderden nu het magazijn, namen het
fort Zeelandia in en benoemden opperhoofden.

De kapitein Abraham van Vredenburch, die wegens het ver-
wonden van den commandeur Verboom als bevelhebber der
troepen moest optreden, begaf zich onmiddelijk op het vernemen der tijding naar het fort, om aldaar, zoo mogelijk,
de oproerigen tot onderwerping te brengen; maar dit gelukte
hem niet, de muitende soldaten schoten op hem, en namen
hem met den luitenant de Raineval en den secretaris de
Graaf gevangen.

Dienzelfden avond begroeven de muitelingen het lijk van
den vermoorden landvoogd, met krijgseer binnen het fort.

Bijna onmogelijk kan de toen bestaande verwarring geschetst
worden. Bij Hartsinck vindt men in zijn tweede deel, bladz.
651 tot 671, daarvan een tafereel opgehangen, waardoor men
er eenigzins over oordeelen kan. De muiters waren nu genoegzaam meester van de geheele kolonie en men was genoodzaakt, tot beveiliging van het leven der ingezetenen, een
verdrag met hen aan te gaan, waarbij zij beloofden de kolonie te verlaten tegen eene geldelijke vergoeding, en waarbij
hun geheele kwijtschelding van straf zou worden verleend.

_____

(§) Hartsinck, 2de deel, blz. 651.

Het gelukte den kapitein Vredenburch uit het fort te ontkomen en vervolgens, bijgestaan door den Joodschen kapitein Nassy en den raadsheer Bagman, met eenige gewapende burgers, gezegd fort door de rebellen te doen ontruimen. Zij zochten nu op het schip de Salamander te ontkomen, doch door onderlinge twisten verdeeld, werden zij eindelijk door de gewapende burgers en anderen gevangen genomen.

Hoewel er in Suriname nog eene groote verwarring bleef heerschen, werd de hoop op het herstel der rust door die gevangenneming zeer verlevendigd, en op last van den Raad van Policie werd den 30 Julij een dank- en bededag gehouden.

Nu was men het niet eens hoe met de gevangen genomen muiters te handelen. De zwaar gekwetste commandeur Verboom deed de Raden van Policie bij zich komen, en gaf de Raden in bedenking of men de moordenaars wel zou kunnen straffen, uit hoofde hij commandeur, benevens de andere officieren en burgers van Paramaribo, met de rebellen een verdrag hadden aangegaan, enz. De Raden antwoordden daarop, dat zulk een verdrag niet bestaan kon, als zijnde gemaakt door hem en verdere officieren, die in het geweld der rebellen waren, en door ontwapende burgers, en dus gedwongen; dat zoodanig accoord mede nul en van geen waarde was, als zijnde buiten hunne toestemming geschied, en dat zij in dat verdrag niet konden bewilligen zonder te zondigen, en zich eene groote straf op den hals te halen bij God en hunne principalen, ingeval zij de moordenaars ongestraft lieten vertrekken, enz. enz. Waarop de heer commandeur hun te gemoet voerde, dat het aan hunne beslissing stond, en dat hij hoopte, dat God hen wilde bijwonen met den geest der wijsheid, om niet alleen de zaak wèl uit te voeren, maar ten beste van het land te betrachten, waartoe hij met ernst bij hen aandrong. Den volgenden dag, den 28sten Julij 1688, overleed Verboom, die om zijne minzaamheid algemeen bemind was.

Het proces ging nu zijnen gang, en den 3den Augustus werden 5 der belhamers geradbraakt en 8 gehangen. De overige 60 man, die mede deel aan het complot hadden genomen, werden niet langer in dienst gehouden, maar voor en na, bij vijf of zes, naar Holland overgevoerd en volgens beloften aldaar vrijgelaten (*).

De rust alzoo hersteld zijnde, werden de officiers en burgerij door den heer G. Muenix, als president, uit naam van den Raad voor hunne goede diensten bedankt, en ging ieder weder tot zijn gewoon bedrijf en naar zijne woning terug (†).

Intusschen hadden de raden van policie zich na den dood van den commandeur Verboom alle gezag aangematigd, vooral door den invloed van den fiscal G. Muenix hiertoe aangespoord. De kapitein van Vredenburgh leverde hiertegen den 13den September 1688 protest in, daar hem het regt van opvolging van den commandeur toekwam.

De raad bood hem zitting aan en stelde voor de zaken gezamenlijk te behandelen. Om de reeds bestaande verwarring en oneenigheid niet te vermeerderen, nam van Vredenburch dezen voorslag aan, maar behield zich zijn regt voor, zich in de notulen steeds teekenende, »ongepraejudiceerd zijnen rang (§).

Toen de tijding van het droevig uiteinde van den gouverneur van Sommelsdijk in Nederland bekend werd, bood de geoctroijeerde Societeit van Suriname, volgens het bepaalde bij het 6de artikel van het met den overledene gesloten verdrag, den zoon des heeren van Sommelsdijk, den heer van Châtillon, luitenant ter zee aan, om in zijns vaders plaats, gouverneur van Suriname te worden. Er waren èn voor mevrouw van Sommelsdijk èn voor haren zoon te droevige herinneringen hieraan verbonden, en na rijp beraad bedankte hij voor die eer (**).

Mevrouw van Sommelsdijk bood haar aandeel te koop aan de Societeit, deze wilde hiertoe niet overgaan. Den 12den Februarij 1692 gaf zij kennis aan den burgemeester van Amsterdam, dat Koning Willem III van Engeland het had gekocht.

Hartsinck en anderen gissen, dat deze koop naderhand ver

(*) Hartsinck, 2de deel, blz. 672.
(†) Hartsinck, 2de deel, blz. 672.
(§) Sypenstein blz. 21.
(**) Sypenstein blz. 21 en 22.

nietigd is, omdat bekend is, dat den 19den April 1770 de stad
Amsterdam van de erven van Sommelsdijk haar aandeel kocht
voor de som van ƒ 700,000, te betalen in drie termijnen.
Meer aannemelijk komt ons in deze voor, het gevoelen
van den heer Mr. C. Ph. Vlier uit Suriname, (zie Surin.
Almanak 1855, blz. 259) die denkt, dat dezelfde aanbieding,
welke bereids door mevrouw van Sommelsdijk aan de Societeit
gedaan was, ook herhaald is aan den Koning van Engeland; doch dat deze, evenmin als de Staten van Holland,
die koop ooit gesloten heeft. Hoe dit ook zij, vervolgt de heer
Vlier, wij mogen hieruit gerustelijk afleiden, dat de kosten tot
onderhoud dezer volkplanting in die dagen kwalijk konden
worden bestreden door de voordeelen, die de Societeit van daar
trok, wijl het anders moeijelijk te begrijpen is, waaraan de
weigering der overname van het een derde aandeel van mevrouw
van Sommelsdijk zij toe te schrijven.

De onderlinge twisten tusschen de verschillende magten in
Suriname hielden aan. Onder hen, die zich in dit tusschenbestuur veel aanmatigden, behoort vooral de reeds genoemde
Israëliet Samuel Nassy. Hij had zich door zijn moedig gedrag
en goed overleg zeer verdienstelijk gemaakt in het beteugelen
van den opstand der muitzieke soldaten, en droeg er veel
toe bij, dat zij eindelijk gevangen werden genomen. Door dit
een en ander had hij veel invloed gekregen, en koesterde hij
misschien wel eenige hoop, om tot gouverneur der kolonie
te worden benoemd.

Een man van groote middelen zijnde, had hij op de Joden-
Savanne op eigene kosten een gasthuis voor zijne behoeftige
geloofsgenooten laten bouwen, en door meerdere weldaden
zijne natie zeer aan zich verpligt, zoodat de Joden hem steeds
als hun beschermer aanzagen, hoewel hij toch ook van verscheidene kanten veel tegenwerking ondervond, toen hij, gesteund door brieven van de Amsterdamsche rabbijnen, trachtte
eenige hervormingen bij hen tot stand te brengen, inzonderheid
ten opzigte hunner zoo menigvuldige feestdagen (*).

_____

(*) Zie H. J. Koenen, Geschiedenis der Joden in Nederland. Mr. Is
da Costa, Israël en de Volken. Historische proeve, Hartsinck.

Deze tegenstand werd zoo hevig, dat er ongeregeldheden en opstanden tusschen de Joden onderling ontstonden, dat zij zelfs handgemeen en er verscheidene gekwetst werden. Dan niet slechts bij de Joden was er over dergelijke zaken twist, ook tusschen de Hervormde predikanten en andere beambten heerschten twisten en wanorde, waardoor groote opschuddingen en gemor onder de ingezetenen veroorzaakt werd.

De militie was sedert den dood van van Sommelsdijk nog niet regt aan het bedaren; de fortificatiën waren in slechten staat; in het kort, de staat van zaken was zeer verward (*), en het was noodig, dat er als landvoogd in Suriname weder een man kwam, die de noodige vereischten bezat om dien verwarden boedel wat teregt te brengen. De keus der Societeit viel, (en zij werd door de Staten bekrachtigd) op den toen met verlof in Nederland zijnden raad van policie en heemraad van Thorarica, Johan van Scharphuisen, die met eene versterking van krijgsvolk en voorraad van oorlogs- en mondbehoeften naar de kolonie vertrok, in gezelschap van den heer Chatillon, die mede ging om de zaken zijns vaders te regelen.

In het begin van de maand Januarij 1689 scheepte hij zich in en had eene zeer moeijelijke reis, eerst door het ijs, later door buitzieke kapers, zoodat het schip zoo ontramponeerd werd, dat een gedeelte van het scheepsvolk begon te morren en eenige hunner in de kajuit kwamen. alwaar van Scharphuisen met den heer Chatillon, kapitein Lohuijzen en zijn secretaris aan tafel zaten. Zij zeiden, dat niemand der matrozen gezind was om met een zoo ontramponeerd schip in zee te blijven, maar dat zij verzochten de eerste haven de beste binnen te loopen. Van Scharphuisen vraagde hun, of hij en zijn gezelschap ook niet mede voeren en zoowel als zij het leven te verliezen hadden; en voegde hun toe, dat zij onvoorzigtig waren en eigenlijk de galg of de nok van de raa kwamen eischen; doch dat hij, hunne onnoozelheid inziende, hun dezen misslag vergeven wilde, mits dat zij zich stil en

(*) Hartsinck, 2de deel blz. 674.

6*

gerust hielden en hun best deden om het schip zoo veel mogelijk weder in staat te brengen om te kunnen zeilen.

Door deze mannelijke taal tot rede gebragt, dropen zij stil-
letjes af, sloegen handen aan het werk, en met stoppen en
stengen werd het vaartuig zoo ver in staat gebragt, dat de
reis kon voortgezet worden, en zij zonder verderen tegen-
spoed den 8sten Maart 1689 voor de rivier van Suriname
aankwamen, en de gouverneur den 10den aan land ontvangen werd. (*)

Wij deelden deze bijzonderheid mede om te doen zien, dat
men in een man als van Scharphuisen wel eenig vertrouwen
stellen kon, om als opvolger van van Sommelsdijk op te
treden. Dat het hem echter niet gelukte regel en orde in dien
verwarden toestand te brengen, zullen wij verder zien. Dadelijk na zijne komst poogde hij de inwendige twisten te stillen;
hij stelde, behalve de reeds bestaande raad van policie,
wien de criminele jurisdictie was opgedragen, uit een dubbel
getal personen, door de ingezetenen gekozen, volgens artikel
23 en 24 van het octrooi, een collegie van zes personen aan,
die met hem de civiele justitie zouden beheeren, welke tot heden
door den raad van policie was bestierd; zoo mede een bijzonder collegie voor kleine zaken, ter beslissing en bevrediging van
kleine verschillen tusschen de ingezetenen (een soort van vrede-
geregt), om deze alzoo zoo spoedig mogelijk tot een goed einde
te brengen. Mede werden door hem opzigters der gemeene
weiden benoemd, daar het vóór dien tijd hiermede zeer onor-
delijk toeging. (§)

Grondig bekend met den landbouw, en zelf eigenaar eener
plantaadje aan de Boven-Suriname, zocht hij ook door zijn
voorbeeld de wijze van cultuur te verbeteren.

De verbetering der vestingwerken, die in slechten staat waren,
werd zeer gewenscht en hij onderzocht met de raden van policie
wat het eerst en het best tot beveiliging der kolonie te doen ware.

(*) Hartsinck, 2de deel blz. 673, 674.
(§) Hartsinck, 2de deel blz 675.

Terwijl hij hiermede bezig was, nog geene twee maanden na zijne komst in Suriname, den 6den Mei 1689, stevende eene Fransche vloot van 9 oorlogschepen en 1 bombardeer galjoot, onder bevel van den admiraal du Casse, de rivier Suriname op; overviel de aan den mond der rivier gestationeerde Bark, en trachtte de kolonie te overrompelen.

De inwoners echter door eene nadere en bedekte wacht in tijds gewaarschuwd, hielden onmiddelijk krijgsraad en besloten tot tegenweer.

Zij gedroegen zich dapper, en het toen nog zoo nietige fortje Zeelandia stond een drie daagsch bombardement door; de ver-eenigde pogingen van het krijgsvolk, der burgers en der scheeps-lieden deden de bedoelingen van den Franschen admiraal, om de Commewijne op te varen, mislukken, waarna de Franschen, na een groot verlies te hebben geleden, de rivier afzakten en met het eskader in zee staken.

De admiraal du Casse had ook te vergeefs beproefd om, door op de eerzucht van den heer Chatillon te werken, daardoor tweespalt tusschen hem en den gouverneur te verwekken. Hij had hem daartoe een vleijenden brief gezonden, waarin hij be-tuigde verheugd te zijn, zulk eenen braven cavalier als den heer Chatillon te ontmoeten, noemende hem: »Heere van Suriname" enz. De heer Chatillon, te edelmoedig en te getrouw aan de belangen van den Staat, en, hoewel nog jong, te kloek, en te verstandig om aan zulk eene vleijerij het oor te leenen, hielp met alle magt de trouwe-looze Franschen afkeeren, en het smartte alzoo de geheele kolonie, toen hij den 10den Mei, door het te vroeg afgaan van een stuk geschut, hetwelk hij met zijnen kamerdienaar bediende, zwaar aan zijne handen en in zijn aangezigt gekwetst werd; en een ieder ver-heugde zich, toen hij gelukkig weder spoedig herstelde, (*) ter-wijl hij na zijne herstelling weder naar Nederland terugkeerde.

Nadat de Franschen alzoo weder in verwarring zee kozen en de kolonie een tijdlang van die lastige indringers bevrijd was, en men zich alzoo ongestoord aan verbeteringen en noodzake-

---

(*) Hartsinck, 2de deel blz. 674—679. Teenstra, de landbouw blz. 37. Sypensiein blz. 23.

lijke hervormingen had kunnen toewijden, ontbrandde het vuur der tweedragt weder op nieuw, en voornamelijk tusschen de Joden, of nog liever tusschen den Jood Nassy en den gouverneur.

Nassy had zijnen invloed zeer zien toenemen door zijn heldhaftig gedrag bij den aanval van du Casse, (*) en de spanning werd gedurig heviger. Eindelijk besloot hij Suriname te verlaten; hij vertrok van daar en vestigde zich te Amsterdam; dan in plaats dat dit vertrek aan van Scharphuisen vrede bezorgde, ontsproot daaruit voor hem eene bron van nieuwe moeijelijkheden; want niet slechts bleef de spanning in de kolonie voortduren, doordat nu de hoofden der Israëlietische bevolking zich tegen den gouverneur verklaarden, hem beschuldigden de oorzaak van het vertrek van den zoo hoog geachten Nassy te zijn en wat dies meer zij, maar zij zonden daarenboven hunne klagten naar Nassy en den baron Belmonte, mede een Israëliet, die nu bij de autoriteiten van Nederland zochten te bewerken, dat hij zou teruggeroepen worden.

Van Scharphuisen wachtte dit echter niet af; hij verzocht en verkreeg zijn ontslag, en tot zijn opvolger werd benoemd de heer Mr. Paulus van der Veen, die den 14den Mei 1696 het bestuur van hem overnam.

Van Scharphuisen vertrok naar Nederland met het schip Brigdamme, welk schip op de reis door Fransche kapers genomen en hij als gevangene te St. Malo opgebragt werd.

Dan nu ondervond hij, dat een edelmoedig gedrag meermalen reeds hier beloond wordt, daar hij, terwijl al het andere volk naar Dinant in strikte gevangenis werd gevoerd, met zijnen secretaris en bedienden in een logement te St. Malo mogt verblijven, en het hem veroorloofd werd vrijelijk door de stad te gaan, vervolgens onder het stellen van borgtogt naar Rouaan te vertrekken, alwaar hij weldra een paspoort van wege den koning van Frankrijk verkreeg, die hem deze gratie bewees, omdat hij zijne onderdanen, die in zijne handen gevallen waren, zoo goed had behandeld.

Het was namelijk gebeurd een paar maanden na den zoo

(*) Historische proeve.

dapper afgeslagen inval der Franschen, dat een hunner oorlogschepen van 24 stukken met 160 man tusschen de rivieren Coppename en Corantijn in den modder vast raakte. De schepelingen, door honger en dorst gekweld, en door de moeijelijke
reis afgemat, moesten zich op genade of ongenade overgeven;
op bevel van Scharphuisen werden zij geherbergd en gespijsd
en vervolgens onder eenige voorwaarden naar een der Fransche
eilanden teruggezonden. (*)

Bij de terugkomst van den heer van Scharphuisen in het Vaderland werd hij duidelijk gewaar, dat zijne vijanden niet stil
hadden gezeten, en hem bij zijne hoofden, de directeuren der
geoctroijeerde Societeit, hadden zwart gemaakt, zoodat zij zich
ontevreden betoonden over zijne administratie en gouvernement
in Suriname. Hij werd ter verantwoording geroepen, en daartoe werden hem verscheidene punten en artikelen ter hand gesteld, om zich daarop te verantwoorden, gelijk hij dit dan
ook uitvoerig gedaan heeft. — Beide stukken zijn onder de titels
van »Punten en Artikelen" en »Berigt en antwoord van den
gouverneur Jan van Scharphuisen," uitgegeven te Amsterdam
bij de wed. Aart Dirkzoon Oossaan, 1697. (†) De uitslag hiervan wordt noch door Hartsinck, noch door de schrijvers der
Historische proeve medegedeeld.

Van de regering van zijnen opvolger Mr. Paulus van der Veen,
die van 14 Mei 1696 tot 2 Maart 1707 de kolonie als gouverneur bestuurde, wanneer hij op zijn verzoek eervol ontslagen
werd en naar Nederland vertrok, vindt men in de geschiedenis
niet veel vermeld; alleen schijnt het te blijken, dat de kolonie
eene vrij gewenschte rust genoot en de landbouw zich meer
en meer begon uit te breiden.

Hij werd opgevolgd door Mr. Willem de Gruyter den 20sten
Maart 1707, welke echter den 27sten September van hetzelfde
jaar overleed. Na een tusschenbestuur van den sedert 1705
benoemden commandeur François Anthony de Rayneval, dat
echter nog al lang duurde, namelijk van 27 September 1707

(*) Hartsinck, 2de deel, blz. 680.
(†) Sypenstein, blz. 24.

tot 19 Januarij 1710, werd Johan de Goyer tot gouverneur benoemd, en aanvaardde hij deze betrekking den 19den Januarij 1710. (*)

Suriname geraakte, daar het nu tot eenige rust gekomen was, tot een bloeijenden staat, wat den landbouw betreft, schoon de eenige cultuur slechts in die van het suikerriet bestond. Deze en het vellen en verzenden van letterhout waren de bronnen, waaruit de welvaart der blanke bevolking ontsproot, terwijl de ongelukkige slaven, ... doch hierover later, wanneer wij meer bepaald hunnen toestand wenschen te beschouwen.

Suriname, hoewel een zeer vruchtbaar land, was echter zeer moerassig; maar hetgeen andere volken ten hinderpaal zou zijn geweest, was zulks voor de Hollanders niet. »De Hollandsche natie, zoo geschikt om moerassen te bebouwen," zegt zekere schrijver, (†) »bragt den eigen aard van haar land in deze over, en het is namelijk daardoor, dat zij met vermijding der groote onkosten, die de Engelsche wijze van doen vereischte, op eenen vochtigen en drassen grond eene volkplanting heeft weten te stichten, die door hare hooge waarde weldra door andere mogendheden met afgunstige oogen beschouwd werd."

Het was alzoo, minstens genomen, hoogst onvoorzigtig, dat de Staten en de Societeit geene betere maatregelen namen tot derzelver verdediging tegen eenen buitenlandschen vijand, niettegenstaande door de kolonisten, voornamelijk na den gelukkig afgeweerden aanval van du Casse, daarover vertogen werden ingediend.

Gedurige twisten en oneenigheden tusschen de inwoners en verschillende autoriteiten waren mede voor een deel hiervan de oorzaak; er heerschte geen eendragt, en dat deze toch magt maakt, is niet slechts het onderschrift van het Nederlandsche wapen, maar wordt als zoodanig door de geschiedenis gestaafd.

Weldra zou men in Suriname de wrange vruchten plukken van de onvoorzigtigheid van zich niet behoorlijk tegen eenen buitenlandschen vijand gewapend te hebben.

(*) Hartsinck, 2de deel blz. 706, 894. Teenstra, de landbouw, 1e. deel, blz. 38. Historische proeve blz. 82. Sypenstein, blz. 24, 25.
(†) Zie Historische proeve, 1e deel, blz. 82.

Reeds onder het bestuur van Mr. Paulus van der Veen in 1696 was de heer Gennis, admiraal van eene niet onaanzienlijke vloot, van plan geweest om Suriname aan te tasten; maar bij het vernemen, dat er twee groote oorlogschepen aan den mond der rivier lagen, had hij daarvan afgezien; (*) dan uitstel bleek in deze niet altijd afstel te zijn.

De oorlog tusschen onze republiek en Frankrijk was naauwelijks op nieuw uitgebarsten, of deze Mogendheid, die, door de nabijheid van Cayenne, beter dan eenige andere èn met de belangrijkheid van den landbouw in Suriname èn met de geringheid harer verdedigingsmiddelen tegen eenen verradelijken aanval bekend was, gaf den vrijbuiter Jacques Cassard, bevelhebber van een eskader, vrijheid om zich derwaarts te begeven.

Den 8sten Junij 1712 kwam hij met eenige schepen de rivier Suriname opvaren. De geestdrift onder de bevolking tot dapperen wederstand ontwaakte evenzeer als in 1689; men ontving de Franschen dan ook zoo dapper, dat zij den 14den Junij reeds weder zee moesten kiezen. Dit was echter slechts als een voorspel.

Den 8sten October van hetzelfde voor de kolonie zoo noodlotrige jaar 1712, kwam Cassard weder, en nu met 8 groote oorlogschepen, welke te zamen 356 stukken geschut voerden en 30 kleinere vaartuigen, waarop 3000 man soldaten, de rivier opvaren.

De 3000 man landingstroepen stonden onder bevel van de heeren de Gotte ville — belle Ile, de Bretcuil, d'Epinoy en de Sorgues. (†)

De Franschen beschoten den volgenden dag Paramaribo; de onzen maakten zich tot eene hardnekkige verdediging gereed, en de vijand deinsde schijnbaar af, zich vergenoegende met van tijd tot tijd eenige bommen in de stad te werpen. Mogt men toen eenige hoop gekoesterd hebben, dat men van dit lastig bezoek verlost was, weldra bleek het, dat die hoop ijdel was, daar de Franschen verder de rivier opzeilden en op verscheidene plantaadjes landden, alwaar men niet in staat was hun

---

(*) Hartsinck, 2de deel blz. 632.
(†) Sypenstein, blz. 25.

het hoofd te bieden, hoewel er bij menige schermutseling dapper gestreden werd.

Hierdoor kwam men in moeijelijke omstandigheden; de vijand was weldra meester van de rivier de Suriname en Para, en verschillende plantaadjes werden door hen bezet.

Daar de mannen meest allen naar Paramaribo ter verdediging der forten waren vertrokken, vlugtten de vrouwen en kinderen, zoo uit de stad als van de plantaadjes met hunne tilbare have door bosschen, kreeken en moerassen, onder geleide van eenige slaven, onder het uitstaan van armoede en kommer van de eene plaats naar de andere.

Zoo waren deze vrouwen dan aan de genade van hare slaven overgeleverd; hoe gemakkelijk zou het dezen geweest zijn, zich over de wreede behandeling, die zij zoo vaak op last hunner meesteressen ondergingen, thans op deze hulp- en weêrlooze vrouwen te wreken. Men vindt hiervan echter in de geschiedenis niets aangeteekend; maar wel, dat verscheidene dezer slaven van deze gelegenheid gebruik maakten, om hunne vrijheid te verkrijgen, door in de bosschen te vlugten en zich bij de andere wegloopers te voegen.

Hetzelfde was het geval met velen van hen, die door hunne meesters, om ze voor Cassard te verbergen, boschwaarts waren gezonden, maar die na den aftogt van den vrijbuiter geen lust gevoelden, om zich weder onder het juk te krommen.

De vijand was weldra zoo goed als meester der kolonie. Alleen de Pauluskreek was voor zijnen aanval bevrijd gebleven. De heer Simon van Halewijn had op zijne plantaadje aldaar, *het eiland* genaamd, alles tot eene moedige verdediging gereed gemaakt, batterijtjes doen oprigten en hierop zeven stukken kanon geplaatst, terwijl hij, behalve zijne gewapende slaven, dertien blanken bij zich vereenigd had. Dan hetzij Cassard zijn volk wilde sparen en zich toch reeds genoeg meester zag om de kolonie te kunnen dwingen, hetzij om andere redenen, de Pauluskreek bleef verschoond.

Cassard had reeds den 11den October 1712 de regering voorgeslagen, dat men eene brandschatting zou opbrengen en dat hij wenschte hierover te onderhandelen.

Men had dit toen echter afgeslagen; maar nu de zaken zoo reddeloos stonden, en hij den 20[sten] op nieuw eenen brief zond, waarbij hij brandschatting eischte, met de bedreiging, van anders alle plantaadjes langs de rivier te zullen plat branden, enz. besloot men om met hem in onderhandeling te treden, en den 2[den] October kwam op de plantaadje Meerzorg, toebehoorende aan den raad van policie P. Amsing, eene overeenkomst daaromtrent tot stand.

De som, door Cassard geëischt, en waarop niet af te dingen viel, was groot en bedroeg ruim een derde deel der bezittingen — ƒ 747,350 Surinaamsch of ƒ 682,800 Holl. cour.

De som werd, gelijk uitvoerig bij Hartsinck is opgeteekend, (*) betaald met slaven, suiker, diverse provisiën aan de vloot geleverd, kabeltouwen, koperwerk, ketels als anderzins, zilverwerk, gemunt geld en 22 wisselbrieven à ƒ 37464,16 Holl. Cour. of ƒ 44957,16 pap. geld op Holland. Alstoen zijn uitgevoerd 734 negerslaven berekend tegen ƒ 350 de persoon, en tevens vindt men in gezegde rekening nog vermeld voor ƒ 2500 roode slaven of Indianen.

Daar de Caraïben soms met andere stammen in oorlog leefden, verkochten zij de buit gemaakte gevangenen als slaven aan de Kolonisten. Bij het verdrag, onder van Sommelsdijk met hen aangegaan, was dan ook slechts bepaald, dat de Caraïben, Arawakken en Warauen niet tot slaven mogten worden gemaakt.

Cassard vertrok den 12[den] December 1712 uit de kolonie, na de goederen enz. te hebben overgenomen, waarvoor hij behoorlijk kwitantie passeerde (*).

(*) De geheele uitvoerige beschrijving van den inval van Cassard vindt men bij Hartsinck van blz. 700—722.

(†) Ondertusschen had Cassard in November door een gedeelte van zijn eskader onder den Baron de Mouans, de kolonie Berbice zoodanig gebrandschat, dat de eigenaars de heeren van Peere, Zeeuwsche kooplieden, de aldaar afgegeven wissels niet wilden betalen en de kolonie liever den Franschen overlieten; waarop in 1714 eene overeenkomst tusschen de reeders en eene Amsterdamsche maatschappij (van Hoorn en Comp.) tot stand kwam, waarbij aan dezen tegen betaling der wissels, den eigendom van Berbice verbleef. In 1713 brandschatte Cassard het eiland Curaçao. (Sypenstein blz. 26).

Treurig waren de gevolgen van dezen ramp voor Suriname; want daar de opgebragte som over de inwoners moest verdeeld worden, gaf die betaling aanleiding tot zeer vele moeijelijkheden en hevige tweespalt tusschen de ingezetenen en het gouvernement; terwijl hierbij kwam de vermeerdering van het aantal wegloopers (Marors), hetwelk door alle schrijvers als het allernoodlottigst gevolg dier gebeurtenis wordt aangemerkt.

Wij willen in een volgend hoofdstuk hierbij iets langer stilstaan, alsdan tevens den toestand en den landbouw te dien tijde een weinig nader beschouwen, benevens de mislukte proeven ter kolonisatie enz. enz.

DERDE TIJDVAK.

TWEEDE HOOFDSTUK.

Van den inval van Cassard (1712) tot de optreding van
Jan Jacob Mauricius als Gouverneur (1742); overzigt
van den landbouw te dien tijde, proeven van
kolonisatie, enz.

Den 6^{den} December 1712, des avonds ten zeven ure, vertrokken de twee Fransche commissarissen le Vasseur en Seraphin van Paramaribo, en met hen de heer Elias Chaine, die als gijzelaar voor de voldoening der wisselbrieven medeging; en bij het krieken van den volgenden morgen zeilde de heer Cassard met zijne vloot de rivier uit. (*)

Haalde men nu in Suriname ruimer adem toen de Franschen vertrokken waren, de droevige gevolgen dier geduchte brandschatting deden zich weldra gevoelen.

Een der droevigsten was de tweespalt, die er tusschen de eigenaars, »de geoctroijeerde Societeit van Suriname" en de kolonisten, en tusschen dezen onderling weldra uitbrak over de betaling dier brandschatting en over die van den met volle regt, ernstig geëischten bouw der verdedigingswerken, enz. enz.

Toen men in den nood zat en goede raad duur was, hadden

(*) Hartsinck, 2de deel, blz. 719.

de meesten der opgeroepen burgers, op het voorstel van den
gouverneur wegens de te betalene brandschatting geantwoord,
dat zij bereid waren hiertoe de gevraagde opofferingen te doen;
sommigen zelfs lieten de bepaling hiervan geheel aan den
gouverneur en raden over. (*) Toen de Fransche commissarissen te Paramaribo kwamen, om het een en ander nader
te regelen, werden de heeren Cornelis Denys en Daniel Pichot
gecommitteerd om deze zaken in orde te brengen; men ging
bij de burgers rond, nam de goederen op, teekende de prijzen
aan, gelijk ook de voorhanden zijnde suiker, en alles werd van
tijd tot tijd aan de Fransche schepen verzonden. (†) Tegen
dit alles was geen verzet geweest, — maar, nadat de vijand
de kolonie had verlaten, en nu ieders in de brandschatting te dragen aandeel moest worden bepaald, toen eerst kwamen de moeijelijkheden, toen barstte het algemeen misnoegen
los, toen ontstond er wrevel en brak het hevigste vuur der
tweedragt uit. (§)

Bij placaat, in Januarij 1713 door gouverneur en raden
uitgevaardigd, werd bevolen, dat er een inventaris van ieders
bezitting zou worden opgemaakt, ten einde hierdoor in staat te
worden gesteld, om eene behoorlijke regeling van ieders te betalene bijdragen te maken.

Hoewel reeds bij deze inventarisering veel onwil en misnoegen bij de kolonisten gezien werd, kwam zij echter tot stand,
en nu werd de omslag tot bestrijding van de kosten der brandschatting op 8 à 10 pCt. op het kapitaal der ingezetenen
bepaald, en dien overeenkomstig eene belasting uitgeschreven.
Nu namen de ontevredenheid en het misnoegen in hevigheid toe.

Sommige kolonisten zelfs beschouwden zich als onverpligt tot
het betalen der belasting; zij vermeenden dat de eigenaars, de
directeurs en de geoctroijerde societeit van Suriname dien last
dragen moesten, omdat deze niet behoorlijk voor verdedigingswerken gezorgd hadden, waartoe zij toch, volgens hun oordeel,

---

(*) Hartsinck, 2de deel, blz. 714.
(†) Hartsinck, 2de deel, blz. 718.
(§) Hartsinck, 2de deel, blz. 722 deelt dit uitvoerig mede.

bij het octrooi verpligt en daarenboven herhaaldelijk aangemaand waren.

Tot staving van hun oordeel voerden zij de omstandigheid aan, dat o. a. reeds bij den eersten aanval van Cassard in Junij 1712, de burgerofficiers, daartoe door de ingezetenen gevolmagtigd, zich bij eene breedvoerige missive tot de Staten Generaal gewend hadden, waarin zij, na eerst een omstandig verhaal van het voorgevallene bij den eersten aanval van Cassard gegeven te hebben, H. H. Mog. wezen op de belangrijkheid der kolonie en op het voordeel, dat Nederland er van trok, en daarna hunne klagten inbragten over het verzuim der Societeit van niet voor genoegzame verdedigingswerken te hebben gezorgd; over de onbillijkheid, dat de kolonisten bezwaard waren geworden om bouwstoffen te leveren en slaven af te staan, om het bestaande ten minste nog in tamelijk goeden staat te houden.

In die missive beklaagden zij zich niet slechts, dat de bescherming der Kolonie verwaarloosd werd, zij beklaagden zich ook, dat er willekeurige belastingen, in strijd met het octrooi, werden geheven; zij beklaagden zich over de Societeit, over den gouverneur, over de raden van policie en eindelijk ook nog over de West-Indische Compagnie, omdat deze voor geen genoegzamen aanvoer van slaven had gezorgd. Na al deze gegronde en ongegronde klagten hielden zij bij H. H. Mog. aan, en verzochten om redres, teruggave van de, volgens hunne meening, te veel betaalde gelden, en nu verbeidde men in Suriname met ongeduld de uitwerking van dit klaagschrift. De directeurs der Societeit, toen hun deze stap der burgerofficiers bekend werd, zaten mede niet stil, maar leverden op hunne beurt eene uitvoerige wederlegging dier klagten bij de Staten-Generaal in.

H. H. Mog. benoemden daarop eene commissie uit de Gedeputeerden van de Provincien Holland en West-Friesland, om alles nader te onderzoeken en hen van advies te dienen.

De einduitslag hiervan was, dat de directeuren der societeit in het gelijk werden gesteld, en bij resolutie van 28 Julij 1713 werd door de Staten-Generaal eene aanschrijving naar den gou-

verneur en raden van policie in de kolonie uitgevaardigd,
waarin de ontevredenheid over dezen stap den burgerofficiers
werd te kennen gegeven, wordende hun tevens bevolen zich
voortaan van het beleggen en bijwonen van afzonderlijke vergaderingen te onthouden, en hun gelast de .verschuldigde belastingen te betalen en zich aan den gouverneur en de raden
te onderwerpen, hunne orders op te volgen, enz. enz. Zoo
iets had men in Suriname niet verwacht — men had de hoop
gekoesterd, dat zoo niet alle, ten minste eenige der klagten
zouden gehoord en naar billijkheid daarin zou voorzien geworden zijn — en nu ontving men dergelijk antwoord! De ontevredenheid onder de kolonisten vermeerderde — er was nieuwe
stof hiervoor — het onheil dat bij de missive der burgerofficiers als mogelijk was voorgesteld, was werkelijk gekomen,
de kolonie, niet behoorlijk beschermd, was ten prooi geweest
aan de roofzucht van den Franschen vrijbuiter — en in plaats
van de bekomene orders op te volgen, vergaderde men op nieuw,
en herhaalde de door de burgerofficiers in naam der burgers
ingeleverde klagten, en behalve de reeds vroeger gedane eischen
verlangde men nu ook vergoeding voor alle onkosten en schade,
die men door den inval van Cassard geleden had en de teruggave der gelden, die men hem had moeten opbrengen, enz.

De directeuren bragten daarentegen hunne verdediging in
en de Staten-Generaal beslisten weder in hun voordeel; zij
oordeelden dat men de directeurs onregtvaardig beschuldigd
had en deze dus tot geene teruggave als anderszins verpligt
konden worden. (*)

Weldra, den 28sten December 1715, volgde er eene tweede
aanschrijving van H. H. Mog. aan den gouverneur en
de raden, om de ingezetenen van Suriname op nieuw te

(*) Van Kampen, De Nederlanders buiten Europa, 2de deel, blz.
419 veronderstelt de mogelijkheid, dat familie-betrekkingen tusschen
de aristocratische regering in Nederland, na den dood van Willem III,
en den gouverneur van Suriname invloed uitoefenden op de ongunstige
beschikking voor de kolonisten, iets dat mij echter minder waarschijnlijk voorkomt.

vermanen, zich stiptelijk naar de vroegere bevelen te gedragen en hun te bevelen om de achterstallige schuld aan de Societeit, zoo wegens hoofdgelden, als wegens gekochte doch niet betaalde slaven, van welke betaling men om aangevoerde redenen ontslagen meende te zijn, te betalen — en wat het belangrijkste punt, de aanbouw van behoorlijke verdedigingswerken, betrof, hierop werd door de Staten-Generaal geantwoord, dat zij de belangrijkheid daarvan mede erkenden, maar dat de kolonisten zich met de directeurs der Societeit moesten trachten te verstaan over de wijze waarop dit zou geschieden, en met hen en H. H. Mog. in overleg treden over het bedrag van ieders aandeel tot bestrijding der kosten.

Dat in Suriname bij deze herhaalde teleurstelling de ontevredenheid tegen het bestuur der societeit eer toenam dan verminderde, behoeft naauwelijks gemeld te worden; men onderwierp zich, doch met onwil; wrevel vervulde de gemoederen, en gedurig zien wij hiervan onderscheidene blijken in den loop der geschiedenis.

Het gezamenlijk belang, dat èn de eigenaars van Suriname, vertegenwoordigd door de directeurs der geoctroijeerde societeit, èn de kolonisten in den bloei en welvaart der volkplanting hadden, moest hen vereenigd hebben, moest hen de handen hebben doen ineenslaan, om met vereende krachten maatregelen te verordenen en uit te voeren, die ten goede der kolonie konden verstrekken. Maar er ontstond nu eene breuke, die moeijelijk kon geheeld worden; een ieder dacht meer om zijn eigen dan om het algemeen belang; de een vertrouwde den ander niet, en ieder trachtte op zijne beurt het meest mogelijke voordeel van den andere te verwerven, en zelf het minst mogelijke te betalen.

Dat deze staat van zaken ongunstig werkte, dat hierdoor veel verzuimd werd, dat het welzijn van Suriname had kunnen bevorderen, ligt in den aard der zaak.

Zoo verliepen er dan ook verscheidene jaren eer men tot dien zoo dringend noodzakelijk geachten bouw van de verdedigingswerken overging.

In de kolonie wilde men zich niet uitlaten hoeveel men

7

daartoe zou willen bijdragen; de directeurs der societeit wachtten hierop een geruimen tijd; eindelijk, na ernstige overweging, besloten zij den eersten stap te doen, en daar zij vreesden,
dat door over en weder schrijven de gelegenheid zou voorbijgaan om nog bij tijds de kolonie in behoorlijken staat van
tegenweer te brengen, en zij alzoo bij den eersten den besten
vijandelijken aanval niet slechts groot gevaar loopen, maar
misschien geheel geruïneerd zouden worden, — zonden, om dit te
voorkomen, de directeurs dan op hunne kosten den Ingenieur Draak uit Nederland naar Suriname, om alles naauwkeurig op te nemen, en de directeurs daarna in te lichten, welke fortificatien tot eene goede verdediging der kolonie werden vereischt.

Hij volbragt zijnen last, en vervolgens werd door hem,
in overleg met den directeur-generaal des Rosques, het plan
tot verbetering der oude en het aanleggen van nieuwe fortificatien gemaakt, en de kosten hiervan begroot op ongeveer
ƒ 800,000.—

Na vele en velerlei bijeenkomsten tusschen directeuren van
de societeit en gemagtigden der inwoners van de kolonie, werd
eindelijk den 8sten December 1753 eene overeenkomst deswege
gesloten, welk verdrag door eene resolutie der Staten-Generaal
van 19 December 1753 werd goedgekeurd en bekrachtigd.

De directeurs verbonden zich om bekwame werklieden en
bouwstoffen te zenden; de kolonisten om zorg te dragen, dat
er steeds een genoegzaam aantal slaven voor alle verdere diensten aanwezig waren. De directeurs zouden zeven jaren lang,
in welk tijdsverloop alles moest voltooid zijn, ieder jaar
ƒ 20,000 voor hun aandeel in de kosten storten, de kolonisten jaarlijks ƒ 60,000 (*).

Als hoofd-verdedigingswerk besloot men tot den aanleg van
een regelmatig fort, dat »Nieuw Amsterdam" zou worden
genaamd.

Verscheidene ingenieurs kwamen daartoe uit Nederland, en daar
de voordeelige ligging van het fort als hoofdzaak werd beschouwd, getrooste men zich de moeite en kosten om het op

---

(*) Hartsinck, 2e deel blz. 727, 728 enz.

eene modderbank, toen Tijgershol genaamd, te bouwen. (*)
De eerste steen werd in 1734 gelegd en het fort in 1747, dus
dertien jaren daarna, voltooid. De plannen van dit fort waren,
gelijk wij reeds vroeger gemeld hebben, gemaakt door den
ingenieur Draak, terwijl de uitvoering werd opgedragen aan den
ingenieur Pierre Dominique des Marets.

Het ligt op een hoek, waar de rivieren de Suriname en de
Commewijne hare wateren in de zee storten en beschermt alzoo den ingang van beide rivieren, terwijl eene wijd uitgestrekte
modderbank de nadering der werken door vijandelijke vaartuigen belet.

Het fort, dat ongeveer $3/4$ uur in den omtrek heeft, vormt
een regelmatigen vijfhoek, en wordt door breede watergrach-
ten omringd; de vijf bolwerken zijn met geschut beplant, terwijl een bedekte weg naar drie wapenplaatsen leidt, waarvan
twee de rivier de Suriname en een de rivier de Commewijne
bestrijken; de aarden borstwering rust op een wal van rotssteen
onder water, om het wegzakken te voorkomen. Binnen in
het fort vindt men de officiers woningen, de kasernen der soldaten, eene smederij, eene timmermans werkplaats, magazijnen
voor kruid en levensmiddelen, een wind-korenmolen en een
regenbak voor meer dan duizend ton water. Midden door het
fort loopt een weg, aan weêrszijden met oranjeboomen beplant,
die over een brug over de gracht naar kostgronden en eene
landingsplaats voert, die door een gegraven kanaal, dat in eene
kreek uitwatert, de gemeenschap met het overige gedeelte der
kolonie blijft openhouden, al waren die langs de rivieren door
eene vijandelijke magt gestremd.

Deze vesting, de sleutel der kolonie, gebouwd op een zeer
lagen moerassigen grond, strekt den ontwerpers en uitvoerders
tot eer, en staat daar in het verre westen als een blijk van hetgeen Nederlandsche volharding in dien tijd vermogt.

Tot eere van Nederland zeiden wij, en wij zeiden niet te veel,
want indien men de moeijelijkheden en bezwaren nagaat, met
welken men bij dezen bouw te kampen had, dan moet men

(*) Sypenstein, blz. 30.

7*

de volharding, die tot den aanleg eener dergelijke vesting op eene modderbank noodig was, bewonderen.

De grond, waarop men bouwde, het voor den Europeaan afmattend klimaat, waren reeds bezwaren, die niet ligt te achten zijn, en dan nog kwamen hierbij de twisten en verschillen tusschen de directeurs der societeit en de kolonisten over de huur en het aantal der voor het werk te leveren slaven, waardoor de moeijelijkheden zeer vermenigvuldigd werden.

De tusschenkomst der Staten-Generaal werd ter vereffening dezer verschillen ingeroepen; na veel over en weder schrijven, na verscheidene bijeenkomsten en onderhandelingen, werd door den gouverneur voor de societeit en door de raden van policie voor de ingezetenen, onder goedkeuring van H. H. Mog., den 6^{den} Maart 1748 eene verbindtenis aangegaan, waarbij deze zaken wel voor het oogenblik geregeld werden, doch waardoor de ontevredenheid en de wrevel, die in Suriname heerschten, echter niet werden weggenomen. De reeds vroeger genoemde grieven der kolonisten tegen het bestuur over het betalen der brandschatting van Cassard enz. enz., werden gedurig opgehaald en vonden gestadig nieuw voedsel. De bouw van het fort Amsterdam droeg hiertoe mede veel bij, en was eene vruchtbare bron van nieuwe moeijelijkheden geweest.

De onwil en wrevel van Suriname's ingezetenen jegens de societeit, openbaarden zich voornamelijk door tegenwerking van die gouverneurs, van welke men vermeende, dat zij de belangen der societeit hooger stelden dan die der inwoners. Men nam meermalen tegen hen eene vijandelijke houding aan en belemmerde hierdoor vaak datgene, wat door onderlinge zamenwerking tot heil van Suriname had kunnen strekken.

Had men in Suriname ook al gegronde redenen tot klagen, men handelde echter onbillijk, daar men geheel uit het oog verloor, dat Suriname een conquest (wingewest) van Nederland was, en dat dus zelfs de gunstige bepalingen van het octrooi niet zoo zeer het voordeel der volkplanters, dan dat van de ingezetenen van Nederland ten doel had (*); en dat de gouverneur,

---

(*) Redevoering van Mr. C. Ph. Vlier, Surinaamsche almanak 1833, blz. 278.

als door de societeit aangestelde ambtenaar, zich in de eerste
plaats als haar dienaar moest beschouwen, en dien overeenkomstig te werk gaan.

Steeds levert tweedragt wrange vruchten op; steeds sleept
onderlinge verdeeldheid droevige gevolgen na zich.

In de geschiedenis van Suriname ziet men gedurig de waarheid hiervan bevestigd.

Verscheidene pogingen tot verzoening, door verschillende
gouverneurs aangewend, baatten niet, en in plaats van medewerking werd de meeste tegenstand gevonden juist in den boezem
van het voornaamste collegie, dat geroepen was om met den
gouverneur de belangen der kolonie te behartigen, namelijk bij
het hof van policie. De leden hiervan, uit de rijkste en aanzienlijkste ingezetenen der volkplanting gekozen, behoorden
alzoo tot hen, die de meeste belastingen moesten opbrengen.
Terwijl zij zich meermalen op allerlei wijze aan die betaling
trachtten te onttrekken, namen zij tevens den schijn aan van
warme voorstanders van de belangen der ingezetenen te zijn (*).

Waren er alzoo steeds vele ontevredenen in Suriname, soms
vereenigden zij zich en vormden zich als eene partij, die openlijk tegen den gouverneur optrad, gelijk dit voornamelijk
onder het bestuur van Mauricius geschiedde, waarvan wij ter
gelegener tijd nader spreken zullen.

Gedurende het tijdsverloop van 1712, in welk jaar de inval
van Cassard plaats vond en 1747, wanneer de bouw van het,
tegen buitenlandsche vijanden zoo uitnemend geschikte fort
»Nieuw-Amsterdam" voltooid werd, was er eene reeks van gouverneurs en tusschen-besturen, en het korte tijdsbestek van
ieders beheer was mede oorzaak, dat er weinig belangrijks door
hen kon worden verrigt.

Men vindt in de geschiedenis hiervan dan ook bijna niets
aangeteekend.

Eene chronologische tafel der verschillende gouverneurs in het
werk van Sypenstein en eenige hier en daar verspreide aan-

(*) Sypenstein, Mr. Jan Jacob Mauricius, gouverneur-generaal van
Suriname in 1742—1751.

teekeningen zijn de voornaamste bronnen, waaruit wij het volgende ontleenen:

Gouverneur Johan de Goyer, die den 19den Januarij 1707 het bestuur had aanvaard, en gedurende welks bewind zulke treurige gebeurtenissen waren voorgevallen, overleed den 28sten Julij 1715 en werd den eersten Augustus met veel plegtigheid in het fort Zeelandia" begraven, volgens Herlein »tot groote droefenis der gemeente" (*). In de Notulen der zittingen van het hof van policie vindt men gedurig gewag gemaakt van togten tegen het weggeloopen slaven; de Journalen des wegens deelen feiten mede waar door men met verontwaardiging bezield wordt, zie volg. hoofdst.

Als tusschenbestuurders traden op François Anthony de Rayneval, commandeur met twee raden van policie, totdat Johan Mahory, den 22sten Januarij 1716 definitief als gouverneur benoemd, deze betrekking aanvaardde; doch reeds in het volgende jaar 1717, den 4den October, overleed; waarna he t reeds vroeger, als zoodanig in functie geweest zijnde tusschenbestuu r volgde; den 15den November 1717 werd Jean Contier tot go uverneur aangesteld, doch nam eerst den 2den Maart 1718 het bestuur op zich.

Het wegloopen der slaven schijnt toen reeds zorgwekkend te zijn geworden, daar wij lezen, dat Contier kort na de aanvaarding van zijn bestuur (den 21sten Julij 1718) de straf des doods hierop stelde (§).

Deze geweldige maatregel bragt eerder verbittering dan verbetering te weeg, het gewone gevolg van gewelddadige maatregelen. Contier verwisselde reeds den 2den September 1721 het tijdelijke met het eeuwige; F. A. de Rayneval nam met P. Lemmers en A. Wiltens weder zoo lang het bestuur op zich, tot dat Mr. Hendrik Temminck den eersten Maart 1722 gouverneur werd.

Ruim vijf jaren duurde deze regering; de strooptogten der weggeloopen slaven vermenigvuldigden; zelfs werd door hen eene plantaadje aan de Commewijne niet slechts geplunderd, maar ook de slaven hiervan medegenomen en naar de bosschen gevoerd (†).

Temminck overleed te Paramaribo den 17den September 1727.

(*) Sypenstein, blz. 27.

(§) Teenstra, landbouw in Suriname, Ie deel, blz. 40.

(†) Historische proeve, Ie deel, blz. 98.

Nog eenmaal, en dus nu voor de 5de keer, vervulde de heer de Rayneval met twee raden van policie de betrekking van gouverneur ad interim, waarna Mr. Karel Emilius Henry de Cheusses den 9den November 1728 de teugels van het bestuur uit zijne handen overnam.

De in de bosschen gevlugte slaven verontrustten steeds meer en meer de kolonie; zij verwoestten verscheidene plantaadjes in Para, in Tempaty en Peninica, en ontzagen zich zelfs niet, om de plantaadje Berg en dal, toebehoorende aan den gouverneur, aan te vallen (*).

De Cheusses liet in 1730 het kleine en geheel van hout gebouwde gouvernementshuis vergrooten en van steen opbouwen. Gedurende zijn bestuur werden door uit Nederland gezondene ingenieurs de noodige opmetingen gedaan, en het plan gevormd en gearresteerd tot het daarstellen van het fort »Nieuw-Amsterdam." — Hij mogt echter den aanvang van dit belangrijke werk niet beleven, daar hij den 26sten Januarij 1734 te Paramaribo den laatsten adem uitblies. De commandeur Johan François Cornelis de Vries nam nu met twee raden van policie het bestuur der kolonie op zich en werd hiervan afgelost door de optreding van Jacob Alexander Henry de Cheusses, op den 11den December 1734; diens gouvernement was echter van zeer korten duur, daar hij 46 dagen later, den 26sten Januarij 1735 den tol der natuur betaalde.

J. F. C. de Vries aanvaardde met twee raden van policie weder het bestuur, a. i., maar toen na zijnen dood, den 4den Maart 1735, de raden van policie dit alleen wilden waarnemen, kwamen zij hierover in verschil met den kapitein Pieter Bley, die hiertegen een protest inzond, waarbij hij zich grondde op de resolutie van de directeuren der societeit van den 23sten Februarij 1733, waarin onderscheidene bepalingen over de opvolging in het bestuur a. i. genomen waren, waartoe mede behoorde, »dat het gouvernement zou worden waargenomen door den commandeur en bij diens afsterven door den oudsten hoofdofficier van het garnizoen, tot luitenant toe enz.; voorts »dat aan den commandeur, gedurende het interim alle eer, eenen

---

(*) Historische proeve, Ie. deel., blz. 98.

gouverneur verschuldigd, moest worden bewezen." Dit protest werd in de vergadering van den 11den Maart behandeld en daarop besloten, den kapitein Bley kennis te geven, dat men aan zijne reclame geen gevolg gaf, maar de directeuren daarover zou schrijven.

Bley schijnt hiermede genoegen te hebben genomen, terwijl de raden van policie, onder het voorzitterschap van Gerrit Pater, het bestuur bleven waarnemen tot 22 December 1755, wanneer Mr. Joan Raye, die den 6den Julij tot gouverneur benoemd was, te Paramaribo aankwam. (*)

Tegelijk met Raye was in Nederland Gerard van de Schepper tot commandeur benoemd, en bij geheimen lastbrief was, om verdere onaangenaamheden bij het overlijden van den gouverneur te voorkomen, bepaald, dat hij in dat geval als waarnemend gouverneur zou optreden. (†)

Tijdens het bestuur van Raye wendden de raden van policie zich reeds tot de Staten-Generaal, om te klagen »over de despotique conduiten van den nieuwen gouverneur Raye," een man die ieders hoogachting genoot, als welverdiende hulde voor zijne algemeene erkende kunde en braafheid.

Raye vroeg reeds in 1757 zijn ontslag, doch overleed voor de aankomst van hetzelve den 11den Augustus 1757 te Paramaribo.

Gerard van de Schepper volgde hem nog dienzelfden dag als waarnemend gouverneur op. Nadat hij twee maanden rustig en in de beste verstandhouding met het hof van policie de kolonie had bestuurd, ondervond hij tegenkanting, en wel nu van de raden van het hof van civiele justitie, die weigerden, om hem als hun voorzitter toe te laten; waarop van de Schepper, bij eene notificatie op den eersten November 1757, openlijk protesteerde tegen alle vergaderingen van het hof, die buiten zijn presidium zouden worden gehouden, en verklaarde reeds bij voorraad al de vonnissen, die in deze vergaderingen zouden worden uitgesproken, voor onwettig en zonder waarde.

Hierover werden verscheidene discussiën gevoerd en nota's gewisseld; de raden erkenden, dat, volgens de resolutie der societeit van 23 Feb. 1757, den waarnemenden gouverneur het

(*) West-Indië 2de jaargang, blz. 28, 29. Sypenstein.
(†) Sypenstein en Hartsinck

regt van presidium in hun collegie toekwam, maar beweerden
daarentegen, dat deze resolutie in strijd was met het octrooi,
artikel 23 en 24. Onder dit protest verklaarden zij zich bereid van de Schepper als hunnen voorzitter toe te laten, totdat
daarover verder zou zijn beslist. Weldra kwam de tijding zijner
benoeming als wezenlijk gouverneur, en wel voor het eerst
onder de benaming van gouverneur-generaal, in Suriname aan,
en werd Gerard van de Schepper als zoodanig op den eersten
April 1738 plegtig ingehuldigd. (*)

Tegen het bestuur van Gerard van de Schepper kwamen
spoedig vele klagten over misbruik van gezag bij de societeit
in. Van de Schepper schijnt er niet tegen opgezien te hebben
om zijn gezag door krachtige maatregelen te handhaven, waardoor men de vele klagten begrijpen kan; het is hem echter
moeijelijk geweest zich omtrent al de tegen hem ingebragte
beschuldigingen volkomen te zuiveren, ten minste directeuren
besloten hem te doen vervangen, en hij werd ontslagen en droeg
den 17den October 1742 het bestuur over aan Mr. Joan Jacob
Mauricius, die twee dagen te voren in de kolonie was gekomen,
en door van de Schepper op de meest vriendschappelijke wijze
was ontvangen.

In een tijdvak van 50 jaren waren alzoo negen verschillende
gouverneurs aan het bewind geweest, terwijl tusschen het overlijden en weder aanstellen van anderen, de commandeurs en raden
van policie het beheer hadden gevoerd, waarover menigmaal
verschil ontstond, gelijk wij reeds kortelijk aangemerkt hebben,
zoodat het niemand verwonderen kan, dat gedurende dien tijd
de toestand van het inwendig bestuur aan geregelde orde veel
te wenschen overliet.

Behalve de reeds genoemde oorzaken van wrevel en misnoegen
der kolonisten tegen de societeit en de door haar aangestelde
gouverneurs, kwam er weldra onder het bestuur van Mauricius
nog eene andere, namelijk: verschil van opinie over de wijze
van oorlog voeren en vrede maken met de weggeloopen slaven.
Daar wij in het volgende hoofdstuk ons meer bepaaldelijk wen-

---

(*) West-Indië 2de jaargang, blz. 23. Sypenstein.

schen bezig te houden met de beschouwing van den toestand der slavenbevolking en alsdan meer geregeld die ontstane verwikkelingen kunnen mededeelen, zoo willen wij dit nu laten rusten en in dit hoofdstuk een kort overzigt van den landbouw te dien tijde geven.

De blanke bevolking was in den loop der tijden vermeerderd; reeds onder van Sommelsdijk waren, behalve verscheidene Nederlanders, een goed getal Fransche vlugtelingen, om der godsdienst wille naar Suriname geweken; verscheidene Duitschers hadden zich mede in de volkplanting nedergezet.

Het hoofdbestaan der inwoners was de landbouw, en wel voornamelijk de suikercultuur; deze was langen tijd bijna de eenigste geweest; van de ruim 400 plantaadjes, in 1750 in cultuur, waren verre de meesten voor de suikercultuur ingerigt; men begon zich nu echter ook op het teelen van koffij toe te leggen.

De gouverneur-generaal van Neêrlands-Indië H. Zwaardekroon, had in 1718 de eerste koffij van Mocka op Java overgebragt, en eenige planten werden door de zorg van den burgemeester Nicolaas Witsen, in den kruidtuin te Amsterdam aangekweekt. Vrij zeker is het, dat in Suriname zekere zilversmid, genaamd Hansbach, van geboorte een Duitscher, de eerste proeven hiermede heeft genomen; sommigen zeggen, dat er eenige planten uit den Hortus Medicus van Amsterdam aan den gouverneur waren gezonden, die eenige boontjes hadden uitgeleverd, welke gemelde Hansbach had weten tot zich te nemen; hij daarentegen gaf voor, dat hij uit eenige ponden Oostindische koffij (die aldaar uit Holland voor negotie, even als de thee, gezonden werd en toen aldaar vijf à zes gulden het pond kostte) eenige boontjes had gevonden, die hem voorkwamen nog een weinig sap te hebben; dat hij als een liefhebber der chemie, eene soort van aarde wist te bereiden, zoo krachtig, dat die de minste teelsappen in beweging moest brengen; dat hij daardoor een of meerdere van die boontjes aan het groeijen had gekregen, en eindelijk daarvan vruchten had bekomen, waarmede hij verder die plant had aangekweekt. Zeker is het dat hij de eerste is geweest, die de koffijboompjes in manden heeft geteeld, hoewel hij er echter weinig voordeel van heeft gehad.

De heer Stephanus Laurentius de Neale heeft hiervan beter partij getrokken; deze zocht Hansbach zoo door drank, waaraan hij zeer verslaafd was, als door andere geschenken, eenige boontjes af te troonen, en nu werd door hem op zijne plantaadje »Nieuw-Levant" de eerste koffij aangeplant. Daar hij gelukkig hierin slaagde, bekwam hij daardoor een groot fortuin, en werd hij weldra door anderen hierin gevolgd; de aanplanting werd algemeen en dit voortbrengsel droeg veel tot Suriname's latere welvaart en bloei bij (*).

In 1724 werd de eerste koffij van Suriname te Amsterdam aangebragt.

Vele suikerplantaadjes werden opgebroken om zich op het bouwen der koffij toe te leggen; mede liet men hiervoor nu de indigo-teelt varen, die echter reeds sedert het jaar 1708 in de kolonie gekweekt was, en waarvan de opbrengst niet zoo geheel onbelangrijk was, daar men van 1710 tot 1722 van 150 pond tot 1528 toe had uitgevoerd (†).

Later in 1764 heeft de heer ontvanger Gever en een Fransch officier Destrades, die te St. Domingo geweest was, hernieuwde proeven met de indigo-cultuur genomen, die niet slecht uitvielen, hoewel men er echter daarna niet veel meer gewag van gemaakt vindt.

Het planten van tabak, reeds door de eerste volkplanters beproefd, had men in 1706 op nieuw begonnen, en jaarlijks werd er eene genoegzame hoeveelheid uitgevoerd om tot proeven te verstrekken; zijnde er zelfs in 1749 50,000 pond naar Holland verzonden; eindelijk is deze teelt geheel vervallen (§).

De roucou, eene roode verwstof, werd op eenige kleine landwoningen geteeld; men zamelde daarvan 100 tot 7000 pond in, die men naar Holland verzond. Carel Willem Cloege, omstreeks 1735 overleden, was de laatste, die dit product ter verzending (boven in Cottica) cultiveerde; daarna kweekte men

---

(*) Hartsinck, 2de deel, blz. 741. Historische proeve, 1e. deel, blz. 94. Sypenstein, blz. 29. West-Indië, 2de jaarg. blz. 294, 295.

(†) Historische proeve, 1e. deel, blz. 95.

(§) Historische proeve, 1e. deel, blz. 95.

hetzelve meer voor eene aardigheid dan als handelsartikel; later is dit geheel vervallen (*).

Hoewel de caçao reeds in 1706 was geplant geworden, gelijk de schrijvers der historische proeve vermelden, schijnt dit echter van weinig belang te zijn geweest, daar volgens Hartsinck eerst in 1755 caçao van uit Suriname naar Amsterdam verzonden is. De belangrijkheid van de caçao-plant werd evenwel reeds vroeger erkend, daar den gouverneur Contier in 1721 een fraai rijpaard ten geschenke werd aangeboden voor de verzending der eerste cacao-plant naar Berbice (§).

Ook met de katoenteelt had men vroeger wel eenige proeven genomen, doch was hierin niet zeer gelukkig geslaagd; in 1755 werd het eerste katoen naar Amsterdam verzonden.

Men verkeerde steeds in het denkbeeld, dat het katoen minder geschikt was voor de veengronden; doch dit denkbeeld bleek later eene dwaling te zijn geweest.

In 1752 werd door den raadsheer Johan Felix deswege eene nieuwe proef genomen; hij had een stuk gebrand of Biribiri land aan de Metappicakreek in aankweeking genomen, doch toen de koffij, die hij aldaar geplant had, niet goed wilde tieren, besloot hij op die schrale plaatsen katoen tusschen de koffij te planten, hetgeen zoo goed slaagde, dat men in het volgende jaar reeds drie à vier duizend pond kon inschepen, en in het vierde jaar achttien à twintig duizend pond, behalve veertig à vijftig duizend pond koffij. Dit voorbeeld werd weldra door de in zijne nabijheid wonende planters en later ook door anderen in de kolonie met goede uitkomsten gevolgd. (†)

Nog tegenwoordig zijn het de kustlanden, bijzonder de genoemde Metappicakreek en de nieuwe kolonie, of het Nickeriedistrict, waar men de meeste katoen plantaadjes vindt.

Behalve de vrij aanzienlijke houtplantaadjes of liever vellingen, van welke het daarop verkregen hout minder uitgevoerd dan

---

(*) Historische proeve, 1e. deel, blz. 95. West-Indië 2de jaarg. blz. 150.

(§) Hartsinck blz. 741. Historische proeve blz. 94. Sypenstein blz. 29.

(†) Hartsinck, 2de deel, blz. 742.

tot binnenlandsch gebruik aangewend werd, en de reeds vroeger genoemde voortbrengsels, lieten de oude bewoners der kolonie hunne bespiegelingen ook gaan over andere producten, voor den handel geschikt; zoo trokken zij o. a. ruwe was uit de nesten, die de wilde bijen op de boomen der onmetelijke bosschen van het hoog gelegen gedeelte der kolonie maakten. Men had alzoo hier even als van andere voortbrengselen der zoo rijke en weelderige natuur van Suriname meer voordeel kunnen trekken, dan men werkelijk deed, doch het gebrek aan werkende handen en de begeerte van *dadelijke* winst verlamde de pogingen, en spoedig werden dergelijke *liefhebberijen*, gelijk men dit in de kolonie noemde, nagelaten, voor den degelijker arbeid der stapelproducten.

Zoo waren er ook in vroegeren tijd in Suriname verscheidene steenbakkerijen; daar vele planters voor het aanleggen der watermolens en andere gebouwen niet slechts het hout lieten kappen en zagen en gereed maken, maar ook daar hiertoe vele steenen noodig waren, deze zoo onontbeerlijke bouwmaterialen zelven vervaardigden.

In Para en elders waren goede steenbakkerijen; op verscheidene plaatsen in de kolonie werd goede klei en zand gevonden; overvloed van brandhout en zoet water voor de deur. Met een paar blanken als opzigters kon men zeer goed de slaven voor dezen arbeid bezigen; niettegenstaande al deze genoemde voordeelen liet men de steenbakkerijen vervallen en de steen uit Holland komen, hetgeen natuurlijk meer kosten veroorzaakte (*).

Om de blanke bevolking in de kolonie te vermeerderen, had men reeds in 1692 voorgeslagen eenige Paltzische familiën derwaarts over te voeren; hetwelk echter bij dien voorslag gebleven is (†).

Men riep in die tijden kolonisten van allerlei landaard voor Suriname op.

De vrome Spangenberg, een der eerste Bisschoppen der Moravische Broedergemeente, een waardig medestander van den

---

(*) Hartsinck, 2de deel, blz. 742.
(†) Hartsinck, 2de deel, blz. 743.

edelen graaf von Zinzendorf, vertoefde op zijne doorreize naar Engeland in 1734 eenigen tijd te Amsterdam.

Hier werd hem die oproeping bekend; de lust en de begeerte der herstelde Broedergemeente was opgewekt geworden om naar vreemde landen te trekken; niet echter met het doel om zich te voeden en te verrijken ten koste van het zweet en bloed der Heidenen, maar om dezen rijk te maken door de verkondiging van de blijde boodschap der genade in het bloed van den gekruisten Christus.

Spangenberg won bij de directie der »geoctroijeerde societeit van Suriname" de noodige inlichtingen daarover in, en reeds in het volgende jaar, 1735, werden drie broeders tot eene verkenningsreis afgezonden, en in 1739 vestigden zij zich in de kolonie.

De komst dier broeders, door hunne tijdgenooten naauwelijks of ook zoo al, dan met zekeren wrevel, opgemerkt, mogen wij wel als de gelukkigste gebeurtenis, als eene der belangrijkste feiten in Suriname's geschiedenis beschouwen.

Wij stippen die nu slechts aan, om later, gelijk wij in onze inleiding beloofd hebben, uitvoerig te gewagen van hunnen arbeid en hunnen strijd, maar ook van den zegen, dien de Heer hun schonk op hun volhardend en ijverig pogen om der Heidenen heil te bevorderen.

Zij vestigden zich eerst in de stad, later rigtten zij zendingsposten onder de Indianen, daarna onder de boschnegers op; eindelijk werd het hun vergund ook den slaven vrede door het bloed des kruises te verkondigen.

Sedert de vruchtelooze pogingen der Spanjaarden en Portugezen om goud in Suriname te vinden; sedert het gebleken was, dat de grootsche denkbeelden daarover van den Engelschen avonturier Walter Raleigh ijdel waren; sedert dat de, op bevel van van Sommelsdijk en eerst na zijnen dood teruggekomen, tot het opsporen van het goudrijke (?) meer van Parima uitgezondene officieren en soldaten de onwaarheid dier velerlei sprookjes van Eldorado enz. op nieuw bevestigd hadden, sedert had men er van afgezien om zoo diep in de aarde te wroeten ten einde schatten te ontdekken; men behoefde immers den bodem slechts eenige voeten om te werpen en er vervolgens het zaad in te strooijen en het welig opschietende suikerriet en de snelgroeijende koffijheester beloonden beter den arbeid , en het goud, daarvoor in ruiling verkregen, vloeide ruimschoots in de beursen der volkplanters. Dan in 1742 wilde men toch nog eens weder beproeven of men het nog niet gemakkelijker kon bekomen. In genoemd jaar werd door Wilhelm Hack en anderen eene compagnie opgerigt tot het zoeken naar mineraal, edelgesteenten en andere kostbare stoffen.

Heeren Directeuren der »geoctroyeerde societeit van Suriname" verleenden hiervoor een octrooi, waarbij het den ondernemers, bij uitsluiting van anderen, vergund werd, alomme door de gansche kolonie onderzoek te mogen doen naar goud, zilver, koper, tin, lood, edelgesteenten en anderen profijt gevende voorwerpen, hoe dezelve voorkwamen, of ook genaamd mogten zijn, zoo op als onder de aarde (*).

Hoewel gemeld wordt dat de heeren Hack, wat de onkosten betrof, wel besloten waren, om deze onderneming voor eigene rekening aan te vangen, zoo hebben zij, in aanmerking van den naijver, die bij wèl slagen, daaruit tegen hen kon ontstaan, gewild, dat alle onderdanen van den Nederlandschen staat hierin aandeel konden verkrijgen , en mitsdien eene maatschappij of vennootschap opgerigt, onder den naam van »Geoctroijeerde Surinaamsche Mineraal-compagnie."

Deze was verdeeld in 32 stammen en iedere stam in 4 taxen, alzoo het geheel in 128 taxen of aandeelen. Ieder aandeel werd bepaald op ƒ 750, te betalen een derde of ƒ 250 binnen veertien dagen na het tot stand komen der onderneming; de overige ƒ 500, naar vereischte van zaken, van tijd tot tijd.

Weldra werden verscheidene mijnwerkers naar Suriname gezonden; de oorlog was op nieuw aan de ingewanden der aarde verklaard.

Bij den berg Victoria, alwaar hun door de societeit, die vijf aandeelen bij wijze van recognitie verkreeg, een streek lands van tien mijlen in den omtrek geschonken was, begon men den arbeid, doch met geen zeer gelukkig gevolg.

(*) Hartsinck, 2de deel, blz. 744--754, alwaar het geheele octrooi medegedeeld wordt.

Door verzuim van de noodige voorzorgen stortte een gedeelte van het werk in, en werden veertig menschen onder die instortende massa levend begraven (*).

Er werd wel eenige erts gevonden en naar Europa verzonden; doch deze hield naauwelijks zoo veel metaal in, dat de vracht hieruit kon betaald worden; zoodat deze onderneming evenzeer mislukt is als de vroegere goudzoekingen.

De mijnwerkers hebben daarop eenige kostgronden en eene houtplantaadje aangelegd; maar ook dat heeft niet aan de verwachting beantwoord. (†)

In 1747 noodigde men eenige Duitsche landbouwers uit, om zich als zoodanig naar de kolonie te begeven.

Men beoogde hiermede niet slechts om het aantal blanken te vermeerderen; maar wenschte tevens hierdoor eene soort van voorpost tegen de gedurig in hunne aanvallen stouter wordende wegloopers te vormen.

De uitnoodiging werd door eenige Paltzer boeren aangenomen en zelfs verlieten een paar Zwitsersche huisgezinnen hunne bergen om hunne buidels, gelijk zij hoopten, in Suriname te vullen.

Men had hun beloofd overvloed van grond te zullen verleenen, en hun tevens van bouwgereedschappen en koeijen te voorzien.

De Paltzers en later de Zwitsers kwamen behouden en vol goeden moed in Suriname aan. Men kon het hun aanzien, dat zij als tot werken geboren waren; men wees hun meer land aan, dan zij bearbeiden konden; men verschafte hun beesten en bouwgereedschappen; men hield alzoo woord jegens hen; maar het land, hetwelk men hun aanwees, lag aan het zoogenaamde Orangepad, boven Para, in de binnenlanden, een der ongunstige en onvruchtbaarste streken. Men vermeende hier van afstand tot afstand posten ter beteugeling der wegloopers en woningen voor de volksplanters aan te leggen; dan

---

(*) G. B. v. d. Bosch, Reizen in Suriname, blz. 49.

(†) In het Journaal van Gouverneur Mauricius, worden nu en dan bijzonderheden over de bergwerkers medegedeeld; onderlinge twisten tusschen de hoofden en de ondergeschikten waren ook hier aan de orde van den dag.

dezen, hoewel zij later zelfs slaven tot hulp kregen, konden het in dat eenzaam en woest oord niet uithouden.

Van twee Zwitsersche familiën wordt nog gemeld, dat zij door von Spörche op een ander gedeelte der kolonie geplaatst, dat hun benevens de gereedschappen, twee slaven, eene koe en eenige schapen werden toegevoegd, en dat zij daarop zoo ijverig aan het werk gingen, dat zij na eenige weken voor omstreeks ƒ 1200 hout naar Paramaribo verzonden.

Werd men door dit goede begin aangemoedigd, die hoop verdween spoedig in rook, weldra vonden allen zich teleurgesteld; hevige ziekten braken onder de kolonisten uit; onderlinge twisten belemmerden gemeenschappelijk overleg; gedurige aanvallen der wegloopers verontrustten hen en in het zwelgen van drank en het leiden van een liederlijk leven zochten de meesten een tegengift tegen het heimwee en die onderscheidene teleurstellingen, en gelijk nu wel te verwachten was, liep alles te niet en eer vier jaren verstreken waren, was ook deze proeve van kolonisatie voorbijgegaan (*).

Zoo ging het later met andere proeven ter kolonisatie door vrije arbeiders in Suriname; waren die elders goed, namen zij elders soms eene groote vlugt, in Suriname mislukten zij steeds.

In een land, waar het stelsel van slavernij heerscht, is geene plaats voor de ontwikkeling van vrije landbouw of van industrie.

De door de slavernij vergiftigde zedelijke atmospheer houdt alle ontwikkeling tegen, doet ze verkwijnen, doet ze sterven.

Wat slavernij is, zullen wij op nieuw in het volgende hoofdstuk zien.

(*) In de journalen der gouverneurs als Mauricius, von Spörche, Crommelin enz., welke op het rijks archief berusten, vindt men verscheidene keeren van de Paltzers en later de Zwitsers, melding gemaakt, dan alles komt in de hoofdzaak overeen met het hier vermelde.

DERDE TIJDVAK.

DERDE HOOFDSTUK.

Overzigt van den toestand en de behandeling der slaven,
van den strijd met de wegloopers en van den
met hen gesloten vrede 1761. (63.)

Hebben wij in het tot hiertoe behandelde gedeelte der geschiedenis eerst een blik geslagen op de oude oorspronkelijke
bewoners van Suriname de Indianen; hebben wij daarna de
eerst nuttelooze, doch telkens herhaald, eindelijk met een
goeden uitslag bekroonde pogingen der Europeanen beschouwd,
waar zij trachtten om in dat zoo rijk door de natuur gezegend
land vaster voet te verkrijgen; hebben wij hen daarna onderling over het bezit, later over het gezag zien strijden; viel er
veel te vermelden, dat ons droefheid baarde, o. a. indien wij
de handelwijze der Europeanen jegens de Indianen en hunne
onderlinge twisten en krakeelen nagingen, aan de andere
zijde moesten wij den ondernemenden geest, den volhardenden
ijver bewonderen, waardoor vroeger de Engelschen, later de
Nederlanders zich in dat overzeesche gewest vestigden, vele
hinderpalen uit den weg ruimden en den reeds zoo vrucht-

baren bodem van Suriname door waterleidingen, waterkee-
ringen enz., nog vruchtbaarder maakten.

Wij vestigen thans de aandacht op die andere nieuwe bewoners van Suriname, die niet uit eigen beweging gekomen,
maar tegen wil en dank naar dit oord gebragt waren, namelijk
op de negerslaven, welke in groote menigte over het land verspreid, de in hunne bosschen geweken Indianen en de zich
hier nedergezet hebbende Europeanen in getal ver overtroffen.

Wij treden nu niet in eene beschrijving van den slavenhandel, noch in zijn' oorsprong, noch in zijne uitgebreidheid te
dier tijd, maar wij bepalen ons hierbij slechts voor zoover dit
regtstreeks Suriname betreft.

De West-Indische Compagnie, welke den alleenhandel in
slaven bij octrooi had verkregen, was volgens datzelfde octrooi
verpligt ten dienste der kolonie »zwarte slaven of negros" te
leveren, ieder jaar zoodanig aantal, als aldaar zouden worden
gerequireerd."

Bij het octrooi in 1682 werd het getal der door de West-
Indische Compagnie aan te voeren slaven »als aldaar zullen
worden gerequireerd" dus onbepaald gesteld; in 1730, bij ver-
nieuwing van het octrooi, verbond zij zich jaarlijks minstens
2500 slaven te leveren, en toen er van 12 Augustus 1731
tot 24 Augustus 1738 door haar slechts 13,012 negerslaven,
in plaats van 17,500 en dus 4488 minder dan waartoe zij
zich verbonden had, was aangebragt, werden hierover klagten ingeleverd en daarop voor rekening der »sociëteit van
Suriname" van 1738 tot 1745, 63 schepen naar Guinea
gezonden, met commissie om slaven te handelen, en van 1746
tot 1747, 15 schepen tot datzelfde doel (*). Bij de vernieu-
wing van het octrooi der West-Indische Compagnie in 1762
werd de verbindtenis wegens de levering van slaven bekrachtigd, en
tot de naleving dezer verpligting, blijkens onderscheidene plakka-
ten, gedurig aangedrongen. — Rapport, Staats-com. bladz. 9 enz.

Welk een aantal slaven zijn alzoo gedurende het bestaan der
kolonie aldaar aangevoerd! Om de kleine planters in de gelegenheid te stellen, om toch de hun zoo noodzakelijke slaven

_____

(*) Hartsinck, 2de deel, blz. 740.

te verkrijgen, was de West-Indische Compagnie verpligt ze twee aan twee te doen veilen (*).

Hoe edelmoedig zorgde de Nederlandsche regering voor de belangen der weinig bezittende planters, maar hoe wreed handelde zij hier tevens jegens de slaven, daar door deze bepaling steeds familiën gescheiden werden (§).

De in Suriname ingevoerde slaven werden allen van den kant van Guinea aangebragt.

De oorlogen, door de vorsten van Afrika onderling gevoerd, werden door de Europesche Christenen gevoed, omdat zij slaven voor hunne koloniën konden verkrijgen; de uit het binnenland op onderscheidene wijzen geroofde negers werden naar de zeekust gevoerd, en hetzij door schepen, daartoe expresselijk door de West-Indische Compagnie uitgezonden, hetzij sedert het openstellen der vaart des slavenhandels op de Afrikaansche kusten, door schepen van bijzondere handelaars, die hiervoor recognitie aan de West-Indische Compagnie betaalden, voor onderscheidene handels-artikelen ingeruild.

Deze betaling geschiedde in staven ijzer, ijzerwerk, kruid, kogels, linnen en andere waren; mede werd als betaalmiddel gebezigd Boesis, zijnde zekere hoorntjes, ook wel Cauris genaamd, die van de Malvidische eilanden, door de Oostersche Compagnie in Europa werden gebragt en in Guinea voor geld verstrekten, doch later in onbruik zijn geraakt (†).

De prijzen verschilden voornamelijk naarmate van den overvloed of de schaarschte der waar aan de markt; ook waren de slaven van sommige stammen duurder dan die van anderen; de vrouwen waren in den regel een vierde of een vijfde beter koop dan de mannen.

(*) Octrooi van 1682, artikel 5.

(§) Sommige verkoopers van slaven scheiden met voordacht de mannen van hunne vrouwen, de moeders van hare kinderen, om daardoor de koopers te noodzaken, die daartoe behoorden, ten duurste te koopen om niet geëxposeerd te zijn, de reeds gekochten door wanhoop te verliezen; tegen welke kwade praktijken o. a. door Mauricius besluiten werden uitgevaardigd; zie journaal van Mauricius 3 Junij 1743.

(†) Hartsinck, 2de deel, blz. 899

Eene beschrijving van de onderscheidene stammen der Negers vindt men o. a. in Hartsinck, 2de deel, blz. 980 enz. en bij Teenstra, 2de deel, blz. 179. Wij willen deze berigten zamentrekken en als resumé de volgende algemeene opmerkingen omtrent de Negers, die thans evenveel als vroeger golden, mededeelen.

De negers zijn geheel zwart, hoewel met een nog al aanmerkelijk verschil van tint; de zwartste negers worden voor de sterkste gehouden; zij hebben zwart gekruld wolachtig haar, heldere bruine oogen, platte neuzen, dikke lippen en zeer witte tanden. Men ziet er weinigen met ligchaamsgebreken, of die gebogcheld of kreupel zijn, tenzij door toevallige ongelukken.

Het zijn meerendeels forsche, sterke en welgemaakte menschen, gehard tegen vermoeijenis van het ligchaam en de ongemakken van het weder.

De negers zijn aan weinige ziekten onderhevig; in slavernij gekomen zijnde, ontstaan door moedeloosheid, afmatting enz. verscheidene langdurende kwalen; velen dezer zijn in meerdere of mindere mate aan de Lepra of melaatschheid verwand, welke kwaal voornamelijk onder die volkeren heerscht, welke in slavernij leven of vele verdrukkingen te lijden hebben.

Omtrent hunnen geestelijken of zedelijken toestand schijnen wij het volgende als regel te kunnen stellen: dat de negers, die aan de zeekust wonen, meerdere beschaving hebben dan zij, die dieper in de binnenlanden hun verblijf houden, maar daarentegen sluwer en meer tot diefstal zijn geneigd.

Over het algemeen zijn de negers zeer bijgeloovig, gelijk alle afgodendienaars; de neiging tot diefstal vindt men bij enkelen, die tot drank en vrouwen bij velen; hoewel de veelwijverij, volgens hunne begrippen geoorloofd is, blijven zij echter, indien zij kinderen bij ééne vrouw hebben, deze getrouw.

Als slaven is het liegen hun, gelijk aan alle onderdrukte volken, gewoonte geworden; indien zij onverdiend gestraft worden, wordt hunne wraakzucht opgewekt; zij hechten zich echter zeer aan goede meesters en zijn dankbaar voor eene goede behandeling.

Men beschuldigt hen steeds van luiheid, maar daar hun arbeid in den staat van slavernij onbeloond blijft, missen zij ook den prikkel, die tot vlijt aanspoort. Zij hebben eerbied voor hunne ouders, de vrouwen zijn hare mannen onderdanig en de betrekkingen van bloedverwantschap worden levendig door hen gevoeld; zoo is het ook niet waar, hetgeen men in Europa zegt, en waarbij de een den ander napraat, dat in Afrika de ouders hunne kinderen, de mannen hunne vrouwen of den eenen broeder den andere verkoopt (*).

Hoewel weinig ontwikkeld, zijn de negers gansch niet van een natuurlijk gezond verstand ontbloot; hun oordeel is vaak zeer juist en spoedig kunnen zij het een of ander handwerk leeren.

Zij koesteren weinig vrees voor den dood, die hun meermalen een welkome bode is om hen uit hunne ellende te verlossen; door melancholie gedrongen, vindt men onder hen vele zelfmoorden.

Gelijk later gebleken is, zijn de negers zeer ontvankelijk voor den troost der Christelijke godsdienst, en toen het den waardigen broeders der Moravische broedergemeente eindelijk toegestaan werd, hun het Evangelie te verkondigen, werd dit door velen hunner met blijdschap aangenomen.

Hunne godsdienst stond vóór dien tijd op een zeer lagen trap; wel hadden zij een zeker bewustzijn van een God, die alles geschapen had, doch van wien zij verder vermeenden, wel dat Hij goed was, maar zich verder niet veel over hen bekommerde, en dien zij dus niet behoefden te vereeren of te dienen; terwijl zij integendeel groote vrees voor den boozen geest, den duivel, koesterden en dezen alzoo aanbaden en zijne dienst onderhielden, opdat hij zich niet al te zeer op hen vertoornen zou.

Verder stelden zij zich een aantal mindere goden, Gaddo's voor, waaruit ieder zich een eigen of beschermgod koos; bij voorbeeld het een of ander dier, zoo als eene slang, een kaaiman, een tijger, een jaguar, soms ook wel een levenloos voorwerp als: een ruw gesneden beeld, een stok met tanden van wilde dieren behangen, of iets dergelijks.

In groote achting stonden bij hen de Obia-mannen en vrou-

(*) Zie hierover W. Bosman, Naauwkeurige beschrijving van de Guinesche Goud,-tand- en slavenkust, enz. 1704. — Deze schrijver heeft vele jaren in Guinea doorgebragt en als raad en opperhoofdman op het kasteel St. George d'Elmina, was hij wel in staat om, na grondig onderzoek, een gevestigd oordeel daaromtrent uit te brengen.

wen, ook wel Lookemans (zieners) genoemd, die in den regel
aartsbedriegers waren.

Eenig denkbeeld van het voortbestaan der ziel na den dood
ontbrak hun niet geheel; verscheidene gebruiken bij hunne
begrafenissen strekken hiervan ten bewijze.

Is de voorstelling hiervan echter zeer duister en onbestemd,
de doorgaande meening der negers, als slaven naar een ander
oord gevoerd, is, dat zij na hun overlijden weder in hun land
zullen terugkeeren, en dat zij, die hunne godsdienstpligten
goed hebben waargenomen, in eene aangename landstreek achter de bergen zullen worden overgeplaatst, maar dat de boozen
in zekere rivier zullen worden versmoord.

Een der voornaamste vermaken der negers is zeker spel met
hoorntjes, waarmede zij even als met dobbelsteenen spelen, de
even of oneven liggende, maken de winst of het verlies van het
spel uit.

Zij zijn tevens groote liefhebbers van muzijk en gezang;
hunne muzijkinstrumenten zijn zeer gebrekkig en niet zeer wel-
luidende; de toon van hun gezang is eenzelvig en meestal
melancholisch. Mede beminnen zij zeer het dansen, dat echter
vaak wellust en andere hartstogten opwekt.

De negers, die in den oorlog buit waren gemaakt of op roof-
togten, daartoe expresselijk gehouden, gevangen waren genomen
of op andere wijze in slavernij geraakten, werden aan de zeekust aangebragt; wij spreken nu slechts van die plaatsen, waar
Nederlandsche kantoren gevestigd waren, en waar bij voorbeeld
zoo als te St. George d'Elmina, eene sterkte gebouwd was ter
bescherming van dien verfoeijelijken menschenhandel. Daar gekomen, liet men hen den ganschen dag in de vrije lucht op
het plein van het hoofdkasteel, onder behoorlijke bewaking;
vervolgens werden zij gewasschen en met olie ingesmeerd, opdat
hunne huid er glansrijk zou uitzien; men gaf hun daar het
allernoodigste voedsel, en zij konden zich op dat plein vermaken. Na zonsondergang werden zij in eene rei geschaard en
door de Bombas (opzigters) in eene loods gebragt, en aldaar
bewaard tot den volgenden dag, wanneer hetzelfde tooneel zich
dan en dagelijks herhaalde, totdat zij eindelijk naar den di-

recteur-generaal en raad fiskaal werden gevoerd, en onder zijn
opzigt door de chirurgijns naauwkeurig werden onderzocht.

Dit voorloopig onderzoek geschiedde om de Piece d'India of
leverbaren van de Bonkjes (in onze koloniën Makkaroens genaamd) of onleverbaren te scheiden. Onder deze laatsten telde
men die boven de 35 jaren oud schenen, die verminkt waren
of aan eenige ziekte leden; ook zij die grijze haren hadden of
tanden misten werden hierbij gerekend. — Deze beklagenswaar-
dige wezens werden gewoonlijk voor rum aan de Nieuw-Enge-
landsvaarders verkocht.

Na de verwijdering of ter zijde stelling der Makkaroens werden
de Piece d'India, of leverbare slaven opgeteld, en aangeteekend
wie dezelve had geleverd.

Het brandmerk, voorzien van den naam of het wapen der
maatschappij, lag intusschen reeds in het vuur, om al de voor
goed gekozenen op de borst te merken (*).

Deze pijnlijke operatie werd noodig geacht, om hen uit de
slaven der Engelschen, of Franschen of Portugezen, die in hetzelfde gevangenhuis zaten, en die ieder afzonderlijke teekens
hadden, te kunnen onderscheiden, en tevens om voor te komen,
dat zij niet voor afgekeurden verruild werden.

Toen later de slavenhandel mede voor rekening van particulieren, die evenwel hiervoor recognitie aan de W.-I. Compagnie moesten betalen, gedreven werd, ontvingen de aldus
gekeurde slaven het merk van dien kooper meestal op den arm (†).

Het onderzoek had dan onder opzigt van den kapitein plaats,
waarbij de slaven echter, evenzeer als wanneer zulks voor de
W.-I. Compagnie geschiedde, zoowel vrouwen als mannen geheel naakt waren.

Na dit onderzoek en deze brandmerking waren de slaven
voor rekening des koopers; (hun onderhoud kostte dagelijks ongeveer 2 stuivers). Zoo spoedig mogelijk werden zij
in den hiervoren beschreven toestand, (somtijds ontvingen zij
van den kapitein een pandje tot dekking hunne schaamte),

(*) W. Bosman, 2de deel blz. 146.
(†) Hartsinck, 2e deel blz. 901.

naar de schepen gevoerd, en daar van 500 tot 550 en van 600 tot 700 in een schip geladen.

De mannen werden van de vrouwen gescheiden; de eersten daarenboven geboeid, en vervolgens, om ruimte te winnen, zoo digt mogelijk opeengepakt; de benaauwde en verpestende atmospheer in dergelijke slavenschepen veroorzaakte dikwijls besmettelijke ziekten, en steeds vielen er vele slagtoffers daarvan op de reis.

De Fransche, Engelsche en Portugesche slavenschepen waren altoos even morsig, vuil, stinkende; op de Nederlandsche betrachtte men ten minste eenigermate de zindelijkheid (*).

Van tijd tot tijd liet men eenige slaven boven komen, om versche lucht te scheppen, bij welke gelegenheid de wacht met scherp geladen en daarenboven verdubbeld werd.

Niettegenstaande deze voorzorgen spanden de slaven soms te zamen, overrompelden de equipaadje en zetteden het schip op het strand. De ellende, die zij op de schepen te verduren hadden, gevoegd bij het verdriet van om, na van hunne bloedverwanten enz. wreedaardig afgescheurd te zijn, naar een vreemd, een hun onbekend oord te worden gevoerd, bovendien de vrees voor eene harde slavernij, terwijl sommigen hunner in het denkbeeld verkeerden van door de blanken tot spijze gebruikt te worden, dat alles te zamen bewoog hen somtijds tot zulk eene onderneming, terwijl zij in het goed vertrouwen verkeerden, dat, waar zij ook op de kust kwamen, zij steeds gelegenheid hadden om hun vaderland en maagschap te bereiken. (Hunne geographische kennis was niet zeer groot) (§).

(*) W. Bosman, 2de deel blz. 147.

(§) Als een voorbeeld uit vele dergelijke gevallen diene de volgende mededeeling uit het dagboek van jhr. J. J. Mauricius, gouverneur van Suriname: „11 Februarij 1751, voor den mond der rivier is gearriveerd kapt. Johan Gerritse, voerende 't schip Middelburgs Welvaren van Guinea, gedestineerd naar Berbice. Hij heeft het ongeluk gehad, toen hij met syn schip 2 à 3 dagen van de Afrikaansche kust is geweest, dat de slaaven een opstand hebben begonnen en op 't scheepsvolk syn aangevallen, weshalve sy genoodsaakt syn geweest, om daaronder te moeten schieten. De tegenweer der slaaven is so hevig en langdurende geweest, dat van ruim 260 maar 30 stuks syn overgebleeven, doch hy heeft by geluk geen één man van syn volk verlooren."

De ellende op het slavenschip, de gruwelen die aldaar meermalen gepleegd werden, zijn verscheidene malen beschreven. Hoezeer het hart bloedt bij de lezing van dergelijke tooneelen, gelooven wij echter dat die schrijvers nog verre beneden de werkelijkheid zijn gebleven; wij gaan ze thans stilzwijgend voorbij.

Wanneer het slavenschip te Suriname aankwam moesten, voordat men verlof tot het landen verkreeg, de schipper, de stuurman en de chirurgijn een eed afleggen, dat er geen pokken, bloedloop, bluskoortsen of andere besmettelijke ziekten onder de bemanning of de slavenmagt heerschtten; waarna door den chirurgijn der krijgsmagt de slaven op het schip onderzocht werden, waarvan rapport aan den gouverneur werd gedaan, die, als alles in orde was bevonden, verlof gaf om de vracht menschelijke wezens te lossen.

Was nu het slavenschip op de reede van Paramaribo aangekomen, dan werden de slaven op het dek gebragt en de zuivere frissche lucht, die zij nu weder met volle teugen konden inademen, benevens het gebruik van pisang, orange en andere vruchten, oefende doorgaans een heilzamen invloed op hunne gezondheid uit; vervolgens werden zij gereinigd, gewasschen en het haar in allerlei figuren, als sterren, halve manen en dergelijken meer, geschoren.

Nu liet men hen bij gedeelten, nadat zij eerst van katoenen schorten of broeken voorzien, en enkele jeugdige meisjes daarenboven met hals- en armbanden versierd waren, onder geleide van eenige matrozen langs den waterkant en door de straten van Paramaribo op- en nedergaan, om hunne leden, die door het lange op één gepakt zijn, stram waren geworden, wat leniger te maken, opdat zij bij den verkoop de geëischte vlugheid in hunne bewegingen mogten ten toon spreiden (*).

De gegadigde, die zijne òf door overlijden, òf door wegloopen verminderde slavenmagt op nieuw wenschte aan te vullen, deed somtijds bij voorraad reeds eene keuze.

Na eenige dagen werden zij in het openbaar, bij paren, geveild; de slaaf of slavin werd dan gedwongen op eene tafel

---

(*) Stedman, Reize naar Suriname, Ie deel, blz. 275 enz.

te klimmen en werd nogmaals naauwkeurig door den chirurgijn onderzocht, die hen verscheidene houdingen aannemen, en armen en beenen op verschillende wijze bewegen liet, om over de krachten en gezondheid te kunnen oordeelen.

Nadat de koop gesloten was werd de koopsom òf dadelijk voldaan, òf zoo de betaling eerst na eenigen tijd behoefde te geschieden, bleef de vendumeester hiervoor borg.

De gekochte waar, een mensch van gelijke beweging als wij, en van Gods geslachte, werd dan aan den kooper afgeleverd.

De nieuwe eigenaar liet dan met een gloeijenden stempel, de eerste letters van zijn naam, op de borst of den arm van den slaaf of de slavin inbranden.

Dit was alzoo het tweede brandmerk, dat zij ontvingen.

Was de veiling afgeloopen, dan werden de slaven en slavinnen door de opzigters naar de huizen of plantaadjes hunner meesters gevoerd. Daar werden zij doorgaans gedurende eenige weken goed gevoed, opdat zij, die meestal als levende geraamten van het schip kwamen, behoorlijk tot de hen wachtende taak geschikt zouden zijn; daar werd hun ook eenig onderrigt voor hun volgend werk gegeven, en weldra werden zij aan den arbeid gezet.

In de stad werden zij, gelijk andere dienstboden, voor onderscheidene diensten gebezigd; hun lot was meer of minder dragelijk al naardat zij een meester of eene meesteres verkregen.

Daar men tot huisbedienden echter meestal creolen, d. i. in de kolonie geboren negers, of het vermengde ras der kleurlingen, bij voorkeur nam, zoo werden de meesten der nieuw aangebragte slaven naar de plantaadjes gezonden.

Daar was in den regel, behoudens eenige loffelijke uitzonderingen, de arbeid zwaar, het voedsel slecht, de huisvesting ellendig, de behandeling streng, meermalen wreed.

De arbeid, die van den slaaf gevorderd werd, hoewel nooit van de gemakkelijkste, verschilde echter, behalve door de individualiteit van den meester, zeer naar den aard of het soort der plantaadjes.

Die op de suikerplantaadjes was het zwaarste; de veldarbeid aldaar, voornamelijk het delven en daarmede verbonden uitroeijen der boomwortels, het graven der slooten en kanalen,

het vellen van het bosch, enz., vereischte eene zoo groote krachtsinspanning, dat de vermogens van den slaaf niet slechts uitgeput, maar het ligchaam daarenboven voor ziekelijke aan-
doeningen vatbaar gemaakt werd (*).

Was de veldarbeid aldaar zwaar, niet minder was die bij de
molens en ovens, waar het riet gemalen, de suiker gekookt
en tevens de dram, kilthum (eene soort van rum) gestookt werd.
Vroeger hadden de suikermolens meestal alléén water tot be-
weegkracht; slechts enkelen werden door paarden of ezels
gedreven; in den laatsten tijd wordt ook hier meer en meer
de stoom toegepast.

De molens konden dus slechts bij hoogtij of springvloed
malen, en dan moesten ook alle krachten worden ingespannen,
daar het riet, over den tijd blijvende liggen, bedierf; dus werd
gedurende 8 à 9 dagen van de slaven ruim 36 uren van de 48
gevorderd; dan konden zij bijna geene nachtrust genieten, terwijl om een gestadigen gang in het werk te houden, een of
meer Bastiaans, met hunne langen zweepen gewapend, de
arbeiders aanspoorden en bij de minste taning de zweep op
hunne ligchamen deden nederkomen.

Op de koffijplantaadjes waren de slaven mede den geheelen
dag aan het werk en in den tijd van den oogst moesten zij,
na den veldarbeid, bovendien tot 's avonds 10 à 11 ure, soms
in den nacht, het product in den molen bewerken. Offerden
zij alzoo een gedeelte van hunne nachtrust op, even goed klonk
des morgens vroeg de hoorn des drijvers om hen tot den arbeid
te roepen. Op de katoenplantaadjes was, enkele tijden, die der
»zoogenaamde pluk," uitgezonderd, het werk minder zwaar.
Op de houtgronden hadden de slaven nog eene zekere zweem
van vrijheid, want, daar zij zich tot het vellen van het hout
meermalen diep in het bosch moesten begeven, was een gedurig
toezigt op hen te moeijelijk, en werd hun alzoo eene bepaalde
taak opgedragen, die, hoe zwaar zij soms ook was, juist door die
zweem van vrijheid, welke zij hierbij genoten, ligt viel; zoodat

(*) Lans, die in onzen tijd door het Ned. Gouvernement naar Suriname is gezonden, om den suikercultuur na te gaan en zoo mogelijk
hierin verbeteringen te brengen, getuigt in zijne brochure o. a. hetzelfde.

de slaven eener houtplantaadje er doorgaans beter uitzagen dan die op andere; maar voor de vrouwen was integendeel de arbeid op die houtgronden het moeijelijkst. Terwijl de mannen de boomen velden en tot planken of balken zaagden, waren de vrouwen genoodzaakt die zware planken of balken op het hoofd uit het bosch naar de landingsplaats te brengen; met dezen zwaren, drukkenden last op het hoofd over een heuvelachtigen grond te torschen, soms verpligt door poelen of kleine moerassen te waden, was het dagelijksch werk der slavinnen; door de te groote drukking op het hoofd werden bloedspuwingen en andere krankheden veroorzaakt, die haar òf onbruikbaar voor den arbeid maakten, òf vroegtijdig ten grave deden dalen. Op enkele groote houtplantaadjes bezigde men voor dit werk ossen.

Mogt de arbeid op de eene of andere plantaadje verschillen, datgene, wat den zwaarsten en moeijelijksten arbeid verzoet, een behoorlijk loon, ontbrak steeds, en de slaaf arbeidde immer slechts ten voordeele van den meester; hem streelde het bewustzijn niet, van door inspanning van krachten voor zich en zijn gezin eigen verdiend brood te eten.

Loon werd nergens verstrekt, want de zoo sober mogelijke kost tot voeding, de met nog kariger hand uitgedeelde kleeding, indien de enkele lappen katoen of duffel dien naam dragen mogen, de ellendige huisvesting, die den planter aan zijne slaven afstond, kan niet als loon gerekend worden; men moest het werktuig, hier een mensch, toch zoo lang mogelijk in beweging houden; en zoo dit dan ook versleten was, bekommerde men er zich weinig over; eene geregelde, eenigzins kostbare geneeskundige behandeling, had men zelden voor den neger over; men berekende of de slaaf, na de gedane kosten, wel in staat zou zijn de interesten daarvoor op te brengen, en of hij wel de kosten tot herstel zijner gezondheid waardig was; viel deze berekening ten nadeele van den slaaf uit, dan liet men hem aan zijn lot over en zocht hij eene toevlugt bij de Lookemans, dat doorgaans weinig baatte, en de meester schafte zich een nieuw werktuig aan (*).

(*) Zie over de geneeskundige behandeling zelfs in lateren tijd het zeer belangrijke werkje van F. A. Kuhn, M. D., Ridder der orde van den Ned.

Dat die werktuigen redelijke wezens waren, die ook hoogere behoeften, die ook eene onsterfelijke ziel te verliezen hadden, in wie, hoe ook, gelijk bij alle zondaren, verminkt en bedorven, toch nog eenig overblijfsel was van het beeld Gods, zijnde van Gods geslachte, en dat dit door de prediking des woords en de kracht des Heiligen Geestes vernieuwd kon worden, waren zaken, die niet lagen in den kring der toenmalige heeren en meesters, hoe goed gereformeerd zij ook dachten te zijn.

Gebruikte hij den slaaf en beschouwde hij hem dikwijls slechts als een werktuig, zoo kon die vergelijking en gelijkstelling toch niet altijd doorgaan, en dit besefte de meester, zijns ondanks, daarom werd hij er toe gebragt om zijne slaven, wel niet als menschen van gelijke bewegingen als hij te beschouwen, maar als eene soort van tusschenwezens, die den schakel tusschen den mensch en het dier uitmaakten; en nu besliste de individualiteit van den meester over het hooger of lager staan in dien schakel, in het meer nabij den mensch of meer nabij het redelooze dier komen van den slaaf, en die individualiteit van den meester was het rigtsnoer, waarnaar de behandeling der slaven gemeten werd, zoodat dit bij den een aanmerkelijk verschilde met den anderen.

Wij kunnen in de geschiedenis van Suriname niet te lang bij de bijzondere behandelingen der meesters jegens hunne slaven stilstaan; wij mogen thans slechts een algemeen overzigt geven; wij zullen in den verderen loop der geschiedenis echter nog meermalen feiten deswege te vermelden hebben, die een belangrijken invloed op den gang der gebeurtenissen hebben uitgeoefend, en die de waarheid van het hier medegedeelde zullen bevestigen.

Werd de slaaf door den blanken meester als eene soort van tusschenwezen gerekend, als het ware slechts geschapen om ten profijte van den blanke te verstrekken, dan kon het ook niet anders of de behandeling strookte met deze beschou-

---

Leeuw, Chirur. en Chef der W.-I. troepen en hospitalen te Suriname, mitsgaders stadsdokter en physicus aldaar. — Beschouwing van den toestand der Surinaamsche plantagie-slaven.

wing; het doel, waarom men slaven hield, was, om zoo veel mogelijk voordeel van hen te trekken; hieraan was al het andere ondergeschikt.

Men voorzag dus in zijne ligchamelijke behoeften zoo *karig mogelijk*; om zijne redelijke, zedelijke behoeften bekommerde men zich niet in het minste; zelfs werd niet eens getracht om den slaaf door het huwelijk tot de eerste voorwaarden van eene geregelde zamenleving te brengen; de grofste zedeloosheid werd door den blanke bij hem eerder bevorderd dan bestreden.

Was den slaaf de verbindtenis met eene vrouw soms dierbaar en heilig, meermalen noodzaakte de meester hem die verbindtenis te verbreken, en de schoonste, de fraaiste der slavinnen, moesten de blanken het meeste dienen, en wee den slaaf, die vermeende grootere regten op haar te hebben en daarvan durfde te gewagen. Wee de jonge dochter, die poogde den wil des meesters te wederstreven en ook wee haar, zoo zij dien niet wederstond, want werd haar toestand, voor eenigen tijd, daardoor soms verbeterd, zoo viel haar het leven in den voormaligen kring, waartoe zij doorgaans door den meester, na geboette lust, spoedig weder verwezen werd, zoo veel te zwaarder en hare kinderen, wier lichte kleur aanwees, dat er in hen nu ook Europeesch bloed vloeide, bleven evenzeer als de anderen slaven, en voor hen was de slavernij, als zwakker van gestel, nog zoo veel te moeijelijker te dragen (*)

Het eenige vermaak, dat de meester soms zijne slaven veroorloofde te genieten, was de dans of Baljaar-partij; hierop was de neger zeer gesteld en door hartstogtelijken dans en door het gebruik van dram (kilthum, eene soort van rum) opgewonden,

_____

(*) Teenstra zegt in zijn werk: „De negerslaven in de kolonie Suriname," van de kleurlingen blz. 85 het volgende. „Van alle slaven zijn de kleurlingslaven het ongelukkigste: deze door blanken en zwarten als een tusschenras beschouwde wezens, worden van beide kanten veracht en verstooten. In voeding en kleeding heeft een kleurling het niet beter dan een negerslaaf; hij is zwakker en ziekelijker, en toch vordert men even veel en even zwaar werk van hem, terwijl de snerpende zweep hem op de dunne huid gevoeliger treft dan een neger, en ofschoon onder de negers werkende, zal hij hun vertrouwen nimmer deelachtig worden.

vergat hij voor eenige oogeblikken zijn droevig lot. Om hem dus niet geheel moedeloos te maken, stond de meester hem van tijd tot tijd deze verlustiging toe, doch bedacht daarbij niet, dat juist dit vermaak zeer nadeelig op het zedelijk gemoed van den slaaf werkte, dat het de zinnelijkheid zeer bij hem opwekte en daarna uitputting en afmatting teweeg bragt.

Daar te dien tijde de magt van den meester over den slaaf bijna onbeperkt was, (*) verwondert het ons volstrekt niet, dat in dien toestand de tucht streng gehandhaafd en meermalen de wreedste straffen toegepast werden.

Hoe zou dit ons verwonderen, daar wij zelfs een leeraar der Christelijke godsdienst, een verkondiger der blijde boodschap, de WelEerw. heer Johan Picardt, in leven predikant te Koevorden, die in het midden der zeventiende eeuw leefde, in een werk : »Antiquiteiten enz., te Amsterdam, bij Gerrit Goedesberg 1660, in 4o. bladz. 9, het volgende deswege hooren getuigen : »dese menschen" (de Afrikanen, welke hij beschouwt als nakomelingen van Cham en bestemd tot de slavernij) »syn alzoo »genaturaliseert, soo wanneer sy in vryheit gestelt of lief- »tallig gekoestert werden, soo en willen sy niet deugen en »weten haer selfs niet te gouverneren : maar bij aldien *men ge- »duerig met rottingen in hare lenden woont*, en dat men desel- »vige 't elckers sonder genade bastonneert, soo heeft men »goede diensten van deselve te verwachten, alsoo dat haere wel- »vaert bestaet in slaverneye" (§). Schreven zij, die voorgangers der Christelijke gemeente wilden heeten, alzoo, dergelijke raad werd door de planters in Suriname getrouw opgevolgd.

Men woonde wel gedurig met rottingen in hunne lendenen en bastonneerde hen telkens zonder genade.

Wanneer de slaaf in het veld aan den arbeid was, of wanneer hij in het stookhuis of den molen zijnen moeijelijken arbeid verrigtte, stond hij steeds onder opzigt van den blankofficier, en op

---

(*) Hartsinck, 2de deel, blz. 646. »Van Sommelsdijk bepaalde, dat voortaan niemand zijne slaven meer zou mogen verminken of met den dood straffen — er bleef dus nog al eenige ruimte over."

(§) Teenstra, de Negerslaven in de kolonie Suriname, blz. 379.

½ Aflevering

AMERIKA ONTDEKT. 1492

GESCHIEDENIS
VAN
SURINAME
door
J. WOLBERS.

Lith. v. Emrik & Binger

UITGAVE VAN H. DE HOOGH. AMSTERDAM.

diens bevel was de zwarte Bomba of Bastiaan aanstonds gereed om , mogt zijne lust of ook soms wel zijne krachten eenigzins verflaauwen , deze door eenige zweepslagen op te wekken.

Kwam hij des avonds moede en afgemat te huis en had hij zijne taak niet voldoende afgewerkt, of had hij zich door het een of ander het ongenoegen van den opzigter op den hals gehaald , dan werd hij bij het aan den eigenaar of directeur in te leveren verslag medegenomen , bij dezen aangeklaagd en dan, zonder dat hij iets tot zijne verdediging mogt inbrengen , aan een paal of boom gebonden , en van de weinige kleederen , die hij aan had ontdaan , ontving hij een aanmerkelijk getal slagen , met lange zweepen door de krachtige en geoefende handen der Bastiaans toegediend , op zijne ontbloote dijen.

Soms geschiedde deze afstraffing in de koffijloods of het kookhuis. Wanneer meerdere gestrengheid noodig werd geacht, dan werden de leden meer uitgerekt, waartoe men gewigten of andere zware ligchamen aan de beenen bevestigde, en de slagen waren meer in getal en werden ook met meer kracht toegebragt.

Hierop volgde de straf der »Spaansche bok," waarbij men den slaaf de handen te zamen bond, en de knieën hierdoor wrong , terwijl men een stok tusschen de zaamgebonden handen en opgetrokken knieën stak en deze stevig in den grond bevestigde, waarna de Bastiaan den alzoo vastgebonden slaaf met een bundel tamarinde-roeden (een zeer hard knoestig hout) op de bovenliggende zijde der billen sloeg, en was de eene zijde goed door en geheel raauw vleesch, dan werd hij omgekeerd om de andere zijde in dienzelfden toestand te brengen.

Al deze straffen werden zoowel op vrouwen als op mannen toegepast. Eenige meesters gebruikten hiervoor hoepelstokken, doch daar de slaven, ten gevolge hiervan, dikwijls stierven, zoo werd dit als te onvoordeelig niet als regel ingevoerd. (*)

Somwijlen geschiedde de toediening der Spaansche bok op de plantaadjes zelven, meermalen evenwel zonden de meesters, voornamelijk zij die op digt bij de stad gelegene plantaadjes

---

(*) Hartsinck, 2de deel, blz. 916.

of Paramaribo zelve woonden, den schuldige (?) daartoe naar het fort »Zeelandia," waar de cipier en zijne handlangers door gestadige oefening eene bijzondere bekwaamheid tot dit werk verkregen; zoodat de meester zich gaarne de kleine belooning, die de cipier als fooi, later als leges ontvangen moest, getroostte. De straf der Spaansche bok werd ook somwijlen op verzoek der meesters publiek op de hoeken der straten van Paramaribo toegediend, en werd alsdan vierhoeksche, ook wel zevenhoeksche genaamd. (*)

De hier genoemde straffen behoorden tot de bevoegdheid van den meester; het afsnijden der Achilles pees, als toevoegsel der straf voor het wegloopen, werd hier meestal bijgerekend.

Het verder verminken of dooden van den slaaf was den meester, volgens de wet, niet geoorloofd; maar deze beperking van de magt des meesters werd op afgelegene plantaadjes dikwijls niet nageleefd; ja zelfs niet in de stad, gelijk meermalen uit de notulen van Gouverneur en Raden, uit de Journalen der Gouverneurs en uit de »brieven en pampieren" van Suriname blijkt. Om niet in te groote uitvoerigheid te vervallen, zullen wij slechts enkele feiten daarvan mededeelen: Notulen Gouverneur en Raden 2 Mei 1751. »Ter occasie van het proces jegens Cornelia Mulder, huisvrouw van W. Celis (zie notulen 25 Januarij 1751), is door den Raad Fiscaal den Hove in bedenking gegeven, »dat eenige der inwoners alhier seer euvel en onmenschelijk met hunne slaven handelen, als deselve om cleyne fouten en misdrijven zoodanig castigeerende en straffende, dat

---

(*) Hartsinck, 2de deel, blz. 916. Bij zwaarder misdrijven moest de meester een schriftelijk verhaal van het wanbedrijf van den slaaf in handen van den Raad-Fiscaal stellen, om naar bevinding daarvan te kunnen handelen (des noods) met kennis van twee raden, die ten onderzoek gecommitteerd werden. In de notulen van „Gouverneur en Raden van Suriname" van 19 November 1711 komt o. a. eene bepaling voor, om hierin een zekeren regel te brengen, daar tot dien tijd toe „vele irregularitijten syn gepleegt met d'een op meerder hoeken van straaten te geesselen als andere" en werden de zeven hoeken der straten, waar geesseling of het toedienen eener Spaansche bok geschieden moest, nader aangewezen.

sy kort oft immediaet daarop door de Extravagante slagen koomen te sterven", om dit voortaan strengelijk te verbieden en de overtreders te straffen.

»Notulen enz." 4 Julij 1733. De Gouverneur berigt dat 15 negers, zoo mannen als vrouwen, bij hem zijn komen klagen over de wreede behandeling, hun door hun meester Hendrik Bisschoff aangedaan; zij bragten het hoofd mede van een neger, dat Bisschoft op een staak had laten zetten; uit het op de plaats ingestelde onderzoek bleek, dat hun meester verscheidene slaven doodgeschoten of doodgeslagen had en daarbij van drie de hoofden had laten afkappen en op staken doen stellen, anderen had hij om kleinigheden zeer zwaar en streng laten geesselen, o. a. eene Mulattin, die zoo geslagen was, dat er stukken vleesch uit haar ligchaam vielen (brief van den Gouv. aan de Direct. der Societeit), daarbij had hij zijne slaven gedurende 5 jaren weinig of geen kost gegeven. Bisschoff werd gearresteerd, doch overleed vóór hij veroordeeld werd.

Notulen enz. 21 Nov. 1742. Zekere P. Hotzz, pontevaarder, had een zijner slaven den 15den Augustus »seer strengelijk met zweepslagen van den hals af tot aan de beenen doen straffen, zoodat het vleesch van zijn ligchaam tusschen de lendenen ganschelijk door geronnen bloed was opgezet en het ingewand op verscheidene plaatsen geïnflameerd; uit wanhoop heeft die arme man een half uur daarna door het dubbeld draaijen van de tong in zijne keel zich zelven gesmoord.

Notulen 24 Oct. 1734. Eenige slaven van Sinabo komen klagen over de wreede behandeling van de Administrateur en Directeur, Pousset; zij brengen mede het hoofd van een neger, voor eenige dagen door Pousset gedood en van eene negerin, die hij eerst wreedelijk mishandeld en daarna vermoord heeft — een nader onderzoek bevestigt deze gruwelen enz.

Journaal van Mauricius 29 December 1745. Op aanklagt van den Raad-Fiscaal is huiszoeking gedaan bij jufvrouw Pieterson, van ouds bekend voor dol en wreed, en is hieruit gebleken, dat zij soms hare slaven vermoordde en in haar huis liet begraven, de lijken werden gevonden en zij ontkende ook de daad niet, maar sustineerde, »dat sy haar eigen goed,

9*

voor haar geld gekogt, destrueeren mogt." — Men liet de schuldige tijd om te ontvlugten. (*)

Journaal van Mauricius 6 Sept. 1750. »Mons. Pichot, Directeur op de plantagie Vlucht en trouw, zijnde een neef van den ouden Raadsheer Pichot, heeft alarm geschoten en de gansche rivier op de been gebragt door een brief aan den naasten burger-officier, waarin hij had te kennen gegeven, dat de negers tegen hem opstonden en rebelleerden. De burgers daarop in 't geweer en op de plantagie gekomen synde, hadden bevonden, dat de Directeur eene negerin bij zich wilde hebben, en die niet wilde komen, haar swaar had laten straffen, gelijk hij ook op een ouden neger in de volle magt had geschooten met gekapt lood. Uit deze stukken siet men alweer, hoe doorgaans de ongelukken op eene plantagie komen door quaade Directie."

Zoo konden wij voortgaan met verscheidene officieele bewijzen van de wreede handelwijze der meesters jegens hunne slaven te leveren; de notulen van Gouverneur en Raden gewagen er meermalen van; dan dit weinige zij genoeg. Werden soms de klagten der slaven aangehoord, de mishandeling moest dan ook wel zeer in het oogloopende zijn, anders werden zij nog vaak in het ongelijk gesteld: zie o. a. notulen enz. 15 Aug. 1757. — De slaven van Tuymelaar, Administrateur en Directeur, kwamen hunne klagten over de slechte en wreede behandeling van hun meester inbrengen; er werd een onderzoek ingesteld en hieruit bleek »dat deze klagten niet ten eenemale buiten reden en fondament waren" — maar daar de opgegeven blanke getuigen niet te Paramaribo tegenwoordig waren, zoo heeft men »om de zaak maar te termineeren en daar men *dacht dat er wel pikanterie onder sou schuylen, besloten, de belhamers (de klagers) met eene geesseling te straffen; de anderen aan hun meester terug te zenden en hem Tuymelaar eene ver-*

(*) Volgens rapport, na gedane huiszoeking door den Raad Fiscaal, had zij *binnen korten tijd, 4 à 5 maanden,* 6 harer negers gedood en was reeds zij voor lang door de onmenschelijke behandeling harer slaven bekend, waarvan zij „eene menigte om het leven heeft doen brengen, *op tirannique en barbaarse manieren.*" Notulen Gouverneur en Raaden 24 December 1745.

maning te geven om zijne slaven voortaan beter te behandelen."

Volgens sommige schrijvers werd de slaaf, die de hand tegen zijnen meester durfde opheffen, met verlies van die hand gestraft, (*) en werd aan onverbeterlijke wegloopers een been afgezet. Die straf vindt men verscheidene keeren in de notulen van Gouverneur en Raden vermeld, doorgaans echter als toevoegsel bij eene andere. Bij voorbeeld:

Notulen 1 Mei 1729. — Bij vonnis van den hove van policie wordt zekere neger Quakoe, die zich tegen den blanken negerofficier verzet had, veroordeeld »om aan een paal strengelijk te worden gegeesseld en gebrandmerkt en vervolgens een voet afgekapt te worden."

2 Aug. 1757. De neger Pedro, een weglooper, wordt veroordeeld om één been te worden afgekapt en levenslang aan landsfortificatiën te werken. — 30 Nov. 1741 werd aan twee negers een been boven den enkel afgekapt; alleen in 1765 zijn 5 beenen afgezet en 1 pees doorgekapt — 1772 — 2 peezen doorgekapt, en drie negers een been afgezet (dit laatste vermelt ook Teenstra, negerslaven in de kolonie Suriname, blz. 145).

Men was vindingrijk in onderscheidene straffen voor de slaven uit te denken, die in handen der justitie vielen — strenge geesseling, zevenhoeksche spaansche bok, daarbij brandmerking op beide schouders werden, zie sententie 25 Februarij 1740 »als sijnde geene sware straffe" beschouwd. Zeer spoedig verviel de slaaf tot zwaarder straffe en ging men hierbij soms op cannibaalsche wijze te werk. — 4 Feb. 1728. Drie negers, welke met die eener andere plantaadje gevochten hadden, worden veroordeeld behalve de strenge geesseling op alle hoeken van Paramaribo — de eene om op de eene koon te worden gebrandmerkt, de andere om beide ooren te worden afgesneden.

5 Julij 1730. Twee negers worden ieder een voet afgekapt en op beide wangen gebrandmerkt — dit waren de minst schuldigen van eene partij wegloopers.

29 April 1732. Eenige negers van diefstal beschuldigd, ontvangen daarvoor eene zevenhoeksche spaansche bok en op elke

(*) Stedman, Reizen in Suriname.

wang een brandmerk, terwijl hun daarenboven ieder een stuk van het oor wordt afgesneden, enz. enz. De doodstraf bestond, volgens de gewoonte van die tijden, in ophangen en radbraken; men dacht voor slaven soms wreeder straf uit, zoo als: levend met klein vuur verbranden, terwijl het vleesch nu en dan met gloeijende tangen werd genepen, en dergelijke wreedheden meer, en echter, als ware dit nog niet onmenschelijk genoeg had men eene nog vreesselijker doodstraf voor sommige misdadigers uitgedacht, namelijk om ze met een ijzeren haak door de ribben te slaan, en alzoo aan de galg op te hangen, alwaar zij moesten blijven hangen, totdat zij gestorven waren, wanneer hunne hoofden werden afgekapt en op palen gesteld.

Vroeger was ik in de veronderstelling, dat het geval, door Hartsinck medegedeeld, wegens den aldus geexecuteerden neger Joosje, een eenig feit was; dan, helaas! bij het doorlezen der notulen van Gouverneur en Raden, vind ik deze strafoefening als bevolen of geschied, meermalen vermeld. — 4 Aug. 1731 werd de neger Cesar, schuldig aan desertie en vermoorden van blanken alzoo ter dood gebragt; den 21 Aug. 1733 de neger Nero en de negerin Clarinda; den 16 Februarij 1734 drie negers, die een blank officier vermoord hadden; den 11 Februarij 1741 den neger Larocque; den 10 Dec. 1744 de negerin Bellona; den 15 Maart 1750 drie negers — den .... maar wij willen er geen meerdere opnoemen. Wij gruwen er van, en toch vreesden de negers den dood niet, gelijk wij o. a. ook uit het Journaal van Mauricius zien, die daarvan zelf in een door hem den 25sten Mei 1745 aan het hof van policie gedaan voorstel melding maakt; hij deed dit nadat weder eenige negers verbrand, geradbraakt en gehangen waren, »omdat", zoo schrijft hij: »aan de eene zijde de negers geene vrees voor den dood hebben, daar zij zich verbeelden, dat, indien zij door blanken ter dood worden gebragt, zij daarna aanstonds in eene soort van Turkschparadijs komen, waar zij van blanken bediend worden, (*) en ten anderen, omdat

---

(*) Uit de rapporten, door den Raad Fiscaal aan het Hof van Policie ingeleverd, wordt deze geringachting van den doodstraf, zelfs in den gruwelijksten vorm, door de slaven, meermalen vermeld. Notulen enz.

de meesters door de doodstraf hunner negers hun kapitaal verliezen, hetgeen hen meermalen wederhoudt aangifte der door
hunne slaven begane misdaden te doen. —" (*) Zijn voorstel
was, om aangevoerde redenen, om de ter dood gecondemneerde slaven, in plaats van deze vonnissen te executeren,
»hun leven lang aan het een of ander publiek werk te gebruiken, *hun echter vooraf de tong uitsnijdende en ontmannende*,
en den meester vergoeding voor een nieuwen slaaf te geven."

Of dit zoo veel menschelijker ware geweest, gelooven wij
niet. Het hof approbeerde in het algemeen dit voorstel, zoude
er nader over delibereren, doch besloot in de zitting van 27 Aug.
1744 er geen verder gevolg aan te geven, maar wilde wel, als
regel ter *verzwaring* der doodstraf voor vergiftigers, het in het
voorstel van Mauricius laatstgenoemde vóóraf doen plaats
vinden. (§)

Daar de slaven het talrijkste gedeelte der bevolking van
Suriname uitmaakten, en men van hen, die in den regel slecht
behandeld werden, oproer duchtte, werden er scherpe plak-
katen en ordinantiën uitgevaardigd om dat te voorkomen en
hen in toom te houden. Zoo was het hun o. a. verboden de
rivieren op en neder te varen; zonder schriftelijk verlof van
hunne meesters mogten zij geen corjaren (eene soort van kleine
vaartuigen) in eigendom hebben; niet met zwaarden of knup-
pels of messen met ijzeren holle hechten langs de straten gaan;
des avonds na acht ure mogten zij zich niet meer op de straat
vertoonen zonder eene brandende kaars in eene lantaarn; na

(*) Volgens resolutie van 8 December 1686 was anders toch bepaald,
dat negers, door de justitie gestraft wordende, aan de eigenaars uit de
kas der modique lasten moesten betaald worden — doch zoo het om
moord was, werd de schade den meester niet vergoed.

(§) Niettegenstaande dit besluit van 27 Aug. 1744, waarbij het voorstel
van Mauricius werd afgewezen, is men er later op terug gekomen, en
heeft het, eenigzins gewijzigd, meermalen in praktijk gebragt. Zie o. a. Notulen van 18 Dec. 1745 — 24 Dec 1745 — 4, 7, 28 Februarij 1746
enz. — waaruit blijkt, dat verscheidene negers en negerinnen zijn veroordeeld, om gegeeseld, op het voorhoofd gebrandmerkt, de tong uit-
en de ooren afgesneden te worden, en daarna in den ketting strafwerk
te verrigten.

negen ure niet bij elkander staan praten, of met elkander loopen, of zich op een verlaten erf begeven; na zons-ondergang
was het hun niet veroorloofd in de Savanna's of buiten de
stad Paramaribo te gaan; terwijl de patrouilles vrijheid, ja last
hadden op hen te schieten, indien zij op den eersten aanroep
niet bleven staan. Voorts mogt men zonder verlofpassen van
den meester hun geen kruid of lood of andere waren verkoopen, en niemand vermogt van hen goederen voor geld,
buiten de markt, koopen; (notulen December 1726,) tevens
was het aan een iegelijk verboden slaven, die in booten of ponten
voor zaken hunner meesters te Paramaribo kwamen, bij avond
of nacht bij zich aan huis te laten, veel min op te houden of
te verbergen, daar de slaven òf in de vaartuigen blijven, òf in
de woningen hunner meesters vernachten moesten, enz. enz. (*)

Na dezen vlugtigen blik op de afkomst, den aard der negers
als slaven uit Afrika in Suriname aangebragt, en op de handelwijze der Europeanen jegens hen geworpen te hebben, vinden
wij ons verpligt het wegloopen van sommigen, die zich weldra tot benden vereenigden en de Kolonie bedreigden, benevens de togten tegen hen ondernomen, en den met hen gesloten
vrede te vermelden, daar dit een belangrijk gedeelte der geschiedenis van Suriname uitmaakt, waartoe wij deze thans
echter wat hooger moeten ophalen.

Reeds ten tijde der Engelsche nederzetting onder lord Parham liepen er eenige slaven weg, welke eene schuilplaats
zochten en vonden langs de rivieren de Suriname, de Saramacca en de Coppename hoog in de boschachtige streken, en
daar weldra eene soort van gemeenebest (republiek) stichtten.

Eenige dezer weggeloopen slaven vereenigden zich onder een
opperhoofd, Jermes, een Cormantijn neger, wierpen eene ver-
schansing op in de Para-kreek en verstoutten zich de nabij
gelegene plantaadjes van tijd tot tijd te verontrusten. (†)

(*) Hartsinck, 2de deel, blz. 917. — Deze bepalingen werden meermalen vernieuwd en strenger gemaakt, en ook tegen het bezoeken der smokkelkroegen door slaven waren strenge bepalingen; gelijk uit verscheidene
sententiën, door het hof van policie geslagen, blijkt.

(†) Hartsinck, 2de deel, blz. 755.

De gouverneur van Sommelsdijk sloot in 1684—85 met deze negers, die zich toen aan de Coppename gevestigd hadden, even als met de Indianen vrede, en later hoort men weinig meer van hen gewagen.

Maar weinige jaren later, in 1690, brak er een opstand uit onder de slaven eener plantaadje, gelegen aan de kreek van Cassawine, achter de Joden Savane, en toebehoorende aan een Jood, Immanuel Machado; de opgestane slaven vermoord-den den eigenaar, namen de tilbare have met zich en vloden in de bosschen. (*)

De gouverneur van Scharphuys, die, gelijk wij ter gelegene plaatse reeds gemeld hebben, op geen al te goeden voet met de Joden stond, liet der Natie de zorg over om het geleden ongeval, zoo goed mogelijk, te herstellen, en alsof de dood van Machado hem niet aanging, en alsof diens plantaadje geen deel der Kolonie uitmaakte, gaf hij den Joden door een brief van den 18den Februarij 1690 te verstaan, dat hij er niets aan doen kon, maar hun vrijheid gaf den dood van hunnen broeder te wreken.

De Joden wapenden zich daarop, deden een aanval op de muitende negers, doodden er velen en voerden eenigen als gevan-genen met zich, die op de plantaadje van hunne vorigen mees-ter ter dood gebragt werden. (†) Van dien tijd af vermeerderden de ontvlugtingen, en voornamelijk werd het getal van Marrons (weggeloopen slaven) vergroot, in het voor de Kolonie zoo noodlottige jaar 1712, toen bij den inval van Cassard de meesters, om hunne slaven voor de roofzucht van den Fran-schen vrijbuiter te verbergen, hun bevolen, zich in de bosschen te versteken, doch toen deze vertrokken was, niet zeer ge-neigd waren om hunnen hals weder vrijwillig onder het juk te krommen. Hun voorbeeld werkte op andere hunner land-genooten, die nog in slavernij verkeerden, en velen vlugtten van tijd tot tijd naar hunne broeders in de ontoegankelijke wouden.

(*) Historische proeve, 1e. deel, blz. 99.

(†) Van Kampen, Bezittingen der Nederlanders buiten Europa, 2de deel, blz. 420

De kolonisten zochten, in plaats van door eene betere behandeling den lust tot wegloopen te verminderen, door sterke bedreigingen en wreede straffen dergenen, welke weggeloopen maar weder
terug gevoerd waren, hunne slaven daarvan af te schrikken, maar
bereikten alzoo natuurlijk het door hen beoogde doel niet. Door
zachtmoedigheid en door betere behandeling zou men zeker veel
kwaads hebben kunnen voorkomen; de neger zou zich den zwaren
en moeijelijken arbeid hebben getroost, om de moeijelijkheden en
gevaren eener altijd hagchelijke vlugt naar afgelegene streken
te ontgaan; doch toen de ijzeren arm der hatelijkste tirannie steeds
zonder eenige genade op den armen slaaf nederkwam; toen
door vindingrijk bedachte straffen en kwellingen zijn minste
vergrijp geboet werd; toen de neger zich als natuurlijken vijand
van den blanke zag behandelen, die meende, dat het minste
blijk van zachtmoedigheid, vrees of zwakheid zou te kennen
geven; toen greep, gelijk van Kampen zegt, (*) de wanhoop
hem aan, en ontsnapte hij naar de bosschen, om liever onderweg om te komen, of de vrijheid aan het eind zijner reize
te vinden, dan door zware verzuchting, mishandeling, harden
arbeid en foltering een langzamen dood te sterven.

Gelijk wij zeiden, vermeerderden de ontvlugtingen; te vergeefs was de gestrengheid der meesters, die hunne slaven door
vrees hiervan zochten te weêrhouden; integendeel, het wegloopen werd hierdoor bevorderd; te vergeefs was het, dat men
premiën voor het vangen en terugbrengen van weggeloopen
slaven uitloofde; te vergeefs was het, dat men die premiën
telkens verhoogde; deze verhooging getuigde slechts van de
snelle toeneming van het kwaad.

In 1685 werd de premie op het vangen en terugbrengen
van een weggeloopen slaaf bepaald op f 5; (†) in 1687 verhoogd tot op 500 pond suiker, zoo er expresselijk op gejaagd werd,
doch anders slechts 100 pond; (§) in 1698 vermeerderd tot f 25,
zoo men hen binnen het district of de rivieren kon meester
worden en f 50, voor die buiten deze of aan de kustlanden

(*) Van Kampen. De Nederl. buiten Europa. 2de deel, blz. 421.
(†) Surinaamsch placcaatboek. 7 Julij 1685.
(§) Surinaamsch placcaatboek 10 Julij 1687.

gevangen werden. (*) In 1717 werd verlof gegeven aan elken kolonist om togten tegen de wegloopers te doen, en werd er eene premie gesteld van *f* 1500 op de ontdekking der Klaas en Pedro en *f* 600 der andere wegloopers-dorpen, en *f* 10 voor het opsporen van een bewoner der genoemde dorpen.

Deze premie zou toegekend worden aan personen, die op hunne eigene kosten een dergelijken togt ondernamen en een dier dorpen ontdekten. (†)

Eenige jaren later werd daarenboven vastgesteld, dat allen, die eenige dorpen ontdekten, zoodat men met eenige vrucht tot derzelver verwoesting een aanval kon ondernemen, eene premie zouden genieten van *f* 500, *f* 1000 of *f* 1500, naar evenredigheid van de min- of meerdere belangrijkheid dezer ontdekking. (§)

Indien slaven eenige kennis van weglooperskampen verkregen en verzuimden dit aan hunne meesters bekend te maken, werden zij als wegloopers aangemerkt, en ondergingen dezelfde straffen; doch indien die slaven en zelfs wegloopers, zich kwamen aangeven, de schuilhoeken of dorpen bekend maakten en aanwezen, erlangden de eersten de vrijheid, de anderen daarenboven vergiffenis en ontvingen beiden eene premie. (**)

Bij plakkaat van 22 Julij 1721, onder den gouverneur Jean Coutier, werd de doodstraf tegen de wegloopers bepaald.

Doch dit alles was te vergeefs; het baatte niet, de drang was te sterk en weldra werd het getal der Marrons op vijf à zes duizend begroot. (††)

Met hun aantal vermeerderde ook hunne stoutmoedigheid, en van tijd tot tijd overvielen zij de naastbij gelegene plantaadjes, en deels om zich op voorgaande mishandelingen te wreken, deels om het gevaar van ontdekking te voorkomen, vermoordden zij somwijlen de blanke opzigters, voerden de

---

(*) Surinaamsch placcaatboek 8 Nov. 1698.

(†) Surinaamsch placcaatboek 20 Feb. 1717 tot 18 Mei 1718.

(§) Notulen Gouverneur en Raden 7 Dec. 1742.

(**) Surinaamsch placcaatboek 24 April 1726 tot 7 Dec. 1742. — Resolutie 13 Dec. 1742.

(††) Hartsink. 2de deel, blz. 757.

slaven, voornamelijk de vrouwen met zich in het bosch, en namen al wat hun aanstond mede. — Geweren, hout, kogels, en bijlen waren hun het liefste, daar deze voorwerpen hun tot middelen van verdediging strekten en als jagtgereedschap dienden, om zich het benoodigde wild te verschaffen.

In de eerste tijden heerschte bij de kolonisten meer moed, meer energie dan in het midden en laatst der vorige eeuw. — Toen bestookten zij zelven hunne hun tot vijanden geworden slaven in hunne schuilplaatsen; nu, door verkregen rijkdommen verweekt, waren zij hiertoe òf te traag òf te moedeloos, en lieten zulks aan huurlingen over; en tot de togten tegen de wegloopers werd nu gebezigd eene van alle kanten zaamgezochte menigte, waarvan het grootste gedeelte uit slaven bestond, die meermalen weinig geneigd waren hunne broeders te bestrijden. Van eene dergelijke zamengeraapte hoop kon men dan ook weinig goeds verwachten. Orde en krijgstucht ontbraken er geheel, en begon men gebrek te gevoelen, dan werden de bevelhebbers door hunne onderhoorigen meermalen tot den terugtogt genoodzaakt. (*) Welke ontzettende wreedheden soms op die boschtogten geschiedden, blijkt, bijv. uit de notulen van Gouverneur en Raden, waarin soms rapporten derzelve voorkomen; wij vermelden slechts dit eene uittreksel van het dagverhaal eener expeditie, tot opsporing van weggeloopen negers, boven in de rivier van Suriname, onder het commando van Pieter Molinay, Vaandrig der Militie en Jahacob Uziel Davilaer, Vaandrig der Joodsche compagnie enz, vertrokken van Paramaribo op zondag den 29sten November 1711.

Men had een klein negerkamp ontdekt en gepoogd de negers in hun slaap te overrompelen, doch door een ontstaan gerucht was dit mislukt; men had eene negerin Sery met haar kind, een negermeisje Patienta en eene negerin Flora gevangen genomen, en trachtte nu van de beide vrouwen nadere bijzonderheden omtrent de wegloopers te vernemen.

»Wij zijn," zoo luidt het rapport, »getreeden tot het exami-

(*) Van Kampen. De Nederlanders buiten Europa. 2de deel blz. 423. Hartsinck, 2de deel blz. 759.

neeren der gevangene negerin Flora om, was het doenelijk,
daerdoor te ontdecken of die negers ook eenige andere schuyl-
plaets, correspondentie met weggeloopen negers ofte neegers
van eenige planttaadje hadden, als mede haer getal, wie haer meesters, hoe lang zij weg waaren geweest ende verders geinfor-
meerd te werden van de gansche geschapenheyd der zaeken,
en haer manier van leven, dogt hebben, *niettegenstaende alle*
tormenten met vuur en slagen, nooyt deselve daertoe connen
krijgen, blijvende deselve niettegenstaende dit alles even halsstarrig en met het wijsen naer den hemel, vatten van een lange
lok haar op haer hoofd, slaen met de vingers op haer mond en
wrijven op haer keel, als te kennen gevende, dat zij, liever
hadde, dat men haer het hoofd afsloeg, als dat zij hetsij met
spreeken ofte wijsen van de weg eenige openinge van saken
soude geven, waerop, siende de halsstarrigheyd van deselve
Flora, wij resolveerden deselve aan Paramaribo te brengen, dogh
conde deselve niet beweegen, wat moeyten wij ook deeden
om se te doen gaen ofte zelfs op haer voeten te doen staen, sulx
nadat hiermeede een goede tijd versleeten hadden en niet in
staet zijnde om haer mede te neemen, dewijl geconsidereerd
de bergen, qreequen en andere ongemacken van de wegh, wij
niet in staat waaren om haer te doen draagen, als zijnde het
laetste en eenigste middel, dat, ingeval deselve wilden meede-
brengen, souden hebben connen gebruyken, genecessiteerd zijn
geworden haer te doen doodschieten en het hoofd doen afhouwen, gelijk dan ook aanstonds is geschiet — ende of wel
de negerin Sery genoegsaem genegen was, meede te gaen, zoo
was 't evenwel sulx dat, vermits de swaare quetsuur, zijnde
met een pijl door en door geschooten en het groot verlies van
bloed geen apparentie van genesing zijnde, sulx gans onmogelijk was, zoo was, dat wij nogmaals genoodsaekt zijn geweest
dezelve mede het hoofd te doen afslaen en die twee hoofden
meede te brengen, gelijk dan ook is geschiet."

Men ruineerde verder de woningen en kostgronden.

Den meesten moed nog betoonden de Joodsche planters.
Door den zeer onstaatkundigen maatregel van Scharphuis (zie
blz. 224) genoodzaakt zich meer onderling tot elkanders bijstand

te verbinden, (hetgeen ligtelijk later tot botsing met de Christenen aanleiding had kunnen geven,) gordden zij zich ook meermalen tot den strijd aan, en na de uitvaardiging der verordening in 1717, waarbij aan ieder vrijheid verleend werd om voor eigene rekening en op eigen gezag togten tegen de boschnegers te ondernemen, behoorden zij onder de eersten, die daarvan gebruik maakten.

Bijzonder onderscheidde zich hierbij de Jood David Nassÿ; een dapper, krachtig man zijnde, rigtte hij de negers zijner plantaadjes tot dergelijke ondernemingen af, en deed hij de Marrons zooveel mogelijk afbreuk.

In 1718 nam hij, onder bevel van den Joodschen kapitein Jacob d'Aliera, aan een welgelukten aanval tegen hen deel, ten gevolge waarvan hij van onderofficier tot eersten luitenant, weldra tot kapitein verheven werd.

In onderscheidene togten, die wij, om ons bestek niet te zeer te overschrijden, nu niet breedvoerig vermelden kunnen, gedroeg Nassÿ zich zoo dapper en oogste hij zooveel roem in, dat hij deswege door den Spaansch-Franschen dichter Ben Venida del Monte in sierlijke verzen werd bezongen en gevierd. (*)

Gedurig vindt men bij de beschrijving der vele krijgstogten tegen de Boschnegers van de Joden gewag gemaakt; in den regel onderscheidden zij zich door groote dapperheid, maar helaas ook dikwijls door groote wreedheid.

De Aziatische balling worstelde daar in een nieuw wereld. deel met den deerniswaardigen zoon van Afrika. De afkeer van den verdrukten neger jegens den Israëlietischen meester was steeds grooter dan jegens den Christen planter. Tusschen hen heerschtte een onderlinge wrok, die nog voortduurt en wier verborgen oorzaak ons oog ontgaat. Werden de Marrons van tijd tot tijd al met goed gevolg door de Joodsche vrij-compagnie bestreden, wanneer zij zich in de nabijheid der plantaadjes waagden, in de digte ondoordringbare wouden waren zij veilig. Hier was de toegang voor een Europeaan uiterst moeijelijk; gansch onmogelijk was het hem, om hier zonder behoorlijk

---

(*) H. J. Koenen. Geschiedenis der Joden in Nederland, blz. 297.

geleide den weg te vinden, en de vlugtelingen kenden ieder pad, iederen weg, iederen schuilhoek.

De bergachtige grond, het ondoordringbaar bosch, de groote hitte, dit alles waren voor den Europeaan zoo vele hindernissen, die door den Afrikaan als bijna niets geteld werden.

Spoedig was de boschneger door spionnen onderrigt, wanneer men een togt tegen hem ondernemen zou, en hij nam zijne maatregelen. Een ander bezwaar nog was daarin gelegen, dat de slaven, die medegingen, bekend werden met de sluippaden en hiervan spoedig meermalen voor zich en de hunnen gebruik maakten.

De Marrons gevoelden dit en het vermeerderde hunne stoutmoedigheid. In 1726—28 vermenigvuldigden zij hunne aanvallen op sommige plantaadjes en bedreigden anderen. Men besloot toen nog weder eens eene onderneming tegen hen te beproeven.

In 1730 ondernam de burger luitenant Abm. Lemmers een togt tegen de boschnegers; hij toog diep het bosch in, trok over een dertigtal bergen en heuvels, en kwam eindelijk bij een dorp der wegloopers, dat echter op zijn aanraden verlaten werd, en het eenige wat zij buit maakten was 12 zilveren lepels en 4 snaphanen; hij verwoestte het dorp en vervolgde de wegloopers tot aan een spruit der Marowyne. Bij zijne terugkomst te Paramaribo voerde hij als zegeteeken twee afgehouwen hoofden van doodgeschotene vrouwen met zich en geleidde als gevangenen drie vrouwen en twee kinderen. Deze drie vrouwen werden geradbraakt en dit zonder den genadeslag te ontvangen, de hoofden werden later afgekapt en op palen gesteld, de rompen gevierendeeld. (*)

Was de straf aan het misdrijf (begeerte om vrij met man en kinderen te leven terwijl zij voorgaven door de wegloopers met geweld weggevoerd te zijn) geëvenredigd? De neger Chocolaad, die voor gids gediend had, verkreeg tot loon de vrijheid, een zilveren armring en een rok, roode Maurisbroek en hoed.

De Directeurs der Societeit gaven bevel aan den Gouverneur om de boschnegers door de Militie te doen opzoeken, en was het mogelijk, geheel uit te roeijen. (†)

(*) Zie notulen Gouverneur en Raden 20 Mei 1730.
(†) Schadelijk wild?

Overeenkomstig deze bevelen, werd een groot commando, onder de orders van den Burger kapitein Willem Bedloo en den Militairen vaandrig Augustus Willem Swallenberg, naar de Saramacca gezonden. Deze uit burgers en militairen zamengestelde magt vertrok in Julij 1730, doch keerde weldra onverrigter zake terug; de burgers toonden zoo weinig moed, dat toen, na eene weinig doeltreffende schermutseling, de boschnegers zich achter boomen verbergden en eenige geweerschoten op de terugtrekkende burgers lostten, zij met moeite door Swallenberg en zijne militairen van eene wilde vlugt terug gehouden werden. (*)

Men besloot nu, volgens eene aanschrijving van HH. Directeuren, alleen soldaten tot eene nieuwe onderneming te bezigen. De vaandrig Swallenberg werd den 21sten September 1730 met 70 soldaten en de noodige slaven en proviand afgezonden. Hij bereikte met zijne magt eene opene plaats in het bosch, en aldaar drie dorpen, door de negers bewoond, en behalve de noodige houtgronden voor eigen gebruik nog twee nieuwe, die zij bij voorraad aangelegd hadden, om er de slaven van twee plantaadjes te plaatsen, die zij dachten binnen kort te overrompelen.

Een dier dorpen, de zoogenaamde Klaasdorpen, was van 100 huizen, op dezelfde wijze als die op de plantaadjes gebouwd, het middenste bestond uit 300 en het derde uit 40 huizen.

De aangevallen negers, tot een strijd in het open veld en tegen geregelde krijgslieden niet bestand, vlugtten; tien werden gedood, twee mannen, vijf vrouwen en elf kinderen gevangen genomen; de huizen werden nedergehaald en met de houtgronden verwoest.

Bij een lateren togt in November, waarbij een ander dorp der Marrons werd ontdekt en verwoest, sneuvelden zestien negers, en het getal der gevangenen werd met 4 mannen, 12 vrouwen en 10 kinderen vermeerderd. Swallenberg kwam den 24sten October te Paramaribo terug. Zie notulen Gouverneur en Raden 25 October 1730.

In het jaar 1730 werd den 9den November nog eene onder-

***

(*) Zie notulen Gouverneur en Raden 4 Aug. 1730 en Hartsinck enz.

neming tegen de Boschnegers gedaan, door eene compagnie van 50 burgers en 200 slaven. Zij poogden een dorp in stilte te omsingelen en zoo de negers in hunne huizen te dooden of gevangen te nemen. De haastige ijver van een sergeant, die te vroeg den aanval begon, verraadde echter dit plan; velen ontvlugtten bij het eerste alarm, anderen verweerden zich zoo dapper met lansen in hunne woningen tegen ieder, die dezelve poogde binnen te dringen, dat men genoodzaakt werd die huizen in brand te steken, waarop nog de meeste negers door het dak ontkwamen.

De burgers verloren een slaaf en twee blanken, en twee anderen benevens eenige slaven werden gekwetst. Van de zijde der Marrons waren 16 dooden gevallen en vier mannen, twaalf vrouwen en tien kinderen gevangen genomen. De wijze waarop met de gevangenen gehandeld werd, was wreed en onmenschelijk. Wij willen niet pogen hiervoor verontschuldigingen te zoeken en behoeven onze verontwaardiging niet met vele woorden te betuigen. — Wij vermelden slechts het feit.

Den 16den December 1750 zijn bij vonnis van den hove van policie en criminele justitie elf der op voormelde togten in hetzelfde jaar gevangen genomen boschnegers teregt gesteld. (*)

Een neger, Joosje genaamd, werd met een ijzeren haak door zijne ribben geslagen, en alzoo aan de galg gehangen, zoodat het hoofd en de voeten naar den grond hingen en hij onlijdelijke pijnen moest uitstaan; (†) hij gaf hiervan echter geen blijk.

Nadat hij gestorven was werd zijn hoofd afgekapt en op

(*) Notulen 14 Dec. 1730. Hartsinck 2de deel, blz. 764 enz.

(†) Stedman. Reizen naar Suriname. 2de deel blz. 150, gewaagt mede van eene dergelijke strafoefening, welke een ooggetuige hem medegedeeld had, waarbij de aldus gefolterde echter geene klagt uitte, ja zelfs in dien toestand een neger, die onder de galg gegeeseld werd en bitterlijk kermde, deze uiting van smart verweet, hem toeroepende: „Zijt gij een man, gij gedraagt u als een kind." Stedman verhaalt verder, dat genoemde neger drie dagen lang geleefd had, en dat eindelijk de schildwacht, die bij hem op post stond, medelijden met zijne folteringen kreeg en er een einde aan maakte, door hem met de kolf van zijn snaphaan een slag op het hoofd te geven.

een ijzeren staak ten toon gesteld; de romp bleef ten prooi der vogels.

De negers Wierai en Manbote werden aan palen gebonden en met een klein vuur levend tot asch verbrand; het vleesch intusschen nu en dan met gloeijende tangen genepen.

De negerinnen Lucretia, Ambia, Agia, Gomba, Maria en Victoria werden op kruizen gelegd, daarna levend geradbraakt en na gedane executie de hoofden afgekapt en mede op staken aan den waterkant geplaatst. De negerinnen Diana en Christina werden eenvoudig de hoofden met een bijl afgeslagen en die hoofden mede ten toon gesteld.

Deze wreede en onmenschelijke strafoefening (§), in plaats van het beoogde doel »afschrik en vrees" te verwekken, verbitterde integendeel slechts meer en meer, en wekte een gloeijenden haat tegen de meeste blanken, niet slechts bij de Marrons, maar ook bij de overige slaven op.

Verscheidene togten door militairen en burgers, gezamenlijk en afzonderlijk, zijn sedert tegen de meer en meer in woede ontvlamde boschnegers ondernomen; doch zij bragten weinig goeds te weeg. Het eenige voordeel dat men behaalde, bestond in het verwoesten van sommige negerkampen en het dooden en gevangen nemen van enkele der bewoners; het veel grootere nadeel daarentegen was dat de boschnegers slechts meer verbitterd werden en in magt en stoutmoedigheid toenamen, daar zij zagen, dat men toch eigenlijk niets afdoende tegen hen vermogt. Al die onderscheidene togten onder Nassy, die zich steeds zeer onderscheidde en aan wel dertig ondernemingen tegen de Marrons deelgenomen heeft, te beschrijven, of die onder den Raad van policie Pistorius, ook als geschiedschrijver bekend, Reinet, Visser, van Gieske, van Metchen, Knoftel, van Daalen, Brouwer enz. enz., te vermelden, zou hier te veel ruimte innemen en men daarbij in gedurige herhalingen moeten vervallen.

Gedurig ontstonden er nieuwe opstanden onder de geplaagde en verdrukte slaven. In 1758 o. a. vermoordden eenige negers,

---

(§) Hartsinck, 2de deel blz. 763–765. Luzac, Hollandsch rijkdom 2de deel blz. 173—179. Van Kampen, de Nederlanders buiten Europa, 3de deel blz. 114 enz. Notulen van Gouverneur en Raden.

afkomstig uit Cormantijn, in Afrika, die voor de meest geduchte gehouden werden, hunnen meester, den Jood Manuel Pereyra (*).

De toestand werd van dag tot dag zorgwekkender. De elkander spoedig opvolgende Gouverneurs (zie vorig hoofdstuk) waren niet in staat met krachtige hand veel ten goede te doen; zij waren hiertoe te kort aan de regering, en er bestond te weinig zamenwerking tusschen hen en de kolonisten.

De op 17 Februarij 1742 tot Gouverneur benoemden Mr. Jan Jacob Mauricius, die deze betrekking den 15den October in hetzelfde jaar aanvaardde, en die bij een helder verstand en juisten blik eene groote mate van wilskracht paarde, zag spoedig in, dat men op deze wijze niets vorderde, en daarbij de koloniale kas uitputte, daar genoemde togten verbazend veel geld kostten (†).

Mauricius (§) deed den voorslag, om in plaats van die tot niets leidende ondernemingen een krachtigen en militairen maatregel te nemen, een of meer dorpen der boschnegers te veroveren, en zoo mogelijk een grooten slag te slaan, om, na de Marrons alzoo verschrikt te hebben, pogingen aan te wenden om met een gedeelte van hen vrede te maken, en dan later met hunne hulp de anderen te bestrijden. Mauricius vreesde, dat het sluiten van een algemeenen vrede met allen bij mogelijke vereeniging der onderscheidene stammen, niet zonder gevaar was, en oordeelde alzoo dat het beter ware hen te verdeelen en tegen elkander op te hitsen, door bij voorbeeld met degenen, die men door den vrede van de anderen afgescheiden had, het verbond streng te handhaven, hen op allerlei wijze te vleijen, en de anderen, die buiten dien vrede waren, zonder genade te vervolgen.

Mogt dit plan, wat het tweede gedeelte aanbelangt, niet zeer Christelijk zijn, in zijn geheel was het niet af te keuren en veel nutteloos bloedvergieten zou hierdoor ophouden.

(*) Van Kampen, de Nederlanders buiten Europa, 3de deel blz. 117. Notulen van Gouverneur en Raden 1738.

(†) De kosten van iederen togt werden op ongeveer ƒ 100,000 begroot.

(§) Over Mauricius enz. zie het volgende hoofdstuk.

Reeds vroeger had van Sommelsdijk met de Indianen en de Coppenaamsche negers vrede-verbonden aangegaan, en in 1739 hadden de Engelschen eene dergelijke overeenkomst met de Marrons op Jamaïca gesloten.

Het plan van Mauricius vond echter van de zijde der kolonisten veel tegenkanting; de een was te trots om van een verdrag met weggeloopen slaven zelfs maar te hooren gewagen; een ander vreesde, dat men hierdoor zijne zwakheid zou erkennen en de vermetelheid der Marrons zou doen aanwassen; een derde was er reeds daarom tegen, omdat het van den Gouverneur uitging, tegen wien eene magtige partij bestond, die gestadig in sterkte toenam, gelijk wij in het volgende hoofdstuk nader zullen mededeelen.

Niettegenstaande de vele tegenkantingen, zette Mauricius zijn plan door, en wilde het eerst beproeven vrede te maken met de Marrons, die in het Westen der kolonie aan de Saramacca woonden.

Den 20sten September 1749 vertrok een commando, onder bevel van den kapitein luitenant C. O. Kreutz uit Paramaribo, met 100 man geregeld krijgsvolk en 500 slaven, met last om te beproeven eenig voordeel op de boschnegers te behalen, hen vervolgens met een onophoudelijken oorlog en dus gedurig levensgevaar te bedreigen, indien zij weigerden tot het verdrag toe te treden. (§)

De instructie voor Creutz, behelzende de voorwaarden op welke hij trachten moest met hen vrede te sluiten, bevatte elf artikels (*) en bestond uit eene verklaring hunner onafhankelijkheid, eene door eenige bepalingen beperkte vrijheid om met de blanken handel te drijven, terwijl de Marrons van hunne zijde zich verbinden moesten, om de in 1749 gevlugte slaven uit te leveren en mede die, welke zich later tot hen

---

(§) Behalve het commando onder Creutz werden te gelijker tijd nog twee andere expeditiën tegen de boschnegers uitgezonden, als eene onder Mamre van 60 blanken en 272 slaven, en eene onder Goede van 8 blanken en 28 slaven.

(*) Hartsinck 2de deel blz. 768—771.

vervoegden, terwijl zij voor iederen vlugteling, dien zij aan de blanken zouden overleveren ƒ 50 belooning zouden verkrijgen. Creutz slaagde vrij goed in de uitvoering van den hem opgedragen last.

Hij vermeesterde en verwoestte vier negerdorpen, trok over verscheidene bergen en vervolgde de terugtrekkende Marrons met ongemeenen ijver.

Intusschen zond hij een paar gidsen naar hen, om hunne gevoelens omtrent een aan te gaan verdrag te polsen.

Een dezer gidsen kwam met goede tijding: aarde, boog en pijlen, als zinnebeeld van onderwerping, terug.

Na eenige onderhandelingen met het opperhoofd Adoe, werd men het weldra over de voorwaarden, waarop men den vrede zou sluiten eens.

Adoe betoonde zich als een waardig opperhoofd, die de belangen van zijn volk en van hen, die verder met hem verbonden waren, wilde behartigen. Creutz wenschte van hem aanwijzing te ontvangen omtrent de woonplaatsen der Acouriers, een Indiaanschen stam en van een dorp Loango Negers. Adoe antwoordde, dat beide stammen tot zijne vrienden behoorden, en dat hij hen dus niet verraden mogt; hij wilde hen mede in dezen vrede besluiten, waartoe hij niet twijfelde hunne toestemming te erlangen.

Na vrijheid verkregen te hebben om de verwoeste woningen weder op te bouwen en onder belofte, dat in het volgende jaar eenige geschenken van de regering gezonden zouden worden, ontving Adoe een rotting met een zilveren knop, en gaf als tegengeschenk een boog en koker vol pijlen, door hem zelf vervaardigd, hetgeen tevens tot een teeken diende, dat, tot de finale sluiting van den vrede in het volgende jaar, van zijne zijde alle vijandelijkheden zouden ophouden.

De negers, die òf onder Adoe stonden òf op welke hij zijnen invloed kon uitoefenen, waren omstreeks 1600 in getal; doch zij hadden geene gemeenschap met hen die beneden bij de Saramacca en hooger op bij Suriname woonden. Om die wegloopers-benden en kampen te ontdekken, had men reeds meermalen pogingen aangewend, doch daar deze op eene wijde uitgestrektheid in de ontoegankelijke bosschen verspreid waren, waren die pogingen steeds te vergeefs geweest. (*)

Mauricius was van oordeel, dat men, met de nieuwe bond-genooten vereenigd, en alzoo van twee zijden te gelijk, in den droogen tijd tegen hen een geregelden krijgstogt openen moest. (†)

Maar noch het een noch het ander vond bijval in den raad. Hevige tweespalt tusschen den Gouverneur en den Raad barstte uit. Verscheidene leden wilden den gesloten vrede niet eens bekrachtigen, en ofschoon Mauricius zijnen wil doorzette, waren toch deze onderlinge twisten oorzaak, dat de vrede niet tot stand kwam.

De Gouverneur zond wel in 1750 de beloofde geschenken, maar terwijl hij deze overbrenging door den heer Louis Nep-veu, die onder kapitein Creutz den togt had bijgewoond, met eene escorte van 50 militairen wilde doen bewerkstelligen, ont-moette hij hierin zoodanigen tegenstand, onder voorwendsel van onnoodige kosten, dat eindelijk die last aan zekeren heer Picolet met slechts twee blanken en een twintigtal slaven, die de geschenken droegen, opgedragen werd.

De verkeerde spaarzaamheid had zeer nadeelige gevolgen.

Zekere Zamzam, opperhoofd van het Papa-dorp, die bij het sluiten van den vrede niet tegenwoordig was geweest, overviel en doodde de kleine voor geen tegenstand berekende schare,

---

(*) Mauricius schrijft in zijn dagboek den 7den Julij 1750, daar hij eenen dergelijken mislukten togt vermeldt, o. a. „Tijding gekregen, dat de post in Tempate is uit geweest om de wegloopers te vervolgen, dat se ook het spoor gevonden hebben, doch door de zware regens hebben moeten wederkeeren, zeer afgemat en ziek, dewijl se tot de keel toe door de zwampen hebben moeten gaan. NB. Zoo de heeren Amster-damsche onderteekenaars" (hij zinspeelt hier op zijne tegenpartij, die zich tegen den vrede aankantte.) „maar één drie dagen een dergelijken togt geliefden bij te woonen, zouden se een idee krijgen, hoe gemakkelijk 't hier is de wegloopers uit te roeijen."

(†) Hartsinck, 2de deel blz. 776. — Notulen van Gouverneur en Raden. Journaal van Mauricius, waarin meermalen gewag van deze zaak wordt gemaakt.

waardoor een groote voorraad levensmiddelen, kleedingstukken en wapenen, voor Adoe bestemd, in zijne handen viel.

Adoe en de zijnen, die de geschenken op den bestemden tijd niet ontvingen, vermeenden dat men hen slechts met fraaije beloften had trachten te verschalken, en dat de blanken versterking uit Europa verwachtten om hen op nieuw te bestrijden, en zij hielden zich nu ook niet langer aan den wapenstilstand gebonden.

Dood en verwoesting heerschten weder op nieuw in de kolonie, en de kolonisten bleven desniettegenstaande den ouden weg in het mishandelen en plagen hunner slaven bewandelen.

Mauricius was in 1751 genoodzaakt geworden af te treden (†). Baron von Spörche, die tevens als bevelhebber van 600 man troepen uit Holland was gekomen, volgde hem in het bestuur op, doch overleed reeds den 7den September 1752; na een tusschen-bestuur van den heer Wigbold Crommelin tot 22 Oct. 1754, aanvaardde de heer Pieter Albert van der Meer de teugels der regering; hij stierf reeds binnen twee jaren, op den 24sten Augustus 1756; daar de heer Crommelin, juist te dien tijde eene reis naar Europa deed, nam de Fiskaal Jan Nepveu a. i. het bestuur op zich; Crommelin, in Januarij 1757 weder in Suriname teruggekomen, nam dit als commandeur van hem over en werd in September van hetzelfde jaar tot Gouverneur benoemd.

De strijd met de boschnegers was met afwisselend geluk van tijd tot tijd voortgezet; onderlinge verdeeldheid onder de kolonisten en de regering had het nemen van krachtige maatregelen verhinderd; een nieuwe opstand kwam het gevaar en de onrust vermeerderen, en nu wel in het zuid-oostelijk deel, waar het tot heden vrij rustig was geweest, namelijk aan de Tempatie kreek.

De plantaadjes van deze kreek, welke zijn oorsprong uit het bergachtig boschrijk gedeelte neemt en zich in de Commewijne stort, waren meest houtplantaadjes, alwaar de arbeid der negers, gelijk wij vroeger opmerkten, door een zekeren zweem

(†) Zie volgende hoofdstuk.

van vrijheid, hun minder zwaar valt, en met meer lust en opgewektheid dan elders wordt verrigt.

Door hunne betoonde trouw jegens hunnen meester, daar zij moedig de invallen der boschnegers en wegloopers hadden geweerd, tegen welke zij meermalen als schutsmuur verstrekten, waren hun ook eenige voorregten toegestaan als: ruime kostgronden, groote kweekerijen van vee en gevogelte, den afval van het hout, dat hun geoorloofd was van tijd tot tijd te hunnen voordeele naar Paramaribo te zenden en te verkoopen, enz. enz., zoodat zij ruimer en rijkelijker dan andere slaven konden bestaan; zij waren dan ook meer dan anderen aan den grond, waarop zij leefden en arbeidden, gehecht en eene verplaatsing naar een ander oord was voor hen de vreesselijkste straf.

Deze gehechtheid aan de plaats waar zij zich bevonden en de tegenzin om naar eene andere overgebragt te worden, waren den meester bekend en toch wilde de heer Martin, Raad van Policie, ofschoon zijne vrienden het hem sterk afraadden, eenige slaven naar eene andere zijner plantaadjes, meer benedenwaarts de rivier gelegen, over brengen. De negers trachtten hem door het aanvoeren van verscheidene redenen tot andere gedachten te brengen; dan het baatte hun niet, daar de heer Martin niet naar hunne redelijke taal luisterde, maar liever het oor leende aan zijnen Directeur Bruyère, die met meer verwaandheid dan wijsheid, Martin diets maakte, dat men zich over den onwil dier negers in het minst niet behoefde te bekommeren. Hij, Bruyère nam wel op zich hen te dwingen; hij alleen was wel in staat om zes negers te binden, en in de pont te werpen en zoo naar beneden te doen afbrengen; ten overvloede raadde hij eenige militairen te laten komen, hun de handen te doen binden en zoo weg te doen slepen.

Deze raad vond een gretig gehoor bij den meester: dienovereenkomstig werd alles gereed gemaakt; reeds waren de touwen aan de militairen uitgedeeld, toen dit den slaven ter oore kwam; de meesten besloten zich met geweld tegen de wegvoering van sommigen hunner te verzetten en op de plantaadje te blijven; anderen onder hen, voornamelijk de zoutwaternegers (*) waren met dezen halven maatregel niet tevreden; zij waren hiertoe te zeer verbitterd; zij vielen op den directeur, die kort te voren nog zoo op zijne magt gesnoefd had, aan, hieuwen hem de hand af, wondden den officier Hertsbergen, welke aldaar met een detachement soldaten lag, en doorschoten twee der oprukkende krijgslieden; hunne makkers, 150 weerbare mannen, behalve de vrouwen en kinderen, vereenigden zich met hen en weken in het bosch terug.

De hebzucht van dien enkelen planter maakte de oevers van de Commewijne tot het tooneel der grootste verwoesting.

Een groot commando, onder bevel van den kapitein Jan Frederik Meyer, werd ter bestrijding der pas gevlugte negers afgezonden; men raakte slaags en Meyer was genoodzaakt met verlies van dertig man terug te trekken; een nieuwe aanval door een corps van tachtig militairen, onder den kapitein-luitenant Reinet, geschiedde; doch hierdoor werden zij slechts genoodzaakt dieper het bosch in te gaan, waar zij zich in veiligheid bevonden en zich met andere wegloopers vereenigden.

Hooger op, bewesten de rivier Marowijne en de kreek Jouha, bevonden zich acht boschnegers-dorpen, wier eerste stichters weggeloopen slaven van de Joden en van zekeren heer Selmers (§) waren; hier bevond zich reeds eene bevolking van 15 à 1600 man; verminderde dit getal doordat er weinig vrouwen waren, in 1749 was het door de vlugtende slaven van den heer Thoma vermeerderd; nu voegden zich die van den heer Martin hierbij en werden weldra in de maand Februarij gevolgd door die van de plantaadjes La Paix, Maagdenburg, Wolvega, Bleijenburg, l'Hermitage en Beerenburg. Hoewel ieder dorp zijn afzonderlijk hoofd had, was zekere Araby, (†) een dapper en gelijk later bleek, edelmoedig man, als het eigenlijke opperhoofd te beschouwen.

(*) Zoutwater-negers zijn die welke uit Afrika aangevoerd zijn; de afstammelingen van hen, die in de kolonie geboren zijn, worden Creolen-Negers genaamd.

(§) Deze slaven waren, na hun meester doodgeslagen te hebben, gevlugt, Notulen Gouverneur en Raden 1 Maart 1748.

(†) Zie over de familie Araby het latere gedeelte dezer geschiedenis, dat meer over de zendingszaak handelt.

Niettegenstaande deze negers zich in hunne bosschen veilig konden beschouwen, waren zij echter niet ongenegen, om vrede met de blanken te maken, ten blijke waarvan door hen, bij iederen aanval, die zij op de eene of andere plantaadje deden, brieven werden gestrooid, die door een van hen, Boston genaamd, in het Engelsch geschreven waren, waarin ofschoon in duistere bewoordingen, de begeerte tot vrede doorschemerde, en de wensch geuit werd, dat zich eenige blanken ter onderhandeling hierover bij hen vervoegen mogten.

Men zond daarop, in het jaar 1758, twee getrouwe negers Coffy en Charlestown, welke eerste, toen hij nog slaaf van den heer Dandiran was, een groot vriend van genoemden Boston was geweest, naar de Marrons met brieven van de regering en eenige geschenken om hun den vrede aan te bieden. Zij werden bij het opperhoofd Araby gebragt. Deze ontving de neger-afgezanten zeer vriendelijk; hij betuigde hun zijne genegenheid om vrede met de blanken te maken, zoo als de Engelschen op Jamaïka met de Marrons hadden gedaan, doch begeerde, dat men een of twee blanken zou zenden, om nader met hen over de voorwaarden te spreken.

De Gouverneur en Raden besloten eenparig om met die boschnegers een verdrag aan te gaan; (§) weldra begonnen de onderhandelingen, en in 1760 kwam de vrede met hen tot stand; hij werd gesloten op de houtplantaadje Auka, waarnaar zij en hunne nakomelingen nog heden in Suriname Aukaner boschnegers worden genaamd, ofschoon Auka meer dan 50 mijlen van hunne woonplaats verwijderd was.

De Europesche commissarissen, die tot het voeren der vredesonderhandelingen zich eenigen tijd bij de boschnegers moesten ophouden, werden door dezen goed onthaald, rijkelijk van wildbraad, visch, vruchten enz. voorzien, terwijl ter hunner eere muziek, dansen en eereschoten zich gedurig afwisselden; maar tevens moesten zij menig hard doch waar woord hooren

---

(§) De ondervinding toch had geleerd, dat met vrucht weinig tegen de boschnegers kon verrigt worden. en alzoo besloot men nu tot datgene, hetwelk reeds 10 jaren vroeger door Mauricius was voorgesteld, maar toen door de meesten verworpen was.

over het verkeerde gedrag der blanken jegens hunne slaven;
treffend was o. a. de rede, die een der neger-kapiteins tot de
afgevaardigden der regering hield.

Na hun eerst voor oogen te hebben gesteld, hoe erbarmelijk
het ware, dat eene beschaafde natie, als waartoe de Hollanders
zich beroemden te behooren, door de mishandeling der slaven,
zooveel aanleiding tot haar eigen verderf gaf, voer hij voort:
»Wij bezweren u, uwen Gouverneur en den Raad te zeggen,
dat zij, zoo zij geene nieuwe benden wegloopers willen stichten,
zorg dragen, dat de planters zelven een wakend oog over
hunne eigendommen houden en dezen niet, gelijk gewoonlijk,
aan dronken opzigters toevertrouwen, die door onregtvaardig
en onbarmhartig straffen der slaven, door het schenden hunner
vrouwen en dochters, door het verwaarloozen van zieken,
den ondergang der kolonie bereiden, daar zij brave en arbeid-
zame lieden moedwillig naar de bosschen drijven, lieden die
in het zweet huns aangezigts hun brood eten, zonder wier
handen uwe volkplanting weldra tot niet zou verzinken, bij
welke gij eindelijk nu op eene zoo onaangename wijze moet
komen om vrede en vriendschap te zoeken."

Dit was waardige taal en bevatte welgemeende waarschuwin-
gen, die echter weldra in den wind geslagen werden.

Eigenaardig was ook de aanspraak, die Quako, een andere
negerkapitein, aan de slaven deed, welke met de commissarissen
waren medegekomen en aldus luidde: »Gij zijt slaven, ik ben
het ook geweest; (*) als Creool uit uwe streek, ben ik van
kindsbeen bij de blanken geweest, en heb ook bij die gelegenheid de slaven met hun goed en hun kwaad leeren kennen,
en weet dat ook onder u vele schelmen zijn. Gij gaat nu
met deze blanken weder terug, nadat gij hier vele dingen hebt
gehoord en gezien; ik waarschuw u wel te zorgen, dat gij noch

---

(*) Deze Quako was slaaf bij eene Jodin geweest. die hem, niettegenstaande hij getrouw en arbeidzaam was, steeds hard behandelde;
lang had hij dit verduurd, maar toen zij hem uit een vreemden gril
neus en ooren wilde doen afsnijden, had hij de vlugt genomen en zich
bij de boschnegers gevoegd.

aan uwen meester noch aan uwe medeslaven onwaarheden vertelt of iets verdraait, waardoor onze goede voornemens met de blanken vernietigd zouden kunnen worden; want zoo ons zulks ter ooren kwam, zouden wij u levend verbranden; gaat nu heen, draagt zorg voor uwe meesters, past den zieken heer (†) goed op en zoo gij wegloopt, zullen wij u braaf afrossen en gebonden weder bij uwe meesters brengen."

Het definitief vredes-traktaat werd in October 1760 door den majoor Meyer, van de zijde der koloniale regering, en door Pamo, Araby en 14 andere neger-kapiteins onderteekend.

Araby en de zijnen beschouwden echter het teekenen van het tractaat en de bekrachtiging daarvan door den eed der Christenen niet als genoegzaam. Zij stelden in dien eed, welken zij zoo dikwijls hadden zien verbreken, geen genoegzaam vertrouwen en men was verpligt het verdrag alzoo op de wijze der negers te bevestigen, waarbij de volgende plegtigheden plaats hadden:

Elke partij liet eenige druppels bloed, die men door middel eener kleine operatie in den arm verkreeg, in eene, met zuiver bronwater gevulde calabas vallen, waaronder een weinig drooge aarde werd gemengd. Al de aanwezigen moesten daarvan drinken, nadat men vooraf eenige druppels op den grond had gestort. Vervolgens sprak hun Gado-man of priester den vloek uit over allen, die dit verbond zouden verbreken; waarop het volk antwoordde:

»Da so" –- d. i. Amen."

Toen de tijding van dezen met de Aukaner-negers gesloten vrede te Paramaribo aankwam, was de Gouverneur Crommelin ongesteld, waarom het berigt aan den commandeur werd overgegeven; deze deed illico na kerktijd, het was Zondag den 19den October 1760, de te Paramaribo aanwezige raden convoceren, om daarover te delibereren, doch daar men over eenige zaken het advies van den Gouverneur wenschte in te winnen, werd een der leden, de heer Raase, daartoe naar zijn huis afgezonden. »Mevrouw de Gouvernante," zoo lezen

---

(†) Een der commissarissen, de heer Zobre, was ongesteld geworden.

wij in het journaal van dien dag, »zijn WelEdeleGestrenge alreets kennis hebbende gegeven van die vreede, heeft sijn Excelentie sig daarover soodanig verheugt, dat hij van die uure af weer beter begon te worden, hebbende die tijding meer kragt gegeven als de medicamenten."

Te Paramaribo was men op de mare dier heugelijke gebeurtenis zeer verblijd; zoo spoedig zij ruchtbaar werd, was de blijdschap onder de welmeenende ingezetenen algemeen; in gezelschappen werd bijna over niets anders gesproken, »en" gelijk in het journaal gezegd wordt, van de groote voordeelen, die de colonie in 't generaal, en een ieder ingeseetene in 't particulier daaruit kon trekken, soodat nu onder den seegen des Allerhoogsten dese colonie een der florissantste van de West-Indiën kan worden? Den volgenden Zondag 26 October 1760, werd in de kerken dankzegging voor den gesloten vrede gehouden, en toen des Maandags 27 October de commissarissen met zes boschnegers, als afgevaardigden in de stad kwamen, vierde men feest; van alle op de reede liggende schepen woeijen vlaggen en wimpels, en werden de kanonnen gelost.

De boschnegers bleven eenige dagen in de stad, en genoten overal een goed onthaal; in den tuin bij het gouvernementshuis woonden zij een feest ter hunner eere gegeven bij, en wel voldaan over hunne ontvangst keerden zij naar hunne bosschen terug. Den zevenden December kwamen vier anderen, waaronder een opperhoofd Zaakoe te Paramaribo, welke een, tot het commando van den luitenant Veyra behoorende, maar bij hen achtergebleven neger medebragten. Deze man, een slaaf van Castilho, had zich door een der boschnegers laten overhalen om onder hen te verblijven, maar toen het opperhoofd Araby dit vernam liet hij den boschneger in de boeijen slaan, en zond den neger van Castilho naar Paramaribo, daar hij de bepalingen van het vredes-verdrag in alle opzigten trouw wenschte na te komen. De nu in de stad gekomen zijnde boschnegers werden meermalen door den Gouverneur bij zich ontboden, en in de met hen gehoudene gesprekken verwonderde Crommelin en andere heeren zich over de gepaste antwoorden, die zij op de vele hun gedane vragen gaven, waaruit hun gezond oordeel bleek. (*)

De wegloopers aan den Boven-Saramacca, waarmede reeds in 1749 vredes-onderhandelingen waren aangeknoopt, doch die toen, om medegedeelde redenen, weder waren afgebroken, door het voorbeeld der Aukaners uitgelokt, gaven op nieuw hunne begeerte te kennen, om met de blanken vrede te sluiten. Hiertoe werkte een verschil tusschen Zamzam, een der opper- hoofden, die tegen den vrede met de blanken was, en een anderen neger Willi mede. Deze, in onmin met Zamzam ge- raakt zijnde, begaf zich, op raad zijner vrouw, achter het dorp van Zamzam om, met zijne drie zonen naar de Aukaner- negers en sprak met Boston over zijne geneigdheid, die door vele andere der Saramaccaners gedeeld werd, om vrede met de blanken te maken. — Boston gaf hiervan, op eene eenigzins ingewikkelde wijze, kennis aan den Gouverneur en maakte te- vens eenig gewag van hunne onderlinge verdeeldheid; waarop Gouverneur en Raden besloten de aangebodene hand van ver- zoening gretig aan te nemen (†).

De heer Louis Nepveu, die zich reeds vroeger bij verschil- lende gelegenheden gunstig had onderscheiden, bood zich aan om met hen over den vrede te onderhandelen, en vertrok daar- toe in Februarij 1762 naar de Aukaner-negers, alwaar zich eenige der tot den vrede gezinde Saramaccaners ophielden om met hen over de voorwaarden enz. te spreken; na een voorloo- pigen wapenstilstand tot Augustus was het verder gevolg dezer onderhandelingen, dat reeds den 19den September 1762 de vrede met deze stammen geteekend werd, welke toen aan de Boven- Saramacca hun verblijf hielden, zich later wel aan de Boven- Suriname vestigden, doch steeds onder den naam van Sara- macca-negers bekend bleven. Den 30sten September 1762 werd door den Gouverneur in de volle vergadering van het Hof van Politie en Justitie met opene deuren verslag van het vredesver-

---

(*) Zie Journaal van den Gouverneur, 19, 20, 26, 27 October, 7, 8, 11 December 1760.

(†) Journaal van den Gouverneur Sept. 1761.

drag met de Saramaccanegers gedaan, en werd daarop besloten, om den 5den December in de kerken eene plegtige
dankzegging aan God te doen, en Hem verder te bidden,
dat Hij den tot stand gekomen vrede bestendig en vruchtbaar
mogt maken.

De hoofdinhoud der verdragen, zoo tusschen hen en de
koloniale regering, als tusschen deze en de Aukaners gesloten,
komt op nagenoeg dezelfde bepaling neder (§) en bestaat
hoofdzakelijk daarin, dat zij erkend werden als vrije lieden en
hunne woonplaatsen volgens keuze konden regelen, mits op een
behoorlijken afstand van de plantaadjes verwijderd; dat zij
jaarlijks van de regering eenige geschenken zouden ontvangen,
waartegen zij zich verbonden de tot hen vlugtende slaven tegen
vastgestelde premiën aan de blanken uit te leveren.

Met het bespreken en vaststellen dezer laatste bepalingen
werd een der hoofden, Boston, die gelijk wij zagen veel tot
het sluiten van den vrede heeft bijgedragen, nog gedwongen om den commissaris de volgende ernstige vermaning mede
te geven.

Dat commissarissen den Gouverneur en Raden gerustelijk
verzekeren konden, dat de vrede van de zijde der negers getrouw gehouden, vast, bestendig, onverbrekelijk zou zijn;
maar dat zij den raad gaven, dat het hof (hij bedoelde hiermede
het hof van Policie en Justitie) toch voorziening wilde maken tegen
het verkeerde bestuur op de plantaadjes; want dat het hun
zwaar zou vallen, om, indien de een of andere slaaf tot hen
vlugten mogt, die daartoe door mishandeling van zijnen meester
genoodzaakt was, dien uit te leveren, om hem alzoo boven de
kwellingen, die hij reeds van zijnen meester had uitgestaan,

(§) Bij Hartsinck vindt men de togten tegen de negers en de met hen
gesloten verdragen vrij uitvoerig vermeld, 2de deel blz. 755—813,
verder bij van Kampen „de Nederlanders buiten Europa", 3de deel
blz. 110—135; Stedman, Reizen in Suriname, 1ste deel blz. 78—96 en
verder in Teenstra, Sypenstein en onderscheidene andere geschriften, en
in de notulen van Gouverneur en Raden, terwijl in de Journalen der
Gouverneurs hiervan mede dikwijls melding wordt gemaakt, gelijk wij
reeds hier en daar aangegeven hebben.

nog aan de straffende hand der justitie te onderwerpen; andere slaven, die kwaaddoeners, doodslagers of vergiftigers waren, zou men, zonder de minste aarzeling, onmiddellijk overgeven.

Van dergelijke redelijke goede taal en van billijke handelingen der negers vinden wij verscheidene voorbeelden bij de onderscheidene schrijvers geboekt. Moeten wij erkennen, dat door het wegloopen der slaven en door den hierop gevolgden strijd groote rampen over de kolonie gekomen zijn, wij moeten eerlijk zijn en bekennen, dat de grootste en meeste schuld aan onze vaderen, aan de blanke kolonisten en niet aan de zwarte heidensche slaven lag; en tevens moeten wij belijden, dat het gedrag der negers, in meer dan een opzigt, prijzenswaardig was en hun strijd voor de vrijheid onze levendige sympathie opwekt en verdient.

De commissarissen werden rijkelijk voor hunne moeite door de regering beloond. De heer Louis Nepveu o. a. ontving voor zijne bewezene diensten eene jaarwedde van ƒ 500, eene gratificatie van ƒ 1200, ter bestrijding zijner gemaakte onkosten, en werd door Directeuren der »Geoctroijeerde Societeit van Suriname" vereerd met een zilveren vaas en koffijkan, als gedachtenis.

Hetgeen nu tot stand was gekomen, was ook inderdaad zeer belangrijk; de twee voornaamste stammen der wegloopers waren bevredigd en kwamen hunne verpligtingen getrouw na, waardoor de hagchelijke toestand der volkplanting voor het oogenblik veel was verbeterd; maar aan de andere zijde had de gesloten vrede tevens de onmagt van het bestuur om de boschnegers met de wapenen te onderwerpen, verraden — en nog bevonden zich steeds verscheidene benden onbevredigde wegloopers in de bosschen, gereed om hunne plunderingen te hervatten, indien het oogenblik hiertoe gunstig ware — en hun aantal werd nog gedurig vermeerderd doordat de meesters, in plaats van door de ondervinding geleerd, wijs te zijn geworden, in hun verkeerd gedrag jegens hunne slaven bleven volharden, waardoor later nieuwe verwikkelingen ontstonden, nieuwe rampen over de kolonie kwamen en deze aan den rand van haren ondergang gebragt werd.

DERDE TIJDVAK.

VIERDE HOOFDSTUK.

VAN DE OPTREDE VAN MR. JAN JACOB MAURICIUS ALS GOUVERNEUR
IN 1742 TOT ZIJNE AFTREDING IN 1751; OVERZIGT
VAN DEN TOESTAND DER BLANKE EN VRIJE
BEVOLKING TE DIEN TIJDE ENZ.

Reeds in het tweede hoofdstuk (bladz. 105) en in het derde
(bladz. 147 enz.) maakten wij met een enkel woord gewag van
de aanvaarding van het bestuur over Suriname door Mr. Jan
Jacob Mauricius en van zijne pogingen om vrede met de boschnegers te sluiten; wij willen trachten hem nu iets nader in
zijn bestuur dezer kolonie en in zijne betrekking tot Suriname's
vrije bevolking te leeren kennen.

In het tweede hoofdstuk spraken wij over de gedurige twisten die tusschen de kolonisten en den Gouverneur heerschten,
waardoor de vooruitgang en de bloei van Suriname werden tegengehouden en belemmerd. Deze twisten, voornamelijk door verwikkelingen na den inval en de brandschatting van Cassard in 1712
ontstaan, waren steeds in hevigheid toegenomen, daar zij gestadig
nieuw voedsel vonden; het verschil over de betaling der kosten van
den bouw der verdedigingswerken vooral was eene vruchtbare
bron hiervan.

Gedurig kwamen de Gouverneurs, die de belangen hunner

11

meesters, de directeuren der »geoctroijeerde sociteit", voorstonden, in botsing met de kolonisten, welke, ofschoon meermalen onderling verdeeld, zich somtijds vereenigden om den dienaar der Societeit tegen te werken; — hij die zich aan de zijde des Gouverneurs schaarde, werd door anderen verachtelijk een Societeits-man genoemd. ——

Reeds in gewone tijden moet men meer dan gewone bekwaamheid bezitten om eene kolonie als Suriname te besturen, maar wanneer de storm der hartstogten door buitengewone omstandigheden gewekt, loeide, dan waarlijk werd eene mate van geestkracht, helderheid en schranderheid vereischt, welke men zelden in een persoon vereenigd aantreft. Moeijelijk was het een dergelijk persoon te vinden, die tevens genegen was om de gansch niet benijdenswaardige betrekking van Gouverneur op zich te nemen, zoodat Directeuren der Societeit zich gelukkig achtten toen Mr. Jan Jacob Mauricius zich de op hem uitgebragte keuze, hoewel na eenige aarzeling, liet welgevallen. Men verwachtte veel van Mauricius, misschien waren de verwachtingen deswege wel wat te hoog gespannen, — want hoewel hij zich reeds in vele belangrijke betrekkingen gunstig onderscheiden had, waren deze meer geschikt geweest om zijne staatkundige bekwaamheden te doen uitkomen dan wel die, welke den regent kenmerken. Staatsman of regent verschilt nog zoo veel. Men vindt zoo weinig mannen als onze Willem de Derde, de beroemde verdediger der Protestantsche vrijheden.

Waren de verwachtingen misschien te hoog gespannen, — de bekwaamheid van Mauricius wordt algemeen ook door latere geschiedvorschers erkend. Reeds op jeugdigen leeftijd gaf hij blijken van buitengewone kennis; (*) na volbragte

---

(*) Sypensteyn verhaalt daarvan in zijn werk »Mr. Jan Jacob Mauricius. Gouverneur-Generaal van 1742 tot 1751" dat hij reeds op zijn zesde jaar eene predikatie hield; op zijn achtste. Latijnsche verzen maakte; op zijn twaalfde een heldendicht uitgaf; op zijn dertiende, student werd, en nog vóór zijn zestiende, tot doctor in de beide regten werd bevorderd. — Wij kennen de bron. waaruit Sypensteyn putte, niet en deelen deze bijzonderheden slechts op zijn gezag mede, — volgens het oordeel van kenners zijn zijne gedichten, op lateren leeftijd gemaakt, van weinig poëtische waarde.

studiën trad hij op negentienjarigen leeftijd in het huwelijk met
Alida Pauw, en legde zich in de eerste jaren van zijn huwelijk
op den landbouw toe, eerst te Nijmegen, daarna in de Beemster
bij Purmerend. Door bewerking zijner vrienden, tot schepen
en pensionaris der stad Purmerend benoemd, aanvaardde hij
dit ambt en vervulde met ijver de pligten hieraan verbonden,
zoodat hij weldra tot gedeputeerde benoemd, als zoodanig
ter vergadering van de Staten van Holland en West-Vriesland
afgezonden werd. Later oogstte hij als Resident van den Staat
der Vereenigde Nederlanden bij den Neder-Saxischen kreits te
Hamburg veel roem in, en bewees den staat gewigtige diensten
die door verhooging van jaarwedde erkend en beloond werden,
terwijl hij tevens in de verschillende plaatsen, waar hij uithoofde van zijn ambt vertoefde, zich algemeen bemind wist te
maken en ieders hoogachting won. (*)

In Augustus 1742 vertrok Mauricius met zijn gezin, (hij
was in 1737 ten derde male gehuwd en wel met jonkvrouw
Johanna Maria Wreede, en had bij haar en bij zijne vorige
echtgenooten verscheidene kinderen) naar de plaats zijner bestemming en kwam, na eene lange, doch gelukkig volbragte
reis, den 14 October behouden in Suriname aan, alwaar hij
op de meest vriendschappelijke wijze werd ontvangen door
den aftredenden Gouverneur Gerard van de Schepper, van
wien hij de teugels van het bewind overnam.

Vóór wij Mauricius handelende doen optreden, werpen wij
eerst een blik op de staatsregeling, regterlijke collegiën enz. in
Suriname en geven een overzigt van den toestand der blanke,
en vrije kleurling-bevolking te dien tijde, waardoor de op
zich zelf staande feiten beter in hun verband kunnen worden
gevolgd.

Als grondwet, om het eens met een woord van onzen tijd
uit te drukken, werd het octrooi van 1682 door de Algemeene
Staten aan de W. I. Maatschappij verleend, beschouwd.

De »Geoctroijeerde Societeit van Suriname," die door over-
dragt van de W. I. Maatschappij, in het bezit van Suriname

---

(1) Sypensteyn, Jan Jacob Mauricius enz. bladz. 11—15.

was gekomen, had dezelfde regten ontvangen, en was tot dezelfde verpligtingen jegens de kolonie gehouden. (1) Volgens dat octrooi had wel is waar de Gouverneur de hoogste magt in handen, maar was hij tevens gehouden bij belangrijke zaken den Politieken Raad bijeen te roepen, in welken hij voorzat en mede stem uitbragt. Die Politieke Raad, of gelijk zij genoemd werd: »het Hof van Politie en Criminele Justitie", was niet slechts een adviserend, maar tevens eenigermate een wetgevend ligchaam en een regterlijk collegie. — Daar de grenzen tus-. schen adviseren en wetgeven niet zeer juist afgebakend waren, ontstonden hierdoor meermalen groote moeijelijkheden, ja zelden kwam iets belangrijks zonder voorafgaand verschil tot stand. De Raden vermeenden steeds, dat hun met den Gouverneur de regering toekwam, en de Gouverneur daarentegen, dat het genoeg ware, zoo hij in zaken van aanbelang hun advies inwon, en tevens waar de nood drong, op eigen gezag handelde.

Het Hof van Politie en Criminele Justitie bestond uit den Gouverneur als Voorzitter, uit den Commandeur of Bevelhebber over de fortificatiën en het krijgsvolk, die als eerste raad door de societeit aangesteld en door den Souverein bevestigd werd, en uit negen onbezoldigde leden, die volgens artikel XVIII van het octrooi, uit de aanzienlijksten, verstandigsten en moderaatsten onder de kolonisten, voor hun leven lang, beroepen werden. Een dubbeltal werd door de ingezetenen, die »gehuisd en gehoofd", d. i.: die een eigen bezitting hadden en hoofden van een gezin waren, gevormd, waaruit de Gouverneur de electie had. — Bij resolutie van Gouverneur en Raden van 18 Julij 1719 was vastgesteld, dat de Adminis-

---

(1) In het voorberigt van het octrooi door de Algemeene Staten, waarbij Suriname in handen en onder directie van de bewindhebbers van de Generale Nederlandsche Geoctroyeerde West-Indische Compagnie viel, wordt ten eerste haar hetzelfde regt als zij op al hare conquesten had verleend; en ten tweede bepaald, dat de gemelde Compagnie ten eeuwigen dage niet bevoegd zal zijn, of vermogen eenige de minste verandering te brengen in datgene, hetwelk bij de Articulen van voorn octroy in 1682, gelimiteerd staat.

trateurs en Directeurs van buitenlandsche meesters, deel aan
de verkiezing konden nemen; later werd die resolutie weder
ingetrokken.

De Joden hadden mede de bevoegdheid tot het uitbrengen
hunner stem, hetgeen *voor dien tijd* zeker iets zeer ongewoons
was, en waartegen de andere kolonisten meermalen hunne
stem verhieven en o. a. in 1751 een vertoog inleverden.

Behalve de genoemde leden, had de Raad Fiscaal zitting in
het hof, echter slechts met eene adviserende stem.

Tevens was er een secretaris die de notulen hield, de
sententien schreef, en een of meerdere gezworen klerken
tot zijne dienst had.

Daar in den regel de Gouverneurs uit den militairen stand
gekozen werden en alzoo evenmin als de andere leden regts-
kennis bezaten, oefende de Raad-Fiscaal, welke betrekking wel
eenigermate met die van den tegenwoordigen Procureur-Generaal overeen kwam, als de *eenige regtsgeleerde* in die vergadering, daarop meermalen een grooten invloed uit.

Het tweede regterlijk collegie, het Hof van Civiele justitie,
volgens het 24 Artikel van het octrooi door van Scharphuisen
in 1669 ingesteld; (*) bestond mede uit den Gouverneur als
Voorzitter en zes, sedert 1744 uit tien, onbezoldigde leden,
welke, uit een dubbeltal door het Hof van Policie gevormd,
door den Gouverneur verkozen werden.

De Raad-fiscaal had als adviserend lid ook zitting in dit hof
en pretendeerde zelfs, na den Gouverneur, tot de voorzitting geregtigd te zijn, welke pretentie tot velerlei verschillen aanleiding
gaf, te meer daar hij tot 1745 het ambt van exploiteur bij zijn
fiscalaat bekleedde, en als zoodanig door het hof als deszelfs dienaar, als deszelfs ondergeschikte die zijne besluiten moest ten
uitvoer leggen, beschouwd werd.

Bij deze regtbank werden alle burgerlijke zaken afgedaan,
en tevens kon men bij haar appelleren over vonnissen, die
hooger liepen dan de som van *f* 100 tot *f* 250, en ter
eerste instantie geveld waren door het derde regterlijk colle-

(*) Zie bladz. 84.

gie, namelijk dat van commissarissen van kleine zaken, dat gewoonlijk »Subaltern collegie" genoemd werd, welks mede onbezoldigde leden door Gouverneur en Raden werden aangesteld. Het bestond eerst uit 6 leden en een oud raad van civiele justitie als president, later is dit getal tot 10 vermeerderd, en een secretaris daaraan toegevoegd.

Door dit collegie werd, gelijk reeds de naam aanduidt, de geringere zaken hoogstens tot een bedrag van ƒ 250 beregt. — In latere tijden werd het opzigt over de gemeene weiden, waartoe vroeger afzonderlijke personen waren aangesteld, aan dit collegie opgedragen. — Van vonnissen hooger dan ƒ 100 geslagen, kon men zich, gelijk reeds gemeld is, op het hof van civiele justitie beroepen, en van die der beide anderen kon men bij de Algemeene staten revisie verzoeken.

Verder waren er commissarissen van de wees- en onbeheerde boedelskamers, weesmeesters genoemd. Deze kamers waren drie in getal; een voor de Christelijke, een voor de Portugeesch-Joodsche en een voor de Nederduitsch-Joodsche gemeente. Voor iedere kamer had men twee weesmeesters, een secretaris, tevens boekhouder en kassier en een gezworen klerk. De ingezetenen moesten hun copy van hunne testamenten over leveren. Een weduwnaar of weduwe kinderen hebbende, moest bij een tweede huwelijk bewijs aan de weesmeesters geven, dat de kinderen hun geregtigd aandeel verkregen, enz. enz.

Behalve deze genoemde hoven en collegien had men het corps burger-officieren, dat meermalen grooten invloed op de aangelegenheden uitoefende.

De burger-officieren werden door Gouverneur en Raden aangesteld. Hun was voornamelijk een zeker toezigt over de plantaadjes opgedragen. De kolonisten waren verpligt hun jaarlijks het getal blanken en slaven, die zich op de effecten bevonden en den ouderdom van twaalf jaren hadden bereikt, op te geven. De kapiteins der burger-officieren waren gehouden, daarvan verslag te doen aan het hof, opdat daarnaar de hoofdgelden van allen geregeld en het getal der slaven, die tot het werken aan de fortificatien of tot het doen van boschtogten moesten worden geleverd, bepaald worden. De burgers die tot het bewaren der rust, tot het doen van boschtogten op de weggeloopen slaven, of tot verdediging tegen een buitenland-sche vijand eene soort van militie of schutterij vormden en van tijd tot tijd in den wapenhandel geoefend werden, ston-den onder de bevelen der genoemde burger-officieren. Zij waren in compagniën verdeeld; iedere compagnie had een krijgsraad, *de lage burgerkrijgsraad genaamd*, bestaande uit den kapi-tein, luitenants, vaandrigs en de sergeanten. De *hooge burger-krijgsraad* was zamengesteld uit den Gouverneur, de raden van Politie, de kapiteins en luitenants; bij afwezigheid dezer laatsten volgden de vaandrigs hen op. — Men vindt in de ge-schiedenis hiervan echter weinig gewag gemaakt.

Werden de hier opgenoemde collegien en het corps burger-officieren uit de inwoners benoemd, en dienden de leden daar-van de kolonie zonder bezoldiging, gelijk het 24 artikel van het Octrooi zegt, »*zonder daarvoor eenige weddens of vergeldingen te genieten, maar alleen uit liefde ten beste van 't gemeen,*" er waren ook bezoldigde ambtenaren, dienaren der Societeit.

In de eerste plaats: de Gouverneur die door de Directeuren der Societeit aangesteld werd, doch onder goedkeuring van de Algemeene Staten van wie hij zijn lastbrief ontving en in wier handen hij evenzeer als in die der Directeuren den eed van ge-trouwheid moest afleggen: hij was voorzitter van politieke en militaire vergaderingen en bezat de magt om pardon te verleenen. In gewigtige zaken was hij gehouden den Raad van Policie bij een te roepen; terwijl hij de bevoegdheid had, om, naar be-vind van zaken, den hoogen militairen krijgsraad te beleggen. Volgens zijne instructie was hij verpligt de Hervormde Gods-dienst te beschermen en voor te staan. Hij had tot zijne dienst een particulieren secretaris, welke door de Societeit bezoldigd werd, benevens eenige klerken enz.

De persoon die in rang op den Gouverneur volgde, was de Commandeur die, onder hem, het bevel over de krijgsmagt en het opzigt over de verdedigingswerken der kolonie had, terwijl hij daarenboven als eerste Raad in het Hof van Policie en Cri-minele Justitie zitting nam, en bovendien, bij het overlijden van den Gouverneur, bevoegd was het bestuur ad interim, volgens resolutie der Societeit, op zich te nemen; hetgeen hem echter, meermalen door de Raden betwist werd.

Hij had den rang van kolonel en maakte met de luitenant-kolonels, majoors en verdere officieren den *kleinen militairen krijgsraad* uit, alwaar de Raad-fiscaal als Auditeur mede zitting had.

De onder hem staande krijgsmagt, wier sterkte zeer afwisselend was, bestond uit infanterie en een klein corps artillerie. De militairen waren op de forten Nieuw-Amsterdam, Zeelandia, Sommelsdijk en op verscheidene posten in de rivieren verdeeld. — Ofschoon volgens het 27ste artikel van het octrooi het onderhoud der krijgsmagt en der fortificatien ten laste der Societeit moest komen, werd daarin van tijd tot tijd, op voordragt der Societeit, door H. H. M. verandering gebragt, echter niet zonder veel tegenstand van de zijde der kolonisten. Door deze nadere bepalingen kon men rekenen dat, van wederzijde, ieder de helft der kosten droeg.

De derde door de Societeit bezoldigde dienaar de Raad-fiscaal, die als adviserend lid mede zitting in de beide hoven had, was den Gouverneur als raadsman toegevoegd; hem was opgedragen om: »het regt der hooge overheid alom waar te nemen, over de gansche kolonie, zoo te water als te land." Daarenboven moest hij als Auditeur bij den Militairen krijgsraad ageren.

Als Fiscaal werd hem toegevoegd een schout en twee policie-dienaren, die uit de kas der modique lasten betaald werden.

Toen het exploiteursschap nog aan het Fiscalaat verbonden was, had hij daartoe twee of drie substituten.

De secretarissen van de beide hoven, waarvan meestal de oudste in bediening, in het Hof van Policie zat, fungeerden te gelijk als notarissen en hadden ter hunner beschikking een boekhouder en eenige gezworen klerken. — De secretarissen hadden geene vaste bezoldiging; de oudste trok drievijfden, de jongste tweevijfden van de voordeelen der secretarie.

Er waren verscheidene kantoren in Suriname als: van de inkomende en uitgaande regten op de koopwaren; van de hoofd-gelden voor de Societeit, van de verkoopingen, en dat der modique lasten. De ontvangers der drie eersten werden door de Societeit benoemd en bezoldigd, terwijl die der modique lasten door den Gouverneur en de raden werd aangesteld, en deze ontvanger was ook verpligt jaarlijks aan het Hof, met open deuren, rekenschap zijner gehoudene administratie af te leggen.

Aan het kantoor der inkomende en uitgaande regten betaalde men als lastgeld van de schepen, voor iederen scheepslast drie gulden voor inkomende en evenveel voor uitgaande regten. Op alle goederen, die uitgevoerd werden, werd eene belasting van twee en een half ten honderd geheven, volgens het 4de artikel van het octrooi.

Om de juiste hoeveelheid der uitgevoerde suiker, waarvan de gezegde belasting *voornamelijk* betaald moest worden, te constateren, was bij placaat van 1693 een bepaald soort van vaten voorgeschreven, waarin de suiker moest verzonden worden.

Om te zorgen dat aan deze bepalingen voldaan werd, waren er vier keurmeesters voor de suiker- en een rooimeester van de melassievaten, door den Gouverneur aangesteld.

Aan het kantoor der hoofdgelden moest jaarlijks van iederen blanke en van iederen slaaf die boven de twaalf jaren oud waren, 50 pond en daar beneden tot drie jaren, 25 pond suiker als hoofdgeld betaald worden, terwijl kinderen beneden de drie jaren buiten rekening bleven. Voor de planters en andere ingezetenen die geene suikerplantaadjes hadden, werd de suiker tegen een stuiver het pond berekend, — dus voor de volwassenen vijftig stuivers per hoofd en voor de kleinen vijf en twintig stuivers.

De in de kolonie pas gevestigde planters en hunne slaven waren voor de eerste 10 jaren vrij van deze belasting, volgens het 3de artikel van het Octrooi.

Aan het kantoor der verkoopingen was men vijf ten honderd van de gekochte goederen verschuldigd; voor de uit Afrika aangebragte slaven slechts 2½ pCt. (*)

De inkomsten van het vierde kantoor, genaamd het kantoor der Modique lasten, kwamen van verschillende zijden.

Van de vrijheid tot het op rigten van hetzelve, door het 29ste Artikel van het octrooi verleend, schijnt men al vroeg gebruik

---

(*) Zie Hartsinck, bladz. 889.

te hebben gemaakt, daar reeds bij placaat van 31 September 1682 aan *de herbergiers en die drooge gasterij* hielden, gelast werd, hunne verlofbrieven te vertoonen ten behoeve van de modique lasten. De schippers waren gehouden eene lijst der natte waren, in hunne schepen geladen, aan den ontvanger, onder eedsaflegging te vertoonen. (*) — De ingezetenen betaalden zekeren impost van die waren; de herbergiers voor hun verlofbrief tot de zoogenaamde *groote tap* aan den waterkant *f* 600 en voor de *kleine f* 400, waarvan de helft aan het hospitaal en de wederhelft aan het kantoor der modique lasten kwam; verder verviel $1/_3$ van de meeste boeten aan genoemd kantoor. Uit de inkomsten hiervan werden de kosten van de vergaderingen der hoven en andere collegiën betaald, en het onderhoud van de kerkendienst, der schoolmeesters enz. Ter voorziening van de enorme kosten door de togten tegen de weggeloopen slaven veroorzaakt, en ter betaling van de premiën, op het vangen en dooden derzelve gesteld, werd jaarlijks eene heffing over de geheele kolonie geslagen en deze mede door den ontvanger der modique lasten ontvangen en verantwoord. (†)

Behalve de reeds genoemde ambtenaren, die òf door de Societeit, òf door den Gouverneur, òf door Gouverneur en Raden aangesteld werden, had men in Suriname nog 2 deurwaarders bij de hoven, 2 gezworen landmeters, 5 houtmeters, 1 keurmeester van het beestiaal en 1 beëedigde weger op 's lands waag, benevens verscheidene adsistenten, klerken en bedienden. (§) Over de begeving dier onderscheidene ambten was meermalen verschil tusschen den Gouverneur en de Raden van Policie; ook Mauricius had hierover groote onaangenaamheden te verduren, hetgeen bij den toestand en inrigting der maatschappij aldaar, niet te verwonderen was.

(*) Zie notificatie 11 Mei 1742.

(†) Later in 1749 door de oprigting v n een kas tegen de wegloopers verviel deze heffing.

(§) De beschrijving van de onderscheidene collegiën, kantoren, benevens de vermelding der onderscheidene ambtenaren, is voornamelijk aan Hartsinck ontleend, (zie 2e deel, bladz. 873—890), en komt volkomen met het deswege in de officiele bescheiden vermeldde overeen.

De blanke bevolking te Suriname bestond uit een mengel-
moes van verschillende Europesche natiën.

In de eerste plaats moeten wij de Nederlanders of afstammelingen van Nederlanders vermelden, die òf om hun fortuin
te maken, òf om andere, soms weinig eervolle redenen, genoopt waren geworden, om vaderland en maagschap te verlaten.

Ten tweede, de Franschen of hunne afstammelingen. Reeds
in de eerste tijden der kolonie (zie bladz. 65—67) had een
vrij aanzienlijk getal Fransche vlugtelingen naar Suriname den
wijk genomen; welk getal van tijd tot tijd vermeerderd was.

Ten derde, waren ook vele Duitschers naar de kolonie gekomen. Daar het getal blanken, in vergelijking met
dat der negerslaven, zeer gering was, had men van tijd tot
tijd getracht de blanke bevolking te vermeerderen; meermalen
waren hiertoe pogingen in het werk gesteld en oproepingen
daartoe gedaan. (*) Germanjes zonen hadden aan deze oproepingen in het bijzonder veel gehoor verleend. Vele Duitschers,
die Holland als een Eldorado beschouwden, namen den wandel-
staf op, verlieten hunne bergen en dalen, om aldaar hun geluk
te beproeven. Mogt het al aan sommigen gelukken, rijkdom en
eere te verwerven, niet allen slaagden even spoedig; doch de nijvere
Duitscher liet zich hierdoor niet ontmoedigen. In Holland hoorde
hij van Suriname spreken; hij vernam dat men daar gaarne
Europeanen ontving; volgens de geruchten kon men daar
spoedig rijk worden, ten minste tot eenig aanzien komen,
slaven onder zich hebben en dus meester over anderen spelen — en dergelijke vooruitzigten waren zoo streelend, zoo
uitlokkend, dat hij zich hiervoor gaarne wat moeite en
ontbering getrooste en er eenige kwade jaren voor over had;
en — hij zocht gelegenheid om dat land te bereiken, en
in Suriname gekomen, werd hij dóorgaans goed ontvangen,
op de eene of andere plantaadje als blankofficier geplaatst, van

---

(*) Deze algemeene oproepingen waarvan wij ook in het 2de hoofdstuk 3de tijdvak spraken, moet men wel onderscheiden van de proeve van
kolonisatie met Duitschers en Zwitsers. — Zie het zelfde hoofdstuk.

waar hij weldra tot den rang van Directeur opklom en meermalen bezitter van plantaadjes en slaven werd.

Er rezen zelfs wel eens klagten, dat de Duitscher boven den Nederlander en inboorling voorgetrokken werd, welke klagt in latere jaren *herhaald werd*. (*)

Dat onder eene zoodanig gemengde bevolking niet veel overeenstemming bestond, valt ligt te begrijpen.— Kernachtig beschrijft Mauricius dit in een brief aan de Staten-Generaal (Receuil van echte stukken 3de deel bladz. 519).

»Wat de onderlinge genegenheid, harmonie enz. en in 't geheel de rust en vrede der kolonie betreft, uw H. M. gelieve zich te erinneren 't geene ik in de derde depêche op de Requeste, § 2 gezegt heb van den aart van 't land, en men moet altijd onthouden, dat het gros der inwoonders der colonie bestaat uit een zaamenvloeisel van allerlei natien, waaruit profluceren vier natuurlijke gevolgen; 1e. dat velen gebooren zijnde onder een Monarchale regeering, en nu hoorende, dat ze onder eene vrije zijn, van de eene extrimiteit tot de andere springen, zich verbeeldende, dat de vrijheid bestaat in libertinage en anarchie. 2e. Dat ten minste de meesten vreemd zijnde, geen Neêrlands hart, en vervolgens geen patriotische sentimenten hebben, dewijl ze Nederland niet voor hun vaderland houden. 3e. Dat tusschen lieden van differente natien onmogelijk die band van harmonie kan weezen, die ordinair subsidieert tusschen uniforme landslieden, gelijk in de Fransche en Engelsche colonien en 4. dat ze altijd *animum revertendi* behouden en dus geen attachement hebben voor een land, 't welk ze considereeren niet als een woonplaats van hen en hare kinderen, maar alleen als een land van vreemdelingschap en passage. Men zou hier remarques kunnen bijvoegen, die uit dezelfde source voortkomen, vooral, dat vele zijn lieden òf zonder opvoeding, òf die in hun vaderland niet hebben willen deugen, en vervolgens van

_____

(*) Zie o. a. Teenstra, de Negerslaven en bladz. 37 — waar geklaagd wordt, dat eigenaars en administrateurs van plantaadjes de Duitschers boven anderen voorthelpen en de eerste posten der regering soms bij voorkeur aan hen opgedragen worden.

godsdienst, regt doch vooral van 't geen men orde, betamelijkheid en pudor noemt, gansch geene of zeer verkeerde denkbeelden hebben. Zulke menschen raken ligt in twist, en de
minste twist is bitter en onverzettelijk. Echter moet ik aan
de ingezetenen alhier de justitie doen, dat ze, zoolang ze in
een minderen staat blijven, vreedzaam en buigzaam zijn, en
zelfs, hoe sterk aangezocht en opgeruid, altijd een aversie
getoond hebben van oproer; doch wanneer ze uit hun *néant*
tot rijkdom of eere opklimmen, draait hun doorgaans 't hoofd."

De vestiging der Portugesche Joden in Suriname hebben
wij reeds vroeger vermeld (zie tweede tijdvak). De meesten
hunner waren niet onvermogend, sommigen zelfs rijk; het
getal der Joden vermeerderde in de achttiende eeuw zeer sterk,
zoodat zij weldra een derde gedeelte van de blanke bevolking
der kolonie uitmaakte. Onder de nieuw aangekomen bevonden
zich vele Hoogduitsche en min beschaafde Poolsche Joden, die
veelal in behoeftige omstandigheden verkeerden; om nu de
kolonie niet met verarmde ingezetenen te bezwaren, bepaalden
de Staten, bij Resolutie, dat alleen de Joden die genoegzaam
vermogen bezaten om eigenaars eener plantaadje te worden,
zich naar Suriname mogten begeven. De Joden waren bijna
op gelijken voet met de volkplanters van de Gereformeerde
religie gesteld, hun was de toegang tot de meeste burgerlijke
bedrijven en bedieningen geopend, uitgenomen het werkelijk
lidmaatschap der regering of der regterlijke collegien, maar
daarentegen hadden zij eene zekere autonomie of zelfs — regering; aan eene uit hun midden verkozen burgerlijke vierschaar
was de kennisneming en uitspraak van schuldvorderingen en
verbindtenissen, de som van ƒ 600.— niet te boven gaande,
verleend; mede had dit collegie het regt en de magt om uit
de kolonie diegenen hunner geloofsgenooten te verwijderen,
van welken zij eenig openlijk schandaal vreesden, en de Gouverneur was gehouden, een door de regtbank op de Joden
Savane geslagen vonnis van politieke uitzetting, te doen
uitvoeren. (*)

_____

(*) Hartsinck. 2e deel. blz. 876.

De Parnassyns werden als de wettige regenten der Joden beschouwd. Behalve genoemde burgerlijke voorregten was hun volledige vrijheid in kerkelijke aangelegenheid toegestaan, zelfs tot in 1703 werden de huwelijken onder hen, volgens de Rabbijnsche uitlegging der Mozaïsche wet, zonder meer, als geldig gerekend; toen echter werd bepaald, dat men voortaan bij de voltrekking van het huwelijk zich volgens de politieke verordeningen, deswege bestaande, gedragen moest.

Hun Ascamoth of kerkelijke instellingen werden in den loop der 18de eeuw, na door de Parnassyns der Amsterdamsche Gemeente te zijn nagezien en aangevuld, door de Staten-Generaal en de directeurs der Societeit van Suriname gewaarborgd.

De Joden waren ten gevolge van een en ander zeer in welvaart toegenomen, zoodat van de 400 plantaadjes, die zich in 1730 in Suriname bevonden, 115 in bezit der Joden waren. Op de meesten dier plantaadjes werd suiker verbouwd. (*).

Tot de genoemde blanke bevolking kon ook nog gerekend worden het garnizoen, hetwelk meerendeels uit een zaamgeraapten hoop van allerlei volkeren van Europa was aangeworven, en met het vele scheepsvolk, dat telkens in Suriname aankwam, door zwelgerijen en muiterijen, tot een wezenlijken last voor de kolonie verstrekte.

Bij deze Europeanen of afstammelingen van Europeanen kwamen nog de kleurlingen, die uit de gemeenschap der blanken met de negerinnen geboren en somtijds vrijgegeven (gemanumiteerd) werden, en de negers die ditzelfde voorregt verworven hadden. Deze van alle Europesche natien en verschillende geloofsbelijdenissen zamengevloeide massa maakte in vereeniging met de in Suriname geboren blanken en gekleurde (gemanumiteerde) lieden, de vrije bevolking van Suriname uit. Zij kon gevoegelijk in zes klassen verdeeld worden) als: Ambtenaars, Militairen, Landbouwers, Handelaars, Ambachtslieden en personen zonder bepaald beroep.

Ambtenaars: deze eerste klasse was in de eerste tijden der kolo-

(*) Historische proeve. H. J. Koenen, geschiedenis der Joden in Nederland. Is. da Costa, Israël en de volken.

niën niet zeer talrijk, daar de leden der beide hoven, die van
het collegie van kleine zaken en de burgerofficieren niet tot
deze cathegorie kunnen gerekend worden, daar hunne betrekkingen slechts honorabel waren. Hun getal was echter langzamerhand aangewassen, gelijk wij straks bij de vermelding
der ambtenaren gezien hebben. Ofschoon zij in meerdere of
mindere mate als dienaren der Societeit konden beschouwd
worden, en over hunne benoeming meermalen hevige twisten ontstonden, was het er toch verre van verwijderd, dat
men hen als een aaneengesloten geheel kon beschouwen; daar
ook zij meermalen bezittingen in de koloniën hadden of administratien voor anderen voerden, waren hunne belangen met
die der overige ingezetenen vereenigd en meermalen behoorden zij tot de bitterste vijanden van den Gouverneur, waarover o. a. in het dagboek van Mauricius en in het »receuil
van echtstukken" vele klagten voorkomen.

De Militairen — geregelde troepen. — Hun getal moest eigenlijk
uit 1200 man bestaan en twee bataillons uitmaken, maar zelden was die sterkte voltallig en slechts een gedeelte kon in het
veld gebruikt worden; de groote sterfte zoo op de reis van
Holland naar Suriname als de nadeelige invloed van de lucht-
streek, de vermoeijenissen van de dienst in de bosschen en
moerassen ter opsporing van gevlugte slaven, verminderde
hun getal aanhoudend.

Deze geregelde militaire magt bestond uit sommige zeer
goede en bekwame officieren, maar de soldaten, ofschoon zij
zich soms dapper gedroegen, behoorden, op eenige loffelijke
uitzonderingen na, tot het uitschot van de Europesche natien.

Een klein corps Artilleristen werd als de keurbende beschouwd.

Landbouwers: daartoe behoorde het grootste gedeelte der
blanke vrije bevolking — de eigenaars van grootere plantaadjes
vormden, in zekeren zin, de aristocratie van Suriname; — van
hen hing het grootste gedeelte der overige vrije bevolking af —
hunne directeurs en zelfs de eigenaars van kleine plantaadjes zagen hun naar de oogen — en daar uit hen overeenkomstig het
octrooi, de Raden van Policie en die van Criminele Justitie
gekozen werden, oefenden zij eene soms willekeurige magt, niet

slechts over de slaven maar zelfs over de van hen afhangende vrijen uit. — Als een bewijs van de tyrannische handelwijze van dergelijke lieden en van de zotte verbeelding die zij van het gewigt van het ambt van raad van een der beide hoven hadden, deelt Mauricius, in zijne 5e. depêche tegen Duplessis, aan de Staten-Generaal (*) het volgende voorval mede.

Aubin Nepveu, een jong practizijn en solliciteur voor commissarissen, die de kost niet slechts voor zich zelven maar ook voor eene oude moeder, drie zusters en een jonger broeder moest winnen, werd door zekeren heer du Peyrou, burger-kapitein met nog acht andere burgers gecommandeerd om een togt tegen de wegloopers te doen. Hij bragt daartegen zijne bezwaren in, doch te vergeefs, daar men om zijn attachement aan den afwezigen Fiscaal van Meel op hem gepiqueerd was. Hierdoor geërgerd, geraakte hij in twist met den broeder des burgerkapiteins, een Raad van Civiele Justitie, en liet zich, in eene levendige woordenwisseling, de plompe uitdrukking ontvallen, dat hij niets om hem gaf. — De heer Sandick, prov. Fiscaal, zwager van genoemden du Peyrou, attaqueerde hem over deze woorden en deed den eisch, *dat hij zou worden gegeeseld, gebrandmerkt, en met een gloeijenden priem door de tong gestoken.*

De fiscaal grondde dezen eisch op het volgende: »de heer Du Peyrou is Raad van Justitie. De Raden zijn goden op aarde. — *Ergo* die een Raad scheldt, begaat Godslastering." —

De eisch is echter niet toegewezen, en Nepveu is slechts verpligt geworden, een formeel excuus te verzoeken.

Handelaars. — Als zoodanig konden in het algemeen wel alle planters (landbouwers) worden aangemerkt, daar het verkoopen der produkten welke hunne plantaadjes opleverden, tot een voornaam deel van hun bedrijf behoorde, maar behalve deze groothandelaars waren er verscheidenen die winkels of magazijns hielden, waarin men alle mogelijke voorwerpen vereenigd vond.

In dergelijke magazijnen waren boter, kaas, ham, worst,

(*) Receuil echte stukken 2e. blz. 183.

bijouterijen, Neurenberger kramerijen, manufacturen, gemaakte kleederen, laarzen, schoenen, hoeden, confituren, banket, allerlei keukengereedschappen, huisraad, muziek-instrumenten, kanarievogels, alles door één gemengd en opeengestapeld.

Ambachtslieden: Deze klasse te Paramaribo bestond meerendeels uit kleurlingen; schrijnwerkers, timmerlieden en molenmakers waren meestal vrij bekwaam. — Metselaars waren minder benoodigd, daar de meeste gebouwen, behalve de fundamenten, van hout waren zamengesteld; de smeden hielden zich slechts met grof werk bezig.

Fabrijken en trafijken werden niet in Suriname gevonden, en in het algemeen was de industrie er niet zeer ontwikkeld; de meeste voorwerpen van luxe moesten uit Nederland worden aangevoerd. (*)

Personen, zonder bepaald beroep: Tot deze nog talrijker klasse welke in de laatste plaats genoemd wordt, kon men rekenen de vettewariers: lieden die een soort van smokkelhandel dreven, geringere voorwerpen, die den kooplust der slaven opwekten, te koop hadden, aan dezen dram, enz. schonken, en gelagen hielden, ofschoon dit door placaten verboden was en ook meermalen werd gestraft; zoo werd o. a. zekere Jan Pens, die een drinkgelag had gehouden met 10 à 12 slaven, welke aldaar zaten te drinken en uit lange pijpen te rooken, veroordeeld tot ƒ 500 boete; (Notulen Gouv. en Raden 4 en 8 Nov. 1744) de ordonnans Schultz, die een smokkelkroeg hield, werd den 29sten Junij 1748, volgens sententie van den krijgsraad, gestraft met spitsroeden en gedegradeerd tot gemeen soldaat (†). Verder behoorden tot deze klasse de karrelieden, de pontvoerders, enz., terwijl verscheidene vrije negers zich buiten Paramaribo hadden gevestigd, waar zij zich met het aankweeken van kost (banannen enz.) bezig hielden.

(*) Teenstra deelt in „de Negerslaven" op blz. 43 — en een ongenoemde schrijver in een werkje „Suriname in deszelfs tegenwoordigen toestand." bladz. 48, hierover verscheidene bijzonderheden van lateren tijd mede, welke grootendeels overeenkomen met het hier vermelde.

(†) Journaal van Mauricius 29 Jan 1748.

12

Een groot gedeelte der genoemde vrije bevolking woonde in Paramaribo of zoo als men zulks in de kolonie noemde »het fort." Paramaribo was in het midden der 18e eeuw, het tijdstip waartoe wij thans met onze geschiedenis gevorderd zijn, niet meer het ellendige vlek, dat van Sommelsdijk bij zijne aankomst vond en dat toen slechts uit een vijftig hutten, meest smokkelkroegen, bestond; — het was spoedig toegenomen. Zien wij in eene beschrijving van Paramaribo in 1680 (*) er nog slechts gewag van gemaakt als van een dorp van 50 à 60 huizen, reeds ten tijde van den inval van Cassard in 1712, en dus groote dertig jaren later, lezen wij (†) van Paramaribo als »omtrent 500 huizen groot, altemaal van hout gebouwd, — aan de waterkant het meest met oranjeboomen beplant, dat een heel vermakelijk gezigt geeft." Mauricius verklaart in een schrijven aan HH. M. (§) dat het getal der huizen te Paramaribo gedurende den tijd van zijn bestuur bijna een derde is vermeerderd — en uit zijn getuigenis en uit de notulen (**) blijkt, dat de huizen gezamenlijk aldaar ongeveer ƒ 150,000 huur 's jaars opbragten en dat er onder waren die 20 à 30 duizend gulden waarde hadden. (§§) Paramaribo was langzamerhand eene geregelde stad geworden, voorzien van straten, grachten, pleinen, en met verscheidene publieke gebouwen versierd, doch zonder poorten. Het gouvernementshuis onder het bestuur van Jan de Gojer (1707 tot 1715) reeds vergroot en onder de Cheusses (1728 tot 1754) gedeeltelijk afgebroken en verbouwd, muntte onder de publieke gebouwen uit.

Het gemeentehuis, dat tevens voor Hervormde kerk diende, de Luthersche kerk, die in 1744 begonnen, in 1747 voltooid werd, de kleine doch nette synagoge der Portugesche Joden,

---

(*) Amerikaansch Voyagien, door Adriaan van Berkel, uitgegeven tot Amsterdam bij Johan ten Hoorn 1695.

(†) Beschrijvinge van de volkplantinge Zuriname, door J. D. H. L., te Leeuwarden bij Meindert Injema, Boekdrukker en verkooper, vooraan in de St. Jakobsstraat 1718 blz. 46.

(§) Recueil echte stukken bl. 518

(**) Notulen 23 Mei 1746.

(§§) Notulen 11 Junij 1748.

in 1757 gebouwd (†) en eenige andere publieke gebouwen strekten Paramaribo tot sieraad.

De straten der stad waren, met geringe uitzonderingen, regt, breed en grootendeels met oranjeboomen, hier en daar ook met tamarinden en andere boomen bezet. Verscheidene straten hadden verwelfde kanalen, waarin het water kon afloopen; — hoewel ongeplaveid, waren zij door rivierpuin of ballast en schelpgruis hard en vast; de Hollandsche zindelijkheid was ook te Paramaribo zigtbaar.

Eenige grachten en open pleinen gaven eene zekere frischheid aan de stad, terwijl tevens bijna overal tuinen bij de huizen werden gevonden, waardoor de stad, naar evenredigheid harer bevolking, eene vrij aanzienlijke uitgestrektheid had.

Van die tuinen werd echter niet veel werk gemaakt, zij bestonden slechts uit eenige hier en daar verspreide ooftboomen, kokospalmen en struiken, waartusschen eenige moeskruiden, door heggen van limoenboomen of ander houtgewas omgeven.

De huizen waren meest allen van hout en van buiten en van binnen met olieverw beschilderd.

Het uitwendige derzelver geleek wel eenigzins naar de huizen der Zaänsche dorpen. (*)

Het moet verwondering baren, dat men in eene stad als Paramaribo, waar het gevaar van brand zoo groot was, niet reeds spoedig op brandbluschmiddelen bedacht was, en toch lezen wij in de notulen van Gouverneur en Raden van 18 Feb. 1745, dat een voorstel van Mauricius na een brand, waardoor verscheidene huizen eene prooi der vlammen werden, om eenige brandspuiten enz. uit Nederland te ontbieden, nog veel tegenkanting ontmoette, ofschoon hij in zijne ter ondersteuning van

---

(†) De Hoogduitsche Joden maakten gebruik van een gesticht dat door de Portugesche Joodsche gemeente in 1719 was daargesteld, maar in 1744 bij besluit der geoctroyeerde societeit aan hen was afgestaan, en, bij de aanwas dier gemeente, aanmerkelijk vergroot werd.

(*) Om den lezer eenigermate een denkbeeld te geven van de uiterlijke gedaante der stad, hopen wij een paar platen te geven, waarin Paramaribo in twee onderscheidene tijdperken zal worden voorgesteld

dit voorstel gehouden rede te regt aanmerkte, »dat de bewering, dat het vuur hier niet zoo veel kracht had als in
Europa nu contrarie bleek"; — het voorstel werd echter aangenomen en dienovereenkomstig besloten, om hiervoor ƒ 2500
beschikbaar te stellen en daarvoor te laten komen »twee brand-
spuyten van de nieuwe uitvinding, soo als die in Holland op
waegentjes, tot gemakkelijk transporteren, staende, werden
gebruikt, die 40 of 50 voet hoog spuyten — 100 leeren brand-
emmers, 25 handhaaken, 12 brandladders van diverse lengte
met alle verdere tot blusschen van brand benoodigde matriaa-
len enz. zoo als in het vaderland werden gebruykt, — welke
alle sullen moeten gemaekt en ingerigt worden naar die van
het dorp Zaandam, welke gebouwen, uitgenomen dat die alhier
(Paramaribo) hooger zijn, veel connexie hebben met die van
Paramaribo."

Ter bestrijding dezer kosten werd bepaald, dat ze bij provisie uit de kas der modique lasten zouden worden betaald,
maar dat er tevens, om ook hierin voor het vervolg te voorzien, onder goedkeuring der Societeit, eene belasting op de
huizen door de eigenaars te betalen, zou worden geheven.
Niettegenstaande deze bepaling duurde het nog een geruimen
tijd voordat Paramaribo van brandspuiten werd voorzien —
de kas der modique lasten liet die uitgaaf niet toe en over de
belasting zelve, kwam, als naar gewoonte, verschil; herhaaldelijk hooren wij Mauricius in zijn dagboek hierover klagten
aanheffen.

De aanstelling van klapperlieden of nachtwachts, die van
dien zelfden tijd dagteekent, voldeed ook niet aan de verwachting.

De gewone bouworde der huizen in Paramaribo was als
volgt: op steenen fundamenten werden de posten of het bind-
werk van duurzaam hout, b. v. bruinhart, bevestigd en tot om-
kleedsel diende kopie-hout, terwijl de daken niet met pannen,
maar met houten plankjes, singels genaamd, bedekt werden.

De meeste huizen bestonden uit twee verdiepingen. Glas-
ramen vond men er weinig in; in plaats hiervan werden ja-
louzien of raampjes met gaas of doek bespannen, gebruikt,

de deur was meermalen om de koelte te bevorderen, van los traliewerk gemaakt.

Behalve het hoofdgebouw waren er doorgaans eenige neven-gebouwen, als: keuken, bergplaats, negerwoningen, stallen enz., welke alle op eene opene plaats uitkwamen. — Een duiventil of volière, een regenbak voor de blanken en een put met water, dat dikwijls brak en onaangenaam van smaak was, voor de slaven, voltooidden het geheel.

Zoogenaamde plaatsen van uitspanning waren er ten dien tijde zeer weinig in Paramaribo. Als eene der voornaamste kon nog gerekend worden de loge Concordia — een groot gebouw, in 1752 voor het eerst gebruikt, alwaar behalve de vergaderingen der vrijmetselaars, ook concerten en partijen gegeven werden.

Verder waren er toenmaals twee bekende herbergen — eene in de Gravenstraat, van Middelhof, voor de aanzienlijken en eene andere, waarvan zekere Valk gedurende het bestuur van Mauricius, eigenaar was, voor de tweede klasse van ingezetenen, en dan nog eenige kleinere kroegen.

Openbare wandelingen in den omtrek van Paramaribo vond men bijna niet, maar wie drokte en levendigheid beminde, kon aan deze neiging voldoen, door eene wandeling langs den water-kant, waar het gezigt op de reede zeer fraai was en de menigte van komende en vertrekkende schepen en de drokte tot het lossen en laden vereischt, een vrolijk en bont tafereel opleverde.

In de woningen der aanzienlijken heerschte eene, voor dien tijd, vrij groote pracht, doch men miste er doorgaans dien kieschen en edelen smaak, die alles in harmonie weet te bren-gen, waardoor het oog met zeker welgevallen op de voorwer-pen van luxe rust.

Aan rijke meubelen in de eet- en gezelschapszalen ontbrak het niet, ofschoon de andere kamers doorgaans eenvoudig wa-ren en niet meer dan het noodzakelijke bevatteden.

Op de tafels heerschte overdaad en verkwisting. Alles wat den smaak streelen kon, tot welken prijs soms verschaft, was er in overvloed — en aan zilver, porselein en vooral fraai glaswerk was geen gebrek.

Gingen de Surinamers een halve eeuw vroeger meest te voet, die eenvoudige wijze der vaderen maakte weldra plaats voor de gewoonte om van rijtuigen gebruik te maken. Reeds in 1748 (*) vermelden de Commissarissen van kleine zaken, tevens opzigters der gemeene weide, in hun verslag aan het Hof van Policie, »dat de liefhebberij van rijtuigen en paarden zoodanig toeneemt, dat de bruggen en wegen daardoor aanmerkelijk lijden en deden daarom een voorslag, dien houders van rijtuigen en paarden eene hoogere belasting, dan tot dien tijd door hen betaald was, op te leggen, daar zij," voegen Commissarissen er bij, »hierdoor niet zouden gedrukt worden."

De vroeger eenvoudige kleederdragt werd spoedig ook door eene prachtiger en kostbaarder, waarbij zijden en fluweel met gouden en zilveren franjes, gouden knoopen en gespen niet ontbraken, vervangen.

De grootste luxe in Paramaribo bestond echter in het aantal slaven, welke als huisbedienden in de voornaamste huizen gevonden werden. Het getal dier slaven bedroeg meermalen 20, 30 ja 50 en meer; dat deze, die geen genoegzame bezigheid hadden en voor wie geen gelegenheid tot hoogere oefening des geestes bestond, *lui* en *dartel* werden, was te begrijpen.

Mauricius, die in zijne verantwoording aan HH. M. (†) getuigt, dat hij zich geen enkel geval van eenige noemenswaardige baldadigheid, veel minder moorden door slaven in Paramaribo bedreven, weet te herinneren, erkent het andere, maar geeft, onzes inziens, te regt de schuld daarvan in de eerste plaats aan de blanke bewoners, »die een onnutten sleep van een legioen huisslaaven en slavinnen houden, die geen occupatie hebbende, slaapen, zuipen, speelen, kwaaddoen" en wier ijdelheid, voornamelijk die der slavinnen, daarbij gevoed werd door »de kostbare pracht van de beste Chitsen, koraale kettingen, goud, zilver, ja gesteentens waarmede de Kreole miesjes haare slavinnen om strijd opschikken" en wier vrouwelijke zedigheid en kuischheid voornamelijk vernietigd

---

(*) Notulen Gouverneur en Raden, 11 Junij 1748.

(†) Recueil echte stukken, 2e deel, blz. 517.

werd »door 't verderffelijk gebruik van de slaven en vooral mooie slaavinnen te zetten op een weekelijkse taxe, die zij den meester of vrouw moeten opbrengen, zonder dat deeze weeten of willen weeten, waarmede dit geld gewonnen of verdiend wordt," (*) en door hetgeen »ook tot dit capittel zou behooren," vervolgt Mauricius »door de galanterie der blanken met de swartinnen, waaraan de scheepslieden een groot deel hebben."

De meeste schrijvers en ooggetuigen komen daarin overeen, dat vooral onder de Mulattinnen, Mestiezinnen en Quarteronnes vele schoone vrouwen gevonden worden, en die schoonheid werd toen door eene smaakvolle kleeding verhoogd. Zij bestond gewoonlijk uit een zijden rok waarover een van gebloemd gaas en een engsluitend kort jakje van Oost-Indische chits of zijde, van voren geregen; tusschen dit jakje en den rok kwam een handbreed fijn linnen te voorschijn; het haar min of meer gekroesd, werd door een zwarten of witten beverhoed, die met een veder of een gouden knoop of lis versierd was, bedekt.

Zucht om te schitteren en te pronken werd in Paramaribo hoe langer zoo meer algemeen. Feesten als bals, later ook concerten en speelpartijen kwamen meer en meer in zwang, vooral was het kaart- en hazardspel er zeer geliefd, en een groot gedeelte van den avond werd hiermede doorgebragt, zoo in de huizen der particulieren als in de genoemde herbergen — en meermalen gaf dit aanleiding tot twisten, waarbij niet slechts ruwe, grove scheldwoorden gewisseld werden, maar tevens vuist- en rottingslagen neervielen en dat niet slechts in de gemeene kroegen onder pontevaarders, matrozen en soldaten, maar zelfs in de herberg van Middelhof, waar de zoogenaamde Noblesse van Paramaribo zamenkwam. Gedurig leest men in de notulen van Gouverneur en Raden, in de dagboeken der Gouverneurs en in de stukken van het recueil, van twisten en beleedigingen met woorden en daden, die op dergelijke plaatsen voorvielen. — Ja zelfs in de gezellige bijeenkomsten ten huize van

---

(*) Wel was dit bij placaten verboden, doch de overtreding derzelven kon moeijelijk nagegaan worden; o. a. was bij Resolutie, 24 Dec. 1745 bepaald, dat de blanke bedienden, die vleesschelijke gemeenschap met eene slavin hielden, met ƒ 100 zouden worden beboet. Not. G. en R.

particulieren hadden meermalen dergelijke onaangenaamheden
plaats, — niet slechts ontbrak in den regel die godsdienstige
gezindheid die het zamenzijn heiligt en ter eere Gods doet
strekken, maar men miste ook die ware geest-beschaving,
die de gesprekken aangenaam en onderhoudend maakt.

De stoffelijke belangen der kolonie, nu en dan ook den staatkundigen toestand derzelve te bespreken, soms iets anders, doch zelden wat hoogers, waren de voornaamste onderwerpen waarmede
de heeren zich in den regel, behoudens enkele loffelijke uitzonderingen, bezig hielden en de gesprekken der dames liepen
meestal over het nieuws van den dag »de Chronique Scanda-
leuse", bij de jongeren over eenige liefdes-intrigues en bij
allen over de gebreken harer slaven en slavinnen. Niet
onaardig drukte de Gouverneur Mauricius het geestelooze,
slechts voor stoffelijke zaken vatbare karakter der Surinamers
van zijn tijd uit in een gedicht, toegewijd aan Willem van
Haren en eenigen tijd na zijne terugkomst uit die kolonie
opgesteld :

> „Ik veeg na zooveel' jaaren,
> „De roest weêr van mijn' snaren,
> „En grijp met stramme hand
> „De luit weêr van de wand.
> „Ik heb mijn tijd versleten,
> „Bij slimmer dan de Geeten.
> „Sprong daar de Hengstebron,
> „Zij droogde van de zon.
> „Men zou de zanggodinnen,
> „Katoen daar leeren spinnen.
> „En zoo 't gevleugeld paard,
> „Daar neêrstreek in de vaart
> „Men zou hem onbeslagen,
> „In suikermolens jagen,
> „Nu adem ik weêr lucht,
> „En wil met nieuwe vlugt
> „Langs toebegroeide trappen,
> „Den Helicon opstappen." (*)

(*) Dichtlievende uitspanning blz. 167, ook medegedeeld door Teenstra.
De landbouw in Suriname, 2de bld. 151. Sypensteyn. J. J. Mauricius blz. 116.

De blanke Creolen (*) meestal lui en vadsig van aard, hadden noch voor kunsten noch voor wetenschappen eenige voorliefde, zelfs eenige lectuur te hebben behoorde onder de uitzondering. Miste het gezellige leven de godsdienstige heiliging en ook den beschaafden toon, ook in den huisselijken kring trof men hiervan, op weinige uitzonderingen na, geen enkel spoor.

De godsdienstige zin onzer voorvaderen, die ofschoon hij meermalen in vormelijkheid, in bloot kerkgaan, ontaarde, maar evenwel eene zekere degelijkheid aan hunne handelingen gaf, ontbrak bij de Surinamers van dien tijd.

De godsdienstige rigting in de 18de eeuw toch uitte zich in de eerste plaats door eene getrouwe opkomst bij de verkondiging van Gods Woord. — In Suriname was die opkomst zeer gering. Zoo lezen wij, dat de kerkeraad eene memorie aan het hof indiende om bij de aanstaande nominatie van raden van Policie de volgenden te excluderen : — 1 lutersche; 2 die wel gereformeerd, maar geene lidmaten waren ; 3 die niet vlijtig te kerk gingen. Op deze memorie werd een weigerend antwoord, in de notulen vermeld, door het hof gegeven. Mauricius schrijft in zijn dagboek, (†) tot nadere explicatie van dat antwoord o. a. »Verleden jaar zijn Camijn en Scherping verkooren geweest tot diaconen, doch men heeft die verkiezing moeten achterlaten, omdat men bevond dat ze geen lidmaten waren. Ook heeft men niet alleen van Daalen tot ouderling verkooren, maar zelfs die verkiezing tegen de regering gesouteneerd tot op heden, daar nogtans van Daalen in geen twee jaren ter kerke is geweest ; — zelfs is

---

(*) Creool is de algemeene benaming van de in de kolonie geborenen. — Zoo vindt men blanke Creolen d. i. afstammelingen van Europesche ouders ; gekleurde Creolen of Kleurling-creolen. afstammelingen van Europesche vaders en mulatinnen of negermoeders, of ook van Kleurlingen en Kleurlingvrouwen en in het algemeen allen, die niet tot het onvermengd Europeesch ras behooren, mits zij noch Karboegers noch negers zijn. Karboegercreolen, namelijk afstammelingen van een mulat en eene negerin, of van eene mulattin en een neger. Negercreolen of de in Suriname geboren negers. Zoutwaternegers werden de negers genaamd, die uit Afrika overgebragt waren.

(†) Journaal Mauricius, 7 Mei 1749.

dagelijks gebeurd, dat er bij de godsdienst geen één ouderling nog diacon was, ja zelfs dat er geen diacon was bij de communie, ook hebben zij bij haar onlangs gepresenteerde memorie zelf erkend, dat zij dikwijls zoonen éligeerden, die geen respect voor de godsdienst hadden, en als ze verkooren waren den kerkendienst onder frivole voorgeevens weigerden".

Er bestond in Suriname weinig eerbied voor de openbare godsdienstoefening, dat o. a. blijkt: 1°. uit het proces over kerkschennis, gevoerd tegen den jongeling Carilho, zoon van den befaamden Carilho. Deze jongeling had, in de Gereformeerde kerk gezeten, den predikant Veyra, een bekeerden Israeliet, bespot en een openlijk schandaal veroorzaakt, waartoe hij door een paar Christen jongelingen, Pichot en van der Beets, verleid was. Niettegenstaande dit alles, fungeerde hij, hangende dit proces, als secretaris eener vergadering van aanzienlijke Surinaamsche burgers, van welke vergadering de predikant Duvoisin praeses was (*);

2°. daaruit, dat bij eene der aanzienlijkste vrouwen, de weduwe Brouwer, een eclatant bal werd gegeven op den avond vóór het Nachtmaal, ofschoon de predikant Yver haar eene beleefde waarschuwing had laten doen — een bal dat door een talrijk gezelschap heeren en dames werd bijgewoond en waar het luidruchtig toeging, waar niet slechts gedanst en muziek gemaakt, maar met zwermers, ja zelfs met oranjeappelen op de voorbijgangers of schildwachten vóór het huis des commandants staande, gegooid werd — en waar de schout, die het bevel van den Gouverneur tot het staken hiervan overbragt, op eene gemeene wijze uitgejouwd werd, enz. enz. — Wij zouden zoo kunnen voortgaan met verscheidene bewijzen te leveren. Ontbrak die godsdienstige zin, was er weinig of geen vreeze Gods, het kon dan ook niet anders: de zedelijkheid stond er op een zeer laag peil.

Wel waren er van tijd tot tijd placaten uitgevaardigd, waarbij de gemeenschap der blanken met de slavinnen verbo-

---

(*) Journaal Mauricus, 15 en 16 Nov. 1740 — 10 Feb. 1751 enz. benevens de notulen over deze zaak.

den werd (*); dan dezen waren niet veel meer dan eene doode letter; nu en dan werd een geval van onwettige zamenwoning van blanken met blanken voor het hof gebragt en met eene geldboete gestraft, maar over die met slavinnen brak niemand den staf; zelfs onder de raden van policie, die de wet hadden moeten toepassen, vond men zoo velen die ze overtraden, en het jaarlijks toenemend getal der kleurlingen strekke tot bewijs, hoe het ten deze opzigte in de kolonie gesteld was.

Een groot aantal mannen stierven in jeugdigen leeftijd ten gevolge hunner ongebondene levenswijze of kropen als uitgeteerde geraamten daar heen en weinigen waren er, die hunne vrouwen overleefden.

De lezer verschoone ons van bijzonderheden uit »deze" gelijk Mauricus schrijft: »abime van vuiligheden" mede te deelen, het is eene droevige zaak voor den schrijver om gedurig melding te moeten maken van de zonden en gebreken van het volk, welks geschiedenis hij waagt te schetsen; dubbel droevig is dit echter, indien het een volk betreft, dat door afkomst zoo naauw met hem verwant is, doch hij mag hierdoor zich niet laten weerhouden, om aan de waarheid getrouw te zijn, hoe vurig hij ook wenscht, dat het hem gegeven ware, grooter en edeler daden te vermelden.

. Als eene der grootste oorzaken van het lage peil der zedelijkheid in Suriname moet zeker beschouwd worden, dat het stelsel der slavernij zich, in al hare noodlottige kracht, ten kwade deed gevoelen.

. Het stelsel der slavernij toch, iedereen erkent zulks, is droevig en ellendig voor den slaaf, maar is zulks mede voor den meester; vooral is het onvermijdelijk noodlottig voor de reinheid van zeden; het regt om vrouwelijke wezens in eigendom te hebben, geheel van den wil des eigenaars afhankelijk, is een zeer gevaarlijk regt.

»In alle slavenstaten," zegt een beroemd man (†) »heerscht onder jonge lieden eene jeugdige ongebondenheid. Is de jeugd

(*) Notulen 24 Dec. 1745 enz.
(†) Channing.

steeds een gevaarlijke leeftijd, in slavenstaten is zij zulks meer
dan elders; en dit houdt niet met dien leeftijd op. De verpligtingen der huwelijkstrouw, de heiligheid van huisselijke
banden worden aldaar slecht geëerbiedigd. Reeds in dit leven
is er eene schrikkelijke vergelding van het gepleegde onregt.
Het huisselijk geluk van den slaaf is eene bijna onbekende
zaak, maar ook de ontrouw des meesters brengt verderf over
zijn eigen huisselijke neigingen en genietingen. Het huisgezin is
zonder reinheid en getrouwheid ongelukkig, daar het alzoo van
zijne heiligste aanlokkelijkheden en gezegendste invloeden beroofd wordt — en elk slavengewest rookt van ongebondenheid;
het is besmet met doodelijker pestilentie dan de pest zelve."

En de vrouwen, de wettige echtgenooten, van velen harer
kon men zeggen, dat zij vergoeding zochten voor het ongelijk
en de verwaarloozing door hare echtgenooten — eerstelijk in
den haat dien zij jegens hare mededingsters koesterden en dien
zij soms met eene onverzadelijke wreedheid jegens deze arme,
vaak tegen haren wil verleidden, botvierden, terwijl zij hare
mannen straften met verachting en tevens door een openlijk
niet te miskennen voorrang, welken zij aan den pas uit Europa
aangekomen vreemdeling gaven — ten andere in een leven
van genot en opschik. (†)

Verkwisting, die onafscheidbare gezellin van onzedelijkheid,
deed het geld verdwijnen en bij het onontbeerlijke hiervan ter·
voldoening der steeds nieuwe prikkels begeerende zinnelijkheid,
moest de slaaf, het menschelijk werktuig om geld te verdienen,
zijne krachten ten beste geven. Van daar zoo dikwijls de harde
en wreede behandeling van den slaaf door menschen, die anders
van nature toch niet zoo wreed of hardvochtig waren. Om
in de stad prachtig te leven en zich als in weelde te baden,
moest de slaaf op de plantaadje dubbel hard werken.

De meeste vermogende planters hadden hunne woning in

(†) Als een bewijs van het lage peil der zedelijkheid verhaalt Stedman, die eenige jaren later in 1776 in Suriname vertoefde, dat dezelfde
vrouwen, die zich luide over de ongetrouwheid harer mannen beklaagden, vaak aan goede vrienden hare slavinnen, naar eene willekeurige
waardering, voor zekeren prijs in de week aanboden.

de stad en gingen slechts van tijd tot tijd hunne plantaadjes bezoeken, alwaar zij dan korten of langen tijd vertoefden, terwijl zij verder het bestuur hunner effecten aan den directeur overlieten.

De lust en begeerte om meer met andere Europeanen in gezelschap te zijn, de vermaken der stad, hoe weinig verfijnd of veredeld, trokken hen en nu maakten zij zich diets, dat er belangrijke redenen hiertoe bestonden, als bijv. dat men door dadelijke aanraking met de schippers hoogere prijzen voor de producten en lagere voor hetgeen men zelf noodig had bedingen kon; dat men, en dit woog zeer zwaar, meerderen invloed op den gang van het bestuur kon uitoefenen, enz.

De ondervinding leerde, dat deze verwijdering der eigenaars zeer verkeerd werkte, zoo ten opzigte van de inkomsten hunner effecten als van den toestand der slaven, die hierdoor nog harder en onverdragelijker werd en dus meer tot wegloopen aanleiding gaf.

Werd het meer en meer de gewoonte, dat de groote planter zijn verblijf in de stad vestigde en slechts van tijd tot tijd zijne plantaadjes bezocht, enkelen volgden den ouden regel en vertoefden er het grootst gedeelte van het jaar en gingen slechts naar de stad, indien belangrijke zaken hen daar riepen. Om eenigermate over het leven op de plantaadjes te oordeelen, diene het volgende:

Om 6 uur in den morgen stond de heer en meester doorgaans op en begaf hij zich op de plaats voor het huis of in de veranda, waarvan eenige plantaadjegebouwen voorzien waren; de vaderlandsche pijp werd aangestoken en een kop koffij genuttigd. Terwijl hij hier op zijn gemak de koele en verfrisschende morgenlucht genoot, verscheen de opzigter om zijn verslag in te leveren en de orders voor den dag te ontvangen.

De opzigter, die zich dikwijls door kruipende beleefdheid in de gunst van zijn patroon zocht in te dringen, maakte, na eenige bewijzen van eerbied door buigen of strijkkaadjes te hebben gegeven, den meester bekend wat er den vorigen dag gewerkt was, welke negers weggeloopen, gestorven, ziek of weder gezond waren geworden; of er ook geboorten onder de

slavenmagt hadden plaats gehad en daarop volgden de aanklagten over dezen slaaf of die slavin; welke het werk niet
goed verrigt, luiheid getoond, kleine diefstallen begaan of iets,
dat in de oogen van den opzigter niet goed was, hadden gedaan. Daar de aangeklaagde meestal tegenwoordig was, volgde
er doorgaans parate executie.

Dan kwam de heelmeester of liever de Dresneger (*) om
zijn verslag uit te brengen. Viel dit wat te ongunstig naar
het oordeel des meesters uit, dan werd hij soms met een duch-
tigen vloek weggezonden of kreeg eenige streken met de kar-
wats, als toevoegsel tot de vermaning om zijn pligt te doen
en *vooral luiheid van ziekte te onderscheiden.*

Vervolgens naderde de creolen-mama, eene oude negerin, met
het opzigt der kinderen van de plantaadje belast, vergezeld van al
de jeugdige slaven en slavinnen; dezen, na zich vooraf gebaad
te hebben, ontvingen meestal hun ontbijt, uit rijst en banannen
bestaande, onder het oog van den meester, waarna zij, na
eenige grimassen te hebben gemaakt, weder vertrokken.

Nu ging de planter in zijn negligé eene wandeling maken
of steeg, zoo hiertoe gelegenheid was, te paard, om zijne rijke
velden in oogenschouw te nemen en te zien of zijne negers
goed werkten.

Dit negligé bestond meestal in een fijn linnen broek, zijden
kousen en roode of gele muilen of pantoffels, een hemd aan
den halsboord open en daarover eene japon van Oost-Indische
chits, een muts zoo fijn als spinrag en daarover een grootte
beverhoed, ter beschutting voor de zon.

Tegen acht à negen ure van dit morgentogtje terug gekomen, ontbeet hij en kleedde zich volgens de gewoonte van
dien tijd, waarbij gedienstige slaven of slavinnen hem ter
hulpe stonden.

Wilde hij nu vrienden of buren gaan bezoeken, zoo begaf

(*) Alzoo wordt de slaaf genaamd, die met de verzorging der zieken
is belast. Zie F. A. Kuhn, M. D. Beschouwing van den toestand der
Surinaamsche plantagie-slaven. Te Amsterdam, bij C. G. Sulpke 1828,
en J. Wolbers, de Surinaamsche negerslaaf. Amsterdam, H. de Hoogh.
1854, bladz. 17, 18.

hij zich naar zijne tentboot, die door den opzigter met vruchten, wijn, sterke dranken en tabak goed voorzien was, en zes
of acht sterke roeinegers bragten hem waar hij wezen wilde.

Had hij geen lust om uit te gaan, dan ontbeet hij wat later
en besteedde hieraan meer tijd. Een dergelijk ontbijt bestond
uit ham, pekelvleesch, gebraadde hoenders of duiven; verder
banannen, zoete cassaves, brood, boter, kaas, enz., waarbij zwaar
bier en een glas madeira, Rijnsche of Fransche wijn werd
gedronken. Was de planter ongehuwd of woonde zijne vrouw
in de stad, dan was de directeur menigmaal slechts de eenigste
deelgenoot van dit ontbijt.

Nadat deze gewigtige berigten afgeloopen en de directeur
vertrokken was om het werk na te zien (den blankofficier was
de taak opgedragen om hierbij gestadig tegenwoordig te zijn),
ging de planter eenige berekeningen maken, of dergelijk
werk verrigten; een enkelen keer nam hij eens een boek in
de hand, doch dit behoorde tot de uitzonderingen; lezen viel
doorgaans niet veel in zijn smaak.

Bij de toeneming der warmte, nam hij zijn middagslaapje;
tegen drie ure opgestaan, zette hij zich aan tafel. Zijn opzigter
en enkele keeren een paar zijner blankofficieren, indien deze
mannen van zijn smaak waren, waren zijne dischgenooten, die
hierdoor zich dan zeer vereerd gevoelden, en om strijd zijn
tafel prezen, dat niet slechts vleitaal behoefde te zijn, want
zij was goed voorzien van vleesch, gevogelte, wildbraad, visch,
groenten, vruchten en de wijn, soms van de beste en edelste
soort, ontbrak er niet.

Met zonsondergang kwamen de slaven van het veld en hetzelfde tooneel van des morgens herhaalde zich. De avond
werd doorgebragt met rum of punch drinken, tabak rooken
en kaartspelen. Waren er gasten op de plantaadje aanwezig,
dan werd dit meermalen tot laat in den nacht voortgezet, anders
ging de planter tegen 10 of 11 ure naar zijne slaapkamer,
waar hij veelal, in de armen van eene zijner favorieten, van zijn
vermoeijenden arbeid uitrustte, om den volgenden dag tot den
zelfden kring van werkzaamheden, of liever geestelooze tijds-
dooding, weder te keeren.

Een dergelijk eentoonig materiëel leven was verwoestend voor de zedelijkheid. De mensch, hier onbepaald heerschende over medemenschen, die op zijne wenken vlogen, die voor de minste zamentrekking zijner wenkbraauwen, voor een donkeren blik van hem sidderden, werd meer en meer hoogmoedig, trotsch, laatdunkend; en hoe weinig beduidend hij soms ware, hij begon zich in te beelden waarlijk een persoon van gewigt te zijn, *en velen uit hun néant tot rijkdom en eere opgeklommen*, *begon het hoofd te draaijen*. (*)

Schetsten wij in enkele trekken het leven der aanzienlijksten in Suriname, van de mindere klassen, zoo der blanken als kleurlingen, worde slechts dit gezegd: zij trachtten de anderen na te volgen, en hetgeen bij de eerste soms nog door een zeker waas van uiterlijke beschaving bedekt, minder afzigtelijk voor des menschen oog scheen, kwam bij de laatsten, bij gemis van dat waas, in al hare afschuwelijke naaktheid te voorschijn.

Wel vond men in Suriname toen evenzeer als nu mannen en vrouwen, die ondanks den, de goede zeden doodenden atmospheer, den eernaam van christen waardig waren; over het algemeen was het met den zedelijken toestand der inwoners droevig gesteld.

Het godsdienstig en kerkelijk leven was ook zeer weinig ontwikkeld.

Wel luidde het 28ste artikel van het octrooi: »dat de voornoemde Bewinthebbers sullen moeten besorgen dat de coloniers ten allen tijde zijn voorzien van een of meer Bedienaers des Goddelijken woorts, na dat de gelegentheydt van de kolonie het zoude moghen komen te vereysschen, ten eynde de coloniers en de verdere opgezetenen aldaar in de vreeze des Heeren, ende de leere der zaligheyt geleydt ende onderwesen mogen werden, mitsgaders tot het gebruyck der Heilighe Sacramenten bequame occasie hebben, zullende de voornoemde Predikanten niet bij de voorz. compagnie, maar bij de coloniers en opgezetenen zelve onderhouden werden, uyt een middel ofte fonds dat den gemelten Gouverneur en de Raden daertoe op

(*) Mauricius zie bladz. 13.

AMERIKA ONTDEKT 1492

GESCHIEDENIS

VAN

SURINAME

door

J. WOLBERS.

v. Emrik & Binger.

UITGAVE VAN H. DE HOOGH, AMSTERDAM.

approbatie van Bewindhebberen zullen mogen ordonneren te heffen."

Wel was er in het volgend artikel aangewezen waaruit de kosten voor de kerkdienst en die voor de schoolmeesters voorzien moesten worden.

Wel was de Gouverneur volgens zijne instructie gehouden de Gereformeerde godsdienst te beschermen en voort te planten.

Wel waren er kerken in de kolonie ter uitoefening der openbare godsdienstoefening, als: ééne te Paramaribo waar beurtelings in de Nederduitsche en Fransche talen gepredikt werd, (*) ééne door de zorg van van Sommelsdijk aan de boven Commewijne, waar deze zich met de Cottica vereenigt, in 1688 gebouwd en door Ds. Ketelaar ingewijd, ééne op den hoek van Cottica en Perica, in 1721 daargesteld. (**)

Wel waren doorgaans eenige predikanten in Suriname, (†) en naar den aard der liefde, die alle dingen hoopt en gaarne het beste denkt, willen wij gelooven dat hieronder waardige mannen werden gevonden, al is het dat wij uit gebrek aan bescheiden hiervan weinig hebben mede te deelen; echter schijnt het steeds moeijelijk te zijn geweest om geschikte sujetten (§) te verkrijgen.

Daarom dan ook deed Ds. Veyra, een bekeerde Israëliet, die veel ijver in zijn ambt betoonde, den 20sten Mei 1740 in de vergadering van het Conventus Deputatorum (***) een voor-

---

(*) Een eigenlijk kerkgebouw bezaten de Hervormden in Paramaribo niet. Sedert de aankomst van Ds. Baseliers in 1668 tot den aanvang dezer eeuw, hield de gemeente hare godsdienstoefeningen in een bovenvertrek van het stadhuis, gewoonlijk het hof genoemd, op het kerkplein. Het onderste gedeelte diende tot vergaderplaats van het Hof van Policie en Crimineele Justitie, alsmede de secretari eenz. „Van Schaïck, de Hervormde Gemeente in Paramaribo. West-Indie, Iste jaarg. bladz. 30.

(**) Reeds in 1691 was deze gemeente in het bezit van een eigen predikant, namelijk Ds. Klei.

(†) In de bijlagen zullen wij de naamlijsten der Nederd. en Fransche predikanten, benevens die der later opgerigte Lutersche gemeenten, laten volgen.

(§) Niemand ergere zich aan dit woord, het kwam in alle officiële stukken alzoo voor, en was eene in dien tijd geijkte uitdrukking.

(***) Dit Conventus kwam eenmaal in het jaar, in de maand Februarij,

stel, om, daar men zoo moeijelijk predikanten uit het vaderland kon bekomen, het Hof te verzoeken, boven en behalve het gewone getal predikanten, twee of meer proponenten aan te stellen, om, bij vacature of anderzins, in de dienst te kunnen voorzien en tot dat doel in Paramaribo, hetzij uit het weeshuis of ergens elders, om te zien naar kinderen ɔɔwaar men een snedig verstand, goed begrip en leerlust in bespeurde", en ze naar Holland te zenden, om daar, na voorbereidende en andere studiën, te worden bevestigd, terwijl zij, daar de koloniale kas de kosten hiervan dragen zoude, zich moesten verbinden om na volbragte studiën naar Suriname terug te keeren, ɔɔwaartoe", merkt Ds. Veyra aan, ɔɔzij te eerder zouden geneigd zijn, omdat zij daar hunne bloedverwanten en betrekkingen weder konden ontmoeten enz."

Ds. Veyra vermeende, gelijk hij in zijn voorstel nader toelichtte, dat hierdoor in volgende tijden het land niet slechts altijd van een genoegzaam aantal predikanten kon worden voorzien, maar dat hierdoor de grond zou worden gelegd tot een hooger onderwijs in de kolonie, daar sommige dezer teruggekeerde jongelieden misschien als Preceptors of Lectors in verscheiden kunsten en wetenschappen zouden kunnen worden aangesteld, enz.

Over dit plan zijn wel van tijd tot tijd discussiën gevoerd, maar verder is er niets van gekomen, en de moeijelijkheid *om geschikte sujetten te verkrijgen* bleef bestaan.

Tusschen de predikanten onderling, de Nederduitsche en de Fransche, rezen ook meermalen verschillen, en in het Conventus Deputatorum vielen soms, vooral in den tijd van Mauricius, ergerlijke tooneelen voor, zoo zelfs, dat de Commissarissen politiek de vergadering moesten schorsen. (*)

---

te Paramaribo te zamen. De predikanten en ouderlingen — zoo der stadsgemeente als die der divisie, die anders haren afzonderlijken kerkeraad hadden, verschenen aldaar om èn den staat, èn de behoeften der kerken en gemeenten te overwegen. In dit Conventus Deputatorum, ingesteld onder het Gouvernement van den heer Scharphuys, zaten ook twee Raden van Policie als Commissarissen politiek.

(*) Journaal van Mauricius, 17 Februarij 1748.

Gedurig vindt men ook gewag gemaakt van twisten tusschen de predikanten en hunne kerkeraden en het Hof van Policie. (*)

Onder de Gouverneurs Cheusses en Raye was men zelfs genoodzaakt geworden tot politieke uitzetting van predikanten.

Zekere Ds. Kals, predikant te Perica en Cottica, was door het Conventus Deputatorum, op rapport en beklag van Ds. Jan Martin Kleyn, geschorst; na de expiratie zou hij door genoemden Ds. Kleyn, die zoo lang de predikbeurt in die gemeente had waargenomen, volgens besluit van het Conventus 6 Feb. 1735, op nieuw in zijne bediening worden hersteld. In plaats van hiermede genoegen te nemen en zich, zoo als zijn kerkeraad verlangde, op nieuw in de dienst te laten bevestigen, voer hij op ruwen toon tegen Ds. Kleyn en tegen het Conventus uit, even als hij vroeger tegen den Commandeur de Vries en het Hof van Policie uitgevaren was, welke ergerlijke tooneelen breedvoerig in de Notulen van 4 en 5 Aug. 1732, Mei 1733 enz. opgeteekend zijn, — het Hof concludeerde dat »daar Ds. Kals was een persoon van een onrustig en querelleus humeur, die zich noch aan wereldlijke noch aan geestelijke regten en vermaningen wilde onderwerpen, maar zich halsstarrig meerder en meerder in onrusten inwikkelde enz.", tot wegneming van verdere ergenissen, hem, Ds. Kals, met het eerst vertrekkende schip uit de kolonie te verzenden (†), gelijk dan ook geschied is (§).

Bij besluit van het Hof van Politie van 3 Februarij 1736 werd Ds. Jan Martin Kleijn, mede, om in de notulen breedvoerig vermelde redenen, uit de kolonie verbannen, doch hij kwam onder v. d. Schepper, in November 1738, terug; in eene vergadering van het Hof, op den 20 November 1738, verzocht hij verschooning voor vroegere gedragingen en werd weder in de dienst hersteld.

Den 20 December 1743 klaagde Ds. Liege Mevr. Halewijn

(*) Notulen Mei 1733, October 1733 enz.

(†) Notulen 21 Mei 1733.

(§) Later was hij als predikant te Stevenswaard werkzaam. „West-Indie, van Schaïck, Hervormde Kerk 1e jaarg. p. 86."

aan, dat, toen hij haar vermaande, zij hem met vloeken,
bespottingen en onkuische uitdrukkingen had geinsulteerd —
deze zaak heeft lang geduurd, eindelijk werd Ds. Liege voor
6 maanden geschorst — hij verzocht daarop in Maart 1744
naar Holland te gaan, om zijn zaak te bepleiten, dan hiertegen
verzette zich de kerkeraad, omdat hij in de 4 maanden van
zijn verblijf nog maar slechts 3 keeren gepredikt had — de
kerkenraad gaf echter later consent.

In een brief, gedagteekend 14 April 1749, door de Eerw. classis
van Amsterdam, waaronder Suriname kerkelijk ressorteerde, aan
het Conv. Deputatorum gerigt, wordt de droefheid der vergadering
kenbaar gemaakt, »over de zware twisten, ja droevige oneenigheden, die zoo ver gingen, dat de eene dienstknecht des Heeren
den anderen wel eens openlijk hoonde, schold en liefdeloos
behandelde op meer dan eene wijze, terwijl HH. predikanten
zich niet ontzagen, om door onbetamelijke uitdrukkingen, enz.
de hooge regering te beleedigen"; de classis vermaande tot vrede.
In eenen lateren brief, 7 Sept. 1750, der Eerw. classis, maar nu
aan Gouverneur en Raden, werd verzocht den voornaamsten
woelgeest, den Franschen predikant Duvoisin, (*) als een *ont-*
aarden zoon tot rede en een betamelijk gedrag te brengen.
Ook trof men het ten tijde van Mauricius ongelukkig met zekeren
Ds. Hoevenaar, die met regt een wargeest was; bij de minste
tegenspraak geraakte hij in drift, rekende zich in zijne eer beleedigd en dreigde den beleediger met degen of pistool tot zwijgen
te brengen — na een korten tijd werd hij volslagen waanzinnig.

Slechts zelden worden overgangen der slaven tot het Christendom vermeld: de enkelen die wij aangeteekend vinden,
laten wij hier volgen: den 1 Junij 1747 (†) namen Ds. IJver,
Ds. de Ronde en 5 leden uit den kerkenraad, in presentie
van de familie van den Gouverneur, Mevr. Larcher en andere
dames, den societeits-Neger Benjamin tot Lidmaat der Ger.
kerk aan, nadat hij zijne geloofsbelijdenis met groote
deftigheid, tot verbazing der aanwezenden had afgelegd; hij

(*) Ds. Duvoisin had kort vóór de ontvangst van dezen brief reeds
zijne betrekking nedergelegd.

(†) Journaal Mauricius.

werd den volgenden Zondag gedoopt, waarbij hij den naam verkreeg van Jan Jacob van Paramaribo; den 30 Mei 1748 (†) werden des namiddags twee negers aangenomen, welke plegtigheid Ds. de Ronde, »zeer deftig bewegelijk heeft uitgevoerd."

Den 5 Junij 1748 (*) leverde Ds. de Ronde een klagt in, dat zekere Jood Machielse, een slaaf, die door Ds. de Ronde in de Christelijke godsdienst werd onderwezen, dagelijks sloeg en mishandelde omdat hij Christen wilde worden, — waarop de Raad Fiscaal zulks den Jood heeft laten verbieden, — of het veel geholpen heeft, meldt de geschiedenis niet.

Den 8 Januarij 1749 (†), werd door zekeren Picorna vrijdom voor zijne slavin Elisabeth met hare drie kinderen verzocht — welke 3 kinderen reeds ledematen der Christelijk Gereformeerde religie waren — het werd toegestaan. Behalve deze weinige hier medegedeelde overgangen van slaven tot het Christendom zoekt men in de officiële bescheiden van dien tijd te vergeefs naar eenig berigt van pogingen, door de Hervormde predikanten aangewend om de slaven tot de kennis van het Evangelie te brengen. Het bevel des Heeren »predikt het Evangelie aan alle creaturen" werd door hen niet geacht; slechts eenige der eerste Franschepredikanten en de eerste aankomelingen van de secte der Labadisten en later de trouwe waardige Moravische broeders gaven hieraan gehoor; integendeel zien wij de predikanten met een wantrouwend oog de werkzaamheden der Hernhutters gadeslaan — en gelijk wij bij de behandeling van de geschiedenis der zending breeder zullen vermelden, was het voornamelijk door hunne aanstoking, dat den 21 November 1740 in het Hof van Politie besloten werd der broeders te verbieden openlijke godsdienstoefening te houden, en zij voortaan zelfs bij de huisselijke godsdienst niemand mogten toelaten. In de notulen der vergadering van het Convent. Deput. van 7 Febr. 1749 werd ook »over de Hernhutteren gevoelens gedelibereerd en besloten steeds tegen dezelve te blijven waken."

Eervol moet hier vermeld worden, dat door de classis van

(*) Journaal Mauricius.
(§) Not. G. en R.
(†) Not. G. en R.

Amsterdam, meer dan eens bij de directeuren der societeit voorstellen zijn gedaan, om de kolonie van genoegzame predikanten en catechiseermeesters te voorzien, »om daardoor de Christelijke religie onder de Heidenen des te beter voort te planten."
Directeurs der societeit schreven daarover aan Gouverneur en
Raden en den 16 Dec. 1744 hadden daarover belangrijke discussien plaats. De Raden waren er niet zeer mede ingenomen.
Mauricius erkende wel, dat er vele zwarigheden bestonden,
doch oordeelde evenwel »dat deze eene Christelijke regering
niet moesten wederhouden, om haar best te doen; dat het
eenvoudig Evangelie niet veel omslag van noode heeft, als 't
God maar behaagt den wasdom te geven aan 't geen met eene
goede meening geplant wordt; hij geloofde echter hiervan weinig vrucht bij de oude slaven te zullen zien en stelde dus een
eenvoudig en *onkostelijk* middel voor, »naementlijk om de
kleijne vragen van Borstius off een ander, beneevens 't onze
Vaeder, het gelooff, de thien gebooden en eenige eenvoudige
schriftuurplaatsen, strekkende om het geloof en vertrouwen in 't
Opperste Weezen, de resignatie aan Zijn wille en de liefde tot
God en den naeste, het begrip van 's menschen doemwaerdig-
heit en de middelen der genade kort, beknopt nae 't begrip
van een dom verstand eenvoudig in te prenten, in de Neger-
Engelsche taele te doen overzetten, (*) nae Holland te zenden,
dezelve te laeten drucken, en aen een ieder ingezeetenen uit
te deelen met recommandatie om zoo veel mogelijk alle de
slaeven, ten minste de kleijne kinderen alle Zondaegen door
een hunner bedienden dezelve allenkens te laeten bijbrengen,
opdat zij van de jeugd aff wat kennisse krijgen van 't godde-
lijke weesen, 't Christendom en van den staet der ziele nae dit
leven, alsmeede beloning des goeds off quaedt nae dit leven, welk
eenvoudig middel (zoo God het beliefde te zeegenen) naederhand
nae bevind van zaeken verder zou kunnen worden achtervolgd."
De tegenstand in het Hof was echter zoo groot, dat zelfs
dit weinige niet ten uitvoer werd gebragt en in een berigt
door Mauricius aan de societeit 30 Nov. 1751, op een nieuwe

(*) De vertaling was reeds door zijn zoon geschied. — Recueil 2
d. bl. 4.

memorie der classis van Amsterdam over deze aangelegenheid (†) ingediend, beklaagde hij zich dat alle pogingen om dat godsdienstig werk te favoriseren, zijn besoignes met onderscheidene predikanten enz., vruchteloos waren geweest, waarbij hij de de societeit deed opmerken, dat een voornaam beletsel was »het quaad exempel, dat de meeste meesters aan hunne slaven gaven, zoodat de bekeering der zoogenaamde Christenen in de kolonie diende vooraf te gaan eer men van de bekeering der Heidenen iets hoopen mogt". (*)

Ook werd er door de predikanten weinig werk van de verkondiging des Evangeliums, onder de militairen gemaakt; gelijk o. a. Mauricius ons in zijn dagboek verhaalt: dat bij gelegenheid eener executie van twee ter dood veroordeelde deserteurs, een soldaat, Jan Ark, als ziekentrooster de twee gecondemneerden had ter dood geprepareerd en zich, zoo als Mauricius schrijft (†), hiervan zoo goed gekweten had, dat hij hem ƒ 30.— present gaf. Daar de militie op het nieuwe fort bij die gelegenheid hare begeerte getoond had om somtijds een gebed of predikatie te hooren, waarvan zij *geheel beroofd* was, zoo had Mauricius, als »zulkx zeer heilzaam en hoog noodig oordeelende, een soldaat, die daartoe zeer bequaem was (§), aangesteld om op Zondag en feestdaagen een gebed en predicatie te leezen, waarvoor hem, op approbatie der Societeit, toegelegd werd vrijdom van de dienst, ƒ 15.— 's maands en dubbel rantsoen;" — de instructie werd in overleg met de predikanten Yver en Veyra opgesteld.

Kan men, voor zoo veel men uit de oude bescheiden oordeelen kan, weinig roemen over den ijver der predikanten in getrouwe pligtsvervulling, daarentegen vindt men meermalen opgeteekend dat zij naijverig waren en zich spoedig geraakt

---

(†) Recueil 2 dl. bijl. 110.

(*) De Heer zij gedankt, dat de Hernhutters niet zoo oordeelden, want dan verkeerde de bevolking in Suriname nog bijna geheel in de magt des Heidendoms.

(†) Journaal Mauricius 4 April 1746.

(§) Genoemde Jan Ark.

betoonden, indien iemand anders een woord van godsdienstige vertroosting tot arme zondaars sprak.

Toen zekere Smith van de R. C. religie geexecuteerd werd, waarbij Ds. Kleijn tegenwoordig was, en een ander van dezelfde godsdienst dien man op zijne wijze wilde aanspreken, werd dit door Ds. Kleyn zeer kwalijk genomen en op zijn verzoek besloot het Hof, »dat in het toekomende niemand, ofschoon hem toegang mogt worden verleend, bij een ter dood veroordeelde over religiezaken zal mogen spreken dan met speciale permissie van den Gouverneur." (*)

Zoo kantten de Gereformeerde predikanten zich ook lang tegen de vestiging eener Lutersche gemeente aan. Reeds vroeg was het aantal der inwoners die de Augsburgsche confessie toegedaan waren, vrij aanzienlijk; — in 1740 hielden zij bijzondere bijeenkomsten, die echter door den Raad Fiscaal, als strijdende met de wetten des lands, verboden werden. — Na vele rekwesten enz. werd hun eindelijk onder bezwarende voorwaarden toegestaan eene eigene kerk te bouwen (15 Nov. 1741), en den 4den October 1742 kwam hun eerste leeraar, Ds. Johannes Pfaff, die vroeger te Zaandam stond, over. (§)

Voor het onderwijs der jeugd was bepaald dat er drie schoolmeesters moesten zijn, die, buiten hun tractement, vrije woning genoten (†). Dan ook dit getal schijnt niet altijd compleet te zijn geweest en over de personen, welke deze betrekking vervulden, rezen meermalen verscheidene klagten.

Om de zorg, die door het Hof van Politie voor de opvoeding der jeugd werd gedragen te doen kennen, halen wij het volgende uit de notulen van Gouverneur en Raden aan:

22 Nov. 1725. Zekere La Combe doet aanzoek om tot onder-

(*) Zie Notulen 3 Mei 1743.

(§) Zij schijnen het hiermede echter niet zeer gelukkig getroffen te hebben; spoedig ontstond er oneenigheid tusschen den predikant, den kerkeraad en de gemeente.

Ds. Pfaff preekte slechts zelden, soms werd hij er door bevel der regering toe gedwongen. — In 1744 werd de eerste steen van de kerk gelegd en in 1744 voltooid en ingewijd.

(†) Hartsinck, 2e deel, bladz. 891.

wijzer te worden aangesteld, zullende dit onderwijs bestaan in lezen, schrijven, cijferen en de beginselen der godsdienst, alsook in *de beleefdheid;* hij wordt aangesteld en hem bij provicie toegelegd *ƒ* 200.—, dan geëxamineerd wordende bleek het, dat hij niet in staat was de allergeringste kindervragen, laat staan andere van eenig gewigt, in de Nederduitsche taal te beantwoorden.

27 April 1731. Om de blanke jeugd in goede manier en betamelijke excercitien te onderwijzen, wordt besloten uit het vaderland een dansmeester te ontbieden, op een tractement van *ƒ* 600, het eerste jaar, behalve hetgeen hij van zijne discipelen zal ontvangen, en vrijen overtogt.

3 Januarij 1749. Zekere Anna Michelon, huisvrouw van H. Noordbeek, vraagt verlof om te Paramaribo eene kinderschool op te rigten, welk verzoek, na ingewonnen rapport van den kerkeraad, toegestaan wordt.

Het onderwijs der jeugd bepaalde zich te Suriname tot lezen, schrijven, rekenen en het machinaal van buiten leeren van den Catechismus.

Met korte trekken schetsten wij het leven van de blanke bevolking in Suriname te dien tijde: — ruw, slecht onderwezen, door hartstogtelijke neigingen vervoerd, zich meermalen aan twist, spel en onzedelijkheid overgevende, terwijl wreedheid, laatdunkendheid en domme trots in ruime mate onder die bevolking gevonden werden, ja hunne hoofdgebreken uitmaakten. — Voorzeker is dit geene vleijende schets, doch men verwondere of ergere zich niet over deze ongunstige voorstelling, want het is de voorstelling van een volk door slavernij bezoedeld, en waar die heerscht zoo als ze in Suriname heerschtte, kan het niet anders of het volk moest diep bedorven worden; daar kon de vreeze Gods niet heerschen. Een zoodanig volk was Mauricius geroepen te besturen en te leiden. — Wel erkennen wij dat het eene zware taak was, welke hij hier te vervullen had. Groot waren de verwachtingen. Men verwachtte veel, misschien te veel van hem. Wij zullen thans zien in hoeverre hij hieraan beantwoordde.

Mauricius zag spoedig bij zijne aankomst dat er veel te

veranderen en te verbeteren was en, als regtsgeleerde, was
het een zijner eerste pogingen om de gebrekkige regtspleging
te verbeteren. De hiervoren geschetste zamenstelling der hoogste
en andere regterlijke collegiën was dan ook in alle opzigte
zeer ongeschikt voor eene goede en onpartijdige regtsbedeeling.

Daar de vorige Gouverneurs meest allen tot den krijgsmans-
stand behoorden, hadden zij zulks meer lijdelijk aangezien en
voor het grootste gedeelte alles aan den Raad-Fiscaal overgelaten, wiens magt en aanzien hierdoor zeer geklommen was,
maar wien het zelfs bij den besten wil en de grootste bekwaamheid onmogelijk was de zaken naar behooren waar te
nemen, te meer daar het ambt van exploiteur aan het fiscaliaat
was verbonden — en daarbij eene langwijlige en ondoelmatige
wijze van procederen eene spoedige afdoening van zaken onmogelijk maakte.

Mauricius woonde getrouw de zittingen van de beide hoven
bij; de aanhangige zaken, wier aantal eenmaal 500 bedroeg,
werden afgedaan; de werkzaamheden der Raden van Policie
en die van Civiele Justitie vermeerderden hierdoor, ofschoon
hunne magt en aanzien er eerder door verminderden. Had de
Raad-Fiscaal, toen de heer Mr. Jacobus Halewijn, heer van
Werven, Mauricius getrouw ter zijde gestaan, zeker zoude zijne
taak ligter zijn geweest. Van Werven schijnt echter een opvliegend
man, een man van een zeer prikkelbaar karakter te zijn geweest,
waardoor dikwijls botsingen met den Gouverneur ontstonden.

Toen van Werven echter in hevig verschil was geraakt met
de leden van het Hof van Justitie, voornamelijk over de waarneming dier betrekking als Exploiteur, zocht Mauricius dit in der
minne bij te leggen en toonde hij zich in deze zeer onpartijdig.

Mauricius zag zeer goed, dat de vereeniging dier beide bijna
onvereenigbare betrekkingen, eene gestadige bron van verschillen
en eene belemmering voor den goeden gang des regts was,
en trachtte daarop de reeds vroeger door directeurs verlangde
scheiding te bewerkstelligen. Als een conditio sine qua non,
was echter de vrijwillige toestemming van den daarbij betrokken persoon noodig en daarom werd de Heer van Werven
gevraagd, welke som hij ter vergoeding van het exploiteurschap

verlangde. Van Werven vroeg hiervoor eene jaarljksche som van *f* 6000, waarover langdurige discussien volgden, schetsrekening of calculus werden gemaakt, welke wij hieronder laten volgen, waaruit bleek dat de gevraagde som billijk, was; waarna men dan ook besloot, den heer van Werven zijnen eisch toe te staan. (*)

Hendrik Boullé en daarna Aubin Nepveu, broeder van den particulieren secretaris van Mauricius, Jan Nepveu,

---

(*) Notulen van Gouverneur en Raden, 9 December 1745.

Schetsreekening of Calculatie, waeruyt het Tantum aan den heer Fiscaal toe te leggen, mitsgaders de tractementen zoo aan den Exploiteur of Deurwaarder en deszelfs twee Substituten, alsmede alle kosten rakende het Exploiteur-ambt, te vinden zijn en de inkomsten van 't zelve Exploitementen.

Men rekent, dat aan den heer Raad Fiscaal, volgens ZEd. eisch zal kunnen toeleggen jaarlijks . . . . Surinaamsch geld	*f* 6000
De nieuw aan te stellen Exploiteur of Deurwaarder	„ 2000
De twee Substituut-Exploiteurs ieder *f* 500, dus	„ 1000
Huur van twee sloepen, die de Exploiteur uit zijn prive-beurs moet betalen, jaarlijks voor ieder *f* 100	„ 200
Onderhoud van 10 slaven, die door het land zouden moeten worden gekocht, te weten voor kost, noodig onderhoud en chirurgijnsloon aan den Exploiteur toe te leggen	„ 300
Interest van eene somme van *f* 5000, dat men rekent de 10 aan te koopen slaven zullen kosten, à 8 pCt. in het jaar . . .	„ 400
	f 9900

Waartegen men rekent, dat het Exploiteurschap zoude opbrengen, grosso modo namelijk

dat alle jaren aan citatien, zoo voor de beide hoven van Policie en Civiele Justitie, als voor het Collegie van Kleine Zaken, boven de *f* 100 worden uitgegeven 500 stuks, ieder gerekend à *f* 4.10	*f* 2025
Aan Exploiten, die jaarlijks worden gedaan, zoo schat men zulks op 300 stuks, ieder gerekend op *f* 7.10	„ 2250
Aan huur van twee sloepen en 10 stuks slaven, tot het doen van Exploiten in de rivieren met de vacantiën, welke men vooraf alhier verdeeld, namelijk, dat wanneer een Exploit wordt gedaan op plantaadjes, één getij van Paramaribo gelegen, *f* 18 en verder voor ieder getij meer *f* 18, rekent men op te brengen	„ 1800

werden tot exploiteurs benoemd. Deze betrekking, waardoor
men, als uitvoerder van de vonnissen van het Hof van civiele

Voor 't derigeren der Executien, ieder jaar f 10 à 20 . . .	f 200
Proclamatien, Edictaales Citatien, maken van Inventaris, alles met de aankleve van dien, alsmede voor het visiteren in civiele gijzelingen, rekent men hoogstens	„ 1800
Voorgestelde heffing van 5 pCt. voor de koopers van losse, vaste goederen bij Executie verkocht, daar men vermeent, dat de kooper weinig zien zal, rekent men	„ 1000
	f 9075
Te kort alzoo volgens Calcula	„ 825
	f 9900

Schetsrekening of Calculatie, om daeruyt te vinden een jaarlijksch
bestaan voor een aan te stellen Exploiteur of Deurwaarder voor
beide hoven.

De Exploiteur zal ten zijnen kosten moeten koopen twee bekwame scheepssloepen, welke men rekent dat zullen kosten hoogst f 400, die sloepen twee jaren dienende, zoo kost hem zulks jaarlijks	f 200
Voor kost en onderhoud van 10 slaven, mitsgaders chirurgijnsloon à 50 per slaaf.	„ 500
Voor het maken van een tentbootloods f 200; men rekent dat deze 4 jaren goed blijft, is dus ieder jaar	„ 50
	f 750
Alzoo kan de Exploiteur jaarlijks overhouden	„ 2050
	f 2800

Want hij zal genieten:	
1. Een vast jaarlijks tractement	f 2000
2. Voor huur van de twee sloepen	„ 200
3. Voor het onderhoud der 10 slaven	„ 300
4. Opbrengst huurloos, wanneer hij de slaven niet voor de dienst noodig heeft, rekent men f 30 per slaaf	„ 300
	wordt f 2800

Volgens de Notulen van 14 December 1745 werd bij de Instructie
voor den nieuwen Exploiteur in artkel 29 de declaratien bepaald.

Voor een Citatie f 4.10; — Insinuatie f 7.10; — Sommatie f 7.10; —
Renovatie f 7.10; — Aanwijzing van goederen f 7.10.

Dirigeren eene Executie eens vooral buiten vacatie	f 20.00
Presentie-geld van ieder Raad in de rivieren per dag . . .	„ 20.00
„ „ „ „ in Paramaribo „ . . .	„ 5.00
Omslag voor den tamboer f 1.10; voor vacatie in de rivieren in de 24 uren	„ 10.00

Justitie, meermalen in onaangename aanraking met de inwoners kwam, daar het meestal dwangbevelen tot betaling enz. gold, was ook verre van aangenaam te zijn. Onder den Gouverneur Raije in 1737 gebeurde het onder anderen meermalen, dat wanneer de assistenten van de exploiteur op plantaadjes kwamen, om dezelve voor de crediteuren in bezit te nemen. of ze te inventariseren, zij daarop noch goederen, noch slaven vonden, daar de meester zich met zijne slaven enz. bij hunne aankomst in het bosch verwijderd hadden, zoodat zij onverrigter zaken moesten terugkeeren; en behalve deze praktijken ter ontduiking van de door den exploiteur ten uitvoer te leg-

---

Huurvaartuigen en slaven, ieder 24 uren of vacatie . . . . *f* 8.00
Inventaris zonder voortgang der Executie . . . . „ 7.10
Sondags-Proclamatie van 1, 2, 3 en 4de gebod, voor ieder . „ 7.10
Exploit op mandement van purge, soo wegens het afkondigen,
    uitroepen als het citeeren van een iegelijk, die sich partij
    zoude willen maken . . . . „ 7.10
Copie van 't mandement op een zegel aan het raadhuis . . „ 5.00
Het relaas of acte van Exploite . . . . „ 5.00
Exploit van een mandement van ministerie en van policie . „ 7.10
Emolument voor den Substituut-copie van 't mandement . . „ 1.16
Exploit op 't mandement van Benifice van Inventaris . . . „ 5.00
Edicaale Citatie op zegels, aan 't raadhuis en in de rivieren, ieder „ 5.00
Het maken van Inventaris, Estimatie van goederen en verkla-
    ring bij acte doet stellen . . . . „ 9.18
    Vacatie per dag *f* 10. Copie van gedane Exploit *f* 4.
    Arresten Interdict mitsgaders dagvaarding *f* 7.10.
    Emolument substituut. Copie met zegel *f* 1.16. Presentie ter rolle *f* 1.16.
Exploit van opdaging *f* 7.10. Copie der weetbrief van het arrest, mitsgaders obligatie en verdere documenten, neftens de schriftexempl. aan de overgedaagde *f* 4.10. Exploit van beteekening en gijzeling *f* 7.10. Visitatie in die gijzeling eens *f* 3. Copie van het rekwest en origineel mandement van gijzeling, mitsgaders 't Exploit van de beteekening derzelve en acte op zegel *f* 3.15.
    Een insinuatie op verleende surcheange . . . . *f* 7.10
    „   om wederom in gijzeling te gaan . . . . . „ 7.10
    Een edictaale citatie op 't zegel van het raadhuis en in de rivieren, alwaar de affectie is, voor ieder *f* 5.
    Emolument voor den substituut, 't presenteren ter rolle van ieder Crediteur daarin gemeld, 6 stuivers.

gen vonnissen van het Hof van Civiele Justitie, kwamen nog andere moeijelijkheden: bij de zoo ligt opgewekte wrevel der heeren planters en anderen, behoorde er veel wijsheid toe ter vervulling dezer moeijelijke betrekking. Zoo spoedig genoemde heeren zich maar eenigzins door een dergelijk ambtenaar beleedigd achten, kwamen zij onmiddellijk met hevige klagten te voorschijn. Zoo werd op den 17den Februarij 1747 de substituut exploiteur die zich bij eene dagvaardiging van burger officieren eenige dreigementen had veroorloofd, ten eerste uit zijn ambt ontslagen, ten tweede veroordeeld om op een stuk geschut te worden gesteld met een papier op de borst, waarop stond *»de substituut Exploiteur, die de burgers dreigt zonder orde"*, en alzoo een half uur lang te pronk te staan en ten derde uit de kolonie te worden gebannen, terwijl hij de kosten der justitie moest betalen.

De verbetering door Mauricius in de regtsbedeeling gebragt, was verre van algemeen te behagen; dat aanzien en vermogen niet langer een vrijbrief was, om straffeloos de wetten te overtreden, voldeed velen, die dit privilegie zoo lang zonder stoornis genoten hadden, volstrekt niet en al spoedig werd hierdoor wrevel, ontevredenheid onder dezulken tegen Mauricius opgewekt, terwijl zij ieder voorwendsel om de daden des Gouverneurs in een kwaad licht te stellen, gretig aangrepen. Zoo werd de bepaling waarbij Mauricius gebood, dat rekwesten enz. aan den Raad geadresseerd eerst aan hem *als Voorzitter* moesten worden ter hand gesteld, hetgeen ter voorkoming van misbruiken en als goede regel geschiedde, zeer ten kwade uitgelegd. (*)

De verdere maatregelen door Mauricius genomen om orde en regel te bevorderen, baarden doorgaans ontevredenheid; zoo werd hem nu een door hem uitgevaardigd placaat, waarbij de ingezetenen gelast werden nieuwe kaarten of warranden der aan hun door de societeit verstrekte gronden te laten maken, zeer ten kwade geduid en als misbruik van magt toegekend, zelfs leverden de Raden en politie hiertegen protest in. (§)

<hr>

(*) Recueil echte stukken, 1e bl. 4 enz.

(§) In de notulen van 28 Febr. 1746 wordt ook gewag gemaakt van

De begeving van ambten, veroorzaakte, zooals trouwens meermalen het geval was, vele onaangenaamheden; de benoeming o. a. van zekeren Borgtorff tot keurmeester der suiker, hoe weinig beduidend op zich zelve, gaf aanleiding tot hevige disputen, daar de benoemde niet naar den zin der heeren planters was en men hiertoe een ander begeerd had.

In 1744 deden zich aan den staatkundigen horizon van Europa ongunstige verschijnselen voor wegens de vrees voor het uitbreken des oorlogs met Frankrijk. Mauricius, die wegens de nabijheid van Caijenne voor een overval vreesde, wilde de noodige voorzorgsmaatregelen nemen en vroeg hiertoe de hulp van het Hof van Policie, die schoorvoetend en slechts onder protest verleend werd, daar men zich steeds op het 27sten Art. van het octrooi grondde, waarbij bepaald werd, dat de verdedigingskosten door de societeit moesten worden gedragen.

Deze zaak gaf oorzaak tot vele moeijelijkheden: Mauricius nam in overleg met het Hof verscheidene besluiten, waarbij de schippers, tot eigene veiligheid en die der kolonie, bevolen werden om meer in de nabijheid van Paramaribo met hunne schepen voor anker te gaan liggen; hij had hier met onwil en ontevredenheid der schippers, die door sommige ingezetenen werden opgestookt, te kampen; zelfs leverden zij later een beklag over de willekeurige handeling (gelijk zij zulks kwalificeerden) van den Gouverneur bij de Staten in; Mauricius deed zijn uiterste best, om de nieuwe fortres, wiens bestaan hier nog niet geheel voltooid was, (*) in staat van verdedi-

een voorstel van den Gouverneur om eene algemeene Landkaart te laten maken.

(*) Journaal van Mauricius, 8 Maart 1746. Na eene inspectie der nieuwe fortres deelt hij zijn oordeel daarover mede met deze woorden: „In 't geheel sie ik die fortresse aan met oogen van verdriet, als een lastig houkind, sonder dat het nut ooit geproportionneerd sal weesen na de kosten. Ze maakt een schoone parade op de kaart en als ze in Brabant lag, geloof ik, dat het een schoon stuk werk sou wesen. — Doch in den ganschen aanleg is geen attentie gemaakt op de omstandigheden van dit land. Zelfs de casernen zijn gemaakt, als of 't in 't noorden was, van steen en dichte benaauwde kamertjes, elk met een schoorsteen, correct op 't model van 't Amsterdamsche oude mannenhuis.

ging te brengen, maar vond hierin gedurig tegenstand, dan van den Commandeur, met wien hij op geen goeden voet stond, dan van de leden van het hof, die als commissarissen toezigt moesten uitoefenen, doch eerder zijne maatregelen belemmerden, dan weder met de ingezetenen, die in gebreke bleven, het bij conventie bepaalde getal slaven voor den bouw te leveren. Niettegenstaande al deze bezwaren en moeiten, gelukte het toch aan Mauricius, om daartoe door de Staten-Generaal gemagtigd, met de Raden van Policie, als vertegenwoordigers der ingezetenen, eene overeenkomst te treffen, waarbij die zaak geregeld werd; en bij acte v. H.H.M. van 6 Maart 1748 kwam een verdrag tot stand, waarin bepaald werd, dat men de nu voltooide forten steeds in goeden staat en tegenweer moesten onderhouden; dat het aandeel der kosten door de Directeuren der Societeit gezamenlijk gedragen, en dat het fort Sommelsdijk zoude verlaten worden. (*) Een door hem in Junij 1744 gedaan voorstel, om eene redoute tegenover het nieuwe fort aan te leggen, daar het geschut op hetzelve niet ver genoeg reikte, om de kleine schepen, die weinig diepgang hadden, af te weren, vond om dezelfde redenen zeer veel tegenstand en eerst na verscheidene jaren slaagde hij er in tot het bouwen daarvan over te gaan.

Een nieuw reglement van de burgermilitie, dat bepalingen behelsde, waarbij de straf aan lijf of leven bij sommige gevallen gesteld werd en het artikel inhield: dat in cas van alarm de burgers zich ter verdediging naar de nieuwe fortres hadden te begeven, om onder de militairen dienst te doen, gaf veel aanleiding tot ontevredenheid. De burger officieren leverden een geschrift daaromtrent aan het Hof in, waarbij zij zich over de genoemde bepalingen beklaagden, en een voorstel deden om, in cas van alarm, al de militairen naar de nieuwe forten te zenden, terwijl de burgers alsdan Zeelandia en Sommelsdijk zouden verdedigen — dan — voerden zij als be-

---

(*) Sypensteijn, Geschiedenis van Suriname bl. 32; Sypensteijn, J. J. Mauricius, bl. 32. Hartsinck, 2e bl. 729—39; bij den laatsten schrijver vindt men het stuk in zijn geheel.

weegreden aan, was er geen vrees voor verschil tusschen militairen en burgers. Bij onverhoopte verovering der nieuwe
fortres, bleef er nog kans over ter verdediging der stad Para-
maibo of ter verkrijging van redelijke voorwaarden, en hierdoor werd tevens het bezwaar weggenomen dat er op de
plantaadjes, door vertrek der meeste blanken en tengevolge van
gebrekkig toezigt, uitspattingen, ja well600t opstand onder de
slavenmagt zoude ontstaan; men stelde alzoo voor, liever
goede, bekwame negers ter verdediging der fortres af te staan. (*)

Mauricius toonde zich niet ongenegen, om in dit voorstel,
behoudens eenige nadere bepalingen, te treden, doch juist over
deze nadere bepalingen kwam weder verschil, en de burger-
officieren begonnen afzonderlijke vergaderingen te houden, waarover Mauricius zich zeer ontevreden toonde, als zijnde deze vergaderingen strijdig met het octrooi, waarbij alle magt aan Gouverneur
en Raden opgedragen werd, terwijl ook het houden van afzonderlijke vergaderingen bij besluiten van H.H.M. in 1712 en 15, strengelijk verboden was. De maatregelen tot stuiting dezer bijeenkomsten door Mauricus genomen, verbitterden velen dier kolonisten
die in meerdere of mindere mate met de burgerofficieren instemden.

Men poogde dan ook in het hof van policie leden der oppositie te vestigen, en daar een dier leden, Salomon Duplessis,
de meeste stemmen van een dubbeltal verkregen had, werd hij
geëligeerd door Mauricius (§) die hoopte èn dat hierdoor aan
de tegenpartij genoegen gedaan wordende, deze meer tot billijke waardering zijner handelwijze zou worden gebragt, èn dat
de genoemde Duplessis deze daad van loyaliteit van hem Gouverneur erkennen zoude — dan — Mauricius vleide zich met
eene ijdele hoop.

De tegenpartij, door Mauricius steeds de Cabale genoemd,
werd integendeel hierdoor meer verwaten, en Duplessis toonde
zich, zooals Mauricius het noemt »als een woeste kwade kerel"
en *in* en *buiten* de vergaderingen van het Hof was hij immer
de sterkste tegenstander van den Gouverneur; in de vergade-

<hr>

(*)   Notulen van Gouv. en Raden 25 en 26 Aug. 1744.
(§)   Journaal van Mauricius 5 Feb. 1745.

ringen vielen, tengevolge zijner heftigheid, soms ergerlijke tooneelen voor; en toen er bij het vacant worden van twee
plaatsen in het Hof eene nieuwe verkiezing geschieden moest,
cabaleerde hij met anderen, vooral met den raad Pichot, zeer
sterk om die vacante plaatsen door mannen in zijn geest te
doen vervullen; zulks mislukte hem echter, en als een blijk
zijner heftigheid worde vermeld, dat hij over die mislukking
zoo verwoed was, dat hij over de straat liep als een moedwillige bootsgezel, afgrijselijk in vloeken uitbarstende, terwijl
hij n. b. van boosheid op een kogel beet. (*)

Meer en meer ontwikkelde de geest van tegenstand tegen Mauricius: de misnoegden begonnen vergaderingen te houden, waar
voorzitters, secretarissen, ja zelfs thesauriers niet ontbraken. — Niet
slechts was er strijd over algemeene beginselen, maar verscheidene
particuliere gevallen maakten den strijd hatelijk en persoonlijk.

Die strijd werd niet alleen in de raadzaal of in vergaderingen gevoerd, maar zelfs in particuliere gezelschappen
barstte te dier zake meermalen de ergerlijkste twisten uit, en
niet slechts Mauricius, maar ook zijne vrouw, zijne bloedverwanten, *al die men dacht dat zijne zijde kozen*, werden de
voorwerpen van den hevigsten haat, die zich soms in allerlei
grofheden openbaarde.

Zoo verhaalt Mauricius in zijn dagboek 14 Dec. 1746, dat
zijne vrouw en dochter, welke des avonds de zieke vrouw van
Ds. Ronde een bezoek hadden gebragt, in het naar huis gaan,
bij de woning van Visser, een ijverig lid der Cabale, door
dezen als een anderen Simeï met vreeselijke vloekwoorden be-

(*) Als een staaltje van de wijze, waarop de publieke opinie in
Suriname zich bij dergelijke gelegenheden openbaarde, zie notulen 4
Mei 1744.

„Bij gelegenheid der verkiezing van een nieuw raadslid, gaf Mauricius zijne verontwaardiging te kennen, dat op de stembriefjes, die over-
luid voorgelezen moesten worden, soms baldadige en moedwillige be-
schimping van personen voorkwamen, ja de *impertinentste en canail-
leuste* declamatiën, waarom besloten werd dat voortaan bij dergelijke
nominatien niet anders dan de namen der bedoeld wordende personen
zouden worden gelezen — en dat zoo er meer op mogt vermeld zijn,
dit als *nietig* zoude worden beschouwd."

leedigd werd (*) — een anderen keer werd mevrouw Mauricius door eenige dames nagejouwd — »daar gaat Trijn van
Hamburg" — Mauricius beklaagt zich in zijn dagboek hierover
meermalen, wij deelen hieruit nog het volgende mede : (§)
»Nadat het canailleuse wyf van Scherping (†) voor een jaar
't exempel heeft gegeven, van, op haar hoogen stoep sittende,
op my en myn vrouw, (als wy voorbygaan) te spuuwen in
plaats van te groeten, hebben ook op dat exempel sederd eenige
maanden eenige dames, alle in deze naburige straat woonende,
zich het woord gegeven, van my, myn vrouw en allen die
voor Gouverneursgezind passeeren, niet wederom te groeten,
al groet men eerst, specialyk Mev. l'Archer, de wed. van de
Meel, de vrouwen van Pichot, Freher, Brouwer en Raket. De
vrouw van Pichot heeft sich altyd voornaamlijk gesignaleerd
met eene bysondere agiliteit — waarop wy ook sederd eenigen
tyd de resolutie hebben genomen, van sachtjens voorby te
gaan, zonder om te zien, doch gisteren ging 't zo verre,
dat de vrouw van Pichot en Brouwer op den stoep sittende
myn vrouw in het voorbygaan met een schaterend gelach
uitjouwden."

Niet slechts telde Mauricius zijne tegenstanders onder vele
der aanzienlijkste mannen, maar ook, gelijk wij uit het hier
aangehaalde zagen, kozen de aanzienlijke vrouwen partij tegen
hem. Eene der voornaamste onder haar was eene dame
Charlotte Elisabeth van der Lith, dochter van een Hoogduitsch
predikant, weduwe van drie Gouverneurs en later van twee
Fransche predikanten. (**) Door hare huwelijken achtereenvol-

---

(*) Journaal van Mauricius 14 Dec. 1746.

(§) Journaal van Mauricius 3 April 1748.

(†) S· herping was secretaris van het hof; hij stond alzoo onmiddellijk
onder den gouverneur.

(**) Zij huwde in December 1721 te Paramaribo met Hendrik Tem-
ming, die na het overlijden van Jéan Coutier, den 10den Oct. 1721
tot Gouverneur-Generaal van Suriname benoemd was en die den 1sten
Maart 1722 het bestuur dier Kolonie aanvaardde. Na zijn overlijden
hertrouwde zij den 17den Julij 1729 met den toenmaligen Gouverneur
C. E. H. de Cheusses, welke den 1sten Februarij 1734 overleed, waarna
zij ten derde male in het huwelijk trad den 10den Februarij 1737, en

gens met drie Gouverneurs was zij ruimschoots in de gelegenheid geweest invloed op den gang van zaken te kunnen uitoefenen; dit scheen hare heerschzucht meer en meer te hebben opgewekt, en niet tevreden met de vervulling harer pligten als moeder en echtgenoot, (zij was 7 Januarij 1742 ten vierde malen gehuwd met den predikant der Waalsche gemeente Audra,) begon zij al spoedig Mauricius te dwarsboomen, de aanleiding hiertoe was het volgende: Sedert den aanval der Marrons in 1730 op de afgelegene plantaadje Bergendaal, die Mev. Audra toebehoorde, was aldaar in de nabijheid eene militaire post geplaatst. De aldaar gestationeerde soldaten moesten gedurig over den grond der plantaadje gaan — Mevr. Audra klaagde te regt of ten onregte over den grooten last dien dit haar veroorzaakte. — De secretaris Jan Nepveu door Mauricius naar den heer Audra gezonden om deze zaak in der minne te schikken, vond slechts mevrouw die met de meeste impertinentie verklaarde, absoluut dien weg niet te zullen permitteren en degenen die er op kwamen, de beenen te zullen laten aan stukken slaan (†) — en toen Mauricius zich hierover gebelgd toonde, schaarde Mevr. Audra zich weldra onder de vijanden van den Gouverneur, ja werd weldra de ziel der Cabale, vooral na den dood van haar vierden echtgenoot, (den 17 Mei 1744), die eene openlijke vijandschap vreesde en meermalen getracht had haar tot bedaren te brengen. — De botsing tusschen haar en den landvoogd, door onderscheidene kleine omstandigheden gevoed, werd steeds heviger, waartoe veel bijdroeg haar onbetamelijke omgang met den Franschen Waalschen predikant Bartelomeus Louis Duvoisin, een woest,

---

nu met den Gouverneur Joan Raije, die haar echter reeds den 11den Augustus van datzelfde jaar door den dood ontrukt werd. Den 7den Januarij 1742 huwde zij andermaal, nu met den predikant bij de Waalsche gemeente te Parimaribo, Anthony Audra, welke echter reeds den 17den Mei 1744 overleed, waarna zij eindelijk voor den vijfden keer (27 Mei 1748) in den echt trad met Louis Duvoisin, predikant bij de Waalsche gemeente, dien zij ook overleefde.

(†) Journaal Mauricius 6 Febr. 1744. — Ook Sypensteijn deelt deze bijzonderheid mede.

buitensporig en opvliegend man, met wien zij den 27sten Mei
1748 zich door den band des huwelijks verbond. Het zoude
ons bestek te zeer overschrijden, indien wij een verhaal gaven van de onderscheidene moeijelijkheden met welke Mauricius te kampen had, en indien wij al zijne vijanden en de
redenen hunner vijandschap tegen hem den lezer wilde leeren
kennen. — Reeds uit het medegedeelde kan men oordeelen,
hoe moeijelijk de toestand van Mauricius was. Daarbij kwam
nog dat de personen die hem terzijde moesten staan, om rust
en orde te handhaven, meerendeels de zijde zijner tegenstanders kozen. Zoo vond hij o. a. al spoedig tegenwerking bij den
persoon, die op hem in rang volgde, namelijk de Commandeur,
die als bevelhebber der troepen en als eerste Raad van Policie,
grooten invloed zoowel ten kwade als ten goede kon uitoefenen.
Philippe Cambrier, een Franschman, die vroeger kapitein bij
de Zwitsers was, werd tot luitenant-kolonel en Commandeur
benoemd en arriveerde kort na de aankomst van Mauricius in
Suriname; hij was met de familie van Sommelsdijk vermaag-
schapt en met vele hooggeplaatste personen in Nederland bekend,
met welke hij een gestadige briefwisseling onderhield, waarin hij
de daden van Mauricius in een verkeerd daglicht plaatste, terwijl
hij zich in Suriname aan de partij tegen den Gouverneur aansloot.

Toen Cambrier, die wegens verzuim in de dienst meermalen
door Mauricius tot ijver en pligtsbetrachting moest worden aangemaand, in Feb. 1744 om zijn ontslag verzocht, werd hem
dit verleend; in zijne plaats kwam Jean Louis L'Archer, heer
van Keenenburg, sedert 1743 Ritmeester der cavallerie welke den
29sten December 1746 in Suriname arriveerde, doch hiervan
had Mauricius weinig dienst. — L'Archer was veelal ziek en
veroorzaakte daarenboven den Gouverneur veel moeite en onaangenaamheden, »daar hij" schrijft Mauricius in zijn dagboek
5 November 1747, »plompelijk 't masker aflegt en geen schaduw
van respect meer observeerd," hetwelk zelfs zoo verre ging dat
dat de Gouverneur hem huisarrest deed aanzeggen en de bijwoning der vergaderingen verbieden; den 10den Mei 1748
overleed de heer L'Archer, en zijne vrouw behoorde sedert
dien tijd tot de hevigste tegenstanders van den Gouverneur.

De tot zijn opvolger benoemde heer Wigbold Crommelin, kwam eerst in 1749 in Suriname aan; deze heer had door zijne bekwaamheden en door zijne gehechtheid aan en overeenstemming met Mauricius, dezen tot grooten steun kunnen zijn; hij kwam daartoe te laat — de oneenigheden waren reeds te ver gekomen.

Met den Raad Fiscaal van Werven waren ook velerlei onaangenaamheden. Na diens overlijden 22 Aug. 1746, kwam, ter zijner vervanging, Mr. Nicolaas Anthony Kohl den 13den Dec. 1746 te Suriname aan. — Deze stond Mauricius trouw ter zijde, werd zelf zeer met hem bevriend en huwde den 26sten Januarij 1746 met zijne oudste dochter, doch overleed reeds den 27sten Oct. 1748. Bijna een jaar lang werd het Fiscalaat a. i. waargenomen door den Raad van Policie Hendrik Talbot, doch het meeste werk kwam nu op Mauricius neder, die hierom echter van heerschzucht beschuldigd werd. Den 31sten October 1749 aanvaardde de in Nederland tot Fiscaal benoemde Secretaris Jacobus van Baerle die betrekking, maar overleed reeds den 25sten Sept. 1750, waardoor de werkzaamheden van Mauricius weder zeer vermeerderd werden.

De secretaris van het hof Scherping behoorde mede tot de tegenpartij; was hij zulks in het eerst slechts in het geheim, zijne vrouw daarentegen, door Mauricius meermalen de Gouvernante van den waterkant genoemd, kwam hier voor openlijk uit. (het hier straks vermelde strekke ten bewijze).

Zoo beleedigde ook de vrouw van den ontvanger Freher, mede Raad van Politie, den Gouverneur. Deze had een deurwaarder uitgezonden, om zekeren heer Cellier te spreken. De deurwaarder vervoegde zich, ter voldoening aan den last des Gouverneurs, in een huis, waar onder meer gezelschap zich ook mevrouw Freher bevond, die hem toevoegde: »Moet gij hem van dien Aap spreken, die schelm, wat moet die schoelje hebben?" (*)

De daaromtrent ingestelde regterlijke vervolging was van langen duur en baarde nieuwe onaangenaamheden.

_____

(*) Notulen, 16 Mei 1748 enz.

Meer en meer barstte het vuur der tweedragt uit, toen Salomon Duplessis in Maart 1747 door de ontevredenen, op gezamenlijke kosten naar Holland werd gezonden, om daar over Mauricius te klagen en zijne terugroeping te bewerken

Later werd Duplessis eene procuratie door eenige leden onderteekend nagezonden, waarvan de teekening van sommige personen door list of vreesverwekking afgeperst was, enkelen hadden zelfs niet geweten wat zij teekenden enz.

Duplessis wendde in den Haag alle pogingen aan ter bereiking van zijn doel: de terugroeping van Mauricius, en werd hiertoe uit Suriname door de leden der Cabale ondersteund.

Mauricius moest zich nu in uitvoerige memoriën tegen die aanklagten verdedigen en de bewijzen hiervan overleggen; daarbij werd hij genoodzaakt om met krachtige hand de woelingen in Suriname tegen te gaan, waardoor hij zich echter gedurig nieuwe vijanden verwierf.

In overleg met het Hof van Policie, waarin hij bij nieuwe keuze meer medestanders verkreeg, maakte Mauricius in December 1748 gebruik van het den Gouverneur en Raden toegekende regt van Politieke uitzetting om den burger kapitein Jan Pieterse Visser en Everardus Brouwer, beide raden van Civiele Justitie de kolonie te doen verlaten; hierdoor werden nieuwe grieven tegen hem gevonden. Ongelukkig kwam het schip, waarmede Visser verzonden werd, nimmer te regt en dat waarop Brouwer zich bevond, werd door Fransche kapers genomen. Brouwer overleed te Morlain, waar het schip binnengebragt was.

Reeds in het begin van December was tot de politieke uitzetting van den Joodschen burger kapitein Isaac Carilho besloten, op verzoek der Joodsche regenten, aan wie een privilegie reeds door van Parham was toegekend om personen hunner natie, over wier gedrag men ontevreden was, en welker handelingen onrust verwekte, uit de kolonie te verbannen. Zie bladz. 173.

Vroeger had Mauricius getracht, om de oneenigheden tusschen regenten en Carilho te stillen; en was hem dit toen gedeeltelijk gelukt, later sloot echter Carilho die van een onrustig

woelzieken aard scheen te zijn, zich bij des Gouverneurs tegenstanders aan, en werd door hem als burger officier ontslagen. Tot veel geschrijf en onaangenaamheden, heeft deze
zaak aanleiding gegeven, dan — aan de politieke uitzetting
is echter geen gevolg gegeven. Zoo brandde het vuur der tweedragt aan alle zijden, want ook Mauricius had zijne aanhangers, waaronder voornamelijk Ds. Ronde en de raadshee-
ren Tourton en Pallak geteld kunnen worden. Sommigen dezer
heeren hadden een memorie tegen de klagten v. Duplessis geteekend, hetgeen Mauricius echter, om elk verwijt over par-
tijdigheid te vermijden, had verhinderd; zelfs boden de
heeren Tourton en Pallak in de volle raadsvergadering "met de
teederste hartelijkheid" aan, om naar Holland te gaan ten einde
de onschuld van den Gouverneur te bewijzen, terwijl de raden zich mede zeer gekwetst gevoelden over de valsche en
onware beschuldigingen. (*)

Als een bewijs van de goede gezindheid van verscheidene
ingezetenen, kan genoemd worden de instelling der Mauritsrid-
ders, waarvan Mauricius in zijn dagboek van 3 Mei 1745 het
volgende verhaalt. "De goede ingezetenen van Suriname hebben mij in mijn verdriet willen vervrolijken met heden mijn
geboortedag te celebreren op eene gedistingueerde wijze. Genoegzaam alle heeren en dames van fatsoen, hebben mij en
mijne vrouw komen komplimenteren en 's namiddags hebben
een groot getal jonge heeren een optocht te paard gemaakt,
't welk nooit hier gezien is, met muziek vooruit. Wanneer de
ruiters niet gewoon zijn te paard te zitten, en de paarden niet
gewoon zijn onder den man te gaan, geeft het eene slechte
cavalcade, doch deze is echter in volkomen orde geweest, zelfs
hebben se voor 't Gouvernement eene soort van exercitie gedaan, die wel uitgevoerd is, 's avonds hebben zij mij vereerd
met een fraai vuurwerk, welks gelijken hier nooit gezien is,
en 't welk de heer Bird (†) de galanterie heeft gehad van te
derigeeren; verder heb ik een maaltijd en bal gegeven voor
het gansche gezelschap (de nieuwe ridders er onder begrepen)

(*) Journaal Mauricius 6 Junij 1748.
(†) Kapitein der Artillerie, anders geen vriend van Mauricius.

doch heb bij alle die vreugde niet kunnen assisteren dan met den voet op een kussen.)" Genoemde ridders, 24 in getal, droegen roode monteringrokken en zilveren kruisen aan een blaauw lint, zij boden aan een corps op te rigten, om in tijd van nood het land te kunnen verdedigen, Mauricius die echter begreep, dat in Suriname zelden iets in zijne regte palen kon blijven, zonder de een of andere echappade, wees dit beleefdelijk van de hand en maakte eenige bepalingen omtrent deze nieuwe ridders; doch daar deze instelling, hoe onschuldig ook in zijn aard, tot vele klagten aanleiding gaf, is het corps spoedig reeds (6 November) 1745 ontbonden. De hoofdman van dit corps was Herman Nicolaas van de Schepper die wel zekere hartelijkheid bezat, maar zich door ligtzinnigheid en losheid van zeden kenmerkte, zoodat zijne vrouw zelfs scheiding van hem verzocht en verkreeg; hij liet het de onder zijn bevel geplaatste eerewacht aan geen wijn en andere ververschingen ontbreken, zoodat na afloop der exercitie, meermalen zwelgpartijen plaats vonden waarop het ruw toeging en meermalen hevige twisten tusschen de Maurits ridders en de leden der cabale ontstonden, die door stokslagen en degenstooten opgevolgd werden.

De oprigting van dit corps, waarvan Mauricius geen kennis had gedragen, werd hem door zijne vijanden echter als blijk van hoogmoed en inbeelding verweten, en toen hij nadeelige gevolgen van onverstandigen ijver bij die jonge lieden vreezende, het zelf in November 1745 ontbond, berokkende hij zich hierdoor weder andere vijanden. Zijne vijanden zochten dan ook gretig al zijne handelingen in een kwaad licht te brengen; allerlei beschuldigingen, waarvan sommigen als uit de lucht gegrepen waren, anderen door verdraaijing en verkeerde toelichting der feiten, een schijn van waarheid verkregen, werden opgesomd en H. H. M. toegezonden.

Zoo werd hem ook inhaligheid, schraapzucht en eigenbaat verweten en in de klagten van Duplessis werd gezegd, dat dit zoo ver ging, dat hij, om ze te bevredigen, door het verkoopen van roode slaven (Indianen) van een bevrienden stam, dien der caraiben, een zoodanig misnoegen bij dit volk had gaande gemaakt, dat men voor vijandelijkheden van hunne zijde vreesden. (*)

Mauricius wederlegde de meeste dezer beschuldigingen voldingend, maar men voer voort met gedurig nieuwe bij de oude te voegen; zoo beschuldigde de predikant Duvoisin hem o. a. dat hij zich omtrent de Zwitsersche familien (zie bladz. 112) met onverschoonlijke nalatigheid gedragen had, en door partijdige bescherming van den bestuurder Bussy, die hen niet goed behandelde, oorzaak van hun ondergang was geweest. Doch uit het dagboek van Mauricius, gelijk uit zijne verdediging (Recueil 4, dl. 42), blijkt dat hij hierin geheel onschuldig was.

Reeds bij aankomst der bergwerkers, overtuigde hij zich met eigen oogen of zij goed gelogeerd waren, en ondersteunde hen zooveel mogelijk. (†) Den 28 October (§) onderzocht hij de planken die tot het bouwen der woningen gereed gemaakt en die reeds een jaar van te voren betaald waren, maar hij bevond dat men hem schandelijk bedrogen had en dat de planken niet bruikbaar waren. Gedurig vindt men in het dagboek vermeld van ziekten onder hen, van weg-

---

(*) De negotie van Indiaansche of roode slaven was een voordeel aan de betrekking van Gouverneur verbonden. Daarvoor hadden de Gouverneurs zoogenaamde wervers „Bokkenruilders" in dienst, die de bovenlanden doorreisden en van de met het Gouvernement bevriende Indiaansche stammen, de door hen op andere gemaakte krijgsgevangenen opkochten, meestal in ruiling tegen blaauw katoen, kralen, ijzerwaren of sterke drank. Deze roode slaven werden in de stad gebragt, door een tolk onderzocht, of zij ook behoorden tot eene bevriende Natie en in het tegenovergestelde geval, namens den Gouverneur, aan de ingezetenen verkocht, die hen als huisbedienden of jagers gebruikten. Vroeger had deze hatelijke handel vele voordeelen opgeleverd; ten tijde van Mauricius echter bragt hij, doordat de Indianen verder in de binnenlanden trokken, zoo weinig op, dat de kosten naauwelijks uit den verkoop gedekt werden. De beschuldiging, dat Mauricius twee, hem door den vrijen neger Quassie aangebragte, roode slaven van een bevrienden stam zou verkocht hebben, was onwaar — de bedoelde slaven behoorden tot den niet bevredigden stam de Brouhahan's, enz. — Sypensteijn (Mauricius blad 90—92.

(†) Journaal Mauricius 13 Aug. 1743.

(§) Journaal Mauricius 27 Dc. 1749.

loopen van gehuurde slaven, van aanvallen der Marrons en bij dat alles ziet men dat Mauricius hielp waar hij kon. De boerenfamilien in Augustus 1747 aangekomen, werden door hem gemonsterd en verdeeld. Zijn oordeel over hen was vrij gunstig, doch weldra (Nov. 1778) schrijft Mauricius van hen dat zij geen hand willen uitsteken. Over de later aangekomen Zwitsers was mede het eerste oordeel gunstig (zie dagb. 17 Nov. 3 Dec. 1748), doch spoedig slaat hij ook over hen een anderen toon aan. In Maart 1749 dienden zij klagten in over hunne bestuurders Du Bussy en Felix; en in plaats van deze, zooals Duvoisin gezegd had, partijdig te beschermen, werd, daar sommigen dier klagten gegrond waren, Du Bussy niet weder terug gezonden, Felix gedegradeerd en een ander in zijne plaats gesteld (*) doch hun eigen slecht gedrag, gepaard met andere omstandigheden, (†) was de voorname oorzaak dat deze kolonisatie geene goede gevolgen had.

Tijdens het bestuur van Mauricius kwamen verscheidene onheilen over de Kolonie.

In 1743 heerschten er zeer hevige ziekten, als: kinderpokken, heete koortsen en eene ziekte die vele kenteekenen van ijlhoofdigheid bezat. Men hoorde niets dan van dooden en zieken — geheele huigezinnen stierven bijna uit. (§)

In Januarij 1745 ontstond er een zware brand op de Knoffelsgracht, die bij volslagen gemis van brandbluschmiddelen, noodlottige gevolgen had kunnen hebben, doch hij werd, daar er bij geluk geen wind was, spoedig gestuit (**)

In November 1746 brak er een hevige boschbrand uit, die zich tot suikerriet en kostgronden uitstrekte; van alle zijden

---

(*) Journaal Mauricius 26 1749.

(†) Journaal Mauricius, 8 Julij 1849 onder hevige koortsen uit.

24 Julij 1749. De ziekten onder de Zwitsers nemen toe, ook de ontevredenheid en wanorde. — Zij willen niet naar het hospitaal, zij willen niet innemen, zij willen voor de overgeblevene kinderen der overledenen niet de minste zorg dragen, zij willen geene bedekking van soldaten. *Wat een onwil!*

(§) Journaal Mauricius 13 Nov. 1743.

(**) Journaal Mauricius 8 Jan. 1745. — Bij deze gelegenheid drong

vernam men droevige tijdingen deswegens; de pogingen met een getal van 150 slaven ter stuiting aangewend, bleven eerst vruchteloos. Te Paramaribo kon men bijna geen ademhalen van den dikken rookdamp; de zon vertoonde zich rood als bloed; men kon de schepen op de reede kwalijk zien. — Mauricius nam verscheidene maatregelen, en verzocht de predikanten niet alleen slechts zondags hunne predikatien in te rigten als op een bededag, maar tweemaal in de week bedestonden te houden om den Heer te smeeken dit kwaad af te wenden.

Het behaagde God een regen te geven, waardoor het vuur na een maand te hebben gewoed, eindelijk gestuit werd. (*)

Eene (†) andere moeijelijkheid was de slechte staat van de kas der Modique lasten waaruit de noodige betalingen voor de behoefte der Kolonie moesten geschieden. Den 28sten Feb. 1744 werd daarom in eene zitting van het Hof van Politie met eenparige stemmen besloten om overeenkomstig met het 29 art. van het Octrooi, eene algemeene heffing te verordenen, die berekend werd voor iederen blanke en voor iederen slaaf (roode of zwarte) boven de 15 jaren ƒ 1,— per hoofd, voor de kinderen ƒ 0,50 (§); deze belasting schijnt echter niet tot stand te zijn gekomen, daar er in de notulen van 31 Mei 1747 op nieuw van wordt gewaagd; een idem op de huurwaarde der huizen in Paramaribo, waaruit de onkosten voor brandspuiten gevonden moesten worden, (**) vond zooveel tegenstand dat zij niet uitgevaardigd werd.

De gevreesde vijandelijke inval der Franschen en daardoor noodzakelijk geachte verdediging, had ook vele onkosten te weeg gebragt. — Steeds schoorvoetende en onder gestadig protest, waren daarvoor door de Kolonisten

---

Mauricius zeer aan op het uit Nederland doen overkomen van brandpalen. Zie blad. 295, 96.

(*) Journaal Mauricius 13 Nov. 23 Nov. 25 Nov. 1, 2, 12 Dc. 1746.

(†) In 1797 in Februarij, ontstond er weder een boschbrand, die met afwisselende hevigheid woedende, eerst in April door den aanhoudende regen tot staan kwam.

(§) Notulen 28 Feb. 1744.

(**) Zie Notulen 18 Feb. 1745.

gelden verleend. (*) — Wel werd in Julij 1747 door sommige burgerofficieren, mede uit naam van verscheidene voorname ingezetenen, eene vrijwillige contributie tot dat einde aangeboden, maar daar men het daarbij beoogde doel om door het benoemen van commissarissen uit hun midden invloed en medegezag te erlangen, niet bereikte, trad men weldra weder terug, en zocht allerlei uitvlugten, zoodat het Hof besloot een geldleening te sluiten. »Doch nu was, schrijft Mauricius, in zijn dagboek" (†) niemant t'huis, alle die pofhansen, die spraken van gouden bergen te GEEVEN, houden nu de handen binnen, nu men maar spreekt van te LEENEN, of van te AVANCEEREN, 't geen zij toch over drie maanden so voor hen als in hun qualiteit, sullen moeten betalen. Ik en eenige raden houden 't onderwijl nog gaande met verschotten."

Een der voornaamste oorzaken van het ledig worden der kas van de Modique lasten was echter gelegen in de herhaalde togten op de weggeloopen slaven, waarvan wij in een vorig hoofdstuk een verslag gaven. (§)

Om deze en andere redenen stelde Mauricius voor (**) om te beproeven vrede met hen te sluiten, en werden daartoe pogingen aangewend, (††) welke echter, hoewel zij in het wezenlijk belang der kolonie waren, door de tegenpartij zeer Pernicieus en Ruineus voor dezelve genoemd werden; en de Cabale in Suriname leverde, in vereeniging met eenige eigenaars van plantaadjes en Amsterdamsche kooplieden, in Februarij 1750 een rekwest aan H.H.M. in (§§) waarbij zij den verlangden vrede met de weggeloopen slaven op het hevigste bestreden, en deden voorkomen als door lafhartigheid van den Gouverneur ontworpen; zij zagen er in eene beleediging van het eigendomsregt der meesters, een slecht voorbeeld voor de andere slaven

(*) Notulen 4 Julij 1747.
(†) Journaal van Mauricius 22 Julij 1748.
(§) 1 Mei 1749 werd door G. en R. verzoek gedaan tot het oprigten van een kas voor de wegloopers.
(**) Zie Notulen 19 Dec. 1747.
(††) Zie bldz. 147 enz.
(§§) Recueil 4 d. bl. 98 enz.

enz. enz. In de meesterlijk gestelde verdediging van Mauricius werden al deze bezwaren wederlegd, dan zulks baatte hem
weinig, gedurig werden nieuwe klagten en beschuldigingen door
Duplessis en anderen tegen hem ingebragt. — De Directeuren
der geoctroyeerde Societeit, wien ook sommigen dier klagten
golden, namen steeds de partij voor Mauricius bij de Staten
op; daar echter noch dit, noch de uitvoerige verdedigings-
schriften van Mauricius de tegenstanders tot zwijgen bragt,
en H.H.M. in hun oordeel wijfelden, verzochten Directeuren
in eene missive den 14 April 1749 om de zaak, ter nader onderzoek, aan den Hoogen Raad van Holland op te dragen,
waartoe diens overeenkomstig door de Staten werd besloten.
Dit behaagde echter zijne vijanden niet — men wenschte tot
elken prijs zijne terugroeping, en verspreidde alzoo de ongun-
stigste berigten over den toestand der kolonie. Eindelijk bragten zij het zoover, dat de Staten-Generaal bij besluit van 22 Mei
1750 den stadhouder Prins Willem den Vierde magtigde om zoodanige maatregelen te nemen, als Z. D. H. tot herstel van rust en
orde noodig achtte. De prins zond daarop den Generaal Majoor
Hendrik Ernst Baron von Spörche als eerste commissaris, en
de heeren Mr. Karel Bosschaert-Stenis Pensionaris van Schiedam
en Mr. Hieronimus de Swart, Raad van de stad Gorinchem
als mede-commissarissen naar Suriname om de zaken aldaar te
onderzoeken. Z. D. H. verleende hun magtiging om, naar bevind van zaken, te handelen, en om zelfs, indien zij zulks
noodig mogten achten, den heer Mauricius naar Nederland te
zenden, in welk geval den heer Generaal von Spörche voorloopig het bestuur moest aanvaarden.

Met deze heeren ging tegelijk een regiment van 400 soldaten,
uit verschillende garnizoens van den staat getrokken, naar de
kolonie. — Het bevel hierover was aan von Spörche en, onder
hem, aan den kolonel Otto Christiaan, baron van Verschuer,
vrijheer des H. Roomschen rijks, erfheer van Soltz, opgedragen. Bij resolutie van de Staten van Holland den 25sten Julij
1750 werden de kosten van het onderhoud der Commissarissen
en troepen geschat op ƒ 150,000, waarvan 1/4 door de Societeit
en 3/4 door de ingezetenen moest worden gedragen, waartoe later

eene nieuwe belasting als Hoofdgeld van 1 gulden 's jaars werd uitgeschreven, en ook het lastgeld der schepen verhoogd.

Ultimo November en primo Dec. 1750 kwamen de schepen met de commissarissen en troepen op de reede van Paramaribo aan. Na eenige wederzijdsche complimenten tusschen HH. Commissarissen en den Gouverneur, leverde Mauricius den eerstgenoemden den 15sten Dec. 1750 eene memorie in omtrent den staat der geschillen in Suriname (*).

Door heeren Commissarissen werd audientie verleend waarop ieder zijne klagen en bezwaren mogt inbrengen; ruimschoots werd hiervan gebruik gemaakt. — Mauricius verlangde dat ieder afzonderlijk gehoord zoude worden en hij maakte Commissarissen opmerkzaam dat het houden van vergaderingen, waarbij men zich tot onderling overleg vereenigde, onwettig was en men daarbij de hoofden der Cabale gelegenheid gaf, de van hen afhangende personen te prepareren om hun geleerd lesje op te zingen (§).

Mauricius had juist geoordeeld, ofschoon de Commissarissen die aanmerking in den wind sloegen. — Sommige ingezetenen leverden een uitgebreid stuk, genaamd »verzoekpunten van redres" in 52 artikelen aan Commissarissen in; deze heeren schenen wel eenigermate onder den invloed van de aanzienlijkste leden der Cabale te geraken, daar zij, volgens het dagboek van Mauricius, vele feesten en partijen bij hen bijwoonden; en deze omgang met de vijanden van den Gouverneur bragt misschien er veel toe bij, om hun oordeel te vestigen: dat de klove te groot was om gedempt te kunnen worden en dat het tot herstel van rust en orde onder de bevolking noodig ware dat Mauricius uit de kolonie vertrok (†).

(*) Recueil 4e. deel bldz 347.

(§) Journaal van Mauricius 24 Dec. 1750.

(†) Dit adres is vervolgens door HH. Commissarissen aan H. K. H. Prinses Anna (Willem de 4e was inmiddels overleden) overgegeven, die daarop berigt van HH. Directeurs inwon, welke het Mauricius in handen gaven, die er eene scherpe kritiek op leverde; daarna deed H. K. H. uitspraak, die door H.H.M. den 20sten Julij des jaars 1763 bekrachtigd werd.

Dit zeer belangrijk stuk zal met de aanmerkingen van Mauricius en de uitspraak van H.H.M. in de bijlagen worden opgenomen.

Den 11sten 1751 werd door Commissarissen eene publicatie uitgevaardigd, waarbij den volke werd bekend gemaakt, dat zij noodig hadden geoordeeld Z. K. H., rapport van hunne gedane informatiën te geven, opdat Z. K. H., naar zijne hooge wijsheid daarover beslissen konde en dat zij het mede goed hadden geoordeeld om den heer J. J. Mauricius, Gouverneur, naar Holland te zenden (ongeschonden zijne eere, met behoud zijner gagie), ten einde in persoon zijne zaak in Holland te kunnen verdedigen, terwijl zij, overeenkomstig de hun verleende magt, voorloopig zijne waardigheid hadden opgedragen aan den baron H. E. Spörche, Generaal-Majoor enz. Hoewel Mauricius, reeds vóór de aankomst der Commissarissen, aan Directeuren om een jaar verlof gevraagd had, ten einde zijne zaak in Nederland te bepleiten (welk verlof hem verleend werd, doch eerst na zijn vertrek in de kolonie aankwam) griefde hem de handelwijze der Commissarissen zeer en beklaagde hij zich in een brief aan HH. Directeuren hierover in treffenden toon.

Den 12den April 1751 gaf hij het bestuur aan van Spörche over, regelde zijne particulieren zaken en scheepte zich den 51sten Mei met zijne vrouw en twee zijner jongste kinderen naar Nederland. — De Commissarissen Bosschaert en de Swart waren reeds den vorigen dag met een ander schip vertrokken.

Zoo verliet dan Mauricius dat Suriname, alwaar hij gedacht had zijn leven te zullen eindigen, waar hij zijn graf reeds had doen gereed maken, waar hij vele bezittingen had aangekocht, waar hij vele dierbare bloedverwanten achterliet.

Bij de benoeming van Mauricius had men groote, zeer groote verwachtingen gehad, misschien te groot schreven wij op bladz. 161, want, merkten wij aan, een bekwaam regtsgeleerde of staatsman is nog niet altijd tevens een goed bewindvoerder. Zoo weinig vindt men beide in één persoon vereenigd — dan al ware dit zoo geweest, eene kolonie als Suriname te besturen was eene uiterst bezwarende taak en men moet erkennen dat Mauricius werkelijk veel goeds voor de kolonie heeft verrigt en nog oneindig meer had kunnen doen, ware hij niet zoo geweldig tegengewerkt.

In den loop der geschiedenis hebben wij hierbij meermalen

stil gestaan en wierpen wij een blik in den ellendigen zedelijken toestand van Suriname's blanke bevolking, omtrent Mauricius moeten wij aanmerken, dat, niettegenstaande zijne vele talenten, hem het ridderlijk, mannelijk karakter ontbrak, hetwelk wij bij van Sommelsdijk waarnemen. Bij de verschillen met de ingezetenen had Mauricius zeker meestal gelijk en meermalen trachtte hij ze bij te leggen, maar de toon en de wijze waarop hij zulks beproefde waren zoodanig, dat hij zijne tegenstanders in plaats van ze te overtuigen, nog meer verbitterde; zijn bijtend sarcasme nam hen tegen zich in, terwijl zijne ijdele zelfverheffing ook voor den onpartijdige stuitend is.

Voor zoover men uit de geschiedenis kan opmaken, handelde hij meer als een fijn beschaafd man, die als zoodanig met de ruwe onbeschaafde maatschappij van Suriname gestadig in tegenspraak kwam, dan als een geloovig Christen, die in de kracht des Heeren wel het kwade met wortel en tak zoekt uit te roeijen, doch personele beleedigingen met den mantel der liefde wil bedekken. In Nederland teruggekomen zegevierde hij weldra over al zijne tegenstanders; zijne onschuld werd erkend, doch hij keerde niet naar Suriname terug. Hij verzocht en verkreeg zijn ontslag in Aug. 1753 als Gouverneur van Suriname en vertrok in 1756, voor de tweede keer als minister van Staat naar Hamburg, alwaar hij in 1768 overleed.

DERDE TIJDVAK.

VIJFDE HOOFDSTUK.

*Van de aftreding van Mr. Mauricius in 1751 tot het
overlijden van Jan Nepveu in 1779. Laatste woelingen der Cabale; finantieële verwikkelingen;
nieuwe strijd met de wegloopers, enz. enz.*

Den 24sten Maart 1751 had Mauricius voor het laatst de
vergadering van het Hof van Policie en Criminele Justitie gepresideerd; de gecommitteerden van Z. D. H. den Prins van
Oranje gelastten hem, bij besloten missive van den 27sten
Maart, krachtens de hun verleende authorisatie, vóór de maand
Mei of zoo veel eerder het hem doenlijk ware, de kolonie te
verlaten en zich naar het vaderland te begeven, om zich aldaar over zijn gehouden bestuur te verdedigen, — dit alles
echter »behoudens kwaliteit en gages." De vergaderingen van
het Hof op 25 Maart, 5, 6, 7 en 9 April werden met goedvinden van HH. Commissarissen door den Commandeur gepresideerd.

Den 11den April werd het besluit der HH. Commissarissen
den volke bekend gemaakt en dienzelfden da gafg Mauricius

het bestuur aan von Spörche over en vertrok den volgenden dag met zijne vrouw, zijne dochter, die met Strübe gehuwd was, en met zijne jongste kinderen naar zijne plantaadje Simplicité, èn om aldaar eenige particuliere zaken in orde te brengen èn om zich de ergernis te besparen, welke hem de plegtige installatie van von Spörche ongetwijfeld zou hebben veroorzaakt. (†)

Mauricius regelde, zoo goed zulks in dien korten tijd mogelijk ware, zijne eigene zaken en vertrok reeds den 15den Mei uit de kolonie per het schip de »Jufvrouw Johanna", kapitein Schouten. Gedurende negen jaren had hij de teugels van het bewind in handen gehad, negen jaren, die hij in kommer en verdriet heeft doorgebragt.

Den 13den April 1751 werd het Hof, op order der IIII. Commissarissen, door den Commandeur geconvoceerd; de Commandeur berigtte de leden, dat de IIII. Commissarissen deze vergadering zouden bijwonen; de presente leden begaven zich daarop en corps naar het logement van den heer von Spörche, om ZHGb. benevens de andere heeren, die aldaar mede tegenwoordig waren, af te halen en naar de Raadkamer te geleiden.

De Commissarissen berigtten de aanwezige leden van het Hof, dat er niet slechts één vacante plaats in dat Collegie was ontstaan door het bedanken van den heer Cellier in Augustus 1748, welke plaats sedert nog niet weder door eene nieuwe benoeming was vervuld, maar dat daarenboven de heeren Talbot, Pallak en J. Bavius de Vries hun ontslag hadden verzocht, dat HH. Commissarissen dit ontslag hadden toegestaan, (§) zoodat er weldra vier zetels in het Hof ledig zouden staan, en daar IIII. Commissarissen het in het belang der kolonie wenschelijk achtten, dat die hooge vergadering voltallig ware, zoo hadden zij van de hun toegekende magt gebruik gemaakt

---

(†) Journaal van Mauricius van 11, 12, 13 April 1751.

(§) Volgens Journaal van Mauricius van 5 en 6 April 1751, waren genoemde heeren door den Commandeur, uit naam der IIII. Commissarissen, geadverteerd, *dat zij wel zouden doen met hunne demissie te vragen.*

en : »*alsoo voor deese reise, sonder eenige consequentie voor het toekoomende en ongepraejudiceert de privilegien vrij en geregtheden aan de ingesetenen deser colonie competeerenden* tot Raaden in deesen Hoove hadden aangesteld : de heeren E. Comans Scherping, Pieter van der Werf, Etienne Couderc en Willem Carl Strübe, en daar door het bedanken van J. Bavius de Vries het officie Fiscaal openviel, (*) hadden zij aan Mr. Samuel Paulus Pichot bij provisie het waarnemen dezer betrekking opgedragen. (†)

Het Hof van Policie en Criminele Justitie anders steeds zoo naijverig op zijne regten, welks leden zich zoo spoedig beleedigd achtten bij de minste wezenlijke of vermeende krenking, maakte nu niet de minste tegenwerping.

Nadat de nieuw benoemde raadsleden den eed afgelegd en zitting genomen hadden, zoodat het Hof nu voltallig was, gaven IIII. Commissarissen te kennen, dat hunne Commissie, »om onderzoek naar de onlusten en oneenigheden in deze colonie te doen", in zooverre was afgeloopen, dat de heeren Bosschaert-Steenis en de Swarte eerlang naar het vaderland konden terugkeeren om ZDH. den Prinse van Orange verslag van hunne zending te doen en ZDH. tevens over te leveren »eenige poincten van redres" hun uit naam van verscheidene ingezetenen overgegeven, opdat over een en ander door ZDH., »na hoogstdeszelfs hoogwijs oordeel, kon worden gedisponeert"; dat zij, volgens de hun bij hunne instructie verleende magt hadden goedgevonden den heer Gouverneur Mauricius, behoudens zijne kwaliteit en gages, naar het vaderland te zenden om zich aldaar te verantwoorden; dat zij alzoo provisioneel toldat over deze zaak nader uitspraak was gedaan, den heer von Spörche het gezag hadden opgedragen, terwijl zij na deze kennisgeving de heeren Raden vermaanden om met den heer von Spörche mede te werken ten einde rust en vrede in de

---

(*) Op de Vries was de Cabale zeer verbitterd en moest hij alzoo het veld ruimen.

(†) De benoeming van Pichot tot Prov. Fiscaal is nimmer door Directeuren erkend.

kolonie te bevorderen en, zonder onderscheid van personen, regt en geregtigheid te oefenen, enz., enz., enz.

Bij de verschillende aanspraken die daarop door de nieuw benoemde en andere leden gehouden werden, kenmerkte zich vooral de rede van den nieuwen prov. Fiscaal den heer Pichot, een der voornaamste en invloedrijkste leden der cabale, door verscheidene schimpschoten op den heer Mauricius.

Den volgenden dag den 14den April werd de heer Baron von Spörche plegtig op de gebruikelijke wijze geïnstalleerd; de leden der beide hoven werden door den nieuwen Gouverneur ter maaltijd uitgenoodigd, de dag werd verder in vrolijkheid doorgebragt en 's avonds was er assemblée bij Mevrouw Du Voisin.

Onderscheidene maaltijden werden aangerigt; feesten en partijen volgden elkander onafgebroken op en de tegenstanders van Mauricius juichten, want zij hadden reden om over den loop der zaak tevreden te zijn; zij schenen voor een wijle getriumpheerd te hebben; de door hen zoo zeer gehaatte landvoogd was genoodzaakt geworden de kolonie te verlaten; de opengekomen zetels in de beide hoven en in het collegie van kleine zaken werden voornamelijk door lieden van hunne partij ingenomen; een der voornaamste ambten »het Fiscalaat was provisioneel aan een hunner eerste en invloedrijkste leden, den heer Pichot, opgedragen; de beruchte Carilho die in der tijd door Mauricius als kapitein der Joodsche Burger-officieren ontslagen was, tegen wien zelfs een vonnis tot politieke uitzetting uit de kolonie bestond, die door Mauricius steeds als een befaamde oproermaker was gekwalificeerd geworden, die zelfde Carilho werd, op zijn daartoe ingeleverd rekwest, weder in zijne betrekking als Burger-kapitein hersteld en eer en aanzien en invloed werden hem toegekend; (*) de eisch van den heer Godefroy om vergoeding voor de geexecuteerde slaven van wijlen den heer Thoma, van wien hij erfgenaam was, en welken eisch Mauricius als niet ontvangbaar had beschouwd, werd thans toegestaan en Godefroy ontving voor de acht en twintig geexecuteerde slaven eene som van ƒ 5600.— zijnde de

(*) Notulen van Gouverneur en Raden 12 Mei 1751.

helft der gepriseerde waarde à *f* 400.—; de heer H. N. van de Schepper (*) die door zijne loszinnigheid dikwijls reden tot ergenis had gegeven, doch die door Mauricius, voor wiens eere en belangen hij steeds met loyaliteit in de bres stond, zoo veel mogelijk gespaard was, werd in de gevangenis geworpen en daarna genoodzaakt de Kolonie te verlaten; (†) het proces over de kerkschenderij, gevoerd tegen de heeren Barrios, zoon van Carilho, Leonard van de Beets en den jongen Pichot — welk proces hun door Mauricius met niet te ontkennen heftigheid werd aangedaan — werd van de rol geschrapt, enz. enz. enz.

Triumpheerden de tegenstanders van Mauricius, werd hun invloed sedert de komst van H. H. Commissarissen zeer vermeerderd, gaf de heer von Spörche velen hunner vorderingen toe, wij moeten echter genoemden heer regt laten wedervaren en van hem getuigen dat zijne handelwijze voortsproot meer uit eene opregte zucht om de gemoederen tot bedaren te brengen en hierdoor het welzijn der Kolonie te bevorderen, dan wel uit vijandschap tegen Mauricius. — Wij zien hem ook, in het korte tijdsbestek dat hij het beheer over Suriname voerde, vele pogingen aanwenden om wezenlijke verbeteringen tot stand te brengen, welke pogingen echter meeerendeels vruchteloos bleven.

Tijdens het bestuur van von Spörche werden verscheidene boschtogten tegen de wegloopers ondernomen en hier en daar militaire posten in de divisien opgerigt — doch het een zoo wel als het andere bleef zonder gevolg; het wegloopen der slaven hield aan — geene boschtogten, geene militaire posten — geene wreede strafoefeningen vermogten dit te beletten — daar de hoofdoorzaak, namelijk de slechte behandeling der slaven, steeds bleef voortduren.

Eene poging door von Spörche aangewend om de twisten en ongeregeldheden die tusschen de Portugeesch-Joodsche natie

---

(*) Notulen van Gouverneur en Raden 27 Mei 1731.
(†) Notulen van Gouverneur en Raden 28 en 29 Julij 1731.

beerschte te stillen, gelukte evenmin. De herstelling van Carilho in vorige functien was den Parnassyns dier gemeente zeer
tegen de borst; zij toch waren in gestadigen twist met hem gewikkeld geweest, zij hadden op zijne politieke uitzetting aangedrongen — en nu was Carilho niet slechts op nieuw als kapitein der Joodsche burgerofficieren bevestigd, maar daar en
boven hadden von Spörche en het Hof van Policie hem de magt
opgedragen om de, door sommige leden dier gemeente verlangde, veranderingen in het bestuur te bewerkstelligen. —
De natie schaarde zich weldra in twee partijen: de aanhangers van Carilho en die der Parnassijns. Carilho, door von
Spörche en het Hof gerugsteund ontzette A. Da Costa van
zijne bediening als Regent, onder voorwendsel van zijn jeugdigen
leeftijd; nieuwe regenten werden aangesteld en onder dezen
Carilho; het vuur der tweedragt brak weldra in hevige woede
uit; van beide zijden werden rekwesten ingediend en processen
gevoerd, waarvan de kosten somwijlen uit de armenkas werden bestreden (*); door beide partijen werden gemagtigden
naar den Haag gezonden om aldaar de zaken te bepleiten; de oude regenten zonden hiertoe zekeren heer J. Nassy,
de andere partij den heer de Barrios, zoon van Carilho, welke
laatste zeer ondersteund werd door een rijken Israeliet te Amsterdam, den heer Soasso. (§)

Door deze verwikkelingen werd ook slecht gevolg gegeven
aan het bevel, door het Hof naar aanleiding van den wensch
van den prins van Oranje en H.H.M. uitgevaardigd om de
onderscheidene kerkelijke verordeningen in overeenstemming
te brengen met de gedurende den tijd van 15 jaren nieuw gemaakte. En toch was zulks zeer noodig, daar vaak de eene
verordening de andere wedersprak. (†) Over de benoeming
der Commissie aan wie deze regeling werd opgedragen en tusschen de leden dier Commissie kwamen eindelooze ver-

(*) De Raad Fiscaal deed hiervan in de vergadering van het Hof
mededeeling, waarop dit voor het vervolg streng verboden werd.

(§) Historische proeve 2e. deel bladz. 135.

(†) Notulen G. en R. — 12 en 16 Mei 1751.

schillen waardoor de herziening en regeling vertraagd werden. (*)

De weeskamer bevond zich èn ten gevolge van gebrekkig beheer
èn door andere oorzaken mede in een zeer slechten toestand. Von
Spörche benoemde, in overleg met het Hof, eene commissie van vier
leden, als: twee in functie zijnde leden, één oud-raad van het Hof
van Politie en een van het Hof van Civiele Justitie, om den toestand nader te onderzoeken en een voorstel tot verbetering in te
dienen. (†) In de vergadering van den 14den September 1751
berigtte de Gouverneur dat hij het rapport dier Commissie
had ontvangen en, na langdurige discussien daaromtrent, werd
den 20sten September besloten, dat voortaan weder, *even als
te voren*, een separate boekhouder en kassier zou worden aangesteld, daar het verzuimen van deze bepaling eene voorname
oorzaak der verwarring was. Den weesmeesters werden gelast
de boeken enz. in orde te brengen en dan aan den boekhouder over te geven, terwijl tevens hunne instructie werd
geamplieerd, doch het duurde lang voor er wezenlijk verbetering werd bespeurd; de Commissie berigtte o. a. den 8 Julij
1752 dat nog steeds de toestand der weeskamer zeer verward
bleef; waarna op nieuw verbeteringen werden voorgesteld (§)
die evenwel weinig schenen te baten, want gedurig werden
de klagten over het beheer der weeskamer herhaald.

Mede onder het bewind van von Spörche werd door eene
Commissie uit het Collegie van kleine zaken de schatting van
de huurwaarde der huizen in Parimaribo volbragt, en eene
regeling voorgesteld omtrent de betaling van de nieuwe belasting die benoodigd was om de kosten van het zenden der
H. H. Commissarissen en der troepen te bestrijden; dit alles

(*) Eerst in 1754 kwam deze regeling tot stand en werd deze onder
den naam „*Ascamoth*" door H.H.M. en de prinses Gouvernante en de
Directeuren der Societeit bekrachtigd, terwijl alstoen tevens bij onderlinge schikking „*voor deese reyse en zonder gevolg voor het toekomende*" nieuwe regenten werden aangesteld: Hist. proeve 1e. d.bl. 135.

(†) Notulen G. R. 15 Mei 1731.

(§) Notulen G. R. 8 Julij 1732. Deze notulen zijn hier zeer belangrijk.

geschiedde echter niet zonder groote moeijelijkheden. Ook ontstonden er ter dier tijde verwikkelingen met de practizijns.

Reeds onder de regering van Mauricius waren er herhaaldelijk klagten ingekomen over de *exorbitante rekeningen* der Practizijns. — Door het Collegie van kleine zaken werden eene instructie en een reglement voor deze heeren gemaakt waarbij hun een weinig de vleugels werden gekort — doch zij waren hiermede niet te vreden en leverden een protest in; daarna werd de zaak op nieuw in deliberatie gebragt en den 3den September 1751 een nieuw reglement door het Hof geconcipieerd. (*) Toen dit concept definitief werd vastgesteld, weigerden de practizijns zich hieraan te onderwerpen en het Hof was bedacht om maatregelen te nemen ten einde hen tot onderwerping hieraan te dwingen, eindelijk werd door eenig toegeven van beide zijden de zaak voor het oogenblik geschikt en geregeld. (§)

Reeds onder het bestuur van von Spörche begonnen zich de sporen te vertoonen dier finantieële crisis, die op den toestand van Suriname een zoo belangrijken invloed heeft uitgeoefend; (†) verscheidene planters zochten, tot uitbreiding hunner zaken, geld op beleening te verkrijgen en wendden daartoe pogingen in Nederland aan, en deze roepstem vond gehoor; von Spörche deelde den 15den November 1751 in eene buitengewone vergadering van het Hof mede, dat hij eene missive had ontvangen van den Edelen Groot-Achtbaren heer Willem Gideon Deutz, Burgemeester van Amsterdam en Hoofd van een aanzienlijk handelshuis aldaar, (**) waarin genoemde heer Deutz berigtte, dat hij niet ongenegen was, om een millioen guldens op plantaadjes voor te schieten, op die voorwaarden welke hij in een plan ter negotiatie nader bepaalde. (§§)

(*) Notulen 3 Sept. 1731.

(§) Notulen van Gouv. en Raden 16 Feb. 1752.

(†) Vóór dit Hoofdstuk ten einde is, zullen wij hier reeds op terugkomen

(**) Later ging dit huis aan de familie Marselis Hartsinck over.

(§§) Daar de Notulen van Gouvern. en Raden, anders zoo volledig der maand November 1751 ontbreken, kan dit plan der negotiatie door mij niet in zijn geheel worden medegedeeld. Ik heb het nu moeten opmaken uit de Notulen van 27 December 1751, 11 Januarij en 30 en 31 Mei 1752, toen deze zaak in discussie werd gebragt.

In dit plan van Negotiatie werd bepaald, dat zij die van deze geldleening gebruik wenschte te maken, een eerste hypotheek moesten geven op soliede panden, terwijl geen hoogere sommen zouden worden verstrekt dan $5/8$ der waarde van het te verhypothekeren goed, en om de misbruiken 'die door te hooge opgaaf der perceelen konden ontstaan te beletten, moest de schatting derzelve door beëdigde priseurs, door het Hof benoemd, geschieden.

Die schatters moesten aan het Hof de eigendomsbewijzen, de kaart en de warrand van het te verhypothekeren perceel met de schatting er van overleggen; daarna werd de toestand waarin zich dergelijk perceel bevond in overweging genomen; — zoo kwam hierbij niet slechts in aanmerking de mindere of meerdere vruchtbaarheid van den grond, de staat der gebouwen enz. maar ook de ligging waardoor het minder of meerder gevaar liep van aanvallen van binnenlandsche vijanden (de marrons) enz. enz. Nadat dit dan in het Hof bediscussieerd was, werd aan hem die de beleening wenschte te doen, toestemming verleend om het geheel of een gedeelte der door hem verlangde som op den heer Deutz te trekken. Werd uit overweging van verschillende omstandigheden slechts een gedeelte der verlangde som door het Hof toegekend, dan werd den belanghebbende toegestaan zich, tot bekoming van meerdere gelden dan het Hof oorbaar achtte, tot den heer Deutz te wenden, om nadere authorisatie hiertoe.

Om de wijze waarop men in deze te werk ging, te leeren kennen, schrijven wij uit de Notulen van 11 Januarij 1752 twee besluiten daaromtrent af: een waarbij de geëischte som wordt toegestaan en een waarbij dezelve wordt verminderd:

»de secretaris van deesen Hove heeft, ingevolge qualificatie van deesen Hove, om alle de bewijzen en documenten van eigendom van de plantagiën en Effecten van die geene die sig willen bedienen van het plan en conditien van crediet onder de directie van den Ed. Groot-Achtbaren heer W. G. Deutz, naauwkeurig te examineren, aan den Hove rapport gedaan, dat zijn Ed. alle de bewijzen en documenten van eygendom van de Effecten van de hierna te noemen personen hadden

naauwkeurig geexamineert, en aan syn Ed. de regte eigendom
was gebleven, en dat deselve Effecten met geen fidei commissie waeren beswaert, en dat geene personen met geen huwe-
lijks-voorwaarden zijn getrouwt, en was ter dier fine deselve
bewysen en documenten en prisatiën door beëedigde priseurs
van deesen Hove daartoe gecommitteerd geweest synde, gemaakt,
overgelegt in maniere als volgt: verder gesien en de geexamineert de kaart en warrand en nog de bewijzen en documenten van eygendom, als meede de prisatie van de suyker-plan-
tagie OVERBRUGGE, gelegen in de rivier Suriname, aankomende
den heer Hendrik Talbot junior; is goedgevonden en geresol-
veerd de geeyschte sommen van ƒ 45,000 Hollands, by provisie
toe te staan, en dat gem. heer Talbot meerder penningen in
der tijd noodig hebbende de $\frac{5}{8}$ niet executerende, deselve
zal mogen genieten, dog telkens met grooter verband van gem.
Effect aan secretarissen deser Colonie op te geven om hetselve bij het eerste gepasseerde hypotheeq te voegen, en sal gem.
heer Talbot alle de bewysen en documenten van eygendom, de
prisatie van gez. plantagie, copie hypotheeq en willige condemnatie
alsmeede het certificaat van belastingen behoorlijk geauthoriseerd
aan den Heer Deutz moeten oversenden, en zal hiervan aan
gen. Hendrik Talbot extract worden gegeven", — "verder
gezien de kaart en warrand, de bewijzen en documenten van
eygendom, als meede de prisatie van de hout- en suyker-plan-
tagie OSEMBO, geleegen in de rivier Parra, aankoomende voor
$\frac{11}{16}$ portie Pieter van Middeland. Welke stukken gesien en
geëxamineert synde, en daar over gedelibereert de situatie van
gen. plantagie, en dat gen. rivier meerder geëxponeert is aan
binnenlantse vyanden, is goedgevonden en geresolveert, aan
gem. Pieter van Middeland toe te staan eene somma van
ƒ 20,000 Hollands by provisie op gem. plantagie te kuunen
opneemen, in plaats van desselfs volle $\frac{5}{8}$, die hij ingevolge
het plan en conditien van crediet van den Edelen Groot
Achtbaeren heer Willem Gideon Deutz, andersints soude konnen krygen, en sal gem. Middeland gehouden syn voor gen.
somma, eerste hypotheek en daarop te volgen willige condemnatie van den Hove van Civiele Justitie te passeeren ten

faveure van den Edelen Groot Achtbaeren heer Willem Gideon Deutz, laatende echter de vryheid aan gem. Middeland, om daarover aan gem. heer Deutz te schryven en demonstratie te doen of syn Ed. aan hem meerdere penningen tot de $^5/_8$ toe sal willen schieten, in welk geval gem. heer Deutz daartoe speciaale authorisatie aan heeren secretarissen deeser Colonie sal gelieven te senden, wanneer deselve dan de behoorelyke annotatiën daarvan sullen houden en daarmeede het eerste hypotheeq vergrooten en sal hy Middeland alle de bewysen en documenten van eygendom, de prisatie van gen. plantagie, copie hypotheeq en willige condemnatie alsmeede het certificaat van belastingen behoorelyk geauthoriseerd aan de heer Deutz moeten oversenden, en sal hiervan aan gem. Middeland extract worden gegeven.

Door verscheidene personen werd van deze gelegenheid gebruik gemaakt. Ware zulks steeds op behoorlijke wijze geschied en hadde men de alzoo verkregen gelden *werkelijk* tot uitbreiding der cultuur aangewend, zoo zoude deze negotiatie een gunstiger invloed op den gang der zaken hebben uitgeoefend dan zij door misbruik en verspilling van het aldus verkregen geld heeft gemaakt. (*)

Wendde von Spörche al zijne beste pogingen aan om de ontruste gemoederen eenigermate tot rust te brengen, orde en eendragt te herstellen en doelmatige verbeteringen in te voeren — wij kunnen niet beoordeelen in hoeverre hem dit bij een langer bestaan zoude gelukt zijn, daar de Heer van leven en dood hem van het tooneel dezes aardschen levens afriep.

Den 28sten Augustus 1752 had von Spörche nog de vergadering van het Hof gepresideerd. Dan, kort daarop ongesteld geworden zijnde, overleed hij reeds den 7den September des namiddags ten half vier ure.

De Commandeur Crommelin liet daarop onmiddellijk het Hof buitengewoon bijeenroepen, maakte in zijne vergadering het overlijden van von Spörche bekend en bragt eene, hem vroeger door Mauricius ter hand gestelde geheime missive ter tafel;

(*) De rente werd door Deutz gesteld op 6 percent. (Sypensteyn, bladz. 40.)

deze werd door den secretaris geopend en bleek eene resolutie van de Directeuren der Societeit te zijn, waarbij bepaald werd, dat, na het overlijden van den Gouverneur, de Commandeur het bestuur ad interim op zich moest nemen, enz. Na eene korte aanspraak, door Crommelin tot de aanwezige leden van Hof gehouden, werd hij door dezen voor zijne gedane communicatie bedankt, terwijl zij verklaarden, dat zij zich overeenkomstig die resolutie zouden gedragen, indien er geen nader besluit daaromtrent onder de papieren van von Spörche werd gevonden, en na door hen voorloopig gefeliciteerd te zijn geworden, werd besloten, om den secretaris last te geven de publicatie van de aanvaarding van het interimsbestuur door Crommelin alreeds te doen vervaardigen — maar de openlijke bekendmaking er van uit te stellen tot den 11den derzelfde maand ten einde den tijd te hebben de papieren van den heer von Spörche na te zien. Vervolgens werd bepaald, dat de Commandeur met den heer Verschuer de begrafenis van von Spörche zoude regelen. Aan dit laatste besluit werd onmiddellijk voldaan en den 8sten September had de begrafenis met groote pracht plaats. (*) Den volgenden dag den was er weder vergadering en viel niets bijzonders voor, doch toen den 11den September de heer Crommelin aandrong om zijne commissie als Interims Gouverneur te doen publiceren, maakten de Raden bezwaren — en werd deze zaak uitgesteld.

Waren deze bezwaren gegrond of was er onder de papieren van von Spörche eene nadere resolutie over het Interims-bestuur gevonden? — Noch het een noch het andere — maar men zocht uitstel te erlangen om tijd te geven aan de Cabale, zoo als Mauricius steeds zijne tegenpartij noemde, en die sterk in het Hof vertegenwoordigd werd, ten einde pogingen aan te wenden, om den kolonel Baron van Verschuer te bewegen *voor zich zelven* het Interims-bestuur te eischen; de Cabale

---

(*) De beschrijving dezer lijkstaatsie vindt men in de Notulen van Gouverneur en Raden van den 8sten September 1752 en wordt ook door van Sypensteyn medegedeeld op bladz. 50—52 van het tijdschrift van West-Indie 2de deel.

die vreesde dat Crommelin, de vriend van Mauricius, eenigermate paal en perk zou stellen aan hun steeds toenemenden
invloed, vermeende dit te voorkomen door Van Verschuer in
zijne plaats te brengen, daar zij vermeenden dat deze heer
zich meer met den schijn van het gezag zou te vreden stellen
en hun de handen ruim laten.

T'ot het bereiken van dit doel behoefde men eenigen tijd,
en dat dit de ware reden was, bleek duidelijk, toen in de
vergadering van den 13den September 1752 eene missive van
den heer Verschuer ter tafel kwam, waarbij hij verklaarde bereid te zijn, het provisionele Gouvernement op zich te nemen.
Wel werd deze vergadering gescheiden, zonder dat hierover
eene beslissing viel, maar in de volgende, op den 13den September kwam de dubbelhartige gezindheid der meeste raadsleden aan het licht. Crommelin toch hield eene rede waarin
hij klaar en duidelijk zijne regtmatige aanspraak op het Interims
bestuur betoogde, en waarbij hij ten ernstigste de hulp van
het Hof inriep om hem daarin te bevestigen; de meeste leden
verklaarden, dat daar de Societeit over het Interims-bestuur
beschikte, zonder hunne medewerking, zij zich ook geheel buiten
het verschil wilden houden — en ofschoon Crommelin hun daarop voor oogen stelde dat deze handelwijze streed met vorige usan-
tien en met het 21ste artikel van het octrooi, bleven zij echter bij
hunne weigering volharden; zelfs de door de societeit aangestelde Raad-Fiscaal Mr. George Curtius wilde zich in dit verschil niet mengen. De Raden stelden Crommelin voor om te
trachten deze zaak in der minne te schikken.

Den volgenden dag kwamen, hoewel alle door den commandeur geconvoceerd waren, slechts drie leden, de heeren
Tourton, Couderc en Strübe op, die echter geene zitting wilden
nemen en Crommelin aanraadden om eene nadere conferentie
met den heer Verschuer te houden; deze conferentie liep
echter even als de vorige af zonder dat men tot een vergelijk
kwam en Crommelin liet, daar de Raden bij hunne weife-
lende of liever dubbelhartige houding bleven volharden en
hij vermeende toch iets te moeten doen om verder te kunnen
gaan, bij trommelslag den volke bekend maken, dat hij het

interims-bestuur had aanvaard; — doch Verschuer gaf bevel de tamboers in arrest te nemen en liet daarop door de tamboers der staatsche roepen onder gewapend geleide, hetzelfde van hem publiceren, terwijl hij in de vergadering van den 15den September zich over het gedrag van Crommelin beklaagde, daar hij uit de met dezen laatste gehouden conferentie vermeend had, dat de Commandeur toe zou geven en slechts pro forma protesteren. Indien men echter de in de notulen uitvoerig opgeteekende conferentie oplettend naleest, komt men tot de overtuiging dat Verschuer de beleefde wijze waarop Crommelin zijn regt verdedigde voor toegeven opnam.

De Raden wenschten den heer Verschuer geluk met het aanvaarden van het provisioneel bestuur en drukten den wensch uit, dat het verschil met den Commandeur in der minne mogt getermineerd worden; zij namen den schijn aan als of zij zich in deze kwestie geheel onzijdig wilden houden, doch hunne ware gezindheid bleek o. a. uit de hevigheid, waarmede zij den tweeden secretaris Jan Nepveu die bij ongesteldheid van Du Fay als eerste fungeerde, behandelden toen deze, uit naam van den Commandeur, een protest indiende en mede voor zijn persoon tegen de wettigheid der vergaderingen, onder het praesidium van Verschuer te houden, getuigde. Men zag hierin eene beleediging dat het Hof werd aangedaan en dien ten gevolge werd Nepveu in zijne bediening geschorst.

Baron van Verschuer grondde zijne aanspraak op het bewind op het volgende: de resolutie der Societeit had betrekking op de vervulling van het interimsbestuur bij het overlijden van Mauritius; nu echter bestond er een andere toestand: het provisioneel bestuur was, terwijl Mauricius nog leefde, door Commissarissen aan von Spörche opgedragen — en bij diens overlijden bleef echter het provisioneel bestuur bestaan en hij Verschuer, als in rang op von Spörche volgende, was alzoo bevoegd om in zijne plaats op te treden, enz. enz.

Von Spörche zelf had het nimmer zoo begrepen; bij ongesteldheid had hij de vergaderingen niet door Verschuer maar door Crommelin laten convoceeren en met dezen heer ook steeds over de bestiering der zaken „gebesoigneerd." (*)

Crommelin leverde verscheiden malen protest tegen een en ander in — doch bukte voor de overmagt en begaf zich naar zijne plantaadje, daar hij *als Commandeur* geen zitting wilde nemen in vergaderingen, die hij onwettig achtte.

Het Hof was hierover zeer gebelgd en beklaagde zich over die handelwijze bij H.H.M., doch Crommelin gaf een omstandig berigt van het gebeurde aan de Directeuren der Societeit.

De zaken gingen vervolgens weder haren ouden gang; het Hof van Policie en Criminele Justitie en de andere Collegien hielden hunne gewone zittingen; slechts de Raadsheer Strübe, de schoonzoon van Mauricius, onttrok zich aan het bijwonen der vergaderingen, omdat hij het interimsbestuur van Verschuer als onwettig beschouwde. Het wegloopen der slaven nam hand over hand toe; om dit te keer te gaan, werden de militaire posten in de divisien versterkt of nieuwe opgerigt — doch om de bezwaren, er aan verbonden, voornamelijk die, om ze steeds behoorlijk van vivres te voorzien, werden zij soms na een korten tijd weder opgeheven; den 16eden Januarij 1755 had er een aanval der wegloopers op de bergwerkers aan den grond Victoria plaats. Deze aanval kostte den Societeits-Directeur Brendel het leven; hij benevens een militair werden doodgeschoten en de Directeur der Mijn-Compagnie door een pijl gekwetst. — Eerst na een hevig gevecht trokken de wegloopers af, doch voerden twee negerinnen, vier kinderen der mijncompagnie en drie negers van Brendel mede; eene negerin met haar kind werd hun nog door de militairen afgenomen.

Den 31sten Januarij 1755 kwam er berigt èn van de Prinses Gouvernante èn van de Directeuren der Societeit; de usurpatie van het bewind door Verschuer werd ten hoogste afgekeurd, en ontving hij ernstig bevel om zich te vergenoegen

---

(*) Zie Notulen Gouverneur en Raden van 7, 8, 9, 11, 12, 13, 14 en 15 September 1752. Journaal van Crommelin van 5, 6, 7 en 8 September 1752 en 2 Februarij 1753 en mede Sypensteyn. Geschiedkundige aanteekeningen in het Tijdschrift „West-Indië", 2de deel, bladz. 36—47.

met het commandement der troepen en den Commandeur Crommelin over te laten al 't geen het Gouvernement ad Interim buitendien was concernerende." Het gedrag van Crommelin werd zeer geprezen en aan den tweeden Secretaris Jan Nepveu hooge lof toegezwaaid. — De heer Crommelin bevond zich op zijne plantaadje Rust en Werk, toen deze tijding aankwam. Door Nepveu hiervan verwittigd, begaf hij zich terstond naar Paramaribo, convoceerde de leden van het Hof en, na hun in de vergadering van den 2den Februarij 1753 den inhoud der brieven van de prinses Gouvernante en der Directeuren te hebben medegedeeld, nam hij het bestuur van Verschuer over.

De leden van het Hof poogden zich te verontschuldigen met te betuigen dat: »sy alles gedaan hadden uit vrees voor de magt, die dien heer (Verschuer) in handen had, door dien de troupen onder syn commando stonden, waartegen sy sich niet hadden durven opposeeren." (*) Crommelin merkt hierover in zijn dagboek het volgende aan: — »wat een elendig excuus! — en te gelijk wat een perfidie! — doch waar zijn luiden, die alle eer en schaamte hebben afgelegd, niet toe capabel! de heer Colonel was het nooit in de gedachte gekomen om het Gouvernement aan zich te trekken, was het hem niet in 't hoofd gebragt door de voorstanders der Cabale, die dag en nacht gewoeld hebben tot se die saaken so verre gebragt hadden." De heer Strübe, die nu weder de vergadering bijwoonde, verklaarde dat hij van den beginne van oordeel was geweest, dat de orders der Societeit moesten worden opgevolgd, waarom hij tegen het Interims-bestuur van Crommelin had geprotesteerd en geen zitting had willen nemen; Nepveu nu weder in zijn ambt hersteld, wilde zich niet verantwoordelijk stellen voor hetgeen op de Secretarie geschied was, tijdens hij de facto door het Hof uit zijne bediening was gezet; de Raden beweerden dat hij niet door hen ontzet, maar slechts geschorst was, omdat hij de wettigheid van het Hof niet erkennen wilde, doch zij wilden hem nu volgaarne erkennen. Verschuer toonde

(*) Journaal van Crommelin van 2 Februarij 1753.

16

zich geneigd om met Crommelin de handen in één te slaan ter bevordering van het welzijn der kolonie — en uit zijne verdere handelwijze blijkt ten duidelijkste, dat Crommelin waarheid vermeldde, toen hij de voornaamste oorzaak dezer verwikkelingen niet aan Verschuer, maar aan de Cabale toeschreef. (*)

De herstelling van Crommelin in het Interims-bestuur was velen leden der nog bestaande Cabale tegen de borst en de tekst, dien Ds. Doesburg den volgenden Zondag, 4 Februarij 1755, voor zijne preek nam, was zeer voor de tijdsomstandigheden gepast. — Die tekst was Zacharias 8, vers 16 en 17 en de inleiding uit Maleachi 2, vers 7 en 8; »doch" schrijft Crommelin met zekere bitterheid, »hij had er het volgende vers wel bij mogen nemen." (†) Dat de invloed der Cabale nog verre van geheel geweken was, kan men uit verscheidene handelingen zeer goed opmerken: de schippers o. a., die wel bij de proclamatie van Verschuer gevlagd hadden, deden dit niet bij die van Crommelin; slechts een Rotterdammer, kapitein Boudewijn, deed vreugdeschoten en slechts drie heschen de vlag; Mevrouw Scherping en andere Cabalisten hadden den schippers vrees aangejaagd door de bedreiging, »*dat wie het minste bewijs van vreugde sou geeven geen vat suyker noch koffy meer van hen zou ontvangen.*" (§)

Over de publicatie, waarbij Crommelin aan de bevolking bekend maakte, dat hij het Interims-bestuur had aanvaard, vielen hevige woordenwisselingen in het Hof voor; de Raden achtten zich gekrenkt èn omdat zij er niet in gekend waren èn om sommige uitdrukkingen in de publicatie; (**) Crommelin beantwoordde hun geschrift den 1sten Maart met klem en nadruk; de Raden zagen er nieuwe beleedigingen in — en eindelijk verklaarde Crommelin zich niet langer met een nutteloozen pennestrijd te willen ophouden.

Gedurig ontstonden er moeiten en verwikkelingen tusschen Crommelin en de beide hoven, en dit voornamelijk over de al

(*) Verschuer overleed reeds den 17den Mei 1753.
(†) Journaal van Crommelin, van 4 Febr. 1753.
(§) Journaal van Crommelin, van 5 Febr. 1759.
(**) Notulen van Gouverneur en Raden, 13 Februarij 1753.

of niet geldigheid der benoemingen tijdens de usurpatie door Verschuer; Crommelin wilde deze benoemingen niet erkennen en
evenmin al hetgeen in den tijd van Verschuer was geschied. De Raden zagen hun werk niet gaarne vernietigd en terwijl zij Crommelin beschuldigden van zich eene hoogere magt aan te matigen dan
hem toekwam, dreigden zij niet met de behandeling der andere
zaken te zullen voortgaan, tenzij hij toegaf en die benoemingen
in status quo liet blijven. Toen Crommelin echter niet toegaf,
bleven zij, doch onder protest, de vergaderingen bijwonen, (*)
maar maakten het den Interims-Gouverneur op allerlei wijzen
zeer lastig.

Ook in het Hof van Civiele Justitie rezen dezelfde bezwaren.
Crommelin weigerde de sterke hand te verleenen ter uitvoering der
vonnissen door dat Hof in den tijd van Verschuer geveld. De
Raden daarentegen drongen hierop zeer aan; daar men van beide
zijden niet wilde toegeven, werd de vergadering den 10den
April 1755 door Crommelin geschorst. (†) Crommelin stelde
daarop in de eerstvolgende vergadering van het Hof van Policie, den 25sten April, voor: om, totdat HH. M. hierop nader
zouden beschikken, een provisioneel Hof van Civiele Justitie
op te rigten of anders de zaken daartoe competerende, voor
dien tijd op te dragen aan het Collegie van Kleine Zaken.
Na lang wederstreven gaven echter de Raden van Civiele Justitie
toe om, gelijk zij zeiden, de stremming der Justitie te voorkomen. (§)

Onderscheidene nieuwe moeijelijkheden deden zich gedurig voor
en belemmerden zeer den gang der zaken, zoo ontdekte men o. a.
in de kerkekas een tekort van ruim ƒ 1800, hetwelk ontstaan was door het slechte beheer van den nu afgetreden kerk-
meester; (**) de kas der Weeskamer bevond zich mede in een
droevigen toestand; de gagies van bedienden konden niet uitbetaald worden en de weesmeesters geen provisie erlangen; daarbij

---

(*) Notulen van Gouverneur en Raden, 1, 6 en 7 Maart 1753.

(†) Notulen van het Hof van Civiele Justitie, 10 April 1752.

(§) Notulen idem 22 Mei 1753.

(**) Notulen van Gouverneur en Raden, 22 Maart 1753.

werden zij vaak in netelige gevallen gewikkeld, zoodat zij in
de vergadering van het Hof 22sten Mei 1755 (*) de sleutels
overgaven en wenschten van hunne betrekking ontslagen te
worden. Eerst nadat hun een voorschot verleend en ook sommige andere verzoeken werden toegestaan, lieten zij zich overhalen om hunne bediening te blijven waarnemen. (†) De kas
tegen de wegloopers was mede van geld ontbloot, behalve de
gewone enorme uitgaven, waren ook uit deze kas provisioneel
betalingen voor het onderhoud der Staatsche troepen gedaan,
waarom men zich nu per missive tot H.K.H. de Prinses Gouvernante wendde om die gelden uit de extra-ordinaire kas der
Hoofd- en Lastgelden te mogen verhalen. (§) Behalve de
reeds genoemde moeijelijkheden werd de taak der regering nog
verzwaard door twisten tusschen de predikanten onderling en
tusschen de predikanten en het Hof. Zekere Ds. Sporron had,
zonder den kerkeraad hiervan kennis te geven, zijn ambt nedergelegd en wilde de kolonie verlaten; (**) doch nu werd hem door
het Hof het verleenen eener pas geweigerd, zijn tractement ingehouden en deze zaak aan de beslissing van het Conventus Deputatorum opgedragen; Ds. Sporron gaf echter toe en daar hij de
predikdienst nu weder waarnam, werd hem zijn ingehouden
tractement uitbetaald en de verlofpas uitgereikt; de Lutersche
predikant had een kind, waarvan de vader tot de Episcopale,
doch de moeder tot de Gereformeerde kerk behoorde, gedoopt,
en nu leverde de Gereformeerde Kerkeraad over deze daad
zijn beklag in — daar hij zulks beschouwde „als kunnende
strekken tot ondergang der Dominante kerk en waardoor de
getolereerde allengskens zoude trachten zich op de puinhopen
der Gereformeerde op te rigten". Na langdurige discussien (††) werd eindelijk deze zaak in der minne geschikt; (§§)
in de vergadering van het Conventus Deputatorum werd een

(*) Notulen van Gouverneur en Raden 22 Mei 1753.

(†) Notulen van Gouverneur en Raden 24 Mei 1753.

(‡) Notulen van Gouverneur en Raden 27 April 175?.

(**) Notulen van Gouverneur en Raden 19 Maart, 22 en 24 Mei 1758.

(††) Notulen van Gouverneur en Raden 14 Aug. 1753.

(§§) Notulen van Gouverneur en Raden 23 Aug. 1753.

brief van de Classis van Amsterdam gelezen, die van zoodanigen aard was, dat de Commissarissen Politiek verontwaardigd de vergadering verlieten en hunne verontwaardiging lucht
gaven in de zitting van het Hof, hetwelk mede zeer geërgerd
werd. In dezen bewusten brief waren, zooals het Hof dit kwali-
ficeerde, "op ongefundeerde klagten en onware voorgevens beleedigende uitdrukkingen tegen de regering van Suriname vervat."
De predikanten verontschuldigden zich wel, dat zij dergelijke
klagten niet hadden gedaan — maar het Hof was toch zoo
zeer geërgerd, dat het besloot eene missive aan de Eerwaarde
Classis te zenden waarin het zijne verontwaardiging kenbaar
maakte en er de volgende caracteristieke verklaring bijvoegde: "dat
nooyt dergelyke klagten alhier aan de regering waren gedaen,
maer dat dese ter contrarie ter liefde van Christus zeer veel
alhier door de vingers heeft gezien en nog ziet en mitsdien
gen. eerwaarde Classis verzocht den naam sodaenige predikant
of predikanten, die dusdaenige ongefundeerde klagten hebben
overgedraegen, te moogen weeten, enz."

Er ontstond mede een hevige tweespalt onder de Hoog-
Duitsche Joden: hunne regenten niet zeer met Crommelin ingenomen, dreigden met hun ontslag, en Crommelin, die zich
niet zeer om bedreigingen bekommerde, nam dit ontslag in
goeden ernst op en benoemde andere regenten, "die zeer wel
naar den zin waren van het beschaafste gedeelte der natie,
doch nu zochten eenigen van het gemeenste soort de afgetredene
regenten op te stooken." (*) Tevens trachtte men onder de hand
onderteekenaars te werven op een zeker klaagschrift, dat men
H.H.M. wilde toezenden; (§) de oude regenten weigerden de
papieren en de kas over te geven en gedroegen zich zoo onbe-
schoft tegen den Interims-Gouverneur, dat hij, ter voorkoming
van grooter wanorde, zich verpligt rekende, hen te laten arresteren
en op het fort Zeelandia te brengen; (†) doch nu beging hun
aanhang allerlei insolentien tegen den Gouverneur en vond
steun in het Hof van Policie, want toen de Raad Fiscaal verlof

---

(*) Journaal van Crommelin van 1 Mei 1753.
(§) Journaal van Crommelin van 6 Mei 1753.
(†) Journaal van Crommelin, 11 Mei 1753.

vroeg om tegen hen te procederen, werd dit verlof hem geweigerd, terwijl de Raden Crommelin op nieuw beschuldigden,
dat hij zijne magt te buiten ging. (*)

De voorstellen door Crommelin om een grooten togt tegen
de steeds aangroeijende wegloopers te doen, vonden sterken
tegenstand; de Raden wenschten wel soldaten ter beveiliging
hunner plantaadjes te erlangen, maar weigerden hiertoe geld
of slaven af te staan; vele andere planters volgden het slechte
voorbeeld door Hunne Edel Achtbaren gegeven en uit de telkens
ingeleverde rapporten der Burger-officieren blijkt ten duidelijkste met hoeveel onwil en verzet er steeds gestreden werd.
De moeijelijkheden voor Crommelin werden daarenboven nog door
de in de kolonie aanwezige krijgsmagt vermeerderd; niet slechts
was er gedurig twist tusschen soldaten, matrozen en burgers,
maar zelfs de officieren gaven zich aan allerlei brooddronken-
heid over en sloegen en mishandelden soms de burgers en
hunne vrouwen op de publieke straat, ja bedreven meermalen
verregaande baldadigheden in de huizen der burgers, die zoo
geïntimideerd werden, dat zij niet eens durfden klagen uit
vrees voor erger. (§)

Hoewel Crommelin met vele moeijelijkheden te kampen had,
werd aan den anderen kant zijne trouw aan de Societeit door
Directeuren erkend en ontving hij van hen de meest vleijende
bewijzen door de goedkeuring van zijn gedrag tegenover zijne
tegenpartij, zoo werd o. a. op bevel van Directeuren den 4den
Julij 1753 de Raad Fiscaal Mr. G. Curtius in zijn ambt geschorst, omdat zijne ingeleverde verdediging over zijn gehouden
gedrag tijdens Verschuer niet *voldoende* werd gevonden, en werd
de jegens Crommelin getrouwe heer Jan Nepveu tot Provis.
Raad Fiscaal aangesteld. (†) Den 11den Julij kwam de tijding
in Suriname aan, dat Mauricius over al zijne vijanden getriumpheerd had, daar op het advies, door den Hoogen Raad uitgebragt, Mauricius door de Staten-Generaal, bij resolutie van

(*) Notulen Gouverneur en Raden, 5 en 6 Julij 1753.

(§) Journaal van Crommelin, 27 September 1753.

(†) Journaal van Crommelin, 4 Julij 1753. Notulen Gouverneur en
Raden, 4 Julij 1753.

den 13^{den} Mei 1755, werd vrijgesproken van alle tegen hem ingebragte beschuldigingen, terwijl aan Salomon Duplessis werd medegedeeld, dat aan geene van de door hem ingediende rekwesten gevolg kon worden gegeven, weshalve zij als niet ingekomen zouden worden beschouwd. Duplessis werd bovendien veroordeeld om alle kosten te betalen, terwijl aan den Fiscaal der Generaliteit en aan Mr. Jan Jacob Mauricius de bevoegdheid werd verleend om Salomon Duplessis wegens laster te vervolgen. (*) Deze tijding verwekte groote neerslagtigheid onder de Cabalisten; zij toch hadden gewaand een steun tegen de Societeit en de Gouverneurs bij H.H. M. en den prins te vinden. De zending der Commissarissen en wat door dezen verordend werd, had hun in dezen waan versterkt en nu werden hunne verwachtingen verijdeld en hunne kracht was gebroken. (†)

Was deze tijding voor Crommelin, den vriend van Mauricius, aangenaam en verheugde hij zich in de zegepraal van zijn vriend, ook hem werd eene schitterende overwinning over zijne tegenpartij bereid: den 29sten October ontving hij papieren uit het vaderland van gewigtigen aard, en reeds dien zelfden dag bragt hij in de vergadering van het Hof van Policie en Criminele Justitie eene missive ter tafel van H.H. M. de prinses Gouvernante, welke van het volgende belangrijke besluit kennis gaf, namelijk: »dat H. K. H. uit consideratie van de disputen en differentien tusschen den Interims-Gouverneur en de heeren Raden, deze laatsten allen ontsloeg, *behoudens eer en waar-*

(*) Journaal van Crommelin 11 Julij 1753. Jonkh. van Sypensteyn — in zijn „Mr. J. J. Mauricius," bladz. 117 en 118, vermeldt, dat zoowel de Fiscaal als Mauricius eene actie van injurie tegen Duplessis instelde, hetgeen ten gevolge had, dat hij voorloopig op de gevangenpoort te 's Gravenhage in hechtenis werd gehouden — en later bij de algemeene amnestie voor alles wat de Surinaamsche geschillen betrof, werd uitgezonderd. Eindelijk werd hem op zijn dringend verzoek vergiffenis geschonken, echter onder de voorwaarde, dat hij Duplessis alle gemaakte onkosten onmiddellijk voldoen en nimmer naar Suriname terugkeeren zou.

(†) Eene der meest beruchte cabalisten, Mevrouw de Wed. Duvoisin, overleed den 6 Aug. 1753. — Journaal van Crommelin, 8 Aug. 1753.

digheid." Toen de heeren Raden daarop door Crommelin werden bedankt, verklaarden zij, *»dat het hun een sonderling genoegen was, dat het H.H. M. behaagd had haar van dat lastig ampt te ontslaan, waarin sy so lange het hadden bekleed niet als moeijelijkheid en verdriet hadden gehad."* Na eenige wederszijdsche beleefdheidsbetuigingen, goed of kwalijk gemeend, werden de heeren door den Secretaris uit de Raadkamer geleid en daarna de andere bescheiden geopend: eene benoeming van negen nieuwe raadsleden en eene algemeene amnestie ter zake van de twisten en oneenigheden tijdens het bestuur van Mauricius en te niet doening der daaromtrent gevoerde processen maakten er den voornaamsten inhoud van uit. Des namiddags werd die algemeene amnestie, bij trommelslag den volke verkondigd; (*) den 2den November 1753 had de installatie der nieuwe raden plaats; (†) 's avonds werd tot viering van den verjaardag der Prinses Gouvernante het Gouvernementshuis geillumineerd, aan de aanzienlijke ingezetenen door den Gouverneur een bal gegeven, terwijl de bedienden der Societeit en andere personen uit den burgerstand op een feestelijken maaltijd werden onthaald.

Sedert zien wij een gansch anderen geest in de vergaderingen van de beide hoven heerschen. De gestadige twisten tusschen den Gouverneur en de leden dier hoven hadden nu weinig meer plaats; de zittingen kenmerkten zich door meerdere kalmte en waardigheid en zoodoende kon men ook geregelder de zaken behandelen en veel meer afdoen. Crommelin meldt daarvan in zijn dagboek van den 8sten Februarij 1754: *»Bij gebrek aan affaires is het Hof te half elf gescheiden, 't welk overtuigend blijken geeft dat met de tegenwoordige heeren Raaden meer zaken in eene week worden afgedaan als met vorige in geheele maanden."* Volgens de order der Prinses Gouvernante moest hetgeen op de beruchte *»Verzoekpoincten van Redres"* (§) besloten was als *wet* worden aangemerkt; (**) en volgens de

---

(*) Notulen, Gouverneur en Raden, 29 Oct. 1753, Journaal van Crommelin, van den zelfden dag.

(†) Alléén Strübe was van de oude raden op nieuw gekozen.

(§) Zie bijlage.

(**) Notulen Gouverneur en Raden, 6 Nov. 1753.

aanschrijving van de Directeuren der societeit moest al hetgeen
»in het politieke" was geschied tijdens de usurpatie van het
bewind door Verschuer voor *Nul* en *krachteloos* en van *on-*
waarde worden verklaard en weder *voor zooveel des noodig* op
nieuw in deliberatie worden gebragt."

Volgens aanschrijving van de Prinses Gouvernante, aan wie na
het overlijden van Prins Willem den 4de de regeling der zaken
in Suriname door H.H.M. was opgedragen, moesten de staatsche
troepen die met de Commissarissen in 1751 in Suriname waren
gekomen, nu naar Nederland terug keeren, doch daar de Directeuren der Societeit, in overeenstemming met de belanghheb-
benden, besloten hadden de krijgsmagt in Suriname te vermeerderen en van 500 tot op 600 man te brengen, werd aan de
Militairen verlof gegeven in de dienst der Societeit over te gaan,
van welk verlof velen gebruik maakten, zoodat er slechts ongeveer 100 man in Februarij 1754 de kolonie verlieten. (*)

Tot onderhoud dier staatsche troepen, ter bestrijding der
kosten voor hare terugreis naar Nederland en voor alle verdere
buitengewone maatregelen: als, het zenden der Commissarissen
ter vereffening der geschillen tusschen Mauricius en de kolonisten, enz. was veel geld noodig geweest, en niet slechts uit de extra-
ordinaire kas daarvoor bepaaldelijk opgerigt, maar ook uit de
kas tegen de wegloopers, uit die der Modique lasten enz. enz.
waren tot dat einde gelden genomen die echter terug betaald
moesten worden, zoodat eene nieuwe belasting alzoo onvermijdelijk werd geacht.

Onderscheidene plannen werden gemaakt om die belasting
zoo gelijk mogelijk te doen dragen; den meesten bijval verwierf
een voorstel, dat in Januarij 1754 in het Hof besproken en ter
goedkeuring aan de Societeit en H.H.M. en de Prinses Gouvernante

---

(*) In de meeste werken, en zelfs in eenige Staatsstukken wordt er
steeds van 600 man staatsche troepen gesproken, die met de Commissarissen mede kwamen, doch uit het Journaal van Mauricius, gelijk als uit
de belangrijke mededeeling daaromtrent gedaan door Jonkh. van Sypensteyn in het Tijdschrift „West Indie" 2de deel, bladz. 48 en 90, blijkt
dat er slechts een getal van 392 soldaten waaronder 44 officieren in
Suriname arriveerde.

naar Nederland gezonden werd. Daar men hieruit eenigermate de ophrengsten der cultures en de vermoedelijke inkomsten der neringdoenden kan opmaken, laten wij het hier volgen:

Het nieuwe Hoofdgeld à f 1 de persoon, kinderen 10 stuivers, terwijl Militairen van deze belasting werden vrijgesteld, werd gerekend op te brengen. . . . . . . f 30,000 à f 35,000.

1 procent op de productie . . . . » 30,000 à » 35,000.

Hiertoe werden de producten geschat
    als volgt:

1 okshoofd suiker à f 50.—

1 pond koffij   à » — 6 stuivers.

1 gallon melassie à » — 6   id.

1 pul dram inhou-
    dende 5 gallons à » — 5   id.

1 pond Caçao   à » —15   id.

1 pond katoen   à » — 5   id.

3 procent van de houtwaren . . . f 1,500 à f 1,500.

3 procent van de inkomsten van win-
keliers, herbergiers, ambtenaars en . . » 10,000 à » 12,000.

3 procent van de door de schippers en andere groote negotianten in het klein ver-kocht wordende goederen voor memorie.

Zoodat deze belasting volgens calcula
zou oprengen . . . . f 71,500 à f 85,500.

    In Junij 1754 kwam er aanschrijving van HH. Directeuren der Societeit waarbij Mr. G. Curtius weder in zijn ambt als Raad-Fiscaal werd hersteld; Jan Nepveu als Tweede Fiscaal en en als Fiscaal bij den krijgsraad benoemd en tevens kennis werd gegeven, dat de Colonel der ruiterij, Pieter Albert van der Meer, vroeger Majoor in het regiment van den Paltsgraaf van Birkenfels tot Gouverneur-Generaal van Suriname aange-steld, in het laatst van Mei 1754 naar de kolonie zou vertrek-ken. Bij deze kennisgeving werd Crommelin op vleijende wijze dank gezegd voor zijne vele trouwe diensten der So-cieteit bewezen en ontving hij als belooning eene verhooging van zijn tractament met f 1600 's jaars (*).

(*) Notulen Gouverneur en Raden, 24 Junij 1754.

Den 21sten October 1754 landde de nieuwe Gouverneur-Generaal P. A. v. d. Meer en werd met de gewone plegtigheden ontvangen. Bij den gelukwensch, door Crommelin den nieuwen Gouverneur toegebragt, gaf Crommelin een overzigt van de moeijelijke omstandigheden waarin hij verkeerd had door de gedurige verschillen met de leden der beide hoven, de usurpatie van het bewind door Verschuer en de hachelijke tweedragt die de kolonie verscheurde — doch hij erkende dat er eene groote verbetering was gekomen sedert de door de Princes Gouvernante gemaakte schikking, waarbij nieuwe Raden waren aangesteld en zelfs getuigde hij, dat er thans niet slechts vrede, eendragt en vriendschap in de beide hoven maar ook tusschen de ingezetenen onderling heerschten. (*)

Van der Meer, die den 22sten October het bewind aanvaardde, trachtte naar zijn beste weten met alle kracht het welzijn der kolonie te bevorderen.

Reeds eenige dagen vóór zijne komst was het gerucht verbreid, dat de Spanjaarden aan de Orinoco vijandige bedoelingen tegen de Hollandsche kolonien in den zin hadden. De Gouverneurs van Berbice en Essequebo berigtten zulks aan den Gouverneur; andere tijdingen schenen dit gerucht te bevestigen: men sprak er van, dat de Spanjaarden met vijf of zes oorlogschepen op weg waren om Curaçao te overrompelen; men had een vreemd zeil gezien van een schip, dat drie dagen lang op de hoogte van Suriname kruiste. Van der Meer achtte zich verpligt maatregelen van voorzorg te nemen, doch nu kwamen ook weder spoedig de oude kwestien voor den

---

(*) Als eene der laatste stuiptrekkingen van de cabale wordt nog vermeld dat een harer bekende aanvoerders, de heer Jan David Cellier, zich bij het uitvaardigen der amnestie in zeer beleedigende woorden hierover uitliet op eene openbare plaats, in de kolfbaan van Paul Noortman, en zich onderscheiden dreigementen tegen de thans in de regering van Suriname gezeten personen veroorloofde. Hij werd hierover aangeklaagd, in Zeelandia gevangen gezet, en na een langdurig proces, den tweeden December 1754, veroordeeld tot eene boete van ƒ 15,000. ¹⁄ voor den Fiscaal, ¹⁄ voor de Modique lasten, ¹⁄ voor de armen van Paramaribo, en ¹⁄ voor het Societeits-hospitaal. Notulen 5 Aug. 2 Dec. 1754 enz.

dag: het Hof maakte bezwaar over de kosten en vermeende, dat deze volgens het 27ste art. van het octrooi alléén door de Societiet gedragen moesten worden; de schippers betoonden zich ongezind om, ter beveiliging van de kolonie, van legplaats te veranderen en het was zeker eene groote uitkomst toen het eindelijk bleek, dat de geruchten valsch waren geweest, de vrees alzoo ongegrond was en men alzoo de verdere maatregelen kon staken. (*) — (†)

De nieuwe belasting in Januarij 1754 voorgesteld, bleek nog niet voldoende te zijn, daar er o.a. nog ƒ 90,000 moest worden betaald aan achterstallen wegens de kosten van het zenden van Commissarissen enz.; men besloot deze alzoo tot het dubbele van het primitief bedrag te verhoogen; (§) de uitvaardiging dezer belasting geschiedde echter eerst in Augustus 1756. (**)

In December 1755 werd ook eindelijk aan de herhaalde aanvraag van de opzigters der gemeene weide gehoor gegeven en de houders

voor ieder pleizierpaard . . . . *ƒ* 5
» chais met 2 wielen . . . . » 5
» rijtuig met 4 wielen . . . . » 10
jaarlijksche contributie opgelegd. (††)

(*) Notulen Gouverneur en Raden 24 October, 4 Nov., 9 Nov. 10 Dec. 11 Dec. 1754 en 20 Februarij 1755.

(†) Deze moeijelijkheden herhaalden zich telkens; het verschil over de verdediging der kolonie was eene bron waaruit onophoudelijk twist en tweedragt ontstond. Terwijl de Societeit van haar invloed op de Hooge regering in Nederland gebruik maakte om zooveel mogelijk de balans ten haren voordeele te doen overslaan, gaven de kolonisten ook nimmer dan schoorvoetende toe en niet altijd waren zij hier in het ongelijk, niet altijd werd hun regt gedaan. Om de gedurige moeiten met de schippers, in geval van noodzakelijke verdediging te voorkomen, besloot men later (6 Mei 1756) aan de Societeit te verzoeken om alsdan twee oorlogschepen te posteren. Notulen 6 Mei 1756.

(§) Notulen van Gouverneur en Raden 6 Aug. 1755 bijlage Not. 30 Aug. 1755 enz.

(**) Notulen Gouverneur en Raden 30 Aug. 1756.

(††) Notulen Gouverneur en Raden 23 Dec. 1755.

Tijdens het bestuur van van der Meer werd ook op het voorstel van Crommelin, die reeds vóór de komst van van der Meer hier op aangedrongen had, gevolg gegeven aan het plan der HH. Directeuren, om eene nieuwe kolonisatie aan het Oranjepad bij Para te beproeven. Directeuren der Societeit stelden zich veel goeds hiervan voor en zij hadden dan ook de Prinses Gouvernante tot hun gevoelen overgehaald, zoodat H.K.H. dat plan sterk aanbeval.

De vroegere mislukkingen om alzoo eene voormuur tegen de wegloopers op te rigten en die wij op bladz. 112 enz. vermeld hebben, hadden tot het doen eener nieuwe proefneming niet afgeschrikt. Men zou, nu geleerd door vroegere teleurstellingen, betere maatregelen van voorzorg nemen. In Augustus 1754 had men een getal van 80 slaven, waaronder 50 vrouwen, gekocht en liet dezen onder opzigt van twee blanken kostgronden aanleggen. (*) In December 1754 werden door van der Meer, in overleg met het Hof van Policie, nadere bepalingen vastgesteld voor diegenen, die zich op het Oranjepad wilden vestigen. Hun zou hoornvee en eenige levensmiddelen en andere benoodigdheden worden verstrekt, en zouden geschikte woningen voor hen gemaakt worden; zij zouden de noodige slaven erlangen enz., enz., daarentegen moesten zij zich verbinden 10 jaren achtereen op het Oranjepad te blijven wonen. Eerder vertrekkende, verloren zij de hun toegekende voorregten en zouden tot terugbetaling van het reeds genotene kunnen genoopt worden. Een Duitscher, baron von Bulouw, werd als burgemeester benoemd, met de bepaling dat hij met twee schepenen, uit het midden der zich aldaar vestigende volkplanters te kiezen, een soort van bestuur zou uitmaken. Aan Bulouw, die tevens als secretaris fungeren moest, werd hiervoor eene som van ƒ150 in het jaar toegekend terwijl hij tevens voor iedere persoon, die hij tot nederzetting aldaar zou overhalen, eene gratificatie zou ontvangen. (†)

Die nederzetting scheen in het eerst wel te slagen; de toe-

(*) Notulen 6 Aug. 1754.
(†) Journaal van der Meer, 11 Dec. 1754.

gekende voordeelen hadden verscheidene personen uitgelokt,
zich aldaar te vestigen. Dat dit getal schielijk toegenomen was,
blijkt o.a. uit de rapporten, door Commissarissen uit het Hof
van Policie, na hun bezoek aldaar, uitgebragt. Zij toch stelden voor: om in plaats van twee — vier schepenen te benoemen en, door eene behoorlijke instructie der regtsmagt van
burgemeester en schepenen, te bepalen, om een chirurgijn,
een predikant en een schoolmeester aan te stellen, eene soort
van weeskamer en een vendukantoor op te rigten, enz., enz.,
en zij getuigden tevens dat rust, vrede en eensgezindheid onder de kolonisten heerschten. (*)

Waren die eerste berigten gunstig, zij werden helaas spoedig door slechte vervangen. De vrede, rust en eensgezindheid
duurde slechts kort. Weldra kwamen er klagten der kolonisten over den burgemeester Bulouw en diens aanmatiging,
dan eens over de schepenen en over den chirurgijn, dan weder
van deze authoriteiten over de burgers; de slaven werden
soms deerlijk mishandeld en sommigen liepen weg en waren
niet gemakkelijk te achterhalen.

De notulen van dien tijd zijn met de discussien over de kolonisatie van het Oranjepad opgevuld. Van tijd tot tijd werden de ergste onruststoorders veroordeeld om eene maand of
14 dagen in „de ketting" aan het pad te werken of lijfstraffen
te ondergaan, doch het baatte niet; evenmin hielp de maatregel om Burgermeester Bulow tegen wien de klagten vermenigvuldigden in Januarij 1756 af te zetten en eene andere regering aan te stellen. Eindelijk zag men het in: het terrein
met hooge onvruchtbare zandbergen en dalen, die bij regentijd
in kleine meeren werden herschapen, was ongeschikt; het hout
voor de op te rigten woningen moest van elders komen en
zelfs bij de verstrekking van de, volgens het project tien jaren
lang aan te voeren, levensmiddelen, moesten de bewoners zich
kommerlijk behelpen. En hoe moest het later gaan, indien die toevoer ophield? reeds nu heerschte onder hen vele

---

(*) Notulen 6 en 26 Maart 1755 bijlage Notulen van 6 Maart No. 15
Mei 755 1enz.

ziekten, die hen den arbeid onmogelijk maakten, — „Het etablissement voldoet niet, het geeft geen nut tegen de weg-loopers en veroorzaakt harddrukkende en ruïneuse lasten voor de kolonie", was de gedurig herhaalde klagt in de vergaderin-gen van het Hof. Noode ging men er toe over om aan de aanvraag voor meerdere slaven te voldoen. Aan het verzoek om een predikant en een schoolmeester werd bijna niet gedacht en spoedig besloot men der Societeit de opheffing dier kolonisatie te verzoeken. (*)

Gedurende het bewind van van der Meer werden ook groote togten tegen de wegloopers voorgesteld en ondernomen, doch meestal zonder goed gevolg, en het denkbeeld van een met hen te beproeven vrede begon reeds meer bijval te erlangen dan dat het ten tijde van Mauricius door hem voorgesteld verwierf.

Van der Meer wenschte zoo veel mogelijk orde in de on-derscheidene collegien en instellingen te bevorderen; zulks was echter steeds in Suriname eene moeijelijke taak. Zeer beklaagde zich de Gouverneur in zijn dagboek o.a. over de slechte en nonchalante wijze waarop de Commissarissen van kleine zaken vergaderden en de zaken behandelden. Op zekeren tijd lagen er sedert 14 dagen op het kantoor van den secretaris 55 sen-tentien om executie, waaraan de teekening ontbrak en op dat van den exploiteur 41 stuks. (†)

De zaken der weeskamer waren en bleven ook zeer ver-ward. De weesmeesters klaagden gedurig over insultes hun door belanghebbenden aangedaan, doch het bleek duidelijk, dat de aanleiding hiertoe niet ontbrak, daar zij weldra om hunne slordige administratie ontslagen werden en toen niet in staat waren om behoorlijk rekening en verantwoording te doen en daarom op het fort Zeelandia een geruimen tijd in arrest werden gezet. Provisioneel werden toen door van der Meer twee andere weesmeesters aangesteld en een plan tot het op-

---

(*) Notulen Gouverneur en Raden en bijlagen van 15 Mei, 3, 4, 12, 13 Junij 12 en 18 Aug. 17 Sept., 7, 24 October 1755, 24 Januarij 1756 enz. enz. enz.

(†) Journaal van van der Meer, Januarij 1755.

rigten eener nieuwe Weeskamer aan Directeuren der Societeit medegedeeld, waartoe dan ook, doch eerst na den dood van van der Meer, besloten werd. (*)

Van der Meer wenschte ook aan het meermalen herhaald verzoek van de Classis van Amsterdam, om toch eindelijk een begin te maken met de verkondiging van het Evangelie aan Heidenschen slaven, te voldoen; tot aanmoediging hiervan deelde hij, in de vergadering van het Hof den 18den December 1755, de wijze mede, hoe daaromtrent in de Oost werd gehandeld. Ernstig en gemoedelijk drong hij der vergadering deze zaak ter overweging aan, doch zijn voorstel werd zeer koel ontvangen en onder den indruk daarover schreef hij in zijn dagboek: »ik moet tot mijn leedwezen zeggen, dat de Coloniers niet zeer religieus zijn," (†) welke getuigenis zeer overeenstemt met dat hetwelk eenigen tijd later door het Conventus Deputatorum werd afgelegd en als volgt luidt: »Het moet Gode geklaagt zijn, dat de godsdienst hier te lande in plaats van eenigzints hersteld te worden jaarlijks meer en meer vervalt." Er was eene groote overredingskracht noodig om die mannen, welke gewillig premiën van ƒ 50 en ƒ 100 *voor het dooden van een weggeloopen neger* uitloofden, te bewegen eene som van ƒ 200 à ƒ 300 af te staan ter bezoldiging van een onderwijzer voor »de Heidensche en Mulatten kinderen." Hiertoe werd echter na vele discussien besloten, doch nu duurde het nog een geruimen tijd eer de geschikte persoon gevonden was, en toen hij eindelijk gevonden werd, laadde men zoo veel werk op zijne schouders door hem tevens als ondermeester op de gewone school aan te stellen, dat de »Heidensche en Mulatten kinderen" weinige vruchten van dat onderwijs konden plukken. De predikanten spraken, wanneer zij in het Conventus Deputatorum waren gezeten, meermalen over deze zaak, maar veel meer dan er over te spreken deden zij niet; slechts bij uitzondering slechts een enkele keer vindt men iets van hunne

(*) Notulen Gouverneur en Raden 27 Febr., 13 Junij en 9 Oct. 1755, 8 Oct., 5 Julij en 23 Julij 1756, bij deze laatstgenoemde notulen vindt men de Concept-Instructie der nieuwe weeskamer 24 Sept. 1756.

(†) Journaal van van der Meer 18 Dec. 1755.

5 Aflevering

AMERIKA ONTDEKT 1492

GESCHIEDENIS
VAN
SURINAME
door
J. WOLBERS.

Lith. v Emrik & Binger

UITGAVE VAN H. DE HOOGH. AMSTERDAM.

pogingen om den Heidenen het Evangelie te verkondigen vermeld. De onwil der meesters en het gebrek aan geld werden steeds als de voornaamste hinderpalen voorgegeven. In Holland, — zoo liep het gerucht —, waren erfmakingen ter bevordering van die prediking gedaan. Men besloot toen, om Ds. Veyra, die in 1755 eene reis naar Nederland zou doen, te magtigen aldaar een nader onderzoek daaromtrent in te stellen. Bij diens terugkomst deelde hij mede: »dat zekere de la Mourche voor dat doel »eene beurs" van ƒ 17,000 aan de Waalsche kerk had gelegateerd, doch dat het niet gemakkelijk was die beurs los te krijgen." De eerwaarde heeren predikanten van Suriname beraadslaagden hierover en de algemeene opinie was, om die zaak levendig te houden, »omdat er mogelijk in het toekomende andere middelen zig konden opdoen als *omdat men zou kunnen beproeven, of men niet uyt die beurzen iets tot augmentatie der predikanten-tractement hier te lande zou kunnen bekoomen.*" (*). De predikanten, die in nuttelooze beraadslagingen den kostbaren tijd verspilden, in plaats van met de vrome Hernhutters de handen in een te slaan, om het rijk des Heeren uit te breiden, sloegen dezen met een argwanend oog gade. De vrome Hernhutters verkondigden met ijver en getrouwheid het Evangelie der genade aan de oude inboorlingen des lands, de Indianen, en de Heer zegende dien arbeid der liefde. De predikanten spraken op minachtenden toon over de bekeering van Indianen »die zoo ver weg woonden." Zij begroetten de vrome Hernhutters niet als mede-arbeiders in den wijngaard des Heeren; — integendeel, telkens leest men in de Acta van het Conventus, wanneer over dezen gesproken werd: »Men blijft hier tegen wakende" — of — »zoo die menschen (de Hernhutters) zich mogten verstouten om iemand van de Gereformeerde Religie te verleiden zal men hierover aan het Hof klagen." (§)

Van der Meer had met vele moeijelijkheden te kampen en

(*) Acta van het Conventus Deputatorum 26 Mei 1757.

(§) Bij de behandeling der zendingszaak vermelden wij een en ander uitvoeriger.

hieronder waren de gedurige verschillen tusschen de onder-
derscheidene authoriteiten niet de minste. Dan, kort duurde
die strijd; zijne krachten namen af; het voeren van de teugels
des bewinds werd hem eene zware taak, en weldra riep de
Heer hem van het tooneel dezes levens af: den 16^{den} Augustus
1756 presideerde hij voor het laatst de vergadering van het
Hof van Policie, en reeds 8 dagen later, den 24sten Augustus
1756, blies hij den laatsten adem uit.

Daar de Commandeur Crommelin in de maand Maart uit de
kolonie was vertrokken om eene reis naar het vaderland te
doen, liet de Raad Fiskaal Mr. G. Curtius de leden van het Hof
bijeen roepen en deelde in die buitengewone vergadering het
overlijden van Van der Meer mede; eene geheime missive
van HH. Directeuren, die eerst na het overlijden van Van der
Meer mogt worden bekend gemaakt, werd voorgelezen, en uit
derzelver inhoud bleek, dat HH. Directeuren, bij absentie van
Crommelin, den tweeden raad Fiscaal Jan Nepveu het Interims
bestuur opdroegen, en, wat wel als eene bijzonderheid mag
worden vermeld, de Raden van Policie namen hierin volkomen
genoegen. Nepveu won hun advies in en nog in dezelfde vergadering werd de publicatie vervaardigd bij welke Nepveu zijn
optrede als interims Gouverneur der burgerij bekend maakte.
De geest van oppositie tegen Nepveu die voor weinige jaren
zoo hevig was, scheen geweken te zijn.

Slechts een korten tijd duurde dit Interims bestuur. — De
definitieve uitvaardiging der verhoogde belasting, waartoe reeds
onder Van der Meer in het vorige jaar besloten was, vond nu
plaats. (*) De boete op het bedanken voor de betrekking van
Raad van Policie werd van ƒ 5000 tot ƒ 6000 gebragt (§); de
Burgerwacht, die, in plaats van volgens het doel harer instelling,
ongeregeldheid te voorkomen en tegen te gaan, integendeel tot
vermeerdering daarvan bijdroeg, werd afgeschaft (†); de hevige
twisten onder de bewoners van het Oranjepad werden door

(*) Notulen G. en R. 31 Aug. 1736.
(§) Notulen G. en R. 17 Dec. 1756.
(†) Not. G. en R. 23 Dec. 1756.

krachtige maatregelen voor een oogenblik bedwongen, doch
berstten daarna des te heviger uit (*); een groote togt tegen
de wegloopers werd ondernomen, doch bleef zonder goed gevolg. Ziedaar de voornaamste bijzonderheden tijdens het korte
Interims bestuur van Nepveu voorgevallen.

Den 27sten December 1756 gaf Nepveu het Hof kennis, dat
de heer Crommelin was geretourneerd en dat, volgens de acte
van HH. Directeuren, het Interims bewind op hem moest overgaan, doch de leden van het Hof verklaarden hiertoe niet gezind te zijn; onder allerlei voorwendsels zochten zij de regt-
matigheid hiervan te betwisten, en ofschoon Nepveu bepaald op
de uitvoering van het bevel der societeit aandrong, bleven
de Raden van Policie weigeren om ter vergadering te verschijnen, tenzij zij door Nepveu geconvoceerd werden. Eerst den
23sten Januarij 1757 gingen zij, na verscheidene conferentien, er
toe over om Crommelin als Interims Gouverneur te erkennen,
en den 7den Februarij 1757 presideerde hij als zoodanig de
vergadering van het Hof van Policie (§). Den volgenden
dag hield Crommelin eene rede waarbij hij den wensch der
Directeuren naar eene goede verstandhouding tusschen hem
en het Hof, naar onderlinge harmonie, vrede en vriendschap
te kennen gaf. Hierop antwoordden de Raden, dat dit mede
hun wensch was en dat zij genegen waren den Interims Gouverneur te respecteren — maar dat zij dan verwachtten »dat
ook hun karakter *voortaan* door hem zou worden gemainti-
neerd." (†) Crommelin was niet zeer bemind; zijne gehechtheid
aan de Societeit, die hem dan ook ruimschoots met geld en eere
belooude, deed hem te veel in tegenspraak met de kolonisten
komen.

Spoedig vorderden belangrijke zaken de geheele aandacht.
De opstand der slaven in de Tempatie-kreek, op bldz.
151—53 vermeld, bragt de kolonie in rep en roer, en de

(*) Not. G. en R. 7 Sept. en 24 Dec. 1756.
(§) Notulen G. en R. 27 en 28 Dec. 1756 7 Februarij 1757.
Journaal v. Crommelin 18, 21 en 23 Jan.
(†) Not. G. en R. 8 Februarij 1757.

maatregelen om dezen opstand te stuiten, eischten zooveel overleg dat de andere kwestien daardoor voor een oogenblik op den achtergrond geschoven werden (*). Aan de onderscheidene collegien en ook aan bijzondere personen werd de vraag voorgelegd, hoe men het best tegen de steeds in aantal toenemende wegloopers zou handelen. Verschillende antwoorden kwamen hierop in; de voornaamste inhoud daarvan kwam hierop neder:

De meesten waren voor strenge vervolging door militairen en burgers, verhooging der premies voor het vangen en dooden van weggeloopen slaven, zoo mogelijk vernietiging van het »gespuis" — (officiele term), waartoe men volgens sommigen ook met goed gevolg een vrij corps van slaven kon oprigten, welken men daartoe de vrijheid schenken en in den wapenhandel oefenen moest; anderen stelden voor om te beproeven met een gedeelte der wegloopers vrede te sluiten; weder anderen wilden Fransche emigranten uitnoodigen om zich in Suriname, tegen genot van eenige voordeelen, op die punten te vestigen, waar zij als voorposten tegen de wegloopers nuttig konden zijn. — Heerschte over het een en ander verschil van gevoelen, in één punt waren allen het eens, namelijk: dat men de kosten zoo weinig mogelijk op de kolonisten moest brengen (§). Van tijd tot tijd zijn deze maatregelen beproefd, slechts die van de vestiging van Fransche Emigranten is wegens de vele moeijelijkheden daaraan verbonden, achterwege gebleven.

Den 15den September 1757 ontving Crommelin het berigt zijner definitieve aanstelling als Gouverneur, terwijl Nepveu, wiens verdiensten door de Societeit zeer op prijs werden gesteld, tot ontvanger der Hoofdgelden werd benoemd (†).

Niet slechts de Societeit, maar ook de heeren Deutz en Comp., de groote geldschieters, vereerden Nepveu met hun vertrouwen.

Genoemd kantoor droeg hem en zekeren heer G. Kaeks op, om zijne belangen in de kolonie te vertegenwoordi-

---

(*) Notulen G. en R. 7, 10, 20 Maart April en Mei 1757.

(§) Bijlage der Notulen 26 Mei 1757.

(†) Notulen G. en R. 15 Sept. 1857.

gen (*); en indien de een of andere planter zijne verhypothekeerde plantaadje of een gedeelte derzelve wilde verkoopen en
daartoe magtiging van het Hof verzocht, werd eerst het oordeel
van de heeren Nepveu en Kaeks, als gemagtigden van de heeren Deutz en Comp., ingewonnen.

In 1758 circuleerde in de kolonie een zeker geschrift, hetwelk men voorgaf eene copij te zijn eener op 30 April 1757
opgemaakte rekening-courant van hetgeen de planters aan het
kantoor van Deutz schuldig waren. Volgens dit geschrift bedroeg het saldo daarvan de aanzienlijke som van ƒ 4,628,365.12;
de namen van vele der aanzienlijkste ingezetenen en voornamelijk van een groot aantal joden kwamen daarop voor. De
gemagtigden der heeren Deutz beklaagden zich bij het Hof over
deze handeling, waardoor verscheidene personen meer of minder gecompromitteerd werden, en noemden »deze notitie erron-
neus, valsch en gesupposeert." Crommelin zond eene onder-
schepte copij daarna naar de Directeuren der Societeit (§).

Niettegenstaande de reeds op bldz. 255—36 vermelde voorzorgen
ter verzekering van de regten der geldschieters genomen, kwamen
er spoedig klagten van het kantoor J. F. Marselis, opvolger van
Deutz, over gepleegde kunstenarijen in het priseren der plantaadjes,
welke kunstenarijen bij verkoop van verhypothekeerde plantaadjes
aan het licht kwamen. (†) Ter voorkoming hiervan, werd door het
hof den 8 Feb. 1764 besloten om: »de instructie der priseurs te
scherpen en vooral de hand te houden aan de bepaling, dat het Hof
iedere taxatie naauwkeurig zoude nagaan, van welk besluit den
Directeuren der Societeit berigt werd gegeven, met het verzoek
om naar hun vermogen het wankelend crediet der kolonie te
schragen. (**) Doch dit crediet was zoo zeer geknakt, dat men

---

(*) In 1761 werden zij door de heeren J. L. van Son en D. F. Dandiran vervangen. (Not. G. en R. 20 Aug. 1761

(§) Journaal Crommelin 12 en 17 Jan. 1758 Bijlage van Not. G. en R.
25 Julij 1458.

(†) In 1765 en 66 vermenigvuldigden zich de verkoopingen en het
onder sequestratie brengen van plantaadjes van wege het kantoor Marselis.

(**) Notulen 8 Febr. 1764. — Volgens besluit van het Hof, 19 Febr.

te Amsterdam huiverig werd om gelden op Surinaamsche plantaadjes te leenen. Eerst na vele vruchtelooze pogingen bij verscheidene kooplieden, gelukte het eindelijk den heer van de Poll over te halen, om nog een millioen gulden à 6 pCt. op Surinaamsche plantaadjes voor te schieten. (*)

Behalve het vaststellen van den interest op 6 pCt. 's jaars, hield dit project de voorwaarde in, dat het door den heer Harmen van de Poll verstrekte geld 10 jaren lang zou vaststaan, doch dat in de volgende 10 jaren telken jare 10 pCt moest worden afgelost. De interesten en aflossingen moesten in producten geschieden; de geldopnemer verbond zich ook om alle producten zijner plantaadje te consigneren aan het kantoor der geldschieters — welke van hunne zijde aan de aanvrage om levensmiddelen en provisien moesten voldoen. De makelaars zouden 2½ pCt courtageloon genieten. Na eenige wijzigingen werd dit project goedgekeurd. (§)

Enkelen in Suriname zochten van het gebrek aan geld, dat aldaar zoo dikwijls voorkwam, partij te trekken door gelden tegen zeer hooge interesten te leenen, (woeker te drijven). Reeds vroeger waren meermalen bepalingen hier tegen gemaakt, o. a. in den tijd van den Gouverneur Joan Raye, die een placaat uitvaardigde tegen het nemen van hooge interesten, toen door sommigen 30, 40, 50, ja meer dan 60 pCt interest gevorderd werd. (†) Het door gemelden Gouverneur Joan Raye uitgevaardigd placaat werd thans vernieuwd en geamplieerd. Het nemen van hooger interest dan 8 pCt 's jaars werd verboden op de boete van ƒ 500 voor de eerste overtreding, en ƒ 1000 voor de tweede, enz. (**)

Om in de schaarschte van contant geld te voorzien, werd

1767, mogten o. a. de voordeeligste katoenboomen bij waardeering niet hooger dan 12 stuivers gepriseerd worden — de minderen in kwaliteit, naar evenredigheid.

*) Zekere Johannes Bock, die 32 jaren in Suriname had gewoond en daarna, zoo voor eigene zaken als in het belang dezer zaak, naar Nederland was gegaan, had zich hiervoor veel moeite gegeven.

(§) Notulen van G. en R. van 13 Febr. 1764 en van 4 Febr. 1765.

(†) Notulen van Gouverneur en Raden van 25 Januarij 1736.

(**) Notulen van Gouverneur en Raden van 27 Maart 1761.

in het Hof voorgesteld om looden geld te laten vervaardigen,
doch daar deze maatregel niet door de meerderheid goedgekeurd werd, trok men het voorstel weder in. Een ander voorstel om cartonnen of kaartengeld, met het kleine 's lands zegel
voorzien, te doen maken, vond meerder bijval en weldra ging
men hiertoe over. In de vergadering van het Hof van 19
Mei 1761 werd tot de eerste uitgifte van dit kaartengeld besloten, namelijk voor f 12,000 — Surin. — 4000 stuks à f 3. (*)
Spoedig werd er meer van dit papieren geld, hetgeen in eene
groote behoefte voorzag, gemaakt; reeds in hetzelfde jaar besloot men herhaaldelijk tot nieuwe uitgifte er van : volgens
resolutie van

12 Sept. 1761 voor f 10,000 in kaarten van f 2½.
4 Oct.   »   »   » 10,000   »   »   » » »
4 Dec.   »   »   » 20,000   »   »   » » »   (§).

In Februarij 1762 werd door het Hof een verzoekschrift
aan H.H.M. gerigt, om een in Suriname alleen gangbare geld-
munt te mogen hebben. Ofschoon Directeuren der Societeit dit
verzoek ondersteunden, wezen H.H.M. het echter van de hand.
Men ging daarop voort met het maken van kaartengeld, in

October 1762 voor f 25,000 à f 2½.
9 Mei 1763   »   » 25,000 » » »
20 Dec.   »   » 120,000 » » 3.

In Februarij 1764 voor f 100,000, als:
voor f 30,000 à f 1 en voor f 70,000 à f 10,
in Aug. 1764 voor f 50,000 à f 10.

Een gedeelte van dit kaartengeld besloot men als eerste-hypo-
theek op huizen of andere vaste effecten uit te zetten voor den
tijd van 3 jaren en tegen 8 pCt 's jaars. Hiervan werd spoedig gebruik gemaakt. Reeds den 6den December 1764 berigtte de ontvanger der Modique lasten, dat er voor f 85,113

(*) Notulen van 19 Mei 1761.

Hartsinck, 2de deel, bladz. 857 en 858. Bij dezen schrijver vindt
men ook eene afbeelding van dit kaartengeld, doch over de uitgifte is
hij niet in alle opzigten naauwkeurig geweest en op zijn voorbeeld
hebben ook andere schrijvers gedwaald.

(§) Zie notulen van Gouverneur en Raden van dezelfde datums.

van genoemd kaartengeld op hypotheek geplaatst was, en van 1762 tot 1767 ontving de koloniale kas als interest daarvan f 48,188,15,14¹/₅. Men bezigde het ook om publieke kantoren in staat te stellen de vereischte betalingen te doen. Men maakte er voornamelijk gebruik van om de kas tegen de weg-loopers bij te staan; het eerst in 1765 met eene som van f 100,000. (*)

Dit kaartengeld moest ieder in de kolonie in betaling ont-vangen, doch de schippers konden het bij hun vertrek voor wissels op het kantoor der Modique lasten inruilen, waar men het tot betaling der bedienden gebruikte.

De Directeuren der Societeit vonden echter zwarigheid in die gestadige vermeerdering van het kaartengeld en schreven daarom Gouverneur en Raden, om de som van f 100.000 — die aan de kas tegen de wegloopers geleend was, in te trekken en dit kaartengeld te verbranden (§).

Om eenigzins aan het gebrek aan contanten te gemoet te komen, zonden Directeuren, op verzoek van het Hof (†), van tijd tot tijd contant geld naar Suriname (in 1764 o. a. voor 16.400); doch zulks baatte niet: dit geld toch kwam naauwe-lijks in omloop of het verdween uit de kolonie door de beta-ling voor diverse goederen aan de schippers. Evenmin bragt de maatregel om ter faciliteering en aanmoediging tot aanvoer van contanten een agio of opgeld van 5 procent te stellen eenige gunstige verandering in den toestand van zaken. (**) Winke-liers en andere negotianten maakten daarop zelve kaartjes, een soort van bons, waarop zij naar willekeur sommen schreven. Het Hof wenschte wel dit onregelmatig betaal-middel door een verbod te doen ophouden; doch zij wezen op de moeijelijkheid om bij gemis hiervan met elkander af te rekenen. Toen Di-recteuren bleven aanhouden op de vernietiging van het kaar-

---

(*) Notulen Gouverneur en Raden 20 Februarij 1765.

(§) Notulen Gouverneur en Raden 3 Dec. 1765.

(†) Notulen 8 Mei 1764. Wegens gebrek aan muntspecien werden Directeuren verzocht f 6000 aan stuivers, f 2000 aan duiten te zenden en teveus aan ieder schipper een zak met f 600 mede te geven.

(**) Not. G. en R. 23 Aug. 1765.

tengeld (*) gehoorzaamde men niet onmiddellijk, maar stelde
de Societeit de voordeelen van het officiele kaartengeld voor
oogen en vroeg haar verlof tot eene nieuwe uitgifte van
ƒ 350.000, die eindelijk toegestaan werd.

Toen Crommelin het bewind aan van der Meer overdroeg,
had hij getuigd dat thans niet slechts vrede, eendragt en vriendschap in de beide hoven, maar ook tusschen de ingezetenen
onderling heerschte (§). Weldra echter kwamen moeijelijkheden
dien vrede, die eendragt en die vriendschap verstoren. Steeds
waren het dezelfde oorzaken, slechts eenigzins door omstandigheden gewijzigd, als: verschil tusschen de Societeit en de Raden van Policie over de kosten der verdediging tegen binnen-
en buitenlandsche vijanden, over de begeving van ambten, over
de rangregeling tusschen Raden van Policie en societeits-amb-
tenaren als fiscaal, secretaris enz., en over de grenzen der regtsmagt in het straffen der miltairen in Communis delictums.

De Gouverneurs, voorstaande de belangen der Societeit, die
hen aanstelde en bezoldigde, kwamen daardoor ieder oogenblik
in tegenspraak met de Raden van Policie, die van hunnen kant
uitsluitend de belangen der ingezetenen op het oog hadden.
Hoewel deze laatsten meermalen het regt aan hunne zijde
hadden, zoo is het tevens niet te loochenen, dat zij — trotsche republiekeinen als zij waren, — vaak de geringste daad
der Gouverneurs, waardoor zij vermeenden in hunne regten
gekrenkt te worden, als despotismus uitkreten en daardoor dikwerf de uitvoering van een maatregel die in het algemeen belang was, belemmerden.

Crommelin met een driftig en oploopend gestel, miste de
tact om, bij verschil van gevoelens, zijne tegenstanders op
minzame wijze te overtuigen of hen ten minste niet te verbitteren. Zijne mannelijkheid en degelijkheid van karakter echter, die hem den sterksten tegenstand niet deed vreezen, waar
hij vermeende tot zelfstandig handelen geroepen te zijn, stelden
hem in staat maatregelen in het belang der kolonie ten uitvoer

(*) Notulen G. en R 23 Maart 1767.
(§) Zie bldz. 251.

te leggen, waarvoor Mauricius was teruggedeinsd. Soms evenwel dreef hij stijfhoofdig zaken door, waartegen de Raden zich
met regt verzetteden.

Jegens de slavenbevolking was hij »on doit juger les esprits
àpres leurs dates» — niet kwalijk gezind en trachtte, doch
vruchteloos, de verregaande mishandelingen dier armen tegen
te gaan.

De aanleiding tot een hevigen strijd in het Hof kwam van
van de zijden der Societeit. Crommelin deelde in de zitting
van het Hof van 11 Februarij 1760 mede, dat Directeuren der
Societeit, in overleg met eenige belanghebbenden in Surinaamsche
plantaadjes, (Amsterdamsche kooplieden) het plan hadden gevormd om op nieuw 600 man troepen ter versterking der reeds
bestaande krijgsmagt naar de kolonie te zenden. De Raden
oordeelden dat, bij den gehoopten vrede met de boschnegers,
waardoor minder zoogenaamde commandos noodig zouden zijn,
volstrekt geen behoefte aan zulk eene versterking der krijgsmagt
bestond en dat men alzoo de ingezetenen niet noodeloos met
meerdere kosten moest bezwaren. Dit oordeel der Raden werd
aan Directeuren bekend gemaakt; doch deze heeren verleenden
hieraan weinig aandacht of wachtten het zelfs niet af, want
reeds den 26sten Junij 1760 berigtte Crommelin dat het vroeger
genoemde plan ten uitvoer zou worden gelegd en dat men reeds
de approbatie van H.H.M. hierop had verkregen.

De Raden waren over deze handelwijze der Societeit verontwaardigd, niet slechts om reeds genoemde redenen, maar ook
om de minachting, waarmede de Societeit hen, »die toch met
den Gouverneur de wettige regering van Suriname uitmaakten",
behandelde. Zij rekenden zich verpligt om tegen alle infractie
van het octrooi te waken en hier beging de Societeit eene
nieuwe en alle vorige te boven gaande infractie. Artikel 27
sprak duidelijk: de onkosten der verdediging moesten door de
Societeit gedragen worden. — · Bij vroegere conventien waren
hierin, doch echter immer na voorafgaand overleg, eenige wijzigingen gekomen, maar nu matigde zich de Societeit eene
magt aan, die ter naauwernood bij een Despoot denkbaar was.
In dit buitengewone geval verlangden de Raden, dat de inge-

zetenen werden opgeroepen om hun gevoelen er over te vernemen (*).

Crommelin verklaarde zich ten sterkste tegen eene oproeping der ingezetenen. Hij schetste met levendige kleuren de onrust en verwarring waartoe deze leiden kon; hij trachtte de Raden te doen inzien, dat het Hof niet geroepen was om te delibereren in hoeverre men zich aan de bevelen van den Souverein (H.H.M.) zou gedragen, maar slechts hoe die bevelen het best konden worden ten uitvoer gelegd; hij waarschuwde tegen de nadeelige gevolgen die uit dergelijke verschillen met den landsheer (de Societeit) konden ontsaan, en haalde tot bewijs daarvoor de vorige gebeurtenissen onder Mauricius aan. Hij wees ten slotte op den moeijelijken toestand waarin de kolonie kon geraken, indien eens onverhoopt de vrede met de boschnegers niet mogt tot stand komen. De Raden, op hunne beurt, antwoordden, dat zij in de door hen voorgestelde demonstratie geene oneerbiedigheid jegens den Souverein (H.H.M.) zagen, te meer daar zij vertrouwden, dat indien H.H.M. goed omtrent de zaken waren ingelicht, zij zich haasten zouden om dit onregtvaardig besluit in te trekken; de Raden wenschten mede gaarne met den landsheer (de Societeit) buiten verschil te blijven, maar waar deze het octrooi schond, konden zij, volgens eed en pligt, hierin niet stilzwijgend berusten; zij vonden geen vrijheid de ingezetenen met meerdere lasten te bezwaren, — en indien het der Societeit te zwaar viel, om, volgens het octrooi, zelve voor de verdediging der kolonie te zorgen, dan immers stond het haar vrij om het regt van eigendom derzelve aan den souverein (H.H.M.) over te dragen. Dit éénstemmig oordeel der Raden (slechts de Commandeur de Bauverser koos in dit verschil de zijde van den Gouvernenr) werd in schrift gebragt en aan H.H.M. opgezonden (§).

In December 1760 bragt de Gouverneur deze zaak op nieuw ter sprake. Hij verdedigde de Societeit tegen den blaam, dat zij als in den blinde rondtastte en verklaarde, dat zij integen-

---

(*) Notulen van Gouverneur en Raden van 26 Jnnij 1860.
(§) Notulen van Gouverneur en Raden van 27 en 28 Junij 1760.

deel volgens bepaalde beginselen en met kennis van zaken handelde. Zij had, vervolgde Crommelin, tot grondslag genomen, de opbrengst van de kas tegen de wegloopers in 1757, wanneer deze f 205,974,18 bedroeg, en hieruit kon het onderhoud worden bekostigd; mogten die kosten onverhoopt meer beloopen, dan zou de Societeit misschien wel weder $1/4$ daarvan willen dragen; daarbij was de versterking der krijgsmagt in meer dan een opzigt nuttig. — Men zou toch daardoor in staat worden gesteld om hier en daar militaire posten op te rigten; de zekerheid en veiligheid der Kolonie zou toenemen, dan ook kon, zonder gevaar, de kolonisatie aan het Oranjepad, waartegen de Raden steeds zoo veel bezwaar hadden gehad en die ook zoo weinig aan het oogmerk voldeed, (*) geheel worden opgeheven; en daar de kosten voor die kolonisatie de eenige waren, die nog uit de Extra-ordinaire kas moesten worden betaald, zou die kas kunnen vervallen en het batig saldo er van in de kas tegen de wegloopers worden gestort. (§)

De Raden antwoordden, dat zij bij hunne ontevredenheid jegens de Societeit bleven volharden. Niettegenstaande hun herhaald protest, had zij toch de troepen gezonden en nog daarenboven bij de werving er van slecht toegezien, daar er verscheidene kinderen, Joden en oude lieden, tot de dienst onbekwaam onder waren. De opheffing der kolonisatie was geene gratie: de 10 jaren, waartoe men tot hulp en ondersteuning verbonden was, waren verstreken, men was verder tot niets verpligt; de opheffing der extra-ordinaire belasting was reeds

_____

(*) Een voorstel van Crommelin, om op het pad weder een schout te plaatsen, werd door de Raden afgewezen. Notulen 17 Febr. 1762. Doch des niettegenstaande werd op 20 Mei 1763 een schout aangesteld. Aan de aanvraag om een eigen predikant werd nimmer voldaan: de predikanten van Parimaribo zouden er preken. In 1760 werd er eene predikatie gedaan en in 1764 weder eene. Notulen van 9 Mei 1764.

(*) Reeds vroeger had Crommelin voorgesteld, om die gehate extra-ordinaire belasting te verminderen; (zie Notulen 17 Nov. 1758) terwijl uit de Notulen van 16 Dec. 1762 blijkt, dat er alstoen in genoemde kas een saldo van f 227,345,1 voorhanden was en de vermoedelijke uitgaven op slechts 50 à 60 duizend geraamd werden.

lang begeerd en toegezegd. De Raden hoopten nog op gunstige beschikking van H.H.M. Hunne aangevoerde bezwaren toch waren, naar hunne meening, zóó gegrond, dat, »hoe habile en subtiele pennen ook van de kant van Haar Edele Groot Achtbaare, als naar gewoonte, sullen geëmployeerd worden, de kragt der eenvoudige waarheid en gezonde reden, altoos zal door de nevelen van kunstige raisonnementen doorstralen:" (*) De heeren Raden werden echter in deze verwachting bedrogen. Den 14^{den} Junij 1762 deelde Crommelin mede, dat H.H.M. bij hunne resolutie van 21 December 1759, betreffende de overeenkomst tusschen de Societeit en eenige voorname geinteresseerden, bleven persisteren. Daar de Raden voorzagen dat verdere tegenstand nutteloos zou zijn, verklaarden zij na eenig beraad, den 14^{den} Julij 1762, dat zij aan de orders van H.H.M. zouden gehoorzamen. (§)

Nog onder den indruk dier onaangename stemming door het hier boven verhaalde veroorzaakt, rezen er nieuwe geschillen tusschen de Societeit en de Raden, en zulks nu over het tractement der predikanten. Daar het, gelijk wij vroeger reeds aanmerkten, moeijelijk was, om »geschikte sujetten" voor dat ambt in de Kolonie te verkrijgen, was er besloten, dat de predikant, die door Directeuren der Societeit geëngageerd werd om naar Suriname te gaan, voor reiskosten enz. een *don gratuit* van ƒ 600 zou ontvangen en in de Kolonie, behalve zijn tractement, vrije woning en twee slaven te zijner dienste.

De Raden die bezuiniging wenschten, rekenden zich over deze kosten bezwaard, en verzochten Directeuren bij missive het *don gratuit* in te trekken (†). Het antwoord dat zij daarop ontvingen was scherp en bevatte o. a. de volgende zinsnede: »dat bij haar minder ijver en genegenheyt tot opbouwing van Gods kerke en verbreidinge van de leere der zaligheyt werd bespeurt dan bij haar voorzaaten die van tijd tot tijd de predicanten tractement zoo hebben vermeerderd (**)." Vooral deze

---

(*) Notulen van G. en R. van 4 en 8 Dec. 1760 en 3 Febr. 1761.

(§) Notulen van G. en R. van 14 Junij en 14 Julij 1762.

(†) Notulen Gouverneur en Raden 19 Feb. 1763.

(**) Notulen G. en R. 20 Dec. 1763.

zinsnede gaf aanstoot. Toen Crommelin later (9 Feb. 1764) de belangen der predikanten wilde voorstaan, en daartoe sprak hoe dezen, indien men het hun vroeger toegestane thans bleef weigeren, moeijelijk op fatsoenlijke wijze in Suriname leven konden enz. gaf de verontwaardiging der raden zich lucht in de hevigste bewoordingen. »Godt de Heere"; zoo spraken zij: »geeft toch in zijn goedertierenheyt mannen nae zijn hart, die geen *Mercenaires* zijn, Herders, die haare schaapen hoeden, als van outs den apostel Paulus, die het werk zyner handen voegte by den heyligen dienst, dat andere mede dede, schoon dat hier niet wert gerequireert; van hetgeen een predikant hier krijgt als hij niet brassen wil, en veel wijn gebruyken, kan hij zeer wel leven, met de kinderen die Godt hem geeft, die haar zegen meede brengen· De Raaden zijn 't niet eens met Sijn WelEd. Gestrenge dat alles veel kostbaarder is geworden, als voorheen, en de gulhartigheyt zoo niet meer bij de gemeente zou zijn, als voor deesen; het is wel waar, dat lekkernyen, fyne wynen, en al was het maar gemeene rooyen, dat het gebruyk daervan kostbaar is, maar dat zyn zaaken die predikanten in profusie niet behoeven te gebruiken." — »Zoo de Dominees het hier dan zoo slegt hebben, wat zal men seggen van officieren, jaa Lieut. Colonels, die noch alles en alles gerekent, het inkoomen van een leeraar niet hebben, en evens met veel éclat moeten leven? — Is 't dan maar om het hebben te doen, en zyn de predikanten dan alleen nooijt te vergenoegen?" Omtrent den aandrang der Societeit hiertoe merkten de Raden aan: »De milddadigheden zijn faciel wanneer men er niets toe contribueert, Haar Edel Groot Achtbaare hebben het maar voor 't zeggen, maar uyt de cassa van de ingeseetenen moeten de betalingen koomen."

Dat deze weigering van het don gratuit en de heftige taal daarover door de Raden gevoerd, eigenlijk meer voortsproot uit wrevel jegens de Societeit dan uit onwil jegens de predikanten, blijkt o. a. daaruit, dat kort hierna meermalen, bij resolutie, een douceur aan predikanten werd toegekend door het Hof zelf of wel door de ingezetenen op voorgang van Gouverneur en Raden, zooals wij in het Journaal van Crommelin

lezen: »Vermits de Fransche Dominé Sugnens het op bededag
zoo wel ingericht hadde, heeft de heer Gouverneur en Raden
van Policie hem een present van ƒ 500 geschonken (*)".

»5 November 1766. De heeren Raaden en de meeste ingezetenen zeer voldaan zijnde geweest over de predecatien door
Ds. Rogère, Sügnens en den Luyterse Ds. Zegerquist op gepasseerde Beededag, den 29ˢᵗᵉⁿ October, hebben dezelve Raaden
en vele andere voorname ingezetenen een beurs van ƒ 2100 :=
bij malkanderen verzamelt, en aan ieder der drie predikanten Ds. Rogère, Sügnens en Zegerquist een present van
ƒ 700 = gedaan (§)."

»4 Februarij 1767. In de vergadering van het Hof werd besloten om daar er eene vacature te Paramaribo bestond en de
predik-dienst aldaar van tijd tot tijd door Ds. Johanson, wiens
standplaats aan de Commewijne was, werd waargenomen dezen
voor elke predikdienst ƒ 40, — toe te leggen (†)."

»9 December 1767. Bij het voortduren der vacature zoo ge-
geschiedt de dienst alleen door den eenigen Nederduitschen en
den Franschen predikant waarom het Hof hun als douceur of
nieuwjaarsgift ieder ƒ 600, — toekent (**)."

»Ds. Sügnens werd 11 Aug. 1668 door het Hof voor de getrouwe waarneming der predikdienst ƒ 600, — toegelegd."

En daar er toch moeijelijk predikanten voor Suriname waren te vinden, werd in 1767 hun tractement verhoogd (voor
de stad) op ƒ 2200, — zonder vrije woning, en voor de distrik-
ten ƒ 1700, — met vrije woning. Het weduwen pensioen bedroeg ƒ 500, — (§§).

De heerschzucht van sommige, en het losbandig gedrag van
enkele predikanten gaven meermalen ergernis. Gedurig ontstonden er geschillen. Crommelin klaagt in zijn dagboek hierover verscheidene keeren en de notulen en de acta Conventum maken er dikwijls melding van. De Hervormde predi-

(*) Journaal van Crommelin 8 Aug. 1765.
(§) Journaal van Crommelin, 29 Oct. 1766.
(†) Notulen van Gouverneur en Raden van 4 Febr. 1767.
(**) Journaal van Crommelin, 9 Dec. 1767.
(§§) Journaal van Crommelin, 11 Aug. 1768.

kanten beklaagden zich ook nog al eens over de Luterschen,
die zij van aanmatiging en zucht om de predominante kerk
te overvleugelen beschuldigden. Deze laatsten beweerden daarentegen immer dat zij niet buiten en boven hun privilegien gingen. Het doopen van kinderen van »nonconformisten", het
oprigten eener Lutersche school, het doen van collecte tot onderhoud van kerk en armen, waren de voornaamste zaken waarover de verschillen liepen. Crommelin trachtte zoo veel mogelijk vrede en eendragt onder hen te herstellen en vond in
deze bij de Raden ondersteuning (*).

Het schoolbezoek werd door predikanten en anderen daartoe
door den kerkeraad gecommitteerden vrij getrouw waargenomen.
Zelden leest men in de verslagen daaromtrent gunstige getuigenis over de Hollandsche school, daarentegen was men doorgaans over den Franschen en ook over den der Mulatten onderwijzen wel te vreden. De kerkeraad stelde in Augustus 1767
voor om tot aanmoediging der schooljeugd eene prijsuitdeeling
te houden. In 1768 had deze voor het eerst plaats en werd
sedert meermalen herhaald. (§)

Met medewerking der classis van Amsterdam werd op verzoek van het Conventus Deputatorum eene overeenkomst aangegaan met het Aalmoezeniershuis te Amsterdam om, tegen eene
tegemoetkoming van ƒ 100 's jaars, jongens uit het Diakonie-
huis van Paramaribo op te nemen en aan deze jongens in
genoemd Aalmoezeniershuis eene goede christelijke opvoeding
te doen geven, een ambacht te laten leeren en hen later, zoo

(*) Notulen van Gouverneur en Raden van 4 Febr. 1767. —
Bij de blijvende moeijelijkheid om predikanten te verkrijgen, werd in
December 1768 besloten, het tractement weder te verhoogen en hetzelve
te brengen; voor de stad op ƒ 2500, voor de districten op ƒ 2000, —
terwijl toen ook bepaald werd dat de weduwen haar pensioen buiten
de kolonie mogten verteren.

(') Notulen G. en R. 3 Oct. 1751, 12 Aug. en 18 Dec. 1766. Journaal van Crommelin 16 Dec. 1751, 23 Febr., 28 Maart, 16 April, 22
April, 2 Julij 1767, 29 Dec. 1767, 11 Aug 1768 enz., enz., enz.

(§) Notulen G. en R. 2 Junij 1758, 28 Oct. 1759, 12 Aug. 1766, 10
Mei 1768, 4 Mei 1869, 11 1769 tot 14 Mei 1770 enz., enz.

zij daartoe genegen waren, naar Suriname terug te zenden. Jongens boven de zeven jaren konden worden opgenomen (*). Van dezen waarlijk goeden maatregel werd veel gebruik gemaakt.

De stad Paramaribo werd van tijd tot tijd verfraaid en uitgelegd, en niettegenstaande de vermeerdering der woningen stegen de huishuren, daar de aanzienlijke inwoners hoe langer zoo meer de stad tot hunne vaste woonplaats verkozen en ook andere oorzaken bragten daartoe het hunne bij. De Portugesche Joden, wier bezittingen in plantaadjes verminderden, vestigden zich ook meer in Paramaribo, terwijl de Savane minder gezocht werd. Door de aankomst van vele Hoogduitsche Joden werd het kroost van Israël in Suriname zeer vermenigvuldigd. Deze beide gemeenten leefden echter van elkander gescheiden en wij vinden zelfs melding gemaakt, dat men kerkelijke straf uitoefende jegens hen, die eene andere Synagoge dan die van hunne eigene gemeente bezochten. Door sommige leden van het Hof werd een plan ontworpen en hetzelve ter goedkeuring naar de Societeit verzonden, om de Joden een afzonderlijk kwartier aan te wijzen — een zoogenaamde Joden wijk; directeuren verklaarden zich hier niet bepaald tegen, maar verlangden echter, dat men de aan de Joden verleende privilegien eerbiedigde — en er hadden verder wel discussien over plaats, doch het plan kwam niet tot uitvoering (§).

Bruggen, aanlegplaatsen voor de schepen, afzonderlijke plaatsen voor het houden van markten werden verbeterd en hun aantal vermeerderd.

De toren van het raadhuis, tevens de Hervormde kerk, werd in 1768 van een klok voorzien, die met het stellen ƒ2000 kostte en te gelijker tijd werd een klokkenist tegen eene jaarwedde van ƒ 500 aangesteld (†).

(*) Notulen van Gouverneur en Raden van 28 Februarij 1759 en 8 Februarij 1762.

(§) Notulen van Gouverneur en Raden van 20 Augustus 1761 en 9 Februarij 1762.

(†) Notulen van Gouverneur en Raden van 17 Mei 1768.

18

In 1758—60 werd een zeer doelmatig, ruim, luchtig militair hospitaal gebouwd, dat in eene groote behoefte voorzag.

Een geschikt gebouw waarin besmettelijke zieken, als door Jaas, Boassie enz. aangetastten, afgescheiden van anderen, konden worden verpleegd, ontbrak echter. Wel werden van tijd tot tijd voorstellen daaromtrent gedaan, doch de schraalheid der kas hield de uitvoering daarvan tegen (*).

In 1764 heerschte de kinderpokken in eene hevige mate onder de slaven, vele stierven en de lijken werden zoo slecht begraven, dat het Hof zich, ter voorkoming van verdere uitbreiding dier vreesselijke ziekte, genoodzaakt zag een besluit uit te vaardigen waarbij deze zorgelooze handelwijze streng verboden werd. Het besloot toen ook een houten gebouw ter verpleging der besmettelijke zieken op de Savane buiten Paramaribo te laten maken, en de chirurgijns op poene van ƒ 100 te verbieden dergelijke lijders bij hunne meesters of in hunne huizen te helpen (§). Het blijkt echter uit verscheiden feiten, dat deze heilzame verordeningen slecht of in het geheel niet opgevolgd werden.

In den nacht tusschen den 18den en 19den April 1763 barstte er in Parimaribo een hevige brand uit en dreigde de grootendeels uit houten huizen bestaande stad met eene geduchte verwoesting. Het gevaar werd gelukkig nog afgewend. Het elders mede wel meer aangewende middel om eenige digt bij de hand staande huizen te laten omverhalen, werd ook hier met goed gevolg aangewend. De eigenaars dier woningen stelden een eisch tot schadevergoeding in en hieraan werd in zooverre voldaan, dat zij een renteloos voorschot van ƒ 19,500 tot herstelling en opbouw derzelve ontvingen (†).

Op nieuw ondervond men het gemis van brandspuiten (**) en ofschoon bij een nieuw brand-reglement bepaald werd, dat in cas van brand ieder ingezeten eene gewone glazen spuit en

---

(*) Notulen van Gouverneur en Raden van 16 Mei en 13 Augustus 1760 enz.

(§) Notulen van Gouverneur en Raden van 16 Februaij 1764.

(†) Journaal van Crommelin van 19 April 1763. Notulen van Gouverneur en Raden van 2 Mei 1763.

(**) Zie hierover bladz. 170—80.

eene tobbe met water ter beschikking moest stellen, (*) begreep
men toch, dat dit weinig baten zou en ontbood vier brandspuiten
uit Nederland. In Augustus 1764 werden de twee eerste
brandspuiten in Paramaribo aangebragt (§), zij voldeden vrij
goed en werden sedert meermalen gebruikt (†).

Om aan het gebrek aan drinkbaar water, dat zich, bij
groote droogte, sterk deed gevoelen, te gemoet te komen en
ter voorzorg bij het mogelijk ontstaan van brand, werden
te Paramaribo in 1764 en eenige volgende jaren, openbare
putten gemaakt (**). Bij het delven van eene dier putten op de
hoek van de Heeren- en Kerkhofstraten, werd op eene diepte
van circa 12 voet, eene ader ontdekt, die zeer veel »stofgoud"
scheen uit te leveren. Crommelin liet dit nader door docter
Moesner onderzoeken, doch daar men er verder geen gewag
van gemaakt vindt, veronderstellen wij, dat de resultaten van het
onderzoek weinig bevredigende uitkomsten hebben opgeleverd (§§).

Door de groote droogte ontstonden somwijlen boschbranden,
voornamelijk in October en November 1767, welke in hevigheid
die van 1746 evenaardden (††).

Een, voor Suriname zeer ongewoon, natuurverschijnsel ver-
schrikte de inwoners van Paramaribo in den vroegen morgen
van den 21sten October 1766, namelijk eene aardbeving, die wij
in het dagboek van Crommelin aldus beschreven vinden: »Heden
morgen, circa 5 uuren, begon men hier swaar onderaarts gedruys te hooren, dat eenige minuten lang vermeerderde en toen
met eene groote aardbeeving eyndigde. Alles met elkanderen
duurden 15 à 16 minuten, ingevolge nauwkeurige observatie
van den premier luitenant Dirks, die juyst bij desselfs sieke
kind op sat, de gebouwen door geheel Paramaribo kraakten,
en men meende telken oogenblikken, dat deselve instorten sou-

(*) Notulen van Gouverneur en Raden van 25 Mei 1763.

(§) Notulen van Gouverneur en Raden van 7 Augustus 1764.

(†) Notulen van Gouverneur en Raden van 22 Augustus 1766 enz.

(**) Notulen van Gouverneur en Raden van 6 December 1764, 22
Augustus en 5 October 1766.

(§§) Journaal van Crommelin van 10 September 1767.

(††) Zie bladz. 219–90.

den, want deuren en vensters oopenden en slooten sig weederom, het water in de putten, vaaten en tobbens kabbelde als baaren in de zee; aan 't Gouvernement heeft het geevel-eynde aan de oostkant, synde een steene muur, een groote scheur gekreegen en ook het Commandement 5 à 6 scheuren; de sieken in 't Hospitaal syn alle daaruyt gevlugt; alle de slingerhorologies hebben stil gestaan 20 minuten over 5 uuren, dog aan de scheepen en op 't waater is de schudding niet soo sterk als aan de wal geweest, hebbende alleenig eenige beweegingen aan de hangmatten kunnen bespeuren; zijn Excellentie is meede blootsvoets uyt 't Gouvernement gevlugt, met groot gevaar dat telken oogenblikke vreesden hetselve instorten soude, want alle de gebouwen en selfs de aarde beweegde zig als golven in de zee: dog God dank het is tot nog toe by die schrik gebleeven en met geen verdere ongelukken verseld, ten minste zooveel men kennisse daarvan heeft, except dat den persoon van Daniel Forques, geweezene adsist. van 't comptoir van de modique lasten, door schrik van de verdieping van een huys door 't venster op de grond is gesprongen en sig deerlyk beseert, soodat daardoor dan 't bloedspuyen is geraakt; beneevens nog op eenige andere plaatsen eenig porcelyn en glaasen gebrooken. Geen mensch weet sig te herinneren, dat ooyt of ooyt soo lange hier Europeërs syn geweest zulk eene swaare aardbeevinge als deese hier is gevoeld geworden."

In de vergadering van het Hof op dien zelfden dag, werd op voorstel van Crommelin tegen den 29sten October een dank- en bededag uitgeschreven, om den Heere God voor de genadige bewaring te danken.

Eenige dagen later herhaalden zich die schuddingen, gelijk in het dagboek gemeld wordt, als:

25 October, 1766. Gepasseerde nagt, circa een uuren, heeft men al weederom eenige schuddingen gevoeld, synde egter niet zoo sterk als de voorgaande geweest.

27 October, 1766. Gepasseerde nagt ter twaalf en heeden morgen circa half seeven uuren, bij stil en helder weeder, onderaarts gedruys gehoord, vergezelt met eenige schuddingen, die egter iets sterker zijn geweest als de laatste, synde de schockingen ook op 't waater bespeurt geworden."

In Januarij van het volgende jaar, had weder eene aardbeving plaats, waarvan is aangeteekend:

»18 Januarij 1767. Gepasseerde nagt, circa half twee uuren,
heeft men weederom een onderaarts gedruys gehoort, 't welk
tot ruym vier uuren heeft geduurd, zynde ook eenige ingeseetenen deezer colonie in de verbeelding geweest een weinig beweging te hebben gevoelt.

Ook heeft sijn Excellentie tijding ontfangen, als dat de scheepen, welke laatst in zee gestooken hebben, na een verblijf van
24 uuren weederom syn binnen geloopen weegens swaar onweer
en contrarie winden."

Strijd tegen Buitenlandsche vijanden was er, tijdens het bestuur van Crommelin, niet te voeren. Bij den oorlog, die in
1760 tusschen Frankrijk en Engeland uitbrak, bleef Nederland
onzijdig (*). Evenwel had de kolonie zeer veel overlast van de
Fransche kapers, die aan den mond der Suriname kruisten en
jagt op de Engelsche schepen maakten, wier lading als paarden,
muilezels, hoornvee en proviand voor Suriname bestemd was.
Hierdoor ontstond schaarschte aan proviand, doch voornamelijk
aan paarden en deze waren tot het in beweging brengen der
suikermolens onontbeerlijk (§).

Van tijd tot tijd verscheen wel eens een Fransche kaper in de
rivier en vroeg verlof om, na de gevangenen aan land te hebben
gezet, zijne op de Engelschen buit gemaakte goederen te verkoopen,
doch daar zulks tegen de tractaten streed, werd dit niet toegestaan.

De Franschen vermeenden dat men in Suriname op de hand der

(*) In 1767 kwamen in Suriname wel verontrustende tijdingen uit
Nederland over geheime voornemens, welke men vermoedde dat Engeland koesterde, om een aanval op de kolonie te doen. Men besloot
toen ook wel om op zijne hoede te zijn en zich ongemerkt in staat van
tegenweer te stellen, doch het opgevatte vermoeden omtrent kwade
bedoelingen van Engeland bleek ongegrond te zijn geweest.
Zie Notulen van Gouverneur en Raden van 13 Mei 1767, enz.

(§) De Engelsche schippers waren dan ook immer verpligt om paarden aan te voeren; de Engelsche schipper die geene paarden aanbragt
moest, zonder verder zijne lading te mogen verkoopen de kolonie verlaten. Aan deze bepaling volgens placaat van 1704 werd streng de
hand gehouden.

Engelschen was en hun somtijds van oorlogs-materiëel voorzag en door dit wantrouwen ontstond er eenige spanning tusschen de authoriteiten der aan elkander grenzende koloniën Cayenne en Suriname. Het wantrouwen der Franschen was echter ongegrond. Men hield van onze zijde de stipste onzijdigheid in acht. Integendeel Nederland had zich over de Franschen te beklagen, die, in strijd met de tractaten, de Engelsche schepen soms in de rivier Suriname tot onder het geschut van het fort Nieuw-Amsterdam, en dus op onzijdig gebied, vervolgden. Eenmaal zelfs had een Fransche kaper Indiaansche slaven, welke met visschen bezig waren en die hun verlangen hadden te kennen gegeven om naar Cayenne te gaan, op zijn schip genomen. Tegen deze wederregtelijke daad werd door Gouverneur en Raden geprotesteerd. De Fransche kaper verontschuldigde zich met te zeggen, dat hij in de meening had verkeerd, dat het vrije Indianen waren, doch de Raad Fiscaal bewees in zijn aan het Hof daaromtrent ingediend advies, dat deze bewering uit de lucht gegrepen was, »*want dat aan de sweepslaagen op hun huyd genoeg blykelyk was, dat zy slaaven waaren.*" Zij werden dan ook terug gegeven (*).

Men trachtte steeds zooveel mogelijk verwikkelingen met de Franschen te voorkomen, want door de nabijheid van Cayenne toch lag Suriname van een aanval dier zijde spoedig bloot. En aan deze zucht om onaangenaamheden met den magtigen nabuur te voorkomen is het ook toe te schrijven, dat de grensscheiding tusschen beide koloniën nimmer juist bepaald is. Hierover toch heerschte verschil van meeningen; de Franschen wilden de rivier de Marowyne als zoodanig beschouwen, de Nederlanders de eenige mijlen oostelijken gelegen rivier de Sinemary. Beiden voerden tot staving dezer bewering gronden aan doch tot eene volkomen beslissing werd deze kwestie niet gebragt. Feitelijk handelden de Franschen alsof hunne bewering de ware was en de Nederlanders ontweken dien strijd.

In 1764 vertoefden de Fransche kapitein Mauvant en de heer Douzet in Suriname en vóór hun vertrek naar Cayenne deelden

_____

(*) Notulen van Gouverneur en Raden van 2 April 1760.

zij Crommelin mede, dat zij voornemens waren om hunne reeds aldaar bestaande etablissementen verder uit te breiden tot in Rio Amano, slechts 5 uren van de Marowyne gelegen. Zij vreesden te eeniger tijd met de Aukaner Boschnegers, die toen met de blanken in vrede leefden, in onaangenaamheden te komen. Die boschnegers toch strekten hunne dorpen tot over de Marowyne uit, »hetwelk," volgens het oordeel dier heeren, *het terrain van den Koning van Vrankrijk was*," »en indien die boschnegers beproefden hunne etablissementen eenig molest aan te doen, of indien zij hunne slaven ophielden, zoo zoude men ze tot over de Marowyne verjagen, doch nu zou het hun echter leed doen, indien ter oorzaake van *dat volk*" (de boschnegers) »eenige differentiën tusschen beide koloniën ontstonden." Om dit voorkomen, stelden zij aan Crommelin voor eene commissie van Franschen en Nederlanders ter regeling dezer zaak in te stellen of andere maatregelen te verordenen. Crommelin, die de kwestie over de grensscheiding wilde vermijden, gaf een ontwijkend antwoord: — »hij rekende zich hiertoe niet bevoegd en zoude er dadelijk de Directeuren kennis van geven."

Ten einde voorloopig alle disordres en misverstanden te voorkomen, stelde de Gouverneur aan het Hof voor: om te trachten de Boschnegers te bewegen zich liever aan deze zijde der Marowyne te vestigen en om hun vooral te waarschuwen den Franschen geene overlast aan te doen. Dien overeenkomstig werd besloten (*). Het later daaromtrent ontvangen schrijven van H.H. Directeuren getuigde van denzelfden ontwijkenden geest. De genoemde etablissementen der Franschen namen echter niet zeer op. Deserteurs berigtte, dat van de 10,000 arbeiders, die er toch nog slechts korten tijd hadden vertoefd, reeds 5000 bezweken waren; dat de overblijvenden er zich zeer ongelukkig gevoelden en dat de meesten, zoo de overtogt over de Marowyne niet zoo moeijelijk en de verdere weg niet zoo ongebaand ware, reeds de wijk naar Suriname zouden hebben genomen, waartoe verscheidene complotten werden gemaakt (§) (†).

(*) Notulen van Gouverneur en Raden van 21 Junij 1764.

(§) Notulen van Gouverneur en Raden van 10 December 1764.

(†) De Deserteurs werden naar Holland gezonden. Wederzijdsche

De in 's lands dienst zijnde kapitein Bogman deed in 1765 eene togt naar de Marowyne, om de nieuwe volkplantingen der Franschen aan den anderen oever op te nemen. Zijn destijds gehouden Journaal, in de Notulen van 6 Aug. 1765 geinsereerd, behelst hierover vele belangrijke bijzonderheden, die wij ons noode wederhouden om mede te deelen; het stemt in de hoofdzaken met het door de Deserteurs vermelde over een, namelijk: dat de toestand der volkplanters treurig was (*). De Fransche regering liet in 1766 aan de Marowyne eene redoute opwerpen voor geschut enz. Men vermeende hierin vijandelijke bedoelingen tegen Suriname te zien, maar na het daaromtrent gedane onderzoek bij den Gouverneur van Cayenne, werd die ongerustheid weggenomen. Het was slechts een maatregel om het gestadig wegloopen der arbeiders en slaven te verhinderen (§).

De tijding van den vreesselijken slavenopstand in de naburige kolonie Berbice kwam in Mei 1763 in Suriname aan en verontrustte aldaar zeer de gemoederen. De Gouverneur van Berbice, Hogenheim, vroeg hulp en bijstand, en men besloot 75 man militairen daartoe beschikbaar te stellen en daarenboven 25 man, die later tot 40 man werden vermeerderd, ter versterking van de post aan de Corantijn te zenden.

Die vreesselijke slavenopstand is door Hartsinck in zijn eerste deel over Guiana van bladz. 369—517 uitvoerig beschreven. Die hieromtrent nadere bijzonderheden wenscht te weten, zoo over den oorsprong, den voortgang, de eindelijke demping van den opstand, als over de barbaarsche straffen die men de gevangen genomen hoofden der opstandelingen deed ondergaan, verwijzen wij naar het verhaal van genoemde schrijver. Wij bepalen ons met er slechts in zooverre melding van te maken als Suriname er mede in gemoeid werd.

---

uitlevering van gevlugte slaven had wel van tijd tot tijd plaats doch deze zaak was toch noch niet bepaald geregeld. Eerst in 1770 werd er tusschen Frankrijk en H.H.M. een cartel gesloten over de wederzijdsche uitlevering van Deserteurs en gevlugte slaven.

(*) Eene gansch niet onbelangrijke mededeeling omtrent die mislukte kolonisatie vindt men in het Tijdschrift „Onze Tijd" Jaargang 1859. Afl. Januarij in een artikel getiteld „Cayenne."

(§) Notulen van Gouverneur en Raden van 16 October 1766.

De Hollandsche schippers waren niet zeer genegen om de hulp-troepen naar de Berbices over te brengen en zochten allerlei uitvlugten. Men werd alzoo genoodzaakt tot vreemden de toevlugt te nemen en met veel moeite werd eindelijk de Engelsche schip-per Buckmaster hiertoe overgehaald voor *f* 1200 Hol. (*) (§)·

De naar de Corantijn gezonden troepen moesten voorname-lijk dienen om te beletten, dat de te Berbice opgestane slaven zich in Suriname vestigden en met de slaven aldaar, over wier gezindheid men steeds vrees koesterde, gemeene zaak maakten en ook hen tot opstand bewogen. Het detachement soldaten echter rebelleerde en verscheidene derzelven voegden zich, tot elks verwondering, bij de muitende slaven van Berbice. Na de demping van den opstand werden de later gevangen genomen soldaten met den dood gestraft.

Een ander onheil van dezen vreesselijken opstand was de verwoesting van het zendingsstation der Hernhutters onder de daar wonende Indianen. De aanleiding tot deze verwoesting, de nadere bijzonderheden en de droevige gevolgen derzelve zullen wij bij de latere afdeeling van ons werk, die meer bepaald aan de zending gewijd is, behandelen. Nu slechts een enkel woord over de Indianen zelven.

(*) Notulen van Gouverneur en Raden van 21 Mei 1763 en 5 Julij 1763, enz.

(§) Als eene bijzonderheid deelen wij het tarief mede, volgens hetwelk de soldaten die naar de Berbices gingen, bij verlies van een of meerdere ledematen een zoogenaamd soulagement zou worden toegelegd :

Voor het verlies van beide oogen . . *f* 1500.

"	"	"	"	een oog	. . " 300.
"	"	"	"	beide armen . .	" 1500.
"	"	"	"	regter arm . .	" 450.
"	"	"	"	linker arm . .	" 350.
"	"	"	"	beide handen . .	" 1200.
"	"	"	"	regter hand . .	" 350.
"	"	"	"	linker hand . .	" 300.
"	"	"	"	beide beenen . .	" 700.
"	"	"	"	een been .	" 350.
"	"	"	"	beide voeten . .	" 450.
"	"	"	"	een voet	" 200.

Notulen van Gouverneur en Raden van 5 Julij 1763.

De Indianen, de oorspronkelijke inwoners des lands, leefden hier en daar in kleine dorpen door de kolonie verspreid. Met de Europeanen stonden zij voortdurend op goeden voet; van tijd tot tijd bewezen zij de tegenwoordige heeren van het schoone land, dat hun eenmaal toekwam, gewigtige diensten. Zij dienden hen als gidsen door de bijna ondoordringbare wouden van Suriname ter opsporing van de kampen en dorpen der weggeloopen slaven. Soms namen zij een nog werkdadiger aandeel aan den strijd tegen deze laatsten en streden aan de zijde der blanken; soms deden zij op eigen hand, doch met goedvinden van Gouverneur en Raden, strooptogten tegen de Marrons en bragten de gevangenen of de handen der gedoodden te Paramaribo, om de daarvoor gestelde premien te ontvangen (*). Dit bloedgeld bragt hen echter weinig wezenlijk voordeel aan, het ging doorgaans spoedig in de zakken der Vettewariers en andere winkeliers over. Eenige snuisterijen werden tot veel te hoogen prijs gekocht, voornamelijk echter werd hiervoor rum of dram aangeschaft (§). Meermalen kwamen talrijke troepen Indianen in de stad. Zij namen doorgaans hun intrek bij den Indiaanschen tolk, die er soms honderd te gelijk bij zich herbergde. Daar bij de nieuwe brandkeur (25 Mei 1763) bepaald was, dat in de stad Paramaribo niet langer huizen of schuren met Pina-bladeren mogten gedekt worden, vroeg de Indiaansche tolk verlof om een dergelijk gebouw tot tijdelijk verblijf der Indianen op de Savane buiten de stad te mogen oprigten, hetgeen hem toegestaan werd.

Om de Indianen in eene goede stemming te houden werden zij, tijdens hun verblijf in de stad, in den tuin van het Gou-

---

(*) Journaal van Crommelin 20 en 26 December 1757, 22 Augustus 1760, enz.

(§) Over de wockerwinsten der vettewariers kwamen meermalen klagten. Zij kochten zooveel mogelijk alles op en dwongen daardoor de markt. Het Hof besloot hun reeds tot 14 gestegen getal te verminderen tot 10 (zie Notulen Gouverneur en Raden 5 Februarij 1766) doch daar hierdoor het kwaad, in plaats van te verminderen, verergerd werd, moest men spoedig op dit besluit terug komen.

vernement onthaald en hun toegestaan te baljaren. In de
dagboeken der onderscheidene Gouverneurs wordt hiervan dikwijls melding gemaakt.

Een hunner opperhoofden had eene reis naar Holland gemaakt. Bij zijne terugkomst in Suriname vertoefde hij, voor
zich naar zijn dorp te begeven, eene groote maand te Paramaribo. Hij werd bijna dagelijks door Crommelin ter maaltijd
genoodigd en hij gedroeg zich aan de tafel niet slechts »or-
dentelijk, maar diverteerde het gezelschap, waaronder zich de
heer Crommelin en de Raad Fiscaal bevonden, met een verhaal van al hetgeen hy in Europa gezien heeft, en toonde
sig ten uyterste geloueert over al de goedheden, die H.E.G.
Achtb. voor hem gehad hebben," — »synde" vervolgt het Journaal van Crommelin, »te verwonderen, dat in soo korten tyd soo
geciviliseert is geworden, waarvan veel goeds te hoopen is" (*).

Het getal der Indianen nam gestadig af. Hunne neiging tot
geestrijke dranken door den omgang met de Europeanen gevoed, was hiervan eene voorname oorzaak. De gedurige kamp-
strijd der elkander vijandige stammen bragt mede hiertoe veel
bij. Met hevigheid en vernielende woede werd dien strijd
soms gevoerd. Onder velen slechts dit weinige. In 1758
kwamen eenige Indianen bij Crommelin en verzochten hem
om geweren, kruid en lood, ten einde een dorp van Indianen,
genaamd Piano-lotto of Akouris te attaqueren. Crommelin
trachtte hen tot vreedzamer gedachten te brengen en dit scheen
hem te gelukken — doch eenige dagen later kwamen zij terug
en nu met brandende wraaklust bezield. De Akouris hadden
hen in den nacht overvallen en 48 van hen en daaronder 6
opperhoofden gedood. Deze daad kon niet ongewroken blijven, slechts in het bloed der vijanden was dezen hoon af te
wisschen. De zaak werd voor het Hof gebragt en men stond
hun verzoek om wapenen toe, en zij moordden en verdelgden
elkander en bragten daarna eerlijk de geleende geweren terug (§).

Enkelen Indianen werden nog door de blanken onder den

(*) Journaal van Crommelin 28 November 1757 en 2 Januarij 1758.
(§) Journaal van Crommelin 23 December 1758 en 3 September 1760.

naam van *»Roode slaven"* in slavernij gehouden en ook nog na den tijd van Mauricius, bragten de *Bokken-ruilders* soms de roode menschen uit de digte wouden tot dat doel in de stad (*).

Eene der belangrijkste gebeurtenissen tijdens het bestuur van Crommelin was de reeds door Mauricius geprojecteerde, doch eerst door Crommelin tot stand gebragte vrede, met de boschnegers van Auka en Saramacca (§).

Het kostte evenwel nog al eenige moeite om dien vrede te bewaren. Over het zenden van geschenken en de rigtige verdeeling derzelve, ontstond meermalen verschil en de weigering der regering om hun het door hen verlangde kruid te verstrekken, werd door de boschnegers als een blijk van wantrouwen beschouwd. De Aukanernegers waren daarenboven ontevreden dat men hun, (zoo zij vermeenden, wederregtelijk), eene som van ƒ 1692 onthield, die zij eischten voor de kosten op de reis naar de Saramaccaansche negers gemaakt, welke reis zij op verzoek van Gouverneur en Raden hadden ondernomen om dezen tot de vrede met de blanken over te halen en waarin zij niet ongelukkig geslaagd waren (†). Een valsch gerucht, dat hun ter oore kwam, namelijk: dat de afgezonden boschnegers, die zich te Paramaribo bevonden, gevangen waren genomen en dat de blanken met een groot commando op weg waren om hen te vernielen, maakte hunne verontwaardiging zoo zeer gaande, dat zij in hunne eerste woede daarover den bij hen geposteerde, sergeant Frick en twee soldaten misbandelden. Toen hun de zaak opgehelderd werd en hun de valschheid van dat gerucht bleek, waren zij onmiddellijk bevredigd.

Het opperhoofd der Saramaccaner negers Albini, toonde groot belang te stellen in den met de blanken gesloten vrede. Hij wenschte en ondersteunde ook zeer de onder zijn stam in 1765 opgerigte zending der Broedergemeente (**). Toen een der hoof-

---

(*) Journaal van de Meer, 9 Maart 1756.

    „   „ Crommelin 13 November 1767.

Zie verder over dezen hatelijken handel, bladz. 218.

(§) Zie bladz. 153—160.

(†) Notulen, Gouverneur en Raden 12 Februarij 1762.

(**) Notulen Gouverneur en Raden 5 Aug. 1767. Omtrent die zending

den Musinga, die door een misverstand geen geschenken had
ontvangen en ook om andere redenen tegen de blanken was
ingenomen, den vrede schond en eenige plantaadjes afliep en
de slaven derzelven weg voerde, was Albini hierover zoo verontwaardigd, dat hij met de blanken tegen Musinga ten strijde toog
en in het gevecht sneuvelde. De luitenant Dorig, die met een commando tegen Musinga was opgetrokken, moest onverrigter zake
terug keeren. Het ontstane misverstand werd later weggenomen,
de vrede met Musinga hernieuwd en sedert ongestoord bewaard (*).

De boschnegers kwamen nu en dan in de stad en indien dit
was uit naam der opperhoofden om de een of andere commissie
te verrigten, werd hun onderhoud door het Hof bekostigd. Het
onderling vertrouwen werd beter (§). Vier van de zonen der
opperhoofden, die als gijzelaars te Paramaribo werden achtergela-
ten, ontvingen behoorlijk schoolonderwijs en gedroegen zich zeer
goed. Tot belooning van hun gedrag en tot opwekking werd hun oa.
tot nieuwjaarsgift in 1765 een hoed met zilveren kriel vereerd (†).

---

vindt men aldaar vermeld: dat er weder drie Moravische broeders waren
aangekomen, die verlof verzochten om als zendelingen onder de Saramaccaner boschnegers te gaan. De brief van den president van het
zendelings-departement Hernhutt, aan Gouverneur en Raden, ademde een
regt liefelijken Christelijken geest. en maakte ook een goeden indruk op
het Hof. Men noemde het plan nuttig en gaf de gevraagde toestemming.

(*) Hartinck, 2e deel. bladz. 812.

Notulen Gouverneur en Raden 2 November, 6 November 1766. 29
Januarij, 22 Junij 1767, enz.

(§) Meermalen verhuurden de boschnegers zich tot veldarbeid op de
plantaadjes. Verscheidene meesters echter weigerden later het door hen bedongen loon uit te betalen, hierom werd eene resolutie tot rigtige nako-
ming der wederzijdsche verpligtingen uitgevaardigd (zie Notulen Gouverneur en Raden 20 December 1764). De boschnegers, de gedurige twisten daarover moede, trokken zich terug.

(†) Notulen van Gouverneur en Raden 3 December 1764.

Nog dikwijls wordt in de notulen van deze jongelingen melding gemaakt. Een derzelve Jeboach, schijnt een korzelig humeur te hebben
gehad en werd naar Holland gezonden. Na ontvangen onderwijs in het
Aalmoezeniers-huis, wordt hij tot het ambacht van schilderen opgeleid en
werd na zijne terugkomst in Suriname meermalen in belangrijke zendingen
gebruikt en oefende een grooten invloed op zijne stamgenooten uit; twee
andere werden timmerlieden.

Bij ieder der twee stammen werd een militair beambte geplaatst om de belangen der regering bij hen te behartigen en door wien zij hunne belangen het Hof konden bekend maken.

Deze gansch niet gemakkelijke betrekking werd bij de Aukaners het eerst vervuld door den sergeant Frick, die zich hiervan zoo goed kweet, dat hem meermalen douceurs van het Hof werden toegestaan en hij later ook den officiersrang bekwam. Bij de Sarammaccaners vervulde Luitenant Dorig deze post, die ook zeer door de negers bemind werd, zoodat zij meermalen toegaven in iets, waar zij dit anders niet zouden hebben gedaan, maar zulks alleen om hem genoegen te doen of om hem voor onaangenaamheden te vrijwaren.

Indien men de breedvoerige notulen en de wijdloopige journalen der bij de boschnegers gedetacheerde militairen oplettend nagaat, zal men tot de overtuiging komen, dat zij werkelijk in alle opregtheid den vrede hebben willen onderhouden. Dat zij trachtten die zoo voordeelig mogelijk voor hen zelven te doen zijn, kan door de staatkunde dezer wereld niet worden veroordeeld en dat er soms verschil over de geschenken en derzelver verdeeling ontstond, zal niemand verwonderen.

De grootste moeijelijkheid tusschen de koloniale regering en de boschnegers was over de uitlevering der bij hun gevlugte slaven. De regering wenschte alle slaven zonder onderscheid en zonder eenig beding tegen de vastgestelde premie terug te erlangen. De boschnegers wilden wel de kwaaddoeners, doodslagers en vergiftigers uitleveren en ook hen, die zonder genoegzaam geldige redenen hunne meesters waren ontvlugt, maar om ook de ongelukkigen, die gekweld, geslagen en op velerlei wijze door wreede meesters mishandeld, tot hen de toevlugt namen aan de streng straffende hand der justitie over te geven stuitte hen tegen de borst en wij duiden hun deze aarzeling niet ten kwade, al wordt zij in de journalen en notulen bijna als misdaad aangemerkt — en evenmin zien wij laag neder op hunne pogingen, om voor de over te leveren slaven vrijheid van straf te willen bedingen. Integendeel zulk gedrag pleit voor hun menschelijk gevoel.

Om in dit laatste bezwaar eenigzins te gemoet te komen en

de boschnegers te noopen de bij hun gevlugte slaven over te leveren, werd in Februarij 1762 een besluit door het Hof genomen, dat de slaven, die tot dien tijd bij hen waren gekomen, uitgeleverd wordende, geen straf zouden ontvangen, doch dat latere wegloopers, zonder eenige genade, met den dood zouden worden gestraft (*). Van tijd tot tijd week men echter somtijds op dringend verzoek der boschnegers van deze laatste strenge bepaling af. Verder beloofden Gouverneur en Raden; dat, indien het wegloopen der slaven door wreede handelwijze der meesters was veroorzaakt, het Hof naar regt en billijkheid hierover uitspraak zou doen en de *schuldigen* straffen. Dat deze belofte in eene slaven-kolonie en onder den jegens de slaven heerschenden geest echter weinig te beduiden had leert de geschiedenis maar al te duidelijk, en tot bewijs dezer bewering zullen wij uit de zeer vele gevallen van mishandeling den slaven aangedaan, die ter kennis van het Hof kwamen, eenige weinigen laten volgen, en hierdoor zal ons de houding der boschnegers en het gedurige wegloopen der slaven en de vreesselijke opstand die weldra plaats vond, zeer natuurlijk voorkomen.

Wij nemen hiertoe slechts eenige feiten tijdens het bestuur van Crommelin voorgevallen, doch moeten vooraf nog één feit vermelden, dat geschiedde toen Mauricius nog de teugels van het bewind in handen had en dat alle anderen in vreesselijkheid overtrof:

Blijkens gedane informatien en getuigenverhoor van den neger-officier en een blanken timmerman, maakte zekere Claas Badouw, Directeur op de plantaadje *La Rencontre*, zich aan vele wreedheden jegens de slaven-bevolking schuldig; o. a. had hij een neger Pierro genaamd, die beschuldigd werd »van met vergif te hebben omgegaan", gebragt in het kookhuis en hem aldaar de vingers van de handen en de teenen van de voeten met een bijtel afgekapt en gedwongen die op te eten, waarna hij hem een oor af sneed en dwong ook dit op te eten; vervolgens liet hij hem zijn tong uitsteken, sneed

(*) Notulen van Gouverneur en Raden 11 Februarij 1762.

die met een scheermes af, waarna hij ook die op moest eten. De neger stamelde met de stomp der tong nog een weinig, Baldouw haalde met een nijptang het overige gedeelte uit den hals en sneed ook dat af; daarop liet hij hem aan eene oude tentboot, die op het land stond, vast binden en drooge kantras onder hem leggen en poogde deze door het bijbrengen van vuur in brand te steken ten einde den neger levend te verbranden. De kantras vatte echter geen vlam. Baldouw beval toen den neger los te maken liet hem daarop door een anderen slaaf geweldig zwepen en slaan en vervolgens nog levend in een kuil werpen en dezen met aarde bedekken. — Om deze en vele andere gruweldaden meer werd Baldouw gearresteerd, een proces tegen hem aangevangen en hij veroordeeld om: *als Directeur ontslagen en uit het land gebannen te worden* (*). Wij gaan een tijdvak van tien jaren stilzwijgende voorbij, echter helaas niet uit gebrek aan stof, maar èn omdat de beperkte ruimte het ons niet toelaat èn omdat het ons moeijelijk valt dergelijke vreeslijkheden te vermelden.

De Directeur Conijnenberg liet eene negerin met de armen achterom gebonden, bij herhaling zoo geducht zwepen, dat toen zij van het touw los gemaakt werd, neder viel, en zonder een enkel woord te uiten, den geest gaf. *Conijnenberg ontving tot straf eene reprimande.* (§)

Mevrouw de wed. P. Mauricius, eene boosaardige vrouw, (†) was een ware tyran voor hare slaven. Hare eigen minne had zij uit boosaardigheid aan een touw laten doodslaan. De dres-neger had dit zelfde lot ondergaan, zelfs kinderen werden on-menschelijk met Spaansche bokken gestraft. De negers ver-klaarden, dat zoo haar het bestuur der plantaadje niet ontnomen werd, zij allen nog eenmaal zouden wegloopen. Het Hof, dat met dit alles bekend werd, beproefde haar over te halen om hare plantaadje door iemand anders té doen administreren. Het

---

(*) Notulen van Gouverneur en Raden 27 Februarij en 12 September 1747.

(§) Notulen van Gouverneur en Raden 11 Julij 1757.

(†) In December 1757 had zij op haar ingediend verzoek scheiding van *tafel, bed en bijwoning* van haren man verkregen.

Notulen van Gouverneur en Raden 13 December 1757.

Hof vermeende hier op zeer te moeten aandringen, *omdat men anders voor eene totale ruïne der bezitting harer pupillen vreesde.*

Mevrouw Mauricius wilde hiervan echter niets hooren. Zij achtte zich zelve uitnemend in staat het beheer over slaven te voeren (*).

Van tijd tot tijd vlugtten hare slaven, — in Julij 1761 o. a. 21 te gelijk. Door het Hof werden commissarissen uitgezonden om een nader onderzoek daaromtrent in te stellen. Deze bevestigden bij hun terugkeer de waarheid der geruchten, en verklaarden: »dat de slaven er zeer slecht en mishandeld uitzagen." (§)

Mevrouw Mauricius bekreunde zich aan niets en ging op dezelfde wijze voort. Eenige vrije boschnegers maakten met den luitenant Veyra een bezoek op de plantaadje. De edele dame had opgemerkt, dat de boschnegers er glad en welgedaan uitzagen. Na hun vertrek liet zij drie bosschen tasstokken kappen, en onder het bij herhaling zeggen van: »ik wil niet dat een neger van mij met zoo een glad vel in het bosch zal rondloopen," liet zij al hare negers 24 uren lang met tasstokken slaan en »half afschinden of villen." Een neger en twee negerinnen bezweken onder deze mishandeling (†).

De boschnegers weigerden de van haar gevlugte slaven over te leveren, en ook om jagt op dezelve te maken. Het Hof besloot eindelijk haar het beheer over de plantaadje te ontnemen en haar directeur vertrok, op verzoek, van het Hof, naar Holland (**). Bij haar tweede huwelijk verkreeg zij echter het bestuur weder en ging zij op dezelfde wreedaardige wijze voort hare slaven te mishandelen.

De huisvrouw van den jood La Parra behandelde hare slaven zoo slecht, dat sommigen de vlugt naar het bosch namen, doch weldra vielen zij der justitie in handen. Twee negers en eene negerin werden daarop met den koorde gestraft; drie negers en vier negerinnen ontvingen eene Spaansche bok onder de

---

(*) Notulen van Gouverneur en Raden van 11 Sept. 1759.
(§) Notulen van Gouverneur en Raden van 13 Julij en 3 Augustus 1761.
(†) Notulen van Gouverneur en Raden van 13 Julij en 3 Augustus 1761.
(**) Notulen van Gouverneur en Raden van 17 Augustus 1761.

galg, — en de meesteres werd aanbevolen om: *voortaan op orden-telijker en moderater wijze hare slaven te behandelen.* (*)

De directeur der plantaadje Annasburg deed een neger zoo-danig zwepen, dat hij daags daarop dientengevolge overleed. De directeur werd veroordeeld tot zes weken gevangenisstraf en *f* 300 boete. (§)

Johannes Weeber mishandelde een neger zoozeer, dat hij onder die mishandeling dood bleef. — Van straf over deze daad vinden wij niets vermeld. (†)

De neger Darius kwam bij den fiskaal klagen over de wreede straffen aan de slaven door den directeur der plantaadje Sinabo, Jan Jakob Bongaard, opgelegd. Door het Hof werd een onder-zoek bevolen; het daaromtrent uitgebragt verslag behelsde o. a. de volgende bijzonderheden: De directeur had een neger, die beschuldigd werd van »met vergif te hebben omgegaan," op-gebonden laten zwepen, vervolgens een Spaansche bok doen geven en in de timmerloods doen vastleggen. Hij verbood den man te verplegen, of hem voedsel of drinken te verstrekken. De neger stierf, en zijn lijk werd in de Cappewierie geworpen, waar het onbegraven bleef liggen. Een andere neger, die eenige dagen geschuild had, was door den negerofficier in den slaap verrast en gevangen genomen. Bij de daardoor tusschen hem en den bastiaan ontstane worsteling, had hij dezen laatste een wond aan den hals toegebragt. De directeur liet hem even als den vermoedelijken giftmenger straffen; hij bleef echter in het leven; dit bewijs van hardnekkigheid verdroot den directeur en op diens last werd hij geworgd. Diezelfde directeur had ook de gewoonte om, indien de slaven aan het touw, en dus zeer streng gestraft werden, hun een brandend hout voor den mond te houden, omdat zij, zoo gaf hij voor, hierdoor belet werden hunne tong door te slikken, en alzoo een einde aan hun leven te maken. (**) Het Hof, na kennis van deze zaken

(*) Notulen van Gouverneur en Raden van 4 Augustus 1761.
(§) Notulen van Gouverneur en Raden van 15 Julij 1762.
(†) Notulen van Gouverneur en Raden van 1 September 1762.
(**) Deze manier werd eertijds meêr in Suriname gevolgd, zie o. a. „Beschrijvinge van de Volkplantingen in Zuriname door J. D. H. L.

te hebben genomen, liet de negers vermanen om: vooral hun meester gehoorzaam te zijn; deed den aanbrenger Darius, op verzoek van zijn meester, een Spaansche bok rondom Paramaribo geven en *vermaande den directeur om, indien in het vervolg door zijne slaven weder zulke grove misdaden als vergiftigingen werden begaan, hen aan de justitie over te geven en niet op eigene authoriteit te straffen.* (*)

Crommelin, die jegens de slavenbevolking niet zoo slecht gezind was als menig ander in Suriname, begeerde verbetering in dien steeds ellendiger wordenden toestand te brengen. Bij gelegenheid dat er weder vele aanklagten over wreede behandeling jegens slaven bij het Hof inkwamen, sprak hij over de menigvuldigheid dier feiten, welke door het niet tegenwoordig

---

te Leeuwarden bij Meindert Injewa 1718, bladz. 112." *Straffen der Slaven.* Als wanneer zij eenig kwaad. buiten de straffe des doods verdiend hebben (bedrijven), zoo werd dezelve door order van de meester. of ook wel door hem zelfs gestraft: werdende de misdadige de handen met touw te zamen gebonden, na boven aan een boom opgetrokken (of over een balk van 't huis op zekere hoogte van de grond) en daar vastgemaakt zijnde, zoo wordt hem 50 ponds op de grond staande aan de voeten vastgemaakt en die aan een gebonden, om daardoor het slingeren, schoppen met de voeten te beletten; gehouden zijnde deze strengen straf nog geduldig te lijden, of ten minste met wringen en schreeuwen haar groote ellende te beklagen..... wordt hem eerst door de meester of eenige blanke dienaren en gevolgelijk door de swarte broedergezellen, zoodanig met een zweep (gevlogten van water pinas, een soort van zeer taai riet, met scherpe doornen) geslagen en gegeeseld, dat hij eerder een gevilde of gestroopten hond gelijkende is, als een mensch. En wanneer men bevind, dat zij soms door aangedrongen pijnen so kwaadaardig zijn, dat zij somtijds haar zoeken te stikken, wijl zij de kop in de borst zetten en de adem weten in te houden, daarbij de tong nog dubbeld leggen, om door stikken haar leven te benemen, neemt men een stuk brandhout en stoot haar dat voor de tanden, so dat haar de lippen digter schroeijen als die doch anders zijn, so dat zij adem halen; en als wanneer men oordeeld haar genoeg gekastijd te hebben, losgelaten zijnde, dat de lapperige stukkende huid met een scherp zuur van lamoenzap, met pulver vermengt zijnde. dat de vorige ellendige pijnen moeten vermeerderen voor een korte wijl, strekkende verder tot ettering en de geheele genezing der wonden.....

(*) Notulen van Gouverneur en Raden van 16 en 18 Dec. 1762.

zijn van blanken, die als getuigen konden dienen, meestal ongestraft bleven. Hij erkende wel dat er bij reglement boeten voor blanke bedienden waren bepaald, indien zij hunne bevoegdheid in het straffen der slaven te buiten gingen, maar hij merkte tevens aan, dat het moeijelijk was, deze overtredingen te bewijzen, en dat er daarenboven verscheidene leemten in die reglementen bestonden. Zoo behoorde volgens artikel 15: »80 matige zweepslagen" tot de ordinaire plantaadje-straffen, doch er was niet bij gespecifiëerd of die slagen los dan wel opgebonden mogten geappliceerd worden; — »en," zegt Crommelin, »het is nogtans wel bekend, dat de slaven opgebonden en uitgerekt zijnde, wel met veel minder slagen worden doodgeslagen; dat ondertusschen dergelijke en quaade feyten, daagelijks meer en meer toenemen, en altoos geprexteerd werd (soo 't al ter kennisse komt), dat de dood niet door de slagen en mishandelingen veroorzaakt, maar toevallig is gevolgd, en vermits de voorsz^e mesures niet alleen voor de particuliere planters haar welweesen zeer nadeelig is, maar ook het gemeene welzijn, daardoor ten hoogste gelegen ligt, voornamelijk met opzigt van de dangereuse gevolgen die daaruyt moeten resulteren, door de slaven tot de uyterste disperatie te verwekken; dat ook zeer verschijdentlijk word geuseerd omtrent de slaven, die door ongeluk omkomen, of zig selfs om 't leeven te brengen; bij welk laatste geval dikmaals zonder eenige formaliteyt maar de hoofden worden afgeschopt en op staken gezet."

Crommelin stelde daarop voor om het bestaande reglement te ampliëren met de volgende artikels:

1⁰. Dat een ieder, wie hij ook zij, eygenaar of bediende, in cas bevonden werd, dat hij zig schuldig gemaakt heeft, aan 't om 't leeven brengen van eenige slaaf, zal worden gestraft aan lijff of leeven, zoo als de gemeene regten medebrengen en nae Exigentie zal bevonden worden te behooren.

2⁰. Dat een ieder, (als bij art. 1 is omschreven) wanneer hem door een blanke of slaaf berigt wordt, dat een slaaf op buytengewoone wijze om 't leeven was gekoomen, verpligt werde om zich bij zijn twee naaste buuren te vervoegen om met

haar het doode ligchaam te inspecteeren, en van den staat
waarin en de vermoedelijke oorzaak daarvan, zij zulks bevonden, eene geteekende verklaring af te leggen;"

»dat eerst hiernae het ligchaam mogt begraaven worden en dat
tot het afhouwen van het hoofd, om dit op een staak ter exempel te stellen, eerst hiertoe verlof aan den fiscaal moest gevraagd
worden, terwijl de buren, die op het verzoek weigerden te
komen, beboet zouden worden voor de eerste keer met f 500,
de tweede keer het dubbele dier som," enz.

3⁰. »Dat de straffen bij 't 15ᵈᵉ artikel van »het reglement
voor de blanke bedienden," de dato 21 December 1759, als
ordinaire straffen gepermitteerd, egter niet anders zullen moogen
geappliceerd worden, als los en liber, zonder den slaaff te
mogen opbinden; ingeval egter zoodanige slaaff niet zoude willen staan, dezelve niet opgeheschen maar aan een paal gebonden, en dus gezweept worden."

4⁰. »Dat, ingevalle door den meester off op deszelfs schriftelijke ordre, ingevolge voorzegd reglement eenige andere off
meerdere straffen zouden moeten geoeffend worden omtrent de
slaaven, zulks niet zal moogen geschieden dan in bijzijn van
twee blanken, buyten dengeene die de straffen oefent, hetzij
bedienden der plantaadje of buuren of andere: om indien
er soms een ongeluk gebeurde te kunnen getuygen, enz." (*)

Dit voorstel van Crommelin vond geen onverdeelden bijval.
De heeren Raden, na hunne gedachten rijpelijk over dit voorstel te hebben laten gaan, verklaarden: »dat zy, zoowel als
syn WelEdel Gestrenge overtuigt waaren van het misbruyk
van veele bestierders, door het mishandelen der slaaven; dat
er meede wel enkelde eygenaaren konden zyn, die soo boos
van aard waaren, dat zy zig niet ontsagen tegen haar eigen
kapitaal te woeden, ofschoon zy hun welweezen daarvan
moesten hebben, dog dat egter van de laatste weynige soo-
daanige gedenatureerde lieden gevonden wierden, daar in
tegendeel het getal der eerstgenoemden abundeerde, waardoor meest alle sessiën van den Hove, men genoodzaakt was

---

(*) Notulen van Gouverneur en Raden van 31 Augustus 1762.

dusdaanige baldaadigheeden te straffen, maar aan den anderen kant" (hierop volgde de oude redenering over den hardnekkigen aard der slaven, die slechts »door vrees van swaare straffe," tot hun pligt konden worden gebragt) »oordeelen zy dat, ofschoon een eigenaar zich nimmer het regt van leeven en dood over slaaven moet arrogeeren, het evenwel van de uyterste importantie is dat de slaaven niet uyt dat denkbeeld gebragt worden, dat hun meesters het Jus vitæ denecis hebben, en dat zy niet te beteugelen zouden zijn, indien haar bewust was dat haar meester over het doodslaan van een slaaff aan lijff of leven gestraft zou kunnen worden." — De Raden verklaarden zich, na deze hier veel verkorte voorafspraak, tegen het eerste artikel; vermeenden, wat het tweede betreft, dat het getuigenis van een bediende genoegzaam ware, en dat de meester voor het stellen van het hoofd eens gestorven slaafs op eene staak, verlof aan den fiskaal moest vragen, indien de plantaadje digt bij de stad lag, doch anders met het geven van berigt hiervan kon volstaan. Het derde artikel werd goedgekeurd, doch het vierde vonden heeren Raden »seer impracticabel, terwijl men bij de castydinge van slaaven, soo altoos om geen blanken souden kunnen senden om present te syn, en dat ook daardoor de zoo noodige authoriteyt der blanken zoude worden gevilipendeerd, terwyl men de slaaven uyt een afkeer voor de ceremonieel en de difficulteyten om daaraan te voldoen, meerendeels ongestraft souden laaten, tot ruïn der plantagiën" — en zij rekenden, »dat het van seer gevaarlijke consequentiën souden syn, byaldien de slaaven ondervonden, dat men hun selfs niet van importantie castyden mogt als in presentie van getuygen." — Na uitvoerige discussiën werd het voorstel van Crommelin gealtereerd naar de consideratiën der heeren Raden in een resolutie geconverteerd. (*)

De klagten over ongeregeldheden der talrijke huisslaven, enz. in Paramaribo werden dikwijls herhaald. Even als Mauricius, schreef Crommelin de voorname oorzaak hiervan toe aan de overtollige luxe, »het houden eener onnutte sleep van een

---

(*) Notulen van Gouverneur en Raden van 29 September 1762.

legioen huisslaven." Hij drong er zeer op aan dat de fatsoenlijke lieden zich, in plaats van door »swarte negers," door
»blanke livry-bedienden" lieten bedienen, daar men dan ook ligter het legioen huisslaven ontberen en dezen naar de plantaadjes
kon zenden, waardoor de kolonie beter zou worden gebaat. (')

Later werden eenige bepalingen daaromtrent gemaakt, maar
deze vonden zooveel tegenstand, dat men genoodzaakt werd
ze weder in te trekken. Voornamelijk kwamen de joden hier
tegen op, die vermeenden hierdoor in hunne privilegiën verkort te worden. (§)

De zoo dikwijls door de societeit geëischte vermeerdering
van blanke bedienden voor de plantaadjes, ten einde beter
toezigt op de slaven te kunnen uitoefenen, werd gedurig onder
allerlei voorwendsels uitgesteld.

De Raden wenschten dat de societeit een regement militairen
afdankte: »hierdoor toch," vermeenden zij, »zouden de lasten
der kolonisten worden verminderd en verscheidene dier afgedankte militairen zouden zich wel voor eene geringe som als
blanke bedienden willen verbinden. (†)

Niet slechts werden de slaven door hunne meesters vaak
wreed behandeld, maar ook de straffen, hun door het Hof
opgelegd, getuigden van dezelfde wreedheid.

De onmenschelijke straf, waarbij slaven in den haak werden
opgehangen, werd ook, tijdens het bestuur van Crommelin,
meermalen toegepast. Soms sloeg men hen den haak door de
ribben, soms door het vel, en — alsof de vreeselijke pijnen,
die de aldus gehangene leed, nog niet genoegzaam waren —
werd de straf nog verzwaard door het nijpen met gloeijende
tangen in de vleeschzige deelen van den tusschen hemel en aarde zwevende ongelukkige. (**) Het levend verbranden der
slaven was zeer gewoon. Op verzoek der meesters vond die
strafoefening dikwijls op de plantaadjes plaats.

(') Notulen van Gouverneur en Raden van 11 September 1760.

(§) Notulen van Gouverneur en Raden van 14 Mei 1767.

(†) Notulen van Gouverneur en Raden van 5 Mei 1763.

(**) Notulen van Gouverneur en Raden van 16 October 1758, 20 October 1760 en 28 December 1765 enz.

En toch nam, niettegenstaande deze wreede straffen, het wegloopen der slaven toe. De tot hunne opsporing uitgezonden
commando's keerden doorgaans onverrigter zake terug. De
vermetelheid der wegloopers vermeerderde, en de kassen werden uitgeput. (*)

Droevig en somber is het tafereel dat zich voor de oogen
vertoont dergenen, die het waagt een blik te slaan in de officieele bescheiden der kolonie Suriname. De naakte werkelijkheid is vreeselijker dan de versierde verdichting. Geen ro-
manschrijver zou het wagen, om zijnen lezers het verhaal der
gruwelen te doen, hetgeen de geschiedschrijver — wil hij de
waarheid getrouw zijn — verpligt is te leveren.

Als een kanker knaagde de worm der slavernij in Suriname
aan ieder ontluikend spruitje, dat, bij behoorlijke verpleging,
tot bloei en welvaart der kolonie had kunnen strekken.

Noch de voordeelen van een gunstigen koflij-oogst, (§) noch
de stijgende prijs der andere stapel-producten, (†) noch de
gelukkige afloop eener krijgstogt tegen de wegloopers van
Para, (*) noch het zich weder vermeerderende crediet der kolonie
bij de Amsterdamsche kooplieden vermogten Suriname tot
wezenlijken bloei en welvaart brengen. Integendeel, die voor-

---

(*) Notulen van Gouverneur en Raden van 5 September 1765. Om
eenigzins een denkbeeld te kunnen maken van de groote kosten dier
commando's, zie men wat voor een commando berekend werd, dat drie
weken zouden duren en bestaan uit: 3 officieren, 6 onder-officieren, 3
chirurgijns, 65 soldaten en 183 lastdragers: namelijk: 1080 pond vleesch,
540 brooden, 270 stoop gort, 18 pullen dram, 6 kisten patronen, 3 dito
medicijnen, 18 kratsers, 150 vuursteenen, 75 ijzeren houwers, en voor
de lastdragers 2448 pond bakkeljaauw, 1254 brooden, 336 stoop gort.

(§) Historische proeve, 1e deel. bladz. 155.

(†) Notulen van Gouverneur en Raden van 16 December 1762. Uit
aanmerking van de hooge prijzen, die in Nederland voor de suiker,
cacao en katoen betaald werd, besloot men in evenredigheid daarvan,
de calcula voor de belasting te verhoogen, en werd de suiker gebragt
op ƒ 75 het oxhoofd, de cacao op 10 stuivers het pond en de katoen
op 15 stuivers het pond. De koflij werd toen eerst verlaagd tot 4 stuivers het pond, doch ook deze steeg spoedig weder in prijs, en werd in
1770 tot 6 stuivers het pond gekocht, Journaal van Nepveu 21 Sept. 1770.

(‡) Historische proeve, 1e deel bladz. 155.

deelen van het oogenblik, deden de oogen voor het meer en meer naderend verval de kolonie sluiten, en, onder Crommelins opvolger werd Suriname aan den rand des afgronds gebragt.

Crommelin verlangde naar rust; ruim 20 jaren had hij in de kolonie doorgebragt. In 1748 tot Commandeur benoemd, werd hij spoedig in strijd gewikkeld. Dat hij de partij van den door velen gehaten Gouverneur Mauricius koos, werd hem door vele der aanzienlijke inwoners zeer ten kwade geduid, en de haat tegen hem vermeerderde, toen hij eerst a. i. en later als werkelijk Gouverneur door zijne handelingen toonde, een »echt societeitsman" te zijn.

Eenige jaren, van 1756 tot 1760, gingen vrij kalm voorbij, maar na dien tijd werd de geest van tegenstand in de kolonie jegens de societeit en den Gouverneur weder sterker. Die geest was door den hevigen strijd tegen Mauricius aangevuurd, doch, als natuurlijk gevolg van reactie, op uitputting was eene verdooving gevolgd, die de schijn van kalmte droeg, zonder er de wezenlijkheid van te bezitten. Er was alzoo weinig noodig om het slechts gesmoorde vuur der tweedragt weder in lichterlaaije vlam te doen opstijgen.

Sommige onstaatkundige maatregelen der societeit en de ijver van Crommelin om dezen, trots alle tegenstand, door te zetten, gaven het sein tot eene vernieuwde worsteling tusschen de Raden van Policie en andere ingezetenen, en den Gouverneur. Een tweede Duplessis, zekere heer Steenmeijer, trad als kampvechter voor de ware of vermeende regten der kolonisten op, en de Raden lieten zich door dezen man beheerschen (*) en, gelijk wij zagen, nieuwe tooneelen van twist en tweedragt vielen in en buiten de Raadkamers voor.

Het was dus niet te verwonderen dat Crommelin naar rust verlangde. In het begin van 1768 verzocht hij den Directeuren der societeit verlof tot het doen van eene reis naar Nederland. Dit verlof werd hem verleend, en den 22sten November 1768

(*) Notulen van Gouverneur en Raden van 22 Nov. 1768. Crommelin beklaagde zich in zijne afscheidsrede met bitterheid over deze omstandigheid, en de Raden bleven een scherp antwoord niet schuldig.

gaf hij het bewind over aan Jan Nepveu, die als Gouverneur a. i. werd aangesteld.

Crommelin bleef echter nog een vol jaar in de kolonie wonen, doch, hoewel tot het ambteloos leven teruggekeerd, scheen zijn wrevelig korzelig humeur eer toe dan af te nemen. Vooral ondervond zijn opvolger, Jan Nepveu, hiervan vele onaangename blijken. (*)

Nepveu was vroeger de vertrouwde vriend van Crommelin geweest, maar die vriendschap was sedert zeer verkoeld, waartoe verscheidene omstandigheden hadden bijgedragen. Vooral bemoeijelijkte mevrouw Crommelin Nepveu. Verscheidene voorvallen lezen wij daarvan in het Journaal van Nepveu, als o. a.: dat zij het gouvernementshuis niet voor den nieuwen Gouverneur wilde ruimen (§); dat zij bij zijne installatie »geen kopje zelfs wilde geven;" (†) dat zij »selfs weigerde water uit den regenbak te geven, de eerste ryze dat het sedert zes weken gevraagd werd" (**); en meer dergelijke kleinigheden, die, wel is waar, nietig en onbeduidend zijn, doch een bewijs der onderlinge verhouding geven.

Terwijl Crommelin zich nog in de kolonie bevond, verzocht hij om zijn bepaald ontslag; ook dit verzoek werd hem toegestaan, en Nepveu den 5den Februarij 1770 definitief in zijne plaats tot Gouverneur van Suriname benoemd en den 8sten Maart plegtig geïnstalleerd. (§§)

Bij den maaltijd te dezer gelegenheid gegeven, had men 60 couverts in de bovenzaal; in eene andere twee tafels, ieder van 40, en beneden mede eene van 80 couverts, terwijl een afzonderlijke disch was aangericht voor de joodsche regenten, en daarenboven, buiten in een opgeslagen loods, van 150

(*) Journaal van Nepveu, 17 Junij 1769 enz.

(§) Journaal van Nepveu, 25 November 1768 enz.

(†) Journaal van Nepveu, 23 November 1768.

(**) Journaal van Nepveu, 17 Junij 1769.

(§§) Journaal van Nepveu, 11 Mei 1770. Crommelin scheepte zich met zijne vrouw en twee dochters den 11 Mei 1800 in, en verliet eenige dagen voor goed de kolonie.

voet lang, eene voor de mindere bedienden der societeit, schippers der koopvaardij-vaartuigen en andere ingezetenen.

Aan goeden sier, aan overvloed van spijzen en dranken ontbrak het niet, en alles liep zonder eenige stoornis af. Eene illuminatie en een vuurwerk besloot het feest van dien dag. (*)

Den volgenden dag werd het feest voortgezet. Ten huize van Nepveu was eene groote receptie van dames, en des avonds bal op het gouvernementshuis.

Toen mevrouw Nepveu en de andere dames zich ter bijwoning van het bal naar het gouvernementshuis begaven, vormden zij eene luisterrijke optogt. De kapitein van het ter reede liggend oorlogschip *de Castor*, Hoogwerf, en zijne officieren, die hiervan getuigen waren, verwonderden zich ten hoogste iets dergelijks in de West-Indië te ontmoeten, waarbij »de optooysels naar de smaak en de kostelijkheid van kleeding en juweelen" verre hunne verwachting overtrof (§).

Den 16den Maart 1770 was Nepveu, op verzoek der regenten van de Hoogduitsche Israëlietische gemeente, bij de publieke gebeden in de synagoge tegenwoordig. De ingang der synagoge was versierd (†).

In October van hetzelfde jaar werd Nepveu op der Joden Savane gehuldigd en vele ceremoniën en feesten hadden daarbij plaats (**).

Indien men naar de feesten en partijen, die veel geld kostten (§§); indien men naar de te dien tijde heerschende pracht en overdaad den toestand van Suriname wilde beoordeelen, zou men tot het besluit komen, dat de kolonie toen eene buitengewone mate van bloei en welvaart genoot.

Er was nog meer dat dit deed vermoeden. De stad Paramaribo werd jaarlijks vergroot en uitgelegd, en toch stegen de

---

(*) Journaal van Nepveu, 8 Maart 1770.

(§) Journaal van Nepveu, 9 Maart 1770.

(†) Journaal van Nepveu, 16 Maart 1770.

(**) Journaal van Nepveu, 12—15 October 1770.

(§§) Journaal van Nepveu, 15 November 1772. Een groot feest had o. a. plaats toen de tijding in de kolonie kwam dat Prins Willem V een zoon, onze latere Koning Willem I was geboren.

huurprijzen, er was bijna geen huis te verkrijgen (*); het aantal paarden en rijtuigen »enkel uit luxe en pracht," vermeerderde gestadig, zoodat eene verhoogde belasting hierop werd uitgeschreven (§); op de plantaadjes werden groote kostbare gebouwen opgerigt, die zelfs de bewondering van vreemden opwekten (†).

Dan al die weelde, al die overdaad, al die pracht was slechts schijn, waarachter een wijle het toenemend verval der kolonie verborgen werd gehouden, — en , terwijl »de weelde en overdaad de luyden het hoofd deed draaijen, niet weetende van hoogmoed op wat voet zij staan wilden, — bragt de luxerieuse wijze van leven te Paramaribo nog meer toe tot vermeerdering der onheilen dan alle andere verliezen." (**)

De achteruitgang van Suriname was niet tegen te houden.

Er rustte geen zegen op het door afpersing van arme slaven verworven geld. Het werd roekeloos verspild, en Suriname's ingezetenen stapelden dwaasheden op ongeregtigheden, en ongeregtigheden op dwaasheden, en bereidden alzoo zelven den ondergang voor. En ofschoon Nepveu een bekwaam en door ondervinding geleerd man was, kon hij echter den stroom van onspoed niet tegenhouden, waarin zoo vele kapitalen werden verzwolgen. Had het in zijne magt gestaan, hij had dit gedaan, want het ontbrak hem bij goeden wil en energie, ook niet aan de noodige kennis der kolonie.

(*) Journaal van Nepveu, 13 December 1769 en vervolgens, zie ook bladz. 275.

(§) Notulen van Gouverneur en Raden van 21 Mei 1771.

(† Journaal van Nepveu, 9 Februarij 1769. De Fransche Gouverneur van Martinique, d'Ennery, bezocht met een gevolg van 24 officieren in 1769 Suriname. Nepveu liet hem het merkwaardigste der kolonie zien. De heer d'Ennery was als opgetogen over vele dingen, maar voornamelijk „over de extra groote reê met kostelijke schepen," en „over de heerlijke gebouwen, o. a. op de plantaadje *Tout lui fait* en over het zindelijk onderhoud en de properheid die overal doorstraalde." Hij kon echter niet nalaten de opmerking te maken, „dat het folien waren, wyl dergelijke kapitalen geen evenredige interessen voor eene plantaadje konden geven, waarbij hun altijd het oog opgehouden werd."

(**) Beide zijn gezegde van Nepveu, zie Journaal van Nepveu, 28 Sept. 1770 en Notulen van Gouverneur en Raden van 7 April 1774.

Sedert 1754 toch had hij in Suriname vertoefd en was eerst, na alle rangen te hebben doorgeloopen, tot de hoogste waardigheid, die van Gouverneur, opgeklommen. Trouw en eerlijk in zijn handel en wandel had hij niet slechts zich de achting en het vertrouwen der societeit verworven, ook door andere belanghebbenden (de geldschieters, zie bladz. 261) werden zijne verdiensten erkend, en zelfs was de oppositie, vroeger zoo levendig, tegen hem verminderd. Hoewel hij in belangrijke zaken pal stond, gaf hij in kleinigheden, waar hij dit vermogt, toe, en daardoor werd mede de verhouding tusschen Nepveu en de kolonisten van vriendschappelijker aard dan zij bij Mauricius en Crommelin geweest was.

Niets echter kon, zoo als wij vroeger aanmerkten, het naderend verval der kolonie stuiten; ook de bekwaamheid van Nepveu kon de onheilen niet afweren, die de Surinaamsche planters zich zelven berokkenden door hunne wreede behandeling der slaven, door hunne roekelooze verkwisting en door hun ligtvaardig gebruik maken van het voor een tijd weder vermeerderd crediet.

Deze ligtvaardigheid, die zulke nadeelige gevolgen had, zullen wij thans een weinig verder beschouwen.

Reeds in 1751 was er door het kantoor van Willem Gideon Deutz eene geldleening van een millioen gulden, onder verband der plantaadjes, met de Surinaamsche kolonisten aangegaan; (zie bladz. 233—236) vele kunstenarijen en bedriegelijke opgaven, die daarbij gepleegd waren, kwamen in 1765 en 1766 aan het licht toen door de opvolgers van Deutz (Marselis) eenige der verhypothekeerde plantaadjes onder sequestratie werden gebragt of verkocht. Het crediet in de Surinaamsche planters werd hierdoor zeer geschokt, en het kostte veel moeite om een ander Amsterdamsch handelshuis, dat van den heer van de Poll, te bewegen op nieuw een millioen gulden à 6 percent voor te schieten, (zie bladz. 261—62).

Sedert waren de omstandigheden in Suriname niet verbeterd. De kolonisten toch waren op dezelfde wijze voortgegaan om hunne slaven door wreede behandeling tot wegloopen te brengen, tot bloedige wraakzinnig op te zetten, en om aan den

anderen kant hunne wankelende fortuinen door weelde en overdaad te verspillen. Dit alles moest, zou men zeggen, genoegzaam geweest zijn om de Hollandsche kooplieden af te schrikken
verdere geldleeningen ten behoeve van Suriname te sluiten, maar
er was ter dien tijd overvloed van geld in Holland en men
wilde geld uitzetten. En nu dacht men — men denkt zoo
gaarne hetgeen men wenscht — dat de Surinaamsche planters
door de geregterlijke vervolgingen, op last der Amsterdamsche
handelshuizen geschied, geleerd zouden hebben niet zoo ligtvaardig te handelen en beter orde op hunne zaken te stellen.
En toen eene togt tegen de wegloopers met nog al gunstige
gevolgen was bekroond, die echter zeer vergroot in Holland
werden voorgesteld; toen een voordeelige koffijoogst twee
jaren achter elkander plaats vond en daarbij een goeden prijs
voor de andere stapel-producten te bedingen was, toen werd
het vertrouwen der Hollandsche kooplieden in Surinaamsche
planters verlevendigd.

In 1769 en in het begin van 1770 hoorde men in de kolonie
bijna van niets dan van verschillende plannen om geld aan de
planters voor te schieten. »Het was als of de gouden eeuw
wederom voor de kolonie geopend ware;" merken de schrijvers der
Historische Proeve aan (*), »de rampen van den voorgaanden oorlog, de tegenspoeden, zelfs de vijandelijkheden der Marrons,
alles werd, in een woord, vergeten, en de kolonisten, dronken van ingebeelden voorspoed, rekenden zich reeds de gelukkigste van geheel Amerika."

Verscheidene der fondsen echter, die men in Holland voor
Suriname bestemd had, waren noch op goede beginselen, noch
op vaste en duurzame verzekeringen gevestigd. Het had bij eenig
nadenken achterdocht moeten verwekken, dat sommige agenten
van Hollandsche kantoren zoo kwistig met de aanbieding van
geld te werk gingen.

In de meeste straten van Paramaribo toch vond men agenten,

(*) Historische proeve, 1e deel bladz. 155. Aan dit werk ontleenen
wij verscheidene, elders niet geboekte bijzonderheden, van dien ontstanen finantiëelen crisis.

van procuratien voorzien, om den eerstkomende geld op renten aan te bieden. Het gegronde vermoeden, dat deze agenten, die bij provisie eenige percenten van de te leveren gelden ontvingen, in de eerste plaats hun eigen voordeel beoogden, kwam niet in aanmerking. Suriname's ingezetenen waren verblind en verbijsterd door het voorgespiegeld geluk. En deze verblinding en verbijstering deelden zich aan alle klassen der maatschappij mede. Sommige aanzienlijken wenschten hunne bezittingen tot den hoogsten prijs te verkoopen: om zich daarvoor andere, beter gelegene, aan te schaffen; anderen wilden het aantal hunner effecten vermeerderen, en personen, die naauwelijks het noodige tot hun eigen levensonderhoud bezaten, werden begeerig om eigenaars van plantaadjes, grondbezitters, dat zoo deftig klonk en zoo veel aanzien gaf, te worden.

Deze laatsten vooral werden hiertoe bewogen door zekeren La Croix, agent van het kantoor van Schouten en Valens. Deze La Croix, »de doortrapste van alle agenten," (*) had onbepaalde orders om over geld te beschikken. »Toen wilde alle man, Christen, Jood, handwerksman, ja, zelfs schoenmakers, die geen stuiver in de wereld had om 't noodige leer tot zijn ambacht te koopen, planter worden; en mijnheer de agent maakte met een enkele pennestreek veel rasser landbouwers en planters, dan eertijds Pyrrha menschen wist te maken, door het werpen van steenen; zoodat men van niets anders hoorde dan van koopen en verkoopen, en geduriglijk, dat schoenmakers, losbollen, slagers en dergelijk slag van lieden, groote hanzen wierden; waarvan 't gevolg was, dat verkwisting, overdadige geldverspilling en toomelooze in weelde de kolonie aan de orde van den dag werden." (§)

Om over groote sommen te kunnen beschikken, werden de ongeoorloofdste middelen gebezigd. Omgekochte priseurs schatten de plantaadjes drie à viermaal boven de waarde; reeds verhypothekeerde effecten werden, als vrij en onbelast, meer dan ééns verkocht, enz. enz. Verscheidene malen werden door het

---

(*) Westerinck proeve, 1e deel bladz. 156.

(§) Historische proeve, 1e deel bladz. 157.

Hof tegen deze handelwijze placaten uitgevaardigd, en nu en dan schelmachtige priseurs, enz. gestraft (*), doch ook deze maatregelen baatten niet genoegzaam om »de kwade practijken" te beletten.

De onnatuurlijke toestand, waarin Suriname nu verkeerde, kon niet lang blijven bestaan; ook dat uiterlijk voorkomen, die schijn van geluk, had weldra een einde.

De koopers van plantaadjes, die geld van soliede kantoren hadden opgenomen, ontvingen op behoorlijken tijd betaling hunner getrokken wissels, maar om van de opbrengst hunner effecten de interesten en aflossingen der opgenomen kapitalen te doen, viel hen weldra te zwaar; want, in den regel hadden zij hunne plantaadjes veel te duur gekocht, en de geringste tegenstand, een minder voordeelige oogst (§), de verhoogde prijs der slaven (†), maakten het hun onmogelijk, hunne ver-

---

(*) Notulen van Gouverneur en Raden van 19 Augustus 1771. Zekere A. Geselschap pleegde falsiteit in het verbinden en verhypothekeren zijner eigene plantaadje en in zijn ambt als priseur. Hij werd dien ten gevolge veroordeeld tot eene boete van ƒ 1000 Surinaamsch, ontslag uit zijne functien en de kosten van het proces. Notulen van Gouverneur en Raden van 21 Augustus 1771. Door het te hoog taxeeren der plantaadjes werd het crediet der kolonie zeer geschokt, waarop „de instructie der priseurs verscherpt werd." Verscheidene fraudes, zoo omtrent te hooge taxatien als van het, als vrij en onbelast verkoopen van slaven, die reeds onder hypothecair verband stonden, werden ontdekt en gestraft met geldboete van ƒ 2000 enz. enz. Journaal van Nepveu 21 Augustus 1773 enz. enz.

(§) In 1765 werden gekeurd 21506 oxhoofden suiker, in 1773 slechts 16486.

(†) Journaal van Nepveu, 27 Julij 1769. De slaven, laatst aangebragt door kapitein J. Boeque op den 18 gemeld, zijn meest verkocht tot ƒ 650; zoo dat het telkens opslaat.

Notulen van Gouverneur en Raden van 14 Mei 1770. De gezagvoerders der slavenschepen verkochten meermalen hunne lading „menschelijke wezens" uit de hand, en in massa aan groote planters. Vele ingezetenen kwamen hiertegen op, want de slaven stegen zoo hoog in prijs, dat men ƒ 600 à ƒ 700 per hoofd moest betalen. Het Hof hernieuwde daarom het placaat, waarbij bepaald was, dat de verkoop van slaven niet uit de hand, maar op vendue moest geschieden.

pligtingen na te komen en hunne goederen gingen over in de
handen der geldschieters, die er echter dadelijk aanzienlijk bij
verloren.

Anderen, en hieronder verscheiden »nieuwbakken planters,"
die op agenten als La Croix vertrouwd en wissels, op order
dier agenten, op hunne correspondenten hadden afgegeven, en
zij, die deze wissels hadden geëndosseerd, ondervonden de gevolgen van hunne ligtvaardige en onvoorzigtige handelwijze. Bijna
al die wissels kwamen met protest terug. Alleen in de voor-
jaarszitting van het Hof van Civiele Justitie was het getal der behandelde zaken, door deze fatale wissel-protesteering, tot 240
aangegroeid; anders bedroeg het slechts 60 à 80. (§)

In hetzelfde Hof hadden toen verscheidene pleitgedingen
plaats over de kwestie: of de mandatarissen van de geldschieters in hun privé aansprakelijk waren voor de met protest ge-
retourneerde wisselbrieven, door hen q.q. geëndosseerd. (*)

Het Hof besliste in een tegenovergestelden zin. De eisch, om
op de mandatarissen de geleden schade te verhalen, werd ontzegd
en de eischers gecondamneerd in de kosten van het proces. (†)

Zoo werd dan de kolonie Suriname in korten tijd beladen
met eene schuld van 50 millioen gulden aan Hollandsche
kooplieden. (**) Geregtelijke verkoopingen van de verhypothekeerde plantaadjes, geregtelijke vervolgingen van hen, die
hunne geldelijke verpligtingen niet konden nakomen, deden
velen uit den zoeten droom van ingebeelden rijkdom ontwaken.

Het Hof van Civiele Justitie kon bijna alle hangende zaken
niet beregten en de exploiteur werd overstelpt met werkzaamheden, om de geslagen vonnissen ten uitvoer te leggen.

Daarbij liet het kantoor van den exploiteur veel te wenschen
over. Een jong mensch, van Rees, door Crommelin, tegen den

Journaal van Nepveu, 21 Junij 1770.

„De slaven worden verkocht voor 700 à 800 gulden, het gebrek aan
slaven blijft echter groot" enz. enz.

(§) Journaal van Nepveu, 26 April 1771.

(*) Journaal van Nepveu, 24 April 1770.

(†) Journaal van Nepveu, 29 April 1771.

(**) Historische proeve, 1e deel bladz. 157.

ziu van Raden, tot deze belangrijke betrekking benoemd, had veel verwarring veroorzaakt, en was eindelijk uit de kolonie gevlugt, een groot deficit in de kas achterlatende. (*) Er was een ander aangesteld en Nepveu had hier veel verbetering aangebragt. Het tractement van den eersten exploiteur was van *f* 2000 tot *f* 4000 verhoogd, dat van den eersten substituut van *f* 500 tot *f* 1000, van den tweede tot *f* 800 en van den derde tot *f* 600, terwijl de emolumenten werden verminderd. (§) Maar niette-genstaande deze verbetering en de betere salarissen der substituten waren de te doene exploiten zoo menigvuldig, dat hun getal op nieuw moest vermeerderd worden. Bij resolutie van het Hof van Policie werd den exploiteur tot assistentie een vierde substituut, op een tractement van *f* 600, gegeven en hem vrijheid ver-leend, om op eigen kosten, een vijfde aan te stellen. (†)

Eene belangrijke bijdrage tot de kennis van den ellendigen toestand van Suriname bevat het verhandelde in de zittingen van 6 Augustus 1775 en 22 Feb. 1774 van het Hof van Poli-cie. In de eerstgenoemde zitting werd door Nepveu een ver-zoekschrift ter tafel gebragt door 36 ingezetenen ondertee-kend. Deze ingezetenen beklaagden zich daarin over »de dagelijks toenemende vervolgingen en executiën door den eenen burger tegen den andere geëxtimeerd, zoo voor zich zelven, of door kwalificatie van buitenlandsche personen, tot erlanging van de eene of andere pretentie, en dat alles met zoodanig rigeur, dat het droeve geval zal komen," merken zij aan, »dat de meeste ingezetenen van hunne bezittingen en middelen van bestaan zullen worden beroofd, daar de goederen en effecten alle zeer ver beneden hunne waarde worden verkocht, terwijl de op-brengst nog daarenboven door de hooge kosten der regtspleging(**)

(*) Notulen van Gouverneur en Raden van 10 Augustus 1769.

(§) Journaal van Nepveu, 6 December 1769.

(†) Notulen van Gouverneur en Raden van 12 Augustus 1771

(**) De kosten der regtspleging enz. waren inderdaad ongehoord; als een klein bewijs diene o. a. het volgende: voor het doen van één exploit, over eene som beneden de *f* 100, was *f* 26 onkosten gevallen. Notulen Gouverneur en Raden 14 Februarij 1775. — „Heeren Raaden van Civiele Justitie nemen voor het simpel teekenen van een authorisatie op den Exploiteur, tot het in bewaarenderhand nemen van een effect, *f* 20,

enz. worden geabsorbeerd en er alzoo algemeene armoede te wachten is." De rekwestranten schreven de oorzaak van een en ander voornamelijk toe: aan het bedriegelijk aanbod van een, hierachter blijkend imaginair, crediet, door sommige lieden uit den vaderlande alhier gedaan, waarvan vele ingezetenen, door een al te ligtvaardig betrouwen en aanlokking, in de hoop om daardoor tot beter fortuin te zullen geraken, ongelukkig gebruik hebben gemaakt, en langs welken weg alhier in de kolonie meer dan 4 *millioen gulden* aan wisselbrieven zijn getraceert en uitgegeven, die allen met protest geretourneerd, met den *exorbetanten herwissel van* 25 *pCt., alzoo een millioen* bedroegen, waarvoor geen de allerminste waarde was genoten, hetgeen alleen teweegbragt, dat de ongelukkige trekkers en de nog ongelukkiger endosseurs geheel en al werden geruïneerd. Verder gewaagden de adressanten: over de verzwaring der moeijelijkheden door het wegloopen der slaven veroorzaakt; over de drukkende belastingen en ten slotte over de »onlangs in het vaderland voorgevallen considerabele faillissementen, waardoor de hoop op verdere hulp van daar verdwijnt," terwijl daarenboven nog eene aanmerkelijke daling in de koloniale producten was gekomen, zoo gaven zij hunne vrees te kennen, dat velen in een jammerlijken poel van ellende zullen worden gedompeld en »aan alle ingezetenen zal worden vervuld de vloek der Joden oud en arm te zijn," waarna zij den Gouverneur verzoeken: om, in overleg met het Hof, maatregelen tot herstel te beramen.

---

hetwelk IIII. rekenmeesters voorkomt in de calamiteuse omstandigheeden tot vermeerdering van lasten voor de ongelukkigen te zijn." Notulen Gouverneur en Raden 2 Sept. 1776. „In consideratie de zware kosten, ten laste der ongelukkige ingeseetenen, wier effecten in bewaarenderhand worden genomen of anderzints gedeposeert, achten IIII. rekenmeesters het onbillijk, dat de IIII. Raaden van Civiele Justitie die kosten zoozeer vermeerderen door haare hooggestelde vacatiën, voor provisiën en mondbehoeften bij gedaane assistentie in de rivieren, zelfs voor het teekenen van anthorisatie, terwijl de bediening der Raden, volgens art. 26 van het octrooi, moet zijn: alleen uyt liefde en ten beste van 't gemeen, sonder vergelding te genieten." Notulen van Gouverneur en Raden 14 Augustus 1778. — Wij konden de voorbeelden zeer vermenigvuldigen.

Bij de beraadslagingen over genoemd adres moesten én Gouverneur én Raden wel erkennen, dat de toestand van Suriname's
ingezetenen er naar waarheid in geschetst was, doch zij wisten
geene middelen te bedenken, waardoor deze kon worden verbeterd. De adressanten schenen in hun geschrift o. a. eene
schorsing der geregtelijke executien te bedoelen — maar hiertoe
konde het Hof toch niet overgaan, daar HH. M. dato 8 Junij
1740 een besluit hadden uitgevaardigd, waarbij het verleenen
eener generale surcheance verboden werd. (*) Daar het Hof
echter den schijn niet op zich wilde laden, dat het onverschillig was omtrent de belangen der ingezetenen, besloot het,
om den adressanten uit te noodigen zelve een plan ter verbetering te ontwerpen en aan het Hof over te leggen. (§)

De adressanten voldeden aan deze uitnooding en de zitting
van het Hof van 22 Februarij 1774 werd voornamelijk aan
het bespreken van dat plan gewijd. In het belangrijke door
dezelfde personen overgelegd, daartoe behoorend, geschrift werden eerst de oorzaken medegedeeld waardoor de geldcrisis was
ontstaan, als:

1⁰. gebrek aan circulerend medium;

2⁰. gebrek aan solied buitenlandsch crediet; en

3⁰. de onevenredig te zware en drukkende belastingen.

Bij ieder punt gaven zij de door hen goedgedachte middelen
tot herstel op en deden die van eene toelichting vergezeld gaan.

Ter voorziening in het eerst opgenoemde: gebrek aan circulerend medium, stelden zij het volgende voor:

a. het maken van nog een millioen kaartengeld;

b. het betalen met dit millioen kaartengeld van alle gelden,
die 's lands kas aan particulieren schuldig was, als: de slaven
voor het vrijcorps gekocht; (†) de huur der slaven, die aan de
forten arbeidden enz. enz.;

(*) Dat besluit was genomen tijdens het bestuur van den Gouverneur
Gerard van der Schepper, wanneer men om finantiële mocijelijkheden,
reeds onder den Gouverneur Joan Raye ontstaan, voorloopig eene generale surcheance had toegestaan, die door HH. M. gewraakt werd.

(§) Notulen van Gouverneur en Raden 6 Augustus 1773.

(†) Van dit vrijcorps zullen wij later melding maken.

c. het op hypotheek of goede obligatiën stellen van het in kas verblijvende kaartengeld voor 5 à 4 jaren.

Om middelen ter opbeuring van solied buitenlandsch crediet aan te geven, veroorloofden zij zich vooraf de inwoners, op het papier, in vier klassen te verdeelen:

1°. degenen, die rijk en vermogend waren;

2°. degenen, die hunne effecten niet hooger dan de helft der werkelijke waarde belast hadden;

3°. degenen, die hunne effecten voor meer dan $5/8$ hadden verhypothekeerd, doch echter nog beneden de werkelijke waarde;

4°. die meer schuldig waren dan de geheele waarde hunner goederen bedroeg.

De ingezetenen, die tot de beide eerste klassen behoorden, behoefden, zoo vermeenden de adressanten, geene hulp; slechts door totale ruïne der beide laatst genoemden, waardoor zij genoodzaakt zouden worden alle lasten te dragen en voortdurend slecht bestuur hunner zaken, konden zij hulpbehoevend worden. De adressanten wenschten voornamelijk de aandacht te vestigen op de derde klasse, waarvoor nog herstel mogelijk was, en stelden daartoe het volgende voor:

a. De oprigting van een collegie van notabele personen, waaraan de bedoelde lieden zich in de eerste plaats moesten wenden, en waaraan zij opening van zaken en verder alle noodige inlichtingen moesten geven, enz. enz.

Dit collegie moest dan de bevoegdheid worden verleend en den pligt opgelegd om behoorlijke inzage te nemen van alles wat het nog overig vermogen en de verdere zaken betrof van dengene, die zich tot hetzelve wendde, en van hare bevinding een gemotiveerd schriftelijk bewijs afgeven.

Met overlegging van dat bewijs konde men zich dan, per rekwest, tot den Gouverneur vervoegen ter bekoming van brieven van respijt voor twee, drie of meer jaren, en de Gouverneur moest dan de magt worden gegeven om die al of niet te verleenen, volgens advies van het collegie. Werden de zaken dier lieden niet in orde bevonden dan moesten zij worden overgebragt in de vierde klasse, waartoe zij behoorden, en die reeds alle hoop op herstel hadden opgegeven. Voor dezen, oordeelden adressanten, was weinig te doen; zij stelden alleen voor, ten hunnen opzigte te bepalen, dat deze lieden alles aan hunne crediteuren moesten overgeven en trachten met hen een accoord te sluiten, ten einde van verdere vervolging bevrijd te blijven en niet genoodzaakt te moeten worden de kolonie te verlaten, opdat deze alzoo niet van het noodig aantal blanken zou beroofd worden. Deze lieden konden dan in ondergeschikte betrekkingen hun brood verdienen en zoo den lande nuttig zijn.

b. Het maken van strenge bepalingen tegen den woeker, die zoo onbeschaamd werd bedreven, en hier onder te begrijpen de woeker, die onder den naam van »wissel op tijd" plaats vond.

Ter wegneming der door adressanten in de derde plaats genoemde onevenredigheid der te zware en drukkende belastingen, werd door hen voorgesteld:

a. opheffing der belasting van het hoofdgeld aan de kas tegen de wegloopers, daar deze belasting het meest op de planters drukte, en daarvoor in plaatst te stellen:

b. eene belasting van de 40ste of 80ste penning op colloteraal, verkooping van onroerende goederen, enz; en

c. eene belasting van 4 pCt. op de winst der door Hollandsche of Engelsche schippers verkochte goederen.

Nadat dit uitvoerig plan door eene commissie uit het Hof onderzocht was, volgden er belangrijke discussiën. Algemeen was men echter van oordeel, dat van de door de adressanten voorgestelde maatregelen tot voorziening en herstel slechts konden worden overgenomen:

1⁰. het verscherpen van het placaat op den woeker; en

2⁰. de belasting van 4 pCt. op de winst der door de Hollandsche of Engelsche schippers verkochte goederen.

Het placaat, dat nu, overeenkomstig dit besluit, tegen den woeker werd uitgevaardigd, behelsde de bepaling, dat er op hypotheek geen hooger intrest dan 8 pCt. mogt worden genomen, en op obligatiën, wissels, carga's enz. ten hoogste 1 procent 's maands; terwijl de boete op de overtreding dezer bepalingen werd gesteld: voor de eerste keer op *f* 1000 en voor de tweede op *f* 5000. Doch de woeker hield niet op en de bedreigde straffen werden op onderscheidene wijze ontdoken.

De door adressanten voorgestelde en door het Hof uitgeschreven belasting van 4 pCt. op de winst der door de schippers verkochte goederen gaf aanleiding tot vele moeijelijkheden.

Reeds vroeger, den 1sten September 1755 en den 9^{den} Januarij 1756, had men eene dergelijke belasting uitgeschreven, doch was toen door de herhaalde klagten der schippers genoodzaakt geworden deze op den 17^{den} December 1762 weder in te trekken (*). Ook nu lieten de schippers zich "deze verkorting hunner regten", gelijk zij deze belasting kwalificeerden, niet welgevallen.

Zij vereenigden zich onderling en weigerden bepaald om deze en zelfs om andere vroeger door hen betaalde belastingen te voldoen; (§) en men moest hun eindelijk toegeven, daar zij anders zwarigheid maakten om de verzochte lading in te nemen.

Een nieuw rekwest van ingezetenen werd nog in hetzelfde jaar, den 7^{den} April 1774, (†) aan het Hof ingeleverd, waarbij op nieuw verzocht werd: om schorsing der vele geregtelijke vervolgingen voor schulden, daar deze zoo gestreng werden doorgezet, dat verscheidene personen hierdoor als tot wanhoop vervielen. Het Hof verklaarde hiertegen niets te kunnen doen, daar het aan het regt zijn loop moest laten. Ook andere rekwesten, waarbij mede op den droevigen toestand werd gewezen, moest men ter zijde leggen, o. a. een den 24 Dec. 1775 door den heer Roux, Raad van Policie ingediend. Er was weinig aan te doen.

De genoemde en andere omstandigheden vermeerderden den nood der Surinaamsche planters en weldra gingen hunne plantaadjes aan de hypotheekhouders in Holland over. (**)

(*) Zie Notulen van Gouverneur en Raden van dezelfde datums.

(§) Notulen van Gouv. en Raden, 10 Maart 1774 en 6 April 1774.

(†) Notulen van Gouverneur en Raden, 7 April 1774.

(**) Volgens de schrijvers der Historische proeve — zie 1e deel bladz. 163 — werden er in 1786 slechts 80 à 90 eigenaars van plantaadjes in Suriname gevonden, terwijl het getal plantaadjes over de 500 bedroeg. Journaal van Nepveu 1776. „Er heerscht hier tegenwoordig zoo groote armoede, dat veele blanken, die men 't niet aan zoude sien, sig met een drooge bananne moeten behelpen." Journaal van Nepveu 5 Januarij 1779. Twee Raden van Policie hadden hunne betrekking nedergelegd: „het is zeer moeijelijk goede sujetten te verkrijgen, want diegenen,

Terwijl de Amsterdamsche kooplieden alzoo in betrekkelijk korten tijd eigenaars der meeste plantaadjes in Suriname werden, kocht de stad Amsterdam, den 19den April 1770, het ⅓ aandeel in de kolonie van de erven van Sommelsdijk, voor eene som van ƒ 700.000, te betalen in drie termijnen (*).

De stad Amsterdam werd alzoo voor ⅔ eigenaar, de W. I. Compagnie, welker leden ook meest te Amsterdam woonden, was het voor het andere ⅓, zoodat, daar Amsterdamsche kooplieden de meeste plantaadjes in eigendom bekwamen, Suriname sedert als het ware eene bezitting of kolonie van Amsterdam kan worden genoemd.

Het rijk der Surinaamsche planters spoedde ten einde, dat der Administrateurs, hetgeen nog tot heden voortduurt, begon. De Agenten der Hollandsche eigenaars, »Aministrateurs" kwamen in de plaats der vorige bezitters en verwierven zich rijkdommen en oefenden grooten invloed op den gang der zaken uit.

Dat zij weldra tot groote rijkdommen geraakten is niet te verwonderen. Zonder zelven in het gevaar te verkeeren van groote schade te beloopen, verdienden zij veel geld. Aan sommige Administrateurs werd het beheer van 50, ja 60 plantaadjes opgedragen, en velen trokken jaarlijks 10 à 20 duizend gulden administratieloon; bij enkelden liep dit zelfs tot 50 à 50 duizend gulden, en eenigen ontvingen nog daarenboven van 5 tot 15 duizend gulden voor het waarnemen van lands betrekkingen. (§)

Terwijl in Europa het bezit van geld en vermogen een middel is tot het verkrijgen van magt en invloed, zoo veel te meer is dit in Suriname het geval, waar bijna niets anders dan de magt van het geld gehuldigd wordt en de Mammon de afgod is, aan wien groote vereering geschiedt.

Dat door den steeds vermeerderenden invloed der Administrateurs het lot der slaven verzwaard en in vele opzigten het

---

die er nog capabel en goed voor zouden weezen, sitten zoo ellendig in hunne affaires, dat men se desweegens niet op de nominatie brengen durft."

(*) Sypensteyn, bladz. 24.

(§) Historische proeve, 1e deel bladz. 164 en 169.

nadeel der kolonie werd bewerkt, zullen wij in den loop der geschiedenis aantoonen.

Verscheidene vroegere planters waren blijde indien hun de administratie werd toevertrouwd der effecten, die zij vroeger in eigendom bezaten. Zij wonnen zelfs bij deze verandering; in die nieuwe betrekking viel weinig te verliezen, maar veel te winnen, en alzoo konden zij hunne »luxurieuse" wijze van leven voortzetten.

Bij de groote veranderingen, die te dier tijd in Suriname voorvielen, leden voornamelijk de daar aanwezige Joden groote schade. Wel nam hun aantal door de overkomst van verscheidene Poolsche en Duitsche geloofsgenooten aanmerkelijk toe, doch hun rijkdom verminderde en vele hunner plantaadjes gingen in handen van Christenen over.

Verscheidene oorzaken werkten hiertoe mede. Daar de plantaadjes der Joden onder de eerst aangelegden aan de boven Suriname, behoorden, verloren zij ook het eerst hunne vruchtbaarheid, want in Suriname bemest men de landen niet, noch beproeft men den grond, zooals in Europa, te verbeteren.

Tot op het einde van 1750 hielden zij echter hunne plantaadjes vrij en onbelast, maar het steeds vermeerderend verlies van slaven, zoo door sterfte als door wegloopen, noodzaakte hen, om, tot aankoop van nieuwe, groote uitgaven te doen, en ook zij maakten weldra gebruik van den geldaanbieding door het kantoor van Deutz. De tusschen hen, gedurende de regering van Mauricius ontstane tweedragt, had vele kostbare processen ten gevolge, die later voortgezet en, bij elke beuzeling hernieuwd, een groot deel van hun vermogen verslonden. Om hunne uitgeputte kassen eenigzins te hulp te komen, maakten ook zij gretig van de geldaanbiedingen in 1769 en 1770 gebruik — en eenmaal op dien weg gekomen, schreden zij er gedachteloos op voort en plukten spoedig de wrange vruchten.

De toenemende onvruchtbaarheid hunner gronden en daardoor geringe opbrengsten, de vermeerdering der weelde ook in hunnen kring en andere redenen waren oorzaak, dat spoedig vele plantaadjes der Joden onder sequestratie werden gebragt of geregtelijk voor schuld verkocht.

In zekeren zin wedervoer hun hetzelfde als den Christen-planters, maar de gevolgen waren voor hen noodlottiger. De agenten der geldschieters hadden wantrouwen tegen de Joden opgevat en verleenden hun niet dat onbepaald crediet, dat den Christenplanter werd geschonken. Vandaar, dat, indien er eene plantaadje, aan Joden toebehoorende, bij executie werd verkocht, er veel minder door den hypotheekhouder werd verloren dan bij een zelfden verkoop van effecten van Christen-eigenaars.

Indien een Christen-planter zijne plantaadje aan den sequester- of hypotheekhouder moest overgeven, werd hij zelf of een ander Christen als Admistratur benoemd, doch zelden wedervoer een Jood deze onderscheiding.

De door hen aangewende pogingen om gronden aan de rivieren Cottica en de Commewijze te verkrijgen, waar verscheidene nieuwe plantaadjes werden aangelegd, werden op allerlei wijze tegengewerkt.

Hun woelzieke en twistgierige aard, die zij bij vele gelegenheden openbaarden, (*) voedde de vooringenomenheid, die, wel niet zoo sterk als in Europa, maar toch ook in Suriname, eenigermate tegen de Joden bestond. Toen hunne rijkdommen verminderden en men hun dus minder behoefde te ontzien, werden hun verscheidene kleine ambten, vroeger door hen bekleed, niet langer toevertrouwd; hunne regtbank in de Joden Savane kwam in minachting; hunne burgercompagnie werd bij de gewone exercitiën bespot en gehoond; men wilde zelfs een afzonderlijk kwartier voor hen maken en verbieden in andere gedeelten van Paramaribo te wonen. (§) De huizen der Joden werden niet meer, zoo als vroeger, door de Christenen bezocht, noch de Joden uitgenoodigd om vrolijke bijeenkomsten, 't zij openbare of bijzondere, bij te wonen; zelfs de slaven behan-

---

(*) Reeds gaven wij hiervan eenige bewijzen bij de beschrijving der regering van Mauricius, van Sporche en Crommelin. Wij zouden die tot een groot aantal kunnen vermeerderen, zie o. a. Notulen, van Gouv. en Raden, 15 September 1769, 15 en 20 Februarij 1770 en 28 Nov. 1772, Journaal van Nepveu 28 Junij 1770, Notulen van Gouverneur en Raden 1775, enz. enz. enz. — doch wij zouden hierdoor te uitvoerig worden.

(§) Dit werd echter door de directeuren der Societeit tegengehouden.

deldeu hen, op voorbeeld der Christen-meesters, met min-achting.

Meermalen beklaagden de Joden zich over de ware of ver-meende krenking hunner privilegien bij de directeuren der soci-teit, die hen wel genegen schenen en meermalen in het gelijk stelden.

Ofschoon de Joden niet meer tot vorigen rijkdom opklom-men, werd hun toestand onder volgende Gouverneurs verbe-terd en herkregen zij later weder meer invloed.

Wij zien uit het hier medegedeelde, dat Nepveu in een veel bewogen tijd aan het bewind kwam. Wel was zijn be-stuur rijk aan vele belangrijke doch droevige gebeurtenis-sen, en werd hij alzoo belet om die verbeteringen daar te stellen, die hij zoo gaarne gewenscht had tot stand te bren-gen. Hij deed echter wat hij kon. Op zijn voorstel werd "het opzigt over de gemeene weiden," waaronder tevens het toezigt over bruggen, wegen, markten en openbare gebou-wen, begrepen was, gescheiden van het collegie van kleine zaken, (*) dat ook eigenlijk meer een regtelijk collegie was. (Zie bladz. 166).

Volgens de instructie werden hiervoor personen benoemd, die in rang gelijk stonden met de jongste leden van het col-legie voor kleine zaken, terwijl een Opperhoutvester hoofd en voorzitter was.

Voor de vergaderingen van het Hof van Civiele Justitie werd een perceel voor ƒ 30,000 aangekocht (§) en verbouwd en hieraan tevens kamers voor om schuld gegijzelden verbonden. (†)

Reeds ten tijde van Mauricius was over het oprigten eener drukkerij te Paramaribo gesproken. Mauricius zelf had hier-

---

(*) Notulen van Gouverneur en Raden 6 December 1770 en 1773. Journaal van Nepveu 8 Junij 1773.

(§) Notulen van Gouverneur en Raden 12 Mei 1772.

(†) Notulen van Gouverneur en Raden 28 Feb. 1774. De gegijzelde moest aan den kastelein voor kosten betalen:

de eerste 14 dagen ƒ 3 per dag:

de tweede id. „ 2 id.

en verder id. „ 1 id.

voor eene afzonderlijke kas gevormd. Onder Crommelin waren ook aanzoeken door belanghebbenden geschied, doch eerst onder het bestuur van Nepveu, in 1772, kwam deze zaak tot stand. De heer Mr. Beeldsnijder-Matroos, secretaris van het collegie van kleine zaken, werd door directeuren »een privilegie van de drukperse" verleend voor den tijd van 25 jaren. (*)

Na de oprigting der drukkerij, vroeg de heer Beeldsnijder Matroos een privilegie, exclusief voor 25 jaren, tot het drukken van alle stukken der beide Hoven, hetwelk hem werd toegestaan. (§) In Mei deszelfden jaars werd door hem een placaat, door het Hof van Policie uitgevaardigd, gedrukt · 50 exemplaren voor de regering, tegen den prijs van ƒ 15, terwijl hij de overige exemplaren aan de ingezetenen voor 10 stuivers mogt verkoopen. (†) Als proef nam hij vervolgens aan, al wat in het eerste jaar door beide Hoven gepubliceerd werd, te drukken voor ƒ 1000. (**) In Augustus 1774 verzocht de heer Beeldsnijder Matroos privilegie voor 25 jaren tot de wekelijksche uitgifte eener Courant en de jaarlijksche van een Heerenboekje, en, na bekomen verlof, zag de eerste Surinaamsche Courant den 10den Augustus 1774 het licht. (§§)

Gelijk men meermalen in tijden van achteruitgang ziet gebeuren, dat een volk, ongenegen om zich wegens zijne zonden voor God te verootmoedigen en Hem om hulp en redding te smeeken, zich den zwijmelbeker der vermaken aan de lippen zet, om daarin eene wijle verdooving te vinden, zoo geschiedde dit ook in Suriname. Te dier tijd werd ook de zucht voor het tooneel opgewekt; openbare plaatsen, waar spel en drank de zinnen benevelden, werden opgezocht en nieuwe daargesteld, enz.

Van eene der eerste proeven van Tooneelspeelkunst vindt men in het Journaal van Nepveu het volgende berigt:

(*) Notulen van Gouverneur en Raden 25 Aug. 1772.
(§) Notulen van Gouverneur en Raden 21 Feb. 1774.
(†) Notulen van Gouverneur en Raden 16 en 17 Mei 1774.
(**) Notulen van Gouverneur en Raden 21 Mei 1774.
(§§) Journaal van Nepveu, 10 Aug. 1774. Notulen van Gouverneur en Raden 12 Aug. 1774.

«Heeden avond (19 Julij 1773) is door eenige liefhebbers een treurspel vertoond, namelijk *Sabina en Eponia*, alwaar beyde Haar WelEd.Gestr. den heer Gouverneur en den heer Coll Fourgeoud, met diverse heeren en dames geinviteerd zyn geweest; zeekere Schouten van Amsterdam geboortig, alhier met een nigtje van de seer ryke swarte dame, Nanette Samsom, getrouwt, (*) heeft daartoe een huys met decoratiën laten oppropieren, met de sinspreuk op 't voorgordijn: *Pro Excolenda Eloquentia*", wordende de meeste kosten van kleedingen enz. door denzelven gedraagen, gelyk hy ook, zoo in 't Tragique als Commique, wel speelt; 't voorneemen is om alle maanden een vertooning te geeven, 't welk dienen kan: *om de ingezeetenen by deeze fataale omstandigheeden van haaren miserable staat eenigzints te distraheeren*:" (Droevig degenen, die tot dergelyke troost hun toevlugt moeten nemen.) »De Tragedie is zeer wel uitgevoerd, principalyk de moeijelyke rol van Eponia, die door een jongman, genaamd Halloy, admirabel uytgevoert is, synde nog 't wonderlykste, dat niemant, des onbewust, zou hebben kunnen merken, dat het geen vrouw was; eenige jonge advocaten en practisyns vindt men onder de liefhebbers, dat haar teffens voor de Balie kan formeeren." (§)

(*) In Februarij 1764 had zekere C. P. van Brabant verzocht tot den huwelijken staat te worden aangeteekend met eene Elisabeth Samson, eene rijke vrije negerin, waarschijnlijk dezelfde of eene bloedverwante der meer genoemde dame. Het Hof had toen zwarigheid gemaakt dit toe te staan, omdat in de beschrijving van Suriname, door J. D. Herlein in 1718 uitgegeven, staat, dat ten tijde van van Sommelsdijk „soodanig huwelijk by placaten zoude syn geprohribiteerd — omdat zulks toegelaten wordende op dezelve nye blanke vrouwen met vrije neegers soude trouwen, hetwelk van seer nadeelige gevolgen voor deese colonie konde sijn." Die zaak maakte veel éclat. Het advies der heeren directeuren van de societeit werd hierover door het Hof ingewonnen en Elisabeth Samson diende hun een rekwest in. Het definitief antwoord hierop kwam eerst in Augustus 1767. Directeuren vermeenden, dat er geen termen bestonden om dit huwelijk te verhinderen. De zwarte dame huwde toen met zekere H. D. Zobre. (Zie Notulen van Gouv. en Raden, 13 Feb. 1764 en 17 Aug. 1767). Tegen het ongebonden in ontucht met negerinnen leven vond men geen bezwaar, wel in eene echtelijke verbindtenis.

(§) Journaal van Nepveu, 19 Feb. 1773.

De Joden, wien geen toegang tot den schouwburg werd verleend, rigtten weldra zelven een liefhebberij-tooneel op. Toen
men vernam, dat zij geld aan de voornaamste acteurs wilden
geven en, ter bestrijding der onkosten, plaatsbriefjes wilde verkoopen, werd hun dit door het Hof verboden. (*)

In 1775 werd een Hollandsche schouwburg opgerigt, waaraan enkele hoofdacteurs en actrices tegen betaling verbonden
werden. Zes à achtmaal in het jaar werden er stukken opgevoerd.

Het volgende jaar geschiedde dit mede door de Joden, waar
twaalfmaal in het jaar gespeeld werd. (§)

Van meer belang dan deze poging »om de ingezetenen van
hunne miserable staat eenigzints te distraheeren", achten wij de
verbeteringen der werktuigen ter zuivering der koffij in 1769
en 1770 ingevoerd. Men leest daaromtrent de volgende bijzonderheden:

In 1769 werd door een Fransche Molenmaker, Simeon, eene
machine gemaakt, eene soort van molen, waardoor de koffij,
nadat zij geplukt was, van de roode bast werd ontdaan en
van de grijn afgezonderd.

Daar de machine redelijk wel voldeed, ontving hij hiervoor
van eenige koffijplanters, die zich daartoe verbonden hadden,
eene belooning van ƒ 12 à ƒ 1500. (†)

Later werd hierin nog verbetering aangebragt, daar de hand-
molens naar het model van Simeon »niet sufficent" genoeg
waren. Nepveu liet een molen, van raderwerk voorzien, maken, die met slaven of een paard kon worden gedreven. Op
deze wijze kon in 50 minuten 1000 pond koffij van de bast
worden ontbloot, dat een groot voordeel aan de planters opleverde. Een kleine wrijfmolen, spiraalswijze gemaakt, loopende in een ton, om de witte bast af te schillen, voldeed
ook beter dan de ordinaire wijze van zwaar stampen, waardoor vele boonen geplet en gebroken werden. (**).

(*) Notulen van Gouverneur en Raden, 16 Feb. 1774.
(§) Historische proeve 1e deel bladz. 181.
(†) Journaal van Nepveu 18 en 22 Julij en 4 Aug. 1769.
(**) Journaal van Nepveu 5 Junij 1770.

Waren er door de finantieele verwikkelingen reeds groote onheilen over de kolonie gekomen, zij werden nog in ruime mate vermeerderd door den oproerigen geest, die zich onder de slaven openbaarde.

Door vreesselijke mishandelingen getergd en tot wanhoop gebragt (*), vlugtten zij in grooten getale en vereenigden zich in onderscheiden benden en liepen het land af, overvielen en plunderden de plantaadjes, overrompelden en bestreden zelfs soms met goed gevolg de militaire posten.

Te vergeefs trachtte Nepveu zoo veel mogelijk, door uitbreiding en betere organisering der middelen van verdediging, dit kwaad te stuiten.

De militaire posten werden versterkt en uitgebreid; (§) en niettegenstaande de heftige tegenstand der Raden, uitvoering aan het plan van Nepveu gegeven, om een militair cordon om het gebouwde gedeelte der kolonie te trekken, ten einde het wegloopen der slaven te beletten en de plantaadjes te beveiligen (†). Een corps van vrije negers en mulatten werd in 1770 opgerigt. Dat corps stond niet onder de bevelen van den burgerkrijgsraad, maar onder die van Gouverneur en Raden en specialijk onder commissarissen van de kas tegen de wegloopers, en had zijne eigen officieren. Alle vrije en gemamunitteerde slaven, van 14 tot 60 jaren, waren verpligt, hiertoe opgeroepen wordende, bij dat corps dienst te doen. In werkelijke dienst ontvingen zij daags twee schellingen soldij, provisie en kost. Wierden zij door ontvangen kwetsuren later verhinderd

---

Directeuren hadden reeds vroeger in 1768 zekeren timmerman, J. M. Augerstein, een octrooi van 6 jaren verleend tot het maken van een bijzonder soort van molens. Op het schenden van dat verleend octrooi was eene boete van ƒ 6000. gesteld.

(*) Wij konden hiervan uit de officieele stukken een lang relaas geven, maar het zou eene gedurige herhaling zijn van zelfde feiten, die wij reeds van tijd tot tijd mededeelden.

(§) Notulen van Gouverneur en Raden, 14 Feb. 1770.

De versterking der militaire posten was zeer noodig — want zij, die van weinig manschappen voorzien waren, werden door de Marrons overvallen en verstrooid.

(†) Over het daarstellen van dit Cordon komen wij weder later terug.

in hun eigen onderhoud te voorzien, dan geschiedde dit op 's lands kosten. (*)

De 12 bataillons militairen, in dienst der societeit, werden in 1772 met 25 man vermeerderd, zoodat toen de krijgsmagt, ten minste op het papier, 1200 man bedroeg. (§) Door ziekte waren echter vele soldaten buiten staat dienst te doen, (†) terwijl het bezetten der militairen posten vele manschappen vereischte. (**)

Nepveu had reeds meermalen in de vergadering van het Hof voorgesteld om »een vrijcorps van negerslaven" op te rigten, die daartoe door het land van hunne meesters gekocht en daarna met de vrijheid moesten worden begiftigd. Daar de nood drong, vereenigden zich de heeren Raden van Policie toch eindelijk met dat voorstel, en ging men toen spoedig tot de verwezenlijking daarvan over.

De 15 Julij 1772 had op het fort »Nieuw Amsterdam" de keuring en taxatie der slaven, voor het vrijcorps bestemd, plaats. Vóór men hiertoe overging werd hun één voor één afgevraagd of zij de vrijheid verlangden op de voorwaarde als bij het hun voorgelezen reglement nader was omschreven.

Dit reglement behelsde o. a. de volgende bepalingen:

Deze leden van het vrijcorps zouden kleeding, wapens en leeftogt en daarenboven ƒ 9 's maands soldij ontvangen, zoo lang zij in werkelijke dienst waren. (§§) Buiten dienst moeten zij door het uitoefenen van een ambacht of ander bedrijf voor zich zelven de kost winnen; doch, onder nadere goedkeuring van de societeit, zou aan ieder van hen, in de nabijheid van Pa-

---

(*) Notulen van Gouverneur en Raden 6 December 1770 en 22 Mei 1772.

(§) Notulen, Gouv. en Raden 6 Mei 1772 en 18 Februarij 1773.

(†) Volgens Notulen van Gouv. en Raden, 3 Mei 1773 en 4 Junij 1773, blijkt, dat, sedert men had opgehouden aan de soldaten dram te geven, ziekte en sterfte onder hen zeer toenamen, waarom men besloot hun op nieuw een rantsoen sterke drank te verschaffen. Het slechte water moest alzoo gecorrigeerd worden.

(**) Notulen van Gouverneur en Raden 25 April 1772. Op 9 buiten posten alleen lagen 145 soldaten.

(§§) De premiën op het dooden of vangen van weggeloopen slaven gesteld, zouden evenzeer door hen genoten worden.

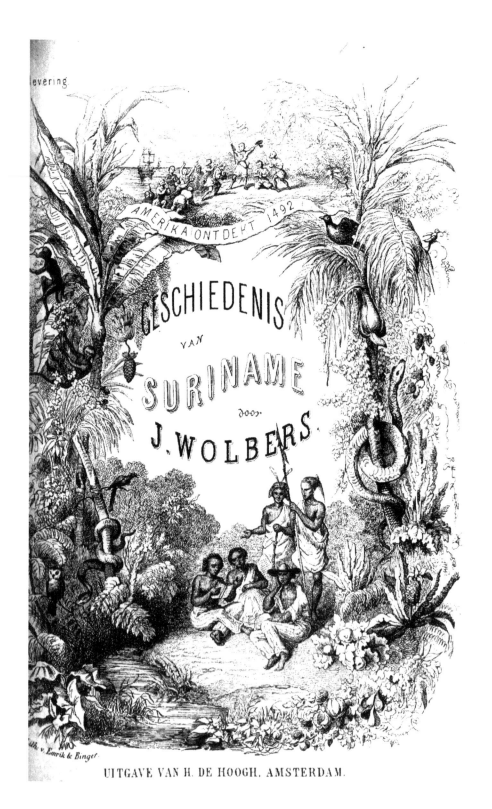

levering

AMERIKA ONTDEKT 1492

GESCHIEDENIS

VAN

SURINAME

door

J. WOLBERS

lith. v. Emrik & Binger.

UITGAVE VAN H. DE HOOGH, AMSTERDAM.

ramaribo, kosteloos een stuk grond worden afgestaan, om hierop eene woning te bouwen en de voor hunne voeding benoodigde banannen en andere aardvruchten te planten.

Hun werd tevens beloofd, dat, indien zij vrouwen of kinderen op plantaadje achterlieten, zij dezen van tijd tot tijd mogten gaan bezoeken, mits de meester dier vrouwen of kinderen dit toestond. De leden van het vrijcorps moesten zich echter van hunne zijde verbinden: tot volstrekte gehoorzaamheid jegens hunne bevelhebbers, getrouwe vervulling hunner militaire pligten en tot een steeds eerbiedig gedrag jegens de blanken.

Nadat dit alles den daartoe op het fort Amsterdam verzamelde slaven was voorgesteld, werd hun verzocht daarop te antwoorden. Eenige weinige slaven, houtwerkers uit Boven Para, waar meerdere voordeelen en grootere vrijheid dan aan andere slaven werden verleend, maakten bezwaar de vrijheid op deze voorwaarden aan te nemen, doch dit was slechts een zeer gering aantal; de anderen daarentegen gaven niet slechts volgaarne hunne toestemming, maar deden daarenboven de lucht van hun vreugderoep, een donderend Hurrah, weergalmen.

Honderd en zestien slaven werden goedgekeurd, getaxeerd en tot een vrijcorps gevormd (*).

Eenige dagen later werd het corps tot 300 man uitgebreid (§).

Het corps stond onder zijn eigen bevelhebbers, Conducteurs genoemd (†). Deze Conducteurs, drie à vier in getal, waren blanken en hadden den rang van Vaandrig. Behalve deze

---

(*) Journaal van Nepveu 15 Julij 1772, Notulen van Gouverneur en Raden 15 Julij 1772. Twee der 116 slaven voor het vrijcorps werden door de eigenaars het land ten geschenke gegeven; de overige 114 werden gezamenlijk gewaardeerd op ƒ 143,400. Die som was enorm hoog, daar de minste op ƒ 800 geschat was terwijl o. a. bekwame timmernegers tot den prijs van ƒ 2400, ja ƒ 3400 werden gebragt.

(§) Notulen van Gouverneur en Raden, 3 Aug. 1773 en 26 Aug. 1773, 8 slaven werden geschat op ƒ 10,000 en 190 dito op ƒ 227.955.

(†) Somwijlen werd voor een tijd het opperbevel aan een, hooger in rang staande, officier opgedragen; zoo voerde o. a. de kapitein luitenant Fredirici en, na zijn overgang tot de Staatsche troepen, een tijd lang de kapitein Stoelman over hen het bevel.

blanke officieren, aan wie zij volstrekte gehoorzaamheid waren verschuldigd en die hen steeds bij de onderscheidene togten aanvoerden, hadden zij ook onder-officieren uit hun midden gekozen. Tien gemeenen hadden altijd een »Capiteyn", gelijk men deze personen noemde, die hen de bevelen der bevelhebbers door verschillende geluiden op den jagthoorn overbragten.

Hunne montering was zeer eenvoudig, namelijk: een broek en eene scharlaken muts, het zinnebeeld hunner vrijheid (*); hunne wapenen waren: een geweer en een sabel.

Dit corps, dat van tijd tot tijd uitgebreid werd, heeft uit-stekende diensten aan de kolonie bewezen. Beter dan de blan-ken aan de levenswijze in de bosschen en meer aan ontberin-gen gewend, waren zij ook, door hun sterker ligchaamsgestel, beter dan de blanken tegen de vermoeijende togten in de bosschen en wildernissen geschikt, terwijl zij zich vele malen door dapperheid onderscheidden.

Het moge in den eersten opslag vreemd voorkomen, dat die zwarte vrijwilligers den blanken zoo getrouw dienden tegen hunne eigene landslieden, bij eenig nadenken vinden wij hier-voor verscheidene oorzaken.

De neger is in het algemeen zeer gevoelig en dankbaar voor eene goede behandeling en hecht zich, hierdoor gestreeld, zeer aan den blanke en bewijst dit door eene groote getrouwheid. De leden van het vrijcorps nu, vrijgekocht uit de slavernij, en alzoo, als vrije lieden, in den militairen stand getreden, wer-den door de kolonisten, die veel van hen in het belang der kolonie verwachtten, in den beginne zeer goed behandeld, ja »als de eenigste behouders en beschermers van den lande aan-gemerkt, als halve goden geëerbiedigd en hunne personen als heilig geacht" (§). Zij van hunne zijde waren hiervoor dank-

---

(*) Op deze muts stond het volgnummer van hun corps; later bekwa-men zij eene groene montering.

(†) Notulen van Gouverneur en Raden 22 Mei 1777. Deze uitspraak is ontleend aan eene door den Raad Fiscaal ingeleverde memorie van het Hof van Policie, waarbij hij opkwam tegen de klagten door som-mige leden, over de wanordelijkheid der slaven en het slechte toe-zigt door het Fiscalaat daaromtrent geoefend.

baar, vonden zich gestreeld en wilden door ijverige pligtsbetrachting zich die achting en dat vertrouwen waardig maken.
Daarenboven was het in hun eigen belang — en groot is de
magt, die het eigenbelang op 's menschen ziel uitoefent — om
den blanken getrouw te zijn. Door hunne opname toch in het
vrijcorps waren zij uit den ellendigen staat der slavernij verlost,
doch bij wangedrag of het niet nakomen hunner verpligtingen
verloren zij dat voorregt (*).

Wel is waar, zij konden ook de vrijheid bekomen door te
vlugten en zich met de Marrons te vereenigen, maar, vele moeijelijkheden waren daaraan verbonden en dan nog werd het bezit dier vrijheid telkens bestreden, terwijl zij, als leden van het
vrijcorps na volbragte dienst, rustig in eigene woningen, in
het midden zelfs van blanken, konden wonen (†); en eindelijk,
eenmaal in de krijgsdienst der blanken tegen hunne landslieden verbonden, waren zij genoodzaakt met onbezweken
dapperheid te strijden en zich tot het uiterste te verdedigen;
want vielen zij den Marrons levend in handen, dan wachtte
hun ontwijfelbaar; den dood, en deze soms onder vreeselijke
pijnigingen, daar de Marrons de leden van het vrijcorps beschouwden als afvalligen, als de trouwelooste verraders, op
wie zij dan ook veel meer dan op de andere militairen waren
verbitterd (§).

Was het vrijcorps der kolonie tot groot nut, het kostte haar
echter veel, zoo voor den aankoop der slaven, als voor hun

(*) Men vindt in de Notulen enkele gevallen van leden van het vrijcorps, die, om verzuim in de dienst, weder tot den staat der slavernij
werden terug gebragt. Notulen van Gouverneur en Raden van 9 Aug.
1773, enz.

(†) Meermalen werd ook door hen verzoek gedaan om uit de krijgsdienst te worden ontslagen en werd hun dit verzoek toegestaan, mits
betalende de som, waarvoor zij door het land waren overgenomen,
o. a. volgens Notulen van Gouverneur en Raden van 13 Februarij 1777,
3 personen, een voor f 800 —, een voor f 1000—, een voor f 1200
enz. enz.

(§) Ook hiervan worden verscheidene bijzonderheden in de Notulen
gevonden.

21*

onderhoud, dat voor ieder lid van het vrijcorps eens zoo veel bedroeg alsdat voor een ander militair. Ter voorloopige betaling der koopsom werd voor f 400,000 obligatiën gemaakt, die 6 pCt. renten gaven, (*) en werd vervolgens aan de directeuren der societeit verzocht, om pogingen aan te wenden, ten einde in Holland eene geldleening ter bestrijding dier kosten te sluiten. De directeuren voldeden aan dit verzoek en, na bekomen verlof van HH. M., werd door hen, ten behoeve der kolonie Suriname, eene geldleening, groot f 700,000, aangegaan. De stad Amsterdam weder was geldschietster (†). De genoemde obligatiën, ten bedrage van f 400,000 gemaakt, werden toen verbrand (§).

De reeds gemelde versterking der krijgsmagt kwam den kolonisten en der societeit echter niet genoegzaam voor en daarom wendde deze laatste zich tot HH. M. met het verzoek: om een regiment geregeld krijgsvolk naar de kolonie te zenden. De Prins van Oranje, Willem de vijfde, aan wien, gelijk aan zijnen vader, Willem den vierde, het beschermheerschap over Suriname was opgedragen, werd hierover geraadpleegd en met onderling overleg werd besloten aan dit verzoek gevolg te geven. Den 25sten December 1772 staken de schepen aan Texel in zee, die ongeveer 800 soldaten naar Suriname zouden overbrengen. Dit regiment stond onder bevel van den Zwitserschen officier Louis Henry Fourgeoud, kolonel in dienst van de Staten der Vereenigde Nederlanden, die zich tot demping van den opstand der slaven in Berbice

---

(*) De obligatien waren verdeeld als volgt:

100	ps. à f	1000—	f	100,000—
200	„ „ „	500—	„	100,000—
250	„ „ „	400—	„	100,000—
250	„ „ „	200—	„	50,000—
500	„ „ „	100—	„	50,000—
		te zamen	f	400,000—

(Zie Notulen van Gouverneur en Raden van 8 Februarij 1774).

(†) Notulen van Gouverneur en Raden van 18 October 1773, en 20 Mei 1774, enz.

(§) Notulen van Gouverneur en Raden van 30 Augustus 1774.

·loffelijk onderscheiden had, en kwam in het laatst van Januarij en in het begin van Februarij 1773 in Suriname aan (*).

Sedert de aanvraag om en de uitzending en aankomst der Statentroepen waren eenige maanden verloopen en Suriname was in dien tijd door de aanvallen der Marrons zeer verontrust. Niet slechts toch nam het wegloopen der slaven toe; niet slechts werden door de weggeloopen slaven verscheidene strooptogten op naburige plantaadjes gedaan, maar de wegloopers begonnen zich meer dan vroeger in geregelde benden te vereenigen en bedreigden de kolonie met den ondergang.

In 1769 liepen de Marrons de plantaadjes Rust en Lust, als mede 's Hertogenbosch, beide in Boven-Cottica gelegen, af, vanwaar zij eenige slaven medevoerden en eenige geweren buit maakten. (§) Verscheidene plantaadjes werden daarop door hen aangevallen, en met een zoo goed gevolg, zoodat hunne stoutmoedigheid hierdoor grootendeels vermeerderd werd.

In talrijke benden vereenigd, (alleen in Cottica werd het aantal strijdbare mannen onder hen op twee honderd geschat) (†) trokken zij door het land, alom schrik en vrees onder de inwoners verspreidende. Militaire posten zelfs werden door hen aangetast en meermalen verslagen, de soldaten op de vlugt gejaagd en de houten barakken verbrand. (**) Een tegen hen uitgezonden commando van 20 gewapende burgers, 12 soldaten en 24 soldaten-negers, onderging eene geduchte nederlaag. Na het verlies van vier dooden, terwijl verscheidene ernstig gewond werden, moest het commando den terugtogt aannemen en het overschot kwam »uitgehongerd en met verrotte kleederen aan het lijf" te Paramaribo aan (§§).

De Marrons zetten hunne strooptogten voort en overvielen en plunderden verschillende plantaadjes aan de Cottica, in de

---

(*) Notulen van Gouverneur en Raden, 30 Januarij en 5 Februarij 1773.

(§) Teenstra. De Landbouw in de kolonie Suriname. 1e. deel bladz. 43.

(†) Journaal van Nepveu 20 Februarij 1771.

(**) Notulen van Gouverneur en Raden 20 Dec. 1770. Journaal van Nepveu 10 Januarij 1771. Zie ook bladzijde 319.

(§§) Notulen van Gouverneur en Raden 14 Maart 1771. Journaal van Nepveu 14 Maart 1771.

Mot, Orleyne en Hoer-Helena kreeken, in Patamacca enz. · enz. enz. (*).

Soms boden de slaven der aangevallen plantaadjes moedigen tegenstand en noodzaakten de Marrons de vlugt te nemen, terwijl men, in de officieele bescheiden, daden van trouw en gehechtheid van slaven jegens hunne meesters vermeld vindt, die het harte goed doen (§). Dikwijls echter vereenigden de plantaadje-slaven zich met de aanvallers en vermeerderden niet slechts hunne getalsterkte, maar tevens hunne ammunitie, daar zij gewoonlijk hunne geweren, kruid en lood mede namen (†).

Niet slechts in Cottica en Perica stroopten de benden wegloopers, maar ook in Tempatie, aan de rivier Suriname, ja zelfs achter Paramaribo. De wegloopers vermeerderden bij den dag (**).

Schrik en ontzetting heerschten alom door de kolonie. Men zag de schoonste plantaadjes door de vlammen verteeren, de eigenaars of Directeurs ontvingen door de hand der Marrons of die hunner eigene slaven den dood. Verscheidene planters, bevreesd voor een algemeen bloedbad, verlieten hunne effecten en begaven zich naar Paramaribo.

Die Cottica-negers, aldus genaamd naar het district, waar zij het eerst hunne aanvallen hadden begonnen, schenen geduchter voor de kolonie te worden dan die van Auka en Saramacca immer geweest waren, want niet slechts was hun getal zeer aanzienlijk, niet slechts vonden zij vele sympathie bij de

(*) Notulen van Gouverneur en Raden 11 Junij, 6 Julij, 16 Sept. 1771, enz. Journaal van Nepveu 10 Junij, 3 en 5 Julij 1771, enz.

(§) Notulen van Gouverneur en Raden 11 Junij, 6 Julij 1771, enz.

(†) Notulen van Gouverneur en Raden 27 Januarij 1771. „Meer en meer loopen de slaven weg, nemen hunne geweren mede en voegen zich bij de bende van Baron. Idem 29 Junij 1772. De wegloopers hebben de Plantaadje Poelwijk afgeloopen en o. a. 21 geweren en eene groote hoeveelheid kruid medegenomen." Het Hof besloot: om te bevelen, dat de geweren, welke de slaven op de plantaadjes bezitten, naar Paramaribo moesten worden opgezonden, daar men de slaven niet meer vertrouwen kon.

(**) Notulen van Gouverneur en Raden 17 Julij 1772. 16 Aug., enz. Journaal van Nepveu.

slaven, maar daarenboven bezaten zij in Baron, Jolicoeur en Bonni moedige en energique opperhoofden.

Baron was vroeger slaaf geweest bij den heer Dahlberg, een Zweed, die in Suriname zijn fortuin had gemaakt. Reeds in zijne vroegste jeugd scheen Baron eene meer dan gewone vatbaarheid te bezitten. Zijn meester was met hem ingenomen; hij deed hem onderwijs in lezen en schrijven geven, van welk onderwijs de leergierige jongeling een goed gebruik maakte; vervolgens liet hij hem een ambacht leeren en nam hem op eene reis naar Holland mede. Baron, opgetogen over veel wat hij in Holland zag, leerde bovenal aldaar het onwaardeerbaar voorregt, de vrijheid, hoog schatten en niets verheugde hem meer dan de belofte van zijnen meester, dat hij hem, bij zijne terugkomst in Suriname, met de vrijheid zou begiftigen.

Dahlberg komt met zijn, reeds in hope blijde, bediende in Suriname terug, doch Dahlberg doet zijn woord geen gestand: hij verkoopt Baron aan een Jood.

Hoezeer was de vorige jongeling teleurgesteld. Met hoogheid door zijn nieuwen meester behandeld, wilde hij zich niet buigen, waarop de nieuwe meester, om Baron tot onderwerping te brengen, hem een Spaansche bok onder de galg liet geven. Het hierdoor beoogde doel, Baron te temmen, de roede te doen kussen, werd niet bereikt: Baron ontsnapte en werd weldra een van de voornaamste aanvoerders der wegloopers (*).

Joli-Coeur, mede vroeger een slaaf, ontving het eerste levenslicht op de plantaadje Rodebank. De Jood Schultz, berucht door de mishandelingen zijnen slaven aangedaan en de ruwe zedeloosheden met zijne slavinnen, was Directeur van dat effect. Op zekeren avond dwong Schultz eene slavin om hem in zijne vuige driften te wille te zijn. De man, die met voorkennis en onder goedkeuring des meesters met deze vrouw leefde, merkte dit op en snelde zijne vrouw ter hulp. Die man echter was een slaaf en werd, na die vruchtelooze poging tot ontzet, door den Directeur aangeklaagd en — eene strenge

---

(*) Stedman, reize naar Suriname, 1e deel, bladz. 117 en 18.

geeseling volgde weldra. Een knaap was getuige van deze strafoefening en die knaap was Joli-Coeur, de onteerde slavin zijne moeder en haar verdediger, die zoo folterend moest boeten, zijn vader (*).

Baron, de bedrogene en mishandelde, Joli-Coeur, de gehoonde en getergde, stelde zich in betrekking met zekeren Bonni, een zoon der wildernis.

Bonni was een Mulat, zijn vader was een blanke, zijne moeder diens slavin. De blanke had de slavin lief gehad, doch weldra verkoelde die liefde en ging zelfs tot diepen afkeer over, hij mishandelde en sloeg de toekomstige moeder van zijn kind zoodanig, dat zij naar het bosch vlugtte en aldaar het leven schonk aan een jongen, die, man geworden, brandde van begeerte, om het lijden zijner moeder te wreken. Deze Mulat, in het woud geboren en opgevoed, stelde zich aan het hoofd der weggeloopen slaven, onder welke hij een krijgstucht wist te bewaren, die hen tot geduchte vijanden der kolonie maakte. Gevreesd om zijn despotisme, geëerbiedigd om zijne mannelijke kloekmoedigheid en bemind om zijne onomkoopbare regtvaardigheid, werd er zelden een opperhoofd gevonden, die een zoo krachtigen invloed op zijne manschappen uitoefenden. Aan een langen en geduchten proeftijd onderwierp hij den deserteur der plantaadjes; was deze doorgestaan, dan werd de slaaf gewapend en onder Bonni's troepen opgenomen, die alzoo eene uitgelezen keurbende vormde (§).

De krijg, het waren thans meer dan enkele strooptogten, daar de Marrons of- en defensief te werk gingen; de Guerilla krijg, hier had hij veel overeenkomst mede, werd met afwisselend geluk gevoerd. In September 1771 gelukte het den vaandrig Sebulo, met 50 soldaten en eenige lastdragers, om een dorp der wegloopers, diep in het woud gelegen, te veroveren. Het

---

(*) Ook Stedman verhaalt deze en andere bijzonderheden, die wij echter, soms bijna woordelijk, overnemen, uit het uitnemend geschreven boekske: „Een Levensteeken op een dooden veld, door J. Herman de Ridder, bladz. 12—17.

(§) J. Herman de Ridder. Een levensteeken op een dooden veld, bladz. 16—17.

was geene gemakkelijke taak geweest, want aan de eene zijde door een diep moeras (zwamp) omgeven, werd aan de andere zijde de toegang bemoeijelijkt door palisaden van 10 voet hoogte, die behoorlijk van schietgaten waren voorzien, terwijl slechts een kleine poort, waar niet meer dan een man te gelijk kon doorgaan, toegang verleende.

Er bevonden zich echter, toen Sebulo het dorp aanviel, weinige mannen ter verdediging; de meesten waren op eene strooptogt uit. Drie negers werden gedood, de overige redden zich met de vlugt, hunne gekwetsten met zich nemende; twintig vrouwen en kinderen vielen den overwinnaar in handen, en na de woningen verwoest en de kost in de zwamp te hebben geworpen, nam Sebulo, met zijne schare en zijne gevangenen, de terugtogt aan. Onderweg werden zij verontrust door eene bende van Baron, die hen de buitgemaakte vrouwen en kinderen trachtte te ontnemen, doch die, na vijfmaal vruchteloos herhaalde aanval, eindelijk moest afdeinzen (*).

In October van hetzelfde jaar ontdekten de Aukaner-negers een dorp der Marrons, verwoestten het en bragten de gevangenen, 11 vrouwen en kinderen, te Paramaribo (§). Over de door hen hiervoor geëischte belooning ontstond later verschil tusschen de regering en de Aukaners (†).

Ook de Joden ontdekten, veroverden en verwoestten een wegloopers-kamp en voerden, als buit, een gevangene, eene vrouw, mede (**).

Deze door de kolonisten behaalde voordeelen werden weldra door groote verliezen gevolgd. In November 1771 werd een militair-commando, in de Cottica, door de Marrons aangetast en verslagen (§§). Groote verliezen werden achter-

---

(*) Notulen van Gouverneur en Raden 24 Sept. 1771. Journaal van Nepveu 22 Sept. 1771.

(§) Notulen van Gouverneur en Raden 13 October 1771. Journaal van Nepveu 13 October 1771.

(†) Zie Notulen van Gouverneur en Raden van November, December 1771, enz. enz.

(**) Journaal van Nepveu 22 October 1771.

(§§) Journaal van Nepveu 16 November 1771.

eenvolgens door de militairen en gewapende burgers geleden; sommige commando's, door de wegloopers teruggedreven en door het wassende water in de rivieren gekweld, kwamen in dierlijken staat te Paramaribo (*).

Van alle zijden vernam men klagten over de toenemende stoutheid der Marrons en het wegloopen der slaven (§).

Door een gevangen genomen weglooper werd medegedeeld, dat Baron eene versterkte plaats had aangelegd, waar hij een aanval der blanken durfde af te wachten. Hij had, in zekeren zin, aldaar zijn hoofdkwartier gevestigd, en keerde telkens, na gemaakte strooptogten, met buit beladen, daar terug (†).

Deze legerplaats van Baron was zeer sterk; een uitgestrekt grondeloos moeras omringde het van alle zijden, zware palisaden van 5 mans hoogte waren als de tweede lijn van defensie; kleine kanonnen, draaibassen, waren voor de schietgaten geplant en, als om de gelijkenis met eene Europesche vesting te voltooijen, woei eene vlag, geel met een zwarte leeuw, van het hoogste punt. Baron achtte zich hier zoo veilig, dat hij deze plaats den naam van »Boucou" »tot stof vervallen" gaf, om daardoor aan te duiden, dat zij eerder tot stof vervallen dan door de blanken zoude worden veroverd (**).

Een, twee, ja meerdere aanvallen werden hierop beproefd, doch vruchteloos: »het zwamp is niet te doorwaden, de palisadering niet dan met groot verlies van volk te vermeesteren en kanonnen kunnen niet gebruikt worden en handgranaten heeft men niet;" en, een in de historie van Suriname onbekend feit: »men staat voor het dorp der wegloopers met eene vrij aanzienlijke krijgsmagt en men kan er niet inkomen" (§§).

(*) Notulen van Gouverneur en Raden 7 December 1771, 27 Julij 1772 en Journaal van Nepveu 7 December 1771

(§) Journaal van Nepveu 1 Januarij, 27 Januarij en 4 Junij 1772. Notulen van Gouverneur en Raden 17 Julij en 16 Augustus 1772, enz.

(†) Journaal van Nepveu 19 Januarij 1772. Die neger ontvlugtte later uit de boeijen.

(**) Notulen van Gouverneur en Raden 4 Mei 1772. Stedman, Reize naar Suriname 1e deel bladz. 113, enz.

(§§) Journaal van Nepveu 15 Junij 1772.

Ziedaar wat er in het dagboek van Neupveu van gemeld wordt. Het Hof besloot daarop een generaal pardon aan te bieden aan degenen, die de wapenen nederlegden en zich aan de blanken overgaven (*). Baron spotte er mede. Twaalf neger-jagers van het vrijcorps waagden zich tot digt bij het dorp en werden gevangen genomen. Na hunne weigering, om tot de Marrons over te gaan, werden er elf doodgeschoten en de twaalfde strengelijk gegeeseld, een oor en het haar afgesneden en tot de blanken teruggezonden met de boodschap: dat men noch de blanken noch de negerjagers vreesde." (§)

Een sterk detachement krijgsvolk, onder aanvoering van kapitein Mayland, benevens 180 jagers van het vrijcorps, onder bevel van den jeugdigen, moedigen officier de Frederici, werd daarop ter belegering naar Boucou uitgezonden. Zoodra Baron dit krijgsvolk zag naderen, plantte hij een wit vaandel, niet als teeken van onderwerping, maar als uitdaging, en het vuren aan weerszijden begon, doch zonder veel gevolg.

Eene poging, om, door het laten zinken van takkebossen, een weg door het moeras te banen, mislukte. Een aantal volks kwam bij deze nuttelooze pogingen om; men begon ge-brek aan levensmiddelen en krijgsbehoeften te krijgen en sprak er van om de belegering op te breken. De zwarte vrijwilligers, vol geestdrift en begeerig om den dood hunner makkers te wreken, hadden echter den moed nog niet verlo-ren; het gelukte hun den geheimen toegang, een pad, slechts even door het water bedekt, te vinden — en nu herleefde de moed in de borst der officieren en soldaten.

De kapitein Mayland deed een valschen aanval. Baron trok zijn volk bijeen om deze af te slaan. Frederici intusschen ging met de zwarte vrijwilligers aan de andere zijde over het ge-vonden pad, door het moeras; klom, zonder tegenkanting te ontmoeten, met den degen in de hand, over de stormpalen; hierop volgde er een vreeselijk bloedbad en Boucou werd

---

(*) Notulen van Gouverneur en Raden, 9 Julij 1771. Journaal van Nepveu, 9 Julij 1771.

(§) Journaal van Nepveu. 10 Aug 1772. Notulen van Gouverneur en Raden, 10 Aug. 1772.

ingenomen. Vier negers, zes en twintig vrouwen en negentien kinderen werden gevangen genomen (*).

Nu heerschte er in de kolonie eene groote vreugde; den 27sten September werd in de kerken God voor deze overwinning gedankt (§); den 28sten kwam het commando in de stad terug, met zich voerende de gevangenen en, als wapentrophee, negen afgehouwen handen van gesneuvelde Marrons; het kanon van Zeelandia werd gelost, de schepen vlagden en de blanken vierden feest (†). Enkele slaven kwamen vrijwillig terug; anderen, hier en daar verstrooid, werden opgevangen, en vele lijken in de bosschen gevonden. »Tot heden," schrijft Nepveu, den 7den October 1772, in zijn dagboek, »zijn er omtrent 100 à 110 slaven van het wegloopers-dorp in Bovencottica gevangen genomen of vrijwillig terug gekomen, en 50 à 40 gedood of hier en daar dood in de bosschen gevonden" (**), en den 26sten October, teekent hij aan: »De meeste wegloopers zijn van elkander af; zoeken bij troepjes een goed heenkomen en moeten zich, bij gebrek aan vivres, met cabbes en boomvruchten vergenoegen, die echter weinig te vinden zijn (§§)."

Drie à vierhonderd Indianen deden, met toestemming van het Hof, een togt naar een berucht weglooperskamp achter Paramaribo, en kwamen na eenige dagen terug met vijf vrouwen en zes kinderen als gevangenen en tien afgehouwen handen van gedoodde Marrons. Zij ontvingen eene belooning aan verschillende goederen voor eene waarde van ƒ 2090.— (††).

Alle gevaar was nog wel niet geweken, want Baron was met eenige zijner volgelingen in het woud ontsnapt; Bonni, die wel gekwetst, doch niet, zoo als het gerucht had geloopen, gedood was, trachtte de verstrooiden weder te verzamelen; en dat het den wegloopers nog niet aan stoutmoedigheid ont-

---

(*) Notulen van Gouverneur en Raden, 25 Sept. 1772 Journaal van Nepveu, 25 Sept. 1777.

(§) Journaal van Nepveu, 27 Sept. 1772.

(†) Journaal van Nepveu, 26 Sept. 1772.

(**) Journaal van Nepveu, 7 Ooc. 1772.

(§§) Journaal van Nepveu, 26 Gct. 1772.

(††) Journaal van Nepveu, 2 en 9 Dec. 1772.

brak, bewees een aanval op een gedeelte van het vrijcorps, waarbij de lastdragers, om zich te redden, de ammunitie in het zwamp wierpen, en de jagers, na eene hevige schermutseling, moesten terugtrekken (*).

Baron en Bonni waren later over de Marro-wijne gegaan en legden daar kostgronden aan; de kolonisten waanden zich van hunne aanvallers bevrijd en gaven zich op nieuw aan zorgeloosheid over (§).

De Gouverneur Nepveu, en met hem verscheidene inwoners van Suriname, beschouwden den toestand der kolonie thans als zoodanig, dat men de gevraagde en weldra te verwachten hulptroepen zeer goed kon ontberen en, terwijl men hierover discussieerde, vernam men uit de uit het vaderland ontvangen couranten, dat een nieuw geformeerd mariniers-bataillon, ter repartitie van den Staat, naar Suriname zou worden gezonden, benevens twee oorlogschepen tot secours der kolonie (§), en, terwijl men discussieerde, om voor den ontvangst der troepen het een en ander in gereedheid te brengen, kwam reeds het eerste schip, met de verwachtte troepen de rivier opstevenen en werd door nog twee andere gevolgd (**).

Had men in de kolonie voor eenige maanden reikhalzende naar de uit Holland te verwachten hulptroepen uitgezien, hans, daar men vermeende, dat, met de inneming van Boucou, het grootste gevaar geweken was, zag men die komst met gansch andere oogen aan. De troepen werden echter goed ontvangen, de officieren, en voornamelijk de opperbevelhebber, Fourgeoud, met beleefdheid behandeld. Evenwel ontstond er al zeer spoedig verwijdering tusschen den Gouverneur Nepveu en den Kolonel Fourgeoud. De aan den laatste door den Prins van Oranje verleende magt, waardoor hem niet slechts het bevel over de hulptroepen, maar zelfs over de geheele

---

(*) Journal van Nepveu, 11 Dec. 1772.

(§) Journaal van Nepveu 27 Dec. 1772.

(†) Notulen van Gouverneur en Raden, 27 Januarij 1773.

(**) Notulen van Gouverneur en Raden 27 Januarij, 31 Januarij en 5 en 9 Febr. 1773. Journaal van Nepveu 27 Januarij en 2, 4, 8 en 9 Febr. 1773.

krijgsmagt was opgedragen, wekte bij Nepveu naijver op
en Fourgeoud van zijne zijde maakte door hooghartigheid
de breuke wijder.

Steeds onrustige woelige geesten vermeerderden die spanning
door wantrouwen en verdeeldheid tusschen Nepveu en Fourgeoud te zaaijen, en weldra ontstonden er weder die partijschappen, die op Suriname's bodem zoo welig tieren. De
eene partij verklaarde, dat Feourgoud en de zijnen als de redders der kolonie moesten worden beschouwd; de andere daarentegen, dat zij de kolonie tot last waren en de reeds zoo
zware uitgaven voor de verdediging der kolonie noodeloos
kwamen vermeerderen.

De notulen van Gouverneur en Raden van dien tijd, vooral
het Journaal van Nepveu, zijn opgevuld met bijzonderheden
omtrent deze spanning, het gedurig misverstand enz., enz.,
zoodat, indien wij dezelve eenigzins uitvoerig wilden beschrijven,
wij hiervan alleen wel een lijvig boekdeel konden vullen, doch
dit zoude ons bestek verre overschrijden.

De troepen bleven werkeloos in Paramaribo en zoowel
officieren als soldaten gaven zich aan vele uitspattingen over,
waardoor het getal zieken in korten tijd zeer aanzienlijk werd (*).

Fourgeoud, wien het verveelde langer werkeloos te blijven,
deelde in Maart 1773 zijn voornemen mede, om met April of
Mei, met zijne troepen den terugtogt naar het vaderland te
ondernemen (§).

Men verzocht hem zich hierover goed te beraden en, om den
schijn van overijling te vermijden, besloot Fourgeoud vooraf,
in gezelschap met den commandeur B. Texier, eene inspectie-
reis door de kolonie te doen (†). Na eenige moeijelijkheden
om geschikte tentbooten te verkrijgen, werd aan dit voornemen
gevolg gegeven (**).

(*) Journaal van Nepveu 19 Julij 1773. Fourgeoud wenschte zijn volk
naar de buitenposten te zenden, „alsoo se aan Paramaribo door Debau-
ches vry meer onbequaam en buyten staat raakten: klaagende dat se
genoegsaam alle aan Venus-siekte laboreerenden."

(§) Notulen van Gouverneur en Raden 1 Maart 1773.

(†) Notulen van Gouverneur en Raden 4 Maart 1773.

(**) Journaal van Nepveu 6 April 1773.

Na zijne terugkomst werd door het Hof aan Fourgeoud verzocht, om zijn vertrek nog eenigen tijd uit te stellen, en als voornaamste beweegreden daartoe voerde men aan: de vrees, die men koesterde voor eene vredebreuk met de Saramaccaner boschnegers (*); en drukte men den wensch uit, dat de hulptroepen hun, bij het niet nakomen hunner verpligtingen, hiertoe zouden dwingen. Fourgeoud antwoordde hiertoe geene orders te hebben: eene vredebreuk kon slechts door den Souverein geschieden en de hem verstrekte bevelen luidden, *om tegen de wegloopers, niet tegen hen met wie vrede gemaakt was, te ageren* (§).

Nieuwe pogingen door den Gouverneur aangewend, om Fourgeoud te noopen te minste den uitslag der met de boschnegers aangevangen onderhandelingen af te wachten, leden schipbreuk op Fourgeouds onverzettelijkheid op dit punt (†), en hij maakte voor de tweede keer aanstalte om te vertrekken.

Hout en water werd reeds in de drie, nog immer, sedert 9 Februarij, zeilreê gehouden transportschepen overgebragt, toen de tijding van een nieuwen aanval der wegloopers (§§), de toebereidselen tot vertrek deed vertragen. Men begon zich nu tot eene boschtogt uit te rusten, doch den 7 Junij 1773 kwam er weder contra-bevel en op nieuw werd alles tot vertrek gereed gemaakt en dat op het laatst van Junij bepaald (††).

(*) Men vindt in de Notulen van Gouverneur en Raden van 4 Maart 1773 eene. door de posthouders bij de beide stammen opgemaakte begrooting van het aantal en de sterkte der Saramaccaansche en der Aukaansche bevredigde boschnegers. De eerstgenoemden woonden in 12 dorpen, die 3, 6, 7 en 12 uren van elkander en 12 dagen reizens van Paramaribo verwijderd lagen. Onder hen waren 600 strijdbare mannen. De Aukaners bewoonde 12 dorpen en onder hen waren mede ruim 600 weerbare mannen.

(§) Notulen van Gouverneur en Raden 10 April 1773.

(†) Notulen van Gouverneur en Raden 19 en 20 April en 3 Mei 1773, enz.

(**) Notulen van Gouverneur en Raden 4 en 8 Junij 1773.

(§§) Notulen van Gouverneur en Raden 28 Mei 1773.

(††) Journaal van Nepveu 8 Junij 1773. Stedman, Reizen naar Surinamen, 1e deel bladz. 153 en 154.

Schotschriften der regering, honende en opgevuld met verwijten over het aanstaand vertrek der troepen, werden onder
de deuren der aanzienlijkste inwoners gestoken, en, ofschoon
eene premie van 1000 ducaten werd uitgeloofd voor hem, die
den maker en verspreider hiervan aanwees, zoo werd deze
echter niet ontdekt (*).

Terwijl men alzoo in Paramaribo onderling verdeeld was,
bragt de tijding van eene geduchte nederlaag, door eene afdeeling krijgsvolk der societeit geleden, eenige toenadering teweeg.

Die ongelukkige gebeurtenis was belangrijk genoeg om te
doen zien, dat men de vrees voor de Marrons nog niet geheel
verbannen kon. Het verhaal hiervan luidt als volgt:

De luitenant Leppert had vernomen, dat de negerjagers een
kamp der Marrons tusschen de rivier Patamacca en Cormoe-
tibo hadden ontdekt. Na het vernemen van dit berigt besloot
Leppert, om alleen met zijne manschappen, die een gedeelte
uitmaakten van de militaire post aan de Patamacca, dwars
door het bosch te dringen en het kamp der wegloopers te
overvallen. Hij trok alzoo den 8 Junij met een sergeant en
30 soldaten in het bosch, doch de Marrons, door verspieders
van zijn voornemen onderrigt, trokken hem te gemoet. Zij,
ongeveer derdehalf honderd in getal, wierpen zich in eene
hinderlaag, bij een diep moeras, dat hij doorwaden moest, om
bij hun kamp te komen. De ongelukkige soldaten waren
naauwelijks in dit moerassig water tot onder de armen inge-
gaan, of de Marrons kwamen uit hunne schuilplaats voor den
dag en tastten hen aan. Leppert, die aan een gouden lis aan
zijn hoed kenbaar was, benevens drie soldaten werden gedood en
tien à twaalf gewond. Aan den sergeant en corporaal met nog
zes man gelukte het, na eene moedige verdediging en na
vooraf al hun kruid te hebben verschoten, te ontkomen. Later
voegden zich nog drie gevlugte soldaten bij hen, maar ongeveer twintig man bleven in het bosch omdwalen. De vaandrig Buissart, commandant der naastbij gelegen post, liet

---

(*) Notulen van Gouverneur en Raden 15 Junij 1773. Journaal van
Nepveu 14 Junij 1773.

iedere twee uur een schot doen, om deze verdwaalden de rigting van den weg te doen herkennen. De meesten echter, (slechts aan twee van hen gelukte het te ontkomen), vielen den Marrons in handen en werden dadelijk door hen gedood; enkelen werden als gevangenen naar het kamp gesleept en aldaar op bevel van Bonni doodgegeeseld (*).

Na het ontvangen dezer droevige tijding werd onmiddelijk door het Hof eene commissie benoemd, om Fourgeoud te verzoeken de terugkeer zijner troepen tot een volgend jaar uit te stellen en mede te werken tot verdelging der wegloopers. Fourgeoud verklaarde zich dadelijk hiertoe bereid, zelfs »al waren zijne troepen ingescheept zoo zoude hij, indien er gevaar was se weeder doen ontscheepen." Hij wenschte evenwel, dat het Hof in »stellige termen" verklaarde of men zijne troepen, tot beveiliging der kolonie tegen de Marrons, al of niet noodig had. Het Hof gaf hierop een ontwijkend antwoord (†); doch Nepveu, die eindelijk begreep, dat die dubbelzinnige toestand niet langer tot schade der volkplanting duren kon, brak het ijs en begaf zich naar Fourgeoud: »om zig cordatelijk weegens de saake en omstandigheeden te expliceren, 't welk van verseekeringe van onderlinge vriendschap en cordaatheit weegens de behandeling der saaken is gevolgt (§)."

Daar echter de ingevallen regentijd slecht tot het doen eener boschexpeditie was geschikt versterkte men vooreerst de militaire buitenposten en maakte zich intusschen tot den aanstaanden veldtogt gereed (*).

Het was hoog tijd, dat de onderlinge twisten ophielden en men meer krachtdadig tegen de Marrons te werk ging; want terwijl Bonni, die zoon der wildernis, zich vreesselijk wreekte over de beleedigingen zijne moeder en haar geslacht door de blanken aangedaan, en schrik en ontzetting door de kolonie verspreidde, kwam ook Baron, die zich van zijn, te Boucou

---

(*) Notulen van Gouverneur en Raden 15 Junij 1773. Stedman 1e. deel, bladz. 155 en 56, 304 enz.

(†) Notulen van Gouverneur en Raden 16 Junij 1773.

(§) Journaal van Nepveu 17 Junij 1773.

(**) Notulen van Gouverneur en Raden 18 Junij 1773.

geleden, verlies weder hersteld had, weldra op nieuw uit de bosschen aanhollen en overviel, terzelfder tijd, drie naast elkander aan de Boven Cottica gelegen plantaadjes, de Suynigheyt, Perou en l'Esperance: de slaven werden medegenomen, de gebouwen verbrand en de Directeur van de Suynigheyt en een blankofficier van l'Esperance vermoord (*). Ofschoon Baron volgens de wet der wedervergelding handelde, was hij echter niet wreed, getuige o. a. het volgende: Bij het afloopen der plantaadje Poelwijk door de Marrons, werd de blankofficier Muller tot hem gebragt. Toen hij vernam dat Muller nog slechts kort geleden uit Holland in de kolonie was gekomen, zond hij hem onverlet naar Paramaribo terug, tot hem zeggende: »ga maar heen, gij zijt nog te kort in de kolonie geweest om ons slaven te hebben kunnen mishandelen." Een der Marrons nam hem zijne bovenkleederen af, doch Baron gaf hem die niet slechts weder, maar gaf hem nog daarenboven een hoed omdat Muller, die de zijne in het rumoer had verloren, het hoofd in den bij stroomen nedervallenden regen gevoegelijk dekken kon. (†) Op een anderen tijd hadden de Marrons verscheiden soldaten gevangen genomen. Volgens wederkeerig krijgsgebruik had Baron ze kunnen laten doodschieten — maar integendeel, hij voorzag hen, van wie hij getuigde, dat zij geene oorzaak der geschillen, maar slechts door de krijgsorde gedwongen vijanden waren, van de noodige levensmiddelen; verborg hen voor de woede zijner volgelingen en zond hen daarop naar de stad terug. (§)

In September van hetzelfde jaar ging Fourgeoud naar het Hoofdkwartier en eindelijk in October trok hij met drie kolonnes het bosch in (**).

De eerste togt was niet bijzonder gelukkig: geene wegloopers vielen Fourgeoud in handen, slechts eenige kostgronden

---

(*) Notulen van Gouverneur en Raden 30 Aug. 1773.
(†) Notulen van Gouverneur en Raden 30 Junij 1772.
(§) Stedman 1ste deel blz. 303.
(**) Notulen van Gouverneur en Raden 16 Sept. 1773. Journal van Nepveu 12 Sept., 18 en 30 Oct. 1773.

werden vernield. Fourgeoud schreef deze mislukking toe aan
gebrek aan behoorlijke medewerking; Nepveu daarentegen aan
eene verkeerde besturing (*).

Verscheiden togten werden sedert ondernomen; Fourgeoud
en een gedeelte der ingezetenen gaven hoog op van het nut
daardoor te weeg gebragt, doch Nepveu zag er weinig anders in
dan verspilling van menschenlevens en krijgs- en mondbehoeften Om eenigzins over de bezwaren aan dergelijke boschtogten verbonden te kunnen oordeelen, nemen wij het verhaal,
dat Stedman, die ze zelf bij woonde, er van geeft, gedeeltelijk over:

De wijze, waarop men, in de bosschen van Suriname,
oorlog voert, is geheel verschillend met iedere andere in
Europa. »Het is onmogelijk" zegt Stedman, in de bosschen
van Guiana in twee of drie gelederen te gaan; dus kent men
daar ook niet het optrekken bij divisiën of pelotons. De geheele krijgsbende stelt zich op ééne rei, met het gezigt naar
de regter kant; de negers zijn onder de soldaten verspreid,
ten einde men op hen en op de goederen, waarmede zij beladen zijn, een wakend oog kan houden. Dit wordt de
Indiaansche linie genaamd. Om een corps van zestig mannen,
namelijk, een kapitein, twee luitenants, twee sergeants, vier
corporaals, een heelmeester en vijftig soldaten te vergezellen,
zijn er minstens twintig negerslaven noodig, waarvan men de
huur aan hunne meesters betaalt, tegen 24 stuivers daags.
Wagens en paarden zouden veel minder kostbaar zijn; doch
men kan er zich tot den optogt van krijgsvolk in dit land niet
van bedienen." (§). »Ziehier," zoo vervolgt genoemde schrijver
verder: »op welke wijze men de soldaten en negers door een
mengt: twee der laatsten trekken in het eerst op, en dragen
bijlen om een weg te banen. Zij worden gevolgd door
een corporaal en twee mannen, die gelast zijn de plaatsen
te bespieden, en, ingeval van nood alarm te slaan. Een officier, een corporaal en zes soldaten maken de voorhoede uit.

(*) Notulen van Gouverneur en Raden 6 Nov., 13 Dec. 1773 en 16
Januarij 1774. Journaal van Nepveu 18 en 30 Oct. 1773 en 17 Januarij 1774.

(§) Stedman, reize naar Suriname, 1e deel bladz. 249 en 50.

Vervolgens komt op eenigen afstand de hoofd-bende in twee partijen. Bij de eerste bevinden zich een kapitein, een corporaal, twaalf soldaten, een heelmeester en twee negers, die het kruid dragen. De tweede partij bestaat uit twaalf andere soldaten, onder bevel van een sergeant. De achterhoede; bestaande uit een officier, een sergeant, een corporaal en achtien soldaten, wordt door zestien negers vergezeld, om de geneesmiddelen, het vleesch, brood, rum, wapenen, bijlen, en ook de zieken en gekwetsten te dragen. Dezelve bevindt zich op eenigen afstand van het hoofdcorps. Het geheel word gesloten door een korporaal en twee soldaten, mede belast om zoo noodig alarm te slaan. (*)"

In dergelijke groote of kleine afdeelingen trok men de bosschen in. Soms moest men tot over de heupen door slijk en water baden of over hoopen van omgevallen boomen klauteren; op andere plaatsen er onder door kruipen. Vaak werd het ligchaam deerlijk door de doornen opgescheurd, en door talrijke insecten, waaronder van zeer kwaadaardige soorten, bijna overal gekwetst. De brandende zon, al drongen hare stralen niet door het dikke bladeren gewelf, maakte de atmospheer verstikkend; de warmte, geen uitweg door opene plaatsen vindende, was benaauwend. Was de zon ondergegaan dan heerschte er eene stikdonkere duisternis, en zoo men dan de togt wilde voortzetten, was men genoodzaakt elkander bij de hand te houden, ten einde niet van elkander af te geraken.

Van tijd tot tijd viel er een soldaat, uitgeput van vermoeijenis neder, en de last der draagnegers werd verzwaard. Des nachts hing men de hangmatten in de boomen op; doch zoo men een of twee dagen rust hield maakte men hutten, op Indiaansche wijze gebouwd: de slaven sliepen op den blooten grond. (†)

In den regentijd werden de moeijelijkheden dier togten ver-

(*) Stedman, reize naar Suriname, 1e deel bladz. 250 en 51.

(†) Dergelijke hutten werden van de dikste takken der Manicola-boom gebouwd; met een sabel of bijl vormde men sommigen tot hoekpalen, anderen tot latten of riggels; de bladeren dienden tot dak; de Nebis of het boschtouw om een en ander zamen te hechten.

dubbeld. Het water in de bosschen rees dan zoo hoog, dat het meermalen tot aan de knieën reikte, en zelfs de kleinste stroom kon men dan niet over trekken, zonder er een brug, uit boomstammen zamengesteld, over te slaan. (*)

Bij een dergelijken krijg verloren een menigte soldaten het leven of kwamen ziek van vermoeijenis en uitputting te Paramaribo aan en, na eenige togten, waarvan de goede uitslag twijfelachtig was, moest Fourgeoud zijne en des societeits-troepen eenige rust vergunnen.

Ontevreden, wrevelig over de vele verliezen, vooral ontevreden op Nepveu, die hem, zoo hij vermeende, niet de noodige achting bewees, wierp Fourgeoud zich, na zijne terugkomst in Paramaribo, geheel in de armen der ontevredene partij: — in Nepveu's dagboek wordt hem deze »caballisering" scherp verweten. (†)

In Januarij en Februarij 1775 kwamen nieuwe troepen uit Nederland, onder bevel van den luitenant-kolonel Sieborg, ter versterking der zeer gedunde magt, en weldra toog Fourgeoud weder het bosch in. (§)

Na eenig heen en weder trekken, waarbij sommige kostgronden en legerplaatsen der Marrons verwoest werden, gelukte het aan Fourgeoud om de hoofdplaats der rebellen op te sporen en te verdelgen.

De bijzonderheden daaromtrent worden uitvoerig door kapitein Stedman medegedeeld; wij nemen er het volgende van over:

»De muitelingen, door hun behaald voordeel op den kapitein Mayland opgeblazen, (**) waren door hunne spions

---

(*) Gedurig vindt men in het Journaal van Nepveu scherpe aanmerkingen over de dwaasheid van Fourgeoud, „die door in de regentijd in het bosch te gaan, nutteloos menschenlevens verspilt." Journaal van Nepveu 1 Junij 1775, enz. enz. enz.

(†) Journaal van Nepveu 6 Januarij, 30 Januarij, 1 Februarij, 2 Februarij, 6 Februarij 1775 enz.

(§) Journaal van Nepveu 30 Januarij en 10 Februarij 1775.

(**) Stedman zinspeelt hier op een voorval, dat veel overeenkomst had met dat, hetgeen de afdeeling onder de Luitenant Leppert was overkomen.

onderrigt, dat de kolonel Fourgeoud zich te Barbacoeba be-
bevond, en zijne soldaten willende trotseren of schrik aanjagen,
hadden zij de stoutheid, om den 15den Augustus, de hutten
van twee legerplaatsen, welke onze uitgezondene wachten
hadden laten staan, in brand te steken, en een gehuil en
geschreeuw te maken, hetwelk wij den geheelen nacht hoorden. Dit was nogthans van hunnen kant niets dan loutere
zwetserij; maar het verwekte in onzen bevelhebber zulk eene
gramschap, dat hij zwoer zich met geweld, het kostte wat het
wilde, te zullen wreken."

»Des anderen daags morgens stond al ons krijgsvolk tot den
optogt gereed, en met het aanbreken van den dag begaven
wij ons in het bosch. Wij waren twee honderd voor de
dienst geschikt zijnde Europeanen sterk, en wij lieten een
groot getal achter, die door ziekte belet wierden mede
te gaan."

»Wij trokken oostwaarts op. Na omtrent acht mijlen te
hebben afgelegd, dat in een land, waar onophoudelijk door
het weghakken van het geboomte de weg gebaand moet worden, al vrij aanmerkelijk is, sloegen wij hutten op en namen
daar onze legerplaats."

»Den 16den vervolgden wij onzen weg westwaarts over hoog
land. Het was eene soort van bergketen, die, zoo ik mij niet be-
drieg, in dit land doorgaans van het oosten naar het westen loopt,
zooals ook de poelen, zwampen en moerassen. Wij legden
geen zoo grooten weg af, als daags te voren, en toen wij stil
hielden, ontvingen wij bevel om onze hangmatten uit te
spreiden en daarop te gaan slapen, zonder eenig overdek, om
den vijand geen kennis te doen bekomen van de plaats, alwaar
wij ons bevonden, hetgeen zekerlijk geheurd zoude zijn, indien
wij in het bosch boomen gekapt hadden. Wij mogten niet
spreken en overal werden wachten uitgezet. Die voorzorgen
waren noodzakelijk: maar zoo de muitelingen ons al niet ontdekten, werden wij echter door groote muggen en insecten, die
uit een nabij gelegen moeras opkwamen, als van een
gereten."

»Den 17den, trokken wij tot negen uren verder oostwaarts

op; vervolgens noordwaarts, en dwars door eene groote menigte *Mataky*-wortels, (*) hetgeen ten bewijze strekte, dat wij afzakten: de grond werd hier zeer moerassig. Gelukkig echter, schoon wij in het regen-saisoen waren, viel er weinig water. Dien dag hielden wij tegen vier uren nademiddag stil, want de kolonel werd door eene koude koorts aangetast."

»Te middernacht, te midden der dikste duisternis, en een zwaren stortregen, werden wij gewekt door het gehuil en geschreeuw der muitelingen, die te gelijkertijd eenige snaphaan schoten deden. Hun schieten echter bereikte de legerplaats niet, doch wij waren uitermate verlegen, want de donkerheid maakte het ons onmogelijk, om een juist denkbeeld van hun oogmerk te vormen. Zij hielden op die wijze aan tot het aanbreken van den dag, hetgeen ons elk oogenblik deed verwachten van door hen omsingeld te worden: wij verdubbelden onze waakzaamheid.

Des anderen daags morgens rolden wij onze hangmatten op, en trokken noordwaarts, naar den kant, van waar den vorigen nacht het geluid zich had doen hooren. Grootendeels in onze rust gestoord geweest zijnde, waren wij zeer vermoeid, en vooral de kolonel, die moeite had, om zich staande te houden, zoodanig was hij door de koorts verzwakt. Onze togt was dien dag vruchteloos, want op den middag vervielen wij in een groot moeras, waaruit wij veel moeite hadden ons te redden, en wij waren genoodzaakt naar onze vorige legerplaats terug te keeren. Twee soldaten versmoorden in het moeras."

»den 19^{den} trokken wij verder, en weldra voegde, tot onze groote blijdschap, zich een corps van honderd negerjagers met hnn conducteur Vinsac bij ons (†).

(*) Deze Matakkys, ook trompetters genaamd, wijl zij even als dat instrument gedraaid zijn, verheffen zich uit den grond tot eene onmetelijke lengte, en zoo digt in elkander, dat geen hond er door kruipen kan, en bij het overstappen of overspringen verwart men er gedurig met den voet in.

(†) Fourgeoud had in het eerst weinig met dit vrijkorps op, doch erkende later het groote nut, dat zij in de boschtogten bewezen. Sted-

„Tegen den middag gingen wij over een Birry-Birry, of groot moeras. Een zoodanig moeras is zeer gevaarlijk: het bestaat uit een dun slijk, met een dikke en groene korst overdekt, die op vele plaatsen een mensch dragen kan, maar die men onder zijne voeten voelt buigen. Breekt deze korst dan verzinkt hij, die zich op den gevaarlijken bodem heeft gewaagd, in den afgrond. Menigmaal gebeurt het, dat menschen, voor de oogen van anderen, in diepte verdwijnen, zonder dat men hen ter hulpe kan komen. Drijfzand is minder gevaarlijk: hier zinkt men slechts langzamerhand in.

Om ongelukken te voorkomen trokken wij zoo wijd mogelijk van elkander, desniettegenstaande vielen er verscheidene soldaten door, die met moeite gered werden.

Des namiddags kwamen wij langs een paar cassave velden hetgeen ons een teeken was, dat wij de verblijfplaats der muitelingen naderden. Daar het echter te laat in den avond was geworden om den vijand aan te grijpen sloegen wij hier onze legerplaats op."

Den 20sten des morgens ten zes ure braken wij op, noordoostwaarts ten Noorden, en spoedig kwamen wij bij een groot moeras, alwaar wij tot aan ons midden door het water gingen. Nadat wij meer dan een halve mijl door het water gewaad hadden bereikten wij de overzijde, zonder den geringsten tegenstand te ontmoeten "

Wij volgden daarop een soort van voetpad, dat door de Marrons was gemaakt en, tegen den middag stieten wij op een kleine hoop van hen, die ieder met een korf op den rug beladen waren. Zij vuurden hunne geweren op ons af; wierpen hunne vracht op den grond en keerden in allerijl naar hun dorp terug.

Wij vernamen later, dat zij rijst naar een ander verblijf hadden willen vervoeren, om geen gebrek te lijden, als zij uit hun tegenwoordig verblijf, Gado Saby, (God alleen kent mij) verdreven zouden worden. De groene korven, (Warim-

---

man acht een Negersoldaat in de bosschen van Guiana meer waard dan zes Europeanen.

bos) zeer aardig gevlochten, waren met fraaije rijst gevuld,
die wij vernielden en vertraden, daar wij geene gelegenheid
hadden om ze mede te nemen.

Kort daarna ontdekten wij eene ledige barak, waarin de
Marrons een wachtpost geplaatst hadden, om hen van alle
gevaar te verwittigen, en die bij onze aankomst onmiddelijk de
vlugt nam. Wij verdubbelden toen met ijver onze schreden
tot op den middag, wanneer wij eene uitgezette wacht van
den vijand ontmoette en deze tweemaal vuur hoorden geven,
dat een afgesproken teeken scheen, om Bonni hiermede bekend
bekend te maken."

»De majoor Medler en ik, met eenige soldaten der voorhoede, en eene kleine krijgsbende van zwarte vrijwilligers,
liepen vooruit en kwamen weldra in een schoon veld, met
rijst en Indiaansch koren beplant. — Nadat de overigen zich
met ons vereenigd hadden baanden wij ons een pad door het bosch.
Naauwelijks waren wij hier doorgetrokken of men begon van
alle kanten een hevig vuur. De vijand echter deinsde af, en
wij trokken voort, tot dat wij op een schoon rijstveld kwamen, waarachter de hoofdplaats der muitelingen zich amphi-
theatersgewijze verhief: door den lommer van verscheidene
hooge boomen tegen de hitte der zon beveiligd, leverde het
een treffend gezigt op.

Een onafgebroken vuur duurde meer dan een uur; de
negerjagers gedroegen zich met zoo veel moed als bekwaamheid; de blanke soldaten vuurden, door drift overweldigd,
als in het wilde. Mij schampte een vijandelijke kogel langs
den schouder af; den luitenant, de Cabanes, werd de riem
en den sergeant Fowler de loop zijner snaphaan weggeschoten.
Verscheidenen der onzen werden gekwetst, doch weinigen
gedood.

De vijand had het gansche rijstveld, met dikke stammen
van boomen, waaraan de wortels vastgebleven waren, omringd
en doorsneden. Zij hielden zich achter deze opgeworpen ver-
schansingen verscholen, en gaven van daar vuur op ons, die
eerst dit soort van wallen beklimmen moesten voor wij in hun
gehucht konden komen.

Niettegenstaande alle hinderpalen rukten wij voort, dwongen den vijand te wijken, en beproefden het dorp in te dringen. Doch een van de aanvoerders der Marrons, kenbaar aan een hoed met een gouden lis, had de stoutmoedigheid, om te blijven en met een brandende toorts een der hutten in brand te steeken. Het vuur verspreidde zich, door de droogheid dier houten huizen, aan alle zijden, terwijl het schieten uit het bosch langzamerhand verminderde.

Deze kloeke en meesterlijke daad belette niet alleen het bloedbad, dat de soldaten op het eerste oogenblik der overwinning gewoon zijn aan te richten, maar het maakte 't bovendien voor de Marrons gemakkelijk, om met hunne vrouwen en kinderen terug te trekken, en de goederen, die hun het meest van dienst waren, met zich te nemen. Aan de eene zijde hield ons de flikkerende vlam terug en aan de andere belette ons een onpeilbaar moeras, dat ons bijna van alle kanten omringde, de vlugtenden na te zetten."

»Het laatste uur van het gevecht was verschrikkelijk: het aanhoudend muskettenvuur; het vloeken en brullen der krijgers onder elkander; het kermen der gekwetsten en stervenden die in het stof lagen en zich in hun bloed baadden; de schellen toon der horens, die zich van alle kanten hooren liet; het kraken der brandende balken in het brandende dorp; de wolken rook, die ons omringenden; de vlammen, die hoog opstegen — dit alles vormde een tafereel, dat ik niet beschrijven kan."

»Dit dorp bestond uit honderd huizen of hutten, eenige van twee verdiepingen hoog.

In den nacht, toen wij door een goeden slaap onze afgematte ligchamen wenschten te verkwikken, werden wij op nieuw door eene vijandelijke bende hierin gestoord, die zich echter na eenige schoten verwijderde."

»Terwijl de duisternis belette elkander te zien, voerden onze zwarte vrijwilligers geene zeer stichtelijke gesprekken met de Marrons. De een verweet den ander in ruwe termen zijn gedrag en men daagde elkander tegen den volgenden dag uit, man tegen man.

Beide partijen hieven een soort van krijgsgeschrei aan, zongen victorie liederen, en bliezen op hunne horens."

Fourgeond beproefde ook een gesprek met hen te houden. Hij beloofde hun het leven, de vrijheid, volop eten en drinken, zoo zij zich gewillig overgaven. Zij beantwoordden deze aanbieding met een luid gelach, zeggende: »dat zij niets noodig hadden van hem den half uitgehongerde Franschman." Zij bespotten ons blanke slaven, die ons voor vier stuivers daags dood lieten schieten, en zij betuigden hunne spijt, dat zij hun kruid en lood aan zulke ellendige kerels moesten verspillen;" zij bedreigden echter onze zwarte vrijwilligers, zoo dezen hun in handen vielen, met den vreeselijksten dood. Tegen den morgen verstrooiden zij zich."

»Wij waren moede en afgemat, doch, niettegenstaande het hevig schieten van den vijand, was ons verlies onbeduidend. Bij nader onderzoek en verbinding der gekwetsten vond men weinig looden kogels, maar meest keisteenen, knoopen, stukken geld enz. die, daar zij naauwelijks door de huid konden dringen, weinig schade hadden veroorzaakt. Wij bemerkten ook, dat velen van de Marrons, die op het slagveld gebleven waren, slechts scherven van kruiken, in plaats van vuursteenen, op hunne geweren hadden, welke onmogelijk behoorlijk dienst konden doen. Aan deze omstandigheden hadden wij het te danken, dat wij er zoo goed afkwamen; velen onzer waren echter ligt gewond en gekneusd."

»De velden in den omtrek werden verwoest, al de rijst werd afgekapt."

»Kapitein Hamel werd in de namiddag met vijftig soldaten en dertig negerjagers afgezonden, om verder het terrein op te nemen, en, zoo mogelijk, te weten te komen: hoe de Marrons door het onpeilbaar moeras, zonder bezwaar, heen en weder gingen. Deze officier ontdekte eene soort van vliegende brug tusschen de biezen, die van Maurity-boomen gemaakt, maar zoo smal was, dat er geen twee menschen nevens elkander op gaan konden. Den volgenden morgen werd dit enge pad van drijvende boomen door een gedeelte onzer troepen gebezigd, om den overkant te bereiken. Hier vonden wij een groot veld met Cassaves en Yams bezet, en ongeveer dertig ledige huizen van het oude dorp Corsary (kom zoo gij durft). (*) Wij ontdekten nu tot onze groote verbazing de reden, waarom de Marrons, in den nacht van den 20sten, zoo geschreeuwd, gezongen en geschoten hadden. Het was niet alleen om den aftogt hunner vrienden te dekken, maar ook om te voorkomen, dat wij bemerken zouden, dat zij bezig waren met Warinbos of manden te maken, en die met de schoonste rijst, Cassaves en Yams te vullen, om daardoor bij hunne vlugt levensonderhoud te hebben. Dit was zekerlijk een verstandig gedrag in een wild volk, hetwelk wij ons vermeten om te verachten: deze daad zoude aan elken Europeschen bevelhebber tot eere gestrekt hebben, en de beschaafste volken hebben hen daarin misschien zeldzaam overtroffen."

"Hoewel onze overste van verlangen brandde, om Bonni verder te vervolgen, zoo was hieraan niet te denken, want onze krijgsbehoeften waren verbruikt en onze spijsvoorraad verteerd. Kapitein Bolts werd met een escorte van honderd soldaten, dertig negerjagers en de noodige lastdragers, afgezonden om nieuwe voorraad van het hoofdkwartier te halen. Doch in den avond van den 23sten keerde hij terug: hij was bij een moeras door de Marrons aangevallen, die, zonder zich met de Europeanen te bemoeijen, een verschrikkelijk bloedbad onder de negerjagers hadden aangerigt en hij was alzoo tot den terugtogt genoodzaakt geworden.

"Fourgeoud zag in, dat hij gevaar liep met zijne geheele krijgsmagt vernietigd te worden. Hij had noch mond- noch

---

(*) De namen van de dorpen der Marrons waren: Boucou (tot stof vervallen), Gado Saby (God alleen kent my), Corsary (kom zoo gij durft), Tessy sy (Ruik er aan), Mely my (Ontrust mij), Boussy cray (De bosschen schrijen), Me Salasy (Ik zal genomen worden), Kebry my (Verberg mij); behalve deze zinrijke namen waren er ook van de ligging enz. afgeleid, als: Quammy Condre, naar den naam van een opperhoofd Quammy, Pynenburg, naar de Pyn of Latanus-boomen, die dit dorp van voren omringden, Caro Condre, van de menigte korenvelden, Reizy Condre, van de menigte daarbij gelegen rijstvelden enz.

krijgsbehoeften meer; de half verhongerde en uitgeputte soldaten morden, en eindelijk gaf hij bevel tot den terugtogt."

»Den 26sten, des voormiddags, bereikten wij einde ijk onze
algemeene verzamelplaats, maar in een zeer treurigen toestand ;
allen waren door de uitgestane vermoeijenissen zeer verzwakt;
velen van honger als uitgeteerd; anderen gevaarlijk gekwetst.
De slaven, die de zieken en gekwetsten droegen, hadden
naauwelijks krachten genoeg, om zich zelven voort te
slepen."

»Zoo eindigde de verovering van Gado-Saby. Op den togt
werd, wel is waar, noch gevangenen, noch buit gemaakt;
toch bewezen wij der volkplanting eene gewigtige dienst door
deze schuilplaats, dit hoofdkwartier der Marrons, te vernielen.
Eenmaal hieruit verdreven keerden zij niet weder in dien omtrek terug; en door het geleden verlies waren zij zoo ontrust
en verschrikt, dat hunne strooptogten van dien tijd af veel
verminderden." (*)

Wij namen deze mededeeling van een ooggetuige, veel verkort, over, om den lezer, eenigzins te kunnen doen oordeelen, hoeveel moeite en bezwaren aan dergelijke togten verbonden waren.

Na dezen hier beschreven togt werden sedert nog verscheidene door Fourgeoud ondernomen. Het vrijcorps bewees steeds
goede diensten. Nepveu zette, niettegenstaande de hevige tegenkantingen der Raden en van Fourgeoud, (†) zijn plan
door, om een cordon van verdediging tegen de verstrooide
benden wegloopers daar te stellen: hij werd hierin door de
societeit, H.H.M. en den Prins van Oranje ondersteund. Deze
laatste· schreef zelfs aan Fourgeoud, dat hij zich moest onthouden van eenige bemoeijingen met het cordon, en dit geheel aan den Gouverneur overlaten. (§)

In Februarij 1776 kwam er aanschrijving van den Prins

(*) Stedman, reizen naar Suriname, 3e deel bladz. 1—51.
(†) Notulen van Gouverneur en Raden 21 Dec. 1775, 26 Februarij,
8 Maart, 19 Aug., 27 Aug. 1776 enz.
(§) Notulen van Gouvernenr en Raden 288 Oct. 1776 enz.

van Oranje, dat de troepen onder Fourgeoud moesten terug.
keeren.

Vele ingezetenen, verschrikt door hernieuwde aanvallen
der wegloopers, wendden pogingen aan, ten einde dat
gevreesde vertrek te doen uitstellen. Fourgeoud, die, zonder
positive contra-order, niet durfde te blijven, maakte zich in
Julij tot het vertrek gereed. Reeds was het volk ingescheept
en de afscheids-bezoeken afgelegd, toen dat tegen bevel kwam
en de troepen weder gedebarkeerd werden. (*)

In December kwam op nieuw eene versterking van 750 man, (†)
en werden er toen weder eenige expeditiën ondernomen.

Bonni was intusschen met een groot gedeelte der zijnen
(Baron was gesneuveld), (§) over de Marowyne getrokken. In
Januarij 1777 berigtte de toenmalige Gouverneur van Cayenne,
benevens de Intendant Malouet deze gebeurtenis aan Nepveu; en
hierop volgde een aantal wederzijdsche memoriën en geschriften.

De Franschen betuigden hunne ontevredenheid, dat de wacht-
hebbende Hollandsche officier aan de Marowyne deze overtogt
niet verhinderd had; zij waren niet zeer op deze nieuwe gasten gesteld, doch bezaten te geringe magt om hen te verdrijven
en om hun nu den vrede aan te bieden vonden zij te vernederend,
en, om den Hollanders te vergunnen hen op Fransch-grondgebied
te bestoken en zich tot dat doel met hen te vereenigen, kwam
hun mede ongeschikt voor.

(*) Journaal van Nepveu 26 Julij 1776. Nepveu voegt na deze mededeeling er het volgende bij:

„Zij moesten hoezee roepen, maar hadden er niet veel lust in. Door
een soopje en *vooral* ook met de stok werden sommigen hiertoe gebragt. Volgens naauwkeurige berekening is het corps staaten troepen
366 hoofden, alle medegerekent: 80 man zijn ziek en 100 man zijn
afgekeurt, die teruggezonden zullen worden. zoodat er omstreeks 200
man overblijven; welk getal van weynig influenzie kan weesen, daar
men, om een goede coup te doen, het beste volk der societeits-troupen
hiermede moet vereenigen, terwijl door die vrugtelooze tochten in de
bosschen geen volk genoeg tot dekking der plantaadjes overblijft en
alzoo het langer verblijf der staaten-troepen meer *na-* als *voor*deel geeft.

(†) Journaal van Nepveu 6 December 1776. Notulen van Gouverneur
en Raden 16 Dec. 1775.

(§) Notulen van Gouverneur en Raden 7 Dec. 1772.

De Gouverneur en Intendant wilden dus een middenweg bewandelen; zij zouden eenige officieren tot de Marrons zenden met last om hen zeggen: Les Français vous souffrent sur leurs terres, puisque vous y étes, ils veulent bien vous laisser cet azile; mais si vous continnés vos brigandages sur le territoir hollandois, ou si vous attirez sur le nôtre un plus grand nombre de fugitifs, alors nous permettrons aux Hollandois de venir vous chercher sur cette rive et nous nous reunirons à eux pour vous detruire (*).

Om de moeijelijkheden, die omtrent een en ander mogten ontstaan weg te nemen; en om alles met elkander te regelen werd bij dit zelfde schrijven berigt, dat de Intendant Malouet daartoe in Junij 1777 in Suriname zoude komen.

Van onze zijde werd geantwoord: dat men de overtogt der Marrons over de Marrowijne noch gewenscht noch begunstigd had; dat men oordeelde geen verlof noodig te hebben, om hun daar te vervolgen, doch dat men provisioneel de Marrons met rust zou laten, en de komst van den heer Malouet afwachten. (†)

Ook de raad van Fourgeoud werd hier op ingewonnen. Hij luidde: over de Marowijne trekken en de Marrons verdelgen. (§) Dit oordeel werd door velen gedeeld, doch men vreesde voor verwikkelingen met Frankrijk en daarbij in April was reeds een gedeelte der hulptroepen naar Nederland terug gekeerd (**); zoodat men geen genoegzame magt te beschikken had.

Malouet kwam met zijne vrouw en dochter in Julij 1777 in Suriname en werd aldaar met beleefdheid ontvangen (††), die door hem met hoffelijkheid werd beantwoord. Malouet trachtte zich omtrent de over de Marowijne gevlugte Marrons

---

(*) Notulen van Gouverneur en Raden 5 Mei 1777. Zie verder Notulen 23 Dec. 1776, 13 en 31 Januarij, 4 Februarij en 9 Mei 1776 enz.

(†) Notulen van Gouverneur en Raden 9 Mei 4777.

(§) Notulen van Gouverneur en Raden 4 Februarij 1777.

(**) Journal van Nepveu 1 April 1777. Slechts een gedeelte, *niet het geheele aantal der troepen, zooals Sypensteyn abusivelijk* op bladz. 40 *vermeld* — waren scheep gegaan. Fourgeoud ook bleef tot April 1778 in de kolonie.

(††) Journal van Nepveu 16 en 18 Julij, 13 Aug. 1777 enz.

met Nepveu en de Raden van Policie te verstaan. In zeer beleefde termen, doch daarom niettemin ernstig, gaf hij onze regering gewigtige lessen. Hij schreef het wegloopen van slaven in Suriname (aldaar meer dan elders) toe; eerstelijk: aan het niet beteugelen der meesters in het mishandelen hunner slaven; die meesters noemde hij "de eygenlyke stigters van de binnenlandsche wanordens"; en de regering, die zoodanige misbruiken dulde en den slaven alle bescherming ontzegde uit een onregtvaardig inzigt voor den eigendom van den meester, "oorzaak dat de eygendom en de veyligheyt der kolonie in de waagschaal werd gesteld";

ten tweede: aan het gemis van godsdienstig onderwijs der slaven "want" merkte Malouet aan, "de onwillige afhankelijkheid, zoo wel van een vrij man als van een slaaf, zijne zeden, zijne deugden en zijne gebreken zijn nooit in geen tijd en bij geen volk het gevolg geweest van een enkele oorzaak, maar wel van de zamenloop van verscheidene. Waarom dan zouden onze Europesche kolonisten alleen gebruyk maaken van de physieque magt, daar zelfs de afschuwelijkste despooten nodig geoordeelt hebben de zedekunde daarby te voegen?" (*)

De Franschen wenschten ook priesters tot de Marrons te zenden en wilden aan onze regering toestaan hetzelfde te doen, terwijl men de door de regering van Suriname te zenden priesters of geestelijken toelaten en in allerlei opzigt begunstigen zoude (†).

Na vele en velerlei discussiën in het Hof van Policie werd eindelijk besloten den heer Malouet, te antwoorden: "dat het concept om die wegloopers door de religie te overreeden, en in toom te houden, voorkomt te weesen van difficiële uitvoeringe, en van verre uitzigte; vooral aangemerkt, alhier de slaaven tot geen religie zijn overgebragt, en dus te vreesen is dat, behalve de natuurlijke nijging tot haars gelijken, die men met de reeds bevreedigden ondervind, dit hen nog te meer daartoe sou nopen en aansetten." Het Hof wenschte "dat gespuis" liever geheel te verdelgen, en deelde dan ook als zijn

---

(*) Notulen van Gouverneur en Raden 24 Julij. 6 Aug. en 18 Aug. 1777 enz.

(†) Notulen van Gouverneur en Raden 26 Julij 1777.

vast besluit mede: »dat degene, die op Surinaamsch grondgebied overkwamen gevangen of gedood zouden worden."

De Intendant Malouet verliet in Augustus 1777 Suriname en keerde over land, om de Engelsche kapers te vermijden, naar Cayenne terug — en, ofschoon onzer zijds nog wel plannen werden gemaakt, om de Marrons over de Marowyne aan te tasten, (*) het bleef bij dit plannen maken; — de Marrons bleven rustig aan de overzijde wonen en »molesteerden de blanken niet en werden niet door de blanken gemolesteerd." Fourgeoud deed met het overschot zijner magt en eenige der societeits-troepen nog een paar togten door de kolonie, doch ontmoette geene wegloopers meer en berigtte in Januarij 1778 aan het Hof: dat daar de kolonie thans van Marrons gezuiverd en de bondgenooten, de Aucaners en Saramaccaners, met de regering in goede verstandhouding leefden, hij met zijne troepen in April Suriname verlaten zou. (§)

Nepveu en eenige Raden van policie wilden niet toegeven, dat een en ander door de maatregelen van Fourgeoud tot stand gekomen was, en waren vooral ontevreden over zijne handelwijze met de bevredigde boschnegers, die zij beleedigend voor de regering noemden; en — Fourgeoud beklaagde zich over de ondankbaarheid der regering van Suriname, die zijne goede diensten zoo slecht erkende; doch het vertrek had toch plaats en den 1ste April 1778 verliet Fourgeoud met het overschot der troepen — ongeveer 100 man van de 1200 die van tijd tot tijd naar Suriname waren ingescheept —, (†) de kolonie tot groote vreugde van Nepveu. (**) (§§)

Én aan de expeditien onder Fourgeoud én aan het wel bevestigde cordon én aan den moed en ijver der leden van het

---

(*) Notulen van Gouverneur en Raden 18 Februarij 1778.

(§) Notulen van Gouverneur en Raden, van 1 Januarij 1778.

(†) Stedman, reize naar Suriname, 4e deel, bladz. 47.

(**) Journaal van Nepveu, 1 April 1778. Notulen van Gouverneur en Raden, 4 April 1779.

(§§) Fourgeoud overleed kort na zijne terugkomst in Holland, en werd met alle krijgseer in den Haag begraven.

vrijcorps, dat later nog uitgebreid werd, kan men het toe-
schrijven, dat Suriname voor een geruimen tijd van de aanvallen der wegloopers bevrijd bleef.

Als naweën kan men noemen de ontzettende schulden last,
waardoor de belastingen tot een hoog bedrag moesten worden
opgevoerd, die, bij, den reeds vroeger geschetsten, droevigen
geldelijken toestand, moeijelijk door de ingezetenen konden
worden gedragen.

Alleen bij het kantoor van den ontvanger der kas tegen
de wegloopers stond over de jaren 1773, 74 en 75 nog
f 474,351.8.— te betalen (*).

Directeuren der Societeit stelden, tot regeling der verwarde
finantiezaken, een Raad-Boekhouder-Generaal aan. Deze ambtenaar had in die betrekking toegang tot alle kantoren der
geldmiddelen en tot de deliberatiën der beide Hoven. In de
vergaderingen moest hij bij alle zaken, die in betrekking tot de
finantiën stonden, een prae-advies uitbrengen; doch had slechts
eene adviserende stem. Verder werd hij gecommitteerd als
derde houtvester, als *derde* commissaris van de wees- en onbeheerde boedelskamer, en als *derde* commissaris van de kas
tegen de wegloopers: in deze collegiën had hij niet slecht een
adviseerende, maar een beslissende stem (§).

De directeuren der Societeit, die niet in staat waren om
uit eigen finantiën in den benarden toestand verbetering aan
te brengen, wilden echter de, door Gouverneur en Raden
ter voorziening in den tijdelijken nood, gecreëerde obligatieën
ter somma van *f* 500,000; niet approberen, maar zij wendden
zich tot H.H. M. om ondersteuning (†).

H. H. M. beschikte gunstig op dit verzoek en reeds zeer
spoedig ontvingen zij het aandeel der provincie Holland, groot
f 139,220:-, (**) en betaalden hiervan in de eerste plaats eene
som van *f* 52,500:- aan de stad Amsterdam, voor drie jaren

(*) Notulen van Gouverneur en Raden, 2 December 1777.
(§) Notulen van Gouverneur en Raden, 2 December 1777.
(†) Notulen van Gouverneur en Raden, 2 December 1777.
(**) Notulen van Gouverneur en Raden, 8 December 1777.

achterstallige renten, der door haar ten behoeve van Suriname geleende *f* 700,000 :- (*).

Bij den tusschen Engeland en zijne Noord-Amerikaansche bezittingen ontstanen oorlog leed Suriname veel overlast van de kapers der beide natiën, die elkander tot onder het geschut van het Fort Nieuw Amsterdam vervolgden. Op genoemd Fort was slechts eene bezetting van 66 man, waarvan nog die voor de redoutes moest afgetrokken : ieder dier redoutes was bezet met 3 man en 1 corporaal (§).

In April 1778 was een oorlogschip, onder bevel van kapitein de Hoeij, voor Paramaribo gekomen, om des noodig zijne assistentie te verleenen, maar tusschen de Hoeij en Nepveu hadden onaangenaamheden plaats, die de zamenwerking zeer belemmerden. (†)

Met moeite had Nepveu van de Hoeij verkregen, dat 30 grenadiers van het oorlogschip de zwakke bezetting van het fort versterkten : 20 man der Societeits-troepen werden hier bijgevoegd. Aan het meermalen door den Gouverneur aan den kapitein herhaald verzoek, om met zijn schip aan den mond der Suriname te gaan liggen, werd echter, onder verscheidene »frivole" uitvlugten, niet voldaan. De Hoeij gaf een anderen raad, namelijk, om een gewapende bark te stationneren, doch de opvolging van dien raad was te kostbaar: »voor een kleyn vaartuigje, dat nog weynig dienst kan doen, wordt *f* 10,000 gevraagd en dan nog moet het geequipeerd en bewaapend worden." (**) Men besloot eindelijk, om den graaf van Bylandt, schout-bij-nacht, te St. Eustatius te verzoeken, een gewapend vaartuig voor de »meest convenabelste prijs" te koopen (§§).

Hevige ziekten braken ook in dezen tijd in Suriname uit. Voornamelijk heerschten zij onder de soldaten; in het hospitaal alleen lagen 88 zieken, zoodat de posten bijna niet konden bezet worden.

(§) Notulen van Gouverneur en Raden, 9 Febr. 1778.

(*) Journaal van Nepveu, 4 Junij 1778.

(††) Journaal van Nepveu, 17 April en 28 Septemb. 1779 , enz.

(**) Journaal van Nepveu, 13 Junij 1778.

(§§) Journaal van Nepveu 17 Junij 1778.

Nepveu zelf werd in Junij 1778 ernstig ongesteld. Van tijd tot tijd kwam er nog wel eenige verademing, zoodat hij zich nog eenigermate met 's lands zaken kon bezig houden, doch geheel herstelde hij niet meer. Telkens stortte hij op nieuw in (*); de zwakte nam toe en na een langdurig en smartelijk lijden, en na o. a. den nacht van den 26sten op den 27·ten Februarij 1779 in de grootste ellende te hebben doorgebragt, overleed Nepveu den 27sten Februarij, des morgens te half acht ure, in den ouderdom van 59 jaren, 4 maanden en 29 dagen (§).

Nepveu, die in 1754 in de kolonie was gekomen en dus 45 jaren in dezelve doorbragt, had vele betrekkingen doorgeloopen vóór hij tot Gouverneur werd benoemd. Hij liet den roem na van met alle krachten en met eene lofwaardige stand-vastigheid, zijne beste pogingen tot het behoud van Suriname te hebben aangewend (†).

Tijdens het bestuur van Nepveu waren belangrijke gebeurtenissen voorgevallen. De hevige spanning tusschen den Gouverneur en het Hof, die ook nog tijdens het bestuur van Crommelin voortduurde en meermalen tot ergerlijke tooneelen in den Raad en elders aanleiding gaven, was verminderd. De onderlinge verhouding tusschen het hoogste Collegie, het Hof van Policie en den Gouverneur was beter geworden. Wel was er dikwijls verschil van gevoelen; krachtig werd er o.a. door de Raden geprotesteerd tegen de uitvoering van het lievelings-plan van den Gouverneur, het daarstellen van het cordon; maar toch ontstonden hierdoor niet die hatelijkheden als onder Mauricius en Crommelin: eenigzins meer parlementaire vormen werden in acht genomen.

Het ontbrak evenwel niet aan oppositie tegen den Gouverneur, doch deze kwam nu meer van het Hof van Civiele Justitie. Genoemd Hof was in het laatste tiental jaren zeer in belangrijkheid gerezen. Bij de finantieele kwestien, die de

---

(*) Journaal van Nepveu, 4 Junij, 21 Julij, 14 Octob., 27 Decemb. 1778, enz.

(§) Notulen van Gouverneur en Raden, 27 Eebruarij 1779.

(†) Sypensteijn, Beschrijving van Suriname, bladz. 41.

geheele kolonie beroerden, hing veel van de uitspraak en beslissing van het Hof van Civiele Justitie af.

De leden van hetzelf namen in invloed en aanzien toe, en, gelijk dit in Suriname meestal het geval was, daardoor ook in trotsheid en eigenwaan. Vermaningen of teregtwijzingen van Gouverneur en Raden werden met hoogheid ontvangen, men achtte zich hierdoor gekrenkt, en — zij werden meermalen met heftigheid beantwoord.

Ook had Nepveu vele onaangenaamheden met den kolonel Fourgeoud. Die beide mannen verstonden elkander niet. Nepveu vermeende, dat Fourgeoud zich te veel magt en gezag aanmatigde, en Fourgeoud achtte zich door Nepveu miskend en gedwarsboomd.

Kleingeestige verschillen over etiquette, rangregeling bij officieele gelegenheden als: op feesten bij de verjaring van vorstelijke personen, bij begravenissen van militaire of burgerlijke autoriteiten, ja zelfs bij de ter aardebestelling van mevrouw Nepveu, veroorzaakten telkens strijd en twist. Toen Fourgeoud tot groote blijdschap van Nepveu, eindelijk de kolonie had verlaten vond dit zelfde weder plaats met kapitein de Hoeij, gezagvoerder van het oorlogsschip, dat ter bescherming der kolonie door HH. M. gezonden was. Hoe klein, hoe nietig de oorzaken ook waren, toch sproten hieruit vele onaangenaamheden voort en wij vinden er vele klagten over in Nepveu's dagboek, die door hare bitterheid getuigden hoeveel verdriet ze Nepveu deden.

De droevige finantieele verwikkelingen en de later gevolgde strijd met de wegloopers hadden de kolonie aan den rand des ondergangs gebragt. De belangrijke invloed, die vooral eerstgenoemde op de toekomst van Suriname uitoefende en waardoor als het ware een nieuwe toestand werd geboren, maakt de periode van Nepveu's bestuur tot eene der gewigtigste, en geeft haar eene treurige vermaardheid.

Als een lichtpunt in dat vele donkere moet de omstandigheid worden aangemerkt, dat het eindelijk aan de trouwe waardige Moravische broeders gelukte, toestemming te erlangen, tot verkondiging van het Evangelie aan de slaven in Suriname. Nepveu was door de vele uitgestrooide lasteringen tegen de broeders ingenomen geweest, doch later van dit vooroordeel teruggekomen. De gewezen Gouverneur van Berbice, Hogenheim, die zich in Suriname met er woon gevestigd had, vertelde Nepveu veel goeds van de zendelingen. Hij had hen van nabij in Berbice leeren kennen en was getroffen geworden door hun eenvoudig en regt Christelijk gedrag.

Nepveu werd door deze goede getuigenis bewogen hunne bede, om den slaven de boodschap des heils te verkondigen, toe te staan. Met blijdschap werd hiervan door hen gebruik gemaakt en den 21sten Julij 1776 werd de eerste negerslaaf door de Moravische broeders gedoopt en als lid der gemeente aangenomen.

De vruchten van dien rijkgezegenden arbeid der liefde werden weldra gezien, meermalen zullen wij gelegenheid hebben er opmerkzaam op te maken.

Kan Nepveu den roem niet worden onthouden van met alle kracht en lofwaardige standvastigheid getracht te hebben, om een goed regent te zijn; zijne vijanden echter beschuldigden hem van onopregtheid. Zij schreven hem eene groote mate van slimheid toe en den naam van *Vos* werd meermalen gebezigd om zijn karakter te kenmerken.

Wij willen deze beschuldiging niet overnemen, maar moeten wel erkennen, dat hij, bij het streven om zijne plannen en denkbeelden te verwezentlijken, niet altijd met duivenopregtheid te werk ging. Soms wel zocht hij zijn doel te bereiken door eene onjuiste of overdrevene voorstelling van de zwakheden of dwalingen zijner tegenpartij. En verder vermeten wij ons geen nader oordeel over den man, die een zoo grooten strijd had te strijden.

Den Heere verblijve dat oordeel.

DERDE TIJDVAK.

ZESDE HOOFDSTUK.

VAN DEN DOOD VAN NEPVEU (1779) TOT DE OVERGAVE DER KOLONIE
AAN DE ENGELSCHEN (1804). AANVAARDING VAN HET BESTUUR DOOR
B. TEXIER; TOESTAND VAN SURINAME TIJDENS DEN ENGELSCHEN
OORLOG (1780—83); GEBEURTENISSEN GEDURENDE DE REGE-
RING DER GOUVERNEURS WICHERS EN FREDERICI; TUSSCHEN-
BESTUUR ONDER HET PROTECTORAAT VAN DEN KONING
VAN ENGELAND; KORTE REGERING VAN BERANGER;
INVLOED DER REVOLUTIONAIRE BEGRIPPEN IN NE-
DERLAND OP DEN TOESTAND IN SURINAME; LET-
TERKUNDIGE ONTWIKKELING IN DE KOLONIE,
ENZ, ENZ.

Den 28sten Februarij 1779 (daags na het overlijden van
Nepveu) werd, als naar gewoonte, de geheime resolutie omtrent
de opvolging van den overledenen Gouverneur geopend en
gelezen. De Commandeur, Bernard Texier, werd hierbij als
Gouverneur ad interim aangewezen, en hij aanvaardde de
teugels van het bewind zonder eenige tegenkanting van de zijde
van het Hof (*).

Texier had zich bij den opstand der slaven in Berbice in

(*) Notulen van Gouverneur en Raden. 28 Febr. 1779. Journaal van
Texier. 28 Febr. 1779,

1763, reeds gunstig onderscheiden (*). In 1764 tot 2den Raad
Fiscaal benoemd, had hij zich gevleid met de benoeming tot
eersten Raad Fiscaal, maar was hierin teleurgesteld, daar de kundige Wichers ter vervulling dier opengevallen betrekking door Directeuren naar Suriname werd gezonden; doch Directeuren stelden Texier weldra hiervoor schadeloos, door hem in Mei 1772 tot
Commandeur aan te stellen. Texier had Nepveu trouw ter zijde
gestaan en toen reeds getoond, dat hij een helder hoofd en
vrij groote mate van militaire kennis bezat. Niemand verwonderde zich dus over zijne benoeming als Gouverneur, ad
Interim; men was hier goed over te vreden, en ook bij zijne
aanstelling tot Definitief Gouverneur den 12den November van
hetzelfde jaar ontving hij vele blijken van hartelijke deelneming (†).

Het was een geluk voor Suriname, dat men een bekwaam
en krachtig man als landvoogd verkreeg. In deze moeijelijke
tijden waarin de grootste waakzaamheid zoo tegen binnen- als
buitenlandsche vijanden noodzakelijk was, had men vooral
behoefte aan een wakker en voorzigtig krijgsman. Texier
bezat deze eigenschappen, gelijk uit den loop der geschiedenis
verder blijken zal.

De strijd met de wegloopers heette geëindigd; het overschot
der hulptroepen was naar Nederland teruggekeerd, want de
gevreesde Bonni had zich immers met een groot gedeelte der
Marrons, over de Marowyne teruggetrokken. Het is waar,
dat was geschied, — doch dit gaf geen waarborg tegen nieuwe
aanslagen van Bonni tegen de veiligheid der kolonie.

Geruchten van vijandelijke voornemens en plannen van
Bonni, o. a. tegen de Joden Savane, (op de Joden was hij
vooral verbitterd) verspreidden telkens schrik en angst onder
de kolonisten. Ook werd men nog gedurig verontrust door
verstrooide benden van wegloopers. Men moest steeds op zijne
hoede wezen. Grootere of kleinere expeditiën werden ondernomen en met meer of minder goeden uitslag bekroond. Het

(*) Sypensteijn, Beschrijving van Suriname, bladz. 41.
(†) Notulen van Gouverneur en Raden, 12 Nov. 1779. Journaal van
Texier. 12 Nov. 1779.

corps negerjagers verrigtte hierbij uitstekende diensten (*).
Texier liet de onder Nepveu aangevangen werken aan het
militaire cordon voltooijen. Hij zette dit met kracht door en
bezigde hiervoor 600 slaven (†).

De Indianen en ook de Aucaner en Saramaccaner bevredigde
boschnegers betoonden zich meermalen als getrouwe bondgenooten der blanken. Zij hielpen de kampen der wegloopers
verwoesten (§). De Aucaners ondernamen zelfs, onder bevel
van den vaandrig Thies, eene togt over de Marowyne, waarbij
zij zeven wegloopers doodden en twee en twintig (meest vrouwen en kinderen) gevangen namen. Zij waren tot op een dag
reizens van het dorp Bonni genaderd, maar op het vernemen
van dien geduchten naam trokken zij terug (**).

Eenige maanden later sloten de Aucaners, op het onverwachts vrede met Bonni. Texier en het Hof van Policie verzetten zich hier zoo lang mogelijk tegen. Men koesterde groote
vrees, dat zij zich mogelijk later te zamen tegen de blanken
zouden vereenigen (††). De Aucaners verklaarden: dat zij
Bonni nimmer tegen de blanken zouden helpen, en dat Bonni,
niet gemolesteerd wordende, zich ook stil zou houden (§§)".
De Indianen, die in de nabijheid der Marowyne woonden,
wenschten ook van dien vrede te genieten, »alleen om niet
door Bonni verontrust te worden en met vrede in hunne hutten te kunnen wonen", echter »onder expresse conditie zulks
in geenen deelen tot nadeel der blanken moest strekken". Door
bemiddeling der Aucaners kwam ook dien vrede tot stand (***).

»Eene kwade conscientie doet gestadig vreezen", luidt eene
merkwaardige spreuk. En zoo was het ook thans bij de kolo-

(*) Journaal van Texier, 19 Junij, 23 Julij, 31 Augustus, 25 October, 10 November 1779, enz., enz., enz.

(†) Notulen van Gouverneur en Raden, 27 December 1779.

(§) Journaal van Texier, 12 October, 31 October, 24 December
1779, enz.

(**) Journaal van Texier, 31 October 1779.

(††) Journaal van Texier, 18 Januarij 1780.

(§§) Journaal van Texier, 6 Januarij 1781.

(***) Journaal van Texier, 15 Maart 1781.

nisten. Die vrede tusschen de Aucaners en Bonni gaf hun veel bekommering, die door de genoemde plegtige betuiging en verklaring niet weg werd genomen. Texier zelfs gewaagt er dikwijls van in zijn dagboek en bij het vermoeden eener vredebreuk tusschen hen onderling, schrijft hij daarin den vroom schijnenden doch inderdaad godslasterlijken wensch: »God geve er zijnen zegen toe." Hoe kan toch de mensch het heiligste misbruiken!

De reeds in den laatsten tijd van Nepveu uitgebroken ziekten bleven nog voortwoeden en vorderden vele offers, zoo onder blanken als slaven. Voornamelijk leden de districten Cottica en Perica, ook vele soldaten werden hierdoor aangetast: de hospitalen werden opgevuld en de posten kon men naauwelijks bezetten (*). De dienst der militairen werd hierdoor zoo verzwaard, dat velen zich hieraan door de vlugt onttrokken. De desertien namen zeer toe (†).

»In Para heerschte eene terrible sterfte onder het hoornvee en paarden; het wild werd in de bosschen dood gevonden in zoo groote getale, dat de stinkvogels er niet op azen wilden." Deze ziekte (zij schijnt van eene besmettende aard te zijn geweest) was niet alleen onder 't vee, maar ook onder de menschen: »dagelijks hoort men van sterfte, en in alle straaten van Paramaribo zijn zieken, die ellendig ter neder leggen."(§) Zware regens, gevolgd door eene schielijke droogte, veroorzaakte veel nadeel aan de veldgewassen: duizende koffijboomen stierven. (**)

Behalve deze onheilen en rampen, met welke men in Suriname had te kampen werd ook de vrees voor een vredebreuk met Engeland spoedig verwezentlijkt.

De oorlog tusschen Engeland en zijne Amerikaansche bezittingen en Frankrijk, die de partij der Amerikanen koos, had reeds een geruimen tijd geduurd. Wel was onze republiek

---

(*) Journaal van Texier, 2 September 1779.
(†) Journaal van Texier, 3 September 1779.
(§) Journaal van Texier, 23 October 1779.
(**) Journaal van Texier, 3 September 1779.

nog onzijdig gebleven, doch reeds onder Nepveu had men in Suriname veel overlast van de wederzijdsche kapers gehad.

De zeekapiteins Delvoss en Melville wilden evenmin aan het verzoek van Texier als vroeger aan dat van Nepveu voldoen, om bij den ingang der rivier Suriname te gaan liggen, om de Kapers af te weren. Zelfs niettegenstaande de dringende vertoogen van Texier: »om in deze critique tijden de kolonie niet van de zoo noodige verdediging te ontblooten," wilden die heeren niet wachten tot dat andere schepen uit Nederland hen kwamen aflossen. In het laatst van Junij 1779 wendden zij den steven en verlieten de kolonie. (*)

Na hun vertrek kruistten de Engelsche Kapers, vrij en onverlet op de kust, en maakten jagt op de Amerikaansche schepen, die met provisiën beladen, koers naar Suriname zetten. Zij konden nu, zonder verhindering te ondervinden tot hoog in de rivier de jagt voortzetten en maakte dan ook velen Amerikaansche schepen buit. (§)

In de kolonie, hierdoor van toevoer van buiten verstoken (het convooi uit Holland bleef ook achterwege) kwam spoedig gebrek, voornamelijk aan Blom (meel), zooals »zulks de oudste coloniërs niet heugden." »De menschen schreeuwen en lamenteeren om brood, dat er bijna niet te krijgen is, en 't weinige zoo nog te bekomen, moet met geld opgewogen worden, waardoor onder eenige menschen groot armoede ontstaat, en andere met hun inkomen, op verre na, niet bestaan kunnen, onder welk getal zich ook de officieren bevinden." (†)

De officieren verzochten, dat aan ieder van hen wekelijks drie roggebrooden uit de Societeits-bakkerij mogt werden verstrekt, tegen inhouding van een gedeelte hunner gagie. Dit verzoek werd geredelijk toegestaan.

Het gebrek nam toe, en de inlandsche aardvruchten als Banannen, Tayers enz. stegen ook zeer in prijs. Banannen waren niet onder de negen stuivers de bos te bekomen.

(*) Journaal van Texier, 25 Junij en 5 Julij 1779.

(§) Journaal van Texier, 22 en 29 Maart, 11 Julij 1779, 6 Febr., 10 Maart 1780, enz., enz.

(†) Journaal van Texier, 7 December 1779,

Texier schrijft: //het wordt den ordinaire burgerman ondragelijk en veroorzaakt groote armoede, de burger schreeuwt
om brood...!" Zij wendden zich tot den Gouverneur met
verzoek, om uit de magazijnen der directie met wat brood te
worden geassisteerd. Hierin was voor vier maanden voorraad
(240,000 pond rogge). Na gehouden conferentie met het Hof
van Policie werd besloten, om de armoede eenigzins te gemoet
te komen, 's wekelijks 400 roggebrooden, tegen 5 stuivers het
stuk, aan de burgerij af te staan; doch niet meer dan 8 en
hoogstens 10,000 stuks.

Men hoopte, dat er in die 8 weken wel schepen met provisie zouden binnenkomen (*). Die hoop werd niet verwezenlijkt en den 21sten Maart moest men de gegeven permissie,
om aan de burgers brood uit de magazijnen te leveren, intrekken. Er kwamen nog moeijelijker tijden voor de kolonie.

Den 6den Maart 1781 keerde de koopvaardij-kapitein Hermans,
die eerst kort geleden de reede verlaten had, terug en bragt
de tijding aan, dat de oorlog tusschen Engeland en de republiek der Vereenigde Nederlanden verklaard was. Hij had dit
vernomen van den kapitein A. de Broek, commandant van
's lands oorlogschip, die met drie op de kust kruisende kapers
slaags was geweest. Genoemde commandant had den schipper
Hermans bevolen, onmiddelijk naar Paramaribo terug te keeren,
om den Gouverneur kennis van deze belangrijke gebeurtenis
te geven (§).

Het ligt niet in ons plan, om de oorzaken van dien oorlog
met Engeland na te gaan of de nadeelige gevolgen daarvan
voor ons vaderland te schetsen. Men raadplege daartoe de
onderscheidene werken over de geschiedenis van Nederland.
Wij houden ons streng aan de bepaling om slechts eene geschiedenis van Suriname te schrijven. Geschiedde er in die
dagen veel belangrijks in de West-Indische zee, wij stippen
slechts aan, datgene, waar Suriname meer of minder onmiddelijk in betrokken werd.

(*) Journaal van Texier, 8 December 1779.
(§) Journaal van Texier, 6 Maart 1781.

Was het een geluk voor Suriname, merkten wij vroeger
aan, dat in dien tijd aan een wakker en voorziglig krijgsman
het bestuur der kolonie was opgedragen, het was evenzeer een
geluk voor Suriname, dat de tijding van het uitbreken van
den oorlog er zoo spoedig bekend werd. Texier was alzoo in
de gelegenheid, om maatregelen van verdediging te nemen.

Na het vertrek der oorlogschepen, onder het bevel van de
kapiteins Delvoss en Melville (1779), was de kolonie een geruimen tijd ontbloot geweest van de belangrijke hulp, die
oorlogsschepen konden toebrengen. In Maart 1780 had kapitein
Delvoss met 's lands fregat, de Arend, wel een bezoek aan
Suriname gebragt, doch er maar korten tijd vertoefd.

Delvoss had den last om zich met een nog te verwachten
schip, te vereenigen en de bezittingen der Nederlanders aan de
kust van Guinea tegen vreemden overval te dekken (*). Dat
verwachte schip, onder bevel van Kapitein Muller, naderde in
het laatst van Maart de kust van Suriname, maar verviel bij
vergissing in de Marowyne: de stuurman had de bank voor
de Marowyne voor Braamspunt aangezien (§). Met veel moeite
en groote kosten gelukte het dit vaartuig vlot te krijgen (†);
het kwam den 9den Mei voor Paramaribo ten anker (**); doch
beide schepen verlieten kort daarna de kolonie, om hunne reis
te vervolgen.

Een ander oorlogsschip, Beverwijk, kapitein J. Bool, ver-

_____

(*) Journaal van Texier, 6 en 7 Maart 1780.

(§) Journaal van Texier, 23 Maart 1780. Dikwijls gebeurde het dat
de stuurlieden, die voor het eerst Suriname bezochten, deze dwaling
begingen, terwijl de schepen dan groot gevaar liepen van verbrijzeld te
worden. Texier wenschte dit voor het vervolg te voorkomen; hij riep
de aanwezige schippers bijeen, ten einde met hen hiertegen maatregelen te nemen. De schippers waren hierover zeer verheugd en raadden
aan een Kaap op te rigten, om den hoek bij Braamspunt, op het Rif bij
de Winiwinibo kreek en boodden aan daarvoor ieder voor zijn schip
ƒ 20 kaapgeld te betalen. Journaal van Texier, 24 Mei 1780.

(†) Journaal van Texier, 5 Junij 1780. De kapitein van een tot
assistentie gepreste Bark, leverde eene rekening van daghuur: 50 dagen
à ƒ 100 en verdere schaden en kosten ƒ 4000, dus te zamen ƒ 9000.

(**) Journaal van Texier, 9 Mei 1780.

toefde slechts eenige dagen en zette koers naar Curaçao (*), maar tot groote blijdschap van Texier kwamen den 4den Februarij 1781 twee oorlogsvaartuigen, de Valk, kapitein Silvester, en de Thetis, kapitein Spengler, op de reede. Deze schepen waren tot secours der kolonie door H.H.M. afgezonden; hun lastbrief luidde: aldaar 5 à 6 maanden te blijven, doch indien de noodzakelijkheid bestond langer te toeven, kon zulks geschieden, mits op requisitie van den Gouverneur en het Hof van Policie.

Texier beijverde zich nu, om alle mogelijke middelen van verdediging te nemen. Hij riep onmiddelijk het Hof bijeen; hield des morgens eene gewone vergadering en des middags eene gecombineerde met de officieren der krijgsmagt en der oorlogschepen.

Nog dienzelfden dag werden de voor Paramaribo liggende Engelsche vaartuigen, drie in getal, in beslag genomen en de bemanning derzelven in arrest gebragt (§). Den luitenantkolonel van Baerle werd gelast, naar het fort Nieuw Amsterdam te gaan, en het bevel dier sterkte op zich te nemen; den adjudant van Riets, gecommandeerd naar het cordon te gaan, om te onderzoeken hoeveel volk daar kon gemist worden en dat naar Paramaribo te zenden (†). Den volgenden dag werd er eene expresse over land, vergezeld van eenige Indianen, naar Berbice gezonden, om den Gouverneur te waarschuwen. Onmiddelijk werd er ook een begin gemaakt, om het fort Nieuw Amsterdam, de beide Redouten Leiden en Purmerend, benevens het fort Zeelandia in behoorlijken staat van tegenweer te brengen. Texier maakte ook gebruik van de magt, in cas van nood, den Gouverneur bij resolutie van HH. M., dato 17

(*) Journaal van Texier, 13 Januarij 1781.

(§) Journaal van Texier, 6 Maart 1781. De Engelsche schippers en een Engelsch koopman, die zich op een dier vaartuigen bevond, verzochten weldra uit de gevangenis te worden ontslagen. Met algemeene stemmen werd dit verzoek door het Hof toegestaan en hun veroorloofd op hun eerewoord in Paramaribo te gaan, onder voorwaarde, dat zij zich bij het eerste alarm weder in arrest zouden begeven. Journaal van Texier, 17 Maart 1781.

(†) Journaal van Texier, 6 Maart 1781.

Julij 1747, toegekend; hij equipeerde vier der beste koopvaardijschepen en rigtte hen als oorlogsvaartuigen in, benevens
twee den in beslag genomen Engelsche; allen werden behoorlijk van ammunitie voorzien en ieder met 55 man bezet (*).

Texier betoonde buitengewonen ijver. Door woord en voorbeeld moedigde hij officieren en soldaten tot getrouwe pligts-
betrachtingen, tot des gevorderd wordende, moedige verdediging
aan. De officieren en soldaten ontvingen eene vriendelijke
toespraak; de kolonel van Baerle eene heusche vermaning.
Die kolonel was niet zeer bemind, en vaak rezen klagten over
zijne ruwheid en onvriendelijkheid. Texier die zelf zich meermalen over hem te beklagen had, spoorde hem nu zeer aan,
om vriendelijk jegens de officieren en billijk jegens de soldaten
te zijn (†).

Reeds den 9den Maart trokken de militairen uit het garnizoen te Paramaribo naar het fort Nieuw Amsterdam. Er
bleven slechts drie sergeants, drie corporaals, drie tamboers en
acht en dertig gemeenen (de kleermakers hieronder begrepen)
over (§). Bij trommelslag werd bekend, dat zij, die in militaire dienst wilden treden ƒ 100.— handgeld zouden ontvangen:
verscheidene personen engageerden zich. De matrozen der koopvaardijschepen maakten eenige zwarigheden omtrent de maand-
gelden; Texier gaf hunne billijke eischen toe en de matrozen waren
daarover zoo verheugd, dat zij, bij het naar boord gaan, de lucht
van een daverend Hoezee deden weergalmen. Zelfs de schippers waren te vreden en zoo opgewekt, dat zij aanboden uniform
te dragen; Texier verwees hen daartoe naar de zeekapiteins (**).

De zich te Paramaribo bevindende Ostagiërs der Aucaansche
en Saramacaansche boschnegers boden mede hunne diensten
aan, en zes en veertig van hen werden op de redoute ge-

(*) Journaal van Texier, 7 Maart 1781. In de societeits-magazijnen
was slechts 30,000 pond kanonkruid en 7000 pond fijn kruid voorhanden, doch van de de koopvaardijschepen werd de aanwezige voorraad
mede ter beschikking gesteld.

(†) Journaal van Texier, 9 Maart 1781.

(§) Journaal van Texier 9 Maart 1781.

(**) Journaal van Texier 10 Maart 1781.

plaatst (*). Texier hield zoo veel mogelijk op alles het oog.
Om den noodigen spoed te bevorderen, ging hij telkens naar
Nieuw Amsterdam de werkzaamheden in oogenschouw nemen
en de werklieden aansporen (§). Met vertrouwen schreef hij
dan ook den 19den Maart in zijn dagboek: »Wij stellen ons
(zoo veel het onze geringe magt toelaat) in zulke situatie en
wy sullen niets versuymen, om den vijand (zoo hy komt)
af te houden" (†).

Er was reeds veel verrigt toen dienzelfden dag door den
kapitein van een Portugeesch schip brieven werden aangebragt
van den schout bij nacht Graaf van Bylandt en den Hollandschen minister te Lissabon, den heer Smissaerd, waarin officieële mededeeling van het uitbreken des oorlogs werd gegeven.

Texier nam in Augustus zijn intrek op de plantaadje Clevia.
Van daar kon hij in $\frac{1}{2}$ uur te paard naar het fort Nieuw
Amsterdam en in $\frac{3}{4}$ uur naar Paramaribo komen (**); hij
trachtte in alle takken van bestuur de noodige orde en zuinigheid te bevorderen, doch ondervond hierin weinig medewerking. Zelfs werd hij verpligt van tijd tot tijd inspectie op de
schepen te nemen (§§). De ijver en zorg van Texier droegen
goede vruchten en de Heer behoedde Suriname.

Droevige berigten omtrent het lot der andere Nederlandsche
bezittingen vervulden weldra de harten in Suriname met kommer en angst. Een der bijleggers van de post aan de Corantijn
bragt de »fatale tijding", dat zes Engelsche kapers te Demerary
waren geweest en zeventien Hollandsche schepen hadden buit
gemaakt (††).

Volgens een brief van den Gouverneur van Berbice, Koppiers, had Essequebo een gelijk lot ondergaan. Op een klein
vaartuig uit Cayenne, bestierd door een Indiaan, was de Jobs-
bode, die berigtte, dat St. Eustatius door de Engelschen ver-

---

(*) Journaal van Texier 15 en 30 Maart 1781.
(§) Journaal van Texier 17 Maart 1781.
(†) Journaal van Texier 19 Maart 1781.
(**) Journaal van Texier 28 Augustus 1781.
(§§) Journaal van Texier 16 en 28 Julij 1781.
(††) Journaal van Texier, 22 Maart 1781.

overd was en, dat Curaçao door hen werd bedreigd (*).
Negentien Hollandsche matrozen, die uit de Berbice kwamen,
deelden mede, dat de Engelschen ook aldaar geweest waren en
vijf Hollandsche schepen hadden weggevoerd (§).

Een expresse uit de Berbice bragt de tijding over, dat Berbice aan de Engelschen was overgegeven (†); eenige dagen
later ontving men hetzelfde droevige berigt van Demerary en
Essequebo (**).

In Suriname was men dubbel op zijne hoede. Om zooveel
mogelijk op alles gewapend te zijn, werden er nog twee koopvaardijschepen ten oorlog uitgerust, ten einde, des noods, eene
tweede linie van defensie te vormen (§§); een derde schip werd
geëquipeerd en gelast, tusschen de redoute Leiden en het fort
Nieuw Amsterdam te gaan liggen, om te voorkomen, dat vijandelijke schepen des nachts de rivier opvoeren en de forten voorbij
zeilden, zonder gezien te worden; op de droogte voor de redoute Purmerend werden twee vlotbatterijen gesteld en gewapend; eenige ponten werden tot branders ingerigt. Tot meerdere verzekering van de Wanica-kreek werden negers en
mulatten gezonden, die in corjalen de wacht aan de Saramacca
moesten houden (††).

Van tijd tot tijd hadden er schermutselingen plaats tusschen
de gewapende barken en de op de kust kruisende Engelsche
kapers. Twee slavenschepen, met 400 en 280 slaven bevracht,
voor Suriname bestemd, werden door de Engelschen tusschen
de Marowyne en de Motkreek buit gemaakt (***); de communicatie en daardoor de toevoer van levensmiddelen werd gestremd, doch Suriname bleef van een inval der vijanden

---

(*) Journaal van Texier, 4 April 1781, notulen van Gouverneur en
Raden zelfde datum.
(§) Journaal van Texier, 7 April 1781.
(†) Journaal van Texier, 11 April 1781.
(**) Journaal van Texier, 28 April 1781.
(§§) Journaal van Texier, 12 April 1781.
(††) Journaal van Texier, 10 en 14 Mei 1781, notulen van Gouver-
neur en Raden zelfde datum.
(***) Journaal van Texier, 21 Augustus 1781.

verschoond. Wel had hiertoe meermalen het plan bestaan. Hollandsche matrozen uit Demerary, Berbice en Essequebo naar Suriname gevlugt, verhaalden, dat men meermalen het voornemen daartoe had opgevat; o.a. deelden vier matrozen, die zich van de Engelsche schepen, waarop zij tegen hunnen wil geplaatst waren, bij nacht hadden verwijderd, mede, dat de Engelschen de kolonie op den eersten April 1781 hadden willen overvallen. De vloot, waarmede zij den aanval hadden willen beproeven, bestond uit twee fregatten, een brik en een sloep. Toen de Engelschen echter voor de rivier kwamen en van de kapers hoorden dat men in de kolonie zoo goed op tegenweer bedacht was, hadden zij weder het ruime sop gekozen (*).

In April werden twee Engelsche vaartuigen bij de Wanicakreek, digt bij Braamspunt gezien; zij hadden eenige schoten op de aldaar aanwezige Indianen gedaan en een van hen gedood, doch zich daarna verwijderd (§).

Hier bewees Texier, dat bij den meesten ijver en voortvarendheid tevens eene loffelijke voorzigtigheid kan gepaard gaan. Bij het vernemen van het genoemd berigt wenschten de beide zeekapiteins zeer om naar zee te gaan; zij brandden van verlangen, om zich met den vijand te meten en de kapers, die de kust geblokkeerd hielden, te verjagen. Texier voorzag het gevaar, dat die groote schepen zoo ligt kon overkomen door op de modderbanken te vervallen, en besefte, dat de *mogelijke* kans van welslagen der onderneming van de zeekapiteins niet opwoog tegen het verlies, hetwelk de kolonie zoude lijden bij de mislukking; terwijl het bovendien gevaarlijk was om Suriname van eene zoo belangrijke hulp ter verdediging, al was dit dan ook maar voor korten tijd, te ontblooten. Hij sprak in dien geest en het gelukte hem de kapiteins van hun voornemen te doen afzien (†).

Na de overgave der naburige kolonien aan de Engelschen kwamen er gedurig matrozen en andere lieden van daar in Suriname, die geen dienst bij den vijand wilden nemen. Som-

(*) Journaal van Texier, 27 Julij 1781.

(§) Journaal van Texier, 8 April 1781.

(†) Journaal van Texier, 10 April 1781.

migen ontvlugtten over land en werden door Indianen naar
Paramaribo geleid; anderen beproefden den overtogt in opene
booten over zee, en stonden vele ontberingen uit voor dat zij
de gewenschte kust bereikten. Zij, die het eerst aankwamen,
werden met blijdschap ontvangen en onmiddellijk in dienst
gesteld. Toen hun aantal echter spoedig aanwies en men
hen niet meer op de schepen gebruiken kon, waren zij minder welkome gasten, omdat zij »het getal eters" te sterk vermeerderden en er nog steeds groote schaarschte aan levensmiddelen was. Enkelen werden op het fort Nieuw Amsterdam geplaatst om bij het geschut dienst te doen; anderen werden provisioneel als soldaten geengageerd (*). Algemeen getuigden de uit Demerary, Essequebo en Berbice gekomenen,
dat de magt der Engelschen aldaar zwak was en men met
een betrekkelijk kleine vloot die koloniën gemakkelijk zou kuunen veroveren, doch over iets dergelijks behoefde men in
Suriname niet te denken: men moest daar voor eigen verdediging zorgen. (§)

De werkzaamheden aan het in order brengen der forten
gingen geregeld voort. Men ondervond echter vele belemmering
door de aanhoudende stortregens: in een dag werd hierdoor
soms meer geruineerd, dan in eene week was verrigt. Doch
aan den anderen kant verstrekten die regens tot meerdere beveiliging der kolonie tegen een onverhoedsche landing des
vijands aan de Corentijn. Zoo men deze beproeven mogt,
met het oogmerk, om door de bosschen tot Paramaribo door
te dringen, moest zij mislukken door het wassen der vele
zwampen en moerassen (†). In Julij was het werk, niette-

(*) Journaal van Texier, 7 en 28 April, 3—10, 18 Mei, 5 Junij,
4, 6, 10 en 17 Julij 1781, enz. enz

(§) De beide kapiteins der oorlogschepen en de majoor Friderici
boden echter aan eene herovering te beproeven; hun den Gouverneur
voorgelegd plan, om met een oorlogs- en een gewapend koopvaardijschip, op welk laatste Friderici zich met 50 man van het vrijcorps als
landingstroepen zou inschepen, vond geen bijval bij den Gouverneur en
het Hof en kwam alzoo niet tot uitvoering. Notulen van Gouverneur
en Raden, 19 April 1781.

(†) Journaal van Texier, 16 en 17 Mei 1781.

genstaande de genoemde belemmeringen, zoo ver gevorderd, dat men voor Zeelandia 100 werknegers, en voor Nieuw Amsterdam 130 kon afdanken en naar hunne meesters terug zenden (*).

In Augustus zond men weder 200 slaven naar huis. (§) Texier hield er echter nog eenigen in dienst. Hij liet door hen o. a. de waag, die sedert verscheidene jaren zoo bouwvallig was, dat men voor instorting vreesde, herstellen; er kwamen nu toch geen producten ter markt en er bestond hiertoe dus eene goede gelegenheid. (†) Door een veertigtal negers deed hij ook zoo goed mogelijk de Societeits-kostgrond, Voorburg in order brengen: daar toch was in de laatste tijden alles in de war; er waren geen banannen en het geheel verkeerde in een »miserablen toestand." (**)

Het gebrek aan provisie veroorzaakte voortdurend veel bekommering. Reeds was men genoodzaakt geweest, om al de rantsoen trekkende personen een brood en een halve stoop gort wekelijks in te trekken en hun daarvoor een bos banannen te geven. (§§) Nu bleek het echter weldra hoe slecht de planters voor kostgronden zorgden, daar de banannen spoedig bijna niet meer te krijgen waren. (††)

Ook andere artikelen werden schaarsch, o. a. het zoo onontbeerlijke zout. Texier had reeds vroeger voor de Societeit willen opslaan, maar de Boekhouder-Generaal had zich toen tegen deze voorzigtigheids-maatregel verzet. Nu gaf hij verlof om 9 vaten zout te koopen tegen 50 en 55 gulden: de planters en ingezetenen betaalden reeds f 75. (***)

Eene proef door iemand, vroeger op eene zoutfabriek in Europa werkzaam, genomen, om van rivier of zeewater zout te maken voldeed niet. De kwaliteit was vrij goed, doch de

---

(*) Journaal van Texier, 18 Julij 1781.
(§) Journaal van Texier. 20 Augustus 1781.
(†) Journaal van Texier 18 Junij 1781.
(**) Journaal van Texier, 20 Augustus 1781.
(§§) Journaal van Texier, 10 Junij 1781.
(††) Journaal van Texier, 6 September 1781.
(***) Journaal van Texier, 28 Julij 1781.

kosten liepen te hoog. De fabrikant, die reeds om octrooi
had verzocht, zag hiervan af, en de zoutmakerij werd gestaakt. (*)

Er kwamen ook andere moeijelijkheden, die Texier door
overleg en bedaardheid uit den weg zocht te ruimen. Onder
het corps vrijnegers openbaarde zich een geest van wederspan-
nigheid, voornamelijk veroorzaakt door hun afkeer om onder
militairen te staan en door de hooghartige behandeling der blanken op de plantaadjes. Na onderscheidene conferentiën, waarbij
de bekende vrijneger Quassy goede diensten bewees, besloot
men hen door eenig toegeven tot onderwerping te brengen
en dit gelukte volkomen. Texier oordeelde, dat het goed was,
om de eenheid te bevorderen, een generaal opperhoofd over
dit corps te stellen en dit moest dan een man zijn voor wien
zij te gelijk liefde en ontzag hadden. De keus hiertoe viel
op den majoor Friderici, die reeds onder Fourgeoud tijdelijk
aan hun hoofd had gestaan, en die keus was zeer gelukkig.
Friderici nam het aan: Hij zou als tractement ƒ 5000.— erlangen, vrije boot en de magt om met zijn corps vrij te handelen en op zijn tijd verhooging van rang. (§)

De slaven op de plantaadje Maagdenburg hadden in de
meening, dat men door den oorlog minder acht op hen sloeg,
getracht eenige meerdere vrijheid te verkrijgen en daarbij enkele buitensporigheden gepleegd. Men bedwong dien opstand
krachtig, — doch droevig was het, dat men daarbij weder
zoo wreed te werk ging. (†)

De vrees, die men had gevoed, dat de Aucaner-boschnegers
met de Marrons gemeene zaak tegen de blanken zouden maken bleek ongegrond te zijn geweest. Het was waar, het
handje vol volks op het cordon had, indien zij dit beproefd
hadden, er weinig tegen kunnen doen, en vele blanken zouden spoedig »ellendig gemassacreerd" zijn geworden — maar

(*) Journaal van Texier, 12 September, 18 October 1781.

(§) Journaal van Texier, 5 September 1781. Notulen van Gouverneur
en Raden, 6 Augustus 1781 enz. enz.

(†) Notulen Gouverneur en Raden 1, 7 en 19 Junij 1781. Journaal
van Texier, zelfde datums.

bij die verachte negers heerschte meer goede trouw dan de blanken verwachtten: niets kwaads werd door hen ondernomen.

De Engelschen hadden in dien tijd groote verliezen op zee geleden. Den 24sten December 1781 bragt een Fransch schip uit Martinique de heuchelijke tijding dat de Marquis van Bouille, Gouverneur van Martinique, op den 25sten November St. Eustatius heroverd en aan de Hollanders teruggegeven had; het Engelsch garnizoen, 600 man sterk, was krijgsgevangen gemaakt en naar Martinique gevoerd; de Fransche vlootvoogd had in de openbare kassen drie millioen gulden gevonden, afkomstig van verkochte goederen, die bij het vertrek van Rodneij nog niet betaald, doch later geincasseerd waren; de ingezetenen, die hun regt op die van hen geroofde gelden konden bewijzen, ontvingen onmiddelijk restitutie, terwijl het overige voor de afwezige eigenaars bewaard bleef. (*) Ook Saba en Martin viel den Franschen in handen. Den 22sten Januarij 1782 kwam een Fransch eskader, onder den Franschen Admiraal Kersaint te Suriname. Kersaint deelde Texier mede, dat hij van plan was, om Demerary en Essequebo te gaan heroveren en daarom eenige nadere inlichtingen van Texier wenschte te ontvangen, omtrent de verdedigingsmiddelen dier volkplantingen, enz. Hij verzocht ook om eenige, goed met die kusten bekende zeelieden, als loodsen op zijne schepen. Natuurlijk werden de gevraagde inlichtingen volgaarne gegeven en aan het verzoek, om Hollandsche zeelieden, gereedelijk voldaan. Texier had nu echter op nieuw veel moeite met de beide Hollandsche zeekapiteins. Zij wenschten met Kersaint mede te gaan, om deel aan den te behalen roem te hebben; zij achtten het beleedigend voor de eer der Nederlandsche natie, dat men aan vreemden de herovering der zoo nabij gelegen Nederlandsche koloniën, moest overlaten, enz., enz. Kersaint betuigde, hunne hulp voor de herovering van Demerary en Essequebo, niet noodig te

(*) Journaal van Texier 24 December 1781 van Kampen De Nederlanders buiten Europa 3de deel bladz. 286, 87.

hebben, doch wilde die van Berbice wel voor hen overlaten
en bood aan, om een detachement van zijn corps uit Demerary
naar Berbice te zenden, indien men van onzen kant, den aanval
van de zeezijde wilde ondernemen. Texier kantte er zich sterk
tegen aan. Hij trachtte te bewijzen, dat er weinig roem bij
te behalen was, daar, bij de geringe magt der Engelschen
aldaar, de herovering weinig moeite zoude kosten: het blijvend
bezetten zou echter veel volk vereischen en daarover kon men
niet beschikken. Hij voerde aan, dat de voorzigtigheid gebood, om Suriname niet van verdediging te ontblooten en
dat het wel hunne roeping was, om tot secours der kolonie
al het mogelijke aan te wenden, maar geenszins om aan
andere expeditiën deel te nemen. De kapiteins waren zeer
ontevreden en oordeelden, dat zij het verlof van den Gouverneur niet noodig hadden, om de eer der Hollandsche vlag
te handhaven. Na herhaalde vertoogen van weerskanten, en
nadat ook het Hof van Policie sterk op het blijven der zeekapiteins had aangedrongen, gaven deze heeren eindelijk toe,
tot groote blijdschap van Texier. (*)

Texier had goed gezien, want wel ontving men den 31sten
Januarij, door een vlugteling uit Essequebo, het berigt, dat
de Hollandsche Gouverneurs van Demerary, Essequebo en
Berbice den eed van getrouwheid aan de Engelschen hadden
afgelegd en daarop door dezen in hunne ambten hersteld
waren (§); doch weldra mogt men zich in de ontvangst
van betere tijdingen verheugen. Den 6den Maart 1782 kwamen Indianen over land in Paramaribo en bragten de tijding
aan, dat de drie genoemde volkplantingen zich, zonder een
enkel schot tot tegenweer te hebben gedaan, aan den Franschen Admiraal Kersaint hadden overgegeven. (†)

(*) Journaal van Texier 22, 23, 24, 25 en 26 Januarij 1782.

(§) Journaal van Texier 31 Januarij 1782.

(†) Journaal van Texier 6 Maart 1782. Spoedig (14 April) ontving
Texier nieuwe tijding uit Berbice; men meldde van daar, dat de handelwijze der Franschen in de heroverde koloniën veel arbitrairer en
despotieker was dan die der Engelschen. In Junij (12 Junij) bragt een
Fransch schip als arrestant mede, den heer Koppiers, vroeger Gouver-

Daar sedert eenigen tijd de krijgskans zich in de West-
Indische zee ten nadeele der Engelschen gekeerd had, werd
de kust van Suriname meer vrij en kwamen er nu en dan
schepen met provisie aan. Reeds den 3den October 1781 arriveerde een Amerikaansch schip, met visch, tabak, ajuin enz.
geladen, waardoor Texier de hoop koesterde, dat er weldra
meerderen zouden komen, en die hoop werd verwezenlijkt. (*)
Den 28sten derzelfde maand kwam weder een Amerikaansch
schip met plantains, bakkeljaauw enz. ter reede aan, en den
30sten October arriveerde een Fransch schip uit Martinique,
door den broeder van den Gouverneur Texier bevracht, met
wijn, blom, zeep en meer andere »zeer te pas komende goederen," dat 11, 15 en 16 November door andere schepen uit
Martinique, met provisie, gevolgd werd. (§)

De communicatie met Cayenne was nu ook weder hersteld,
en Texier roemt zeer de beleefdheid en hulpvaardigheid van
den Franschen Gouverneur Tiedmont. Om in het nog voortdurend gebrek aan levensmiddelen te voorzien, (het door genoemde schepen aangebragte was, naar evenredigheid der
behoeften, zeer gering) werd er een persoon naar Cayenne
gezonden en gemagtigd, om aldaar eenige inkoopen te doen.
Die gemagtigde werd met de meeste vriendelijkheid behandeld
en zelfs bragten eenige schepen van het eskader, onder Kersaint, ter besparing van kosten, provisiën mede. (†) Niettegenstaande dit alles, bleef er nog schaarschte in de kolonie heerschen, want de voorraad der levensmiddelen op de oorlogschepen was bijna verteerd en de 21 koopvaardijschepen waren
van alles ontbloot.

Den 3den April 1782 kwam voor het eerst, sedert geruimen

---

neur van Berbice. Hij betuigde aan Texier, dat hij behoorlijk zijn gedrag verdedigen kon en beklaagde zich mede zeer over de Franschen,
die hem haatten, omdat hij voor de ingezetenen partij koos. Zie journalen van Texier 14 April en 12 Junij 1782. Koppiers vertrok den
7den Augustus 1782 naar Nederland. Journaal van Texier 7 Aug. 1782.

(*) Journaal van Texier 3 October 1780.
(§) Journaal van Texier, 28 en 30 October, 11, 15 en 16 Nov. 1781.
(†) Journaal van Texier, 23 Januarij 1782.

tijd, een Hollandsch schip ter anker voor Parrmaribo. Het was uit Rotterdam en bragt wel brieven voor particulieren, maar geen depeches voor den Gouverneur mede. Texier vond het zeer onaangenaam, dat hij geene nadere tijding omtrent den stand der zaken, noch nadere bevelen ontving. Hij klaagt in zijn dagboek, dat hij niet wist hoe hij handelen moest met de producten, die in de pakhuizen opgeslagen waren; ze eenigermate voor bederf te bewaren, dat evenwel niet geheel kon geweerd worden, veroorzaakte groote kosten; daarbij waren de magazijnen uitgeput; door gebrek aan kleeding zou de militie welhaast naakt loopen en, hij gebrek aan geneesmiddeen ververschingen, de zieken van »miserie moeten vergaan." (*) Er kwam echter weldra uitkomst. Den 2den Mei liet een gewapend Hollandsch schip voor Paramaribo het anker vallen, en bragt o. a. mede: 130 vaten vleesch, 10 dito hammen, 5 dito spek, 85 dito rogge, 100 dito gort, 25 dito meel, 300 kazen, 6 oxhoofden roode-, 2 dito rijnsche- en 2 dito witte wijnen, 2 kelders brandewijn, 1 dito genever en daarenboven diverse ammunitie: o. a. 2600 pond kruid; andere doch vreemde schepen, vermeerderden den voorraad en ook werd in Mei eenigzins aan eene andere behoefte, die aan slaven voorzien. Een schip van St. Thomas liep te Suriname binnen en wenschte zijne lading o. a. 40 slaven te verkoopen. De eerste en tweede Raden Fiscaal, de heeren Wichers en Karsenboom, verklaarden zich ten sterkste tegen het geven van verlof daartoe, daar zij, volgens hunne instructie; gehouden waren, bepaald te waken tegen den invoer van slaven, door wie het ook ware, anders dan door de W. I. compagnie; doch Texier en de Boekhouder-Generaal besloten om in deze fatale tijden van den nood eene deugd te maken en den kapitein werd toegestaan, zijne lading te verkoopen, mits betalende ƒ 15 recognitie voor ieder slaaf. (§) Eindelijk, den 10den Junij 1782, voer de lang verwachte vloot, de rivier Suriname op: zij bestond uit 15 schepen, als: twee fregatten en dertien zoogenaamde Lettres de Marque. (†)

(*) Journaal van Texier, 3 April 1782.

(§) Journaal van Texier, 42 en 17 Mei 1782.

(†) Journaal van Texier, 10 Junij 1781. Die zoogenaamde Lettres

Het gebrek was nu geweken, en weldra kwam er, ook door andere aanvoeren, een zoo groote overvloed van levensmiddelen, dat een schip uit Holland, onder de keizerlijke vlag, met provisie geladen, den 14den September 1782 in Suriname gekomen, geen markt voor zijne lading kon vinden (de provisiën golden minder dan de inkoopsprijs in Holland) en het schip verliet Suriname, om elders een voordeeliger markt op te zoeken. (*)

Niet slechts kwamen de door de vloot aangebragte levensmiddelen goed te stade, ook de vermeerdering van magt was zeer gewenscht. De Engelschen toch hadden zich van de geleden verliezen hersteld en hunne scheepsmagt in de W. I. zee met 9 linieschepen versterkt (§), zoodat hunne vloot thans 36 linieschepen en de Fransche slechts 32 van het zelfde kaliber telde. Geruchten omtrent voornemens van den Engelschen Admiraal Rodney, om te beproeven, de door de Franschen veroverde koloniën te hernemen en ook Suriname aan te tasten, werden verbreid en Texier wenschte op alles, zooveel mogelijk, voorbereid te zijn.

Texier oordeelde, dat voor eene behoorlijke verdediging der kolonie, minstens 2000 man noodig waren, en de krijgsmagt bestond slechts uit 1000 man, waarvan niet meer dan 600 in weerbaren staat. Daarbij had Texier ook veel moeite om de ontevredenheid der soldaten te stillen. Er heerschte onder hen een slechte geest; vele soldaten deserteerden en men sprak zelfs van een komplot onder hen, van 80 à 90 man. De voornaamste oorzaak hiervan was niet het gebrek dat zij hadden moeten lijden, maar de onverstandige, ruwe en despotieke handelingen van hun chef: den luitenant-kolonel van Baerle; de goede discipline, die vroeger »exactelijk geobserveerd" werd, lag geheel in duigen, en Texier had veel te doen, om die eenigzins te herstellen. De vrijwilligers van de Aucaner bosch-

---

de Marque, waren min of meer gewapende koopvaardijschepen, aan wie door den staat lettres de marque ou de représailles (brieven van schadeverhaling op den vijand) waren verstrekt.

(*) Journaal van Texier, 14 September 1782.

(§) Journaal van Texier, 10 April 1782.

negers, die op het fort waren geplaatst, werden ook zoo
»malcontent," dat zij weigerden langer te dienen en men hen
alzoo ontslaan moest. Men vreesde dat hieruit soms een vredebreuk met hunnen stam zou ontstaan en versterkte alzoo de
bezetting van het cordon. (*) De hulp door de bemanning
der Lettres de Marque aangebragt, (de beide fregatten waren
kort na hunne aankomst vertrokken, terwijl zij 4 koopvaardijschepen onder convooi namen) (§) was zeer betrekkelijk.
Ook bier ontbrak discipline; er geschiedde vele ongeregeldheden onder het zeevolk en de kapiteins dier schepen, gedroegen
zich zeer »arrogant;" zij matigden zich veel gezag aan en lieten
de reveille en taptoe slaan, dat den inwoneren van Paramaribo
hooren en zien als verging." (†) In overleg met de kapiteins
der oorlogschepen werd hierin dan ook eenige veranderingen
gebragt.

Den 26sten October 1782 verlieten de meeste Lettres de Marque
de kolonie en werden geconvoyeerd door de oorlogschepen de
Thetis en de Valk. (**) Suriname zou alzoo geheel van de belangrijke bescherming der oorlogschepen beroofd zijn geweest,
zoo niet 's lands oorlogschip, de prinses Royal Sophia Frede-
rica Wilhelmine, kapitein van Raders, den 4den October 1782
voor Paramaribo was gekomen. (§§) Genoemde heer van Raders
schijnt een man van een beminnelijk karakter te zijn geweest;
hij wenschte zeer in goede harmonie met den Gouverneur te
leven, en gezamenlijk met hem de handen ineen te slaan, tot
wering van den mogelijk te verwachten vijand. Noch over
ceremoniëel, noch over andere kleinigheden, rezen nu die
hatelijke verschillen, die anders in Suriname zoo gewoon waren.
In November arriveerden nog twee oorlogschepen en de instructie van kapitein Raders luidde: met die bodems naar
Curaçao te vertrekken; hij gaf echter aan het dringend ver-

(*) Journaal van Texier, 24 en 25 Julij 1782.
(§) Journaal van Texier, 12 Julij 1782.
(†) Journaal van Texier, 12 Julij 1782.
(**) Journaal van Texier, 26 en 27 October 1782.
(§§) Journaal van Texier.

zoek van Texier en het Hof van Policie toe en bleef tot primo
Maart 1783. (*)

Van Raders verliet den 3den Maart 1783 met zijn schip de
kolonie en nam onder zijn geleide twee der nagebleven Lettres
de Marque: (§) doch de hulp der oorlogsvaartnigen kon nu
weldra ontbeerd worden, daar nog in diezelfde maand, een
ander Hollandsch oorlogschip, (den 16den Februarij uit Goerée
gezeild) overbrenger der tijding van den prins van Oranje was:
dat de Nederlandsche republiek toegetreden was tot den wapenstilstand met Engeland. (†) Het gevaar voor het oogenblik
was alzoo geweken; verscheidene, zoo oorlogs- als koopvaardijschepen, kwamen nu van tijd tot tijd binnen, en den 21sten
Augustus ontving Texier de officiele mededeeling van den Nederlandschen Gezant te Parijs, der heer Lestevenon van Ber-
kenroode, dat HH. MM. toegetreden waren tot den wapenstilstand tusschen onze Republiek en de Britschen kroon, (**)
welke wapenstilstand weldra door vredes-preliminairen en eindelijk door een vredestraktaat gevolgd werd. (§§)

Texier genoot dus de voldoening, dat Suriname voor de
Societeit en voor Nederland behouden was gebleven. Hij had
in dien zwaren tijd, met kracht en energie en tevens met
voorzigtigheid gehandeld; hij was trouw bijgestaan door den
kundigen en algemeen geachten Raad-Fiscaal Wichers, doch
had daarentegen meermalen verschil met den Boekhouder-
Generaal Wolphert Beeldsnijder Matroos. Grooter moeijelijkheden echter had Texier met den chef der troepen, den luitenant-kolonel van Baerle, tegen wien èn militairen èn burgers,
gelijkelijk waren ingenomen. Door bedaardheid en overleg,

(*) Journaal van Texier, 5 en 11 Februarij 1783.

(§) Journaal van Texier, 3 Maart 1783.

(†) Journaal van Texier, 20 en 21 Maart 1783.

(**) Journaal van Texier 21 Augustus 1783.

(§§) De vredes-preliminairen werden van onze zijde eerst den 2den
Sept. 1783 geteekend en het vredestraktaat den 20sten Mei 1784. Zie
over dat voor Nederland zoo nadeelige traktaat de onderscheidene
schrijvers als: Stuart, vervolg op Wagenaar. 4de deel; Rendorp, Memorie over den Engelschen oorlog. 2de deel; van Kampen, De Nederlanders buiten Europa. 3de deel; Groen van Prinsterer, enz. enz.

was het aan Texier ook gelukt den vrede en de eendragt, tusschen de officieren in dienst der Societeit en die der door
HH. MM. gezonden oorlogschepen, te bewaren, ofschoon dit
met regt een zware taak mogt worden genoemd.

Niet slechts als krijgsman, maakte Texier zich verdienstelijk
door getrouwe verdediging der kolonie tegen binnen- en buitenlandsche; vijanden ook in andere opzigten wilde hij het heil van
Surinames ingezetenen bevorderen. Zoo betoonde hij zich een
vriend der zendingszaak onder de Heidensche inwoners, welke
taak door de Moravische broeders met zooveel ijver en warme
liefde werd ter harte genomen.

Als eene droevige gebeurtenis onder zijn bestuur, moet genoemd
worden, het ophoudend er zending onder de Indianen te Saron,
waartoe onderscheidene omstandigheden medewerkten. (*) Die
onder de bevredigde Saramaccaner-boschnegers had wel met
veel te kampen, maar werkte echter niet ongezegend. De
zoon van het vroeger opperhoofd Albini (in 1766 in eene
expeditie tegen de Matturinegers gesneuveld) werd door het
Evangelie getroffen; hij ontving den heiligen doop en werd
een waar Christen, die door woord en voorbeeld een goed
getuigenis aflegde van de hoop, die in hem was; in Julij 1783
tot algemeen opperhoofd der Saramaccaners benoemd, bezigde
hij zijn invloed om de goede verstandhouding der zijnen, met
de kolonisten te bewaren. (§) Vooral droeg de arbeid der liefde
onder de negerslaven goede vruchten. Reeds in het begin van
1780 kwamen de Hernhutters bij Texier, met het verzoek, om
onder de hand eene collecte te mogen doen, ter vergrooting
van hun kerkgebouw, daar hunne middelen te gering waren,
»om zulks uyt hunne eygene beurs te kunnen fourneeren."
De talrijkheid der tot de Christelijke relegie overgaande negerslaven maakte die vergrooting noodzakelijk; reeds waren er 109
negers door hen gedoopt en in de gemeente ingelijfd, waaronder slechts 2 kinderen en behalve deze waren er wel 40
volwassenen, die mede in staat waren hunne geloofsbelijdenis
af te leggen. Texier stond, na overleg daaromtrent, met de

(*) Journaal van Texier, 13 Julij 1783.
(§) Journaal van Texier, 13 Julij 1783.

Raden van Policie, hun verzoek met de meeste welwillendheid
toe en bewees, dat hij met hunne pogingen ingenomen was,
door het volgend getuigenis in zijn dagboek te doen neder
schrijven: »*Het is te wenschen dat die lieden verder zoo voortgaan, om de slaaven tot het kristelijk geloof over te haalen,
want men bespeurd tusschen die geene die daarin zijn opgenomen, en die het Heydendom aankleeven een groot onderscheid
ten goede.*" (§)

Het blijkt dat Texier in het godsdienstige, verdraagzaamheid
liefhad; zonder dat dit uit minachting voor alle godsdienst
voortsproot. Waar dit eenigzins mogelijk was, wilde hij liever
door minnelijke schikking dan door geweld, ontstane verschillen uit den weg ruimen. Zoo had hij ter zijde vernomen,
dat men op den jaarlijkschen bededag in Augustus 1779
voornemens was, »de Gereformeerde predikanten voor stoelen
en banken te laten prediken en allen naar de Lutersche kerk
te gaan, om den meer begaafden redenaar dier gemeente te
hooren. Hij liet daarop den Luterschen predikant bij zich
komen en stelde hem voor, ten einde de wederzijdsche armen
niet te benadeelen, des namiddags te prediken. Deze nam dit
aan en alzoo werd er op dien Bededag 's morgens in de gereformeerde kerk in het Hollandsch gepreekt; 's middags in de
Luthersche kerk, en 's avonds weder in de Gereformeerde
kerk in het Fransch. Texier woonde alle drie deze godsdienstoefeningen bij. Hij kwam over het geheel trouw ter kerke en
ofschoon dit evenzeer uit politieke als religieuse oorzaken kon
geschieden, willen wij (naar den aard der liefde) de laatste vooral
niet miskennen, temeer daar wij hem ook bij andere gelegenheden belangstelling in de verkondiging des Evangelies zien
stellen. Behalve de begunstiging van de zending der broedergemeente, leidden wij die belangstelling ook af uit het volgende:

In 1780 waren twee Duitsche proponenten van de Luthersche religie, als recruten in Suriname gekomen. Deze lieden
waren van goede getuigschriften omtrent hun gedrag en hunne
bekwaamheid voorzien; zij gedroegen zich dan ook uitmuntend,

(§) Journaal van Texier, 4 Januarij 1780.

waarom Texier genoopt werd een derzelven, Adam genaamd, op het Fort Nieuw Amsterdam als ziekentrooster en veldprediker aan te stellen. Het garnizoen op genoemd fort was vrij talrijk en Texier verheugde zich dat Adam uitnemend voldeed en tot stichting van officieren en soldaten strekte: na een onderzoek van dien man door Ds. Schierbeek werd ook zijn tractement verhoogd (hij genoot slechts soldaten rantsoen) en ontving hij tot »encouragement" eene gratificatie van ƒ 400. (*)

Nuttige kennis te bevorderen was Texier mede aangenaam. In December 1779 had eene deputatie ven eenige liefhebbers, die een genootschap tot onderzoek der natuur wenschten op te rigten zich bij hem vervoegd, om hem het honorair lidmaatschap aan te bieden. Met heuschheid nam Texier deze opdragt aan en begaf zich ook naar de eerste vergadering, die in Februarij 1780 werd gehouden. Die vergadering was talrijk bezocht. De heer raad Fiscaal Wichers, president van het collegie, hield eene sierlijke aanspraak en verscheidene der werkende leden lazen fraaije stukken, aangaande de onderzoekingen op het natuurkundig gebied betrekking hebbende, voor. (§)

De spoedig daarop ingevallen oorlog met Engeland en de vrees die men in Suriname van een aanval der Engelschen koesterde, belette voor het oogenblik aan dergelijke zaken veel tijd te besteden.

De oprigting van het Collegium Medium, had mede onder het bestuur van Texier plaats. Den 6den December 1788 en den 18den Mei 1781 waren in het Hof van Policie over die oprigting reeds belangrijke discussien gevoerd; den 8sten Augustus 1781 werd een concept-instructie van 16 artikels ter tafel gebragt en goedgekeurd; de Raad van Policie Lemmers werd tot president benoemd; de overige leden van het bestuur bestonden uit docters, chirurgijns en apothekers. Den 21sten Februarij 1782 onderging de instructie eenige wijzingen en

_____

(*) Journaal van Texier, 29 Junij 1781.

(§) Journaal van Texier, 2 Februarij 1780; Hisiorische proeve 2e deel pag. 68.

werd de Taxa, waarnaar de onderscheidene beoefenaars der geneeskunde zich moesten regelen vastgesteld. (*)

Texier die ook gezellige omgang beminde hield, reeds kort na zijne komst tot het bewind (het eerst op woensdag 7 April 1779) eene wekelijksche assemblee aan het Gouvernementshuis voor »alle gedistingueerde heeren en dames in de kolonie." Hij kwam hierdoor in dadelijke aanraking met de aanzienlijken in Suriname en leerde hen alzoo beter kennen; terwijl die zamenkomsten bevorderlijk waren om de goede verstandhouding onderling zoo veel mogelijk te bewaren. (§)

De vele vermoeijenissen, die Texier in de laatste jaren had ondergaan en de geweldige inspanning waartoe hij genoodzaakt was geweest, hadden zijn gestel, dat evenwel niet heel sterk was gesloopt. Vooral in het laatste jaar had hij veel aan maagpijnen geleden (†); den 18den September 1783 werd hij door een zware koorts aangetast, waarvan hij niet weder opstond; den 25sten September des namiddags ten twee uren blies hij den laatsten adem uit. Hij bereikte den ouderdom van 31 jaren, 1 maand en 7 dagen.

Voor zoo ver wij uit de officiele en andere bescheiden kunnen oordeelen, was Texier iemand, die vele goede hoedanigheden bezat en die, gedurende den korten tijd dat hij de teugels van het het bewind over Suriname voerde, veel ten goede voor de kolonie heeft verrigt. Zijne voorzigtige en wijze maatregelen tot verdediging der kolonie, tijdens den Engelschen oorlog, bragten er onder Gods hulp veel toe bij, dat Suriname van een aanval der Engelschen bleef verschoond; vooral echter moeten wij in Texier de bekwaamheid roemen, met welke hij de verschillende opiniën, onder militaire en burgerlijke autoriteiten zoo wist te leiden, dat eene meermalen gevreesde botsing voorkomen werd. 18 JY 63

Ofschoon wij Texier geen persoonlijken moed willen ontzeggen vinden wij echter in zijn dagboek dikwijls uitdrukkingen,

(*) Notulen van Gouverneur en Raden, 6 December 1780, 18 Mei, 8 Augustus 1781, 21 Februarij 1782, enz. enz.

(§) Journaal van Texier, 7 April 1779.

(†) Journaal van Texier 27 September, 24 November 1782, enz. enz.

Aflevering

AMERIKA ONTDEKT 1492

GESCHIEDENIS

VAN

SURINAME

door

J. WOLBERS

Lith. v Emrik & Binger

UITGAVE VAN H. DE HOOGH, AMSTERDAM

die van eene bezorgdheid getuigen, welke soms den schijn van zekere vreesachtigheid aanneemt; die voornamelijk doorstraalt uit hetgeen in Texiers dagboek omtrent de boschnegers voorkomt, en waar sprake is van eene vermoedelijke vredebreuk met hen; doch — als vertegenwoordiger der blanke bevolking in Suriname beschouwd — drukte Texier slechts haar gevoelen uit, en verhief zich hierin niet boven zijn tijd.

Hij verwierf zich eene algemeene achting en zijn overlijden werd door velen in Suriname hartelijk betreurd.

Denzelfden dag, waarop Texier overleed, werden in eene buitengewone vergadering van het Hof van Politie, de geheime Resolutién omtrent de tijdelijke opvolging van den Gouverneur geopend en gelezen. De eerste hield de benoeming in van den eersten Raad Fiscaal Wichers tot Interims-Gouverneur; doch hieraan kon geen gevolg worden gegeven, daar genoemde heer zich, met verlof, in Nederland bevond. Er was evenwel in dergelijk geval voorzien : de tweede Resolutie wees den Raad en Boekhouder-Generaal mr. Wolphert Jacob Beeldsnijder Matroos aan, om zich, bij de mogelijke afwezigheid van den heer Wichers, na het overlijden van Texier, met het Interims bestuur te belasten. Hierop ontving de heer Beeldsnijder Matroos, die in de vergadering van het Hof tegenwoordig was, onmiddellijk de gelukwenschingen der aanwezige Raden van Politie en aanvaardde het bewind (*).

Den volgenden dag, den 26sten September 1783, werd het lijk van Texier, met de gewone plegtigheden, ter aarde besteld. Ter vermijding van dezelfde onaangenaamheden en moeijelijkheden, waarmede men ten opzigte van het ceremonieel, bij gelegenheid van de begrafenis van Nepven, tegenover de officieren der ter reede liggende oorlogsschepen te kampen had, werd besloten: den beiden zeekapiteins de zaak voor te stellen, en het aan hunne beslissing overlaten of zij bij de lijkstaatsie wilde tegenwoordig zijn, terwijl er werd bijgevoegd: »dat men het als geene beleediging zoude aanmerken indien zij verkozen te huis te blijven."

Die heeren waren over de loyale handelwijze van het Hof

en den Interims-Gouverneur zeer tevreden, en, ofschoon het corps zee-officieren aan den afgestorvene de laatste eer niet bewees, volgden echter de beide zeekapiteins »ter consideratie der achting voor den overledene" de lijkstaatsie, gaande in rang direct na den Interims-Gouverneur (*).

De plegtigheid, met zooveel zorg geregeld, om moeijelijkheden te voorkomen, werd echter op eene andere wijze, en wel door de Joden, verstoord. Als naar gewoonte waren de burger-compagniën te Paramaribo opgeroepen, om in de wapenen als schutters die plegtigheid »te celebreren" en alzoo ook de Joodsche burger-compagnie.

De dag der begrafenis viel juist op een Israëlitischen feestdag; »in plaats van den Interims-Gouverneur op eene decente en respectueuse wijze daaromtrent remonstrantiën te doen," maakten verscheidene Joodsche burgers een geweldig geraas en getier en een hunner Regenten beleedigde zelfs den heer Interims-Gouverneur."

Deze handelwijze verwekte bij vele ingezetenen verontwaardiging, en de Raad Fiscaal werd door het Hof gelast eene vervolging over die zaak in te stellen. De zaak was evenwel niet van dien aard, dat een regterlijk vonnis volgen kon, waarop het Hof — om het niet geheel ongestraft te laten — bij resolutie van 15 December 1784 besloot: de Joodsche burgers te eximeren, om voortaan bij festiviteiten in de wapenen te komen (§).

Deze maatregel echter was der Joodsche natie, die nu om het verkeerd gedrag van enkelen, in haar geheel beleedigd werd, zeer onaangenaam, en, op dringend verzoek harer Regenten, werd deze Resolutie den 15 Februarij 1785 buiten werking gebragt en ingetrokken (†).

Mr. W. J. Beeldsnijder Matroos was vijf jaren lang Boekhouder-Generaal geweest en bezat in het finantiële vak vele bekwaamheden. Hij trachtte met die bekwaamheden in zijne

---

(*) Notulen van Gouverneur en Raden 25 en 26 September 1783.

(§) Notulen van Gouverneur en Raden 15 December 1784.

(†) Notulen van Gouverneur en Raden 15 Februarij 1785.

nieuwe betrekking nuttig te zijn. Wij zien hem, in den korten tijd, dat hij het bewind over Suriname in handen had, ijverig bezig om verbeteringen in het bestuur der geld-middelen in te voeren, en pogingen aanwenden om het ge-schokte crediet op te beuren en tegen verder verval te bewaren.

Onoverkomelijke hinderpalen belemmerden hem telkens in de uitvoering zijner plannen; hij deed echter wat hij kon, en sloeg daarbij een goeden weg in, namelijk: hij beproefde *om door onderling overleg met de ingezetenen* gewenschte verbete-ringen van den droevigen finantiëlen toestand tot stand te brengen. Hij won ook gaarne raad en voorlichting van anderen in en handel-de niet als zoo vele hooggeplaatste personen, die vermeenen al-les alleen en beter dan ieder ander te weten.

In April 1784 vergaderden eenige personen te Paramaribo, om met elkander over den moeijelijken toestand der kolonie te beraadslagen; na langdurige deliberatiën besloten zij einde-lijk, om uit hun midden een paar personen te benoemen, ten einde in Holland de geldelijke belangen der kolonisten voor te staan. De keuze en benoeming dier personen hadden dan ook werke-lijk plaats; slechts over de aan hen te verleenen vergoeding voor reis-en verblijfkosten was nog eenig verschil. Beeldsnijder Matroos vernam een en ander en liet daarop een paar dier heeren bij zich komen en, hoewel hij hun mededeelde, dat hij in beginsel niet tegen dergelijke pogingen was, raadde hij hun om nog eenigen tijd te wachten en verzocht hen vriendelijk, met hem te overleggen hoe het beste in deze was te handelen (*).

Door dergelijke handelingen won hij het vertrouwen der kolo-nisten, verkreeg hij meer invloed en was het hem alzoo gemak-kelijker de zaken naar zijn inzigt te leiden. Meermalen werd dan ook de finantiéle kwestie door hem in het Hof ter sprake gebragt en daaromtrent voorstellen gedaan, die een gunstig onthaal vonden.

Indien er de eene of andere finantiële kwestie ter sprake of een rekwest dat daarop betrekking had, ter tafel kwam;

(*) Journaal van Beeldsnijder Matroos 8 April 1784.

nam Beeldsnijder Matroos die gelegenheid waar, om zijne denkbeelden ten beste der kolonie ingang te verschaffen. Zoo werd o. a., toen een door zekeren Jakob Soesman ingediend rekwest, om eenige gelden op hypotheek van den lande te mogen ontvangen, in het Hof werd besproken, door Beeldsnijder Matroos eene belangrijke memorie ingeleverd. In deze memorie wees hij op de importante schade, die het land of de koloniale kas vroeger bij het verleenen van gelden op hypotheek geleden had; hij erkende, dat eene meerdere securiteit alzoo volstrekt noodig was, doch dat, zoo deze behoorlijk kon worden vastgesteld, men toch op deze wijze de burgers gerieven en zelfs de koloniale kas bevoordeelen kon, waarop hij het volgende voorstelde:

In plaats van 1000 stuks obligatiën à ƒ 250.— te verbranden, (waartoe men het voornemen had, om de menigte papieren, die zonder soliede waarborg, zeer gebrekkig geld vertegenwoordigde, te verminderen) ze op hypotheek in betaling te geven; de interest (op de huizen te Paramaribo 8 procent, op suiker, koffij, cacao en katoen-plantaadjes 6 procent en op houtgronden 10 procent), te bezigen om die obligatiën in te ruilen en eerst daarna te verbranden (*). Eenigzins gewijzigd is hieraan gevolg gegeven.

Van grooter belang en dieper ingrijpende waren de beide voorstellen door Beeldsnijder Matroos, in de vergadering van het Hof den 51 Augustus 1784 ter nadere bespreking overgegeven. Het eerste behelsde niets minder dan: eene reductie van de door de planters aan de geldschieters verschuldigde kapitalen tot op de innerlijke waarde der verhypothekeerde effecten. In den regel had men door te hooge prisatie en andere schelmachtige streken veel meer geld op de plantaadjes enz. ontvangen, dan derzelver innerlijke waarde bedroeg; dit veroorzaakte een abnormalen en onhoudbaren toestand, dien Beeldsnijder Matroos door de voorgestelde reductie wenschte te doen ophouden. Hij wilde dan van dit verminderd kapitaal de schuldenaars 6 procent intrest doen betalen, waarvan de geldschie-

---

(*) Notulen van Gouverneur en Raden 1 Maart 1784.

ters slechts 4 procent zouden ontvangen , terwijl men de overige
2 procent moest doen oploopen, om hieruit van tijd tot tijd
een dividend aan de houders der obligatiën uit te keeren , die
hierdoor, tegen den tijd der uitkeering, zouden rijzen en levendigheid aan de speculatie bijzetten.

Het tweede voorstel bestond: in het verleenen van meerdere vrijheid aan de planters bij het verkoopen hunner
producten , waardoor zij grootere voordeelen dan op de gewone wijze zouden kunnen bedingen. Het Hof vereenigde
zich met de denkbeelden van den Interims-Gouverneur en
beide voorstellen werden ter goedkeuring aan HH. directeuren en H. H. M. toegezonden (*).

In verscheidene publieke kassen heerschten schaarschte en tevens verwarring (§). Texier had wel getracht, zoo veel hem
mogelijk was, ook hierin orde en regel te bevorderen, maar
de omstandigheden waren daartoe zeer ongunstig geweest: de
buitengewone bemoeijingen ter verdediging der kolonie tegen een
onverhoopten vijandelijken aanval hadden bijkans zijn geheelen tijd
ingenomen. Die verdediging had ook vele onvermijdelijke groote
uitgaven na zich gesleept. Volgens daarvan opgemaakte rekening bedroeg o. a. alleen: de huur voor slaven tot den
arbeid aan 's lands werken voor de defensie der kolonie, de
vergoeding der in 's lands dienst overledenen aan hunne meesters en de door de planters geleverde provisiën tijdens de jaren
1781—83 eene som van ƒ 40,772.19 (†).

Wij begrijpen dat het alzoo den Interims-Gouverneur onmogelijk
was om in den korten tijd van zijn bestuur alles op effen
voet te brengen. Vooral ondervond hij moeijelijkheden in zijne

(*) Notulen van Gouverneur en Raden 31 Augustus 1784.

(§) In October 1783 werd o. a., volgens opgaaf van den ontvanger
Morgues; uit de ijzeren kist ten zijnen huize aan kaartengeld en obligatiën voor eene som van ƒ 23,000 ontvreemd. Over deze zaak werd
veel gesproken; er was veel duisters in en er ontstonden vrij levendige
vermoedens tegen den ontvanger zelf. Zie Notulen van Gouverneur en
Raden 6 en 7 October 1783, enz. enz. Journaal van Beeldsnijder Matroos
5 en 11 October 1783, enz. enz.

(†) Notulen van Gouverneur en Raden 25 Februarij 1784,

poging, om de belangrijke vorderingen, die de societeit aan de koloniale kas had, te regelen en een begin te maken met dezelve af te doen: hierbij kon hij niet op medewerking van de Raden van Politie rekenen.

Het gerucht, dat de vredes-onderhandelingen tusschen onze Republiek en de Kroon van Engeland niet tot goede resultaten leidden en misschien zouden worden afgebroken, verwekte nieuwe vrees in de kolonie en men nam op nieuw eenige maatregelen van voorzorg (*).

Den 21sten November 1783 echter bragt een Hollandsch fregat de officiële tijding over, dat de vredes-preliminairen tusschen onzen Staat en de Engelsche Kroon den 2den September 1783 te Parijs geteekend waren (§), en den 17 November 1784 ontving men de copie van het definitieve vredestractaat (†).

De vrees voor den buitenlandschen vijand was alzoo voor dit oogenblik verdwenen; doch nu dreigde het gevaar weder van een anderen kant. Weinige dagen na het ontvangen der tijding van de teekening der vredes-preliminairen kwam er berigt uit het district Para, dat de Marrons de aldaar gelegene plantaadje La bonne Amitié hadden overvallen, de gebouwen verbrand, sommige slaven medegevoerd, anderen mishandeld en den blanken officier Maas gedood. Ook was, volgens dat berigt, de directeur niet te voorschijn gekomen en vreesde men, dat hij in den brand was omgekomen. Alleen dit laatste bevestigde zich niet; de directeur had zich met de vlugt gered en zich zoo lang in de struiken verborgen gehouden, tot dat de Marrons de plantaadje en den omtrek verlaten hadden; doch al het andere was maar al te waar. Bij het in brand steken der plantaadje-gebouwen hadden de Marrons een luid geschreeuw aangeheven en geroepen: *"Zoo hebt gij blanken ook met ons gehandeld"* (**); zoodat zij eenvoudig de wet der wedervergel-

---

(*) Notulen van Gouverneur en Raden 14 October 1783.

(§) Notulen van Gouverneur en Raden 25 November 1783. Journaal van Beeldsnijder Matroos 25 November 1783.

(†) Notulen van Gouverneur en Raden 17 November 1784.

(**) Notulen van Gouverneur en Raden 27 November en 1 December 1783. Journaal van Beeldsnijder Matroos 27 November 1783.

ding toepastten. Een gedeelte van het vrijcorps werd afgezonden om de Marrons op te sporen, doch »de vogels waren gevlogen." Het is opmerkelijk, dat men in Suriname, toen men ieder oogenblik den aanval van een buitenlandschen vijand vreesde, weinig of geen overlast van de Marrons had gehad, en dat, zoodra de vrede hersteld en dus die vrees geweken was, er telkens weder aanvallen op plantaadjes geschiedden. Slechts door den ijver en de vigilantie van het vrijcorps, dat zich gedurig op de bedreigde punten vertoonde en de Marrons in hunne schuilhoeken terugdreef, werden grootere onheilen verhoed. De maatregel door Texier genomen, om door de aanstelling van een eminent hoofd, waarvoor de leden van het corps tegelijk liefde en ontzag hadden, de rust der kolonie te bevorderen, voldeed uitmuntend. De daartoe gekozene persoon de heer Friderici was juist de man, die hiervoor geschiktheid bezat. Dapper, streng, regtvaardig, doch tevens minzaam, won hij geheel hun vertrouwen, terwijl hij zelf ook groot belang stelde in den goeden staat van het corps, en tevens de belangen van elk lid in het bijzonder ter harte nam.

In 1784 was het getal leden door sterfte en andere omstandigheden zeer verminderd en bedroeg slechts 178 personen, waarvan verscheidene door verkregen ongemakken en zwakte buiten staat waren behoorlijk de dienst waar te nemen. Friderici drong er nu op aan om het corps weder voltallig te maken en op zijn voorstel werd door Gouverneur en Raden besloten, om uit het eerstkomende slavenschip 15 à 20 man te koopen en die na een proeftijd, zoo zij hiertoe geschikt werden bevonden, in het corps in te lijven; ook werd Friderici verlof gegeven, om vrije mulatten of negers te engageren tegen ƒ12.— maandelijksche soldij, het ordinaire rantsoen en vrije montering, terwijl zij bovendien een handgeld zouden ontvangen (*). Ook namen eenige der Aucaansche negers dienst bij dit corps.

Was de dienst in de bosschen zwaar en vermoeijend, zij werd hun ligt door op te merken, dat hunne diensten op prijs werden gesteld en men hen goed verzorgde en billijke verzoeken

(*) Notulen van Gouverneur en Raden 16 Augustus 1784.

toestond. Zoo werd ook van tijd tot tijd door hen aanzoek gedaan, om over de hun door de regering geschonken erven bij uitersten wil te mogen beschikken, welk verzoek meestal onder eenige restrictie toegestaan werd (*). Ook kochten zij soms bloedverwanten vrij (§) en sommigen verhieven zich tot den rang van welgezeten burgers.

De beide compagniën vrije negers en mulatten in 1770 mede door Nepveu opgerigt (†), voldeden minder goed en vond men hier dezelfde ongeregeldheden als bij de compagniën schutters, die enkel uit blanken bestonden, en waarover dikwijls en bij herhaling geklaagd werd.

De andere maatregelen tot bescherming tegen de binnen-landsche vijanden was het Cordon, dat thans deszelfs voltooijing nabij was.

Het eene gedeelte van dit Cordon nam een begin bij de Joden Savane; had een grond van wit zand, eene breedte van 150 en 200 voet, was aan de eenen zijde bezet met krijgsposten en aan den andere met digt bosch en strekte tot aan de Commewijne uit; het andere gedeelte liep van de Commewijne tot bijkans aan de zee. De hoofdpost bij het eerstgenoemde gedeelte heette Mauritsburg. Hier stond het Hospitaal en nabij hetzelve de zoogenaamde »huishondelijke woning", die door Beeldsnijder Matroos veel verbeterd werd. (**).

Deze woning, »Gouverneurs lust" geheeten, was met schoo-ne tuinen omringd, beplant met velerlei kruiden, kleine boo-men en moesgroenten. Op uitgestrekte weilanden graasden een aantal runderen, bestemd voor de zieken van het hospitaal, alsmede verscheidene paarden en muilezels, benoodigd, om de levensmid-delen uit de Savane naar de onderscheidene posten over te voeren. Het geheel was goed onderhouden en had een aan-

---

(*) Notulen van Gouverneur en Raden 23 Augustus 1784.

(§) Men vindt hieromtrent soms treffende bijzonderheden in de no-tulen vermeld.

(†) Zie bladz. 319.

(**) Historische proeve 2de deel blad 46, 47.

genaam voorkomen, dat echter getemperd werd indien men een blik sloeg op de werklieden, misdadigers, zoo blanken als slaven, die aldaar geboeid den hun opgelegden arbeid moesten verrigten, om dus voor hunne wanbedrijven te boeten.

Door directeuren waren reeds meermalen plannen gevormd, om door kolonisatie van blanken een zekeren voormuur tegen de Marrons daar te stellen; doch, hoe dikwijls gevormd en beproefd, steeds waren zij mislukt. Niettegenstaande de droevige ondervinding daarbij opgedaan gaven de directeuren het toch nog niet op.

In 1779 hadden zij aan Texier bevolen hier en daar, digt bij het Cordon, gronden uit te geven en de ontginning daarvan door blanken op allerlei wijze te bevorderen. Dit bevel echter had Texier in de toen zoo drukkende tijden niet ten uitvoer kunnen leggen; Beeldsnijder Matroos liet nieuwe proeven nemen en eenen ander werd in gereedheid gebragt, waarvan de onkosten ƒ 1874.5 bedroegen (§); doch de nieuwe proef mislukte evenzeer als de vorige. In de Semeribo-kreek was een kostgrond aangelegd en aan een daarop geplaatsten blanke eene slavin tot het verrigten van huiswerk en veldarbeid, benevens gereedschappen enz. verstrekt. Spoedig werd die grond echter door den blanke verlaten, die naar Paramaribo terugkeerde.

Dat het mislukken van dergelijke ondernemingen vooral aan gebrek aan ijver en energie moet worden toegeschreven, en dat, waar deze gevonden worden, er veel kans tot welslagen is, trachtte Beeldsnijder Matroos o. a. te bewijzen door eene ontmoeting mede te deelen, op zijne reis in de divisie Para. Daar toch had hij een arbeidersgezin aangetroffen, bestaande uit man, vrouw, verscheidene kinderen en twee of drie slaven. Tijdens zijn bezoek was de vrouw bezig met huisselijken arbeid en onderwees tevens hare kinderen; de man kwam 's avonds met zijn bijl over den schouder van zijn werk, ofschoon vermoeid toch vrolijk, te huis. Er heerschte eene betrekkelijke welvaart; men

---

(§) Notulen Gouverneur en Raden 18 December 1783.

verdiende genoegzaam voor levensonderhoud en hield zelfs nog over. »Kon men zulke blanke landbouwers overhalen zich op de door HH. directeuren geprojecteerde etablissementen te vestigen, dan bestond er gegronde hoop, dat dergelijke nederzettingen wel slagen zouden," besloot Beeldsnijder Matroos zijne mededeeling in de vergadering van het Hof van 10 September 1784, en wij willen hem dit gaarne toestemmen — maar dergelijke personen zijn zoo schaars te vinden (*).

Na het ophouden van den oorlog met Engeland kwam er nieuwe levendigheid in de kolonie; vooral bezochten vele Amerikaansche schepen Suriname en dreven een vrij sterken handel. Behalve de provisiën door hen aangebragt werd ook nu weder in het gebrek aan muilezels voorzien, waaraan in den Engelschen oorlog eene groote schaarschte was ontstaan. Deze dieren waren van groot nut en voornamelijk voor die werkzaamheden, waar het vervoeren van zware lasten een hoofdvereischte was. Vele slaven konden hierdoor worden uitgewonnen, daar men berekende, dat men met twee karren, ieder bespannen met twee muilezels en waarbij twee a drie slaven als voerlieden dienden, men meer specie vervoeren kon dan met twaalf of veertien slaven, die dien last op hunne hoofden droegen. Vijf à zes honderd gulden werden dan ook doorgaans voor een muilezel betaald en dit was niet te duur (§).

Niet slechts Amerikaansche, ook Portugeesche schepen en somtijds Duitsche verschenen voor Paramaribo om handel te drijven. De geruchten omtrent verwikkelingen en mogelijk vredebreuk tusschen onzen staat en den Duitschen Keizer noopten echter wel tot eenige voorzigtigheid en maatregelen van voorzorg (†); maar milder begrippen omtrent den handel wonnen in Suriname veld, waarvan o. a. het volgende getuigt:

In Maart 1784 werd door directeuren eene copie missive

(*) Notulen van Gouverneur en Raden 10 September 1784.

(§) Notulen van Gouverneur en Raden 14 October 1783, enz. Journaal van Beeldsnijder Matroos 8 November 1783 enz.

(†) Notulen van Gouverneur en Raden 8 en 29 November 1784.

overgezonden van zekeren Goozewind Erkelins, wonende in
den staat Connecticut in Nieuw-Engeland, gedagteekend den
16 Mei 1785, waarop door HH. directeuren het oordeel van
Gouverneur en Raden werd verzocht. Genoemde heer had
aan de W. I. Societeit voorstellen tot een wederkeerigen handel gedaan. Hij wenschte een zeker monopolie te erlangen,
in het zenden van provisie naar Suriname, waarvoor hij op
gelijke wijze als retourvracht al de in de kolonie te maken
melassiestroop wilde opkoopen. Er moesten dan wel is waar
te Paramaribo magazijnen worden opgerigt, om de melassie
tot de komst van zijne schepen te bewaren, hetgeen eenige
kosten zou veroorzaken; doch hij verklaarde zich bereid een
gedeelte dier kosten op zich te nemen en gaf verder hoog op
van de vermoedelijke voordeelen, die uit dit monopolie voor
de planters en de Societeit zouden voortvloeijen, enz. Gouverneur en Raden oordeelden echter teregt, dat dergelijk monopolie eer na- dan voordeelig voor de kolonie zoude werken
en dat concurrentie verre te verkiezen was. In dien zin werd
daarop aan HH. directeuren geschreven (*): de overeenkomst
met den heer Erkelins kwam niet tot stand.

Een ander voorstel, aan het Hof bekend gemaakt door eene
missive van HH. directeuren van den 17den December 1783,
betreffende het permitteren van eene vaart tusschen Suriname
en Noord-Amerika heen en terug, vond meer bijval. Ook volgens dit
voorstel bleven er nog vele restrictiën; doch het reeds daaromtrent
bestaande placaat van den 23sten April 1704 zou er toch in milden
zin door geamplieerd en gealtereerd worden (§). Gunstig werd hierover aan HH. directeuren geadviseerd. Dat men in Suriname
meer en meer wenschte om den handel van de vele kwellende banden
te bevrijden, bleek uit verscheidene Resolutiën van het Hof en andere omstandigheden. Onder vele vermelden wij er slechts één.
Directeuren beklaagden zich bij het Hof, dat er sluikhandel
met Amerikaansche schepen werd gedreven: tegen de wet en
overeenkomsten werden meermalen suiker en andere verbo-

(*) Notulen van Gouverneur en Raden 10 Maart 1784, enz.
(§) Notulen van Gouverneur en Raden 17 Mei 1784, enz.

den goederen met die vaartuigen vervoerd. Directeuren wil·
den hiertegen bepalingen maken, die niet konden nalaten den
geheelen handel eenigzins te belemmeren. Na kennisgeving
hiervan antwoordden Gouverneur en Raden : dat zij beloofden
strengelijk tegen dien sluikhandel te zullen waken, maar tevens
dringend verzochten, om den geoorloofden handel geen hinderpalen in den weg te leggen (*).

Suriname heeft ook aan Beeldsnijder Matroos eene betere
regeling van het verzenden der brieven en depèches naar Berbice, Demerary en Essequebo te danken. Tot dien tijd ging
dit zeer onregelmatig; soms werden brieven of depèches door
de Indianen overgebragt; soms belasten zich de schippers,
die van de eene naar de andere plaats voeren, er zich mede,
doch eene geregelde orde ontbrak, waardoor men soms lang
naar tijding moest wachten. Volgens een nu, op voorstel van
den Interims-Gouverneur, door het Hof genomen besluit,
werd bepaald: dat de posthouder aan de Corentijn, om de
andere maand, de brieven van Berbice naar Paramaribo en
van daar naar Berbice zou overbrengen; behalve billijke port
voor particuliere brieven zou hij uit 's lands kas hiervoor eene
toelage genieten, als : voor iedere reis van Berbice naar Suriname f 50.— en voor de terugreis f 10. — (§).

Het was mede op bevel van Beeldsnijder Matroos, dat de
luitenant·kolonel van Baerle een accoord aanging met den
schoolmeester H. Beumer, om aan 25 militairen het lezen,
schrijven en cijferen te leeren, tegen eene belooning van
f 400.— 's jaars en voor ieder leerling daarenboven ½ riem
papier, 1½ bottel inkt en 4 bos pennen (†).

De gevangenis in Zeelandia, die, met steenen bevloerd, zoo
ongezond was, dat de gevangenen gedurig ziek werden, liet
hij in beteren staat brengen en van een planken vloer voor·
zien (**). En niet slechts zorgde Beeldsnijder Matroos voor de

---

(*) Notulen van Gouverneur en Raden 8 November 1784.
(§) Notulen van Gouverneur en Raden 9 Augustus 1784.
(†) Journaal van Beeldsnijder Matroos 3 Maart 1784.
(**) Notulen van Gouverneur en Raden 9 December 1784.

intellectueële belangen der soldaten en den tijdelijken welstand
der gevangenen, maar tevens verfraaide hij de stad Paramaribo, door de straten, tijdens zijn bestuur meer algemeen
met oranjeboomen te doen beplanten (*). Wie echter Beeldsnijder Matroos ook voldoen kon, den Joden niet. Zij waren
niet met hem ingenomen. Reeds bij de begrafenis van Texier
hadden zij hiervan blijken gegeven. Hun oordeel over zijn
persoon luidde: hij was onbedreven in de »huishoudelijke zaken der natie" en zijn spoedig aftreden »een geluk voor de
natie" (§). Zij respecteerden en ontzagen hem weinig. Toen
er in December 1784 twee nieuwe Raden van Politie moesten worden benoemd, over welke benoeming nog al eenig verschil tusschen den Interims-Gouverneur en het Hof ontstond,
kwamen de Joden niet bij ZWEGestr. om van hem te vernemen, wie door hem het liefst als Raad verlangd werd, maar
stemden naar eigen willekeur (†). Deze handelwijze streed
tegen den gewonen regel, daar de Gouverneur anders meestal
door de stemmen der Joden de nominatie naar zijnen wil leiden kon.

Beeldsnijder Matroos behoefde zich echter niet lang aan dit
gedrag der Joden te ergeren, want spoedig naderde de tijd,
waarop hij de teugels van het bewind uit zijne handen in die van
den nieuw benoemden Gouverneur-Generaal Mr. Jan Gerhard
Wichers kon overgeven. De tijding dier benoeming was den
1sten December 1784 te Suriname aangekomen, en 21 dagen
later, den 22sten December 1784, zeilde het Hollandsche fregat, kapitein C. Koos, de Suriname op, aan welks boord zich
de heer Wichers bevond, die den 24sten December het bestuur
van Beeldsnijder Matroos overnam (**).

De onderscheidene redevoeringen, die als naar gewoonte bij

(*) M. D. Teenstra. De landbouw in de kolonie Suriname, 1ste
deel blz. 52.

(§) Historische proeve 1ste deel bladz. 183 en 193.

(†) Journaal van Beeldsnijder Matroos 9 December 1784.

(**) Journaal van Beeldsnijder Matroos 1, 22 en 23 December 1784,
Notulen van Gouverneur en Raden 23 en 24 December 1784.

dergelijke gelegenheden gehouden werden, droegen den stempel van onderlinge achting en welwillendheid. Beeldsnijder Matroos ontving zoo van Wichers als van de Raden van Politie grooten lof over de wijze waarop hij de zaken had bestuurd (*).

De heer Wichers, in 1771 ter vervulling der belangrijke betrekking van Raad Fiscaal in de kolonie gekomen, was met derzelver behoeften bekend en daar hij in het moeijelijk ambt om: »het regt der hooge overheid alom waar te nemen" zich veel achting had verworven, werd zijne terugkomst in Suriname, in de waardigheid van Gouverneur-Generaal, over het algemeen met blijdschap begroet. In een vers van den Surinaamschen dichter P. F. Roos, bij deze gelegenheid vervaardigd, en aan Wichers bij zijne plegtige installatie op den 16den Maart 1785 aangeboden, wordt die komst genoemd: »een heilstraal die Suriname kwam beschijnen;" de dichter huldigde verder de edele hoedanigheden van den nieuwen Gouverneur en gaf de hooggestemde verwachting, die men van zijne komst aan het bewind koesterde, in verzen lucht.

Wichers werd algemeen als een kundig en verlicht man beschouwd en hem tevens eene groote mate van verdraagzaamheid zoo in het politieke als religieuse toegeschreven.

Bij den blik, dien wij thans willen werpen op den godsdienstigen toestand en den staat van het armwezen, zullen wij reeds hieromtrent eenige bijzonderheden kunnen opmerken; bij de vermelding van de ontwaakte zucht voor letterkunde zullen wij Wichers leeren kennen als een ijverig bevorderaar daarvan en uit zijne verdere handelingen als Gouverneur zal het ons blijken, dat hij de jegens hem gekoesterde verwachting niet geheel heeft teleurgesteld. Had hij ook

---

(*) Notulen van Gouverneur en Raden 24 December 1784. Directeuren der Societeit erkenden ook zijne verdiensten door hem in 1785 tot ontvanger der in- en uitgaande regten te benoemen. (Zie Notulen van Gouverneur en Raden 5 Maart 1785); hij vertrok echter kort na deze benoeming (5 Mei) naar Holland, keerde niet naar Suriname terug en overleed te 's Gravenhage den 14 September 1793. Sypensteyn. Aanteekeningen op de chronologische tafel van Gouverneurs.

zwakheden en gebreken, het is echter minder hieraan dan aan den ongunstigen loop der omstandigheden en aan de droevige verblindheid der Surinamers toe te schrijven, dat Suriname zich niet uit het naderend verval kon opheffen.

Bij het overzigt over den kerkelijken toestand en de armverzorging ten dien tijde in Suriname, rigtten wij thans het eerst den blik op de Hervormde of staatskerk. Omtrent den toestand der Hervormde kerk kan echter weinig worden medegedeeld. De voornaamste bronnen, waaruit wij kunnen putten, de acta's van het Conventus Deputatorum, werden telkens minder belangrijk. Het Conventus in 1788 gehouden duurde slechts twee dagen en uit den boezem van hetzelve kwam het verzoek aan het Hof, dat men het voortaan, in plaats van ieder jaar, om de drie jaren zou houden, hetgeen dan ook door het Hof goedgevonden werd (*).

Het scheen alles vrij geregeld toe te gaan; er waren minder onderlinge twistingen, maar of er meerder godsdienstig leven was valt moeijelijk hieruit alleen op te maken. In de acta van 1786 vindt men nog weder eens eene klagt over de Hernhutters: »die menschen maatigen zich aan, om slaaven buiten kennis van hunne meesters of meesteressen in hunne godsdienst te onderwijzen, aan te neemen en te doopen; hetgeen zelfs in de Gereformeerde Kerk niet mogt geschieden." Aan HH. Commissarissen politiek werd verzocht deze klagt bekend te maken, opdat het Hof hiertegen waken kon (§).

Om in plaats van dergelijke kleingeestige aanmerkingen, die zeker niet van ingenomenheid met dien arbeid der liefde getuigden, zelven met ijver de handen aan den ploeg te slaan en het Evangelie van genade der slaven te verkondigen, bestond helaas (wij merkten dit reeds vroeger op) weinig opgewektheid bij de predikanten. En slechts zeer zelden vindt men een berigt als wij lezen in de acta van het Conventus van 1788, »de predikanten onderwijzen van tijd tot tijd neegers in den Christe-

---

(*) Notulen van Gouverneur en Raden 11 Februarij 1788.
(§) Notulen van Gouverneur en Raden 11 Maart 1786.

lijken godsdienst en neemen hen aan tot ledematen van Vorst Messias" (*).

De gemeente aan de Commewijne had sedert 1758 geen eigen leeraar gehad en, ofschoon die zaak meermalen ter sprake kwam, werd er echter geen gevolg gegeven aan de herhaalde verzoeken om een leeraar; het kerkgebouw verviel en werd later gesloopt (§).

In de gemeente van Perica en Cottica werd de predikdienst vrij geregeld door een aldaar gevestigd predikant waargenomen. De in den tijd van Wichers aldaar dienende leeraar was Ds. J. C. de Cros.

Reeds in 1770 had hij zijn ambt in die gemeente aanvaard; van Februarij 1780 tot April 1781 was hij te Paramaribo werkzaam geweest, doch toen door zijne vorige gemeente teruggeroepen, had hij die roepstem gehoor gegeven en er zijn dienstwerk hervat, (hij was de laatste predikant dier gemeente, daar hij in Julij 1797 ten tweede male naar Paramaribo beroepen, deze beroeping aannam en zijne betrekking in Perica en Cottica sedert onvervuld bleef (†)).

Te Paramaribo waren bij afwisseling een, twee of drie predikanten geweest. Toen Wichers aan het bewind kwam, bevonden er zich drie predikanten aldaar: Ds. Schierbeek, Donkerman en Sporron. Kort na zijn optreden overleden de twee eerstgenoemden, als Ds. Schierbeek den 29sten Januarij 1785 en Ds. Donkerman drie dagen later, den 1sten Februarij. Omtrent den eerste vermeldt Wichers in zijn dagboek, dat: »hij was een man, die redelijk wel predikte, dog zijn lichaam veel verwaarloosde; het was egter te wenschen, dat hij herstelt was geweest, dewijl men dikwijls gevaar loopt van met min vreedzaamen opgescheept te worden" (**). Van Donkerman geeft de Gouverneur een gunstig getuigenis: »Hij was een braaf man, aan wien alle eigenschappen van een opregt Evangelie-dienaar

---

(*) Van Schaick. Geschiedenis der Hervormde Kerk bladz. 84.
(§) Van Schaick. Geschiedenis der Hervormde Kerk bladz. 86.
(†) Notulen van Gouverneur en Raden 11 Februarij 1788.
(**) Journaal van Wichers 1 Februarij 1785.

konden worden toegelegd; zijn overlijden is een verlies voor die kolonie, dat bezwaarlijk zal te herstellen zijn" (*).

Er bleef alzoo slechts een predikant, Ds. Sporron, over, om de predikdienst en andere aan het ambt verbonden pligten waar te nemen; terwijl eerst in November 1789 in de bestaande vacature door de overkomst van Ds. Groenevelt werd voorzien. Na het door Ds. Grob in 1785 genomen Emeritaat is er geen leeraar voor de Fransch-Gereformeerde (Waalsche) gemeente geweest.

De vermeerdering der armen hield geen gelijken tred met de vermeerdering van liefdegaven ten hunnen behoeve; de daarenboven aan de Gereformeerde armen verleende voorregten, als een gedeelte der op sommige wetsovertredingen gestelde boeten enz. enz. stijfden de diaconale kas niet genoegzaam, en men zag zich weldra in de onmogelijkheid gebragt, om de armen uit die kas te onderhouden. De Kerkeraad van Paramaribo wendde zich alzoo in 1786 tot het Hof van Policie, om subsidie te mogen erlangen. Dit verzoek werd toegestaan en eene jaarlijksche subsidie van ƒ 5000 verleend, die in 1789 tot ƒ 8000 werd verhoogd (§).

Hoewel Gouverneur en Raden hun goeden wil ten dezen opzigte toonden, vonden zij zich evenwel verpligt, om den Kerkeraad van Paramaribo ernstig te vermanen, van beter op de armverzorging toe te zien. Het ophalen der gelden geschiedde met »verregaande negligentie"; het toezigt over het Diaconiehuis was zeer gebrekkig en er heerschte veel verkwisting (†).

Die vermaningen schenen echter weinig doel te treffen, want in de notulen van het Hof vindt men o. a. in 1789 hernieuwde klagten dat de diaconale kas »deerlijk in de war" was (**).

De Luthersche gemeente had met veel wederwaardigheden te kampen.

(*) Journaal van Wichers 1 Februarij 1783.

(§) Notulen van Gouverneur en Raden 8 Maart 1786 en 15 December 1789.

(†) Notulen van Gouverneur en Raden 22 Augustus 1786.

(**) Notulen van Gouverneur en Raden 14 December 1789.

In 1741 was haar onder bezwarende voorwaarde (namelijk het opbrengen eener jaarlijksche belasting van ƒ 600, tot onderhoud van het hospitaal) toegestaan een eigen kerkgebouw op te rigten, dat in 1741 begonnen en in 1744 voltooid werd; in 1742 was de eerste Luthersche predikant, Ds. Pfaff, in Suriname gekomen (zie bladz. 200). Sedert dien tijd had de gemeente meestal een, soms echter twee predikanten gehad. Enkele dezer mannen waren door gaven en ijver uitmuntende; anderen daarentegen verwekten twist en tweedragt: in den Kerkeraad ging het nu en dan hevig toe. Door vertrek of onverwacht overlijden van predikanten was de Luthersche gemeente meermalen zonder voorganger. Zoo goed mogelijk werd dan echter in de dienst voorzien door een ouderling, die des zondags eene preek voorlas en alzoo de gemeente trachtte te stichtten.

Toen Ds. Carel Ferdinand Guntzer Ritter, om redenen van gezondheid, in Mei 1783 Suriname had verlaten, werden de openbare godsdienstoefeningen geregeld voortgezet, onder de leiding van den voorzanger en cathechiseermeester Bernard Kerman, die, op verzoek van een gedeelte der gemeente, daartoe de predikatiën van den abt Jerusalem voorlas.

In November 1784 kwam Ds. Reinhart Ritter, laatst predikant te Utrecht, in Suriname en hield zijne intreerede den 28sten November 1784.

Als een blijk van de zonderlinge wijze, waarop toenmaals in Suriname godsdienstige plegtigheden werden opgeluisterd, vermelden wij, dat, op verzoek van den heer C. Nagel, oudouderling der Luthersche gemeente, de scheepskapitein, met wien Ds. Ritter den overtogt had gedaan, na het eindigen der godsdienstoefening, met het losbranden van het scheepsgeschut salueerde, welk saluut door de andere ter reede liggende vaartuigen werd beantwoord (1).

(*) Bij het feest van het 25 jarig bestaan der gemeente, op zondag 22 November 1767, werd de plegtigheid besloten met een prachtig kerkmuzijk en het schieten der schepen op de reede, die door de ukken, liggende voor de kerk, eindelijk werden bedankt.

De behoefte aan een kerkefonds, waaruit de predikant, de koster enz. moesten worden betaald en dat tevens strekken moest voor het onderhoud van kerk en pastorie en voor de jaarlijksche contributie van *f* 600.— aan het hospitaal, werd weldra gevoeld. De heer Knöffel, een aanzienlijk lid der gemeente, schonk daartoe in 1757 een stuk land, groot 250 akkers, gelegen aan de Beneden-Commewijne, en geschikt tot het aanleggen van eene *koffij*-plantaadje. Dit geschenk kwam der gemeente duur te staan. Ter bestrijding der onkosten voor het aanleggen en bebouwen van den grond en den aankoop der daartoe benoodigde slaven werd eene buitengewone collecte gedaan, en men ondervond allerwege eene groote milddadigheid. Onderscheidene koopvaardij-kapiteins deden aanbiedingen van materialen (steenen, kalk en cement) tot het oprigten der gebouwen; nu en dan werden slaven kosteloos afgestaan om op de plantaadje te arbeiden; enkelen werden zelfs geschonken; doch dit alles was niet genoegzaam; er waren meer gelden noodig.

Men besloot reeds, na eenige andere mislukte pogingen ter verkrijging daarvan, in 1758 eene som van *f* 8000.— op hypotheek te nemen bij den heer M. Broen te Amsterdam. Die schuld werd gedurig grooter, en zelfs niettegenstaande in dien tijd der gemeente eene erfenis ten deele viel van zekeren Jan Schuttelaar, ten bedrage van *f* 25,000.— en niettegenstaande (zoo het heette) de administratie kosteloos werd waargenomen, wies de schuld zoozeer aan, dat in 1771 het aan den heer Broen competerende saldo was geklommen tot *f* 74,745.— Op verzoek van den heer Broen en op voorstel van den Administrateur werd de oude hypotheek geannuleerd en eene nieuwe daarop gevestigd, ten bedrage van $5/8$ der laatste prisatie. Deze had plaats gevonden in de maand Februarij van hetzelfde jaar, toen de plantaadje werd geschat op eene waarde van *f* 149,900.— (de hypotheek bedroeg alzoo *f* 93,182.10).

Een huis, door den inmiddels overleden oud-ouderling J. G. Telbingen aan de kerk vermaakt, werd in 1774 verkocht, om den kassier-diaken een voorschot van *f* 400.— te rembourseren. Ook werd er eene negotiatie in kleine aandeelen van *f* 150.—, *f* 200.—, *f* 300.— en *f* 500.— à 4 procent 's jaars daargesteld, waarin voor ƒ 7000.— deelgenomen werd. Als waarborg hiervoor werd de pastorie verhypothekeerd. Deze gelden moesten voornamelijk strekken tot het aankoopen van slaven voor de plantaadje (*).

Dit alles echter kon de vermeerdering van schuld bij den hypotheekhouder niet verhoeden. De heer Broen verlangde medebeheering in de Administratie, of dat de schuld zou worden voldaan, of dat de plantaadje hem tot kwijting daarvan zou worden toegewezen.

Aan dit eerste verlangen werd voldaan in 1785 door de aanstelling van den heer André tot mede-Administrateur; verder wilde de Kerkeraad de plantaadje wel aan den heer Broen afstaan, indien hij al de andere schuld voor zijne rekening nam en den laatsten koffijpluk aan de kerk overliet. Hierin nam genoemde heer echter geen genoegen. Onder gestadige onderhandelingen met den heer André, schrijven en wederschrijven en altijd ernstiger bedreigingen van den heer Broen, verliepen nog eenige jaren (†).

De drukkende belasting van 's jaarlijks ƒ 600.— aan 's Rijks-Hospitaal uit te keeren was in 1768 voor eene som van ƒ 8000.— afgekocht. Men was daartoe in staat gesteld door een edelmoedig aanbod van den oud-ouderling J. G. Telbingen, die deze belangrijke som uit eigene middelen daartoe verstrekte. Er kwamen werkelijk vele giften voor de kerk. De heer Knöffel had in 1762 een fraai orgel geschonken. Op den dag der plaatsing werd ƒ 700.— voor het onderhoud er van gecollecteerd. Mevrouw Kraaijvanger gaf een fraai zilveren doopbekken; gedurig werd door vermogende gemeenteleden de kas gestijfd, en toch gingen de finantiën achteruit.

(*) Van deze obligatiën werden er later verscheidene aan de kerk geschonken. Anderen werden soms nog vele jaren daarna ter voldoening gepresenteerd, waardoor de Kerkeraad niet zelden in groote verlegenheid geraakte. Den 3den Mei 1786 bleef er nog voor de somma van ƒ 1900.— af te lossen over.

(†) Den 16den Julij 1793 werd eindelijk door den Kerkeraad het besluit genomen: de plantaadje voor de schuld aan den heer M. Broen over te geven. Eerst in 1799 echter werd het transport gepasseerd en de hypotheek geroyeerd.

De onderneming van den aanleg van eene plantaadje had vele kosten veroorzaakt. Wij zeggen het den eerwaarden Moes, aan wiens opstel over de Geschiedenis der Evangelisch-Luther-sche Gemeente in Suriname wij veel hebben ontleend, volmondig na: nimmer had een christelijk kerkbestuur zich in deze onderneming behooren in te laten.

Slecht beheer zoo over die plantaadje als over de andere kerkfondsen (twee kerkmeesters o. a. lieten bij hun overlijden een duchtig deficit in de kas achter), onverwachts overlijden van predikanten, wier weduwen pensioen moesten ontvangen enz. enz. werkten tot dezen droevigen staat mede.

Ook de Diaconie-kas verkeerde in slechten toestand. Het getal behoeftigen, die in het Diaconie-huis werden opgenomen, nam steeds toe. Onder hen bevonden zich ook vele bejaarde, zieke en buiten brood zijnde plantaadje-bedienden, die kosteloos werden verpleegd. De Kerkeraad rigtte zich uit dien hoofde, bij rekwest van 7 December 1785, tot den Gouverneur en het Hof, met verzoek, om een of tweemaal in het jaar, bij de plantaadje-bewoners ten behoeve van het Diaconie-huis te mogen collecteren. Onder de restrictie, dat men zich enkel tot geloofsgenooten zou bepalen, werd dit toegestaan.

Doch ook dit baatte niet genoegzaam; de kas der Diaconie verkeerde in 1788 weder in een zeer slechten staat. Er werd nu een breedvoerig rekwest aan Gouverneur en Raden ingediend, inhoudende het verzoek, om eene jaarlijksche subsidie van 5 à 6 duizend gulden van den lande, ter tegemoetkoming in de kosten tot onderhoud der armen in het Diaconie-huis. De Boekhouder-Generaal adviseerde hierop ongunstig en daarop werd dit verzoek gewezen van de hand (*).

Men trachtte toen met de Hervormde Diaconie in schikking te komen; daar ontving men een ontwijkend antwoord. De Gouverneur Wichers werd nu in den arm genomen en geraadpleegd: hij vermeende, dat het Hof op een aanzoek tot leening wel gunstig zou beschikken, en dat men zich tevens tot hetzelve moest wenden, om brieven van voorschrijving bij HH.

(*) Notulen van Gouverneur en Raden 27 Mei 1788.

Directeuren. Overeenkomstig dezen raad ,werd in Augustus 1788 alzoo een nieuw rekwest ingediend; daarin verzocht men:

1o. Brieven van voorschrijving door Gouverneur en Raden bij een voorgenomen adres aan HH. Directeuren der Societeit om ondersteuning;

2o. Eene driemaandelijksche toelage van ƒ1500. —, bij wijze van leening, totdat het antwoord op gemeld adres zou zijn ingekomen.

Dit verzoek werd, wat aangaat het eerste punt, bij resolutie van den 11den Augustus van 1788, ingewilligd; doch, wat betreft het tweede, na ingewonnen advies van den Raad Boek-houder-Generaal, bij besluit van den 21sten derzelfde maand, gewezen van de hand.

Door den drang der nijpende omstandigheden besloot men eenige commensalen uit het Diaconie-huis weg te zenden; dezen beklaagden zich hierover bij den Gouverneur, die daarop den kassier Diacoon bij zich ontbood. De Gouverneur vermaande den Kerkeraad, om de weggezonden commensalen weder op te nemen, dewijl de gemeente zich had verbonden voor hare armen te zorgen en hij vermeende, dat zij dit thans te eerder moest doen, daar het Hof nog zoo kort geleden de verlangde brieven van voorschrijving had verleend, waaromtrent hij niet twijfelde, of zij zouden van een gewenscht effect zijn. Op raad van den Gouverneur werd er nu, in afwachting daarvan, eene buitengewone collecte bij de in- en opgezetenen gedaan (*).

De broedergemeente breidde zich steeds meer en meer uit. De Evangelie-prediking onder de slaven werd ruimschoots ge-zegend, en niet slechts in de stad Paramaribo en in hare naaste omgeving werd deze arbeid der liefde getrouw behartigd: de gemeente rigtte haren liefdevollen blik naar de zonder troost levende plantaadje-slaven. In Februarij 1785 vervoegden de voorstanders der gemeente zich tot den Gouverneur met het

(*) Journaal van Wichers 17 September 1788. Het meeste van het hier omtrent de Luthersche gemeente medegedeelde is (soms woordelijk teruggegeven) ontleend aan het belangrijk opstel: De geschiedenis der Evangelisch-Luthersche gemeente in Suriname door C. M. Moes, op-genomen in het tijdschrift West-Indië, 2e jaargang.

verzoek, om een door hen aangewezen stuk grond aan de
rivier Commewijne, bij het fort Sommelsdijk, aan de gemeente
af te staan, ten einde aldaar een zendingstation ten behoeve
der plantaadje-slaven op te rigten. Dit verzoek, door Wichers
in de vergadering van het Hof ondersteund, werd goed opgenomen en aan de waardige zendboden werd, wel niet het door
hen verlangde, maar een ander geschikte grond geschonken
en — men verwachtte veel goeds van de vestiging der Mora-
rische broeders (*).

Dat die verwachting niet teleurgesteld werd zullen wij later
doen opmerken (§).

De in de kolonie verspreidde Roomsch-Catholieken hadden
meermalen pogingen aangewend, om de vrijheid te erlangen
hunne godsdienst openlijk te vieren en als gemeente te worden
erkend. Steeds waren die pogingen zonder goeden uitslag gebleven, thans echter gelukten zij.

Voornamelijk hadden de Roomsch-Catholieken te Amsterdam
zich de belangen hunner geloofsgenooten in Suriname aangetrokken. Zij hadden zich in de eerste plaats tot heeren
Directeuren en regeerders der kolonie Suriname (†) gewend.
Dezen zonden dit rekwest naar Suriname, om het gevoelen
van Gouverneur en Raden daaromtrent te vernemen Het Hof
was gunstig voor het verzoek gestemd. De hoofdinhoud der
missive, daarover door hetzelve aan HH. Directeuren gezonden,
luidde als volgt: »In aanmerking neemende, dat wij thans de
tijden beleeven, dat veele vooroordeelen schijnen te wijken,
en de verdraagzaamheid hoe langer hoe meer veld wint bij de
beschaafde volkeren, vermeenen Gouverneur en Raden, dat
het verzoek der rekwestranten kan worden toegestaan, echter
onder de volgende restrictiën:

1o. dat de plaats tot openbare godsdienstoefening niet anders
zijn mag dan te Paramaribo;

(*) Notulen van Gouverneur en Raden 14 Februarij 1785.
(§) Zie nader hieromtrent de hoofdstukken, die meer bepaald over
de zendingszaak handelen.
(†) Deze nieuwe titel was hun eenige jaren te voren door H H. M.
verleend.

2o. hunne vergaderplaats of kerk geen ander aanzien hebbe dan een gewoon burgerhuis;

5o. slechts wereldlijke priesters worden toegelaten, die in cas van wangedrag door Gouverneur en Raden, zonder vorm van proces, uit de kolonie kunnen worden weggezonden;

4o. omgangen en processiën verboden blijven en de priesters zich op straat niet anders dan in burgerlijke kleeding mogen vertoonen;

5o. hunne armen niet komen ten laste van den staat;

6o. geene slaven tot hunne godsdienst mogen overgaan;

7o. zoo zij tegen een of ander der vastgestelde punten handelen, hunne kerk gesloten worde;

8o. zij zich verder zullen gedragen, volgens de voorwaarden en bepalingen, bij placaten en reglementen door de Staten van Holland, omtrent de uitoefening van de Roomschen godsdienst geëmaneerd.

Verder liet men aan HH. directeuren over, om nadere restrictiën en bepalingen te vormen, welke zij oirbaar zouden achten (*).

Het Hof had echter hieromtrent milder begrippen dan HH. Directeuren; want toen dezen later het 6de artikel, waarbij verboden werd, dat slaven tot de Roomsch-Catholieke godsdienst overgingen, wilden uitbreiden en toepassen op vrije mulatten en negers, antwoordden Gouverneur en Raden: »dat het verbod aan de Roomschen om slaaven tot hunnen godsdienst te lokken aanmoedigen en veelmin aanneemen uit politieque redenen voortvloeyde, om geene openbaare gelegendheden te geven, tot het insluypen van verscheidene ongeregeldheden, die onder het dekmantel van godsdienstoefening door de slaaven zouden kunnen worden bedreeven, oft waartoe deselve zouden kunnen worden geëmployeerd, dog dat vrye mulatten en neegers, die oftschoon voor het grootste gedeelte gemanummitteerd, nogtans alle de voorregten van vrye geboorenen in den Burgerstaat genieten, en het daarom niet gevoeglyk te compasseeren is, dat ymand die de vryheid geniet zoude worden bepaald, om-

---

(*) Notulen van Gouverneur en Raden 18 Februarij 1785..

trent oft te wel verstooten van de een oft andere geloofsbe-
lydenis, die een zoodanige, veelligt uyt overtuiging zoude
willen aanneemen."

Gouverneur en Raden verzochten dus dat het artikel onveranderd bleef en niet zou worden uitgebreid (*); gelijk dan ook
dienovereenkomstig is geschied.

In 1785 nog kwamen twee Roomsch-Catholieke priesters in
Suriname. Hunne hier en daar verspreidde geloofsgenooten
waren over deze komst zeer verheugd, en spoedig werd een
groot huis van twee verdiepingen gekocht, waarvan het be-
nedenste gedeelte tot kerk en het bovenste tot eene woning
voor de priesters werd ingerigt. De meeste inwoners, zoo
Christenen als Joden, gaven bijdragen tot voltooijing van dit
gebouw.

Op den eersten April 1787 werd de nieuwe kerk plegtig
ingewijd, onder het celebreren eener Hoogmis. De Gouverneur
en de leden der beide Hoven werden tot het bijwonen dezer plegtigheid uitgenoodigd en woonden dezelve bij. De toevloed van
nieuwsgierigen was ontzaggelijk groot. Velen, die in Suriname
waren geboren en nooit Europa hadden bezocht en alzoo nimmer
eene godsdienstoefening der Roomsch-Catholieken hadden gezien, stonden verbaasd bij het aanschouwen der ceremoniën,
die zoo weinig overeenkomst bezaten met die der Protestanten.

De Joden meenden daar in eenige overeenkomst te zien met de viering der Israëlitische godsdienst in den tempel te Jeruzalem. Veel
eere en begroetingen en heilwenschen werden den autoriteiten toegebragt (§).

Een der Roomsche priesters, Adriaan Kerstens, verliet in hetzelfde jaar de kolonie, en zijn ambtgenoot Albertus van Door-
nick overleed den 10den November 1787 (†); doch reeds in
het begin van 1788 kwam de priester Petrus van Noort de
vacante plaats vervullen.

(*) Notulen van Gouverneur en Raden 21 December 1785.

(§) Historische proeve 2de deel, bladz. 18 en 19.

(†) Historische proeve 2de deel, bladz. 18, 19. Journaal van Wichers
10 November 1787.

Het getal Roomsch-Catholieken was in de eerste tijden zeer
gering, zoodat zij moeijelijk in staat waren, om in al het
noodige voor de eeredienst te voorzien en de schulden af te
betalen, die men tot aankoop en bouw der kerk en pastorie had moeten maken. De verzorging hunner eigene armen,
waartoe zij, volgens artikel 5 der voorwaarden op hunne toelating gesteld, verpligt waren, kon dus niet dadelijk geschieden. In December 1788 echter berigtte de pastoor, dat de
Roomsch-Catholieke gemeente voortaan voor haar eigen armen zou zorg dragen (*).

Bij de Portugesche Joodsche gemeente heerschte steeds veel
verwarring. Behalve dat er partijschappen onder hen bestonden, die bij den achtergang der kolonie, waarin de Joden
vooral deelden (§), zeer ten nadeele voor hunne belangen
strekten, kwamen de verschillen op kerkelijk gebied.

Reeds onder Mauritius en von Spörche had de regeling van
onderscheidene kerkelijke verordeningen vele moeijelijkheden
veroorzaakt. De regeling was echter tot stand gekomen en
onder den naam van Ascamoth door H. H. M. en de prinses Gouvernante en HH. Directeuren der societeit in 1754 bekrachigd (†).
De behoefte naar veranderingen deed zich thans op nieuw gevoelen en een groot gedeelte der natie drong hierop sterk aan.

De Joodsche regenten stelden veel vertrouwen in Wichers,
want op de algemeene vergadering van Regenten en bijgevoeg-
den (het collegie der Mahamad en Universele Junta), gehouden den 8sten Maart 1785, waar de verbetering van de
instellingen en het bestier der natie werd besproken, besloot
men deze over te laten »aan de zorgen en het bescheiden
oordeel van den heer Gouverneur, ten einde die daarover
naar zijne wijsheid oordeelen mogt (**)." Wichers ontving alzoo »de magt en authoriteit om te disponeeren in zoodanige
middelen als hij tot reforme en redres onder de Portugeesche

(*) Notulen van Gouverneur en Raden **15** December 1788.

(§) Zie bladz. 313 en 14.

(†) Zie bladz. 231 en 32.

(**) Historische proeve 1ste deel bladz. 195.

Joodsche natie, zoo omtrent deszelfs privilegiën, Ascamoth, Usantiën, costumen als finantiën van den Sinagoge, nuttig en billijk mogt bevinden" (*).

Nadat Wichers met deze magt bekleed, omtrent het een en ander nader was ingelicht, waartoe voornamelijk de adjunct-penningmeester David de Is. C. Nassy (een der schrijvers van de historische proeve) hem ten dienste stond, achtte hij het noodig, »alvoorens eenige pogingen van reforme of redres te beramen," het getal der Regenten te vergrooten en dezelven voor een langeren tijd, dan bij de Ascamoth was bepaald, in hun ambt te doen continueren, »om daardoor met gestadigheid, zorg en vlijt te kunnen werken, en door eene grondige verkreegene kennis van zaaken, in staat gesteld te worden om een volledig en welgesteld plan van reforme uit te werken." Zeven Regenten werden toen voor drie en een half jaar aangesteld en onder dezen D. I. C. Nassy. Deze nieuwe Regenten beijverden zich, om, overeenkomstig den last hun door den Gouverneur opgedragen, »de gemoederen der leden in het bijzonder voor te bereiden; en allengs bragten zij het zoo verre, dat zij de nieuwe instellingen, of Ascamoth, in order hebbende gebragt, dezelve aan de algemeene vergadering der natie overgaven, om daar onderzocht en vervolgens goedgekeurd te worden." Dit geschiedde in gepaste orde en met de vereischte omstandigheden en werd daarna den heere Gouverneur aangeboden, die de nieuwe regeling of Ascamoth aan HH. Directeuren zond, om door hen en H. H. M. te worden geapprobeerd (§).

Kort na de aanstelling der nieuwe Regenten vond het honderdjarig jubelfeest plaats van de stichting der Synagoge op de Joden Savane. Deze Synagoge was onder van Sommelsdijk in 1685 gebouwd (zie bladz. 72) en den 12den October 1785 werd het eeuwfeest dier stichting met veel plegtigheid gevierd. De Gouverneur en de meeste leden der beide Hoven woonden dit feest bij, waarbij alle praal, die de natie

---

(§) Bijlage 23 van de Historische proeve 2de deel, bladz. 151.

(†) Historische proeve 1ste deel, bladz. 195 en 96.

daaraan met mogelijkheid kon bijzetten, niet gespaard werd, als: kostbare tafels met ruim 300 schotels, eene illuminatie van 1000 lampions en fraaije decoratiën. Er werd gegeten en gedronken, vele toasten ingesteld, eenige Hebreeuwsche gebeden uitgesproken, enz. enz. Een tweetal dichtstukken van de heeren Roos en Lemmers werden voorgedragen; terwijl een luisterrijk bal (Surinaamsche gewoonte) het feest besloot (*).

Bij deze gelegenheid had de Savane nog eens weder een feestelijk aanzien; zij begon anders zeer te vervallen. Er woonden nog slechts een twintig arme huisgezinnen; vele huizen waren onbewoond en vervielen door het onvermogen der meesters om ze te herstellen. De natie had hare meeste plantaadjes verloren (zie bladz. 513, 14, 15); vijf achtste derzelve woonden te Paramaribo; de arme lieden, die nog op de Savane toefden, vonden hun bestaan in het drijven van koopmanschap met de officieren en soldaten van het Cordon; doch bij vermeerdering der concurrentie verdienden zij naauwelijks het noodige tot hun levensonderhoud. In de maand September bij de viering van het loofhuttenfeest kwamen echter nog vele personen van Paramaribo en de plantaadjes en vulden de gedeeltelijk ledig staande huizen. Verscheidene Christenen kwamen dan ook de Savane bezoeken, verlustigden zich in wandeltogtjes naar het Cordon en waren deelgenooten van de kleine danspartijën en andere vreugdebedrijven door de Joden gegeven. De gezonde lucht, die men er inademde; de vrijheid, die men er genoot om naar welgevallen te leven; de goede sier, die er werd gemaakt; dit alles te zamen maakte de Savane voor den tijd van vier weken tot een aangenaam verblijf. Waren de feesten afgeloopen en de aanzienlijken naar de stad teruggekeerd, dan werd het er weder doodsch en treurig (§).

(*) Teenstra. De Negerslaven in de kolonie Suriname, bladz. 335. Beschrijving van de plechtigheden nevens de lofdichten en gebeden. uitgesproken op het eerste jubelfeest van de synagogue der Portugeesche Joodsche gemeente op de Savana in de colonie Suriname, den 12den October 1785, te Amsterdam, bij Hendrik Willem en Cornelis Dronsberg. Journaal van Wichers 11 October 1785.

(§) Historische proeve 2de Deel 47, 48.

Niettegenstaande de groote verliezen door de Joden geleden,
bevonden er zich onder hen nog verscheidene rijke menschen.
Bij de Portugesche gemeente vond men, ten dien tijde, personen en familiën, die van vijftig tot viermaal honderd duizend
gulden kapitaal bezaten; grootendeels bijeenverzameld door den
handel met de Engelschen enz.; en ook, die twintig tot vijftig duizend besteedden in de houtvellingen, welke goede opbrengsten gaven.

Enkele kapitalisten, die honderd vijftig tot twee honderd duizend gulden bezaten, waren ook onder de Duitsche Joden.
Het grootste gedeelte der beide natiën, wel twee derde, echter behoorde tot de behoeftigen.

De weinige rijken hadden alzoo veel voor hunne rekening.
Behalve de verzorging hunner talrijke armen moest de Por-
tugeesch-Israëlitische gemeente de straks vermelde Synagoge
op de Savane onderhouden en die in Paramaribo (in 1729
gebouwd); de Hoogduitsche Israëlitische voor hunne Synagoge
in de stad, waarvan de eerste steen in 1775 was gelegd. Geen
der beide Joodsche gemeenten hadden een bijzonder huis
ter verpleging hunner armen; doch ieder arm huisgezin genoot naar evenredigheid van zijne behoeften, eene jaarlijksche bezoldiging, zoodat men weinig of in het geheel geen
bedelaars onder hen op 's Heeren straten aantrof (*).

Behalve de algemeene armenkas, wier gemiddelde uitgaven
zeven à acht duizend gulden bedroeg, waren bij de Portugeesch-
Israëlitische gemeente nog drie broederschappen, die in betrekking tot armverzorging stonden, als: de een tot begra-
ving der dooden en het onderhoud der kerkhoven; de andere
tot verzorging der zweetdoeken of doodlakens, doodvaten,
grafsteenen enz. en het onderhoud der arme huisgezinnen gedurende de zeven dagen van den rouw; de derde tot bijstand
der zieken en bezorging van hetgeen zij noodig hebben. Door
deze drie broederschappen werd ongeveer vier duizend gulden
jaarlijks tot onderstand der armen besteed (§).

_____

(*) Historische proeve 2de deel, bladz. 21, 22.
(§) Historische proeve 1ste deel, bladz. 135.

Zoogenaamd ter tegemoetkoming voor de armen werden in 1787 ook twee plannen tot het houden van loterijën gevormd; eene van ƒ 50,000.— en eene van ƒ 50,000.—. 10 pCt. zou van de te betalen prijzen en premiën voor de Gereformeerde armen worden ingehouden. HH. Directeuren, aan wie het verzoek, om hiertoe vrijheid te verleenen, was gedaan, antwoordden, dat zij deze gemelde loterijen zouden toestaan, — »doch geene meer, voordat de ondervinding zoude hebben geleerd, dat dezelve geene zoo nadeelige gevolgen op de zeden en gemoederen der inwoners hebben, als dit in Europa het geval was" (*). (Zonderlinge redenering.)

Bij de mededeeling der bijzonderheden op kerkelijk gebied loopt het in het oog, dat werkelijk de verdraagzaamheid op godsdienstig gebied in Suriname veld won, ofschoon niet altijd de edelste beweegredenen de oorsprong hiervan waren. Ter kenschetsing van den aard derzelve deelen wij het oordeel mede, zoo als dat door tijdgenooten (de schrijvers der Historische proeve) daaromtrent werd gegeven.

»Misschien," redeneeren die schrijvers, »is er in dé gansche wereld niet eene plaats te vinden, daar de verdraagzaamheid zich zo wijd uitstrekt, en zoo naauwkeuriglijk onderhouden wordt als in Suriname. Nooit hoort men er van eenigerlei godsdienstige geschilstukken; elk aanbidt daar God op zijne wijze; ieder doet naar hetgeen hij 't best en bekwaamst oordeelt ter behoudenisse zijner ziele."

Tot staving hiervan vermeldden zij, dat zekere Directeur eener Fransche plantaadje, die zich op reis te Lyon bevond, in gezelschap zijner landslieden, waar men breed opgaf van de verdraagzaamheid in Frankrijk, verhaalde, dat hij in Suriname had gegeten in een huis, waarvan het gezin bestond uit Heidenen, Joden, Roomsch-Catholieken, scheurzieke Grieken en Calvinisten; »zij zaten," voegde hij er bij, »aan tafel vrolijk en weltevreden en leefden voor het overige in de volmaakste eensgezindheid."

Het feit, waarop hij zinspeelde, was het volgende: Een jood

(*) Notulen van Gouverneur en Raden 5 Februarij en 3 December 1787.

van groote belezenheid en een gezond oordeel, had eene negerin tot bijzit; zij baarde hem verscheidene kinderen, welke
in de Gereformeerde godsdienst werden opgeleid; vervolgens
huwde hij de oudste dier dochters uit aan een Roomsch-Catholieken weduwnaar, die, uit zijn eerste huwelijk, een zoon
had, die, in Rusland geboren, opgevoed was in de leerstel-
lingen der Grieksche Kerk; zoodat de vader een jood was,
de moeder eene Heidin, de dochter eene Gereformeerde, de
schoonzoon een Roomsch-Catholieke en zijn kind een Griek.
Toen de man kort daarna overleed, hertrouwde zijne weduwe
met een Engelsch Presbyteriaan (*).

Na vermelding van dit feit volgt eene hernieuwde lotspraak
op de verdraagzaamheid. Wij beamen dezelve niet: wel
schuwen en haten wij alle onedele middelen om de godsdienst
uit te breiden. Tot uitbreiding van het rijk des Heeren wenschen wij niets dan geestelijke wapenen te gebruiken; van eene
andere handelwijze zien wij slechts onheil. Alleen over verkondiging van het Evangelie en aan een wandel overeenkomstig het Evangelie wil God zegen verleenen; maar de verdraagzaamheid, die hier geroemd en geprezen wordt, vloeit niet uit de
ware bron, maar is een kenmerk van ligtzinnigheid en ongeloof,
en zij verdraagt slechts wat daarmede overeenstemt en is vaak
zeer vijandig en onverdraagzaam jegens dengene, die God in
alle ernst wil dienen en daardoor getuigenis aflegt tegen alle
zonde en goddeloosheid.

Thans willen wij de in Suriname ontwakende lust tot letterkunde iets nader beschouwen.

De smaak voor letterkunde bestond vóór den tijd van Mauritius volstrekt niet; langzamerhand begon hij eenigzins te
worden opgewekt en weldra werd het niet langer als eene
groote zeldzaamheid beschouwd, indien iemand zich Hollandsche, Spaansche en Fransche boeken aanschafte. Sommige
Franschen, die, om de droevige tijdsomstandigheden, hun

(*) Historische proeve 2de deel, bladz. 20, 21.

vaderland verlieten en zich in Suriname kwamen vestigen, wakkerden de lust voor letterkunde aldaar aan.

Het eerste genootschap van eenigzins wetenschappelijken aard, tot onderzoek der natuur, was in 1780 opgerigt. De heer Wichers, toen Raad Fiscaal, werd tot president verkozen, (zie bladz. 385) en naar Suriname, als Gouverneur-Generaal, teruggekeerd, bleef hij deze betrekking aanhouden. Maandelijks werd er vergadering gehouden en alsdan de door de leden ingeleverde geschriften gelezen en bediscussieërd.

De akkerbouw en de natuurlijke historie van Suriname waren voornamelijk de onderwerpen, welke dan werden behandeld. Ook werden metereologische waarnemingen gedaan, omtrent den staat des dampkrings, de zwaarte der lucht, de winden, die genoegzaam bestendig in elke maand waaijen, de graden van koude en warmte, volgens thermometer en barometer.

De geneesheer Schilling, een man vervuld met liefde voor de wetenschap, was een der ijverigste en verdienstelijkste leden van dit genootschap. Eigenaar eener uitgebreide verzameling van physische, chirurgische en optische instrumenten gaf hij zich veel moeite, om het onderwijs in de natuurkunde door proeven op te helderen, en alzoo de kennis daarvan onder de kolonisten te bevorderen. Eene dergelijke wijze was hiertoe bij uitstek geschikt, want de in Suriname geborenen, die nimmer Europa hadden bezocht, hadden niet genoeg aan bloote bespiegelingen om een of ander afgetrokken onderwerp te begrijpen ; doch zoo men op zigtbare wijze, door proeven, een en ander kon aantoonen, dan verstonden zij het zelfs beter dan gewoonlijk bij Europeanen het geval is. Bij voorbeeld vruchteloos zou men een Creool door redeneringen hebben getracht te bewijzen, dat de lucht, die wij inademen, werktuigelijk uit ons kan worden weggepompt, zoodat wij dezelve ten eenemale missen, doch na eenige proeven met de luchtpomp in zijn bijzijn, begreep hij aanstonds de mogelijkheid en waarheid er van en was in staat, om daarover zeer verstandig te redeneren (*).

_____

(*) Historische proeve 2de deel, bladz. 71.

Dit genootschap had echter grooter vorderingen kunnen maken, indien de honoraire leden, die op de plantaadjes woonden,
beter voldaan hadden aan het verzoek, om belangrijke waarnemingen omtrent het en een ander te maken en hiervan aan
het bestuur kennis te geven; doch het ontbrak dezen heeren
niet aan tijd maar wel aan lust (*).

Het eerste bepaald letterkundig genootschap dankt zijn oorsprong aan een rijk bejaard Israëliet, den heer de Montel.
Deze heer, lid van de Portugesche Israëlitische gemeente in
Suriname, was een groot beminnaar der Fransche letterkunde;
hij onderhield eene geregelde correspondentie met den boek-
handelaar Michaël Bey te Amsterdam, van wien hij de nieuwst
uitgekomen boekwerken ontving, terwijl hij vele boeken aan
Surinaamsche liefhebbers bezorgde.

De heeren Texier, Wichers, Friderici, Meinertshagen, van
Dam, de geneesheeren Schilling en van Wiert, benevens verscheidene andere liefhebbers, werden hierdoor aangespoord,
om in Suriname, eene bibliotheek op te rigten. Spoedig was
zij zoo wel voorzien, dat zij destijds voor geene in Amerika
behoefde te wijken en verscheidene groote bibliotheken in
Europa evenaarde. . De lust voor de letterkunde nam toe en
toen de heer Wichers, wiens liefde voor de fraaije letteren
bekend was, als Gouverneur in Suriname terug keerde, besloten eenige voorname Portugesche Joden, om een Collegie
van letterkunde op te rigten, onder de zinspreuk: »Docendo
Docemur."

Het prospectus, op eene voorloopige vergadering den 16den
Februarij 1785 opgemaakt, is gansch niet onbelangrijk. Eerst
wordt in dit stuk de goede aanleg der Surinamers geprezen,
die slechts niet was ontwikkeld. Eene gebrekkige opvoeding
had, zoo vervolgt dit betoog, de meeste jongelieden onkundig
gelaten van hetgeen in eene beschaafde maatschappij ononт-
beerlijk is; de drift voor het spel, hun als het ware aangeboren, was eene andere belemmering, om iets goeds te leeren,
terwijl zij daarenboven de redelijke vermogens verzwakte en

(*) Historische proeve, 2de Deel, bladz. 69.

schromelijke gevolgen daarvan te wachten waren. Daarom wenschten de oprigters van dit Collegie »iets nuttigs te bedenken en in gebruik te brengen, dat wel inzonderheid de jeugd tot een prikkel kan verstrekken, en, door leiding der natuurlijke nieuwsgierigheid, den lust opwekken tot het verkrijgen van kundigheden, waardoor hunne zeden beschaafd en zij alzoo den vaderlande nuttig zouden kunnen worden."

Zij vermeenden dit doel te kunnen bereiken, door het oprigten van een letterkundig collegie. Zij veronderstelden dat de betamelijkheid en eerbied, die men verschuldigd was aan een dergelijk genootschap, wier leden hunne ledige oogenblikken opofferden aan het welzijn der menschheid, van hoog gewigt moest worden beschouwd; ook waren er minder bezwaren, minder kosten aan verbonden dan aan het oprigten van publieke scholen, te meer daar de heer de Montel, kosteloos een vertrek in zijne woning, tot het houden der vergaderingen had aangeboden, benevens vrij en volkomen gebruik zijner belangrijke bibliotheek.

Elken zondag- en woensdag avond van 6 tot 9 ure zouden er vergaderingen worden gehouden, alwaar men, daar er gebrek aan kundige mannen als voorgangers bestond, eenige werken zoude lezen over : oude, Romeinsche en vaderlandsche geschiedenis, koophandel, scheepvaart, landbouw en ook over wijsbegeerte.

De lezing zou beurtelings in het Fransch en Hollandsch geschieden, en tevens gelegenheid tot onderlinge zamenspreking worden gegeven. Om lid te worden was de algemeene toestemming van allen noodig; de onkosten moesten door de leden worden gedragen. Ieder volwassene van beide secsen, zonder onderscheid van godsdienst, zou als toehoorder, na kennisgeving daarvan aan de leden, op de vergaderingen worden toegelaten. Dit prospectus werd aan Wichers toegezonden, die den 25sten Februarij 1785 hierop een antwoord gaf, waarbij hij zijne goedkeuring betuigde, zijne medewerking beloofde en eenige kleine aanmerkingen maakte. (*)

___

(*) Historische proeve, 1ste Deel, bladz. 194—05 ; 2de Deel, bladz. 142—150.

Behalve dit collegie waren er toen nog twee genootschappen, welker leden eenmaal in de maand bijeen kwamen, om elkander den inhoud van die werken, welke zij voor de beide genootschappen uit Holland ontvingen mede te deelen en ze onder elkander te verkoopen (*).

Een ander collegie onder den naam van *Surinaamsche lettervrienden* werd in 1786 opgerigt. Aldaar werden proeven geleverd van Hollandsche dichtkunst en taal; ieder lid leverde hetgeen het best met zijn smaak en bekwaamheid overeenkwam, dat dan door de gezamenlijke leden getoetst en verbeterd werd (†). Jaarlijks werden te Paramaribo een of twee boekdeelen van de dichtkundige voortbrengselen van dit collegie gedrukt. De heer P. F. Roos, die een quarto boekdeel *»Surinaamsche mengelpoëzij"* heeft doen uitgeven en ook nog andere geschriften van politieken aard heeft vervaardigd, was voorzitter van dit genootschap (§).

In dit laatstgenoemd collegie schenen de meer en meer veldwinnende deïstische gevoelens eene voorname plaats in te nemen. Ten minste reeds kort na deszelfs oprigting werd er in het Conventus Deputatorium geklaagd over het *licentieus boekdrukken*, waartoe aanleiding gaf een dichtstukje voorkomende in den eersten bundel van de *»uitspanningen der Surinaamsche lettervrienden."* In dit vers getiteld: *»de Wijsgeer op zijn sterfbedde, door N. C. L."* kwamen zeer vrijgeestige denkbeelden voor en veel dat strijdig was met de leer der Gereformeerde kerk; waarom het Conventie verzocht, dat H. H. Commissarissen politiek deze zaak in het Hof ter tafel zouden brengen, opdat men in het vervolg waken kon tegen het drukken van dergelijke, de godsdienst aanrandende, geschriften. HH. Commissarissen meldden, dat hierover reeds in het Hof gesproken

---

(*) Historische proeve, 2de Deel, bladz. 70.

(†) Het was eene navolging der in het laatst der achttiende eeuw in Nederland alom ontstane dichtkundige genootschappen, die door Mr. Jacob van Lennep, in zijn roman: „Ferdinand Huijck," zoo geestig gehekeld zijn.

(§) Historische proeve, 2e deel, blad 70.

was, doch, dat men, daar de Autheur geen lidmaat der gereformeerde kerk was, en het stuk nu reeds was gedrukt, het voor deze keer onbemerkt zou laten doorgaan. De Gouverneur had echter bevolen, dat voortaan niets mogt worden gedrukt dan hetgeen te voren door hem was geapprobeerd, terwijl hij, wat van theologischen aard was, vooraf ter inzage zou geven aan den oudsten predikant van Paramaribo (*). Het conventus nam genoegen met deze verklaring, doch sedert dien tijd vindt men in de Lemmata opgenomen: *Licentieus boekdrukken.*

In 1787 bragt de Raad-Fiscaal ter kennisse van het Hof, dat onder den titel van »*Surinaamsche Spectator*", bij de wed. J. Tresson, Junior, een periodiek werk werd uitgegeven, »dat", zoo luidde zijne aanklagt, »er zijn werk van scheen te maken, om, onder hoezeer quasie bedekte termen, egter duydelijk genoeg, personen van rang te denoteeren en omtrent deze hatelijke comparatiën te maken, welke in alle opzigten onbetamelijk waren."

Wichers berigtte, dat over diezelfde Spectator klagten bij hem waren ingekomen van den Gereformeerden kerkeraad, omtrent »eenige uytdrukkingen strijdig met de aangenomen principes van de openbare godsdienst." Op voorstel van den Gouverneur werd hierop besloten, de wed. Tresson strengelijk te waarschuwen zich van dit laatstgenoemde bepaald te onthouden (†).

Na al het hier opgenoemde zou men welligt geneigd zijn om te denken, dat er voor Suriname een tijdvak was aangebroken als in Athene onder Pericles, doch zou men zich ongetwijfeld zeer bedriegen, Er was, dit moet erkend worden, in dit opzigt, eenige verbetering gekomen; er was eenige smaak voor de letterkunde ontwaakt, maar men vorme zich daarvan geene te groote verwachtingen. »De letteren," merken schrijvers van dien tijd (die der Historische proeve) aan: »maakten

---

(*) Notulen Gouverneur en Raden 11 Maart 1786, bijlage Acta Conventus van 16 Februarij 1786.

(†) Notulen Gouverneur en Raden 12 Maart 1787.

in Suriname een geringen opgang, want de meeste bewoners, en zelfs verscheiden leden van de genoemde maatschappijen, gaven zich luttel moeite, om zich met een boek te onderhouden, of over onderwerpen van letterkunde te hooren spreken; 't welk dikwijls te weeg bragt, dat op de avonden der vergaderingen de collegiën bijkans zonder genoegzame leden waren, zelfs om diegenen aan te moedigen, welke zich de moeite gaven, om eenig letterkundig onderwerp te behandelen" (*).

De schets van het leven in Suriname ten tijde van Mauricius, zoo als wij dat op bladz. 181 enz. gaven, kon ook nu nog in vele opzigten worden toegepast. De veranderingen, sedert ontstaan, waren gering. In de gezellige bijeenkomst der aanzienlijken heerschte, dit moet erkend worden, minder ruwe, doch echter geen godsdienstigen toon. De lust tot vermeerdering van kennis was wel eenigzins opgewekt, maar de zucht tot vermaken evenzeer. Schouwburgen en Concerten werden vrij druk bezocht; speelpartijen werden echter nog meer door de mannen en jongelingen, bals door de vrouwen en jongedochters geliefd.

Ofschoon er veel sterke drank in Suriname werd gebruikt, waren er echter weinig eigenlijke dronkaards, en slechts in de kleine kroegjes, die door matrozen en het volk van de laagste klasse werden bezocht, vernam men nu en dan het rumoer van beschonkenen.

In de behandeling der slaven was weinig verbetering te bespeuren. De revolutionaire vrijheidskoorts, van Frankrijk ook in Suriname overgebragt, had daarop geen invloed. Wel waren de meeste blanken ijverige aanhangers der revolutionaire begrippen van dien tijd, doch vertraden de eerste en heiligste regten hunner donker gekleurde natuurgenooten met de voeten; zij schreeuwden *voor zich zelven* om eene *onbestaanbare vrijheid* en handhaafden tegelijk de *gruwelijkste slavernij*; men — maar wij vervolgen de geschiedenis.

Bij de beschouwing van den kerkelijken toestand en de

(*) Historische proeve, 2de Deel, bladz. 78.

armverzorging te dier tijde in Suriname, en bij het vermelden van de letterkundige ontwikkeling, zagen wij Wichers reeds hier en daar handelende optreden. Wij hadden meermalen gelegenheid om op te merken, dat de lofspraak, hem kwistig in de Historische proeve en ook elders toegezwaaid, niet onverdiend was.

Vooral sprong hierbij in het oog de hem toegeschrevene deugd van verdraagzaamheid, waarvan hij verscheidene bewijzen gaf. Bij de door de Roomsch-Catholieken toch verzochte vrijheid tot openlijke uitoefening hunner eeredienst, had de stem en voorspraak van Wichers in het Hof grooten invloed op de gereede toestemming van dat verzoek. Ook de Luthersche gemeente wilde hij gaarne in den nood, waarin haar armenkas verkeerde, helpen, en diende haar met goeden raad. Dat die raad, niettegenstaande de Luthersche gemeente dien opvolgde, niet baatte, lag niet aan Wichers, daar de Boekhouder-Generaal niet te bewegen was, om een gunstig advies op haar rekwest om subsidie uit te brengen (zie bladz. 414), en overeenkomstig dit advies werd tegen den wensch van Wichers, genoemd rekwest gewezen van de hand. De Hernhutters en hun arbeid nam Wichers welwillend in bescherming. Den Joden, door onderlinge twisten verdeeld, weigerde hij geene medewerking om hunne instellingen te regelen, en het door hen in hem getoonde vertrouwen beantwoordde hij door met ijver hunne zaken ter hand te nemen en tot een vrij goed einde te brengen.

Die verdraagzaamheid had echter hare grens: streng werd door Wichers de ongodsdienstige strekking van sommigen, gedurende zijne regering, in Suriname uitgekomen, geschriften gegispt en hiertegen maatregelen verordend. In het politieke scheen hij geen wrijving van gedachten te schuwen, want niettegenstaande de reeds vermelde klagt van den Raad-Fiscaal over de Surinaamsche Spectator, vinden wij geene berigten eener nadere vervolging.

De liefde van Wichers voor de fraaije letteren deed hem de daartoe eenigzins in de Kolonie ontwaakten lust aanmoedigen; terwijl de waarheid der bewering: dat hij een kundig en ver-

licht man was, door zijne andere handelingen, tijdens hij het
bewind over Suriname voerde, bevestigd werd.

Suriname genoot na het eindigen van den oorlog met Engeland eene betrekkelijke rust. Daar er echter eenige vrees voor
het uitbreken van vijandelijkheden tusschen onze republiek en
den Keizer van Oostenrijk bestond, werd het garnizoen op
het fort Nieuw Amsterdam vrij voltallig gehouden en een paar
gewapende schepen op die hoogte in de rivier geposteerd (*).
Later werden de gemoederen weder verontrust door de uit
Europa overgebragte tijdingen omtrent eene tusschen Engeland
en Frankrijk te verwachten vredebreuk; waardoor de kolonie
Suriname, zou tusschen beider bezittingen gelegen, ligt in
ongelegenheid zou kunnen geraken; waarom dan ook eenige
voorzorgen niet overbodig werden geacht (†). De komst van
Fransche schepen, die depêches van den Gouverneur van
Cayenne overbragten, werd toen met een wantrouwend oog
aangezien (§); terwijl ook de houding van het Fransche Gouvernement dier kolonie, ten opzigte der Bonni-negers, dit
wantrouwen versterkte (**). Het geschil tusschen Oostenrijk
en onze republiek, bepaalde zich tot Europa en had geen
dadelijke nadeelige gevolgen voor Suriname; de verwikkelingen
tusschen Engeland en Frankrijk, waarbij ons vaderland werd
betrokken, strekten zich onder de regering van Wichers
nog niet tot Suriname uit. Wichers had alzoo gedurende
zijn bestuur geen inval van buitenlandsche vijanden te wederstaan; de vaart werd niet gestremd zoo als onder Texier; men
behoefde niet als toen vrees voor een door die stremming
veroorzaakte hongersnood te koesteren en men kon alzoo aan
de overige belangen der kolonie meer zorg wijden.
Van die betrekkelijke rust werd dan ook door Wichers

(*) Notulen van Gouverneur en Raden 12 Maart 1785.
(†) Journaal van Wichers 11 Januarij 1783.
(§) Journaal van Wichers 26 Januarij 1789.
(**) Zie bladz. 431.

gebruik gemaakt, om door gepaste maatregelen de cultuur te bevorderen en den gezondheidstoestand te verbeteren. Aan de Mot-, Matappica- en Warappakreeken werden van tijd tot tijd plantaadjes aangelegd, voornamelijk ter bebouwing van katoen. Digt gewassen kreupelhout belette echter de weldadige werking der zeelucht, belemmerde de cultuur en was van nadeeligen invloed op den gezondheidstoestand. Wichers liet hierom veel hout omhouwen en deze openkappingen, die den frisschen zeewind vrij spel gaven, waardoor de lucht werd afgekoeld, begunstigde de cultuur en verbeterde den gezondheidstoestand (*).

Een landbouwkundig genootschap, dat in Suriname werd opgerigt, genoot zeer de gunst en bescherming van den Gouverneur. Hij woonde soms deszelfs vergaderingen bij en verleende gaarne zijne voorspraak bij heeren Directeuren om goedkeuring op hunne pogingen tot wetenschappelijke behandeling van den landbouw te erlangen (†).

Echter ging de landbouw niet vooruit; vele plantaadjes werden verlaten: door gebrek aan de benoodigde slavenmagt, waarover bittere klagten werden aangeheven (§), door het gemis aan het onontbeerlijk kapitaal, de afwezigheid der eigenaren en door vele andere oorzaken.

Gedurig werden plantaadjes voor schuld aan den hypotheekhouder verkocht en telkens vindt men in de notulen gewag gemaakt van aanzoeken tot het Hof, om ontheffing van de verschuldigde 5 pCt. transportkosten. (Dit werd meestal toegestaan, totdat de Boekhouder-Generaal hiertegen opkwam en daarna wees het Hof dergelijke verzoeken meermalen van de hand (**).)

In 1789 en 90 rees de waarde der producten. De prijs die jaarlijks werd vastgesteld, waarvan de 5 pCt. belasting

---

(*) Teenstra. Landbouw in Suriname, 2de deel, bladz. 103.

(†) Journaal van Wichers, 18 Februarij 1790.

(§) P. T. Roos. Surinaamsche mengelpoëzij bladz. 201—6. Als gevolg dier klagten werd, volgens placaat van H. H. M. van 24 Nov. 1789 de neger- of slavenhandel op nieuw aangemoedigd.

(**) Notulen Gouverneur en Raden 23 Februarij 1786.

moest worden betaald, was in 1789 het vat suiker ƒ 90. het pond heele koffij 9 stuivers, gebroken dito 7 stuivers, schoone katoen het pond 18 stuivers, vuile dito 10 stuivers, cacao het pond 4 stuivers. In 1790 werd de prijs der suiker tot ƒ 100 per vat gebragt. Sommige planters trachtten deze voordeelen nog te vergrooten door suikervaten te doen vervaardigen, waarin soms 1500 pond werd geladen; men wilde alzoo de verhoogde belasting ontgaan, doch de Boekhouder-Generaal protesteerde tegen deze kwade practijken en verzocht hiertegen voorziening (*). Deze voordeelen waren echter niet in staat het toenemende verval te wederhouden; behalve de reeds meer-malen genoemde oorzaken, werkten ook andere omstandighe-den, die wij later zullen vermelden, hiertoe mede.

Gingen de plantaadjes achteruit, de stad Paramaribo nam echter voor het uiterlijke zeer in bloei toe. Bij een plan tot straatverlichting, in de notulen opgenomen, werden 250 lan-taarnen noodig geacht, waaruit reeds eenigermate de uitge-strektheid der stad blijkt. Het getal huizen werd hierbij op-gegeven 1776 te bedragen, dus ongeveer 700 meer dan Teen-stra en Sypensteyn vermelden (†). Die straatverlichting kwam echter niet tot stand en nog heden heerscht bij avond en nacht duisternis op Paramaribo's straten. Om den voortdurenden aan-was der bevolking te gemoet te komen, werd door Wichers den grond gelegd voor eene voorstad of buitenwijk. Het Combé (een aloude Indiaansche naam), gelegen tusschen de stad en het fort Zeelandia, werd daartoe uitgemeten en in erven en tuinen verdeeld (§).

Wichers liet het Gouvernementshuis verfraaijen en van eene beneden galerij voorzien (**); doch openbare gebouwen wer-

(*) Notulen Gouverneur en Raden, 12 Januarij 1789.

(†) Notulen Gouverneur en Raden 21 December 1785. Teenstra de landbouw 2e deel bladz. 100, geeft op een getal van 1119 huizen, volgens opgave der Historische proeve 2e deel bladz. 14 en Sypen-steyn bladz. 82, ruim 1100.

(§) Teenstra De landbouw in Suriname 2e deel, bladz. 103. Sypen-steyn beschrijving van Suriname. bladz. 82. In 1799 echter werd dit Combé het eerst bebouwd.

(**) Teenstra 2e deel bladz. 110. Sypensteyn bladz. 82.

den onder zijn bestuur niet opgerigt. Een houten gebouw voor
eene vischmarkt toch, kan men bijna niet als zoodanig noemen.
Evenwel was het eene goede zaak; er werd nu een verbod uitgevaardigd, om elders in de stad visch te verkoopen en de wal-
gelijke overblijfsels van den visch, die vroeger hier en daar
werden nedergeworpen, verpesten niet langer de lucht door onaangename reuk; terwijl nu tevens een beter toezigt op de hoeda-
nigheid van den aangeboden visch kon worden uitgeoefend. Zindelijkheid en gezondheid werden alzoo beide hierdoor bevorderd (*).

De behoefte aan eene inrigting ter verpleging van Boassie-
zieken, afgezonderd van alle anderen, was reeds sedert lang
in de kolonie gevoeld. Bij het heerschen der kinderpokken
in 1764 was in de nabijheid der stad Paramaribo wel tijdelijk
een gebouw opgerigt (zie bladz. 274), waar de lijders aan die
epidemie moesten worden verpleegd; doch dit ligt getimmerd
gebouw kwam spoedig in verval en werd geheel ongeschikt tot
het opnemen van zieken. Het was hoogst wenschelijk, eene dergelijke inrigting tot stand te brengen, want jaarlijks breidde zich
die vreesselijke Boassie uit. Ook nu werd deze zaak in het Hof
op nieuw herhaaldelijk ter sprake gebragt en in Augustus 1786
werd daarover eene missive aan H. H. Directeuren gezonden (†).
De kerkeraad der Lutersche gemeente drong mede op het nemen van afdoende maatregelen aan; hij verzocht, om voor de
door Boassie besmette armen, die zich tot de Diaconie der Luthersche gemeente vervoegden, een plaats aan te wijzen, waar
zij afgezonderd van anderen konden worden verpleegd. Ofschoon de armenkas in slechten toestand verkeerde, (zie bladz.
405) bood de kerkeraad echter aan, om hiervoor, naar evenredigheid, uit die kas bij te dragen (§).

Het duurde, niettegenstaande herhaalden drang, nog een geruimen tijd vóór hieraan gevolg werd gegeven. Eindelijk in 1790 bragt
de Raad van Policie Becker een ontwerp ter tafel, dat breedvoerig
bediscussieerd en met eenige wijzigingen aangenomen werd (**).

(*) Notulen Gouverneur en Raden 10 Augustus 1785.
(†) Notulen Gouverneur en Raden 9 Augustus 1786.
(§) Notulen Gouverneur en Raden 28 Augustus 1786.
(**) Notulen Gouverneur en Raden 17 en 78 Mei 1790.

Nog in hetzelfde jaar, doch reeds na het vertrek van Wichers, werd een etablissement »Voorzorg" geheeten, in Saramacca, daartoe aangewezen, provisioneel voor slaven, doch hetwelk, volgens later te maken bepalingen, ook voor blanke lijders zou kunnen dienen; de opzigter werd ƒ 600 traktement, rantsoen, schrijfbehoeften toegekend (*).

Werd er alzoo eenige voorziening gebragt in de verzorging der slaven, die aan de Boassie leden, het was minder om hun lot te verzachten, dan wel om gevreesde besmetting voor te komen. Verbetering van het lot des slaafs was geene zaak, die de harten of hoofden der kolonisten bezig hield, en een man als P. F. Roos, die der vrijheid bezong, en o. a. in zijn vers »Suriname verheerlijkt," in kreupeldicht aandringt, »om tempelen der vrijheid gewijd op te rigten," verheugt zich, eenige regelen lager, in het vooruitzigt: dat Africa op nieuw voor Nederland een magazijn van kloeke slaven zal wezen" (†). De verzen van dien door velen gevierden man, vloeijen over van allerlei schampere aanmerkingen jegens de arme negers: hij (de vrijheidsvriend?) keurt het ten hoogste af en is zeer verontwaardigd, indien zij den arbeid weigeren, omdat zij noch voedsel, noch kleeding ontvangen (§).

Wichers wordt door sommige schrijvers (Stedman en andere) geprezen, dat hij ook jegens de slaven menschlievendheid betoonde, doch behalve het feit, dat hij een neger (Apollo, weglooper van La Bonne Amitie) door het Hof ter dood veroordeeld, die straf kwijt schold en hem in plaats daarvan in boeijen aan 's landswerken liet arbeiden (**), vinden wij in de officieële bescheiden hiervan weinig vermeld. De vreesselijke straffen jegens de slaven bleven in volle kracht; in Augustus 1787 werd ook de wreede en onmenschelijke straf, het af-

---

(*) Notulen Gouverneur en Raden 16 en 19 Augustus 28 December 1790. Teenstra. De Landbouw in Suriname, 1e Deel, bladz. 53. Den 21sten December 1791, werden voor het eerst eenige besmette negers derwaarts gebragt.

(†) C. F. Roos, Surinaamsche Mengelpoëzij, bladz. 297.

(§) C. F. Roos, Surinaamsche Mengelpoëzij, bladz. 197—98.

(**) Journaal van Wichers, 4 Junij 1785.

zetten van een been onder de knie, weder toegepast op den neger Jakje (*).

Dat Wichers òf in het algemeene vooroordeel van dien tijd omtrent de behandeling der slaven deelde, òf dat hij geen zedelijke kracht genoeg had om hier tegen te getuigen, is ons niet volkomen duidelijk. Aan welke oorzaken dit dan moet worden toegeschreven beslissen wij niet; maar zeker is het, dat de vermelding van het volgende, een pijnlijken indruk op vele lezers zal maken:

Bij mondelinge overeenkomst met de bevredigde boschnegers, was bepaald, dat de weggeloopen slaven, die door hen gevangen en aan de regering werden overgeleverd, niet met den dood gestraft, maar slechts veroordeeld zouden worden, om, in boeijen, voor het land aan de forten of op het Cordon te arbeiden (†); de meester ontving voor het gemis van den arbeid zijns slaafs ƒ 200.— restitutie uit de kas tegen de wegloopers. Het niet voltrekken der doodstraf aan de gevangen genomen wegloopers maakte wel geen artikel van het met de boschnegers gesloten vredesverdrag uit, maar was aan dezen op dringend verzoek later toegestemd en tot 1788 getrouw nageleefd. Toen echter werd die belofte ingetrokken, daar men vermeende: »dat het wegloopen hierdoor werd aangemoedigd" en het Hof besloot, dat voortaan de weggeloopen slaven, die door de boschnegers gevangen en aan de regering werden overgeleverd, op dezelfde wijze als anderen zouden worden gestraft (§).

Het wegloopen nam evenwel gestadig toe en de aanvallen

(*) Notulen Gouverneur en Raden, 20 Augustus 1787.

(†) Reeds deze straf was zeer zwaar. Zelfs op commando gezonden negers (dus geene misdadigers) werden door soldaten en officieren soms zoo mishandeld, dat zij aan de gevolgen hiervan kwamen te sterven, of als malinkers naar hunne meesters moesten worden terug gezonden. Zoo de slaven vernamen, dat zij tot dienst op commando bestemd werden, beproefden zij meermalen zich door de vlugt in de bosschen te redden. De BurgerKapitein Werner zond in Augustus 1788 een deerlijk mishandelden neger naar de Heemraden, omdat zij zelven in dien ongelukkigen een overtuigend bewijs der genoemde bewering konden aanschouwen. (Zie Notulen Gouverneur en Raden, 4 Augustus 1788.)

(§) Notulen Gouverneur en Raden, 4 Augustus 1788.

der Marrons op de plantaadjes herhaalden zich telkens (*).
De meeste diensten ter beteugeling huns overmoeds werden
door het vrijcorps verrigt, en terwijl men dit moest erkennen,
wenschte men er dan ook de uitbreiding van; doch het bezwaar hiertegen lag in de groote kosten, die vereischt werden
tot de vorming en het onderhoud van dit corps. Voornamelijk
door de uitgaven hiertoe benoodigd en door die van het aanleggen van het Cordon was er een te kort in de kas tegen de wegloopers ontstaan, tot welks dekking men schulden had moeten
aangaan: de stad Amsterdam alleen had een voorschot gedaan van
ƒ 700,000.— en heeren Directeuren ƒ 719,314.— (†). Die schuld
te vermeerderen was niet raadzaam; de belasting op de producten
te verhoogen had ook vele bezwaren. en toch het vrijcorps
moest ten minste in stand worden gehouden. Wichers stelde
hiertoe aan het Hof voor: om de vroegere belasting van ƒ 1,—
hoofdgeld voor ieder persoon (vrije of slaaf), die sedert eenige
jaren afgeschaft was, weder in te voeren; daarenboven als
nieuwe belasting te verordenen dat ieder slaaf, die voortaan
met de vrijheid zou worden begiftigd, hiervoor ƒ 100.— aan
de kas tegen de wegloopers zou betalen en ieder slavin ƒ 50.—.
De te manumitteeren slaven konden, indien zij hiertoe geschiktheid bezaten, door driejarige dienst bij het vrijcorps, van het
betalen dier genoemde som worden vrijgesteld (§). Wichers vermeende (zoo drukte hij zich uit), dat de vrijheid een zoo kostbaar geschenk was, dat hij, die dezelve ontving, gaarne eene
dergelijke som zoo willen betalen, of zich tot eene vrijwillige
dienst bij het vrijcorps verbinden; maar Wichers bedacht
ongetwijfeld niet, dat er eene groote onbillijkheid en onregtvaardigheid in gelegen was, om den arme bij een eindelijk toekennen van natuurlijke, doch lang onthouden
regten, hiervoor nog te laten betalen. Dergelijke redenen
golden te dier tijde weinig; het Hof vond de beide voor-

(*) Notulen Gouverneur en Raden, 13 October 1785. De plantaadje
'sHertogenbosch werd door de Marrons afgeloopen, de Directeur vermoord,
het woonhuis in brand gestoken en twee negerinnen mede genomen.

(†) Notulen Gouverneur en Raden, 11 December 1786.

(§) Notulen Gouverneur en Raden. 22 Augustus 1786.

stellen van Wichers zeer aannemelijk; HH. Directeuren schonken er hunne toestemming aan en ze werden in resolutiën geconverteerd (*).

De geldkwestie heeft steeds ongunstig op de vrijmaking der slaven gewerkt; niet slechts deed zij in het hier genoemde op nieuw onbillijkheden begaan; zij oefende ook een noodlottigen invloed uit op het kwijten eener schuld jegens de kleurling-slaven, welks grootheid men eenigermate had beginnen te gevoelen. De kleurlingslaaf was nog ongelukkiger dan de neger-slaaf. Uit gemengd bloed gesproten, van zwakker ligchaamsgestel, was hij voor den zwaren arbeid minder dan de negers geschikt. Viel die arbeid hem zwaar, dubbel pijnlijk troffen hem de vernederingen en beleedigingen, die hij als slaaf moest verdragen; want ook in zijne aderen stroomde het bloed zijner vaderen. En trilde de vader van verontwaardiging bij de geringste aanranding zijner vrijheid; diens kind moest lijden en zwijgen, zelfs de bij grofste schending, en zijn medelotgenoot, de zwarte negerslaaf, beschouwde den kleurlingmakker met wantrouwen.

In 1781, onder den wakkeren Texier, was eene commissie benoemd om: zoo mogelijk maatregelen te beramen, ten einde kinderen, gesproten uit gemengde geslachten, den schat der vrijheid te bezorgen. Die commissie hield vergaderingen, discussiën, bragt verslag uit en — dit dunrde tot 1790 — eindelijk werd door het Hof besloten de zaak provisioneel te laten rusten: 's lands finantien lieten niet toe, om den koopprijs aan de eigenaren te betalen; het was moeijelijk, om daarenboven die kinderen eene goede opvoeding te doen erlangen, en — men troostte zich hiermede: dat er door de vaders dier kinderen meermalen brieven van manumissie werden aangevraagd (†).

Zij die door hunne ontvlugting zich zelven de vrijheid had-

_____

(*) Notulen van Gouverneur en Raden, 11 Febr. en 3 Maart 1758.

(†) Notulen Gouverneur en Raden, 12 Augustus 1790. Hoewel gezegd besluit twee maanden na het vertrek van Wichers genomen werd, gehoort het echter nog tot zijne regering te worden gebragt.

den verworven; die tot behoud daarvan een strijd met Europesche soldaten niet hadden geschroomd en slechts door den
moed van het vrijcorps gedwongen waren geworden de kolonie te verlaten, en over de Marowijne een veilig toevlugtsoord
te zoeken, bragten nog meermalen vrees en schrik in de kolonie. De Marrons, die met hun opperhoofd Bonni, den man
van gemengd bloed, in 1776 over de Marowijne waren getrokken, hadden zich eenigen tijd rustig gehouden, doch in
de laatste tijden weder van zich doen hooren en de kolonisten
door enkele strooptogten verontrust. Die onrust bij de kolonisten werd vermeerderd door geruchten omtrent eene dubbelzinnige houding van het Fransche Gouvernement van Cayenne,
dat toch schijnbaar in vriendschap met het onze verkeerde.
Er kwamen namelijk klagten over verstandhouding tusschen
dat Gouvernement en de Bonni-negers; men verhaalde dat zij
er door van allerlei gereedschappen en ook oorlogsbehoeften
werden voorzien, ja dat er sprake van was, dat eenige franschen zich bij hen zouden vestigen. Zelfs de Aucaner-boschnegers, (onze bondgenooten) waren hierover niet geheel zonder ongerustheid (*).

Het Gouvernement van Suriname besloot op zijne hoede te
zijn en trachtte in de eerste plaats het wantrouwen der Aucaners tegen Bonni te vermeerderen, om van die zijde steun te
erlangen en ten tweede versterkte men het vrijcorps, om in
staat te zijn de gevreesde aanvallen, zoo mogelijk, te keeren.

Men hield een wakend oog en het bleef nog eenigen tijd
vrij rustig; Bonni verschalkte hen echter. In Augustus 1788
berigtte de Joodsche Burgerkapitein, dat er een gerucht liep:
»een gedeelte der bende van Bonni was over de Marowijne
getrokken en bedreigde de plantaadjes" (†). Nog bleef het
een wijle stil; zou het een onwaar en valsch gerucht zijn gerucht zijn geweest? Neen! weldra werd het bevestigd; daar
klinkt eensklaps de droevige mare door de kolonie: De mannen van Bonni hebben de plantaadje Clarenbeek aangevallen

---

(*) Notulen Gouverneur en Raden, 20 Februarij 1786.

(†) Notulen Gouverneur en Raden, 28 Augustus 1788.

den blankofficier gedood, vier soldaten gekwetst, het grootste gedeelte der slavenmagt medegenomen en als gevangene den directeur Merle (*).

Vooral dit laatste bragt eene algemeene schrik te weeg; men telde zich in de kolonie voor, dat Bonni de Merle onder des uitgezochtste martelingen zou doen sterven. Bonni deed echter niet alzoo; hij behandelde de Merle goed en wilde hem, blijkens een brief door dezen, aan eenige vrienden in Paramaribo, geschreven, tegen een behoorlijke losprijs vrijgeven (†).

Wat nu te doen? Bonni vervolgde zijne strooptogten en achtervolgens werden nog drie plantaadjes door hem overvallen. De nood steeg; er moest met kracht worden gehandeld. De dappere Friderici, de bekwame opperbevelhebber van het vrijcorps, was in 1785 tot hoofdofficier bij de troepen der kolonie en Inspecteur der linie van defensie benoemd; niettegenstaande zijne werkzaamheden hierdoor zeer waren vermeerderd en men hem alzoo een officier tot eigenlijken chef van het vrijcorps had moeten toevoegen, was hij echter in naam chef gebleven (voorzigtigheidshalve, omdat hij er zoo zeer bij bemind was (§)

Friderici, die beter dan iemand anders in staat was over de waarde van het vrijcorps te oordeelen, verwachtte van deszelfs diensten bij eene geregelde expeditie tegen Bonni, de beste resultaten. (**)

Hij stelde voor met gezegd korps offensief te handelen en tot dekking daarvan eene goede militaire post aan de Marowijne te plaatsen. Om den aanval met kracht te kunnen doorzetten, wenschte hij het vrijcorps onmiddellijk te versterken, door

---

(§) Notulen Gouverneur en Raden, 12 Maart 1789.

(*) Notulen van Gouverneur en Raden 5 Maart 1790: Bonni eischte „100 Fransche piasters, 25 pullen dram, 2 stukken platiclje, 1 stuk voor neusdoeken en dan nog gaarne 4 kistjen zeep."

(†) Notulen van Gouverneur en Raden 29 December 1785.

(§) Tot nog voor weinige jaren leefde er in Suriname leden van het vrijcorps, die onder Friderici hadden gediend en zijne dapperheid, regtvaardigheid en minzaamheid prezen. Eenige negerliedjes daarop van toepassing, zijn nog niet geheel onbekend.

aankoop van schutternegers. Het Hof kon zich hiermede in theorie wel vereenigen, maar — het ontbrak aan genoegzame soldaten en aan geld tot aankoop »van schutternegers" — men zou zich alzoo tot verdedigings-maatregelen moeten bepalen (*).

Aan de Marowijne werd een militaire post, uit soldaten en een' groot gedeelte van het vrijcorps bestaande, opgerigt. Zoo ver klom de stoutmoedigheid van Bonni, dat hij met zijne bende den 5den November 1789 hierop een aanval beproefde. De eerste conducteur van het vrijcorps Stoelman en zijne onderhebbende manschappen weerden zich echter zoo dapper, dat de aanval mislukte en de Marrons de vlugt moesten nemen. (§)

Bonni en zijne mannen hadden hunne dooden en gekwetsten medegevoerd en zich op een der talrijke eilanden in de Marowijne terug getrokken. Hen hier te vervolgen had vele moeijelijkheden, maar wat moed of beleid niet vermogt, werd door verraad gemakkelijk gemaakt. Bij Bonni bevond zich een neger, Ascaan genaamd, zijn onderhoofdman die zijn vertrouwen genoot. Deze neger echter was een verrader hij verliet Bonni, kwam tot de Aucaners en gaf zijn voornemen te kennen om de blanken te dienen, terwijl hij, als bewijs zijner goede trouw, zijne vrouw en een zoon als gijzelaars aan hun wilde overlaten. Dit voorstel, der regering aangeboden, werd gretig door haar aangenomen. Door den verrader geleid gelukte het op den 30sten April 1790 Bonni's dorp, Aroukoe op een eiland in de Marowijne gelegen, te overvallen. Bonni bood dapperen wederstand, maar van verscheiden zijden aangetast moest hij wijken. De Marrons leden groote verliezen; zes negerinnen vielen den overwinnaars in handen. Van Merle, die nog altijd door Bonni als gijzelaar werd gehouden, had zich gedurende het gevecht in een Birri Birrimoeras verborgen en werd daar door kapitein Kremer gevonden. Na de vlugtenden zoo veel mogelijk afbreuk te hebben gedaan, liet men

---

(*) Notulen van Gouverneur en Raden 5 Junij 1789.
(§) Journaal van Wichers 10 November 1789.

de verdere vervolging voor het oogenblik varen, en keerde met vreugdegejuich nar Paramaribo terug. (*)

Ascaan ontving tot loon voor zijn verraad, de vrijheid, onderofficiers-gagie en ƒ100 douceur.

Hoewel een groot gedeelte van Bonni's bende ontkwam, was echter zijne kracht gebroken; kommer, ellende en hongersnood waren voortaan het deel zijner mannen. Bonni was niet langer gevaarlijk voor de kolonie.

De bekende tegenstander der Marrons, de vrijneger Quassy, was in Mei 1787 in hoogen ouderdom overleden. (§) Deze merkwaardige man, die getrouw aan de blanken, evenwel een buitengewonen invloed op zijne zwarte landslieden bezat, welke hem voor een Obia-man, een toovenaar ja voor een godheid aanzagen, was reeds door Mauricius tot onderhandelingen met de Marrons gebruikt. De vijanden van Mauricius hadden zijn trouw verdacht gemaakt, doch de uitkomst heeft geleerd, dat deze beschuldigingen valsch waren en meermalen werden van zijne goede diensten door opvolgende Gouverneurs gebruik gemaakt. (†) Hij had dikwijls belooningen van Gouverneurs en Raden ontvangen; de Prins van Oranje had hem een fraaijen met goud gegallonneerden rok en punthoed, benevens een gouden gedenkpenning geschonken. In de laatste jaren woonde hij in een goed huis te Paramaribo, hetwelk hem, benevens het gebruik van een paar slaven tot zijne dienst, kosteloos, door de regering ten gebruike was afgestaan. In 1730 had hij den geneeskrachtigen wortel, die sedert naar hem Quassy-hout genoemd is, ontdekt. Door die ontdekking en de gunsten welke hij van de regering genoot, had hij zich groote rijkdommen kunnen vergaderen, doch een ongebonden zedeloos leven was zijn ongeluk. (**)

(*) Notulen van Gouverneur en Raden 25 Mei 1790. Journaal van Wichers 21 Mei 1790. P. F. Roos, Surinaamsche mengelpoezy – de overwinning van Aroukoe 187—192.

(§) Notulen van Gouverneur en Raden 14 Mei 1787.

(†) Zie o. a. bladz. 373.

(**) Stedman's reize naar Suriname 4de deel bladz. 2—6.

Den 10^{den} November 1785 had de bijzonderheid plaats, dat op de rivier Suriname een eenmast vaartuig arriveerde, met slechts één eenigen persoon J. Schakfort, bemand, komende van Londen, laatstelijk van l'Orient (eene zeestad met 17,800 inwoners, in het Fransche departement Mortriban, aan de baai port Louis en den mond der Scarpe), van waar het den 6^{den} Julij 1785 vertrokken was, hebbende niets dan krijt tot lading (*).

Buitengewone voorvallen als groote branden, zware ziekten, enz. vielen tijdens het bestuur van Wichers niet voor; alleen werd er op den dag zijner aankomst, den 22sten November 1784, eene ligte aardschudding waargenomen, welke echter evenmin als die twee jaren later, den 21 Julij 1787, plaats vond, eenige schade veroorzaakte (§).

Wichers genoot groote eere en onderscheiding van zijne meesters, de Directeuren en Regeerders der Kolonie. Op hun verzoek ook werd door H. H. M., bij Resolutie van 7 Maart 1785, hem den rang van Generaal-Majoor bij de troepen van den Staat toegekend. Door deze rangsverhooging (de vorige Gouverneurs waren slechts kolonels) werd dan ook de titel van WelEdelGestrenge in dien van HoogEdelGestrenge veranderd. Die benoeming was den meesten Surinamers aangenaam en bij de daaropgevolgde felicitaties werd hem veel hartelijkheid betoond (†). Wichers was vrij algemeen bemind en de verhouding met de beide Hoven was zeer vriendelijk en welwillend. In de laatste jaren van zijn verblijf kwamen er echter weder moeijelijkheden. Het begeven van ambten door den Gouverneur alléén, tot welks begeving het Hof oordeelde mede regt te hebben, was gelijk meermalen weder eene bron van onaangenaamheden (**). Voornamelijk evenwel kwam er ver-

---

(*) Teenstra. De landbouw in Suriname, 1ste deel bladz. 53. Journaal van Wichers 10 November 1785.

(§) Journaal van Beeldsnijder Matroos 22 November 1784. Journaal van Wichers 21 Julij 1787.

(†) Notulen van Gouverneur en Raden 8 Augustus 1785. Journaal van Wichers 9 en 14 Augustus 7785.

(**) Notulen van Gouverneur en Raden 15 December 1788.

schil over de ten uitvoerlegging van een besluit van HH. Directeuren betreffende de weeskamer.

Het departement der weeskamer liet steeds veel te wenschen
over. Door verscheidene Gouverneurs waren er wel verbeteringen beproefd, doch zij hadden weinig gebaat. Ook Wichers
had veranderingen aangebragt. Het tractement der Weesmeesters was door hem van ƒ 3500 tot ƒ 4000 verhoogd,
terwijl dan de provisien aan de kas en niet aan Weesmeesters vervielen (*) Radicale verbetering bleef echter
noodig. Directeuren wenschten eene nieuwe Wees-Curatele
en onbeheerde Boedelskamer op te rigten en zonden daartoe een instructie aan Gouverneur en Raden, waarbij zij
tevens sterk aandrongen, dat deze zaak spoedig tot stand
kwam. (§) Hun wil was bepaald uitgedrukt en toen sommige
Raden hier tegen eene sterke oppositie vormden, wenschte
Wichers, dat men, vóór alle dingen gehoorzaamde en daarna
beklag deed. De oppositie was echter zoo krachtig, dat de
zaak voor het oogenblik werd uitgesteld. (†) Directeuren lieten
zich hierdoor niet afschrikken en in November van hetzelfde
jaar kwam er een uitdrukkelijk bevel, dat, ongeacht de bezwaren van sommige Raden, de, den 30sten Julij 1788 in vergadering van HH. Directeuren en Regeerders vastgestelde, Instructie
en Ordonnantie voor de nieuwe Wees-, Curatele- en Onbeheerde Boedelskamer der Kolonie Suriname in werking moest
worden gebragt. Dit geschiedde; drie Weesmeesters en Curators
werden aangesteld, de twee oudste op een tractement van
ƒ 5000, de jongste op ƒ 4000; terwijl twee Raden van Policie
met het toezigt werden belast (**). Drie leden der oppositie
leverden een protest in; Wichers liet dat stuk (65 bladzijden
fijn geschreven), om hen genoegen te doen, in de notulen
opnemen; Wichers trachtte verzoening te bewerken door o. a. aan
twee leden der oppositie het toezigt op te dragen, doch dezen, de

(*) Notulen van Gouverneur en Raden 30 Mei 1785.
(§) Notulen van Gouverneur en Raden 11 Februarij 1788.
(†) Notulen van Gouverneur en Raden 3 Maart 1788.
(**) Notulen van Gouverneur en Raden 11 November 1788.

heeren Wolf en Frouin, weigerden echter, en legden kort na het vertrek van Wichers hun ambt als Raden van Policie neder en getroosten zich, om gewillig de ƒ 6000 boete te betalen (*).

Behalve de onaangenaamheden hieruit ontstaan, kwamen er ook klagten over de aanmatigingen der door Wichers aangestelde Joodsche Regenten, hetwelk hem mede veel verdriet veroorzaakte.

Wichers verlangde naar eenige ontspanning en misschien ook wel wenschte hij in Holland een en ander nader te bespreken. Hij verzocht verlof om een reis naar het vaderland te mogen doen, wat hem werd toegestaan. Den 11den Junij 1790 deelde hij dit in de vergadering van het Hof mede en nam van hetzelve een hartelijk afscheid. Tot zijn plaatsvervanger, bij zijne afwezigheid, was door Directeuren benoemd, de heer Jurriaan François Friderici. Deze heer was reeds een maand te voren, ter vergelding van zijn betoonden vlijt en ijver door HH. Directeuren benoemd tot Commandeur en eersten Raad van het Hof van Policie (§). Hij zou dezelfde magt als een Gouverneur ad Interim hebben, de gewone eed van getrouwheid moest in zijne handen worden afgelegd — doch de plegtige installatie achterwege blijven.

Twee dagen later vertrok Wichers naar zijne plantaadje, digt bij Paramaribo; ging den volgenden dag den 14 Junij 1790 scheep op het fregatschip de Standvastigheid, kapitein Bosman Prahl en aanvaardde de reis naar Nederland (†). Hij keerde echter niet naar Suriname terug.

Uit het medegedeelde zal men de vroeger gemaakte opmerking moeten toestemmen, dat Wichers onmiskenbare verdiensten had en onder de beste Gouverneurs van Suriname kan worden gerekend, doch dat de lof, dat hij tegen de gruwelijke behan-

---

(*) Notulen van Gouverneur en Raden 24 Augustus 1789.

(§) Notulen van Gouverneur en Raden 17 Mei 1790. De betrekking van Commandeur was, sedert de Commandeur Texier tot Gouverneur benoemd werd, onvervuld gebleven. De luitenant-kolonel van Baerle was slechts met het militaire departement belast en had geen zitting of stem in het Hof.

(†) Journaal van Friderici 13 en 14 Julij 1790.

deling der slaven, met allen ijver, zoo hebben gewaakt, onverdiend was.

Friderici, de dappere Friderici, werd algemeen geacht en
door het vrijcorps als een vader bemind. Men zag het alzoo
met genoegen, dat bij het vertrek van Wichers, aan Friderici
het bestuur der kolonie werd toevertrouwd. Hij aanvaardde dit
echter niet onder den gewonen titel van Gouverneur ad Interim,
maar als Commandeur die "verder door de Edele Groot Achtbare Heeren Directeuren en Regeerders der opgemelde colonie
geauthoriseerd was, omme het Gouvernement, geduurende het
verloff van den Gouverneur-Generaal Wichers waar te nemen."

De gewone eed van getrouwheid werd alzoo wel door de
civiele en militaire authoriteiten aan Friderici gedaan, doch de
plegtige installatie bleef achterwege. Ruim twee jaren bleef
hij onder dezen titel de kolonie besturen en altijd nog bleef
men de terugkomst van Wichers verwachten. In eene vergadering van het Hof van Policie den 8sten Maart 1792 echter legde
Friderici eene missive van H. H. Directeuren van 30 November 1791, over, waarbij kennis werd gegeven, dat Wichers
zijne demissie als Gouverneur-Generaal had erlangd (*).

Nadat men hiervan zekerheid had bekomen, hoopte men
dat Frederici definitief als Gouverneur zou worden aangesteld.
Die hoop werd niet teleurgesteld.

Den 7den Augustus deszelfden jaars, de verjaardag van H.
K. H. de Princes van Oranje, gaf Friderici op de parade mededeeling van zijne aanstelling als Gouverneur-Generaal der kolonie Suriname, op den 24sten Augustus 1792, de verjaardag van
den Erfprins van Oranje (later Koning Willem 1), werd hij
als zoodanig plegtig geinstalleerd (§). In December 1798 ontving
hij zijne benoeming als Generaal-Majoor.

De gewone feesten als parade, gastmaal, bal enz. bleven
niet achterwege; terwijl ook daarenboven het huis van den heer
Raad van Policie Stolkert en van andere particulieren inwoners
der kolonie, mitsgaders twee op de reede liggende schepen,

(*) Journaal van Friderici 8 Maart 1792.

(§) Journaal van Friderici 7 en 24 Augustus 1792.

met de wapens van Friderici en toepasselijke bijschriften prijkten en prachtig waren geillumineerd.

Nog verscheidene dagen lang duurden de feestelijkheden, die eindelijk den 15sten Augustus werden besloten met een brillant souper aan het Gouvernementshuis van 250 couverts, gevolgd door een bal, dat tot 's morgens $\frac{1}{2}$ 6 ure werd voortgezet (*).

Zooveel mogelijk trachtte Friderici bij voor hem en voor de kolonie belangrijke gebeurtenissen, die hij wenschte te vieren, die feestviering te doen plaats hebben op die dagen, waarop een der leden van het vorstelijk geslacht verjaarde, en steeds werden die herinneringsdagen door hem met luister herdacht, want Friderici was een warm voorstander van het Huis van Oranje.

Friderici ging in dezen niet mede met den tijdgeest, die meer en meer de banden, die ons Vaderland aan Oranje verbonden, vaneen trachtte te rijten.

De beginselen der Fransche vrijdenkers, die de revolutie in Frankrijk te voorschijn riepen, waardoor een braaf vorst boeten moest voor de misdrijven zijner voorgangers en waardoor de ongebreidelde hartstogten der volkeren in beweging werden gebragt; hadden ook in ons Vaderland verdervend gewerkt; ook aldaar waren de gemoederen verhit en door allerlei drogredenen was het eene partij gelukt om Neêrlands volk van Oranje te vervreemden. De invloed dier beginselen werd ook in Suriname gevoeld en hierdoor ontstonden verwikkelingen, die noodlottige gevolgen voor de kolonie na zich sleepte, welke Friderici niet kon verhoeden.

De algemeene toestand van Suriname was bij den aanvang der regering van Friderici niet zoo geheel ongunstig te noemen, als eenige jaren vroeger. Friderici was door en door met de koloniale belangen bekend en een ijverig voorstander van landbouw en industrie; men hoopte, dat onder zijn wijs en voorzigtig bestuur de kolonie tot meerderen bloei en meerdere welvaart zou geraken. Die hoop nog werd vermeerderd door het stijgen der prijzen van de koloniale producten, en hoewel de schaarschte aan geld zich nog wel pijnlijk deed gevoelen, en er nog gedurig plantaadjes in handen der hypotheekhouders

(*) Journaal van Friderici 31 Augustus 1792.

voor schuld overgingen — troostte men zich met de betere vooruitzigten.

Suriname was nog steeds eene belangrijke kolonie: volgens authenticke opgaaf van 1791 telde zij 591 plantaadjes, onder welke 46 waren, die aan de Joden toebehoorden. Wel zijn onder dat getal van ongeveer 600 plantaadjes ook begrepen de kleine kostgronden, aan welke bijna de naam van plantaadje niet toekwam, doch de uitvoer bewees dat men de kolonie niet gering moest achten; hij bedroeg in 1790 ruim 15,000 tot 20,000 okshoofden suiker, terwijl de belastbare waarde van een oxhoofd suiker tot ƒ 200 was gestegen (*). Verscheidene keeren vindt men gewag gemaakt van pogingen om de daarvan aan de Societeit te betalen belasting te ontduiken of ter sluiks suiker en andere verboden producten met Amerikaansche schepen te vervoeren (§). Soms werden er belangrijke aanhalingen gedaan: o. a. in October 1791 werd door den Raad Fiscaal een pont met suiker, caçao koffij enz. geladen, in beslag genomen, beneden de redoute Purmerend en voor een Amerikaansch schip bestemd. De netto opbrengst der geconfisceerde goederen bedroeg ƒ 8251,12.10²/₃ (†).

De bevolking der kolonie werd in 1791 begroot op:

		Zielen.
Christenen, {	Blanken op de plantaadjes . . .	1,080
	» te Paramaribo.	950
Portugesche {	op de plantaadjes en Joden Savane .	250
Joden, {	in de stad Paramaribo	620
Hoogduitsche {	op de plantaadjes	50
Joden, {	in de stad Paramaribo	450
Mulatten en vrije negers		1,760

(*) In 1790 werden gekeurd 20,201 okshoofden suiker, in 1791 21310, in 1792 15244, in 1793 15084½. Jaarlijks voeren er tusschen de 70 à 80 groote schepen van en naar Suriname, waarvan de bemanning op 2000 matrozen werden gerekend.

(§) Journaal van Friderici 14, 15 en 17 October, 1 November 1791, 26 Januarij, 29 Junij 1792, enz. enz.

(†) Journaal van Friderici 29 Junij 1792.

Slaven, { op de plantaadjes 45,000
in de stad Paramaribo. . . . . 8,000 (*)

De aanvoer der slaven was in de laatste jaren mede toegenomen, echter werden er steeds hooge prijzen besteed (†), want de slavenmagt — zoo zij niet gestadig werd aangevuld — nam af, zoo ten gevolge van hevige ziekten als door uitputting en door wegloopen.

Hield het wegloopen der slaven nog steeds aan, de vrees voor hunne aanvallen op de plantaadjes was veel verminderd sedert den slag bij Aroukoe, waar Bonni een zoo groot verlies was toegebragt. Bonni had zijne kracht verloren; vele zijner volgelingen verlieten hem of vielen in handen der aan de Marowyne geposteerde krijgsmagt, die van daar verscheidene expeditiën deed. In September 1791 werd o. a. onder bevel van den Luitenant-kolonel Beutler, een aanval op de bende van Bonni beproefd, die met eene overwinning van onze zijde eindigde waarvoor de genoemde Kolonel den 1sten Januarij 1792, wegens »zijn gehouden conduite" op de parade met eene eeredegen werd beloond (§). In December 1791 liepen 3 vrouwen en 1 jongen van Bonni weg; in Maart, April en Mei 1792 werden verscheidene overloopers en gevangenen van zijne bende te Paramaribo opgebragt (**). Bonni wenschte zelf vrede te maken en had kort na den slag bij Aroukoe daartoe pogingen aangewend; men had dit niet geheel afgeslagen, (§§) doch voornamelijk om

(*) Teenstra, de Landbouw in Suriname, 1e deel, bladz. 45. — Surinaamsche Staatkundige Almanak van Brown, voor 1793, blad 6.

(†) Journaal van Friderici, 12 Januarij 1791. Friderici wil uit een slavenschip eenige negers voor de Directie koopen, doch daar de schipper ze niet minder dan *f* 700 per hoofd wil afstaan, zag hij er van af.

(§) Journaal van Friderici, 1 Januarij 1792.

(**) Journaal van Friderici 24 December 1791, 26 Maart, 7 April, 29 Mei 1792, enz.

(§§) Friderici had een ontwerp van een vredesverdrag bij het Hof ingediend; het Hof had zich hiermede in hoofdzaak vereenigd; Directeuren wenschte volgens missive van 7 October 1790 hen „te vervolgen en te destrueren." Extra Notulen van Resolutie van Gouverneur en Raden in Suriname rakende de Buitenlandsche en Binnenlandsche defensie, 15 December 1890, 17 Januarij 1791.

hierdoor het terrein beter te verkennen en tijd te winnen en tevens wantrouwen tusschen hem en de Aucaners, die zich onzijdig wilden houden, te verwekken (*). Dit gelukte, en terwijl den Aucaners hun eenigermate dubbelzinnig gedrag werd vergeven, trachtte men hen tegen Bonni op te hitsen, en vorderde als een bewijs hunner goede gezindheid, dat zij onze troepen zouden ondersteunen. Indien men let op vele de krachten, die in het werk werden gesteld, om een man, die reeds door zoo velen verlaten was en die thans met zijne weinige getrouwen in kommer en ellende doorbragt en vaak honger en gebrek moest lijden, geheel ten onder te brengen, dan moet men tot de overtuiging komen, dat Bonni geen gewoon man was, maar iemand die onder andere omstandigheden als een held en onversaagd verdediger der regten zijner landslieden zou beschouwd zijn geworden. Die Mulat was een moedig man en toen men hem bijna als geheel verslagen achtte, gaf hij op nieuw een schitterend bewijs van dien moed. In Augustus 1792 tastte zijn zoon Agouroe het dorp der Aucaners, Anderblaauw, aan en nam o. a. de beide blanke soldaten, die aldaar de post van bijleggers vervulden, als gevangenen mede (§). Nu echter had hij zich de Aucaners tot geslagen vijanden gemaakt en weldra boden 72 strijdbare mannen onder hen aan, om eene expeditie naar het dorp van Bonni te ondernemen. Gaarne nam het Gouvernement die krachtige hulp aan en in Februarij 1792 trokken zij onder aanvoering van hun opperhoofd Bambi op weg, om Bonni te overvallen (†). Die expeditie bereikte volkomen het voorgestelde doel. Bonni werd overrompeld en daar hij zich moedig verdedigde, door Bambi gedood. Het zelfde lot onderging zijne onderbevelhebbers Cormantijn Cojo, Paedje en nog tien andere negers; zes en dertig zoo vrouwen als kinderen werden levend gevangen. De Aucaners maakten verder een vrij

---

(*) Notulen van Gouverneur en Raden 4 Julij 1790. Journaal van Frederici 1 Maart 1791, enz.

(§) Journaal van Friderici 15 Augustus 1792.

(†) Bijlagen, rakende Buiten- en Binnenlandsche defensie, 20 Februarij 1793.

belangrijk buit aan ammunitie, corjalen, gereedschappen enz: door
het omslaan der corjalen, waarin dit alles was geladen, op de
klippen, werd slechts een klein gedeelte hiervan in Paramaribo
gebragt (*). Er heerschte groote vreugde over dezen uitslag
der expeditie en in de buitengewone vergadering van het Hof,
werd Friderici verzocht, om den Aucaners eene goede belooning
hiervoor te geven; ook werd dankbaar de diensten erkend, die
de Gouverneur in dezen nu en vroeger door zijne goed overlegde maatregelen had bewezen en hem verzocht een dag te
bepalen, waarop hij de plegtige felicitatie zou kunnen verwachten.

Tevens werd besloten om de aan de Marowyne commandee-
renden Officier Zegelaar te belasten, om een detachement uit
te zenden, ten einde de door Bonni en Cormantyn Cojo nieuw
aangelegde kostgronden te verwoesten en de ontvlugte, hier
en daar verstrooide Bonni-negers te vangen of te dooden (§).

Zoo was dan eindelijk de gevreesde Bonni gedood en de vrees
voor de gestadige aanvallen zijner bende geweken. Men achtte
zich in Suriname zoo veilig, dat, toen Directeuren en Regeerders der kolonie bij het vernemen van den slavenopstand op
St. Domingo, besloten twee oorlogschepen naar Suriname te
zenden, ten einde de volkplanters bij een dergelijke gebeurtenis de
noodige bescherming te verleenen, er in het Hof besloten werd
om aan Directeuren en Regeerders te berigten, dan men dergelijke hulp niet noodig had (†), en toen eenige dagen later
de luitenant Verheuil, met 's Lans oorlogsbrik, de Pijl vóór
de stad Paramaribo arriveerde, om de aangeboden hulp te
verleenen, bedankte men hem beleefdelijk, waarop hij koers
zette naar Berbice (**).

(*) Bijlagen, rakende Buiten- en Binnenlandsche defensie, 26 Maart 1793.

(§) In 1790—91 en 92 zijn door de Aucaners afgebragt, door Bonni
uitgeleverd of krijgsgevangen gemaakt 145 wegloopers, doodgeschoten
24 vrijwillig terug gekomen 129. Extra Notulen rakende de Buiten-
en Binnenlansche defensie 28 December 1792.

(†) Extra ordinaire Notulen van Gouverneur en Raden, rakende de
Binnen- en Buitenlandsche defensie 27 Moart 1792.

(**) Idem idem 10 April 1792 Journaal van Friderici 18 April 1792.

Kort na de optrede van Friderici in het bestuur, hadden er geruchten geloopen omtrent vijandelijkheden tusschen Engeland en Spanje. Bij de mogelijkheid, dat Suriname daar in op de een of andere wijze betrokken zou kunnen worden, was men op zijne hoede geweest en het oorlogsfregat de Eensgezindheid bleef toen ter beveiliging der kolonie op de reede voor Paramaribo (*); daar latere tijdingen gunstiger luidden, verliet genoemd fregat de kolonie (§); en men dacht zich nu ongestoord aan de bevordering van landbouw en handel te kunnen overgeven.

Friderici wenschte ook de armverzorging op een beteren voet te brengen, daar zij, niettegenstaande de telkens vermeerderende subsidiën, zeer veel te wenschen overliet. Vooral was het slecht bestuur van het Gereformeerd Diaconiehuis eene zaak, die noodwendig voorziening behoefde. Er werd daarom op zijn voorstel eene commissie door het Hof benoemd, om een en ander behoorlijk te onderzoeken. Die commissie bragt in de vergadering van 28 December 1790 verslag uit van den staat van het Gereformeerde Diaconie-huis. Dit verslag luidde o. a.: »men moet verbaesd staan over de slegte ordre, welke in onze Diaconie is heerschende en welke allengskens door een quaade gewoonte hand over hand is toegenoomen, en welke van den beginne af aan, had moeten teegegaan zijn, bij aldien een yder dat wie met soo veel sorgvuldigheyd toezigt van deese aan de soo veel kostende staat is toevertrouwd en aanbevoolen, op 't ernstigst zig deese zaak ter herte hadde genoomen."

Er werd — omdat men geene verbetering te gemoet zag indien het Diaconie-huis onder het beheer van den kerkeraad bleef — besloten, om aan HH. Directeuren voor te stellen dit gesticht onmiddelijk onder toezigt van het Hof te brengen. (†) De Directeuren konden zich, volgens hunne missive in Decem-

---

(*) Journaal van Friderici 4 Julij 1790.

(§) Notulen Gouverneur en Raden 27 Julij 1790. Journaal van Friderici 2 Augustus 1790.

(†) Notulen van Gouverneur en Raden, 28 December 1790.

ber 1791 ontvangen, zeer goed met dit voorstel vereenigen (*)
en daarop werd deze zaak ten einde gebragt.

Het bestunr werd opgedragen aan vier door het Hof te benoemen regenten; het toezigt berustte bij twee commissarissen
(Raden van Policie); de binnenvader en moeder ontvingen als
vast tractement *f* 1500 's jaars. Zij waren gehouden de nieuwe
reglementen getrouw na te leven. (†)

Men was hiertoe zoo veel te eerder nog overgegaan, daar
het langzamerhand ook eenigermate het karakter van Gereformeerd diakonie- wees- en armhuis had verloren. De knapen
werden ter opvoeding naar Amsterdam gezonden (van de
meisjes vindt men gewag gemaakt); oude of gebrekkelijke lieden van andere geloofsbelijdenissen werden er ook opgenomen.
De Luthersche gemeente toch, die nog geen tijding op hare
aanvraag om hulp van directeuren had ontvangen, had verklaard buiten staat te zijn, om hare armen langer te verzorgen
en daarop was besloten (zonder consequentie voor het vervolg)
eenige armen der Lutersche gemeente in het Gereformeerde
diaconiehuis op te nemen (§).

De Katholieken hadden nog geen gevolg gegeven aan hunne
belofte in December 1788 gedaan, om, overeenkomstig artikel
3 der voorwaarden op hunne toelating gesteld, hunne eigene
armen te verzorgen (**). Men had dus ook provisioneel eenig
Roomsche armen in het Gereformeerd Diaconie-huis opgenomen — en de pastoor Eeltjes verzocht in Augustus 1791, dat
men wilde voortgaan, met die aldaar te verplegen, want het
was hun onmogelijk het zelf te doen. Als bewijs dezer onmogelijkheid deelde hij mede, dat de geheele ontvangst zoo uit
het vaderland als van diverse personen in de kolonie over
1790 hadden bedragen eene som van *f* 6185 : 17 : 8 — welke
som door de uitgaven overschreden was; tot 30 Junij 1791
bedroegen de ontvangsten *f* 2836 : 4 : 8 en beliepen de uit-

---

(*) Notulen van Gouverneur en Raden, 12 December 1791.

(†) Notulen van Gouverneur en Raden, 14 Mei en 14 December 1792.

(§) Notulen van Gouverneur en Raden 14 December 1790.

(**) Zie bladz 410.

gaven reeds ƒ2717:8, terwijl er aan den apotheker nog te betalen bleef ƒ85 : 10 en toch men had de meest mogelijke zuinigheid in acht genomen; zelfs den pastoor, die op ƒ2600 tractement was beroepen, had zich te vreden gesteld met slechts 1500 — te ontvangen. Het Hof stond hierop het verzoek toe, dat men nog een jaar op deze wijze zou voortgaan, doch dat men, indien dan nog niet door de Roomsch-Catholieke gemeente voldaan werd aan art. 5, men overeenkomstig het bepaalde bij artikel 7 de kerk zou doen sluiten (*).

In een volgend jaar werd echter op herhaald verzoek op nieuw een jaar uitstel verleend; men zou voortgaan met de Roomsch-Cathieke armen in het Diakonie-huis op te nemen, doch de Roomsch-Catholieke gemeente nam de verpligting op zich eenige alimentatie-kosten te betalen (§), doch ook aan deze verpligtingen konden zij niet voldoen (†).

Hadden de Diaconen door hun slecht beheer oorzaak gegeven, dat de zaak zoo ver was gekomen — zij wilden dit echter niet erkennen en protesteerden op hoogen toon tegen deze — zoo als zij het noemde — schennis hunner regten; de kerkeraad trok gedeeltelijk hunne partij en op sommigen vergaderingen vielen hevige tooneelen voor en werden de Commissarissen van het Hof beleedigd. Friderici ging echter voort en vermaande ernstig de predikanten, die niet beter de de orde in de vergaderingen wisten te handhaven (**).

Het etablissement voor de Boassie-lijders aan de Saramacca, voorzorg genaamd, voldeed ook vrij goed aan zijne bestemming en telkens werden de lijders — niet slechts slaven maar ook armen vrije negers mulatten en blanken er op overgebragt (§§).

Van de betrekkelijke rust in de kolonie wilde Fiderici ook

---

* Notulen Gouverneur en Raden 16 Augustus 1791.

(§) Notulen van Gouverneur en Raden 28 December 1792.

(†) Notulen van Gouverneur en Raden 4 Februarij 1793.

(**) Notulen van Gouverneur en Raden 16 Julij 1793 — 23 Mei 1794 enz.

(§§) Journaal van Friderici 27 Mei 1791. Notulen van Gouverneur en Raden 24 December 1790, enz.

gebruik maken, om de kas tegen de wegloopers, waarin een groot te kort was, in beteren staat te brengen, waartoe een concept voor een nieuw reglement in het Hof van Policie werd ingebragt en bediscussieerd. (*) Daar volgens dit ontwerp de belasting zou worden verhoogd, verklaarden zich velen in de kolonie hiertegen en weldra werd een uitvoerig, door vele planters onderteekend rekwest aan het Hof ingediend, waarin o. a. betuigd werd, »dat de toestand van de volkplanting nog veel te wenschen overliet." (†) Dat deze betuiging waarheid behelsde, bleek behalve uit de gedurige overgang van plantaadjes in de handen der hypotheekhouders ook uit de slechte betaling aan de publieke kassen. Alleen aan het kantoor der modique lasten bleef, volgens door den ontvanger in December 1790 ingeleverde staat, door verscheidene personen nog te betalen ƒ 142,168 : 15; en men kon rekenen, dat die personen het immer schuldig zouden blijven. (§) De kas tegen de wegloopers had groote uitgaven moeten doen, en niettegenstaande belangrijke inkomsten waren er groote schulden gemaakt. Blijkens den in Mei 1793 door den ontvanger ingeleverden staat, was het jaar 1792 wegens de binnenlandsche rust en de hooge prijs der producten zeer voordeelig voor de kas geweest: ƒ 412,844,194 was in dat jaar ontvangen, maar was dit genoegzaam geweest tot bestrijding der uitgaven, het kon nog weinig baten tot delging der schuld. Die schuld bedroeg:

aan de Societeit . . . . ƒ 2,342,474: 4.15
en aan het kantoor der modique lasten . . » 1,590,582:17.6
Alzoo te zamen. . . » 3,933,087: 2.5

of ongeveer 4 millioen gulden. Het verwondert ons dus niet, dat de Raden van Policie de onmogelijkheid inzagen, dezen schuld immer te boven te komen en daarom bij herhaling aandrongen dat H.H.M. zich voortaan met de kosten der verdediging zouden belasten, daar èn de inwoners èn de societeit hiertoe op den duur onmagtig waren. (§§)

(*) Notulen van Gouverneur en Raden 17 Januarij 1791.
(†) Notulen Gouverneur en Raden 21 Februarij 1791.
(§) Notulen van Gouverneur en Raden 27 December 1790.
(§§) Notulen van Gouverneur en Raden 29 Mei 1793.

Men wenschte dit zoo veel te meer, daar de politieke horizon steeds duisterder werd. De in Frankrijk uitgebroken revolutie die reeds zoo verre was gegaan, dat de koning en koningin hun leven op het schavot hadden moeten verliezen, (21 Januarij 1793) bedreigde ook de republiek der Vereenigde Nederlanden, die reeds door tweedragt verscheurd werd. En dat Suriname in den worstelstrijd zou worden gesleept en de gevolgen daarvan ondervinden, was wel te denken.

Niet slechts was er oorlog tusschen Engeland en Frankrijk, en de ondervinding had geleerd hoe moeijelijk het was onzijdig te blijven, maar ook in het naburige Cayenne was reeds de regering veranderd en mannen aan het bestuur, tegen wie H.H.M. noodig achtten eene publicatie uit te vaardigen, strekkende, om het houden van eenige correspondentie te verbieden (*)

Suriname ging een moeijelijken tijd te gemoet.

In Cayenne waren reeds groote veranderingen voorgevallen; het bestuur was vervangen door eene revolutionaire koloniale vergadering, die na het vroeger met Suriname gesloten cartel omtrent de uitlevering van deserteurs niet meer van kracht beschouwde. Eene poging om uit Suriname gevlugte deserteurs terug te erlangen, door Friderici aangewend, bleef zonder gevolg; de koloniale vergadering oordeelde dit niet te moeten doen: »nademaal alle menschen gelijk zijn, zij er geene van verschillende soort erkent en altijd gunstiglijk zal ontfangen die bescherming komen reclameeren." — Men strekte dit toen echter nog niet tot de slaven uit. Dezen werden beschouwd, als een artikel van koopmanschap, waartoe geen cartel noodig was (§).

Friderici liet nu een wakend oog op Cayenne houden, zoo door een gedeelte van het vrijcorps als door een gewapend vaartuig te doen af en aanvaren, om zooveel mogelijk de handelingen aldaar gade te slaan. In October 1792 werden de verwarde zaken eenigzins hersteld. Een Gouverneur, Ordonateur

(*) Notulen van Gouverneur en Raden 5 September 1794.
(§) Extra Notulen 27 Aug. 1792.

AMERIKA ONTDEKT 1492

GESCHIEDENIS

VAN

SURINAME

door

J. WOLBERS.

UITGAVE VAN H. DE HOOGH, AMSTERDAM.

en Commissaris-Civiel kwamen, daartoe vergezeld, met een aantal soldaten (het tweede battailjon van het regiment Royal Alsace) in de kolonie. Ook werd getracht de vriendschappelijke betrekkingen met Suriname weder aan te knoopen. De per Fransche corvet gearriveerde commissaris keurde het gedrag der provisionele bewindslieden in Cayenne omtrent het Cartel af en beloofde de door Friderici verlangde uitlevering der deserteurs, zoo mogelijk, nu nog te doen plaats vinden. De secretaris Berranger werd daarop afgevaardigd om naar Cayenne te gaan en aldaar alles nader te regelen. Berranger ging en vertoefde eenigen tijd in de Fransche volkplanting, waar hij met de uiterste beleefdheid werd behandeld, doch zijn doel: de uitlevering der deserteurs, niet bereikte, daar zij, reeds vóór zijne aankomst, naar Frankrijk waren vertrokken (*).

Was er alzoo een oogenblik verademing; weldra werden de gemoederen in Suriname op nieuw verontrust.

Geruchten van oorlog tusschen Engeland en Frankrijk gingen vooraf en verkregen telkens meer zekerheid (§): het berigt dat de koning van Frankrijk Lodewijk den 16de, den 21sten Januarij 1793, door het schrikbewind te Parijs ter dood veroordeeld, op een schavot dit vonnis had ondergaan, bereikte den 26sten Maart 1793 Suriname (†); een Engelsch schip bragt den 3den April eene missive van den heer Parry, Gouverneur van Barbados, over, waarin door genoemden Gouverneur aan Friderici gemeld werd, dat de thans in Frankrijk aan het hoofd der regering staande mannen den oorlog aan Engeland en aan de Republiek der Vereenigde Nederlanden hadden verklaard. Parry bood aan om, bij voorkomende gelegenheden, alle mogelijke dienst aan Suriname te bewijzen (**).

Men vernam tevens dat het garnizoen in Cayenne aanmer-

(*) Extra Notulen rakende de Buiten- en Binnenlandsche defensie, 27 Augustus, 11 September, 23 October en 3 December 1792.

(§) Extra Notulen rakende de Buiten- en Binnenlandsche defensie, 21 Januarij, 8 Februarij en 21 Februarij 1793.

(†) Extra Notulen rakende de Buiten- en Binnenlandsche defensie van 26 Maart 1793

(**) Extra Notulen rakende de Buiten- en Binnenlandsche defensie van 3 April 1793.

kelijk versterkt was geworden, zoodat er wel reden bestond om beducht te wezen; want er bevond zich in de kolonie slechts een oorlogschip, de Jason, kapitein de Virieux, die door Friderici met moeite werd overgehaald, om nog eenigen tijd te vertoeven; terwijl de andere verdedigingsmiddelen gering en daarenboven nog in slechten staat waren. Men besloot dan ook de zeilree liggende koopvaardijschepen niet te doen vertrekken, ten zij door een behoorlijk convooi gedekt, en eenigen derzelven te doen wapenen om tot verdediging van de rivier te kunnen verstrekken.

Den 6den Mei 1795 kwam de luitenant-kolonel Millet van Coehoorn, die als expresse uit het vaderland naar Suriname was gedetacheerd, in de Kolonie aan, en bevestigde de door den Engelschen Gouverneur Parry reeds medegedeelde tijding van den door Frankrijk aan Engeland en Nederland verklaarden oorlog. Hij hing ook een treurig tafereel op van de gesteldheid der zaken in Europa in het algemeen en in Nederland in het bijzonder, daar men vooralsnog niet, met eenige waarschijnlijkheid, kon voorzien welken keer dezelve zouden nemen. Als maatregelen van voorzorg werd het oorlogs-fregat Jason en drie gearmeerde koopvaardijschepen voorloopig bij Nieuw-Amsterdam en bij Braamspunt gestationeerd: een op de reede liggende Fransch vaartuig werd in beslag genomen (*).

In Julij 1795 ontving men de verblijdende tijding per missieve van H.H. Directeuren en Regeerders dat de Franschen van Nederlandsch grondgebied waren verdreven. Friderici beval, in overeenstemming met het Hof, dat er een plegtige dankdag zou worden gehouden en dat, als bewijs van gehechtheid aan het vaderland, bij inschrijving giften zouden worden verzameld tot ondersteuning van de verdediging des dierbaren vaderlandschen gronds (§).

De schippers welke geladen waren en zeilree lagen, wenschten hunne reis naar Nederland aan te nemen en verzochten,

---

(*) Extra Notulen rakende de Buiten- en Binnenlandsche defensie van 9 Mei 1793.

(§) Extra Notulen rakende de Buiten- en Binnenlandsche defensie van 2 Julij 1793.

zonder Friderici hiervan kennis te geven, den kapitein de Virieux hen te convoyeren. De Virieux was hiertoe wel genegen, doch Friderici en het Hof verklaarden er zich bepaald
tegen, en toen de Virieux het voornaamste aangevoerde bezwaar:
het ontblooten der kolonie van de noodige verdediging, wilde
ontzenuwen door aan te merken: »dat indien men hulp ter
defensie noodig had wel Engelsche schepen te krijgen waren" was
men hierover zeer verontwaardigd en wees men den kapitein
op »de onwelvoegelijkheid om bij vreemden hulp te zoeken zoo
men nog zich zelf helpen kan." De Virieux gaf toe, mits hij
zich door eene behoorlijke resolutie voor zijne superieuren zou
kunnen verantwoorden, aan welk billijk verzoek werd voldaan (*).

Friderici wenschte de kolonie in een goed verdedigbaren toestand te brengen. In September 1793 hield hij in eene vergadering van het Hof, waar tevens de officieren der bezetting,
de zee-kapitein de Virieux en diens luitenant Bisdom tegenwoordig waren, eene aanspraak, waarbij hij den benarden staat
van zaken bloot lag en tevens de maatregelen voorstelde, die
hij, in overeenstemming met den krijgsraad, besloten had ter
verdediging der kolonie aan te wenden.

Deze maatregelen, die door het Hof werden goedgekeurd,
waren als volgt:

1⁰ Langs de kusten hier en daar wachten plaatsen, deze
behoefden echter niet zeer sterk te zijn, daar eene landing op
eene andere wijze dan door opvaren in de rivier Suriname,
wegens hare groote moeijelijkheid niet waarschijnlijk was;
2⁰ posteren een gewapend schip bij den mond der Comwewijne
op de hoogte der redoute Leiden en op ⅓ breedte der rivier
Suriname, beneden de redoute Purmerend, een oorlogschip,
benevens drie gewapende koopvaardij-vaartuigen, vier plat-
boomde vaartuigen als drijvende batterijen en twee à drie ponten
tot branders inrigten en een sloep bij Braamspunt tot wachtschip.
Verder de werken op het fort Nieuw-Amsterdam en die der
andere forten en redoutes, in behoorlijken staat van tegenweer

(*) Extra Notulen rakende de Buiten- en Binnenlandsche defensie van
9 Julij 1793.

brengen; de post aan de Marowijne versterken, doch de militairen van de andere posten op de binnenlandsche lijn van defensie (het cordon) terugroepen, ter versterking van het garnizoen en deze militairen door 100 schutters-negers doen vervangen (*).

Het strekte den Gouverneur en den Kolonisten tot eene groote bemoediging toen den 6den October van hetzelfde jaar de koopvaardijvloot, onder convooi van drie oorlogschepen, de Medea, kapitein C. Wiertz, de nieuwe Argo, kapitein E. van Braam en de Snelheid, kapitein C. Blois van Treslong, voor anker kwamen. Niet slechts werd de kolonie als nu genoegzaam van proviand en ammunitie voorzien, maar ook kon men nu, met minder vrees, een vijandelijken aanval te gemoet zien, daar twee der oorlogsvaartuigen (de beide laatstgenoemde) tot secours zouden blijven: de Medea zou de koopvaardij vloot naar Berbice en Demerary convoyeren en ook daarna te Suriname terugkeeren (§). De kapitein de Virieux ontving den last om de in lading liggende schepen naar Curaçao te geleiden, van waar zij een ander convooi zouden erlangen. De schippers remonstreerden hiertegen, daar het saizoen thans zoo ongunstig was (de assurantie in October kostte 8 pCt. meer dan in Januarij); ook wenschten zij liever eene gelegenheid af te wachten om onmiddellijk de reis naar het vaderland te kunnen volbrengen (†). Aan hun verzoek werd toegegeven; zij bleven tot den 4den Maart 1794 in de kolonie, wanneer een getal van 51 koopvaardijschepen, onder de geleide van de kapiteins de Virieux en van Braam, uitzeilden (**).

In Januarij 1794 kwam weder eene vrij aanzienlijke vloot, onder convooi van het fregat de Erfprins van Brunswijk, kapitein P. Hartsinck, in Suriname aan. Niettegenstaande de

---

(*) Extra Notulen rakende de Buiten- en Binnenlandsche defensie van 6 September 1793.

(§) Extra Notulen rakende de Buiten- en Binnenlandsche defensie van 10 October 1793.

(†) Extra Notulen rakende de Buiten- en Binnenlandsche defensie van 21 November 1793.

(**) Extra Notulen rakende de Buiten- en Binnenlandsche defensie van 4 Maart 1794.

drukkende tijden heerschte er levendigheid en vertier, doch
de nabijheid van Cayenne bleef steeds verontrusten. Friderici
was niet alleen op zijne hoede tegen een mogelijken aanval van
die zijde, maar wilde verder gaan en eene poging aanwenden
om Cayenne te veroveren. Hij vond zich genoopt dat plan in
goeden ernst aan het Hof voor te stellen om de volgende redenen: in December 1795 had men in Suriname vernomen
dat, bij besluit der Nationale conventie te Parijs, de slavernij
in de Fransche kolonien was afgeschaft, doch dat dit besluit
nog niet in Cayenne bekend was en de negers zich tot heden
rustig gedroegen. Nu vreesde Friderici dat, zoodra de negers
in Cayenne deze tijding vernamen, zij tot groote wanordelijk-
heden zouden overslaan en dat de slaven in Suriname, indien
hun het gerucht van de vrijmaking hunner lotgenooten in eene
naburige kolonie ter oore kwam, met geweld trachten zouden
hunne vrijheid te verwerven, enz. Friderici vermeende op
medewerking van de meeste eigenaren van plantaadjes en slaven
in Cayenne te kunnen rekenen, //daar zij," zoo sprak Friderici:
»minder afkeerig zouden wezen, onder Hollandsche bescherming,
met slaven te kunnen blijven voortwerken, dan onder den
Franschen naam, hunne bezittingen te zien verwoesten en ter
prooi aan losbandig gepeupel te laten." Hetgeen de kans op
welslagen vermeerderde was de zekere wetenschap die men had
dat de militaire bezetting in Cayenne thans zeer gering was en
dat de in Suriname aanwezigen zeekapiteins volkomen met dit
plan instemden en hunne goede diensten tot verwezenlijking
er van bereidwillig aanboden.

De raden van policie, misschien meer nog dan Friderici,
bevreesd voor de gevolgen van de vrijmaking der slaven in
Cayenne in betrekking tot die in Suriname, zagen er echter
groote zwarigheden in, want de onderneming kon mislukken
en, al gelukte zij, hoe moeijelijk zou de voortdurende bezetting zijn. De kolonie Suriname zou ook hierdoor te veel
van eigen verdediging worden ontbloot; daarbij vreesden de
Raden van policie, dat het verkeer met de inwoners en slaven
van Cayenne, reeds zoo zeer door een revolutionairen geest bezield, nadeelig op Suriname's inwoners en slaven zoude wer-

ken (*). Er werd alzoo geen verder gevolg aan dit plan van
Friderici gegeven, en toen eenige maanden later (in Augustus
1794) verscheidene Surinaamsche planters een verzoekschrift
aan het Hof indienden, waarbij men, op dezelfde gronden als
vroeger door Friderici was aangevoerd, aandrong om eene
poging tot verovering van Cayenne te beproeven, werd ook
dit verzoek door het Hof van de hand gewezen (§).

De vrees bleek echter overdreven te zijn geweest. De tijding
van het decreet der Nationale vergadering te Parijs bereikte
wel de ooren der slaven in Suriname en bragt eenige agitatie
onder hen teweeg, doch dezelve werd gemakkelijk onderdrukt.
Eenige slaven vlugtten naar de Marowijne, omdat zij, zoo als zij
aangehouden wordende, voorgaven, *naar het land der vrijheid wilden gaan;* gevangen zijnde, boetten zij voor hunne zucht
naar vrijheid met strenge spaansche bokken en werden daarop
in ketenen geklonken. Hier en daar hadden zamenscholingen der
slaven plaats; op de gronden tusschen Zeelandia en Paramaribo,
(het zoogenaamde Combé) pleegden zij eenige ongeregeldheden
en baldadigheden. Scherpe verordeningen, waaraan met alle
kracht de hand gehouden werd, werden daarop uitgevaardigd
en niet slechts zamensprekingen verhinderd, zamenrottingen
uit elkander gejaagd en de daders gestraft, maar ook hunne
feesten, als: danspartijen (baljaren) does enz. verboden of beperkt (†). De slaven in Suriname die zagen dat tegenstand
nutteloos was en slechts hun lijden verzwaarde, bleven zuchtende zich onder hun juk krommen.

In Cayenne bleek het dat de revolutiekoorts bij de negers
minder hevig dan bij de blanken was. De vandaar naar Suriname gevlugte Franschen verhaalden, dat het bewuste Decreet den 15 Junij 1794 te Cayenne was geproclameerd. Toen
dit den negers bekend was geworden, had hun dit blijdschap

(*) Extra Notulen rakende de Buiten- en Binnenlandsche defensie van
9 December 1793.

(§) Extra Notulen rakende de Buiten- en Binnenlandsche defensie van
25 Augustus 1794.

(†) Extra Notulen rakende de Buiten- en Binnenlandsche defensie van
9 Mei 1794. Notulen van Gouverneur en Raden 8 Augustus 1794, enz. enz.

gegeven, doch geene buitengewone sensatie veroorzaakt: zij waren rustig aan den arbeid gebleven. Eerst door het onvoorzigtig gedrag van den Commissaris-Civiel, uit Frankrijk gekomen om het decreet in werking te brengen, waren eenige ongeregeldheden ontstaan. Men had de negers in de clubs en de gemeentens ingelijfd en met accollades in het publiek ontvangen, en door deze, zeker voor de negers zeer ongewone eerbewijzingen, waren zij eenigermate opgewonden geworden (*).

Het bewind te Parijs had een decreet van verbanning tegen velen der aanzienlijkste inwoners van Cayenne uitgevaardigd en dit werd met alle rigeur ter executie gelegd. Dien tengevolge vlugtten van tijd tot tijd verscheidene personen naar Suriname en vonden aldaar een gastvrij onthaal (§), zelfs werd een der immigranten, de Fransche edelman Henry Nicolas Gilles, als officier bij de krijgsmagt aangesteld. De berigten dier vlugtelingen omtrent de gevolgen van de afschaffing der slavernij in Cayenne waren vrij eenparig en getuigden dat de vrees daar omtrent niet was verwezenlijkt (†).

Surinames ingezetenen bleven echter vol bezorgdheid. De afschaffing der slavernij in Cayenne was hun een doorn in het oog en luide gaven zij hunne blijdschap te kennen, toen zij vernamen dat de Engelschen de Fransche volkplantingen op de eilanden (uitgezonderd een gedeelte van St. Domingo) hadden veroverd en nu ook het plan hadden gevormd Cayenne in bezit te gaan nemen, welk plan echter niet ten uitvoer werd gelegd.

Een ander onrustbarend verschijnsel was de neiging tot desertie onder de militairen. Velen trachtten de kolonie te ver-

---

(*) Extra Notulen rakende de Buiten- en Binnenlandsche defensie van 30 Julij 1794.

(§) Journaal van Friderici 28 Junij, 22, 23 en 30 September, 3, 14 en 18 October 1794 enz. Extra Notulen rakende de Buiten- en Binnenlandsche defensie van 24 September 1794.

(†) Uit de berigten van latere jaren, toen er neger-opstanden in Cayenne plaats vonden, blijkt echter uit het getuigenis der overheidspersonen, dat de voornaamste oorzaak hiervan steeds in de opruijing van zekere blanke gelukzoekers was te vinden.

laten en zich naar de eene of andere Fransche kolonie te begeven en somtijds gelukte het hun; meerendeels echter werden
zij achterhaald of kwamen in open booten van honger en
gebrek om of werden door de golven verslonden.

Eene zeer vermetele poging tot ontvlugting geschiedde in
April 1794. Een Amerikaansch schip, met 81 slaven geladen,
kwam voor Braamspunt ten anker. De schipper liet zich,
volgens gewoonte, naar Paramaribo brengen, ten einde den
eed af te leggen, dat er aan boord van zijn schip geene besmettelijke ziekten heerschten. Den volgenden morgen ging
hij met den doctor, tot nader onderzoek, naar Braamspunt
terug, doch tot zijne verwondering, was het schip verdwenen.
Zijn stuurman kwam hem met een paar matrozen in eene
boot tegen roeijen en deze berigtte, dat in den vorigen nacht
tien soldaten aan boord waren gekomen en de manschappen
met geweld hadden gedwongen de ankers te ligten en koers
naar Martinique te zetten. De stuurman had in de verwarring
gelegenheid gevonden om te ontvlugten. De deserteurs bestonden uit een sergeant en soldaten zijner compagnie die dienzelfden nacht uit het fort Nieuw Amsterdam waren ontsnapt (*).

Was de gevaarlijke nabijheid van Cayenne eene oorzaak van
gestadige vrees, waartegen men zich op allerlei wijze zocht te
wapenen; werden onderscheidene maatregelen van voorzorg
tegen een aanval van die zijde genomen, waren de notulen, de
dagboeken, de officiele missives van dien tijd, opgevuld met
betuigingen van vrees voor dien gevaarlijken nabuur, droegen
zij vele blijken van vijandelijke gezindheid tegen de, toen aan
het bewind in Frankrijk staande, personen, — weldra was
alles veranderd — en men roemde de goede gezindheid der
autoriteiten en men verheugde zich in de vriendschappelijke
betrekkingen met Cayenne (§).

(*) Extra Notulen rakende de Buiten- en Binnenlandsche defensie van
28 April 1794 In de open zee is het later aan het scheepsvolk gelukt
de soldaten te overmeesteren, vijf van hen werden door de woedende
matrozen gedood en over boord geworpen, de andere ontvingen later
hunne verdiende straf in Suriname.

(§) Dat die vriendschap met de Franschen zoo wel voor Suriname
als voor Nederland duur was, zullen wij later zien.

Die zoo veel van elkander verschillende verhouding tusschen de beide kolonien had haren oorsprong in de belangrijke gebeurtenissen die in Europa waren voorgevallen, waardoor de geheele stand van zaken was veranderd.

Wij zouden ons bestek overschrijden indien wij hier een min of meer omstandig verhaal dier in Europa en ons vaderland zich elkander snel opvolgende gebeurtenissen gaven. Dit behoort tot de algemeene en vaderlandsche geschiedenis en slechts voor zoo verre Suriname er onmiddellijk in werd betrokken, wordt er door ons gewag van gemaakt.

Gelijk van algemeene bekendheid is: De revolutionairen hadden gezegepraald; de Franschen waren in Nederland gekomen en door een gedeelte der verdwaalde menigte als redders begroet. Daar de Franschen de verwijdering van Willem de 5de en zijn huis als conditio sine qua non tot den vrede stelden, vertrok hij, om vergieten van burgerbloed voor te komen, den 18den Januarij 1795, met al de zijnen van Scheveningen naar Engeland.

In Maart 1795 was deze tijding in Suriname nog onbekend. Den 8sten Maart werd nog, als naar gewoonte, de geboortedag van den Prins van Oranje plegtig gevierd. In April kwamen echter verontrustende tijdingen; eene missive van H. H. Directeuren en Regeerders die daarop betrekking had, werd in het Hof van Policie door Friderici ter tafel gebragt en gelezen. Den 21sten Mei 1795 ontving Friderici een brief van den Prins van Oranje van den volgenden inhoud:

»Edele, Erentfeste, vroome, onze Lieve Getrouwe.

Wij hebben noodig geacht, UEd. bij dezen aan te schrijven en te gelasten, om, zoo te Paramaribo, als verder in de colonie van Suriname, te admitteeren de Troupes, die van wegen zijne Groot-Brittanische Majesteit derwaarts zullen worden verzonden, en op de rivieren zoodanige oorlogschepen, fregatten of gewapende vaartuigen, die van wegens hooggemelde Zijne Groot-Brittanische Majesteit derwaarts zullen worden gezonden, en dezelve te considereeren als troupes en schepen van eene Mogendheid, die in vriendschap en alliantie is met Hunne Hoog Mogende, en die derwaarts komen om te beletten, dat die colonie door de Franschen worde geïnvadeerd.

Waarmede,

Edele, Erentfeste, Vroome, onze Lieve Getrouwe,

Wij UEd. beveelen in Godes heilige protectie. UEd. goedwillige vriend.

(Get.) W. PR. VAN ORANJE.

Kew, den 7 Feb. 1795.

Ter ordonnantie van Zijne Hoogheid bij absentie van den Geheim-secretaris.

(Get.) J. W. BOEJINK.

Aan den Gouverneur van Suriname."

Welken indruk deze brief op Friderici en de leden van het Hof maakte, kunnen wij met geene zekerheid mededeelen, daar de notulen van Gouverneur en Raden van Januarij 1795 tot 20 Junij 1795 ontbreken. In het dagboek van Friderici van 21 Mei 1795 wordt eenvoudig de ontvangst er van gemeld en in de missive aan HH. Directeuren dato 25 Mei 1795 wordt, bij de verzending van een duplicaat, slechts gewag gemaakt, dat genoemde brief door Friderici in de vergadering van het Hof was ingebragt en voorgelezen (*).

Of Friderici als een aanhanger van Oranje, nog pogingen heeft aangewend om de Raden te stemmen ten gunste van dit in den brief van den Prins gedaan verzoek, of dat hij overtuigd dat dit toch niet baten zou, die poging heeft nagelaten, kunnen wij uit gemis aan bescheiden daaromtrent niet beslissen. Wij vermelden dus slechts: dat aan den wensch van den Prins om de Engelschen als vrienden te ontvangen, geen gehoor gegeven werd; dat men overeenkomstig de missive van HH. Directeuren en de daarbij gevoegde resolutie van 5 Februarij 1795 van H. H. M., den 16 April ontvangen, besloot de nieuwe orde van zaken in het vaderland te erkennen (§). Friderici drong echter bij HH. Directeuren en Re-

(*) Journaal van Friderici van 21 Mei 1795. Missive van Friderici aan H.H. Directeuren en Regeerders van 25 Mei 1795.

(§) Sypestein deelt in zijn werk: Beschrijving van Suriname, bladz. 45 mede: „Den 13den Augustus 1799 bragt de Gouverneur in den Raad eenen brief van de Hoofden der Bataafsche Republiek, waarbij zij hem

geerders zeer aan om hem bepaalde bevelen over te zenden, »hoe hij zich ten opzichte van de Hooge Ambtspersonen en

aanmaanden de kolonie in hunnen naam te blijven beheeren. Een ge-lijke brief, uit Engeland van Prins Willem 5 ontvangen, magtigde hem evenzoo om in H. D. naam het bestuur te blijven waarnemen, met uit-noodiging om de in aantogt zijnde Engelschen als vrienden te ontvan-gen. Deze tegenstrijdige bevelen waren oorzaak van eene langdurige beraadslaging. De Gouverneur, hevig Oranje gezind, moest eindelijk toegeven aan het eenstemmig advies van den Raad, en de Bataafsche republiek werd als souverein erkend." Noch in de notulen van Gouver-neur en Raden, noch in de Extra notulen rakende de Buiten- en Bin-nenlandsche defensie van dien tijd; noch in de missives van Friderici en der Engelsche bevelhebbers vinden wij echter iets hiervan vermeld. Wij deelen dus deze bijzonderheid, die ook wordt aangehaald door Bosch Reizen in Suriname, bladz. 52 mede, doch daar wij bij genoemde heeren geen melding vinden gemaakt van den brief van den prins, dato Februarij 1795 vermoedden wij, dat de genoemde schrijvers bij vergissing, den datum later hebben gesteld. Wat dit vermoeden nog meer bevestigt, is de inhoud eener geheime Instructie voor den Vice-Admiraal Raders, „Com-mandant van 's Lands Esquader in de West-Indiën." Genoemde heer ontving den 10den Julij 1797 van het Committé van Marine, den last, om van de groote vloot, staande onder bevel van den Admiraal de Winter, zich met 8 oorlogsvaartuigen en 4 gewapende transportschepen te scheiden en naar Suriname te stevenen, om aldaar met Friderici de beste middelen te beramen, ten einde de door de Engelschen veroverde koloniën te hernemen. Bij artikel 14 dier Instructie wordt hem gelast „om, zoo genoemde coloniën heroverd zijn, te zorgen dat de regering worde veranderd en in dezelve zoodanige personen worden aangesteld, van welke eerlijkheid, ervarenis en Republikeinsche grondbeginselen hij zal overtuigd zijn, en integendeel daaruit weeren alle zoodanige, die zich, als voorstanders van de stadhouderlijke overheersching of als begunstigers van den vijand gedragen hebben, enz." — „en om zijne keuze van geschikte personen tot het bestier der gemelde colonien, met des te meer nut voor dezelve, en tot groote gerustheid voor zich zelve te doen, zal hij daarover met den Gouverneur Friderici te Suri-namen moeten raadplegen en deszelfs advis innemen, en hetzelve, aan hem geschikt voorkomende mogen volgen." Uit een en ander blijkt dat Friderici zeer het vertrouwen der toenmalige bewindslieden genoot, en, daarenboven, komt het mij onwaarschijnlijk voor, dat de Prins van Oranje, na eene vroegere weigering, zich op nieuw met een zelfde verzoek tot Friderici zou hebben gewend. Door het verslaan der vloot, onder de Winter, is er niet van de expeditie van Raders gekomen.

Ministers der Republiek hadde te gedragen, daar hem ook
de legale kennisgeving van de veranderingen die in het vaderland hadden plaats gevonden ontbrak en hij alzoo niet wist
in hoeverre dezelve op den staat van zaken in de colonien
moest influenceren." Hij beschrijft zijne positie als zeer zorgelijk, daar hij ten gevolge van onbekendheid daarmede, in de
mogelijkheid kon komen, om zich bij voorkomende gelegenheden te gedragen op eene wijze, die misschien niet overeenkwam met de beschikkingen welke in de republiek zouden
worden gemaakt, doch hij vertrouwde dat in zulke gevallen
zijne zucht tot orde en een geregeld bestier als overeenkomstig met de bevelen, waarmede hij voorzien was, in acht zouden worden genomen (*).

Zijn gedrag werd door Directeuren geprezen en in de vergadering van de Provisioneele Representanten van het volk van
Holland, gehouden op Dingsdag den 4den Augustus 1795, het
eerste jaar der Bataafsche vrijheid, werd op voordragt van den
Burger A. Vereul, pres. van het collegie van Directeuren, geresol-
veerd: »de Gedeputeerden ter generaliteit te gelasten, het bij
H. H. M. daar heenen te dirigeeren, dat, daar de Gouverneur
der kolonie Suriname, Juriaan François Friderici, die in weerwil
der misdaadige poging des gewezen stadhouders, in zorglijke
en kommerlijke oogenblikken, niets dan zijn pligt gezien, en
plegtig betuigd heeft, alles te zullen verrigten, wat van een man
van eer, die het behoud der colonie voor het moederland boven
alles stelt, kan worden verwacht, H. H. M. bij eene speciale resolutie hoogstdezelve genoegen over dit braaf gedrag des Gouverneurs
tot heden gehouden, gelieven te betuigen, en denzelven tot het
manmoedig persevereeren op dit zelfde loffelijk voetspoor aan
te moedigen; en hem extract dezer resolutie bij eerste gelegenheid toe te zenden." (§)

(*) Missive van Friderici aan H.H. Directeuren en Regeerders van
25 Mei 1795.

(§) Over den brief van Prins Willem den 5den zijn uitvoerige discussien geweest. De vergadering der Provis. representanten van het volk
van Holland, had deze zaak in handen gesteld van de burgers, Mr.
B. Voorda en Mr. J. Valkenaer om hierop van advies te dienen. Het

In Suriname heerschte ook onrust, die Friderici, zoo spoedig mogelijk, wenschte te onderdrukken. Den 1sten Junij 1795
deed hij, in overeenstemming met het Hof, eene publicatie
uitvaardigen, waarbij het vormen en bijwonen van genootschappen waar over de regten van den mensch werd gesproken, het verspreiden van ontrustende tijdingen, het drukken
en uitgeven van libellen, het indienen van oproerige adressen
streng verboden en het gehoorzamen der wettige overheid als
eerste burgerpligt werd aanbevolen. De revolutionaire geest
ofschoon ook wel in Suriname aanwezig, kwam echter niet tot
die ontwikkeling als in Europa. De reeds genoemde maatregel
bragt het zijne er toe bij, om die ontwikkeling te stuiten, doch
er was meer: het eigenbelang hield die ontwikkeling tegen. Men
begreep in Suriname zeer goed, dat nevens de in aantal geringe
blanke bevolking eene andere, eene gekleurde, leefde die gretig
naar de gelegenheid wachtte om het juk, dat haar drukte, af
te werpen. Toegeven aan de droombeelden van vrijheid, gelijkheid en broederschap zou niets slechts agitatie onder de
blanken te weeg brengen, maar zich well)gt tot de slavenbevolking uitstrekken: het naburig Cayenne was tot leerend voorbeeld. De laatste tijdingen toch uit die kolonie luidden ongunstig. De slaven waren door de dwaze en onvoorzigtige handelwijze van sommige heethoofden uit Frankrijk in beweging
gekomen: zij hadden zich van hunne meesters verwijderd en
velen gaven zich aan losbandigheid over, doch werden door

---

door genoemde heeren ingediend „Rechtsgeleerd advis" is in een voor
den Prins hatelijken toon gesteld, die den geest van dien tijd kenmerkte.
Het is met wederleggende aanteekeningen van een Hollandsch Regtsgeleerde in 1796 uitgegeven. Door die wederleggende aanteekeningen
wordt de eere van Prins Willem uitnemend gehandhaafd, zie: *Regtsge-
leerd Advis* in de zaak van de gewezen stadhouder en over deszelfs
schrijven aan de Gouverneur van de Oost- en West-Indische bezittingen
van den staat door de burgers, Mr. B. Voorda en Mr. J. Valkenaer
ingeleverd ter vergadering der provisionele representanten van het volk
van Holland, op 7 Januarij 1796. En in 't licht gegeven op last
derzelver vergadering met wederleggende aanteekeningen, van een Hollandsch rechtsgeleerden 1796.

de krachtige handeling van den nieuwe Gouverneur Cointet tot rust en orde gebragt. (*)

Men moest voorzigtig zijn, daar men als het ware tusschen twee vuren stond, want in Demerarij was een opstand onder de slaven uitgebroken en dringend werd van daar door den Gouverneur ad interim Beaujon hulp uit Suriname verlangd.

Eerst werd slechts hulp van 200 à 300 Indianen gevraagd »om de bosschen te doorkruisen en van wegloopers te zuiveren." Zoo spoedig mogelijk werd hier aan voldaan, door den posthouder aan den Corentijn aan te schrijven Indianen uit dat district op te roepen, te wapenen en naar Demerary te zenden, waartoe de goede hulp der Moravische broeders werd ingeroepen om de Indianen te bewegen aan die roepstem gehoor te geven. (§)

Weldra echter werd de nood in Demerary dringender. De wegloopers hadden militaire posten aangevallen en verslagen; hunne vermetelheid wies en zelfs hadden zij den blanken reeds voorgesteld, dat dezen de kolonie zouden verlaten en dezelve aan hèn overgeven. Beaujon wenschte dus zeer ook hulp van militairen te ontvangen. Ofschoon men Suriname niet te zeer van krijgslieden ontblooten kon, werd evenwel een corps van p. m. 50 soldaten en 25 man van het legercorps onder den Luitenant-Kolonel Stoelman naar Demerary tot Secours gezonden (†). Met behulp van dit corps werd de opstand der slaven onderdrukt en keerde Stoelman met zijne manschappen in December 1795 terug (**).

De goede maatregelen door Friderici en het Hof en andere genoemde en niet genoemde omstandigheden werkten alzoo

---

(*) Missive van Cointet aan Friderici 5 Ventose an 4 de la republique une et indivisible. Cointet erkent zelf in dezen brief dat de opstand der negers door blanken was aangestookt geworden; vier dezen lieden vlugtten naar Suriname, waar zij in arrest werden gezet en later uit de kolonie verzonden.

(§) Notulen van Gouverneur en Raden van 8 Julij 1795.

(†) Notulen van Gouverneur en Raden van 3 Augustus 1795.

(**) Journaal van Friderici van 7 Julij, 10, 15, 17 en 25 Augustus, 8 September, 15 October, 5, 10 en 27 November, 30 December 1795. Missives van Beaujon, Friderici, Stoelman, enz. enz.

mede dat Friderici van den toestand van Suriname in het slot zijner missive aan HH. Directeuren en Regeerders kon getuigen: »Ik zal deese onaangenaame berichte" (zoo als die over Demerary, den slechten stand der geldmiddelen enz. enz.) »eenigzints veraangenaamen met de verzeekering dat deze colonie zig bij continuatie blijft distingueeren door zijne rustige toestand, dat in het generaal genomen de vooruitzichten van de aanstaande insameling der producten zeer aangenaam zijn, en dat eene aansienlijke voorraad van derselver voortbrengselen ter afscheeping zijn gereed liggende; vleijende zig den planter dat eerlang eene generaale vreede de gepaste middelen tot de overvoering van deselve na den vaderlande zal kunnen opleveren." (*)

De wensch naar een generalen vrede werd nog niet vervuld. Er zou nog veel bloed stroomen en Europa, ter prooi aan onderlinge verdeeldheid, verscheurd en vertreden worden, vóór dat men zich over den gewenschten vrede verblijden en er den Heere voor danken kon.

Hoewel men zich in Suriname aan de nieuwe orde van zaken in het vaderland had onderworpen, wachtte men zich echter, om door overijlde maatregelen den gang der zaken vooruit te loopen. In de vergadering van het Hof van 8 Julij 1795 bragt Friderici de kwestie van het afleggen der Oranjecocardes (in 1787 verordend) ter sprake. Hij vermeende dat, ofschoon de nieuwspapieren de verandering in de staatsgesteldheid der republiek mededeelden, men echter hiermede wachten moest tot een stellig bevel van den souverein (H. H. M.) zulks gebood. Het Hof vereenigde zich met dit voorstel en oordeelde ook dat indien men hierin overijld te werk ging, er welligt opschudding door zoude ontstaan en dat het vooral niet dan met overleg en in overeenstemming met de kapiteins der aanwezige oorlogschepen moest geschieden (§).

Een paar dagen later kwam de resolutie van H. H. M. van

(*) Missive van Friderici aan H.H. Directeuren en Regeerders van 12 Augustus 1795.

(§) Notulen van Gouverneur en Raden van 8 Julij 1795.

11 April 1795 aan. Deze resolutie had vooral de strekking om verkeerde uitlegging van de resolutie van 4 Maart 1795 tegen te gaan. De resolutie van 4 Maart behelsde: »de erkenning van de eeuwige en onveranderlijke beginsels van Gelijkheid, Vrijheid en algemeen Broederschap, zoo wel als de daaruit voortvloeijende rechten en plichten van den mensch en burger, mitsgaders de souvereiniteit van het geheele volk van Nederland;" de afschaffing en vernietiging van »de erffelijke waardigheeden van den Stadhouder" enz. enz., »zoo als dezelve waren toegekend geweest en feitelijk geresideert hadden in den persoon of het huis des Princen van Oranje," enz. enz.

Men schijnt in Holland bevreesd te zijn geweest, dat men in de koloniën spoedig te ver zou gaan, gelijk uit de resolutie van 11 April die wij hier laten volgen blijkt:

»GELIJKHEID, VRIJHEID, BROEDERSCHAP. *Extract* uit het *Register der Resolutien* van de *Hoogmogende Heeren Staten-Generaal* der *Vereenigde Nederlanden.*

Sabbathi den 11 April 1795.

Het eerste jaar der Bataafsche vrijheid.

De *Gecommiteerden van Holland* hebben ter *vergadering* voorgedragen: dat zij ter kennis van hunne principalen gebragt hebbende de Missive van den Raad der coloniën van den staat in de West-Indiën alhier op gisteren ingekomen, en breeder aldaar vermeld, door dezelven waren gelast om dien aangaande te doen een voorstel.

Waarop dien conform is goedgevonden en verstaan, te verklaren dat H. H. M. zich met ernst zullen bezig houden om het charter voor de coloniën te bepalen: en dus wel ernstig begeeren, dat niemand de deswegens te houdene deliberatiën vooruit loopen en door eene willekeurige interpretatie van Hoogstderzelver plublicatie van den 4den Maart dezes jaars, de thans plaats hebbende order van zaken eigendunkelijk veranderen.

Dat in tegendeel alle opperhoofden, collegien van regeringen, officianten en ingezetenen in de respective coloniën alle de reeds gegevene of nog te geevene ordres van den Raad der coloniën ofte van zodanige andere Directie waar onder zij gesteld zijn, zullen moeten respecteeren en gehoorzaamen tot tijd en wijlen zij daarvan door Haar Hoog. Mog. zelve op eene legaale wijze, zullen zijn ontslagen; gelastende Haar Hoog. Mog. de opperhoofden of de derzelver plaats bekleedende, alle attroupementen of daaden van geweld, met alle vigeur tegen te gaan en de geenen die dezelve mogten pleegen, ter rigoureusten te doen straffen.

En gelasten insgelijks aan alle commandanten van 's lands troepen zo te lande als ter zee, omme de gestelde machten in het handhaven van rust en goede order, en in het volvoeren dezer beveelen met al hun vermogen te adsisteeren, op poene dat de opperhoofden en commandanten voor alle omissien en verzuim deswegens zullen aansprakelijk zijn.

En zal uit hoofde van het spoedig vertrek van schepen naar de West-Indiën extract van deze Haar Hoog Mog. Resolutie worden gezonden aan den Raad der coloniën van den staat in de West-Indiën, met last om van den inhoud van deselve ten spoedigste kennisse te doen geven aan de respective coloniën, ten einde alle confusien voor te komen, die door het achterblijven dezes orders zouden kunnen ontstaan.

(Was Geparapheert)   J. G. H. Hahn, Vt.
Accordeert met voorz. register.

(Was Getekend)   W. Quarles.

Deze resolutie (die van 4 Maart schijnt toen nog niet te zijn ontvangen) werd bij publicatie den ingezetenen bekend gemaakt. Oefeningen in den wapenhandel, zonder consent der Authoriteiten, en het vormen van bijzondere corpsen, zoogenaamde vrijkorpsen, werd hierbij tevens verboden (*).

Intusschen begonnen sommige ingezetenen en zelfs slaven zich met de driekleurige Fransche cocarden te versieren. Wel werd hiertegen straf bedreigd en ook enkele personen gestraft, doch Friderici achtte het niet raadzaam, langer het afleggen der Oranje-cocarde uit te stellen. Hij trad daarover in overleg met den colonel-commandant Millet van Coehoorn en den kapitein ter zee van Overvelde, en den 20sten Julij 1795 werd

---

(*) Notulen van Gouverneur en Raden 10 Julij 1795. Journaal van Friderici 10 Julij 1795.

tot het afleggen derzelve besloten, dat echter, ten opzigte van
de militairen, eerst den 26sten Augustus plaats had en, voor
de burger-officieren, den daarop volgenden dag (*).

In de laatste dagen van Augustus 1795 werd door Friderici
eene missive van H. H. Directeuren en Regeerders ontvangen,
waarbij gevoegd was eene resolutie van H. H. M. dato 5 Junij
1795, behelzende mededeeling van een tractaat van vrede,
vriendschap en alliantie, den 16den Mei tusschen de republiek
der Vereenigde Nederlanden en die van Frankrijk gesloten,
welk tractaat den 4den Junij te Parijs geratifieerd was; een
duplicaat der reeds genoemde resolutie van 4 Maart omtrent
de erkenning van de regten van den mensch, de vernietiging van het stadhouderschap en de vervallen verklaring van
den Prins van Oranje, was hierbij gevoegd. Friderici wilde
nu het een en ander doen publiceren, doch stelde voor, om van
de laatstgenoemde resolutie dat gedeelte, hetwelk betrekking had
op de erkenning van de regten van den mensch, achterwege te
laten, daar dit mogelijk agitatie bij de slaven zoude verwekken.
Friderici vreesde zeker dat zij zich eens mogten gaan verbeelden ook menschen te zijn en regten te hebben. Het Hof
achtte het echter oorbaar, dat de geheele resolutie werd gepubliceerd, doch liet aan den Gouverneur over, met dien verstande en voorzigtigheid te handelen als hij mogt goedvinden (§).

Friderici liet toen den 31sten Augustus de resolutie omtrent
het tractaat van vrede, vriendschap en alliantie met Frankrijk
publiceren en den 8sten September de resolutie van 4 Maart,
terwijl die van 11 April er tegelijk onder werd gedrukt (†).

Den 27sten Augustus werden de civiele autoriteiten door
Friderici van den eed aan den stadhouder ontslagen, en den
31sten Augustus de militairen. Dien dag was er een feestelijke maaltijd bij Friderici om deze heuchelijke? gebeurtenis te
vieren, die door de Raden van Policie, de kapiteinen der

(*) Notulen van Gouverneur en Raden 20 Julij, 26 Augustus 1795. Journaal van Friderici 20 Julij, 26 en 27 Augustus 1795.

(§ Notulen van Gouverneur en Raden 27 Augustus 1795.

(†) Journaal van Friderici, 31 Augustus en 8 September 1795.

oorlogschepen en hoofdofficieren der bezetting werd bijgewoond (*).

Daar er nu eene alliantie met Frankrijk was gesloten, werden de afgebroken betrekkingen met Cayenne weder aangeknoopt. De officiële tijding dier alliantie werd door Friderici
naar Cayenne gezonden, èn om daardoor een blijk te geven
van zijne blijdschap over dezelve èn om de autoriteiten aldaar
te nopen de Fransche kapers, die het inkomen der Amerikaansche schepen zeer belemmerden, van de kust te doen
verwijderen (§).

Men moest nu ook op zijne hoede zijn tegen nieuwe vijanden, de vorige bondgenooten, de Engelschen. Om het inkomen
der rivier voor groote schepen die met het vaarwater onbekend
waren, zoo veel mogelijk te belemmeren, liet Friderici voor
ƒ 12.— à ƒ 14.000 te Cayenne twee oude, aldaar opgebragt
zijnde, Engelsche schepen koopen, welke men daarna bij
Braamspunt deed zinken (†).

Even als in het moederland trachtten de Franschen zooveel
voordeel mogelijk van de alliantie met Nederland te trekken.
Zoo schreef de Fransche gezant in Amerika o. a. een brief
aan Friderici, waarin hij in hoogstbeleefde termen verzocht
om Cayenne van allerlei benoodigdheden, voornamelijk levensmiddelen, te voorzien, daar men in die kolonie aan alles
gebrek had. Zoo de magazijnen in Suriname hiertoe geen
genoegzame voorraad hadden, dan verzocht hij dat men daartoe van Amerikaansche schepen het noodige zou aankoopen,
en dit met producten uit Suriname betalen — alles bij wijze
van leening. Friderici raadpleegde met het Hof hoe in deze
te handelen. Terwijl men oordeelde moeijelijk aan dezen
exorbitanten eisch te kunnen voldoen, vreesde men aan den
anderen kant om de Franschen te vertoornen. Men besloot
alzoo om de weigering in zeer beleefde termen in te kleeden,
zich op den slechten staat der openbare kassen te beroepen,

(*) Journaal van Friderici 31 Augustus 1795.

(§) Journaal van Friderici 18, 19 Julij en 22 September 1795.

(†) Journaal van Friderici 22 September 1795. Missive van Friderici
aan H. H. Directeuren 26 September 1797.

en tevens het een en ander wat men eenigzins missen kon te
zenden. Ook schreef men daarover aan H. H. Directeuren,
om hunne nadere bevelen te ontvangen (*).

Men zag in de kolonie verlangende naar de toegezegde versterking uit, zoo dat men met blijdschap den 12den Mei 1796
het berigt vernam, dat de langverwachte vloot de rivier Suriname kwam opzeilen. Deze vloot, onder bevel van den Vice-
Admiraal van Braak, bestond uit vijf oorlogsvaartuigen en een
koopvaardijschip. Van Braak werd den 17den Mei plegtig
gerecipieerd en verscheen den 20sten Mei in het Hof van Policie. Hij trachtte daar in eene uitvoerige rede, volgens den
geest van dien tijd, den ommekeer van zaken als een hoogst
gewigtige te schetsen en de handelwijze van den Prins van
Oranje als slecht en misdadig te doen voorkomen. Hij prees,
den Gouverneur en de Raden van Policie, omdat zij geen
gevolg hadden gegeven aan het verzoek van den Prins om
de kolonie in handen van den algemeenen vijand, het trotsche
Engeland, over te geven, en omdat zij getoond hadden hun
pligt en hunne roeping te begrijpen, door reeds de Oranje-
cocarde te doen afleggen en het krijgsvolk en de burgers van
den eed aan den Prins van Oranje te ontslaan. Hij deelde
verder mede dat H. H. M. den 5den October 1795 de Directie
der Societeit van Suriname hadden vernietigd en den 9den in
plaats daarvan aangesteld: een Committé tot de zaken van de
koloniën en bezittingen op de kust van Guinea en in America, welk Committé zou bestaan uit 21 leden, waarvan 7
leden meer bepaald met de directie van den militairen staat,
7 met het huishoudelijk bestier der koloniën en 7 met het
beheer der commerciële zaken zouden worden belast; een
Advocaat Fiscaal tot waarneming van het regt der Hooge
Overheid in cas van misdaden door burgerlijke of militaire
ambtenaren in de colonie geperpetreerd; mitsgaders in cas
van delicten welke door suppoosten of bedienden, aan hetzelve
Committé werden gesubjecteerd; een Secretaris voor het geheele

---

(*) Journaal van Friderici 26 October 1795. Notulen van Gouverneur
en Raden 7 November 1795. Missive aan den Franschen gezant.

Committé en een Ontvanger-Generaal, met de geldelijke administratie belast. De leden zouden genieten een jaarlijksch tractement van ƒ 2000, de Advocaat-Fiscaal ƒ 4000, de Secretaris
ƒ 6000 en de Ontvanger-Generaal ƒ 2500; allen ontvingen
daarenboven vergoeding van reiskosten. Tot president werd
benoemd A. Vereul, tot secretaris W. Irhoven van Dam, tot
Advocaat-Fiscaal Jacob Spoors (*).

Als reden van de vernietiging der vorige Directie en der
instelling van genoemd Committé werd in de resolutie van 9
October 1795 het volgende aangevoerd:

»Dat de te voren bestaan hebbende West-Indische Compagnie dezer landen, oorspronkelijk, even als de Oost-Indische
Compagnie is geweest een commerciëerend ligchaam, dog hetwelk sedert vele jaren, vóór deszelfs vernieting, hoewel geheel
en al van aard en natuur veranderd zijnde, zoodanig, dat
door hetzelve geen commercie, hoegenaamd, meer werd ge-
dreeven, nogthans, even als of het nog een commerciëerend
ligchaam ware, directie of de administratie had van den handel op Essequebo, Demerary, St. Eustatius, Curaçao en de
bezittingen van den staat langs de kust van Guinée, terwijl de
colonie van Suriname en de Berbice wederom door eene afzonderlijke Societeit en Directie geadministreerd werden, zoodat
alle dezelve in geenerlei verband staan met malkanderen, en
er derhalve nimmer eenige gemeenschappelijke schikkingen
kunnen worden gemaakt.

Dat deze onderscheidene ligchamen daarenboven eeniglijk
geadministreerd wordende door kooplieden of regtsgeleerden,
het ook toen niet anders zijn kon, of derzelver staat van defensie zoo te water als te lande, moest meestal verzuimt of
kwalijk gedirigeerd, ten minste niet zoodanig behandeld worden, als van lieden, die genoegzame kennis hadden van hetgeen daartoe behoord, zou kunnen en moeten worden verwagt.
Gelijk men ook in den laatsten oorlog met Engeland heeft
gezien dat alle dezelve (Suriname misschien eenigzins uitge-
zondert) zig in zodanigen staat bevonden, dat de meeste op

(*) A. Vereul was ook lid geweest der Edele Societeit.

de eerste vertooning van een vijand, zijn genomen, en tegen
den geringsten aanval niet te defendeeren waren.

Dat de ontaarding der West-Indische Compagnie van een
ligbaam van commercie in een van louter administratie haar
langzamerhand buiten staat gesteld heeft, om zelfs de interessen van haare gemaakte schulden te betaalen, waardoor de
houders van een inportant capitaal, dat zij in der tijd hadden
genegotieerd, derzelver interessen hebben moeten missen, en
waardoor de Compagnie zelve in een totaal discrediet is vervallen, waaromme dat men onder het voorig bestuur verpligt
is geweest, dezelve op het einde van haar Octroy (schoon op
eene wijze, die vis à vis van haare particuliere crediteuren,
zoo Actionisten als anderzints, van geene onbillijkheid, ja men
mag wel zeggen onregtvaardigheid, vrij te spreken ware) ge-
beel te moeten ontbinden, en in haare plaats eene andere
directie van zaaken aan te stellen.

Dat bij hun Hoog Mog. op den 1sten Junij 1792 eindelijk,
na lange en breede overleggingen, is aangesteld een *Raad* over
de colonien in America en over de bezittingen van den staat
in Africa, waardoor nogthans dezelfde colonien en bezittingen,
die te vooren onder de administratie der West-Indische Compagnie gestaan hadden, onder de directie en beheering van
deezen Raad waren gebragt, te weeten : de colonien Demerary
en Essequebo, de eilanden van St. Eustatius en Curaçao, en
de bezittingen van den staat op de kust van Africa, terwijl
de colonie van Suriname en van Berbice weder gebleven zijn
onder de administratie van de zogenoemde Societeit van Suriname, en de Directie van de Berbice, en er dus even als te
vooren eene drieleedige beheering bleef plaats hebben, tot
groot nadeel der colonien en tot merkelijk bezwaar der kosten, welke tot goedmaaking van zoodanige drieleedige administratie vereischt worden.

Dat de Souverain, door deze wijze van alle de voors. colonien van den staat in de West-Indiën te administreren, nimmer behoorlijke informatie of zekerheid hebben kan omtrent
derzelver toestand zoo te water als te lande.

Dat die daar nauwlijks meer van weten kan dan alle de

voorsz. directien denzelven wel gelieven te informeeren: en dat deeze bij hunne Instructie of speciaale ordres niet verpligt zijnde, om daarvoor te zorgen naar behooren, en door derzelver instelling en inrigting daartoe zelfs geheel ongeschikt, het niet te verwonderen is wanneer dezelve colonien bij geleegenheid van eenen oorlog in eenen slegten staat bevonden worden, tot merkelijk voordeel van den vijand, en tot onuitspreeklijk nadeel voor den Staat.

Dat daarenboven door de tegenwoordige wijze waarop de West-Indische colonien genoegzaam ieder afzonderlijk geadministreerd worden, alle onderlinge schikkingen ten opzigte van elkanderen niet alleen zeer moeijelijk, maar zelfs ondoenlijk zijn, terwijl men zig niet considereert, als leden van een en hetzelfde lighaam, maar veeleer als corpora, die een onderscheiden belang hebben, die jaloers zijn van elkanderen, en dat in plaats van eene gemeenschappelijke werking tot generaal nut en voordeel, en tot een zo veel mogelijk eenparig bestuur over alle de voorsz. volkplantingen en bezittingen, er integendeel eene geheimhouding omtrent elkanderen, en eene onverschilligheid omtrent elkanders voorspoed en geluk plaats heeft, welke onder eene welgereegelde regeringsvorm van een land geen plaats altoos behoorden te hebben.

Is goedgevonden en verstaan, enz. enz. (*).

Nadat Friderici en anderen de gewone redevoeringen, bij dergelijke gelegenheden in gebruik, hadden gehouden, legde hij daarop in handen van van Braak den eed af: aan H. H. M. of aan zoodanige regering, welke door den wille des volks in het vervolg zal worden gekozen, alsmede aan het genoemde Committé (§).

Den volgenden dag nam van Braak dien eed af van de officieren der bezetting en van de zeemagt. Friderici werd gecommitteerd de Raden in den eed te nemen. Deze heeren

(*) Extract uit het Register der Resolutien van de H. H. M. Staaten Generaal der Vereenigde Nederlanden den 9 October 1795. Vele dier aangevoerde redenen zijn niet van grond ontbloot, doch er heerscht veel overdrijving in.

(§) Notulen van Gouverneur en Raden 17 en 20 Mei 1796. Journaal van Friderici; 17 en 20 Mei 1796.

hadden hiertegen eenige bezwaren, niet wegens gehechtheid aan de vorige orde van zaken, maar omdat zij gemeend hadden dit collegaliter aan van Braak te hebben moeten doen. Na eenig tegenstribbelen gingen zij er evenwel toe over, waarna de noodige publicatien werden uitgevaardigd (*).

Er was in Suriname thans ook nog al wat gisting, die echter door krachtige maatregelen spoedig werd onderdrukt. Reeds in Januarij was door Hendrik Schouten uitgegeven een Tijdschrift, onder den titel: »Nieuwsverteller of Zamenspraak tusschen Louw en Krelis," en door Beeldsnijder een libel: »Hans en 't Schaduwbeeld," die beide »tendeerde om de vriendelijke ommegang en eenigheid onder de ingezeetenen deezer colonie te verminderen en partijzucht, laster en wrevel te weege te brengen, tot werkelijk nadeel van de goede ordre en het publiek belang." Friderici verbood de verdere verspreiding hiervan (§). In de Zaturdagsche en in de Woensdagsche couranten waren weder, zonder voorafgaande approbatie, artikelen geplaatst die beleedigende voor de regering, en tegen de goede orde strijdende waren. Friderici hield voortaan strenge censuur om dit te voorkomen (†). Daarenboven liepen eenige vrije Mulatten van de burgerwacht en begingen baldadigheden, doch werden spoedig in arrest gebragt (**). Ook bij sommige feesten der aanzienlijken vielen ongeregeldheden voor en zelfs ontzag de predikant La Pra zich niet om in de herberg in verachtelijke termen over het Hof en den Gouverneur te spreken. Hierom bij Friderici ontboden, behandelde La Pra hem brusquement en dreigde zich tot van Braak te zullen wenden. Friderici bragt hem evenwel tot zijnen pligt terug (§§).

(*) Notulen van Gouverneur en Raden 3 Junij 1796. Journaal van Friderici 3 Junij 1796.

(§) Journaal van Friderici 28 Januarij 1796. Aanschrijving van Friderici aan genoemde drukkers 20 Januarij 1796.

(†) Journaal van Friderici 1 Mei 1796. Notulen van Gouverneur en Raden 18 Mei en 17 Augustus 1796.

(**) Notulen van Gouverneur en Raden 18 Mei 1796.

(§§) Notulen van Gouverneur en Raden 30 Mei 1796.

A. Vereul, de president van het Committé, sprak bij het openen der eerste zitting den 2^{den} November 1795 o. a. de volgende woorden: »Donkere wolken hangen boven de loopbaan, welke ons heden ontsloten is. Het trotsche Engeland, welks oorlogskielen, in groot getal, de zeeën drukken, gelijk hunne misdaden de beide waerelddeelen; welks bloeddorstigheid door het bloed, dat reeds gestroomd heeft, schijnt aan te wakkeren, bedreigt ook de Westersche Bezittingen des staats" (*). Hierin sprak hij in zoo verre eene waarheid uit, dat werkelijk de Engelschen de West-Indische bezittingen bedreigden. Reeds in Mei was er tijding gekomen dat Demerary zich bij capitulatie aan den Britschen vlootvoogd had overgegeven: die tijding werd sedert bevestigd (§). Van tijd tot tijd vertoonden zich Engelsche schepen aan de kust, maakten zich soms van Fransche, naar Suriname bestemde schepen meester en attaqueerden Indiaansche booten, die met levensmiddelen voor de post aan de Marowyne waren afgezonden (†).

Friderici trad met van Braak in overleg over de beste maatregelen van verdediging der kolonie, doch den 12^{den} Augustus 1796 overleed de man, van wien Friderici in zijne missive aan het Committé had getuigd, dat hij met ijver en voorzigtigheid de belangrijke taak, die hem opgedragen was, trachtte te vervullen (**). Het bevel over het eskader werd door kapitein Hartsinck overgenomen, met wien van tijd tot tijd weder moeijelijkheden voorvielen.

Den 5 September 1796 werd bij trommelslag gepubliceerd het Manifest van de Bataafsche republiek, of wel der Nationale Conventie representeerende het volk van Nederland (zoo luidde de naam der toenmalige regering die voor een wijle in plaats

---

(*) Aanspraak bij de opening der eerste zitting van het Committé en uitgesproken door deszelfs voorzitter Abraham Vereul, in 's Hage, 2 November 1795, en ingevolge resolutie van hetzelve Committé gedrukt.

(§) Notulen Gouverneur en Raden 20 Mei en 1 Junij 1796. Journaal van Friderici 1 Junij 1796.

(†) Journaal van Friderici 18 Julij, 1 en 18 Augustus 1796.

(**) Journaal van Friderici 12 Augustus 1796. Missive van Friderici aan het Committé dato 8 Junij 1796.

van H. H. M. was gekomen) tegen het rijk van Groot-Brittanje (*).

De Engelschen trachtten verstandhouding aan te knoopen, en ofschoon zij de kust blokkeerden, bewezen zij echter onderscheidene beleefdheden. In November zonden zij o. a. een paket aan den Gouverneur, die het in tegenwoordigheid van het Hof opende. Behalve een zeer beleefden brief aan den Gouverneur bevatte het verscheidene brieven aan particulieren, die door de Engelschen uit een door hen genomen schip waren genomen en nu werden overgemaakt. Die brieven werden aan hunne adressen bezorgd (§). Eenige dagen later zond de Engelsche Commodore een vaatje boter als geschenk aan Friderici, die dit echter niet aannam, zoodat de Britsche officieren onverrigter zake moesten terugkeeren (†).

Terwijl de vijand de kusten bewaakte en de toevoeren van levensmiddelen en ammunitie zoo veel mogelijk verhinderde, vermeerderde de moeijelijkheden voor Friderici. De zeekapitein Hartsinck klaagde over het achterblijven van verscheidene door hem gerequireerde betalingen; in den Raad ontstond meermalen verschil; sommige leden legden hunne betrekkingen neder en waren er met moeite toe te bewegen om de daarop gestelde boete te betalen en het viel bezwaarlijk, geschikte personen ter vervulling dier betrekking te verkrijgen. De Raad Docher beklaagde zich in het Hof over den droevigen finantiëelen toestand en ijverde zeer tegen de gestadige vermeerdering van het kaartengeld; de Raad Saffin had dezelfde klagten en was tevens zeer ontevreden over den Raad Boekhouder-Generaal, die uit de kas der Modique lasten wissels had doen ligten ten behoeve van de kassa tegen de wegloopers; andere Raden hadden gedeeltelijk dezelfde grieven, waarbij later nog kwam de ontevredenheid over de quotisatie der prijzen van de producten door het Committé bepaald (**). Friderici zag echter geen kans om anders in de bestaande behoefde te voor-

---

(*) Journaal van Friderici 5 September 1796

(§) Notulen van Gouverneur en Raden 22 November 1796.

(†) Missive van Friderici aan het Committé 2 December 1796.

(**) Notulen Gouverneur en Raden 6 Junij 1797.

zien, dan door het maken van kaartengeld en het aanspreken
van de kas der modique lasten ten behoeve der verdedigings-
maatregelen, terwijl zij anders meer bepaaldelijk voor de huishoudelijke zaken der kolonie was bestemd. Hij liet dus in
Julij 1796 weder voor 50 mille daarna voor 250 mille en in
Julij 1797 voor 350 mille, in April 1798 voor f 400,000, in
November 1798 voor f 600,000 aan kaartengeld en obligatiën
stempelen; hij verdedigde de maatregelen van den Raad Boekhouder-Generaal en — hoewel hij genegen was »om alles op
de vriendelijkste wijze te termineeren, stelde hem (volgens zijn
getuigenis) »ongemesureerde onmatige heerschzugt, de geest
van partijschap en ontevreedenheid meer als eens in de noodzakelijkheid om van dien algemeenen regel af te gaan, zoo
hij geen gevaar wilde loopen om de ordre van zaaken ten
eenemale te zien vervallen en hem zelf ten speelpop van hunne
(hij bedoelt hiermede de leden van het Hof) wandrogtelijke
gevoelens te maaken (*)". Het Raadslid Docher werd dan ook
ontslagen (§), en Friderici ging voort om met of zonder goedkeuring van het Hof datgene te doen, wat hij in het belang
der kolonie oirbaar achtte, en hij handhaafde het bevel van
het Committé omtrent de quotisatie der prijzen van de producten. Zijn gedrag scheen door het nieuwe Committé goed
opgenomen te worden, daar hij in Julij 1797 in zijn privé
f 21,000 ontving, als vermeerdering van tractement ad f 6000
's jaars, berekend van 1 Januarij 1794, op welk tijdstip hij
die vermeerdering aan H. H. Directeuren had verzocht (†).

In Februarij 1798 bereikte de droevige tijding Suriname,
dat de Hollandsche vloot onder Admiraal de Winter den 16
October 1797 totaal door de Engelschen geslagen was (**).

Het doet ons genoegen te kunnen mededeelen, dat de Ne-

(*) Missive van Friderici aan het Committé 2 December 1796. Notulen 31 Aug. 11 en 12 October 1796 enz enz.

(§) Journaal van Friderici 19 Februarij 1798. Docher moest eene
latere beleediging boeten met f 12.000 en de kosten enz. Zie notulen
29 Mei 1799.

(†) Journaal van Friderici 27 Julij 1797.

(**) Journaal van Friderici 19 Februarij 1798.

derlandsche weldadigheid zich ook nu in Suriname niet verloochende. Door de Maatschappij van Landbouw in de Warappa-kreek werd onmiddellijk na het vernemen van die
ramp ƒ 500 aan Friderici toegezonden ter tegemoetkoming in
het lot der gekwetsten en der weduwen en weezen van de bij
dien zeeslag gesneuvelden. Ook andere giften kwamen daartoe in (*).

Het oefenen der gastvrijheid omtrent hen die van tijd tot
tijd uit Cayenne vlugten, om de arbitraire maatregelen der
toenmalige bewindslieden te ontgaan, veroorzaakte meermalen
moeijelijkheden en vele missives werden tusschen Friderici en
de elkander snel opvolgende Gouverneurs, Commissarissen enz.
enz. hierover gewisseld. Vooral had er eene geanimeerde correspondentie plaats toen Pichegru, Barthelemy, Aubry, Villot,
La Reu, Ramel, Dosfonville en Tellier die den 18den Fructi-
dor (4 September) 1797 door het Directoire gearresteerd, en
naar Cayenne waren gebannen, waar zij door den Gouverneur
met gestrengheid werden behandeld, met eene Pirouette (Fransch
vaartuigje) naar Suriname waren gevlugt. Zij kwamen den
9den Junij 1798 aan de Motkreek aan en door het opgeven
van valsche namen en het vertoonen van echte of valsche papieren waren zij goed ontvangen. Spoedig echter eischtte de
Gouverneur van Cayenne Jeannet de vlugtelingen op, doch
Friderici verontschuldigde zich met de mededeeling, dat hij
ze uit het oog verloren en vergeefsche pogingen had aangewend om ze te doen arresteren, zoodat hij vermeende dat
ze reeds de kolonie hadden verlaten. Noch het Journaal van
Friderici noch de gevoerde correspondentie geven eenig blijk,
dat de Gouverneur hun vertrek oogluikend heeft toegestaan.
Teenstra evenwel vermeldt dit en het door een der heeren
uitgegeven verhaal schijnt dit te bevestigen, en het komt ons
mede niet onwaarschijnlijk voor, daar Friderici zich dikwijls
beklaagt over de handelwijze der Fransche Gouverneurs, Commissarissen, Agenten enz., en de nabuurschap van Cayenne

_____

(*) Journaal van Friderici 12 Mei 1798.

hem, ofschoon er in schijn eene goede verstandhouding heerschte, meer tot last dan tot genoegen strekte (*).

De zaken gingen verder hun gewonen gang. Ongeregeld-heden in het administratief beheer bij sommige collegiën, voor-namelijk het collegie van kleine zaken, werden zoo goed mogelijk tegen gegaan (§); in 's lands gasthuis gaven de bin-nenvader en moeder door een losbandig gedrag een slecht voorbeeld aan de gealimenteerden; in het Conventum Deputa-torum en in het Collegium Medicum hadden vele kibbelarijen plaats en Friderici had werk om het een en ander, te minste eenigermate, in goede orde brengen en de harmonie te her-stellen. Dat hier en daar ook nog aanhangers van den prins van Oranje waren, blijkt uit verscheidene stukken. Op een maaltijd bij den heer Opitz werd o. a. eene conditie door een zeeofficier ingesteld: »Oranje boven en de keezen naar de verdoemenis." De zaak werd onderzocht doch later ontkend. Het scheen echter dat reeds meermalen dergelijke scènes voor-vielen (†). De wreede en tirannique behandeling der slaven bleef bestaan. Meermalen vindt men gewag gemaakt dat slaven door hunne meesters of meesteressen zoodanig werden mishan-deld, dat zij aan de gevolgen hiervan overleden (**).

De toestand in het vaderland, waar men, terwijl men meer en meer de zelfstandigheid verloor en onder Franschen invloed geraakte, met groote woorden hoog opgaf van de Bataafsche vrijheid, werkte mede niet gunstig op Suriname. De onophou-delijke veranderingen in het staatsbestuur, het telkens optreden van nieuwe mannen, maakten het handelen met energie onmogelijk.

(*) Journaal van Friderici 12 en 21 Junij 1798. Missives van Jeannet 20 Prairial, Art. 6 de la republique Française. Friderici 22 Junij 1798. Teenstra. De Landbouw in de kolonie Suriname. 1e deel, blad 55 en 56. Dagverhaal van de lotgevallen van Pichegruenz., uitgebannenen uit Frankrijk naar Guiana, na den 4den September 1797, door Ramel, bij van Paddenburg te Utrecht, 1799.

(§) Notulen van Gouverneur en Raden, 16 Mei 1798.

(†) Missives van Friderici en Hartsinck Junij 1798.

(**) Notulen van Gouverneur en Raden 21 Mei 1798, 11 Februarij 1799, enz. enz.

In April 1799 ontving men in de kolonie de publicatie van het uitvoerend bewind, dato 16 Mei 1798, betrekkelijk het aannemen en in werking stellen der nieuwe staatsregeling, waardoor de nationale vergadering verviel (*). Andere publicatien over het inrigten van schepen ter kaapvaart volgden (§); doch wat baatte de daartoe verleende vrijheid, daar het noodige materieel en de manschap ontbrak en Suriname intusschen van zijne beste verdediging, die van een goed Eskader, werd ontbloot? Reeds in November 1798 was door den burger de Mist het bevel tot het vertrek der vloot overgebragt en in Februarij 1797 gaf de Commandant-kapitein Hartsinck aan Friderici kennis, dat hij niet langer vertragen kon met het opvolgen der ontvangen bevelen om eersdaags met het grootste gedeelte zijner scheepsmagt, de kolonie te verlaten: alleen eenige ligte vaartuigen zouden achterblijven. De Gouverneur en de Raden van Policie drongen er zeer op aan, dat Hartsinck bleef tot dat men over deze zaak naar het vaderland had geschreven, doch de door hem ontvangen bevelen tot vertrek waren te stellig, zoo dat hij zich zeilvaardig maakte en het Eskader den 21 Maart 1799 Suriname verliet (†).

Als tot vergoeding der aan de kolonie ontrukte magt kwam in Februarij 1799 een corps Spaansche hulptroepen van 600 man, onder bevel van Don Manuel D'amparan, scheepskapitein in dienst van den koning van Spanje. Valkenaer, gezant der Bataafsche republiek aan het Hof van Spanje, had er veel toe bijgedragen dat deze hulp werd verleend. Zij kwam echter wel wat laat, daar zij reeds in 1797 was beloofd (**). Dit korps Wallons werd als dappere soldaten geroemd, doch de kolonie had er niet veel dienst van, maar wel veel kosten. Eerst moesten zij gekleed worden, want zij waren in erbarmelijke plunje; »de snijders moeten voor het corps Wallons

---

(*) Notulen van Gouverneur en Raden 23 April 1799

(§) Notulen van Gouverneur en Raden 6 Mei 1799.

(†) Extra notulen rakende de Binnen- en Buitenlandsche defensie 8 Februarij 1799. Missive van Friderici aan het Committé 16 April 1799.

(**) Journaal van Friderici 15 Februarij 1799. Extra notulen rakende de Binnen- en Buitenlandsche defensie 18 en 22 Februarij 1799.

maken 600 kamisoolen met mouwen, 600 pantalons, daar zij slecht van kleeding zijn voorzien;" hun moest eene hooger soldij worden betaald dan de gewone militairen, waardoor men, om den naijver der anderen niet op te wekken, genoodzaakt werd een gedeelte der soldij, als in het geheim te betalen enz. enz.

Een algemeen overzigt van den toestand der kolonie in dien tijd wordt geleverd in eene uitvoerige missive door Friderici aan het Committé geschreven den 31sten Januarij 1799.

De Gouverneur geeft in die missive mededeelingen omtrent:

1⁰ het politique en civiele wezen en de ambtenaren daarbij aangesteld;

2⁰ den landbouw en den staat der ingezetenen;

3⁰ den toestand der magazijnen;

4⁰ het militaire wezen en defensie;

5⁰ den toestand der finantiën.

Omtrent dit eerstgenoemde wordt door hem geklaagd: over de moeijelijkheden om, bij afnemende populatie, geschikte personen te vinden ter vervulling der betrekking van Raden voor de beide hoven, leden voor het collegie van kleine zaken, klerken ter secretarie tevens bekwaam voor de notariële praktijk; over gebrek aan Practizijns; over traagheid van de Curators der Wees- en onbeheerde boedelskamer, enz. enz. enz.

Wat den landbouw betreft is de schets niet ongunstig.

Wel had hij door verscheidene oorzaken geleden, doch in evenredigheid der werkbare negers was hij in de laatste 6 jaren eer toe- dan afgenomen. De suikerplantaadjes vooral gaven, door de aanplanting van het Molukkisch riet, waarvan eenige jaren te voren door een vriend van Friderici, den heer Aquart uit Martinique, eenige planten waren gezonden, eene nieuwe hoop op eene voordeelige opbrengst. De katoencultuur was door aanleg en uitbreiding van vele plantaadjes in de Motkreek, Sapouripi en Mattappica aanzienlijk vermeerderd. De koffij- en Caçaoteelt echter ging achteruit.

Het verval der koffijplantaadjes in beneden Commewijne en wel voornamelijk aan de regterhand in het opvaren, was zoo sterk, dat verscheidenen niet meer uit de opbrengsten konden worden onderhouden, waarom Friderici, op aanhouden van verscheidene ingezetenen, de landen, tusschen het zeestrand gelegen, had doen verdeelen en uitgegeven en alzoo was afgeweken van het project in den jare 1772 door den landmeter Helleday ontworpen.

Saramacca begon een bewoond en gecultiveerd distrikt te worden; de aldaar geteelde koffij was reeds »de waag gepasseerd" en binnen weinige maanden zou de eerste suikermolen in dat kwartier in werking worden gebragt.

Velen der ingezetenen hadden door de roofzucht der Engelsche kapers en andere gevolgen van den oorlog aanzienlijke verliezen ondergaan; vele anderen daarentegen hadden de omstandigheden groote winsten opgeleverd, onder deze laatsten behoorden de inwoners van Paramaribo en voornamelijk de Joodsche kooplieden. De huizen in de stad waren 25 pCt. in waarde gestegen en de huishuren pro rato. Als reden van deze tijdelijke welvaart vermeldt Friderici dat »de koopman en winkelier en vele anderen thans gebruik maakten van de gelden, die eigenlijk aan het vaderland en aan hunne crediteuren aldaar behoorden, doch nu niet opgeëischt wierden." De staat der magazijnen werd in die missive opgegeven: »als door bij tijds genomen arrangementen nog voldoende wat de levensmiddelen aanbelangde, doch slecht van kleeding en nog minder van ammunitie voorzien." Het militair- en defensiewezen liet veel te wenschen over. Het corps vrijnegers was met 100 man versterkt; het aanstaande vertrek der scheepsmagt waardoor de grootste middelen ter defensie der kolonie ontvallen," werd zeer door Friderici betreurd; hij vreesde voor het verlies der kolonie, zoo de vrede niet spoedig gesloten werd.

Vooral omtrent de finantien is de missive uitvoerig. Door de exorbitante aankoopen voor de magazijnen, het onderhoud van het Eskader en de reparatiën aan de schepen waren buitengewone uitgaven geweest; daarenboven hadden de fournissementen aan het bestuur van Cayenne en voor de vaartuigen der Fransche republiek, die in Suriname korter of langer tijd vertoefden, vele uitgaven vereischt.

De inkomsten waren zeer verminderd door de stremming der vaart naar het moederland, waardoor de uitvoer der producten werd belet. Friderici had alzoo tot buitengewone middelen zijne toevlugt moeten nemen, namelijk de uitgifte van kaartengeld en obligatiën. Daar deze maatregel door het Committé bij rescriptie van 1 Julij 1797 goedgekeurd was, had Friderici ook ruimschoots van dat verlof gebruik gemaakt, en, gelijk wij reeds hierboven vermeldden, aan kaartengeld en obligatiën voor twee millioen guldens in circulatie gebragt. Wanneer men hierbij rekende de vroegere van tijd tot tijd door Gouverneurs en Raden uitgegeven kaartengeld en obligatien dan rouleerde toen in de kolonie *f* 4, 513, 242 : 15 stuivers aan papieren geld, dat eigenlijk geen reëele waarde tot onderpand had. Ongeveer twee millioen hiervan berustte in de verschillende kassen der ontvangers en in die der wees- en onbeheerde boedelskamers, waar de gelden ten behoeve van minderjarigen waren gedeponeerd.

Deze massa van papieren geld was veel te groot voor de kolonie; als een eerste gevolg hiervan had zij het weinige goud en zilver geld, dat in circulatie was, doen verdwijnen; terwijl bij ruiling of inwisseling van kaarten tegen gouden of zilveren munt reeds 30 pCt. werd betaald. Hieruit bleek dat die papieren munt in mistrouwen kwam, want vroeger gold de zilveren spaansche daalder of piaster nooit meer dan 55 stuivers papieren geld. Friderici maakte alzoo het Committé opmerkzaam, dat er bij continuerend geldgebrek een ander middel tot aanvulling der kas bij de hand moest genomen worden.

Door het kantoor der inkomende en uitgaande regter werd bij deze gelegenheid aan het Committé gerestitueerd *f* 342,366 : 9 stuivers, en uit de kas der hoofdgelden *f* 199,304 : 7 : 4 in differente wisselbrieven. Die wissels waren grootendeels getrokken op het Committé van de zaken der Marine, wegens geleverde goederen enz. voor het eskader. Friderici vermeende dat ze wel met betaling zouden worden gehonoreerd en vleide zich alzoo met de hoop, dat het Committé hierdoor in staat zou worden gesteld, om eenige der hoogst noodige artikelen voor de magazijnen aan te koopen en naar Suriname te zenden (*).

Den 22sten Junij 1799 verzond Friderici weder een brief naar het Committé. De berigten omtrent de binnenlandsche rust waren geruststellende, doch de missive behelsde vele klagten over de arbitraire handelwijze der Franschen, die vooral door het nemen van Amerikaansche schepen naar Suriname bestemd, veel ongerief veroorzaakten, en waartegen vruchteloos was betoogd: dat de Bataafsche republiek neutraal behoorde te zijn en dat er ook nog geene formele oorlogsverklaring tusschen Frankrijk en Amerika had plaats gevonden en alzoo het nemen van schepen ongeoorloofd was. De Franschen bekommerden zich weinig over deze vertoogen en maakten het Friderici zeer lastig (§).

De vrees voor een aanval der Engelschen werd weldra verwezenlijkt. Den 13den Augustus 1799 vertoonde zich voor den mond der rivier eene Engelsche vloot, onder commando van Lord Hugh Seymour; een aanmerkelijk getal troepen, onder bevel van den Luitenant-Generaal Trigge, bevond zich mede aan boord. Men bereidde zich in de kolonie tot tegenweer, doch de tijdingen omtrent de groote magt der Britten verontrustte de gemoederen en had men weinig hoop op een goeden uitslag. Den 16den Augustus zond de Engelsche bevelhebber eene sommatie tot overgave. In den grooten krijgsraad die nu gehouden werd besloot men, »daar de omstandigheden, waarin zich de Colonie sedert eenigen tijd bevond, eene behoorlijke verdediging onmogelijk maakte en omdat er geene andere middelen waren om de Colonie van eene totale omwenteling en verwoesting te bevrijden" de capitulatie hier en daar eenigzins gewijzigd aan te nemen en »de Colonie Suriname alzoo te stellen onder immediate protectie van Zijne Britsche Majesteit."

De artikelen der aangeboden capitulatie waren:

1⁰. Suriname zal komen onder protectie van Z. B. M;

2⁰. de inwoners zullen genieten: zekerheid van personen, vrije uitoefening hunner godsdienst en rustig bezit van hun eigendom.

(*) Missive van Friderici aan het Committé van 31 Januarij 1799.

(§) Missive van Friderici aan het Committé van 22 Junij 1799.

De bezittingen der Spanjaarden en Franschen zullen hiervan worden uitgezonderd;

3⁰. de schepen, artillerie, ammunitie, enz. enz. zullen worden overgeleverd aan de Engelschen;

4⁰. de schulden der kolonie zullen worden voldaan uit de gewone belastingen;

5⁰. Geene veranderingen in het belastingstelsel zullen ingevoerd, of nieuwe belastingen opgelegd worden, dan met goedkeuring der beide partijen;

6⁰. zoo de kolonie bij den vrede in het bezit van Z. B. M. mogt blijven, zal zij gelijke regten met de andere Britsche bezittingen in West-Indië ontvangen;

7⁰. De troepen onder bevel van den Gouverneur kunnen overgaan in dienst van Z. B. M.; de zeelieden evenzeer;

8⁰. de civiele ambtenaren blijven in functie, mits eed doende aan Z. B. M.

Door Gouverneur en Raden was verder nog verzocht:

1⁰. eene nadere guarantie der particuliere eigendommen;

2⁰. het toestaan der vaart van neutrale schepen, voornamelijk de Amerikaansche;

3⁰. dat de Bataafsche troepen, die in Britsche dienst overgingen, in de kolonie zouden verblijven, en dat zij, die niet genegen waren om zich aan de dienst van Z. B. M. te verbinden, vrijheid zouden erlangen om als particulieren in de kolonie te blijven of dezelve te verlaten;

4⁰. de Spaansche troepen te veroorloven naar Spanje terug te keeren;

5⁰ en 6⁰. dat jegens de militairen en zeelieden bij de overgave der forten en schepen militaire honneurs zouden worden waargenomen;

7⁰. eene nadere explicatie van de uitzonderingen bij alinea 2 in het 2e artikel der capitulatie bedoeld.

Het eerste, vijfde en zesde dier verzoeken werden volkomen toegestaan; betreffende het tweede en derde zouden nadere bevelen uit Londen worden verwacht, die men echter vermoedde dat gunstig zouden luiden; omtrent het vierde werd bepaald, dat men wel de Spaansche troepen zou overvoeren, doch hen als krijgsgevangenen tegen Britsche gevangenen uitwisselen; als nadere explicatie van artikel 2, 2e alinea werd gezegd: dat de eigendommen dergenen, die tegen Groot-Brittanje krijgden en die der onderdanen van de Fransche republiek onder sequestratie zouden worden gebragt, tot dat nadere bevelen daaromtrent de nadere gedragslijn zouden voorschrijven (*).

Friderici drukt in zijne missive dato 22 Augustus aan het Committé, waarbij hij de overgave der kolonie meldt, den wensch uit: »dat de inwoonders inmiddels, tot dat het lot der Colonie door een finale generaale vreede geheel zal zijn beslischt, niet uit het oog zullen verliezen de mercantiele engagementen, welke zij met het moederland hebben gecontracteerd, en dat zij door hunnen eiver en naarstigheid zullen kunnen herstellen de meenigvuldige verliezen welke zij hebben ondergaan."

Den 20sten stevenden zes Engelsche fregatten de rivier Suriname op. Er heerschten rust en stilte; den 22sten werden de forten overgegeven; den 26sten ontsloeg Friderici in de vergadering van het Hof van Policie de leden van hunnen eed aan de Bataafsche republiek, waarop zij zich en corps begaven naar het hotel van den Luitenant-Generaal Trigge, om in zijne handen den eed van getrouwheid aan Z. M. Koning George den derde af te leggen (§).

Suriname stond dan nu onder Engelsche bescherming en men trachtte de nieuwe heeren door ongevraagde diensten aan zich te verpligten. Zoo werd door het Hof bepaald, om aan de Hollandsche soldaten, die niet veel lust betoonden om in Engelsche dienst over te gaan, daar zij slechts f 50:— handgeld ontvingen, uit de kas der kolonie daarenboven f 25:— aan

---

(*) Extra Notulen rakende de binnen- en buitenlandsche defensie van 14, 16 en 17 Augustus 1799.

Notulen van den grooten krijgsraad van 16 Augustus 1799.

Notulen der capitulatie bij publicatie van dato 20 Augustus 1799 bekend gemaakt.

Missive van Friderici aan het Committé van 22 Augustus 1799

(§) Extra Notulen rakende de binnen- en buitenlandsche defensie van 20, 21 en 22 Augustus 1799.

Notulen van Gouverneur en Raden van 26 Augustus 1799.

te bieden, ten einde hen daartoe bereidwilliger te maken (*).
De Generaal Magan, met het opperbevel der troepen in Suriname belast, werd uit eigen beweging door het Hof, uit consideratie dat hij naar behooren zijn rang moest kunnen ophouden, vrije woning en ƒ 18000,— 'sjaarlijks als zoogenaamd
servies of tafelgeld verstrekt, enz. enz. (§).

Het corps jagers en het vrijcorps verkregen nu den naam
van Royal white and Royal black chasseurs. Ofschoon onder
de troepen van Z. B. M. ingelijfd, bleven ze echter soldij uit
de koloniale kas genieten. Friderici had dit aangeraden, daar
hij deze sacrifice noodig achtte, voornamelijk om te beletten
dat het laatstgenoemde uit de kolonie werd verzonden en een
ander corps negers er voor in de plaats werd gesteld, zoo als de
Engelsche bevelhebber van plan was. De Britsche generaal, die dit
op die voorwaarde had toegegeven, zag zeer spoedig de belangrijkheid van dit corps in. Hij wenschte deszelfs vermeerdering
en drong er ook op aan, dat de leden evenveel soldij en
rantsoen zouden erlangen als de andere soldaten in dienst
van Z. B. M. Aan dit verzoek, op eene jaarlijksche vermeerderde uitgaaf van ƒ 15000,— geschat, werd nolens volens
voldaan (†).

Den 2den September 1799 werd door den Engelschen bevelhebber Trigge drie proclamatiën uitgevaardigd: de eerste
behelsde het bevel aan alle ambtenaren en inwoners om den
eed van getrouwheid aan Z. B. M. af te leggen. Zij die dit
weigerden verloren hun regt van inwoning in de kolonie, werden gesteld buiten de protectie aan ieder bij de capitulatie
toegezegd en waren genoodzaakt de kolonie te verlaten.

De tweede regelde de sequestratie der eigendommen toebehoorende aan onderdanen van den koning van Spanje of van
burgers der Fransche republiek, die in Suriname woonden.

(*) Extra Notulen rakende de binnen- en buitenlandsche defensie
van 26 Augustus 1799.

(§) Extra Notulen rakende de binnen- en buitenlandsche defensie 2
September 1799.

(†) Extra Notulen rakende de binnen- en buitenlandsche defensie 22
Augustus, 23 September en 24 October 1799.

De derde strekte om den koers van het in omloop zijnde geld te bepalen: een piaster werd gesteld op 55 stuivers, de wigtige Johannes houdende 8 engels op f 22, —. Had men voor eenige weken vrees voor een overval der Engelschen gekoesterd en was die vrees verwezenlijkt, — nu de kolonie onder protectie der Engelschen was gekomen, moest men op zijne hoede zijn tegen de vorige vrienden, de Franschen. De posten aan de Marowyne werden versterkt, een ligt vaartuig werd ingerigt om telkens verkenningen te doen en tevens de correspondentie met het Engelsche hoofdkwartier te onderhouden.

Hiertoe werd uit de kas der modique lasten f 40,000,— gefourneerd (*).

Weldra deed zich de geldnood deerlijk gevoelen. Behalve de gewone en de reeds genoemde buitengewone uitgaven, waren er nog verscheidene van anderen aard. De benoodigdheden voor s' lands gasthuis werden vroeger uit de lands-magazijnen verschaft; daar deze nu aan de Britten waren overgegeven, moest bij aanbesteding hierin worden voorzien en in een zeer korten tijd klom de subsidie tot f 90,000,— (§); de toeneming der bevolking van Paramaribo had het inrigten van een nieuw kerkhof noodig gemaakt; eerst had men daartoe de zoogenaamde Hortus Surinamensis voor f 20,000,— willen aankoopen, doch daar zich sedert eene andere gelegenheid namelijk een tuin daarnaast gelegen, toebehoorende aan Mesquita, had opgedaan, die beter geschikt was en voor f 10,000,— kon verkregen worden, had men dit laatste perceel gekocht (†). Het heerschen der kinderpokken, waartegen voorzorgsmaatregelen werden genomen, had mede buitengewone uitgaven vereischt (**). Bij het toenemen der bevolking van Saramacca achtte men het aldaar gelegen etablissement van Boassie-zieken Voorzorg als gevaarlijk voor de bevolking en werden dus voorloopig door

---

(*) Extra Notulen rakende de binnen- en buitenlandsche defensie 28 Januarij en 12 Februarij 1800.

(§) Extra Notulen rakende de binnen- en buitenlandsche defensie 4 Mei 1801.

Notulen van Gouverneur en Raden.

(†) Notulen van Gouverneur en Raden 22 Dec. 1800 en 20 Jan. 1801.

(**) Notulen van Gouverneur en Raden 21 Maart 1800.

Friderici eenige toebereidselen gemaakt om het aan de Nickerie over te brengen. Hoewel het Hof de latere beslissing hierover zich voorbehield, had dit echter ook reeds onkosten veroorzaakt (*). De toestand der gevangenis was zoo slecht, dat de een na den ander ontvlugtte, waardoor ook hierin moest voorzien worden (§). Door den toevloed van vreemdelingen en het rondzwerven van afgedankte matrozen werd de omtrek van Paramaribo zeer onveilig en hadden aanrandingen van personen en huisbraken plaats, zoodat het getal der policiedienaren met 4 werd vermeerderd en dezen nu ook in montering werden gestoken: blaauwe rok, roode kraag, witte knoopen, wit vest en broek, het wapen der kolonie aan een zilveren ketting op de linkerborst, de onderschout ontving een degen, de policiedienaren sabels (†). Dit alles kostte geld en de kassen waren uitgeput. De wissels op het Committé van Marine in Nederland getrokken wegens geleverde goederen aan de oorlogsschepen, kwamen allen met protest terug. Bij het berigt hiervan had er eene onstuimige vergadering van het Hof plaats. Sommige leden wilden den Gouverneur aansprakelijk stellen en eischten, dat hij als endosseur de 25 pCt. herwissel en verdere protestkosten zou betalen: hieraan werd echter geen gevolg gegeven (**). Ook uit Engeland kwamen missives van de regering, die den kolonisten verre van aangenaam waren. De Britsche regering namelijk kwam er tegen op, dat de producten uit de kolonie in neutrale, Amerikaansche en andere schepen, werden verzonden, waardoor Engeland niet die voordeelen van het in bezit nemen der kolonie trok als men had verwacht; ook achtte de Britsche regering het billijk, dat de in- en uitgaande regten ten voordeele der kroon kwamen. Hierover hadden belangrijke discussien plaats. Het Hof vermeende, in de eerste plaats, dat als men met de afzending der producten wachten moest, tot dat Engelsche schepen dezelven kwa-

(*) Notulen van Gouverneur en Raden 12 December 1800 en 23 Januarij 1801.

(§) Notulen van Gouverneur en Raden 8 Januarij 1801.

(†) Notulen van Gouverneur en Raden 26 en 28 Februarij 1800 en 2 Februarij 1801.

(**) Notulen van Gouverneur en Raden 21 Maart 1800.

men afhalen, een groot gedeelte opgestapeld zou moeten blijven en bederven en dit uitstel alzoo ruïneus voor den kolonialen land-bouw zijn; ten tweede, dat de door de Britsche regering begeerde inkomsten van de belasting der in- en uitgaande regten, in strijd was met de capitulatie. »Er was bepaald", zoo luidde de redenering: »dat alle wetten in stand zouden blijven. Wel kwa-men de in- en uitgaande regten vroeger ten profijte van de kas der Societeit, doch deze moest dan ook voor de verdediging der kolonie zorgen. En thans — vele voorschotten hiertoe ver-eischt waren geput uit de kas der modique lasten, die toch uit-sluitend voor de huishoudelijke behoeften der kolonie was bestemd, welke voorschotten nog niet terugbetaald waren; de belasting op de producten ten behoeve van de kas tegen de wegloopers bragt ƒ 300,000 op, doch het onderhoud van het vrijcorps kostte jaarlijks ruim ƒ 200,000, dat van het cordon ƒ 74,000; daarbij was er ƒ 2,000,000 schuld te betalen wegens het uitgegeven kaartengeld en de obligatien; zoo dit verzuimd werd zouden de houders hiervan, die het ter goeder trouw hadden aangenomen, totaal geruineerd zijn." Verder beklaagde het Hof zich over de arbitraire handelwijze der officieren van het Custom house, die meermalen in de regten van den Raad Fiscaal ingrepen; »en" hiermede eindigde hun betoog, »Suri-name was wel onder protectie van Z. B. M., doch er nog geene bezitting van." Men verzocht den Gouverneur over een en ander de noodige remonstrantien te doen bij den Secretaris van Staat, den heer Dundas, of anderen (*).

Door den geldeloozen staat der kassen geschiedden de beta-lingen ook ongeregeld. Het vrijcorps o. a. ontving geen behoorlijke soldij en zelfs beklaagde zich de Engelsche Com-mandant, dat hij reeds voor de voeding van dit corps had moeten zorgen (§). De Britsche bevelhebber Magan leverde in 1801 eene rekening »wegens verschillende vivres ten ge-bruike der troepen in soldije der colonie van 29 Augustus

---

(*) Notulen van Gouverneur en Raden 9 Junij 1800.
(§) Extra Notulen rakende de binnen- en buitenlandsche defensie 4 Mei 1801.

1799 tot 27 Junij 1800 verstrekt ad ƒ 115,378:19" (*). Friderici drong er bij het Hof op aan, dat men toch het mogelijke
beproeven zou, om het vrijcorps voor de kolonie te behouden
en niet in onmiddellijke dienst van Z. B. M. te doen overgaan,
daar dan welligt, even als zulks met het Royal Dutch bataillon
was geschied, het naar de Berbice zou worden gezonden en
een ander met den toestand van Suriname onbekend corps
deszelfs plaats zou innemen (§). Na herhaalde en breedvoerige
discussien werd eindelijk den 13den Januarij 1802 besloten,
om den Britschen Commandant aan te schrijven, dat men
Z. B. M. zeer voor zijn betoonden goeden wil bedankte, doch
voor het tegenwoordige niet in staat was de rekening van de
geleverde vivres te betalen (†).

Paramaribo nam intusschen in uitgebreidheid toe : het Combé,
dat zich tot aan Zeelandia uitstrekte, werd als eene wijk onder
den naam van voorstad Zeelandia ingedeeld (**); eene nieuwe
quotisatie der huizen van Paramaribo ter regeling van belasting geschiedde in 1801 (§§). Nieuwe bepalingen omtrent het
reinigen der straten, onderhoud der bruggen en wegen enz.,
werd te gelijker tijd uitgevaardigd. De luxe nam toe, naarmate
de toestand zorgelijker werd, gelijk men dit meer bij volken en
bijzondere personen vindt. De behandeling der slaven bleef slecht :
de notulen zijn als opgevuld met onderscheidene door meesters
of directeurs omtrent hen begane wreedheden. Vele slaven en
slavinnen stierven ten gevolge der wreede en onmenschelijke
straffen hun op last hunner meesters toegediend. Om de reeks
der gruwelen niet te veel te vermenigvuldigen, deelen wij slechts
twee gevallen uit de vele mede. De directeur C. Varenhorst
mishandelde in den regel zijne slaven, deed ze zwaar werken,
en onthield hun zelfs het noodige voedsel. Op een bloot ver-

(*) Notulen van Gouverneur en Raden 17 Augustus 1801.

(§) Notulen van Gouverneur en Raden 26 Augustus 1801.
Een Engelsch regiment was in de plaas van het Royal Dutch batailon
gekomen.

(†) Notulen van Gouverneur en Raden 13 Januarij 1802.

(**) Notulen van Gouverneur en Raden 20 December 1799.

(§§) Notulen van Gouverneur en Raden 17 Augustus 1801.

moeden liet hij een neger zwaar kastijden, daarna met de beenen in eene boei sluiten en met eene ketting om den hals aan eene post bij den suikermolen vastmaken. Hij verbood zijnen slaven dien armen man eenig soelagement te verstrekken, en alzoo kwam de neger weldra uit gebrek »in verstinking en verrotting" om. En nog werd de Directeur door het Hof in het gelijk gesteld en de aanklagers ontvingen een Spaansche bok (*).

Schreiber, Directeur der plantaadje Arendsrust, liet een neger op vermoeden, dat hij een minnehandel met zijne concubine Betje had aangeknoopt, ophijschen, deerlijk met zweepen slaan, toen afnemen en nu aan de post der gaanderij vastbinden en met tamarinde roeden geeselen en op verschillende plaatsen van zijn ligchaam branden, en daarna in een houten boei spijkeren, waar hij weldra bezweek en op last van den Directeur in een gat werd geworpen en met ongebluschte kalk bestrooid. Betje die zwanger was, werd mede opgebonden, met tamarinde roeden gegeeseld en op »eene schandelijke en afschuwelijke wijze" gebrand. Toen er eindelijk bevel tot gevangenneming van dien onverlaat was gegeven, had hij zich reeds met de vlugt gered (§).

In de rivier werden telkens lijken van slaven gevonden, die met een paar steenen of kogels om den hals in het water waren geworpen om de moeite van het begraven te besparen; hiertegen werd eene verordening uitgevaardigd (†).

Volgens regterlijk vonnis werden bijna maandelijks slaven gehangen of geradbraakt; in Mei 1800 werd de neger Efa gecondamneerd, om gebonden aan een paal levend te worden verbrand (**); Spaansche bokken werden bijna dagelijks onder de galg of in het fort Zeelandia toegediend. De militairen aldaar gekaserneerd poogden soms die executie door goedwillige tusschenkomst soms door feitelijken tegenstand te belemme-

---

(*) Notulen van Gouverneur en Raden 30 Augustus en 18 September 1799.

(§) Notulen van Gouverneur en Raden 1 December 1800, enz.

(†) Notulen van Gouverneur en Raden 16 Februarij 1801. Publicatie van 16 Februarij 1801.

(**) Notulen van Gouverneur en Raden 30 Mei 1800.

ren en beklaagden zich ook dat dit »bijna dagelijks voorkomend spectakel onaangenaam en rebutant was." Er werd hierover in het Hof gedelibereerd en men vreesde dat het een pernicieusen invloed op de slaven zou uitoefenen zoo zij bemerkten dat blanken de straffen hun toegediend onbillijk vonden. Friderici stelde daarop voor om dergelijke straf af te schaffen of op eene andere plaats te doen executeren (§).

Suriname verloor in korten tijd al zijne Hervormde predikanten. Den 11^{den} December 1799 overleed Ds. de Vos en den 1sten Maart 1800 Ds Groeneveld. De vacante plaatsen bleven langen tijd onvervulld. Het Hof vermeende, dat gelijk vroeger HH. Directeuren hiervoor zorgden, dit nu de pligt van Koning George den derde was en verzocht Fridericie zich daartoe aan Z. B. M. te wenden (*).

De Luthersche predikant doopte, trouwde, bezocht kranken en ter dood veroordeelde misdadigers en ontving hier voor eene gratificatie (†).

In November 1801 verzocht de kerkeraad van Paramaribo, daar eene wettige benoeming thans onmogelijk was, vrijheid om zekeren Abraham van Tricht, vroeger te Nieuwdam in Nederland, daarna op St. Thomas en later predikant der Hervormde gemeente in Amerika, thans in Suriname aanwezig, als herder en leeraar te mogen aannemen. Het Hof stond slechts toe, dat hij voorloopig de predikdienst zou vervullen (**).

Den 18^{den} December 1801 deelde Friderici de blijde tijding aan het Hof mede, dat hij van Z. B. M. minister Hobar te Londen berigt had ontvangen dat den 1sten October 1801 de Preliminaires of peace tusschen Z. B. M. en de Fransche republiek waren geteekend en eenige dagen later geratificeerd (§§). Er was alzoo stilstand van wapenen ter zee en te lande. De vrede naderde en gelijk algemeen bekend is, den 27sten Maart 1802 werd te Amiëns de vrede geteekend, en bepaald dat de

---

(§) Notulen van Gouverneur en Raden 24 Augustus 1801.

(*) Notulen van Gouverneur en Raden 11 Dec. 1799 en 11 Maart 1800.

(†) Notulen van Gouverneur en Raden 26 Augustus 1801.

(**) Notulen van Gouverneur en Raden 4 November 1801.

(§§) Notulen van Gouverneur en Raden 18 December 1801.

Engelschen al de door hen in bezit genomen Hollandsche koloniën, behalve Ceylon, zouden teruggeven. Terwijl men nu
de Bataafsche commissarissen verwachtte om de kolonie over
te nemen, bleef alles provisioneel op den ouden voet voortgaan.
De fortificatiën, de barakken en de andere publieke gebouwen
geraakten meer en meer in een vervallen staat. De Engelschen hadden niet veel voor haar onderhoud gedaan en de
koloniale kas liet geene verbetering toe. De ammunitie verminderde. De Engelschen hadden reeds bij het begin der in
bezitneming van Suriname de koperen kanonnen weggevoerd
en de ijzeren alleen overgelaten, en s'lands magazijnen door
hen als prijs beschouwd, werden geledigd doch niet weder
gevuld. Deze provisioneele toestand was een toestand van
kwijning en met verlangen werden de Bataafsche commissarissen en troepen te gemoet zien.

Zij bleven lang uit: windstilte, contrarie winden, onkunde
der schippers deden de reis 16 weken duren. Den 13den November 1802 eindelijk kwam het eskader onder bevel van den
kolonel kapitein ter zee O. W. Blois van Treslong op de kust
van Guiana (bij de Marowijne) aan. In October hadden de
Gouverneurs van St. Eustatius en St. Martin reeds het eskader
verlaten, om zich naar hunne bestemming te begeven; nu
scheidde zich ook van hetzelve de Gouverneur-Generaal van
Demerary en Essequebo van Meerten: Blois van Treslong kwam
met s' rijks fregat Proserpina en 6 transportschepen met troepen voor Paramaribo.

Er bevonden zich nog wel 2 Engelsche oorlogschepen, doch
de transportschepen bestemd om de Engelsche troepen over te
voeren, niet langer op de aankomst der Bataafsche kunnende
wachten, hadden reeds de kolonie verlaten. De Britsche
Commandant wenschte nu tot overbrenging naar de eilanden
van 1500 man de aangekomen schepen te gebruiken, maar
daar die voor een ander doel waren bestemd, kon de Hollandsche kapitein in dit verzoek niet treden. Door bemiddeling
van Friderici werd de Britsche Commandant overgehaald dit
plan te laten varen. Den 28sten November werden de Bataafsche troepen ontscheept en voorloopig in sommige publieke

gebouwen gehuisvest. Twee Engelsche transportschepen waren inmiddels opgekomen om de Britsche troepen op te nemen.

Den 2den December werd er door den Engelschen Commandant A. Campbell eene publicatie uitgevaardigd, waarbij de autoriteiten en ingezetenen van den eed van getrouwheid aan Z. B. M. gedaan, werden ontslagen. Blois van Treslong ging aan het inventariseren der forten enz. en den volgenden dag werd bepaald om de Bataafsche vlag te hijschen. Dit geschiedde den volgenden dag met vele plegtigheden en terwijl de lucht van een daverend hoezee·weergalmde. 's Avonds waren vele huizen van particulieren geillumineerd; de Engelsche magt verliet dienzelfden avond de rivier en Suriname was voor een wijle weder eene Nederlandsche bezitting (*).

Friderici zou de kolonie echter niet langer besturen. Het staatsbewind der Bataafsche republiek had bij besluit van 5 Julij 1802 zijne voorloopige schorsing bevolen en denzelfden dag, waarop de Bataafsche vlag op het fort Zeelandia werd geheschen, werd hem door Blois van Treslong zijne suspensie aangezegd. Hij bleef echter zijne goede diensten bewijzen: »de goedwillende medewerking" van den gesuspendeerden Gouverneur wordt in de missives van Blois van Treslong zeer geprezen (§). Friderici verliet de kolonie niet, als ambteloos burger genoot hij een welverdiende en eervolle rust van staatszaken en legde zich met ijver op den landbouw toe. Door velen geacht en bemind overleed hij den 11den October 1812 en werd in den nieuwen Oranjetuin begraven en zijn graf met een wit marmersteen gedekt. Om zijne nagedachtenis nog meer in eere te houden vereenigde zich later eenige personen in de kolonie en deden ter linkerzijde van den predikstoel in de Gereformeerde kerk een prachtig wit marmeren gedenkteeken, voorstellende eene doodkist, waarbij een grenadier staat te weenen, oprigten (†).

(*) Journaal van het Provisionele bewind 3 December 1802.
Missives van Blois van Treslong aan den Raad der Colonien 9 Dec. 1802.
(§) Missive van Blois van Treslong aan den Raad van Colonien 9 Dec. 1802.
(†) Teenstra. De Landbouw in Suriname 1ste deel bladz. 52.
Bij den brand van 1821 werd ook dit gedenkteeken eene prooi der groote verwoesting.

Friderici had gedurende den moeijelijken tijd van zijn bestuur steeds met ijver en getrouwheid de belangen der kolonie, naar zijn beste weten, bevorderd. Dat hij, de aanhanger van het huis van Oranje, zich zoo spoedig in de nieuwe orde van zaken na de revolutie schikken kon, mogen wij hem niet te zwaar aanrekenen. Hij handelde hierin zoo als de meeste mannen van zijnen tijd, terwijl wij vertrouwen, dat het belang der aan hem toevertrouwde kolonie de voornaamste drijfveer zijner handelwijze was. Streng regtvaardig, soms zelfs niet van overdrevene gestrengheid vrij te pleiten, dat echter ook veel aan den toestand, waarin hij leefde, moet worden toegeschreven, schijnt hij tevens een godsdienstig man te zijn geweest: zijne brieven en andere officieele stukken getuigen hiervan. Ook bij zijne klagten over ware of vermeende verongelijkingen heerschte niet die bittere geest als bij Mauricius en Nepveu. Als krijgsman had hij vele blijken van dapperheid gegeven en het vrijcorps was voornamelijk door hem geworden, wat zoowel Engelschen als Bataven erkenden, »een corps tot onberekenbaar nut der colonie". De landbouw had groote verpligting aan hem, doch zijne geldelijke administratie liet wel wat te wenschen over. Hij dreef de vermenigvuldiging van het papieren geld, soms tegen den goeden raad van het Hof door, en werd hierin ondersteund door het bestuur in Nederland, dat toenmaals ook, om de ledige kassen te vullen, papier uitgaf, dat geene reëele waarde vertegenwoordigde. Wij willen echter gelooven dat het moeijelijk was op andere wijze in de bestaande behoefte te voorzien. De eer van een zeer verdienstelijk Gouverneur te zijn geweest kan Friderici niet worden ontzegd.

Den 4den December 1802 presideerde Blois van Treslong in eene buitengewone vergadering van het Hof en in de gewone van 6 December maakte hij de suspensie van Friderici bekend en tevens dat hij gecommitteerd was om met de twee oudste raden van politie W. H. van Ommeren en D. Brederode voorloopig het bestuur waar te nemen, tot dat door het staatsbewind op andere wijze daarin zou voorzien zijn (*).

(*) Journaal van het Provisioneel bewind 4 en 6 December 1802.

Eenige publicatien werden uitgevaardigd als: eene behelzende de bekendmaking der schorsing van Friderici en het aanvaarden van het provisioneel bewind door de reeds genoemde heeren; en waarbij berigt werd, dat het staatsbewind, als de hoogste uitvoerende magt der Bataafsche republiek, ingevolge de aangenomene acte van staatsregeling door het Bataafsche volk, het bestuur over de West-Indische coloniën gedemandeerd had aan een raad der Amerikaansche coloniën en bezittingen der Bataafsche republiek en achtervolgens deszelven besluit, tot leden van denzelven had aangesteld de burgers: H. Costerus, J. H. Mulders, D. Werner en G. A. W. Ruysch en tot secretaris F. E. Turr; eene waarbij verordend werd, dat alle publieke kantoren weder op den ouden voet moesten worden hersteld, verwekte veel tegenstand, daar zij hoofdzakelijk ten doel had de door Friderici bij publicatie van den 19den Februarij 1802, geschorste belasting aan de kas tegen de wegloopers weder in te voeren (*).

Het provisioneel bewind achtte de herstelling er van echter noodig, want de publieke kassen waren in een "deplorablen" toestand.

Uit een aan den raad der Amerikaansche coloniën overgelegden staat blijkt o. a. dat in de kas van het kantoor der in- en uitgaande regten aan zilver en goud geld aanwezig was

voor eene somma van . . . . f 6896.—
oud en ongangbaar geld . . . . " 935.—
zoo dat te zamen . . . . f 7851.—

aan specie in die kas was: *dit was de eenige specie in s' lands kassen.* Verder bevond zich in die kas aan kaarten-geld, obligatiën en wissels eene som van. . . . . . f 1782:14.9^2/$_3$
in de kas der hoofdgelden . . . . . " 55156:17.12^2/$_3$
in die der venduregten . . . . . . " 100361:12.12

Doch behalve dat dit papieren geld slechts eene zeer betrekkelijke waarde had, die van de tijdsomstandigheid afhing, waren ook nog verscheidene kassen met schulden bezwaard. In de kas der Modique lasten was aanwezig (altijd aan papieren

(§) Journaal van het Provisioneel bewind 6, 14 en 15 December 1802 enz.

geld) eene som van . . . . f 409,659:5.8
doch zij was schuldig . . . . . . » 660,509:11.7²/₃
in de kas der gemeene weiden eene som van » 157,9:12²/₃
en schuldig . . . . » 1491:4.8

Voornamelijk echter bevond zich de kas tegen de wegloopers in ongunstigen toestand: in kas was er niets, wel nog had zij te vorderen f 418,686:16:11, maar was daarentegen schuldig aan de stad Amsterdam f 700,000:— aan de voormalige societeit f 1,707,987:12:3, behalve nog aan verschillende ingezetenen wegens huur van slaven, die aan het cordon hadden gearbeid: tegen over dit laatste stond, dat ook vele dier ingezetenen hun quotum nog moesten aanzuiveren, men rekende dit in globaal te compenseren. Sedert 1796 was de rekening dier kas niet opgemaakt (§).

Het Provisioneel bewind hoopte, dat de kolonie, nu weder aan Nederland gehecht, door de uitbreiding van den landbouw en degelijken handel, weldra de geledene verliezen zou te boven komen. Om de in Suriname toenemende zucht tot speculatie te bedwingen, werd den 31sten Januarij 1803 eene publicatie uitgevaardigd, waarbij alle negotiatien, zonder voorafgaande goedkeuring van het bewind, werden verboden (*). Er waren verblijdende teekenen. Drie Hollandsche koopvaarders waren reeds, volgeladen met stapelproducten, naar het Moederland vertrokken; veertien hadden hunne vracht gedeeltelijk geladen en zouden weder spoedig volgen; de laatste koffijpluk was door de vele regens wel niet voordeelig geweest, doch de aanstaande beloofde een goeden oogst; in het district Saramacca waren vele nieuwe gronden uitgegeven (†), en er

---

(§) Missive van het Provisioneel bewind aan den Raad der Colonien, 9 Januarij 1803 en bijlagen daartoe behoorende enz.

(*) Missive van het Provisioneel bewind aan den Raad der Colonien, 8 Maart 1803.

(†) Omtrent die uitgifte van gronden werd echter door het Prov. bewind aangemerkt, dat door het daarmede in verband staande openkappen van het bosch, de westkust van het district Saramacca van de natuurlijke verdediging werd beroofd en bloot stond voor eene vijandelijke attaque. Missive van het Provisioneel bewind aan den Raad van Colonien 9 Januarij 1803.

heerschte (volgens hun schrijven) nieuwe moed en opgewektheid om, daar ook nu weder een nieuwe aanvoer van slaven
was gekomen (*), met ijver de handen in een te slaan, ten
einde landbouw en koophandel te bevorderen.

De verdedigingswerken der kolonie werden hersteld en verbeterd; behalve de troepen met Blois van Treslong mede gekomen, arriveerden in Maart nieuwe uit het vaderland, terwijl
ook de corpsen blanke en negerjagers in stand werden gehouden. Ofschoon de Instructie van Blois van Treslong luidde,
om geen der officieren, die den eed aan Z. B. M. hadden gedaan,
in Bataafsche dienst te nemen, vermeende het Provisioneel
bewind echter eene uitzondering te moeten maken omtrent
hen, die bij de genoemde corpsen dien rang bekleedden. Men
achtte het noodig die corpsen, die ook in koloniale soldij
waren gebleven, in hun geheel te moeten houden. Van de
zijde der negerjagers zelve ontstond echter eenige moeijelijkheid. Sommigen van hen droegen nog op hunne mutsen
koperen platen, waarop W. P. v. O. stond. Toen de kolonel
van Batenburg die platen door andere wilde doen vervangen,
betoonden zij zich weigerachtig; zij wenschten niet in Bataafsche
dienst te treden en vermeenden trouw te moeten blijven aan
Z. B. M., aan wien zij den eed hadden gedaan. Het kostte
veel moeite hen te overreden en zes van hen die halsstarrig
bleven weigeren, werden in arrest gezet (§).

Het provisioneel bewind scheen niet zeer in den geest van
verscheidene kolonisten te zijn en, hoe kort van duur het was,
kwamen er al zeer spoedig moeijelijkheden, zoo met den Raad
Fiscaal Wohlfahrt als met anderen (†).

Bij gelegenheid dat de nieuwe, door het Bataafsche volk aangenomene staatsregeling zou worden gepubliceerd, maakte de
Raad Fiscaal tegen de daarin voorkomende bepaling, waarbij
het zoogenaamd scherper Examen: de Tortuur of Pijnbank,
werd afgeschaft, bezwaar indien niet ter-gelijkertijd hetgeen in

---

(*) Journaal van het Provisioneel bewind, 11 Januarij 1803.

(§) Missive van Batenburg aan het Provisioneel bewind, 17 Febr.
1803.

(†) Journaal van het Provisioneel bewind, 30 December 1802.

Holland daarvoor in de plaats was gekomen, in werking wierd gebragt.

Wohlfahrt trad weldra af en werd door Chr. J. Valkenaer opgevolgd.

In het vaderland was intusschen Pierre Berranger, vroeger Secretaris van Friderici, benoemd tot Commissaris-Generaal en Gouverneur o. i. van Suriname. Berranger kwam den 5den December 1803 in de kolonie aan, en nam den 9den December het bewind over.

In zijne eerste missive aan den Raad der colonien, dato 28 December 1803, berigt hij, dat zijne komst den kolonisten veel genoegen deed, daar er tusschen hen en het Provisioneel bewind geschillen bestonden, »die hij echter niet naspeuren wilde." Reeds dadelijk beklaagde hij zich over Blois van Treslong, »die zeer geraakt was over de woorden *te water en te lande*, waarover hem volgens artikel 2 zijner instructie het opperbevel was opgedragen. »Hij heeft", schrijft Berranger verder, »zich uitgelaten, dat hij mij niet zou gehoorzamen, zoo ik iets omtrent den dienst beval — en ik zal dit toch moeten doen, daar ik volgens artikel 9 mijner Instructie *alleen* verantwoordelijk ben; het zal mij echter aangenaam zijn nader schrijven te ontvangen, waardoor de grenzen van ieders gezag worden afgebakend, daar zich kruissende magten in den staat zelden den vijand afbreuk doen" (§). Dat deze spreuk waarheid bevat leerde ook hier weder de ondervinding, gelijk wij nader zullen zien.

Het defensiewezen was in vrij goede orde. De krijgsmagt bedroeg 1829 man, en aan kruid en kogels was geen gebrek. Berranger wilde de verdedigingsmaatregelen echter nog verbeteren en riep daartoe ook de schutterij op; hij inspecteerde haar — en hoewel zij sedert de installatie van Friderici geen dienst had gedaan, roemde hij echter haar betoonden goeden wil en wenschte haar verder te organiseren. Hij bragt ook verbeteringen in het bestuur van het hospitaal. Hoewel een goed en doelmatig gebouw, waren, daar de beste vertrekken door offi-

---

(*) Missive van Berranger. 28 December 1803.

cieren en beambten werden gebruikt of tot apotheek enz.
ingerigt, de zieken in lage, vochtige, ongezonde kamers gehuisvest; terwijl de geneeskundige verzorging allerellendigst
was. Het geheel was »een gedrocht, dat men bijna niet wist
hoe aan te tasten." Na een paar maanden evenwel was alles
behoorlijk ingerigt (*). De Roomsch Catholieke kerk, die
door Friderici werd gesloten, omdat zij hare verpligting, de
verzorging harer armen, niet naleefde, werd door Berranger
(zelf R. C.) weder geopend (§). Ook werd door hem, in
overeenstemming met het Hof, bij den voortdurenden herder-
loozen staat der Gereformeerde gemeente (van Tright had
26 December 1802 zijne afscheidsrede gehouden) bevolen, dat
voortaan, te beginnen met Januarij 1804, op alle zon- en
feestdagen, door een lid van den kerkeraad eene predikatie
zou worden gelezen, gebeden en gezongen, en werd ieder
lid der kerk zeer tot bijwoning daarvan uitgenoodigd (†).

Ofschoon liberaal in beginsel, raadde hij echter de gelijkstelling der gezindheden en de benoembaarheid van iederen burger
tot alle ambten af, omdat er zoo een groot getal Joden in de
kolonie waren en hunne benoeming verwarring zoude veroorzaken (**). Het verspreiden van boekwerken zonder consent
werd door hem op eene boete van ƒ 500 verboden (§§). Ook
strekte hij zijne liberaliteit niet tot de slaven uit, daar hij
hunne manumissie belemmerde, door te bevelen, dat ieder
die een slaaf wilde manumitteren eene borgtogt van ƒ 2000
moest stellen (††).

Berranger stelde ook aan den Raad der colonien een nieuw
belastingstelsel voor, »waardoor de rentenier, die meestal woe-
kert, de eigenaar van particuliere slaven, die of nutteloos
de weelde voedt, door het houden van een sleep bedienden,
of ongehoorde winsten van hunne verhuring ontvangt, en de

(*) Missive van Berranger aan den Raad van colonien, 10 Maart 1804.
(§) Teenstra, de Landbouw in de Kolonie Suriname, 1ste deel blad 58.
(†) Publicatie, 19 December 1803.
(**) Missive van Berranger aan den Raad van colonien, 10 Maart 1804.
(§§) Publicatie 21 April 1804.
(††) Publicatie 6 Januarij 1804.

eigenaars van woningen in Paramaribo, die een grooten huur-
prijs trokken, meer zouden moeten betalen, doch de landbouwer daarentegen ontlast worden.

Daar in den regel de uitgaven 1½ millioen gulden bedroegen,
stelde hij tot dekking daarvan voor, het volgende:

12,000,000 pond koffij, gemiddelde opbrengst,
te belasten met 1 stuiver per pond . . . . . . *f* 600,000.

20,000 vaten suiker, gemiddelde opbrengst,
met *f* 20 het vat . . . . » 400,000.

3,000,000 pond katoen, gemiddelde opbrengst,
met 2 stuivers per pond. . . . . » 300,000.

500,000 pond cacao, gemiddelde opbrengst,
met ³/₄ stuiver per pond . . . . » 18,750.

10 pCt. op de houtplantaadjes . . . . » 30,000.

Idem op het zegel . . . . » 150,000.

80 schepen van 100 ton jaarlijks *f* 20 per ton. » 160,000.

Op de slaven te Paramaribo *f* 10 per hoofd . » 100,000.

Op de venduen . . . . , . . » 30,000.
$$\overline{}$$
Te zamen . . . *f* 1,888,700.

Alle verdere belastingen, behalve die van huishoudelijken
aard, als: kerkgeregtigheden, vischmarkt, houtmarkt, tappe-
rijen, enz., af te schaffen, terwijl, zoo de inkomsten de uitgaven mogten overtreffen, kon dit meerdere worden aangewend
tot verbetering van de openbare gebouwen enz.

Bij zijn plan daaromtrent drong hij tevens aan, dat bij het
te maken nieuwe charter (men had dit reeds in 1795 beloofd,
doch 9 jaren later was het nog niet gereed) voor de koloniën,
zou worden bepaald, dat alle kassen onder het eigenlijk Gouvernement wierden gesteld, waardoor verwarringen zouden worden voorkomen (*).

Berranger schreef, dat hoe kort hij er nog slechts had vertoefd, »de colonie echter reeds een geheel ander aanzigt verkreeg: de geesten waren levendig en ieder is te vreden." Dat
Berranger zich wel wat veel aan illusiën overgaf, vermeenen wij
met zekerheid te mogen veronderstellen; evenwel de scheep-

(*) Missive van Berranger, 10 Maart 1804.

vaart nam toe, in korten tijd waren vele schepen binnengekomen en, met rijke ladingen bevracht, vertrokken (*); doch weldra werd aan al deze gegronde of overdrevene verwachtingen voor goed de bodem ingeslagen.

De vrede te Amiens gesloten, was kort van duur: de fakkel des oorlogs werd weder ontstoken en op nieuw bedreigde Britsche magt de kolonien van den staat. Den 25sten April 1804 vertoonde zich 31 Engelsche grootere en kleinere oorlogschepen aan de kust, bij Saramacca en Braamspunt; den 27sten bemeesterden zij met 2 Fregatten en 2 Brikken, na eenige wederzijdsche kanonschoten, Braamspunt, en het aldaar aanwezige garnizoen, waaronder 5 gekwetsten waren, werd krijgsgevangen gemaakt. De Britten nu meester van de rivier stevenden den 28sten April, met 22 schepen, de Suriname op. Twee linieschepen bleven aan den mond der rivier de wacht houden, de andere fregatten werden naar de Warapa kreek en naar de Saramacca afgezonden; dienzelfden avond om 8 ure werd de kolonie gesommeerd door de Engelsche bevelhebbers Charles Green en Samuel Hood. Onmiddellijk werd daarop op de plantaadje Voorburg krijgsraad gehouden. De militaire leden van den krijgsraad wenschten de kolonie tot het uiterste te verdedigen en achtten dat »de defensie-staat te respectabel was, om zich zonder verdediging over te geven." De raden van policie als vertegenwoordigers van den burgerstand vreesden »het verlies der eigendommen, en bij eene zoo aanzienlijke magt als waarmede de vijand de colonie bedreigde, zagen zij meer heil in eene capitulatie dan in tegenstand." Berranger deed opmerken dat het moeijelijk was om met 580 man, die nog verdeeld waren tusschen het fort Nieuw Amsterdam en de redoutes Purmerend, Leijden en Friderici, vier à vijf duizend soldaten, mariniers en matrozen, waarop de magt der Engelschen begroot werd, te wederstaan, doch »dat men beproeven moest eene voordeelige capitulatie te verkrijgen, waarbij in een geheim artikel werd bepaald, dat na het sluiten van den vrede, de kolonie weder aan de Bataafsche republiek zou worden overgegeven."

(*) Missive van Berranger, 10 Maart 1805.

De heeren Blois van Treslong en Batenburg vooral oppo-
seerden zich hier tegen ten sterkste, waarop Berranger hun de
vraag voorstelde of zij, indien hij, volgens zijne bevoegdheid,
het op zich nam eene capitulatie aan te nemen hem hierin
zouden gehoorzamen. Blois van Treslong en Batenburg antwoordden ontkennend; Berranger stond toen van zijn presidialen
zetel op en na het zeggen; »zoo gij mijn gezag ontkend, heb
ik niets meer te doen; ik zal eenvoudig de aangeboden voorwaarden afslaan," keerde hij toornig naar Paramaribo terug,
om aldaar de rust te bewaren.

Den 30sten ontscheepte de vijand zijne manschappen aan de
Jonkermanskreek en des nachts werden de redoutes Leijden en
Friderici stormenderhand door 100 matrozen en 50 soldaten veroverd. Er werden weinig personen bij deze verovering gekwetst;
doch door het springen eener kruidkist werden 2 officieren en
drie man gedood en 20 man, allen Engelschen, gewond. De
Engelschen in het bezit van de redoute Leijden rigtten tegen
over het fortres Nieuw Amsterdam eene mortierbatterij op en
lieten troepen langs de rivier Commewijne trekken om het fort
van achteren aan te tasten (*). Vijf honderd man landden
aan de Warapa-kreek, die zich bij de anderen voegden. De
attaque zou nu van de achterzijde en van den kant der
rivier door de schepen te gelijk worden ondernomen. De luitenant van Beugen weigerde het corps vrijnegers naar de fortres te geleiden om aldaar dienst te doen, zoodat Berranger
geen middel van »contrainte" voorhanden hebbende, aan het
verzoek van Batenburg, om deze versterking te ontvangen, ten
einde omsingeling te voorkomen, niet kon voldoen (§). »Batenburg, ongeacht de uitventing zijner dapperheid," gaf Berranger kennis van het gevoel zijner onmagt — en eindigde
met, zonder Berranger te kennen, eene capitulatie met den
vijand te sluiten, die, zijns inzigts, in alle opzigte eervol en
voordeelig, volgens Berranger echter, alleen eervol en voordeelig

---

(*) Zekere Hoop, een Surinamer, diende den Engelschen tot gids,
zoodat verraad het zijne bijbragt om de kolonie in vijands hand te leveren. Missive van Berranger aan den Raad van colonien, 30 Julij 1804.
(§) Missive van Berranger aan Batenburg, 30 April 1804.

voor de militairen, doch schadelijk en nadeelig voor de kolonie was.

Berranger vaardigde, om zich tegenover het publiek te regt-
vaardigen, eene publicatie uit, waarin hij alle verantwoordelijkheid van zich af en op den kolonel Batenburg wierp (*).

Suriname was intusschen voor Nederland verloren en de
Engelschen hadden op nieuw bezit er van genomen, en met
deze mededeeling eindigen wij het derde tijdvak.

De behandeling van het derde tijdvak, ruim 120 jaren,
(1683—1804) heeft in onze schets der geschiedenis eene vrij
groote plaats ingenomen. Er viel zooveel te vermelden dat
wij het voornaamste als het ware slechts hebben kunnen aanstippen en toch reeds hebben wij vele droevige tooneelen moeten schetsen. Mogten wij soms hier en daar eenige lichtpunten opmerken en wijzen op de energie van sommige Gouverneurs, op de dapperheid van enkele militairen, of op den
werkzamen ijver der kolonisten, dit bepaalde zich echter tot
die weinige lichtpunten. Er was op den door God zoo rijk
gezegenden bodem van Suriname door 's menschen hand een
giftboom geplant, welks wortelen zich ver uitstrekten, den
grond bedierven en hem ongeschikt maakten om goede planten
en gewassen voort te brengen. De vruchten die aan dien boom
groeiden veroorzaakten den dood aan wien ze at en reeds de
uitwaseming er van verpestte den dampkring. Met andere
woorden: de slavernij geworteld in het volksbestaan verstikte
alles goeds. Waar slavernij heerscht kan de zegen Gods niet
rusten. Het stelsel der slavernij is een zondig stelsel en zonde
is een schandvlek der natiën.

Wel is Suriname eene productive kolonie geweest, doch
eigenlijken bloei heeft zij niet gekend. Wel heerschte er soms
weelde, maar wezenlijke welvaart bestond er niet. Het geroep
der werklieden die de landen maaiden, en wier loon verkort
werd, het geschrei dergenen die oogsten, kwam tot de ooren

(*) Missive van Berranger aan den Raad van colonien van 12 Mei 1804,
en verdere volumieuse officieele beschciden betreffende deze overgave.

van den Heer der Heirscharen, tot Hem die liefde is, doch die tevens regtvaardig is. De waarschuwing van den apostel Paulus: »Dat niemand zijnen broeder vertrede", die eisch der christelijke liefde, werd in Suriname niet betracht — men vertrad den broeder; hij, voor wien Christus zijn dierbaar bloed heeft gestort, werd als een zaak beschouwd, als — en soms minder dan — een redeloos dier behandeld. Dat de slaaf ook geestelijke behoeften had, werd niet erkend; de Heer gedacht aan dien nood, en op zijnen tijd verwekte hij een zendingsgeest bij de lieve Moravische gemeente, en mannen uit hun midden verkondigden, met trouwe liefde, hoewel onder veel tegenstand, den armen slaaf de blijde boodschap der genade in Christus Jezus, aan alle menschen verschenen. Bij de behandeling der zendingszaak zullen wij meermalen worden getroffen over de trouw en de liefde Gods en ook over die Zijner waardige dienstknechten.

Wij hebben gepoogd, om door eene getrouwe mededeeling der geschiedkundige feiten, Suriname's lotgevallen in de drie eerste tijdperken aanschouwelijk voor te stellen. Wij hopen hiermede verder voort te gaan en de Heer geve, dat de eenvoudige waarheid der geschiedenis er toe moge bijdragen, om meerder belang in Suriname te doen stellen, dan tot heden wordt betoond.

VIERDE TIJDVAK.

VIJFDE HOOFDSTUK.

SURINAME GEDURENDE ENGELAND'S OVERHEERSCHING.
VAN 1804 TOT 1816.

Wij kunnen ons eenigzins voorstellen welk een pijnlijk
gezigt het een dapperen bevelhebber en zijnen dapperen
krijgsmakkers moet zijn, indien hij, door de omstandigheden
genoodzaakt de aan zijne verdediging toevertrouwde sterkte
den vijand over te geven, de vlag, het symbool van het
gezag zijns souvereins, ziet nederhalen, om plaats te maken
voor die van den overwinnaar, den straks nog fel bestreden
vijand; velen getuigden liever een roemvollen dood op de
wallen te hebben gevonden, dan dergelijke vernedering te
moeten ondergaan.

Als mensch kunnen wij dit gevoel begrijpen, doch zoo wij
waarlijk Christen zijn en het woord der Schrift gelooven: »dat
alle dingen medewerken ten goede dengenen, die God lief
hebben", is het echter niet goed aan dat gevoel toe te geven,
daar steeds de overtuiging levendig moet zijn, dat niets bij
toeval geschiedt, maar alles ter vervulling van den raad Gods,
en zoo kan ook de Christen-krijgsman, die getrouw zijn pligt
heeft betracht, zich zonder morren, ofschoon met droefheid

in het hart, aan die schikking onderwerpen, waarin hij de hand van zijnen God erkent, die verhoogt en vernedert wien Hij wil, en ook hierin moet worden verheerlijkt.

Wij kunnen het ons eenigermate voorstellen, hoe trouwe burgers, vervuld met liefde voor hun vaderland, die mede goed en bloed ten offer bragten ter verdediging van den dierbaren vaderlandschen grond, te moede zijn, zoo de vaderlandsche vlag weggenomen en vervangen wordt door die van den vijand, den vreemde, die nu over hen heerschen zal.

Hoe pijnlijk het voor den geschiedschrijver is, om te gewagen van een tijdvak, gedurende hetwelk zijn vaderland onder vreemde overheersching zuchtte, wordt reeds eenigzins door mij gevoeld, nu ik met mijn overzigt van de geschiedenis van Suriname, eene Nederlandsche volkplanting, genaderd ben tot het tijdvak 1804—1816, dat der Engelsche overheersching. Maar hoe pijnlijk het dan ook valt, toch wensch ik onpartijdig te zijn en mij te wachten om, door partijdige liefde voor mijn vaderland verblind, de handelingen van de overheerschers in een verkeerd licht te plaatsen. In hoeverre het straks geschetste weemoedig gevoel bij den bevelhebber der Bataafsche troepen, bij zijne onderhoorigen, bij den Interims-Gouverneur Berranger en bij de inwoners van Suriname aanwezig was, toen de kolonie in Engelsche handen overging, willen wij niet beslissen; dat het zeer sterk sprak hebben wij bij het onderzoek der officieele en andere bescheiden niet kunnen ontwaren; ook buitengewone daden van heldenmoed en burgertrouw kunnen wij niet vermelden.

Gelijk wij reeds bij het slot der vorige afdeeling deden opmerken: Er heerschte verdeeldheid, er bestond onderling wantrouwen en afgunst tusschen den Commissaris-Generaal, den Gouverneur ad interim Berranger en de bevelhebbers der land- en zeemagt, den Luitenant-Colonel Batenburg en den Schout bij nacht Blois van Treslong.

Deze verdeeldheid, dat wantrouwen, die onderlinge afgunst belette eene krachtdadige verdediging. Officieren door het voorbeeld hunner superieuren weggesleept, weigerden zich aan de bevelen van den Gouverneur te onderwerpen. Dit bragt

verwarring te weeg: de voor het fort Nieuw Amsterdam aangevraagde levensmiddelen werden niet verzonden; twee compagnien vrijlieden, bestemd voor eene post bij de plantaadje
Zoelen, ten einde de omsingeling van de fortres door den
vijand te beletten, vertrokken niet derwaarts, de luitenant van
Beugen met hun geleide belast, maakte allerlei uitvlugten;
eene versterking van het garnizoen aldaar door schutternegers
werd evenzeer door dergelijke redenen verhinderd (*). Heldhaftig kan de verdediging niet worden genoemd, slechts bij
de redoute Leijden had een min of meer ernstig gevecht
plaats. De Engelschen vermeesterden de redoute en een gedeelte hunner magt, aan de Commewijne geland, trok, door
een verrader geleid, achter het Fort Nieuw Amsterdam om en
vond, door het vroeger verzuim, geen tegenstand op den weg,
en omsingelde alzoo de voornaamste sterkte der kolonie, het
fort Nieuw Amsterdam. Batenburg achtte nu het voortzetten
van den strijd tegen eene groote overmagt, een te ongelijken
kamp, die slechts nutteloos bloedverlies ten gevolge zou hebben; hij bood den Engelschen bevelhebber eene capitulatie
aan, die met kleine wijzigingen werd aangenomen.

Berranger ofschoon niet tegen het sluiten eener capitulatie,
blijkens zijn advies in den krijgsraad, protesteerde echter tegen
deze handeling van den bevelhebber bij proclamatie en wierp
alle verantwoordelijkheid er van op Batenburg. Om de stemming der inwoners, onder dit alles, te doen kennen, strekke de
mededeeling van een paar artikels uit de Surinaamsche couranten van dien tijd. In die van Woensdag 2 Mei 1804, uitgegeven bij L. E. A. Heiman, leest men het volgende artikel:

»Paramaribo 2 Mei 1804.

Was er ooit een tijdstip, sedert het oprijzen van dit wingewest, uit de moerrassen van Amerika, dat den geest van de
daarin belanghebbende gaande maakte, zoo is het gewis het
tegenwoordige. Nog weten wij niet of de nationale heldhaf-

(*) Missive van Batenburg aan Berranger en van Berranger aan Batenburg, 28, 29 en 30 April 1804.

Missive van Berranger aan den Raad der Amerikaansche colonien van
30 Julij 1804.

tigheid der Bataven, dan of wel de stoutmoedigheid der strijders van *Albion* dit plekje lands, door den onmeetbaren oceaan
van het moederland afgescheiden, behouden of vermeesteren
zal; in beide gevallen, doch van welke evenwel maar *Een* zal
plaats hebben, zal de gemaatigde, bescheiden, en zich naar
de omstandigheden des tijds verstandig voegende conduite aller
welgezinde colonisten, oneindig veel bijdragen tot het *coloniaal welzijn.*"

Dit artikel vloeit zeker niet over van vaderlandslievende gevoelens, het wekt niet tot moed en volharding op, maar tot
een zich verstandig voegen naar de omstandigheden des tijds.

In diezelfde Courant van den 3den Mei 1804 vindt men een,
dat den zelfden geest ademt:

»Onder het afdrukken dezes begint het politieke raadsel,
waarover men zich omtrent 10 dagen de hoofden gebroken
heeft, zijne oplossing allengs te naderen.

De inhoud der Proclamatie, op heden alhier op de gebruikelijke wijze gepubliceerd, laat ons niet toe langer aan 't lot
dezer Colonie te twijfelen. — Het middelpunt der verdediging
aan den overwinnaar afgestaan zijnde, vervalt alle verdere
tegenkanting van zelve en ieder vriend der menschheid alhier
en zijner mede-colonisten zal het bestier der Voorzienigheid
zegenen, dat geen burgerbloed vergooten is, noch dat andere
rampen, welke beleegeringen gewoonlijk vergezellen, over onze
schedels losgebarsten zijn·"

De burgerwacht of schutterij, ofschoon door Berranger, kort
na zijne komst, eenigermate georganiseerd, had geen aandeel
aan den strijd genomen, maar was te Paramaribo gebleven om
aldaar de rust te bewaren en had alzoo weinig gevaar geloopen van bloed te verliezen.

De blanke bevolking van Suriname was ook niet zoo bepaald anti-Engelsch gezind, als sommige publicatien en proclamatien van dien tijd zouden doen gelooven. Er bestonden hiervoor gegronde redenen. Het algemeen belang en
voornamelijk dat van de geldschieters in Holland had veel geleden tijdens den duur van het zoogenaamd protectoraat van
den Koning van Engeland (Augustus 1799 tot November 1802),

doch verscheidene planters hadden groote voordeelen genoten,
daar aanzienlijke Britsche kapitalen, in de kolonie geplaatst, hen
in staat hadden gesteld, om hunne producten te vermenigvuldigen (§), en — hetgeen men hierbij ook niet over het
hoofd moet zien — zij waren, gedurende dien tijd, bevrijd geweest om aan hunne verpligtingen jegens de Hollandsche geldschieters te voldoen. De hoop op dergelijke voordeelen lachtte
sommige kolonisten nu op nieuw toe en deed hen daardoor
de verovering der kolonie door de Engelschen niet als eene
zoo groote ramp beschouwen.

De met de Engelsche aangegane capitulatie was, de omstandigheden in aanmerking genomen, niet onvoordeelig te noemen.
Bij de opeisching der kolonie door de Engelsche bevelhebbers,
werden o. a. de volgende voorwaarden aangeboden: de ingezetenen zouden volle zekerheid voor hunne personen en vrije
uitoefening van godsdienst genieten; het behoud hunner bijzondere eigendommen, van welken aard die ook zijn mogten,
werd hun gewaarborgd; de wetten der kolonie zouden van
kracht blijven en de vertegenwoordiger der Britsche troon zou
slechts zulke verordeningen mogen maken, als tot tijdelijke voorziening in de verdediging der kolonie noodig werden geoordeeld
en die maatregelen nemen, welke den koophandel met Engeland
regelden; de verschillende civiele autoriteiten, uitgenomen den
Gouverneur, konden, mits den eed aan Z. B. M. doende,
hunne betrekkingen blijven waarnemen (†).

(§) The Liverpools Saturday's advertiser van 30 Julij 1804, laat zich
daarover in dier voege uit:

„De herneming van *Suriname* door een onzer West-Indische eskaders,
kan onder de gewigtigste verrigtingen gedurende dezen oorlog gerekend
worden. De aanzienlijke *Britsche* kapitalen, in den laatsten oorlog in
deze volkplanting geplaatst, hebben de planters op de beste wijze in
staat gesteld, hunne producten te vermenigvuldigen, en uit het wederkeerig vertier, dat daardoor tusschen dezelve en onze kooplieden geboren wordt, kan men, met grond, de voordeeligste gevolgen verwachten. De Consignatien naar die colonie zullen, zonder twijfel, zeer aanmerkelijk zijn en magtig toenemen, bijaldien die volkplanting *lang* in
onze handen blijft."

(†) Terms proposed bij their Excellencies Major-General Sir Charles

Daar men deze voorwaarden niet had aangenomen en de Engelsche bevelhebbers, zich bij de weigering hadden verklaard, hieraan dan ook niet langer gebonden te zijn; en terwijl men nu tegenstand had geboden, vreesde Berranger, dat de capitulatie, door Batenburg aangegaan, wel eervol en voordeelig voor de militairen zou zijn, maar minder in het belang der inwoners. Die vrees bleek echter ongegrond te zijn. Batenburg had bij zijne capitulatie voorgesteld: »dat alle articulen, welke ten voordeele der ingezetenen bij de sommatie waren voorgeslagen, in haar geheel zouden worden nagekomen", waarop de Engelsche bevelhebbers antwoordden: »Zijne Britsche Majesteit heeft ons stricte orders gegeeven de gunst voor de Colonie Suriname zoo veel moogelijk is te verleenen, en waarborgen u dat zulks zal worden geobserveerd zo als is aangeboden" (§).

Green, and Commodore Samuel Hood, commander in Chief of His Majesty's Land and Sea-Forces for the Surrender to the Britsh Governement of the Colony of Suriname.

Art. 2. „The inhabitants of the Colony shall enjoy full security for theirs persons, and the free exercise of their Religion, with the immediate and entire possession of their Private Property, wether on shore or alout.

Art 3. The laws of the Colony as they existed at the period of its being given up by the Britsh Government, shall remain in force untill His Majesty's pleasure shall be known, but this article is not meant to restrict His Majesty's Representative from making such temporary Regulations as may appear to him absolutely necessary for the security and defence of the Colony, nor must it be construed to militate against such establishments as may be necessary for regulating the commerce of the colony agreeable to the practise in the British West-India possessions.

4. The different persons at present employed in the civil-administration of the Colony shall all of them, the Governor excepted, continue in office, provided they take oath of allegiance and fidelity to the British Government, and that their conduct is such as to afford no reasonable ground for suspecting their submission thereto."

(§) Answer to Lieut. Coll. Batenburg Commanding the Batavian troops in Surinam."

„His Brittannic Majesty having instructed us to favor the Colony of Surinam as much is possible, we are willing to grant to it the same terms as furst proposed·"

Voornamelijk echter waren de voorwaarden der capitulatie gunstig voor het garnizoen: aan hetzelve was toegestaan met krijgseer uit te trekken, de officieren zouden hunne degens behouden. Aan de vrouwen en kinderen en verdere personen aan het garnizoen verbonden, werden dezelfde voorregten als aan de militairen verleend; allen zouden, zoodra er eene bekwame scheepsgelegenheid was, naar eene der havens van de Bataafsche republiek worden vervoerd en hun werd veroorloofd in de krijgsdienst te blijven, mits niet te strijden tegen Z. B. M. of deszelfs geallieerden; geen anderen, dan die dit vrijwillig begeerden, zouden in dienst van Z. B. M. worden geëngageerd. Betrekkelijk het corps, bekend onder den naam van *witte* en *zwarte* jagers, meer bepaald in dienst van de kolonie staande, zou met het *Coloniaal Gouvernement* behoorlijk schikkingen worden getroffen.

De Engelschen waren alzoo weder, volgens het regt van den oorlog, meesters van Suriname. De overgave der forten, magazijnen, ammunitie, enz. had achtereenvolgens plaats, terwijl het garnizoen met krijgseer uittrok en de officieren met beleefdheid door de Engelschen werden behandeld: alleen de Commissaris-Generaal ad interim Berranger werd als krijgsgevangene beschouwd.

Den 6den Mei 1804, des namiddags ten één uur, werd op het fort Zeelandia de Engelsche vlag geheschen, en kort daarna kwam de Generaal-Majoor Sir Charles Green van het fort Nieuw Amsterdam met zijn gevolg te Paramaribo. De oud-Gouverneur Friderici en de Bataafsche Commissaris-Generaal maakten dienzelfden dag nog, de hooge Collegien den volgenden, hunne opwachting bij genoemden bevelhebber (*).

Den 7den Mei werd door Sir Ch. Green en S. Hood eene proclamatie uitgevaardigd, waarvan de officieele vertaling luidt:

»Alzoo de volkplanting van Surinamen en onderhoorige districten, door de wapenen van zijn Groot-Brittannische Majesteit is veroverd en dus geworden een wingewest van het vereenigd Rijk van Groot-Brittagne en Ierland, zo hebben wij

(*) Journaal van Sir Charles Green 6 en 7 Mei 1804.

nodig gedagt door deze tegenwoordige alle goede ingezetenen deezer plaatze te vermaanen zich rustiglijk en vreedsaam te gedragen en zodanig als betaamd aan getrouwe onderdaanen van Hooggemelde Zijne Majesteit, geevende wij hunlieden de volkomenste verzekering, dat derzelver goederen en bezittingen in alle opzichten veilig zijn en beschermd zullen worden, waartoe de strictste ordres aan de troupen gegeven zijn, en dat ons het welweezen der ingezetenen, als Zijner Majesteits onderdanen, door Hoogstdezelve is aanbevoolen. Strekkende het mede een ieder tot narigt, dat het Civiele Gouvernement dezer volkplanting en onderhoorige districten, door den Generaal Major Sir Charles Green zal worden waargenomen tot dat deswegens Zijner Majesteits nadere beschikkingen zullen bekent zijn" (*).

Bij publicatie van 8 Mei 1804 maakte Sir Ch. Green bekend, dat hij het bestuur der kolonie, als wettig vertegenwoordiger Z. B. M., had aanvaard en gelastte, dat de wettig geconstitueerde magten, te weten: het Hof van Policie en Criminele Justitie, het Collegie van kleine, vacerende over groote zaken, de Curateele kamer, de Commissarissen van Gemeene weide, de Joodsche Weeskamers en alle andere personen, die eenig publiek ambt of betrekking bekleeden, met de uitoefening van derzelver respectieve pligten blijven voortgaan; — wordende degenen, die onder de zoo even bedoelden begrepen zijn, gelast, op den 9den Mei, des voormiddags ten 9 uur, zich te vervoegen ten Gouvernementshuize, ten einde den eed van getrouwheid aan Z. B. M. af te leggen (§).

Den 9den Mei presideerde Green voor het eerst in het Hof van Policie en werd de eed van getrouwheid aan Z. B. M. door de Raden van Policie en vervolgens door de andere Collegien in zijne handen afgelegd (†); waarna alles verder geregeld werd om een en ander in verband te brengen met den toestand der kolonie, als nu zijnde *eene Engelsche bezitting.*

(*) Proclamatie van Sir Charles Green van 7 Mei 1804.
(§) Publicatie van Sir Charles Green, 8 Mei 1804.
(†) Journaal van Sir Charles Green, 9 Mei 1804.

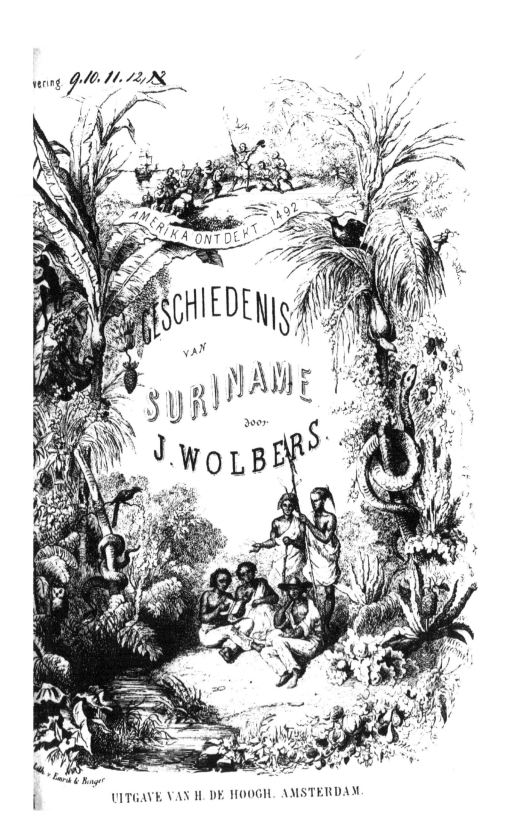

De Gouverneur gaf den 19den Mei, bij Proclamatie bevel, dat de eed van getrouwheid aan Z. M. moest worden gedaan, door de stadbewoners, binnen den tijd van 14 dagen, te rekenen van den 28sten Mei en door de plantaadje-bewoners binnen vier weken. De Gouverneur zegt, in bedoelde proclamatie, te verwachten, »dat niemand oorzaak zal geven, om zoodanige middelen van gestrengheid te moeten gebruiken, als derzelven ongehoorzaamheid aan dezelve anderzints zoude moeten noodzakelijk maken (*).

De Britsche autoriteiten gingen, — dit moet erkend worden, met gematigdheid te werk en trachtten de inwoners van Suriname door toegefelijkheid te winnen — echter toonden zij Heeren en Meesters te zijn en dulden niet, dat men zich op eenigerlei wijze tegen hun gezag verzette, of dat men aan personen, die de Engelsche belangen, zelfs meer dan betamelijk voorstonden, daarover verwijtingen deed. Dit ondervond o. a. de Secretaris der Kolonie *du Moulin*, een man die door *Berranger* als uiterst bekwaam en als een warm patriot wordt geprezen. *Du Moulin* was in twist geraakt met zekeren *van der Hoop*, die de Engelschen tot gids had verstrekt en hij voegde den verrader scherpe verwijtingen toe, die zich daarover bij den Engelschen Gouverneur beklaagde en het gevolg hiervan was, dat *du Moulin* uit de Kolonie werd verbannen (†). Het staatsbewind der Bataafsche republiek had in Februarij 1804 van goederhand berigt ontvangen, dat zekere *F. S. C. P. van der Hoop* door het Engelsch Gouvernement zou zijn belast geworden met de commissie, om zich over *Barbados* naar *Suriname* te begeven, ten einde aldaar, met den Gouverneur dier Kolonie en met den Commandant der troepen, betrekkingen aan te knoopen en hem te trachten te bewegen gemelde Kolonie aan het Britsch Gouvernement over te geven. — Waarop besloten werd den Kapitein ter zee W. O. Bloys van Treslong, Commanderende 'slands Eskader in de W. I.,

---

(*) Proclamatie van Sir Charles Green, 19 Mei 1804.

(†) Missive van Berranger aan den Raad der Amerikaansche Colonien, 30 Julij 1804.

aan te schrijven hieraan geen gehoor te geven, maar, in overleg met den Gouverneur of het Gouvernement, de Kolonie
op de best mogelijke en rigoureuste wijze te verdedigen. Dit
schrijven werd echter niet door Bloys van Treslong ontvangen, maar viel den Engelschen in handen, en berust thans
op Her Majesty's statepapers office (*).

Berranger toonde mede zich niet genegen om zich naar de
wenschen van de Britsche autoriteiten te voegen. Batenburg
had hem verzocht om wissels op het bewind der Bataafsche
republiek te trekken, ter goedmaking der verschenen doch
nog niet betaalde soldijen; terwijl hij daarenboven, bij een
additioneel artikel der capitulatie, met de Engelsche bevelhebbers was overeengekomen: dat de Bataafsche troepen, tot op
het oogenblik van hun vertrek uit de Kolonie, de gewone soldij
zouden blijven ontvangen. Berranger weigerde aan dit verzoek
te voldoen en gaf, bij zijne Missive aan den Raad der Amerikaansche Colonien van 30 Julij 1804, als reden dezer weigering, op, dat:

1o hij reeds, op den 13den Mei 1804, als krijgsgevangen
was beschouwd en dus in alles had gedefungeerd;

2o gedacht had om, zonder buitengewone omstandigheden,
die betalingen uit de gewone kassen te kunnen doen, zonder
traites op het committé;

3o ontwaarde, dat het *grootste* gedeelte der soldaten dienst
bij de Engelschen nam, en hij dus geene roeping gevoelde
om overloopers te soldieeren, en eindelijk;

4o zeer wel meende in te zien, dat die traites, zonder dat
zulks bij dezelve wierd uitgedrukt, tot eene gratificatie voor
de officieren zouden verstrekken en »die heeren gewisselijk
geen aanspraak op eenige gunst hadden."

Batenburg gaf daarop zelf wissels uit, die echter niet gemakkelijk endosseurs vonden, en Berranger, — »om met
niets te doen te hebben, of zelfs niets te schijnen zulks te
zoeken" vroeg en verkreeg verlof om zich, op zijn eerewoord,

(*) Extract uit het secreet-register der Resolutie van den Raad der
Marine van de Bataafsche Republiek, 15 Januarij 1804.

naar zijne plantaadje te begeven, tot dat nader omtrent hem zou worden beslist. (*)

Er namen, gelijk wij hier boven zagen, vele soldaten dienst bij de Engelschen; sommigen daarentegen bleven hun vaandel getrouw; anderen zwierven in de Kolonie om en, daar zij zonder vast middel van bestaan waren, leefden zij ten koste van de burgers. Tegen deze vagabondage werd door den Gouverneur Green eene proclamatie uitgevaardigd, waarbij bedoelde personen werden gelast zich, binnen 14 dagen, naar het Hoofdkwartier te begeven, op poene van, bij nalatigheid hiervan, als vagebonden aangemerkt, als zoodanig opgevat en behandeld te worden. De ingezetenen werden vermaand om geen dier personen te huisvesten of te verbergen, als zullende tegen de Contraventeurs volgens de gestrengheid der wetten worden gehandeld (§).

De oud-Gouverneur Friderici, die door het Bataafsch bewind uit zijnen post was ontslagen, voedde hoop om nu weder aan het bestuur te komen. Hij wendde zich daartoe per missive aan den Britschen Secretaris van staat voor het departement van Koloniën Lord *Hobart*, en bood dezen zijne diensten aan. Lord Hobart dankte hem, bij vriendelijk schrijven, voor zijne aan de Engelschen betoonde welwillendheid, doch wees zijn verzoek beleefdelijk af, als reden opgevende dat aan Green was beloofd, bij welslagen, met het bestuur te worden belast (†).

(*) Missive van Berranger aan den Raad der Amerikaansche, Colonien, 30 Julij 1804.

· Berranger wilde gaarne afwachten, hoe of het Bataafsche bewind zijne handelingen opnam, en vertoefde alzoo nog ruim een jaar in Suriname; vervolgens ging hij naar Holland, doch keerde later, na hier toe van het Britsch bewind verlof te hebben verkregen, naar Suriname terug en woonde aldaar sedert op zijne plantaadje, die aan de Marowijne was gelegen.

Green gaf een goed getuigenis omtrent hem, doch een latere Gouverneur (Bonham) was minder met Berranger ingenomen; hij waarschuwde het Britsch bewind tegen hem en achtte het noodig op hem een wakend oog te doen houden, daar hij „zeer republikeinsch gezind was."

(§) Proclamatie van Sir Charles Green. 19 Mei 1804.

(†) Letter from Friderici to Lord Hobart. 14 May 1804

Daar Suriname nu eene Britsche bezitting was geworden, moest de handel van de Kolonie met Groot Brittanje worden geregeld. Bij Proclamatie van 29 Mei 1804 werd »aan alle Britsche onderdanen de handel naar en van deze Kolonie veroorloofd, met in achtneming van alle rechten, schikkingen, voorwaarden, bepalingen, poenaliteiten en verbeurdverklarin- als op den handel naar en van Z. B. M. Colonien, Plantagien en eilanden, ergens in de West-Indie gelegen, zijn vastgesteld, of voortaan bij wetten nog zullen worden vastgesteld" (*).

Wij hebben meermalen doen opmerken van welk een groot belang de handel van Suriname met Noord-Amerika was. Amerikaansche schepen toch bragten steeds die goederen aan, welke onontbeerlijk voor de plantaadjes waren; terwijl hunne retourvracht uit Melassie en Dram, beide in Europa niet zeer gewild, bestond. Door de planters was dikwijls bij de Societeit van Suriname aangedrongen, om hun te vergunnen ook andere producten als: suiker, koffij en katoen, te verkoopen, doch zij hadden hierop immer een weigerend antwoord bekomen. De Societeit wilde dit verzoek niet toestaan, omdat zij meende hierdoor het groote voordeel der consignatie aan hare kantoren, te verliezen, en vermeende dat, zoo dit zelfs onder vele restrictien werd toegegeven, de planters hiervan misbruik zouden maken. Toen door de finantiele moeijelijkheden, waarin de Kolonie achtereenvolgens geraakte, vele plantaadjes in handen van Hollandsche geldschieters overgingen, werd door dezen ook uitdrukkelijk bepaald, dat de consignatie der uitgevoerde producten voortaan aan hen moest geschieden.

Gedurende het Engelsch protectoraat had deze handel of liever het misbruik dat, volgens begrip der Engelschen, hiervan door de Colonisten werd gemaakt, aanleiding tot eenige verwikkelingen gegeven (zie bladz. 491). De planters drongen nu sterk bij den Britschen Gouverneur aan, om den in- en uitvoer

---

Letter from Lord Hobart to Friderici, 5 July 1804.

Na het vertrek van Green deed Friderici nog eene, doch vruchtelooze, poging hiertoe.

(*) Proclamatie van Sir Charles Green, 29 Mei 1804.

in Amerikaansche schepen geheel of ten minste gedeeltelijk toe
te laten. Aan dit verzoek werd door Green gehoor verleend:
»Provisioneel voor den tijd van *vier maanden* wordt de invoer gepermitteerd in Amerikaansche of andere neutrale bodems,
toekomende aan onderdanen van mogendheden in vriendschap
met Z. G. B. M. levende, van: pik, teer, terpentijn, hennip,
vlas, masten, raas, boegsprieten, duiken, kuipen, deksels, timmerhout, singels en alle andere soorten van houtwaren, paarden, hoornvee, schapen, varkens, gevogelte en pluimvee van
allerlei soort, brood, beschuit, blom, erwten, boonen, aard-
appelen, tarwe, rijst, haver, garst en allerlei granen, gezouten
vleesch, spek, boter, ingelegen en drooge zoutevisch van het
grondgebied van Amerika of van zoodanige mogendheden hierboven gemeld, mits betalende op den invoer 4 pCt., zoowel
van de goederen hiervoren vermeld, als van dezulken waarvan
men hierna den invoer mogt goedvinden toe te staan.

Wordende aan de hierboven bedoelde schepen den uitvoer
gepermitteerd van suiker, rum en melassie, (mits niet te boven
gaande de waarde van het beloop hunner ingebrachte lading)
tegen betaling van een uitgaand recht van 8 pCt." (*)

Deze voor de kolonisten gunstige bepaling werd wel den
26sten September voor drie en den 7den December 1804 voor
vier maanden verlengd, doch met eenige restrictien: de uitvoer
werd nu tot rum en melassie beperkt en bij eene latere bepaling van 24 April 1805 strekte die beperking zich ook tot
den invoer uit (§).

De schippers en supercargas der neutrale schepen veroorloofden zich echter weldra eene eigenmagtige uitbreiding der
hun toegekende voorregten, daar zij hunne ladingen niet onmiddellijk en in het groot aan de gevestigde kooplieden verkochten, doch dezelve in pakhuizen opsloegen en zoo stuks-
gewijze van de hand zetteden. Deze handeling benadeelde èn
de gevestigde kooplieden èn de koloniale kas.

(*) Proclamatie van Sir Charles Green, 29 Mei 1804.

(§) Proclamatie van Sir Charles Green, 26 September, 7 December
1804 en 24 April 1805.

Dit misbruik moest worden tegengegaan. Green vaardigde dientengevolge de volgende proclamatie uit:

»Schippers en supercargas worden gelast, bij hun arrivement in de kolonie, aan het kantoor tegen de wegloopers eene verklaring af te leggen, of zij hunne lading in een pakhuis wenschen op te slaan en vandaar te verkoopen, in welk geval zij moeten betalen (boven de 4 pCt. inkomende rechten) 10 pCt. voor pakhuisrecht, of het recht om pakhuis te mogen houden. Zij die daartegen handelen en hunne waren heimelijk in 't klein verkoopen, verbeuren eene boete van drie duizend gulden.'' (*)

Nam in dien tijd Frankrijks magt en aanzien op het vaste land toe; Engeland daarentegen behield en vermeerderde zijne overmagt op zee, zoodat de bescherming der Britsche vlag door de koopvaarders zeer gewenscht werd. De handelsvloten, die uit Suriname naar Europa gingen, genoten thans die veelvermogende bescherming. Te Barbados was het eigenlijke hoofdkwartier der Britsche krijgs- en zeemagt voor de West-Indië gevestigd. De Gouverneurs der andere koloniën, zooals: Suriname, Demerary, Berbice, moesten zich tot de te Barbados gestationneerde bevelhebbers wenden: om onderstand in troepen of ter verkrijging van convooi voor de uitzeilende schepen. Zoo dit eenigzins mogelijk was werd hieraan voldaan, gelijk uit brieven en kennisgevingen als de volgende van Commodore Hood aan Green blijkt:

»Blenheim, Barbados den 20sten Julij 1804.

Sir!

Verzoeke Uwe Excellentie de goedheid te willen hebben aan diegenen, die onder uw gouvernement behooren, kennis te geven, dat, op den 3den October aanstaande, een oorlogschip op de hoogte van Suriname zijn zal, om de na *Europa* gedestineerde koopvaardijschepen onder bescherming te neemen ten einde zich met het generale convooi op de bestemde verzamelplaats te vereenigen.'' (*)

(*) Om den inhoud niet noodeloos uit te breiden, deelen wij niet den officielen Engelschen tekst mede maar de vertaling en, waar die bestaat, *de officiele.*

In October 1804 verliet eene vrij aanzienlijke koopvaardijvloot, met koloniale producten beladen, Suriname, en zette
koers naar Europa; den 27sten Januarij 1805 zeilde op nieuw
eene vloot, nu uit 32 schepen bestaande, uit, onder geleide
van Z. B. M. oorlogsvaartuig *Imogene*, direct bestemd naar
Engeland (*).

Wel is waar, Engeland behield zijne overmagt op zee, doch
zij werd hem door Frankrijk sterk betwist. Verscheidene Fransche kapers maakten de W. I. zee onveilig en nu en dan vertoonde zich een Fransch eskader in die wateren. De correspondentie werd hierdoor zeer belemmerd en de handel bemoeijelijkt. Zoo was o. a. in het begin van 1805 wederom eene
handelsvloot gereed om den steven naar Engeland te wenden;
men wachtte slechts op een voldoend convooi. Op de aanvraag
daartoe, ontving Green een schrijven van den Commodore
Hood, waarbij berigt werd, dat met het uitzeilen der schepen
moest worden gewacht, totdat er eene superieure Britsche magt
aanwezig was en de vijand deze zeeën had verlaten. Hij beloofde echter veertien dagen te voren kennis te geven, wanneer er een convooi gereed was, ten einde men behoorlijk de
goederen zou kunnen laden (§).

Het nabijgelegen Cayenne kon als station of vereenigingspunt
beschouwd worden voor de meeste expeditiën, die uit Europa
tegen de Britsche bezittingen in de West-Indië werden afgezonden. Green drong daarom sterk bij de Britsche regering
aan, om pogingen aan te wenden, ten einde Cayenne te veroveren; volgens door hem ingewonnen berigten zoude die verovering eene gemakkelijke taak zijn, daar het garnizoen slechts
uit drie à vier honderd slecht gekleede en gewapende blanke
soldaten, benevens zes honderd gewapende negers bestond (†).

Was den inwoners van Suriname gunst bewezen door de
verleende concessien omtrent het handelsverkeer met Ameri-

(*) Letter from Charles Green to Earl Camden, 1 Februarij 1803.
(§) Letter from Commodore Hood to Charles Green, 29 Maart 1803.
Notulen van Gouverneur en Raden. 13 April 1803.
(†) Letter from Green to Lord Camden, 2 October 1804.

kaansche schepen; was de hoop op voordeel, door een regelmatigen afzet der koloniale producten aan Engelsche kooplieden,
bij den planter verlevendigd; was men redelijk wel tevreden
over de gematigdheid waarmede Engeland de veroverde kolonie behandelde; — dit alles nam niet weg, dat men toch
nu en dan gevoelde, onder de magt eens vreemden te zijn gebragt. Het moest den Surinamer, wien Nederland als het dierbare moederland lief was, ongetwijfeld pijnlijk hebben aangedaan, toen vaderlandsche schepen, voor goeden prijs verklaard,
verkocht werden en de opbrengst der koopsom onder de
Britsche militairen en matrozen, *nemers der kolonie*, werd verdeeld. Doch hoe pijnlijk dit ook voor het nationaal gevoel
mogt geweest zijn, het was volgens het regt des oorlogs. Dit
regt geeft den veroveraar aanspraak op eene regelmatige verdeeling van den op den vijand behaalden buit, en het kon
alzoo niemand in Suriname ergeren, dat ook dien overeenkomstig werd gehandeld. In de Surinaamsche courant van 5
October 1804, las men daaromtrent de volgende advertentie:

»Bij deze wordt kennis gegeven aan HH. Exc. den Generaal
Majoor sir Charles Green en den Commodore Sam. Wood,
aan de officieren, soldaten, zeelieden en zeesoldaten van de
armee en de marine, »NEEMERS DEZER KOLONIE," dat, de geve-
rifieerde verkooplijsten van de goederen en schepen, die als
prijzen gecondemneerd en op publieke vendue, bij den geac-
crediteerden vendumeester verkocht zijn, ter visie liggen ten
huize van den heer *Barry* te *Paramaribo* en van den heer
Bent te *Barbados*, en dat alle bewijzen en de daartoe spec-
teerende papieren zullen voorgelegd en aan hun nader onderzoek onderworpen worden. De verkooplijsten der carga's
van de schepen *Pelicaan* en *Henriette Johanna* liggen insgelijks
ter visie; ofschoon nog niet bepaaldelijk door het Admiraliteits-
hof te Barbados gecondemneerd. De waarde van het fregat
Proserpina en de oorlogssloep *Pylades*, het grof geschut met
deszelfs toebehooren wordt in Engeland bepaald.

De plantagien, negers, enz. aan het Bataafsche Gouvernement
en de kolonie toebehoorende, zijn aan de agenten niet over-

gegeven. De gelden, die de verkoop van de gecondemneerde eigendommen opgebragt heeft, zullen dadelijk, nadat 's konings orders ten opzigte der evenredige verdeeling ontvangen zijn, uitgedeeld worden, waarvan behoorlijke kennis zal gegeven worden.

get. J. Bent,
Agent voor de armee,
Th. Barry,

Waarnemende voor den WelEdele heer James Maxwell, Agent voor de marine." (*).

In de courant van 22 October 1704 treft men weder eene dergelijke advertentie aan, nu omtrent den verkoop op den 26sten dier maand van : de snelzeilende schoener *George*, met koperen bodem, zijnde een prijs der NEEMERS *van de kolonie* (§).

Green wenschte den toestand der kolonie, zoo veel mogelijk, goed te leeren kennen; hij wilde weten hoe of de zaken stonden; doch de vervulling van dezen wensch was verre van gemakkelijk te zijn. Als vreemdeling, onbekend met de taal des lands, kostte het hem moeite zich de noodige inlichtingen te verschaffen.

Wat hij zelf doen kon, namelijk : door eigen aanschouwing, de verdedigingsmiddelen der kolonie inspecteren, bewerkstelligde hij al zeer spoedig. Volgens zijne brieven aan lord Camden, destijds secretaris van staat voor het departement van kolonien, leidde dit onderzoek tot de overtuiging : dat er steeds eene sterke militaire magt aanwezig behoorde te zijn; want dat men, bij een aanval van buiten, niet veel op de hulp der inwoners zou kunnen rekenen. Dezen toch zouden hunne bezittingen niet gaarne in de waagschaal willen stellen, daarbij was het getal der blanke bevolking niet groot en die weinigen nog over het geheele land verspreid, terwijl meer dan $^2/_3$ der blanke bevolking in Paramaribo uit Joden bestonden, »en dezen", schrijft Green : »zijn niet geschikt voor krijgshaftige onderne-

---

(*) Surinaamsche courant, 5 October 1804.

(§) Surinaamsche courant, 23 October 1804.

mingen (for warlike operations).'' Eene gehouden inspectie
over de militie (men zou thans zeggen : schutterij), die uit
blanke en vrije kleurlingen was zamengesteld, had Green er
ook geen hoogen dunk van gegeven. Hij bevond ze slecht gewapend en geheel zonder krijgstucht (miserably armed and
totally without discipline); tevens vermeende Green, dat de blanke
inwoners, bij een aanval van buiten, genoeg de handen vol
zouden hebben, met hunne slaven in toom te houden (*).

Wat de kennis van den finantieelen toestand en van
landbouw en handel, enz. betrof, klaagde Green er over,
dat de Engelschen, tijdens het Protecteraat over de kolonie,
zoo geheel onbekend met den algemeenen staat van zaken ware gebleven. Hij beschouwde als de voornaamste
oorzaak daarvan, het aanblijven van Friderici als Gouverneur.
Friderici had getracht alles, zoo veel mogelijk, bij het oude
te laten; hij had hierbij steeds het doel vooroogen gehouden,
om de Colonie voor den Prins van Oranje te bewaren, gelijk
hij zelf later verklaard heeft (§). Daarbij ook had Friderici,
onbekend met de Engelsche wetten, belasting blijven heffen
op de inkomende en uitgaande goederen, zoowel van Engelsche als van neutrale schepen; terwijl eerstgenoemde hiervan
vrij gesteld hadden moeten worden. Niettegenstaande deze en nog
andere buitengewone ontvangsten, ten behoeve der souvereins-
kas, hadden de uitgaven de inkomsten overtroffen. Bij het
vertrek der Engelschen uit Suriname (1802), leverde Friderici
eene memorie aan het hof van policie in, waaruit bleek, dat
de uitgaven uit de souvereinskas, ten gevolge van aanvragen,
die hij, in de toenmalige omstandigheden moeijelijk kon weigeren, zoo vele waren geweest, dat hij genoodzaakt was geworden gelden uit de koloniale kas te nemen.

Tijdens het protectoraat was geen geregelde verantwoording
aan de Britsche autoriteiten gedaan. Wel waren door den
secretaris van staat Dundas van tijd tot tijd eenige vragen

(*) Letter from Green to Brigadier-General Maitland, Quartermaster
and Barrack-master General, 15 Julij 1804.

(§) Letter from Green to Brigadier-General Maitland, 15 Julij 1804.

daaromtrent aan Friderici gedaan, doch hij had dezen zeer en vague beantwoord; terwijl bij het spoedig daarop gevolgd vertrek der Engelschen, deze zaak was blijven rusten. Green echter wenschte behoorlijk verantwoording te doen van iedere farthing (de kleinste Engelsche munt, ongeveer $1\frac{1}{2}$ cent Holl.), die in de souvereinskas kwam of uit dezelve werd betaald, en dit van het tijdstip van de overgave der kolonie aan de Engelschen (§).

Om kennis van den finantielen toestand, enz. te bekomen, vervoegde Green zich tot den Raad-Boekhouder-Generaal, Heshuijsen, die daarop, in verscheidene belangrijke memorien, in de Fransche taal, een vrij goed overzigt gaf van den finantieelen toestand, en daarbij de geschiedenis van de achtereenvolgens ingevoerde belastingen, van den oorsprong van het kaarten gelden der obligatien mededeelde. Evenzeer waren de memorien van Heshuijzen over den landbouw en handel, over de Indianen, den strijd met de wegloopers, den toenmaligen toestand der *bevredigde* Boschnegers en van die Boschnegers, die nog in vijandschap met het Gouvernement leefden, hoogstbelangrijk. De voornaamste bijzonderheden, die daarin worden vermeld, hebben wij reeds in den loop der geschiedenis behandeld. Wij zullen dus thans slechts datgene overnemen, waardoor men beter in staat kan worden gesteld, om den toestand, waarin de Britten Suriname vonden, te leeren kennen, en een onpartijdig oordeel over hun bestuur uit te brengen.

Het beheer over de finantien was tweederlei. Een gedeelte stond onder onmiddellijk toezigt van den Gouverneur, een ander onder dat van den Gouverneur en het Hof van Policie of onder dat van het Hof alleen.

De fondsen, waarvan den Gouverneur het beheer was opgedragen, maakten te zamengevoegd de zoogenaamde societeitskas uit. Na de omwenteling in 1795, toen de societeit werd vernietigd, moest hiervan verantwoording worden gedaan aan den Raad der Colonien, het committé en hoe die verdere collegien later genoemd werden, en kwam het overschot ten voordeele van den staat. Onder het protectoraat verviel dit

(*) Letter from Green to lord Camben, 2 October 1804.

aan de Britsche kroon; bij den vrede van Amiens, toen de kolonie aan de Bataafsche republiek werd overgegeven, ten voordeele dier republiek, en nu Suriname eene Engelsche bezitting was, aan Z. G. B. Majesteit: de kas werd nu even als tijdens het protectoraat genoemd souvereins-kas (sovereyns-chest) of 's konings-kas.

De inkomsten dezer kas bestonden *thans* uit de hoofdgelden, vendue-geregtigheden, grondbelasting en recognitie-gelden (*).

De eerstgenoemde inkomsten: In- en uitgaande regten, vervielen, voor zoover die anders in de souvereins-kas kwamen, als zijnde in strijd met de Britsche zeevaartwetten en de oprigting van het koninklijk tolhuis (custom house). Van de opbrengst der hoofdgelden, moesten slechts de bij dat bureau geëmploijeerde ambtenaren worden betaald, en van de opbrengst der vendue-geregtigheden moesten, behalve de ambtenaren aan dit kantoor werkzaam, daarenboven het onderhoud van het fort Amsterdam en de Redoutes, later ook het tractement van den Gouverneur worden betaald. Uit de inkomsten der grondbelasting en recognitie-gelden werd behalve aan de ambtenaren (twee secretarissen en de klerken van het bureau) een gedeelte van het salaris van den Raad-Boekhouder-Generaal en van zijne klerken uitbetaald. Het onderhoud der posthouders bij de Indianen, benevens de geschenken aan dezen telken jare uit te deelen, werden mede uit laatstgenoemde kas bekostigd (§).

Het totaal bedrag der uit de souvereins-kas betaald wordende tractementen bedroeg, behalve het tractement van den Gouverneur, ruim *f* 50,000.

Bij het opmaken dier kas op 1 November 1804 was er voorhanden eene som van . . . . *f* 49,463.18 doch er moest daarentegen nog worden betaald:

(*) Vroeger behoorden, onder het protectoraat, tot deze kas ook nog de in- en uitgaande regten, die thans echter niet meer daarin vloeiden, omdat dit in strijd was met de Britsche zeevaartwetten en de oprigting van het koninklijk tolhuis (custom-house).

(§) Memorie van Heshuijsen sur les appointements tels que se payent actuellement, 9 Aout. 1804.

tractementen . . . . f 15,000.—
werklieden aan het fort Amsterdam » 15,447.01
rekeningen voor idem . . . . . » 13,687.15
presenten aan de Indianen . . . » 10,000:—

somma f 54,138.16

zoodat er een te kort was van . . . . . . f 4,674.18.

En schijnen echter in dat jaar nog vele betalingen aange-
zuiverd te zijn geworden, daar de Souvereins-kas op 31 December 1804 sloot met een batig saldo van f 162,347.11.7^1/$_2$ (*).

De Koloniale kassen bestonden uit: de Modique lasten en
de kas tot verdediging tegen de wegloopers. De ontvangsten
der eerstgenoemde: Modique lasten, waren van verschillenden
aard, gelijk wij reeds vroeger hebben medegedeeld. Hieruit
werd alles betaald, wat tot de burgelijke administratie der Kolonie behoorde, als: de verschillende Civiele en regterlijke
ambtenaars, de onkosten der Justitie en Policie, van kerk- en
schooldienst; het onderhoud van bruggen en wegen, van
's lands gebouwen en der hospitalen en inrigtingen ter verpleging
der Melaatschen. De kassen der Gemeene weiden, der kerkgeregtigheden, der Militie van de blanken, van de vrije Mulatten en Negers en de kas van de Exploiteurs, werden wel afzonderlijk beheerd, doch men kan ze als onderafdeelingen der
Hoofdkas (Modique lasten) aanmerken, daar ieder overschot
in de Hoofdkas werd gestort, die, aan den anderen kant, de,
in die respective kassen ontstane, te korten moest aanvullen.

Aan de kas opgerigt ter verdediging tegen de wegloopers
waren, in den loop destijds, mede verschillende ontvangsten
gekomen. Hare voornaamste uitgaven bestonden in: het onderhoud van het Cordon en van het corps Negerjagers.

Beide kassen bevonden zich in een erbarmelijken staat. Bij
die der Modique lasten bedroeg het te kort f 60,000.—; bij
die ter verdediging tegen de wegloopers kwam jaarlijks ruim
f 100,000.— te kort.

_____

(*) Memorie over de onderscheidene kassen opgemaakt, op order
van den Gouverneur Bonham, door Melville in December 1812.

Het stond te vreezen, dat dit nadeelig slot, bij beiden, zou toenemen, door vele en steeds klimmende uitgaven. Uit de kas der Modique lasten werd *alleen* aan tractementen ongeveer ƒ 200,000.— betaald, en deze reeds aanzienlijke som werd nog aanmerkelijk verhoogd door een besluit genomen door het Hof van Policie in zijne vergadering van 18 Junij 1804. Bij dat besluit toch werd Green uit erkentelijkheid voor de milde wijze, waarop hij jegens de veroverde Kolonie handelde, en overeenkomstig het gebruik in andere Britsche Koloniën bestaande, om de waardigheid van 's Konings vertegenwoordiger op te houden — aangeboden: eene jaarlijksche toelage uit de Koloniale fondsen van ƒ 60,000.— en aan de officieren der Britsche krijgsmagt ƒ 30,000.— (*);

Dit aanbod, door het Hof op kiesche en beleefde wijze aan Green gedaan, werd door hem met dankbaarheid aangenomen (§).

Het tractement van den Gouverneur, die uit 's Konings kas mede ƒ 60,000.— ontving, werd alzoo vrij beduidend, doch de uitgaven van de Koloniale kas: Modique lasten, (men hield deze jaarlijksche gratificatie ook bij de volgende Gouverneurs vol) tevens beduidend vermeerderd. Die van de kas tegen de wegloopers klommen mede aanzienlijk, daar het corps Negerjagers, op order van Green, nieuwe montering en verhooging van soldij ontving (†).

Eene der eerste zorgen van het Hof van Policie moest dus zijn, om de inkomsten der koloniale kassen te vermeerderen. Dat dit noodzakelijk was, werd door alle leden gereedelijk toegestemd, doch over de wijze hoe dit te bewerkstelligen, was men het niet zoo spoedig eens. Na een door de finantiele commissie uitgebragt rapport en vele discussien stelde het Hof eindelijk voor:

(*) Verslag der speciale Finantiële Commissie. Extract from the Proceedings and Resolutions of the Court of Policy, 18 Junij 1804, Addres from the Court of Policy to sir Charles Green, 25 Junij 1804.

(§) Letter from Green to the Court of Policy, 2 Julij 1804.

(†) Memoire sur l'état des Finances Coloniales faite par Heshuijsen, 16 Juillet 1805.

1⁰. de belasting op de manumissie der slaven, die slechts vijf à zes duizend gulden opbragt, te verhoogen; (die armen moesten dus weder het gelag betalen);

2⁰. dit zelfde te doen omtrent de zegelbelasting, die nu niet meer dan ƒ 20,000 bedroeg; en

3⁰. te trachten, zooveel mogelijk, op de uitgaven voor het cordon en voor het corps negerjagers te bezuinigen: men hoopte dat Green hierin te hulp zou komen, door, uit de magazij-nen der Britsche krijgsmagt, goedkoop kleedingstukken en wa-penen voor het corps jagers te verstrekken (*).

Het eerstel voorstel: verhooging der manumissiebrieven, werd door den Gouverneur goedgekeurd en reeds den 11deu Julij 1804 de publicatie daaromtrent uitgevaardigd:

»Uit aanmerking, dat, onder de middelen, die gevoegelijk kunnende dienen, tot de dringende ondersteuning der financien, is voorgekomen: de verhooging der belasting op de manumissie van slaven, geconsidereerd de voordeeligen staatsverwisseling van zoodanige voorwerpen, de maatschappij aanspraak geeft op derzelver erkentenis, en, onaangezien de groote vermenigvul-diging dezer vrijlaatingen, Wij (de Gouverneur) in ervaring zijn gekomen hoe weinig deze tak der inkomsten opbrengt; invoegen de billijkheid (?), gegrond op de vermoedelijke gunstige omstandigheden der manumittenten, dit middel aan augmentatie onderhevig maakt, buiten en behalve dat het acres der gema-numitteerden sints eenigen tijd, zoo merkelijk is toegenomen, dat zulks tot een motief te meer in dezen is strekkende, gesta-tuëerd, dat van nu voortaan, voor elken slaaf »ter obtien van brieven van manumissie" ten behoeve van de cassa tegen de wegloopers, zal moeten worden betaald: van die van 't man-nelijk en vrouwelijk geslacht, boven de 14 jaren oud, de som van ƒ 500 en van kinderen, beneden de 14 jaren ƒ 250 (§).

Ook de zegelbelasting werd meer productief gemaakt (†);

(*) Extract from the proceedings und resolutions of the court of po-licy, 18 Junij 1804.

(§) Publicatie van Sir Charles Green, 11 Julij 1804.

(†) Publicatie van Sir Charles Green, 20 September 1804.

doch de voorgestelde bezuiniging zoowel voor het cordon als bij
het corps negerjagers bleef achterwege; en — weldra ging men
weder over tot de in Suriname gewone wijze, om de tekorten
te dekken: het maken van papieren of kaartengeld.

Omtrent den oorsprong van papierengeld in de kolonie is
de Memorie van Heshuijsen zeer belangrijk.

In de eerste tijden der kolonie was de suiker, gerekend tegen een stuiver het pond, wettig betaalmiddel; later werd wel
eenig gemunt geld door de societeit ingevoerd, doch dit verdween spoedig uit de kolonie zoodat weldra schaarste van geld
ontstond. De andere betaalmiddelen waren wisselbrieven, betaal-
baar 6 weken op zigt, door planters op hunne correspondenten
in Holland getrokken. Deze wissels, in blanco geendosseerd,
liepen soms jaren vóór zij naar Holland werden opgezonden.
De planters, die niet als solied bekend waren, konden moeijelijk wissels afgeven, daar ze niet werden aangenomen; maar
ook, indien de Plantaadje van de een of anderen als solied
bekende planter door de Marrons werd aangevallen en verwoest, zonden de houders de wissels onmiddellijk naar Holland, doch dan kwamen zij menigmaal met protest terug,
hetgeen 25 pCt. per wissel kostte.

Onder Gouverneur Crommelin werd voorgesteld om een voor
Suriname alleen gangbare munt, van tin, te maken. Door
H. H. M. werd dit verzoek van de hand gewezen en als toen
in 1761 besloten, om cartonnen of kaartengeld, met het kleine
's landszegel voorzien, uit te geven, (zie bladz. 263—64.

De kolonisten ontvingen dit kaartengeld gaarne; men was in
Suriname aan papierengeld gewend, en men verkoos het door
het koloniaal Gouvernement gewaarborgde boven hetgeen door
particulieren werd uitgegeven. Men had nu eenmaal den voet
op een verkeerden weg gezet en ging daarop met rassche
schreden voort. Te vergeefs waarschuwde de societeit, H. H. M.
enz., tegen die gedurige vermeerdering van een geldswaardig
papier, waarvoor geen degelijke waarborg bestond. Wij hebben
reeds dikwijls doen opmerken dat men voortaan in Suriname,
bij elke finantiele moeijelijkheid, en al zeer spoedig toe overging, om op die wijze in de tekorten voorzien; zoodat bij de

komst der Engelschen voor zes millioen gulden van dat kaartengeld, door Gouverneurs, met medewerking van het Hof van Policie, uitgegeven, in omloop was.

Behalve dit was nog door Friderici voor ƒ 2,585,750 papieren geld in omloop gebragt, zonder de toestemming van het Hof van Policie (zie bladz. 477). Heshuysen verdedigt in zijne memorie dit gedrag van Friderici op de volgende wijze:

De in 1795 in Holland plaats gehad hebbende revolutie vervulde sommige heethoofden met fantastique ideën van vrijheid en gelijkheid, die ieder op zijne eigene wijze uitlegde. Vooral hinderde het velen, dat de Gouverneur zoo veel meer magt dan een gewoon Raadslid had, en daarom beproefden eenige wargeesten die magt te verminderen en stelden zich daartoe aan het hoofd eener partij.

Nu had de Gouverneur vele groote uitgaven te doen: hij moest alles koopen, wat voor de magazijnen noodig was, en dit twee à driemaal duurder betalen, dan het in vredestijd in Holland kostte; terwijl in vredestijd alles door de societeit en later door het Committé van colonien in Holland werd gekocht en betaald. Verder moest de Gouverneur voorzien in het onderhoud van het eskader, dat onder bevel van van Braak in de kolonie was gearriveerd: van Braak was wel van een crediet-brief, doch niet van geld voorzien. De ontvangst bij de onderscheidene kassen was niet genoegzaam ter voorziening in die buitengewone uitgaven; daarenboven was de handel met Holland verstoord. Er moest op de eene of andere wijze in dezen geldnood worden voorzien; doch daar de Gouverneur zich, op eigen gezag, geen middelen daartoe kon verschaffen, hoopte de reeds genoemde partij, die sterk in het hof van policie vertegenwoordigd werd, dat Friderici, door dien nood gedrongen, zich aan de voorwaarden zou moeten onderwerpen, die zij goed vond voor te schrijven. Maar de Gouverneur, na tot het laatste oogenblik te hebben gewacht, en geen ander middel ter uitredding ziende, daar de gewone middelen door de pretentien van de Cabale impracticabel waren, vaardigde den 2den December 1796 een besluit uit, waarbij hij voor rekening van het committé van Colonien, in omloop bragt ƒ 250,000 in kaarten en obligatien, geteekend door den Boekhouder-Generaal. Dit trof de cabale als een donderslag en vooral was zij uit het veld geslagen, toen die daad van den Gouverneur niet slechts door het committé goedgekeurd, maar hem daarenboven vrijheid werd verleend, om dit, zoo het noodig mogt zijn, te herhalen. Zoo was de Gouverneur aan die laag der tegen hem vijandige partij ontsnapt. Alles was zoo zeer in het geheim geschied, dat de cabale geen gelegenheid had gehad, om het publiek tegen deze nieuwigheid op te zetten; zij moest het aanzien, dat het publiek evenveel vertrouwen in dat nieuwe papier stelde, als in hetgeen op last en met medewerking van het Hof was uitgegeven. Het werd echter slechts gebruikt ter betaling van de buitengewone uitgaven, en niet op hypotheek uitgegeven of tot andere einden gebezigd. De Gouverneur in het vervolg geld noodig hebbende, creëerde dan maar weder van dat papier (zie bladz. 477), zoodat toen de kolonie onder Protectoraat der Engelschen kwam (1799) er hiervan in omloop was ƒ 2,385,750 (*).

Bevonden de Koloniale kassen zich in een droevigen toestand, de staat van landbouw en handel was mede niet zeer gunstig. Ofschoon Suriname nimmer een wezenlijke welvaart had genoten, was de Kolonie vooral sedert 1773 achteruit gegaan. Toen toch gingen de Franschen koffij bouwen en vervulden weldra de markten van Europa met dit product, waardoor de prijs der Surinaamsche koffij tot op de helft daalde,

---

(*) Diverses memoires de Heshuyzen. Het bedoelde papieren geld was uitgegeven als volgt: 1796 December 2. . ƒ 250,000.—
1797 Julij 27 . . . „ 350.000.—
—— November 4. . „ 400.000.—
1798 April 20 . . . „ 400.000.—
—— November 15 . „ 600.000.—
1799 Januarij 28 . . „ 400.000. -

ƒ 2,400,000.—

5700 kaarten à ƒ 2.10, die de Gouverneur den tijd niet had gehad te teekenen, waren, als zonder waarde, verbrand . . . . . . ƒ 14,250.—

Bleef alzoo de somma ƒ 2,385,750.—

hetgeen een aanmerkelijk verschil te weeg bragt, daar de gemiddelde jaarlijksche uitvoer 12 millioen Amst. ponden bedroeg.

Langzamerhand verminderde de koffij-cultuur, doch vermeerderde die van de suiker.

Men kon rekenen, dat de Kolonie, in een gewoon jaar, 24 duizend vaten van 1000 pond ieder, voortbragt; daarbij leverden 4 vaten suiker een vat melassie van 100 gallons, dus 6000 vaten melassie, waarvan een gedeelte in de Kolonie gebruikt en het verdere naar Amerika, niet naar Holland, werd verzonden. De van de suiker verkregen Rum werd niet uitgevoerd; in Holland verkoos men liever den Arak uit Java, en op vreemde markten kon men niet tegen de Engelschen concurreeren, zoodat de Rum tot binnenlandsch gebruik bleef beperkt.

De Cacao-cultuur nam mede jaarlijks af en de uitvoer, die vroeger gemiddeld 350,000 pond bedroeg, verminderde gestadig.

De katoenteelt nam eenigzins toe en men kon den uitvoer op ongeveer 3,000,000— pond berekenen.

Kort na dat Suriname onder het Protectoraat van Engeland was gekomen (1799), hadden eenige Engelschen vergunning verzocht en erlangd, om gronden tusschen de rivieren Coppename en Corantijn in cultuur te brengen, waarop zij voornamelijk katoen en koffij verbouwden. Dat zoogenaamde Nickerie-district lag wel is waar ver van de oude Kolonie af, de Communicatie met Paramaribo was wel niet gemakkelijk, doch door de energie der daar gevestigde Kolonisten beloofde het van vrij groot belang te worden (*).

Omtrent den handel deelt Heshuysen het volgende mede:

Jaarlijks, vóór den oorlog, kwamen ongeveer 35 Hollandsche schepen, van 200 tot 400 ton, met provisiën, voor de magazijnen en kooplieden, in Suriname aan, en vertrokken van daar, beladen met producten der Kolonie, naar het moederland.

Na de revolutie in 1795 kwamen er geene geregelde convooijen meer uit Holland, zoodat men genoodzaakt was de

_____

(*) Diverses Memoires de Heshuysen.

voor de Koloniën benoodigde artikelen duur van de vreemden te koopen.

Toen Suriname in 1799 onder Britsche bescherming werd gebragt, werden wel vele producten uitgevoerd, doch er was een zoo groote voorraad op de Engelsche markten, dat de helft der gewone prijzen niet kon worden bedongen. Ook sommige der uit Engeland aangebragte artikelen voldeden minder goed dan die, welke vroeger uit Holland kwamen. Vooral was dit het geval met het ijzerwerk van Duitsch fabrikaat, als: spijkers, nagels, enz., waarvan men, daar de gebouwen te Paramaribo van hout zijn, veel noodig had; de Engelsche spijkers waren of te hard, waardoor zij spoedig braken of te zacht en daardoor te buigzaam. Het te Inverness vervaardigde linnen, dat tot kleeding der negers moest dienen, beantwoordde ook zoo goed niet aan dat doel als het Osnabrugsch linnen. Dit Engelsch fabrikaat was van eene zoo slechte kwaliteit dat het niet tot het doel, *om een geheel jaar te dragen* geschikt was. Bij den vrede van 1802 begonnen landbouw en handel te herleven, doch door den spoedig daarop weder ontstanen oorlog werden de meeste, uit Suriname verzonden, schepen buit gemaakt. De assuradeurs wilden niet langer verzekeren, en de kooplieden leden groote schade.

Een andere voorname soort van handel, was de slavenhandel. Het verval hiervan was te verwachten. »De droombeelden van zoogenaamde philosophen", zoo leest men in de Memorie van Heshuysen: »verklaren zich tegen dien handel, en beschouwen hem als strijdende tegen de natuur der menschen — en aan het toegeven aan die droombeelden dankt Frankrijk het verlies van St. Domingo (*), en het verval van zijne andere kolonien, en toch niet alleen die zoogenaamde philosophen maar zelfs sommige mogendheden stellen zich tegen dien handel. Frankrijk evenwel komt langzamerhand van zijne dwaze philantropie terug. De slaven-reglementen door Victor Hugues,

---

(*) Dat deze bewering geschiedkundig onwaar is behoeft geen nader betoog: ieder die eenigzins met de geschiedenis van St. Domingo bekend is, weet dat daartoe geheel andere oorzaken hebben geleid.

den tegenwoordigen Gouverneur van Cayenne, uitgevaardigd, zijn zeer gestreng, en, na den vrede van Amiens, arriveerde te Suriname een schip onder Fransche vlag, met een lading slaven, welke hier verkocht werden."

Aan het slot dezer beschouwing wordt de wensch tot instandhouding van dien voordeeligen (doch menschonteerenden) handel uitgedrukt.

Daarna wordt in genoemde memories de handel met Amerika en de belangrijkheid daarvan voor de kolonie beschreven en tevens betuigd, dat zonder dien handel er weldra gebrek aan verscheidene onmisbare artikelen zoude komen (*).

Verder worden door Heshuysen aan den Britschen landvoogd inlichtingen gegeven omtrent den vorm van het bestuur en den aard der verschillende ambten, betrekkingen enz., die in de kolonie werden geëmploijeerd; eenige bijzonderheden betreffende de blanke bevolking medegedeeld en ten slotte de geschiedenis verhaald en den tegenwoordigen toestand van de Indianen en de Boschnegers, bevredigde en anderen beschreven.

De vorm van het bestuur en den aard der verschillende koloniale ambten en betrekkingen zijn reeds uitvoerig in de geschiedenis behandeld. Hetgeen in die memorien over de blanke bevolking wordt gezegd, komt in de hoofdzaak met het door ons medegedeelde overeen. »Zeldzaam is het", merkt Heshuysen aan: »dat een eigenaar op zijne plantaadje woont en zelfs de Burger-Officieren in de divisien moeten alzoo uit de Directeurs worden gekozen." — »Men beschouwt Suriname in den vreemde als eene rijke kolonie, doch dit is onwaar en het zou moeijelijk zijn, om drie personen in de kolonie te vinden, die een fortuin van 50,000 p. st. bezitten, enz. enz."

De voor de Engelschen vreemde verdeeling der Joden in Portugesche en Hoogduitsche, welke verdeeling en scheiding zoo naauwgezet in acht werd gehouden, werd door Heshuysen verklaard, als niet eerst in Suriname maar reeds in Holland te zijn ontstaan.

(*) Diverses memoires de Heshuysen.

»De Joden die uit Spanje en Portugal naar Holland waren gevlugt, hadden voor het grootste gedeelte, eene beschaafde opvoeding genoten, en er waren vele rijken en aanzienlijken onder hen. Toen zij in Holland aankwamen vonden zij aldaar een aantal geloofsgenooten, die uit Duitschland, Polen en Rusland geweken, in Holland godsdienstvrijheid genoten en aan wie tevens eenige burgerlijke regten waren verleend. Deze geloofsgenooten echter waren grootendeels onbeschaafd, ruw en arm en met dezulken wilden de Portugesche Joden geen gemeenschap oefenen. Zij vormden daarom eene afzonderlijke gemeente; ieder had hare eigene synagoge en zoo ver ging die afscheiding, dat er bepaald werd, dat geen huwelijken onder elkander zouden mogen plaats hebben. Die laatste bepaling werd wel door de wet des lands niet geldig verklaard, doch men hield er zich evenwel naauwkeurig aan. Van beide Israelitische gemeenten vestigden zich leden in Suriname, maar ook daar werd die afscheiding streng gehandhaafd. De regtsmagt aan de Joden op hunne Savane toegestaan en aldaar door hen uitgeoefend, strekte zich slechts tot de Portugesche en niet mede tot de Duitsche Joden uit (*)

De geschiedenis van den strijd met de wegloopers werd vervolgens uitvoerig medegedeeld — haar op te nemen zou slechts eene herhaling zijn. Het getal der Negers, die nog vijandig tegen het koloniaal Gouvernement waren, wordt opgegeven als:

Bonni-negers, 150 mannen, 100 vrouwen en 200 kinderen, te zamen 450 personen, deze woonden bij of over de Marowyne; Goliath-negers 150 mannen, 160 vrouwen en 40 kinderen, deze woonden tusschen de rivieren Suriname en Saramacca; Coffij-negers, 12 mannen, 16 vrouwen en 14 kinderen, te zamen 42 personen, welke hun verblijf tusschen de Coppename en Cassawina hielden.

Bij dit getal van 842 nog steeds in vijandschap met de blanken levende Marrons, moest nog worden gerekend de bevolking van de hier en daar in de kolonie verspreidde wegloopers-kampen, en de nu en dan hunne meesters ontvlugte slaven.

(*) Diverses memoires de Heshuyzen.

De bevredigde boschnegers bestonden uit: Auca-negers, p. m. 600 mannen, 700 vrouwen en 1000 kinderen, te zamen 2300 personen; Saramacca-negers, 670 mannen, 650 vrouwen en 1200 kindëren, te zamen 2450 personen; Boucou en Musinga-negers, 120 mannen, 150 vrouwen en 200 kinderen, te zamen 450 personen. Het geheele getal der met het Gouvernement in vriendschap levende, zoogenaamde bevredigde boschnegers, bedroeg alzoo 5200 personen.

De Indianen waren in drie stammen verdeeld: Caraiben, Arrowakken en Warauen. Hun aantal werd op vier à vijf duizend mannen, mannen vrouwen en kinderen, begroot. Deze allen leefden in goede verstandhouding met het koloniaal bewind (*).

Door eigen aanschouwing en door de hier aangehaalde belangrijke memories van Heshuyzen was Green in staat gesteld het Britsche bewind behoorlijk omtrent den toestand der veroverde kolonie in te lichten. Zijn Gouvernement erkende de door hem bewezen diensten en gaf, bij schrijven van lord Camden, 23 Februarij 1805, zijne goedkeuring over zijn gehouden gedrag te kennen. Ook bij de kolonisten was Green bemind: als een man van gematigde beginselen, had hij niet met ijzeren hand van het regt des overwinnaars gebruik gemaakt, maar eerbiedigde de koloniale wetten, en handelde, waar hij kon, in gemeen overleg met het Hof van Policie.

Dit blijkt o. a. uit het volgende. In Januarij 1805 kwam zekere mr. Henhuys in Suriname, voorzien van een brief van Edward Cooke, Esq, den tweeden secretaris van staat voor het Departement van kolonien, waarin gemeld werd, dat genoemde persoon door lord Camden en de lords commissioners of the Treasury, den Gouverneur werd aanbevolen voor de betrekking van Boekhouder-Generaal. Henhuys was in de kolonie bekend, zijnde vroeger klerk op het bureau van den Gouvernements-secretaris geweest, terwijl hij tevens het ambt van weesmeester had bekleed. Green wendde zich tot het Hof om nadere inlichtingen omtrent Henhuys, voor hij hem, volgens het verlangen van den Britschen Minister van kolonien, als Boekhouder-Generaal

---

(*) Diverse memoires de Heshuysen.

aanstelde. Het Hof van Policie zeer vereerd met dat vertrouwen van den Gouverneur, voldeed aan het verzoek van Green en leverde weldra eene magt van papieren als bewijsstukken in, om aan te toonen dat Henhuys, in zijne kwaliteit als weesmeester, niet zoodanig had gehandeld, dat men hem nu voor den post van Boekhouder-Generaal kon aanbevelen. Green leende gehoor aan dezen raad en Henhuys, ofschoon door het Britsche Gouvernement aanbevolen, werd niet met het door hem begeerde ambt bekleed, maar dit definitief opgedragen aan den provisionelen Boekhouder-Generaal Heshuysen »een man grijs geworden in de dienst der kolonie, goed met de finantiele en andere aangelegenheden bekend, bekwaam in het Fransch en redelijk wel bedreven in het Engelsch" (*).

De kolonie was rustig; tegen een onverhoedschen aanval der in de W. I. zee kruisende Fransche zeemagt waren behoorlijke voorzorgsmaatregelen genomen; de nieuwe vijand: Spanje, die mede Engeland den oorlog had verklaard werd niet zeer gevreesd (§), zoodat Green vermeende grond te hebben, om te gelooven, dat de kolonie Suriname niet gemakkelijk uit de handen van het Britsch bestuur zou worden gerukt (†).

De gezondheid van Green had door een langdurig verblijf in Tropische gewesten, veel geleden; tevens verlangde hij naar Oud-Engeland; om welke redenen hij verlof vroeg, om naar Engeland terug te mogen keeren (**); dit verlof werd hem toegestaan en bepaald, dat de Brigadier-Generaal William Carlyon Hughes, tijdens zijne afwezigheid, het burgerlijk en militair bestuur zou waarnemen (§§).

(*) Letter from Green to Edw. Cooke Esq, 26 Januarij 1805; Memory of the Court of Policy to sir Chs. Green, 25 Januarij 1805.

(§) 18 Februarij 1805 werd door de Britsche regering embargo gelegd op de Spaansche schepen, die zich in de Britsche kolonien bevonden, den 4den Maart bij proclamatie kennis gegeven van de oorlogs verklaring.

(†) Letter from Green to Earl Camden, 1 Februarij 1805.

(**) Letter from Green to Earl Camden, 2 October 1804.

(§§) Letter from Earl Camden to Green, 23 Februarij 1805.

Den 13den April 1805 gaf Green hiervan kennis aan het
Hof van Policie, en stelde der vergadering de vraag voor, of
men nog eenig verzoek aan Z. B. M, had te doen, hetgeen hij
dan, bij zijne komst in Engeland, gaarne in persoon zou willen ondersteunen. Het Hof betuigde, bij deze gelegenheid, zijn
leedwezen over het vertrek van een man »*in wiens magt het
had gestaan*, zoo luidde het antwoord: »*om de kolonie het lot
des oorlogs te doen ondervinden, dan in steede van dit hadde
hoogst zijn Edele Gestrenge alles aangewend, wat tot geluk,
welvaart en voorspoed van dit wingewest heeft kunnen strekken*" (*).

Den 15den April 1805 wierd den volke bij publicatie kennis
gegeven van het aanstaande vertrek van den landvoogd (§);
en reeds twee dagen later, den 17den April, verliet Green de
kolonie.

De Brigadier-Generaal William Carlyon Hughes, die den
12den April te Suriname was aangekomen, presideerde voor
het eerst in eene vergadering van het hof van Policie op den
18den dierzelfde maand, waarin de proclamatie omtrent de aanvaarding van zijn bestuur, als Luitenant-Gouverneur, werd
vastgesteld en daarna uitgevaardigd.

De korte regering van Green was vrij rustig geweest; doch zijn
plaatsvervanger daarentegen had gedurende zijn bestuur met vele
moeijelijkheden te kampen. Al kort na zijne optreding begon zich
eene schaarschte aan sommige artikelen in de kolonie te openbaren. Door de aanwezigheid eener vijandelijke zeemagt in de W. I.
zee, werd de correspondentie zeer bemoeijelijkt, zoodat er reeds
drie brievenmalen te Barbados waren aangekomen, zonder dat
men in Suriname er een van had ontvangen (†); maar bovendien had de geregelde aanvoer der provisien, met Engelsche
schepen, geen plaats gevonden.

De handel met Amerikaansche en andere neutrale schepen
was achtereenvolgens meer beperkt, en bij de Proclamatiën van

---

(*) Notulen van Gouverneur en Raden, 13 April 1805.
(§) Proclamatie from Green, 15 April 1805.
(†) Petitie van eenige planters en kooplieden aan Hughes, 4 Mei 1805·

7 December 1804 en van 24 April 1805 de invoer van artikelen verboden, waaraan men nu juist behoefte begon te gevoelen. Hiertoe behoorden: boter, rund- en varkensvleesch,
haringen en andere soorten van gezouten visch, traan, lijn-
en raapolie, kandelaars, zeep, enz. Aan boter en aan haring
was bepaald gebrek, en de andere artikelen waren niet dan
tot hooge prijzen te bekomen.

En boter was eene eerste behoefte voor alle inwoners; gezouten vleesch en spek niet slechts voor de Directeuren en de
andere blanken op de plantaadjes, die zich moeijelijk altijd van
versch vleesch of spek konden voorzien, maar ook voor de geringere volksklassen in Paramaribo en voor de koloniale troepen; haring en gezouten visch konden niet worden ontbeerd
voor de slavenbevolking.

De traan- en spermacetieolie was benoodigd voor de lampen
op de plantaadjes, bij welker licht de negers hun avondwerk
moesten doen; de raapolie voor de lampen en de kandelaars
in gebruik bij de blanke bevolking. De lijnolie diende, om,
met verwstoffen vermengd, de huizen, die allen van hout
waren, voor bederf te bewaren; de zeep tot het wasschen van
linnen, enz.

Daar men vrees koesterde, dat het nog lang kon duren, voordat de Britsche zeemagt in die wateren, in genoegzamen staat
was, om te zorgen, dat de handel met Engeland vrij en ongehinderd kon plaats vinden, wendde het Hof van Policie zich
tot Hughes.

In dit ter dier zake ingeleverd verzoekschrift werd verzocht:
om, behalve den invoer der artikelen, bij Proclamatie van 24
April 1805 vrijelijk aan Amerikaansche of andere neutrale
schepen vergund die vergunning uit te strekken tot de bovengenoemde artikelen en dit tot het einde van het jaar 1805.
Ten einde te zorgen, dat Engeland boven andere natien be-
voorregt bleef, bood men aan, om, boven het, van het reeds
per neutrale schepen aangevoerde, regt van 8 pCt., hiervoor
nog 12 pCt. inkomende regten te betalen, en den uitvoer tot
rum en melassie beperkt te houden. Zoo de Gouverneur bezwaren had omtrent den invoer van kandelaars en zeep, die

anders voornamelijk uit Engeland kwamen, wilde men die bovendien nog met 10 pCt. extra inkomend regt belasten, »waaruit", gelijk men ten slotte aanvoerde: »genoegzaam bleek, dat het volstrekt niet in de bedoeling van het Hof lag, om vreemdelingen met Engelschen gelijk te stellen" (*).

Hughes antwoordde hierop, dat hij onmogelijk dit verzoek kon toestaan, daar het tegen de scheepvaart- en handelswetten van Groot-Brittanje en tegen verscheidene, onlangs uitgevaardigde, besluiten van het Parlement streed. Hij gaf als zijne meening te kennen, dat de Britsche zeemagt in de W. I. zee, weldra genoegzaam zou zijn, om den handel te beschermen; doch — zoo er volstrekt gebrek aan het een of ander mogt komen, en de gelegenheid zich aanbood, om hierin door middel van neutrale schepen te voorzien — dan zoude hij daartoe toestemming verleenen (§).

Bij een herhaald dringend aanzoek van het Hof verleende Hughes, bij publicatie van 28 Augustus 1805, vrijheid tot den invoer van Boter, Visch, Kaas en Olie (†). Ook later, toen de nood dit vereischte en de Engelsche schepen geen vleesch en spek hadden aangebragt, kocht hij dit van een Amerikaansch schip (**).

De ongunstige staat van de geldmiddelen der Kolonie, welke reeds onder Green, bestond, bereikte weldra eene hoogte, die voorziening noodzakelijk maakte. De te korten in de onderscheidene kassen (zie bladz. 529) namen toe — in de kas der Modique lasten was een nadeelig slot van f 400,000.—; in de kas ter verdediging tegen de wegloopers ruim f 100,000,— en de belastingen, die reeds drukkend waren, konden moeijelijk verhoogd worden. Wat dan nu te doen? Het Committé van Finantiën stelde voor, om het Hoofdgeld van f 1,— tot f 2,10 te brengen, — maar hoe weinig baatte dit; Hughes sprak er van, om eene leening te sluiten, — doch waar zou men de gelden vinden ter betaling der interesten; Heshuysen

---

(*) Representation from the Court of Policy to Hughes, 25 Julij 1805.

(§) Answer from Hughes to the Addres of the Court of Policy.

(†) Proclamatie from Hughes, 28 Mei 1805.

(**) Letter from Hughes to William Wijndham, 21 April 1807.

betoogde, dat de beste wijze, om in den nood te voorzien, bestond: in de uitgifte van kaartengeld of obligatiën. (*).

Tot het opvolgen van dien raad van Heshuysen werd weldra besloten; — men was in Suriname hier zoo aan gewend — en, na verkregen magtiging van het Britsch bestuur, werd het papieren geld op nieuw vermeerderd met 4000 billets de banque, ieder à ƒ 125 dus te zamen voor eene som van ƒ 50,000. Het Britsch Gouvernement had bij het verleenen van zijne toestemming hiertoe, echter uitdrukkelijk bepaald, dat men de noodige voorzorgen moest gebruiken, ten einde het Britsch bewind, zoo Suriname, bij den vrede, teruggegeven werd, voor alle aansprakelijkheid ten deze te vrijwaren (§). Deze maatregel hielp echter weinig; spoedig heerschte er op nieuw geldgebrek in de koloniale kassen. Een op nieuw aangevraagde vermeerdering van papieren geld werd nu door de Engelsche regering niet toegestaan (†), en zoo wist men weldra niet meer wat te doen: — alleen voor het onderhoud van het vrijcorps kwam men jaarlijks meer dan ƒ 100,000 te kort. Het Hof drong bij herhaling aan, om vrijheid te erlangen tot vermeerdering van het papieren geld, of ondersteuning der Engelsche regering te ontvangen voor het onderhoud van het vrijcorps (**).

De gedurige vermelding der geldkwestien neemt eene groote plaats in deze geschiedenis in, en dit verwondere niemand: want speelt overal in de burgerlijke maatschappij het geld eene groote rol, in eene volkplanting, waar het voornaamste doel der zich nederzettenden is: geld te verdienen, overheerscht de geldkwestie bijna alle andere. Dat het beoogde doel: rijk te worden, velen in den strik deed vallen en in meniglei verzoekingen bragt, bevestigt op nieuw de waarheid van Gods Woord, hetwelk dit heeft voorzegd. Op het goud, verkregen ten koste van het zweet en bloed van medemenschen, rustte geen zegen. Het vermogen, dat niet, onder den zegen Gods, door eigen in-

---

(*) Memoires de Heshuysen, 16 Juillet 1805.

(§) Letter from Lord Castlereagh, to Hughes 21 November 1805.

(†) Letter from Lord Windham to Hughes, 4 Julij 1807.

(**) Letter from Hughes to Lord Castlereagh, 10 Maart 1805.

spanning verworven, maar door aan anderen afgepersten arbeid is verkregen, werd roekeloos verkwist en evenmin als er orde en spaarzaamheid heerschten in de beheering der koloniale geldmiddelen, evenmin was dit, in den regel, bij particulieren te vinden. Vandaar dat er gedurig veel meer dan ergens elders, regterlijke vervolgingen, verkoop bij executie en gijzeling om schulden plaats hadden. Soms ook trachten personen de kolonie te verlaten, ten einde vrij van hunne schuldeischers te zijn. Om dit te beletten werd door Hughes eene verordening uitgevaardigd, waarbij kennis werd gegeven: dat er voortaan geen passen aan vertrekkende personen zouden worden afgegeven, ten zij men, 14 dagen vooraf, daarvan ter Gouvernements-Secretarie aangifte deed, en zulks in de nieuwspapieren werd afgekondigd, ten einde de crediteuren gelegenheid te geven, zich daartegen te opposseren, in geval van niet voldoening hunner vorderingen (').

In naauw verband met het doel *»geld te verdienen"*, stond de telkens benoodigde aanvulling der uitgeput wordende slavenbevolking. En hierin kwam weldra eene groote verandering.

De welsprekende stemmen van mannen als *Wilberforce Buxton* en andere menschenvrienden tegen den menschonteerenden slavenhandel, waren lang als die eens roependen in de woestijn geweest. Zij werden echter telkens en luider en luider herhaald; die edele mannen lieten zich niet door miskenning of bespotting weerhouden; in de kracht huns Heeren gingen zij voort, openlijk en krachtig, tegen dien gruwel te getuigen; eindelijk vonden hunne stemmen weerklank, eerst bij enkelen, later bij meerderen; het werd eene volkszaak en de zaak was gewonnen. De Heer had hunne pogingen gezegend en bij Parlements-acte werd eerst die gruwelijke handel beperkt en spoedig daarna geheel verboden.

Het ligt niet in ons plan om hier eene geschiedenis van de afschaffing des slavenhandels, die na eenige jaren door de afschaffing der slavernij in Britsch koloniën werd gevolgd, te

---

(') Surinaamsche Courant, 26 April 1805. Nog is een dergelijke verordening in Suriname bestaande.

schrijven; wij willen ons thans slechts bepalen tot het schetsen van den indruk, dien deze maatregel in Suriname teweeg bragt.

Bij Parlements-acte van 23 Mei 1806 was bepaald, dat jaarlijks geen grooter aantal slaven, ter vermeerdering of aanvulling der magten, mogt worden ingevoerd, dan hoogstens drie voor ieder honderdtal, reeds in de kolonie aanwezig. Hughes handelde overeenkomstig deze verordening. In 1806 verleende hij vergunning tot den aanvoer van 987 slaven (*); in 1807 tot een getal van 467 (§).

In Suriname was men over deze beperking zeer ontevreden; men wendde zich daarom bij herhaling tot den Luitenant-Gouverneur, en toen dit bleek vergeefs te zijn, door tusschenkomst van Engelsche agenten, aan de Britsche regering. Zekere Simon Cock te Londen, agent van Melville in Suriname, leverde een verzoekschrift aan het Britsche Gouvernement in; hij uitte daarin de meening, dat indien deze maatregel werd doorgezet, de kolonie, in plaats in bloei toe te nemen, onder het Britsch bestuur, belangrijk zou achter uitgaan. Melville had, ten bewijze van de noodzakelijkheid van een ruimeren aanvoer van slaven, o. a. aan Cock gemeld, dat er, op verscheidene plantaadje vooral een groot gebrek aan vrouwen was, daar er zich soms *honderd* mannen tegen slechts *vijf* vrouwen bevonden (§).

Uit deze door Melville, ten zijnen profijte, aangeduide bijzonderheid blijkt op nieuw, hoe zeer schandelijke winzucht de eischen der natuur over het hoofd deed zien. Wat bekommerde er men zich in Suriname over, of de slavenmagten alzoo *moesten* afnemen, zoo men door nieuwen invoer hierin slechts kon voorzien. Het stelsel der slavernij geeft aanleiding tot gruwelen van allerlei aard.

De meermalen herhaalde verzoeken, om opheffing der beperking van den slavenhandel, werden niet toegestaan. Integendeel, in December 1807 ontving men in Suriname de

(*) Letter from Hughes to W. Windham, 3 Januarij 1807.

(§) Lijst der ingevoerde slaven, opgemaakt 1 Januarij 1808.

(†) Letter from Melville to S. Cock, 2 Februarij **1807**, Petition from Simon Cock to the Britsch Gouvernement.

Parlements-acte betreffende de *geheele afschaffing van den slavenhandel*, welke met 1 Januarij 1808, in werking zoude komen (*).

De eischen van godsdienst en menschelijkheid hadden over die van zelfzucht en eigenbelang gezegevierd: Engeland had den eersten stap op den goeden weg gedaan, die weldra door de andere Europesche mogendheden werd nagevolgd; en — hoezeer men zich in Suriname over dien maatregel beklaagde — men was genoodzaakt zich hieraan te onderwerpen. Men deed dit echter noode en trachtte nu zich door den sluikhandel in slaven schadeloos te stellen, en alzoo werden nog jaarlijks vele dier ongelukkigen ingevoerd. Vooral werd die sluikhandel in het district Saramacca gedreven. Reeds vroeger was de aanmerking gemaakt, dat door de onder Friderici plaats gehad hebbende uitgifte van gronden ter cultivatie, die in genoemd district gelegen waren en het dientengevolge omhakken der bosschen aan den zeekant, de verdediging der kolonie moeijelijk was geworden, omdat de vijand daar landingsplaatsen kon vinden. Bleef dit echter moeijelijk voor zware oorlogsschepen, ligtere vaartuigen, en men bezigde na de afschaffing des slavenhandels, kleine doch snelvarende schepen, om de slaven ter sluik in te voeren, konden er hunne lading meermalen ongehinderd aan wat brengen. Zelfs spreekt men van kanalen, die opzettelijk tot dit doel zijn gegraven. Om deze kwade praktijken tegen te gaan verbood Hughes, bij proclamatie, de verdere cultivering dezer gronden (§). En toch niettegenstaande al deze voorzorgsmaatregelen begroot men het getal der slaven, die jaarlijks ter sluik werden ingevoerd, op duizend.

Tijdens het bestuur van Hughes vond eene gebeurtenis plaats, die de gemoederen van velen met schrik en angst vervulde. Het corps negerjagers, dat de Kolonie, in den strijd tegen de Marrons, zoo veel dienst had bewezen, strekte later voornamelijk ter bezetting van het Cordon, dat onder Nepveu was aangelegd, ten einde de Kolonisten voor de overvallen en

---

(*) Letter from Hughes to lord Castlereagh, 10 December 1807.
(§) Proclamation from Hughes, 1807.

strooptogten der wegloopers te heveiligen. Ook nu lagen op
de onderscheidene militaire posten detachementen van dit corps.
Het onderhoud van dit corps kostte veel, maar toch was men
zoo algemeen van de noodzakelijkheid en het nut van dit
corps overtuigd, dat men zich gewillig die kosten getroostte:
aan hunne getrouwheid was nimmer getwijfeld.

Men stelle zich de ontsteltenisvoor, die het berigt te weeg
bragt: »Een detachement der Negerjagers, op de posten Oran-
jebo en Imotapie, bij de Boven-Commewijne, heeft zerevol-
teerd en twee officieren, een sergeant, twee commissarissen
en de Directeur eener plantaadje (allen blanken) vermoord;
men heeft de muitelingen dadelijk door eenige soldaten en
getrouw gebleven Negerjagers doen vervolgen, doch zij zijn
naar Armina, bij de Marowijne gevlugt, en om hen aldaar,
dat drie dagreizen verder, in een onbewoond oord ligt, te
vervolgen is bijna onmogelijk."

Het getal der op de beide genoemde posten gerevolteerden
bedroeg 50 man; 50 negers eener naburige plantaadje hadden
gemeene zaak met hen gemaakt en waren mede gegaan; men
vreesde, dat ook de Negerjagers van de post Armina, 20 in
getal, deel aan het complot hadden — en dan wie wist hoe
ver het zich uitstrekte. De vrees omtrent de bezetting van
de post Armina bleef gegrond te zijn.

De revolterende Negerjagers kwamen aan gezegde post; het
aldaar gestationeerd detachement vereenigde zich met hen, de
aanwezige blanken, de officieren en chirurgijn werden vermoord; een ander detachement aan de post Mapane revol-
teerde mede en trok zich in de bosschen terug; de officieren en
de sergeant ontsnapten echter gelukkig. Het geheele getal der
oproerlingen bedroeg nu tusschen de zestig en zeventig zielen (*)

De eigenlijke beweegredenen tot dezen opstand liggen in het
duister. Er schijnt geene voorafgaande muiterij te hebben
plaats gehad, doch het plan tot den opstand was reeds gevormd
toen de Majoor Gordon de Negerjagers op de Brandwacht,

(*) Letter from Hughes to Major-General Beckwitz. 12 Septemb. 1805.
Letter from Hughes to Lord Castlereagh.

lang vóór de komst der Britsche troepen, commandeerde. Of de zucht naar geheele onafhankelijkheid hen tot deze daad heeft bewogen; of dat zij in den laatsten tijd minder goed behandeld waren, hetgeen het Britsche Gouvernement waarschijnlijk achtte (*), en zij, daarover wrevelig, tot opstand overgingen; of dat, gelijk door sommigen beweerd werd, de planters, voor hooge prijzen, slaven aan het vrijcorps hadden afgestaan, die door hun oproerigen aard reeds op de plantaadjes gevaarlijk waren, wagen wij niet te beslissen. Misschien wel hebben al deze genoemde oorzaken in meerdere en mindere mate hiertoe medegewerkt. Hoe dit dan ook ware, het was een onrustbarend feit; want — het corps dat, vóór den opstand, uit 20 onder-officieren en 336 manschappen bestond, werd hierdoor aanmerkelijk verzwakt, en men voedde vrees omtrent de getrouwheid der overigen. Die vrees, ofschoon niet ongegrond, werd echter niet verwezenlijkt: de opstand breidde zich niet verder uit. Hughes nam evenwel de voorzorg, om op de posten bij het Cordon, die tot hiertoe alleen aan de Negerjagers waren toevertrouwd, ook andere soldaten te plaatsen en — sedert was daar, gedurende het Engelsch bestuur, eene vrij sterke militaire magt aanwezig.

Een ander bezwaar was:

Zeventig à tachtig goed gewapende negers, met de wijze van krijgvoeren in de bosschen bekend, stonden vijandig tegen de blanke bevolking over; zij vereenigden zich met de Bonninegers en deden de kolonisten door rooven en plunderen en wegvoeren van slaven, in gestadige angst leven. Zij waren stoutmoedig genoeg: want in November vielen de opstandelingen en een groot aantal Bonni-negers, de nu door soldaten bezette. post Armina aan; doch door het dapper gedrag der bezetting werden zij, na een hardnekkig gevecht, genoodzaakt af te trekken (†).

Men beproefde om hen in hunne schuilhoeken te vervolgen, doch nutteloos. Hughes begaf zich in persoon naar Armina,

(§) Letter from Lord Castlereagh to Hughes, 21 November 1805.
(*) Letter from Lieutenant Green to Hughes. 9 November 1805.

ten einde het terrein te verkennen en daarna maatregelen te nemen; hij zag echter de onmogelijkheid in, om met eenige hoop op goed slagen, dieper de bosschen in te dringen en hij moest onverrigter zake terug keeren (*).

Later vielen vier der oproerlingen den blanken in handen; list vermogt meer dan geweld. Een plantaadje-slaaf was door de muiters met geweld van zijne plantaadje gesleept, en werd hard door hen behandeld. Streng bewaakt, was het hem onmogelijk te ontsnappen, totdat zich eindelijk eene gelegenheid opdeed, om uit hunne magt te geraken, welke hij gretig aan-greep. De muiters verlangden vrouwen te bezitten, en hun gevangene verhaalde hun nu, dat hij, op de plantaadje zijns meesters eene zuster en twee nichten had, die zich ongetwij-feld zouden verheugen, als zij bij de *geheel vrije* negerjagers mogten wonen; doch zij hadden geene gelegenheid om van haren meester te ontvlugten. Hij deed hen daarop een voorslag dien zij eerst mistrouwden, daarna bespraken, en eindelijk be-sloten ten uitvoer te leggen. Na eene sterke bedreiging van den plantaadje-slaaf, dat zij hem, bij het geringste blijk van verraad, zouden dooden, werden vier man, behoorlijk gewapend, met hem afgezonden, om de bedoelde vrouwen te halen. In eene boot voeren zij de rivier af en naderden weldra de plan-taadje; voor het aan wal stappen maakte de slaaf hen opmerk-zaam, dat zij, indien zij soms met hunne wapenen werden gezien, gevaar liepen ontdekt te worden, waarom hij hun raadde de geweren achter te laten. De negerjagers luisterden naar dezen raad, stapten in den avond aan wal, gingen naar de plan-taadje en vonden daar in eene hut de drie meisjes. De plan-taadje-neger wist heimelijk zijn voornemen aan haar bekend te maken, waarop zij schijnbaar zich genegen betoonden om mede te gaan. De vier jagers dachten nu hun doel bereikt te hebben; in blijdschap hierover vergaten zij alle gevaar, dronken de aangebodene rum en werden vrolijk. Toen zij door de in groote hoeveelheid gebruikte rum beneveld, niet meer wisten wat er omging, liep de slaaf haastig tot zijn meester en deelde hem deze zaak mede. De hut werd omsingeld, de vier neger-

(*) Letter from Hughes to Major-General Beckwitz 29, Januarij 1806.

jagers overrompeld, gebonden en naar Paramaribo gebragt. Hier werden zij scherp ondervraagd, en bekenden, dat de muiters hulp van de Aucaners hadden genoten, die ook hadden gezworen, hen niet te zullen verraden. Een hunner stierf in de gevangenis; de drie overgeblevenen werden den 20sten December 1806 ter dood gebragt. Het Hof van Policie had er sterk op aangedrongen, dat de straf van radbraken op hen werd toegepast; doch Hughes wilde deze barbaarsche straf niet doen uitvoeren. Zij werden dus gehangen, daarna onthoofd en hunne ligchamen verbrand. (*)

Gelijk wij reeds bladz. 522 hebben aangemerkt, was het eigenlijke hoofdkwartier der Britsche magt in West-Indie te Barbados gevestigd; zoodat de gouverneurs der andere kolonien zich bij belangrijke zaken, als verlangde versterking der krijgsmagt, enz., zich tot den te Barbados residerenden opperbevelhebber moesten wenden, terwijl aan officieren van minderen rang, onder de respective Gouverneurs in iedere kolonie het gezag over de aanwezige militairen werd opgedragen. Voor Suriname echter werd, in het begin van 1806, een hoofdofficier de Majoor-Generaal Archer benoemd, om het bevel over de krijgsmagt aldaar te voeren. Hughes stelde dientengevolge op de vergadering van het Hof van Policie voor, om dien onlangs in de kolonie gearriveerden officier, overeenkomstig zijn hoogen rang, eene toelage uit de koloniale kas te verstrekken; in welk voorstel werd toegestemd, en de jaarlijksche toelage op ƒ 12,000 bepaald. (†)

Archer dankte per missive voor deze gracieuse toezegging; doch kon echter zijne teleurstelling niet ontveinzen, die hij bij zijne komst in Suriname had ondervonden. Hij was namelijk gekomen in de verwachting van zoowel het burgerlijk als het militaire bestuur op zich te nemen, en zag nu zijn werkkring alleen tot het laatste bepaald. Archer deelde in zijnen brief daaromtrent het een en ander mede: »Sir Charles Green", zoo schrijft hij: »had verlof aan Z. M. gevraagd, om naar Europa

---

(*) Letter from Hughes to lord Windham, 5 September 1806 and 3 Januarij 1807; Reize naar Suriname door den Baron Albert von Sack 1ste deel, bladz. 141—142.

(†) Notulen van Gouverneur en Raden 29 Junij 1806.

terug te keeren; Hughes had hetzelfde verzoek gedaan. Ik was toen bij den staf in Ierland; een vriend van mij en van Hughes stelde mij voor, om, bij het openvallen der betrekking, van Gouverneur waarin ik nuttig kon zijn, hiernaar te dingen. De hoop waarlijk nuttig te kunnen zijn, was de reden en de reden alleen, waarom ik aanbood, om in een tropisch element te dienen. Ik wendde mij dus tot den opperbevelhebber, en Z. K. H. was zoo vriendelijk, om zijnen secretaris een brief over deze zaak te dicteren aan den Bevelhebber der Britsche magt in W. I. William Meyers. Het is van algemeene bekendheid, dat deze heer, sedert door Beckwitz vervangen, mij voor de kolonie Suriname wenschte en reeds was er bevel gegeven, dat hetzelfde vaartuig dat mij zou overbrengen den Brigadier Generaal Hughes zou terugvoeren.' Daar Archer dus zeer teleurgesteld was, verzocht hij de Britsche regering naar Europa terug te mogen keeren. (*)

Tusschen Hughes en Archer kwamen al spoedig onaangenaamheden en het schijnt dat beide heeren niet op eene zeer vriendschappelijke wijze met elkander verkeerden.

De voorname aanleiding hiertoe was het volgende. Volgens gewoonte hadden de afstraffingen der slaven, met Spaansche bokken, plaats op het plein van het fort Zeelandia, waar zich tevens het Militaire Hoofdkwartier bevond. Reeds onder het Protectoraat (1799—1801) hadden de Britsche krijgslieden zich beklaagd over: »het bijna dagelijks voorkomende spektakel, als zeer onaangenaam en rebutant." Friderici had toen aan het Hof voorgesteld om deze straf af te schaffen of op eene andere plaats te doen executeren (†); doch daar de Engelschen kort daarop de kolonie verlieten, was noch het een noch het ander geschied, *en nog, bijna dagelijks, werden die wreede barbaasche straffen op dezelfde plaats den armen slaven toegediend.* De Engelsche officieren en soldaten waren hierover zeer verontwaardigd, en een hunner kapitein Cramstown schreef een brief aan Archer, uit aller naam, waarin hij o. a.

(*) Letter from Archer to the Court of Policy 5 Februarij 1806.
(†) Notulen van Gouverneur en Raden, 24 Augustus 1801. Bladz 491—5.

getuigde, dat dergelijke strafoefeningen niet slechts tegen alle
menschelijkheid streden, maar dat ook de kreeten der ongelukkige wezens, gedurende hunne pijniging geslaakt (the cries of
these poor wretches, suffering torture) de soldaten in de vervulling hunner pligten hinderden, (*)

Archer deelde dezelfde overtuiging en verzocht daarom aan
Hughes, dat hij bevel zou geven, om de kastijding der slaven
niet langer op het hoofdkwartier van Z. B. M. troepen te doen
plaats vinden: daar het menschelijk gevoel er tegen opkwam
en het de Britsche vlag, onder welker bescherming zoo iets gebeurde, onteerde, enz. (†). Aangezien Archer geen dadelijk antwoord daarop ontving, wendde hij zich na eenige dagen op nieuw
tot Hughes, met herhaling van het vorige verzoek (§). Hughes
berigtte hem toen, dat hij zijne brieven en die van kapitein
Cramstown aan het Hof overgelegd en de inhoud daarvan aan
den Fiscaal had medegedeeld en het antwoord daarop afwachtte (**). De Fiscaal antwoordde reeds den volgenden dag.
Hij rekende zich zeer beleedigd over de woorden in Cramstown's
brief »the cries of these poor wretches suffering torture;" daar
die woorden eene beschuldiging tegen hem Fiscaal inhielden,
als of hij torture (pijniging) toe liet. Verder verklaarde hij,
dat Zeelandia de geschikste plaats voor dergelijke afschaffingen
was, daar men er ook tevens de gevangenis had; dat men het
sedert onheugelijke jaren alzoo gewend was, en dat het tevens
een regt der ingezetenen was hunne slaven daartoe naar het
fort te zenden (§§). Archer intusschen bleef aanhouden en verweet
Hughes, dat hij van zijne magt geen beter gebruik maakte (††).

Hughes zond hierop naar Archer copij der Notulen van het
Hof der Policie, gehouden den 22sten Februarij 1806. De
leden van het Hof beschouwden deze daad van Archer als eene

(*) Letter from G. Cramstown to Archer, 23 Februarij 1806.
(†) Letter from Archer to Hughes, 27 Januarij 1806
(§) Letter from Archer to Hughes, 15 Februarij 1806.
(**) Letter from Hughes to Archer. 19 Februarij 1806, letter from
Hughes to Spiering 15 Februarij 1806.
(††) Letter from Spiering to Hughes, 16 Februarij 1806.
(§§) Letter from Archer to Hughes, 20 Februarij 1806.

poging tot verkrachting der wetten, die zelfs door den Souverein waren bekrachtigd; overigens kwam hunne beschouwing met die van den Raad-Fiscaal overeen (*).

Archer verdedigde zich tegen de aantijging als of hij gepoogd had, de door zijnen Souverein bekrachtigd koloniale wetten, te verkrachten; tevens beschuldigde hij Hughes van zwakheid en inconsequentie, daar hij wel op eigen gezag belastingen had durven uitschrijven en toch niet een zoo groot kwaad durfde tegen te gaan. Om de bewering dat die straf geene pijniging was te logenstraffen, beschreef hij in gloeijende kleuren, het toedienen eener zoogenaamde spaansche bok; welke beschrijving, hoe waar ook, wij nogtans om het gevoel onzer lezers te sparen, achterwege laten. »Niet naar evenredigheid der misdaad van den gestrafte" eindigt hij zijn brief, »maar naar de door den meester betaalde som, worden meer of minder hevige slagen of een meer of min groot getal toegediend. Met het Hof of met den Fiscaal heb ik niets te maken; alleen met u en ik verzoek u hierover naar Engeland te schrijven of anders zal ik het doen" (†). Hughes antwoordde slechts, dat hij zijn brief had ontvangen (§); een later door Archer begeerd mondgesprek werd hem afgewezen, op grond, dat hij in zijn karakter als militair en als Luitenant-Generaal was beledigd geworden. Hughes zond de onderscheidene documenten, betreffende deze naar Beckwitz; hij beklaagde zich zeer over den trotsheid en onhandelbaarheid van Archer, die met ieder kwade vrienden werd, en verzocht aan Beckwitz om Z. K. H. verder omtrent deze kwestie in te lichten, opdat Archer niet door eenzijdig verhaal zijn goeden naam en eere zoude benadeelen (**). Archer verliet weldra de kolonie; de zaken bleven op den ouden voet en de kastijding der slaven op het fort Zeelandia alzoo voortduren.

Van verschillende zijden rezen klagten over de handelwijze

(*) Notulen van Gouverneur en Raden, 22 Februarij 1806.
(†) Lettre from Archer to Hughes, 25 February 1806.
(§) Letter from Archer to Hughes, 26 Februarij 1806.
(**) Letters from Hughes to Lieutenant-General Beckwitz, 28 February and 2 March 1806.

der beambten van Z. M. Customhouse. Die klagten hielden in, dat zij te hooge belooningen eischten; dat zij willekeurig de kantooruren verkortten en indien zij in tusschen-uren de belanghebbenden hielpen, het dubbelde der gewone som verlangden; en eindelijk, dat zij het den burgers zeer lastig maakten, door, zonder de wetten der kolonie in acht te nemen, in de pakhuizen te dringen, ten einde te onderzoeken of er zich sluikwaren in bevonden. In hoe verre deze klagten gegrond waren is moeijelijk met zekerheid te bepalen. Omtrent de eerste beschuldiging, beweerden de ambtenaren van het Customhouse, dat zij hun wettig tarief niet hadden overschreden; doch, omdat het kaartengeld in waarde was verminderd en in plaats van f 12,— voor een pond sterling thans f 24.— moest worden betaald, zij volgens dien koers rekenden; de tweede beschuldiging werd bepaald door hen ontkend en wat de derde betrof, getuigden zij hiertoe door de noodzakelijkheid om hun pligt te vervullen, te zijn gedwongen geworden. Omtrent deze laatste beschuldiging werden door de joden Sanches en Abrahams klagten bij Hughes en bij het Hof van Policie ingeleverd. Cameron, de hoofdambtenaar bij Z, M. Customhouse, was met eenige lieden bij het pakhuis van Sanches gekomen, en had den eigenaar verzocht, hetzelve te mogen onderzoeken, daar hij vermoedde, dat er gesmokkelde goederen in waren. Sanches erkende hem niet in zijne functie en weigerde dus het verzoek toe te staan. Cameron trok hierop een dolk en herhaalde met hooge woorden zijn verzoek; Sanches week op zijne bedreiging terug; vervolgens was »een hoop vreemde lieden" in het pakhuis gegaan en had 5 kistjes en 5 trossen touw uit het pakhuis naar het Custom-house vervoerd (*).

De tweede Fiscaal Lolkens, die provisioneel als eerste fungeerde, daar Spiering, om redenen van hezondheid zijn ambt had nedergelegd, trok zich deze zaak aan. Hij vermeende dat Cameron in zijne regten had ingegrepen, en achtte zich hierdoor beleedigd. Lolkens wendde zich, per geschrifte, tot Hughes en stelde hem de navolgende vragen voor: 1o. of Cameron

(*) Petition from Sanches to Hughes, 5 Marct 1807.

en de andere ambtenaren van het Customhouse al of niet aan
de wetten der kolonie onderworpen waren; 2o. of hij (Lolkens)
inzage mogt hebben van de wetten en reglementen voor het
Custom-house, om dienovereenkomstig te kunnen handelen.
Verder verlangde hij dat Hughes Cameron verbieden zou de
door hem medegenomen goederen te verkoopen, totdat de
Fiscaal zijn onderzoek volbragt en daarover rapport had
gedaan. (*).

De door Hughes aan Lolkens daarop verleende inlichtingen
kwamen laatstgenoemden niet genoegzaam voor; terwijl Hughes
zijne vragen niet cathegorisch, maar eenigzins onbepaald had
beantwoord; doch hem zeer bepaald aan zijnen pligt had herinnerd, om de ambtenaars van 's konings Customhouse te
protecteren. Lolkens diende nu een uitvoerig rapport bij het
Hof in, en verklaarde daarin, dat de tolbeambten zich meermalen met geweld toegang tot de pakhuizen der ingezetenen
hadden verschaft (†). Ook Sanches en Abrahams leverden
rekwesten in aan het Hof en — aldaar onstonden over deze zaak
hevige discussien.

Hughes wilde deze zaak door commissarissen, daartoe door
het Britsch bewind te benoemen, doen onderzoeken; hij zelf
was niet te vreden over de beambten bij het Custom-house
en hij had reeds vroeger moeijelijkheden met Cameron gehad,
bij gelegenheid dat door het Britsch Gouvernement zekere heer
Bollingbroke naar Suriname was gezonden, om het ambt van
vendue-meester te aanvaarden, en Cameron dit officie niet aan
dien heer wilde overgeven (§). Hughes vermeende evenwel,
dat Lolkens te ver ging en zijn eerbied voor de Britsche magt
te veel uit het oog verloor, waarom hij hem uit zijn ambt
ontsloeg (**).

(*) Letter from Lolkens to Hughes.
(†) Rapport van Lolkens aan het Hof van Policie.
(§) Letter from Hughes to lord Windham, **27** May 1807.
(**) Petition from Lolkens to lord Castlereagh, **12** September 1808.
Lolkens beklaagde zich in dlt rekwest over zijn ontslag, en verzocht
weder in zijn ambt te worden hersteld. Dit verzoek werd in zoo ver
toegestaan, dat hij na den dood van Hughes weder als 2e fiscaal heeft
gefungeerd.

Door het Britsch Gouvernement werd vervolgens een onderzoek ingesteld en hiermede Charles Thesinger, Collector of
H. M. Custons at St. Vincent belast. Het daarover door dien
heer (na den dood van Hughes) ingediend rapport behelsde
hoofdzakelijk, dat de klagten overdreven waren, dat particuliere
grieven tusschen Hughes en de ambtenaren van het Custom-
house tot eene onbillijke beoordeeliug der laatsten hadden geleid; dat de Joden verbaasd veel sloken en streng onderzoek
bij hen daarom noodzakelijk maakte; kortom, dat de ambtenaren van Z. M. tolhuis niet met regt van pligtverzuim konden
worden beschuldigd (*).

De landbouw en handel gingen tijdens het bestuur van
Hughes niet achteruit, Van 5 Januarij 1807 tot 5 Januarij
1808 werden uitgeklaard: naar Engeland 51 schepen, naar de
Britsche bezittingen op het vaste land van Amerika 8,
naar Britsche West-Indische eilanden 25, naar de neutrale staten van Amerika 28, te zamen 118 schepen, beladen met
voortbrengselen der kolonie. Bij de levendigheid van de scheepvaart verloor men wel eens de noodige voorzorg, om steeds
bij het convooi te blijven, uit het oog; zoo werden in September o. a. drie uit de kolonie vertrokken schepen, tengevolge
dier onvoorzigtigheid, door een Franschen kaper buit gemaakt:
een dier schepen, de Neptunes, had goederen en papieren voor
de Britsche regering aan boord (†).

Hughes intusschen verlangde naar Engeland terug te keeren;
hij verzocht en verkreeg daartoe verlof (§); echter heeft hij
Engeland niet weder gezien; daar hij voor zijn vertrek nog in
Suriname (27 September 1808) overleed (**).

John Wardlau, de bevelhebber van de krijgsmagt nam, tot
nadere beschikking van Z. B. M. het burgerlijk bewind op zich.
Gedurende dit tusschenbestuur, van 27 September 1808 tot
1809, is weinig anders geboekt, dan dat de planters aan Wad-

(*) Rapport from Charles Thesinger tho the Commissioners of H. M.
(†) Letter from Hughes to Windham. 25 September 1806.
(§) Letter from Hughes to Lord Castlereagh 27 September 1807,
Letter from Castlereagh to Hughes, 7 Februarij 1805.
(**) Letter from John Wardlau to Lord Castlereagh, 28 Septemb. 1850.

lau eene memorie inleverden; waarbij zij vergunning verzochten, om — zooals dit reeds aan planters te Essequebo en Demerury was toestaan — hunne ladingen, onder een behoorlijk convooi, direct naar Engeland te mogen verzenden, in plaats van genoodzaakt te worden den omweg te nemen langs de eilanden onder den wind en St. Kits, die daarenboven gevaarlijker was (*). Echter geschiedde er tijdens dit interimsbestuur een belangrijk feit, dat wel niet in Suriname voorviel, maar toch voor genoemde kolonie, vooral voor hare veiligheid niet onbelangrijk was, namelijk: Cayenne werd door den Franschen bevelhebber, bij verdrag, aan Z. K. H. den Prins Regent van Portugal, toenmaals Bondgenoot van Groot-Brittanje en den Britschen vlootvoogd IJko overgegeven.

De Fransche Gouverneur van Cayenne, Victor Hugues was voornamelijk tot de overgave van den aan zijne zorgen toevertrouwde kolonie overgegaan, omdat de slaven zich aan de zijde des vijands schaarden en daarenboven de kolonie met verwoesting bedreigden en reeds eenige plantaadjes, waaronder die van den Gouverneur, in brand hadden gestoken. (Zijne strenge reglementen, zie bladz. 557 hadden zeker de gemoederen der slaven verbitterd).

Hugues stelde o. a- als voorwaarde, dat de negerslaven ontwapend en naar hunne plantaadjes zouden terug gezonden worden, en dat zij, die door Z. K. H. den Prins Regent in militaire dienst waren aangenomen en in vrijheid gesteld, uit de kolonie zouden worden verwijderd, daar men van het verblijf dezer lieden, voortaan niets dan onrust en verwarring kon te gemoet zien (†).

Het Britsche Gouvernement vermeende de bevolking der koloniën Suriname en Demerary genoegen te doen, door de vacante Gouverneursplaatsen door Hollanders te doen vervullen. De keuze daartoe viel op de gebroeders Bentinck, afstammelingen van een oud aanzienlijk en in de geschiedenis bekend Hollandsch geslacht, die, omdat zij zich niet met de bestaande

(*) Memorie from some Colonists to Wardlau.
(†) 6ieme article de capitulation de 12 Janvrier 1809, letter from John Wardlau to lord Castlereagh, 31 January 1809.

orde van zaken in Nederland konden vereenigen, naar Engeland waren uitgeweken. Baron Henry Bentinck werd tot Gouverneur van Demerary; Baron Charles Bentinck werd tot Gouverneur van Suriname benoemd, en zij vertrokken, ter aanvaarding hunner betrekking in April 1809 uit Engeland. Baron Charles Bentink arriveerde den 14den Mei 1809 te Paramaribo, en werd door John Wardlau, met de meeste vriendelijkheid, ontvangen. Bentinck vond de kolonie rustig en in de koloniale kassen, hem door Wardlau overgegeven, eene som van ƒ 583,000 (*).

Met Bentinck kwam mede: een predikant voor de Hervormde Gemeente, Do. P. van Esch, die vroeger op Curaçao had gestaan en een Duitsch Geneesheer Dr. Suppert. De Hervormde Gemeente te Paramaribo was reeds twee jaren, zonder leeraar geweest; de Engelsche Gouverneurs hadden telkens het verzoek van het Hof van Policie ter voorziening in dat gemis, aan het Britsche bewind, ondersteund; doch men had niet spoedig een geschikt persoon hiervoor kunnen vinden. Aan Bentinck, die er zich te Londen moeite voor gaf, was dit eindelijk gelukt. (†)

De komst van Do. van Esch vervulde eene lang gevoelde behoefte, daar de kerkedienst nu weder geregeld kon worden waargenomen, en men hiervan goede verwachting koesterde ter bevordering van Godsdienst en zedelijkheid. Ook het schoolonderwijs bevond zich ter dien tijd in een ellendigen toestand; doch in hetzelfde jaar 1809 kwam de bekwame schoolonderwijzer Johannes Vrolijk in de kolonie. Hij was een inboorling van Suriname, een kleurling, en had in Nederland zijne opleiding genoten. Van toen af werd er spoedig eene verbetering bespeurd, die waarlijk verrassend was. Vrolijk had weldra eene groote welbezochte school en vormde zeer kundige leerlingen, die in de Surinaamsche maatschappij het sieraad uitmaken van den kring, waartoe zij behooren. De vermeer-

---

(*) Letter from Baron Bentinck to lord Castlereagh; 14 May 1809, letter from John Wardlau to the secretary of state, 12 December 1809.

(†) Letter from van Esch to sir Edward Cooke, 1 Februarij and 17 April 1809, letter from baron Bentinck to Cooke, 9 Febr. and 23 Februarij 1809.

derïng van het personeel der Geneesheeren door de komst van Dr. Suppert was mede een gewenschte aanwinst.

Baron Bentinck was door de blanke bevolking zeer bemind; hij trachtte, zoo veel mogelijk, hun belang te bevorderen: hij ging hierbij zelfs zoo ver, dat hij de belangen der Britsche regering, wier behartiging hem in de eerste plaats was toevertrouwd, wel eenigermate uit het oog verloor. Van geen der, in den Engelschen tijd, geregeerd hebbende Gouverneurs, bestaat zoo weinige officiële Correspondentie; daarom moeten de bijzonderheden, omtrent zijn bestuur, voornamelijk worden ontleend aan brieven, memoriën en verschillende andere stukken door zijn opvolger aan het Britsch Gouvernement overgelegd, en die misschien niet geheel onpartijdig zijn.

Voor zoo veel wij uit officiële en andere stukken kunnen opmaken, komt het ons voor, dat Baron Bentinck een goed man was, die werkelijk het welzijn van Suriname bedoelde.

Evenmin echter kan het worden ontkend, dat hij, door te groote toegevendheid en door den invloed van verkeerde raadslieden, bij gebrek aan genoegzaam doorzigt, een verwarden staat van zaken, voornamelijk wat de geldmiddelen betrof, veroorzaakte. Dat hij zelf geheel ter goeder trouw en niet met zelfzuchtige bedoelingen heeft gehandeld, vermeenen wij, dat buiten twijfel is.

Scheen bij de komst van Bentinck alles rustig te zijn, het bleek echter weldra, dat ontevredenheid onder de Aucaner-negers heerschte, omdat zij de gewone geschenken niet op hun tijd hadden ontvangen.

Bentinck trachtte hen, zoo goed mogelijk, te bevredigen, en drong bij het Britsch Gouvernement sterk aan, dat weder de gewone uitdeeling zou plaats vinden; daar hij zonder deze voor het uitbreken van vijandelijkheden beducht was (*).

Ook werd er onrust in de Kolonie verwekt door zekeren Engelschman, Maxwill genaamd, die zich, bij uitvoerig schrijven, aan den Britschen Secretaris van staat, zeer over Bentinck beklaagde. Maxwill noemde den Gouverneur een vreemdeling, die geheel onder den invloed van anderen, voornamelijk

---

(*) Letter from Bentinck to lord Castlereagh, 26 Augustus 1809.

onder dien van den Oud-Gouverneur Friderici staande, niet meer
dan eene machine was. Hij beschreef Bentinck verder als omringd door vleijers, met name Anthony White, kapitein Pearce
en Martijr, welke laatstgenoemde ook vroeger de raadsman
van Hughes was geweest; doch aan wien Hughes nog vóór
zijn dood het huis had verboden, en de in 1807 ontslagen,
doch sedert op nieuw aangestelde 2de Fiscaal (Lolkens.)

Maxwill deelde verder mede, dat hij stappen had gedaan,
ter ontdekking van een complot tegen Z. M. Deputy-Com-
missaris-Generaal Alexander, in welk complot ook Bentinck
was gewikkeld. Waarin dat complot bestond, verhaalde hij
niet; maar wel weidde hij veel uit over zijne gevangenneming, en slechte behandeling in den vunzigen kerker van het
fort Zeelandia.

Of dat complot ergens elders dan in het brein van Maxwill
heeft bestaan hebben wij niet kunnen ontdekken; veeleer komt
het ons waarschijnlijk voor, dat Maxwill den Gouverneur en
den Fiscaal had beleedigd en dien ten gevolge in de gevangenis
is geworpen. (*)

Keizer Napoleon, die zijn meestersstaf toen ook over ons
vaderland zwaaide, had bij het zoogenaamde continentaal stelsel
den invoer van koloniale producten verboden; al die voortbrengselen vervulden dus nu de markten van Engeland. Ook de
Surinaamsche planters consigneerden hunne producten naar Engeland, waartoe zij verpligt waren. De aan Hollandsche kooplieden verschuldigde sommen wegens opgenomen gelden en de
intresten daarvan konden dus niet worden betaald; want suiker
enz. kon niet worden verzonden en geld bezat men niet; evenwel werden door gelastigden der Hollandsche kooplieden sommige personen in Suriname voor schulden geregterlijk vervolgd.
Verscheidene kolonisten dienden in October 1811 een verzoekschrift in, dat alle vervolgingen, omtrent schulden aan Hollandsche Kooplieden, zouden worden geschorst, daar men thans
om boven vermelde redenen, toch in de onmogelijkheid, was,

(*) Letter from Maxwill to the secretary of the state for colonies,
13 October 1809.

om ze te kunnen voldoen. Dit verzoekschrift werd in handen gesteld van de Reus, Raad-Fiscaal, die er gunstig op adviseerde, waarna het werd toegestaan. (*)

De schuldenaars werden hierdoor tijdelijk uit hunnen druk verlost; doch bij velen was het nu, alsof zij geheel en voor altijd van het betalen hunner crediteuren vrij waren en — zij rigtten daarnaar hunne levenswijze en verteringen in en maakten weldra nieuwe schulden bij de Engelsche handelshuizen, die wederom voorschotten gaven en wel in *ruime mate.*

Men baadde zich in overdaad; de verkwisting van sommige kolonisten kende geen palen; »waarom zou men zuinig zijn?" redeneerden velen: »men had nu geld genoeg; want men behoefde geene remises naar Nederland te doen, en Engeland gaf hooge voorschotten."

Zoo redeneerden velen en handelden dien overeenkomstig; zoo leefde men in begoocheling voort en bedacht niet, dat de in Holland opgenomen gelden, door de jaarlijksche renten aanmerkelijk grooter werden.

In Suriname leefden velen volgens het ligtzinnig beginsel »apres nous le déluge" zorgeloos voort, en thans vermeenden zij dit te eer te kunnen doen, daar de landbouw niet achteruit ging; want was wel door de wet op de afschaffing des slavenhandels de invoer van slaven verboden, ter sluiks werden genoegzaam negers ingevoerd; men behoefde dus hunne krachten niet te sparen en de handel zelfs bloeide.

De belangen der Surinamers werden te Londen door Agenten, welke door het Hof van Policie werden benoemd, getrouw en ijverig behartigd (§), en in de kolonie zelve heerschte overal bedrijvigheid, zoodat ook de mindere klasse ruime verdiensten had.

Ook bestond er vrij algemeen eene goede gezindheid der Engel-

---

(*) Extracts from the Procedings of the court of policy, October 1811. De toestemming van dit verzoek kwam eigenlijk eerst na Bentincks dood aan. De proclamatie daaromtrent werd 26 Junij 1812 uitgevaardigd. Het behoort echter tot het tijdvak van Bentincks bestuur.

(§) Extract from the Records of proceedings etc. of the court of Policy, 8 Januarij 1812. Toen de Agent Mr. Budge overleed, werd Mr. B. J. Jones, Esq. hiertoe benoemd.

schen jegens de Surinaamsche burgers. Tot bewijs daarvan
strekt o. a., dat de Engelsche officieren tooneelstukken in het
gebouw van het tooneelgezelschap der Joden, *de verrezene
Phoenix*, opvoerden, en de opbrengst van dergelijke voorstellingen, bezigden, om personen, die voor schulden in de gevangenis zaten, uit hunnen kerker te verlossen. Dit doel werd bij
de aankondiging der te geven stukken, bepaaldelijk uitgedrukt,
en de voorstellingen werden druk bezocht, zoodat menigeen de
weldadige vruchten daarvan heeft gesmaakt.

* De Joden echter werden in den Engelschen tijd vernederd
en achteruit gezet. Zij mogten geene openbare bedieningen
waarnemen; te minste zij werden er niet toe geroepen.

Bentinck verpligtte de bevolking zeer aan zich, door te bepalen, dat voor de nieuwe kerk der Hervormde Gemeente, die
men te Paramaribo wilde bouwen en waarvan de kosten op
f 300,000 ware begroot, $\frac{1}{3}$ dier kosten uit de Souvereins of
's Konings kas zou worden verstrekt. (*)

Na deze gunstige toezeggen van Bentinck, in de vergadering
van het Hof van Policie op 1 Junij 1810, ging men weldra
aan het bouwen; den 26sten Junij 1810 werd de eerste steen
gelegd en reeds in 1811 werd de kerk voltooid. Zij werd
koepelvormig gebouwd, op acht fraaije pilaren rustte het dak,
verder prijkte zij met een goed orgel; doch naar derzelve
inwendige ruimte of breedte was zij wat te laag. (§)

Won Bentinck door dergelijke mildheid de liefde der Surinamers, nog meer steeg zijn aanzien bij hen door het volgende:

Na den opstand van sommige negerjagers was het corps ge-
reorganiseerd, en ofschoon die nieuwe inrigting van hetzelve vrij
wel aan het doel beantwoordde, waren de kosten voor onderhoud

---

(*) Letter from Bonham te Lord Bathurst 7 Februarij 1813. Het geheel der som werd door eene geldleening gevonden, waarvan Bentinck
aannam ¹/₃ der interet te betalen en later ¹/₃ van het kapitaal.
Zie ook Notulen van het Hof van Policie 1 Junij 1860.

(§) M. D. Teenstra, de Landbouw in de kolonie Suriname, 2de deel:
bladz. 115. Later werd zij nog versierd met de graftomben van de
Gouverneurs Friderici en Bentinck; bij den brand van 1821 werd zij geheel vernietigd.

vermeerderd. Volgens de overeenkomst door Trigge en Hood met Friderici gemaakt, en sedert niet ingetrokken, moest dit corps uit de koloniale fondsen worden onderhouden. Reeds tijdens het bestuur van Hughes had men ondersteuning hiertoe verzocht (zie bladz. 544); doch op die vraag was geen antwoord gekomen. Het Hof wendde zich nu tot Bentinck en deze toonde zich niet ongenegen dit verzoek toe te staan, en — in de vergadering van 30 Augustus 1809 — werd door hem aangenomen, om wat het onderhoud van het vrij-corps jaarlijks. meer dan ƒ 600,000 zou kosten, uit 's Konings kas te betalen. Het Hof had gewenscht, dat de som, door de koloniale kassen te dragen, op slechts ƒ 500,000 werd bepaald; doch nam echter het aanbod van Bentinck dankbaar aan, onder voorwaarde, dat onder die som van ƒ 600,000 tevens gedeeltelijk het onderhoud van het cordon, zoude worde begrepen. (*)

Bentinck beging hier, geheel ter goeder trouw, eene groote onvoorzigtigheid; want toen men die toezegging had, bekommerde men er zich niet meer over, hoeveel het onderhoud meer zou kosten. Ruw werd er met de gelden omgesprongen en alzoo werden de kosten, in het jaar 1811, tot ongeveer ƒ 1,200,000 opgevoerd. Dit alles kwam echter eerst na den dood van Bentinck aan het licht.

Bentinck overleed den 8sten November 1811 (†); zijn overlijden werd door de blanke bevolking met droefheid vernomen; de Surinaamsche couranten vermelden, met lof, zijne regtvaardigheid, zachtmoedigheid en verdraagzaamheid; en de dankbare burgerij rigtte hem later in de nieuw gebouwde Hervormde kerk te Paramaribo, een marmeren gedenkteeken op.

De Majoor-Generaal Person Bonham aanvaardde voorloopig het bewind, en werd 30 Mei 1812 definitief tot Gouverneur van Suriname benoemd.

Bonham was een geheel ander man dan Bentinck. Was Bentinck een goed doch tevens een zwak man, die zich te veel

---

(*) Extract from the records of proceedings; etc. of the court of Policy, 30 Augustus 1809.

(†) Letter from Bonham to Earl of Liverpool, 9 November 1811.

door anderen leiden liet; Bonham daarentegen bezat kracht, zelfstandigheid en energie. Met een vaste hand greep hij de teugels van het bestuur en ontzag niemand, waar hij vermeende dat zijn pligt hem gebood. Hij vond een verwarden stand van zaken in Suriname; hij wenschte dien te verbeteren èn orde èn regel in de verschillende takken van bestuur te doen heerschen. Dit echter was een moeijelijk werk; de tegenstand, dien hij daarbij ondervond, maakte hem soms bitter, èn hooghartige trots deed hem soms de vereischte matiging uit het oog verliezen. Bonham was streng regtvaardig; hij bezat evenwel een medelijdend hart; want geen der vorige Gouverneurs trok zich het lot der arme slaven zoo krachtig aan, als Bonham. Wij zullen hem nu handelend zien optreden en onthouden ons van verdere aanmerkingen.

Zoodra Bonham het bewind had aanvaard, trachtte hij den wezenlijken stand van zaken te leeren kennen. Al dadelijk trof hem de slechte staat der finantiën. In de souvereins- of koningskas bevond zich slechts: aan papieren geld f 57,055, aan klinkende specie f 7;233, te zamen f 64,288.10. (*) Dit geringe saldo in 's konings kas, noopte hem, om onmiddellijk een streng onderzoek naar de oorzaken daarvan in te stellen.

Al spoedig zag hij, dat men zijn voorganger met slechten raad gediend had, waarop hij onmiddellijk de voornaamste raadgevers van Bentinck, als: De Reus, Raad Fiscaal, en H. L. Meynertzhagen, Raad Boekhouder-Generaal, uit hunne functien ontsloeg en de heeren Egbert Veldwijk en Andrew Melville provisioneel in hunne plaats aanstelde.

Bonham ontdekte verder, dat bij ieder departement eene onbeschrijfelijke wanorde heerschte; bijna zoude men zeggen, dat de kolonie in staat van bankroet was; de wisselkoers voor een pond sterling bedroeg f 45 en zoo was alles naar evenredigheid. Dit moest anders worden. Vooral was men ten opzigte van de uitgaven voor het vrijcorps op ruwe en verkwistende wijze te werk gegaan. De administratie was op een veel te omslagtigen en kostbaren voet ingerigt. Twee en zestig

---

(*) Letter from Bonham to Earl of Liverpool, 10 December 1811.

personen waren voor een corps, dat slechts 580 man bedroeg, in onderscheidene betrekkingen geëmploijeerd en genoten bezoldiging; de Reus alleen ontving als Commissaris jaarlijks ƒ 30,000. En dan de wijze van administratie! Door de Reus was met zekeren Cairstairs een contract aangegaan, tot levering van voedingsmiddelen voor genoemd corps, voor drie maanden à ƒ 200,000; bij een ander contract was daarenboven aanbesteed: het leveren van rum en zoutevisch, mede voor drie maanden, voor ƒ 100,000. Bentinck had te ligtvaardig contracten goedgekeurd, waardoor de kosten tot onderhoud van het vrijcorps, meer zou hebben bedragen dan de inkomsten der koloniale en souvereins-kassen te zamen.

Op voorstel van Bonham gaf het Hof als zijn gevoelen te kennen, dat Bonham niet gehouden was, om de door de Reus met Cairstairs aangegane contracten gestand te doen. Zij werden dan ook weldra door den Gouverneur vernietigd. (*)

Daar er overal verwarring in de koloniale kassen heerschte werd er eene finantiële commissie, tot nader onderzoek, ingesteld; deze bestond uit den nieuwen Boekhouder-Generaal en de door het Hof benoemde heeren Eysma en Friderici. (†) Uit dit onderzoek bleek weldra, dat er in de koloniale kas een deficit was van ƒ 555,950.15. Om in de loopende en volstrekt noodige uitgaven evenwel te voorzien, had men de gelden die door het bestuur der weeskamer in de koloniale kas waren gedeponeerd, gebruikt; tevens waren nog vele schulden te betalen. (§) Bij de verificatie der rekening van de Reus, als Commissaris van het jagercorps, werd door den nieuwen Boekhouder-Generaal al dadelijk een abuis ontdekt van ƒ 23,000, welke som (volgens Bonham) de Reus in zijn eigen zak (his own pocket) had gestoken. (**)

(*) Letters from Bonham to Earl of Liverpool, 11 and 19 December 1811. Extract from the records of procedings etc. of the court of Policy. 23 December 1811.

(†) Letter from Bonham to Earl of Liverpool, 27 December 1811.

(§) Letter from Bonham to Earl Bathurst, 14 Julij 1813.

(**) Letter from Bonham to Earl of Liverpool, 7 Februarij 1812.

Kende Bonham nu den stand der zaken, hij was ook
ijverig bedacht om hierin verbetering te brengen en dit zonder
tot het anders zoo gewone middel, het maken van nieuw
kaarten geld, zijne toevlugt te nemen. In vereeniging met het
Hof voerde hij een betere heffing van de onderscheidene belastingen in; vele onregelmatigheden hielden hierdoor op en
de gewone belastingen bragten nu veel meer op. Verder
maakte hij het den onderscheiden ambtenaren tot pligt, om
in al hunne administratiën eene behoorlijke zuinigheid in acht
te nemen; en zoo nam Bonham voor, de evenredigheid tusschen inkomsten en uitgaven te herstellen.

Dit voornemen werd met ijver en energie ten uitvoer gelegd, en de uitkomst bekroonde de verwachting. Reeds in
Julij 1813 kon Bonham aan het Britsch-Gouvernement berigten, dat, bij het einde van 1812, het deficit in de koloniale
kas, groot f 335,950.15, geheel gedekt was; dat er bovendien
in de eerste negen maanden, meer dan f 1,000,000 betaald
was, wegens schulden, tijdens het driejarig bestuur van Bentinck gemaakt en onbetaald gebleven; en eindelijk, dat er nu, in
plaats van een tekort in de kas, een saldo aanwezig was van
f 99,180.16.1$\frac{1}{2}$. Omtrent het vrijcorps meldde hij, dat de
uitgaven voor hetzelve in de jaren 1809, 10 en 11, f 490,000 meer
beliepen dan de door het Hof hiervoor gestelde som van f 600,000;
en dit aanmerkelijk te kort door de souvereins-kas was gedekt;
dat die uitgaven, zoo de contracten door de Reus met Cairstairs en anderen gesloten, waren nageleefd, in 1812 nog oneindig veel grooter zouden zijn geweest; terwijl zij thans door zijne
bezuinigings-maatregelen, nog f 821.15 minder dan de door het
hof toegestane som van f 600,000 hadden bedragen; zoodat uit
de souvereinskas hiertoe geen penning behoefde bijbetaald te
worden.

Het batig saldo van de souvereinskas bedroeg bij het einde van
1811 f 85,178,17.5$\frac{1}{2}$; in dat jaar waren er aan buitengewone
inkomsten voor eene som van f 187,317.10 ontvangen; daarentegen bevond zich in genoemde kas, bij het einde van 1812
(het eerste van Bonhams bestuur) eene som van f 487,213.10.13$\frac{1}{2}$,
niettegenstaande er ter reparatie van het Gouvernementshuis

alleen ƒ 61,528.85 alleen was noodig geweest. (*) De rekening der souvereins en der koloniale kassen van 1804 tot
het einde van 1812 werden, op last van Bonham, door den
Boekhouder-Generaal Melville, in behoorlijke orde opgemaakt
en naar Engeland overgezonden.

De finantiën werden gedurende het bewind van Bonham
geregeld en ordelijk bestuurd; onnoodige uitgaven vermeden
en verkwisting tegen gegaan. Uit 's konings kas werden van
tijd tot tijd aanzienlijke sommen naar het Britsch Gouvernement overgemaakt; in de koloniale fondsen heerschte evenredigheid tusschen inkomsten en uitgaven; en er werd geen
nieuw kaartengeld uitgegeven; integendeel in 1814 werd voor
ƒ 150,000 vernietigd. Het vertrouwen herleefde en de wisselkoers, die in 1811 eindelijk tot ƒ 48,10 voor een pond sterling
gestegen was, daalde in korten tijd tot ƒ 25.

De nog door Bentinck (17 October 1811) bevolen volkstelling, zoowel van slaven als vrijen, werd onder Bonhams bestuur ten einde gebragt. De originele staten dezer met groote
zorg uitgevoerde volkstelling, zijn behoorlijk ingebonden in
16 folio deelen en berusten thans op H. B. M. state-papers-
office te Londen. (†)

(*) Letters from Bonham te Earl Bathurst, 2 October 1812, 17
Julij 1813.

(†) Ook door Hughes was bij Publicatie van 1 Julij 1805, ter con-
statering der bevolking, eene algemeene opschrijving gelast, (in iedere
wijk van huis tot huis), bevattende:

1º. den naam der straten;

2º. het nummer van ieder huis;

3º. den naam der eigenaars en bewoners;

4º. of dezelve Christenen of Joden zijn;

5º. of dezelve blanken, vrije kleurlingen of negers zijn;

6º. het getal slaven, zwarte of gecouleurde, en van het mannelijk of
vrouwelijk geslacht; voorts gelijke opgave der plantaadjes en gronden,
benevens de daaraan behoorende slaven en de eigenaren en Administrateuren, Christen of Jood, door de Burger-officieren in de divisiën;
en eindelijk eene opgaaf van het revenue, gemiddeld over de *drie*
laatste jaren. Of deze opgave niet tot stand gekomen of later vermist
is, weten wij niet. Op het state-papers-office hebben wij er geen spoor
van ontdekt.

Volgens deze volkstelling bestond de Portugesche Israëliti-sche gemeente uit 745 blanken en 79 kleurlingen bezittende 824 slaven; de Duitsche Israëlitische gemeente uit 547 blanken en 16 kleurlingen, bezittende 565 slaven; de Christengemeente uit 757 blanken (²/₃ der blanken waren Joden). Het aantal vrije kleurlingen en negers, zoo Christenen als Heidenen bedroeg 2980, dus de geheele vrije bevolking 5104; de particu-liere slaven 7115 en de plantaadje-slaven 42,225, met die der Joden (1587) te zamen 50,725. De geheele bevolking van Suriname, uitgezonderd de militairen, bedroeg alzoo 55,829 zielen. (*)

Het predikambt werd bij de Hervormde gemeente bekleed door Ds P. van Esch; bij de Luthersche door Ds. J. Koops en de kerkelijke diensten bij de Roomsch Catholieken waargenomen door een pastoor wiens naam niet genoemd wordt. Ds. van Esch ont-ving uit de koloniale kas ƒ1700 uit de souvereinskas ƒ5000; Ds. J. Koops uit eerstgenoemde ƒ500, tiu de tweede ƒ5000; de R. C. pastoor ontving van zijne gemeente ongeveer ƒ12,000.

Verder waren er eenige Moravische zendelingen, die in hunne kapel elken avond godsdienstoefening hielden, welke altijd vóór 8 ure was afgeloopen, omdat na dien tijd geen slaaf zich op straat mogt vertoonen zonder verlofbriefje van zijnen meester (†); en de meeste bezoekers dier kapel behoor-den tot den slavenstand. Ook in de districten bevonden zich eenige zendelingen dier gemeente. Bonham legt omtrent hen een gunstig getuigenis af. »Zij voorzien geheel in hunne eigen behoeften. Zij werken met veel zegen; nimmer hoort men van eenige ongeregeldheden door hen verwekt, of wor-den klagten tegen hen vernomen." Hunne gemeente bestond uit 85 vrije negers, 20 vrije kleurlingen; 526 neger- en 21 kleurlingslaven. (§)

Sedert de verovering van Suriname door de Engelschen, was er geen geestelijke (Clergyman), om de dienst, naar de

---

(*) Letter from Bomham to Earl of Liverpool. 30 March 1812.

(†) Publicatie van Hughes.

(§) Letters from Bonham to Earl of Liverpool, 28 December 1811 and 30 March 1812.

gebruiken der Engelsche kerk, voor zijne landslieden te houden. Bonham wenschte hierin voorziening te brengen; hij
bragt deze zaak in de vergadering van het Hof ter sprake,
en, na eenige bezwaren, verkreeg hij de toestemming, om de
zaal, boven de vergaderplaats van het Hof, vroeger als Hollandsch bedehuis gebruikt, voor de godsdienstoefening, volgens
de Engelsche ritus, te gebruiken. Met eene uitgave van 150
pond sterling werd die zaal voor bedoeld gebruik geschikt
gemaakt. Bonham stelde den Garnizoens-prediker Rev. M. Austin tot Official-Clergy-man of the English congregation in
Suriname aan. Austin ontving de bevoegdheid, om te doopen,
huwelijken te sluiten, de lijkdienst voor gestorvenen te lezen,
etc. »Tot dien tijd," schrijft Bonham, »werden de Engelschen in Suriname als honden, d. i. zonder eenige plegtigheid begraven." Het Hof stond als tractement voor den Engelschen predikant ƒ 5000 toe; Bonham voegde uit de souvereins-
kas er ƒ 5000 bij, dus te zamen 10,000; dat evenwel bij den
toenmaligen wisselkoers niet veel meer dan 250 pond sterling
bedroeg (*)

Onder het bestuur van Bentinck was (3 Nov. 1813) een
schip, bestemd voor de Nickerie, met 21 slaven voor Paramaribo aangekomen. De beambten aan het customhouse hadden
er beslag op gelegd, daar door dien invoer tegen de wet van de
afschaffing des slavenhandels werd gehandeld. Bentinck
kwam echter tusschen beide en verklaarde dit voor een
bijzonder geval, een dat hem bekend was, en de aangebragte slaven werden in de gevangenis van de fortres
Zeelandia opgesloten en bevonden er zich nog tijdens Bonhams komst aan het bestuur. Bonham vroeg, zoodra hij hiervan kennis had gekregen, aan het Britsch Gouvernement, hoe
in dit geval te moeten handelen. (†) Hij ontving hierop tot
antwoord, dat die slaven, als tegen de wet ingevoerd, als
vrijen moesten verschoond en goed behandeld worden; zij
konden ook als soldaten bij het W. I. regement worden ingedeeld. Bentinck had er niets van medegedeeld, doch dit was

(*) Letter from Bonham te Earl Bathurst, 2 October 1812.
(†) Letter from Bonham to Earl of Liverpool, 29 December 1811.

zoo zijne gewoonte. (*) Bij een nader onderzoek, door Bonham ingesteld, bleek het dat de bedoelde slaven beschuldigd waren van op Martinique »met vergif te hebben omgegaan", en daarom voor eene geringe som waren gekocht door zekeren heer Bent, die in Suriname eene plantaadje had. Hun getal was tot veertien gedaald; zij waren oud; verscheidenen onder hen leden aan verlamming; voor de militaire dienst of voor den arbeid waren ze geheel ongeschikt; ze vrij te geven was gevaarlijk en niemand wilde ze in huis nemen. »Ik heb", schrijft Bonham, »regt medelijden met die arme schepsels, en vind het het beste, om ze naar het etablissement te zenden, waar de tot dwangarbeid veroordeelde negers zijn; daar kunnen zij behoorlijk gekleed en gevoed worden en stillekens voortleven." (†) Het Britsch Gouvernement was hiermede echter nog niet tevreden en verlangde hunne geheele in vrijheidstelling, waaraan door Bonham werd voldaan. (§)

Was Bonham streng regtvaardig, hij bezat echter, zoo als wij reeds vroeger hebben aangemerkt, een medelijdend hart en trok zich het lot der verdrukte slaven aan. Telkens vindt men hiervan het bewijs in zijne uitspraken aan de Britsche regering. Hij was verontwaardigd over de wreede wijze, waarop sommige kolonisten jegens hunne slaven te werk gingen.

»Ik heb," schreef hij o. a. aan lord Bathurst, »21 jaren in de West-Indiën verkeerd, en in iedere kolonie heb ik steeds gehoord, *dat het eene zeer zware straf voor een neger was, om hem aan een planter in Suriname te verkoopen, en ik bevind nu dat zulks waarheid is."* (**) »Ik ben nog in geene kolonie geweest, waar de slaven zoo slecht worden behandeld, zulk slecht voedsel en zulke sobere kleeding ontvangen en waar zij toch tot zulk een zwaren arbeid, boven hunne krachten worden genoodzaakt." (††) Bonham vergenoegde zich echter niet met zijne verontwaardiging te betuigen, maar nam

---

(*) Letter of Earl Liverpool to Bonham. 12 March 1812.
(†) Letter from Bonham to Earl of Liverpool, 30 March 1812.
(§) Letter from Bonham to Earl Bathurst, 8 Juny 1813.
(**) Letter from Bonham to Earl Bathurst 9, Februarij 1814.
(††) Letter from Bonham to Earl Bathurst 14 Julij 1813.

maatregelen ter verbetering van het lot dezer ongelukkige wezens (those unfortunate Beings.) Om willekeurige afstraffingen, ten minste eenigermate tegen te gaan, vaardigde hij den 14den Mei 1814, de navolgende publicatie uit:

»Een iegelijk word hiermede gewaarschuwd van geen slaven in het binnen-fort (Zeelandia) te zenden, om gestraft te worden, zonder een schriftelijke aanklagt van de misdaad aan welke dezelve zich hebben schuldig gemaakt, aan de cipier over te geven, welke niet verpligt zal zijn, een eenige slaaf onder zijne bewaring te nemen, zonder zulk een getuigschrift.

Geen straf zal vermogen uitgeoefend te worden, alvorens zulk een slaaf 48 uren lang in het binnen fort gezeten heeft, in dien tusschentijd moet het bovengemelde getuigschrift aan de heer Fiscaal worden toegezonden, welke alleen geauthoriseerd is, om de straf te decideeren welke aan de misdaad is evenreedig. Dezelfde Regulatie moet in acht genomen worden op het Piquet of Schoutenhuis" (*)

Ook andere maatregelen door Bonham omtrent deze aangelegenheid genomen, getuigen van zijne goede gezindheid jegens de slaven; hij ontzag ook niet hen, die hoog in staat waren en tot de zoogenaamde aanzienlijken van Suriname behoorden, te doen vervolgen en straffen; zoo het hem bekend werd, dat zij hunne slaven mishandelden.

Werden de pogingen van Bonham, om mishandeling der slaven te keeren, geweldig tegengewerkt, nog meer tegenwerking ondervond zijn streven, om de regten der afwezige crediteuren te handhaven. Dit vooral deed velen vijandig tegen hem worden en beroerden de gemoederen van velen in Suriname.

Bonham zag met leede oogen de verkwisting aan, welke sommige kolonisten niet slechts hun eigen belang deed verwaarloozen, maar waardoor ook de belangen der afwezige crediteurs, in Holland, (toen in Frankrijk ingelijfd) schade leed. Hij vergenoegde zich echter niet om deze verkwisting met droefheid gade te slaan, maar poogde ze paal en perk te stellen. Reeds kort na de aanvaarding van het bewind over Suriname, had hij, aan den Secretaris van Staat voor het

(*) Publicatie van Bonham 27 Mei 1804.

Departement der kolonien Earl of Liverpool, het voorstel gedaan, om de belangrijke sommen, die zich in de handen van sommige individuen bevonden, doch die eigenlijk aan personen in Holland behoorden, in de koloniale kas te doen deponeren en ze aldaar te doen berusten, tot een algemeenen vrede; hij begrootte het bedrag dier gelden op f 600.000 à f 800,000. (*)

Den 12den Maart des volgenden jaars schreef hij: »Het kwam mij voor, dat het goed ware, om een vertrouwd persoon naar Suriname te zenden, als Curator over de verhypothekeerde plantaadjes, en dat aan dien persoon een naauwkeurig verslag moest worden gegeven van den staat dier plantaadjes, enz. Er zijn vele personen in de kolonie wier plantaadjes verhypothekeerd zijn ten behoeve van personen in Holland wonende. Door de wet van 26 Januarij 1812 worden deze lieden gebaat; maar, omdat zij nu voor een tijd in de vreedzame bezitting hiervan zijn gewaarborgd, zullen zij mogelijk verkwisten wat hun niet toekomt, speculatiën doen, enz. enz., zoodat het zeer noodig ware, in het belang der hypotheekhouders, dat hierop eene behoorlijke contrôle worde gehouden." (†)

Het Britsch Gouvernement keurde dezen voorslag goed en regtmatig, en benoemde, den 12den Maart 1813, tot het houden dier contrôle zekeren heer John Bent, die daarop den 15den Mei 1813 in Suriname arriveerde.

Denzelfden dag van Bents aankomst, maakte Bonham de Proclamatie op, die twee dagen werd daarna uitgevaardigd, waarbij de bevoegdheid van Bent en de verpligtingen der representanten van de afwezige erfgenamen werden beschreven. Die Proclamatie luidde o. a. aldus:

»*Aan zijde van de kroon* is de ontvanger en bestierder (John Bent), mede Administrateur en geauthoriseerd om generaallijk de administratie te controleeren, van, en over al de plantagiën of andere gronden, doorgaands deze colonie, aan zoodanige personen als voorschreven is, behoorende. De gemelde ontvanger en bestierder zal de afscheping en consignemen-

---

(*) Letter from Bonham to Earl of Liverpool, 17 December 1811.
(†) Letter from Bonham to Earl of Liverpool, 12 March 1812.

ten van alle, en iegelijk specie van Producten, Proviniëerende
van al zulke plantagiën, of gronden naar Groot-Brittanniën
bepalen, reguleeren en bestieren, derwijze, dat al zulke produkten zullen worden geconsigneerd, aan de respectieve Huizen van Negotie in Groot-Brittannië, aan dewelke zoodanige
producten gewoonlijk zijn, werden geconsigneerd, en wijders
dat alle cognossementen van dusdanige producten door den
gemelden ontvanger en bestierder aan zoodanige geconsigneer-
den moeten werden ingevuld, voor rekening van de commissarissen; ten dien einde door de kroon aangesteld, te weten aan
Hendrik Fagel en Greenville Penn, Esquires; en zoo dikmaals
de verkoop van eenige gedeelte der dusdanige producten in
de colonie mogte noodig zijn, hetzij ter betaling van aange-
kochte noodwendigheden, of andere onvermijdelijke uitgaven,
zoo zal aan hem insgelijks zoodanige verkoopen zijn gedemandeerd, en zal de opbrengst derzelve, zoodra hij die zal ontvangen hebben, worden uitgekeerd, aan degeenen die van
ieder respectieve Administratie het comptoir houdt; ten einde
regelmatigheid in de rekeningen mogen werden bewaard, en
dat het geld mag worden besteed, tot de eindens voorschreeven:

»*Aan zijde van de afwezige eigenaren,* zal de mede-
administratie blijven, in de handen van diegenen die tot
hiertoe in de qualiteit hebben gefungeert, en zullen zij gehouden zijn, het huishoudelijke van zoodanige administratie
te bestieren, en daarvoor aansprakelijk wezen, de bebouwing
behoorlijk te onderhouden, de tucht onder de slaven te handhaven, en er generaallijk de Directie van de Plantagien te
bestieren, in stricte overeenkomst met de ten dien einde, in
de colonie geëtablisseerde wetten, en inrigtingen en in alle
gevallen het belang van de eigendommen, onder derzelver
bestier, na hun uiterste vermogen bevorderen. In de volvoering van deze pligten zullen nogthans geene onkosten van
aanbelang, hetzij tot de gewoonlijke Leverantiën of tot de
Reparatiën van gebouwen, door den persoon of personen, die
de Administratie aan zijde van den Eigenaar, waarnemen,
mogen gemaakt worden, buiten de sanctie van den gemelden
ontvanger en bestierder den heer John Bent, alvorens daartoe

te hebben verkregen; terwijl het duidelijk moet verstaan worden, dat die in geval van noodzakelijkheid, altoos moeten
geschieden, naar de allerzuinigste grondbeginsels, en met de
goedkeuring en toestemming van alle partijen.

De voormelde mede-administrateuren worden al verder gerequireerd, om met het minst mogelijk vertraag de Directeurs
van de Respectieve Plantagiën, of andere eigendommen voormeld,
te gelasten, om aan het comptoir van den gemelden ontvanger
en bestierder, binnen de eerste week van ieder maand, een
exacte Duplicaat-Maandlijst, volgens coloniaal gebruik, in te
zenden, benevens een Duplicaatlijst van zoodanige benoodig-
heden of requisiten, als voor de plantagiën vereischt mogen
worden, moetende dezelve op 't zelve tijdstip, en met dezelfde
gelegenheid, geadresseerd als boven, verzonden worden, als
die aan de gemelde administrateuren, aan zijde van de eigenaren.

En zullen de gemelde administrateureu, aan zijde van de
eigenaren, ten einde den gemelden ontvanger en bestierder in
staat te stellen, duidelijk en voldoende, den staat en gesteldheid van de Respectieve Plantagiën of gronden voorschreven,
te kunnen nagaan, onverwijld ten comptoire van den gemelden ontvanger en bestierder, fourneren, een copij van de
laatst gemaakte inventaris, benevens een uittreksel van de generale rekeningen, loopende tot den 15den Mei 1813, van
ieder plantagie of grond, onder derzelver administratie. Voor
de getrouwe volvoering zijner respectieve pligten, "zal de
. "gemaakte ontvanger en bestierder gerechtigd zijn, tot een vierde
"gedeelte van de provisie, die gewoonlijk aan de Administra-
"teuren van Effecten in deze colonie wordt toegestaan, en de
"Administrateuren aan zijde van de eigenaren, tot de overige
"drievierde parten van dien, tot nader order." (*)

Naauwelijks was die proclamatie uitgevaardigd, of er verhief zich eene sterke oppositie tegen het opdragen van eene
zoo groote magt aan den ontvanger en bestierder. De Administrateuren van plantaadjes (eigenaars bevinden zich weinig

---

(*) Proclamatie van Bonham, 15 Mei 1813.

in Suriname) vermeenden door dezen maatregel, in hunne regten gekrenkt, in hunne belangen verkort en in hunne magt en aanzien besnoeid te worden; deze personen en eenige kooplieden, wiens belangen met die der Administrateuren overeenkwamen, stelden er zich dadelijk ten sterkste tegen.

Weldra circuleerde in de kolonie eene petitie, die door Bonham "een oproerig geschrift" werd genoemd, tegen dezen maatregel ter onderteekening. Die petitie was opgesteld door de heeren Vlier en de Rives, regtsgeleerden, van wie het, (altijd volgens Bonham) wel bekend was, dat zij vroeger tot de Jacobijnsche partij in Suriname hadden behoord. Bonham verbood de verdere circulatie van dat geschrift; hij eischte het van Vlier terug, en beval, dat de beide opstellers, Vlier en en de Rives, binnen tien dagen, ieder eene borgtogt van ƒ 10,000 zouden stellen, ter verzekering van hun verder rustig gedrag als goedgezinde onderdanen; terwijl zij, bij gebreke daarvan, uit de kolonie zouden verwijderd worden.

Die gestrengheid bereikte echter het daarmede beoogde doel niet. Door sommige lieden in de kolonie werd desniettegenstaande de afkeer tegen Bents commissie luide verkondigd, en men liet niet na, allerlei ongunstige gevolgtrekkingen daaruit op te maken en valsche geruchten (the most scandalous falsehoods) omtrent dezelve te verspreiden, zoodat vele weigerachtig bleven, om de verlangde opening aan Bent te doen.

Ook in het Hof van Policie, welks leden voor het grootste gedeelte uit Administrateuren bestonden, openbaarde zich een heftige geest van tegenstand. Het Hof leverde aan Bonham eene remonstrantie in, waarbij de verklaring werd afgelegd, dat de proclamatie van 15 Mei de grootste consternatie had verwekt, zoo wegens deszelfs onmiddellijk effect en de schorsing van alle bezigheden, daardoor veroorzaakt, als wegens de onbepaalde uitgebreidheid der magt, die hierbij aan John Bent werd verleend. Men vroeg dus nadere uitlegging omtrent die magt, en verzocht aan den Gouverneur om, terwijl zij 'zich over deze commissie, aan Z. K. H. den Prins Regent zouden wenden, voorloopig de Commissie van John Bent te schorsen. Bonham antwoordde hierop, 1o. dat hij zich niet gehouden achtte, om aan het Hof als zoodanig, een nadere verklaring te geven; doch dat hij en John Bent, als particulieren, bereid waren alle mogelijke inlichtingen te verleenen; en 2o. dat hij niet geregtigd was, om *duidelijke* en *stellige* bevelen van Z. K. H. den Prins-Regent te wederstreven.

De leden van het Hof bleven echter bij hunne, reeds bekend gemaakte gevoelens, volharden; en zij verlangden eene buitengewone vergadering te houden, om nader over deze zaak te discussieren. Die vergadering, gehouden 31 Mei 1813, was zeer onstuimig. Dezelfde vragen over en vertoogen tegen Bents commissie werden door de leden gedaan en door Bonham op dezelfde korte en bondige, doch tevens wel eeniger-mate hooghartige wijze beantwoord. Eindelijk zeide een der leden, de heer Halfhide (vroeger horologiemaker te Londen) op beleedigenden toon: »Ik geloof, dat de Prins-Regent deze kolonie wenscht te ruineeren." Bonham vatte hierop vuur en antwoordde: »De Prins-Regent wenscht zulke dingen niet, maar gij, hoe durft gij eene dergelijke aanmerking in mijne tegenwoordigheid maken; ik zou u deswege wel kunnen schorsen." Halfhide sprak nu op uittartenden toon: »Gij wilt mij schorsen? Ik wil niet geschorst worden en ik hoop dat het Hof mij in mijn verzet hiertegen ondersteunen zal." Bonham beantwoordde deze uittarting door te zeggen: »Nu mijnheer, *gij zijt geschorscht, ik schors u.*" Halfhide geheel door drift overheerd, riep toen op eene alles te bovengaande beleedigende wijze: »Dan moogt gij uwe soldaten wel zenden, om mij in het fort te plakken, zoo gij durft. *Ik wil niet geschorst worden.*" Bonham trok aan de bel en sloot de vergadering.

Bonham die volstrekt de man niet was, om slechts door woorden te dreigen, maar die van handelen hield, schreef, te huis gekomen, onmiddellijk het bevel tot schorsing van Halfhide en zond het hem te huis. Halfhide die begreep dat hij te ver gegaan was, verzocht den Gouverneur om een mondeling onderhoud, doch dit werd hem geweigerd.

De leden van het Hof van Policie gevoelden, bij eenig nadenken, toch ook de dwaasheid van hunnen eisch aan Bonham, om stellige bevelen van Z. K. H. niet ten uitvoer

te doen leggen, en »zij waren geheel van haar stuk gebragt"
(disconcerted) (*)

Het Britsch Gouvernement had steeds begeerd, dat deze zaak
in der minne geschiedde. Bent was aanbevolen zijne commissie met matiging waar te nemen. Hij moest *zoo veel mogelijk*
de administrateurs het huishoudelijk bestuur overlaten, en de
consignatiën, *zoo veel mogelijk*, op den ouden voet laten.
Steeds moest hij voor oogen houden het eigenlijk doel zijner
commissie, namelijk: dat het bestuur over de verhypothekeerde plantaadjes geregeld en behoorlijk ging, opdat zij,
indien een gehoopte vrede tot stand kwam, zonder verwijl en
met zoo weinig moeijelijkheid als mogelijk was, aan de eigenaars konden worden overgegeven, waardoor aan de bedoeling
der Britsche regering zou worden voldaan. (†)

Deze begeerte en bedoeling van de Britsche regering met
Bent's commissie, werden echter verhinderd, èn door de heftige tegenstand tegen die commissie èn welligt ook eenigermate door de heftigheid, waarmede Bonham dien tegenstand
zocht te onderdrukken.

Bonham, die zich niet zoo spoedig uit het veld liet slaan,
vaardigde den 2den Junij 1813 eene nieuwe proclamatie uit:

»Naardemaal de heer Bent, ontvanger en bestierder der
eigendommen van afwezigen, aan ons heeft te kennen gegeven,
dat onze Proclamatie de dato 15 Mei 1813, ontbiedende de
houders van alle eigendommen, bij gemelde proclamatie uit-
geduid om derzelver opgaven van dien, op of voor den
27sten Mei in te leveren, niet ten volle is worden nagekomen;
zoo word bij dezen bekend gemaakt, dat ten dien einde een
verder uitstel zal worden verleend, tot Donderdag den 10den
dezer. Na welke dag de Administrateuren van Plantagiën in
't bijzonder, die verzuimen daaraan te voldoen, hiermede worden aangezegd, dat zij niet slechts in derzelver administratie
zullen worden vervangen, maar benevens alle andere perso-

(*) Letter from Bonham to Earl Bathurst, 8 June 1813, benevens de
noodige bewijsstukken, als extract der notulen van Gouverneur en Raden,
copijen van brieven enz. enz.

(†) Letter from Harrisson (Treasury Chamber) to Bent, 25 April 1813.

nen, die hieraan blijven in gebreke, aan zoodanige verdere poenaliteiten onderhevig zijn, als een besluitvolle ongehoorzaamheid aan zijner Majesteits bevelen, mogen noodzakelijk maken, hun op te leggen. En alzoo ons is ter kennisse gekomen, dat onderscheidene kwalijk gezinde lieden, zijn trachtende, om de gemoederen van het algemeen, met valsche geruchten te beangsten, aangaande de uitwerking van de bedoelde commissie; zoo word bij deze de ernstige waarschuwing gedaan, dat de allerstrengste maatregelen promptelijk zullen worden aangewend, tegen alle degeenen, die in het vervolg mogen bevonden worden, gebruik te maken, hetzij in gesprekken of anderzints, van al zulke onbehoorlijke en oproerige taal. Wordende al verder hiermede bevolen, dat wanneer eenige twijfel mogte ontstaan, aangaande eenige der pointen, in verband staande met den eigendom, waarop onze Proclamatie de dato 15 Mei 1813 is toe te passen, de belanghebbende personen zich om uitlegging zullen hebben te vervoegen, bij den gemelden ontvanger en bestierder den heer Bent, of wel aan ons, naar dat de omstandigheden der zaken, zullen schijnen te vereischen. En opdat niemand van deze onze Proclamatie eenige ignorantie zoude mogen pretenderen zal dezelve alom worden gepubliceert en aangeplakt, ter plaatse waar men gewoon is zulks te doen, en van Plantagie tot Plantagie worden rondgezonden." (*)

Den 20sten en 21sten Junij werden in nieuwe proclamatiën nader een en ander omtrent Bent's commissie geëxpliceerd. Evenwel bleef er onwil heerschen. Bonham meende tot strengere maatregelen de toevlugt te moeten nemen. De Administrateuren Taunay, Winkelbach en Fuchtenberg hadden, zonder Bent hiervan kennis te geven, op eigen gezag 100 okshoofden suiker verzonden; allen werden daarop uit hunne administratiën van buitenlandsche eigendommen ontslagen; Taunay daarenboven als Raad van Policie. (†)

Velen bleven achterlijk in de verpligte inzending van maand-

(*) Proclamatie van Bonham, 2 June 1813.

(†) Notificatie van den Gouvernements-Secretaris, 25 Junij 1813. Letter from Bonham to Earl Bathurst, 7 Julij 1813.

staten der plantaadjes, zie proclamatie 15 Mei, aan John Bent,
die daarom den 26sten Augustus 1815, de navolgende annonce
deed:

»Daar verscheidene Directeuren van Plantagien, onder de
vereenigde administratie van den ontvanger en bestierder, in
weerwil van zijn Excellentie den Gouverneurs Proclamatie van
den 21sten Junij 1815, nalatig geweest zijn om den gemelden
ontvanger en bestierder, de maandelijksche lijsten, welke gerequireerd worden toe te zenden, zoo word aan zulke personen hiermede bekend gemaakt, dat er op den 15den dag van
iedere maand een lijst van de namen der nalatigen, in dit
respect aan den Fiscaal zal worden overgegeven, ten einde
zijn Ed. tegen dezulken overeenkomstig de wetten kan procederen, — en de heeren Administrateuren worden verzogt,
aan de onderscheidene Directeuren onder hun, hiervan kennis te geven, opdat zij geen onwetendheid zouden kunnen
voorwenden van de straf, aan welke zij waarschijnlijk, door
het volharden in hunne nalatigheid zullen onderworpen zijn.

(get.) Joh. Bent,
Ontvanger en Bestierder."

Als voorname bezwaren tegen Bents commissie werden op-
genoemd: 1o. zijne groote bezoldiging, die op 30,000 pond
sterling 's jaars werd begroot; 2o. dat één man een zoo uitgebreide administratie niet behoorlijk kon voeren; 5o. dat er
eene hardheid in lag voor sommige Londensche huizen hunne
consignatiën te verliezen; en 4o. dat de verleiding voor Bent
om gunsten te verleenen, te groot was.

Bent wederlegde die bezwaren in een brief, waarvan een
extract door Bonham aan het Departement van kolonie werd
gezonden. Op het eerste bezwaar, omtrent de te hooge bezoldiging, antwoordde Bent, dat dezelve niet zoo hoog was,
als men veronderstelde; het zou veel wezen indien zijn inkomen 15,000 pond sterling bedroeg, en daarvan moest hij een
dozijn klerken, een groot etablissement onderhouden. Wat
het tweede bezwaar, de veronderstelde onmogelijkheid om zulk
eene uitgebreide administratie alleen te houden betrof, toonde

hij aan, dat die uitgebreidheid meer scheen, dan ze inderdaad was. Het geheele bestier der verhypothekeerde plantaadjes werd uitgeoefend door zeven of acht hoofdadministrateurs, die als het ware de geheele kolonie in bezit hadden; de verdere administrateurs waren het niet veel meer dan in naam en hun werkkring was tot het huishoudelijk bestuur der plantaadjes beperkt; op deze wijze werd reeds het toezigt over het geheel gemakkelijk gemaakt en verder, bij vermeerdering van werkzaamheden, vermeerderde Bent eenvoudig het aantal zijner klerken. Over het derde bezwaar, de onbillijkheid, dat sommige Londensche huizen hunne consignatien door zijne commissie verloren, was hij zeer kort en merkte slechts aan, dat niemand, *die eerlijk handelde* door zijne commissie zou worden benadeeld en omtrent het vierde, de verzoeking om gunsten te verleenen, was genoeg waarborg te vinden, behalve in de bekende eerlijkheid van zijn karakter, in de omstandigheid, dat zijne mede-administrateuren, die hem zeer vijandig waren gezind, met arendsoogen zijne gangen nagingen en hem bij de geringste aanleiding hiertoe heftig zouden beschuldigen.

In dienzelfden brief deelt Bent mede, hoe de plantaadjes in Suriname onder hypothekair verband waren gekomen, hoe de bestuurders dier Fondsen in Holland, de administrateurs in Suriname benoemden; doch dat alles hebben ook wij reeds vroeger in de geschiedenis behandeld.

Verder beschrijft hij de wijze waarop door de gemagtigden (de administrateuren) de zaken werden bestierd. Het oordeel van Bent hierover is zeer ongunstig. Als een klein bewijs hoe de handelwijze dier heeren nadeelig voor de crediteuren was, verhaalt hij, dat van sommige inwoners, die hunne goederen aan personen in Holland bij erfenis vermaakt hadden, niet slechts de plantaadjes onder beheer der administrateurs bleven, maar dat dezen zelfs de getesteerde gelden in handen hielden, terwijl tegen deze handelingen niets was te doen; ook geen processen hielpen hiertegen, want daar de geregtshoven in Suriname grootendeels uit administrateuren bestonden, was hiervan geen regt tegen lieden van hunne soort te wachten.

Van de directeurs der plantaadjes getuigt Bent, dat zij een

soort van dronken lieden waren, die de slaven allerwreedaar-
digst behandelden; zoodat het zeer noodzakelijk was, dat het
Gouvernement zich het lot dier armen aantrok. »In geen
deel der wereld," dus besluit hij zijnen brief, »hebben zoo
vele misbruiken van allerlei aard plaats, als hier."

Bent begeerde die misbruiken te keer te gaan en daartegen door-
tastend te handelen. Het schijnt o. a., dat er kwade trouw
plaats gehad heeft bij het aankoopen van benoodigdheden
voor de plantaadjes, want den 14den October 1813, deed hij
de navolgende aankondiging:

»Zeer buitensporige prijzen gebleken hebbende in de laatste
maandlijsten wegens gedane leverantien, ten behoeve van sommige
plantagien, onder mijne mede-administratie en beheering, zoo geve
ik aan een ieder, die zulks aangaat kennis, dat bij de jaarlijksche
betaling van de rekeningen van plantagies, geene zullen worden
goedgekeurd, zonder dat de bewijzen, waaruit dezelve gefourneerd
zijn, eerst ten deze comptoiren zullen zijn geapprobeerd geweest, ter verkrijging van welke het ten allen tijden noodzakelijk zal zijn, om de Requisitie te vertoonen, met de prijzen
gesteld nevens ieder Articul dat gerequireerd werd.

John Bent.
Ontvanger en Bestierder (*)."

Om alle mogelijke knoeijerijen bij den verkoop der producten tegen te gaan, werd door Bonham besloten, die voortaan publiek te doen plaats hebben; waartoe hij 11 December
1813 de volgende proclamatie uitvaardigde:

»Naardemaal in aanziening van onze proclamatie de dato
21 Junij 1813, als ook die van vroegere datum, waarbij de
pligten van den ontvanger en bestierder, aan zijde van de
kroon, als mede van de administrateuren, aan zijde van de
afwezige eigenaren zijn werden gedetailleerd, het aan ons als
oirbaar is voorgesteld, om met de tot dusverre gebruikelijke
wijze van het uit de hand verkoopen van producten, geperci-
pieerd op de plantagien onderhevig aan de commissie van

<hr>

(*) Annonce van John Bent, 14 October 1813.

den ontvanger en bestierder, te doen veranderen, in een publieke verkoop, bij advertissementen en inschrijvingen.

Zoo lasten en bevelen wij bij dezen, dat de voormelde wijze onverwijld zal worden aangenomen, en, ten einde hetzelve onmiddellijk effect te doen sorteren, zoo worden de onderscheidene administrateuren en andere belanghebbenden, ontboden om aan den gemelden ontvanger en bestierder, lijsten in te zenden, van zoodanige quantiteiten en qualiteiten van producten, waarvan de verkoop noodzakelijk zijn mag ter betaling van de binnenlandsche onkosten; ten einde hij tot den verkoop derzelve, de noodige advertentie kan doen, tegen zoodanige tijdstippen, als voor de belangens van de kroon: meest raadzaam en voordeelig moge geoordeeld worden, werdende den gemelden ontvanger en bestierder hiermede gelast, om alle inschrijvingen, welke ingevolge zijne advertissementen mogen gedaan worden, in onze tegenwoordigheid te openen, wanneer de, voor de respectieve eigendommen, voordeeligste aanbiedingen, mits geapprobeerd zijnde, zullen worden aangenomen.

Ende wij waarschuwen op de ernstigste wijze hiermede, alle de vreedzame en welgezinde ingezetenen dezer kolonie, tegen de arglistigheden van zekere lieden, die trachtende zijn, om twijfelingen en angstvalligheden in de gemoederen van het algemeen te prenten, en wij gelasten insgelijks mits dezen, dat, bij aldien er wegens den inhoud van onze proclamatie de dato 21 Junij of van eenige ander onzer proclamatien of notificatien eenig onderscheid van gevoelen mogt ontstaan, ten aanzien van de magt, en de pligten van den gemelden ontvanger en bestierder, en van de onderscheidene administrateuren en andere belanghebbenden, de gemelde partijen of wie het ook zij, die zichzelve beschouwen, als te zijn aangedaan, buiten de bedoeling van onze onderscheidene beschikkingen, derzelver respectieve gevallen, aan ons zullen overlaten, als het opperhoofd dezer kolonie, om door ons dadelijk te worden geredresseerd of geëxpliceerd.

En opdat niemand van deze onze proclamatie eenige ignorantie zouden pretendeeren, zal dezelve alom worden gepubliceerd en geaffigeerd, ter gewoonlijke plaatsen, en van plantagie tot plantagie worden rondgezonden.

Gegeven aan het Gouvernementshuis in de kolonie Suriname, dezer den 11den dag van December 1813, en in het 54ste jaar van Zijne Majesteits regering.

P. Bonham (*)."

Ten gevolge van het besluit in deze proclamatie bekend gemaakt, deed John Bent, den 21sten Dec. 1813 deze advertentie:

»Wordt hiermede bekend gemaakt, dat er te dezen comptoire inschrijvingen zullen ontvangen worden, voor de verkooping van zekere gedeelten van suiker, koffij en catoen der voortbrengsels of producten van de onderscheidene plantagien, onder de jurisdictie van den ontvanger en bestierders-commissie, tot aanstaande Dingsdag den 28sten dezer, 's morgens ten elf uren, wanneer dezelve zullen geopend worden, in tegenwoordigheid van Zijn Excellentie den Gouverneur (en dezulken welke goedgekeurd zijn) zullen worden aangenomen. Monsters van de koffij en catoen kunnen ten dezen comptoire gezien worden. De betaling moet ten dezen comptoire geschieden, al vorens de order tot aflevering der producten gegeven wordt, en het oxhoofd suiker zal gecalculeerd worden op 1100 Pds. netto, tot dat men van het gewigt verzekerd is, wanneer de geheele afrekening zal geschieden, en bij gebreken van zulke betaling binnen acht en veertig uren na de opening der inschrijvingen, zal de koop van nul en geener waarde gerekend worden.

John Bent,
Ontvanger en Bestierder (†)."

Ten einde de administratie geregeld te kunnen houden, vroeg John Bent tijdig de rekeningen op, om ze te kunnen verifieeren, enz.

»De ontvanger en bestierder verzoekt de administrateuren der onderscheidene plantagien en andere eigendommen, onder des Konings commissie, zoo goed te zijn van de rekeningen van hunne onderscheidene administratien op te maken, tot den 31sten dezer, behelzende de generale, provisie en commissierekeningen, welke op ieder derzelve schuldig is en tot der-

---

(*) Proclamatie van Bonham, 11 December 1813.
(†) Annonce van Bent, 21 December 1813.

zelfden datum, en die zoo spoedig mogelijk ten dezen comptoire over te geven, ten einde de noodige schikkingen omtrent
dezelve kunnen gemaakt worden (*)."

Dat men in alles nog al nalatig bleef de orders van Bent
op te volgen, blijkt ook uit de volgende annonce:

»Zeer weinig acht geslagen zijnde op de vorige advertissementen van den ontvanger en bestierder, ten opzichten van
zijn officieele opeisching van obligatien ten zijnen comptoire
leggende, in plaats van betaling in geld, behoorende aan die-
geenen waarover zijne commissie zich strekt, zoo zal ten eersten een lijst van de voornaamste Nalatigen opgemaakt worden en aan Zijn Excellentie den Heer Gouverneur ter zijner
beslissing wegens dezelven worden toegezonden, en de namen
van dusdanige personen zullen publiek gemaakt worden, indien dezelve nog langer voorgeven onwetende te zijn aan de
vorderingen, dewelke dit comptoir ten hunnen laste heeft (†)."
Bonham leefde eenigen tijd in de verbeelding, dat de oppositie tegen Bents commissie gebroken was. Met welgevallen
schreef hij den 25 September 1813 aan Earl Bathurst, dat nu
alle tegenstand had opgehouden en als een goed gevolg van
den invloed van Bent berigtte hij, dat verscheidene personen,
die hunne slaven zeer wreed behandelden door Bent waren
bewogen geworden, om een beter systeem aan te nemen; en
hij had dan ook de hoop, dat hierdoor niet slechts die ongelukkige schepselen, naar de geheele kolonie zoude worden
gebaat (§). Bonham vergistte zich echter zeer. De onwil omtrent Bents commissie bleef in Suriname bestaan; omdat men
echter begreep, dat protesten die aan Bonham gedaan werden,
weinig zouden teweeg brengen, hield men zich eenigen tijd
stil, doch intrigueerde zoo veel te meer in stilte.

De kolonisten zochten sommige Engelsche kooplieden tot
bevordering hunner belangen over te halen en dit gelukte hun.

De laatstgenoemden ondersteunden het verzet der Surina-

(*) Annonce van Bonham, 30 December 1813.
(†) Annonce van John Bent, 14 Januarij 1814.
(§) Letter from Bonham to Earl Bathurst, 25 September 1813.

ners bij de Britsche regering, ter opschorting of opheffing van Bents commissie, die, volgens eene petitie door 40 administrateurs onderteekend, zoo nadeelig voor de kolonie was, dat — indien Bents commissie in haar geheel werd uitgevoerd, de kolonie zoude worden geruïneerd. Men trachtte deze bewering te staven, door aan te voeren: 1o. dat door Bent overal eerst in te moeten kennen, vele vertragingen werden veroorzaakt, ja de handen als gebonden waren; 2o. dat de aan Bent verleende magt veel te groot was, en 5o. dat de slaven, die vrijheid hadden, om zich op Bent te kunnen beroepen, daardoor het vereischte ontzag voor hunne meesters uit het oog verloren. Verder beklaagde men zich in diezelfde petitie over de gestrenge maatregelen door den Gouverneur genomen tegen Vlier en de Rives, waarbij hij tevens de wetten der kolonie had verkracht (*).

Tegenover dit ongunstig getuigenis van Surinaamsche administrateurs staat over dat der door de Regering benoemde commissarissen Fagel en Penn, in een brief dato 29 November 1815 aan George Hamelton, Esq. omtrent Bents commissie afgelegd.

Deze heeren toch verklaarden, dat hun uit de ontvangen stukken en statistieke opgaven enz. duidelijk bleek, dat John Bent met ijver en naauwgezetheid zijn pligt vervulde. De door hem ingeleverde staten waren in behoorlijke orde en muntten door naauwkeurigheid uit. Men verkreeg ook daardoor een goed overzigt over den toestand der cultuur, enz.

De suiker-plantaadjes bleven zich goed staande houden, doch de koffij-plantaadjes vervielen, vooral was het lot der slaven op de laatsten zeer beklagenswaardig, want zij werden er geheel verwaarloosd.

Fagel en Penn stelden het Britsch Gouvernement voor, om in plaats van de magt van Bent te bekorten, die te vermeerderen, en zoo verre uit te breiden, dat hij beter in staat zou zijn de mishandelingen der slaven en hunne verwaarloozing tegen te gaan. Reeds nu had zijn invloed gunstig gewerkt op

---

(*) Petition from some Colonists of Suriname to the Britsch Gouvernement.

de slaven zelf; gevlugte slaven waren door zijne bemiddeling vrijwillig terug gekomen; doch hij had veel te strijden tegen den onwil der Directeuren, die hem meermalen in zijne goede voornemens belemmerden. Genoemde commissarissen verzochten het Britsch Gouvernement, om geen acht te slaan op de klagten der Londensche kooplieden te dezer zake. Dezen toch ontleenden hunne informatien van administrateuren en directeuren in Suriname, welke zeer den vroegeren verwarden toestand, waarbij zij *alleen* belang hadden, terug wenschten (*).

Had de oppositie in Suriname schijnbaar eenigen tijd gerust; weldra verhief zij zich tot eene onrustbarende hoogte. Het volgende geval was hiertoe de voornaamste aanleiding:

De balansen en de gelden, behoorende aan twee boedels, namelijk van de overledene F. Gomarus groot f 170,784 : 10 — 5 en van P. Bloeddoorn groot f 27.000 berustten onder het bestuur der weeskamer. Bent vermeende dat deze balansen en gelden mede onder zijn bestier moesten worden gebragt; hij schreef er Bonham over, die zijne overtuiging deelde en daarom aan het bestuur der weeskamer schreef, om die balansen en gelden aan Bent over te dragen. Bonham wachtte vier maanden te vergeefs op antwoord; den 5den Januarij 1814 rigtte hij zich op nieuw per missive tot bedoeld bestuur en eischtte de overgave van papieren en gelden aan John Bent.

Het bestuur der weeskamer was van gevoelen, dat die overgave, door hen niet kon geschieden, zonder eene finale kwijting en decharge van de erfgenamen, aan wie het vervolgens te

---

(*) Letter from Fagel and Penn to George Hamilton, Esq., 29 November 1813. Ook Bonham bevestigde dit getuigenis omtrent den goeden invloed van Bent ten opzigte van de behandeling der slaven en deelt daaromtrent verscheidene bijzonderheden mede. Wij nemen er slechts een over. Een directeur liet eene vrouw opbinden en onmenschelijk geeselen. Reeds was het getal der toegebragte slagen tot 315 geklommen, toen Bent haar met geweld verlostte; anders ware zij doodgegeeseld geworden. Hare misdaad was, dat zij in dronkenschap eenige brutale uitdrukkingen had gebezigd. Bonham kocht later deze vrouw en schonk haar de vrijheid. Letters from Bonham to Earl Bathurst, 19 Januarij, 9 Februarij en 5 Julij 1814.

beslissen stond, of zij de gelden al of niet aan Bent wilden overgeven, zoodat bestuurderen der weeskamer niet aan het verlangen van den Gouverneur konden voldoen, daar zij niet tegen hunnen eed en tegen de wetten der kolonie vermogten te handelen. Bonham antwoordde kortelijk, dat hij met hunne redenering niets te maken had, maar dat hij begeerde gehoorzaamd te worden. De leden van het bestuur der weeskamer bleven echter bij hunne weigering volharden. Die weigering was onderteekend door C. G. Veldwijk, Raad-Fiscaal, J. Lolkens, 2de fiscaal, A. Melville, Raad-Boekhouder-Generaal en verder door M. J. Schüster, D. Rochetan en H. L. Pierre Gentil.

Bonham zag hierin eene opzettelijk wederstreven van zijne bevelen en was daarom zeer vertoornd. Hij ontsloeg onmiddellijk den boekhouder-generaal Melville en den 2de fiscaal Lolkens. In de plaats van Melville benoemde hij M. van der Tanck, de betrekking van 2de fiscaal bleef voorloopig onvervuld. Hij had gewenscht om den raad-fiscaal Veldwijck te gelijk te ontslaan, maar kon niet zoo dadelijk een voor dit ambt geschikt persoon vinden. Toen echter eenige dagen later Schüster, een regtsgeleerde, die wel de weigering mede had onderteekend, doch later zijn spijt over deze daad in een brief aan Bonham te kennen gaf, dacht Bonham deze zwarigheid opgelost te zien, en ook Veldwijck werd ontslagen en Schüster voorloopig als raad-fiscaal aangesteld (*).

De strenge maatregelen troffen echter geen doel.

De uit hunne ambten ontslagen fiscalen en de boekhoudergeneraal waren ook wel vroeger tegen de commissie van Bent geweest; doch tijdens zij hunne ambten bekleedden waren zij meer gebonden. Nu echter wierpen zij zich in de armen der ontevreden partij. Ook bij het hof, dat zich een tijd lang stil had gehouden verhief zich de oppositiegeest tegen de gestrenge maatregelen van het Gouvernement. Bonham liet zich echter door niets afschrikken; hij belegde eene buitengewone verga-

---

(*) Letters from Bonham to Earl Bathurst, 19 Januarij and 10 Februarij 1814, etc

dering van het hof, die ook door personen, tot zijnen staf behoorende, werd bijgewoond; hier, in eene korte en bondige rede, hield hij allen hun pligt voor, om de bevelen van den Souverein en diens vertegenwoordiger in de kolonie te gehoorzamen; terwijl hij hun, die hierin nalatig bleven, met ontzetting uit hunne betrekking bedreigde. Men begreep dat Bonham woord zou houden en de bedreiging volvoeren, zoodat het hof, ofschoon gedwongen, toegaf (*).

Veldwijk diende een rekwest bij Bonham in, welke hem antwoordde, dat hij op zijne bekwaamheid niets had aan te merken; dat hij evenwel ontevreden was over zijn gedrag op den 31sten Mei 1810, op welken dag hij, in plaats van het Hof met den Gouverneur te verlaten, was achter gebleven, zeker niet met goede oogmerken, en dat hij sedert dien tijd dikwijls over gebrek aan ijver en waakzaamheid door hem (Bonham) was berispt geworden; doch dat de eigenlijke reden voor zijn ontslag was: zijne weigering in de kwaliteit van weesmeester om de bevelen van den Gouverneur te gehoorzamen. Bonham kon dus niet op zijn genomen besluit terug komen, maar aan Veldwijk stond het vrij zich deswegens tot het Britsch Gouvernement te wenden (†).

Daar Bonham niet toegaf, wenden zich de afgezette ambtenaren per rekwest tot Lord Bathurst. In deze rekwesten verdedigden zij hun gedrag omtrent de zaak der weeskamer en beklaagden zich over hun door Bonham willekeurig gegeven ontslag (§). D. J. Wernink, Hollandsch predikant te Londen, en Steenbergen, koopman, vroeger te Amsterdam thans mede in Londen woonachtig, ondersteunden deze verzoekschriften bij de Britsche regering.

Behalve genoemde petitien kwamen op nieuw twee rekwesten tegen Bents commissie, uit Suriname, bij het Britsch Gouvernement

(*) Extract from the Records of proceedings of the court of Policy, 3 Februarij 1814.

(†) Petition from Veldwijk to Bonham, 31 Januarij 1814. Answer from Bonham, 3 Februarij 1814.

(§) Petition from Veldwijk, Melville and Lolkens te Earl Bathurst, 9 Februarij 1814.

in. De hoofdinhoud der rekwesten was: dat men de Britsche regering verzocht, om zoo zij de maatregelen omtrent de ver- hypotheteerde plantaadjes volstrekt wenschte door te zetten, het beheer aan eene commissie en niet aan een enkel persoon op te dragen. Een dezer rekwesten was door vier, het andere door vier en tachtig personen onderteekend (*). Het Britsch Gouvernement leende ten deele gehoor aan deze klagten en aan Bonham werd bevolen, dat hij de gemoederen niet door noodelooze gestrengheid nog meer moest verbitteren, maar integendeel trachten moest om ze door inschikkelijkheid tot verzoening te brengen.

In Europa waren intusschen belangrijke gebeurtenissen voor- gevallen: Napoleon was genoodzaakt geworden Frankrijk's troon te verlaten en zich met de souvereiniteit van het eiland Elba te vergenoegen; de volkeren, die een zoo geruimen tijd onder het juk des Franschen beerschers hadden gezucht, erlangden hunne vrijheid weder en ook Nederland herkreeg zijn volksbestaan.

Deze groote gebeurtenissen oefenden mede invloed uit op de verdere handelwijze der Britsche regering in Suriname.

Daar de Britsche regering begreep, dat haar bewind over Suriname waarschijnlijk van korten duur zou wezen, wilde zij een maatregel, dien zij voornamelijk in het belang der crediteuren had genomen, doch die zoo veel tegenkanting in de kolonie ondervond, niet langer doorzetten, en zij besloot de commissie van Bent op te heffen.

Bonham gaf bij proclamatie van 8 Junij 1814, daarvan den volke kennis:

»Naardien Zijne Majesteits minister ons door de paquet, hebben gecommuniceerd, dat het Zijne Majesteit had behaagd, uit aanmerking van de »groote gebeurtenissen onlangs in Eu- ropa voorgevallen," om de commissie van den ontvanger en bestierder van eigendommen van afwezigen op te schorten, met last op gezegde ontvanger en bestierder der eigendommen welke hij, uit krachte van voorschreven commissie onder zijn

---

(*) Petition from some Colonists to Earl Bathurst, 3 December 1813.

bestier mogte hebben, weder over te geven. Zoo gelasten en beveelen wij bij deezen allen en een iegelijk dewelke ter zaake voorsz. met gezegden ontvanger en bestierder, de mede-administratie hebben, of wie zulks anders zoude mogen aangaan, zich ter zijnen kantore te vervoegen, ten einde hunne respective rekeningen zoo spoedig mogelijk te vereffenen, opdat de verder aan hem gegevene beveelen, ten volle kunnen worden gehoorzaamd, zullende op vertooning van zijn certificaat ter gouvernements secretarye, dat die vereischtens naargekomen zijn, de sequestratie van alle zulke eigendommen dadelijk ontheven worden.

En opdat niemand, van deze onze proclamatie eenige onkunde zoude kunnen voorgeven, zal dezelve alom worden gepubliceert en geaffigeerd ter gewoone plaatse, en van plantagie tot plantagie rondgezonden.

Gegeven te Gouvernementshuize in de kolonie Suriname, deze den 8ste Junij 1814, en in het 54ste jaar Zijner Majesteits regering.

P. Bonham" (*).

Bonham ontving eene berisping van zijn gouvernement over zijn gedrag en werd op nieuw aanbevolen om op verzoenende wijze te werk te gaan. Hij antwoordde daarop en verdedigde zijn gehouden gedrag in een brief aan lord Bathurst dato 12 Junij 1814. Hij betuigde in dien brief, dat gestrengheid niet in zijn karakter lag; dat hij niets liever wenschte dan met ieder in vrede te leven; doch, dat de vervulling van zijn pligt jegens Souverein hem hooger ging. Die pligt schreef hem voor: 's Konings bevelen te doen gehoorzamen, en hoewel hij de wetten der kolonie in ernst wilde handhaven, had hij zich soms in de noodzakelijkheid bevonden, om die wetten ter zijde te stellen, daar ze de uitvoering van 's Konings bevelen onmogelijk maakten en tot eene doode letter zouden hebben verlaagd. Hij had veel goeds van Bents commissie verwacht, en ze daarom krachtdadig bevorderd; maar had hierbij tevens zoo veel tegenstand ondervonden, dat het leven

---

(*) Proclamatie van Bonham, 8 Junij 1814.

hem sints dien tijd, met regt moeijelijk was gemaakt; zelf was hij genoodzaakt geworden, om personen, die dagelijks aan zijne tafel aten, het huis te ontzeggen; hoe hij belasterd en beleedigd was zou Bent, die den 18den Julij uit Suriname naar Engeland zou vertrekken, den minister kunnen mede deelen.

Wat de zaak omtrent de Weeskamer betrof, verklaarde hij, lang geduld te hebben geoefend; maar daar men steeds in het geheim beraadslaagde en de geheele toeleg van het bestuur was; om onder een schoonschijnend voorwendsel, Bent's commissie tegen te werken, was hij tot het nemen van krachtige maatregelen genoodzaakt geworden. Hij erkende, dat hij nu en dan wel een hoogen toon had gebezigd, die ongetwijfeld in Engeland zelf ongerijmd ware geweest, »maar" zoo vervolgt hij: »de lieden hier zijn zoo onwetend en tevens zoo hardnekkig, dat zij, zelfs voor hun eigen welzijn, in toom moeten worden gehouden (the people here, who are very ignorant, proverbially obstinate and must be driven in to measures, even for then own benefit). Bonham zou echter, volgens verlangen van den minister, toegeven waar dit eenigzins mogelijk was.

Bonham gaf dan ook weldra een bewijs van zijne verzoenende gezindheid door Lolkens den 20sten Augustus 1814 in zijn ambt als 2e fiscaal te herstellen. Deze heer had hier echter weinig genot van, daar hij reeds drie dagen daarna, den 23sten Augustus overleed (*).

Thans verder te gaan vermeende Bonham ongeraden te wezen, daar dit eene zekere zwakheid zou verraden (†); doch de Britsche regering bleef bij hem aanhouden om nog meerdere stappen van verzoening te doen. Bonham gaf toe en ook Taunay werd weder als raad van policie in het Hof toegelaten; terwijl twee actien, welke Bonham tegen hem had, niet vervolgd werden. »Maar wat is . hiervan het gevolg?" schreef Bonham later aan lord Bathurst en hij zelf beantwoorde deze vraag door te vervolgen: »datgene wat immer bij zulk onwetend en laatdunkend volk het geval is: bij denkt nu dat ik

---

(*) Letters from Bonham to Earl Bathurst, 23 Augustus 1814.

(†) Letters from Bonham to Earl Bathurst, 16 November 1814.

bang ben om hem te straffen en hij begaat eene nieuwe beleediging, waarvoor hij nu lijden moet."

Deze hier bedoelde beleediging bestond daarin, dat toen Taunay op nieuw in het Hof was toegelaten, hij daar volhield, dat hij vroeger goed had gehandeld en onwettig geschorst was. Bonham achtte deze stijfhoofdigheid eene beleediging hem als Gouverneur aangedaan, en de zaak werd mede door het Hof alzoo beschouwd en Taunay in staat van beschuldiging gesteld, daarna formeel als lid ontslagen en onbekwaam verklaard, verder een ambt te bekleeden en daarenboven verwezen tot eene geldboete van f 12,750 = en de kosten van het proces.

Bonham vond deze straf bij lange na niet zwaar genoeg doch daar het Hof dit vonnis als hoogste geregtshof, had gewezen, had de Gouverneur als partij zich wel buiten beraadslagingen gehouden, maar het als president moeten onderteekenen. Hij beklaagde er zich bij lord Bathurst over, dat men te Londen op slechte informatiën afging; »want," schrijft hij: ware dat niet het geval geweest, dan zouden de heeren Barry and Broth Taunay nimmer een gentleman of high respectability hebben genoemd, daar hij zoo iets niet is en daarenboven over het algemeen als de wreedste man in de kolonie bekend is" (*).

Toen bepaald was, dat Suriname weder aan Nederland zou worden teruggegeven, wendden Taunay en Winkelbach zich tot den Nederlandschen gezant te Londen Fagel en bragten hier hun beklag over Bonham uit. Fagel zond die rekwesten aan de Britsche regering en antwoordde, dat hij geloofde, dat Bonham de grenzen zijner magt verre had overschreden, doch dat hem zou gelast worden nadere informatiën te geven. Na het ontvangen van dit bevel gaf Bonham aan lord Bathurst het berigt: dat hij bij zijne komst in Engeland alle papieren desbetreffende zou medebrengen, en dat het dan zou blijken, dat hij goed had gehandeld (†).

Hiermede eindigt onze mededeeling betreffende de Bents commissie, die zoo veel gerucht in de Surinaamsche wereld maakte. Wij hebben ze verhaald, zoo als ze ons uit de offi-

---

(*) Letters from Bonham to Earl Bathurst, 30 October 1815.

(†) Letters from Bonham to Earl Bathurst, 24 Januarij 1816.

ciële bronnen, berustende op Hear Majestys Statepapers officeen
door particuliere berigten, is bekend geworden.

Is het gedrag van Bonham welligt niet in alles geheel van
willekeur vrij te pleiten, is b. v. zijne handelwijze tegenover
het bestuur der weeskamer niet van willekeur vrij te pleiten,
zoo kunnen wij hem niet te hard vallen, indien men de moeijelijkheden en de heftigheid van den tegenstand beschouwt, dien hij
bij de uitvoering van deze, door zijnen souverein bevolen maatregel ondervond, terwijl men verder onpartijdig oordeelende, moet
erkennen, dat de Britsche regering bij de instelling van Bents
commissie uit edele beweegredenen heeft gehandeld en dat
geen baatzuchtig eigenbelang maar opregte begeerte om de
regten der hypotheekhouders te beschermen, hare drijfveer was.
Al neemt men voor een oogenblik aan, dat de Britsche regering in de keuze harer middelen heeft gedwaald, dan nog heeft
zij ter goeder trouw gedwaald. Wij gelooven echter dat het
controleren der administrateurs eene zeer goede zaak was, en
wij beroepen ons hierbij op de getuigenis van een man, die
als Nederlandsche staatsman zich een welverdiende roem heeft
verworven, en die later een plan voorstelde, dat veel overeenkomst met Bents commissie had (*).

De tijd naderde intusschen dat Suriname weder onder het
bestuur van Nederland zou komen. Reeds in Junij 1814 werd
de tijding in Suriname ontvangen van den tusschen Groot-
Brittannie en Frankrijk gesloten vrede; in Augustus van het
zelfde jaar ontving men de parlements acte, waarbij de handel
tusschen de Vereenigde Provincien (Nederland) en een gedeelte
van Z. B. M. kolonien werd toegestaan. De officiele vertaling
dier acte luidde aldus: »Naardien het is dienstig geoordeeld
geworden, om in de tegenwoordige omstandigheden aan de
onderdanen van de Vereenigde Provincien te vergunnen handel te drijven met de colonien Suriname, Demerarij, Essequebo, Berbice, Curaçao, St. Eustatius, Saba en St. Martin,
in Amerika en de West-Indien, welke voorheen behoord heb-

(*) Gijsbert Karel van Hogendorp.

ben aan het gouvernement van de Vereenigde Provintien, doch
zich hebben overgegeven aan Zijner Majesteits wapenen en
thans in het bezit van Zijne Majesteit zijn; zoo is 't, dat
Zijne Koninglijke Majesteit, op den raad en in overeenkomst met
de Geestelijke en Wereldlijke Lords, en de leden van het Lager-
huis, in dit tegenwoordig Parlement vergaderd, en op derzelver
Authoriteit heeft besloten: Dat van en na het passeeren van
deze acte alle onderdanen van de Vereenigde Provintien, en
aldaar woonachtig, in eenig schip of vaartuig gebouwd in het
gebied van de Vereenigde Provintien en aankomende onderdanen van de Vereenigde Provintien, en bevaren wordende
door een kapitein en drie vierde gedeelte der matrozen, onderdanen van gezegde provintien zijnde of in eenige Brittannisch
gebouwd schip of vaartuig aankomende en bevaren wordende volgens de wet, wettiglijk zullen kunnen en vermogen invoeren in
voornoemde colonien van de Vereenigde Provintien, en uitvoeren
naar de Vereenigde Provintien, en niet direct naar eenig ander
plaats, alle zulke goederen, waren en koopmanschappen, als men
volgens de wet in de voornoemde colonien mogen worden ingevoerd, of nu volgens de wet uit de voornoemde colonien
van Groot-Brittanien mogen worden uitgevoerd, doch geene
andere goederen, waren of koopmanschappen hoe ook genaamd, tegen betaling in alle gevallen van dezelfde imposten
als door Brittaniesche onderdanen in gezegde eilanden of colonien moeten betaald worden, zich verbindende aan dezelfde
verbanden en dezelfde voorwaarden en schikkingen nakomende,
als bij den invoer van, en de uitvoer naar Groot-Brittanie
plaats vind, niettegenstaande een acte, gepasseerd in het twaalfde
jaar van de regering van Zijne Majesteit Koning Karel de
tweede, ten titel hebbende: Acte ter aanmoediging en vermeerdering van verzending en zeevaart, of in eenige andere
acte hiertegen strijdende; onder beding echter, en het zij verder besloten, dat den kapitein of bevelvoerder van elk zoodanig schip of vaartuig zal vertoonen aan de behoorlijke officieren van de Tol, in de haven van invoer en uitvoer, een
vergunningsbrief van de Brittanische Minister resideerende in
de Vereenigde Provintien, authoriseerende het schip of vaar-

tuig, om gezegde reis voort te zetten ten opzigte van zoodanige invoer en uitvoer; op straffe van verbeurdverklaring en
boete als bij gezegde acte op het verbreken van de wet op
verzending en zeevaart van Zijne Majesteits Kolonien bepaald is" (*).

Van deze vergunning werd spoedig gebruik gemaakt en, op
Vrijdag den 23sten December 1814, arriveerde, ter reede van
Paramaribo, het eerste Hollandsche schip, direct van Amsterdam, zijnde: de Surinaamsche vrienden, kapitein C. Kraay; en
weldra werd dit door andere gevolgd. Ook de sedert eenigen
tijd, door het uitbreken van oorlog tusschen Noord-Amerika en
Engeland, gestoorde Amerikaansche handel werd hersteld, daar
de vrede tusschen de beide rijken den 24sten December 1814
werd geteekend (†).

De handel van Suriname met het moederland was alzoo hersteld en de tijd naderde tot eene vernieuwde vereeniging tusschen de kolonie en Nederland. Het Britsch gouvernement
handelde met de Nederlandsche regering aan welke weldra Suriname zou worden overgegeven, in overeenstemming en droeg
haar nu reeds de bevordering van Suriname's belangen op.
Do. van Esch was in den aanvang van 1815 overleden, en
Bonham deed daarop bij zijn Gouvernement aanvraag voor een
persoon ter vervulling van het opengevallen ambt. De Britsche
regering zond die aanvraag aan Fagel, Nederlandsch Gezant
te Londen; deze benoemde hiertoe den heer Uden Masman,
die kort daarop naar Suriname op reis ging (§).

Verscheidene min of meer belangrijke depèches of verslagen
of petities uit Suriname aan het Britsch bewind gezonden, werden aan onzen Gezant ter hand gesteld. Onder deze laatstge-

---

(*) Letters from Bonham to Earl Bathurst 18 Julij en 30 Augustus
1814. Parlements-acte ter vergunning van den handel tusschen de
Vereenigde provintien en zekere colonien, thans in bezitting van Zijne
Britsche Majesteit, gedagteekend 17 Junij 1814, gepubliceerd te Paramaribo den 29 Augustus 1814.

(†) Letter from Bonham to Earl Bathurst, 27 Februarij 1815.

(§) Letter from Bonham to Earl Bathurst, 27 Februarij 1810, 30
October 1815.

noemde kan die der ingezetenen uit het district Nickerie wel eene der belangrijkste worden genoemd.

In genoemd district waren de meeste eigenaars van plantaadtjes Engelschen, die zich na 1799 aldaar hadden gevestigd (zie bladz. 535). Reeds in 1813 had de Gouverneur van Demerary Gordon een voorstel gedaan, om het district Nickerie bij Demerary te voegen; daar het ver van Paramaribo en in het geheel ver van de oude kolonie (Suriname) was gelegen, doch Bonham in wiens handen dit voorstel toen werd gesteld, was hier zeer tegen. Hij antwoordde, dat Nickerie veel beloofde; dat de vaart van Paramaribo tot Nickerie over zee geene groote moeijelijkheden opleverde en dat daarenboven de weg over land werd verbeterd. Hij geloofde, dat dit voorstel voornamelijk was uitgegaan van sommige planters van Berbice, die kale, zandige plantaadjes hadden en begeerig uitzagen naar den vetten grond van Nickerie. (*) Overeenkomstig den raad van Bonham was dit voorstel door de Britsche regering van de hand gewezen.

Thans verzochten de inwoners van Nickerie in hunne petitie, om, zoo het al niet mogelijk ware, met Demerary en Berbice te worden vereenigd, dan toch door bemiddeling van het Britsch Gouvernement bij den koning der Nederlanden te bewerken, dat hun wederkeerig dezelfde vrijheid zou worden verleend, als door de Britsche regering aan de Hollandsche bewoners der onder het Britsch bestuur blijvende koloniën Demerary en Berbice was toegestaan, namelijk: vrijen invoer hunner benoodigdheden uit- en vrijen uitvoer hunner producten, naar de Britsche koloniën in de West-Indie of van Engeland, in Engelsche schepen. Als drangreden tot hun verzoek voerden zij aan, dat zij door den verren afstand van de oude kolonie immer verpligt waren geweest met Demerary en Berbice handel te drijven. (De overtogt van Nickerie naar de Berbice geschiedde in 5 uren, voor dien naar Parama-

---

(*) Letters from B. J. Jones, Agent of the colony of Surinam to Henry Goulborn, etc.

Letters from Bonham to Earl Bathurst, 18 Augustus 1819.

ribo had men 6 à 7 dagen noodig). Hun bestaan hing van deze vergunning af. Zij betreurden dat het Britsch bestuur hen niet verder beschermen kon: zij waren meest oorspronkelijk Engelschen; zij hadden gelden tot in cultuur brenging hunner gronden ontvangen van personen uit Londen, Liverpool, Glasgow enz.; zij zouden zich eenzaam en verlaten gevoelen onder het Nederlandsch bewind, waarop zij geene betrekking hadden, zoo als de anderen in Suriname, enz. Deze petitie was door 7 personen (meest Engelsche namen) onderteekend. Uit een hierbij gevoegden staat bleek, dat in het District Nickerie waren: 6 koffij- en 14 katoenplantaadjes, te zamen groot 13,000 acres, met eene slavenmagt van 1,528 personen.

Tot ondersteuning, van dit verzoekschrift kwam mede bij het Britsch bewind een stuk in van denzelfden geest door 18 planters en kooplieden uit Demerary en Berbice onderteekend.

De Britsche regering trachtte hunne belangen bij den koning der Nederlanden voor te staan en de koning stond hun de verlangde voorregten toe. (*)

Bonham had reeds vroeger zijne begeerte te kennen gegeven, om, wegens familieaangelegenheden en redenen van gezondheid, voor eenigen tijd naar Engeland terug te keeren; hij had daartoe verlof gevraagd en dit verkregen, doch door de veranderde omstandigheden begreep hij, dat het zijn pligt was hiervan geen gebruik te maken, en te wachten tot dat de kolonie aan het Nederlandsch gouvernement zou zijn overgegeven. (†)

Bonham gebruikte den tijd, dien hij nog als gouverneur van Suriname in de kolonie doorbragt, om alles in behoorlijke orde te brengen. De rekeningen zoowel van de koloniale fondsen als die van de souvereins kas werden opgemaakt en gesloten. Bonham was ordelievend, trouw aan zijnen koning en eerlijk in alles. Een blijk van dit laatste vinden wij o. a. nog weder in het

---

(*) Petition from British subjects living at Nickerie to the British Governement.

Lettre de Fagel à Lord Castlereagh, 15 Mai 1816.

(†) Letters from Bonham to Earl Bathurst, 15 Julij 1814, 4 April en 4 Augustus 1815.

volgende: Bentinck had eenige gelden, die onder het bestuur der weeskamer berustten, doch niet door de belanghebbenden opgevraagd waren, doen deponeren in de kas der Modique lasten, maar ze later in de souvereins kas overgebragt. Bonham zond een copie der lijst van die aan verschillende personen toekomende gelden, waarvan het totaal eene som van $f 87,517 : 10 : 15^{29}/_{60}$ bedroeg, naar het Britsch gouvernement met de aanmerking, dat hoewel in 33 jaren hiernaar geen navraag was geweest, die gelden toch niet aan den souverein behoorden, maar dat hij ze gedeponeerd wilde laten, om ze terug te kunnen betalen aan hen, die er regtmatig aanspraak op hadden; terwijl hij vermoedde, dat, daar de vrede tusschen Nederland en Engeland nu hersteld was, de belanghebbenden weldra hunne aanspraken zouden doen gelden. (*)

Men begon langzamerhand toebereidselen te maken tot de ontruiming der kolonie en trok alzoo de buitenposten in. Ten tijde der Engelsche regering waren deze sterk bezet; gewoonlijk bevonden zich in de kolonie twee regimenten. Toen Suriname aan de Hollanders zou worden overgegeven, moesten de *buitenposten* afgelost worden. Daartoe werden de compagnien *kleurlingen* en *vrije negers* der schutterij geconsigneerd. (De compagnien *blanken* bleven in de stad). — De kleurlingen gingen dan ook, op *eigen kosten*, de Engelschen op de buitenposten aflossen, en bleven de krijgsdienst waarnemen, totdat de Hollandsche militairen hen kwamen aflossen. Sommigen der compagnien kleurlingen zijn *drie maanden* lang op de posten gebleven — en hebben daardoor onmiskenbare blijken van hunne gehechtheid aan Nederland en aan het Huis van Oranje aan den dag gelegd.

De Generaal-Majoor Willem Benjamin van Panhuijs werd door den Koning der Nederlanden, Willem de eerste, tot Gouverneur van Suriname benoemd, en een eskader, onder den Vice-Admiraal van Braam, met ongeveer 1000 man Nederlandsche troepen stak in zee om hem naar deze kolonie te brengen (†).

Van Braam arriveerde per fregat, met 250 man troepen, in

(*) Letter from Bonham to Earl Bathurst, 22 Augustus 1814.

(†) Sypesteyn, Beschrijving van Suriname, bladz. 47.

38*

het begin van Januarij 1816; de nieuw benoemde Gouverneur-van Panhuijs was genoodzaakt geworden door bekomen avary, met het fregat, waarop hij zich met de andere troepen bevond, in de Baai van Biscaye binnen te loopen.

Daar van Panhuijs al de orders en overeenkomsten omtrent de overgave der kolonie aan Nederland bij zich had, vermeende Bonham te moeten wachten met de overgave der kolonie en de ontscheping van troepen tot zijne aankomst.

Panhuijs kwam echter reeds den 26sten Januarij aan en nu werden door Bonham de noodige toebereidselen voor het vertrek der Britsche troepen enz. gemaakt en den 26sten Februarij 1816 werd Suriname aan het Nederlandsch bewind overgegeven.

Het was een plegtig oogenblik toen de Engelsche vlag, die midden op het Gouvernementsplein aan een hoogen stok woei, langzaam werd nedergelaten, terwijl de *Hollandsche driekleur* even statig werd opgeheschen; waarop een luid gejuich door het volk werd aangeheven en het *Oranje boven* daverend door de lucht weêrgalmde.

Den juichtoon *Oranje boven* te hooren doet een Hollandsch hart goed, en te kunnen vermelden, dat die juichtoon weder in Suriname uit vrije borst werd aangeheven, is ons een hartverheffend genoegen; wij verheugen ons met de geschiedenis tot dat tijdstip te zijn genaderd. Bij het sluiten van het Engelsche tijdvak moeten wij evenwel, daar wij steeds wenschen onpartijdig te zijn, bekennen, dat wij niet met Teenstra en anderen instemmen, wanneer zij het Britsch bestuur als nadeelig voor de kolonie beschouwen.

De Britsche regering heeft met matiging van de verkregen magt gebruik gemaakt, en getracht de belangen van Suriname te bevorderen en tevens die der Hollandsche geldschieters niet uit het oog te verliezen.

Dat door vroegere schrijvers een ongunstig en onregtvaardig oordeel over het Britsch bewind is uitgebragt, gelooven wij voornamelijk te moeten zoeken, in de omstandigheid, dat er zoo weinig bronnen tot het regt kennen van dit tijdvak in Holland of Suriname aanwezig waren.

De officiele correspondentie tusschen de Engelsche Gouverneurs en de Secretarissen van Staat van het Departement van Kolonien; verscheidene brieven aan bijzondere personen; extracten van notulen van het Hof van Policie omtrent belangrijke aangelegenheden; de uitvoerige memorien van Heshuijzen; de rekeningen en balansen der verschillende kassen, enz. enz. waren achtereenvolgens naar het Departement van Kolonien te Londen overgemaakt en verder had Bonham bij zijn vertrek uit Suriname, de overige papieren (every document in the English) mede naar Engeland genomen »om," gelijk hij aan Goulborn, Esq. 2de Secretaris van Staat, bij zijn aankomst te Londen meldde, »voor te komen, dat de Hollanders kennis bekwamen van de met zekere personen in Suriname gehouden correspondentie" (to prevent the Dutch gaining any information as to our correspondence with Certain persons in Surinam.)

Deze papieren berustten thans op Her Majesty's State papers office te Londen. Om zooveel mogelijk licht over het Engelsche tijdvak te verspreiden, heb ik mij eene reis naar Londen getroost en aldaar is mij het onderzoek dier belangrijke bescheiden toegestaan; terwijl ik bij deze de diensten mij hiertoe door de Nederlandsche legatie verleend, dankbaar gedenk, moet ik tevens erkennen, dat dezelfde welwillendheid, die ik vroeger op 's Rijks Archief in 's Gravenhage van den heer Archivarius en anderen ontving, bij de bewerking van vroegere tijdvakken, evenzeer door mij genoten is van de ambtenaren bij het Departement van Koloniën en het State papers office te Londen. Nederlandsche en Britsche authoriteiten en ambtenaren wedijveren in beleefdheid, om het onderzoek der officiële bronnen gemakkelijk te maken, zelfs voor hem, die zich met zwakke schreden en nog weinig geoefenden blik op het moeijelijk gebied van historie waagt te begeven en die hierdoor moed erlangt om verder voort te gaan.

VIJFDE TIJDVAK.

VAN 1816 TOT 1861.

EERSTE HOOFDSTUK.

VAN DE OVERNAME VAN HET BESTUUR DOOR VAN PANHUIJS (1816)
TOT DE AANSTELLING VAN P. H. CANTZ'LAAR, ALS GOUVERNEUR-
GENERAAL DER NEDERLANDSCHE WEST-INDISCHE BEZITTINGEN (1828.)

De Engelschen hadden de kolonie verlaten en Suriname was
weder eene Nederlandsche bezitting. Ofschoon het door de Engelschen gevoerde bewind over het veroverde Suriname gematigd
was geweest, en de kolonie tijdens hetzelve eene betrekkelijke
welvaart had genoten, verheugde het grootste gedeelte der blanke
en vrije gekleurde bevolking zich echter ten hoogste, dat de
kolonie nu weder tot Nederland behoorde. Er bestonden zoo
vele banden tusschen het altijd dierbare vaderland, dat, — was
de verbreking daarvan voor velen pijnlijk geweest — de weder-
aanknooping met vreugde werd begroet. Daarenboven had de
maatregel van het Britsche Gouvernement, in het belang der
hypotheekhouders (de Commissie van John Bent) genomen,
die door den Gouverneur Bonham met kracht was doorgezet,
de gemoederen van vele Administrateuren (die magtigen in Suriname) met wrevel tegen het Britsch Gouvernement vervuld,
zoodat de komst van den Nederlandschen Gouverneur Willem
Benjamin van Panhuys, met verlangen te gemoet gezien, en
met blijdschap begroet werd. Als een bewijs der goede ge-

zindheid van Surinames ingezetenen jegens het Moederland, strekke de mededeeling, dat door eene zich daartoe gevormd hebbende Commissie, reeds voor de overname der kolonie door het Nederlandsch Gouvernement, tot ondersteuning van de gewapende dienst in de Nederlanden, werd ingezameld: eene som van ƒ 59,644 Surinaamsch, een wissel groot ƒ 500 Hollandsch Courant en 50 gouden Ducaten. De bekendmaking hiervan geschiedde den 16den Januarij 1861, den dag van de aankomst van van Panhuys.

Den 27sten Februarij 1861 vaardigde van Panhuys de volgende proclamatie uit:

»Wij WILLEM BENJAMIN VAN PANHUYS, Ridder van de Militaire Willems-orde 3de klasse, en den Rooden Adelaar 2de klasse, Gouverneur-Generaal van de Kolonie *Suriname*, mitsgaders Generaal en Admiraal en Chef in dezelve, enz., enz., enz.

Al dengenen, die deze zullen zien of hooren lezen, SALUT! doen te weten.

Dat WIJ, op last en in naam van Zijne Majesteit WILLEM DEN EERSTEN, *Koning der Nederlanden, Prins van Oranje-Nassau, Groot-Hertog van Luxemburg, enz., enz., enz.*, onzen geëerden Souverein, op heden van deze kolonie bezit genomen, en het Gouvernement aanvaard hebben, ingevolge den inhoud van het Algemeen Reglement op het beleid van de Regering voor deze Kolonie, door Hoogstdenzelven, in dato 14 September 1815 bij Besluit vastgesteld en Geëmaneerd, en dat mitsdien alle Geconstitueerde Magten, Militaire en gewapende Burger-korpsen, Ambtenaren en verdere In- en Opgezetenen dezer Kolonie, uit den Eed van getrouwheid, aan Zijne Majesteit den Koning van Groot-Brittanje afgelegd, bij dezen ontslagen zijn.

Ingezetenen! de verknochtheid van deze Volkplanting aan het Moederland, Uwe algemeene vreugde, toen Nederland zijne ketenen heeft verbroken, en Uwe onlangs nog gegevene blijken van Patriotismus, zijn genoegzame waarborgen van de getrouwheid en liefde, welke ieder Nederlander wedijvert zijnen Koning en Vaderland toe te dragen, en die U voortaan tot geheiligde pligten zijn geworden.

Het welzijn der Kolonie, een gedeeltelijk anderen, en meer

geschikten Regeringsvorm vorderende, zoo zijn Wij uit hoofde van 's Konings bijzondere Instructie gelast, om Honorabel te ontslaan al de leden, uitmakende het Hof van Policie en Criminele Justitie dezer Kolonie, waaraan Ons gedragende, Wij dezelve mits dezen Honorabel ontslaan, zoo als ook bij dezen ontslagen worden de ad-interim Raad-Fiscaal Mr. M. J. Schuster en de ad-interim Raad en Boekhouder-Generaal J. van der Tuuk, alles echter voorbehoudens derzelver verantwoordelijkheid. Terwijl Wij voorts in 's Konings naam benoemen tot Raden van het op nieuws te formeren Hof van Policie en Criminele Justitie dezer Kolonie de Heeren:

F. Beudeker. J. J. Ferrand. J. Bruijning. J. J. F. de Friderici. H. L. de Meynertshagen. G. N. Linck. H. L. Penet Gentil. J. Overeem. H. J. Kennedij.

Tot Raad-Fiscaal ad-interim den Heer en Mr. P. J. Changuion; zullende als Secretaris van hetzelve Hof alsnog blijven fungeren de Heer J. de Koff.

En opdat eene behoorlijke en geapprobeerde overgave van alle kantoren, zoo comptabele als andere, plaats neme, zullen alle verdere Ambtenaren en Geëmploijeerden, volgens de intentie van Zijne Majesteit, in hunne respective posten continueren tot nadere dispositie dienaangaande. — Ook zal diensvolgens het Hof van Civile Justitie in deszelfs Regtsplegingen provisioneel voortgaan.

En opdat niemand hiervan eenige ignorantie zouden mogen pretenderen, zal deze onze Proclamatie alomme worde gepubliceerd en geaffigeerd ter plaatse, waar men gewoon is publicatie en affictie te doen, ten einde een iegelijk zich dien conform gedrage.

Gegeven ten Gouvernements-huize in de Kolonie *Suriname* dezer 27sten Februarij 1816, in het derde jaar van Zijner Majesteits-Regering.

W. B. van Panhuijs.

Ter ordonnantie van den Heere
Gouverneur-Generaal,

J. Pringle.

Gouvernements-secretaris." (*)

(*) Proclamatie van Van Panhuijs, 27 Februarij 1816.

Volgens het bij de Proclamatie van 27 Februarij 1816, bedoelde Koninglijk-besluit van 14 September 1815, werd nu reeds
de tot heden bestaande regeringsvorm aanmerkelijk gewijzigd
en nog belangrijke wijzigingen voor het vervolg aangewezen.

De magt van den Gouverneur werd uitgebreid, doch, »ten
einde hij zich geheel en alleen aan zijne post zou attacheren,"
werd hem de waarneming van Administratien of van eenige
andere Commissien verboden, en zou hij evenmin aandeel in
Reederijen van Schepen, op Suriname varende, hebben, of
eenige handel hoegenaamd mogen drijven (10de artikel.

De magt van het Hof van Policie en Criminele Justitie daarentegen werd verminderd. Het oude Hof was ontbonden en
de negen gewone leden voor het nieuw op te rigtene, niet uit
eene te voren door de ingezetenen gemaakte nominatie gekozen,
maar onmiddellijk door de Regering benoemd. De duur hunner
functie was niet langer voor het leven, maar op negen jaren
bepaald. Jaarlijks zou een lid aftreden en ter vervulling van
die vacature, door het Hof zelve en niet door de ingezetenen,
eene nominatie van drie personen worden opgemaakt, waaruit
den Gouverneur de keuze verbleef. En niet slechts door de
wijze der benoeming werden de leden meer afhankelijk van de
regering, maar ook de werkkring van het Hof werd minder
beduidend. Het bleef wel belast met het bestuur over de huishoudelijke en plaatselijke belangen der Kolonie, en de zorg voor
zoodanige Inrigtingen als ter bevordering van den Landbouw
en Veeteelt zouden kunnen strekken. Wel werd ook nu de
zorg voor het rigtig bestuur en de verantwoording der Armen-
gelden, de bevordering van orde en goede zeden in de kolonie
en van de opvoeding der jeugd aan het Hof opgedragen. Wel
stonden de Inrigtingen ter bevordering der gezondheid in de
kolonie, en de collegies specialijk belast met het onderhoud
van bruggen, wegen en waterleidingen, de Heemraadschappen, in een woord alles, wat tot de plaatselijke Policie behoorde, onder bijzonder toezigt van het Hof; doch die aan
hetzelve verleende magt werd door andere artikelen van het
bedoelde reglement beperkt. Zoo mogten in de vergaderingen
geene zaken in deliberatie worden gebragt, dan die door den

Gouverneur en, in enkele gevallen, door den Raad-Fiscaal of door den Raad-Controleur-Generaal van Financien (nieuwe benaming van den Raad-Boekhouder-Generaal) werden voorgedragen. De door het Hof, op voordragt van den Raad-Fiscaal te maken keuren en plaatselijke wetten, met bepaling van de straffen en geldboeten op de contraventien daartegen, moesten ter onderzoek naar het Departement van Koophandel en Kolonien worden opgezonden en eerst door den Koning worden bekrachtigd, vóór zij kracht van wet erlangden. Hetzelfde moest in acht worden genomen bij, op voordragt van den Raad-Controleur-Generaal van Financien, uit te schrijven nieuwe belastingen: zonder de goedkeuring eerst van den Gouverneur en daarna die van den Koning konden die belastingen niet worden geïnd. Slechts provisioneel bleef de administratie der Criminele Justitie nog aan het Hof van Policie opgedragen; volgens artikel 42 van het reglement, zou die administratie van hetzelve worden afgescheiden en overgebragt op een later nieuw op te rigten Hof van Justitie.

Het Hof van Civiele Justitie werd, bij Proclamatie van 4 Julij 1816 ontbonden, een nieuw geconstitueerd en tot leden daarvan benoemd:

Mr. H. C. van Meerten, President, Mr. A. F. Lammens, Mr. C. F. Mirandole en Mr. J. G. H. Nederburgh.

Voorts werden de Heeren P. F. C. Bruining, als extra-ordinair lid benoemd en J. de Koff tot secretaris (*).

De werkkring van laatstgenoemd Hof werd in het meergenoemd reglement van 14 September 1815, nader omschreven. De leden van hetzelve zouden bezoldiging genieten.

Aan beide Hoven werd de verpligting opgelegd om, met den Gouverneur te consideren, over de te maken veranderingen voor de Administratie der Criminele Justitie en deze consideratien aan het Departement van Koophandel en Kolonien, binnen zes maanden na de aankomst van den Gouverneur en van den President van het Hof van Civiele Justitie op te zenden, opdat door Zijne Majesteit hierover nader zou kunnen worden beschikt.

(*) Proclamatie van Van Panhuijs, 4 Julij 1816.

Het Collegie van Commissarissen voor kleine zaken, bestaande uit een President en zes leden, en geadsisteerd door een Secretaris, bleef voorloopig op den ouden voet bestaan; de Wees-, Curatele en Onbeheerde Boedelskamer werd mede provisioneel, conform de Instructie van 1788, en het Collegium Medicum, volgens de bestaande Instructien, in stand gehouden.

Omtrent de publieke kantoren werd bepaald: dat het kantoor der koloniale kas, genaamd *de Modique lasten* en hare onder-afdeelingen, de kassen van de *Gemeene Weide*, der *Kerkge-regtigheden* en van *'s Lands gasthuis*, en het andere hoofdkan-toor, dat van de *kas tot verdediging tegen de wegloopers*, provisioneel op dezelfde wijze als tot 1795 was geweest, zouden blijven bestaan; terwijl de aan die kantoren op te brengen be-lastingen, op denzelfden voet als tot 1795 zouden worden ge-heven.

Hetgeen vroeger aan de Societeitskas, later Souvereinskas of 's Koningskas, moest worden betaald, werd in dier voege gere-reld: dat de regten en belastingen, welke ten kantore van *in- en uitgaande regten* tot den jare 1795 plagten geheven te worden, doch die in den Engelschen tijd, door de oprigting van het Koninklijk tolhuis, waren vervallen, provisioneel we-der zouden worden ingevoerd; de belasting der *Hoofdgelden* werd eenigzins gewijzigd; die aan het kantoor der Vendu-Geregtigheden te betalen, bleef onveranderd.

Bovendien werd de oprigting bevolen van eene *Reserve-kas*, onder de benaming van *Generale-Geldkamer*, die zou worden zamengesteld:

A. Uit de subsidiën, welke eventueel uit het Moederland, ter gedeeltelijke bestrijding der uitgaven van Militaire trakte-menten en soldijen zouden mogen worden verleend;

B. Uit de saldo's der respective ontvangers, voor zoo verre die saldo's het bedrag van derzelve respective borgtogten zou-den excederen.

Van deze kas moest een afzonderlijk boek worden aange-legd, waarbij de rekening van de *Generale-Geldkamer* werd gedebiteerd voor de gelden, in dezelve gestort wordende, en daartegen gecrediteerd, ingeval van subsidie uit het Moeder-

land, eene rekening van subsidie uit het Moederland, en ingeval van overstorting van eenig saldo der ontvangers, de
rekening van den ontvanger wiens saldo in dezelve werd
overgebragt. Aan die ontvangers, welker perceptie eeniglijk bestond in gelden, door de koloniale ingezetenen tot een
bepaald doeleinde, opgebragt wordende, zouden dan, wanneer
zij eenige gelden mogten benoodigd zijn, geene grootere sommen uit de Reserve-kas worden afgegeven, dan waarvoor zij
bij dezelve crediet stonden ; wijl, ingeval, dezelver kassen meerder, ter bestrijding hunner uitgaven mogten behoeven, dat
meerdere uit extra-ordinaire bijdragen der Belastingschuldigen
in zoodanig middel zou moeten gevonden worden.

Hetzelfde moest ook in het oog worden gehouden met de
gelden, welke uit de Wees-curatele en onbeheerde Boedelskamer in deze kas werden gedeponeerd.

En daar de eigenlijke aard dezer kas was, *niet*, om uit
dezelve eenige betaling in détail te doen, maar slechts, om
de saldo's der respective ontvangers, zoo als boven is gezegd
voor zoo verre dezelve het bedrag van derzelver borgtogten
excederen, tot securiteit der administratie te bewaren, als mede,
om de bedoelde subsidiën uit het Moederland in ontvangst te
nemen, zoo zouden, in de eerste plaats, alle betalingen van
ordonnantiën of eenig ander dergelijk document door de respective ontvangers moeten geschieden, en bij hunne boeken
in uitgaaf moeten gebragt worden; en, in de tweede plaats,
zoude door den Gouverneur-Generaal, op schriftelijke voordragt van den Raad-Controleur-Generaal der Financiën, uit
deze Reserve-kas, de kas van dien ontvanger worden gesubsi-
diëerd, welke hij Gouverneur-Generaal zou oordeelen, tot het
doen van deze of geene betaling, gelden noodig te hebben, zoo
noglans, dat hiertoe, *in geen geval*, de gelden der Wees-Curatele
en onbeheerde Boedelskamer mogten worden geëmploijeerd.

Omtrent den handel en de scheepvaart werd bepaald : dat
dezen alleen mogten geschieden *uit* en *naar* Nederland. Alle
vruchten, waren en gewassen mogten alleen naar Nederland
worden uitgevoerd, en alle behoeften en waren voor de kolonie benoodigd, *alleen* uit dat Rijk derwaarts mogen worden

aangebragt, met uitzondering echter van den handel en de vaart der Noord-Amerikanen, die provisioneel, onder dezelfde bepalingen, als tot het jaar 1795 hadden plaats gevonden, werden veroorloofd. (*)

Onderscheidene Proclamatiën volgden elkander op; bij die van den 2den, 4den en 6den Maart 1816 werden nadere bepalingen gemaakt omtrent: het Hoofdgeld op de slaven, behoorende tot de Houtgronden en Plantaadje; van de regeling van het te heffen regt van 6pCt. op de uit te voeren producten, met vreemde vaartuigen, over het merken der plantaadje-vaartuigen en ponten, suikervaten, koffij-balen, enz., om zoo veel mogelijk bedrog te weren of ontduiking der belastingen te voorkomen. (†)

De regering wenschte een meer regelmatigen gang van zaken in Suriname daar te stellen, en wilde ook, voor zoo ver de koloniale belangen en eigenaardige toestanden dit veroorloofden, een en ander meer in overeenstemming brengen met de inrigtingen in Nederland. Om die reden ook werden de corpsen blanke burgers, kleurlingen en vrije Negers van Paramaribo honorabel outslagen, in afwachting eener nieuwe organisatie van de Burger-militie op de wijze als de Schutterijen in het Moederland. (§)

De wijziging in het bestuur, voornamelijk die, waarbij de magt van het Hof van Policie aanmerkelijk verminderd werd, en de veranderde wijze van het kiezen en benoemen der leden, waardoor de invloed, die nog eenigzins door de blanke bevolking op den gang der regeringszaken kon worden uitgeoefend, geheel verviel, verwekten geen tegenstand. Stilzwijgend zagen de belanghebbenden toe, dat het vroeger zoo hoog gewaardeerde regt, om zelve zijne regeringsleden ter electie, uit dubbeltallen voor te dragen, hun uit de handen werd

---

(*) Zie over het een en ander hier vermelde, het uit 110 artikelen bestaande REGLEMENT *op het beleid van de Regering. het Justitiewezen, den Landbouw en de Scheepvaart in* SURINAME, van 14 September 1815.

(†) Proclamatie van van Panhuys, 2, 4 en 6 Maart 1816.

(§) Proclamatie van van Panhuys, 26 Junij 1816.

genomen. Door de krachtige wijze waarop de Engelsche Gouverneur Bonham de oppositie tegen Bents-Commissie trachtte te fnuiken, was, wel is waar, de magt van het Hof van Policie, in vele opzigten verminderd, doch uit den strijd om de zelve te herwinnen, bleek het belang dat men er in stelde en nu vernam men niets van protesteren of iets dergelijks. Eerst in veel lateren tijd werd het bekende octrooi aan de W. I. Compagnie weder uit een vergeten hoek te voorschijn gebragt en daarop als op het charter der kolonie gewezen, nu scheen niemand er zich te bekommeren en geen waarde meer aan het aloude praerogatief te hechten.

Tijdens dat Suriname een eigendom der zoogenaamde Geoctroijeerde Societeit was en ook gedurende het Engelsch bewind had de kolonie onderstand genoten ter bekostiging van de verdedigingsmiddelen. Ook nu was in het aangehaalde artikel over de oprigting der Generale Geldkamer gewaagd van eventuele subsidiën uit het Moederland ter gedeeltelijke bestrijding van Militaire traktementen en soldijen; doch de Gouverneur *van Panhuys* vermeende dat men in Suriname geene subsidiën uit het Moederland noodig had. Van Panhuys toch gaf aan het toenmalig Ministerie te kennen, dat Suriname ruimschoots in staat was, om in zijne eigene behoeften te voorzien, en mitsdien, uit zijne eigene fondsen, de ambtenaren en de militaire magt te bezoldigen. Deze kennisgeving werd in het moederland met graagte aangenomen. (*)

Of van Panhuys had niet goed gezien of de omstandigheden hadden den toestand zeer veranderd, want de gewone te korten ontstonden al weder spoedig en eindelijk is het stelsel van subsidie aangenomen en duurt tot den huidigen dag voort.

Het bewind van van Panhuys was kort van duur, daar hij reeds den 18den Julij 1816 en dus ongeveer zes maanden na zijne komst in Suriname overleed.

De Raad Fiscaal Mr. Cornelis Rijnhard Vaillant nam, als

(*) Beschouwing van het Adres van P. C. Bosch Reitz, c. s. door eenige ingezetenen der kolonie Suriname, bladz. 41.

de eerste op den Gouverneur-Generaal in rang volgende Ambtenaar het bestuur ad interim op zich. (*)

Dit interimsbestuur duurde tot 1822 en gedurende dien
tijd werden vele belangrijke besluiten uitgevaardigd en vielen
er droevige gebeurtenissen in Suriname voor.

De nieuwe organisatie der schutterij werd in December 1816
voorloopig geregeld, waarbij echter de gebruikelijke verdeeling
in compagniën blanken, vrije kleurlingen en vrije Negers werd
behouden. (†)

In 1817 werden door Gouverneur en Raden eenige *Algemeene
Schoolwetten* ingevoerd. Bij deze wetten werd nog een plaats
verleend aan Godsdienstig onderwijs en de onderwijzers aanbevolen, om *God* en deszelfs *Woord* en *dienst* steeds te doen eer-
biedigen en hunne leerlingen in dit opzigt met een stichtelijk
voorbeeld voor te gaan en geene gelegenheid te laten voorbij
gaan, om dezelve daartoe op te wekken. Alle vroeger gebezigd
wordende wreede en onverstandige ligchamelijke kastijdingen,
zoo als het slaan met plakken, bullepezen, stokken of andere
strafinstrumenten werden verboden; een matig gebruik der roede
voor kleine kinderen, mitsgaders het matig gebruik van ligte
wisjes, die niet schaden kunnen, voor stoute en onverschillige
jongens echter veroorloofd (§).

In hetzelfde jaar werd aan een lang gevoelde behoefte voldaan; er werd namelijk bepaald, dat, te beginnen met 1 Maart,
geregeld een Gouvernementsblad zou worden uitgegeven, waarin
alle officiele bekendmakingen zouden worden opgenomen (**).

Verder werden vele besluiten uitgevaardigd, als: Nieuwe bepalingen omtrent de in- en uitgaande regten (††), en tot rege-

---

(*) Publicatie van Vaillant, 19 Julij 1816. Teenstra: De Landbouw in
de kolonie Suriname, bladz. 60; Sypesteyn, Beschrijving van Suriname,
bladz. 47.

(†) Resolutie van Gouverneur en Raden, 23 December 1816.

(§) Resolutie van Gouverneur en Raden, 19 Mei 1817, behelzende de
bepaling van eenige *Algemeene Schoolwetten* voor de schoolhouders en
onderwijzers der jeugd in deze kolonie.

(**) Publicatie van Vaillant, 26 Februarij 1817.

(††) Publicatie van Vaillant, 19 Mei 1817.

ling van waag- en vrachtloonen (*); ter beperking van de magt,
die de Administrateuren zich hadden aangematigd, om, indien
zij vermeenden, dat eigenaars van plantaadjes hun eenig saldo
waren verschuldigd, zich in het bezit van derzelver eigendommen te stellen (†); tot beperking van het overvoeren van slaven uit de oude kolonie naar het nieuwe district Nickerie, waarvan soms ten koste van schuldeischers misbruik werd gemaakt,
tot beperking van den Noord-Amerikaanschen handel, die men
veronderstelde dat nu niet meer zoo onontbeerlijk was, daar
Hollandsche schepen geregeld levensmiddelen en andere behoef-
sen tot gerijf der ingezetenen aanvoerden (§) en tot wering van
den sluikhandel in slaven (**).

Nog altijd werd de menschonteerende slavenhandel in Suriname ter sluiks gedreven. En toch niet slechts was Nederland,
bij tractaat van 13 Augustus 1814 met Groot-Brittanje overeengekomen, om dien handel met alle kracht te weren, maar daarenboven verbood Artikel 60 der Nederlandsche Grondwet hem
nadrukkelijk. Engeland dat veel opofferde om in eigen kolonien en elders dien handel te weren, en daartoe met verscheidene mogendheden tractaten sloot, kruisers op de Afrikaansche
kust onderhield, enz., enz., liet er zich ook aan gelegen liggen,
dat men in Suriname voortging ter sluiks slaven in te voeren.
Den 4den Mei 1818 werd te 's Gravenhage een tractaat geteekend
tusschen Nederland en Groot-Brittanje, waarbij bepaald werd,
om, in Suriname een zoogenaamd Gemengd Geregtshof tot wering van den slavenhandel in te stellen, bestaande uit een gelijk
getal personen van beide natiën, door hunne Souvereinen
daartoe te benoemen.

Door den Koning der Nederlanden werd als regter voor
dat geregtshof aangesteld:

Mr. P. J. Changuion, en als arbiter Jonkheer J. P. Graafland;
door den Koning van Groot-Brittanje als regter C. E. Lefroy
en als Arbiter F. S. Wale.

(*) Publicatie van Vaillant, 11 Maart en 19 Mei 1817.
(†) Proclamatie van Vaillant, 24 October 1816.
(§) Resolutie van Vaillant, 13 November 1818.
(**) Proclamatie van Vaillant, 28 December 1818.

De benoeming van den Secretaris verbleef mede aan den Koning der Nederlanden, die deze betrekking aan J. C. Guicherit opdroeg. De beide Engelsche heeren kwamen in October te Paramaribo aan, en den 3^{den} November werd bij Proclamatie van de oprigting van genoemd Hof den volke kennis gegeven (*).

Den 17^{den} September, den 9^{den} en den 23sten December 1801 werden in Suriname ligte schokken van aardbevingen gevoeld, die echter geen noemenswaardige schade aanrigtten (†). Van droevige gevolgen was het overbrengen der kinderpokken in het begin van 1819; dezelve heerschten hevig en deden duizenden ten grave dalen. Het Gouvernement besloot daarom naar Cayenne om koepokstof te zenden, ten einde de inenting te doen bewerkstelligen (§).

Den 28sten November 1819 zoude er bijna een geduchte opstand tusschen de Burgerij en de Militairen zijn ontstaan, ter oorzaak van het deballoteren van een officier, den heer Lauta, in de Surinaamsche Societeit, hetwelk echter niet meer dan met hooggaande onaangenaamheden ten einde liep. De fermiteit en onmiddellijke tusschenkomst van den Gouverneur Vaillant, die persoonlijk in het Collegie kwam, den heer Ampt den degen afeischte en de andere officieren naar het binnenfort in arrest zond, voorkwamen droevige tooneelen.

Reeds in het volgend jaar ontstond er nieuwe twist tusschen de jagers van het garnizoen en de kleurlingen van de burgerwacht, wordende er drie dagen (den 21sten, 22sten en 23sten November) alarm geslagen; de wachten werden verdubbeld, terwijl de Burgerij onder de wapenen bleef en door de stad patrouilleerde; welke gisting eene algemeene sensatie verwekte (**).

(*) Proclamatie van Vaillant, 3 November 1818. Sypesteyn, Beschrijving van Suriname, bladz. 48. Teenstra, De Landbouw in de kolonie Suriname, 1^e deel, bladz. 60.

(†) Teenstra, De Landbouw in de kolonie Suriname, 1^e deel, bladz. 60.

(§) Teenstra, De Landbouw in de kolonie Suriname, 1^e deel, bladz. 60. Sypesteyn, Beschrijving van Suriname, bladz. 48.

(**) Teenstra, de Landbouw in de kolonie Suriname, 1^e deel, blz. 61.

De toestand van Suriname was sedert de overname door het Nederlandsch Gouvernement niet verbeterd, en hiervoor bestonden verschillende oorzaken. In den Engelschen tijd was de landbouw wel niet veel vooruit- doch ook niet achteruit gegaan. Vestigde men den blik op de oude kolonie zoo was hieromtrent weinige verandering te bespeuren; het nieuwe of Nickerie-district daarentegen nam jaarlijks in bloei toe. Voornamelijk echter was, in den Engelschen tijd, de handel, vroeger van weinig belang, aanmerkelijk uitgebreid. De koloniale producten welke vóór dien tijd onmiddellijk aan de Hollandsche kantoren werden geconsigneerd, moesten gedurende het Britsch bewind wel naar Engeland worden verzonden, doch ze werden in de kolonie zelve verkocht. Hierdoor vermeerderde speculatie en de handel werd levendig; de Engelsche kooplieden verheugd eene gelegenheid te meerder, tot afzet hunner goederen te hebben gevonden, voerden in ruime mate allerlei goederen in; lieten ze in pakhuizen en magazijnen opslaan en bevorderden den kleinhandel of winkelnering. De verschillende koopwaren vonden gereede koopers, want de luxe in Suriname steeg bij den dag, daar men de Engelschen in hunne wijze van leven wilde navolgen. De Britsche Gouverneurs, de officieren der krijgsmagt en de agenten der Londensche handelshuizen leefden op een grooten voet en verteerden veel geld. De winkelier en burgerstand genoten hierdoor groote voordeelen, doch aan den anderen kant verlokte dit velen tot te groote uitgaven. De weelde drong in alle standen door en de zucht om te schitteren werd hoe langer zoo algemeener. Zij wier plantaadjes verhypothekeerd waren en diep in schulden staken gevoelden dit niet langer, daar volgens besluit van 26 Junij 1812 de vervolging om schulden aan buitenlandsche crediteuren geschorst was. Daarenboven gaven Engelsche handelshuizen op nieuw voorschotten, en werd door dezelve een groot ja bijna onbepaald crediet verleend, zoodat men in Suriname onbezorgd voortleefde.

Toen nu echter de kolonie op nieuw onder het Nederlandsch bestuur was gekomen *möest* die stand van zaken veranderen.

De koloniale producten werden nu niet langer in Suriname

verkocht, maar voor het grootste gedeelte onmiddellijk aan de
kantoren in Nederland geconsigneerd; de geldschieters in Nederland verlangden de opgeloopene intresten hunner uitgezette
kapitalen te erlangen; sommige eischten de kapitalen zelven
op; de Engelsche kooplieden, die nu geene goederen meer
naar Suriname konden verzenden, verlangden remises, enz. enz.

Aan deze verschillende aanvragen om betaling van het verschuldigde kon door velen niet worden voldaan, regterlijke
vervolgingen, executoire verkoopingen van plantaadjes kwamen
nu weder aan de orde van den dag. De Landbouw onderging hierdoor een geweldigen schok en de handel leed niet
minder. Een ander kwaad nog werd hierdoor veroorzaakt:
voor de remises zoowel voor de opgeëischte kapitalen, als tot
voldoening der ontvangen goederen was veel geld benoodigd
en was het moeijelijk wissels te verkrijgen, waardoor de koers
van den wissel zeer steeg, terwijl het papieren geld geweldig
daalde. De kooplieden ondergingen verlies op verlies; de
winsten welke zij den eenen dag hadden gemaakt moesten den
anderen dag in den verhoogden wisselkoers insmelten.

Die nadeelige werking van de lager wordende koers van
het kaartengeld werd ook bij het koloniaal Gouvernement ondervonden; want aangezien men bij de jaarlijksche raming
van kosten, benoodigd voor alle takken van het bestuur, niet
kon voorzien, dat de waarde van het kaartengeld in den loop
van het jaar zoo veel verminderen zou, bragt dit eene aanmerkelijke vermeerdering in het bedrag der uitgaven te weeg.
De tractementen der ambtenaren en de soldijen der troepen,
welke in Hollandsch Courant bepaald waren, moesten, naarmate den agio, met zoo veel meer Surinaamsch geld worden
betaald, en hierdoor kwam dus van zelf reeds een te kort,
't welk telkens door verhoogde belastingen moest worden gedekt.

Het zegel o. a. was reeds verdubbeld (*); doch desniettegenstaande was de toekomst der koloniale kassen van dien aard,
dat, terwijl in 1816 en 1817 veel tot betaling der uitgaven
was te kort gekomen, Vaillant in overleg met de Raden van

(*) Proclamatie van Vaillant, 6 Junij 1817.

Policie, in het begin van Maart 1818 overging tot het creëren van nieuwe obligatien (papierengeld) ten bedrage van ƒ 550,000. Er werd echter bepaald, dat successivelijk, bij maandelijksche of drie maandelijksche termijnen, voor eene gelijke som van ƒ 550,000 oud kaartengeld zou worden vernietigd. Om de vernietiging van deze nieuwe schuld te verzekeren, werden alle belastingen, uitgenomen die op het zegel, met 1pCt verhoogd (*).

In Januarij 1821 trof de kolonie eene ontzettende ramp: de stad Paramaribo namelijk werd voor het grootste gedeelte in de asch gelegd.

Op zondag den 21sten Januarij nam de brand een begin in een der achtergebouwen van een huis, op den hoek van het plein en den waterkant. De oorzaak hiervan schijnt niet met zekerheid te kunnen worden opgegeven. Teenstra verhaalt in zijn: werk de Landbouw in Suriname, 2de deel bladz. 62, dat het ontstaan van dezen brand, aan het bakken van olie-koeken, in een geheel van hout zamengesteld negerhuis, wordt toegeschreven. De vlam was in den pot geslagen en de slaven hadden hierop een massa water uitgestort, waardoor, in plaats van de vlam te blusschen, deze in hevigheid was toegenomen, en weldra overgeslagen in het pakhuis van zekeren heer Cairstairs.

Dit pakhuis voorzien van een grooten voorraad pik, teer, olie, terpentijn, harpuis, ja zelfs eenige vaatjes buskruid (welke laatsten nog even bij tijds op het plein gerold werden) geraakte in brand; de vlam nam nu in hevigheid toe; een felle wind, die over het ruime plein woei, blies het vuur met toenemende kracht stadswaarts en de gevolgen daarvan waren, dat het voornaamste gedeelte van Paramaribo door de vlammen vernield werd.

De verwarring die er in de stad heerschte was ontzettend; eene menigte volk was op de been en liep radeloos heen en weder, daar men niet wist wat te doen; slaven trachtten het goed hunner meesters te redden en droegen weg wat zij konden. In verbijstering wierp men vaak, wat men niet mede

---

(*) Resolutie van Gouverneur en Raden, 18 Maart 1818.

kon nemen, ter deure of vengster uit, en verpletterde alzoo het grootste deel der meubelen, die men had willen redden. De rook en damp waren verstikkend; de heer A. L. Lammens, President van het Hof van Justitie, was er bijna met zijne echtgenoote het slagtoffer van geworden, toen hij poogde nog eenige goederen uit zijn huis, dat reeds in brand stond, te doen vervoeren; met moeite redde hij zijne echtgenoote uit het brandende huis; zij was bijna door den rook gestikt.

Het knetteren der hoog opgaande vlammen, het gedruisch der instortende huizen, het angstgeroep van hen, die hunne bezittingen eene prooi der vlammen zagen, was ontzettend om aan te hooren. Aan blusschen van hetgeen reeds in brand stond, viel niet te denken. Men trachtte door het omhalen van huizen de vlammen te stuiten; doch de stevigheid dier gebouwen, ofschoon geheel van hout, maakte dezen arbeid zeer moeijelijk. Het woedende element scheen door niets gestuit te kunnen worden; de vlammen deelden zich aan het tot dus ver vrijgebleven gedeelte der stad mede; ongeveer 400 woon- en pakhuizen werden eene prooi dezer verwoesting. De in 1811 gebouwde Gereformeerde koepelkerk, de Roomsche kerk, het Hof van Policie, 's Landswaag, de Weeskamer, een Schouwburg en de Burgerwacht brandden af; de geheele waterkant, de Oranjetuin en vele straten, het beste gedeelte der stad uitmakende, werden geheel verwoest en platgebrand.

De angst waardoor men gedurende 22 uren gefolterd werd de wanhoop en vertwijfeling, die zich bij de meesten zoo zigtbaar vertoonde; de smart dergenen, wier have en goed vernield werd; het schrikbarend aanzien van de steeds toenemende hevigheid der vlammen — gaat alle beschrijving te boven.

Men veronderstelde niet anders, dan dat geheel Paramaribo eene prooi der vlammen zou worden, en — waarheen zoude hare ongelukkige inwoners zich dan wenden? waar zou men de nog geredde goederen bergen, indien men genoodzaakt werd de brandende stad te verlaten ten einde zelve geen slagtoffer van het vernielend element te worden? — De Heer echter wilde Paramaribo voor eene geheele vernietiging bewaren. Het huis bewoond door den heer C. A. Batenburg, vatte van onderen vuur, en dewijl vele beschotplanken van hetzelve bereids waren weggenomen, zoo stortte dit gebouw door het afbranden der onderstaande posten, spoedig in, en bevrijdde daardoor de hooggetimmerde huizen der heeren Cameron en Wilkens en de lagere gebouwen in de buurt van de afgrijsselijke woede der vlammen. Met vernieuwden moed voerde men nu water ter blussching aan, en ongeveer twaalf ure in den middag van Maandag 22 Januarij werd aan deze voorthollende ellende een slagboom gesteld.

Onmiddellijk na deze algemeene ramp zorgde de regering voor eene uitdeeling van levensmiddelen aan behoeftige huisgezinnen; weldenkende kooplieden stelden hetgeen zij nog behouden hadden, voor de gewone prijzen en in kleine kwantiteiten, voor rijken en armen veil; zelfs deelden zij eenige levensmiddelen uit aan behoeftigen en noodlijdenden; al, wie iets kon en vermogt, toonde zich genegen om deze laatsten bij te staan en te helpen. Nederlandsche weldadigheid verloochende zich ook nu in Suriname niet.

De policie benoemde eene commissie ter visitatie van alle huizen, om daardoor degenen te ontdekken, die, door vuilaardige gierigheid en eigenbaat gedreven, zich de algemeene verwarring te nutte hadden gemaakt, om zich het goed huns naasten toe te eigenen; eene menigte van ontvreemde goederen werden opgespoord en naar het Gouvernements-huis gevoerd, van waar ze door de regte eigenaren werden terug gehaald.

De regering verzocht den leeraren 'der onderscheidene gezindten, om, op den volgenden zondag, den 28sten Januarij, »zich en der gemeente ootmoedig voor den Allerhoogste te vernederen en Hem openlijk te vereeren." De Lutersche kerk, die gedeeltelijk van hout opgehaald, veel gevaar had geloopen, daar de achtergebouwen van zeker pakhuis, naauwelijks honderd schreden van dezelve verwijderd, reeds in brand waren geraakt, was echter gespaard gebleven. In dit gebouw werd op den morgen van den 28sten Januarij eerst door den Luterschen predikant Meijer, voor zijne gemeente, en daarna door den Hervormden predikant Uden Masman, voor een talrijk gehoor ook uit andere gezindten, openbare godsdienst oefening gehouden (*).

Het verlies werd begroot als volgt:

392 woon- en pakhuizen, zijnde de aanzienlijkste, voornaamste, grootste en veelal nieuwe gebouwen, benevens 8 gemeente- en landsgebouwen, à ƒ 20,000. . ƒ 8,000,000

levensmiddelen, meubelen en andere losse goederen, zilverwerk en juweelen en eene aanzienlijke partij balen koffij en katoen. . » 3,000,000

obligatiën, kusting en verbandbrieven en hypotheken . . . . » 5,000,000

Totaal. . . . . ƒ 16,000,000 (†)

Daarenboven zijn belangrijke verzamelingen, handschriften enz., enz., verloren geraakt; doch men had weinig menschenlevens te betreuren; niet meer dan eene Mulattin, een Militair en twee Negers heeft men, als door de vlammen omgekomen, kunnen ontdekken; en het verdient opmerking, dat de ontzettende schrik en angst een zoo weinig merkbaar nadeeligen invloed gehad hebben op de gezondheid der bevolking; zoowel als de buitengewone ligchaamskrachten, welke betoond werden in het redden en het in veiligheid brengen van have en goederen.

Uit Nederland kwamen verscheidene giften tot ondersteuning der behoeftigen; doch aan eene vergoeding der geleden schade kon niet gedacht worden. Evenwel werden weldra vele huizen opgebouwd; om het gevaar van brand te verminderen werden er groote pleinen aangelegd (§); voor het maken en opbouwen van een nieuw steenen Waaggebouw werd door het ko-

---

(*) De preek van Ds. Uden Masman werd later, benevens een verhaal van den brand, in druk uitgegeven bij Leeneman van der Kroe. Aan dit werkje en aan Teenstra, de Landbouw in de kolonie Suriname, 1ste deel, bladz. 61—64, zijn de hier medegedeelde bijzonderheden ontleend.

(†) Teenstra merkt aan, dat de waardeering der huizen door elkander op ƒ 20,000 hoog, ja stellig te hoog is, daar er verscheidene hutjes en kleine pakhuizen of bijgebouwen onder waren.

(§) Publicatie van Vaillant, 5 September 1821.

loniaal Gouvernement eene negotiatie van ƒ 100,000 aangegaan, en in het volgend jaar hiervan de eerste steen gelegd; later werd eene nieuwe Hervormde kerk gebouwd en ook andere gebouwen daargesteld; — doch Paramaribo hernam niet weder den luister, die haar vroeger als eene der fraaiste steden in West-Indie deed beschouwen.

In hetzelfde jaar werd een voorgenomen opstand der slaven in het district Nickerie verijdeld; de schuldigen werden verraden en gestraft (*).

Het Nickerie district nam in bloei toe en in 1821 werden er op nieuw gronden in cultuur uitgegeven (†).

Vaillant had verzocht uit zijne betrekking te worden ontslagen; aan dat verzoek werd voldaan en den 1sten April 1822 droeg hij het bestuur over aan A. de Veer, tot dus verre Gouverneur van St. Eustatius, St. Martin en Saba.

De Veer, op Curaçao geboren alwaar zijn vader Johannes de Veer, van Amsterdam, de belangrijke post van Gouverneur bekleedde, was van moeders zijde uit een geslacht gesproten dat sedert meer dan twee honderd jaren zich op dat eiland had voortgeplant. Reeds vele malen had hij blijken gegeven van gehechtheid aan Nederland en Oranje en zich met kracht tegen Engelands overheersching verzet, en ook na de vermeestering van Curaçao door de Engelschen (1807) had hij geene betrekking van de veroveraars aangenomen, maar was naar Holland terug gekeerd. Bij zijne aankomst aldaar werd hij benoemd tot Commandant-Generaal ter kuste van Guinea, met den rang van Generaal-Majoor. Op reis derwaarts werd hij door een Engelsch fregat (the Virgin) genomen. Hij verloor hierbij eene aanzienlijke hoeveelheid koopwaren (voor meer dan (ƒ 30,000), waarmede hij, met toestemming van het Gouvernement, gewenscht had handel te drijven, en geraakte in krijgsgevangenschap. In 1809 uitgewisseld, begaf hij zich, op order zijner regering, onmiddellijk naar Guinea. Hij vond aldaar het kasteel belegerd door vijf en dertig duizend Fantijnen, bijgestaan door Engelsch geschut en amunitie.

(*) Sypesteijn, Beschrijving van Suriname, bladz. 48.
(†) Publicatie van Vaillant, 23 Julij 1821.

Het gelukte hem na zijne aankomst, en in weerwil der af-
snijding van alle hulp en toevoer, spoedig tot een gewenscht
vredestraktaat met den vijand te geraken.

De Veer had daar vele moeijelijkheden te verduren; doch
trotseerde ze in het vast vertrouwen, dat de vervulling van
zijnen pligt een man betaamde. Toen hij de tijding ontving,
dat Napoleon Holland bij het Fransche rijk had ingelijfd, en
dat alle wissels ter betaling der ambtenaren en troepen getrokken, waren geprotesteerd geworden, gaf hij echter den moed
niet op. Hij bleef zijn post getrouw, en zich niets verpligt
achtende aan een Gouvernement, dat hem ten prooi des vijands liet, behield hij de oud-Hollandsche vlag en bleef haar
verdedigen, tot zijne hoop, welke destijds slechts onder de
vrome wenschen konde geteld worden, en slechts door een
man van onwankelbaren moed, ziels- en ligchaamskracht konde
worden gevoed — vervuld werd door de zegepraal der regtvaardigheid boven het geweld en de heuchelijke terugkeer van
een vorst uit het huis van Oranje.

Na de herstelling van het Nederlandsch gezag over West-Indie,
werden zijne verdiensten erkend door de benoeming tot Ridder der
orde van den Nederlandsche Leeuw en tot Gouverneur der eilanden St. Eustatius, St. Marten en Saba — thans riep 's Konings
keuze hem om het bewind over Suriname te aanvaarden (*).

De Veer kwam in een moeijelijken tijd in Suriname. De
gemoederen waren verslagen zoo door de ontzettende ramp,
die Paramaribo in het vorige jaar had getroffen als door andere omstandigheden. 's Lands kassen waren ledig en de kolonie in schulden gewikkeld. Vaillant had zich reeds vroeger
genoodzaakt gevonden om papieren geld te creëren (zie bladz. 612)
en kortelings was eene nieuwe schuld aangegaan tot opbouw
van 's landsgebouwen (zie bladz. 616); het kaartengeld daalde
voortdurend in waarde en de wisselkoers rees naar evenredigheid.

_____

(1) Vele der hier vermelde bijzonderheden omtrent de Veer zijn
ontleend aan: Handelingen en Geschriften van het Indisch Genootschap
te 's Gravenhage, 6de jaargang, waar eene levensschets van A. de Veer
voorkomt.

Vaillant gaf bij publicatie van 1 April 1822 kennis van het aanvaarden des bestuurs door A. de Veer, die denzelfden dag den bij het reglement bepaalden eed, in tegenwoordigheid van het Hof van Policie en Criminele Justitie en van het Hof van Civiele Justitie aflegde, waarna de publicatie werd uitgevaardigd.

De eerste openlijke regeringsdaad van de Veer was het doen afkondigen van een Koninklijk besluit, waarbij bepaald werd, dat de uitgaande regten in wisselbrieven in Nederlandsch Courant, in plaats van, gelijk tot nu toe geweest was, in Surinaamsch kaartengeld, moesten worden betaald. De maatstaf volgens welken de betaling moest geschieden bleef echter het Surinaamsch Courant, dat eenvoudig in Hollandsch Courant werd herleid (*).

De kas tegen de Wegloopers had als afzonderlijk fonds opgehouden te bestaan; waarom de benaming van extra ordinaire Hoofdgelden, die vroeger aan die kas werden betaald, verviel, en deze nu met de ordinaire vereenigd werden, zoodat ieder blanke of vrijman zoo voor zich als voor zijne slaven zeven gulden en tien stuivers jaarlijks in de kas van den ontvanger der Hoofdgelden moest opbrengen (†). De belasting, bekend onder de benaming van *kerkelijke contributie van plantaadjes* werd afgeschaft; daar de vroegere kerkgebouwen in de districten vervallen en aan hun opbouw niet gedacht werd; de belasting welke sedert 1791 op de *winsten en inkomsten van particulieren* was geheven werd bij hetzelfde besluit afgeschaft; die op de verkochte Dram en Melassie van suikerplantaadjes en revenuen van houtgronden welke mede van 1791 dagteekende, eenigermate gewijzigd en verminderd (§).

Omtrent het provisionele reglement voor de schutterij van 23 December 1816 kwamen bezwaren in, met betrekking tot de regtspleging tegen onwillige, in de dienst beboette of op contributie gestelde personen in het bijzonder, en tot de inrigting der schutterij zelve in het algemeen. De Veer vaar-

---

(*) Publicatie van A. de Veer, 21 Mei 1822.
(†) Publicatie van A. de Veer, 18 Augustus 1823.
(§) Publicatie van A. de Veer, 1 Maart 1823.

digde daarop een nieuw reglement uit, zoo veel mogelijk geschoeid op de leest der vaderlandsche schutterijen en waarbij aan de schutterij zelve meer magt werd verleend, om met fermiteit hare inrigting te handhaven (*).

De instructien van het *Collegium Medicum*, de onderscheidene keuren en taxes voor de verschillende geneeskundigen eischten noodzakelijk herziening en daarom werd den 9den December 1824 eene Resolutie door Gouverneur en Raden uitgevaard, waarbij alle vroegere instructien, enz. vervallen verklaard en eene geheel nieuwe instructie voor het *Collegium Medicum* en Reglementen voor Medicinae Doctoren, Chirurgijns, Vroedmeesters, Vroedvrouwen en Apothekers werden daargesteld. De bevordering der Vaccine en het door behoorlijke middelen tegengaan der Boassie of Lepra werd daarbij als eene verpligting aan het Collegium Medicum opgelegd (†).

Niettegenstaande reeds meermalen van regeringswege bij de eigenaars van plantaadjes was aangedrongen, tot het aanleggen en behoorlijk beplanten van kostgronden, tot voedsel voor de slavenmagten, was hierin veel nalatigheid betoond. Er werd hier nu bij publicatie op nieuw toe vermaand, en eene boete van ƒ 1000 tot ƒ 5000 op verzuim in deze gesteld. Een ander misbruik, namelijk, waarbij de meesters van slaven deze laatsten uitzonden om werk op te zoeken, en daarvoor week- of maandgeld te doen opbrengen, werd bij publicatie van 20 December 1824 verboden (§). Ook werd tijdens het bestuur van de Veer de Notificatie van 14 Augustus 1782, waarbij de afzonderlijke verkoop van moeders en kinderen verboden werd, geamplieerd (* *). Ten einde het wegloopen der slaven, zoo veel mogelijk te voorkomen, werd verboden, om slaven uit te zenden naar de rondom Paramaribo gelegen bosschen om brandhout enz. te kappen of ook om te visschen tenzij dat hun een permissie-billet door hunnen meester werd afgegeven; de meesters werden tevens verpligt indien een hun-

---

(*) Publicatie van A. de Veer, 20 Maart 1824.

(†) Resolutie van Gouverneur en Raden, 9 December 1824.

(§) Publicatie van A. de Veer, 20 December 1824.

(* *) Publicatie van A. de Veer, 5 Maart 1828.

ner slaven langer dan driemaal vier en twintig uren zich zonder verlof had verwijderd, hem als weglooper bij de policie aan te geven, ten einde de opsporing gemakkelijker te maken (*).

Toen de Veer in Suriname kwam had er nog steeds een vrij aanzienlijke sluikhandel in slaven plaats; zelfs bestond daarvan een georganiseerd stelsel. De Nederlandsche regering wilde, met het oog op het tractaat in 1818 met Groot-Brittanje gesloten, waarbij men zich verbonden had den slavenhandel krachtdadig te weren, hieraan een einde maken. Zij beval daarom strenge vervolging dergenen, die zich hieraan schuldig maakten; als straf werd hierop gesteld eene boete van ƒ10,000 Hollandsch, eerloosverklaring en opsluiting voor den tijd van 15 jaren; terwijl de schepen waarmede de verboden slavenhandel werd gepleegd, zouden verbeurd verklaard worden (†). Om de contrôle gemakkelijk te maken en alzoo de vermeerdering der slavenmagten door ter sluiks aangevoerde slaven, krachtig te kunnen tegengaan, werd een verbeterde inrigting der slavenregisters bevolen, waarbij de *mutatien* die bij de magten plaats vonden voor Paramaribo binnen de drie en voor de buitendistricten binnen de veertien dagen aan de bevoegde authoriteit moesten worden opgegeven (§).

De Veer hield getrouw de hand aan deze verordeningen, doch berokkende zich hierdoor vele vijanden; daar zelfs de leden van het Hof van Policie, die planters of administrateurs waren, den verboden handel niet slechts oogluikend hadden laten begaan, maar hem zelfs soms, als belanghebbenden, begunstigd hadden.

In het jaar 1824 was een Fransche brik *La Legère* met eene lading van 555 slaven door een Engelsch kapitein sir Thomas Cochrane in Suriname opgebragt en aan den Gouverneur de Veer uitgeleverd.

Onmiddellijk na de uitlevering van de brik La Legère werd de bevelvoerder van dien bodem, Pierre Poussin, en de Supercarga Jean Marie Bled, voor het Hof van Policie en Cri-

(*) Notificatie van 6 Junij 1825.
(†) Publicatie van A. de Veer, 6 October 1825.
(§) Publicatie van A. de Veer, 19 April 1826.

minele Justitie, vervolgd wegens pogingen tot overtreding van de wetten op den slavenhandel; daar het echter bleek dat dit vaartuig te Nantes uitgerust en van Fransche papieren voorzien was, en dat geen enkele slaaf aan land was gebragt tijdens de aanhouding van Sir Thomas Cochrane, werd door het Hof besloten het vaartuig met de slaven, onder gewapend geleide, naar eene .Fransche bezitting te sturen en aan dat Gouvernement uit te leveren. Zijner Majesteits Brik van Oorlog *de Kemphaan*, gecommandeerd door den Kapitein Luitenant ter zee J. W. van Rijn, werd met de uitvoering van deze commissie belast en verliet op den 8sten Januarij 1824, gelijktijdig met de Brik La Legère, de reede van Paramaribo; doch bij het afvaren van de rivier geraakte laatstgemeld vaartuig aan den grond, de beide vaartuigen lieten het anker vallen ter hoogte van de plantaadje *Jagtlust;* in dien zelfden nacht verschalkte men de waakzaamheid der brik *de Kemphaan* dermate, dat door den bevelvoerder *Poussin* en den supercarga *Bled* het grootste gedeelte der slaven met twee ponten van boord der *Legère* werden ontvoerd.

Daar het gerucht van dit schandelijk bedrijf den volgenden morgen ter oore van den Gouverneur kwam, werd onmiddellijk een Adjudant aan boord van *de Kemphaan* afgezonden om naauwkeurige berigten in te winnen, en toen de Commandant eene sloep aan boord van de Fransche brik stuurde, werd het gerucht maar al te waar bevonden.

De Gouverneur het gewigt der zaak beseffende, vaardigde dadelijk eene Proclamatie uit, waarbij embargo gelegd werd op alle schepen en vaartuigen, te gelijker tijd dat de rivier met gewapende sloepen werd afgezet om alle communicatie naar beneden af te snijden; terwijl onderscheidene militaire patrouilles werden uitgezonden in de rigting waar men vermoeden kon dat de slaven waren ontvoerd. Aan het hoofd van eene dezer patrouilles stelde de hoogbejaarde Gouverneur zich in persoon, en had het geluk in den nacht van den elfden Januarij den Supercarga met de ontvoerde slaven in de gronden der plantaadje Pomona te arresteren.

De zaak werd toen andermaal voor het Hof van Policie en

Criminele Justitie gebragt en door eene condemnatie achtervolgd, terwijl de slaven als vrije arbeiders aan het Gouvernement werden uitgeleverd.

Hieruit blijkt, dat de Gouverneur de Veer, verre van eenige oogluiking te gedoogen, met de meeste energie dien verfoeijelijken handel trachtte te beletten. De Britsche Minister Canning betuigde in een brief aan Lord Granville, destijds Britschen Gezant te 's Gravenhage de dankbaarheid van zijn Gouvernement over het hoogst eervol gedrag bij deze gelegenheid, door den Gouverneur van Suriname, in de uitvoering der bevelen van zijnen Souverein, betoond. Die brief was geschreven naar aanleiding van een rapport van den Engelschen Regter in het gemengd Geregtshof tot wering van den slavenhandel, die te Suriname gevestigd, ooggetuige was geweest van de geheele toedragt der zaak (*).

De heer Jan Gerard Ringeling vroeger Gouvernements-secretaris, gehuwd met eene dochter van den Gouverneur de Veer heeft in twee rekwesten (31 October en 27 November 1827) aan Z. M. het koloniaal bestuur en voornamelijk den toenmaligen Raad Fiscaal Mr. Évert Ludolf Baron van Heeckeren beschuldigd, dat men middel had weten aan te wenden, om, in plaats van de wezenlijke bedoelde slaven, anderen, door ziekte en rampen uitgemergelde en vermagerde Negers en Negerinnen, uitschot van hospitalen en ziekenhuizen aan het Gouvernement over te leveren en dat zelfs drie à vier der slaven van de Brik *Legère* in eigendom van genoemden heer van Heeckeren waren gekomen. Ringeling heeft verder in die adressen vele grove beschuldigingen tegen de regering en de hoofdambtenaren in Suriname geuit; zoodat de regering het noodig heeft geacht eene Commissie van onderzoek te benoemen bestaande uit de heeren Mr. Fiers Smeding, Mr. C. L. Mirandole en L. B. Slengarde. De resultaten van dat na de

---

(*) Aan de Redactie van het Tijdschrift: Bijdrage tot de kennis der Nederlandsche en vreemde kolonien, bijzonder betrekkelijk de vrijlating der slaven, door G. S. de Veer. Publicatien van A. de Veer 10 Januarij en 23 Januarij 1824. Despath from secretary Canning to Viscount Granville, 7 May 1824.

aftreding van de Veer ingesteld onderzoek is met consideratien van den Commissaris-Generaal van den Bosch aan de Nederlandsche regering gezonden. Volgens een brief aan den Minister voor de Marine en Kolonien Elout is gebleken, dat niet alleen de beschuldigingen tegen de Veer niet bewezen, maar geheel valsch zijn bevonden, en dat zelfs die aantijgingen naar het oordeel dier Commissie op sommige punten zijn te beschouwen, als eene openlijke laster, met voorbedachtelijke verzwijging van belangrijke omstandigheden, tot waar verstand der zaak noodig.

De Veer ontving namens Z. M. eene stellige en openlijke verklaring, waarbij hij volkomen geregtvaardigd werd van alle aantijgingen van Ringeling (*).

In Julij 1825 heerschte in de kolonie Suriname eene zware Catharrale verkoudheid (de griep geheeten), aan de gevolgen waarvan vele, vooral bejaarde menschen stierven ((†).

Des nachts tusschen den 11den en 12den April 1825 verbrandden ter reede van Paramaribo twee Nederlandsche koopvaardijschepen, Willem de Eerste en Betsy, het eerste van Amsterdam en het tweede van Rotterdam (§). Den 20sten September van hetzelfde jaar en den 19den Februarij van het volgende gevoelde men te Paramaribo eenige ligte schokken van aardbevingen (**).

In het jaar 1827, tusschen den 25sten en 26sten Februarij, des nachts te 12 uren, ontstond er brand in de Keizersstraat, naast de Portugesche Joden Synagoge, in het huis bewoond door den heer Richard O'Ferrall, senior. Gemelde heer had eene vrolijke partij bij zich aan huis en zond een negerjongen naar boven om Madera-wijn te halen; door de onvoorzigtigheid van dezen jongen, die een kaars in de hand had, ontstond er brand, waarbij drie huizen in de asch werden gelegd, en het daaraan belendende huis van W. van Uytrecht,

---

(*) Brief van *Elout* aan de *Veer*, 24 December 1828.
(†) Teenstra, de Landbouw in de kolonie Suriname, 1e deel blz. 64.
(§) Teenstra, de Landbouw in de kolonie Suriname, 1e deel blz. 65.
(**) Teenstra, de Landbouw in de kolonie Suriname, 1e deel blz 65.

op last van den Gouverneur de Veer, door de matrozen van de koopvaardij-schepen omver gehaald werd; waardoor de voortgang der vlammen gelukkig werd gestuit (*).

Den 21sten December 1823 arriveerde in de kolonie de schrijver M. Lesschenault de la Tour, komende van Cayenne, om eenig onderzoek omtrent den Landbouw in Suriname te doen; hij vertoefde aldaar tot den 13den Maart 1824, wanneer hij naar Cayenne terug keerde (†). In 1825 hield de Luitenant-Generaal Baron C. R. F. Krayenhoff, op deszelfs reize naar Curaçao, zich van den 15den tot den 19den Junij te Suriname op (§).

In October 1823 kwam voor de eerste maal eene stoomboot, een Fransch oorlogsvaartuig, Caroline genoemd, op de rivier Suriname, gecommandeerd door den heer Louvrier, welke met dezelve van Cayenne was gekomen (**); en den 24sten Mei 1827 arriveerde de eerste stoomboot uit de Nederlanden, van Hellevoetsluis, voor de stad Paramaribo, welk driemast vaartuig, de Curaçao genoemd, door den heer J. W. Moll gecommandeerd werd (††).

De privilegien der Joden waren nu voor hen niet meer noodig, daar zij geheel met de belijders der andere gezindten werden gelijk gesteld. Bij publicatie van 20 Junij 1825 werd het Koninklijk besluit van 2 April 1824 des betreffende bekend gemaakt (§§).

Eene der gewigtigste gebeurtenissen, tijdens het bewind van de Veer, was de reductie van het Surinaamsch kaartengeld die weldra door deszelfs geheele intrekking gevolgd werd.

Veel is hierover geschreven en zeer verschillend is die maatregel beoordeeld; om eenigermate hierover met juistheid te kunnen oordeelen achten wij het noodig de aanleiding hiertoe kortelijk te herinneren.

Gelijk wij reeds meermalen hebben doen opmerken: er was

(*) Teenstra, de Landbouw in de kolonie Suriname, 1e deel, bldz. 66.

(†) Teenstra, de Landbouw in de kolonie Suriname, 1e deel, bldz. 65.

(§) Teenstra, de Landbouw in de kolonie Suriname, 1e deel, bldz. 65.

(**) Teenstra, de Landbouw in de kolonie Suriname, 1e deel, bldz. 65.

(††) Teenstra, de Landbouw in de kolonie Suriname, 1e deel, bldz. 67.

(§§) Publicatie van A. de Veer, 20 Junij 1825.

zeer veel papierengeld in Suriname in omloop, dat geen degelijken waarborg bezat; dat moeijelijk kon worden gerealiseerd en welks waarde facultatief van het meerdere of mindere crediet afhing.

Bijna bij elk te kort dat in den loop der tijden in de koloniale kassen ontstond, had men de toevlugt genomen tot het maken en uitgeven van kaartengeld. Een tijd lang was dit goed gegaan, daar dit kaartengeld, bij gebrek aan ander circuleerend medium, tegen de waarde van klinkende munt werd aangenomen. Er zijn zelfs voorbeelden van, dat het soms hooger dan contante klinkende specie gewaardeerd werd. In den Engelschen tijd echter onderging het eene belangrijke daling; bij de komst van Bonham tot het bewind, n 1811, was het kaartengeld zoo laag in waarde gedaald, dat f 48 kaartengeld gelijk stond met een pond sterling of f 12 dus als 4 tot 1. Door den ijver van Bonham, die bezuinigingen invoerde en die naauwlettend toezag op de administratie van 's lands finantiën, werd het zinkend crediet van Suriname hersteld en als een bewijs hoeveel die goede zorg vermogt is het feit te noemen, dat tijdens de overgave der kolonie aan Nederland de agio op het kaartengeld slechts 25 procent bedroeg, dus $1^1/_4$ Surinaamsch tot 1 Hollandsch Courant (*). Sedert dien tijd was er weder eene belangrijke daling gekomen, waarop wij reeds bladz. 611 hebben gewezen.

Dit duurde steeds voort; in 1821 werd de verhouding als: 182 Surinaamsch tot 100 Holl. Courant, in 1826 als 310, ja, 327 tot 100 Hollandsch Courant.

Wat was er tegen die gestadige daling van het kaartengeld en gelijktijdige verhooging van den wisselkoers te doen? Men was ten einde raad en wendde zich tot den Koning, opdat deze maatregelen mogt beramen ten einde dien noodlottigen gang van zaken te stuiten.

(*) Sommige schrijvers over de finantiele kwestie, als: J. J. de Mesquita en anderen vermelden wel dit laatste feit, doch niet de vroegere daling van het kaartengeld, die hun misschien bij gebrek aan historische bescheiden onbekend was.

De Koning gaf aan die wenschen gehoor en overwegende dat, de meer en meer toenemende daling van het papieren- of kaartengeld, den finantielen staat van Suriname aan gedurige onzekerheden blootstelde en de belangen der ingezetenen hierdoor zeer leden en het alzoo dringend noodzakelijk was een eindperk te stellen aan het verkeerde dat uit zoodanigen stand van zaken voortsproot, wenschte hij de Muntstelsels in de kolonie en in den Moederstaat in overeenstemming te brengen, terwijl hij dacht op deze wijze den gezonken staat van het crediet in de kolonie weder op te beuren. Bij Koninklijk Besluit werd dus bepaald, dat met den 1sten Januarij 1827 het Nederlandsche Muntstelsel, zoodanig als hetzelve, bij de wet van 28 September 1816 voor het Moederland was vastgesteld, te Suriname in werking zou worden gebragt; zoodat op hetzelfde tijdstip de gouden, zilveren en koperen muntspecien, in Nederland gangbaar, op denzelfden voet in de kolonie gangbaar zouden zijn; insgelijks de billetten door de Nederlandsche bank te Amsterdam en de billetten der Algemeene Maatschappij ter bevordering van Volksvlijt te Brussel. Doch om nu tot dit gelijke muntstelsel te komen werd een krachtig middel aangegrepen, namelijk eene reductie van het kaartengeld van 310 tot 100, gelijk in artikel 4 van de des betreffende publicatie wordt gezegd: »In overeenstemming met het hier boven bepaalde zal, te rekenen van den 1sten Januarij 1827, geene andere wettige munt te Suriname bestaan, dan die bij de wet van 28 September 1816 (Staatsblad No. 5) omschreven; zullende echter voorloopig, en tot aan deszelfs intrekking of inwisseling, het Surinaamsch papieren of kaartengeld in omloop blijven, in de verhouding van drie honderd tien Surinaamsch tot honderd gulden Nederlandsch Courant-geld (*).

Welk een krachtige greep, welk een buitengewone maatregel was die reductie — was het niet iets ongehoords, iets zeer onbillijks om het kaartengeld vroeger van gelijke waarde met

---

(*) Publicatie van de Veer, 25 October 1826, behelzende bepalingen omtrent de intrekking met primo Januarij 1827, van het Surinaamsch papieren- en kaartengeld, enz.

klinkende specie tot minder dan een derde terug te brengen? Het scheen immers wel zoo te zijn; want vroeger bestond nog altijd de mogelijkheid, dat de waarde van het Surinaamsch Courant zich herstelde; thans was die kans door het Koninklijk Besluit voor altijd verloren.

»In Nederland" — zoo zegt o. a. de heer de Mesquita op bladz. 4 zijner reeds aangehaalde brochure : »was door den Franschen overheerscher tot vermindering der staatsschuld de waarde der effecten getierceerd, en eene der eerste voorzieningen van den Souvereinen Vorst was eene poging om het herstel van deze grieve aan de Natie te verzekeren! Maar eene finantiele operatie, ten gevolge waarvan hij, die 310 guldens in contanten meende te bezitten, dezelve op de waarde van 100 guldens verminderd zag, kon niet dan een nadeeligen indruk maken op de Surinaamsche bevolking, en leverde eene groote schade op, vooral aan diegenen, die met Nederland in geene dadelijke betrekking stonden en de drukking van den wissel-agio op geene regtstreeksche wijze hadden ondervonden?"

Ofschoon deze bewering wel eenigen schijn van waarheid behelst en zelve in sommige opzigten niet geheel ongegrond is, gaat men toch te ver indien men deze daad der Nederlandsche regering met die van Napoleon (de tiercering) op eene lijn plaatst. De feitelijke toestand in Suriname was zóó, dat f 310 Surinaamsch niet meer gold dan f 100 Hollandsch Courant; niet slechts ondervonden dat degenen, die met Nederland in dadelijke betrekking stonden, regtstreeks, maar zijdelings deelde ieder hierin, daar de prijzen der waren enz. naar deze verhouding werden geregeld en werd door het Koninklijk Besluit aan alle hoop op eene mogelijke verhooging der waarde van het kaartengeld de bodem ingeslagen; aan den anderen kant werd eene toenemende vermindering gekeerd en juist daarvoor vreesde men en daartegen had men de hulp van Z. M. ingeroepen. Wij zijn geen lofredenaars van dezen maatregel der Nederlandsche regering; doch onpartijdigheid gebiedt ons dien maatregel niet als een Napoleontisch dwangmiddel te doen beschouwen.

Bij hetzelfde besluit, artikel 9—14, werd de oprigting van

40*

een Grootboek van Surinaamsche 5 pCt. rentegevende koloniale schuld bevolen, waarvan het bedrag dat van ƒ 2,400,000
voorloopig niet zou te boven gaan, om te voorzien in de behoefte van geldsomloop en ter geheele vernietiging van het
Surinaamsch papieren- en kaartengeld.

Hierdoor kwamen voor ƒ 2,400,000 banknoten van de Maatschappij der Volksvlijt te Brussel te Suriname in omloop, benevens ƒ 400,000 in zilver en koper; doch men had over het
hoofd gezien, dat terwijl ook dat Brusselsch bankpapier in
Nederland geldig was, het weldra voor betalingen en remises
aan het Moederland zou worden gebruikt en de kolonie alzoo
spoedig geheel van circuleerend Medium worden ontbloot.
Want de Surinaamsche kooplieden ontvangen de Nederlandsche koopwaren, en betalen ze, zoo zij die bezitten, met producten en anders met geld; maar de meeste producten worden
in natura naar Nederland gezonden aan de Nederlandsche
eigenaars, zonder dat daarvoor eenige waarde in de kolonie
terugkomt. Te Suriname zijn schier geene producten te koop.

Daar de invoering van het Nieuwe Muntstelsel invloed moest
uitoefenen op de bestaande Landsbelastingen werd een nieuw
finantieel stelsel desbetreffende toegezegd en hierin zijn met
het oog op de reductie van het kaartengeld hardheden, ja,
onbillijkheden voor de Surinaamsche bevolking te vinden.

Zoo bedroeg o. a. het hoofdgeld voor de slaven, het ordinaire en extra-ordinaire was reeds zamengevoegd, ƒ 7.50 Surinaamsch en dus volgens den toenmaligen koers ƒ 2.41, en dit
werd nu op ƒ 5 Holl. gebragt dus 107½ pCt. verhoogd, terwijl verscheidene belastingen niet met 210 pCt. maar sommige slechts met 150 pCt. werden herleid.

Het zegelregt o. a. onderging mede hierdoor eene aanmerkelijke verhooging. Voor een zegel van ƒ 2 Surinaamsch, dus
volgens den koers 64 Cent Hollandsch, moest ƒ 1 worden betaald en zoo verder in evenredigheid (*).

Het nieuwe Tarief, naar hetwelk nu de Leges en Emolu-

(*) Publicatie van de Veer, 20 December 1826. J. J. de Mesquita.
Ontwerp ter verbetering van den finantielen toestand van Suriname.

menten voor 's Landskantoren moesten worden berekend, viel
mede niet ten voordeele der ingezetenen uit (*).

Niettegenstaande deze verhoogde belastingen was de tegenwoordige finantiele toestand niet gunstig en zouden de vermeerderde uitgaven voor de dienst van het volgend jaar niet uit
de inkomsten kunnen bestreden worden, tenzij deze laatsten
naar evenredigheid werden verhoogd. Gouverneur en Raden
oordeelden: »dat geene meer billijke of geschikte middelen
waren voorgekomen, dan dezulke, welke geenzins op de klasse
der goede ingezetenen drukken, die, volgens het bestaande
Belastingstelsel, reeds zijn bezwaard; en waardoor tevens alle
standen der Maatschappij, welke daarvoor vatbaar kunnen
geacht worden, in de publieke lasten zullen deelen" — en
zij voerden dien ten gevolge een patentregt op den handel,
neringen, beroepen en bedrijven in. De belastingschuldigen
werden in vijf klassen verdeeld en moesten betalen f 500 —
f 400, f 200 — f 100 of f 50 benevens voor ieder drie gulden
zegelregt (†).

Terwijl er omtrent de Criminele regtspleging veel onzekerheid heerschte en het eene reglement vaak het andere wedersprak werd er groote behoefte gevoeld, dat ook hierin voorziening geschiedde; doch die noodzakelijke herziening bleef
lang uit. In October 1827 werd het reglement van den 10den
October 1798 nogmaals gepubliceerd en, om ten minste eenigen
regel te hebben, werd bepaald, dat men voorloopig zich hier
naar moest gedra en (§).

In 1828 werden door Gouverneur en Raden voorschriften
ingevoerd op het houden der registers van den burgerlijken
stand en tot het beter constateren van den staat der bevolking van Paramaribo (**).

Intusschen heerschte er in Suriname veel ontevredenheid en
allerlei klagten over een slecht beheer drongen in het Moederland door. De Nederlandsche regering vermeende dat in vele

(*) Publicatie van de Veer, 28 December 1826.
(†) Publicatie van de Veer, 30 December 1826.
(§) Publicatie van de Veer, 30 October 1827.
(**) Publicatie van de Veer, 5 Maart 1828, No. 3 en 4

opzigten veranderingen moesten geschieden, en zij zond daartoe den Generaal Majoor J. van den Bosch als Commissaris-
Generaal voor de Nederlandsche West-Indische bezittingen naar
Suriname en de W.-I. eilanden. Van den Bosch was voorzien
van opene brieven des Konings, waarbij hem magt werd verleend, om als 's Konings vertegenwoordiger in die gewesten,
den staat van zaken aldaar na te gaan en de noodige voorzieningen te doen plaats grijpen enz. (*).

De zending van van den Bosch, de gevolgen daarvan, het
brengen van Suriname en de W.-I. eilanden onder een Gouverneur, waartoe de schout bij nacht Paulus Roelof Cantz'laar
werd benoemd, zullen wij in het volgende hoofdstuk behandelen. Wij vermelden nu slechts dat Generaal van den Bosch
den 28sten April 1828 per Z. M. brik van Oorlog de Zwaluw,
in Suriname arriveerde; en slechts zes dagen later per Z. M.
Corvet de Panther, de Schout bij nacht, gewezen Gouverneur
van Curaçao, P. R. Cantz'laar, terwijl de Veer, op last van
Z. M. door Z. M. Commissaris eervol uit zijne betrekking van
Suriname werd ontslagen, waarvan hij den 20sten Mei bij
publicatie kennis gaf (†).

De Veer liet zich de grief van niet tot den meer omvang-
rijken post van Gouverneur-Generaal der gezamenlijke West-
Indische bezittingen te worden verkozen, met gelatenheid welgevallen, in het bewustzijn van zijne pligten altoos naauwgezet te hebben betracht en de goedkeuring des Konings te
hebben verdiend: hij had, zoo als hij in een brief aan Minister
Elout schreef, evenwel plan gehad, om zijn ontslag te verzoeken.

Eerst later kwam men tot de erkenning, dat er geene noodzakelijkheid had bestaan, om den Landvoogd deze grief aan
te doen. De Commissaris-Generaal van den Bosch erkende
de diensten door de Veer den lande bewezen in den volgenden brief aan den afgetreden Gouverneur:

»Paramaribo, den 26sten Julij 1828, No. 255.

Ik heb de eer gehad te ontvangen uwe missive van den
24sten der vorige maand, waarbij Uwe Excellentie heeft aan-

(*) Publicatie van de Veer, 29 April 1828.
(†) Publicatie van de Veer, 20 Mei 1828.

getoond de diensten door U Hoog Edel Gestrenge gedurende
een tijdvak van ruim 32 jaar, in de onderscheiden moeijelijke
en aanzienlijke betrekkingen, aan den staat bewezen, en verder
het verlangen te kennen geeft, om eene belooning te verwerven, aan die langdurige diensten geëvenredigd.

Het strekt mij tot een wezenlijk genoegen Uwe Excellentie
de verzekering te kunnen geven, dat ik van het gewigt dier
diensten ten volle overtuigd ben. Gaarne erken ik mede, dat
de financiele staat dezer kolonie, onder uw Bestuur aanmerkelijk verbeterd is, en, op een gering niet noemenswaardig
verschil na, komen uwe opgaven, met de boeken geheel overeen. Ik vlei mij dat Uwe Excellentie, na deze rondborstige
verklaring mijner gevoelens, zal beseffen, hoe streelend het
voor mij zoude wezen, aan de begeerte van U Hoog Edel
Gestrenge te voldoen; doch de beslissing van Zijne Majesteit,
geloof ik in deze niet vooruit te mogen loopen.

Niemand dan onze Koning weet beter bewezen diensten te
erkennen en te beloonen, en ik zou gewis aan de belooning,
waarop U Hoog Edel Gestrenge aanspraak heeft, hare waarde
benemen, indien ze niet onmiddellijk door Zijne Majesteit
zelve werd toegekend. Intusschen zal het mij eene genoege-
lijke taak wezen, den Koning met mijne bevinding bekend te
maken, en Hoogstdenzelven mijne gunstige gevoelens ten aanzien van Uwe Excellentie mede te deelen; terwijl ik van mijne
zijde de belangen der uwen, die mij worden aanbevolen, altijd volgaarne, daar waar pligt en gelegenheid het toelaten,
bevorderlijk zal wezen.

Ik verzoek Uwe Excellentie, met de opregte dankbetuiging
voor de aan mij bewezen diensten, de verzekering te willen
aannemen, der bijzondere hoogachting, waarmede ik de eer
heb te zijn

Uwe Excellentie Dienstw. Dienaar,
(get.) J. van den Bosch."

De belooning door Zijne Majesteit op dit gunstig rapport
en op de voordragt van den minister Elout toegekend, is geweest een verhoogd pensioen (f 8,000, zijnde f 2,000 boven

dat waarop bij op grond zijner dienstjaren en fournissementen aan het pensioenfonds aanspraak had) en de vergunning om de distinctive van den rang van Generaal-Majoor te mogen dragen.

De Veer bleef na zijne aftreding in Suriname wonen, alwaar hij in den nacht van den 1sten op den 2den Februarij 1838 overleed.

In eene brochure geschreven door zijnen zoon G. S. de Veer vindt men het volgende:

»Als Gouverneur van Suriname vermogt hij den slavenhandel te fnuiken, het financie-wezen en de geld-circulatie in gezonden staat herstellen, den wederaanbouw van Paramaribo te bevorderen en de kolonie in hoog bloeijenden staat over te geven.

Hij is ten grave gedaald in het bezit der liefde en achting van allen die hem gekend hebben. Rijk is hij in dienst getreden, arm is hij gestorven en dat ten gevolge van zijne dienstverrigtingen, terwijl hij te kiesch dacht om datgene te reclameren, waarop hij, naar het getuigenis van den Graaf van den Bosch, zijn regt kon doen gelden. Zooveel mogelijk werden die deugden, na zijnen dood erkend en aan zijne kinderen beloond, door een regtvaardig besluit van wijlen Koning Willem den Eerste, waarvoor zij hem steeds dankbaar zullen zijn."

De Surinaamsche Couranten van 3 Februarij 1838 waarbij zij het berigt van het overlijden van de Veer mededeelden, legden mede een gunstig getuigenis van den ontslapen landvoogd af:

»De diep betreurde overledene heeft," zoo luidt o. a. een dier berigten: »toen hij de teugels des bewinds in dit gewest voerde, de groote taak aan zijn verhevenen stand verbonden, namelijk om het geluk dezer kolonie te bevorderen, geenszins uit het oog verloren; zijn uiterlijk waardig en beminnelijk voorkomen won dadelijk alle harten, en dwong elk die hem van nabij kende tot liefde, eerbied en hoogachting.

Eene gelukkige mengeling van waardigen ernst en bevallige zachtmoedigheid, rondheid, opregte verknochtheid aan vorst en vaderland, en het innige verlangen den bloei der kolonie te bevorderen, waren de hoofdtrekken van zijn beminnelijk karakter; hij was een braaf echtgenoot, een teedere vader, en een getrouwe vriend; alles wat tot de godsdienst betrekking had was hem heilig en eerwaardig, en toen hij op den avond zijns levens in stille rust zijne overige dagen in den schoot zijner betrekkingen sleet, kenmerkte hij zich door edele eenvoudigheid en burgerlijke deugden."

Eene schets van den algemeenen toestand van Suriname in die dagen levert slechts enkel lichtpunten op. Omtrent den finantielen staat merken wij slechts aan, dat dezelve nog wel niet in alle opzigten voldoende kon worden genoemd, doch evenwel onder het bestuur van de Veer veel was vooruitgegaan. In dien tijd werd nog niet aan subsidie gedacht, en nogtans waren bij het einde van zijn zesjarig bestuur niet alleen de schulden uitgedelgd, maar gaf hij in 1828 de kolonie over in zulken finantielen toestand, dat de Commissaris-Generaal daaruit termen vond tot het besluit dat Suriname het te kort der eilanden zou dekken.

Wij gelooven dat deze beschouwing van den Commissaris-Generaal al te gunstig was, ten minste dat de bedoelde hoop ijdel is geweest en dat Suriname eerlang in den treurigen toestand geraakte van zelve te moeten worden gesubsidieerd, in plaats van de eilanden bij te staan, bewijst de geschiedenis.

Er waren ook nu onder de aanzienlijken verscheidene, die ruime schatten door landbouw en handel verwierven; de hoogere klassen der Surinaamsche Maatschappij genoten beter onderwijs dan vroeger; meerdere beschaving ontbrak niet; doch godsdienst en zedelijkheid bleven op een lager trap, en de verhouding tusschen de meer bevoorregte en de lagere klasse was droevig. *Vooroordeel* en *onverschilligheid* hadden een afscheidsmuur tusschen hen opgetrokken. Afgescheiden van de eerste was de laatste aan zich zelve overgelaten en ten prooi gegeven aan allerlei ellende en de daarmede gepaard gaande ondeugden en misdrijven. Verschil van kleur werd als een smet op een deel der bevolking geworpen, en daardoor tusschen de verschillende standen der burgermaatschappij eene verwijdering bewerkt, die voor het algemeen belang ten hoogste nadeelig was.

De armoede met al hare afgrijsselijkheden had zich binnen de verblijfplaatsen van vele der lagere klasse gevestigd; — krankheid wierp menigeen op het ziekbed, waar gemis aan geneeskundige hulp en artsenijen de hoop op herstel deed ontzinken. Gebrek liet zich in huisgezinnen gevoelen, waar men, verstoken van inkomsten, buiten staat was in de dage-lijksche behoeften te voorzien; onkunde en zedebederf ver-eenigden zich met bijgeloof en losbandigheid, waar gods-dienstig en verstandelijk onderwijs ontbraken, en de opvoeding van het opkomend geslacht onder die klasse leidde tot een staat van barbaarschheid, die het ergste deed vreezen, daar de brandstoffen die de grondzuilen van het staatsgebouw moesten ondermijnen en het algemeene welzijn verwoesten, voorhan-den waren.

Men ontveinsde zich dien onrustwekkenden toestand niet; men zag den nood der armen, het diep verval der lagere klasse, doch had geen moed zich harer aan te trekken, en van de hoogte waarop men meende te staan tot haar af te dalen, ten einde haar tot de betrachting harer pligten op te wekken, en zoo doende het ontoereikend gezag der wetten te helpen onderschragen.

Wel ontbrak het niet aan bewijzen van barmhartigheid en hulpbetoon; doch er werd meer gevorderd om het bestaande kwaad te keer te gaan, de behoefte des tijds te bevredigen en de toekomst voor gevaar te behoeden.

De Geneesheer Martinus Mauritz Alexander Coupijn, Suri-naamsch kleurling, deelde, in de maand November 1827, aan een kring van een viertal vrienden een door hem gevormd plan mede, ten doel hebbende om, — uit aanmerking van de kommer-volle omstandigheden, waarin de minvermogenden verkeerden, door het verschaffen van kostelooze geneeskundige hulp aan be-hoeftige zieken, hun toestand in dat opzigt, zoo veel mogelijk te verbeteren. Dit prijsselijk voornemen vond onmiddellijk weer-klank in de harten der aanwezigen, en de ijverige en uitne-mende Nicolaas Gerrit Vlier, een kleurling en zoo in regterlijk ambtsbetrekking als anderzins een sieraad van zijn stand, die daarbij tegenwoordig was, deed aanstonds het voorstel, om hem en de overigen toe te laten zich bij hem aan te sluiten en den kring wijder uit te strekken, naar gelang de behoefte aan stoffelijke en zedelijke hulp, dit noodzakelijk mogt maken.

Coupijn, wiens vurige wensch het was, voor den lijdenden natuurgenoot nuttig te zijn, verheugde zich over dien bijval en vereenigde zich volkomen met het gedane aanbod.

De beide eerstgenoemden benevens de heeren Samuel Ferdinand Flu, Jan Carel Stuger en J. C. Muller, Az., ontwierpen daarop de grondslagen tot eene inrigting ter betooning van liefderijke weldadigheid, ter bevordering van beschaving en zedelijkheid, tot opwekking van nijverheid en volksvlijt, en alzoo tot verspreiding van algemeen volksgeluk.

Dit ontwerp, welks aanleiding reeds spoedig een negen en twintigtal menschenvrienden aan de zijde van Coupijn en zijne vrienden deed scharen, werd in eene vergadering op den 28sten November deszelfden jaars 1827, goedgekeurd en mitsdien op dien dag opgerigt: de Surinaamsche Maatschappij van Weldadigheid.

Dat de edele voornemens dezer waardige mannen, onder den zegen Gods en de medewerking van welgezinden, met goeden uitslag bekroond werden zullen wij later gelegenheid hebben op te merken. Hier slechts gewagen wij van de vestiging dier Maatschappij als van een der weinige lichtende punten, wier aanblik verheugt. Omtrent het lot en de behandeling der slaven valt weinig anders te vermelden, dan het reeds meermalen in den loop der geschiedenis medegedeelde. Hun lot, enkele gunstige uitzonderingen daargelaten, was en bleef hard; de behandeling liet steeds veel te wenschen over.

De Christelijke liefde der Hernhutters ging echter voort, met waar hun een deur werd geopend den slaven het Evangelie te brengen. Hun arbeid in Paramaribo werd zeer gezegend; het getal der onderwezenen nam toe, zoodat er behoefte bestond aan een ruimer bedehuis; hieraan werd voldaan, en in 1827 de bouw van een ruim en luchtig gebouw begonnen, dat in het volgend jaar voltooid en den 21sten Julij plegtig ingewijd werd (*). Nam de gemeente te Paramaribo toe, dit was echter niet het geval met de gemeenten op de plantaadjes, waarop door hen godsdienstig onderwijs aan de slaven werd verleend. Integendeel, het oude vooroordeel bleef bestaan; de kosten van onderhoud van het Etablissement bij het voormalig fort Sommelsdijk (zie bladz. 407) waren groot en de zendelingen hadden met velerlei tegenspoeden te kampen, zoodat zij zich eindelijk genoodzaakt zagen, na verloop van tijd, deze plaats weder te verlaten. Scheen het alzoo weder geheel nacht te worden, de Heer gedacht in zijne genade aan de armen in de schaduwen des doods hulpeloos nedergezeten, en er kwam uitkomst, er daagde een licht op, waarover de kinderen Gods zich verheugden.

Eenige ingezetenen kwamen op het denkbeeld om eene Maatschappij te stichten met het doel, om de Moravische broeders in hunnen arbeid der liefde, tot uitbreiding van het Christendom onder de slaven inzonderheid, maar ook tevens onder de verdere heidensche bevolking, te ondersteunen.

De verwezenlijking van dat plan, waarop 's Heeren zegen rustte, mede te deelen behoort tot de volgende afdeeling.

(*) Sypesteijn, Beschrijving van Suriname bladz. 84.

VIJFDE TIJDVAK.

TWEEDE HOOFDSTUK.

VAN DE OPTREDE VAN P. H. CANTZ'LAAR ALS GOUVERNEUR-GENERAAL
DER NEDÉRLANDSCHE WEST-INDISCHE BEZITTINGEN (1828) TOT
DE AFTREDING VAN D. J. ELIAS (1845).

De Nederlandsche regering — de voortreffelijke Elout was
toenmaals Minister voor de Marine en Kolonien en zijn invloed strekte steeds ten goede voor 's Lands-bezittingen in
vreemde werelddeelen — verlangde door de zending van van
den Bosch als Commissaris-Generaal naar Nederlandsch West-
Indie, den bloei en de welvaart dier bezittingen te bevorderen; zij hoopte dat van den Bosch door in haren geest werkzaam te zijn, door een krachtig bestuur aldaar te organiseren
en door de zamenstelling van een aan de behoefte des tijds en
der kolonie voldoende nieuw regerings-reglement, dit doel zou
bereiken.

Voor Suriname, waarover wij thans alleen spreken, was
veel te doen.

Het finantieel vertrouwen in de kolonie was zeer geschokt
en moest, zoo veel mogelijk, worden hersteld; het gebrek aan
circuleerend medium deed zich al spoedig op nieuw gevoelen en
eischte voorziening; de landbouw kwijnde en had behoefte aan
opbeuring; de afwezigheid der eigenaren werkte steeds zeer nadeelig op den bloei der volkplanting en eene productie te

scheppen, die niet aan afwezigen behoorde kon slechts dit kwaad doen verminderen. Verder — eene onafhankelijke regterlijke magt bestond er niet in Suriname, daar zij met de wetgevende en bestierende magten als zamengesmolten was, en vele misbruiken daarvan het gevolg waren; deze te weren door de regterlijke magt, zoo veel dit mogelijk ware, op den zelfden voet als in Nederland in te rigten was eene noodzakelijke behoefte; want het Justitie-wezen lag gedompeld onder verouderde vormen en chicanes. Het binnenlandsch bestuur miste behoorlijke regeling en toezigt: de Veer was een goed man, doch bezat niet genoeg energie en sommige personen, waaronder vooral de toenmalige Procureur-Generaal van Heeckeren wordt genoemd, oefenden een nadeeligen invloed op hem uit; de aristocratische partij had een ruim veld, doch de geringere klasse werd door haar onderdrukt en verguisd.

Het onderwijs en het armwezen waren diep gedrukt. De inlandsche bevolking was geen voorwep van 's lands zorg. Het vooroordeel tegen *kleurlingen* en *joden* was in volle kracht. Het huwelijk onder de kleurlingen kende men slechts bij uitzondering, enz., enz. Alles hijgde naar verandering, verbetering, opheffing. Het lot der slaven te verbeteren geboden godsdienst en menschelijkheid en het waarachtig belang der kolonie vorderde het.

De Nederlandsche regering was van een en ander dezer krijtende behoeften bewust en begeerde ernstig dezelve te gemoet te komen en verbeteringen aan te brengen enz., — zij zond daartoe van den Bosch in wien zij een groot vertrouwen stelde en aan wien zij eene groote magt toekende. Van den Bosch nam bereidwillig de belangrijke taak op zich; hij beschaamde het in hem gesteld vertrouwen niet en gebruikte de hem verleende magt ten goede der kolonie.

Ofschoon reeds door gezette studie met den toestand van Suriname vrij goed bekend, vermeerderde hij die kennis door, tijdens zijn verblijf in de kolonie, met een onbevangen blik rond te zien; hij merkte veel op dat voor een minder geoefend oog onopgemerkt zou zijn gebleven; terwijl zijn helder oordeel de juiste gevolgtrekkingen wist te maken.

Als zijn voornaamste werk moet beschouwd worden: de zamenstelling van een Nieuw Reglement op het beleid der regering van de Nederlandsche West-Indische Bezittingen. Hij arbeidde daaraan met allen ijver en, reeds den 21sten Julij 1828, vaardigde van den Bosch eene publicatie uit, waarbij de voltooijing van dezen arbeid werd bekend gemaakt en bepaald, dat de nieuwe verordeningen, met 1 Augustus daaraan volgende, in werking zouden komen.

Overeenkomstig het daaromtrent reeds in Nederland door de Hooge regering verordende, werden Suriname en de West-Indische eilanden onder hetzelfde bestuur van een daartoe benoemden Gouverneur-Generaal gebragt, die te Paramaribo resideren zou. Dit was reeds feitelijk geschied door de benoeming van en de aanvaarding des bestuurs door P. R. Cantz'laar, op den 20sten Mei 1828.

Volgens het Nieuwe Regeringsreglement werd de werkkring van den Gouverneur-Generaal nader omschreven. Zijne magt werd zeer uitgebreid, terwijl het Hof van Policie en Justitie ophield te bestaan; het werd den 22sten Julij 1828 ontbonden en de leden, onder dankbetuiging voor hunne bewezen diensten honorabel ontslagen.

In plaats van het Hof van Policie werd den Gouverneur tot het beleid der regering toegevoegd: een Hooge Raad, waarvan de leden echter niet uit de kolonisten, bij verkiezing van stemgeregtigden ter electie aangeboden, zou worden zamengesteld, en zelfs niet uit eene voordragt door den Raad zelven worden gekozen, maar bestaan zou, uit vier ambtenaren, in rang op den Gouverneur volgende als: de Procureur-Generaal, de Controleur-Generaal der financien, de Commissaris-Generaal voor 's Rijks domeinen en de Commissaris voor de Inlandsche bevolking, de slaven daaronder gerekend en tevens belast met de zorg voor het Armwezen, het onderwijs en de kerkelijke zaken. De President van het Hof van Civiele en Criminele Justitie, benevens de President van den Gemeente raad der kolonie Suriname, konden door den Gouverneur-Generaal, in zeer bijzondere gevallen, wanneer zulks door hem in het belang van de dienst noodzakelijk werd geoordeeld, worden opgeroepen om als adviserende ledeu aan de beraadslagingen deel te nemen.

De algemeene en bijzondere wetten moesten in den Hoogen Raad worden geconcipieerd of, in zoo verre die door de Gezagvoerders op de W. I. eilanden ter sanctie worden ingezonden, onderzocht en gearresteerd; doch alvorens eenige wet van kracht kon zijn, moest dezelve door of van wege Z. M. worden goedgekeurd. In dringende gevallen echter was de Hooge Raad bevoegd besluiten uit te vaardigen, onder nadere approbatie van het Gouvernement, waarvan echter onmiddellijk kennis moest worden gegeven.

In de vergaderingen van den Hoogen Raad zou met meerderheid van stemmen worden besloten; bij het staken der stemmen had de Gouverneur eene beslisseude; hij kon, wanneer hij zulks oorbaar voor den lande, en voor 's Konings dienst noodig rekende, onder zijne speciale verantwoordelijkheid, met de minderheid concluderen, en zelf naar zijn gevoelen alleen het besluit doen opmaken.

Alle verordeningen, besluiten, bevelen enz. van het Hoofdbestuur moesten worden uitgevaardigd: op naam van den Gouverneur-Generaal in Rade.

Terwijl genoemd Collegie alzoo eenigermate de wetgevende magt vertegenwoordigde werd de regterlijke magt thans bepaald hiervan afgescheiden en aan een afzonderlijk Collegie opgedragen. "De regtspleging wordt," zoo luidde artikel 40 en 41 van het Regerings-reglement: "uitgeoefend door een Hof van Civiele en Criminele Justitie, residerende te Suriname, zamengesteld uit een president, die Meester in de regten moet zijn; vier gegradueerde leden, en twee leden uit de ingezetenen, welke niet zullen behoeven gegradueerd te zijn, bijgestaan door een Griffier. Het Publiek Ministerie bij de regterlijke collegien in Suriname wordt uitgeoefend door of namens den Procureur-Generaal."

Tot competentie van dit Hof behoorden alle burgerlijke zaken in de kolonie Suriname, welke de som van drie honderd gulden te boven gingen en de strafzaken, welke voor meer dan 10 dagen gevangenis, of eene boete van meer dan

ƒ200 of, voor zoo verre slaven aanging, met een getal van meer
dan honderd slagen zouden behooren te worden achtervolgd.

Bij genoemd Hof kon men ook appelleren voor zaken beregt
door de regtbank van kleine zaken.

. Deze regtbank van kleine zaken zou tevens uitmaken eene
regtbank van Policie, en regt spreken in zaken, bij de bijzondere Reglementen aan te wijzen; zij zou worden zamengesteld uit een President, twee leden, vier assessoren
(plaatsvergangers), een Griffier en twee Deurwaarders. De
President moest zijn Meester in de regten; voor de beide
leden, te kiezen uit de meest geachte ingezetenen, werd
graduering wenschelijk, doch niet volstrekt noodig geacht.

Uitgezonderd de opschorting van een doodvonnis door den
Gouverneur-Generaal of de Gezagvoerders op de eilanden, werd
in artikel 60 van het Nieuwe Regeringsreglement de onafhankelijkheid der regterlijke magt uitdrukkelijk erkend: »Geen
politiek gezag zal voor het overige eenigen invloed op de deliberatie der Regterlijke Collegien kunnen uitoefenen, maar
zullen dezelve, vrij en onafhankelijk, regt spreken in naam
of van wege den Koning, zooals zij in goede justitie zullen
vermeenen te behooren."

Het hoogst uitvoerend gezag in de kolonie Suriname berustte bij den Gouverneur-Generaal, tevens Bevelhebber over
Land- en Zeemagt en Schutterij; de algemeene aangelegenheden, bij welke het Gouvernement in Europa meer onmiddellijk belang had, als: de regtspleging, de verdediging, de geldmiddelen, de landbouw, de koophandel en scheepsvaart, werden
ter behandeling aan den Gouverneur-Generaal en den hem
toegevoegden Hoogen Raad opgedragen.

Daarentegen zouden de huishoudelijke aangelegenheden van
de ingezetenen, als: de plaatselijke policie, het beheer van de
gebouwen en goederen aan de Gemeente toebehoorende, het
toezigt over de administratie van Publieke Inrigtingen, Etablissementen, Weeskamers, Onbeheerde Boedelskamer, Openbare
Eeredienst, Armen-inrigtingen, Schoolonderwijs, enz. moeten
worden behartigd door een Plaatselijk of Gemeentebestuur.

Dat Gemeentebestuur zou bestaan uit een President, twee

Wethouders en acht Raden, geadsisteerd door een Secretaris, twee Commiesen en drie Klerken. Uit de leden moest voor ieder buiten district twee Heemraden worden benoemd, aan wie de handhaving der Policie enz. in ieder district werd opgedragen. Geene reglementen door het Gemeente-bestuur uit te vaardigen zouden kracht van wet erlangen, tenzij door de hoogere Autoriteiten in de kolonie goedgekeurd.

Omtrent de finantien werd bepaald, dat ten behoeve van het algemeen bestuur, de regtspleging en verdediging, algemeene of 's landslasten, onderscheiden van de bijzondere of Gemeente-lasten, zouden worden geheven. Het beheer der Algemeene Finantien en de daaruit voortvloeijende regeling der Landstaxen werd opgedragen aan den Hoogen Raad, onder onmiddellijk toezigt van den Controleur-Generaal van Finantien. Met het oppertoezigt over 's Rijksdomeinen, als: 's Lands-plantaadjes, slaven, bosschen, gebouwen en andere eigendommen, werd de Raad-Commissaris-Generaal, onder den Gouverneur-Generaal belast. Aan dien Raad-Commissaris werd tevens het oppertoezigt ten aanzien van de behandeling der Inlandsche bevolking, slaven daaronder gerekend, het Armwezen, het Onderwijs en de Kerkelijke zaken opgedragen. Dien ambtenaar werd aanbevolen, te zorgen, dat de Christelijke Godsdienst zoo veel mogelijk onder de Heidensche bevolking werd uitgebreid en door alle gepaste middelen aangemoedigd, en was hij bijzonder belast met de zorg voor de goede behandeling der slaven; terwijl hij moest toezien dat alle misbruiken en mishandelingen ten aanzien van slaven werden tegengegaan en geweerd.

Van den Bosch verlangde zeer om verbetering in den toestand der slaven te brengen.

Getuigt hiervan reeds de aanstelling van een Ambtenaar, wiens instructie hem verpligtte zich hun lot aan te trekken; daarenboven verklaart hij zich, bij artikel 117 van het Nieuwe Reglement, nadrukkelijk tegen het onregtvaardig beginsel dat slaven in regten alleen als *zaken* en niet als *personen* werden beschouwd. Genoemd artikel luidt:

"De slaven zullen, wat de dagelijksche behandeling betreft

in betrekking tot hunne eigenaars beschouwd worden te staan als *onmondigen* tot hunne *Kurators of Voogden*, aan welke wel het regt verbleven is, om eene vaderlijke tucht over dezelve uit te oefenen, doch tegen welker mishandeling alle publieke Autoriteiten verpligt zijn te waken, en toe te zien, dat de wet, in hun belang ontworpen, striktelijk worde gehandhaafd; wordende bij deze het onregtvaardig beginsel, dat zij in regten alleen als *zaken* en niet als *personen* kunnen beschouwd worden, definitivelijk afgeschaft."

Van den Bosch wenschte ook nadere voorzienigingen en wijzigingen van het in 1784 uitgevaardigde slavenreglement, dat niet meer aan de eischen van den tijd voldeed, als zijnde:

1^0. te streng voor den slaaf;

2^0. te toegevend voor mishandelingen; en

3^0. ongenoegzaam met opzigt tot de voeding en de verdere materiele verzorging.

Hij drukt dien wensch uit in artikel 18:

»Het hoofdbestuur in iedere kolonie zal bijzonder zorg dragen, dat de werktijd, de voeding en kleeding der slaven behoorlijk worde geregeld en vastgesteld, en al die verbeteringen tot stand brengen, voor welke dit belangrijk gedeelte der Policie vatbaar mogt zijn."

De heldere en onbevangen blik van van den Bosch bespeurde weldra, hoezeer het onderscheid van kleur en godsdienst, ook bij de vrije bevolking, eene klove tusschen burgers en burgers daarstelde, die, onregtmatig in wezen, door veelzijdige miskenning en achteruitzetting de ontwikkeling van een groot deel der bevolking belemmerde en tot groot nadeel der kolonie strekte. Hij trachtte dit vooroordeel tegen te gaan door benoeming van verdienstelijke kleurlingen en Joden tot belangrijke betrekkingen, zijnde dit de eerste schreden, die kleurlingen en Joden op den weg van openbare ambten hebben gedaan; terwijl hij tevens in artikel 116 der algemeene bepalingen tegen dit vooroordeel te velde trekt in de volgende bewoordigingen:

»Aan alle vrije lieden, burgers der kolonie, om het even van welke godsdienst of kleur, worden gelijke burgerlijke regten toegekend; alle publieke Autoriteiten worden uitgenoo-

digd, om, door hun voorbeeld, de dienaangaande nog bestaande vooroordeelen tegen te gaan."

De handel en vaart *op* en *van* de kolonie Suriname bleef
provisioneel beperkt *uit* en *naar* het moederland; de Noord-
Amerikaansche handel en vaart en die van de ingezetenen der
Nederlandsche West-Indische eilanden, aan welke dezelfde
voorregten als aan de Noord-Amerikanen werden toegestaan,
bleef echter op den ouden voet geoorloofd. Om het finantieel
vertrouwen te herstellen en te voorzien in het gebrek aan
Circuleerend Medium werd door van den Bosch het plan tot
oprigting eener West-Indische bank gevormd, die ook in het
volgend jaar tot stand kwam. Hij wenschte niet slechts de
geldcirculatie te verbeteren, maar ook hiermede de opbeuring
van den landbouw enz. in verband te brengen. Ook liet van
den Bosch eene Landsplantaadje aanleggen, op Voorzorg, op
den regteroever der Saramacca, tegenover de post Groningen,
waarop o. a. proefnemingen in het belang van den Landbouw
zouden geschieden, terwijl ook de invoering van stoomfabrie-
ken zoo veel mogelijk werd aanbevolen.

Uit een en ander blijkt genoegzaam dat de Commissaris-
Generaal van den Bosch, met ijver, de goede bedoelingen der
Nederlandsche regering trachtte te bevorderen, en drage zijn
werk ook al den stempel der onvolmaaktheid, dat alle menschelijk werk eigen is, wij houden ons overtuigd, dat, ware
men in zijn geest voortgegaan, Suriname ongetwijfeld in bloei zou
zijn toegenomen en niet tot dien achteruitgang zijn geraakt,
als waartoe de kolonie is vervallen; ofschoon wij tevens gelooven, dat zijne hoopvolle verwachting wel wat hoog gespannen was toen hij tot het besluit kwam, dat Suriname
het te kort der eilanden zou kunnen dekken (*).

Van den Bosch toonde belangstelling in al wat tot bevordering van het welzijn van Suriname kon verstrekken.

Onder de middelen die de beschaafde klasse der kleurlingen

(*) Omtrent de officiele handelingen van van den Bosch leze men
het Gouvernementsblad van 1828, No. 3, waarin het Reglement op het
beleid der Regering van de Nederlandsche West-Indische bezittingen,
benevens de daartoe behoorende bijlagen.

aangreep om zich zelven op te heffen, behoorde het aangaan van wettige huwelijken, en het oprigten der reeds genoemde Maatschappij van Weldadigheid, die ten doel had de ondersteuning der behoeftigen en het verschaffen van onderwijs aan de kinderen van minvermogenden. De Israelieten, die evenzeer als de kleurlingen door de zoogenaamde Aristocratie van Suriname verstooten werden, vereenigden zich met hen. Door die vereeniging bewogen zij zich eenvoudig op Philantropisch terrein. De magthebbenden in Suriname werden bevreesd, en zij schreven aan de oprigters *geheime* bedoelingen toe, die echter door de openbaar gemaakte statuten duidelijk werden weersproken. De uitnemendste der kleurlingen hadden zich tot van den Bosch begeven, hem den toestand blootgelegd en zijne ondersteuning verzocht.

Hij woonde, vergezeld van den Gouverneur-Generaal Cantz'laar, eene vergadering van het bestuur bij, en overtuigde zich van de edele beginselen, waarvan de oprigters uitgingen en hij vermeende dat die inrigting een weldadigen invloed op de mindere klassen zou kunnen uitoefenen, en, onmiddellijk nam hij die Maatschappij in bescherming en beval hare belangen, op eene nadrukkelijke wijze, bij het Koloniaal Gouvernement aan. Die jeugdige plant nam hierdoor in hooge mate in zedelijke kracht toe en werd sedert met meer belangstelling gadegeslagen. Het voorbeeld van den Commissaris-Generaal werkte gunstig; er traden spoedig velen tot genoemde Maatschappij toe; het getal harer leden vermeerderde aanzienlijk en — zij werd hierdoor in staat gesteld veel in het belang van Surinames behoeftige bevolking te doen.

Eene andere Maatschappij werd mede te dezer tijd opgerigt, waardoor veel goeds is verrigt, namelijk: MAATSCHAPPIJ *ter bevordering van het godsdienstig onderwijs onder de slaven en verdere Heidensche bevolking in de kolonie Suriname.*

De ontwerpers tot stichting dier Maatschappij waren de heeren: Mr. E. L. Baron van Heeckeren, Procureur-Generaal der Nederlandsche West-Indische bezittingen; D. Janssen Eijken Sluijters, Predikant bij de Evangelisch Lutersche Gemeente te Paramaribo; A. Roelofsz, Predikant bij de Hervormde Gemeente; Mr. H. R. Haijunga, Lid van het Hof van Civiele en Criminele Justitie; en F. Beudeker, oud Lid van het Hof van Policie, eigenaar en administrateur.

Dit ontwerp kwam tot stand gedurende het verblijf van van den Bosch en werd hem door deze heeren bij Missive van den 7den Junij 1828 voorgesteld. Daar het doel der stichting in die Missive naauwkeurig en helder wordt uiteengezet, laten wij haar hier volgen:

»De ondergeteekenden, zich overtuigd houdende van den heilzamen invloed, welken, sedert ruim eene halve eeuw, de Moravische Broeders op de godsdienstige vorming der slaven en vrijlieden in deze kolonie gehad hebben, en wenschende aan deze belangrijke instelling meerdere uitbreiding te geven, hebben geoordeeld, dat, ter bereiking van dit doel, allezins dienstbaar zoude zijn de oprigting van eene MAATSCHAPPIJ of GENOOTSCHAP, ten oogmerk hebbende de bevordering van het godsdienstig onderwijs onder onze zwarte bevolking, door middel der Moravische Broederen.

De bedoelingen en werkzaamheden dezer Maatschappij worden genoegzaam kenbaar door de zoo even gegevene omschrijving.

Het doel zou niet zijn bevordering van beschaving in het algemeen, maar bijzonder onder de zwarte bevolking dezer volkplanting, waartoe wij negerslaven en vrijnegers, zoo ook de kleurlingen of gemanumitteerden, of ook vrijgeborenen, die tot het ontvangen van godsdienstig onderwijs genegen zijn, betrekken; en men zoude dit doel, bij uitsluiting van andere daartoe leidende middelen, eeniglijk trachten te bereiken door middel der Moravische Broeders, welker goede pogingen ter godsdienstige vorming onzer slaven, men door de meest gepaste middelen zoude trachten te ondersteunen, ten einde den kring hunner werkzaamheden uit te breiden, en aan hun onderwijs eene meer en meer doelmatige strekking te geven.

De blanke bevolking der kolonie te gering zijnde, dan dat men voldoend resultaat van dezelve ten deze zou kunnen te gemoet zien, acht men het, ten einde hiertoe te geraken, vóór alles noodig, dat deze Maatschappij zich gelijktijdig zoo in deze volkplanting als in het Moederland vestige, ten einde men alzoo beproeve, wat men met vereenigde krachten zou kunnen uitwerken, om op eene wenschelijke uitkomst te kunnen doen hopen.

Het ligt in den aard der zake, dat de eerste en voornaamste bemoeijingen dezer Maatschappij zoude behooren te zijn de daarstelling van een genoegzaam fonds, hetwelk uit de jaarlijksche contributien der leden en de vrijwillige giften harer begunstigers zoude worden te zamen gebragt.

Indien de pogingen ter daarstelling van een zoodanig fonds met een eenigzins gunstigen uitslag zoude mogen worden bekroond, zoude hetzelve moeten worden aangelegd:

1⁰. om, voor zoo verre de voorhanden penningen nog niet genoegzaam zouden mogen worden bevonden, om aan de tegenwoordig bestaande instelling, door vermeerdering van leeraars als anderzins, eene meerdere uitgestrektheid te geven, de middelen van vervoer van Paramaribo naar de Plantagien en terug voor de broederen gemakkelijk te maken; zulks zoude kunnen geschieden door het aankoopen van eenig vaartuig, hetwelk ter vrije beschikking der Broeders zoude staan, waarbij men ook wel zou willen voegen den aankoop van de daartoe behoorende roeinegers, indien men niet vreesde, dat zoodanige aankoop het fonds, vooral in den beginne, te zeer zoude verzwakken, en men overigens niet de meest gegronde hoop voedde omtrent de goede gezindheid van het Gouvernement, om ten dezen met landsslaven of zoogenaamde vrije arbeiders te willen ondersteunen;

2⁰. om, bij versterking en accrescement der geldmiddelen, het getal der alhier gevestigde Broederen te vermeerderen.

Men kan toch niet ontkennen, dat, bij vermeerdering van dezelver getal, de gelegenheden tot het ontvangen van godsdienstig onderwijs zich uit den aard der zake moeten vermenigvuldigen, gelijk het evenzeer ontwijfelbaar is, dat aan zoodanige wenschelijke vermeerdering tot dus verre hinderlijk is geweest de kostbaarheid, waarop, zonder ondersteuning van buiten, de uitzending van meerdere leeraren der broedergemeente zou te staan komen;

3⁰. om, bij eene zoodanige vermeerdering van Leeraren,

hun de gelegenheid te verschaffen, of gemakkelijk te maken, om in Paramaribo de hand te slaan aan het onderwijs der slavenkinderen, ten einde dezelve in de beginselen van het lezen en schrijven niet langer onkundig blijven, en zij dus met te meer vatbaarheid het godsdienstig onderwijs zoude kunnen ontvangen;

4⁰. om ook buiten Paramaribo, liefst op eenig bevolkt mid-delpunt, in eene der divisien, een etablissement op te rigten, waar twee, drie of meer broeders, hetzij bij afwisseling, hetzij bij uitsluiting, hun vast verblijf zouden houden, ten einde van daar, zoo aan het evengemeld onderwijs der jeugd, als bijzonder aan de godsdienstige belangen der slavenmagten in den om-trek, voor zoo ver deszelfs eigenaren of administrateuren zulks zouden willen gedoogen, bevorderlijk te zijn;

5⁰. om door de verspreiding van het verwacht wordende Neger-Engelsch Nieuwe Testament, tegenover den Nederland-schen tekst, tot de kennis der Heilige Schrift, bijzonder onder de geringere volksklasse in deze kolonie, bij te dragen.

Bij deze hoofdtrekken gelooven zich de ondergeteekenden voor alsnog te moeten bepalen: Zij gevoelen te wel, dat men ten dezen te zeer van personen, tijden en omstandigheden af-hankelijk is, dan dat zij niet zouden schroomen voor het tegenwoordige in meer bijzonderheden te treden. Zij vermee-nen echter genoeg gezegd te hebben, om Uwe Excellentie met den aard en den geest hunner bedoelingen bekend te maken, en vertrouwen dat Uwe Excellentie gaarne hare goedkeuring daaraan zal geven, en hunne pogingen zal willen schragen, door alle zoodanige middelen als bij Hoogstdeszelven daartoe mogten voorhanden zijn, terwijl zij, bekend met de gods-dienstige gezindheid van Zijne Majesteit, ook van die zijde de meeste welwillendheid en bescherming te gemoet zien."

Deze Missive werd vergezeld door een Reglement voor de Maatschappij, in hetwelk, behalve de punten, in de Missive behandeld, het beheer en de regeling der zaken aan twee afdeelingen werd opgedragen, waarvan de eene te Paramaribo, en de andere in Nederland gevestigd zoude zijn.

Reeds den 10den derzelfden maand Junij ontvangen de ontwerpers een goedkeurend antwoord van van den Bosch; hierdoor bemoedigd gingen zij voort, en alzoo werden de handen der Moravische broederen gesterkt. Deze waardige mannen maakten met dankbaarheid van de gelegenheid gebruik, om in ruimeren kring dan tot dus verre, het Evangelie van genade den armen slaven te verkondigen; met, door deze hulp, versterkte krachten arbeidden zij aan de bevordering van het geestelijk heil der slaven; en steeds zetten zij dit werk der liefde voort, trots vele miskenningen en teleurstellingen. De Heer ondersteune hen !

Het hoofddoel der zending van van den Bosch, het zamenstellen van een reglement op het beleid der regering, met de daartoe behoorende bijzondere verordeningen, afgeloopen zijnde, verliet hij op den 1sten Augustus 1828, op welken dag de nieuwe reglementen in werking zouden komen, de kolonie, en vertrok, over Nickerie, naar Nederland.

Dat de zending van van den Bosch weinig aan de hoopvolle verwachtingen en goede bedoelingen der Nederlandsche regering heeft beantwoord, lag niet aan den persoon van van den Bosch, die met ijver en getrouwheid, de hem opgelegde taak, naar zijn beste weten heeft volbragt; doch andere omstandigheden waren daarvan de oorzaak. Het voornemen der toenmalige Nederlandsche regering met de zending van van den Bosch, om regtvaardig en billijk jegens allen te zijn, bereikte geen doel; want wat baat het milde regtvaardige beginselen in de wet op te nemen, zoo de personen met de ten uitvoer legging dier wet belast, of zelven niet van die beginselen doordrongen zijn, of de zedelijke kracht missen om ze, trots allen tegenstand, te handhaven en toe te passen? Daarom dan ook gelukte het der reactionaire partij, de mildere beginselen omtrent de behandeling der slaven en tot wegneming van het vooroordeel tegen de kleur door van den Bosch aanbevolen, zoo al niet geheel krachteloos te maken, te minste lang tegen te houden en derzelver ontwikkeling te belemmeren. Niet alle Gouverneurs waren gezind of bezaten de noodige geestkracht om der reactionaire partij het hoofd te bieden en de Nederlandsche regering zelve leende te dikwijls het oor aan die partij en ondersteunde de goedgezinde Landvoogden niet genoegzaam.

P. R. Cantz'laar, een dapper zeeofficier, van 1816 Gouverneur over de eilanden St. Martin en Saba, en sedert 1820 Gouverneur van Curaçao, had het bestuur over Suriname en de West-Indische eilanden aanvaard, onder den titel van Gouverneur-Generaal over de gezamenlijke West-Indische bezittingen. De taak hem opgedragen, om de nieuwe reglementen, overeenkomstig de bedoeling der Nederlandsche regering, ten uitvoer te leggen was reeds uit den aard der zake geene gemakkelijke taak. Daarbij heerschte er in Suriname veel gisting; er waren aldaar vele ontevredenen, en men uitte die ontevredenheid op verschillende wijze. Reeds vóór de aanvaarding van het bestuur had Cantz'laar een naamloos geschrift ontvangen, »houdende lasteringen en calomnie tegen sommige ambtenaren." In eene zijne eerste publicatien betuigde hij zijne verontwaardiging en ontevredenheid over dergelijke laakbare handelwijze; doch berigtte tevens, dat de weg tot hem openstond voor elk en een iegelijk, die vermeende eenige billijke of grondige klagten of bezwaren te hebben tegen de ambtenaren in de kolonie (*).

Zoo lang de Commissaris-Generaal in Suriname vertoefde, stond de Gouverneur-Generaal, als het ware eenigermate op den achtergrond; hij had evenwel veel met hem gewerkt en begeerde in denzelfden geest te handelen. Na het vertrek van van den Bosch, beijverde Cantz'laar zich om den nieuwen toestand te bevestigen, waartoe onderscheidene nadere bepalingen en instructien werden daargesteld.

Onder het oppertoezigt van het Gemeente-bestuur werd gesteld: de plaatselijke en landelijke policie, het brandwezen, de waag enz., welk een en ander door speciale reglementen en instructien nader werden geregeld (†). Het bestuur van de Curatele en onbeheerde Boedelskamer en het Collegie van Raden en Houtvesters en Commissarissen der gemeene weiden

(*) Publicatie van P. R. Cantz'laar, 20 Mei 1828.
(†) Publicatien van Cantz'laar, 19 November 1828.

werden ontbonden en het beheer daarvan provisioneel aan eene Commissie uit den Gemeenteraad opgedragen (*). Strenge verordeningen omtrent het wegloopen der slaven werden uitgevaardigd en het oppertoezigt op het nakomen er van berustte mede bij het Gemeentebestuur (†).

Ofschoon de slavenhandel regtstreeks uit Afrika verboden was en dit verbod streng gehandhaafd werd, strekte zich dit niet uit op het vervoer van slaven, respectivelijk van de eene Nederlandsche kolonie in de West-Indie naar eene andere, of van en naar zoodanige vreemde kolonie, waar de directe invoer van slaven uit Afrika niet geoorloofd was. Deze reserve behouden bij het Koninklijk besluit, betreffende de afschaffing des slavenhandels van 17 September 1818, werd in een K. B. van 5 Julij 1825 vernieuwd en, krachtens een koninklijk rescript van 11 Junij 1830, werd den 26sten October 1830 door Cantz'laar eene publicatie uitgevaardigd, waarbij de uitvoer van slaven van de West-Indische eilanden werd aangemoedigd door het uitloven van premien (f 25 voor elken gezonden werkbaren slaaf en f 12,50 voor een gezonden slaaf beneden de 16 en boven de 12 jaren oud); terwijl op den uitvoer van slaven uit Suriname daarentegen eene belasting van f 100 werd gesteld (§).

Deze bepaling moest strekken om zoogenaamd den landbouw in Suriname te bevorderen; doch, dat zij wreed voor de aldus van hunne verwandten gerukte slaven was, schijnt niet van genoegzaam gewigt te zijn beschouwd geworden.

De belastingen in Suriname, speciaal die op den in- en uitvoer, het Hoofdgeld, de Additionele verhooging, het Patentregt, de Administriele, het Zegelregt en de Transportregten werden gewijzigd, en tot stijving der koloniale Finantien de reeds in het moederland bestaande belasting, bekend onder den naam van Regt van Successie, ingevoerd (**).

(*) Publicatien van Cants'laar, 26 Augustus 1828.
(†) Publicatien van Cantz'laar, 5 December 1828.
(§) Publicatien van Cantz'laar, 26 October 1830.
(**) Publicatien van Cantz'laar, 18 November 1828.
Deze wetten waren reeds door van den Bosch opgesteld, doch door den Gouverneur-Generaal in Rade geamplieerd en uitgevaardigd.

De leges en emolumenten, welke op de publieke kantoren, ten behoeve van den lande en voor de ambtenaren zouden worden gegeven, werden bij publicatien van 23 December 1828 geregeld (*).

Nieuwe verordeningen omtrent de binnenlandsche scheepvaart, het havenregt enz. werden uitgevaardigd (†); de posterij werd op een meer geregelden voet gebragt en de briefporten verminderd (§); het uitoefenen der notariele practijk door vijf gezworen klerken te Paramaribo en een in het district Nickerie residerende, werd onder behoorlijk toezigt van den Procureur-Generaal en den Griffier van het Hof van Civile en Criminele Justitie gebragt (**), en verder werden verscheidene min of meer belangrijke reglementen, instructien, publicatien enz., enz. daargesteld en uitgevaardigd.

Ten gevolge der bemoeijingen van den Commissaris-Generaal werd in 1829 in Suriname opgerigt de Particuliere West-Indische bank.

De regering vermeende te gemoet te komen, aan de door de ingezetenen van Suriname meermalen uitgedrukte begeerte om hulp en medewerking van het Nederlandsch Gouvernement ter verbetering van den geldsomloop, enz., enz., door het daarstellen eener inrigting, die de strekking had, om den geldsomloop behoorlijk te regelen, den wissel zoo veel mogelijk voor agio te bewaren, en door het voorschieten van gelden aan ingezetenen (planters), den landbouw en daardoor den bloei en de welvaart van Suriname te bevorderen. Het kapitaal dezer bank werd bepaald op ƒ 3,000,000, welke som in Nederland zoude berusten, terwijl als representief daarvan eene gelijke som in bankbilletten van 1/2 gulden tot ƒ 1000 zou worden uitgegeven.

De billetten dezer bank zouden in het gebrek aan Circulerend medium voorzien, en tot wettige betalingen dienen, zoo voor belastingen, als voor allerlei aard, voor Suriname en de

---

(*) Publicatie van Cantz'laar, 23 December 1828.

(†) Reglement van 7 October 1828.

(§) Publicatie van Cantz'laar, 7 October 1828.

(**) Publicatie van Cantz'laar, 20 November 1828.

West-Indische eilanden; terwijl de tot dusverre als 's Lands munt gangbare billetten van de Maatschappij ter bevordering van den Volksvlijt te Brussel, hiervoor konden worden opgewisseld van 1 Julij tot 31 Augustus 1829.

Tweemaal elke week zouden bij de directie, zonder oponthoud of korting, wissels op hare Agenten in Nederland verkrijgbaar zijn.

Verder zouden de operatien der Bank, indien de staat harer fondsen dit toeliet, worden uitgestrekt: tot het escompteren van wisselbrieven, afgegeven door geaccrediteerde grondeigenaars of Administrateurs of kooplieden of handelshuizen in de West-Indische bezittingen gevestigd, tegen goeden waarborg en eene billijke provisie, en tot het voorschieten van kapitalen op suiker en andere plantaadjes in de Kolonie Suriname, welke kapitalen zouden worden aangewend tot het plaatsen van stoomwerktuigen, ter bevordering van den landbouw, of tot het invoeren en uitbreiden van de Indigo teelt.

Als waarborg voor de houders der Bankbilletten worden, behalve het crediet van drie millioen in Nederland, (*)

a. alle panden en voorwerpen door de bank beleend, en

b. eene som van honderd en vijftig duizend gulden, welke jaarlijks uit de Koloniale kas te Suriname in de kas der bank zou worden gestort. (†)

De oprigting der Particuliere West-Indische bank was eene voor Suriname zeer belangrijke instelling. Evenwel heerschte 'er eenige onbestemdheid bij derzelver zamenstelling; want volgens den naam, was zij eene particuliere bank; doch dan werd met regt gevraagd: wie was dan de bankier en waar waren de drie millioen waarborgskapitaal gedeponeerd?

Uit eene redenering in 1845 van den toenmaligen Minister van Kolonien Baud blijkt, dat de regering vruchteloos naar een bankier in Nederland, genegen om drie millioen ter beschikking van die bank te houden, had gezocht, en toen de eerste voorschotten uit andere (niet genoemde) fondsen had

---

(*) Deze eerstgenoemde waarborg heeft eigenlijk niet bestaan.

(†) Koninglijk Besluit van 30 December 1828, Publicatien van Cantz'laar, 19 Maart en 5 Junij 1829.

gedaan (*). Dat het eer eene Gouvernements-bank kon worden genoemd toonde de zamenstelling van het bestuur; de Hoofddirectie toch bestond uit: den Gouverneur-Generaal, den Procureur-Generaal, den Controleur-Generaal en twee bezoldigde Commissarissen, een vasten Secretaris, benevens het noodige getal Ambtenaren en klerken. Ook andere omstandigheden deden haar met regt als eene staatsinrigting beschouwen. De regering noemde haar echter niet bepaald eene staatsbank, daar zij immer hoopte een bankier te vinden, waardoor zij werkelijk *Particuliere* bank kon worden.

In Suriname begroette men, zonder zich veel over die tweeslagtigheid te bekommeren, de oprigting der bank met blijdschap. Onmiddellijk werkte zij gunstig ten verbetering van den geldsomloop, dat dan ook zeer gewenscht was, want de in 1827 ter vervanging van de zeven millioen Surinaamsch kaartengeld ingevoerde Brusselsche bankbilletten en specie ten bedrage van f 2,400,000 was in den korten tijd van twee jaren reeds tot f 1,600,000 verminderd. Van de gelegenheid om geregeld twee maal per week wissels op Holland te verkrijgen, zonder betaling van agio, werd ruimschoots gebruik gemaakt; zoodat van 1829 tot 1851 voor f 1,260,000, meer wissels door de bank werden getrokken dan overgemaakt.

Het gronddenkbeeld van van den Bosch, bij het oprigten der bank, was om eene productie te scheppen niet toebehoorende aan afwezige eigenaars: 1o door het aflossen van *Nederlandsch* hypotheken, waartoe de bank de fondsen zou voorschieten; 2o. door het aanleggen eener groote suikerplantaadje voor rekening der bank; doch dit denkbeeld werd niet geheel verwezenlijkt; want het blijkt niet dat er bepaalde aflossing van Nederlandsche hypotheken plaats heeft gevonden. Evenwel werd de landbouw gebaat door het verschaffen van gelegenheid tot het opnemen van gelden ter verbetering van werktuigen als anderzins op plantaadjes. In de jaren 1829 en 1850 werden door de Particuliere W. I. bank aan een twaalftal personen eene som van f 1,200,00: beleeningen gedaan.

(*) Verzameling van stukken aangaande de Surinaamsche aangelegenheden 1845. 2o gedeelte bladz. 28.

Negen dier geldopnemers leverde het bewijs, dat de heilzame bedoelingen van Z. M. op goede gronden rustte, en met gunstige gevolgen konden worden bekroond. Onderscheidene suikerplantaadjes kwamen daardoor in bloei; terwijl andere als uit de asch van verlaten koffij en katoengronden, met vollen luister verrezen en in bloei toenamen; doch omtrent de drie andere geldopnemers, kan niet een even gunstig getuigenis worden afgelegd. De Directie der bank had bij het gehoor verleenen aan de laatst gemelden niet slechts alle voorzigtigheid uit het oog verloren, maar zelve tegen den geest der bepalingen gehandeld, daar zij aan drie personen belangrijke kapitalen voorschoot, wier effecten de waarde daarvan niet bezaten, en die, uithoofde van hunne enorme schulden, bij geen burger crediet hadden; ten bewijze waarvan diene, dat de tusschenkomst van Commissarissen der bank vereischt werd, om door acceptatien van de schulden der geldopnemers, hunne hypotheken te doen doorgaan.

De directie was dus overtuigd, dat de drie bedoelde geldopnemers geen oogmerk hadden, om eenige verbeteringen aan hunne plantaadjes te brengen, maar het voorschot der bank slechts wilden bezigen, om hunne schulden tot een goed geheel te brengen; de Directie wist dus dat hier misbruik van de goede bedoelingen van Z. M. zou worden gemaakt, en, in plaats van zulks, volgens het advies van Commissarissen tegen te gaan, heeft zij alleen om staatkundige redenen, aan die aanvraag voldaan.

Dergelijke onvoorzigtigheden bragten de Bank groot nadeel toe, en waren eenigmate mede oorzaak, dat in de laatste helft van het jaar 1830, de bank, op last van hooger gezag, opgehouden heeft, om beleeningen te doen.

Hierdoor werd de hoop van vele eigenaren en van velen, welke middellijk of onmiddellijk bij verbetering of uitbreiding van landbouw belang hadden, ten eenemale vernietigd.

De groote Gouvernements-suikerplantaadje Voorzorg, die tevens een der steunpilaren der bank moest worden, werd spoedig verlaten, en dit — op aandrang der kolonisten zelven. Die onderneming toch werd door hen als gevaarlijk afgeschilderd, omdat zij het vereenigingspunt worden moest van de zoogenaamde vrije gouvernements arbeiders (menschen van prijsgemaakte slavenschepen genomen, en door het Gouvernement in dienst genomen, doch niet veel beter dan slaven behandeld), die men veiligheidshalve — zoo heette het — liever verspreid, dan bij elkander te werk gesteld zag.

Met het ophouden der beleeningen ontstond een ander kwaad, namelijk het niet in circulatie brengen van het bankpapier. De bank ontving jaarlijks uit de koloniale kas eene som van ƒ 150,000, was zij nu voortgegaan met het doen van doelmatige beleeningen, dan ware het papierengeld van zelve weder in omloop gekomen, maar nu zij hiermede ophield en jaarlijks toch die som bleef ontvangen, verminderde natuurlijk de circulatie.

Weldra waggelde de West-Indische bank op hare grondslagen. De reeds genoemde onvoorzigtigheid; het verlaten der Gouvernements plantaadje; het niet tot stand komen van de benoodigde drie millioen kapitaal; het door staatkundige rampen plotseling opdroogen der bron, waaruit de eerste voorschotten waren verleend, dat alles te zamen bereidde haren ondergang.

In het begin van 1831 adresseerde de Directie der Particuliere West-Indische bank kortaf in de Surinaamsche Courant, dat provinsioneel geene wisselbrieven op het Ministerie van Kolonien zouden worden afgegeven, en kort daarna (den 3den Mei 1831) verscheen eene publicatie van den Gouverneur-Generaal, waarin o. a. werd gezegd: dat, de beroerten in Zuid(Nederland (de onlusten in Belgie) eene groote belemmering hebben doen ontstaan in alle takken van bestuur, en voorzeker ook de geldelijke gesteldheid van 'slands schatkist in het vaderland in onvoorziene ongelegenheden moeten hebben gewikkeld. Voorts werd bij die publicatie overwogen, dat het Koloniaal Gouvernement zorgen moest: »dat de tijdelijke belemmering in den financielen staat bij het Nederlandsch Gouvernement niet werd verhoogd door koloniale inrigtingen, welke zonder aanmerkelijk bezwaar voor de goede ingezetenen, en zonder eenige der welbegrepen belangen dezer volksplanting in de waagschaal te stellen, wijzigingen worden ondergaan." (*) Daar er reeds acht maanden na het uitbreken van den opstand in Belgie waren verloopen, is het wel te vermoeden, dat de Gouverneur van den Minister van Kolonien eenige voorschriften omtrent zijne te volgen handelwijze had ontvangen en dus niet anders vermogt te handelen. Mogt Cantz'laar werkelijk vermeend hebben, dat het ophouden van het afgeven van wissels door de Bank slechts eene eenvoudige wijziging was, die zonder aanmerkelijk bezwaar voor de goede ingezetenen kon plaats hebben, dan getuigt het niet van zijn helder inzigt in finantiele zaken; want die wijziging was eene hoogst belangrijke en had zeer droevige gevolgen.

In Artikel 1 der bedoelde publicatie van 3 Maart werd wel, schijnbaar lijnregt in strijd met de advertentie van de bank, gezegd: »Het afgeven van wisselbrieven zal bij voortduring plaats hebben," maar deze belofte werd niets beduidend door de bijvoeging: »edoch niet verder of meerder dan naar even- redigheid van het bedrag der ter escompte aangeboden wissels, en mitsdien in diervoege, dat de Particuliere West-Indische bank al de door dezelve af te geven wissels door eigen remises dekken kan."

Daar er nu geene wissels ter escompte aan de bank werden aangeboden, omdat er dadelijk agio ontstond, en ieder parti- culier op wissel winst aanbood; daar de bank geene eigene remises bezat of konde verstrekken en in tegendeel reeds in twee jaren voor ƒ 1,126,000 meer had getrokken dan overge- maakt (zie bladz. 654), kwam het volkomen op hetzelve neder als of men de advertentie der Directie had gecopieerd.

De afgifte van wissels op het Ministerie van Kolonien hield geheel op, en de bank had reeds opgehouden met het doen van beleeningen, in een woord: die inrigting was argent court; zij ging den doodslaap in en werd, ondanks eenige stuiptrek- kingen, herleefde zij niet meer (†).

(*) Publicatie van Cantz'laar, 3 Mei 1831.

(†) Nog tweemaal werd het Koloniaal Gouvernement gemagtigd tot afgifte van wissels ten bedrage van ƒ 200,000 op het Gouvernement in het Nederland, als in 1838 en 1839 telkens voor ƒ 100,000.

Zoodra als de Bank ophield nieuwe beleeningen te sluiten, terwijl de gedane moesten worden afgelost en het geld daarvoor in de Bank stroomde, ontstond er spoedig gebrek aan Circulerend kapitaal, omdat de bank als crediteur voor de nog loopende hypotheken bankbilletten ontving en niet op nieuw uitgaf.

Ook daalde de bankbilletten in waarde, want de bepaling in artikel 3 der publicatie van 3 Mei 1831, dat zij de volle waarde zouden behouden baatte niet, daar men voor wissels op nieuw agio moest betalen en, naarmate van de rijzing des wisselkoers, daalde het papier.

De handel werd hierdoor gefnuikt. Menig faillissement of surseance van betaling was het uitsluitend gevolg van den treurigen finantielen toestand der Kolonie en hierdoor kwamen berouw, mistrouwen en afkeer bij den Hollandschen koopman, om op nieuw met de volkplanting betrekkingen aan te knoopen, daar die zoo ligt verlies konden opleveren. Niet slechts de groothandelaar of planter leed hierdoor, maar ook niet minder de nijvere burger of de bezoldigde ambtenaar, die de noodzakelijkste levensbehoeften, als: boter, vleesch enz., uit Nederland aangebragt, tegen de hoogste prijzen moest betalen, daar de verkoopers door het slechte crediet van Suriname, niet dan tegen een verhoogde markt, konden koopen en derhalve hunne waren aan de Surinaamsche ingezetenen zoo veel duurder van de hand moesten zetten (*).

De hoopvolle verwachtingen omtrent verbetering en uitbreiding van den landbouw hadden in 1829 sommige kolonisten opgewekt, een Surinaamsch Landbouw-kundig-genootschap op te rigten onder de zinspreuk: Prodesse Conamur, waar men te zamen kwam, om onderling over onderwerpen daarmede in verband staande, te spreken; waar vragen ter beantwoording werden opgegeven, enz. (†). De benoeming van een bekend Landbouwkundige, den heer M. D. Teenstra, niet slechts tot Inspecteur van bruggen, wegen, enz., maar tevens tot Rijks-

---

(*) Ontwerp ter verbetering van den finantielen toestand in de Kolonie Suriname, door J. J. de Mesquita, bladz. 39.

(†) Teenstra. De Landbouw in den Kolonie Suriname, 1ste deel bladz 69.

Cultivateur, den 27sten April 1851, mag mede worden beschouwd als eene poging tot opbeuring van den landbouw; hij ondervond echter vele tegenwerking in de kolonie; men dankt aan hem vele belangrijke geschriften over Suriname.

Het ophouden der beleeningen door de West-Indische Particuliere Bank; de lagen prijzen der suiker en andere omstandigheden deden de hoopvolle verwachtingen in rook vervliegen. In de laatste jaren werden ook weder eenige plantaadjes door de Marrons aangevallen en afgeloopen, waartegen boschpatrouilles werden uitgezonden (*): in het kort Suriname ging niet vooruit.

Tijdens het bestuur van Cantz'laar werden nadere voorzieningen gemaakt tegen de uitbreiding der Boassie; de verzending der aan deze vreesselijke ziekte lijdenden naar het Etablissement Batavia, aan de Coppename, ter hunner verpleging ingerigt, werd verpligtend gemaakt. (†)

Toen in 1851 de Cholera-Morbus heerschte, nam de koloniale regering maatregelen, om, »onder den zegen van den Alvermogende" het overbrengen der smetstof in Suriname tegen te gaan, door de schepen uit besmette plaatsen komende aan eene soort van quarantaine te onderwerpen. Als zeer gestreng mag wel artikel 5 worden aangemerkt, waarin bepaald werd, dat de Gezagvoerder, Stuurlieden of Chirurgijn, die, ter kwader trouw, valsche opgaven deden, met *den dood zouden worden gestraft* (§).

In het jaar 1829 werd het kaperschip Dorego van Buenos Ayres, benevens zijn prijs, het driemastschip Lébre van Brazilie door den Kapitein-Luitenant W. J. van Esch, commanderende Z. M. Brik van Oorlog, de Valk, te Paramaribo opgebragt. Hierdoor ontstond een langdurig en ingewikkeld proces en eerst den 13 October 1850 werd het vonnis uitgesproken, waarbij het Opperhoofd Bariteaud tot twintig jaren dwangarbeid veroordeeld werd; Stevan Donay, 1ste luitenant, tot 15

(*) Sypesteyn. Beschrijving van Suriname, bladz. 49. Teenstra. De Landbouw in de Kolonie Suriname, 1ste deel bladz. 69.

(†) Publicatie van Cantz'laar, 7 September 1830.

(§) Publicatie van Cantz'laar, 18 October 1831.

jaren; Manuel Echanes, victualie-meester, en Charles Stewart, stuurman, ieder tot eene gevangenis voor den tijd van drie jaren (*).

Het onderwijs liet nog veel te wenschen over; echter kwam er eenige verbetering. Er bestonden zes scholen in Paramaribo; in 1830 (den 5 Junij) werd in de Luthersche kerk een soort van Examen gehouden, en 134 kinderen met prijzen beschonken.

Cantz'laar trachtte naar zijn beste weten, het belang der kolonie te bevorderen; hij wordt geroemd als een man van een regtschapen en achtenswaardig karacter, bezield met eene warme zucht voor regtvaardigheid, als een gestreng regent, niet geneigd tot de te groote toegevendheid van vroegere gezaghebbers, doch tevens welwillend en verwijderd van persoonlijke en zelfzuchtige inzigten (†).

Cantz'laar voerde echter de teugels van het bewind niet lang. Uit hoofde eener ongesteldheid droeg hij den 11 November 1831 de voorloopige waarneming van het bestuur aan den Procureur-Generaal Baron van Heeckeren op; en reeds eenige dagen later (den 18 December) overleed hij.

Mr. Evert Ludolph Baron van Heeckeren nam nu als Gouverneur-Generaal ad interim het bestuur op zich (§); terwijl hij, op aandrang van sommige ingezetenen, bij Koninklijk Besluit van den 6 Maart 1832, definitief tot die betrekking werd benoemd (**).

Het ophouden van de operatiën der Particuliere West-Indische bank, door van den Bosch ontworpen, veroorzaakte bij velen in Suriname ontevredenheid jegens de regering in het moederland en de regering, die zich door den drang van verschillende omstandigheden buiten staat bevond, om den

---

(*) Teenstra. De Landbouw in de kolonie Suriname, 1ste deel, bladz. 69—72, Sypesteyn, Beschrijving van Suriname, bladz. 49.

(†) Halberstadt. Vrijmoedige gedachten over de oorzaken van den tegenwoordigen staat van verval in de kolonie Suriname, bladz. 13.

(§) Publicatie van van Heeckeren, den 19 November 1831.

(**) Publicatie van van Heeckeren, den 2 Mei 1832.

wensch der kolonisten naar voorziening in deze te voldoen, kwam hierdoor in eene moeijelijke stelling. Zij wilde gaarne andere bezwaren door de kolonisten voorgesteld, wegnemen, en de reactionaire partij, welker invloed in Suriname aanzienlijk was, maakte van deze gezindheid der regering gebruik, om de ontwikkeling der milde beginsels door van den Bosch voorgestaan, tegen te houden.

Reeds in 1830 was een uitvoerig adres, door 50 ingezetenen van Suriname onderteekend, aan Z. M. den Koning ingediend; waarbij bezwaren tegen de toenmalige inrigting van het bestuur, enz. nader uiteen werden gezet.

Vijf hoofdbezwaren tegen de toenmalige inrigting van het bestuur werden door de adressanten aangewezen, als:

1⁰. het aangenomen stelsel, dat de kolonien geheel en al zich zelven moesten onderhouden;

2⁰. het stellen der gezamenlijke Nederlandsche West-Indische bezittingen onder één Gouvernement-Generaal, *voor zoo verre* daarmede verbonden was, de ondersteuning welke de eene kolonie aan de andere te verleenen had;

3⁰. de, ten gevolge van een en ander, gevorderde te hooge belastingen;

4⁰. de, uit de ontoereikendheid der reeds te hooge belastingen, ontstaande zwakheid of ongenoegzaamheid der Militaire magt ter verdediging en bescherming der kolonie; en

5⁰. het verbod om negermagten, zonder hunne toestemming van de eene plantaadje naar de andere te verplaatsen, of dezelve partieel en familie's gewijze te verkoopen.

Ten einde het gewigt der drie eerste hoofdbezwaren aan te toonen, wezen de adressanten er op: hoe Nederland vele voordeelen van Suriname ontving door het monopolie ten behoeve van het Moederland, dat echter ten nadeele der kolonie strekte; trok het moederland alzoo groote voordeelen van de kolonie, »het moest" zoo redeneerden de adressanten: »wilde het die blijven behouden, den ondergang van Suriname die een zoo groot verlies voor Nederland zou opleveren, trachten te voorkomen. Reeds bij het oude Octrooi was bepaald, dat de onkosten van de verdediging der kolonie door de West-Indische

Maatschappij gedragen moest worden (*); Frankrijk en Engeland bekostigden ook nu nog het onderhoud van het garnizoen
en suppleerden de tractementen der civiele ambtenaren, en
de laatstgenoemde staat daarenboven bevorderde den W.-I.
cultuur door beschermende regten (protecting duty) (†); de
billijkheid alzoo eischte dat de Nederlandsche staat de Kolonie
niet aan zich zelve overliet, waar eigen hulpmiddelen te kort
schoten."

En zij schoten te kort, want behalve vele rampen, waaronder vooral de brand van 1821 moest worden geteld, werkte
de lage prijs der Koloniale producten zeer nadeelig op den
landbouw. De koffij en het katoen stonden voorbeeldeloos laag;
de suiker was door de overlading der Nederlandsche markten
van vreemde suiker (§), de Melassie door een hoog inkomend
regt in Amerika sterk gedaald. De kosten van de administratie
der plantaadjes, van het onderhoud der slaven en der gebouwen, waren zoo belangrijk dat de opbrengst van verscheidene
plantaadjes ter naauwernood toereikende was ter bestrijding van
genoemde onkosten. Was reeds het stelsel dat de Kolonien zich
zelven moeten onderhouden onbillijk, de onbillijkheid voor
Suriname was zoo veel te grooter, om daarenboven verpligt te
worden de te korten der West-Indische eilanden te dekken,
van welke eilanden Suriname geen wederkeerige voordeelen
genoot. De belastingen waren dien ten gevolge hoog opgevoerd:
de hoofdgelden waren sedert 1816 bijna verdubbeld; de land-
taxen of akkergelden, de uitgaande regten op de Koloniale
producten en de inkomende op de bijna onmisbare Noord-
Amerikaansche provisien, de zegelbelasting enz. enz. waren
aanzienlijk verhoogd. Nieuwe belastingen waren ingevoerd, als:
in 1827 het patentregt en in 1829 het regt van successie;

(*) Men herinnere zich hierbij de vele twisten tusschen de geoctro-
jeerde Societeit van Suriname en de Kolonisten, vroeger medegedeeld.

(†) Reeds bij de komst van van den Bosch was door de heer Bent
in een uitvoerig adres het begeerlijke van beschermende regten (protecting duty) betoogd.

(§) In 1827 en 1828 vond men gereede koopers tegen 11 cent het
Amsterdamsche pond, thans naauwelijks tegen 5 cents.

terwijl slechts de geringe belasting bekend onder den naam van Kerkelijke contributie à ƒ 2.10 Surinaamsch op iedere plantaadje en de quotisatie van winsten en inkomsten die jaarlijks ongeveer ƒ 60,000 opbragt, en die het minst den eigenlijken landbouw drukte, waren afgeschaft.

En hoewel bij eene publicatie van den Commissaris-Generaal van 30 Julij 1828 was bepaald, dat van de producten naar Nederland uitgevoerd, een uitgaand regt van 5 pCt. moest worden betaald, en die waarde zou moeten berekend worden naar een telken drie maanden te regelen tarief, was aan deze laatste bepaling geen gevolg gegeven en werd alzoo o. a. de suiker nog berekend tegen 11 cent, de prijs in 1829, ofschoon ze nu slechts 5 cent gold, zoodat men in plaats van 5 pCt. 11 pCt. uitgaand regt moest betalen.

De planter ontving ook niet meer zoo als vroeger huur van het Gouvernement voor zoogenaamde Commando slaven, maar was thans verpligt zijne negers, welke tot onderhoud der Communicatie wegen of tot verdediging der kolonie door het Gouvernement werden opontboden, af te staan, zonder hiervoor betaling te kunnen eischen, en eindelijk: de belasting genaamd Akker of Canon of recognitie gelden, betaald voor uitgegeven gronden, hield vroeger op, indien de eigenaars dier gronden, zoo ze niet meer vruchtbaar waren of door gebrek aan genoegzame slavenmagt niet konden bearbeid worden, ze tot het domein van den staat deden terugkeeren, doch dit nu was den planter, sedert 1827 niet langer geoorloofd.

En toch niettegenstaande al de aanzienlijke verhooging van belastingen en niettegenstaande de meerdere aangehaalde omstandigheden, die de kolonisten drukten, kon toch de kolonie bezwaard met de ondersteuning der W.I. eilanden zich zelve niet onderhouden (*), en bleek dit uit hetgeen door rekwestranten als het 4de der hoofdbezwaren was aangewezen, de ongenoegzaam-

---

(*) Als een bewijs hoezeer de armoede toenam deelden adressanten de bijzonderheid mede, dat terwijl vroeger de hoofdgelden door ieder werden opgebragt, behoudens eenige zeer weinige uitzonderingen, er thans in 1829 alleen ongeveer 600 certificaten van onvermogen waren afgegeven.

heid der militaire magt, waardoor het Cordon, onder Nepveu opgerigt ter verdediging tegen de wegloopers, bijna verlaten, de nog enkele militaire posten zeer zwak bezet waren en er geene militaire patrouilles tot opsporing of ten minste tot verontrusting der gevlugte slaven konden worden uitgezonden; ten gevolge waarvan de deserteurs vermeerderden, niettegen-staande het lot der slaven benijdingswaard? was. (*).

De rekwestranten beschouwden als voorname oorzaak dier desertien, de openbaarmaking door den druk, en *de wijze der redactie van het 117 artikel* van het Nieuwe regerings regle-ment, waardoor verkeerd begrip en gisting bij vele negers was te weeg gebragt, daar zij nu vermeenden onderdrukt te worden en in den waan verkeerden, dat de koning de afschaffing der slavernij wilde. Die heeren vreesden dus ook dat de nieuwe slaven-reglementen een ongunstigen indruk zouden kunnen ma-ken, zoo zij niet *uiterst voorzigtig* werden opgesteld.

Over het 5de hoofdbezwaar, het verbod om negermagten, zonder hunne toestemming van de eene plantaadje naar de andere te verplaatsen, of dezelve partieel en families gewijze te verkoopen, waren de rekwestranten vooral uitvoerig.

Zij beweerden dat de teelt van koffij en katoen onvoordee-lig was en men dus zich meer en meer op de suikercultuur ging toeleggen, en nu wilden de negers uit luiheid, als beducht voor zwaarder werk, niet naar de suikerplantaadjes en verzet-teden zij zich soms met de eigenzinnigheid en weerbarstigheid aan alle onbeschafde volken eigen. Slechts zoo het Gouver-nement krachtig tusschen beide kwam en de regten (?) der eigenaars handhaafden gaven de slaven toe, waarvan eenige voorbeelden door de rekwestranten werden bijgebragt (†).

Omtrent het noodzakelijke van partielen verkoop werd door rekwestranten, aangemerkt, dat zonder deze de suikerstaten niet konden worden uitgebreid, geen stoommachines geplaatst en

---

(*) Hoezeer deze bewering leugenachtig was blijkt uit: Teenstra. De Negerslaven in de Kolonie Suriname, en andere particuliere berigten en officiele stukken.

(†) Uit het door Teenstra daaromtrent medegedeelde blijkt welke groote onbillijkheid jegens de slaven aldaar gepleegd was.

de thans ongelijkmatige verhouding der beide seksen niet verbeterd. Van het onregt en het lijden dat hierdoor den negers
werd aangedaan, van de geweldadige verscheuring van familie
banden, van de mogelijkheid dat desniettegenstaande de verhouding der seksen niet gunstiger zou worden, zoo de winzucht
des meesters liever krachtige mannen voor de suikercultuur
dan zwakkere vrouwen verlangde, werd natuurlijk niet gerept;
de adressanten verzwegen al datgene wat niet regtstreeks hunne
belangen betrof.

Het antwoord der Nederlandsche regering was in vele opzigten gunstig voor de adressanten.

Bij Koninklijk besluit van den 29 November 1831, gepubliceerd te Suriname den 6 Februarij 1832, werd goedgunstig
bepaald:

Artikel 1 *a*. Dat de tauxatie, welke tot grondslag der heffing van het uitgaand regt op de suiker diende verder zoude
geschieden, door eene gemengde Commissie van Ambtenaren
en belanghebbenden, ten einde dat regt, volgens de vroegere
verordening, bedrage 5 pCt. van de waarde, *zonder meer;*

b. dat de betaling van akkergelden van plantaadjes, met
toestemming der regering verlaten, geheel zou ophouden van
het oogenblik, dat de amotie beschouwd kon worden als volbragt te zijn.

Art. 2. Dat het terugnemen van plantaadjes te Suriname
in den boezem van het Domein zou worden toegelaten; zullende, bij het beoordeelen van verzoeken daartoe strekkende,
moeten worden uitgegaan van het beginsel, dat aan het meerder bijeentrekken der slavenmagten geene andere beletselen
moesten worden in den weg gelegd, dan die, welke volstrek-
telijk door het algemeen belang werden gevorderd, enz.

Art. 3. Dat van en met den 1 Januarij 1832, buiten bezwaar der Surinaamsche kas, zou worden voorzien in het te kort
der geldmiddelen van Curaçao, St. Eustatius en St. Martin (*).

Men ziet ook weder hieruit, dat de door de Surinamers zoo
menigmaal luide aangeheven klagten over verwaarloozing door

(*) Publicatie van van Heeckeren, 6 Februarij 1832.

het Nederlandsche Gouvernement niet altijd billijk waren. Ook nu had de Nederlandsche regering, niet slechts gehoor verleend aan billijke verzoeken der rekwestranten, maar was zelfs verder gegaan, en had de belangen der slaven opgeofferd, ten behoeve hunner meesters (zie artikel 2). De regering gaf den meester toe, doch trad niet krachtig op ter bescherming der slaven: de reeds door van den Bosch toegezegde reglementen op de behandeling en tucht der slaven bleven nog lang achterwege.

Een te Suriname geconcipieerd reglement op de Manumissie der slaven werd door Z. M. goedgekeurd en bij publicatie van den 25 Maart 1852 in werking gebragt (*). Voor ieder ge- manumitteerde boven de 14 jaren moest ƒ 500, en beneden de 14 jaren ƒ 300 als borgtogt door den meester worden ge- stort, waaruit, indien de gemanumitteerde tot armoede mogt ver- vallen in zijne alimentatie werd voorzien; ook moest het bewijs worden geleverd, dat hij in eenig erkend kerkgenootschap was opgenomen. De gemanumitteerde had aanspraak op alle Bur- gerlijke en Staatkundige regten, doch bleef tijdens zijne min- derjarigheid onder voogdij van zijns vroegeren meesters.

In October 1852 werd eene gezondheids-commissie ingesteld, mitsgaders eenige maatregelen genomen voor het geval dat de Cholera Morbus, die toenmaals in Europa heerschte, zich in de kolonie mogt openbaren (†).

Suriname bleef genadig van de Cholera verschoond, doch eene andere ramp echter trof de kolonie in den nacht van den 5 op den 4 September 1852, namelijk eene hevige brand, die een aanzienlijk gedeelte der stad Paramaribo verwoeste.

Na den noodlottigen brand van 1821, waardoor de stad voor een groot gedeelte in de asch werd gelegd, was de op- bouwing der verbrande perceelen wel langzaam voortgegaan, o. a. was de kerk der Hervormde Gemeente nog niet herbouwd; evenwel prijkten op het verbrande terrein reeds weder sommige fraaije nieuwe woon- en pakhuizen, zij- en achtergebouwen, vooral tusschen de Knuffelsgracht en de Joden Breestraat, waar

---

(*) Publicatien van van Heeckeren, 23 en 27 Maart 1832.
(†) Publicatie van van Heeckeren, 10 October 1832.

de brand in 1821 gestuit was. Dan helaas in den nacht van
den 3 op den 4 September werd laatstgenoemd schoon en rijk
gedeelte door de vlammen vernield, en met eene ongelooflijke
woede sloeg het vuur over de 88 voet breede Joden Breestraat
in de huizen aan de andere zijde; zoodat de gebouwen, welke
zich tusschen de Joden Breestraat, de Steenbakkersgracht en
de Maagdenstraat bevonden, allen, op een huis na, verbrandden
of zware beschadiging ontvingen. De kerk en pastorie der
Luthersche Gemeente werden mede eene prooi der vlammen;
de kerk der Moravische broedergemeente, ofschoon in groot
gevaar verkeerende, bleef echter bewaard.

Te zamen waren 46 woonhuizen verbrand en 13 afgebroken of zwaar beschadigd; zijnde het getal der zij- en achtergebouwen voorzeker driemaal meer geweest. De schade aan
roerende en onroerende goederen geleden werd op ƒ800,000
geschat. Verlies aan menschenlevens had men bij deze brand
niet te betreuren; ook waren er weinig goederen ontvreemd,
indien men de daartoe zoo menigvuldige gelegenheid in aanmerking neemt.

De brand was ontstaan in een winkelhuis van den heer
Mozes Nunes Monsanto; voor en aleer het huis van den heer
Monsanto in volle vlam stond, ontwaarde men reeds brand
in de achtergebouwen van de belendende huizen, terwijl de
vlam met een ongelooflijke snelheid en verbazende woede van
het eene tot het andere huis oversloeg. Het drooge saisoen,
de groote voorraad van brandbare koopmansgoederen, in de
pakhuizen der kooplieden aanwezig, zoo als: olie, pik, teer,
loodwit, sterke dranken, terpentijn en zelfs buskruid, dit alles
gaf het vuur een vreesselijk voedsel; zwarte rookkolommen
van eene ontzagchelijke hoogte stegen onder een schrikkelijk
gedruisch der vlammen en het noodgeschrei van eene menigte
van have en goed beroofd wordende ingezetenen ten hemel.
De geheele lucht was als met een zwart rouwfloers, onder
hetwelk een ijsselijk licht flikkerde, overdekt; wijd en zijd
verspreidde zich een vuurregen met vlammende lichten en een
schrik en angst aanjagend geknetter, onder verschillende win
den, over de geheel van hout gebouwde huizen der stad, die

dezelve niet alleen dreigden eene prooi der vlammen te maken, maar ook zelfs op afgelegen plaatsen sommige daken, met hout of zoogenaamde singels gedekt, der huizen deed ont- vlammen, welke niet dan door spoedig aangebragte hulp voor geheele vernieling gewaard bleven.

De verbazende hitte dreef de tot hulp toegesnelde menigte op een te grooten afstand, om duurzaam werkzaam te kunnen zijn bij het afbreken der onder den wind staande huizen; evenwel bij het aanbreken van den dageraad, op den volgen- den morgen, werd men eindelijk den brand meester. Het vaardig daarstellen van een brandpad, waarbij, ten einde de overlooping van het vuur voor te komen, alle brandbare stof- fen werden weggedragen en de grond zelfs van de kleinste stukjes hout gezuiverd, werd onder den zegen van God, met een gelukkig gevolg bekroond. Militairen en matrozen, bur- gers en slaven beijverden zich de woede der vlammen te stuiten; twee dagen en twee nachten werd de dienst bij de brandspuiten waargenomen. Door wijkmeesteren werd in de onderscheidene wijken der stad met eene lijst en een armbus rondgegaan, ter inzameling van het bijdragen voor de nood- lijdenden ten gevolge van dezen brand, welke collecte de som van f 3,845.10 heeft opgebragt.

In het eerst was men algemeen van gevoelen, dat de brand door een noodlottig toeval of onvoorzigtigheid was ontstaan. Toen echter kort daarna in onderscheiden gedeelten der stad een begin van brand werd ontdekt, dat gelukkig telkens in tijds werd gebluscht, begon men te vermoeden, dat boosaardig opzet en kwaadwilligheid in het spel waren. De Gouverneur- Generaal vaardigde daarop eene notificatie uit, waarbij eene premie van f 5000 voor elken vrijen persoon en den vrijdom, benevens eene premie van f 2000 voor en ten behoeve van elken slaaf, werd uitgeloofd, die den schuldige of de schuldigen aangaven of opspoorden en in handen der justitie overleverden.

Het bleek weldra dat het vermoeden van brandstichting ge- grond was. Vier jeugdige negers, Cojo, Mentor, Present en Frederik waren uit vrees voor straf hunne meesters en mees- teressen ontloopen. Cojo in dienst bij eene vrije negerin

Peggie genaamd, had bij het verkoopen van door hem, op last zijner meesteres, uitgevente broodjes $2^1/_2$ cent te weinig ontvangen, en eene geduchte kastijding voorziende, durfde hij niet tot zijne meesteres terug keeren; Frederik, 16 jaren oud, die door zijne meesteres, de gestrenge en hardvochtige Jodin Samson, rondgezonden was, om koekjes te verkoopen had eenige centen (8 cent) verloren, en even als Cojo bevreesd voor een bloedig pak, vlood hij in het bij Paramaribo gelegen bosch; twee andere jonge slaven voegden zich hier bij hen, en eindelijk bevonden zij zich met hun zessen in gemeld bosch, en werden in hun voornemen om weg te blijven door een ouden neger Tom versterkt en aangemoedigd.

In deze hunne schuilplaats konden zij echter niets bekomen, en door een onwederstaanbaren honger naar de stad gedreven, wilden zij trachten, om het even hoe, zich voedsel te verschaffen.

De honger, een zoo scherp zwaard, dreef hen tot het stelen van eetwaren in de buitenbuurten, welke te bemagtigen toen nog alleen hun doel was; doch overal bespied, verjaagd en als wild roofgedierte nagezet wordende, namen wrevel en menschenhaat toe; en daarbij door den nood gedrongen middelen uit te denken, om spijs te bekomen, rijpte bij hen het verschrikkelijke plan om brand te stichten bij den Jood Monsanto, die in zijn winkel een grooten voorraad zoutevisch en pekelvleesch had, ten einde bij de algemeene ontsteltenis *eten* te kunnen stelen. In het proces worden ook nog van andere grootere plannen dier wegloopers gewaagd, die echter niet meer dan grootspraak bleken te zijn.

De aanleiding tot deze vreesselijke misdaad was dus vrees voor straf wegens het verlies van eenige weinige centen.

Het ligt buiten ons bestek, om uitvoerig mede te deelen hoe de schuldigen in handen der justitie geraakten of den loop van het tegen hen gevoerde proces te beschrijven. Teenstra heeft in zijn werk »de Negerslaven in de kolonie Suriname," een en ander reeds uitvoerig behandeld en uit dat werk nemen wij de voornaamste feiten daaromtrent, soms met zijne eigen woorden, over.

Wij vermelden dus nog slechts, dat het Openbaar Ministerie, waargenomen door den heer de Kanter, Procureur-Generaal, eischte, dat: Cojo zou gehangen, het hoofd daarna
afgehouwen en ten toon gesteld worden; de andere schuldigen
en medepligtigen met tamarinde-roeden gegeeseld en twee
hunner Mentor en Present daarenboven gebrandmerkt en die
allen voor langeren of korteren tijd, in bandietenboeijen geklonken, tot dwangarbeid zouden worden verwezen.

Het Geregtshof vermeende dat deze straf niet zwaar en afschrikkend genoeg was, en *in naam des Konings* regt doende, veroordeelde het Cojo, Mentor en Present *levend te* worden verbrand;
Winst en Tom te hangen en de overige strengelijk met tamarin-
deroeden te doen geeselen, in bandietenboeijen te klinken, enz.

Dit vonnis werd op Zaturdag den 26 Januarij 1855 ten
aanschouwe van eene talrijke menigte ten uitvoer gelegd. Wij
onthouden ons van verdere beschrijving van deze executie,
die stuitend voor het menschelijk gevoel, een treffend voorbeeld oplevert, hoe het stelsel der slavernij de eischen van
godsdienst en menschheid miskent, en onder voorwendsel van
een exempel tot afschrikkend voorbeeld te stellen, in de negen-
tiende eeuw, in eene Nederlandsche kolonie, geregtelijk wreedheden deed plegen, waarvoor de menschheid gruwt.

Spoedig begon men het nu laatst verbrande gedeelte der
stad op te bouwen. Tot aanmoediging der ingezetenen, om
de afgebrande huizen zoo spoedig mogelijk weder te doen opbouwen werd door het Gemeente-bestuur bepaald, dat de nieuw
opgebouwde huizen 6 jaren vrijdom van belasting zouden
erlangen; die geheel van steen of klei werden opgetrokken,
25 jaren (*). De herbouw der Luthersche kerk werd door den
Stads-Architect C. A. Roman voor eene som van ƒ 28,500
aangenomen; die der Hervormde Gemeente voor ƒ 55,000;
beide Gemeenten werden door aanzienlijke bijdragen van
liefdegiften uit het moederland hiertoe in staat gesteld (†).

(*) Publicatie van het Gemeente-bestuur, 27 September 1832.

(†) Teenstra. De Negerslaven in de kolonie Suriname, bladz. 213.
Het voor de Luthersche kerk bestelde orgel kwam in December 1832
en dus gelukkig na den brand in Suriname aan.

In den nacht van den 17^{den} op den 18^{den} Mei deszelfden jaars 1833, ontstond er brand op de plantaadje Waterloo in het district Neder-Nickerie; de daardoor veroorzaakte schade werd op ruim ƒ 70,000 geschat (†).

De gevolgen van de Belgische revolutie en daarmede in verband staande verwikkelingen met Engeland en Frankrijk deden zich ook in de Kolonie gevoelen. Het den 2^{den} Januarij 1833 op alle Nederlandsche schepen, uit hoofde van de vijandelijke gezindheid der genoemde mogendheden jegens Nederland, gelegde Embargo belemmerde den handel geweldig, en, terwijl de producten der Kolonie niet geregeld konden worden uitgevoerd en de landbouw hierdoor werd gedrukt, werden door verminderden aanvoer ook de levensmiddelen schaarsch en duur (§).

De kolonie werd in staat van verdediging gesteld, en de leden der schutterij bezetten het fort Zeelandia, de sleutel der stad Paramaribo. Bij proclamatie van 28 Mei 1834 werden den ingezetenen van Suriname dank toegebragt voor de moeijelijkheden en opofferingen, die zij zich daarbij hadden getroost (**).

Reeds waren van tijd tot tijd door de Koloniale regering, bij onderscheidene publicatien, veranderingen en wijzigingen gemaakt betreffende het Regerings-reglement van 1828, waarbij aan de duidelijkheid niet veel werd gewonnen, daar de eene bepaling met de andere soms in lijnregte tegenspraak was Als een bewijs hoe men een vast beginsel mistte, noemen wij alleen, dat de regtspleging ten aanzien van misdrijven in 1830, bij publicatie werd bepaald, dat dezelve in 1831 gewijzigd, in 1832 op nieuw veranderd, en in 1834 zoogenaamd vereenvoudigd en later weder door andere bepalingen daaromtrent werd vervangen.

Vereenvoudiging in het bestuur der Kolonie was ongetwijfeld zeer gewenscht; want het onderhoud van een legio ambtenaren,

---

(†) H. W. R. Ellis. Chronologie der Geschiedenis van Suriname, bladz. 21.

(§) Sypesteyn. Beschrijving van Suriname, bladz. 49.

(**) Proclamatie van van Heeckeren, 28 Mei 1834.

waarvan sommige weinig te doen hadden, veroorzaakte enorme kosten, waartoe hooge belastingen noodig waren, terwijl men onder bergen van reglementen, ordonnantien en publicatien, bij herhaling gealtereerd en geamplieerd, als begraven was. Men beproefde dan ook die vereenvoudiging, en een Nieuw Regerings-reglement, werd, bij koninglijk besluit van 9 Augustus vast-gesteld en den 3den December 1852 in de Kolonie gepubli-ceerd (*).

Men was in de zamenstelling van dit reglement echter niet zeer gelukkig geweest, want dit zoogenaamde middel ter ver-eenvoudiging maakte de zamenvoeging van onderscheidene auto-riteiten noodzakelijk, en — hierdoor werden de, bij het Re-gerings-reglement van 1828 gescheiden magten: die der wet-gevende, regterlijke en uitvoerende, weder meer vereenigd. Ofschoon die zamensmelting in genoemd regerings-reglement niet is uitgedrukt, en men het, op goede gronden, daarvoor moet houden, dat zulks nimmer de bedoeling van Z. M. is geweest, zoo is evenwel die zamensmelting een uitvloeisel van sommige bepalingen dier wet, of met andere woorden gezegd, de bepalingen dier wet hebben tot het misbruik aanleiding gegeven.

Volgens het Nieuwe regerings-reglement berustte, even als vroeger, het hoogste gezag bij den Gouverneur-Generaal. Tot het beleid der regering stond hem een koloniale Raad ter zijde, die zamengesteld zou zijn, uit: den Procureur-Generaal, den Administrateur van Finantien (nieuwe titel voor dien van Controleur-Generaal van Finantien) en uit zes van de aan-zienlijkste ingezetenen, die de eerste maal door den Koning zouden worden benoemd, de volgende keeren, uit eene no-minatie van drie personen, door het Collegie zelve opgemaakt. Een weinig meer invloed dan bij het reglement van 1828, waarbij alleen ambtenaren den Hoogen Raad uitmaakten, werd alzoo den ingezetenen op de wetgevende magt toegekend. De Koloniale Raad was eene flaauwe afschaduwing van het vroe-

(*) Publicatie van van Heeckeren, 3 December 1832.

gere Hof van Policie; eene zeer flaauwe echter, want slechts in betrekkelijken zin was het een wetgevend Collegie.

»De Koloniale Raad met geen ander oogmerk ingesteld zijnde, dan om den Gouverneur-Generaal, waar hij zulks noodig mogt achten, te adviseren en voor te lichten, zoo zullen diensvolgens in de vergaderingen van denzelven geene onderwerpen in deliberatie worden gebragt, dan welke tot een der genoemde einden door den Gouverneur-Generaal zullen worden voorgedragen" (art. 10).

»Doch was de invloed dezer zes honorifieke leden van den Kolonialen Raad niet buitengewoon gewigtig in betrekking tot de wetgevende magt, daarentegen werd hun een belangrijk gedeelte der uitvoerende toegekend, door dat hun als Heemraden, onder den Gouverneur-Generaal, het bestuur over de buiten-districten werd opgedragen (art. 44, 45 en 46).

Tevens oefenden zij eene regterlijke magt uit:

»Voor zoo verre twee of meer Heemraden daartoe in bijzondere gevallen door den Gouverneur-Generaal zullen worden gecommitteerd, zullen dezelve eene gedelegeerde Regtbank uitmaken, zoo dikwijls de verstoorde rust of oproerige bewegingen in de buiten-districten eenig regterlijk onderzoek mogt noodzakelijk maken."

»Deze Regtbank, bij welke de Procureur-Generaal het Regt der Hooge Overheid zal waarnemen, zal de *plano* en buiten figuur van proces dit onderzoek te werk stellen, en zoodanige straffen mogen opleggen, als waartoe Commissarissen tot de kleine zaken bevoegd zijn" (art. 47). Als zoodanig bezaten dus de leden van den Kolonialen Raad eene wetgevende, uitvoerende en regterlijke magt (*).

De regtspleging zou worden uitgeoefend door het Geregtshof

_____

(*) Bij het later uitgevaardigd Reglement op het beheer der Districten Nickerie werd hetzelfde beginsel gevolgd. Aan de Landdrosten werd de handhaving der burgerlijke orde, het toezigt op het nakomen der wetten en de bevordering van het algemeen welzijn opgedragen. Een Collegie van drie ingezetenen werd hun toegevoegd, welke den titel voerden: Raden Hoofd-Ingelanden, en die eene civiele en Correctionele regtbank vormden.

der kolonie Suriname, zamengesteld uit: een President, en drie leden, allen Meesters in de regten en vier leden uit de ingezetenen, die hiertoe geen regterlijken graad behoefden te bezitten, een Griffier en een Adjunct-Griffier.

De Regtbank van kleine zaken werd opgeheven, terwijl de zaken vroeger aldaar beregt, zouden worden opgedragen aan eene Commissie bestaande uit een der gegradueerde leden als President en twee gewone leden, geassisteerd door den Adjunct-Griffier. Die Commissie werd jaarlijks door den Gouverneur-Generaal benoemd, en door die jaarlijksche benoeming oefende de uitvoerende magt (de Gouverneur-Generaal) eenigermate invloed op de regterlijke uit.

Het beheer der Finantien bleef, als vroeger, onder opper-toezigt van den Gouverneur-Generaal, berusten bij den amb-tenaar, die nu den titel van Administrateur van Finantien voerde.

Het Gemeente-bestuur voor Suriname werd afgeschaft en de Commissien tot de zaken der Nieuwe Wees-, Curatele- en Onbeheerde Boedels-Kamer, vroeger door leden van hetzelve waargenomen, opgedragen aan eene Commissie, bestaande uit de Gouvernements-secretaris en twee leden van het Geregts-hof (*).

De Gouvernements-secretaris, welke, volgens artikel 12 van het Reglement in de vergaderingen van den Kolo-nialen Raad moest assisteren en *de pen voeren*, werd door latere bepalingen en voorschriften een persoon van gewigt en oefende vrij wat uitvoerende magt uit.

Behalve toch de reeds genoemde betrekking van President der Commissie van de zaken der Wees-, Curatele en Onbeheerde Boedels-Kamer werd aan hem de functien opgedragen, die behoorden tot de ingetrokken betrekking van den Raad Con-troleur der Inlandsche bevolking, zoo in betrekking tot de slaven, boschnegers en Indianen, als die van praesis van het

---

(*) In 1836 werd een Nieuw Reglement daarvoor ontworpen en een Hoofd-ambtenaar onder den titel van Curator aangesteld, zie Publicatie van van Heeckeren, 8 Februarij 1836.

Collegium Medicum, van de Commissie tot de Melaatschheid en van de Hoofdcommissie tot het Gezondheidsbestuur (*).

Uit een en ander omtrent het Regeringsreglement medegedeelde blijkt genoegzaam, dat hetzelve veel aanleiding tot misbruiken gaf; want aan de eene zijde, bepaalden de *wetgevers* (in betrekkelijken zin toch kon men den Kolonialen Raad als zoodanig beschouwen) zelve, hetgeen zij aan den anderen kant, als *uitvoerders* (Heemraden) moesten uitrigten of doen bewerkstelligen; zij konden dus ook alle bepalingen *uitleggen*, *beperken* of *uitbreiden* naar mate hun gezag of belang zulks vorderde. Vooral omtrent de bescherming der slaven was dit Nieuwe Reglement veel minder krachtig dan dat van 1828, en bespeurt men hier duidelijk den invloed van de reactionaire partij.

Het reeds bij het adres in 1830 als te mild aangehaalde artikel 117 kwam hier niet meer voor; de betrekking van Raad-Commissaris voor de Inlandsche bevolking, o. a. bepaald met de bescherming der slaven belast, was ingetrokken en hoewel men in artikel 72 leest: »De slavenbevolking wordt aan de bijzondere bescherming van de koloniale regering aanbevolen" getuigt van halfheid, de 2de alinea van hetzelfde artikel: »zij zal steeds de doelmatigste middelen aanwenden, om, *voor zoo verre zulks zonder inbreuk op regten der eigenaren, en zonder de rust en veiligheid der kolonie in de waagschaal te stellen, geschieden kan*, den toestand der slaven te verbeteren, en aan derzelver welzijn bevorderlijk te wezen".

De tusschenzin hier door ons curcief gesteld, beneemt immers alle kracht aan die door de regering beloofde bescherming. De Hooge Regering betoonde zich hierbij zwak; zij had meer gehoor verleend aan de drogredenen der slavenmannen, dan aan de stem van menschelijkheid en regtvaardigheid.

(*) Omtrent den toenmaligen Gouvernements-secretaris G. A. van der Mee, die bij van Heeckeren in blakende gunst stond, vindt men vele klagten in Processtukken, ter zake van den boedel van G. T. Voigt, waarbij diens weduwe zich over slechte beheering beklaagde en eischte dat een andere voogd over hare minderjarige kinderen werd aangesteld, welke eisch door het geregtshof is toegestaan. (Zie eisch en Conclusie in zake van L. van Voigt en H. Lans, ingediend den 9 Januarij 1837.

De werken van Teenstra en anderen getuigen hoe vele mishandelingen jegens slaven straffeloos werden gepleegd, en — al ware het ook dat door sommigen een betere handelwijze werd gevolgd, zoo voldeed de Hooge Regering niet genoegzaam aan den pligt van iedere goede Regering om de zwakken te beschermen: bepaaldelijk was er achteruitgang in deze tusschen 1828 en 1832. Ook over de slavenreglementen vernam men in langen tijd niets.

En toch eene betere behandeling der slaven zou in het belang der kolonie hebben gestrekt. Gestadig vonden desertien plaats, en in de laatste jaren werden weder eenige plantaadjes door de wegloopers aangevallen. Een togt door de Aucaner-boschnegers naar het beruchte weglooperskamp Kraboello in 1834 ondernomen, werd met een gunstigen uitslag bekroond. De Aucaners doodden vier der Marrons en namen vier anderen gevangen. In September 1835 werden meerdere expeditien uitgezonden; eene patrouille aan welks hoofd zich de Burger tweede Luitenant Montecattini bevond, ontdekte een kamp en vernielde het; terwijl de wegloopers gedeeltelijk sneuvelden of in handen hunner vervolgers vielen. Men deed liever boschtogten die veel geld kostten en waarmede doorgaans vele wreedheden gepaard gingen, dan dat men trachtte door een goede behandeling der slaven de desertie te voorkomen (*).

In 1834 werd, ten behoeve van de kolonie, in Noord-Amerika gebouwd, en vervolgens in koloniale dienst gesteld, de schoener *Henriette Elisabeth;* terwijl in 1836, door den Ingenieur Thomas Keen, een stoomvaartuig, genaamd *Willem de Eerste,* werd gebouwd en bestemd voor de vaart op de binnenwateren. In November 1837 werd een tweede schoener, *de Beschermer,* door het koloniaal Gouvernement gebouwd (†).

De Communicatie werd door het in de vaart brengen dezer vaartuigen veel verbeterd, zoodat de hiertoe benoodigde geldsommen werkelijk tot nut der kolonie verstrekten; sommige

(*) Ellis, Chronologie van Suriname, bladz. 21.

(†) Ellis, Chronologie van Suriname, bladz. 21—23.

kolonisten beklaagden er zich echter over, dat men bij den ongunstigen staat der finantien te veel kosten hieraan had besteed, daar zij vermeenden dat men hetzelfde doel: verbeterde communicatie, met minder kosten had kunnen bereiken. Vooral echter werden, met regt, luide klagten aangeheven over de groote sommen, die aan de vertimmering van het Gouvernements-gebouw werden besteed. Reeds onder bestuur van de Veer was het geheel vertimmerd, zoodat het daarna het Nieuwe Gouvernements-gebouw werd genoemd, en desniettegenstaande liet van Heeckeren hetzelve in Maart 1834, voor een groot gedeelte afbreken, om het veel fraaijer, en ook alleen daarom te doen opbouwen. De laatste verfraaijing moet de koloniale kas ongeveer twee tonnen gouds hebben gekost (*).

In 1835 genoot Suriname het voorregt van *Prins Hendrik der Nederlanden*, destijds Adelborst 1ste klasse, in de kolonie te zien. Z. K. H. kwam onder geleide van den kapitein ter zee Arriens, met het fregat de Maas, gecommandeerd door den Luitenant ter zee Ferguson, den 24sten Junij 1835 te Paramaribo aan en vertoefde in de kolonie tot den 6den Julij.

Onderscheidene feesten werden gegeven en Suriname's ingezetenen toonden hunne liefde en gehechtheid aan Oranje op ondubbelzinnige wijze. Tijdens het verblijf van den Prins werd op den 5 Julij de nieuw gebouwde kerk der Hervormde Gemeente door den predikant A. Roelofs plegtig ingewijd, waarbij Z. K. H. tegenwoordig was (†); ook legde de Prins den eersten steen van de nieuwe Hoogduitsche synagoge te Paramaribo (een zeer ruim en fraai gebouw) (§).

Dat men in het algemeen en de hooge Autoriteiten in het bijzonder zich beijverden om den Prins al het fraaije te laten zien en het minder gunstige voor hem verborgen te houden, wordt door Teenstra medegedeeld, en Halberstadt verhaalt in zijn werkje „Vrijmoedige gedachten over de oorzaken van den tegenwoordigen staat van verval der kolonie van Suriname" o. a., dat toen Prins Hendrik zich in Suriname bevond, een

---

(*) Teenstra, de Landbouw in de kolonie Suriname, 2e deel, blz. 110.

(†) Teenstra, de Landbouw in de kolonie Suriname, 1e deel, blz. 116.

(§) Sypesteyn, Beschrijving van Suriname, bladz. 84.

zestigtal Engelsche grond- en goedbezitters aldaar, zich vereenigd hadden, om den jongen Vorst een adres van hulde en
eerbetuiging aan te bieden. De door hen uit hun midden
benoemde Commissie werd echter, op beleedigende wijze, de
toegang ontzegd, onder het schrale en zich zelf tegensprekende
voorwendsel: dat het aanstaande vertrek van den Prins, Z.
K. H. tot de ontvangst geen tijd overliet; terwijl elkeen wist
dat de waterstand der rivier dat vertrek nog onmogelijk maakte.
»De vrees," schrijft Halberstadt, »dat er op die audiëntie waarheden zouden gezegd worden, was er niet vreemd aan" (*).

Onderscheidene publicatien betreffende min of meer belangrijke zaken werden van tijd tot tijd uitgevaardigd; eene der
belangrijkste was die van 19 November 1834, waarbij een
Nieuw Reglement op het lager schoolwezen en onderwijs in
werking werd gebragt. Het onderwijs moest zoo veel mogelijk,
op de wijze als in Nederland, *klassikaal* worden gegeven; het
godsdienstig onderwijs moest zich bepalen bij de Bijbelsche
Geschiedenis en de zedekundige lessen, in dezelve vervat, met
zorgvuldige vermijding van hetgene met de begrippen van
eenig erkend kerkgenootschap zoude strijdig zijn, en mitsdien
de Geschiedenis des *Nieuwen Testaments* alleen des Zaturdags
kunnen behandeld worden; ook moesten geene schoolboeken
worden gebruikt, die eenigen aanstoot aan de eene of andere
Godsdienstige gezindheid konden geven (†).

Eene groote sensatie verwekte de uitvaardiging van een
Nieuw Reglement voor de schutterij te Paramaribo, op 31
December 1835. Vooral mishaagde de bij artikel 42 bevolen
indeeling in vier compagnien, waarvan de eerste zou bestaan
uit: gehuwde en weduwnaars, en die, welke schoon niet gehuwd, uit een wettig huwelijk geboren of door opgevolgd
huwelijk of brieven van legitimatie gewettigd waren; de tweede
en derde compagnie uit de ongehuwden, welke uit geen wettig

(*) Halberstadt. Vrijmoedige gedachten enz., bladz. 61. De schrijver doelt hier o. a. op een geval wegens willekeurige handelwijze van
het koloniaal Gouvernement, omtrent zekeren Engelschen grondeigenaar,
den bij ons bekenden John Bent.

(†) Publicatie van van Heeckeren, 19 November 1834.

huwelijk waren geboren en niet door opgevolgd huwelijk of brieven van legitimatie waren gewettigd geworden; de vierde compagnie uit vrijgeboren en gemanumitteerde negers, hetzij gehuwden, hetzij ongehuwden.

Men vond hierin eene aanranding, eene verguizing van des Burgers regten en de daarstelling van een laakbaar onderscheid tusschen den een en den anderen burger. Deze bepaling greep diep in het Surinaamsch leven in. Het is een betreurings-waardig feit, dat de onwettige kinderen onder de vrije bevol-king (bij de slaven wordt volgens de wet des lands geen huwelijk toegestaan) verre het aantal der wettigen overtreffen, en ofschoon niet te sterk tegen die losbandigheid kan worden getuigd, was het zeker zeer onregtvaardig om de kinderen voor de schuld hunner ouderen te doen boeten, door hen te plaatsen in eene afzonderlijke compagnie en alzoo als het ware, te brandmerken; terwijl de schuldige bewerkers daarentegen in eere gehouden en boven hen werden verheven.

Vele burgers bragten met bescheidenheid hunne bezwaren tegen art. 42 en eenige andere artikelen in; de Gouverneur schorste daarop wel de uitvoering, doch (12 Januarij 1836) gaf hij echter bevel aan de Commissie, met de inschrijving voor de schutterij belast, om een register te vormen, waarin de gehuwden en ongehuwden, de wettige en onwettigen, de vrijgeborenen en de gemanumitteerden, ieder afzonderlijk moes-ten worden ingeschreven, met oogmerk om naar den letter-lijken inhoud van het door den Gouverneur-Generaal *in over-leg met den kolonialen Raad*, uitgevaardigde reglement, de schutterij te organiseren.

Deze daad verwekte groote ergernis bij velen en de gisting in de stad vermeerderde, zoodat in de maand Mei 1837 eenige ongeregeldheden plaats vonden. Van Heeckeren bevreesd voor opstand liet de stukken geschut der Fortres Zeelandia en van de ter reede liggende oorlogschepen tegen de stad rigten. Ligt had bij de toenemende spanning ontzettende gevolgen hebben kunnen ontstaan, zoo de Gouverneur hardnekkig hadde vol-gehouden, doch hij zelf hiervoor beducht luisterde naar goeden raad, en bij publicatie van 31 Mei werden artikel 42 en verscheiden andere artikelen van het reglement ingetrokken of gewijzigd, zoodat de schutterij bijna weder op den ouden voet hersteld en de gewone koloniale verdeeling in blanken, kleurlingen en negers werd behouden; den 18den, 20sten en 21sten Mei werden de staf- en verdere officieren benoemd of bevestigd (*).

Deze spanning hield op, evenwel leverde de gang van het beheer, gedurende van Heeckeren de betrekking van Gouverneur-Generaal vervulde, grond tot vele klagten op. Voornamelijk geeft Halberstadt in zijn reeds meergenoemd werkje hieromtrent een ongunstig getuigenis. Door van Heeckeren op onbewezen beschuldiging uit zijn ambt ontslagen, wendde Halberstadt, in het vaderland teruggekeerd, langen tijd vergeefsche pogingen aan om regt te verkrijgen (†); hierdoor is misschien de bittere toon, welke in dat geschrift heerscht, te verklaren; mogelijk oordeelt hij hierdoor eenigermate partijdig, doch ook in andere geschriften (uitgegevene en onuitgegevene) wordt een ongunstig getuigenis omtrent de regering van van Heeckeren gegeven. Willekeur heerschte er door den invloed der reactionaire partij, en de door van den Bosch voorgestane milde beginselen werden niet tot ontwikkeling gebragt.

Op den 7den Februarij 1836, werd met veel plegtigheid op het Etablissement voor melaatschen, Batavia aan de Coppename, de aldaar opgerigte R.-C. kerk, toegewijd aan St. Roch, ingewijd (§).

Den 25sten Junij van hetzelfde jaar werd door van Heeckeren de eerste steen gelegd voor het zoogenaamde stadhuis, zijnde een steenen gebouw, waarin de kantoren van den Administrateur van finantien, van den ontvanger, van de gezworen klerken, en van het Collegie van kleine zaken werden geplaatst (**).

Den 5 Mei 1837 werd de nieuwe Synagoge der Nederland-

(*) Publicatie van van Heeckeren, 13 Mei 1836.

Ellis, Chronologie van Suriname, bladz. 22.

(†) Onder het korte bestuur van jonkheer Cornets de Groot, als Minister van kolonien (1861) schijnt hem echter regt te zijn gedaan en zijne eischen ingewilligd.

(§) Ellis, Chronologie van Suriname, bladz. 22.

(**) Ellis, Chronologie van Suriname bladz. 22.

sche Israëlitische Gemeente, aan de Keizerstraat, plegtig ingewijd (*).

In 1835 op den eersten April, werd in het kerkgebouw der Evangelische Broedergemeente, het vijftigjarig bestaan der Maatschappij tot Nut van het Algemeen gevierd (†); omtrent de werkzaamheden van de Surinaamsche afdeeling dier Maatschappij, die sedert 19 jaren bestond, kunnen wij uit gebrek aan verslagen, weinig mededeelen.

In 1837 werd door eenige ingezetenen besloten tot het daarstellen van een liefhebberij-tooneelgenootschap en tot het oprigten van een tooneelgebouw, waaraan gevolg werd gegeven en op den 5den Mei van het volgende jaar van het tooneelgebouw *Thalia* de eerste steen gelegd (§).

Vele klagten omtrent het toenemend verval van Suriname vindt men in verschillende geschriften van dien tijd vermeld; vooral werd ook zeer geklaagd over de toenemende agio op wissels, op nieuw ontstaan door het ophouden van de operatien der P. W. I. Bank. Om hieraan eenigermate te gemoet te komen, werd 18 Mei 1838 gepubliceerd, dat Z. M. het Koloniaal Gouvernement gemagtigd had om, gedurende twaalf maanden, tot een bedrag van ƒ 100,000, aan wissels op het Gouvernement in het Moederland te disponeren (**).

Van Heeckeren vroeg verlof voor een jaar tot het doen eener reis naar Nederland; dit verlof werd toegestaan en het beleid der regering, tijdens zijne afwezigheid, opgedragen aan Mr. Philippus de Kanter, Procureur-Generaal (††).

Van Heeckeren vertrok den 5den Junij eerst naar Curaçao, alwaar hij reeds den 15den Junij daaraanvolgende overleed (§§).

De Kanter aanvaardde ad interim het bestuur en gaf daarvan bij Proclamatie van 2 Junij 1858 kennis (***).

(*) Ellis, Chronologie van Suriname, bladz. 23.
(†) Ellis, Chronologie van Suriname, bladz. 21.
(§) Ellis, Chronologie van Suriname, bladz. 23.
(**) Ellis, Chronologie van Suriname, bladz. 23.
(††) Proclamatie van van Heeckeren, 2 Junij 1838.
(§§) Ellis, Chronologie van Suriname, bladz. 24.
(***) Proclamatie van de Kanter, 2 Junij 1838.

Dit interims-bestuur duurde ruim een jaar. Door de Kanter werden eenige publicatien houdende wijzigingen van sommige reglementen uitgevaardigd, en de invoer van slagtvee aangemoedigd door het voor één jaar vrijstellen van inkomende regten (*); en ook werd namens de Kanter ter kennisse van de ingezetenen gebragt, dat Z. M. op nieuw een crediet van ƒ 100,000 verleende (†).

In den vroegen morgen van den 11den Januarij 1839 werd te Paramaribo een vrij hevige schok van aardbeving gevoeld (§).

Den 7den Julij arriveerde de korvet Amphitrite, kapitein-luitenant J. F. Tengbergen, aan boord hebbende den Schout bij nacht, Julius Constantijn Rijk, benoemden Gouverneur-Generaal der Nederlandsche West-Indische bezittingen (**).

Rijk nam den 16den Julij 1839 het bestuur van de Kanter over (††); de toestand van Suriname was ongunstig toen Rijk het bewind aanvaardde en tijdens zijn bestuur verbeterde denzelve niet, ofschoon hij wel gezind en niet van bekwaamheid ontbloot was. Tot aanmoediging van den kleinhandel en tot wering van de daarbij bestaande misbruiken werden verordeningen door Rijk vastgesteld (§§). De algemeene liquidatie van het voormalig Departement van de Nieuwe Wees-, Curatele- en Onbeheerde Boedelskamer, thans vervangen door een Collegie van Onbeheerde Boedels, met een verantwoordelijken Curator, werd door bepalingen daaromtrent gemaakt, bevorderd (***).

Een Nieuw Reglement op het Brandwezen in de kolonie werd ingevoerd den 12den Mei 1840 (†††), en verder verscheidene publicatien van min of meerder belang omtrent een en ander uitgevaardigd.

Door ongunstige weêrsgesteldheid en andere oorzaken stegen

(*) Publicatie van de Kanter, 4 Januarij 1839.
(†) Ellis, Chronologie van Suriname, bladz. 24.
(§) Ellis, Chronologie van Suriname, bladz. 24.
(**) Ellis, Chronologie van Suriname, bladz. 24.
(††) Proclamatien van de Kanter en van Rijk, 16 Julij 1839.
(§§) Publicatie van J. C. Rijk, 16 October 1839.
(***) Publicatie van J. C. Rijk, 28 December 1839.
(†††) Publicatie van J. C. Rijk, 12 Mei 1840.

de prijzen der levensmiddelen, waardoor velen der geringere volksklasse en de slaven zeer gedrukt werden. Bij publicatie van 9 December 1840 werd o. a. aan den Cipier van Zeelandia veroorloofd het door hem tot dien tijd ontvangen kostgeld voor civiel gegijzelden van f 1.20 tot f 1.50 te brengen (*). In het volgend jaar werd de toestand nog ongunstiger, zoodat voor een bos bananen de ongehoorde hooge prijs van f 2, werd betaald. Het kostgeld der zieke, in privé-hospitalen opgenomen, slaven werd toen met 10 pCt. per dag verhoogd (†); de invoer van slagtvee werd nu *voortdurend* vrijgesteld en de uitvoer verboden (§).

In het laatst van het jaar 1841 hield deze schaarschte op en de vermeerdering van het kostgeld der zieke slaven werd dadelijk ingetrokken (**).

Nog altijd was het reeds bij de komst van van den Bosch (in 1828) beloofde reglement op de behandeling der slaven achterwege gebleven. Van den Bosch had behalve eenige reeds genoemde, voor dadelijke toepassing vatbare bepalingen, algemeene beginselen vastgesteld, die de grondslagen moesten uit maken van een nieuw slavenreglement, hetwelk door het koloniaal bestuur ontworpen en aan den koning ter bekrachtiging gezonden zou worden.

Het koloniaal bestuur had daarop een reglement ontworpen, hetwelk toen het bij den Raad van State werd onderzocht, bleek veeleer een reglement *tegen* dan *voor* de slaven te zijn. Sedert had men wel gedachtenwisselingen daarover gehad, doch men was daarmede tot 1859 nog geen stap verder gekomen. Intusschen had de afschaffing der slavernij in Britsch Guyana plaats gehad, en men begreep dat men toch eindelijk iets moest doen.

Toen Rijk naar Suriname vertrok ontving hij bevel van den Koning om de zaak tot een eindbesluit te brengen; een nieuw ontwerp van reglement werd vervaardigd en naar Su-

---

(*) Publicatie van J. C. Rijk, 9 December 1840.
(†) Publicatie van J. C. Rijk, 28 April 1841.
(§) Publicatie van J. C. Rijk, 8 Mei 1841.
(**) Publicatie van J. C. Rijk, 15 November 1841.

riname verzonden; doch onder Rijk evenwel kwam deze zaak niet tot stand.

Rijk zag een hoog belang in de *medewerking* van eigenaren en administrateuren en trachtte die medewerking te verkrijgen. In een brief van den 14den Maart 1842 deelde hij den voornamen inhoud der nieuwe verordeningen aan de individuele leden van den kolonialen raad mede, hen daarbij uitnoodigende en het hoog belang onder het oog brengende, om de eigenaren en administrateuren tot dadelijke en vrijwillige invoering van de hoofdpunten dier verordeningen aan te sporen, zoodat, wanneer het reglement later in den wettelijken vorm zou verschijnen, hetzelve slechts zou bestendigen, wat de eigenaren reeds uit eigene beweging aan de slaven hadden ingewilligd.

Bij dit ontwerp was bepaald, om vooreerst geene speciale ambtenaren te benoemen tot handhaving van het reglement in de districten, en dit geheel te laten aankomen op de goede trouw der eigenaren en administrateuren. Rijk ontveinsde het echter niet, dat, wanneer deze pogingen mislukten, er niets anders zou overblijven dan het benoemen van een slaven-protector met eenige adjuncten (*).

Er kwam noch van het een noch van het andere iets tot stand; in 1842 werden over dat ontwerp de consideratien en advijs gevraagd van eene speciale commissie in Nederland. De regering hoopte dat dit onderzoek zou leiden tot eene gewenschte eindbeslissing, doch — gelijk wel te begrijpen was — dit baarde slechts nieuw uitstel (†). En toch verbetering van het lot der slaven was zoo hoog noodig; er geschiedden zoo vele wreed-

---

(*) In de naburige Engelsche Kolonien Demerary en Berbice was reeds in 1826 een Protector voor de slaven aangesteld, en een reglement ingevoerd, waarbij, als hoogste straf door den eigenaar op te leggen, 25 zweepslagen voor mannen werd toegestaan; terwijl vrouwen op verbeurte van ƒ 1400 niet met de zweep mogten worden gestraft. Teenstra. De negerslaven in de kolonie Suriname, van 159—62.

(†) Zie de rede van den Minister van Kolonien J. C. Baud, 14 Maart 1843, en Verzameling van stukken, aangaande de Surinaamsche aangelegenheden, 2de gedeelte blz. 38 en 39.

heden; men leze daaromtrent de feiten door Teenstra medegedeeld, die daarbij bijzonderheden opgeeft, welke niet te
loochenen zijn, doch wier lezing de haren te berge doet rijzen.
Wij vermelden ze niet op nieuw, maar halen slechts aan,
een door den Minister van Kolonien J. C. Baud in de vergadering der Tweede Kamer van 14 Maart 1843 medegedeeld
feit, ten bewijze hoe het toen nog vigerend reglement van
1784 te toegevend was voor hem die de slaven mishandelde.
Volgens arrest van het Geregtshof van Suriname van het jaar
1841 werd een vonnis geveld in de zaak van een plantaadje-
directeur, beschuldigd van jegens een aantal der aan zijn beheer toevertrouwde *slavinnen* (waarvan er *achttien* in het arrest worden genoemd) de huisselijke jurisdictie te hebben mis-
bruikt, tot het bereiken van oogmerken, die de Minister niet
noemen wilde, waardoor dikwijls tooneelen van wanorde waren ontstaan. Op grond van het reglement van 1784, werd
het schandelijk gedrag van dezen directeur blootelijk gestraft
met eene geldboete van *f* 60,51 H. C. en met verbod om verblijf te houden op de plantaadje, die het tooneel zijner ergerlijke handelingen was geweest. Dit laatste gedeelte der straf
heeft eenigen schijn van gestrengheid, vermits het den beklaagde
van zijn middel van bestaan schijnt te hebben beroofd; doch
dit was ook niet meer dan schijn. Hij zag zich weldra, als
directeur op eene andere plantaadje, op nieuw met de roede
der huisselijke tucht gewapend, en, op de voordragt van een
lid van den Kolonialen Raad, hersteld in eene soortgelijke
openbare betrekking, als hij bekleed had in de afdeeling,
waaruit hij zich had moeten verwijderen; eene betrekking die
onder hare pligten telt, het helpen zorgen voor de goede na-
koming van wetten en verordeningen, *inzonderheid wat de
behandeling der slaven betreft* (*).

Dit hier medegedeelde pleit niet zeer voor de energie van
Rijk, om de slaven tegen willekeurige behandelingen te beschermen, daar hij het oor leende aan het verzoek van een
lid van den kolonialen raad om dien slavenbeul weder in eere

(*) Verzameling van stukken over Surinaamsche aangelegenheden,
2de gedeelte, bladz. 37.

te stellen. Rijk heeft niet veel in het belang dier ongelukkigen kunnen doen. Nieuwe bepalingen omtrent het *vanggeld* (hatelijke benaming) voor weggeloopene slaven, kunnen daaronder zeker niet worden gerekend. Van *f* 5 tot *f* 100 premie werden uitgeloofd voor het vangen en opbrengen van een weggeloopen slaaf, en voor een doodgeschoten weglooper eene premie van *f* 10 op het vereischt bewijs deswege (wij weten dat hiermede de afgehouwen hand wordt bedoeld (*). Evenmin pleit voor zijne energie het besluit waarbij aan de Regtbanken van Hoofd-Ingelanden in de districten Coronie, die uit slaven-eigenaren bestond, de bevoegdheid werd toegekend, om de straffen voor de wegloopers, zonder hooger beroep, toe te passen, en dit alzoo niet langer ter cognitie van het Geregtshof te Paramaribo te brengen (†).

Na het staken van de operatien der bank was er van lieverlede agio ontstaan op den wissel. In 1841 was die agio reeds 30 à 40 procent. De Administrateurs in Suriname bragten die agio niet altoos in het crediet hunner principalen, en dezen drongen er eindelijk met ernst op aan. Nu haastten de administrateuren zich om een wettelijk verbod tegen de agio te verkrijgen en dit gelukte hun.

Rijk vaardigde den 16den October 1841 eene publicatie uit, waarbij straf werd bedreigd tegen de depreciatie van het bankpapier, of met andere woorden: tegen het nemen van agio op wissels, die op het Buitenland werden afgegeven (§).

Rijk vermeende op deze wijze het openbaar crediet te bewaren voor verdere schokken; terwijl hij hoopte en daartoe vele middelen bij het Ministerie van Kolonie aanwendde, dat de regering gevolg zou geven aan de niet nagekomen verpligtingen omtrent de particuliere West-Indische bank.

Sommige honoraire leden van den koloniale raad zagen hierin geen heil, ook de regering in het moederland keurde dien maatregel op staathuishoudkundige gronden af, en het gevolg er van was, dat die Administrateuren, die den ontrouwen

---

(*) Publicatie van J. C. Rijk, 7 October 1839.
(†) Publicatie van J. C. Rijk, 13—14 Julij 1840.
(§) Publicatie van J. C. Rijk, 16 October 1841.

rentmeester wilden spelen, nu onder den dekmantel van dat verbod, die agio voor zich konden behouden, want de agio bleef bestaan; slechts de officieren der Marine leden hierdoor onmiddellijk verlies, daar zij genoodzaakt werden hunne wissels bij den administrateur van finantien à pari te escompteren, terwijl zij van particulieren verscheidene procenten maken konden (*).

Tijdens het bestuur van Rijk werd men tweemaal door brand ontrust. De eerste op 23 September 1839, in het huis van den heer A. Samuels aan de Keizerstraat, veroorzaakte gelukkig weinig schade; die op 31 December 1841 in het fort Zeelandia ontstond, had ontzettende gevolgen kunnen hebben, bij de droogte en vooral door de nabijheid van het Kruid-depôt, doch door spoedig aangebragte hulp werd bij weldra gestuit (†).

In 1839 beproefde men door de uitgave een tijdschrift »de Kolonist," toegewijd aan de welvaart van Suriname, de belang-stelling voor hetgeen ten goede der kolonie kon strekken, op te wekken; doch die proeve mislukte; slechts een jaargang van 16 nommers bestaat er van; men moest de verdere uitgave staken.

In December van hetzelfde jaar, vormde zich eene Maat-schappij ter voorziening in de ordentelijke begrafenis van per-sonen, binnen de stad Paramaribo overlijdende, wier bloedver-wanten zich niet aldaar bevonden (§).

In de maand Maart 1841 werd er een tooneelgezelschap Polyhymnia opgerigt (**).

Op den 9den Januarij 1842 arriveerde te Paramaribo het prachtig stoomschip Clyde, Luitenant ter zee Woodcraft, ko-mende van Londen, en bestemd voor de Brievenmail (††).

(*) Verzameling van stukken over de Surinaamsche aangelegenhe-den, 2de gedeelte, bladz. 30 en 31. Beschouwing van het adres van Bosch-Reitz, c. s., bladz. 7 en 17—19.

(†) Ellis, Chronologie van Suriname, bladz. 24 en 25.

(§) Ellis, Chronologie van Suriname, bladz. 25.

(**) Ellis, Chronologie van Suriname, bladz. 25.

(††) Chronologie van Suriname, bladz. 25.

De abdicatie van Z. M. Koning Willem den eerste op den 7den October 1840, werd bij Publicatie van 5 Junij 1841 den volke bekend gemaakt, en het Generaal Pardon aan alle Militaire gecondemneerden, bij gelegenheid van de troonsbeklimming van Koning Willem den tweede, den 28sten November 1840, uitgevaardigd den 24sten Maart 1841 (*).

Een Reglement op de verdeeling der kolonie in divisien en ter verzekering van de goede orde en veiligheid in dezelve, was reeds in 1835 bij Koninglijk besluit gearresteerd, met last om dit Reglement, met overleg van den kolonialen Raad, te toetsen aan de bestaande verordeningen, en daarna dadelijk in werking te brengen; doch dit was tot dien tijd toe vertraagd. Rijk verlangde dit voor zijn vertrek, dat aanstaande was, in werking te brengen; hij won het advies van den kolonialen raad, men vaardigde in Maart 1842 eene publicatie uit, waarbij het Reglement eindelijk kracht van wet erlangde (†).

Den 31sten Maart 1842 droeg Rijk, geroepen tot vervulling der betrekking van Directeur-Generaal der Marine, het bestuur over aan Mr. P. de Kanter, Procureur-Generaal (§).

Rijk verliet den 5den April daaraanvolgende met de korvet *Juno* de Kolonie Suriname (**).

De Kanter voor de tweede keer, als Gouverneur-Generaal a. c. der Ned. West-Indische bezittingen opgetreden, wenschte den kleinen landbouw en veeteelt aan te moedigen. Hij beloofde daartoe premien van ƒ 100 tot ƒ 400 uit aan die ingezetenen, meest vrijlieden of gemanumitteerde slaven, welke zich bij het aanleggen van kostgronden in den omtrek der stad door ijver en doelmatige bewerking van den grond enz. onderscheidden. Verscheidenen dezer lieden trachtten zich op deze wijze een behoorlijk middel van bestaan te verschaffen; terwijl de aankweeking van het zoo onontbeerlijk voedsel (bananen), van aardvruchten of groenten, of ook van tabak, specerijen enz.

(*) Publicatie van J. C. Rijk, 5 Januarij 1841.
Proclamatie van J. C. Rijk, 24 Maart 1841.
(†) Publicatie van J. C. Rijk, 1 Maart 1842.
(§) Publicatie van J. C. Rijk, 31 Maart 1842.
(**) Ellis, Chronologie van Surinaamsche, bladz. 26.

eene gewenschte zaak was, en deze tak van landbouw ook zeer verdiende aangemoedigd te worden. Ter aanmoediging van het aankweeken van hoorn- of rundvee en schapen werden premien van ƒ100 tot ƒ500 uitgeloofd. Vermeerdering en veredeling van den veestapel was zeer noodig, en reeds meermalen, ook o. a. in het landbouwkundig genootschap, was deze zaak besproken; Teenstra had ook daarover in 1832, in eene gehouden rede, belangrijke wenken gegeven.

Sommige ingezetenen hadden verwacht dat de Kanter definitief tot Gouverneur-Generaal zou worden aangesteld, doch het Nederlandsch Gouvernement had zijne keuze daartoe op den heer Burchard Jean Elias, Secretaris-Generaal bij het Ministerie van Kolonien, laten vallen en die keuze kon zeer gelukkig genoemd worden; want Elias was een man wiens kunde, goede trouw, eerlijkheid en standvastigheid gunstig bekend waren, en Suriname had behoefte aan een man, die aan bekwaamheid en eerlijkheid de noodige energie paarde om met kracht verouderde misbruiken aan te tasten, en vooral ook om met ernst het lot der slaven te verbeteren; hij beproefde dit en — ondervond vele tegenwerking.

Elias kwam in November 1842 in Suriname aan en nam den 13den derzelver maand het bestuur van de Kanter over (*).

Reeds spoedig na zijne aankomst zag hij zich verpligt, om sommige ambtenaren en authoriteiten, die hem trotseren wilden, tot hun waar standpunt terug te brengen, ja zelfs eenige individuen van de in Suriname bestaande magten van zich te verwijderen, aangezien hij weldra de slinksche wegen en middelen begreep, welke zij aanwendden, om hierdoor eene zekeren invloed op hem te verkrijgen, en, ware het mogelijk, zoo doende *door hem* te heerschen, zoo als wel vroeger in de kolonie had plaats gevonden (†).

Vooral echter maakte Elias zich gehaat, omdat hij met ernst zich het lot der mishandelde slaven aantrok.

(*) Publicatie van de Kanter en Elias, 15 November 1842.

(†) Beschouwing van het adres van Bosch Reitz c. s. door eenige ingezetenen van Suriname.

Gelijk wij reeds meermalen deden opmerken: telkens was de invoering van een nieuw slaven-reglement vertraagd. Toen Elias als Gouverneur-Generaal naar Suriname vertrok, werd hem door de Nederlandsche regering opgedragen, om, na plaatselijk onderzoek, een reglement zamen te stellen, hetwelk op de ondersteuning der eigenaren zou mogen rekenen, maar onder herinnering tevens, dat het de pligt der regering was, om zich door geene zwarigheden te laten terughouden van het op een billijken voet, regelen van de betrekking tusschen meester en slaaf.

Elias wenschte den hem opgedragen last trouw te vervullen, doch ondervond hierbij veel tegenwerking.

Sommige Amsterdamsche kooplieden, — met droefheid vermelden wij dat hieronder hoofden van aanzienlijke handelshuizen, die overigens eerbied en achting verdienden, zich bevonden — protesteerden tegen elke wijziging in de bestaande reglementen, zonder vooraf daarop hunne goedkeuring te hebben verleend; zij achten wijzigingen zonder die goedkeuring, eene inbreuk op hun regt van eigendom, en betwistten het Gouvernement het regt om wijzigingen in de bestaande reglementen te brengen zonder schadeloosstelling aan de eigenaren.

Dit protest door de reactionaire partij in Suriname uitgelokt, werd daarna in de kolonie een spoorslag tot heftigen tegenstand. Enkelen die Elias reeds medewerking hadden beloofd trokken zich nu terug. En echter, er moest een einde aan komen: want de eigenaren en administrateuren hadden nog niet aan den wensch van Rijk voldaan; zij hadden nog geen initiatief genomen. Elias uitte openhartig zijne meening omtrent de behandeling der slaven en joeg hierdoor de kolonisten tegen zich in het harnas. Hij hield het er voor, dat de huiselijke jurisdictie, ingesteld bij het reglement van 1784, reeds eene beperking had ondergaan ten gevolge de verordeningen in 1828 door van den Bosch uitgevaardigd, en dus — zoo als ze somwijlen werd uitgeoefend — onwettig was; terwijl hij *anderdeels*, na eenige ondervinding, het gevoelen aankleefde, dat, wilde men eenig nut stichten door het nieuwe reglement, men de handhaving hiervan niet aan de Administrateurs en Directeurs, maar aan onzijdige ambtenaren moest opdragen. En niet slechts uitte hij deze meeningen, maar hij ging verder: hij wilde grenzen gesteld zien aan de zoogenaamde huiselijke tucht; hij maakte waar zij die grenzen overschreed haar tot een punt van onderzoek en zond de strafregisters naar Nederland, opdat men daar beter dan vroeger omtrent den werkelijken staat van zaken zou worden ingelicht.

In die strafregisters (weekrapporten van den Adjunct-Luitenant van Policie en van den Cipier van het fort Zeelandia) komen er dikwerf 100 zweepslagen voor, die door dienaren der justitie, op aanvrage des meesters, met uitsluiting van onderzoek van derden, werden toegediend. Die ambtenaren, dienaren der justitie, vonden hieruit een groot gedeelte hunner inkomsten en het tarief der emolumenten klom met het getal der slagen. Elias meldde aan de Nederlandsche regering dat het getal slagen met tamarinde roeden wel eens twee tot drie honderd bedroeg, alvorens hij de grenzen der huiselijke tucht tot een punt van onderzoek had gemaakt, en toch wordt hem in de adressen der Amsterdamsche kooplieden verweten, dat hij *de onmisbare huiselijke tucht* onder de slaven belemmerde.

De reactionaire partij in Suriname was zeer verbolgen op Elias, en werd dit telkens meer. Hiertoe droeg het volgende bij: Van wege het Britsch Gouvernement resideerde te Paramaribo nog steeds een Regter-Commissaris van het gemengd geregtshof tot wering van den slavenhandel. Die handel evenwel bestond niet meer, zoodat eigenlijk de functie van den heer Shanley weinig te beduiden had. Die heer, een negervriend, ergerde zich meermalen over de handelwijze, die sommige meesters omtrent hunne slaven volgden. Meermalen beklaagde hij zich hier over, — kan men dit den slavenvriend ten kwade duiden? Evenwel die bemoeijingen lagen buiten zijne functie en ook ging hij somwijlen hierin wat ver; Elias onderrigtte hiervan den Minister van Kolonien, eene diplomatieke correspondentie tusschen 's Gravenhage en Londen volgde daarop en Shanley werd door zijn Gouvernement teruggeroepen.

Wij zien uit deze handelwijze van Elias, dat hij geen in-

44*

menging van vreemden duldde, en desniettegenstaande werd hem
ten laste gelegd, dat hij onder den invloed van Shanley stond. Zekere Röperhoff werd beschuldigd van een ouden slaaf geweldig
te hebben laten kastijden; er werd een onderzoek bevolen, en
het scheen, dat die beschuldiging eenigzins overdreven was
geweest. Men vermoedde, dat Shanley hierin de hand had gehad. Röperhoff zond daarop een adres aan Elias, waarin hij op
hoogen toon en op eene zeer onvoegzame wijze aandrong op
het noemen van hem, die een dergelijk lasterlijk gerucht ten
zijnen aanzien had verspreid, daar hij anders eene actie ter
zake van laster en hoon tegen Elias zoude moeten institueren.

Daar Röperhoff in zijn adres den eerbied, dien hij aan den
Gouverneur-Generaal verschuldigd was, èn als ingezeten èn als
lid van den Kolonialen Raad, uit het oog had verloren, schorste
Elias hem in laatstgenoemde betrekking, bij resolutie van 11
September 1843. (*)

Bij de terugkomst van een der afwezig geweest zijnde effective leden van den Kolonialen Raad, had Elias de resolutie
van 26 Maart 1842, waarbij o. a. zekere Freudenberg tot
tijdelijk lid benoemd was, eenvoudig ingetrokken. Er werd aan
Freudenberg geen eervol ontslag verleend, èn omdat hij slechts
tijdelijk had gefungeerd, èn omdat hij aan den Gouverneur-
Generaal, werkelijk gegronde reden tot ontevredenheid had
gegeven.

De leden van den Kolonialen Raad beklaagden zich echter
hierover in zeer onvoegzame termen en namen deze gelegenheid te baat, om Elias de belemmering der zoo volstrekt onmisbare huiselijke tucht, zonder welke geen slavenstand denkbaar is, te verwijten (†).

De Gouverneur-Generaal hield den Minister van Koloniën
op de hoogte van het gebeurde; een Koninglijk besluit van
5 October 1843, in de eerste plaats ten gevolge van gebeur-

(*) Request van G. L. Röperhoff aan Elias, 18 Augustus 1843. Resolutie van Elias, 4 September 1843.

(†) Adres van de leden van den kolonialen Raad aan Elias, September 1843.

tenissen te Curaçao uitgevaardigd, werd mede ter kennisse van den Kolonialen Raad in Suriname gebragt. Bij dit besluit werden de Koloniale Raden gewaarschuwd tegen: het aansporen van ingezetenen tot het onderteekenen en inzenden van adressen of petitien aan hoogere magten, inhoudende klagten tegen de handelingen der Koloniale gezaghebbers, en tot middellijk of onmiddellijk deelnemen aan dergelijke petitiën, terwijl aan ieder vrij gelaten werd, om, bij individeel adres, eerst aan den raad en vervolgens aan hoogere magten klagten te doen. Die hiertegen handelde, kon door den Gouverneur-Generaal ontslagen of tot ontslag worden voorgedragen (*).

De Amsterdamsche kooplieden, daartoe door de reactionaire partij in Suriname aangezocht, trokken zich de zaken aan, en vroegen, ofschoon onder eenige verzachtende termen, de terugroeping van Elias (†).

De Minister J. C. Baud vroeg feiten, waarop de bewering der adressanten: *dat de tegenwoordige Gouverneur-Generaal meer hartstogtelijk dan welberaden philantrophische denkbeelden voorstond, en dat in zijne gedragingen de behoudende beginselen werden gemist*, steunde (§).

In een nieuw adres (25 November 1845), merken de Amsterdamsche kooplieden aan, dat de van hunne corresponsenten ontvangen berigten, over het algemeen de gesteldheid als zorgelijk voorstellen, en dat die overeenstemming de gewigtigste aller daadzaken was (**); zij wilden zich liefst onthouden van eene lange reeks van daadzaken op te noemen; doch maken slechts melding van het gebeurde met Röperhoff, en de inbreuk die de Gouverneur-Generaal maakte op de huiselijke

---

(*) Koninklijk Besluit, 5 October 1843.

(†) Adres van belanghebhenden te Amsterdam aan den Minister van Koloniën, 31 October 1843.

(§) Dispositie van J. C. Baud, 8 November 1843.

(**) Dat die zorgelijke gesteldheid door Elias was verwekt, werd o. a. in de brochure „Beschouwing van een adres van Bosch Reitz c. s.," door andere Surinamers ontkend; het moest in allen gevalle eerst 'worden bewezen en de adressanten willen bewijzen uit hetgeen nog bewezen moest worden (petitio principii.)

jurisdictie, welke binnen de kolonie van oudsher is gebruike-
lijk geweest, en zonder welke ook tot een zekeren graad geen
slavenstand denkbaar is (*).

Later wendden de Amsterdamsche kooplieden zich per adres
tot den Koning en daar zij hierop geen antwoord ontvingen,
leverden zij den 2o October 1844 een nieuw adres in, waarbij
zij om antwoord aandrongen, en daarop 11 November 1844
eene afwijzende dispositie van den Minister, als daartoe door
den Koning gemagtigd, ontvingen (†).

In Suriname nam intusschen de spanning toe. De vergaderingen van den Kolonialen Raad, werden niet dan met lange
tusschenpoozingen gehouden; de Gouverneur-Generaal bleef van
dezelven weg, daar hij in de gegevene omstandigheden met
de honoraire leden geene zitting kon en wilde hebben; de
Gouvernements-secretaris, die door meergemelde leden in een
brief aan den Gouverneur-Generaal gerigt, op eene meer dan
onvoegzame wijze aangerand was, verscheen er evenmin om
de pen te voeren; terwijl zelfs de Administrateur van finantiën, niet minder met hen in gevoelens verschillende, zich
insgelijks van die bijeenkomsten verwijderd hield. Door dit
alles ontstond nu eene stagnatie in den loop der zaken. Van den
eigenlijken oorsprong evenwel dezer verwarring: *het reglement
op de behandeling der slaven*, vernam men niets meer (§).

De reactionaire partij in Suriname zocht nieuwe en sterker
sprekende beschuldiging en tegen Elias en zij meende die te
vinden in het volgende:

De publicatie van Rijk, waarbij het nemen van agio op
wissels naar Nederland werd verboden, trof geen doel en was

(*) Adres van belanghebbenden aan den Minister van Kolonien, 25
November 1843.

Droevig is het hoe overigens achtingswaardige mannen zoo bij herhaling ijveren kunnen, als ware voor het een palladium der vrijheid,
voor het regt, om naar hartelust menschen van gelijke bewegingen als
adressanten, ten bloede te laten geeselen, en hoezeer wordt het stelsel
der slavernij ook hierdoor veroordeeld.

(†) Adressen aan den Koning van belanghebbenden, enz. 2 October
1844. Dispositie van den Minister van Kolonien, 11 November 1844.

(§) Beschouwing van het adres van Bosch Reitz, c. s. bladz. 6.

dadelijk door de Nederlandsche regering als tegen goede beginselen van staathuishoudkunde strijdende afgekeurd; zij wilde dit verbod daarom intrekken, doch vond hierin tegenstand bij den Kolonialen Raad; zes maanden daarna bragt Elias
de zaak op nieuw ter tafel, aanmerkende dat er steeds in
weerwil van het verbod, agio op buitenlandsche wissels werd
genomen, en *dat* (dit is letterlijk in de notulen vermeld) *het
verbod dus ten dekmantel strekte voor degenen, die in het geheim agio bedingen, zonder die aan de betrokkenen in rekening te brengen*. De Koloniale Raad erkende de juistheid
dezer aanmerking, doch gaf nogtans in overweging, om, in
het belang van het Gouvernement zelf, de intrekking voor
als nog uit te stellen, waartoe Elias zich andermaal liet overhalen. In het midden van 1844 zag hij zich evenwel genoodzaakt, om aan dat uitstel een einde te maken.

Hij ontving namelijk bevel, om aan de officieren van het
Nederlandsch Eskader in de West-Indiën de vrije beschikking
te laten over de wissels, welke zij op het Ministerie van Marine te trekken hadden. Die wissels moesten zij tot dusver
krachtens een bevel van den vorigen Gouverneur-Generaal,
à pari escompteren bij de West-Indische bank; een bevel
waartegen het departement van Marine vertoogen had ingeleverd, als schadelijk èn voor die officieren èn voor zijne begrooting. Nu moest wel gelijk van zelf sprak, het verbod
tegen de wisselagio worden ingetrokken, vermits de officieren
van Marine niet mogten worden blootgesteld, om ter zake van
het verkoopen hunner wissels boven de pari-koers, door het
openbaar ministerie te worden vervolgd. Die intrekking had
dus plaats en wel bij eene publicatie van 19 Junij 1844 (*).

Al deze omstandigheden waren te Paramaribo van openbare
bekendheid. Men wist dat de Minister van Marine dezen maatregel in het belang zijner geadministreerden had uitgelokt. Men
wist, dat er verder niets achter schuilde. (†)

(*) Publicatie van Elias, 19 Junij 1844.

(†) Rede van den Minister van Koloniën in de zitting van 4 Maart 1845.
Verzameling van stukken over de Surinaamsche aangelegenheden,
2de gedeelte, bladz. 31.

Nu echter meenden de honoraire leden van den Kolonialen Raad een middel gevonden te hebben, zich op den Gouverneur-Generaal te kunnen wreken; nu hadden zij, hetgeen hun vroeger ten eenemale ontbroken had, een bewijs tegen den Gouverneur-Generaal; en het kwam er nu slechts op aan, om hunne committenten in het moederland te bewijzen, dat deze laatste maatregel van den Gouverneur-Generaal op de geldelijke belangen der Amsterdamsche huizen influenceren zou: de zwakste zijde van deze laatsten moest men derhalve aantasten.

Er werd eene comparatie belegd; en het kostte den honorairen leden van den Kolonialen Raad voorzeker niet veel moeite, om een aantal administrateuren van plantaadjes hun gevoelen te doen omhelzen. Onder laatstgenoemden bevonden zich een effectief en twee provisionele leden van het geregtshof, en deze beiden werden gekwalificeerd, om van het verhandelde een zoogenaamd *proces-verbaal* uit te brengen (*).

Dit stuk is eene aaneenschakeling van onwaarheden. Men veinsde onbekendheid met hetgeen een ieder wist. Men huichelde vermoedens, die bij niemand bestonden. De zaak werd verdraaid, verwrongen, en men beschuldigde de Regering van opzettelijk voornemen, om de waarde van het West-Indisch bankpapier te verminderen. Vele ingezetenen, aan wie men naderhand dat fraaije stuk ter mede onderteekening aanbood, weigerden dit met verachting.

Van dit proces-verbaal werd door Elias een afschrift aan den Minister van Koloniën verzonden; èn om den onbetamelijken inhoud van dat stuk èn om het zich gedragen tegen het Koninklijk besluit van 5 October 1843, werden de honorifieke leden van den Kolonialen Raad en de heeren Penard, H. J. Roux en Pichot l'Espinasse, ongegradueerde leden van het Geregtshof, uit hunne respective betrekkingen ontslagen bij koninglijk besluit van 6 November 1844 en, bij een tweede,

---

(*) Proces-Verbaal van het verhandelde op eene comparitie van Eigenaren en Administrateuren van plantagien, gehouden te Paramaribo op den 1 Julij 1844.

provisioneel de vacante plaatsen in den Kolonialen Raad aangevuld, door het aanstellen van Gouvernements-ambtenaren ;
terwijl aan den Gouverneur-Generaal werd opgedragen de
Heemraadschappen te doen vervullen zoo als hij meest oorbaar
zou achten (*).

Deze maatregel veroorzaakte groote sensatie. De daarbij
betrokkenen en hunne partij, beschouwden zich zeer verongelijkt — en de Amsterdamsche kooplieden wendden zich eerst
nog tot den Minister van Koloniën (27 November 1844) en
daarna (21 Februarij 1845) tot de Tweede Kamer, waarbij
zij hevige beschuldigingen tegen den Gouverneur-Generaal en
tegen den Minister van Koloniën over verregaande autocratie,
ja, schennis der grondwet, inbragten.

Werd deze kwestie alzoo in den boezem der Tweede Kamer overgebragt en hadden daarover belangrijke discussiën
plaats, ook uit Suriname kwam eene stem, die gansch anders
luidde, dan die van de afgezette honorifieke leden van den
Kolonialen Raad en van de Amsterdamsche kooplieden. In
eene brochure getiteld: Beschouwing van het adres van Bosch
Reitz c. s. door eenige ingezetenen der kolonie Suriname, Mei
1845, werd aan Elias regt gedaan, en het gedrag van de
partij der reactie in het ware licht gesteld (†).

Uitnemend wordt in dat werkje wederlegd het door de
adressanten omtrent den Gouverneur-Generaal gezegde, dat hij
in volslagen isolement verkeerde; dat hij alreeds door zijne
antecedenten buiten staat gesteld, door veelvuldige omstandigheden belet werd, om voortaan in de kolonie eenig nut te
stichten — dat die wijze van terug getrokken te leven, afgescheiden van allen, die in de kolonie redelijken invloed uitoefenden, en steeds omringd van lieden, die het vertrouwen
van het algemeen nooit bezeten of sedert lang verloren had-

(*) Koninklijke Besluiten van 6 November 1844, no. 10 en 3.

Verzameling van stukken over Surinaamsche aangelegenheden. Beschouwing van het adres van Bosch Reitz c. s.

(†) Genoemde Brochure waaruit wij reeds een en ander aanhaalden,
is in een gematigden doch waardigen toon geschreven, en behelst *zeer
belangrijke* bijzonderheden.

den, botsing en tweedragt tusschen al de gevestigde authoriteiten te weeg gebragt had, aanranding van de onafhankelijkheid der regterlijke magt; allerwege toenemende ontevredenheid
over, en wantrouwen tegen al de handelingen van het bestuur,
gepaard met bezorgdheid voor de toekomst, belemmering der
onmisbare huiselijke tucht over de slaven, geschokt vertrouwen bij den eigenaar, en door de vereeniging van al die
zamenwerkende oorzaken, te midden van de toenemende mag-
teloosheid van het openbaar gezag, schrikbarende waarde
vermindering der bijzondere eigendommen.

Al de massa van beschuldigingen, zonder aanvoering van een
enkel feit, worden achtereenvolgens ontzenuwd en duidelijk
wordt aangetoond, dat de droevige staat van Suriname uit
andere oorzaken dan uit de handelwijze van Elias ontstond.
De Nederlandsche regering, door het niet voldoen aan hare
verpligtingen omtrent de Particuliere bank enz., en de stijfhoofdigheid van de reactionaire partij, die alle verbeteringen te-
genwerkte, waren voor een groot deel hiervan de oorzaken;
terwijl andere omstandigheden als: groote vuurrampen, niet
voordeelige oogsten, daling der koloniale producten, hiertoe
hadden medegewerkt.

Eenige publicatiën over het zoo mogelijk weren van besmettelijke ziekten, tot het meer geregeld innen van 's Lands
belastingen, ter voorziening tegen lediggang en vagabondage
enz., enz., waren achtereenvolgens uitgevaardigd.

Tijdens het bestuur van Elias werden er toebereidselen gemaakt tot de proeve van Europesche kolonisatie aan de Saramacca. Meermalen was deze zaak besproken; in Nederland
had men berigten ingewonnen, plannen gemaakt en voorstellen daaromtrent gedaan, alvorens bij het Ministerie van Koloniën het besluit werd genomen, om op 's lands kosten, eene
Europesche kolonisatie in Suriname te beproeven, volgens het
plan der heeren van den Brandhoff, Betting en Copijn, predikanten te Elst bij Amerongen, Beets en Wilnis.

Voorloopig werden 50 gezinnen, die zich daartoe aangeboden hadden, aangewezen, om met hen de kolonisatie te beproeven.

Bij koninglijk besluit van 25 Januarij 1843 werd de heer Betting benoemd, om, vergezeld van twee bekwame landbouwers, als voorbereidings-commissie naar Suriname te gaan, ten einde, onder medewerking van het koloniaal bestuur, eene geschikte plek uit te kiezen, om daarop de noodige ontginningen en de stichting van een dorp van 55 huizen te doen bewerkstelligen.

Den 22sten Junij 1843 kwam genoemde heer met drie landbouwers, waarvan een zijn gezin had medegenomen, in Suriname aan.

De ontwerpers hadden hunne keuze bepaald gevestigd op eene landstreek aan de rivier Coppename, niet ver van het toen in volle werking zijnde etablissement van houtvelling *Andresa*. Eene op die plaats ingesteld onderzoek door Elias, den kapitein Esser, den Administrateur van finantien Leers en de commissie, overtuigde allen van het ongeschikte, om aldaar de vestiging te beproeven.

Men wenschte de nederzetting te doen plaats vinden, waar zij buiten aanraking der oude bevolking bleef, uit vrees, dat de aanraking met een door het stelsel van slavernij bedorven maatschappij, nadeelig op de moraliteit der nieuwe landbouwers werken zoude; doch ware dit in principe niet af te keuren, aan den anderen kant, werd hierdoor het doel gemist, om de landbouwende bevolking in de kolonie een goed voorbeeld te geven, het verderfelijk vooroordeel tegen veldarbeid door vrijen weg te nemen en den landbouw te veredelen.

Verscheidene zeer geschikte punten in de nabijheid van Paramaribo, regtstreeks of zijdelings aangewezen, werden, om bovengenoemd beginsel, verworpen en naar een punt omgezien, waar de aanraking met bevolking ten minste niet groot was.

De Militaire post Groningen aan de Saramacca scheen hiertoe geschikt, en hier zou de nederzetting, behoudens eene volkomen gelijkstelling in burgerschapsregten, eene afzonderlijke huishouding vormen, waarover het koloniaal bestuur slechts een controlerend toezigt zoude voeren, en alzoo, in zekeren zin, een imperium in imperio worden gegrondvest. (*)

(*) Sommigen en hieronder de heer Rijsdijk, een der landbouwende

Groningen tot punt van vestiging gekozen zijnde, vormde Ds. Betting een plan voor den aanleg van 50 woningen, en 14 akkers grond voor iederen landbouwer: om dit te voltooijen ware eene slavenmagt van 500 zielen noodig geweest. Doch de heer Leers vermeende dit met circa 40 slaven, die later met 15 à 20 versterkt werden, te kunnen doen.

Al spoedig ontstonden klagten over ontoereikende magt, anderzijds over verkeerd gebruik dier magt. In drie en een halve maand werd niets meer uitgevoerd dan het vellen van 50 akker bosch, waarvan ongeveer de helft uitgewerkte en dus niet voor cultuur geschikte grond. Twee der Europesche landbouwers bedierven door onberadene proeven nopens de kracht van hunne gestellen tegen het klimaat, hunne gezondheid. Ds. Betting werd geheel ontmoedigd en wantrouwde aan het welslagen der onderneming.

Verschillende rapporten werden naar Nederland gezonden en voorloopig de werkzaamheden gestaakt. Een Ministerieel bevel tot hervatting der gestaakte voorbereidings-werkzaamheden hield den uitdrukkelijken last in aan Ds Betting, om de aangevangene taak te voltooijen. De verlatene en geïnnundeerde plantaadje Voorzorg, tegenover Groningen gelegen, werd nu tot punt van nederzetting bepaald.

In Julij 1844 werden de werkzaamheden hervat. De bekwame stads-architect J. A. Voigt, ontwierp een plan tot het bouwen van 50 goed betimmerde en op goede voetstukken gestelde woningen, waarvan ieder f 1000 zoude kosten. De administrateur van finantien, Leers, vond dit veel te hoog; latere door de Gebs. Mesquita (J. J. en L. A.) ingediende plannen, een à f 750 en een à f 600, werden om dezelfde reden verworpen, en in plaats daarvan aan een timmerman Halfhide dit werk opgedragen.

---

leden der Commissie, beschouwen dat juist de toekenning van te veel magt aan bestuurders der nederzetting, nadeelig heeft gewerkt. In Maart 1845 werd bij K. B. een reglement van orde en bestuur uitgevaardigd, en dit door Elias 15 Mei 1845 gepubliceerd. — Zie publicatie van Elias, 15 Mei 1845.

Met primo December 1844 ving Halfhide zijn arbeid aan.
Geweldige aanhoudende regens, achterlijkheid in het verstrekken van bouwgereedschappen en materialen uit de stad belem·
merden den voortgang van het werk en in plaats van in 26
weken (tegen het begin van Junij 1845 werden de 50 eerste
kolonisten verwacht) 50 dezer gebouwtjes daar te stellen,
kreeg Halfhide er in 30 weken met veel moeite 25 klaar.

Elias stelde wat te veel vertrouwen in den administrateur
van finantiën Leers; deze die niet vele goede vruchten van
de kolonisatie verwachtte, wilde het Gouvernement op zoo weinige kosten mogelijk jagen, en behandelde alles op de zuinig-
ste wijze, doch door de te groote zuinigheid van Leers kwam
er van het werk der voorbereiding tot ontvangst der kolonisten bijna niets te regt; voor de ontvangst der kolonisten was
niet behoorlijk gezorgd, en toch men liet hen komen. De
heeren van den Brandhof en Copijn met 50 huisgezinnen kolonisten vertrokken uit Nederland, en in Suriname dacht men,
dat, indien zij er eenmaal waren, alles zich wel van zelf zou
schikken. Welke droevige gevolgen de onvastheid van handeling, het gebrek aan genoegzame landbouwkundige kennis bij
heeren bestuurders, de zuinigheid van den administrateur van
finantiën enz., enz., hadden, zullen wij in het volgende hoofdstuk zien (*).

De discussiën in de Tweede Kamer over de Surinaamsche
kwestie namen een aanvang; doch vóór ze ten einde waren
gebragt, had reeds Elias bij herhaling zijn ontslag gevraagd,
daar hij moede was langer den strijd voort te zetten met de
partij der koloniale reactie, die gesteund door geestverwanten
in het moederland, hem in al zijne handelingen ten beste der

(*) Deze en de later mede te deelen bijzonderheden omtrent de
Europesche kolonisatic zijn voornamelijk ontleend aan: Schets van de
lotgevallen der kolonisten, enz., door A. Copyn, in het Tijdschrift
West-Indie, eerste jaargang; Geschiedkundige aanteekeningen, rakende
proeven van Europesche kolonisten in Suriname door R. J. Baron van
Raders; eene reeks van artikelen in het Surinaamsche Weekblad, ge-
titeld: Europesche kolonisatie, vrije landbouw in Suriname. door
J. Rijsdijk. enz.

kolonie, belemmerden. Hij erlangde eindelijk het zoo begeerd
ontslag.

Vóór het vertrek van Elias publiceerde hij het Koninglijk
besluit van 6 April 1845, waarbij de zes door hem tot het
waarnemen der vacante Heemraadschappen gekozene kolonisten, tot leden van den kolonialen Raad werden benoemd (*).
Z. M. was op voordragt van den Minister van Koloniën, na
vernomen loffelijk getuigenis van den Gouverneur-Generaal
omtrent hunne geschiktheid en bekwaamheid, daartoe overgegaan; hierdoor hield de provisionele voorziening, die ook in
de Tweede Kamer werd afgekeurd, op.

Bij Koninglijk besluit van 9 April 1845, werd de Administrative afscheiding der kolonie Suriname van Curaçao en
de overige Nederlandsche West-Indische eilanden bepaald; de
ingang van den tijd dier afscheiding zou later worden vastgesteld (†).

Den 21sten April 1845, werd bij Koninglijk besluit aan
Elias *een eervol* ontslag verleend, en zoo zeer verlangde hij
om de teugels van het bewind neder te leggen, dat hij zelfs
de komst van zijn opvolger niet afwachtte, maar reeds den
16den Julij de waarneming der loopende zaken, tot de komst
van den nieuw benoemden Gouverneur, opdroeg aan den Procureur-Generaal de Kanter, als oudste lid van den Kolonialen
Raad.

Elias verliet de Kolonie, waar hij gepoogd had nut te stichten,
doch door vele tegenwerking dit niet had vermogt; hij keerde
naar Nederland terug, en leefde sedert dien tijd als ambteloos
burger. Hij was verheven boven lof of hoon der wereld;
daarom heeft hij zich niet willen verdedigen tegen hetgeen
men hem ten laste had gelegd, omdat zijne regtvaardiging eene
smet zoude zijn voor iemand, dien hij gaarne sparen wilde.
Sedert zijn ongeveer zestien jaren verloopen en — Elias is geregtvaardigd. In Suriname dragen de achtingswaardige mannen,
die hem aldaar kenden, hem steeds de meeste achting toe; zijn

---

(*) Publicatie van Elias, 10 Junij 1845.
(†) Publicatie van Elias. 10 Junij 1845.

bestuur wordt door velen met liefde herdacht, en zelfs zijne geduchtste vijanden in de kolonie, geven hem thans de eer van een ervaren, standvastig en onpartijdig Landvoogd.

De reactionaire partij in Suriname, gesteund door Amsterdamsche kooplieden, scheen te zegevieren, daar de verwijdering van den gehaatten Landvoogd hun gelukt was; doch hun zegepraal was niet volkomen, want Z. M. benoemde tot Gouverneur van Suriname den wakkeren Baron van Raders, toen gezagvoerder van Caraçao, en die Landvoogd had reeds overtuigende bewijzen gegeven, dat hij wel de belangen der aan zijn bestuur toevertrouwde bezittingen, met geestkracht en onverzwakten ijver, zocht te bevorderen, maar wars was om eene partij te vleijen, die hare stem verhief tegen de zoogenaamde autocratie der pen, om die, welke de *zweep* en de *spaansche bok* tot werktuigen heeft, ongehinderd te kunnen laten bestaan (*).

In Junij 1845 werden de discussien over de Surinaamsche aangelegenheden in de Tweede Kamer voortgezet en ten einde gebragt.

Eene commissie, benoemd tot onderzoek der zaak, bragt den 18den Junij haar verslag uit. In dat verslag werd erkend, dat door vroegere Landvoogden willekeurige handelingen waren begaan, doch omtrent Elias aangemerkt, dat geen enkele handeling van dien ambtenaar is bekend geworden, die aanleiding zou kunnen geven, om hem zoodanig te beschuldigen, als de adressanten, (de 46 Amsterdamsche kooplieden) hadden gedaan.

In dat rapport der commissie werd vooral gewezen op het niet nakomen der regering van hare verpligtingen omtrent de Particuliere West-Indische bank, en werd dit door haar van een zoo groot gewigt beschouwd, dat zij in een bij haar Rapport overgelegd concept-adres aan den koning, waarbij de belangen van Suriname aan Z. M. ten dringendste werden aanbevolen, de bereidheid der Tweede Kamer bekend maakte; om met Z. M. de vereischte wettelijke maatregelen te nemen,

_____

(*) Woorden van den Minister van Kolonien in de zitting van de Tweede Kamer van 14 Maart 1845.

ten einde de koloniale administratie, des noods uit 's Rijks middelen in staat te stellen, om de verpligtingen volkomen na te leven, die in 1829 aan de Particuliere West-Indische bank bij K. B. opgelegd waren.

Een voorstel van eenige leden om den koning bij adres o. a. als de meening der Kamer te doen kennen, dat de hoofdbepalingen of beginsels van het octrooi van 1682 nog verbindende kracht bezaten, vond geen genoegzamen bijval en het concept-adres der commissie werd aangenomen en vervolgens den koning aangeboden.

Als gevolg daarvan kan het Koninklijk Besluit van 1 Julij 1845 worden beschouwd, waarbij besloten werd als oninbaar te doen afschrijven:

a. eene vordering van *f* 647,212.7⅓ ten laste van Suriname, wegens nadeelig verschil tusschen de vandaar ontvangen remises en de voor die kolonie gedane betalingen, in de jaren 1837—1842, toen Suriname heette niet gesubsidieerd te zijn, en echter blijkens deze uitkomst eene subsidie ontving;

b. eene vordering als voren van *f* 35,156.53 waarmede het aan de kolonie Suriname in 1844 verleende subsidie van *f* 150,000 was overschreden geworden (*).

Ook ter kwijting der verpligtingen van de Particuliere West-Indische bank en ter gemoetkoming aan het gebrek aan Circulerend Medium werd door de Regering plannen gevormd, die onder het bestuur van van Raders zijn uitgevoerd.

_____

(*) Koninklijk Besluit, 1 Julij 1845.

VIJFDE TIJDVAK.

DERDE HOOFDSTUK.

VAN DE OPTREDE VAN R. F. BARON VAN RADERS ALS GOUVERNEUR
VAN SURINAME (1845) TOT HET TEGENWOORDIG BESTUUR
VAN R. F. VAN LANSBERGE 1861.

De nieuw benoemde Gouverneur van Suriname Renier Frederik Baron van Raders, door onderscheiden omstandigheden opgehouden, kwam eerst den 9den October 1845 te Suriname aan.

De reactionaire partij in de kolonie had reeds op den avond van zijne komst gelegenheid, om op te merken, dat ook hij de autocratie van zweep en spaansche bok haatte en daartegen zoo veel mogelijk de slaven wilde beschermen. Door den tijdelijken Gouverneur de Kanter uitgenoodigd om dien avond ten zijnen huize te komen doorbrengen, werd den nieuw benoemden Landvoogd aldaar, bij die gelegenheid, door het muziekcorps van het garnizoen eene serenade aangeboden. Terwijl hij aandachtig naar de uitvoering luisterde, hoorde hij een vreemdsoortig geluid. Op zijne vraag, wat dit was? werd hem geantwoord, dat dit geluid veroorzaakt werd door de zweepslagen der Bastiaans, die daarmede de slaven wegdreven. Van Raders verzocht dat men dit naliet; men vol-

46

deed hieraan, en nu konden ook slaven zich verlustigen in
het genot dat de vrijen smaakten (*).

Reeds dit feit kenmerkte de gezindheid van den man door
's Konings keuze geroepen de opvolger van Elias te zijn, en
zijne verdere handelingen waren daarmede in overeenstemming.

Den 13den October 1845 nam van Raders het bewind van
de Kanter over (†).

Van Raders verzocht inlichtingen omtrent de drie à vier
maanden te voren in Suriname aangelande kolonisten, en
ontving zeer ongunstige berigten, waarop hij onmiddellijk besloot, reeds den dag na de aanvaarding van het bestuur, naar
de plaats hunner vestiging aan de Saramacca te gaan, ten
einde door eigen aanschouwing den toestand aldaar te leeren
kennen en, waar hij kon, hulp aan te brengen. Tot dien
tijd was nog niemand van Gouvernementswege bij de kolonisten geweest om hun een welkomstgroet te brengen; de
Kanter koesterde echter het voornemen om er eerstdaags heen
te gaan en ging nu met den nieuwen Gouverneur.

De toestand der kolonisten was ellendig. Den 10den Mei
1845 hadden de schepen Susanna-Maria en Noord-Holland,
waarop de eerste kolonisten (29 huisgezinnen en ruim 50 vrij-
gezellen, te zamen 208 personen, onder geleide van Ds. Copijn
en den schoolmeester van Hateren) waren ingescheept, de
Nederlandsche kust verlaten. De reis werd gelukkig en voorspoedig volbragt, slechts een ziekelijk kind was gedurende
dezelve overleden; dertig dagen later (den 9den Junij) kwamen
beide schepen voor de monding der Suriname. De stoomboot,
die de schepen de Saramacca op had moeten slepen, verscheen
niet en was tot eene andere bestemming gebezigd. Twee koloniale schoeners bewezen nu de noodige hulp, doch door
laag tij belemmerd, hadden de schepen 9 en 12 dagen noodig om de plaats hunner bestemming te bereiken.

De hitte tusschen deks, waar het meerendeel der kolonisten
bij het opwerken der schepen op de rivier, verpligt waren te

(*) R. F. baron van Raders, de wijze van opheffing der slavernij,
enz. bladz. 7.

(†) Publicatien van de Kanter en van Raders, 13 October 1845.

blijven, was ondragelijk; het vooruitzigt echter weldra de plaats hunner bestemming te bereiken, hield allen in eene opgeruimde stemming.

In den morgen van den 21sten Junij 1845 bereikte de Susanna-Maria Voorzorg, doch welk eene teleurstelling beidde daar de hoopvolle kolonisten! De voorbereidende maatregelen ter hunner ontvangst waren weinig gevorderd; de som van vijftig duizend gulden daaraan besteed, was als weggeworpen. Eenige hutten met strooijen (palmbladeren) daken, sommige nog maar half voltooid, in eene regte lijn tegen den groenen horizon van ondoordringbaar bosch, leverden een weinig uitlokkend gezigt voor de kolonisten op. Toen het anker was gevallen, hadden er aan boord van het schip ijzingwekkende tooneelen plaats. Vrouwen en kinderen jammerden en schreiden; de mannen liepen, bij den aanblik hunner bestemming, als wanhopenden en woedenden over het dek. De meesten weigerden om van boord te gaan; eenigen, die nog gelden bezaten, boden dezen den kapitein voor de terugreis aan (*).

Ds. Copijn, die gedacht had alles in behoorlijke orde te vinden, stond als verplet, toen hij met den werkelijken stand van zaken bekend werd. Hij sprak evenwel den kolonisten moed in, en zijne kernachtige taal vol onmiskenbare liefde en trouw stak hen een riem onder het hart, en zij en de andere kolonisten, die den volgenden dag met de Noord-Holland aankwamen, lieten zich aan wal brengen.

Waren de woningen ellendig, daarenboven aan huisraad, aan alles was gebrek. Geen voet gronds was bebouwd of productief gemaakt. De levensmiddelen door een der koloniale schoeners aangebragt bestonden in vaten Amerikaansche tarwe, blom en gezouten spek; alsmede eenige vaten rijst en spek. Aan bakken van brood viel niet te denken; de oven was defect en er ontbrak een baktrog. De kolonisten waren verpligt zich hoofdzakelijk met spekkoeken te voeden.

Slechts een gedeelte kon te Voorzorg onder dak worden gebragt, en dat nog zóó, dat in elk der woningen 7 tot 10

(*) A. Copijn, zie West-Indië, eerste jaargang, bladz. 245.

45*

personen moesten huisvesten; de overigen betrokken de gebouwen van de vroegere militaire post Groningen aan de
overzijde der rivier gelegen.

De ongezonde huisvesting, de slechte voeding en de teleurstelling, die allen zoo zeer had geschokt, deden eene ziekte
ontstaan. Weldra vielen slagtoffers; de geneeskundige hulp
van een scheepschirurgijn, met een medicijnkist was ongenoegzaam. De krachtige taal van Copijn bewoog het koloniaal
Gouvernement hulpe te zenden.

Intusschen verwachtte men de overige kolonisten onder geleide van Ds. Brandhoff. Men sloeg in der haast eenige
loodsen voor hunne ontvangst op; voordat deze echter voltooid
waren lieten de schepen Antonio en Eugenie, waarop 15
huisgezinnen en eenige ongehuwde personen, te zamen 122
zielen, het anker voor Voorburg vallen.

Een tiental der eerst aangekomen kolonisten was reeds ten
grave gesleept, en de overigen waren allen ziek. De ziekte
nam een ernstig karakter aan en tastte ook de laatst aangekomenen aan. Geneeskundigen, Apothekers en oppassers snel-
den toe; ponten met medicijnen en ververschingen werden
aangevoerd; doch alles te vergeefsch, het was te laat!

De Phoenix, met welk schip eenige hoornbeesten en ander
vee werden aangevoerd, ontscheepte zijne 36 kolonisten op de
Plantaadje *Mijn Vermaak*, een paar uren beneden Voorzorg
gelegen; doch ook aan dezen deelde zich de besmettelijke ziekte
mede en nam eenige hunner weg. Binnen weinige maanden
stierven meer dan de helft der aangekomen kolonisten en onder deze de door de kolonisten geliefde en betreurde bestuurder Ds. Copijn (23 Julij). Zoo stonden de zaken toen van
Raders den 15den October 1845 Groningen bereikte. Hij werd
aldaar opgewacht door Ds. van den Brandhoff en eenige achter hem geschaarde vermagerde kolonisten, die ter verwelko-
ming van den Gouverneur een vreugdekreet trachten te slaken,
doch uit hunne ontvleeschte borsten slechts een galm konden
voortbrengen, onbeschrijfelijk van toon en bedroevend van
uitwerking.

Van Raders bezocht de kolonisten in hunne schamele verblijven, waar velen ziek ter neder lagen; hij vreesde voor geene besmetting, maar ging persoonlijk tot hen, sprak hun woorden tot opbeuring en bemoediging toe en overlegde met den Bestuurder hoe verder te handelen.

Het bezoek van den Gouverneur en het van hem komend woord van bemoediging, deed hen zigtbaar goed; de epidemie had haar keerpunt bereikt, ofschoon ze eerst in Januarij 1846 geheel had uitgewoed, nadat zij 189 slagtoffers had gemaakt; en de kolonisten werden met nieuwen moed bezield.

Ds. Brandhoff had bij zijne komst de plaats de vestiging Voorzorg, als zeer ongezond, afgekeurd en liet nu op den tegenovergestelden post Groningen een vijftigtal woningen maken, die ieder f 700.— dus te zamen f 55,000 kostten. Twee honderd delfnegers en timmerlieden werden hiertoe in het werk gesteld en de kolonisten betrokken achtereenvolgens de woningen en erven. Veldgereedschappen, gevogelte, runderen en ander vee werden aangeschaft; de kolonisten werkten met ijver en toch — veel geld is nutteloos verspild en de kolonisatie aan de Saramacca is mislukt, èn omdat de plaats tot vestiging slecht gekozen was èn omdat het geheele plan niet met behoorlijke kennis van zaken was gevormd en de uitvoering er van daarenboven aan iemand was opgedragen, die hiertoe de noodige landbouwkundige kennis miste: Ds. Brandhoff bleek niet de geschikte persoon te zijn tot bestuur eener dergelijke onderneming.

Van Raders die reeds met ijver getracht had den landbouw aan te moedigen en nieuwe cultures te scheppen, die waren zij onder zijn toezigt voortgezet, welligt belangrijke uitkomsten zouden hebben opgeleverd, achtte het ook zijn pligt om een en ander naar zijn beste vermogen te bevorderen.

Ons bestek laat niet toe in het breede alles te vermelden wat van Raders in deze heeft gedaan en wat hij verder van plan was te doen, zoo hij behoorlijke medewerking van de hooge regering en anderen in plaats van de nu ondervonden tegenwerking had genoten. Wij kunnen slechts een en ander aanstippen.

Van Raders heeft o. a. getracht, om door het aankweeken

van Paragras den veeteelt te verbeteren; proeven daartoe genomen voldeden goed, doch vonden geen navolging; hij
wenschte den Maïsbouw te bevorde.en, waardoor de geringere
volksklasse en de slaven een beter voedsel dan banannen konden erlangen, (zie »Eenige woorden ter aanprijzing van den
Maïsbouw in de kolonie Suriname); men bleef echter liever den
ouden sleur volgen. Wat betreft proeven om nieuwe cultures,
geschikt tot den uitvoer, te scheppen, heeft men hem geen
tijd gelaten, of door tegenwerking belemmerd, om te bewijzen, dat zijne plannen op gezonde landbouwkundige beginse
len rustten.

In December 1845 vaardigde van Raders eene publicatie
uit; waarbij, ter aanmoediging van den invoer van werkvee
en geschikte werktuigen voor landelijk bedrijf de invoer daarvan in 1846 werd vrijgesteld, welke termijn na bekomen
autorisatie telkens verlengd werd (*).

Vooral heeft van Raders zich omtrent de kolonie verdienstelijk gemaakt door zijne pogingen tot bestrijding van het algemeen heerschende vooroordeel, dat veldarbeid den vrijen man
onteerde.

Dit vooroordeel belemmerend voor den toekomstigen bloei
van Suriname, werkte in alle opzigten nadeelig.

Vele gemanumitteerde slaven bevonden zich te Paramaribo;
doch moeijelijk kon men hen bewegen veldarbeid te verrigten,
daar deze hen in de oogen van anderen vernederde, en —
zoo sprak men — met de slaven op eene lijn stelde. Van
tijd tot tijd waren door de koloniale regering wel eenige pogingen aangewend, om hen van dit vooroordeel te genezen,
doch vruchteloos.

In 1855 hadden zich op den grond Voorzorg aan de Saramacca, daartoe als eene geschikte plaats aangewezen, wel
eenige huisgezinnen gevestigd, doch de uitkomsten hadden
niet aan de verwachting beantwoord (†). Kleine stukken land

(*) Publicatiën van van Raders, 30 December 1845, 18 Junij 1846,
1 Julij 1847.

(†) Verslag van den staat enz. der Maatschappij tot bevordering van
den Landbouw onder de vrije bevolking, 12 September 1848. bladz. 1.

rondom de stad waren uitgegeven en de arbeid aldaar aangemoedigd (*); dit was wel niet geheel onvruchtbaar gebleven, evenwel werkte het vooroordeel tegen veldarbeid door
vrijen, te sterk, om hiervan vele vruchten te kunnen oogsten.

Van Raders zag met helderen blik, dat indien men dit vooroordeel kon overwinnen, niet slechts reeds dadelijk velen
werden gebaat; maar dat ook hierdoor in het vervolg, bij
eventueele emancipatie en bij latere kolonisatien, belangrijke
voordeelen zouden worden verkregen.

Hij sprak dikwijls met de leden van den Kolonialen Raad
en anderen, over de middelen die men zou kunnen aanwenden, om den veldarbeid bij de vrije klasse der bevolking in
eere te brengen, waarvan hij meer heil voor Suriname verwachtte, dan van de kolonisatie aan de Saramacca, zoo als die
was ingerigt, of van het plan der centralisatie, dat door de
hooge regering werd voorgestaan. Niemand geloofde dat hiertoe mogelijkheid bestond. Van Raders liet zich hierdoor echter niet afschrikken; hij hield niettegenstaande dergelijke ont-
moedigende mededeelingen, zijn doel steeds voor oogen en
zocht door gepaste middelen hetzelve te bereiken.

Eenige vrijwilligers van het garnizoen maakten den tuin,
achter het Gouvernementshuis, die in verwaarloosden toestand
verkeerde, in orde; een paar dier militairen legden aan de voor-
zijde een heester-bloemperk aan, en — om door eigen voorbeeld
het vooroordeel tegen dergelijk werk door vrijen, weg te nemen — leende de Gouverneur soms de hand tot het planten en pooten. Een moestuin voor de garnizoens-menage,
vroeger een door ruigte verwilderd terrein, werd daargesteld.
Reeds hoorde men door vrouwen uit de volksklasse aanmerken: »Zie wat die blanken kunnen verrigten! waarom werken
onze mannen en broeders niet even zoo als zij?" Dergelijke
gezegden waren goede voorteekenen.

Eenigen tijd daarna kwamen twee vrije kleurlingen, timmerlieden, hunnen nood bij den Gouverneur klagen, wegens gebrek aan werk in hun vak. Van Raders bewoog hen in zijn

(*) Publicatie van de Kanter, 24 Junij 1842.

tuin te arbeiden en gaf hun ieder een nieuwen zilveren gulden, toen nog zeer schaarsch in Suriname, tot belooning. Nu vervoegden er zich weldra andere vrijlieden tot den Gouverneur, aan wie hij te kennen gaf, dat hij hun niet in zijn tuin, maar elders wel een zilveren gulden wilde laten verdienen, namelijk met het verleggen der steenbakkersgracht buiten Paramaribo.

Het duurde wel vier à vijf weken vóór zij hiertoe wilde overgaan; eindelijk verklaarde zes vrijlieden genegen te zijn tot het aangeduidde werk. Zij kwamen op den bestemden dag, maar nog schoorvoetend; nog ontbrak hun de zedelijken moed om de spade op te vatten; toen nam de Gouverneur zelf de spade op en ging lustig aan het delven. Dat voorbeeld werkte en weldra werd het ijverig nagevolgd. Nog eenigen tijd — en de bespotting, waarmede het verrigten van delfwerk door vrijen, werd aangezien, was overwonnen. Zoo wel blanken, als vrije kleurlingen en negers, stapten, de schop op den schouder dragende, met zekere fierheid door de straten van Paramaribo. Om die overwinning blijvende te maken, werd een feest verordend zoo als vroeger nimmer in Suriname was gezien.

In de Surinaamsche Courant van 1 September 1846 leest men daaromtrent het volgende:

»Gisteren vierde deze volkplanting den gedenkwaardigsten dag, die immer voor Suriname's burgers is aangebroken; een dag waarop een nieuwe tijdkring, een nieuw leven voor dit gewest is aangevangen.

In den morgenstond kondigde een kanonschot van het fort Zeelandia, den daarzijnden feestdag aan, en wapperden, met zonsopgang, van de ter reede liggende schepen, van de publieke en vele particuliere gebouwen, de Nederlandsche driekleur. Met geestdrift stroomde, van alle kanten, de volksmenigte naar het einde der Steenbakkersgracht, alwaar de plegtige inwijding van het nieuwe kanaal zou plaats vinden. Onder opwekkende muziek, togen de Schutterij en het Garnizoen naar de aangeduide plaats en schaarden zich aan weêrszijde der aangelegde vaart, waarvan de brug met eene eerepoort was voorzien. De hooge Autoriteiten en verschillende genoodigden, benevens de dames, verzamelden zich in eene op het

veld keurig ingerigte en met vlaggen, bloemwerk en loof versierde tent, voor welke, aan weêrszijde eerepoorten met toepasselijke opschriften waren geplaatst.

Ongeveer zeven ure, verscheen Zijne Excellentie de Gouverneur met Hoogstdeszelfs gezin, in een rijtuig, voorafgegaan
en gevolgd door eene eerewacht te paard, uit aanzienlijke
burgers zamengesteld.

Na eene korte poos, begaf zich de Gouverneur, gevolgd
door de Autoriteiten en genoodigden met hunne dames, volgens de orde van het programma, onder het spelen der muziek, in optogt naar het afgebakend terrein.

De werklieden, ten getale van honderd en elf, waren in
orde in het bed der vaart, in twee rijen verdeeld, naar hunne
ploegen geschaard, en verbeidden vol verlangen het oogenblik
der plegtige inwijding van hun aangevangen werk."

De Gouverneur hield daarop eene gepaste toespraak.

»Na deze rede werd de Nederlandsche vlag van de sein-
paal nedergelaten, en de koninklijke standaard opgeheschen,
onder het lossen van een saluut van 21 schoten uit het veld-
geschut, terwijl Zijne Excellentie de eerste schop gronds
uitgroef, hetwelk gevolgd werd door de verschillende autoriteiten, genoodigden en particulieren, waarna de dames zulks
met den troffel verrigtten."

», Een der arbeiders bragt vervolgens den Gouverneur de
hulde zijner dankbaarheid in treffende bewoordingen toe, en
eindigde zijne rede met het aanheffen van den juichtoon:

»Leve de Baron van Raders!" welke uitroep door al de
arbeiders met geestdrift herhaald werd.

De Procureur-Generaal de Kanter uitte, in hartelijke bewoordingen den besten heilwensch voor het welgelukken eener proeve,
zoo belangrijk voor het welzijn van Suriname en zijne bevolking.

De delvers gingen onder het spelen der muziek, met lust
en opgewektheid voort. Een algemeen hurrah, een juichtoon
van: Leve de baron van Raders, weergalmde door de lucht.
's Middags hadden volksvermaken plaats; 's avonds werd de
tent heerlijk verlicht en de eerepoorten geïllumineerd, terwijl
een landelijk bal het volksfeest besloot."

Het voornaamste doel: het vooroordeel tegen veldarbeid door vrijen, weg te nemen, was bereikt.

De hoop om op deze wijze een bevaarbaar kanaal naar Kwatta te delven, aan welks voet ongeveer zestig boeren-huisgezinnen konden gevestigd worden, werd verijdeld, door tegenwerking der hooge regering.

Van Raders had globaal berekend, dat hiertoe jaarlijks *f* 80,000 zou noodig zijn; hij deelde dit den Minister van Koloniën mede en vroeg om drie maandelijksche toezendingen van *f* 20,000. De Minister echter keurde het plan af en 27 December 1846 ontving van Raders bevel het werk te staken.

Van Raders hoopte nog den Minister door nadere ontvouwing van het groote nut van zijn plan tot voortzetting er van te bewegen; hij zelf stelde *f* 5000 beschikbaar en de leden van den Kolonialen Raad te zamen *f* 7500, om het werk tot nadere beschikking te doen voortgaan. Telkens boden zich nieuwe arbeiders aan; het verrigten van dergelijk werk werd niet langer als vernederend beschouwd; een hoogst schadelijk vooroordeel was overwonnen; Franschen en Engelschen, uit de naburige koloniën Cayenne en Demerary, gewaagden, in periodieke geschriften en officiele rapporten, met hooge ingenomenheid, van de proeve door van Raders met zoo veel merkwaardige bekwaamheid genomen, en stelden zich hiervan veel goeds voor; in de Tweede Kamer werd deze maatregel door den heer van Golstein ter sprake gebragt en beschouwd als aanmoediging te verdienen, — doch de Minister van Koloniën bleef die poging afkeuren en het werk moest voor goed worden gestaakt. Het was echter niet vruchteloos geweest; een goed zaad was uitgestrooid en bragt vruchten voort. *De veldarbeid is door van Raders in Suriname meer in eere gebragt.*

Eene Maatschappij ter bevordering van den Landbouw onder de vrije bevolking werd in Maart 1847 opgerigt en trachtte den opgewekten lust te bestendigen. Ook zij had met vele moeijelijkheden te kampen. Voornamelijk door het achterwege blijven der geldelijke hulp haar door particulieren toegezegd (de som van *f* 31,800. — was voor het eerste jaar ingeschreven en men ontving slechts *f* 19,100) en door het buitengewoon droog saisoen, (*) waren de uitkomsten gering; evenwel was ook deze poging ter bevordering van het goede doel niet geheel vruchteloos (†).

Het gerucht van den door vrije kleurlingen en negers te Paramaribo betoonden lust tot dergelijken arbeid drong tot de boschnegers door, en het gegeven goed voorbeeld vond bij hen navolging; bij verschillende stammen werd lust tot werkzaamheid opgewekt; sommige boden hunne diensten aan, en daarom werd het onvoorwaardelijk verbod om Boschnegers te logeren, in zoo verre gewijzigd, dat ieder die verlangen mogt Boschnegers op zijn erf of grond te ontvangen, daartoe onder eenige bepalingen verlof kon krijgen (§).

Was van Raders zeer teleurgesteld; hij verloor echter den moed niet, maar voer ijverig voort te doen, wat hij in het belang der kolonie vermogt.

De suikerplantaadje Catharina Sophia, was in 1833 door de Particuliere West-Indische bank ingekocht of overgenomen, in gedeeltelijke betaling van daarop jegens die bank gevestigde schuld, wegens eene aanzienlijke som van geleend geld; de daarnaast gelegen koffijplantaadje Johanna Catharina en de daar tegenover gelegene Mijn Vermaak, waren om dezelfde redenen aan de bank of liever aan het Gouvernement vervallen: na 1845 is de Catharina Sophia meer eigenaardig Gouvernements-plantaadje genoemd.

De suikerplantaadje Catharina Sophia was bij de komst van van Raders in verwaarloosden toestand; een aantal der beste plantaadje slaven, waren gedetacheerd naar Groningen en Voorzorg tot ondersteuning der aldaar gevestigde kolonisten en, tot ongeluk der plantaadje, was in 1844 uit Europa eene gecompliceerde machinerie van Derosne en Cail gezonden, die

---

(*) In 1846 heerschte er eene zoo langdurige droogte, dat Suriname bijna tot hongersnood werd gebragt.

(†) Reglement dier Maatschappij. Verslag uitgebragt 1 September 1848, door J Helb, Directeur.

(§) Publicatie van van Raders, 18 December 1848.

aldaar, *op last* van den Minister van Kolonien, moest worden opgezet, doch waarvan, bij de oprigting, door gebrek aan technische kennis verscheidene misslagen waren begaan, waardoor zij volstrekt niet voldeed.

Van Raders trachtte door herbouwing van de reeds afgebroken oude batterij ten minste te zorgen dat er (muscovado) suiker kon worden gemaakt. Hij stelde later den Minister voor, eene eenvoudige, weinig kostende en proefondervindelijke goede machinerie uit Londen te laten komen, waardoor de Gouvernements plantaadje tevens het voorbeeld eener verbetering in de afwerking van het suikersap had kunnen geven, die volgens zijne berekening, de waarde van de jaarlijksch uit Suriname vervoerd wordende 30 millioenen Amsterdamsche ponden suiker een millioen gulden zou hebben doen rijzen; doch de Minister Pahud kon zich met dat denkbeeld niet vereenigen (*).

De bestuurder der plantaadje, De Niefeld, werd door van Raders ontslagen, ofschoon deze zich hierdoor veel onaangenaamheden berokkende, doch 's lands belang gold bij hem boven persoonlijk. Onder een nieuwen bestuurder (Humpreijs) ging alles beter en in plaats van $3\frac{1}{3}$ okshoofd suiker, vroeger in een langgerekten dag gemaakt, klom dit nu tot 5 okshoofden in 10 uren (†). De verkorting van den werktijd baatte in het bijzonder de arme slaven, en van Raders stelde

(*) Van Raders stelde zich hiervan veel goeds voor. Zie o. a. de door hem uitgegeven Brochure: Schets, om te strekken ten betooge, dat de vrijstelling der slaven in de kolonie Suriname kan worden tot stand gebragt. zonder geldelijke opoffering, zonder verkorting van eigendomsregten, zonder verstoring van hetgeen bestaat, en tevens, onder de daarstelling van een middel, waardoor de opkomst en bloei der genoemde kolonie, door de aanzienlijke waarde-vermeerdering van derzelver hoofdproduct van uitvoer, grootendeels wordt verzekerd. Andere vonden dit plan eenigermate illusoir. Zie Beschouwingen betreffende de vrijverklaring der slaven, enz. door Mr. I. C. Palthe Wesenhagen.

(†) In 1850 werden de slavenmagten van de plantaadje Mijn Vermaak, en die van de Gouvernements-houtvelling Andresa, op Catharina Sophia overgebragt, en met de daar aanwezigen vereenigd, zoodat zij eene sterkte van 640 zielen uitmaakte. De plantaadje Johanna Catharina was gekocht tot aanwending harer slavenmagt op Catharina Sophia.

grooten prijs om hun lot te verbeteren. Eene uitdeeling van schoenen, als eene belooning aan de meest oppassende gouvernementsslaven door hem gedaan, werd hem door de administrateurs zeer ten kwade geduid; men maakte allerlei overdreven en verontrustende voorstellingen, wegens dit doen ophouden van »de voornaamste teekenen der slavernij;" en zelfs werd van Raders door den Minister belast hiermede niet verder voort te gaan.

Tegen het, zonder voorkennis van den Gouverneur, sloopen van plantaadjes en doen overbrengen van slavenmagten van de eene op de andere plantaadje werd door van Raders aan eene reeds bestaande Notificatie van 7 September 1819, bij Resolutie van 19 Mei 1847, herinnerd. Dat hij geen geweld gebruikte, om slaven tegen hun zin te verplaatsen, strekt hem tot eere; de meesters waren hierover echter niet te vreden en de minister werd bewerkt, om van Raders aan te schrijven, om meer toegeefelijkheid jegens de eischen der meesters te gebruiken; — ofschoon hierdoor de eischen der billijkheid ten opzigte der slaven niet erkend werden (*).

Van Raders trachtte de Administrateuren tot eene mildere handelwijze hunner slaven te bewegen en wees hun daarbij op de teekenen der tijden, op de pogingen, die reeds in Nederland werden aangewend tot vrijmaking der slaven; doch hierdoor werd de reactionaire partij zeer verbolgen tegen hem, en zij vond steun bij sommige Amsterdamsche kooplieden, en ook tegen van Raders vormde zich eene cabale.

In Mei 1848 rigtte de tijdelijke Minister van Koloniën, Rijk, zich per circulaire tot de in Nederland gevestigde belanghebbenden bij de kolonie en drong met ernst aan:

1⁰. Matigheid en zoo veel doenlijk vermijding van ligchamelijke straffen: — beperking van de magt daartoe aan de directeurs en plantaadje-bedienden verleend, en overbrenging van die magt bij bevoegde autoriteiten.

2⁰. Goede zorg voor de huisvesting der slaven; en naauwkeurig toezigt, dat hunne woningen van behoorlijke waterloozing voorzien en rondom rein en open gehouden worden.

(*) Brief van van Raders aan den Minister van Kolonien, 9 April 1849.

5⁰. Toereikende voedingsmiddelen van betere qualiteit dan de slaven tot dus ver bekwamen.

4⁰. Ruimere uitdeeling van kleeding.

5⁰. Beperking van den duur van verpligten arbeid tot hoogstens 9 uren per etmaal, met bepaling, dat de zondag hun nimmer ontnomen, maar tot hunne Godsdienstige opleiding bestemd wierde.

6⁰. Betere geneeskundige behandeling der zieken; betere verzorging der zwangere vrouwen en kinderen. — De behandeling der slaven liet veel te wenschen over en Rijk beklaagde zich, dat hoewel hij die verbeteringen reeds bij zijn vertrek uit de kolonie (1842) had aanbevolen, sedert dien tijd nog *niets* gedaan was. Daarop had in Augustus 1848 eene zamenkomst van de te Paramaribo wonende eigenaren en administrateuren plaats. Men nam aan, de voorgestelde verbeteringen in te voeren en trapsgewijze uit te breiden; men prees des Ministers »wijze en menschkundige bedoelingen;" men hield nog eenige vergaderingen, benoemde eene commissie - - en toen bleef alles bij het oude.

Inmenging van particulieren in de behandeling der slaven, werd te Suriname als daad van Majesteitsschennis (de meesters waren immers souvereins over hunne slaven) beschouwd. Groot dan ook was de verontwaardiging der slaveneigenaren en administrateuren, toen de Hoofdvoorstander van de zending der Evangelische broedergemeente in de kolonie Suriname, Otto Tank, bij zijn verblijf in Nederland, in eene circulaire aan de eigenaars en administrateuren in Nederland, eerlijk en openhartig den toestand in Suriname blootlag. Terwijl hij in die circulaire aandrong tot het verleenen van meerdere vrijheid aan de zendelingen, om de slaven het Evangelie te verkondigen, en van hen verzocht zooveel mogelijk de belemmeringen daartegen weg te nemen, waagde hij het eene vergelijking te maken tusschen de Engelsche kolonien en Suriname. »De toestand der Engelsche koloniën in West-Indië", zoo schreef hij o. a. »is volgens de getuigenissen der hooge Overheid, op de plaats zelve ingewonnen, over het geheel genomen gunstig; maatschappelijk geluk en welvaren in verbond met zedelijkheid en kunstvlijt, nemen overal toe in uitgebreidheid en kracht. Dit is mijne eigene ondervinding, en ik zou meenen laakbaar te handelen, Mijne Heeren! wanneer ik mijne overtuiging voor u, gelijk het voor vrije Nederlanders betaamt, niet eerlijk en rondborstig deed kennen. Daarom wil ik ook dit niet terughouden. Terwijl ik Suriname reeds kende, heb ik nu ook de meeste slavenlanden in West-Indie en Noord-Amerika bezocht en naauwkeurig gadegeslagen, met deze uitkomst, dat ik de slaven nergens aan die slechte behandeling heb onderworpen gezien, als in Suriname. Waar ziet men elders de negers naakt en door zweepslagen gewond langs de straten gaan? zelfs niet bij den arbeid zijn de Negerslaven op de Deensche eilanden ongekleed. Waar dan bij ons, moet de Neger straf ondergaan, alleen omdat hij eene klagt heeft ingeleverd; waar wordt hij zoo onmenschelijk gestraft als bij ons? Het naast met ons gelijk, staan de Franschen, en dan volgen de Spanjaarden."

Hadden de zendelingen steeds gezwegen, uit vrees voor vermeerderde tegenwerking, uit vrees dat het lot der arme slaven des te ellendiger zou worden; hadden zij immer den regel gevolgd, zich niet met de, zoo als zij het noemen, »handhaving der plantaadje policie" te bemoeijen, de waardige Tank was van dezen regel afgeweken: *hij kon niet langer zwijgen.* Maakte de mannelijke taal van Tank indruk in Nederland; in Suriname was men er zeer gebelgd over. Die taal streed zoo geheel tegen hetgeen men steeds den menschen in Holland trachtte diets te maken, namelijk, dat het lot der slaven in Suriname veel gelukkiger was, dan dat van millioenen vrijen in Europa en duizenden in Nederland.

Men moest alzoo trachten: Tank tot een leugenaar te maken.

Drie ingezetenen van Paramaribo Egbert van Emden, H. G. Roux en Frouin trokken zich de zaak aan en riepen de Moravische broeders in Suriname tot verantwoording. Zij stelden den toenmaligen Hoofdvoorstander der zending in Suriname H. T. W. Pfenniger een aantal vragen ter beantwoording voor, ten einde de beschuldiging van Tank te wederleggen. Die vragen (59 in getal) goed te beantwoorden, was voor

Pfenniger eene zware taak; hij kwam hierdoor in eene moeijelijke positie, want hij mogt de waarheid niet verkrachten, en
toch was er, naar de meening der broedergemeente, alles aan
gelegen, om de vrije bevolking van Suriname niet tegen zich
in te nemen, daar zij den liefde-arbeid der Broedergemeente
zoo zeer belemmeren konde. Hij antwoordde meestal ontwijkend en veroordeelde den stap van Tank, om, tegen den door
de Broeders aangenomen regel, zich met de uitwendige toestanden en instellingen en met de staatkundige en burgerlijke
aangelegenheden van het land, waar zij werkzaam zijn, in
te laten, als »een niet genoeg overdachten stap."

Eene brochure werd daarop door genoemde heeren uitgegeven, waardoor zij vermeenden dat de overdrijving van Tank
in een helder licht werd gesteld, doch ieder die dezelve onpartijdig en met aandacht leest, zal moeten erkennen, dat
ook daaruit blijkt, dat Tank waarheid heeft gesproken (*).

Tank keerde niet naar Suriname terug, en de Broedergemeente volgde sedert dien tijd nog stipter den gestelden regel
van over deze dingen het zwijgen te bewaren. Om niet alles
te verliezen moesten zij den slavenhouders veel toegeven; om
den armen slaven eenige droppels uit den vollen beker des
Evangelies toe te kunnen dienen, getroostten zij zich te zwijgen, waar zwijgen soms zoo moeijelijk viel. Wij veroordeelen
die lieve broeders daarom niet, ofschoon, volgens onze overtuiging, spreken meermalen pligt ware geweest. »Al wat openbaar maakt is licht."

Een getuigenis der waarheid als door Otto Tank gedaan
kan niet zonder gevolgen blijven. De belangstelling in het
lot der slaven vermeerderde. In Mei 1850 schafte van Raders
de enorme kosten en lastige formaliteiten bij het manumitteren
van slaven af. Voortaan zou voor elke vrijgeving ten behoeve
der koloniale kas, aan leges niet meer worden betaald, dan
ƒ 12. Ook werd den Gouverneur hierbij vrijheid verleend,

(*) Onderzoek ten gevolge der circulaire van den heer Otto Tank, enz. —
te Paramaribo. Van Hoëvell heeft in zijn werk: Slaven en Vrijen in
het tweede deel op bladz. 119—136 de nietigheid van genoemde brochure klaar en helder uiteengezet.

tot het vrijstellen van de bij de wet verordende borgtogt (*). Eindelijk ook, 6 Februarij 1851, verscheen het koninglijk besluit, waarbij: Reglementen op de behandeling der slaven, en op het onderhoud, den arbeid, de huisvesting en de tucht der slaven in Suriname, werden bekrachtigd, welke reglementen bij publicatie van 6 Mei 1851 in de kolonie werden afgekondigd en alzoo kracht van wet erlangden (†).

Was reeds in 1828 door van den Bosch de noodzakelijkheid van de wijziging van het slavenreglement van 1784 betoogd; eerst 25 jaren later werd hiertoe overgegaan — en ofschoon werkelijk milder dan het reglement van 1784, — was toch ook dat van 1851 : 1₀ te streng voor den slaaf; 2₀. te toegevend voor mishandelingen; en 3₀. ongenoegzaam met opzigt tot de voeding en verdere materiële verzorging.

De invloed van belanghebbenden bij den Surinaamschen landbouw in Nederland gevestigd, en die van Plantaadje bestuurders in Suriname, was hierin niet te miskennen. De bekendwording echter van de slavenreglementen deed velen in Nederland de oogen open gaan omtrent den waren toestand in Suriname, zoo lang kunstiglijk verborgen. Velen in Suriname oordeelden de nieuwe reglementen evenwel nog te mild jegens de slaven, en daar geene speciale ambtenaren ter controlering, volgens het plan van Elias, werden aangesteld, overtrad men meermalen ongestraft derzelver mildste bepalingen.

Omtrent de verpligtingen door de West-Indische bank op zich genomen, en op wier vervulling in 1845, in de Tweede Kamer, zoo sterk was aangedrongen, werd bij Koninglijk besluit van 6 Februarij 1847, bepaald, dat de door de Bank uitgegeven biljetten konden worden ingewisseld tegen schatkistbiljetten, rentende 5 pCt, aflosbaar in Nederlandsche muntspecien (§).

Vijftien duizend schatkistbilletten elk van ƒ 100.— werden achtereenvolgens uitgegeven en uitgeloot (**). In September

---

(*) Publicatie van van Raders, 13 Mei 1850.

(†) Publicatie van van Raders, 6 Mei 1851.

(§) Publicatie van van Raders, 7 April 1847.

(**) Publicatie van van Raders, 6 Julij 1847. Voorloopig werd er

1849 werden zij tegen Nederlandsche muntspeciën ingewisseld; en bankpapier niet langer als geldige betaling aangenomen dan tot 30 Junij 1850 (*). Het papieren geld, dat geen soliede waarborg had, en waarvan de waarde steeds wisselvallig was, hield dus op langer in Suriname te bestaan.

Meermalen waren uit Suriname klagten opgegaan, dat de handel tot het Moederland en Noord-Amerika was beperkt; die beperking werd thans opgeheven. De mildere begrippen omtrent handel en zeevaart wonnen in Europa veld en werden ook in Nederland gehuldigd.

Den 22sten Maart 1848 werd door van Raders het Koninglijk besluit van 17 December 1847 gepubliceerd, bij welk besluit de handel en vaart op de kolonie Suriname is opengesteld voor alle volken, met welke het koningrijk der Nederlanden in vriendschap leeft (†). Den 20sten April werden de regten op den in- en uitvoer nader geregeld. De regten op in- en uitvoer met vreemde schepen bedroegen het dubbelde van dien in Nederlandsche (§). Bij nadere bepalingen van 17 Februarij 1849 werden de regten op den uitvoer met vreemde schepen verminderd (**) Bij afzonderlijke overeenkomsten werden later de schepen van eenige mogendheden met de Nederlandsche gelijk gesteld (††).

Aan schepen van vreemde natiën werd dus nu toegang tot Suriname verleend; wel werd hierdoor den handel eeniger-

---

ter voorziening aan pasmunt kleine muntbilletten, van 50, 25 en 10 centen, ten bedrage van ƒ 40,000 — nog in omloop gehouden. In Junij 1848 werden hiertoe ook schatkist biljetten van ƒ 25.— ƒ 18.— ƒ 5.— ƒ 3.— ƒ 2.— ƒ 1.— 50, 25, 15 en 10 centen uitgegeven. Op deze kleine werd geen renten te goed gedaan. (Publicatie van van Raders 2 Junij 1848.)

(*) Publicatiën van van Raders, 13 September en 3 December 1849, 24 Januarij 1850.

(†) Publicatie van van Raders, 22 Maart 1848.

(§) Publicatie van van Raders, 20 April 1848.

(**) Publicatie van van Raders, 17 Februarij 1849.

(††) Resolutiën van van Raders, 31 December 1850, 24 Februarij, 6 Maart, 1 April, 24 April, 19 November 1851.

mate verlevendigd; evenwel waren de voordeelen hiervan niet
zoo groot voor de kolonie als men zich had voorgesteld, want
daar de meeste eigenaren of hypotheekhouders van Surinaamsche plantaadjes door de kantoren der fondshouders vertegenwoordigd, te Amsterdam wonen, bleef de consignatie meest
tot die kantoren bepaald en werden ook steeds de meeste artikelen voor plantaadje gebruik van daar verzonden.

Den 11den Mei 1849 werd het overlijden van Z. M. Willem
den tweede, te Tilburg op den 16den Maart, in het 57ste jaar
zijns levens, en de aanvaarding der Regering door Z. K. H.
den Prins vau Oranje, onder den naam van Willem, den
derde, op 21 Maart, bij publicatie bekend gemaakt (*).

In October 1850 werden de Hoofdgelden voor de vrije bevolking afgeschaft, en door eene belasting op het personeel vervangen (†). Vermelding van eenige branden en meer of min belangrijke gebeurtenissen, tijdens het bestuur van van Raders, gaan
wij, om niet te uitvoerig te worden, voorbij, maar wij kunnen
deze periode niet besluiten, zonder eerst nog een vlugtigen
blik op de kolonisatie aan de Saramacca te werpen.

Ds. van Brandhoff had op de nieuw gekozen plaats van
vestiging, Groningen, woningen laten maken; terwijl in de
andere behoeften der kolonisten zoo goed mogelijk werd voorzien. De arbeiders togen zoodra zij hersteld waren, in het
begin van 1846, ijverig aan het werk, en reeds in October
1846, kon de tot hunne hulp gezonden slavenmagt naar huis
terugkeeren.

In weerwil van schimp en spot arbeidden zij ijverig aan de
ontginning en bebouwing hunner akkers, en moesten daartoe
zelfs groote stukken gevallen bosch opruimen, en toen, in October 1846, de slavenmagt vertrokken was, hebben zij het afgebroken werk van deze, bestaande in het verbeteren en voltooijen van wegen, waterleidingen enz., opgevat en voortgezet.

Ds. van den Brandhoff hoopte, dat Groningen spoedig een

(*) Publicatie van van Raders, 11 Mei 1849.
(†) Publicatie van van Raders, 14 October 1850.

46*

stad zou worden. De zandige bodem aldaar kwam hem geschikt voor tot de eerste landbouwkundige proeven der kolonisten; deze proeven zouden het terrein ontginnen en in geschikten staat brengen, om later op hetzelve de stad te bouwen, terwijl alsdan aan de boeren, na zich hier aan het klimaat te hebben gewend, en in de kolonialen landbouw naar hunne behoeften, geoefend zijnde, verder uitgebreide gronden konden worden aangewezen. In plaats dat de stad als middelpunt van handelsverkeer, het gevolg zoude zijn van zich gunstig ontwikkelenden landbouw, zou hier de stad het uitgangspunt zijn voor deze ontwikkeling.

Ds. van den Brandhoff liet het terrein door regte breede straten voor de wijken der geprojecteerde stad verdeelen, en langs deze straten de erven voor de boeren uitmeten, zoodat elke boer een stuk grond verkreeg, ongeveer groot genoeg voor zijn aanvankelijke tuinbouw, maar geen voet grond overhield tot weide. Aan dezen aanleg met inbegrip van hetgeen noodig was, om zijn eigen verblijf tot eene fraaije in den Italiaansc'en smaak gebouwde en winstgevende villa te maken, is drie vierde der bovengenoemde gehuurde slavenmagt gebezigd geworden. Door het andere een vierde gedeelte is p. m. 40 akkers banannen te Voorzorg aangelegd.

De velden begonnen reeds onder de nijvere handen der kolonisten, een geheel ander aanzien te verkrijgen, doch de langdurige droogte van 1846, bragt den moed der kolonisten op nieuw aan het wankelen en deed aan het welslagen der onderneming wanhopen. Sommige kolonisten keerden naar Nederland terug en de anderen moesten grootendeels hun onderhoud erlangen uit het magazijn van levensmiddelen.

Eindelijk, 25 Maart, vielen de eerste regens; de gronden herkregen hunne vruchtbaarheid, en een ieder der kolonisten was, binnen weinige maanden, in het bezit van een overvloed van aardvruchten en groenten; doch de te verre afstand van Paramaribo belette voordeeligen verkoop derzelven. Stapelproducten werden niet verbouwd. Proeven om nieuwe producten tot den uitvoer te verkrijgen mislukten, niettegenstaande welwillende ondersteuning van de zijde van van Raders.

Men liet de kolonisten nu in daghuur werken, voornamelijk tot den aanleg van breede wegen, en uitgebreid wandelpark, of tot proefnemingen in den tuin van den bestuurder. Ds. van der Brandhoff had het te druk met de administrative bureau-arbeid, om zich veel met den landbouwende te bemoeijen. Uit zijne kamer of van zijn balkon gaf hij zijne bevelen, en nam zelden de moeite om de werkzaamheden der landbouwers in oogenschouw te nemen.

Bij het daggeld een sober bestaan vindende, zonder eenige hoop zelve onafhankelijke landbouwers te worden, wendden de kolonisten zich tot den bestuurder, om eene verbetering in hun lot te verkrijgen, doch zonder eenig gevolg. Eindelijk bragten zij hunne klagten voor den Minister, en zelfs voor den troon des Konings. Het magazijn van levensmiddelen werd daarop weder voor korten tijd en gedeeltelijk opengesteld. Enkelen maakten daarvan gebruik; anderen verlieten de nederzetting en vestigden zich te Rama, aan de boven Suriname, echter met ongelukkig gevolg.

De kolonisten, die te Groningen waren overgebleven moesten hun bestaan in daggelden zoeken. In 1849 werden zij bezig gehouden, om Voorzorg op nieuw voor eene vestiging van kolonisten in te rigten; doch toen de magt, — die door het aanhoudend vertrek meer en meer verminderd was — voor dit grootsche werk ontoereikend werd bevonden, werden de voor dagloon werkende kolonisten gebezigd voor den aanleg eener weide, op eene ruime schaal en zoodanig, dat zij alleen voordeelen kon geven aan den Bestuurder en zijn adjunct. Bij gemis aan weiland, waardoor het stalvoeder op verren afstand moest worden gehaald, waren reeds eenige kolonisten verpligt geweest, hun vee te verkoopen of te slagten.

Nog werden er van wege het bestuur, met de daghuurders, eenige proeven genomen met het planten van Cacao, die echter weinig voldeden.

Zoo sleepte de kolonisatie nog eenigen tijd haar treurig bestaan voort. Goede raadgevingen, door eenige welgezinden ondersteund, werden in den wind geslagen of stuitten af èn op reglementaire bepalingen èn op het plan, waarnaar de onderneming was aangevangen en door den bestuurder werd voortgezet. Ongeveer $6^{1}/_{2}$ tonde gouds werd verspild, van welke som de kolonisten zelven hoogstens $^{1}/_{6}$ hebben genoten.

En toch werd bewezen dat de Nederlandsche landbouwer in Suriname wel werken kan en zijn brood verdienen, zonder schade voor zijne gezondheid. Vijf huisgezinnen besloten zich te Paramaribo te gaan vestigen; zij vertrokken naar die stad, leefden eenigen tijd bekrompen, tot dat van Raders zich hun toestand aantrok; hij liet vijf woningen voor hen bouwen en gaf ieder twee koebeesten ter leen. En deze en later aankomende boeren hebben hun toestand verbeterd en zijn tot betrekkelijke welvaart gekomen (*).

In 1851 heerschte in Suriname de geele koorts en ten gevolge dezer epidemische ziekte stierven vele personen, o. a. werden verscheidene zendelingen der Broedergemeente (9 broeders, 4 zusters en 1 kind), die nog niet lang in de kolonie vertoefden, door deze ziekte aangetast en ten grave gesleept, waardoor de zending een gevoelig verlies onderging. Ook onder de militairen en het scheepsvolk maakte deze gevaarlijke ziekte vele slagtoffers. In September o. a. overleden de kapitein, benevens eenige matrozen van een Oostenrijks schip de *Venezia*. Het werd daarop door de twee of drie overblijvende personen verlaten en toen door de onbeheerde Boedelskamer genaderd.

Genoemd schip was bevracht voor rekening der heeren van Heukelom en Vollenhoven, te Amsterdam. De correspondent der bevrachters, de heer P. R. Planteau beproefde om de,

---

(*) De schets van de lotgevallen der kolonisten, die aan de proeven van Europesche kolonisatie aan de Saramacca hebben deelgenomen, door A. Copijn. -- Tijdschrift „West-Indië, eerste jaargang bladz. 139—255; Geschiedkundige aanteekeningen, rakende proeven van Europesche kolonisatie in Suriname, bijeengebragt door R. F. Baron van Raders; Verslag, enz. door Mr. J. M. Lisman; eene reeks van artikels in de Surinaamsche weekbladen van 1860, onder den titel: de Hollandsche boeren in Suriname, zijn voor deze mededeelingen onze voornaamste bronnen. Soms geven wij de eigen woorden der schrijvers terug en — slechts gebrek aan ruimte belet ons hier uitvoerig te zijn.

overgebleven schepelingen van hun voornemen, om dien bodem te verlaten, terug te brengen, doch te vergeefsch; waarna hij het aan het departement der onbeheerde Boedels overgaf.

Het Collegie van Commissarissen van genoemd departement aanvaardde het schip, liet het ontzegelen en inventarissen, en, ingevolge Art. 19 van het Reglement voor het Departement van onbeheerde Boedels, moest, binnen zes weken, bedoeld schip worden verkocht.

Vóór zij hiertoe overging rigtte zij zich per missive tot van Raders, ten einde hem te vragen of hij ook, om mogelijk groot verlies voor de eigenaren te voorkomen, wegens het exceptionele van het geval — met afwijking van het bestaande reglement, — maatregelen wilde nemen tot conservatie van de regten der eigenaren. Ook andere personen gaven aan van Raders den raad, om in dit geval tusschen beide te treden en de bestaande wet niet te laten toepassen, doch van Raders zag hierin zwarigheid en vreesde, dat wanneer hij de werking van bestaande reglementen schorschte, het Gouvernement voor de gevolgen van zoodanige handeling, wanneer zij later soms bevonden werden, nadeelig voor belanghebbenden te hebben gewerkt, verantwoordelijk zou worden gesteld. Hij wendde evenwel pogingen aan, om het schip weder in de handen van den heer Planteau te doen overgaan, en bood hem daartoe de hulp van het Bestuur en ondersteuning met volk aan; die heer weigerde, volgens den raad hem door zijn advocaat gegeven, zich hiermede in te laten.

Van Raders had, bij de kanaalgraving, gemeend vrijheid te vinden, om, van het, bij Koninklijk besluit van 14 Mei 1845, bepaalde bij artikel 4, verleende bevoegdheid gebruik te maken, ten einde, zonder vooraf bekomene authorisatie der Hooge regering, eene zaak, die *met het welzijn* of het nut der kolonie in naauw verband stond, aan te vangen; doch hij ontving daarover van de Hooge regering, bij Ministerieel schrijven eene teregtwijzing. In genoemd Ministerieel schrijven van 14 December 1847, werd aan van Raders de juistheid van het door hem gedane beroep op zijnen ambtseed niet toegegeven: »vermits" zoo schreef de Minister, de door UHEG. bezworene

verpligting om den bloei en de welvaart der aan u toever-
trouwde bezitting voor te staan en te behartigen, en om alles
te doen wat een goed en getrouw Gouverneur schuldig is en
behoort te doen; geheel ondergeschikt zijn moet aan eene
ongekrenkte naleving van het Regerings-reglement, en van de
verdere door of van »wege den Koning gegeven algemeene of
bijzondere instructien of bevelen."

Behalve deze den waardigen Landvoogd zeker grievende,
ernstige teregtwijzing, had van Raders 11 Januarij 1849 een
schrijven van den Minister ontvangen, *om zijn ambtelijk ge-*
zag aan te wenden ten einde de bijeentrekking der slavenmag-
ten te bevorderen, en was hem hierbij weder aangezegd, »dat
het handelen naar eigene inzigten, zonder zeer overwegende
redenen, wanneer die inzigten in strijd zijn met stellige voorschriften van het opperbestuur, niet kan worden toegelaten."

Van Raders met het oog op deze wenken, wilde in eene
zaak, die *met het welzijn der kolonie* in geen verband stond
geene discretionaire magt tot stremming van den loop des
regts aanwenden; hij liet de zaak hare gewone wettelijke loop
en, dientengevolge werd het meergenoemd vaartuig de Venezia
binnen den bij de wet bepaalden tijd 24 September 1851 in
het openbaar verkocht aan Mr. Barnét Lyon q. q. voor Hart
Lyon voor de som van *f* 5100.

Het was eene eenvoudige zaak, waarbij van Raders volkomen overeenkomstig de wet had gehandeld en toch was deze
wettige handeling oorzaak van zijn ontslag. De Oostenrijksche
Ambassadeur beklaagde er zich over en eischte schadevergoeding; de Amsterdamsche kooplieden van Heukelom en Vollenhoven deden hetzelfde; de Minister van Kolonien Pahud keurde
de handeling af; de Ministerraad vereenigde zich met dit af-
keurend oordeel; den Koning werd in overweging gegeven
om van Raders een eervol ontslag uit de betrekking van
Gouverneur van Suriname te verleenen, en Z. M. teekende
29 December 1851 het besluit waarbij de Generaal-Majoor
R. F. Baron van Raders eervol ontslagen werd (*)

(*) De onderscheiden bijzonderheden omtrent deze grievende en onregtvaardige behandeling, een waardig man aangedaan, zijn voorname-

Van Raders een verdienstelijk Landvoogd, werd aan de diplomatie opgeofferd, of — beter gezegd — aan eene reactionaire partij, zoo in Suriname als in Nederland, wier invloed zich hierbij heftig gelden deed.

Den 1sten Maart 1852 droeg Baron van Raders in eene zitting van den kolonialen Raad, het bestuur over aan Mr. Philippus de Kanter, Procureur-Generaal, die alzoo de derde maal de functie als Gouverneur a. i. aanvaardde. (*)

In de door van Raders gehouden afscheidsrede kon hij naar waarheid getuigen, dat zijn zesjarig verblijf in de kolonie niet geheel zonder nut was geweest. Feiten spraken. Bij zijne komst in het bestuur was de koloniale kas f 190,000.— aan de reserve kas verschuldigd; bij de aftreding van van Raders lag daarentegen f 80,000.— ter beschikking; 's Lands plantaadjes en gebouwen en verdere eigendommen, waren in beteren staat dan vroeger; de communicatie in de stad, was door het aanleggen van nieuwe bruggen verbeterd, en de beoefening van den landbouw door de vrije bevolking in eere gebragt. Tijdens het bestuur van van Raders waren ook belangrijke wetten en Reglementen, namens het Opperbestuur, uitgevaardigd. Het papieren geld, dat geen soliede waarborg bezat, was door Nederlandsche muntspecien vervangen; de handel en vaart, zoo lang tot en van het moederland beperkt, was voor vreemde natien opengesteld en eindelijk waren de lang toegezegde reglementen op de behandeling der slaven tot stand gekomen.

Van Raders vertoefde nog tot den 8sten April in de kolonie. Hij ontving voor zijn vertrek vele bewijzen van sympathie van de ingezetenen: Een adres dat vele onderteekeningen bevatte, werd hem door eene commissie aangeboden, in dit adres werden zijne, der kolonie bewezen, diensten erkend; een aantal

lijk ontleend uit: Memorie aan den Koning, ingediend den 3den Julij 1832, door den Generaal-Majoor R. F. Baron van Raders, rakende zijn bekomen ontslag als Gouverneur der kolonie Suriname, benevens de daartoe behoorende stukken en bijlage en verder daarop gevolgde stukken.

(*) Publicatie van van Raders en Mr. P. de Kanter, 1 Maart 1852.

der vrije werklieden bragten hem in persoon hunne hulde toe,
en verzochten zijne voorspraak bij Z. M., opdat zij bij ver-
nieuwing in staat mogten worden gesteld om, door eigen
arbeid, met eere hun brood te kunnen verdienen; en de Europesche kolonisten, gevestigd aan het kanaal van *Kwatta* dankten hem, bij een adres, in ongekunstelde taal, voor de hulp
hun meermalen zoo edelmoedig verleend.

Van Raders verliet den 8sten April Suriname, en keerde naar
Nederland terug.

Aldaar aangekomen heeft hij per memorie aan Z. M. de
onbillijkheid van zijn ontslag betoogd. Is Zijner Majesteits
regering wel niet op den genomen maatregel terug gekomen,
zij heeft echter meermalen bewezen, door het benoemen van
van Raders in belangrijke commissien, dat zijne verdiensten
door haar op prijs worden gesteld. Tot het ambteloos leven
teruggekeerd geniet de Baron van Raders de achting van allen die hem kennen; ook van hen, die, in sommige opzigten,
met hem in beginsel verschillen. Steeds blijft hij belang stellen in den bloei en de welvaart eener kolonie, die een tijdlang aan zijne zorg was toevertrouwd en levert daarvan de
onloochenbaarste bewijzen.

De Gouverneur ad interim, de Kanter overleed den 14den
Junij 1852, waarop het oudste lid van den Kolonialen Raad
C. Barends het tijdelijk bestuur op zich nam (*).

Vier dagen later arriveerde per schip Cortgene, de nieuw
benoemde Gouverneur van Suriname Jonkheer Johann George
Otto Stuart von Schmidt auf Altenstadt, in de kolonie, welke
den 22sten Junij 1852 het bewind aanvaardde (†).

Overeenkomstig de aangenomene mildere begrippen, om-
tren handel en zeevaart, werden zoo als reeds in 1849 (zie
bladz. 722) met eenige, thans met vele bevriende natien tractaten gesloten, waarbij die beginsels gehuldigd werden; (§)
de kustvaart werd aangemoedigd door vermindering van baak,-

(*) Publicatie van C. Barends, 14 Junij 1852.
(†) Publicatie van von Schmidt auf Altenstadt. 22 Junij 1852.
(§) Resolutie van 20 November 1852, met bijlagen, enz., enz.

los- en steigergeld (*); de openbare verkoop te Paramaribo
der voortbrengselen van plantaadjes en gronden werd gemakkelijker gemaakt door het afschaffen van verscheidene lastige
formaliteiten (†); de briefwisseling werd nader geregeld en
door verlaging van het port bevorderd (§).

De verandering in het Nederlandsch muntstelsel, waarbij
de gouden standaard werd opgeheven en de zilveren aangenomen, werd ook voor West-Indie verbindend gemaakt; terwijl evenwel, om de gelacirculatie te bevorderen, sommige
vreemde zilveren munten tegen vastgestelden koers, als wettig
betaalmiddel ook bij betalingen in 's lands kassen konden
worden gebezigd (**).

In Nederland was door openlijke behandeling der zaken de
toestand van Suriname meer bekend geworden en meer belangstelling in het lot der slaven opgewekt. In de vergaderingen
der volksvertegenwoordiging werd meermalen op welsprekende
wijze aangetoond dat hierin verandering en verbetering moest
komen en meer en meer won de overtuiging veld, dat alleen afschaffing der slavernij werkelijk de gewenschte verbetering kon daarstellen; de Nederlandsche regering erkende
mede, dat de slavernij tegen godsdienst en menschelijkheid
streedt, en dat hare afschaffing een eisch des tijds en tevens
in het belang der kolonie was.

De nieuwe reglementen op de behandeling der slaven waren
in velerlei opzigten onvoldoende; treffend werden de leemten
er van aangetoond in het bekende werk van van Hoëvell »slaven en vrijen onder de Nederlandsche wet." In dat werk werd
een getrouw tafereel geleverd van het leven en lijden der
slaven in Suriname: andere geschriften gingen vooraf of volgden; openbare voordragten werden over deze zaak gehouden;
de sluijer die zooveel ellende voor het oog der Nederlanders
verborg, werd verscheurd, en toch nog gelukte het der reac-

(*) Publicatie van Schmidt auf Altenstadt, 3 September 1852.
(†) Publicatie van Schmidt auf Altenstadt, 3 September 1852.
(§) Publicatien van Schmidt auf Altenstadt, 22 April, 29 April 1854 enz.
(**) Publicatie van Schmidt auf Altenstadt, 22 Dec. 1854, met bijlagen.

tionaire partij voor een wijle de afdoening dezer groote schuld
te vertragen; en de opgewekte belangstelling bij velen in
Nederland te doen verminderen.

Werden de nieuwe slavenreglementen met reden in Nederland als onvoldoende geacht, in Suriname daarentegen werden
zij door hen, die tot het oud regime behoorden met onwil
ontvangen en niet naar behooren nageleefd. Elke latere wijziging in gemelden zin baarde ontevredenheid bij de mannen
der reactie; dus ook die welke in Februarij en September
1854 werden gepubliceerd, en waarbij nadere verordeningen
omtrent verstrekking van kleeding en voedsel enz. werden
vastgesteld (*).

De overtreding van het verbod omtrent het sloopen van
plantaadjes en het vervoeren van slavenmagten naar elders,
anders dan na verkregene toestemming van den Gouverneur
werd met straf bedreigd (†); de premien vroeger gesteld (§)
op den invoer van slaven van de West-Indische eilanden naar
Suriname werden ingetrokken, de uitvoer niet langer belast (**) en alzoo ten minste de handel in slaven niet langer
aangemoedigd; omtrent het vervoeren van enkelde slaven van
de eene naar de andere plantaadje werden ook regelen gesteld
en de verpligting opgelegd hiervan vooraf kennis te geven (††).

Er werden alzoo wel van tijd tot tijd mildere bepalingen
omtrent de behandeling der slaven gemaakt, en ook in de
kolonie openbaarde zich bij velen een loffelijke zucht om het
beheer over slaven meer overeenkomstig de eischen van menschelijkheid te voeren; doch behalve dat het geheele stelsel
der slavernij afschuwelijk is en noodzakelijk tot onregtvaardigheid leidt, waren er ook droevige uitzonderingen en vonden
ook nu nog slechte behandeling ja mishandelingen van slaven
plaats, die de menschheid onteerden.

(*) Publicatiën van Schmidt auf Altenstadt, 23 Februarij en 8 September 1854.

(†) Publicatie van Schmidt auf Altenstadt, 13 Februarij 1854.

(§) Zie bladz. 651)

(**) Resolutie van Schmidt auf Altenstadt, 12 Julij 1853, met bijlage.

(††) Publicatie van Schmidt auf Altenstadt, 9 Januarij 1855.

De landelijke policie, die aan Heemraden en onder dezen aan Burgerofficieren was opgedragen, liet veel te wenschen over, ten opzigte van de bescherming der slaven tegen wille-keurige behandeling van de zijde hunner meesters. Niet — zoo als Elias gewenscht had, — aan onzijdige ambtenaren, maar aan Administrateuren en Directeuren was de handhaving der reglementen, de bescherming der slaven opgedragen, en dat deze heeren niet te streng jegens hunne gelijken zouden zijn, kon men reeds à priori voorzien, en leerde verder de ondervinding.

Schmidt auf Altenstadt bezat noch de geestkracht van Elias noch den ijver van van Raders. Zijn ziekelijk ligchaamsgestel belemmerde hem in vele opzigten en eene magtige partij maakte gebruik om invloed te verkrijgen en de zaken naar haar inzigt te bestieren. Hij wilde bezuinigingen invoeren, doch ging hierbij menigmaal op onverstandige wijze te werk, zoo dat besnoeid en bezuinigd werd, waardoor menigeen te kort werd gedaan, terwijl hij een verrotten boel naliet, waar-van de herstellingen het *drie* dubbele zijner zoogenaamde be-sparingen heeft gekost.

Den 28sten November 1852 vierde de Surinaamsche Maat-schappij van Weldadigheid haar 25 jarig bestaan, in het Kerkgebouw der Hervormde Gemeente.

In eene sierlijke rede werd door den heer J. C. Muller, Az., de geschiedenis der Maatschappij medegedeeld, en haar tegen-woordige toestand geschetst. Orgelspel en feestliederen ver-hoogden de feestvreugde; een groot getal van belangstellenden en nieuwsgierigen waren opgekomen tot bijwoning van dit feest en vele blijken van belangstelling werden gegeven. En zij verdiende die, want zoowel uit de feestrede, als uit het overzigt van de werkzaamheden, de bemoeijingen en het we-dervaren der maatschappij door den Secretaris uitgebragt, blijkt dat haren werkkring hoogst belangrijk was. Zij ondersteunde behoeftigen door hun, bij ziekte genees- en heelkundige hulp te verleenen, doch ze dan verder tot werkzaamheid op te wekken en door het verstrekken van gereedschap enz. in staat te stellen, met eere hun brood te verdienen, en slechts bij uitersten nood meer bepaald te bedeelen. Hare zorg, om de kinderen dier behoeftigen behoorlijk schoolonderwijs te verschaffen, was vooral een uitnemend middel der Maatschappij tot welzijn der arme bevolking, terwijl zij zich ook nog later die kinderen aantrok, door hen, zooveel dit mogelijk ware, in zoodanig ambacht of zoodanige werkzaamheid te doen opleiden, als waartoe zich hunne keuze bepaalden en zij de geschiktheid bezaten. Eene opgerigte spaarbank ging de verspilzucht tegen en werkte zeer gunstig. Het oprigten van een weduwen en weezen fonds, had om de beperkte middelen achterwege moeten blijven. In 1855 heeft zij ook gepoogd door het uitgeven van een tijdschrift nuttig te zijn. Ons is echter niet gebleken, dat hiervan meer dan een jaargang is verschenen.

De maatschappij had met veel tegenwerking te kampen gehad, doch aan de andere zijde had zij deelname bij velen en ondersteuning van het koloniaal Gouvernement ondervonden. Eenmaal zelfs was haar eene gift van f 100.— uit naam van Koningin Victoria uit Groot Brittanje toegezonden. Ruim 71 duizend gulden was door de maatschappij ontvangen en ten nutte der behoeftige bevolking besteed geworden. En nog steeds breidde zich haar werkkring uit en ging zij voort ten nutte der behoeftigen in Suriname te arbeiden.

Werkte deze maatschappij op philantropisch gebied en kan zij op gunstige uitkomsten wijzen, ook de maatschappij ter bevordering van het godsdienstig onderwijs onder de slaven en verdere Heidensche bevolking in de kolonie Suriname, die den 4den Julij 1854 haar 25jarig bestaan vierde, had met zegen gearbeid. Zij was in staat geweest, om den zendingsarbeid der Broedergemeente met de belangrijke som van f 101,828.74 te ondersteunen. Het grootste deel dier geldsom f 80,650 was echter door het moederland bijgedragen; het overige was gedeeltelijk uit contributiën der leden in Suriname en verder uit intressen en vooral ook door subsidiën van het koloniaal Gouvernement bijeengebragt. Het Gouvernement had meermalen van zijne belangstelling bewijs gegeven; maar het getal leden in Suriname was niet zeer aanzienlijk, en bedroeg in 1854 slechts 62.

De Broedergemeente had de aangeboden hulp ten nutte gemaakt en een personeel van 28 broeders en 24 zusters werkten thans met onbezweken trouw op dezen akker; reeds een getal van 165 plantaadjes, kon in zekeren zin als onder hunne leiding staande, worden aangemerkt, 19,419 negers en kleurlingen, als onderwijs genietende beschouwd (*). Groote dingen heeft de Heer met kleine krachten gedaan. Zijne kracht wordt steeds in zwakheid volbragt.

De kolonisatie te Groningen aan de Saramacca, ging meer en meer achteruit. Van 1849 tot 1853 verlieten de kolonisten achtereenvolgens het genoemd etablissement. Voor de laatste vijf gezinnen die nog te Groningen waren gebleven, werden in 1853 vijf woningen gebouwd aan den gemeenen landsweg bij Paramaribo. Ook aan hen zijn door Schmidt auf Alterstadt koeijen ter leen gegeven en een voorschot van leeftogt tot December 1853, tot een gezamelijk bedrag van p. m. ƒ4000, dus p. m. ƒ800 voor ieder gezin. In 1854 konden zij reeds in hunne eigene behoeften voorzien, en zij gingen vooruit, daar hun aantal vee, dat bij hunne vestiging, 18 stuks bedroeg, in 1855 reeds tot 43 stuks rundvee en 2 ezels was toegenomen. De vijf huisgezinnen, die onder van Raders zich bij Paramaribo hadden gevestigd, bezaten nu reeds 79 stuks hoornvee en twee ezels, en hadden reden om te vreden te zijn. Ook anderen vestigden zich aldaar en hun welvaart nam toe, en dit noopte ook anderen, die nog regts en links omzwierven, zich in de nabijheid der stad neder te zetten (†).

Dat het climaat van Suriname den Europeschen landbouwer niet belet om, bij behoorlijken levensregel den landbouw te drijven heeft de ondervinding geleerd; terwijl slechts ver-

---

(*) Het vijfentwintig jarig bestaan der Maatschappij ter bevordering van het godsdienstig onderwijs onder de slaven en verdere Heidensche bevolking in de kolonie Suriname, plegtig gevierd te Paramaribo, den 4den Julij 1854.

(†) Geschiedkundige aanteekeningen enz., door R. F. Baron van Raders, bladz. 114, 115. De Hollandsche boeren in Suriname. Surinaamsch Weekblad, 20 Mei 1860.

keerd genomen voorbereidings-maatregelen, slecht gekozen plaats der vestiging en verkeerd bestuur als de voorname oorzaken van de mislukking der kolonisatie aan de Saramacca moeten worden beschouwd.

In een ander gedeelte der kolonie, namelijk aan de Marowijne, werd door een ondernemend man, zekeren Kappler, eene proef ter kolonisatie genomen.

Aan de Marowijne bestond vroeger de militaire post Armina, en niet ver vandaar, een piket van eenige manschappen, onder het commando van een korporaal, op eene plaats aan den linker Marowijne oever, post Frederik Willem Hendrik geheten. In 1839 werd een jonge Duitscher, August Kappler, commandant van dit piket. Door eene aaneenschakeling van zeer interressante gebeurtenissen en omstandigheden, welke hij ten deele in een werkje (*) heeft bekend gemaakt, en waarbij hij eene volharding en een geduld aan den dag legde, welke inderdaad bewonderingswaardig zijn, werd deze eenvoudige man de grondlegger van eene Europesche volkplanting, die werkelijk goede vruchten beloofde.

Kappler die later door het koloniaal Gouvernement tot Assistent-posthouder bij de Aucaner Boschnegers werd aangesteld, voor welke betrekking hij ƒ 700.— ontving, had in die streek 10 akkers land, geheel van bosch laten bevrijden. Vroeger bevond zich aldaar een Indiaansch dorp. Nadat dit door deszelfs bewoners was verlaten geworden, nam Kappler daarvan bezit en dreef jaren lang op deze plaats handel met de Boschnegers en Indianen, terwijl hij met gehuurde negers, een kleinen hoek grond tot verkrijging van voedsel bearbeidde.

Door den Wurtembergsche consul te Amsterdam kwam hij in aanraking met het handelshuis Kreglinger en Comp. in genoemde stad, van welk huis hij voortaan zijne waren ontving en met welks chef hij in vertrouwde briefwissel kwam.

De mogelijkheid van een uitgebreider houthandel met de Boschnegers aan de Marowijne werd in Suriname ingezien, en

(*) Kappler. Zes jaren in Suriname, 1854. 2 deelen.

ten gevolge daarvan vestigde zich een jaar na de nederzetting van Kappler, een half uur hooger op, zekere Montecattini. Deze man, een Corsikaan van geboorte, vroeger Directeur eener plantaadje, was reeds sedert lang met de Boschnegers bekend, die voor hem, uithoofde der vele boschpatrouilles, die hij meest met een gelukkig gevolg als burger-officier gemaakt had, (*) en waarvoor hij van eenige Hollandsche handelshuizen een eeredegen had ontvangen, veel eerbied bezaten. Hij was daarenboven eenigen tijd fungerend posthouder in de Cottica geweest en had zich als zoodanig in zulk eene hooge mate het vertrouwen der boschnegers weten te verwerven, dat het grootopperhoofd hem tot zijnen specialen vriend koos en beiden tot bevestiging van hunne vriendschap wederkeerig elkanders bloed dronken.

Geheel anders was het met Kappler gesteld, die toen ten tijde nog geen assistent-posthouder was. Hij wist zich in het geheel niet op zulk een voet met de Boschnegers te stellen, dat hij voordeel daaruit trekken kon; hem kenden de Boschnegers van vroeger slechts als »Coprali" (korporaal), wat in hunne oogen niet veel te beteekenen had. Hier zagen zij hem zijnen akker zelf bebouwen, zijn hout splijten en zijn eten zelf koken. Dit gaf hem geheel het aanzien van een »Potti-bakkera" (arme blanke), waarvoor zij weinig eerbied hadden.

Montecattini had buitendien nog het groote voordeel, dat hij, zoo al niet zeer — echter toch meer — bemiddeld was dan Kappler, die niet had, dan hetgeen hij zelf verdiende, en daarvan nog oude schulden in Paramaribo afbetalen moest.

Terwijl dus Montecattini schepen naar de Antilles, met het van de Boschnegers gekochte hout, konde bevrachten, bepaalden Kapplers ondernemingen zich daartoe, dat hij van tijd tot tijd met het grootste levensgevaar eenige blokken cederhout, aan een corjaaltje gebonden, over zee naar Paramaribo of dwars over de Marowijne naar Mana in Fransch Guijana ter verkoop bragt.

Zoo ging het eenige jaren, totdat bij Kappler het plan ont-

(*) Zie bladzijde 676.

47

stond om Europesche, voornamelijk Wurtembergsche, houtwerkers naar Suriname te laten overkomen. Daar hem hiertoe echter de middelen ontbraken, deelde hij zijn plan aan den
heer Kreglinger mede, die zich niet ongenegen betoonde hem
hierin behulpzaam te zijn.

Kappler ging in 1852 naar Europa, sloot een contract met
Kreglinger en Co., reisde vervolgens naar Wurtemberg en
engageerde aldaar voor de onderneming 19 personen, waaronder 8 mannen en vijf vrouwen, terwijl eene overeenkomst
werd getroffen tot een tweede transport voor het volgende jaar,
waarvan de zorg aan een jongen houtvester, Bühler, werd
opgedragen, die hiermede als assistent van Kappler naar Suriname zou vertrekken.

In de maand Julij 1853 kwam Kappler, die in Wurtemberg gehuwd was, met 19 personen te Albina (naar zijne vrouw
aldus genoemd) aan.

De voorbereidingsmaatregelen tot ontvangst der kolonisten,
aan zekeren Stein, een vroegeren Directeur, opgedragen, waren
nog niet geheel voltooid. Men ging echter met moed woningen bouwen, kostgrond aanleggen, en het schip, dat de Immigranten overvoerde, werd beladen met een voorraad hout,
deels door Kappler reeds vroeger van de Boschnegers, deels
door Stein gedurende zijne afwezigheid aangekocht.

Alles ging aanvankelijk goed; de arbeiders werkten met ijver
en hunne gezondheid was voldoende; doch weldra ontstonden
er moeijelijkheden tusschen Kappler en zijne Wurtembergers.
Het door hem met de werklieden aangegaan contract, om hun
ƒ 1.— per dag, vrije huisvesting, vrije kost en vrije geneeskundige behandeling te verstrekken, kon niet altijd behoorlijk
worden nageleefd. De Wurtembergers klaagden somwijlen
onbillijk en Kappler, die een driftig, opvliegend gestel bezat,
was niet de man om zulke klagten met bedaardheid aan te
hooren.

Schmidt auf Altenstadt bezocht in November 1853 het etablissement en zocht zoowel door zijne tegenwoordigheid als
door zijne toespraak en die van den heer Wullshläger, voorstander der Moravische Broedergemeente, de overeenstemming

tusschen Kappler en de werklieden te herstellen, waarin hij tamelijk wel slaagde.

Den 23sten April 1854 kwam het tweede transport, uit 19 personen (10 mannen, 4 vrouwen en 5 kinderen) bestaande, onder geleide van Bühler. Nu rezen spoedig nieuwe onaangenaamheden, voornamelijk tusschen Kappler en Bühler, welke laatste een wetenschappelijk gevormd man, maar vol roode socialistische denkbeelden was.

Door tusschenkomst van den Gouverneur werden de verschillen tusschen Kappler en de arbeiders bijgelegd. Bühler werd door den Procureur-Generaal in de stad ontboden en ontving bevel het land te verlaten, doch hij stierf nog vóór zijn vertrek aan de gele koorts, die toenmaals te Paramaribo heerschte.

De gezondheidstoestand bleef voldoende en de geschiktheid tot den arbeid bij de werklieden was bevredigend. Veel was er reeds gedaan, doch het eigenlijk doel, om, met behulp der werklieden, een geregelden houthandel te drijven, werd niet zoo volledig bereikt als Kreglinger en Co. zich hadden voorgesteld. Kreglinger had uitgegeven f 50,000; Kappler had f 7000 bijgedragen en in April 1855 was voor f 21,000 aan hout verzonden. Mislukt kon alzoo deze proeve niet worden genoemd. Kreglinger werd echter ongenegen meer geld in de zaak te steken en de gedurige twisten tusschen Kappler en de werklieden belemmerden den voortgang. Kappler zag ook spoedig in, dat de tegenwoordige onderneming niet aan de verwachting die men daarvan koesterde, zou beantwoorden, daar zij te kostbaar was; — slechts als landbouw drijvende kolonie kon zij den ondernemers de gewenschte winst opleveren. Kappler drong hierop bij Kreglinger aan, doch diens associé was tegen iedere uitbreiding der zaak; men vroeg de hulp van het gouvernement, doch dit sloeg alle geldelijke ondersteuning af. Deze onderneming verloor alzoo hare belangrijkheid. — Op Montecattini's oord waren in 1854 14 Europeanen werkzaam, die allen gezond bleven en aan de verwachting beantwoordden.

Eene Duitsche commissie van vier leden, Prof. P. Duterhofen, J. Schunk, C. F. Noak en Dr. T. Voltz, gingen in 1853 naar Suriname, om aldaar na te gaan en vervolgens het Nederlandsche Gouvernement voor te lichten, in hoeverre dat land voor eene kolonisatie met Duitschers geschikt zou zijn, en welk gedeelte der kolonie zou kunnen worden aangewezen, om, met hoop op een goeden uitslag, eene dergelijke onderneming tot stand te brengen.

Twee harer leden keerden in 1854 naar Europa terug; van de beide overgeblevenen overleed Dr. Voltz in 1855 te Paramaribo en J. Schunck nam in 1855 de terugreis aan. Over het plan werd met de regering onderhandeld, wederzijds voorstellen gedaan, doch de zaak kwam niet tot stand.

Ofschoon door die Commissie geen eigenlijk gezegd verslag is ingezonden, waren echter eenige aanteekeningen, door Dr. Voltz en Prof. Dutterhofer gemaakt, bij het koloniaal archief berustende. Hiervan is door het Indisch Genootschap, na verkregen toestemming van den Minister Rochussen, eene vertaling gemaakt en deze, met belangrijke uitbreidingen, geplaatst in het tijdschrijft van genoemd Genootschap, en aan dit zeer belangrijk opstel zijn de voornaamste bijzonderheden omtrent de door Kappler beproefde kolonisatie ontleend (*).

Schmidt auf Altenstadt, gedrukt door een ziekelijk en melancholisch gestel, verlangde naar rust en vroeg om ontslag uit de betrekking van Gouverneur van Suriname. Hij erlangde dat ontslag eervol en droeg het bestuur der kolonie, den 23sten Augustus 1855, over aan den Generaal-Majoor Titulair Charles Pierre Schimpf, die, door Z. M. tot Gouverneur van Suriname benoemd, het bewind dien dag aanvaardde (†).

Ten gevolge van het in 1848 voor Suriname aangenomen stelsel van vrijheid van handel werden achtereenvolgens Consuls of Consulaire agenten van bevriende natien in Suriname aangesteld, en hieromtrent tractaten gesloten. Met Belgie was hiertoe

---

(*) Handelingen en Geschriften van het Indisch Genootschap, 6den jaargang, bladz. 119--245.

(†) Publicatie van Schmidt auf Altenstadt en Schimpf, 25 Augustus 1855.

het eerst eene overeenkomst aangegaan (*); Frankrijk en Amerika volgden nog in hetzelfde jaar, en later werden verscheidene tractaten omtrent deze aangelegenheid ook met andere natien gesloten (†).

Het inkomen in de rivier Suriname was voor met de kust onbekende zeelieden niet gemakkelijk, want, daar het gat van Braamspunt meermalen digt spoelde en de tonnen soms slecht lagen, voeren de schepen dikwijls, bij nacht of mistig weder, de Suriname voorbij of bleven op de modderbank vastzitten. Door de kapiteins werd bij herhaling op verbetering aangedrongen en eindelijk hieraan gehoor gegeven, door een oud schip tot vuurschip aan te leggen (§). Waren — zoo als wij op bladz. 723 aanmerkten — in het eerst de voordeelen van den vrijen handel gering, spoedig veranderde dit. Toen de vrije handel en de vrije vaart in Suriname werden geproclameerd, dreven de behoudsmannen daarmede den spot. — Men waande de kluisters, waarin de Amerikaansche handel was geslagen, onverbreekbaar, en de melassie, het eenige product, dat de Amerikanen, met eenig voordeel konden uitvoeren. — Vreemde schepen (behalve uit de Vereenigde Staten) zouden de kolonie niet komen aandoen, dewijl de voortbrengselen der plantaadjes toch aan de fondshouders in Nederland moesten worden afgescheept. De natuur der zaak, die zich op den duur geen geweld laat aandoen; de omstandigheden, die steeds aan veranderingen en wisselingen onderhevig zijn, bragten een geheel ander resultaat te voorschijn. De Amerikaansche schippers, die het despotisme der administrateurs van plantaadjes en de Amerikaansche kooplieden (die gezamenlijk eene lijn trokken) moede waren, verkozen hunne ladingen niet meer tegen melassie te ruilen, maar voor contant geld te verkoopen, en suiker, cucao of koffij, als retourlading, in te koopen. Hierdoor werd aan het monopolie een grooten slag toegebragt. Onderscheidene kleinhandelaars

(*) Koninklijk Besluit, 20 Mei 1855, Resolutie van Schmidt auf Altenstadt, 8 Augustus 1855.

(†) Koninklijke besluiten, 20 Junij, 7 Julij, 31 December 1855, 13 Februarij, 8 en 21 Mei, 23 Julij, 3, 20, 22 en 28 Augustus 1856. Resolutiën van Schimpf, houdende afkondiging derzelve, enz.

(§) Zie o. a. publicatie van Schimpf 19 December 1851.

traden op en kochten de cargas der Amerikaansche schippers, ten spijt der vaste leveranciers van de plantaadjes, en de administrateurs zagen zich verpligt toe te geven, om niet met de melassie te blijven zitten. De hooge prijzen, waarvoor de provisiën aan de plantaadjes werden opgeschreven, — en waarvan de administrateurs 10 procent genoten — daalden verbazend, ten voordeele der effecten, terwijl de melassie in prijs steeg. Daarbij kwam, dat verscheidene plantaadjes, die langen tijd onder sequestratie waren, en, om de ongehoorde voordeelen, die de Amerikaansche kooplieden — in compagnie met de administrateuren, — daarvan trokken, aangehouden werden, nu publiek verkocht en door ingezetenen ingekocht werden. De nieuwe eigenaren, zelf in de kolonie gevestigd, trokken toen partij van den vrijen handel en de vrije vaart; kochten hunne slavenprovisiën goedkoop in en genoten het voordeel van de steeds hooger en hooger stijgende prijzen der producten. Toen begon ook de cacao-teelt (een artikel veel gevraagd door de Amerikanen) toe te nemen, en nu verheugt zich ieder, dat de vrije handelsbeweging bijna al de *in Suriname* gevestigde eigenaren tot welvarende planters heeft gemaakt. Tonnen gouds aan schulden zijn achtervolgens afbetaald en op de reede van Suriname vertoonen zich thans de vlaggen van vele natiën, die vroeger nooit aan de vaart op Suriname hadden gedacht. — Zijn door vrijen handel reeds dergelijke voordeelen verkregen, hoe veel meerdere zullen er verworven worden, indien, door afschaffing der slavernij, vrije arbeid met vrijen handel hand aan hand gaan, om nieuwe bronnen op te sporen, waardoor volkswelvaart kan worden bevorderd.

Door een inwoner van Suriname, Hart Lyon, werd, na verkregen concessie, eene binnenlandsche stoombootdienst ingerigt, waardoor de communicatie met verscheidene plantaadjes verbeterd en het vertier bevorderd werd.

In 1856 werd eene nieuwe patentwet uitgevaardigd (*); verschillende verordeningen tot betere regeling van civiele en

(*) Publicatie van Schimpf, 16 Februarij 1856.

strafzaken bij het regtswezen gemaakt (*); de werkzaamheden
van den Procureur-Generaal verligt door, tot hoofd der policie,
onder hem, een provisioneele commissaris aan te stellen (†);
terwijl tevens, door vermeerdering van het getal der wijk-
meesters, als Hulpambtenaren der Policie, een beter toezigt op
het onderhoud en de reinheid der wegen, waterleidingen enz.
kon plaats vinden (§). Ook werd het reglement op het brandwezen gewijzigd (**); de burgerlijke geneeskundige dienst
nieuw geregeld (††) en verder verschillende huishoudelijke
reglementen en verordeningen gewijzigd of nieuw daargesteld.

De onderscheidene stammen der bevredigde Boschnegers
leefden nog steeds op hunne gewone wijze, afgescheiden van
de overige bevolking, in Suriname's uitgestrekte wouden. De
Moravische broeders hadden reeds meermalen getracht eene
zending onder hen te vestigen. Bij den stam der Saramaccaners
hadden zij een goed onthaal gevonden en bleef de verkondiging van het Evangelie der genade onder hen niet ongezegend.
Het klimaat scheen echter aldaar voor blanken zeer ongezond
te zijn en verscheidene broeders en zusters bezweken, als
offers hunner Christelijke liefde, op dit arbeidsveld. Toch
zou de lieve broedergemeente hiermede zijn voortgegaan, indien niet door meerdere uitbreiding van het zendingswerk op de
plantaadjes, dit bij hun gering aantal, onmogelijk ware geworden.
 In 1840 was, op aandrang van de kleine gemeente van
Boschnegers, op nieuw een zendingspost gevestigd; doch de
zendeling, broeder Schmidt, werd in 1845 door den Heer tot
zijne eeuwige rust geroepen. Reeds vele vruchten had hij van
zijnen arbeid mogen aanschouwen; zijne weduwe bleef nog
elf maanden bij de gemeente; andere zendelingen volgden, maar
bezweken en in 1854 moest men, hoe noode ook, opgeven
om deze post door Europeanen te laten bedienen. Evenwel

(*) Publicatiën van Schimpf, 26 April en 8 Julij 1856.
(†) Publicatie van Schimpf, 26 April 1856.
(§) Publicatie van Schimpf, 11 Junij 1856.
(**) Publicatiën van Schimpf, 1 en 10 Mei 1857.
(††) Publicatie van Schimpf, 21 December 1857.

was het zaad niet te vergeefs uitgestrooid: een deel was in de goede aarde gevallen en de Heer had er wasdom aan verleend. Nog blijft daar eene gemeente bestaan, door zoogenaamde Nationaal-helpers, uit de familie van het opperhoofd Arabi, bediend. Zij schijnt er als een licht in eene duistere plaats en werkt door leer en voorbeeld gunstig op de verdere bevolking.

Het onderling wantrouwen tusschen de Boschnegers en de Europeanen, ofschoon nog niet geheel opgehouden, verminderde; door houtvelling en houthandel kwamen zij van tijd tot tijd in aanraking met de overige bevolking; de vrees, die men, somwijlen zeer overdreven, voor hunne getrouwheid aan de blanken had gekoesterd, verdween meer en meer, en alzoo kon de lastige contrôle en de beperkende bepalingen, om zich van hunne woonplaats te verwijderen en naar Paramaribo te komen, veilig worden opgeheven. Hiertoe werd dan ook besloten en bij resolutie van 26 Augustus kennis gegeven: dat het opperhoofd, op daartoe gedane uitnoodiging, beloofd had met een goed voorbeeld zijne ondergeschikten voor te gaan; terwijl de verdere bevolking verzocht werd, om doorhare handeling jegens de Boschnegers hun vertrouwen in te boezemen en de goede bedoelingen van het Gouvernement te bevorderen (*).

In Nederland was de belangstelling in Suriname en in het bijzonder voor de nog steeds in slavernij verkeerende negers toegenomen. Verscheidene stemmen, zoo in als buiten de Vergadering der Volksvertegenwoordigers, werden in hun belang gehoord. De Nederlandsche regering bleef niet doof voor deze stemmen; zij zelve begeerde den smet, die, door het laten voortduren der slavernij, op de Nederlandsche natie kleefde, uit te wisschen en — bij Koninklijk besluit van 29 November 1855 werd eene staats-commissie benoemd: tot het voorstellen van maatregelen ten aanzien van de slaven in de Nederlandsche bezittingen. Die Commissie hield onderscheidene zittingen, beraadslaagde lang en bragt eerst in 1855 haar eerste rapport uit, en voegde daarbij een plan tot af-

(*) Resolutie van Schimpf, 26 Augustus 1856.

schaffing der slavernij in Suriname, dat — vrij algemeen afgekeurd — als zeer onpractisch werd beschouwd.

De toenmalige Minister van Kolonien, Mijer, diende in 1857
wetsvoorstellen omtrent deze aangelegenheid aan de Tweede
Kamer in, waarbij het plan der staats-commissie wel eenigermate gevolgd, doch hier en daar belangrijk gewijzigd werd.
In beide ontwerpen evenwel was het onregtvaardig beginsel opgenomen, dat de slaven de gelden voor hunne vrijmaking, door
den staat aan de eigenaren te verleenen, later moesten terug
betalen. Dergelijk beginsel kon in de Vergadering der Volksvertegenwoordiging op geen genoegzamen bijval rekenen en
vóór de openbare behandeling werd het voorstel van Minister
Mijer ingetrokken.

Intusschen had het reglement op de behandeling der slaven
van 1851 tot hevige critiek aanleiding gegeven en in de Kamer was zeer aangedrongen om, in afwachting der eventuele
Emancipatie, reeds dadelijk enkele bepalingen van het reglement in milden zin te wijzigen. Bij Koninklijk besluit van
1 Julij 1856 werden overeenkomstig dezen wensch eenige
wijzigingen daargesteld (*).

Ter zelfden datum werden door den Koning onafhankelijke
ambtenaren benoemd, die, onder den titel van Landdrosten,
het bestuur over de divisien zouden aanvaarden, toezigt houden op de behoorlijke naleving der slavenreglementen en —
alzoo de zich zelven controlerende Heemraden vervangen.

Verder beschouwden de vrienden der slaven als eene aanvankelijke overwinning en zegepraal hunner beginselen: de
benoeming van Mr. J. W. Gefken, Secretaris van de Nederlandsche Maatschappij ter bevordering van de afschaffing der
slavernij, tot Procureur-Generaal te Suriname. Zij stelden
zich hiervan veel goeds voor.

Velen in Nederland voedden hoop, dat de zoo noodige her-
vorming in Suriname, de wenschelijke afschaffing der slavernij
weldra tot stand zou komen; in Suriname zelve vermeenden
zij, wien het heil der kolonie en het lot der onderdrukte sla-

(*) Publicatie van Schimpf, 30 Augustus 1856.

ven ter harte ging, dat voor Suriname weldra een betere dag zou aanbreken; sommigen geloofden reeds aan de kimmen de dageraad van dien zoo vurig gewenschten dag te bespeuren; doch — die hoop werd verijdeld.

In de kolonie zelve vervielen het eerst die gemaakte illusien, daar de naakte werkelijkheid haar verdreven — en in Nederland bleef men nog eene wijle in den zoeten droom, dat nu in Suriname alles beter ging, en dat de afschaffing der slavernij aldaar behoorlijk voorbereid werd, terwijl officiële verslagen berigtten, dat de slavernij er slechts in naam bestond.

Zoo sluimerde men eenigen tijd voort; — daar deden zich schrille kreten van gemartelde slaven hooren; als door den adem des winds werden zij over de groote wateren heêngevoerd en ook in Nederland vernomen, en hier ontwaakten sommige slavenvrienden uit hunnen droom, doch, velen, wien het onaangenaam was aldus uit zoete mijmeringen verstoord en tot vernieuwde krachtsinspanning geroepen te worden, openden wel een weinig de oogen, maar, in plaats van op te springen en zich als één man rondom de standaart des regts en der vrijheid te scharen, en, met wettelijke wapenen, onregt en dwinglandij, in Nederlandschen naam, jegens weerlooze schepselen bedreven, te bestrijden, sluimerden zij spoedig weder in en — vergenoegden zich met de gedachte *eenmaal* toch iets te hebben gedaan in het belang der slaven. Bovendien — zoo redeneerden sommigen — men bleef immers lid der Nederlandsche maatschappij ter bevordering van de afschaffing der slavernij en was dit niet genoegzaam blijk van voortdurende belangstelling? men had zelfs zijn naam geplaatst op een der adressen aan Z. M. of aan de Tweede Kamer, waarbij op afschaffing der slavernij werd aangedrongen, en wie kon dit telkens doen? — daarbij het werd zoo vervelend, bij herhaling te spreken of te hooren van die negers, die zóó ver af woonden, en dán hunne vrijmaking zou zoo veel geld kosten en men behoefde geld voor zaken in het binnenland, voor werken van algemeen nut: de eerste verschijnselen der spoorwegkoorts begonnen zich te vertoonen.

Terwijl de ijver van velen verflaauwde, werden er echter

nog altijd gevonden, die niet aan de eindelijke zegepraal van een beginsel wanhoopten, waarin zij overtuigd zijn, dat kracht ligt, omdat het goed is, en, die, trots alle tegenwerking, ja, zelfs trots alle flaauwheid, voortgaan met de zaak der arme slaven ter harte te nemen, omdat zij weten, dat de Heer aan hunne zijde is en Hij op Zijnen tijd het juk der slaven verbreken zal. Kent de Heer zijn tijd, zij, die op Hem hun vertrouwen stellen, weten, dat het altijd hun tijd is om te doen wat goed en Hem welbehagelijk is.

Toen Schimpf in Suriname aankwam, nog vóór de overneming van het bestuur van Schmidt auf Altenstadt, bij wien hij tijdelijk zijn intrek had genomen, toonde hij belang te stellen in verschillende aangelegenheden, en onderhield zich meermalen met achtingswaardige personen over hetgeen ten goede voor de kolonie zou kunnen strekken. Vooral werd zijne aandacht bepaald bij den toestand der vrijlieden (gemanumitteerde slaven en afstammelingen van dezelven); hun toestand vorderde dringend verbetering en toen Schimpf het bestuur had aanvaard, poogde hij dien toestand te verbeteren, en reeds in hetzelfde jaar (19 December) verscheen er eene publicatie, die hiervan het bewijs leverde.

Bij die publicatie werd, tot bevordering van den kleinen landbouw en ter aanmoediging van arbeidzaamheid onder de minvermogende vrije bevolking, de publicatie van 17 Julij 1846, betreffende de uitgifte van gronden aan den staat behoorende, in zoo verre gewijzigd, dat van de verschuldigde pacht, ƒ 10 per bunder, vrijstelling kon worden verleend, doch waarbij tevens den pachter de verpligting werd opgelegd om, binnen drie maanden na uitgifte van den grond, een aanvang met de bebouwing te maken, daar de grond, bij gebreke daarvan, door het bestuur zou terug genomen worden (*).

Schimpf wilde meer voor de vrijlieden doen; hij wenschte een soort van Mettray daar te stellen, ten einde aan genoemde vrijlieden gelegenheid te verschaffen, om hunne kinderen eene

---

(†) Publicatie van Schimpf, 19 December 1855.

behoorlijke opvoeding te doen erlangen. Een doelmatig plan daartoe was hem, reeds kort na zijne komst, van eene achtingswaardige zijde voorgesteld. Ware dit opgevolgd, er zou werkelijk eene inrigting tot stand zijn gekomen, die zeer ten nutte van Suriname's bevolking had kunnen strekken; doch het werd niet gevolgd en — het Surinaamsche Mettray op Lustrijk, later daargesteld, werd eene inrigting, die veel geld aan den lande heeft gekost, zonder eenige goede vrucht voor de bevolking op te leveren.

Toonde Schimpf, bij het aanvaarden zijner betrekking, belang in het waarachtig welzijn van Suriname te stellen; bewees hij dit door daden; — had men alzoo gegronde hoop om veel goeds van zijn bestuur te verwachten, — spoedig verdween die hoop, want Schimpf kwam onder den invloed der reactionnaire partij.

Die partij, welke steeds de ontwikkeling van goede en heilrijke beginselen in Suriname heeft tegengehouden, wier nadeelige invloed op de belangen der kolonie zoo onloochenbaar is, wier listige handelwijze wij meermalen hebben aangetoond, trachtte immer de Landvoogden op hare zijde te krijgen. Bij Elias en van Raders was haar dit niet gelukt en — van daar de heftige oppositie tegen die waardige mannen van de zijde dier partij, die niet rustte vóór deze verwijderd waren. Onder het kort bestuur van Schmidt auf Altenstadt, die door een ziekelijk gestel gedrukt, zich niet veel met de zaken had kunnen bemoeijen, was haar invloed toegenomen, en — nu een nieuwe Landvoogd aan het bewind kwam, van wien men reden had te verwachten, dat hij zelf de teugels van het bestuur in de hand zou nemen, — nu werd het der reactionnaire partij van het grootste gewigt, om hem op hunne zijde te verkrijgen — en door hem te heerschen.

Daartoe moesten, in de eerste plaats, de achtingswaardige mannen, die den Landvoogd met goeden raad dienden, uit zijne omgeving worden verwijderd; — men maakte hen verdacht, door ze als republikeinen, heethoofden enz. den Gouverneur voor te stellen, en deze maatregel gelukte. Verder moest men trachten Schimpf, in het belang der partij zooveel mogelijk met de partij te identifieren en in den geest derzelve te doen handelen. Hem werd alzoo telkens voorgehouden, dat zekere fermiteit een voornaam vereischte was om de kolonie te besturen, en dat vooral te veel toegevendheid jegens de slavenbevolking steeds verkeerd was, want dat zij daardoor tot buitensporigheden zou overslaan (allerlei schrikbeelden werden opgehangen!) en dat het noodig was, in het belang der kolonie, het gezag der meesters te handhaven en zich hierbij niet te laten afschrikken door de sentimentele denkbeelden daaromtrent van dwaze philantrophen, die geen verstand van die dingen hadden. Men trachtte Schimpf te beduiden, dat hij, op deze wijze handelende, zich werkelijk verdienstelijk jegens de kolonie zoude maken, en — prikkelde alzoo zijn eerzucht. Schimpf leende het oor aan die vleijers, luisterde niet langer naar goeden raad en de reactionnairen slaagden aanvankelijk in hunne pogingen. Zij veranderden nu, in zekeren zin, hun tactiek, daar zij, die vroeger steeds zoo heftig tegen elke wezenlijke of vermeende magtsaanmatiging der Gouverneurs opkwamen, thans soms daden toejuichten waarbij Schimpf zich werkelijk zekere discretionaire magt aanmatigde; — zij deden alzoo omdat de Gouverneur meer en meer in hunnen geest begon te handelen, en zij alzoo hoop voedden hem geheel tot hun werktuig te maken en door hem te regeren.

Vooral verkreeg een gewezen Israeliet, de heer Egbert van Emden, een grooten invloed op Schimpf. Genoemde heer, die in nog jeugdigen leeftijd uit Amsterdam in Suriname gekomen, in de kolonie zijn fortuin heeft gemaakt en zich door onderscheidene middelen tot de hoogte heeft weten te verheffen, die hij in de Surinaamsche Maatschappij inneemt, kan zekere bekwaamheid niet ontzegd worden; doch die bekwaamheid werd gebezigd ter bevordering van de belangen der zijnen en der reactionnaire partij en strekte alzoo niet tot bevordering van het welzijn der kolonie. De invloed van van Emden op Schimpf werd bijna onbepaald; niet slechts erlangden zijne verwanten en vrienden bij voorkeur winstgevende betrekkingen; maar Schimpf raadpleegde hem in alles en deed bijna niets zonder vooraf het oordeel van van Emden te hebben ingewonnen.

Gedurende het bestuur van Schimpf werden de goede bedoelingen der Nederlandsche regering meermalen verijdeld;
want, zoo ze niet in zijnen geest of in die der reactionnaire partij
waren, verzette hij er zich tegen met eene stijfhoofdigheid,
die menigmaal de plaats van zelfstandigheid inneemt en somtijds ten onregte voor fermiteit wordt aangezien.

Hierdoor ook bleef hetgeen, bij behoorlijk overleg en goede
uitvoering, ten zegen der kolonie had kunnen strekken, zonder
vrucht, gelijk o. a. de stichting van het Mettray, het lieve-
lingsplan van den Gouverneur.

Dit Mettray werd opgerigt op een kostgrond Lustrijk, aan
de Commenijne, vrij ver van de stad, en die, als niet behoorlijk ingepolderd, moerassig en ongezond was. De geheele
inrigting was van dien aard, dat de vrijlieden er geen vertrouwen in stelden; er werd dan ook slechts een zeer gering getal
kinderen opgenomen. Niettegenstaande van vele zijden op
het ondoelmatige van het plan werd gewezen, dreef Schimpf
het door en beantwoordde de gemaakte bezwaren met het
magtwoord: »zoolang ik Gouverneur van Suriname zal wezen,
zal Mettray op Lustrijk blijven, het kostte wat het wil."

Hoe de goede bedoelingen der Nederlandsche regering in
Suriname verijdeld werden, blijkt o. a. uit de bekende zaak
met de Chinesche Immigranten Door hen, die de afschaffing
der slavernij tegenstaan, wordt immer beweerd, dat eene voorafgaande Immigratie noodig zij, en aangedrongen, dat de regering
hierin den planter te gemoet kome. Om hieraan eenigermate te
voldoen had het Nederlandsch Gouvernement aan den Nederlandschen Consul te Macao belast Chinesche arbeiders voor Suriname
aan te werven; hieraan werd voldaan en met 500 Chinezen
een contract gesloten om voor een bepaalden tijd en tegen
vastgestelde voorwaarden in die kolonie veldarbeid te verrigten.

Dat het geroep om Immigranten meestal slechts als een
voorwendsel ter vertraging der Emancipatie wordt gebezigd,
werd hier op nieuw duidelijk bewezen. De Chinesche Immigranten werden in April 1858 te Suriname verwacht; in het
Gouvernementsblad werd dit bij herhaling bekend gemaakt;

doch in plaats dat zich dadelijk vele huurders aanmeldden, kwamen er slechts enkelen en deze nog onder voorbehoud: van voor hen voordeelige conditiën te bedingen.

Schimpf gaf aan die vorderingen toe, waardoor het Gouvernement groote geldelijke schade leed, dat echter niet kon vermeden worden, zoo hetzelve de Immigranten niet alle voor zijne rekening wilde nemen; maar hij ging verder; want, toen de Chinezen in het laatst van April in Suriname aankwamen, werd door hem de bepalingen van het door den Nederlandschen Consul met hen gesloten contract ten voordeele der huurders gewijzigd. En toch nog vonden zij moeijelijk huurders.

De Chinezen, ontevreden over de eigenmagtige wijzigingen en over de behandeling, die zij op de plantaadjes ondervonden, weigerden op enkele plantaadjes te arbeiden en kwamen in verzet, het eerst op de Drie Gebroeders, toebehoorende aan van Emden, den vriend van den Gouverneur. De Chinezen werden zonder vorm van proces, in strijd met de bestaande reglementen (*), met rietslagen door de policie afgestraft, terwijl die onwettige behandeling later meermalen werd herhaald.

De Nederlandsche regering is op dit feit van onwettige strafoefening (†) opmerkzaam gemaakt; in de Tweede Kamer is de Minister van Koloniën (Rochussen) er over geïnterpelleerd; doch — gelijk meermalen — heeft de Nederlandsche regering zich tegenover de Surinaamsche reactie zwak betoond. Het door den Nederlandschen Consul met de Chinesche arbeiders gesloten contract is niet krachtig gehandhaafd; men heeft de Chinezen niet in het gelijk gesteld, gelijk regtmatig ware geweest, doch getracht een en ander zoo wat te schikken, te plooijen; vele Immigranten zijn door het Gouvernement in dienst genomen, anderen (op voor het Gouvernement zeer nadeelige voorwaarden) bij sommige planters, en later is de schuld der mislukking dezer proeve van Immigratie geworpen op de Immigranten

(*) Publicatie van Schimpf, 24 December 1856.

(†) Zie o. a. Adressen aan de Tweede Kamer door J. Wolbers, 4 December 1858 en 13 Januarij 1859.

zelven, die zich niet openlijk in geschrifte kunnen verdedigen, en wie men dus gemakkelijk beschuldigen kan (*).

Willekeurig werd ook door Schimpf gehandeld omtrent de bij Koninklijk besluit van 1 Julij 1856 benoemde ambtenaren (Landdrosten), die voor eene behoorlijke naleving der reglementen op de behandeling van de slaven moesten waken en aan wie het beheer der divisiën zou worden opgedragen.

In de instructie dier ambtenaren heerschte zekere onbestemdheid, want, door hen ter beschikking van den Gouverneur te stellen, werd de al of niet plaatsing aan den Landvoogd eenigermate overgelaten, en van die onbestemdheid werd in Suriname gebruik gemaakt, om de goede bedoelingen der regering te verijdelen. In Suriname heeft, vooral de reactionnaire partij, bezwaar tegen een onpartijdig en deugdelijk toezigt over de behandeling jegens de slaven, en vooral indien dit zal worden uitgeoefend door mannen, die niet als voorstanders van het oude regime bekend staan. Schimpf handelde dus geheel in den geest dier partij toen hij de naar Suriname gezonden Landdrosten, onder verschillende voorwendsels, niet in functie liet treden. Een geruime tijd hebben deze ambtenaren voor niets tractement genoten; sommigen zijn in andere betrekkingen geplaatst; terwijl anderen, het langer wachten en doorbrengen van hunnen tijd in ledigheid moede, naar Nederland zijn teruggekeerd.

Door verkeerde toepassing kunnen zelfs maatregelen van eene goede strekking geheel de tegenovergestelde uitwerking hebben. Dit was o. a. het geval met een maatregel, die door den heer Mr. Donker Curtius, tijdens hij als waarnemend Procureur-Generaal fungeerde, na eenige proeven, werd voorgesteld en door den Gouverneur aangenomen, en die ten doel had: het afstraffen der slaven met zweepslagen te verminderen. In de daartoe strekkende publicatie van 19 December 1857 werd gezegd, dat: in overweging was genomen, dat se-

(*) Schrijver dezes is tegen Immigratie van Chinezen, doch hij moet erkennen, dat de Chinezen, waarvan hier sprake is, onregtvaardig behandeld zijn, en hij wenscht, dat men eerlijk genoeg zij dit te erkennen.

dert eenigen tijd met goed gevolg, in plaats van de gewone
straffen van ligchamelijke kastijding of opsluiting, aan slaven
is opgelegd de straf van opsluiting met of zonder boeijen en
dwangarbeid aan publieke werken, volgens beschikking der
Policie, en dat daarom de Procureur-Generaal, de Landdrosten van Nickerie en Coronie, eigenaren en administrateuren,
welke bevoegd waren aan slaven zekere straffen op te leggen,
vrijheid werd verleend dezelve te doen vervangen door de
genoemde. Die oprigting van een corps strafwerkers had gunstig kunnen werken, zoo de ligchaamsstraffen hierdoor werkelijk verminderd waren; doch daar het bestuur en de handhaving der tucht soms aan personen werden toevertrouwd,
die hiervoor geheel ongeschikt waren, trof het geen doel.
Zweep- en stokslagen werden soms op de openbare straat toegediend; het lot der strafwerkers was ellendig, terwijl de arbeid aan 's landswerken in verachting werd gebragt en dus
tegen het goede beginsel van van Raders, en dat Schimpf anders zelf voorstond en ook bij de werkzaamheden aan het
Saramacca-kanaal wilde bevorderen, gehandeld.

Het valt ligtelijk te begrijpen, dat, waar men aan een Koninklijk besluit, omtrent de plaatsing van Landdrosten eene
uitlegging wist te geven en eene leemte in hetzelve wist te
benuttigen, waardoor de goede bedoeling er van geheel verijdeld werd; waar maatregelen, zoogenaamd in het belang der
slaven genomen, ter verzwaring van hun lot strekten, ook de
toepassing der in milden zin gewijzigde slavenreglementen veel te
wenschen overliet, en dat willekeur vaak in plaats van regt kwam.

De blik van Schimpf werd zoo beneveld, dat hij, hetgeen
toch zoo duidelijk en zoo dagelijks en zelfs in zijne naaste
omgeving kon opgemerkt worden, niet meer scheen te
zien, en in een officieel verslag aan de regering berigtte,
dat: »de slavernij in Suriname slechts in naam bestond."
In krijtende tegenspraak met dergelijke officiele berigten was
de mededeeling in sommige Nederlandsche dagbladen van feiten
van mishandeling den slaven aangedaan, die elk gevoelig hart
met deernis voor de ongelukkigen en met afgrijzen voor
de daders dier geweldadigheden vervulde. Men trachtte in

48

Suriname de feiten te loochenen, doch te vergeefs. De waarheid kon niet ontkend worden en zelfs in het den 29sten December 1860 aan de Tweede Kamer ingediend regerings-verslag over 1858 werden verscheidene dier feiten bevestigd. Boschpatrouilles werden op nieuw gehouden; weggeloopen slaven ten bloede gegeeseld; wreedheden door slavenmeesters en meesteressen begaan, en — de koloniale regering beschermde den zwakke niet; terwijl men, zoo men acht geeft op de von-nissen door de regterlijke magt tegen enkele meesters gewe-zen, met grond kan beweren, *dat de straf op misbruik van magt voor de meesters meer in naam dan in werkelijk-heid bestond* (*). Ook de hoop, die de slavenvrienden op de komst van den Procureur-Generaal Gefken hadden gevestigd, werd grootendeels verijdeld, daar hem, ofschoon hij welge-zind was en het goede voorstond zoo veel hij vermogt, meestal de kracht en magt ontbrak om werkelijk verbetering in het lot der slaven te brengen. Op velerlei wijzen werden zijne pogingen daartoe verijdeld, zijne kracht verlamd en — ook hij bleef niet geheel vrij van den invloed dier partij, welke Schimpf zoo geheel beheerschte.

Tijdens het bestuur van Schimpf werden er ook malversa-tien in publieke kassen ontdekt, als: in de kas van den Weesmeester en Curator Lionarons en van den Inspecteur der Domeinen, van de nijverheid en den landbouw, tevens Com-missaris en Secretaris der opgeheven particuliere West-Indische bank, A. Wildeboer. Tegen den eerstgenoemde was Schimpf meermalen gewaarschuwd, doch hij had deze waarschuwin-gen niet geacht voor dat het te laat was. Toen de malversatie werd ontdekt heeft de schuldige zich zelven van het leven beroofd; Wildeboer onttrok zich door de vlugt aan geregte-lijke vervolging.

Verscheidene belangrijke bouwwerken zijn onder het bestuur van Schimpf daargesteld; doch liet Schmidt auf Altenstadt, uit te vergedreven zuinigheid, veel verwaarloozen, Schimpf daarentegen, zeer bouwlustig zijnde, nam niet altijd den niet gunstigen staat der koloniale kas in acht; verscheidene 'sLands-

(*) Zie Verslag der Commissie uit de Tweede Kamer, zitting 8 Mei 1861.

werken hadden zonder eenig bezwaar achterwege kunnen blijven; andere hadden veel minder behoeven te kosten. De oprigting eener steenfabriek en kalkbranderij voor rekening van het Gouvernement was eene proeve, die als mislukt kon worden beschouwd; belangrijke sommen zijn daaraan ten koste gelegd, zonder aan de verwachting te beantwoorden. Het ontbrak den Gouverneur ook hierbij aan geen goeden raad door deskundigen gegeven, doch hij luisterde daar niet naar, en alzoo werden de gewenschte uitkomsten niet verkregen.

Uit een en ander is genoegzaam op te merken, dat de toestand van Suriname gedurende het bewind van Schimpf niet vooruitging, en toch, toen hij in 1858 zijn voornemen te kennen gaf om de teugels van het bestuur neder te leggen en om zijn ontslag verzocht, werden in Suriname pogingen aangewend om hem daarvan te doen afzien. Schimpf gaf als reden van zijn gevraagd ontslag, zijn geschokten gezondheidstoestand op en dat hij buitendien zich met de inzigten van den Minister van koloniën (Rochussen) niet kon vereenigen.

Wel had die Minister in de Kamers der Volksvertegenwoordigers den Gouverneur van Suriname geprezen, toen lof zeker misplaatst was, doch Schimpf schijnt volkomen instemming met zijne beginselen te hebben verwacht, en uit de in 1858 door den Minister ingediende wetsvoorstellen, tot afschaffing der slavernij en misschien ook wel uit niet openbaar bekende aanschrijvingen, was het tegendeel gebleken. De reactionnaire partij wenschte Schimpf te behouden en trachtte hem door adressen te bewegen zijn ingediend verzoek om ontslag in te trekken; terwijl tevens een adres door haar aan Z. M. werd toegezonden, met verzoek, om het door den Gouverneur gevraagd ontslag niet in te willigen.

Door den invloed der reactionnaire partij, die daartoe onderscheidene middelen aanwendde (*), werden deze adressen door

---

(*) In eene brochure: De Surinaamsche adressen, bij Kemink en Zoon, wordt een en ander omtrent die adressen medegedeeld, dat, ofschoon de stijl hier en daar wel wat scherp is, echter de volkomene waarheid schijnt te behelzen.

verscheidene personen onderteekend, doch het baatte niet. Schimpf gevoelde dat zijn toestand onhoudbaar was, hij bleef op zijn ontslag aandringen en het werd hem verleend.

Tot zijn opvolger werd benoemd Reinhart Frans van Lansberge, tot dusver Gouverneur van Curaçao en onderhoorigheden, die in Augustus 1859 in Suriname kwam en den 11den dier maand het bestuur van Schimpf overnam (*).

Bij de komst van den nieuwen Gouverneur vleiden zich velen, dat hij de zoo noodzakelijke hervormingen in Suriname met kracht zou bevorderen; zich het lot der slaven met ijver aantrekken; zijne ooren sluiten voor de inblazingen der reactionnaire partij en werkelijk een Landvoogd zijn, waarop Suriname trots kon wezen.

Van Lansberge schijnt die in hem gestelde verwachtingen niet te beschamen, en, terwijl hij waardigheid en minzaamheid in zich vereenigt, dragen zijne handelingen blijk, dat hij het goede voor Suriname wenscht en ook het lot der slaven wil verbeteren. Thans zijn sedert twee jaren verloopen en — ofschoon wij de goede bedoelingen van van Lansberge gaarne willen erkennen en hem de eer geven van werkelijk in vele opzigten te toonen, dat hij het heil der aan zijne zorgen toevertrouwde kolonie wil behartigen, gelooven wij echter, dat men van het bestuur van van Lansberge niet al te veel verwachten moet; want gebreken van den ouderdom beletten hem meermalen met die geestkracht te handelen, welke voor een Gouverneur van Suriname zoo onontbeerlijk is; hij moet te veel aan anderen overlaten, en dat hiervan door sommigen misbruik wordt gemaakt, is, indien men met den toestand in Suriname eenigermate bekend is, niet te verwonderen.

Te veel blijft in Suriname alles bij het oude, en toch is er aan verandering en verbetering groote behoefte.

Het Surinaamsch Mettray op Lustrijk werd eenigen tijd na het vertrek van Schimpf opgeheven.

(*) Publicatie van Schimpf en van van Lansberge 11 Augustus 1859.

In Februarij 1860 werd in eene Buitengewone Algemeene Vergadering besloten Lustrijk, waar het Mettray gevestigd was, te verkoopen en die inrigting te verplaatsen in de nabijheid van Paramaribo, overeenkomstig 's volks verlangen. Aan dit eerste is gevolg gegeven, doch aan het tweede heeft men nog niet kunnen voldoen. Sedert zijn pogingen aangewend om met medewerking van het Gouvernement de Volksscholen te vermeerderen en uit te breiden, waarvan de resultaten nog niet bekend zijn.

Meermalen was het gebrekkige der Surinaamsche wetgeving gebleken, en den 30sten September 1852 was bij Koninklijk besluit eene staats-commissie ingesteld, om deze zaak te onderzoeken en voorstellen te doen tot invoering eener nieuwe wetgeving in de West-Indische kolonien, zooveel mogelijk in overeenstemming met die van het moederland. Zeven jaren later werd de regering overtuigd, dat die invoering, in het belang der kolonien, ten spoedigste gevorderd werd; en bij Koninklijk besluit van 28 December 1859 werd Mr. L. Metman, Lid dier genoemde staats-commissie, benoemd tot Commissaris speciaal, belast met alles wat betrekking had tot de invoering eener nieuwe wetgeving in de West-Indische kolonien, en hem als Secretaris toegevoegd Mr. H. M. van Andel, Advocaat bij den Hoogen Raad der Nederlanden.

Aan de Gouverneurs van Suriname en Curaçao werd opgedragen om, op voordragt en in overleg met genoemden Commissaris, die wetgeving voorloopig in te voeren, onder voorbehoud van 's Konings nadere goedkeuring (*).

Metman en zijnen Secretaris van Andel kwamen den 26sten April 1860 te Suriname aan; Metman beijverde zich van den hem opgedragen last te kwijten; doch hij vermogt zijn arbeid niet ten einde te brengen, daar hij reeds den 5den October 1860 overleed. Zijn overlijden schokte veler gemoederen en vervulde menig hart met diepe droefheid. In den korten tijd, dien hij in Suriname doorbragt, had bij veler achting verworven; eene onafzienbare schare volgde dan ook den lijkstoet toen zijn stoffelijk overblijfsel in de groeve der verteering werd nedergelaten.

(*) Resolutie van van Lansberge, 14 Februarij 1860.

Weder werd dus deze zaak vertraagd; bij Koninklijk besluit van 2 December 1860 werd de voortzetting van de, ten gevolge van het overlijden van Metman, gestaakte werkzaamheden betreffende de gemelde wetgeving opgedragen aan de Commissie, vroeger reeds den heer Metman tot voorlichting toegevoegd, onder presidium van den Procureur-Generaal Gefken. Die arbeid is nog niet voltooid, doch nu zal na deszelfs voltooijing de nieuwe wetgeving niet dadelijk worden ingevoerd, maar vooraf aan Z. M. ter bekrachtiging worden gezonden.

In de laatste dagen van Augustus (1860) maakte de Gouverneur, met den heer Metman en eenige andere heeren, eene reis naar de Marowijne, waaromtrent in de Surinaamsche Courant belangrijke bijzonderheden worden medegedeeld.

Men bezocht de Fransche straf-etablissementen aan de overzijde der Marowijne gelegen, en werd door de Fransche autoriteiten met veel beleefdheid ontvangen. Door den Gouverneur en bijhebbend gezelschap werd ook het etablissement Albina bezocht. Na het ophouden van de houtvelling aldaar heeft Kappler eenige landbouwkundige proeven gedaan en zich voornamelijk op de veeteelt toegelegd; welke laatste, door relatien met zijne Fransche naburen, niet onaanzienlijk waren. De vroeger aldaar gevestigde Wurtemburgers zijn hier en daar in de kolonie verspreid; sommigen hebben zich naar Demerary begeven (*). Een Indiaansch kamp, ongeveer een uur boven Albina gelegen, hetwelk onder het Caraibisch opperhoofd, Petrie, staat, werd mede aangedaan. Eenige geschenken, daartoe van Paramaribo medegenomen, werden aan die Indianen, die zich verdienstelijk hadden gemaakt, uitgedeeld.

Het Groot Opperhoofd der Aucaner Boschnegers, Byman, bragt met eenige andere kapiteins den Landvoogd een bezoek. De Aucaners oefenen tevens een soort van gezag uit over de

---

(*) Montecattinis-oord bestaat nog maar bij naam. Montecattini, die, voor eenige jaren, met eene lading hout van de Marowijne naar Barbado's was vertrokken, liet sedert niets van zich hooren. Zijn neef en een ander geemploijeerde hebben als zijne gemagtigden eenigen tijd den houthandel aangehouden, doch hem, daar hij geen voordeelen afwierp, laten varen.

Bonni-negers, afstammelingen van Marrons, die, onder hun opperhoofd Bonni, zoo lang voor hunne vrijheid tegen de blanken hebben gestreden, en van welken strijd wij in onze geschiedenis meermalen melding hebben gemaakt. De Aucaners grondden dit gezag op vroegere den blanken tegen de Bonni-negers bewezen diensten en wilden ook hen beletten, die aan de overzijde der Marowijne woonden, met de Fransche onderdanen in aanraking te komen.

Hierover is door den Gouverneur en een der Fransche autoriteiten met het Groot-Opperhoofd en bijhebbende kapiteins gesproken, waarbij werd aangetoond, dat dit gezag onwettig of ten minste verjaard was; tevens werd bepaald, dat later eene commissie zou worden gezonden, om deze zaak af te doen. Die commissie vertrok daartoe in November 1860.

In het eerst had men eenige moeite den Aucaner hoofdman te bewegen aan den eisch van het Gouvernement toe te geven. Toen de provisionele Inspecteur der Domeinen, van de Nijverheid en den Landbouw, tevens belast met het toezigt over de verschillende Boschnegerstammen, mededeeling deed van het doel zijner zending, stond Byman op en gaf in bewoordingen, die niet altijd even kiesch waren en nu en dan zelfs gepaard gingen met bedreiging, te kennen : »dat het Nederlandsch Gouvernement het regt niet had om de Bonni-negers, die — èn omdat zij door zijne voorzaten in de met hen gevoerde oorlogen waren ten onder gebragt en sedert door de Aucaners in het belang der kolonie in toom waren gehouden, èn, ten gevolge van de met hen gesloten vredestractaten, slaven zijn van de Aucaners — vrij te geven; dat, indien het Nederlandsch Gouvernement *slaven wenscht vrij te geven*, dat het dan met zijne EIGENE SLAVEN een begin moest maken." — Deze rede, te lang om in deszelfs geheel hier te worden wedergegeven, besloot hij met de verklaring: »dat hij en de zijnen in de vrijverklaring der Bonni-negers niet zullen toestemmen en liever het leven verliezen willen, dan dat te gedoogen;" tevens de betuiging doende: »dat de Aucaners nog magt genoeg bezitten om *de blanken te benadeelen;* dat de Hollanders, uit vrees voor de Franschen, in de zaak der Bonni-negers hadden toegegeven en hij en de zijnen zich dus maar aan het Fransch Gouvernement zouden onderwerpen (*)."

Na eenige over- en wedersprekingen werden de zaken echter tot genoegen van partijen geschikt, waarna de Commissarissen en twee afgevaardigde Aucaner-kapiteins zich naar het dorp der Bonni-negers begaven, om aldaar alles nader te regelen.

Te negen ure des voormiddags van den 18den November (1860) waren de gezagvoerders der verschillende dorpen rondom het Groot-Opperhoofd, in het raadhuis (eene groote opene hut) vergaderd. Rondom de hut waren toeschouwers van beider kunne en van elken leeftijd geschaard, om getuige te zijn van de blijde boodschap, die haar zou worden verkondigd.

De Commissie, in costuum en uniform als bij de groote vergadering in Auca (10 November), binnengetreden zijnde, plaatste zich naast het Groot-Opperhoofd, terwijl de twee afgevaardigde Aucaner-kapiteins zich nevens haar nederzetten. Eene diepe stilte en een gewenscht decorum heerschten onder de verzamelde menigte. De heer E. J. Slengarde, belast met het Commissariaat der Inlandsche bevolking, rigtte het woord tot de vergadering; schetste in korte en duidelijke bewoordingen het doel waarmede de Commissie in haar midden was verschenen, en schilderde het groote voorregt af, dat den Bonni-negers is te beurt gevallen, om vrij en onafhankelijk verklaard te zijn van de Aucaners, met kwijtschelding, door het Nederlandsch Gouvernement, van de gevolgen ter zake van al het voorgevallene met hunne voorzaten.

Daarna werd de acte van amnestie en ontheffing van alle contrôle zijdens de Aucaners, en gelijkstelling met alle andere Boschnegers, waarmede het Gouvernement overeenkomsten heeft gesloten, vervolgens, in triplo, door de Commissie, het Groot Opperhoofd, den gezagvoerder der verschillende dorpen en de beide afgevaardigde Aucanen-kapiteins onderteekend, en

---

(*) Extract uit het Journaal, gehouden op eene reis naar de Marowijne, ter uitvoering van eene zending bij de Aucaner- en Bonni-negers, door F. S. Eijken Sluijters, Lid van den Kolonialen Raad, en E. J. Slengarde, waarnemend Inspecteur van Nijverheid, enz.

daarvan een afschrift van het laatste tractaat (zie blz. 743) in eene blikken bus aan het Groot Opperhoofd overhandigd, met gelukwenschingen, zoo aan hem als zijnen onderhoorigen, wegens de hun geschonken vrijheid.

De vreugde der Bonni-negers kende toen geene grenzen; oud en jong wierpen zich ter neder, namen met den mond aarde op en legden ze op de voeten van de leden der Commissie, die daarna door hen, onder het galmen van vreugdekreten en het lossen van eereschoten, het dorp werden rondgedragen (*).

Met de mededeeling van de blijdschap dier negers sluiten wij de geschiedenis van Suriname. Wij hadden zoo gaarne gewenscht deze geschiedenis te kunnen besluiten met de vermelding van het afkondigen eener goede wet omtrent de afschaffing der slavernij. Wij hadden zoo gaarne willen eindigen met de mededeeling: »En Nederland heeft eindelijk den smet der slavernij uit haar midden weggedaan; de vloek der slavernij in Nederlandsche bezittingen is opgeheven; groot was de blijdschap der vrijgemaakte negerbevolking toen zij deze tijding vernam; in kinderlijke vreugde vierde zij feest over de verbreking van die zwaar knellende banden, en vele lof en dankpsalmen stegen omhoog om den Heer der Heeren voor hare bevrijding te danken; de naam van onzen geëerbiedigden Koning werd zegenend door haar in de gebeden herdacht en het »leve de Koning! heil voor Willem den derde! Oranje boven!" werd in de stad gejubeld en van plantaadje tot plantaadje blijde herhaald; Suriname gaat nu eene betere toekomst te gemoet.

Wij hadden zoo gaarne gewenscht alzóó te mogen eindigen: maar — het is ons niet vergund. Wel zijn door den afgetreden Minister Rochussen achtervolgens drie ontwerpen van wet ingediend, doch geen derzelve is tot wet verheven; nog onteert het behoud der slavernij den Nederlandschen naam; nog worden in Nederlandsch koloniën menschen van gelijke bewegingen als wij, gelijk de runderen des velds, gekocht en ver-

(*) Surinaamsche Couranten van Januarij en Februarij 1861.

kocht; nog wordt onder Nederlandsch bestuur het eerlijk huwelijk voor duizende natuurgenooten onmogelijk gemaakt; nog
worden in Nederlandsche kolonien dikwerf de teederste banden
des bloeds als niet bestaande geacht; nog worden aldaar mannen en vrouwen met snerpende geeselslagen, naar den luim
huns meesters, gekastijd; nog wordt de ontwikkeling van Suriname tegengehouden; doch — wanhopen wij daarom? Neen,
ganschelijk niet. Onze hope en verwachting is in de eerste
plaats op den Heer, die de smeekingen der verdrukten hoort
en verhoort; ten andere, onze Koning, een Willem van Oranje,
heeft reeds meer dan eens betuigd, dat hij de afschaffing der
slavernij wil en ook zijn nieuw gekozen Raadsman, de Minister
van Kolonien Loudon, heeft in de Kamer der Volksvertegenwoordigers verklaard, dat hij ernstig bezig is met de zamenstelling van een nieuw ontwerp betreffende deze zaak. Wij
verwachten dat de Nederlandsche regering en de volksvertegenwoordigers de handen zullen in een slaan om de afschaffing der slavernij, eene daad van regtvaardigheid, waarover zelfs in den hemel vreugde zal zijn, spoedig tot stand te
brengen.

Volgens onze belofte, in de inleiding van dit werk, willen
wij nog eens een blik om ons heên slaan in den tegenwoordigen toestand van Suriname. Wij vestigen dien dan het eerst
op de oude oorspronkelijke bewoners van Suriname's ondoordringbare wouden, de Indianen. Wij zagen de heeren der
ruwe, maar schoone schepping van Guyana, die kinderen der
natuur, in talrijke scharen ronddolen, zich met jagt en vischvangst generen, hier en daar hunne eenvoudige hutten opslaan (*); straks, in die levenswijze gestoord door de komst der
Europeanen, vruchteloos zich hiertegen verzetten, en daarna
meer en meer in de ontoegankelijke wouden teruggedreven.
Wel hebben de vrome Hernhutters hen daar opgezocht, om

(*) Zie bladz. 14—22.

hun het Woord des levens te verkondigen, en was zelfs eenigen tijd bij hen ook eene bloeijende zending gevestigd. In den neger-opstand en de daardoor ontstane verwikkelingen werd het voornaamste zendingstation verwoest, en zijn de Hernhutters door verschillende omstandigheden genoopt geworden de zen-ding onder de Indianen op te geven.

Sedert dien tijd dolen de oorspronkelijke bewoners des lands om en komen weinig in aanraking met de Europeanen. Hun aantal neemt gestadig af en kan niet met eenige zekerheid worden opgegeven; hunne hartstogt tot sterken drank, hunne gebrekkige voeding, het gemis aan geneeskundige hulp en verpleging en hunne uiterst gebrekkige huisvesting zijn voor-name oorzaken dier steeds toenemende vermindering.

De Indianen zijn achterlijk in beschaving en hebben zeer weinig begrip van godsdienst. Als eene merkwaardige bijzonder-heid mag dus hier worden vermeld, dat eenigen hunner, be-hoorende tot de stam der Arowakken, die op de plantaadje Killenstein voor dagloon werkzaam zijn geweest, door de Roomsch-Catholieke priesters gedoopt zijn (*).

Wanneer door de afschaffing der slavernij een andere toe-stand wordt geboren, waardoor het onderling verkeer tusschen de verschillende gedeelten der bevolking van Suriname zal wor-den bevorderd, is het te wenschen, dat ook de Indianen in het genot der beschaving zullen deelen, en vooral in de ver-troostingen der Christelijke godsdienst.

Moge het Evangelie der genade hun op nieuw worden ver-kondigd en moge de wandel der belijders van Christus eene zoodanige zijn, dat die arme onkundige Heidenen niet geër-gerd, maar gesticht en voor den Heer gewonnen worden!

De Boschnegers, de afstammelingen van hen, bij wie wij ons in de geschiedenis dikwerf hebben bepaald, van wie wij — zij het dan ook in ruwen vorm — edele daden hadden te ver-melden, toen zij met de wapenen in de hand hunne vrijheid

(*) Zie Regeringsverslag over 1853.

verwierven en die sedert behielden, leven nog steeds afgezonderd van de overige bevolking der kolonie.

Hun getal bedraagt, bij benadering, tusschen de zeven en acht duizend; zij zijn in drie stammen verdeeld, als: Aucaners ruim 5000; Saramaccaners ruim 4000 en Becoe- of Musinga- of Maturie-negers ruim 500 personen. De Aucaners wonen aan de oevers der Marowijne, de Saramaccaners aan de oevers der Boven-Suriname en de Becoe- of Musinga-negers aan die der Boven-Saramacca. Nu laatstelijk is ook (zie bladz. 759) een verdrag gesloten met de Bonni-negers, die den linkeroever der Marowijne bewonen; zij zijn uitgenoodigd om zich meer in het bewoonde gedeelte der kolonie neder te zetten.

De Boschnegers wonen in afzonderlijke dorpen, boven de watervallen gelegen. Uithoofde der vele klippen en ondiepten, die slechts bij eenige Indianen en bij henzelve bekend zijn, · is het moeijelijk hunne verblijfplaatsen te genaken. Eene reis van Paramaribo tot daar duurt verscheidene dagen, en kan niet zonder hunne hulp worden volbragt. In het regensaizoen is de vaart stroom opwaarts moeijelijk ten gevolge van den geweldigen stroom, en in den droogen tijd is zij gevaarlijk door de vele klippen, slechts door eenige duimen water bedekt. In elk der dorpen oefent een kapitein eenigermate het gezag uit; doch over elk der stammen regeert een groot opperhoofd, bij hen Graman (Gouverneur) genoemd.

Twee posthouders en twee correspondenten zijn, van wege het koloniaal Gouvernement, bij hen aangesteld. In plaats van de gewone geschenken, die hun vroeger door het Gouvernement, volgens verdrag, werden gezonden, ontvangen thans de drie Groot-Opperhoofden toelagen, en worden er slechts zeldzaam en, in geringe hoeveelheid, partiele geschenken gegeven (*).

Wel maken de Saramaccaners de talrijkste der drie stammen uit, doch de Aucaners, die door een langer verkeer en handel meer met het beschaafdere gedeelte der kolonie in aanraking zijn gekomen, staan als aan het hoofd der Bosch-

(*) Zie Regeringsverslag over 1858.

negers en worden door de andere stammen als hunne meerderen beschouwd. Naar de raadgevingen der Aucaners wordt
gretig door de andere geluisterd, en hun voorbeeld meermalen
blindelings gevolgd; hetgeen men vooral kan opmerken bij
hunne aankoopen te Paramaribo; wat een Aucaner koopt
wenscht ook een Saramaccaner of Becoe-neger te bezitten.

De beschaving der Boschnegers is nog zeer gering; als de
minst beschaafde onder hen worden de Becoe- of Musinga-
negers gerekend. Wel is in den laatsten tijd eenige meerdere
toenadering zigtbaar tusschen de Boschnegers en de overige
bevolking, doch het wantrouwen van de zijde der Boschnegers
tegen de Blanken is nog niet genoegzaam geweken, om die
toenadering meer volkomen te doen zijn.

In het algemeen leven de Boschnegers in eene droevige
onkunde omtrent de waarheden en vertroostingen der godsdienst. Alleen bij de Saramaccaners is eene zending der Broedergemeente gevestigd geweest, welke zending niet ongezegend
was en waarvan nog vruchten gezien worden. De Aucaners,
die de blanken wantrouwden, betoonden zich steeds ongenegen
om een zendeling te ontvangen. Volgens berigt van den meermalen genoemden en in hun midden gevestigden Kappler begint die afkeerigheid echter te wijken — en er wordt ook reeds
over gedacht, om ook hun het woord des levens te verkondigen. Door den stam der Becoe- of Musinga-negers zijn in 1858
eenige jongens en meisjes afgestaan, om eene behoorlijke opvoeding te erlangen (*), en ook door hen wordt Christelijk
onderwijs begeerd. Reeds hebben eenige lieden van dezen
stam onderwijs van de Hernhutters ontvangen; reeds is een
geschikt gebouw door hen opgerigt, waar nationaal-helpers de
Schrift lezen en in gebed en gezang voorgaan, en waar verscheidene negers opkomen, om te hooren van de groote dingen Gods.

Met genoegen wijzen wij op die enkele lichtpunten, doch
wij zijn ook overtuigd, dat eerst na afschaffing der slavernij
met eenige gegronde hoop op goeden uitslag onder de Bosch-

(*) Zie Regeringsverslag over 1858.

negers kan worden gearbeid. Dan zal het wantrouwen, dat zij nog steeds den blanken toedragen, meer en meer ophouden; de Boschnegers zullen zich meer in dadelijke betrekking met de overige bevolking stellen; zij zullen meer geneigd worden tot geregelden arbeid, daar zij nieuwe behoeften zullen leeren kennen, en omdat de verachting, die in eene slavenkolonie op den arbeid kleeft, door afschaffing der slavernij wordt weggenomen. Zullen de Boschnegers dan alzoo werkelijk aan de kolonie tot nut zijn; zij zullen ook deelen in de voorregten der beschaving en hetgeen vooral van hoog gewigt is: de gelegenheid om hun het Evangelie der genade te verkondigen wordt hierdoor der Broedergemeente gemakkelijker; en die Broeders en Zusters begeeren niets liever dan den kring te vergrooten, waarin zij werkzaam kunnen zijn tot uitbreiding van het rijk des Heeren; doch om daartoe de Boschnegers in hunne verwijderde woonplaatsen op te zoeken, is hun wegens hun gering aantal onmogelijk.

De slavenbevolking in Suriname bestaat uit ongeveer 37,000 personen. Zeven en dertig duizend personen leven in Suriname (eene Nederlandsche bezitting!) nog onder het knellende juk der slavernij. Hoe hun lot is hebben wij in de geschiedenis meermalen doen zien; moge het door mildere reglementen en door betere behandeling dan vroeger iets minder zwaar zijn, het blijft toch nog steeds zeer droevig. Al nemen wij aan, dat de kwellingen en mishandelingen hun vroeger bijna dagelijks aangedaan, thans tot de uitzonderingen behooren, ook nu nog geschieden er dingen, die het hart met weemoed vervullen: de toestand van den slaaf is in vele opzigten treurig en het behoud van dien toestand strijdt tegen godsdienst en menschelijkheid.

Als een lichtpunt in dezen duisteren nacht moet de zegen worden beschouwd, die de Heer verleend heeft aan den trouwen zendingsarbeid der lieve Broedergemeente.

Ruim zestienduizend personen, zoo volwassenen als kinderen, zijn door de Hernhutters gedoopt; behalve dezen leven nog tien à elf duizend als onder den klank des Evangelies; op ruim 180

plantaadjes wordt door de Broedergemeente onderwijs gegeven (*).
Vele belemmeringen worden den getrouwe Broeders nog onderscheidene malen in den weg gelegd bij dien arbeid der Christelijke
liefde; de onnatuurlijke toestand èn door de slavernij geboren èn in
stand gehouden, als: de onmogelijkheid tot het aangaan van een
wettig huwelijk onder slaven; het dientengevolge niet erkennen
van het vaderschap en nog zoo veel meer, zijn struikelblokken tegen gevorderde heiliging des levens bij den Christelijk
onderwezen neger. Vele belemmeringen zullen opgeheven,
vele struikelblokken weggeruimd worden, indien het afschuwelijk stelsel der slavernij voor goed wordt vernietigd. Ook
de Roomsch Catholieken hebben zich in de laatste jaren de
godsdienstige belangen der slaven aangetrokken. Ongeveer
zeven duizend zijn door hen gedoopt, waarvan veertien
honderd godsdienstig onderwijs ontvangen. Hunne gemeente
op het Leprozen-gesticht Batavia aan de Saramacca is
voornamelijk door den ijver en trouwe zorg van den voormaligen Apostolischen Vicaris, Bisschop Grooff, tot eene aanmerkelijke uitbreiding gekomen; zij telt thans ongeveer 350
personen (†).

Ofschoon men den Roomsch Catholieke Priesters hier bij
zekeren ijver niet zou willen ontzeggen, mag men echter evenmin verzwijgen, dat door sommigen van hen geen naauw
toezigt op de zedelijkheid der aan hunne zorg toevertrouwden
wordt gehouden. Zij zijn hierin veel minder getrouw dan de
Zendelingen der Broedergemeente.

De vrije bevolking in Suriname bedraagt ongeveer zestien
duizend personen. Veel van hetgeen op bladz. 171—78 omtrent hare verdeeling in onderscheidene standen en omtrent haar
toestand van bladz. 178—201 is medegedeeld, kan ook nu nog
van toepassing worden beschouwd. Er is echter hier en daar
eenige verandering. De zoogenaamde Aristocratie van Suri-

(*) Ook sedert 1857 wordt door de Hernhutters godsdienstig onderwijs
gegeven op het Leprozen gesticht, Batavia aan de Coppename.

(†) Regeringsverslag over 1858.

name bestaat thans niet meer zoo zeer uit planters, maar meest uit Administrateurs van plantaadjes, gelijk wij reeds vroeger hebben doen opmerken, waar wij bladz. 512 vermeldden : »Het rijk der Surinaamsche planters spoedde ten einde; dat der Administrateurs, hetgeen nog tot heden voortduurt, begon. De Agenten der Hollandsche eigenaars, »Administrateurs" kwamen in de plaats der vorige bezitters en verwierven zich groote rijkdommen en oefenden grooten invloed op dien gang van zaken uit."

Dit is nog het geval. De administrateuren van plantaadjes, hoewel weinig in getal, maken eigenlijk de magthebbenden in Suriname uit. Zij heerschen niet slechts over het grootste gedeelte der slaven, maar ook een voornaam deel der vrije bevolking is in mindere of meerdere mate van hen afhankelijk. Zij beheerschen ook de voornaamste tak van den handel en hebben de geldcirculatie in hunne magt. Niettegenstaande den toenemenden achteruitgang der eigenaren trekken zij een enorm hoog commissie-loon der opbrengsten van den kolonialen landbouw, en velen van hen genieten daarenboven een niet gering aandeel in de voordeelen der levering van goederen ten behoeve van de slavenmagt der onder hun beheer staande plantaadjes. Zij oefenen over die slavenmagt eene bijna onbegrensde magt uit, ondanks de beperkende bepalingen der wet ten gunste der slaven.

Onder de weinige personen, die in Suriname wonen, aldaar eigenaars van plantaadjes zijn, behooren eenige Engelschen, voornamelijk in de districten Nickerie en Coronië (*); welke districten in bloei toenemen. In laatstgenoemd district wordt veel katoen verbouwd. Ook in de oude kolonie zijn enkele Engelschen, in strijd met de wet huns lands, eigenaars van plantaadjes en slaven. Een van hen, H. Wright, heeft er zeer aanzienlijke bezittingen. 18 JY 65

De voornaamste handelaren, vooral die in Amerikaansche

(*) Vroeger heette deze Opper- en Neder-Nickerie. Door van Raders is bij publicatie van 10 October 1851 die benaming veranderd, en volgens naauwkeuriger geographische bepaling is de tegenwoordige benaming geschied.

flevering.

AMERIKA ONTDEKT 1492

GESCHIEDENIS

VAN

SURINAME

door

J. WOLBERS.

Lith. v. Emrik & Binger

UITGAVE VAN H. DE HOOGH, AMSTERDAM.

waren, vergaârden zich meermalen, in korten tijd, een groot fortuin, door de levering van hunne waren, dikwerf in stille of geheime vennootschap met administrateuren van plantaadjes. Zij zijn daardoor meesters van de markt en bepalen onderling de prijzen naar hun goeddunken. Wel worden er van tijd tot tijd inschrijvingen aangekondigd op de levering van slavengoederen, doch ieder in Suriname weet, dat dit meermalen slechts voor de leus is, en dat de vaste leveranciers al zeer zeldzaam van de toewijzing onzeker zijn; waartoe verscheidene kunstgrepen worden aangewend.

Bij de Israëlieten vindt men tegenwoordig weinig eigenaars van plantaadjes. De eens zoo bloeijende Joden-Savane is nagenoeg geheel verlaten. Enkele laatste afstammelingen van vroeger aanzienlijke Portugeesch-Israelietiesche geslachten leven daar in ellendige hutten, met schamel huisraad, en teren er uit naast de marmeren grafzerken hunner vaderen (*).

In den regel vindt men onder de Joden in Suriname weinig welvaart; men treft er slechts een enkel welgestelden en eenige weinige gezetenen aan, doch de meesten zijn verarmd, velen zelfs behoeftig.

De kleinhandel wordt door verscheidene van hen gedreven; in den laatsten tijd zijn vele joden met het een of ander Gouvernementsambt bekleed. Zelfs is een Israëliet stads armen-schoolmeester. In plaats van terugzetting is thans meer begunstiging, ten koste van anderen, hun deel.

De kleurlingen zijn in onderscheidene betrekkingen werkzaam. Sommigen van de meer aanzienlijken onder hen bezitten plantaadjes; anderen zijn in den handel opgeleid; ook zijn er die min of meer belangrijke betrekkingen in het bestuur of bij de regterlijke magt bekleeden. Er zijn kleurlingen, die door talenten uitmunten. Vooral moet hierbij genoemd worden (om van de levenden niet te gewagen) de heeren Mr. H. C. Focke en Mr. J. C. Palthe van Wesenhage, die niet slechts een sieraad der balie uitmaakten, en

---

(*) Teenstra geeft in zijn werk: de Landbouw in Suriname, 2e deel bladz. 133—144, eene uitnemende beschrijving van den toenmaligen toestand van de Joden-Savane, die sedert niet beter is geworden.

de belangrijke hun toevertrouwde ambten met ijver en getrouwheid waarnamen, maar die zich ook op litterarisch gebied onderscheidden.

De laatste daarenboven was met eene warme liefde voor zijn vaderland bezield en beoogde bij alles het heil der kolonie te bevorderen; hij trok zich door woord, pen en voorbeeld het lot der verdrukte slaven aan.

Ter nagedachtenis van Focke werd een eenvoudig gedenkteeken op zijn graf opgerigt; Palthe van Wesenhage, die in het vorige jaar overleed, heeft zich een gedenkteeken gesticht in de dankbare harten van die landgenooten, welke zijne verdienste op prijs wisten te stellen; de arme, de verdrukte — de slaaf, zegent zijne nagedachtenis; — zelfs tegenstanders droegen hem eerbied toe.

Onder de kleurlingen vindt men bekwame bouwmeesters en geschikte ambachtslieden en verder worden allerlei beroepen en bedrijven door hen uitgeoefend.

Het bestaand vooroordeel tegen de kleurlingen is veel verminderd, doch echter nog niet geheel verdwenen. Als een klein bewijs diene de mededeeling, dat bij de Hervormde gemeente tot voor weinige jaren nog geen kleurling tot ouderling of diaken voor de stad, wel voor de districten, was benoemd; terwijl de Luthersche gemeente, in deze de Hervormde in verdraagzaamheid vooruit was, door reeds veel vroeger, bij de vervulling van deze ambten, niet op kleur, maar op godsdienstige degelijkheid acht te geven. Bij de geringere klasse der kleurlingen, uit, in latere tijden, gemanumitteerde slaven of afstammelingen derzelve bestaande en bij de vrijnegers van denzelfden staat heerscht nog veel armoede. Dikwerf wordt dit aan luiheid en onverschilligheid toegeschreven; somtijds is dit de ware oorzaak, doch ook meermalen oordeelt men hierbij onredelijk, en worden andere omstandigheden niet in aanmerking genomen.

Toen de Gouverneur van Raders trachtte het vooroordeel tegen veldarbeid door vrijen te overwinnen, gelukte dit — zoo als wij zagen — tamelijk wel; het was echter niet genoeg lust tot den arbeid te hebben ingeboezemd; er moest den werkman ook gelegenheid tot arbeiden worden gegeven. Van Raders zag dit goed in, en poogde voor een geruimen tijd hierin te voorzien door het laten graven van het geprojecteerde kanaal naar Kwatta. Toen dit werk echter op hooger gezag moest worden gestaakt, werd de vrijman weder aan zijn lot overgelaten, want de later door eene Maatschappij hiertoe ingestelde pogingen (zie bladz. 714) moesten, bij gebrek aan genoegzame deelneming, worden gestaakt.

»Men zegge niet" merkt R. E. in het Surinaamsch Weekblad van den 25sten September 1860 aan: »hij kan wel werk vinden als hij maar wil; hij kan hout hakken, de straat schoonmaken, hij kan een kostgrondje aanleggen, ja, dat alles kan hij wel doen en nog veel meer, maar de straat is niet altijd vuil, het door hem gehakte hout kan hij niet altijd aan den man brengen; evenzoo gaat het met de voortbrengselen van zijn kostgrond, want als zijn koren of zijne rijst rijp zijn, dan is zij dit ook bij anderen en er is overvloed aan de markt; intusschen moet hij toch in de behoeften van zijn huisgezin voorzien en hem blijft niets anders over dan zijne producten ver beneden prijs en waarde aan hebzuchtige opkoopers af te staan, of — gebrek te lijden."

In dat zelfde artikel wordt op de wenschelijkheid gewezen, dat de regering, even als op Java, de rijst tegen een bepaalden prijs opkoopt. Misschien zijn hiertegen ook bezwaren, doch zeker is het *dat de armoede des vrijmans niet altijd uit luiheid voortkomt.* In 1860 zelfs boden eenigen dier lieden zich aan tot het verrigten van delfwerk (het zwaarste werk) op plantaadjes, doch zij vonden geen gerede huurders, niettegenstaande door slavenmannen zoo dikwijls over gebrek aan arbeiders wordt geklaagd. Hadden die vrijlieden het vooroordeel tegen plantaadje-arbeid overwonnen; de planter wilde geen vrije nevens zijne slaven dulden, zoodat ook eerst na afschaffing der slavernij in deze verbetering te hopen is.

Tot de vrije bevolking moet medegerekend worden het te Suriname aanwezige garnizoen, dat doorgaans tusschen de acht à negen honderd man sterk is. Aan deze magt is meer bepaald de verdediging der kolonie toevertrouwd; het grootste gedeelte is op de forten Zeelandia en Nieuw-Amsterdam in garnizoen; op enkele andere plaatsen zijn echter ook militairen gedetacheerd. De zeemagt bestaat uit 250 à 260 man. Het corps negerjagers, thans koloniale guides geheeten, is tot 10 man versmolten; in de laatste tijden is het niet aangevuld.

De schutterij te Paramaribo bestaat uit ruim 500 man; de gewapende burgerwacht in de divisien uit ongeveer 400 vrijen en 700 slaven.

Het grootste gedeelte der blanke bevolking en der meer aanzienlijke kleurlingen behooren tot eene der beide Protestantsche gemeenten, der Hervormden of der Lutherschen. De Hervormde gemeente bestaat uit ongeveer 5000 leden. In de stad wordt zij door twee predikanten, de heeren van Schaick en Conradi bediend; in de Nickerie is sedert 1858 de predikant G. L. Batenburg ter vervanging van den eenige jaren vroeger overleden Wichers aangesteld.

Van Schaick ook niet onbekend op litterarisch gebied, predikt mede van tijd tot tijd op eenige bij de stad gelegen plantaadjes in het Neder-Engelsch; Batenburg geeft op sommige plantaadjes in zijn distrikt godsdienstig onderwijs.

De predikant der Luthersche gemeente, de waardige Moes, telt onder zijne gemeente eenige leden, die tot den slavenstand behooren. Als president der Maatschappij ter bevordering van het onderwijs der gekleurde bevolking van Suriname, en ook op verschillende andere wijze heeft hij getoond veel belang in het lot der slaven te stellen.

Tot de Moravische broedergemeente behooren, behalve de Broeders en Zusters zelve, geene blanken; hunne godsdienstoefeningen worden evenwel meermalen door ernstige godsdienstige blanken en kleurlingen bezocht. Hun gezegende werkkring strekt zich uit tot vrije kleurlingen en negers, doch voornamelijk tot de in slavernij zuchtende negers.

Ook bij de Roomsch Catholieke gemeenten worden weinige blanken gevonden; omtrent hun arbeid onder de slaven hebben wij reeds een en ander medegedeeld.

De beide Israelietische gemeenten bestaan: de Nederlandsche uit ongeveer 750, de Portugesche Israelieten uit ongeveer 700 personen. Sedert lang waren de beide Israelietische gemeenten zonder leeraar. In 1858 is echter een Opper Rabbijn voor beiden uit Holland gezonden. De heer Lewenstein aanvaardde den 22sten Januarij 1859 zijn ambt te Paramaribo. Thans wordt om de 14 dagen beurtelings in eene der synagogen godsdienstoefening gehouden en ontvangt ook de Israelietische jeugd van hem godsdienstig onderwijs.

In den regel is het godsdienstig bewustzijn in Suriname niet zeer ontwikkeld; echter worden er gunstige uitzonderingen gevonden. Bij een gedeelte der vrije gekleurde bevolking worden zoogenaamde psalm-gezelschappen gehouden, waar men bijeenkomt om psalmen en geestelijke liederen te zingen. Wel vindt men soms in die kringen veel verkeerdheden en wordt er soms meer op de zangkunst gelet, dan ten doel gesteld om den Heer hiermede te verheerlijken en zich zelven te stichten; echter zijn ze ook daartoe niet geheel onvruchtbaar en mag het betrekkelijk goede hier niet geheel voorbijgezien worden.

Gastvrijheid wordt steeds in Suriname op ruime schaal geoefend, liefdadigheid is eene deugd, die in Suriname niet vergeten wordt. Meermalen wezen wij hierop. Bij het vernemen der droevige tijdingen omtrent den watersnood, waardoor Nederland in het begin van dit jaar werd bezocht, ontsloot menigeen in Suriname de beurs en gaf mildelijk; zelfs de zuur verworven penningskens der slaven werden op het altaar der liefde geofferd (*).

Onder de instellingen van liefdadigheid neemt de meergenoemde Maatschappij van Weldadigheid eene eerste plaats in. Wel zijn de eigenlijk bedeelden in gering aantal — in 1858 verleende zij alzoo slechts aan 8 personen onderstand, — doch belangrijk is haar werkkring, door haar pogen om personen voort te helpen, te ondersteunen, tot werkzaamheid op te wekken, enz. Bevordering van het schoolonderwijs is een voornaam gedeelte harer werkzaamheden, en de oprigting eener

(*) Het totaal van het in Suriname daarvoor bijeengebragte bedraagt ƒ 9,398.

spaarbank, waardoor de spilzucht wordt tegengegaan, levert goede vruchten op. In December 1858 bedroeg het fonds dier spaarbank ƒ 23,833,91.

In uiterlijke beschaving staat Suriname weinig achter bij Nederland. Behalve op de scholen der Broedergemeente, wordt te Paramaribo op 21 scholen onderwijs gegeven. Op eene hoofdschool, drie stads-armenscholen en veertien particuliere, benevens eene school door Roomsch-Catholijke geestelijke zusters gehouden en twee bewaarscholen ontvangen ongeveer 1650 kinderen te Paramaribo onderwijs, waarvan 520 gratis van het Gouvernement en 80 op kosten der Surinaamsche Maatschappij van Weldadigheid. Aan de Nickerie worden door een aldaar geplaatsten hulponderwijzer twintig kinderen, waarvan twaalf gratis, onderwezen.

Sommigen dier scholen laten nog wel veel te wenschen over en over het algemeen wordt, zoo men de scholen der Moravische broedergemeente en eenige anderen hiervan uitzondert, het ernstig positief godsdienst-element veel gemist, evenwel moet erkend worden, dat de gelegenheden tot bekomen van onderwijs in de laatste jaren veel vermeerderd zijn. Doch vermeerdering en uitbreiding van het onderwijs voor de eigenlijke volksklasse is nog hoogst wenschelijk en vordert noodzakelijk voorziening (*).

(*) Niet slechts is op sommige dier volksscholen het onderwijs gebrekkig, maar een behoorlijk toezigt op de kinderen ontbreekt, en dit is er zoo noodig, vooral voor de weeskinderen; tot 1858 stonden deze onder het opzigt van een Israeliet, toen curator en weesmeester, Lionarons. In de eerste jaargang van het Tijdschrift: *West-Indië*, heeft Ds. van Schaick in een opstel: Proeve van of bijdrage tot de Geschiedenis der Hervormde Kerk in Suriname, op bladz. 36 in eene noot aangemerkt: „Thans staan de weeskinderen onder opzigt van een weesmeester, zijnde een Israeliet, terwijl de weezen uitbesteed werden. 's Mans zoon is stads armen-schoolmeester." Deze aanmerking. hoewel door sommigen van Schaick kwalijk genomen, heeft nut gesticht. De aandacht van het algemeen werd opgewekt, en bij Gouvernements resolutie werd bepaald, dat die weezen. voor wie het Gouvernement alimentatie betaalde, aan den weesmeester zouden onttrokken worden en aan de diaconiën der kerkgenootschappen, waartoe zij behoorden, toevertrouwd. Bij het

Tot het ontvangen van middelbaar en hooger onderwijs is geene gelegenheid in Suriname; de ouders, die dit voor hunne zonen begeeren, zijn nog altijd genoodzaakt hen daartoe naar Europa te zenden. Door de oprigting van vrij goede Fransche scholen vervalt de noodzakelijkheid om ook de dochters der meer aanzienlijken tot het erlangen van eene beschaafde opvoeding naar Nederland te zenden. Dit geschiedt dan ook nu veel minder dan vroeger.

Is uiterlijke beschaving in Suriname toegenomen, vermeerdering van waarachtige godsvrucht is onder de vrije bevolking weinig te bespeuren. Ligtzinnigheid en onzedelijkheid heerschen nog steeds in ruime mate. Het huwelijk is er nog niet in genoegzame eere, en het leven met concibunes is er nog zoo zeer in zwang, dat slechts weinigen er zich over ergeren.

Groot is het aantal onwettige kinderen, die jaarlijks worden geboren. In het regerings-verslag van 1858 wordt gemeld, dat in dat jaar bij de Hervormde gemeente gedoopt zijn : 218 kinderen, waarvan slechts 54 in echt en 164 buiten echt waren geboren; bij de Lutherschen 120 kinderen van vrijen (*), waarvan 29 in echt en 91 buiten echt; — dus in het geheel 83 wettige kinderen tegen 255 onwettigen, zoodat het getal in onecht geboren meer dan $^2/_3$ bedraagt.

Voegt men hierbij de hoererij der blanken en vrije kleurlingen met de slavinnen, die zoo sterk is, dat men voorbeelden vindt van mannen, die te gelijker tijd met zeven of acht slavinnen betrekkingen onderhouden, die er heden eene wegjagen morgen eene bijnemen; terwijl dikwerf de slavinnen gedwongen worden zich aan de lusten harer meesters te onderwerpen, dan verkrijgt men eenig denkbeeld van het lage peil der zedelijkheid in Suriname en — in alle slavenkolonien. Ook dit is een droevig doch natuurlijk gevolg der slavernij. Dat afschuwelijk stelsel demoraliseert niet slechts den slaaf, maar ook den vrije.

---

daarna ingesteld onderzoek werd aan het licht gebragt hoezeer de weezen verwaarloosd, soms op goddelooze wijze behandeld werden.

(*) 10 Kinderen uit den slavenstand zijn bij die gemeente in 1858 gedoopt.

De bekende Staatsman Minister Baud zeide hieromtrent in eene redevoering in de Staten-Generaal (10 December 1854): »Wat mij betreft, ik heb in maatschappijen geleefd, waar de slavernij bestaat, en de indruk, dien ik daar heb ontvangen, is, dat de slavernij niet slechts de slaven, maar ook den meester verdierlijkt; elke maatschappij, waar slavernij bestaat, is eenige graden lager op de schaal der zedelijkheid dan eene maatschappij uit enkel vrijen bestaande."

Reeds uit deze oorzaken moest het Nederlandsche volk, bij wie godsdienst en zedelijkheid toch nog op prijs worden gesteld, de afschaffing der slavernij tot elken prijs begeeren; zelfs al ware het dat stoffelijke voordeelen de instandhouding van dezelve deden wenschen; doch ook dit is niet het geval.

Wel hebben eenige individuen stoffelijke voordeelen onder het stelsel der slavernij genoten; het getal evenwel derzelve was gering en een naauwgezet onderzoek der geschiedkundige bronnen, waarvan hier de resultaten zijn medegedeeld, hebben mij volkomen overtuigd, dat Suriname nimmer een wezenlijke bloei of een degelijke welvaart heeft gekend; — en thans, terwijl slavernij nog tot schande van den Nederlandschen naam in eene Nederlandsche bezitting bestaat, kwijnen landbouw en handel in die kolonie.

Is er in de laatste jaren meer uitbreiding aan de suikercultuur gegeven, en is de opbrengst daarvan vrij aanzienlijk, andere cultures daarentegen zijn grootendeels vervallen, en die uitbreiding der suikercultuur geschiedt ten koste van de gezondheid en het leven der slavenmagt; enkele gunstige jaren uitgezonderd, neemt het getal der slaven — de productive kracht van Suriname — gestadig af. Gedurende de onzekerheid, de wijfeling, die ten deze reeds zoo vele jaren heeft geheerscht, wordt de ondernemingszucht uitgedoofd. Zijn er eenigen, die zich hierover niet bekommeren, die voortgaan de slaven uit te mergelen, om eene dadelijke stoffelijke winst, en verder redeneren: »après nous le déluge," of die, gelijk de Schrift een dwaze voorstelt, in zorgelooze ligtzinnigheid zeggen: »laat ons eten en drinken en vrolijk zijn, want morgen sterven wij," het betere gedeelte, de kern der vrije bevolking, ziet ook verlangend uit naar de afschaffing der slavernij, daar slavernij alle ontwikkeling tegenhoudt en Suriname bij een langer voortduren van dat verderfelijk stelsel noodzakelijk ten val moet komen.

En toch verneemt men nog van een gedurig protest uit Suriname tegen de afschaffing der slavernij, of van pogingen om dezelve te vertragen. Dit verwondere niemand. Eenige weinigen in Suriname hebben belang bij het behoud van dit afschuwelijk stelsel, doch deze weinigen zijn bij den tegenwoordigen stand der zaken de magthebbenden, onder wier juk niet slechts de slaven zuchten, maar ook een groot gedeelte der vrije bevolking gebukt gaat. Deze zijn eenige administrateuren van plantaadjes en handelaren in Amerikaansche waren, gelijk wij reeds vroeger aanmerkten; zij worden hierin ondersteund door enkele Amsterdamsche handelshuizen, de zoogenaamde fondshouders, hoewel het aandeel van deze laatstgenoemden in de op de plantaadjes gevestigde hypotheken soms zeer gering is. Elk, die met dergelijke negotiatiën eenigzins van nabij bekend is, weet ook, dat die heeren dikwijls geen enkelen cent uit hunne privée beurs zullen derven als de gansche hypotheek te niet ging; maar handelsbelangen en betrekkingen met de Administrateurs in Suriname doen hun belang hebben in het behoud der slavernij, onverschillig of de aandeelhouders in de hypotheken, ooit iets van hunne geleende gelden terug bekomen. Duurt voor het tegenwoordige het rijk der Admininistrateuren nog voort, het begint te wankelen, nog eene wijle en het stort in. De Nederlandsche regering en volksvertegenwoordiging zullen de handen ineen slaan, de slavernij zal in Nederlandsche koloniën weldra worden afgeschaft, en met deze daad van regtvaardigheid gaat Suriname eene betere toekomst te gemoet. Nieuwe handelsondernemingen zullen worden daargesteld; nieuwe frissche elementen zullen er een nieuw leven doen ontstaan. Veel, wat goede ondernemingen in den weg stond, zal worden weggenomen. Kolonisatie van Hollandsche en Duitsche landbouwers zal meer uitbreiding erlangen. Dat Europeanen ook door geregelden arbeid, mits men behoorlijke voorzorgen in acht neemt, met eere het brood huns bescheiden deels kunnen verdienen heeft de ondervinding geleerd.

Van de kolonisten, die vroeger tot het etablissement aan de Saramacca hebben behoord, zijn thans nog een honderdtal in de kolonie en een gelijk getal is sedert aldaar geboren. De mislukking der kolonisatie aan de Saramacca en de latere omzwervingen der kolonisten hebben wij reeds medegedeeld; thans leven zij voor het grootste gedeelte in de nabijheid van Paramaribo. Zij bezitten thans te zamen p. m. 550 runderen, 160 stuks klein vee en 25 trekezels. Hunne gronden beslaan p. m. 1500 akkers, uit eigen middelen aangekocht, 60 akkers in vruchtgebruik en 160 akkers gepachte grond. Hierop hebben zij aangebouwd 18 woningen met toebehooren, waaronder er zijn die ƒ 1500 hebben gekost; eindelijk dient hier nog bij vermeld, dat 140 dezer lieden hun eigenlijk bestaan door den landbouw vinden, terwijl de overigen òf in openbare betrekkingen geplaatst zijn òf zich met een of ander burgerlijk bedrijf generen (*). Immigranten uit andere oorden zullen na de afschaffing der slavernij in Suriname komen. Eene Immigratie van vreemde arbeiders, goed geleid, kan mede gunstig werken, en in vereeniging met de geheel vrije negerbevolking den landbouw uitbreiden.

Eene onberaden Immigratie, een gedurige stroom van Heidensche koelies, zou, uit het oogpunt van godsdienst en zedelijkheid, niet te wenschen zijn. Daarbij, zoo men tot elken prijs vreemde arbeiders laat komen, ten einde de loonen kunstmatig te verminderen, zal teleurstelling worden ondervonden en zal *hierdoor* de neger genoopt worden zich in de bosschen terug te trekken, daar hij als vrije arbeider evenmin billijkheid bij den blanke ontmoet, als toen hij als slaaf voor hem sidderde.

Eene goede behandeling, regtvaardigheid en billijkheid daarentegen zullen den neger na het verkrijgen zijner vrijheid doen arbeiden, en hem brood voor zich en de zijnen, door eigen arbeid verdiend, op waren prijs doen stellen. Geene vermomde of geene nieuwe slavernij besta in Suriname.

(*) Surinaamsch-Weekblad, No. 21 — 1860.

Is de groote daad van regtvaardigheid, de afschaffing der slavernij, geschied, dan volge hieruit andere hervormingen. Regtspraak en regtspleging worden behoorlijk geregeld en zijn geheel onafhankelijk van de politieke magt. Het bestuur der kolonie worde aan bekwame degelijke mannen opgedragen; het zij een billijk regtvaardig, maar tevens krachtvol energiek bestuur. Begunstiging van personen, tot dus verre helaas zoo dikwijls geschied, houde op. Talentvolle, achtingswaardige mannen in de kolonie worden niet langer achter gesteld, om enkele familien als met ambten te overladen; geen ambt zij langer eene sinecure. De Koloniale Raad besta niet enkel uit eigenaren en administrateuren, maar ook andere daartoe geschikte mannen worden hiervoor gekozen. Voor eene constitutionnele regering als Nederland is Suriname nog niet rijp; indien zij al dadelijk na de afschaffing werd ingevoerd, zoude de zoogenaamde Surinaamsche Aristocratie ze tot het vormen eener oligarchie misbruiken. Eerst moet de bevolking, ten minste een groot deel derzelve, meer worden ontwikkeld en hare vrijheid van slaafsche banden op regten prijs leeren stellen, voor zij geroepen kan worden tot het uitoefenen van staatkundige regten en pligten. Anders zou een groot deel zoo ligt een speelbal worden van eenige weinigen, die, in plaats van de afgeschafte zweep en tamarinde stokken, andere middelen tot bedwang zouden aangrijpen, die alle vrije ontwikkeling tegenhielden.

Doch, is eene zekere gewijzigde autocratie voor Suriname nog eenigen tijd noodig, zij ontaarde niet in eene volstrekte onbegrensde alleenheersching. Zij worde door wijze en regtvaardige *wetten* beperkt en ook in deze moet een redelijken vooruitgang zijn. Vooral worde de nog in Suriname bestaande censuur der drukpers afgeschaft. Vrijmoedige beoordeeling van regeringsdaden is vooral noodig in een land, waar, om de bestaande omstandigheden, de vertegenwoordiging des volks nog betrekkelijk weinig invloed hierop kan uitoefenen. De regering worde door de vrije pers op misbruiken opmerkzaam gemaakt, waarvoor zij anders misschien blind zou wezen, of die men voor haar verborgen zou willen houden.

Godsdienstig en maatschappelijk onderwijs worde bevorderd en uitgebreid.

De handen der Moravische broeders worden gesterkt; en vrome mannen en vrouwen uit Nederland sluiten zich bij hen aan, of arbeiden, met het oog op den Heer, in eigen kring ter bevordering van godsvrucht en kennis (*).

De Christenen in Nederland drukken wij deze zaak ernstig op het hart.

Hij, die, ter vervulling van het een of ander ambt, door de regering wordt geroepen; hij, die, door handelsbelang of industrie of door iets anders, gedrongen wordt zich naar Suriname te begeven, roepen wij met de dáár aanwezige bevolking toe: »Zij uw wandel eerlijk in alles" en ieder, die den Heer in Zijne genade heeft leeren kennen, trachtte door leer en voorbeeld Hem te verheerlijken en anderen tot Hem te leiden.

Daartoe verleene de Heer Zijnen Zegen en schenke Hij de kracht.

Zoo ga Suriname eene betere toekomst te gemoet; zoo worde die dierbare kolonie eene schitterende paarl aan de kroon van den beminden Vorst uit het geliefde stamhuis Oranje-Nassau, onzen Willem den Derde; onze Koning worde tot in lengte van dagen gespaard, om van de, onder zijn bestuur, ingetreden betere toekomst van Suriname veel goeds te vernemen, en zijne kinderen en kindskinderen mogen als waardige Vorsten zich steeds verblijden over het geluk, de welvaart, het heil van Nederland en deszelfs overzeesche bezittingen, waarvan Suriname een belangrijk deel is en meer en meer worden kan.

(*) Behalve de reeds meer genoemde Maatschappij ter Bevordering van Christelijk onderwijs onder de Heidensche bevolking van Suriname, en het zendingsgenootschap te Zeist, welke beiden veel tot ondersteuning der broeders bijdragen, moet ook eervol vermeld worden het sedert eenige jaren te Amsterdam opgerigte Dames-comité, ter bevordering van de Evangelie-verkondiging en der afschaffing van de slavernij; welk committé in beide afdeelingen veel ijver en Christelijke liefde heeft betoond.

OVERZIGT VAN DEN ZENDINGSARBEID DER BROEDERGEMEENTE IN SURINAME.

Bij onze inleiding van de Geschiedenis van Suriname beloofden wij aan het einde een overzigt te geven: van den zendingsarbeid der Broedergemeente, welke zoo zeer door den Heer gezegend werd. Wij voldoen gaarne aan deze belofte, doch, daar de Geschiedenis zelve bij de bewerking uitgebreider is geworden, dan volgens ons oorspronkelijk plan, zoo moeten wij — ofschoon noode — korter zijn, dan wij wel gewenscht hadden.

Uitzending der Broederen naar Suriname en eerste vestiging aldaar.

Op bladz. 109 vermeldden wij reeds dat de vrome Spangenberg, een der eerste Bisschoppen van de Moravische broedergemeente, een waardig medestander van den edelen graaf van Zinzendorf, op zijne doorreize naar Engeland te Amsterdam vertoefde. In Holland werd belangstelling voor de Broedergemeente opgewekt, en eenige jaren later vestigden, voornamelijk op aanzoek van de vorstelijke weduwe MARIA LOUISE VAN ORANJE, sommige Broeders zich in de Nederlanden.

Deze vestiging, den strijd, die de Broeders weldra tegen sommige Hervormde predikanten te voeren hadden, en de vele moeijelijkheden welke zij aldaar hadden te overwinnen, gaan wij thans stilzwijgend voorbij.

Spangenberg trad in onderhandeling met de directeuren der

Societeit van Suriname, en, nadat men het over de voorloopige voorwaarde eens was geworden, werden drie Broeders, George Piesch, George Berwig en Christiaan von Larisch, in het jaar 1735, tot onderzoek daartoe afgevaardigd.

Von Larisch overleed te Suriname en de beide eerstgenoemden keerden in 1736 naar Holland terug, om verslag van hunne zending te doen.

Het oorspronkelijk doel was om aan de negerslaven in Paramaribo en op de omliggende plantaadjes het Evangelie te verkondigen. In hetzelfde jaar 1736 gingen twee Broeders, Johan Güttner en Christoffel Dähne, op uitnoodiging van een heer in Amsterdam, naar Berbice, om aldaar aan de negers op zijne plantaadje het woord des levens te brengen. De onderhandelingen met de Directeuren der Societeit van Suriname werden voortgezet en in 1739 erlangde de Broedergemeente eene concessie ter nederzetting aan de Suriname.

Vijf Broeders werden daarop afgezonden, die behouden in Suriname aankwamen. In eene kleine woning aldaar moesten zij zich kommerlijk behelpen en in hun onderhoud door eigen handenarbeid voorzien.

Dit zou hen echter niet hebben verdroten, zoo zij aan hun vromen wensch, om het arme slavenvolk te spreken van een Heer, die ook hen lief had, gevolg hadden kunnen geven — doch die wensch werd nog niet vervuld.

De eigenaars der slaven en de andere in Paramaribo wonende Europeanen waren voor het grootste gedeelte tegen de Hernhutters ingenomen; verschillende lasterschriften, niet slechts van eenige Aterlingen, maar zelfs van Gereformeerde kerkeraden, uit Holland gezonden, werden in Suriname verspreid en valsche geruchten jegens hen uitgestrooid. Hunne huiselijke godsdienstoefeningen, waaraan ook weldra andere heilbegeerige zielen deelnamen, waren vooral een doorn in het oog van den kerkeraad van Paramaribo; door dezen werden zij zoo zeer gehaat en vijandelijk behandeld, dat zij in het volgend jaar (1740) zich genoodzaakt zagen de stad te verlaten en zich op eene nabij liggende, geheel vervallen en kleine plantaadje neder te zetten.

Werd hun hier den weg versperd, zij verloren echter den moed niet en beproefden toen onder de Indianen hunne zendingswerkzaamheden aan te vangen.

I.

Zending onder de Indianen.

De Broeders, wier personeel sedert met twee Broeders en twee Zusters versterkt was, besloten eene kleine plantaadje aan de Cottica te koopen. De gelden, daartoe benoodigd, moesten zij wel door ijverigen handenarbeid overwinnen, maar dit ontmoedigde hen niet, doch andere moeijelijkheden noodzaakten hen dit station weldra te verlaten.

De keus van de plaats der vestiging was niet gelukkig. De opbrengst der plantaadje was niet genoegzaam om in hun onderhoud en de kosten der zending te voorzien, en ook waren zij te ver van de Indianen verwijderd; daarbij kwamen er — iets wat onder de zending der Broedergemeente tot de uitzonderingen behoort, oneenigheden, waardoor het gemeenschappelijk arbeiden verstoord werd. Zekere kortelings aangekomen zendeling, Regnier, was hiervan de oorzaak.

Omstreeks het jaar 1745 was de Broedergemeente dus genoodzaakt dit onvruchtbare station op te heffen; de Broeders verlieten Suriname en begaven zich naar Berbice om de wakkere zendelingen aldaar ter zijde te staan.

Suriname werd dus verlaten, doch, daar Paramaribo zoo uitnemend gelegen was voor eene zending onder de negers en tot ondersteuning van ver afgelegen zendingsposten, hield men de verlaten post in het oog en hoopte zich daar later weder te vestigen.

Die hoop werd verwezenlijkt. De Broeders in Berbice hadden door den heftigen tegenstand der blanken het ook aldaar voor dit oogenblik moeten opgeven den negerslaven van de genade des Heeren te spreken; ook zij hadden zich daarop tot de Indianen gewend. Na veel strijd werd hun arbeid ge-

zegend en uitgebreid en ontstond aldaar te Pilgerhut (Pel-
grimshoede) eene gemeente uit Inboorlingen bestaande.

In het laatst van 1747 werd het smeeken der Broeders ver-
hoord; een honger naar het woord des levens ontwaakte
onder de Indianen. In Maart 1748 werd eene oude Indiaansche vrouw als eersteling gedoopt. Tegen het einde van
Junij waren reeds 39 Indianen in de Christelijke kerk opgenomen; de gemeente nam toe in bloei; vooral toen in 1748
de uitnemende zendeling Schuman, de Apostel der Arawakken genoemd, tot hulpe kwam. In 1757 bestond aldaar reeds
eene gemeente van 300 zielen.

Men poogde ook nu de zending in Suriname weder aan te
vangen. In 1754 begaven zich de reeds genoemde Däbne en
zekere Marcus Ralfs naar Paramaribo, waar zij hun kleeder-
makers handwerk uitoefenen en als agenten der zending trachten zouden in de stoffelijke behoeften der zending te voorzien.
Zij zouden de aankoopen doen voor de afgelegen zendingstations benoodigd; de uit Europa aankomende Broeders ontvangen; de goede verstandhouding met de koloniale regering trachten
te bevorderen, en verder al datgene te doen wat tot welzijn
der zending strekken kon.

Met veel getrouwheid en ijver waren die Broeders in dezen
hunne kring werkzaam. Wekken die daar te Paramaribo op
de kleermakerstafel gezeten Broeders onze bewondering op,
zijn zij ons in zoo velen ter beschaming; ook de inwoners
van Paramaribo lieten langzamerhand hunne vooroordeelen
vallen. De handel en wandel der Broeders getuigden zoo zeer
van een Christelijken geest, dat de laster verstomde, en terwijl hun kleermakersbedrijf van jaar tot jaar in belangrijkheid
toenam, verheugden zij zich ook over vermeerderd vertrouwen
bij de regering en andere aanzienlijke personen. De voormalige Gouverneur van Berbice, Lösner, die den arbeid der Broeders van nabij had gadegeslagen, had zich te Paramaribo met
ter woon gevestigd en legde omtrent hen een gunstig getuigenis af bij den toenmaligen Gouverneur van der Meer. Na
verkenning van het terrein, en na toestemming der societeit
te hebben ontvangen, bouwden 5 zendelingen en 8 Indianen,

aan de rivier Saramacca, Saron. De ligging was, om met de Indianen in aanraking te komen, geschikt, doch tevens zeer ongezond; verscheidene Broeders vonden hier een vroegtijdigen dood.

Ook hier werd het woord der prediking door den Heer gezegend. Zelfs de meer woeste Caraiben kwamen aldaar om het woord te hooren, dat van liefde en vrede en genade getuigt. Reeds bij het einde van 1757 waren er 50 Indianen gevestigd.

Dähne vertrok uit Paramaribo in 1757, om zich aan de Corentijn te vestigen; terwijl Ralfs alzoo alleen als agent te Paramaribo achter bleef. Eenige Indianen hielpen Dähne aldaar eene hut bouwen, doch verlieten hem daarna; slechts een, Christoffel genaamd, bleef nog eenige maanden bij hem. Toen deze man ziek werd, zeiden doortrekkende Indiaansche toovenaars tot hem: »Gij zult bij dezen blanke nimmer gezond worden, want de duivel heeft de magt over hem, en de blanke zelf zal ziek worden." Christoffel luisterde naar deze woorden, en, toen hij eenigzins hiertoe in staat was, ging hij weg en liet Dähne *alleen* in de wildernis achter, ofschoon vele Indianen hem van tijd tot tijd kwamen bezoeken, aan wie hij dan het Evangelie verkondigde.

»Ik heb toen," schreef deze waardige man: »met mijn lieven Heiland alleen huis gehouden, met een vergenoegd en zalig hart gedaan wat ik kon, en de Heiland troostte mij, door Zijne lieve nabijheid in deze wildernis zoo krachtig, dat ik regt zalige tijden heb doorgebragt."

Dähne, die hier van alle menschelijke hulp verstoken was, moest zwaarder arbeid verrigten, dan ooit te voren, en kreeg door overspanning en ontbering hevige koortsen; doch de Heer verliet zijn getrouwe dienstknecht niet; Hij beschikte het, dat de zendeling Schuman hem bezocht en artsenijen medebragt, waardoor Dähne spoedig weder herstelde. Dähne verkeerde meermalen in levensgevaar: Een tijger sloop des nachts brullend rondom zijne nederige hut, die uit vier palen met een dak van palmbladen bestond, onder hetwelk hij zijne hangmat ophing; hij vreesde den tijger niet; wel nam hij de voorzorg 's nachts een vuur in zijne hut te ontsteken, doch als dit uitging, bleef hij kalm in zijne hangmat liggen; zijn vertrouwen was op den Heer en dat werd niet beschaamd.

Op zekeren avond, als hij zich ter ruste wilde begeven, viel een tamelijk groote slang van een lat van het dak op hem, slingerde zich twee tot driemaal om zijn hals en hoofd en drong zich immer vaster. »Ik dacht," zoo verhaalde hij, »dat kon wel mijn dood veroorzaken, en schreef daarom met krijt deze omstandigheid op de tafel tot narigt voor de Broeders, opdat zij niet in de waan zouden verkeeren, dat de Indianen schuld aan mijnen dood hadden" (welk eene liefelijke teedere bezorgdheid) »Intusschen viel het mij in, om, in vertrouwen op het woord des Heeren (Marcus 46—18) den slang van mij af te werpen; ik deed dit daarop met zulk eene kracht, dat iets van mijn vel mede ging." Het was duister, hij wist niet wat er van den slang geworden was, doch Dähne legde zich rustig in zijn hangmat neder en de Heer bewaarde Hem, zoodat hem er niets kwaads van overkwam. Het grootste gevaar echter dreigde hem van de wilden en gruwzame Caraiben, welke in November 1757 het voornemen hadden opgevat om hem te vermoorden. Hoe hij door Gods genade ook nu gered werd, willen wij hem met zijne eigene woorden laten verhalen:

»Als ik 's middags zou gaan eten kwamen 50 mannen, in hunne Canoes zittende, aan; zij verlieten die en omringden mijne hut. Eenige van hen hadden ijzeren bijlen en houwelen, anderen zwaarden en dergelijke moordtuigen meer bij zich. Ik ging tot hen en verwelkomde hen op vriendelijke wijze in het Arawakkisch; zij antwoordden mij barsch: »ik moest Caraibisch met hen spreken." Intusschen merkte ik op, wie het bevel voerde. Terwijl zij onder elkander Caraibisch spraken en merkten dat ik dit niet verstond, kwam hun tolk voor en vroeg mij in het Arawakkisch: »Wie heeft u veroorloofd hier te bouwen en te wonen?" waarop ik antwoordde: »De Gouverneur." »Waarom zijt gij hier in het land gekomen?" Nu vervoegde ik mij tot het Opperhoofd en zeide hem met vrijmoedigheid: »Ik heb broeders aan de overzijde der zee, die gehoord hebben, dat in dit land Indianen wonen, die hun

Schepper niet kennen; deze broeders nu hebben mij hierheen gezonden, omdat ik eerst de spraak dier Indianen zou leeren en hun dan, wat ook voor hen het voornaamste is, zou mededeelen. Ook zullen er weldra nog meer tot datzelfde doel hierkomen."

»Zijt gij een Spanjaard?" »Neen", »of een Franschman?" »Neen." »Zijt gij dan een Hollander?" »Ik kom wel uit Holland, doch eigenlijk nog verder. Genoeg zij het; ik ben een dier broederen van de overzijde der zee, die u liefhebben." »Hebt gij dan niet gehoord, dat de Indianen u zullen doodslaan?" »Ja, doch ik heb het niet geloofd, en gij zelven hebt onder uwe Indianen lieden, die bij mij zijn geweest, en weten, dat ik u lief heb." »Dat is waar, en zij hebben mij gezegd, dat gij een andere Christen, dan de andere blanken waart." »Nu, als gij dan weet dat ik u lief heb, hoe zoudt gij mij dan kunnen doodslaan?"

Het opperhoofd hernam lagchende: »Dat is waar ook!" Nu veranderden allen in hunne gebaarden en de kring ging uiteen. Slechts de aanvoerder bleef bij mij en vroeg mij vele dingen, die ik hem zoo goed mogelijk verklaarde, en toen hij hoorde, dat geene andere blanken, dan de Broeders hier woonden, werd hij vriendelijk, en bij zijn vertrek gaf hij mij, op mijn verzoek, van zijne levensmiddelen en beloofde mij weder te komen. »Zoo hielp de Heiland mij genadig van dag tot dag, zoodat ik bij het einde des jaars groote reden had om Hem te loven en te danken."

Dähne leefde onder menigerlei nood en ontbeering getroost voort in de hoop, dat weldra Broeders uit Europa tot zijne hulpe zouden komen, hetgeen echter eerst in 1759 geschiedde. Intusschen deed hij in zijne eenzaamheid wat hij kon; hij prees de hem bezoekende Indianen de zondaarsliefde van Jezus aan, en bekwam van hen levensmiddelen (cassaves); was bij alle ontbeering vrolijk en zalig in de nabijheid van zijnen Heiland en genoot eindelijk de vreugde, dat eenige Indianen zich in zijne nabijheid hutten bouwden, en alzoo brak ook voor Ephraim (zoo werd die nederzetting genoemd) een tijd van genade aan.

De gemeente te Saron werd voornamelijk door Caraiben bezocht, die met troepen van 10 tot 20, zelfs in Augustus 1760 met 100 aankwamen, om zich aldaar te vestigen. Zoo ging het werk Gods verblijdend vooruit, toen eensklaps eene bedroevende gebeurtenis het verstoorde. De Caraiben vingen meermalen gevluchte negerslaven op, leverden ze hunnen heeren over, ten einde de ƒ 60 vanggeld te verdienen. (Vervloekte slavernij!) De Boschnegers, hierover vertoornd, namen daarop het besluit Saron te verwoesten, zoodat de Indianen genoodzaakt zouden zijn dien omtrek te verlaten. Toen in 1761 de Caraiben naar hunne oude woonplaats waren gegaan, om levensmiddelen te halen, en Saron alzoo van hare krachtigste mannen ontbloot was, voerden de Boschnegers hun voornemen uit. Op Zondag den 25sten Januarij, toen de gemeente de prediking bijwoonde, kwamen de Boschnegers, schoten met geweren en pijlen en staken het zendingshuis in brand. Allen moesten vlugten en Saron werd verwoest, waarna de Boschnegers vertrokken (*). Twee Broeders, Schirmer en Cleve, keerden eenigen tijd daarna terug om te beproeven de verstrooide gemeente van Saron weder bijeen te verzamelen. Tot hunne bescherming erlangden zij een detachement van 14 soldaten. Honger en krankte volgden en de minst gevaarlijke zieke moest menigmaal den anderen kranke verplegen, doch kon niets dan cassave en water hiertoe geven; de Broeders evenwel smaakten, bij alle droefheid, toch meermalen de groote blijdschap, dat de Indianen ook bij deze beproevingen zich aan den Heiland vasthielden en Hem nog stervend beleedden; er kwam hulp uit Europa, een Broeder en Zuster, doch beiden vonden er spoedig hun graf.

Schirmer en Cleve vertsaagden niet en Saron kwam omstreeks 1762 weder in bloei. De Indianen echter leefden in gestadige vrees voor de aanvallen der oproerige negers, die steeds in den omtrek kruisten; vele Indianen verlieten deze plaats, en in 1779 moest de zending aldaar worden opgegeven. In de kleine gemeente te Ephraim brak in 1762 eene hevige koorts uit,

---

*) Zie bladz. 81.

en, bij den negeropstand in 1767, moest ook dit station worden verlaten.

Eene nieuwe nederzetting, Hoop genaamd, werd daarop in 1764 aan de Corentijn gevestigd en hier scheen in den aanvang de arbeid zeer gezegend te worden. Na vier jaren stonden er reeds 10 Indiaansche hutten en Schirmer en Cleve predikten aan 80 tot 100 zielen het woord der verzoening. Doch in 1766 werd Schirmer en in 1768 Cleve van hunnen arbeid afgeroepen door den Heer, die hun in de ruste bragt en het genadeloon aan trouwen arbeid in zijne dienst verbonden deed genieten. Het overlijden dezer mannen was een zware slag voor de zending.

Gedurende een geruimen tijd was er te Hoop slechts een arbeider, Jacob Erdmann Burchhardt; in 1784 kwam er versterking, doch de zending ging niet vooruit. Zoo stonden de zaken, toen in 1789 Johan Jakob Gottlob Fischer uit Wurtemberg te Hoop aankwam; hij leerde spoedig de Arawakkische taal en legde zich bijzonder toe op het onderwijs der jeugd.

In 1790 werd eene groote school gebouwd; 11 Indianen bouwden nieuwe huizen, in geregelde orde, en die van appel- en andere vruchtboomen werden omringd. Kinderen en volwassenen werden tot nuttigen arbeid opgeleid. Grond ter cultuur van cassave werd aangelegd; velden met koorn en bannanen zag men weldra in hunne volle schoonheid prijken. In October 1791 werden aan 108 bewoners eenige verordeningen voorgelezen, waardoor de Heidensche levenswijze zou ophouden en eene geregelde Christelijke hiervoor in de plaats komen; de Indianen beloofden die bepalingen te zullen nakomen. Caraiben en Waraauen voegden zich bij hen, en de geordende gemeente trok zoodanig de aandacht der Indianen in den omtrek, dat velen genoopt werden zich ook daarheen te begeven. In 1795 trokken 109 Indianen naar Hoop, en onder deze 36 Waraauen, die zich door bijgeloof, ligtzinnigheid, afkeer van arbeid en diefstal kenmerkten en der nieuwe gemeente alzoo tot een slecht voorbeeld waren.

De verovering van Berbice in 1796 door de Engelschen

maakte het verkeer moeijelijker en belette de nieuwe kolonisten hunne waren te verkoopen. Friderici liet echter in 1798 den Indianen toe om voor hunne bijzondere zaken naar Berbice te gaan. Dat rustig verkeer met de naburige kolonie, zelfs gedurende den krijg, hield echter op door eene onvoorzigtigheid van Fischer. Deze namelijk hielp de bemanning van een gestrand Engelsch schip, die zich voor Noord-Amerikaners uitgaven, naar Berbice te komen. Hierop ontving hij bevel om met zijne familie den zendingspost Hoop te verlaten. Hij begaf zich daarop, tot groote smart der gemeente, naar Noord-Amerika

In 1799 werd het verkeer met Berbice weder toegestaan. Na het vertrek van Fischer zette Broeder Klüge met zijne nationaal-helpers, met ijver den arbeid voort; in 1800 kwam Broeder Schulz hem ter hulp, en in 1801 waren te Hoop 208 inwoners, waaronder 169 gedoopten. Echter geraakte de gemeente door de toenemende neiging der Arawakken tot dronkenschap en een zwervend leven in verval. In 1808 werden door eenige ligtzinnige booze jonge lieden de zendingsgebouwen in de asch gelegd. Het grootste gedeelte der Indianen verliet toen de nederzetting aan de Corentijn; andere pogingen werden aangewend, om hen hier en daar te verzamelen, doch in 1815 moest de zending eindelijk onder de Indianen worden opgegeven, daar de werkzaamheden op de plantaadjes onder de negerslaven aan de Nickerie al de krachten der Broeders vorderden.

Zoo hield de zending der Broedergemeente onder de Arawakken, geheel op, en die gezegende plaatsen, waar eenmaal Gods lof werd verkondigd, waar liederen ter Zijner eere weerklonken, zijn thans met digt bosch bewassen, waaruit men slechts het geschreeuw der papagaaijen en van andere woudbewoners hoort. In Pilgerhut (Berbice) is geen pelgrim meer, Saron is niet langer een bloeijenden tuin, Ephraim draagt geene vruchte en op Hoop — hoopt men niet meer. Echter, zoo eenmaal de stem van den Archangel de dooden ter opstanding roept en de klank der laatste bazuin ook in deze wouden wordt gehoord, zullen ook dáár graven zich openen, uit welke Indianen met hunne leeraren en leermeesteressen zullen opstaan, die Hem zullen roemen en loven tot in eeuwigheid, Die zich hunner zielen heeft ontfermd en ten eeuwigen leven bekwaam gemaakt.

En in den tijd? Wij herhalen het vroeger gezegde. Na de afschaffing der slavernij zal het verkeer van de Indianen met de Europeanen worden bevorderd; — dan ook is het te wenschen, dat de Indianen zullen deelen in het genot der beschaving, en vooral in de vertroostingen der Christelijke godsdienst. Moge het Evangelie der genade hun dan op nieuw worden verkondigd en moge de wandel der belijders van Christus een zoodanige zijn, dat die arme onkundige heidenen niet geërgerd, maar gesticht en voor den Heer gewonnen worden. Daartoe verleene den Heer zijne genade, daartoe schenke Hij zijne kracht, de zegenende invloeden des Heiligen Geestes.

II.

Zending onder de Boschnegers.

In 1762 was de langdurige strijd met de Boschnegers (zie bladz. 136 tot 154) geëindigd; een vredes-tractaat was door de koloniale regering in 1760 met de Aucaners en in 1762 met de Saramaccaner-negers gesloten (zie bladz. 154—160). De toenmalige Gouverneur van Suriname, Wigbold Crommelin, wenschte, dat de Broedergemeente ook onder hen eene zending zoude vestigen; de Saramaccaners zelven deden aanzoek om Christenleeraars en de Broedergemeente verheugde zich een nieuwen werkkring te vinden, om het Evangelie te verkondigen.

Rudolph Stoll en Thomas Jones werden daartoe uit Hernhut gezonden en kwamen, onder leiding van den ons reeds bekenden Broeder Dähne, die ter herstelling zijner geschokte gezondheid eenigen tijd in Europa had vertoefd, in 1765 te Paramaribo aan.

In December van hetzelfde jaar aanvaardden zij de reis naar

de dorpen der Boschnegers. De vaandrig Dörig (meermalen in de Geschiedenis genoemd) stelde hen aan de grenzen als hunne toekomstige Leeraars aan de Kapiteins der 12 Negerdorpen voor, onder de betuiging, dat hetgeen zij aan de Broederen deden, goed of kwaad, de koloniale regering het zou aanmerken als aan haar te zijn geschied. De Kapiteins gaven luide hunne vreugde te kennen, en ieder wilde gaarne een Broeder bij zich nemen. Deze echter besloten zich voorloopig niet van elkander te scheiden.

In Februarij 1766 bereikten zij over de gevaarlijke watervallen Senthea Kreek, alwaar het Groot-Opperhoofd Abini hen vriendelijk ontving en eene hut voor hen liet bouwen. Jones overleed eenige dagen na zijne aankomst; Dähne keerde later naar Europa terug, zoodat Stoll alleen overbleef, hoewel andere Broeders en Zusters hem later ter hulpe kwamen.

De hoofdman Abini verloor kort daarop het leven in een gevecht met nog in opstand levende Negers. Eer hij ten strijde trok had hij de Broeders aan zijn zoon Arabi, een verstandig jongman, met de volgende woorden aanbevolen: »Ik weet wel is waar niet regt welk soort van lieden dit zijn en waarom zij hier willen wonen; ik geloof echter, dat God ze mij toegezonden heeft?" En Arabi vergat deze woorden zijns vaders niet en betoonde den Broeders vele toegenegenheid en vriendschap.

Naauwelijks waren de Broeders zoo ver gevorderd, dat zij den Boschnegers in hunne eigene taal het doel hunner komst verklaren konden en hun alzoo wezen op den eenigen God en op Zijnen Zoon Jezus Christus als den Heiland der zondaren, of daar verhieven de afgodspriesters (Gado of Obia-mannen of Lokemans. Zie bladz. 118—19) en voornamelijk de oude vrouwen, een luid geschrei aan. Deze lieden dreigden de andere Negers met den toorn hunner goden, daar zij zich met den Gran-Gado (Grooten God) der blanken hadden ingelaten. Zelfs offerden en baden zij om die goden te verzoenen, en — de Obia-mannen zochten op allerlei wijze het volk tegen de Broeders in te nemen.

De Broeders waagden het niet des avonds uit hunne hut-

ten te komen en werden door sommigen gewaarschuwd, dat
zij ongetwijfeld zouden vermoord worden. Echter hielden de
Broeders hunne huiselijke godsdienstoefeningen met open deuren,
opdat welligt een der nabij wonende negers een gunstigen indruk hiervan mogt erlangen, en verder vertrouwden zij op
den Heer. »Er is werkelijk meer gevaar dan wij weten", schreven zij in 1767, »doch wij verlaten ons op Hem, die magtiger
is dan alle anderen. Wil Hij ons tot offer doen strekken,
wij zijn bereid. Hij doe ons slechts zijne zalige nabijheid
genieten."

De Heer sterkte deze geloofsmannen; niemand legde de hand
aan hen. Bedroefd over de verstoktheid der volwassenen beproefden zij twee knapen, Scipio, een schoonzoon van Abini,
en Grego, onderwijs te geven. Nog drie knapen voegden zich
hierbij en toen hunne vijandig gezinde moeders dezen van hen
wegnamen, bleven Scipio en Grego luisteren naar de verhalen van de liefde des Heeren. Zij leerden zingen en bidden
met de Broeders, en Stoll vertaalde met hunne hulp eenige
liederen en een gedeelte van het Nieuwe Testament.

Daar Senthea Kreek het middelpunt van den geheelen stam
was werden de offerfeesten onder groot getier en geraas gehouden en de Broeders verlangden dus naar eene rustiger
standplaats. Arabi voldeed aan hun verlangen en bouwde hen een
huisje, een weinig meer zuidwaarts, te Quana; terwijl de zending door de aankomst van Broeder en Zuster Kersten werd versterkt. Arabi gevoelde zich, ofschoon zijn Grangmama (Groot-
moeder), eene afgodspriesteres, hem hierover duchtig bespotte,
meer en meer tot den Heer getrokken. Zijn voorbeeld werkte
gunstig; andere negers wilden nu ook meer van den Heiland
hooren. De Broeders begonnen nu des Zondags eene openbare
godsdienstoefening te houden, en hadden in het begin verscheidene toehoorders, doch de ijverende Obia-mannen, en
voornamelijk eenige vrouwen, verontrustten hen gestadig. Slechts
bij Arabi vatte het woord der verzoening wortel in het harte
en den 6den Januarij 1771 werd hij, als eersteling van dit
in diepe duisternis verkeerend volk, gedoopt.

De meeste inwoners woonden de doopplegtigheid van Arabi bij, die op zijne eigene begeerte den naam van Johannes erlangde, doch daarna verhief zich een ontzettende storm onder dit volk, en voornamelijk waren de vrouwen woedend. Een dorpshoofd dreigde den Broeders den dood; door de genade des Heeren werd echter geen haar van hun hoofd gekrenkt.

In 1773 werd weder een neger, Janke, gedoopt en ontving den naam van Simeon. In December 1774 werden de Broeders genoodzaakt zich naar Bambeï te verplaatsen. Reeds in het volgende jaar mogten zij weder vier negers doopen, en onder deze hunne eerste leerlingen Scipio en Grego, welke de namen van David en Christiaan bekwamen. Zoo was het begin eener Christengemeente dáár, die door woord en wandel het Evangelie beleed.

Het Evangelie begon de harde harten der negers te verteederen. Een zoon van den bekenden zendeling onder de Indianen aan de Berbice, Schuman, arbeidde met groote trouw en ijver. Zijne medearbeiders waren door den Heer opgeroepen en hij zelf door eene zware krankte aangegrepen. Toen sprak hij uit zijne hangmat het Woord des levens tot zijne toehoorders. De prediking van dezen kansel droeg goede vruchten; in 1780 werden eenige vrouwen, waaronder zich de vrouw en zuster van Arabi bevonden, voor het Evangelie gewonnen, en toen was een groot bolwerk des Satans gevallen. Het Evangelie drong meer en meer in de harten der natie en verkreeg vasten voet in de kringen van het huiselijk leven.

Weldra bestond de gemeente uit 24 gedoopte of doop-candidaten.

In 1790 ontstond er eene bijzondere opwekking onder de Boschnegers, veroorzaakt door een vroegeren afgodspriester, die twee jaren geleden gedoopt en toen den naam van Paulus had ontvangen. Deze man had niet bij de Broeders gewoond, maar had het door hen gepredikte Woord vernomen, en de Heilige Geest had het vruchtbaar gemaakt. Zijn eenvoudig, doch levendig en krachtig getuigenis en zijn geheel veranderden levenswandel maakten een diepen indruk op zijne landgenooten; andere gedoopten vereenigden zich met hem en de Broeders werden uitgenoodigd hem te komen bezoeken.

Toen de Broeders aldaar aankwamen werden zij met de grootste vreugde ontvangen; de afgodische voorwerpen werden weggeworpen, en van 's morgens vroeg tot na middernacht zaten die lieden bij den zendeling neder om van den Heiland te hooren, die ook hen gekocht had met zijn bloed. De oude vrouwen, vroeger zoo verstokt en zoo vijandig, werden nu ook begeerig naar het woord Gods, en de gemeente wies en nam toe.

Doch nu kwam er eene nieuwe beproeving. Verscheidene zendelingen stierven, ook de in hunne plaats tredenden; slechts één, Broeder Wietz, bleef over. Door de regering tot post-houder bij de Boschnegers benoemd deed Wietz met den Hoofdman Arabi verscheidene ambtsreizen en verkondigde alzoo het woord aan vele negers. In Bambei zelf werd de gemeente gesterkt door nationaal-helpers en nam in kracht en sterkte toe. Wietz vertaalde voor hen: eene harmonie der vier Evangeliën, de Apostolische Brieven en de geloofsleer der Broeders. In de uit 49 gedoopten bestaande gemeente werd tot meerdere uitbreiding dezelfde inrigting gemaakt als aan andere zendingsgemeenten. De inlandsche helpers toonden in hunne voordragten eene goede gave te bezitten zich duidelijk uit te drukken.

Wietz bleef, niettegenstaande zijne gezondheid geschokt was, met zijne vrouw tot April 1801 op zijnen post. Toen echter keerde hij tot herstel zijner gezondheid met zijne echtgenoote naar Europa terug.

Voortdurende gevallen van ziekten maakten gedurig verwisselingen van zendelingen noodzakelijk. De Gouvernementsbetrekking van posthouder wikkelde de Broeders menigmaal in moeijelijkheden; en toen men hen, op hun herhaald verzoek, hiervan in 1812 ontsloeg, gingen uiterlijke voordeelen voor hun bestaan verloren. In 1813 verliet de laatste zendeling het land der vrijnegers, terwijl hij de verzorging der gemeenten aan den eerwaardigen Johannes Arabi en aan Christiaan Grego overdroeg. Het klimaat was doodend voor den blanke, negen broeders en zes zusters waren daar als offer hunner Christelijke liefde

bezweken; doch hun werk was niet zonder vrucht geweest
en van de gemeente bleef, dank zij 's Heeren trouwe zorg,
onder veel strijd en moeite, een overblijfsel bestaan.

Johannes Arabi en Christian Grego zetten met getrouwheid
het werk der Evangelie-verkondiging voort; zij bezochten
meermalen de Broeders te Paramaribo en bleven steeds met
hen in geestelijke gemeenschap. Ofschoon er later veel achteruitgang in de gemeente ontstond en verscheidene tot heidensche gewoonten waren terug gekeerd, bleven Johannes
Arabi, met Christiaan Grego en Simon Adoeka, hunne Christelijke belijdenis getrouw. Johannes Arabi overleed in 1821;
voor zijn verscheiden beval hij zijne kinderen aan Christiaan,
zijnen broeder in den Heer, op roerende wijze aan: »Als ik sterf,"
zoo sprak hij, »ga toch voort mijnen kinderen den weg des
Heeren te leeren; want zij zullen in zijne hand blijven." Dit
geloofsvertrouwen werd niet beschaamd, want, hoewel zij
voor een tijd afweken, keerden zij tot den Heer terug, die
zijne genade aan hen niet onbetuigd liet.

Nog veertien jaren na den dood van Arabi bleven de Boschnegers zonder leeraar; Christiaan Grego ging in 1824 in de
ruste zijns Heeren in, zoodat Simon Adoeka van de oude
gemeenteleden alleen overbleef. Treurig werd het verval der
gemeente; de zonen van Arabi weken af en het scheen als
of het gebed en de verzuchtingen huns zaligen vaders onver-
hoord zouden blijven. Doch de trouwe Heer vergat ze niet.
In het jaar 1835 werden de zonen van Arabi de vermaningen
huns vaders op nieuw gedachtig en door een innerlijken drang
gedreven begaven zij zich naar Paramaribo om weder het woord
des levens te hooren en voor zich een leeraar te verzoeken.

Bij de verkenningstogten door verschillende zendelingen daarop
gedaan werd het Evangelie diep in het boschland gebragt. In
de hoop van weldra een leeraar te zullen verkrijgen verzamelde het kleine hoopje gedoopten zich te Gingeh en kwam
van daar dikwijls in de stad. Eindelijk werd een kerkje en
zendingshuis gebouwd en Job, een der zonen van Arabi,
kwam daar met anderen bidden, zingen en in eenvoudigheid
over de dingen des eeuwigen levens spreken.

Eerst in het jaar 1840 werd de wensch der Boschnegers naar een leeraar vervuld. Broeder en Zuster Schmidt betrokken den nieuwen post. Met kracht verhief zich op nieuw de Heidensche geest; doch Schmidt en zijne trouwe gade lieten zich hierdoor niet ontmoedigen en voeren voort in veel strijds en veel gebeds het Evangelie te verkondigen, en hun werk werd ruimschoots gezegend (*). In 1843 nam de kleine gemeente zoo zeer in bloei toe, dat de Heidenen er door getroffen werden, en zelfs toovenaars de kerk kwamen bezoeken. Eene nieuwe beproeving echter wachtte de negergemeente, daar het den Heere behaagde zijne trouwe dienaar Schmidt tot zich te roepen. Schmidt ging in 1845 tot de eeuwige rust in. Zijn Christelijk afsterven, zijne laatste vermaningen bleven niet zonder vrucht. Zijne weduwe bleef nog elf maanden alleen bij de negergemeente en werd door den trouwen nationaal-helper Job, die door woord en wandel predikte, ondersteund.

Kort na het zalig afsterven van Broeder Schmidt kwam de toenmalige hoofdvoorstander der zending Otto Tank aldaar. Hij werd door de gemeente met hartelijke blijdschap begroet, en ook hem op nieuw de wensch naar een leeraar op het hart gedrukt. In Februarij 1846 werd aan dien wensch voldaan; Broeder Meissner werd naar Bambei (men had dit station uit herinnering aan de vroegere vestiging alzoo genoemd) gezonden ter vervulling van de door het overlijden van Schmidt opengevallen plaats. Hij kwam daar, huwde met de weduwe Schmidt, en arbeidde met zegen; doch eene ziekte, eene soort van verlamming, noodzaakte hem ter genezing met zijne vrouw naar Europa te gaan. In den herfst van 1848 keerden zij echter tot groote vreugde der negergemeente tot haar terug. Evenwel door aanhoudende en telkens wederkeerende krankheden werden zij genoodzaakt in 1849 Bambei en zelfs Suri-

---

(*) Treffende bijzonderheden worden hieromtrent medegedeeld in een werkje: Verhaal van den zendingspost der Evangelische Broedergemeente in het Boschnegerland van Suriname, door de zendelingszuster Meissner, eerder weduwe van den zendeling R. Schmidt. Slechts gebrek aan ruimte wederhoudt ons hieromtrent mededeelingen te doen.

name voor goed te verlaten; doch ook nog in Europa bleven zij de hun dierbare gemeente niet slechts in de gebede gedenken, maar onderhielden briefwisseling met sommige gemeenteleden.

In het jaar te voren trof ook de negergemeente een groot verlies: Job, de lieve, trouwe Job, ging na een kort ziekbed in tot de vreugde zijns Heeren. Hier en bij andere ziek- en sterfbedden werden treffende getuigenissen van 's Heeren genade en liefde afgelegd. Later werd nog weder beproefd om de zendingsarbeid aldaar voort te zetten, doch het element was doodend voor Europeanen, evenwel vreesden de Broeders, welke daarheen gezonden werden, hiervoor niet. Vele blijken van Christelijken moed werden daar gezien; vooral moet men de Christelijke moed bewonderen van Zuster Hartman, die een geruimen tijd alleen overbleef, en, niettegenstaande eene ongeneeslijke ziekte, niet ophield zich het geestelijk heil der negers en voornamelijk het onderwijs der jeugd aan te trekken. Eindelijk bezweek ook zij en overleed 30 December 1853. Het zendingsbestuur te Paramaribo vond geene vrijheid om, daar het werk der zending onder de slaven zoovele krachten vereischte, meer Broeders of Zusters naar het zoogenaamde doodenland te zenden. De zending werd dus opgeheven. De gemeente blijft echter bestaan; de trouwe national-helpers komen meermalen in de stad, om de geestelijke gemeenschap met de Broeders te onderhouden, en keeren van daar versterkt en bemoedigd naar het Boschland terug, om die gemeente op te bouwen in geloof en kennis. Er blijft eene kerk bestaan en de Heer ziet er in genade op neder, bewaakt, beschermt die kleine gemeente.

Welk eene uitbreiding kan zij erlangen als, na de opheffing der slavernij, de Boschnegers zich meer in aanraking met de overige bevolking zullen stellen, en de waardige Broedergemeente beter gelegenheid zal erlangen hun, volgens hunne begeerte, het Woord des levens te verkondigen.

Ook bij de Auca-negers wijkt de tegenstand; de Becoe- of Musinga-negers vragen naar leeraars en onderwijs (*). De weg des

(*) Zie bladz 765.

Heeren wordt bereid. Hij zal zijne liefde en genade ook hen doen bekend maken, die er nu nog niet van hebben gehoord. Voor het volk, dat in de duisternis zit, zal een groot licht opgaan. Velen zullen zich verheugen in het licht van de zon der geregtigheid. De bazuin des Evangelies zal niet te vergeefs in de wouden van Suriname klinken. Onze Heer zal lof, dank en aanbidding, nu en in alle eeuwigheid ontvangen.

III.

Zending onder de Negerslaven.

Was de eerste poging der Broedergemeente, om den slaven het Evangelie te verkondigen, door den heftigen tegenstand der blanke bevolking, vruchteloos, en had men zelfs, na mislukking der eerste zending onder de Indianen, Suriname moeten verlaten, in 1754 echter kwamen er op nieuw twee Broeders als Agenten der zending te Paramaribo, zoo als wij reeds bladz. 784 hebben vermeld, ten einde voornamelijk de stoffelijke belangen der zending voor te staan.

Die Broeders waren ijverig bezig in de eenvoudige werkkring, die hun was aangewezen. Hun kleêrmakers-bedrijf verschafte hun niet slechts het noodige voor hun onderhoud, maar daarenboven konden zij hierdoor de afgelegen zendingstations ondersteunen.

Om des te beter hun handwerk te kunnen drijven kochten de Broeders in 1767 eene eigene woning en een stuk grond, waar zij een tuin en, aan het einde daarvan, eene begraafplaats aanlegden, welke zij met een hek omringden. Een der Broeders, Christiaan Friedrich Gastman, werkte hieraan met zoo veel ijver, dat zijne vrouw tot hem zeide: »Gij zult zeker wel de eerste zijn, die hier zal komen te liggen." — en waarlijk; nog in hetzelfde jaar ging hij in tot de vreugde zijns Heeren; en was zijn lijk het eerste, dat op dien Godsakker der aarde werd toevertrouwd, om den dag der opstanding te verbeiden.

Bij de uitbreiding van hun beroep hadden de Broeders hulp noodig en huurden alzoo 10 à 12 negers, die als gezellen of leerlingen met hen arbeidden. Waren de Broeders ijverig in hun handwerk, deden zij met lust al datgene wat hunne hand vond om te doen, zij vergaten echter de hoogere dingen niet. Dáár op die kleérmakers-tafel zittende, werd door de Broeders een zaad uitgestrooid, dat onder den dauw des Heiligen Geestes vruchten opleverde, waarover in alle eeuwigheid zal gejuicht worden.

Na lang wachten genoten de Broeders de vreugde, dat (in 1768) bij drie hunner negers eene levendige begeerte ontstond, om den weg des heils nader te leeren kennen. Zij kwamen daartoe des avonds bij een der Broeders (Kersten), die hunne taal magtig was, om nader onderrigt. Deze verhaalde hun dan van de menschwording en den dood des Heeren Jezus, en van het heil door Hem voor zondaren verworven. »Hoe het ons verheugde," schrijft hij in een zijner brieven, »nu wij, na lang wachten, eindelijk negers zien, wier harten door den Heer is geopend, en bij wie eene begeerte naar het Woord des levens komt, kan ik niet beschrijven."

Toen de eerste opwekking onder de slaven was ontstaan, kwamen er weldra meerderen tot de Broeders, om van deze dingen, die hun zoo liefelijk, maar toch ook zoo vreemd klonken, te hooren. Toen Broeder Kersten, ter vervulling der zending onder de Boschnegers was vertrokken, zette Broeder Rose de avondvergaderingen alleen voort; terwijl hij aan hen, bij wie de belangstelling toenam, bijzonder onderrigt gaf. Wel moest hij de tijd uitkoopen, want zijne beroepsbezigheden lieten hem weinig over, en twee, tot zijne hulp uit Europa gezonden Broeders, overleden kort na hunne aankomst. Doch de Heer sterkte en troostte hem en gaf hem in het volgend jaar de vreugde, dat twee negers het Woord met blijdschap aannamen, en toen zij daarna ziek werden, getuigden zij, dat de Heer hun nabij was, en ontsliepen met die betuiging op hunne lippen.

Rose bezorgde hunne begrafenis en gebruikte deze gelegenheid om tot de verzamelde Heidensche negers te spreken van

het lijden en sterven van Jezus Christus ter verzoening van
de zonden der geheele wereld. Velen dier negers kwamen
later in de zondagsvergaderingen.

Kersten, door de uniteits-conferentie uit het boschland terug
geroepen en tot voorstander der Surinaamsche zending benoemd,
keerde naar Paramaribo terug, tot groote blijdschap van Rose.
De belangstellende toehoorders vermeerderden; negen werden
als doop-candidaten ingeschreven en ontvingen afzonderlijk
onderwijs, en — den 21sten Julij 1776 werd de eersteling der
negerslaven te Paramaribo gedoopt, waarbij hij den naam van
Christiaan ontving. Nog in datzelfde jaar werden acht negers
en eene negerin gedoopt.

Het gedrag der nieuw bekeerden was zoodanig, dat vele
regeringsleden en bijzondere personen den wensch uitten, dat
alle negers zich bekeeren mogten. Niet alle meesters echter
dachten alzoo; er waren ook onder dezen, die hunne slaven
jammerlijk mishandelden indien zij de predikatiën der Broeders
bezochten; doch de arme zwarten leden liever onregt dan
weg te blijven van de plaats waar hun werd verkondigd: het
Woord der verzoening, dat van zulke heerlijke beloften getuigt; zij verdroegen hiervoor gaarne smaad en slagen.

Het werk Gods onder de negerslaven ging voortdurend met
zegen voort; bijna elke maand werden er door den doop in
de Christelijke gemeente ingelijfd. De gedoopten wandelden
waardiglijk het Evangelie; op den 31sten Mei 1777 kwamen
vier van hen voor de eerste keer ten avondmaal; in het volgende jaar elf en zoo breidde zich de Negergemeente al meer
en meer uit.

Daar het aantal der toehoorders steeds vermeerderde, bouwden
de Broeders op hunnen grond eene kerk tot gebruik der Negergemeente. Bij de feestelijke inwijding derzelve, op den 31sten
Mei 1778, werd een liefdemaal met 52 negers gehouden.
Blanken en zwarten, vrijen en slaven aan eene tafel, wel was
dit een vreemd verschijnsel in Paramaribo! doch de Heer, die
Zijn bloed voor de verzoening der geheele wereld stortte, zag
er met welgevallen op neder. Des namiddags hield Kersten
de eerste preek.

Eenige weken later kwam de Gouverneur (Jan Nepveu) met zijne vrouw en een talrijk gezelschap der aanzienlijkste personen de prediking en eene doopplegtigheid bijwonen. Den volgenden Zondag werd de toeloop der blanken zoo sterk, dat er naauwelijks plaats voor de vele negers was. Kersten hield toen eerst eene korte rede in het Hollandsch; betuigde zijne blijdschap over de belangstelling der blanken, doch vervolgde, dat, daar de kerk door de Broeders gebouwd was, om aldaar de negers het Evangelie te verkondigen, zoo zou hij overgaan om hun in hunne taal het Woord der verzoening in Jezus bloed en dood te prediken. Daarop zong hij met luider stemme: »Looft den Heer alle gij Heidenen," waarop de kleine zwarte gemeente zingend antwoordde: »En prijst Hem alle gij volken! Alleen God in de hoogte zij de eere, enz." Niettegenstaande het groot gemengd aantal van blanke toehoorders, onder welke zich ook verscheidene Joden bevonden, heerschten stilte en orde tot aan het einde; en allen waren verwonderd over de aandacht der Negers en over hun harmonisch gezang.

In het jaar 1779 ontvingen de Broeders een stuk land, buiten de stad, van de regering ten geschenke, tot begraafplaats der Christen-negers. De opwekking onder de slaven ging gezegend voort; gewoonlijk waren bij de prediking twee honderd aandachtige toehoorders tegenwoordig. Het getal der gedoopten en der avondmaalgangers vermeerderde en weldra moest de kerk worden vergroot; verscheidene heeren uit Paramaribo gaven daartoe bijdragen.

Ook opende zich aan het einde van hetzelfde jaar eene deur voor de Broeders, om de slaven op de plantaadjes het Evangelie te verkondigen. Zekere heer Palmer, eigenaar van de plantaadje Fairfield, tien uren van Paramaribo; aan de Commewijne gelegen, noodigde de Broeders uit aan zijne negers (150) Gods Woord te prediken.

De Broeders gaven gaarne aan deze roepstem gehoor. Toen Broeder Kersten hun de liefde des Verlossers bekend maakte, hieven deze arme slaven de handen ten hemel en dankten God met luider stemme, dat Hij dit liefelijke woord ook tot hen deed komen.

Later werden de bezoeken ook tot andere plantaadjes uitgestrekt. Eene vaste zendingspost werd noodig geacht, ten
einde beter aan de zich meer en meer openbarende behoefte
der negers naar het Evangelie te kunnen voldoen. De regering schonk den Broeders daartoe in 1785 een stuk grond,
bij de zamenvloeijing der Commewijne en Cottica, Sommelsdijk, naar een vroeger aldaar gelegen fort genaamd. De
plaats was ongezond en moerassig en de beide eerste zendelingen, die zich aldaàr vestigden, vielen als slagtoffers dier
ongezonde ligging. Intusschen had men hoop daar met kracht
werkzaam te zijn. Vele negers der naburige plantaadjes kwamen er om de prediking bij te wonen; het woord Gods werkte
met kracht en reeds aan het einde van 1786 waren 164 zielen
onder de leiding der Broeders. Evenwel deden er zich groote
zwarigheden op. Dewijl de negers van de plantaadjes niet
anders dan te water naar Sommelsdijk konden komen, omdat
hieraan gevaren waren verbonden, zoodat werkelijk in 1788 drie
negerinnen, bij hare terugkomst van Sommelsdijk, in de rivier
verdronken, zoo weigerden de meesters hunnen slaven langer
naar Sommelsdijk te gaan. De Broeders werden dus genoodzaakt de plantaadjes te bezoeken.

De Negergemeente te Paramaribo nam gestadig toe en bestond weldra uit: 101 gedoopten, van welke 49 avondmaalgangers, en 40 doop-candidaten, te zamen alzoo uit 141 personen. De nieuwe Gouverneur Texier, die in 1779 Nepveu
was opgevolgd, toonde zich, na een met de Broeders gehouden
onderhoud, bereid hunne pogingen ten beste der negers te
ondersteunen. Hij werd door eigen aanschouwing meer en
meer overtuigd welke kracht tot verandering en tot heiliging
des levens door de prediking des Evangelies bij de slaven
werd verwekt. Ook sommige meesters werden hiervan overtuigd en enkele woonden den doop hunner negers met aandacht bij; anderen daarentegen waren zeer vijandig en zochten
hunne slaven door dreigementen en slagen van het bezoeken
der kerk af te houden.

De Broeders kozen weldra uit de beproefdste gemeenteleden
eenige helpers en helpsters, die hun het opzigt over de steeds

aanwassende gemeente hielpen houden. Toezigt was zeer noodig, want, bij den aanwas der gemeente vond men, zoo als overal, er ook onder, die op een zondigen dwaalweg geraakten, welke de Broeders in den geest der zachtmoedigheid, doch tevens met Christelijke ernst, hiervan zochten terug te brengen

Aan het einde der vorige eeuw bedroeg de Negergemeente te Paramaribo reeds meer dan 500 leden. De Broeders, ten einde de vermeerderde kosten der zending te dekken, rigtten bij hun kleêrmakerswinkel nog eene bakkerij en eene horlogiemakerij op, waar gehuurde negers als knechts arbeidden.

Indien wij de geschiedenis van de zending onder de negerslaven eenigzins uitvoerig wilden mededeelen, zou ; ons nog overgebleven ruimte hiertoe niet toereikend zijn. Het kost ons echter opoffering om van eene zaak, die zoo hoogst belangrijk is en die zulke groote blijken van Gods goedertierenheid en trouw, en van onbezweken ijver en vurige liefde der Broedergemeente oplevert, slechts kortelijk melding te kunnen maken. Een ding troost ons hierbij: de berigten, uitgegeven door het Zendinggenootschap te Zeist, zijn in veler handen, en hier toch vindt men de belangrijkste berigten over dit rijk gezegend werk medegedeeld. Dat toch elk in den lande, die de uitbreiding van Gods koningrijk ter harte gaat, zich verkwikke bij het lezen dier berigten en meer en meer worde opgewekt om den arbeid der Broedergemeente met gave en gebed te ondersteunen. Wij moeten ons bij onze verdere mededeelingen tot het aanteekenen van eenige hoofdbijzonderheden bepalen.

Gedurende de oorlogstijden van 1793 en tijdens Suriname onder Engelsch bestuur was, verkeerde de zending in grooten nood. De Engelsche regering wenschte den arbeid der Broederen wel te ondersteunen, doch de stremming van het verkeer met het vaste land van Europa verhinderde de overkomst van nieuwe arbeiders, om de plaatsen te vervullen van hen, die door ziekte of dood in hunne werkzaamheden waren gestoord.

Het getal der negerslaven aan de Commenijne en Cottica, welke tot de Christelijke gemeente behoorden, bedroeg in het

begin dezer eeuw nog slechts 96, waarvan 55 alleen op de plantaadje Fairfield. De verdere werkzaamheden werden zeer verhinderd door de afkeerige gezindheid der plantaadje-directeuren.
Eindelijk vond de Uniteits-Conferentie zich in 1817 genoodzaakt
deze post op te heffen. De negers van Fairfield werden nu,
om de acht weken, door de Broeders uit Paramaribo bezocht.
Op uitdrukkelijk verlangen van den Engelschen predikant
Austin, eigenaar der plantaadje Kleinhoop, werd, sedert Januarij
1819, ook aldaar het Evangelie aan de slaven verkondigd.

Mogt het zendingwerk op de buitenposten vele moeijelijkheden ondervinden, te Paramaribo nam de gemeente steeds
toe. Talrijke negers en kleurlingen, zoo vrijen als slaven,
voegden zich bij haar. Bij de hevige kinderziekte, die in
1819 zoo vele slagtoffers maakte (ruim 2000 personen), waren
de Broeders meermalen getuigen van de genade en trouw des
Heeren, die zich aan de sterfbedden van vele gemeenteleden
zoo krachtig openbaarde, dat velen juichend ontsliepen. Zelfs
uit den mond der Heidenen hoorde men in dien tijd meermalen uitdrukkingen, als: »Niemand, geene Goden der negers,
niemand kan mij helpen, dan alleen de ware God, die mij
geschapen heeft" en dergelijken. De begraafplaats moest worden
vergroot, en de gedoopte negers sloegen ijverig de hand aan
het werk, ten einde het houtgewas uit te roeijen, de sloten
er om heen te graven en het geheel met eene limoenhaag te
omringen.

Bij den vreeselijken brand van 1821 werd de zendingskerk als
door een wonder gespaard, en weldra was zij te klein om de
toenemende gemeente te bevatten. Zes en negentig volwassenen
werden in dat jaar gedoopt. De scholen, waar de negerkin-
deren in het lezen en zingen, en in het van buiten leeren
van spreuken en liederen, onderwijs ontvingen, namen in
bloei toe. Van de Neger-Engelsche vertaling van een te Londen gedrukt werkje: »Hoofdinhoud van Jezus leer," werd gretig gebruik gemaakt.

Ook op de plantaadjes vertoonde zich een nieuw leven.
Verscheidene eigenaars verzochten den Broederen hunne slaven

Christelijk onderwijs te komen geven. Op Breukelerwaard werd eene kerk voor de negers gebouwd en in 1825 ingewijd. Molhoop, Vlaardingen, Lustrijk, La Singularité en meer andere plantaadjes werden nu regelmatig bezocht.

Den 21sten Julij 1826 was het 50 jaren geleden, dat de eerste neger door den doop in de Christelijke gemeente werd ingelijfd. De herinnering hieraan werd door de Negergemeente feestelijk herdacht. Vele stadbewoners namen aan deze feestviering deel. Gedurende den vijftigjarigen arbeid onder de slaven waren 2477 gedoopt; toenmaals bevonden zich 1800 negers onder de leiding der zendelingen.

De aanzienlijke vermeerdering der gemeente had den aanbouw eener ruimere kerk noodzakelijk gemaakt; waartoe de onkosten meerendeels door vrijwillige bijdragen van welwillende Surinamers waren gedekt. Zij werd den 21sten Julij 1818 ingewijd. »Het was een hartverheffend gevoel," schrijft een zendeling, »onze broeders en zusters uit de negers, allen rein in het wit gekleed, naar de sekse afgezonderd, te aanschouwen. Verder was het overige der kerk, tot op de derde galerij, onder het dak, opgevuld met aanzienlijken en geringen, blanken, kleurlingen en zwarten, Christenen, Joden en Heidenen, die allen stil en eerbiedig nederzaten, terwijl tot lof en aanbidding van den eenigen waren God gesproken, gebeden of gezongen werd."

In 1828 werd de Maatschappij ter bevordering van het Godsdienstig onderwijs onder de slaven enz. opgerigt (zie bladz. 645). De Broeders werden uitgenoodigd aan de beraadslagingen van het bestuur deel te nemen en ondervonden verder veel ondersteuning, door middel dezer Maatschappij, welker stichting als eene zeer belangrijke en verblijdende gebeurtenis voor de zending kan worden aangemerkt.

Reeds door het bouwen eener ruimere kerk was in de stad aan een grooter aantal slaven gelegenheid gegeven het woord Gods te hooren. Door de Broeders was mede godsdienstig onderwijs aan de kinderen in de stad gegeven, welk onderwijs vooral goede vruchten opleverde, toen men aan die kinderen ook het woord Gods in handen kon geven. Door het Britsch

en Buitenlandsch Genootschap was eene vertaling van het
Nieuwe Testament in het Neger-Engelsch bezorgd; waarvan
de Broeders slechts afschriften bezaten. Zoodra het ruchtbaar werd, dat dergelijke boeken waren te bekomen, wenschten vele negers zich dien kostbaren schat aan te schaffen.
Ongeveer dertig stuks werden ten geschenke gegeven aan
zulke schoolkinderen, welke vlug en goed konden lezen, en
deze kinderen waren niet zelden de werktuigen, waardoor
hunne ouders met de Heilige Schrift bekend gemaakt werden.
Het getal kinderen, die vrij geregeld de school bezochten, bedroeg toenmaals reeds honderd en dertig. De zondagschool
werd ook door volwassenen bezocht.

In 1831 zond men van Zeist aan de Broeders eene drukpers,
met al hetgeen noodig was om Neger-Engelsche schoolboeken
te drukken. In 1835 werd de Negergemeente verblijd door
de ontvangst van een orgel voor de nieuwe kerk, mede uit
Zeist gezonden. De kerk was bij den brand van 1832 weder,
gelijk in 1821, door Gods goedheid, bewaard gebleven, terwijl
de kerken der andere gemeenten in de asch waren gelegd.
De Broeders boden hun bedehuis der Hervormde en Luthersche
gemeenten aan, ten einde daarin de kerkedienst waar te nemen,
van welke vriendelijke aanbieding door de Hervormde Gemeente gebruik werd gemaakt. Door de koloniale regering
werden de Broeders uitgenoodigd het fort Nieuw Amsterdam
te bezoeken om aldaar te prediken en door het Geregtshof werd
hun de zielezorg voor de gevangenen opgedragen. Deze welwillende gezindheid der regering oefende ook invloed uit op
de stemming van bijzondere personen, en de vooroordeelen
tegen de Broeders verminderden bij den dag.

Het aantal plantaadjes, waar het den Broeders vergund werd
het Evangelie te verkondigen, bleef lang zeer klein. De opzigters der plantaadjes, voor zoo verre zij niet als vijandig tegen
het zendingwerk waren bekend, zagen echter tegen de onkosten op, die het godsdienstig onderwijs der slaven vorderden.
Want, daar in Suriname meest alle reizen te water moeten
geschieden, en de zendelingen, die te Paramaribo van hun
handwerk leefden, geene middelen bezaten om zich roeiboo-

ten en negers voor hunne maandelijksche bezoeken op de plantaadjes aan te schaffen, moesten de Directeurs hen laten afhalen, of van de eene naar de andere plantaadje vervoeren. Ook moest men bij een dergelijk bezoek den slaven eenigen rusttijd gunnen tot het bijwonen van de predikatie en het onderwijs in de godsdienst.

Een ander bezwaar was, dat, wegens den verren afstand van sommige plantaadjes van Paramaribo, het den Broeders aldaar moeijelijk viel hen te bezoeken, waarom zij zeer wenschten meerdere zendingsstations in de kolonie te kunnen oprigten, van waar de toegang tot de negers der omliggende plantaadjes gemakkelijker was. Deze beide bezwaren werden opgelost door de reeds gemelde Maatschappij. Door haar werd in het gebrek aan roeibooten en negers voorzien, en in 1855 de tot het doel gunstig gelegen plantaadje Charlotte-burg aangekocht en den Broeders ten gebruike afgestaan.

Sedert dien tijd treedt eene nieuwe periode der zending in. Nog hadden wel de Broeders vele bezwaren te overwinnen: onwil bij verscheidene directeurs en administrateurs, ongeloof verblindheid en gehechtheid aan Heidensche gewoonten bij de negers, doch de Heer gaf aan zijne dienstknechten en dienstmaagden kracht en in Zijne kracht bestreden zij de vesten des Heidendoms en — overwonnen. Meerdere vaste zendingsposten werden opgerigt, waarop Broeders en Zusters met groote trouw werkzaam waren.

Twee zwakke weduwen, zuster Voigt op de plantaadje Andresa, aan de Coppename, en zuster Hartman op Bergendal aan de Boven Suriname, arbeidden aan de grenzen van het zendingsveld. Door onderwijs der kinderen, door toespraken en vermaningen aan de volwassenen, door een heiligen wandel waren deze vrouwen tot grooten zegen voor de negerbevolking.

Broeder Jansa, de apostel der Warappa-kreek, ondernam een veldtogt tegen de afgodstempels en de gevreesde afgodspriesters. De Heer, die met hem was, schonk hem de overwinning. De Heilige Geest opende veler harten en verwekte bij de negers een honger en dorst naar het woord des levens en maakte de prediking vruchtbaar.

Sedert 1850 vooral zijn meerdere vaste posten gevestigd en heeft men pogingen aangewend om regelmatige scholen voor de kinderen op de plantaadjes op te rigten, doch hierbij had men groote zwarigheden te overwinnen. Eene circulaire, waarbij de Broeders aan de planters vroegen hun kweekelingen af te staan, om op hunne school tot nationaal-helpers en onderwijzers te worden gevormd, bleef zonder vrucht; eerst een uitdrukkelijk bevel van de in Nederland wonende eigenaars maakte de plantaadje-bestuurders gewilliger om kweekelingen voor deze school af te staan. De eerste knaap, die men daartoe afstond, was een kreupele, die door zijn ligchaamsgebrek niet geschikt voor den veldarbeid was.

In het jaar 1851 eindelijk kwam die school tot stand, op het nabij Paramaribo gelegen Beekhuizen. Tien kweekelingen werden opgenomen en ontvingen onderrigt in den Bijbel en de Catechismus, in het rekenen en zingen; eerst in 1856 werd het den Broederen veroorloofd onderwijs in het schrijven te geven. In December 1858 bedroeg het getal der aanwezige kweekelingen veertien. Over hun gedrag en vorderingen waren de Broeders en ook anderen, die de school bezochten, zeer te vreden.

In 1856 heerschte de gele koorts in hevige mate in Suriname en maakte vele slagtoffers. In tien maanden overleden, zoo in de stad als op de buiten posten, veertien Broeders en Zusters. Doch de Heer sterkte de Broedergemeente ook in deze beproeving; een nieuwe frissche gebedsijver ontvlamde, de vermoeiden werden verkwikt en tot nieuwen ijver aangevuurd. Steeds werden nieuwe strijders gevonden, die de plaatsen der gevallenen wilden vervullen, zoodat de zending zich uitbreidde en op vastere grondslagen werd gevestigd. Het Para-district maakte lang eene droevige uitzondering. De administrateurs waren aldaar de zendelingen wel genegen, maar de negers bleven lang afkeerig. Het scheen, dat Satan zich hier als in zijne laatste vesting tot het uiterste wilde verdedigen. Broeder Mense ging echter in de kracht zijns Heeren die vesting aantasten. Met het instorten van twee der grootste afgodstempels, die immer in Suriname bestonden, en waarvan

de eene 150 jaren bestaan telde, werd de eerste bres geschoten en
drong het Evangelie ongehinderd het land in. Eerst werd
dit district uit de stad bezocht, doch reeds in 1851 kon aldaar
eene eigen post, Berseba genaamd, worden aangelegd, waar in
1858 eene kerk werd opgerigt (*).

Thans is het getal der zendingsetablissementen tot 12 gestegen.
Ruim dertig Broeders en Zusters, getrouwelijk door nationaal-
helpers bijgestaan, zijn op dit arbeidsveld werkzaam. In Paramaribo zijn ongeveer 6000; op 180 plantaadjes 20,000 personen, die in meerdere of mindere mate onder het geklank
des Evangelies leven. »De velden zijn wit om te oogsten;
bidden wij den Heer dat Hij arbeiders geve in dezen wijngaard."

Het was ons eene regte verkwikking aan het einde van
onzen arbeid eenige oogenblikken te mogen wijden om op
lichtpunten te wijzen. Wij danken onzen God, die ons het
voorregt schonk, om, nadat wij zoo veel droevigs hadden moeten vermelden, ook te kunnen gewagen van die dingen, die
het hart des Christens met blijdschap vervullen. Wij wilden
hiermede wel besluiten, doch waarheidsliefde dringt ons
ook nog met een enkel woord te spreken van de groote belemmeringen die het zoo gezegende werk der zending ondervindt.
Wij spreken hier niet van de hardheid der harten, noch
van de neiging tot afgodsdienst, noch van de ligtzinnigheid, die
zich nog zoo dikwijls bij de negers openbaren. Waar van
zending, waar van Evangelieverkondiging sprake is, wordt dit
in onderscheiden schakeringen ondervonden. Wij spreken hier
slechts van de belemmeringen, die onafscheidelijk zijn aan het
stelsel der slavernij.

Nog wordt de verkondiging van het Evangelie van genade
door sommige Administrateurs en Directeurs tegen gehouden;
nog blijven plantaadjes voor de zendelingen gesloten; nog

(*) Het overzigt van de zending der Broedergemeente is voornamelijk
ontleend aan: „Dr. G. E. Burkhardt, Missions-bibliotheek. Erster
band; Geschiedenis der Moravische zending in Hollandsch Guyana,
door H. G. Hartman, Jz., geplaatst in het jaarboekje voor Christelijke
Weldadigheid 1860; Berigten uit de Heidenwereld, uitgegeven door
het Zendinggenootschap te Zeist; Regeringsverslagen, enz., enz., enz.

wordt het onderwijs der kinderen op velerlei wijze belemmerd. Op sommige plantaadjes wordt het den zendelingen wel veroorloofd eene preek voor de negers te houden, doch hun niet toegestaan de oude, zwakke en zieke slaven te bezoeken. Met hoeveel voorzigtigheid moet de zendeling zich uitdrukken, om de waarheid niet te verkrachten, en toch den meester niet te veel aanstoot te geven, opdat hij niet het geheele werk verstore. Welk een hinderpaal voor de uitbreiding van het rijk Gods onder de slaven is de hoererij der blanken, met de onder hunne magt staande slavinnen. Welk een droevig gevolg der slavernij is het, dat er geen wettig huwelijk onder de slaven kan worden aangegaan en de regten van het vaderschap niet worden erkend. Hoe dikwijls wordt het met moeite onder zuchten en tranen gezaaide moedwillig door den blanke verstoord. Hoe vele voorbeelden zouden wij hiervan kunnen mededeelen; wij onthouden er ons echter van. »Hoe verwoestend de slavernij is voor de zedelijke magt der maatschappij, daarvan wordt men ten volle overtuigd, wanneer men slechts eenigermate met het leven in de kolonie is bekend geworden. Intusschen willen wij ons werk nog voortzetten en niet vertragen, in weerwil van den tegenstand derzulken, die, om hunne *persoonlijke bedoelingen*, zich met onze prediking der verzoening in Christus niet kunnen vereenigen; wij willen in de kracht van Christus strijden tegen de duisternis, en ook daarin ons geloof, dat de wereld in ons en rondom ons overwint, betoonen, dat wij ons, na meer dan honderdjarigen arbeid, nog blijven schikken in en naar de bestaande betrekkingen, die door God worden toegelaten; opdat, wanneer de kracht van Christus den slavenstand opheft, Hem ook eere moge bereid worden van onze verdrukking en droefenis, en de wereld erkenne, dat in Hem alleen ware vrijheid te vinden is." Zoo sprak de waardige Otto Tank, wiens ernstige gemoedelijke taal bij de blanke bevolking te Suriname ergernis verwekte. In eene maatschappij, verpest door de slavernij, tracht men immer de stem van waarheid en regt te versmooren. Worde de slavernij dan spoedig afgeschaft, want, gelijk de tegenwoordige hoofdvoorstander der zending te Paramaribo schreef: »De vrije ontwikkeling van het Godsrijk, de geestelijke en verstandelijke beschaving der negerbevolking, wordt in het algemeen door de bestaande slavernij in eene hoogere mate belemmerd, dan het, uit de verte gezien, wel schijnt, en dit is de onzegen (vloek), die op haar rust; om deze rede voornamelijk, en niet alleen om den uitwendigen toestand der slaven, is de slavernij verwerpelijk en verfoeijelijk. Des te meer verheugen wij ons, dat thans het zekere vooruitzigt op hare afschaffing bestaat."

Spoedig kome die dag; de Heer doe hem weldra aanbreken; Zijne liefde dringe ons daartoe mede te werken.

Zoo door mijn geringen arbeid afkeer tegen de slavernij en belangstelling in Suriname's blanke-, gekleurde- en negerbevolking eenigermate vermeerderd worde, zoo is mijn doel met het schrijven van de Geschiedenis van Suriname bereikt, en ik zal er den Heer voor danken, die mijne zwakke krachten gesterkt heeft. Worde Zijne kracht ook in mijne zwakheid volbragt; zij dit werk ter Zijner eere.

NASCHRIFT.

——

Door gunstige beschikking van den Minister van Koloniën is mij inzage verleend in de officiële bescheiden, door den heer Baron van Heeckeren op 's Rijks-Archief gedeponeerd, welke betrekking hebben op den tijd (1831—1838), dat hoogstdeszelfs vader, de heer E. L. baron van Heeckeren, Gouverneur-Generaal der Nederlandsche West-Indische bezittingen was. Toen ik deze gunstige beschikking ontving, was de geschiedenis bijna, het tijdvak van van Heekeren reeds geheel afgedrukt. Kon ik dus de resultaten van het onderzoek dier belangrijke bescheiden niet ter plaatse, waar zij eigenaardig behooren, mededeelen, in een naschrift willen wij echter het voornaamste daaromtrent aanstippen.

Uit die belangrijke bescheiden onder anderen blijkt, dat het onwaar is, hetgeen soms wel eens door de partij der reactie beweerd en als bewijs van de goede behandeling der slaven is aangevoerd, namelijk, dat de afschaffing der slavernij in de Britsch West-Indische bezittingen door de slaven in Suriname bijna met onverschilligheid werd vernomen, en dat er van geen onrust onder de slaven sprake was. Integendeel leest men gestadig van oproerige gezindheid der slaven, in het nabij Britsch Guyana gelegen district Nickerie. Reeds in 1831, toen de kwestie der emancipatie in Engeland ter sprake kwam, was het gerucht daarvan in de Nickerie ter oore der slaven gekomen, en, volgens berigt van den Landdrost Tyndall aan van Heeckeren, heerschte er in het geheele district dien ten gevolge een oproerige geest onder de slaven en sprak men van eene zamenspanning tot opstand op nieuwjaarsdag (*). De President van het Gemeente bestuur, de Baljuw enz. werden daarop naar de Nickerie gezonden, met last om de gesteldheid der zaken te onderzoeken en verder naar bevind te handelen. Zij begaven zich naar het bedoelde district en — als naar gewoonte — werden de belhamels met gestrengheid gecorrigeerd (†).

Desniettegenstaande bleef er een onrustige geest onder de slaven heerschen ten gevolge van verspreide geruchten omtrent de meerdere vrijheid, die de slaven in Berbice genoten. Vele slaven liepen weg en daar de Britsche autoriteiten hen niet dwong naar hunne meesters terug te keeren, zocht de koloniale regering dit op allerlei wijze te beletten. De kustvaart der Engelschen werd verboden en als represaille zouden de van Britsche koloniën ontvlugte slaven mede niet terug gegeven worden (§).

De Amsterdamsche kooplieden, belanghebbenden bij de Surinaamsche plantaadjes, vreesden zeer voor de gevolgen der Britsche Emancipatie; zij wendden zich per rekwest tot Z. M., met verzoek, om het garnizoen met 2000 man te versterken, ten einde in staat te zijn een mogelijken opstand der slaven te bedwingen. Het garnizoen werd daarop met 200 man versterkt (**).

Toen de afschaffing der slavernij in Britsch Guyana tot stand was gekomen, werd de communicatie tusschen het Nickerie-district en de Berbice strengelijk verboden (††). Daar de gewone maatregelen niet genoegzaam waren, werd een vaartuig op de Corentijn gestationneerd, om de ontvlugting der slaven te beletten (§§); terwijl de heer G. de Veer naar Demerary werd gezonden, ten einde van het Britsche Gouvernement de uitlevering van de gevlugte slaven te vragen (***).

(*) Journaal van van Heeckeren, 24 December 1831.

(†) Journaal van van Heeckeren, 24 December 1832.

(§) Journaal van van Heeckeren, 20 Julij 1832, 11 Maart 1833.

(**) Journaal van van Heeckeren, 7 Januarij 1834.

(††) Journaal van van Heeckeren, 25 Julij en 19 September 1833.

(§§) Journaal van van Heeckeren, 8 Augustus 1838.

(***) Journaal van van Heeckeren, 19 Augustus 1837. De uitslag

In 1837 had mede op nieuw een opstand der slaven in de Nickerie plaats; na hunne veroordeeling door het geregtshof te Paramaribo werden zij, onder geleide van 30 à 40 man militairen, naar de Nickerie terug gezonden, om daar hunne straf te ondergaan (*).

Telkens vindt men ook gewag gemaakt van ontvlugting van slaven uit de andere gedeelten der kolonie, terwijl vele boschtogten ter verstoring der wegloopers plaats vonden.

Hetgeen zoo dikwerf door de slavenmannen beweerd is en nog beweerd wordt omtrent het geluk der slaven, wordt op nieuw door deze feiten wedersproken en wij zeggen het den graaf de Gasparin na, waar hij zegt: »Eene instelling, die het kwade toelaat, het in groote mate in 't leven roept, zeggende: dat de mensch een *ding* is, die instelling teelt noodzakelijk meer misdaden, meer misbruiken, meer verkrachtigingen, meer laagheden, dan de verbeelding der romanschrijvers ooit zal kunnen te voorschijn roepen. Wanneer een geheele stand het regt niet heeft, noch om zich te beklagen, noch om zich te verdedigen, noch in regten te getuigen; wanneer zijne stem zich niet kan doen hooren op eenige wijze hoegenaamd, dan is het veroorloofd de bekoorlijke tafereelen te verwerpen, die ons van zijn geluk worden opgehangen.

Men zou geheel onbekend moeten zijn met het menschelijk hart en met de geschiedenis, om den minsten twijfel hieromtrent te kunnen blijven koesteren.

Daarbij komt, dat zij, die, gelijk ik, eigenhandig de regterlijke stukken onzer koloniale slavernij hebben doorzocht, vreeselijk wantrouwend zijn geworden en gevaar loopen met een ongeloovig oog de beschrijvingen te beschouwen dier arkadische toestanden, welker waarde wij hebben kunnen toetsen!" (†)

---

van deze zending hebben wij niet in de officiële bescheiden geboekt gevonden; wij veronderstellen echter, dat hij niet gunstig is geweest, daar het toestaan van dit verzoek geheel tegen de door de Engelschen hieromtrent gevolgde handelwijze zou hebben gestreden.

(*) Journaal van van Heeckeren, 5 April 1837.

(†) Een groot volk dat zich verheft. De Vereenigde Staten in 1861, uit het Fransch van Graaf Agénor de Gasparin, bladz. 9.

De gewone middelen ter correctie der slaven — en deze waren toch nog al krachtig — schijnen sommige meesters nog niet genoegzaam te zijn geweest tot bedwang der slaven, waarom meermalen door meesters aan het Gouvernement verlof werd gevraagd, om slaven, die zich slecht gedroegen, op 's lands fortificatiën te doen arbeiden, onder strenge discipline en zonder dat de meester huur hiervan behoefde te trekken. Dat verzoek werd meestal toegestaan, mits de eigenaar de onkosten der boeijen betaalde (*). Ook werd vermeerdering van het getal policie-dienaren noodzakelijk geacht en hun getal werkelijk met zes vermeerderd, ten einde meermalen ontdekte verbindtenissen tusschen slaven van Paramaribo en wegloopers, die in den omtrek huisden, tegen te gaan (†).

Van de vergunning om slavenmagten bijeen te trekken (zie bladz. 665) werd ruimschoots gebruik gemaakt en gedurig leest men van overschrijvingen van slaven op de privé namen der eigenaren. Verscheidene malen werd toestemming verleend tot het afzonderlijk verkoopen der kinderen van hunne moeders, waartoe dan echter de moeder toestemming moest verleenen. Of deze toestemming altijd vrijwillig en zonder dwang van buiten werd gegeven, laten wij in het midden.

Op bladzijde 656 gewaagden wij als in het voorbijgaan, op grond van door ons ingewonnen inlichtingen, dat: de zoogenaamde vrije gouvernements-arbeiders, menschen van prijs gemaakte slavenschepen genomen, en door het Gouvernement in dienst gesteld — niet veel beter dan slaven werden behandeld; in officiële bescheiden wordt deze bewering bevestigd; de Britsche gezant leverde klagten bij onze regering in, dat de zoogenaamde *vrije arbeiders* als *slaven* behandeld werden en onder eene *zeer strenge* tucht stonden. De Gouverneur werd door den Minister opgedragen hieromtrent rapport te doen (§). Dit rapport hebben wij niet gevonden, doch uit verscheidene omstandigheden blijkt, dat de tucht over de zoogenaamde vrije arbeiders uiterst gestreng was.

(*) Journaal van van Heeckeren, 29 April 1833, enz. enz. enz.

(†) Journaal van van Heeckeren, 8 October 1833.

(§) Journaal van van Heeckeren, 2 Februarij 1832.

De tegenwoordigheid van den Engelschen commissaris van het gemengd geregtshof tot wering van den slavenhandel was velen een doorn in het oog — (men zie o. a. het later gebeurde daaromtrent (bladz. 691) onder het bestuur van Elias.) Die Engelsche heeren werden door de slaven in zekeren zin als hunne beschermers aangezien, ofschoon zij omtrent hen niets te gebieden hadden. Het geval waarop Halberstadt, in zijn bladzijde 678 aangehaalde werkje, doelt, betreffende willekeurige handelwijze van het koloniaal Gouvernement omtrent zekeren Engelschen grondeigenaar, den bij ons bekenden John Bent, staat ook hiermede eenigermate in betrekking.

John Bent had in September 1833 aan J. H. Lance, den Engelschen regter in het gemengd geregtshof ter wering van den slavenhandel, in die kwaliteit een brief geschreven, waarin hij als aanklager optrad tegen zekeren Nicholson (een Engelschman), wonende in het district Nickerie: »dat die het er op toeleidde, om zekere slaven uit de naburige Britsche kolonie Berbice met geweld te vervoeren, en dat Nicholson getracht zou hebben den bevelhebber van zekere op de kolonie varende schoener Carolina J. Green daartoe te verleiden. Lance, die de kolonie eerlang stond te verlaten, had dien brief medegedeeld aan de betrokkene partij en aan zijnen opvolger Dalrymph, terwijl hij — daar deze zaak buiten zijne competentie was — de beslissing aan den Gouverneur overliet, vertrouwende, dat deze betamende maatregelen zou nemen.

Van Heeckeren was over deze handelwijze van Bent zeer gebelgd; hij zag hierin eene bedoeling, om, door het kenbaar maken van deze zaak aan het Engelsch gouvernement, in de kolonie eene Engelsche jurisdictie, immers eene Engelsche surveillance te vestigen over inwoners en burgers der kolonie, en botsingen tusschen beide gouvernementen mogelijk te maken. Uit het ingesteld onderzoek bleek niets misdadigs van Nicholson, en daar Bent — zoo vermeende van Heeckeren — met vilipendentie van Nederlandsche autoriteiten zijne medeburgers bij een vreemden regter, tot geheel andere einden tegenwoordig, had aangeklaagd, zou men, krachtens artikel 67 van het reglement, wel vrijheid hebben gevonden om Bent uit de kolonie te verbannen. De Gouverneur vergenoegde zich evenwel slechts met:

a. Bent het Burgerregt te ontnemen: zijn naam zou in het Burger-register worden doorgehaald;

b. den Procureur-Generaal te gelasten op Bent een wakend oog te houden; en

c. Bent te bedreigen, dat, wanneer hij verder aanleiding daartoe gaf, hij de kolonie zou moeten ontruimen (*).

De Nederlandsche regering berustte in de handelwijze van van Heeckeren ten opzigte van Bent, »ofschoon men er anders wel aanmerkingen op zou kunnen maken, doch men vertrouwde, dat de Gouverneur het beste weten zou wat met de eer en de waardigheid van het koloniaal Gouvernement overeenkwam." (†)

In Januarij 1836 werd Bent weder in zijn burgerregt hersteld (§), en later schijnt de verhouding tusschen hem en den Gouverneur beter te zijn geworden, daar Bent bij de zending van de Veer naar Demerary (zie bladz. 814) in den arm werd genomen, ten einde die zending, zoo mogelijk, te doen gelukken (**).

Op voordragt van G. N. G. Vlier, omtrent een plan tot proefneming van kolonisatie met de vrije bevolking van Paramaribo, ten einde hen tot den landbouw op te leiden, werd in 1833 eene commissie gevormd (††). Het plan was om 20 huisgezinnen op Voorzorg te plaatsen; ieder huisgezin zou *f* 600 voorschot ontvangen, terwijl zij voor hunnen arbeid geen slaven mogten bezigen. De commissie besloot provisioneel de proefneming met zes huisgezinnen te nemen (§§); onderscheidene omstandigheden, waarbij ook de ongeschiktheid van het terrein oorzaak waren, deden die proefneming mislukken.

Door het Nederlandsch gouvernement werd zekeren Bouni,

(*) Journaal van van Heeckeren, 9 September 1833.

(†) Ministriele Missive, 4 December 1833.

(§) Journaal van van Heeckeren, 16 Januarij 1836.

(**) Journaal van van Heeckeren, 19 Augustus 1837.

(††) Journaal van van Heeckeren, 17 Januarij 1834. Zie ook bladz. 710.

(§§) Journaal van van Heeckeren, 15 September 1834, 13 April 1835, enz.

voormalig Controleur der Bosschen, in dienst der Nederlandsche Maatschappij ter bevordering van Volksvlijt te Brussel,
naar Suriname gezonden, ten einde te onderzoeken welk hout
aldaar geschikt bevonden werd voor 's Rijks dienst en welke
de beste wijze was dit te verkrijgen (*).

Bouni overleed, kort na zijne aankomst te Suriname, waardoor het beoogde doel grootendeels werd gemist; de Minister
van Kolonien verzocht echter den Gouverneur, dat men voortging met de nasporingen en tot proef eene Rijks stoomboot
bevrachtte met 10,000 kubiekvoeten hout; dat men een plan
vormde tot het oprigten van een corps negers, speciaal voor
de houtvelling, en poogde betrekkingen met de Boschnegers
aan te knoopen, ten einde hout van hen te koopen, ook ijzer-
hard, pokhout en letterhout, geschikt voor meubelmakers, door
welker meerdere waarde de vrachtprijs minder kostbaar zou
worden (†).

Er is van tijd tot tijd eenig hout naar Nederland verzonden,
doch deze handel kan nog veel uitbreiding erlangen.

Na de wegruiming van eenige moeijelijkheden, werden in
1836 nieuwe vredestraktaten met de onderscheidene stammen
der Boschnegers gesloten (§), en in 1858 ook den Becoe- en
Musinga-negers veroorloofd houtwaren naar de Beneden-Sa-
ramacca af te voeren (**).

Dikwijls kwamen bij de Commissie van onderwijs, aan wie
het toevoorzigt en de verzorging, de opvoeding en het onderhoud der behoeftige weezen was opgedragen (††), verzoeken
in tot het oprigten van eene school voor arme kinderen, die
daarop gratis onderwijs konden erlangen, daar het slechts aan
eenige kinderen op de stadsschool verleend voorregt veel te
beperkt was. In 1836 werd aan dit verzoek gehoor verleend:
het vroegere cholera-hospitaal werd tot school en onderwijzers-

(*) Ministeriele missive, 27 Februarij 1836.
(†) Ministeriele missive, 23 November 1836.
(§) Journaal van van Heeckeren, 11 November 1835, 10 Maart,
1 Julij 1836, enz.
(**) Journaal van van Heeckeren, 25 Januarij 1838.
(††) Journaal van van Heeckeren, 2 Maart 1833.

woning ingerigt; het onderwijs zou zich bepalen tot lezen, schrijven, rekenen, de zedeleer en koraalgezang; — dit laatste echter slechts voor zoover de kinderen in een der Christelijke kerkgenootschappen waren opgenomen. De onderwijzer zou eene bezoldiging van ƒ 1200 ontvangen (*). Later werden twee stadsscholen opgerigt: eene voor gealimenteerden en eene voor kinderen van behoeftige ouders (†); en werd ook in eene betere verzorging der behoeftige wezen voorzien.

Op Bladz. 671 schreven wij, dat vereenvoudiging in het bestuur der kolonie zeer gewenscht was, want dat het onderhoud van een legio ambtenaren, waarvan sommige weinig te doen hadden, enorme kosten veroorzaakte. Uit de officiële bescheiden blijkt, dat dit inderdaad zeer groot was, en het moet ons verwonderen, dat de Nederlandsche regering toeliet, dat groote sommen verspild werden (zie bladz. 677), daar de slechte staat van 's lands geldmiddelen niet veroorloofde onkosten voor Suriname te doen en telkens bij den Gouverneur werd aangedrongen om remises te zenden (§).

Tijdens het Embargo (zie bladz. 671) door Engeland en Frankrijk op de Hollandsche schepen gelegd, werden de meeste ladingen uit Nederland naar Suriname en omgekeerd met neutrale schepen vervoerd. Dit verzwaarde echter de kosten en handel en landbouw werden hierdoor gedrukt.

Ook ondervond de handel belemmeringen door de voorzorgsmaatregelen tegen de cholera-morbus genomen (zie bladz. 666); vooral echter beklaagden zich de zeeofficieren bij de quarantaine over de moeijelijke dienst en bij herhaling wendden zij zich hierover tot den Gouverneur (* *).

Met veel lof wordt gewaagd van den dienstijver en de belangelooze behartiging van het welzijn der volkplanting door den R. C. pastoor J. Groof. Uit aanmerking daarvan werd hem uit de koloniale kas toegelegd eene gratificatie van ƒ 1000

(*) Journaal van van Heeckeren, 16 Junij 1836.
(†) Journaal van van Heeckeren, 10 Augustus 1836.
(§) Ministeriele missive's, 13 Augustus 1832, enz. enz. enz.
(* *) Journaal van van Heeckeren, 20 Augustus 1832, enz. enz.

's jaars (*), en erkende Z. M. deze zijne diensten, door hem tot Ridder der orde van den Nederlandschen Leeuw te benoemen (†).

In het journaal van van Heeckeren van 8 April 1835 vindt men vermeld, dat zekeren heer Mr. J. M. Lotze het verzoek heeft gedaan, om het oude archief der kolonie te analiseren en te bearbeiden. Van Heeckeren begreep, dat dit voor de kennis der Geschiedenis van Suriname belangrijk kon zijn en stond hem dus zijn verzoek toe; en zoo lang als hij ter gouvernements-secretarie werkzaam zou wezen, zou hij als ambtenaar worden aangemerkt en hem schrijfbehoefte enz. worden verstrekt (§). Wij hebben niets verder van de resultaten van dien arbeid vernomen en vestigen daarom de aandacht op deze bijzonderheid, daar hiervan misschien een of ander bij het koloniaal archief berust en wellig nuttig kon zijn voor verdere nasporingen ten behoeve der Geschiedenis van Suriname.

(*) Journaal van van Heeckeren, 26 April 1836.

(†) Ministeriele missives van 8 Februarij en 11 November 1836.

(§) Journaal van van Heeckeren, 8 April 1835.

CHRONOLOGISCHE TAFEL

DER VOORNAAMSTE GEBEURTENISSEN IN DE GESCHIEDENIS
VAN SURINAME VERMELD.

„OCTROY ofte fondamentcele conditien, onder
„dewelke haar Hoog Mog. ten besten en de
„voordeele van de Ingesetenen deser Landen,
„de Colonie van Suriname hebben doen val-
„len in handen ende onder directie van de
„Bewinthebberen van de Generaale Neder-
„lantsche Geoctroijeerde West-Indische Com-
„pagnie."

„De Staten-Generaal der Vereenigde Nederlanden:
Allen dengenen die dezen sien ofte horen lesen, salut. Doen te weten:
Nademaal wy in die persuasie zijn, dat de Colonie van Suriname
van sodanige constitutie ende gelegentheit is, dat deselve in niet veele
jaren tot een considerabele Colonie van dese Landen gemaekt soude
konnen werden, doch dat hetselve met weynig hope van succes kan
werden ondernomen, bij aldien den ondernemer sich niet getroost van
in den beginne groote kosten te supporteren, alleenlijk op verwachtinge
van na verloop van vele jaren de vrugten van sijn uijtgeschoten geldt
ende arbeid te genieten, ende dat een colonie nootsakelijk in sijn geboorte moet smoren, indien men de Coloniers in den aanbeginne swaar-
der belast, als sij bequaam ende magtig zijn te dragen, in plaetse van
deselve door hulpe ende assistentie te ondersteunen mitsgaders door
Privilegiën ende fondamentele wetten te versekeren, dat se in het toekomende in geene ondragelijke lasten sullen werden geinvolveert; want
want door sodanigen maniere van doen de albereijts aanwezende Coloniers ondergehouden en alle anderen afgeschrikt werden, omme tot
voortsettinge van sodanigen Colonie, ende op hope van het doen van
voordeel en van welvaren ende van het paisibel jouisseren van dien,
sich mede derwaarts te begeven; ende dat ter contrarie, indien men
de coloniërs in den aanbeginne sachtelijck en selfs met hulpe ende
assistentie handelt, mitsgaders dat men haer volkomen gerustheijdt geeft
datse voor het toekomende, als sy in staet van middelen ende welvaren souden mogen wesen gekomen, niet en sullen werden geexactio-
neert, ofte met schattingen uijtgeput, een Colonie op een welgelegen
plaetse gefondeert wesende, aan een kleijn begin in korten tijdt door
toevloeijinge aan alle kanten tot een bijsonder en groot werck gemaeckt
kan werden; ende dat de Generale Geoctroijeerde West-Indische Compagnie deser Landen, sich niet ongenegen en toont, om op soodanige
gronden en andere fondamentele en onveranderlijke conditien de be-
scherminge ende den opbouw van de voorsz. Colonie van Suriname

door de Heeren Staten van Zeelandt eenige jaren geleden, ondernomen, ten besten van dese Landen en van de gemelte West-Indische Compagnie verder voort te setten en soo mogelijck onder de genadige toelatinge en zegen van Godt Almachtig, tot het gewenscht en beoogmerckt eijnde te brengen. Soo ist; dat Wy mede considererende, dat het voordeel ende welvaren, dat in gevalle van verhoopt succes van deselve Colonie sal proflueren, door accres van Commercie ende Navigatie, door het debit van veelderhande Manufacturen ende vruchten door het Manufactureren van de rouwe waaren, dewelke van daer in retouren herwaerts gebracht ende gemanufactureert wesende, wederom in andere handen gedebiteert ende verhandelt werden door den consinuelen aenbouw en de reparatie van schepen derwaerts varende, en van de worm aldaer opgegeten wordende, door het aanqueecken van zeevarend volck en bequame Matrosen ende uijt andere Hoofden meer sal komen, aen alle de Ingezetenen gesamentlijck ende sulcks vervolghens aen den staet selve, goedtghevonden hebben, gelijck Wij goedtvinden bij desen, de voorsz. Colonie van Suriname met alle hare appendensien en dependensien onder de conditien en fondamentele onveranderlijcke Articulen hierna volgende te cederen en over te geven aen de gemelde Generale West-Indische Compagnie deser Landen, om bij deselve gheaenvaert te werden, met alsulken recht als de voorsz. Compagnie is, hebbende op alle hare conquesten, gelegen in de Limiten van den Octroije, aen haer verleent met dat onderscheijdt alleen, dat de meer ghemelte compagnie ten eeuwigen dage niet bevoeght sal zijn, ofte vermogen eenighe de minste veranderinge te brengen in datgene, hetwelcke by de volgende Articulen bepaelt ende gelitimeert staet, dewijle wy de voorsz. Articulen gunnen, consenteren en accorderen, gelijck wy doen by desen, als een octroy ofte privilegie gegeven ten voordeele en tot gerustheyt van alle diegene, dewelcke sigh op de voorsz. Colonie albereyts ter neder hebben gesteldt of noch sullen komen te begeven, sonder dat daervan oyt ofte oyt selfs by de Machten van dese Landen, ten nadeel van de Opgezetenen aldaer sal moge werden gerecedeert.

Art. I.

„Dat de Ed. Mog. Heeren Staten van Zeelandt de voorsz. Colonie van Suriname met haer Geschut, Amunitie van Oorlogh, ende wat des meer zy, mitsgaders alle vordere appendentien ende dependentien van dien, en in dier voegen, als de gemelte haer Edele Mog. de selve Colonie althans besitten, sullen overleveren aen de gemelte generale geoctroijeerde West-Indische Compagnie; met dien verstande, dat alle lasten ende voordeelen ofte profijten van de voorsz. Colonie, sullen komen ende

begonnen hebben te lopen voor reeckeninge van de geseyde Compagnie,
op den dagh dat het octroy sal werden gearresteert, ende dat alle
voorgaende lasten en gemaeckte schulden, hetzy soldije van de Militie,
Gagien ende Tractementen, ofte andere, uyt wat hoofde die soude
mogen voorkomen, ende van wat natuyre die soude mogen zijn geen
uytgesondert, ter verantwoordinge in lasten sullen blijven van de gemelte
haer Ed. Mog., sonder dat oyt of oyt de voorsz. Compagnie ter sake
van dien aengesproken en gemolesteert, ofte by eenigh rechter als
schuldig sal mogen werden aengesien, en veel min geoordeelt.

Art. II.

„Dat de voorsz. Compagnie gehouden sal zijn voor den tijdt van tien
achter een volgende jaren, aen alle de Coloniers en Opgezetenen aldaer,
indistinctelijk te verleenen exemptie en immuniteyt van alle lasten,
waermede althans beswaerdt zijn, uytghenomen alleen het Lastgeld van
de schepen, ende het Waeghgeld, in voegen als hetselve by het vierde
Articul sal gereguleerd werden tot voorkominge van frauden en disordres dewelcke als nu ten merckelijken nadeele van de Colonie selfs
aldaer in swang gaen.

Art. III.

„Dat oock alle diegenen dewelcke hier nu sigh op de voorsz. Colonie
sullen komen ter nederstellen, voor gelijcke thien jaren sullen hebben
gelijcke vrijheyt en exemptie.

Art. IV.

„Dat de voorsz. eerste thien jaren ge-escouleert wesende, de gemelte
Compagnie niet en sal vermogen oyt of oyt eenighe Lasten of Impositien op te stellen, ofte te heffen buyten diegene dewelcke in dit
Articul specifiquelijck staen ter neder gestelt, ten ware uyt noot ende
te gelijckelijck met vry en liber consent van den Gouverneur ende den
Polityequen Raet aldaer, dewelcke mede ten dien eynde, door de Coloniers selve ende uyt de beste onder haer geformeert sal werden; ende
namentlijk sal de voorsz. Compagnie noyt meer mogen trecken als drie
guldens voor yder last dat een schip groot is, voor uytgaen, in gelijcke
drie guldens voor inkomen, wegens het Lastgeldt voor de schepen,
ende voor de binnelasten niet anders als vijftigh pont suycker voor
yder Opgezeten, soo Blancken als Negros, wegens Hooft-gelt jaerlijcks
en twee en een half per cento van de waerde van alle goederen, dewelcke van daer na dese Landen sullen werden versonden, ofte aldaer

verkocht wegens Waegh-gelt, sullende ten dien eynde ende specialijck mede tot voorkominge van veele frauden ende disordres aldaer een of meer Wagen werden opgerecht, ende by yder Wage gestelt een bequame Keurmeester die de Suyckeren sullen moeten keuren, of die bequaam zijn om gelevert te konnen werden, ende sullen aldaer alle goederen by betalinge ofte afleveringe t'elckens ende soo meenighmael als verkocht ofte van daer na dese Landen versonden werden, het voorsz. Waegh-geldt van twee ende een half per cento subject zijn, ende moeten werden gewogen en voorgeslagen.

Art. V.

„Dat de voorsz. Compagnie nu door dese overdracht Meester en Eygenaer werdende van de geseyde Colonie, niet en sal vermogen ten rigoureusten te procederen tot inning van de schulden, dewelcke aldaer wegens reets aengebrachte ende geleverde slaven uytstaende heeft; maer dat tot gerustheydt van soodanige Coloniers, dewelcke tot prompte betalinge onmachtigh zijn, deselve sal gedaen werden in drie termijnen, yder van twaelf maenden, en waervan de eerste sal wesen verschenen twaelf maenden na dat de Compagnie in de reëele possessie van de gemelte Colonie sal wesen gekomen.

Art. VI.

„Dat dewijle de gemelte Colonie niet wel kan worden voortgeset, dan door middel van Swarte Slaven ofte Negros ende dat niemandt buyten de voorsz. Compagnie in dese Landen bevoeght is eenighe slaven te halen van de kuste van Africa, alwaer alleen in gehandelt werden, soo sal de voorsz. Compagnie geobligeert zijn, aen de geseyde Colonie jaerlijck te leveren sodanigen aental slaven, als aldaer sullen wesen gerequireert.

Art. VII.

„Ende opdat tot bijsondere voortsettinge van alle wercken en plantagien aldaer, een yegelijk Colonier of Planter, en soowel de kleyne of onmachtigen, als de groote ofte machtigen van hare nodige Negros mogen werden voorsien, sal de gemelte Compagnie gehouden zijn de Negros, dewelcke van tijdt tot tijd sullen werden aengebracht publyck te verkopen, en by twee stuk t'effens op te veylen, wel verstaende, dat deselve Compagnie, om versekert te zijn van de voldoeninge van de prijs die voor de voorsz. Negros sal werden uytgelooft, by het verkopen van de voorsz. Negros sal mogen bedingen sodanige sekerheyt als deselve sal oordelen tot haer gerustheidt dien aengaende te konnen strecken.

Art. VIII.

„Dat de betalinge der alsoo publyck verkochte Negros sal geschieden in drie termijnen yder van ses maenden, gereguleerd na de tijdt dat de suyckeren bequamelijckst gelevert konnen werden; des sal alsdan de voorsz. betalinge precise moeten werden gedaen, ende by nalatigheidt van dien de gebrekige by wegen van parate-xecutie, en sonder eenige Rechtspleginge tot een effective voldoeninge gecompelleert werden; met dien verstande evenwel, dat het den Gouverneur vry sal staen, ter requisitie van de Coloniers en Planters te verleenen provisionele surcheantie van de voornoemde executie, doch niet anders dan om merckelijcke redenen, dewelcke hen daer toe soude mogen brengen, en op speciale approbatie van de Heeren Bewinthebberen van de voorsz. Compagnie.

Art. IX.

„Dat dewijle tot den aenbouw van voorsz. Colonie mede ten hoogsten nootsakelijck is, dat het getal der blancke Menschen aldaer, soo veel en spoedigh mogelijck geaugmenteert werde; soo sal de Compagnie besorgen, dat derwaerts uyt dese Landen soo veel Personen mogen werden getransporteert, als de voorsz. Compagnie sal konnen en bequaem wesen uyt te wercken.

Art. X.

„Dat ten dien eynde alle schepen uyt dese Landen derwaerts aenleggende, gehouden sullen zijn (indien de geseyde Compagnie sulcks soude mogen begeren) yder twaelf Personen over te voeren, voor een somme van dertigh guldens voor yder Persoon, wegens transport en kostgelt te genieten, te kosten aen haer Lastgeldt in het uytgaen en inkomen half en half, twee Personen voor een, indien beneden de twaelf jaren zijn.

Art. XI.

„Dat om de voorsz. Colonie krachtelijck en so veel mogelijk voort te setten en om alle voordeelen, dewelcke hy verhoopt succes van deselve sullen komen af te vloeijen, te doen vallen in de schoot van de Coloniers en Planters aldaer ende van de Ingezetenen van desen staet, den Handel en Traffycque op Suriname, ende van daer indistinctelijck liber en open sal zijn aen alle ingezetenen van desen staet, blijvende niettemin geobligeert in conformité van den octroye van de voornoemde Compagnie, de selve Compagnie te erkennen, en aen haer by forme van recognitie te betalen het Lastgeldt in het vierde van dese fondamentele Articulen geëxpresseert, en daer en boven te stellen cautie, van niet te sullen komen op de kuste van Africa, ofte alle de plaatsen alwaer de voorsz. Compagnie den handel privative heeft, ende met uytsluitinge van de Ingezetenen van desen staat, ende dat sy met de voornoemde hare schepen en laandinge wederomme in dese Landen sullen retourneren, sullen de voorsz. schepen, het geseyde Lastgelt betaelt, ende cautie gestelt hebbende, aanstonds t' haerder requisitie aen hare pasporten en commissien, door de gemelte Compagnie geholpen ende ge-expedieert moeten werden, ten eynde in haer voorgenomen reyse niet mogen belet, ofte in faveur van andere schepen opgehouden werden; daer en boven tot particuliere gerustheyt van gemelte haer Edele Mogende de Heeren Staten van Zeelandt, werdt mede vastgestelt, dat derselver Ingezetenen in t' gaan en wederkomen, en aldaer te Lande behouden, sullen ten allen tijden de vrije en onbekommerde Navigatie, Commercie en inwoninge, sonder dat die oyt sal mogen werden gesloten, of in eenigen manieren hoger, swaerder ofte meerder, sullen mogen werden belast, gelimiteert ofte in haar vrijheyt bepaelt, als ten aensien van eenigh Ingezeten van Hollandt, ofte van eenige andere Provincie sal vermogen te geschieden, maar dat alles op het fondament van dit Octroy aan de Ingezetenen van alle de Provincien egaal sal zijn, soo wel de lasten als de 'voorrechten, zonder disstinctie onder gelijcke verbintenisse.

Art. XII.

„Dat den Handel en de Vaert op ende van de Voorsz. Colonie alleen, sal mogen geschieden, directelijck uit en na dese Landen, ende dat oock vervolgens alle de vruchten, waren, en gewassen nergens heen, als directelijck op dese Landen sullen mogen worden gesonden, mitsgaders ook alle Behoeften voor de voorsz. Colonie gerequireert, uijt desen Landen ende nergens anders van daen derwaerts werden gebracht.

Art. XIII.

„Ende opdat de voorsz. Ingesetenen derwaerts traffiquerende, gerust mogen gestelt wesen, dat sy in de voorsz. liberteijt van derwaerdts ende herwaerdts te navigeren, door de schepen van de Compagnie niet en sullen werden geprejudiceert, door de avantagien, die de deselve

Compagnie aan haer eijgen schepen soude genegen mogen sijn te geven
ende toe te brengen, soo sal de gemelte Compagnie bij desen aenne-
men van geen meerder schepen derwaerts te sullen senden, als die
gerequireerd sullen werden en machtigh zijn, om de noodige Negros
daer na toe te voeren ende de suijckeren ende andere waren, door den
verkoop der voorsz. Negros, ofte door de opgestelde Impositien eijgen
geworden zijnde aen de voorsz. Compagnie, van daer af te halen, sullende de voorsz. Compagnie géen goederen van Particulieren in hare
schepen vermogen te doen laden en overvoeren, als alleen in die
schepen, die slaven daer hebben gebracht.

Art. XIV.

„Dat de Koopluijden daer te Lande aengekomende wesende met hare
schepen en goederen, sullen mogen gaen liggen op alle soodanige Plaetsen, als sy sullen oordeelen voor haer commodienst ende profijtelijckst
te wesen; mits daerinne aen de Compagnie selve, ofte aen andere Opgezetenen geen belemmering komen te geven, en dat daerdoor de gemelte Compagnie in haer impositien en Gerechtigheden niet en werde
verkort, waer op den Gouverneur en Raeden seer exactelijck sullen
hebben te reflecteren.

Art. XV.

„Dat gelijck het yder een vry staet, met sijn persoon, Familie en
Goederen in de voorsz. Colonie te komen, het oock alsoo sal wesen
gepermitteert aen een yegelijk, dewelcke alrede sigh daer ter neder
gesteld heeft, ofte sal komen te stellen, ten allen tijde van daer te
vertrecken met hare Slaven, Beesten en verdere roerende goederen, en
dat naer soodanige andere Plaetsen ofte Eijlanden als het haer sal be-
lieven, konnende tot het voorsz. transport, huuren afkoopen alsulcke
Schepen of Vaartuigen, als sy tot haer voorsz. desseijn hen sullen oordeelen dienstig te wesen.

Art. XVI.

„Ende opdat de Coloniers ende Planters in Suriname mitsgaders de
Ingesetenen deser Landen met deselve commercierende, volkomen gerust mogen sijn, dat de voorsz. exemptien en privilegien effective sullen werden achtervolght en naergekomen; soo zal den Gouverneur ende
den Politiquen Raedt, in voegen de zelve hiernaer sullen werden aengestelt, gehouden zijn op haren Eedt te besorgen, dat daer jegens geen
infractien komen gemaekt te werden.

Art. XVII.

„Sullende den Gouverneur. die 't hoogste gesagh sal competeren bij
de voorsz. Compagnic absolute aengestelt werden, mits de selve, ende
oock sijne Instructie by hoogghemelte haer Hoog Mogende werde ghe-
approbeert, en dat hem by deselve haer Hoog Mogende en Sijne Hoog-
heidt den Heere Prince van Oranje, de nodige commissie gegeven sal
moeten werden.

Art. XVIII.

„Dat den voorsz. Politiquen Raedt sal bestaan ende gecompaseert
wesen nu voor de eerste maal uit thien persoonen en bij vervolgh van
tijden naer het aecrois van de Colonie, de Inclinatic van de Ingezetenen, ofte om andere redenen op het welghevallen en goetvinden van
de voornoemde Compagnie moghten werden verhooght tot veertig persoonen incluis.

Art. XIX.

„Sullende de voornoemde Raedtspersoonen uijt de aensienlijckste,
verstandighste en moderaetste onder de Coloniers, haer levenlangh gedurende tot de voorsz. Raedsplaets beroepen werden, te weten door
pluraliteit van stemmen van alle de Coloniers een dubbelt getal genomineert wesende, sal den Gouverneur daaruit electie doen, waerinne
by afstervingh ofte vertreck tot suppletie gecontinueerd sal werden, ter
tijde en wijle het getal der Coloniers soo sal wesen, dat hetselve niet
wel als met een disordre soude konnen werden gepractiseert, als wanneer de Compagnie op approbatie van haer Hoog Mogende sal mogen
ordonneeren, dat de nominatie tot de voorsz. suppletie jaerlijcks, op
een vastgestelden dagh geschiede door de overgebleven Raetspersonen
alleen; sullende echter de voorsz. veranderingh niet mogen werden
gemaekt als naer dat het getal der Raedtspersoonen, ten minsten tot
dertigh personen sal wesen geaugmenteert.

Art. XX.

„Dat al hoewel den gemelten Gouverneur in alle sacken zoo politijck
als Militair het opperste gezag zal hebben, soo sal hy evenwel daer
omtrent in saken van eenig aanbelang gehouden zijn, den gemelten
Raedt te Convoceren, de sacke aldaer voordragen, ende in deliberatie
leggen, en het besluijt formeren, soo en in dier voegen, als by pluraliteit van stemmen oirbaer en dienstigh geoordeeld sal wesen, sullende

sodanigh besluit, soo als het soude mogen liggen, door den voornoemden Gouverneur moeten opgevolgt ende getrouwelijck ter executie ge-
leyt werden.

Art. XXI.

Behoudelijck nogthans, dat den gemelden Gouverneur midtsgaders
den Raed gesamentlijck en yder in het bijsonder in alle saken, in deese
fondamentele articulen niet specialijck gelimiteert en bepaelt, gehouden
sullen zijn te obtempereren, ende op te volghen het bevel ende de
ordres dewelcke haer van tijdt tot tijdt door de gemelte Compagnie gegeven, ende geprescribeert sullen werden ende dat op den Eedt by
hun respectivelijck ten ingangh van hunne Bedieningen gedaen, en
sulcks dat de voorsz. hare besluijten alleen plaets sullen hebben in
alle saecken, dewelcke in deze Articulen als privilegien bevat sijn, en
verders in alle andere saecken, waaromtrent den gemelten Gouverneur
geen specialen last en ordre ofte instructie sal hebben bekomen

Art. XXII.

„Dat oock den voornoemden Gouverneur ende Raden sullen moeten
vacceren tot het administreren van alle Criminele Justitie.

Art. XXIII.

Dat in reguarde van de civile Justitie, afgezondert van het voorsz.
crimineel, deselve geadministreert ende waergenomen sal werden door
den gemelten Gouverneur, benevens ses aansienelijcke en verstandige
Personen, om de twee jaren daer toe op naervolgende wijse, hetzij
uijt het midden van den voorsz. Raedt, hetzij uijt de Coloniers ofte
Planters te verkiesen, sullende in dese, gelijck ook in de deliberatie
van den voorsz. Politiquen Raedt, met de meeste stemmen geconcludeert werden, ende den gemelten Gouverneur niet meer als een stem
hebben; dog in Cas van egualiteit van stemmen aen wederzijden, sal
met het advis van den Gonverneur geconcludeert werden.

Art. XXIV.

„Dat de voornoemde zes personen twee jaren als Rechters en Raden
van Justitie gedient hebbende, de eene helft van deselve sal moeten
afgaen, om plaetse te maken der anderen, dewelke haer in het voornoemde emploi volgen sullen, om voor twee volgende jaren benevens
den gemelden Gouverneur ende de drie aengheblevene Raden van Jus-

titie de voorsz. Rechtbanck te besorgen, sullende de voornoemde Raden van Justitie aengestelt werden als volght: namentlijck door den Gouverneur ende den Politiquen Raedt; by pluraliteijt van stemmen, voor de eerste mael twaelf Persoonen, en vervolghens van twee jaren tot twee jaren, op den eersten dagh van Januarij zes persoonen genomineert wesende, sal den Gouverneur daaruijt voor de voorsz. eerste mael ses Persoonen verkiezen en vervolgens voor de voorsz. twee tot twee jaren drie Persoonen, en uijt de oude Raden van Justitie mede drie Persoonen, om benevens hem als vooren voor twee jaren Recht en Justitie te administreren.

Art. XXV.

„Dat de voornoemde Raden van Politie van meerder rang en respect sullen wesen, als de voornoemde Raden van Justitie, doch dat in de voorsz. respective collegien, die gene onder deselve de preseance ende voorrang zullen hebben, voor de eerste maal, die de oudtste van jaren sullen sijn, ende vervolgens die eerst tot de voorsz. digniteijten en Bedieningen sullen wesen beroepen, met die distinctie evenwel, dat in het voorsz. collegie van Justitie, de Raden van Politie, dewelcke daartoe zouden mogen werden beroepen, altijdt uijt respect de preseance en de voorrangh sullen hebben.

Art. XXVI.

„Dat de voornoemde Raden van Politie en Justitie respective, de voorsz. hare Bedieningen sullen moeten waernemen, sonder daervoor eenige weddens of vergeldingen te genieten, maer alleen uijt liefde ten besten van 't gemeen.

Art. XXVII.

„Dat het onderhout van de Fortresse aen de Riviere van Suriname, midtsgaders het maken en onderhouden van alle vordere Fortificatien, by aldien sulcks bevonden soude mogen werden te wesen gerequireert, sal zijn ten laste van de voorsz. Compagnie, gelijck oock het Geschut, de Amunitie van oorlogh, de soldijen en het onderhoudt van 't Guarnisoen, ende alles wat relatie heeft tot beschermingc ende defensie van de voorsz. Colonie.

Art. XXVIII.

„Dat de voornoemde Bewindhebberen sullen moeten besorgen, dat de

Coloniers ten allen tijden sijn voorzien van een of meer Bedienaars des
Goddelijken Woordts, nadat de gelegentheijdt van de Colonie het zoude
moghen komen te vereisschen ten einde de Coloniers ende de verdere
opgesetenen aldaer in de vreese des Heeren, ende Leere ter Zaligheyt
geleydt ende onderwesen mogen werden mitsgaders tot het gebruyck
der Heylighe Sacramenten bequame occasie hebben, sullende de voornoemde Predicanten niet by de voorsz. Compagnie, maar by de Coloniers en Opgezetenen selve onderhouden werden, uyt een middel ofte
fonds dat den gemelten Gouverneur ende Raden daertoe op approbatie
van Bewinthebberen sullen mogen ordonneren en heffen.

Art. XXIX.

„Dat oock den voornoemden Gouverneur ende Raedt op approbatie
van Bewinthebberen sullen mogen stellen eenige kleyne en modicque
lasten, tot verval van de noodige kosten van de voorsz. respective
collegien van Raden ende Rechters, mitsgaders tot onderhoudt van
Kerckendienst, Schoolmeesters en diergelijcke, voor sooveel hetselve
soude mogen werden geoordeelt nootsakelijck of dienstigh te wesen.

Art. XXX.

„Dat den voornoemden Gouverneur en Raden niet en sullen wesen
bevoeght eenighe Impositien ofte Lasten te mogen stellen ofte heffen
anders als op speciale approbatie van haer Hoogh Mogende, en van de
Heeren Bewinthebberen, ten eynde de gemelte Coloniers oock mogen
wesen gerust ten respecte van de buytensporigheden, waer in de voorsz.
Raden selve soude mogen komen te vallen.

Art. XXXI.

„Dat den voornoemden Gouverneur sal wesen gehouden Eedt van
getrouwigheyt aen haer Hoogh Mogende, mitsgaders aen de Bewinthcb-
beren van de voorsz. Compagnie te doen ende voornoemde Raden ende
Rechters gelijcken Eedt, na seker Formulier daer van te beramen, in
handen van den voornoemden Gouverneur; ende dat de Soldaten, Matrosen ende verdere Bedienden, dewelcke by de voorsz. Compagnie
sullen werden gesoldoijeert en betaalt, alle aanghenomen en be-eedight
sullen werden op en volgens de generale Articulbrief van de Compagnie,
sullende alle de Opgezetenen ende Coloniers mede Eedt van getrou-
wigheydt aen den Staet ende Compagnie moeten doen Particulier Formulier daervan insgelijcks te beramen na het exempel van de Eeden
der Burgeren en Ingezetenen deser Landen.

Art. XXXII.

„Laatstelijck, dat indien by experientie van eenighe jaren soude mogen werden ondervonden, dat de voorsz. Colonie te lastigh soude vallen voor de gheseyde West-Indische Compagnie, soodanigh, dat de Bewinthebberen ende de Hooft-participanten souden mogen oordeelen, dat het verder aenhouden van de voornoemde Colonie voor deselve Compagnie soude wesen seer nadeeligh en ruineus, in sulcken gevalle het de gemelte Bewinthebberen, sal wesen gepermitteert, van de voorsz. Colonie by abondonnement afstandt te mogen doen, met al sulcken effect, dat den Staet omtrent de besorginghe van de voorsz. Colonie, alsdan gehouden sal zijn ordres te stellen buyten de geseyde Compagnie.

„Weshalven wy ontbieden ende versoecken, oock lasten en bevelen allen en eenen ygelijcken die dit eenigsints aengaen magh, dat sy van dit ons Consent en Octroy, en van allen den inhouden van dien, oock de vrijheden ende exemptien, in voegen en manieren boven verhaelt, soowel de gemelte West-Indische Compagnie deser Landen, als diegene die sigh als boven albereydts op de voorsz. Colonie hebben ter neder ghestelt ofte sigh noch souden willen ter neder stellen, doen, laten, en gedogen rustelijck, vredelijck, en volkomentlijck genieten ende gebruicken, sonder aan deselve, of hier tegens te doen ofte te laten geschieden eenigh hinder, letsel, ofte moeijenisse ter contrarie, want onse ernstige meyninge sulcks is. — Gegeven in den Hage onder het groot Zegel van den Staet, de Paraphure van den Heer Presiderende in onse vergaderinge ende de Signature van onzen Griffier, op den drie en twintigsten September 1682. Was geparapheert A. GERLAGHUS, vt., — Onderstond, ter ordonnantie van de hooggemelte Heeren Staten-Generaal. Was geteekent h. FAGEL. Hebbende onder uyt hangen het Zegel van haer Hoogh Mogende in rooden wassche, aan een rooden zijden bandt.

NAAMLIJST DER PREDIKANTEN BIJ DE HERVORMDE GEMEENTE TE SURINAME.

Anno 1668   Ds. Baseliers, overleden 1689.

" 1687 (Mei)   " Henricus Rosinus, overl. 1694.

" 1695 (Junij)   " Cornelis Wachtendorp, beroepen van Komme wijne, derwaarts terug ber. September 1701.

" 1696 (Dec.)   " Agidius de Hoy, ber. van Perika en Kottika, overl. Aug. 1698.

" 1697 (Aug.)   " Christophorus Nucella, overl. Maart 1705.

" 1705 (April)   " Cornelis Voltclin, overl. Sept. 1706.

" 1707 (Maart)   " Boëthuis Moda, overl. Nov. 1708.

" 1708 (Dec.)   " Justus Fauvarque (*) overl. Sept. 1709.

" 1710 (Julij.)   " Diderik Jacob Engel, overl. Sept. 1713.

" 1712 (Nov.)   " David Estor (*), Emeritus October 1731.

" 1713 (Dec.)   " Abraham Aegidius Engel, overl. 1734.

" 1729 (Junij)   " Emanuel Vieira, op zijn verzoek ontslagen Augustus 1731 en naar het vaderland teruggekeerd terug gekomen en andermaal in dienst getreden September 1739; van hier naar Perika en Kottika beroepen Junij 1743; van daar terug beroepen naar Paramaribo Mei 1758, waar hij als Extra ordinaris Predikant dienst deed en overleed 1760.

" 1732 (Julij)   " Petrus IJver (*) op zijn verzoek ontslagen in Januarij 1755, deed echter dienst als extr. ord. Predikant, overl. Julij 1763.

" 1732 (Aug.)   " Jan Martinus Kleijn, ber. Julij 1733 naar Perika en Kottika.

(*) Ds. Fauvarque, Estor en IJver, deden ook dienst bij de Fransche Hervormde Gemeente.

Anno 1734 (Dec.)   Ds. Georgius Wilhelmus Montanus ber. Julij 1736 naar Altenwiedt, Graafschap Wiedt, doch vóór zijn vertrek in Junij 1738 overleden.

„ 1743 (Augs.)   „ Eggo Fonkens van Hoevenberg. Twee dagen na zijne aankomst krankzinnig geworden, in Mei 1744 naar Holland gezonden, terug gekeerd in April 1749, doch in Junij deszelfden jaars ontslagen en naar Nieuw-Engeland vertrokken.

„ 1746 (Oct.)   „ Lambertus de Ronde, in Februarij 1750 op zijn verzoek ontslagen en naar het vaderland vertrokken.

„ 1752 (Dec.)   „ Lambertus Doesburgh, ber. van de Commewijne in Sept. 1756 op zijn verzoek ontslagen; Augustus 1764 weder beroepen, in Julij 1765 overleden.

„ 1753 (Aug.)   „ Johannes van der Gaegh, overleden Febr. 1760.

„ 1756 (Sept.)   „ Timotheus Hölscher, overleden Julij 1764.

„ 1762 (Oct.)   „ Daniël Schouten, provisioneel beroepen, overl. Nov. 1763.

„ 1765 (Febr.)   „ Elie Piere Louis Roijere, eerst Fransch Predikant alhier, tot de Hollandsche kerk overgegaan en in Febr. 1767, op zijn verzoek, ontslagen.

„ 1768 (Julij)   „ Jacobus Tallans, overleden Sept. 1777.

„ 1769 (Dec.)   „ Jan Anthony Aemilius, Augustus 1770 ontslagen en naar het vaderland terug gezonden.

„ 1770 (Oct.)   „ Gerard Jacob Lepper, ontslagen Mei 1775, weder beroepen December 1777, overleden Julij 1778.

„ 1780 (Febr.)   „ J. C. de Cros, beroepen van Perika en Kottika; aldaar terug geroepen April 1781, van daar weder beroepen naar Paramaribo Julij 1797, overleden October 1799.

„ 1780 (Dec.)   „ W. P. Schierbeek, overleden Febr. 1785.

„ 1783 (April)   „ Jon Samuel Casimir Bernard Donkerman, overl. Febr. 1785.

„ 1783 (Mei)   „ Apollonius Adrianus Sporon, (provisioneel beroepen) overleden November 1789.

„ 1786 (Febr.)   „ A. van Groenevelt, overleden Febr. 1800.

„ 1793 (Jan.)   „ David Salaindre Lapra, overleden Oct. 1796.

„ 1809 (Julij)   „ Pieter Jan van Esch, overl. Nov. 1814.

„ 1815 (Dec.)   „ Henricus Uden Masman, weleer Predikant te Koorndijk in Zuid-Holland, van daar beroepen naar de Kaap de Goede Hoop, van daar herwaarts overgekomen, in 1826 met verlof naar 't vaderland vertrokken en Emeritus geworden.

Anno 1827 (Oct.) Ds. Andries Roelofsz, beroepen van . . . ., Emeritus geworden en naar 't Vaderland teruggekeerd
Mei 1851.

„ 1851 (Dec.) „ J. H. Betting, weleer Predikant te Beest in
Gelderland, in 1843 herwaarts gekomen met
eene commissie van onderzoek tot kolonisatie
alhier, later buitengewoon dienstdoend Predikant
te Curaçao.

„ 1852 (April) „ Cornelis van Schaick, beroepen van Dwingeloo
in Drenthe.

„ 1856 Conradi, beroepen van Curaçau.

Naar aanleiding dezer opgave had de Nederduitsche Hervormde Gemeente te Paramaribo, van hare vestiging in 1668 tot 1854, zes en
dertig geordende Predikanten, wordende aldus bediend:

Van . . . . . 1668 tot Mei 1687 door Ds. Baselier.

„ Mei 1687 „ Mei 1689 „ „ Baseliers en Rosinus.
„ Mei 1689 „ Oct. 1694 „ „ Rosinus.
„ Oct. 1694 „ Junij 1695 Vakant.
„ Junij 1695 „ Dec. 1696 „ „ Wachtendorp.
„ Dec. 1696 „ Aug. 1698 „ „ Wachtend., v. Hoy en Nucella.
„ Aug. 1698 „ Sept. 1701 „ „ Wachtendorp en Nucella.
„ Sept. 1701 „ Maart 1705 „ „ Nucella.
„ Maart 1705 „ April 1705 Vakant.
„ April 1705 „ Sept. 1706 „ „ Voltelin.
„ Sept. 1706 „ Maart 1707 Vakant.
„ Maart 1707 „ Nov. 1708 „ „ Moda.
„ Nov. 1708 „ Dec. 1708 Vakant.
„ Dec. 1708 „ Sept. 1709 „ „ Fauvarque.
„ Sept. 1709 „ Julij 1710 Vakant.
„ Julij 1710 „ Sept. 1713 „ „ D. J. Engel en Estor.
„ Sept. 1713 „ Dec. 1713 „ „ Estor.
„ Dec. 1713 „ Aug. 1731 „ „ Estor, A. A. Engel en Vieira.
„ Aug. 1731 „ Oct. 1731 „ „ Estor en Engel.
„ Oct. 1731 „ Julij 1733 „ „ Engel, Yver en Kleyn.
„ Julij 1733 „ Dec. 1734 „ „ Engel, Yver en Montanus.
„ Dec. 1734 „ Junij 1738 „ „ Yver en Montanns.
„ Junij 1738 „ Sept. 1739 „ „ Yver.
„ Sept. 1739 „ Junij 1743 „ „ Yver en Vieira.
„ Junij 1743 „ Oct. 1746 „ „ Yver.
„ Oct. 1746 „ Febr. 1750 „ „ Yver en de Ronde.
„ Febr. 1750 „ Dec. 1752 „ „ Yver.
„ Dec. 1752 „ Sept. 1756 „ „ Yver, Doesburgh en v.d.Gaegh.

Van Sept.	1756	tot Mei	1758	door Ds.	Yver. v. d. Gaegh en Hülscher.
., Mei	1758	., Febr.	1760	,,	., Yver, v. d. Gaegh, Hülscher en Vieira.
,. Febr.	1760	., Oct.	1762	,,	.. Yver en Hölscher.
,, Oct.	1762	,, Julij	1763	,,	,, Yver, Hülscher en Schouten.
,, Julij	1763	., Nov.	1763	.,	,. Hülscher en Schouten.
,, Nov.	1763	,, Julij	1764	,,	.. Hülscher.
., Julij	1764	., Aug.	1764		Vakant.
,. Aug.	1764	., Julij	1765	,.	., Doesburgh en Roijere.
., Julij	1765	,, Febr.	1767	.,	,, Roijere.
., Febr.	1767	,, Julij	1768		Vakant
,, Julij	1768	., Aug.	1770	.	,. Tallans en Hemilius.
,, Aug.	1770	,, Oct.	1770	,.	,, Tallans.
., Oct.	1770	., Mei	1775	.,	., Tallans en Lepper.
,. Mei	1775	,, Sept.	1777	..	,, Tallans.
,. Sept.	1777	,, Dec.	1777		Vakant.
,, Dec.	1777	,, Julij	1778	.	.. Lepper.
.. Julij	1778	., Febr.	1780		Vakant.
,. Febr.	1780	., Dec.	1780	,,	,. Cros.
., Dec.	1780	., April	1781	.,	., Cros en Schierbeek.
., April	1781	., April	1783	.,	.. Schierbeek.
,. April	1783	., Mei	1783	,.	., Schierbeek en Donkerman.
., Mei	1783	., Febr.	1785	,,	,: Schierbeek, Donkerman en Sporon.
,, Febr.	1785	., Febr.	1786	..	.. Sporon.
,, Febr.	1786	,, Nov.	1789	:,	,, Sporon en Groenevelt.
,, Nov.	1789	,, Jan.	1793	..	,, Groenevelt.
., Jan.	1793	,, Oct.	1796	,,	., Groenevelt en Lapra.
.. Oct.	1796	,, Oct.	1799	..	., Groenevelt en Cros.
.. Oct.	1799	,, Febr.	1800	..	., Groenevelt.
., Febr.	1800	., Julij	1809		Vakant.
.. Julij	1809	,, Nov.	1814	.,	.. Van Esch.
., Nov.	1814	,, Dec.	1815		Vakant.
., Dec.	1815	., Dec.	1826	,,	., Uden—Masman.
.. Dec.	1826	,, Oct.	1827		Vakant.
., Oct.	1827	., Mei	1851	,,	., Roelofsz.
.. Mei	1851	,, Dec.	1851		Vakant.
., Dec.	1851	., April	1852	..	. Betting.
,, April	1852	. . . .		,,	., Betting en van Schaick. (*)
	1856		1861	.,	,, Van Schaick en Conradi.

(*) Zie: Proeve van eene Geschiedenis der Hervormde Kerk in Suriname, door C. van Schaick, West-Indië, eerste jaargang.